여러분의 합격을 응원하는
해커스공무원의 택

FREE 공무원 행정법 동영상강의

해커스공무원(gosi.Hackers.com) 접속 후 로그인 ▶ 상단의 [무료강좌] 클릭 ▶
좌측의 [교재 무료특강] 클릭

해커스공무원 온라인 단과강의 20% 할인쿠폰

52549484D4F27FDD

해커스공무원(gosi.Hackers.com) 접속 후 로그인 ▶ 상단의 [나의 강의실] 클릭 ▶
좌측의 [쿠폰등록] 클릭 ▶ 위 쿠폰번호 입력 후 이용

* 쿠폰 이용 기한: 2023년 12월 31일까지(등록 후 7일간 사용 가능) * 쿠폰 이용 관련 문의: 1588-4055

합격예측 모의고사 응시권 + 해설강의 수강권

ABDAB66CA67F385B

해커스공무원(gosi.Hackers.com) 접속 후 로그인 ▶ 상단의 [나의 강의실] 클릭 ▶
좌측의 [쿠폰등록] 클릭 ▶ 위 쿠폰번호 입력 후 이용

* 쿠폰 이용 기한: 2023년 12월 31일까지(등록 후 7일간 사용 가능) * 쿠폰 이용 관련 문의: 1588-4055

해커스 회독증강 콘텐츠 5만원 할인쿠폰

4F4265B5FB567F35

해커스공무원(gosi.Hackers.com) 접속 후 로그인 ▶ 상단의 [나의 강의실] 클릭 ▶
좌측의 [쿠폰등록] 클릭 ▶ 위 쿠폰번호 입력 후 이용

* 쿠폰 이용 기한: 2023년 12월 31일까지(등록 후 7일간 사용 가능) * 쿠폰 이용 관련 문의: 1588-4055
* 월간 학습지 회독증강 행정학/행정법총론 개별상품은 할인쿠폰 할인대상에서 제외

단기 합격을 위한
해커스 커리큘럼

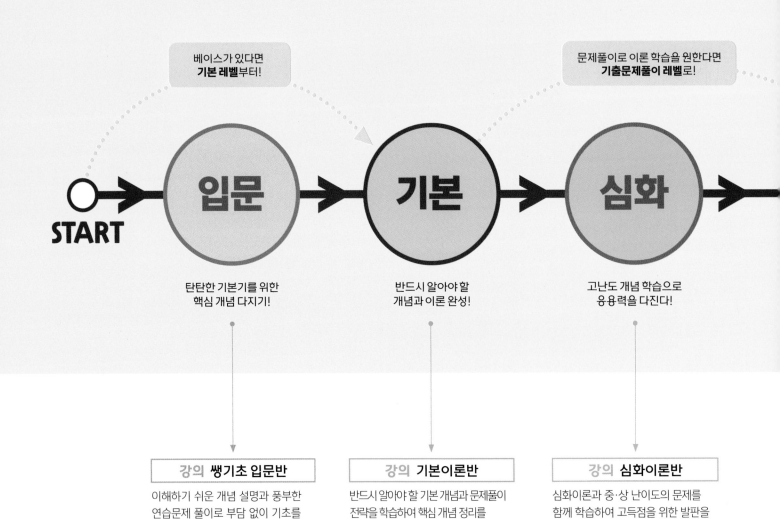

베이스가 있다면
기본 레벨부터!

문제풀이로 이론 학습을 원한다면
기출문제풀이 레벨로!

입문
START

탄탄한 기본기를 위한
핵심 개념 다지기!

기본

반드시 알아야 할
개념과 이론 완성!

심화

고난도 개념 학습으로
응용력을 다진다!

강의 **쌩기초 입문반**

이해하기 쉬운 개념 설명과 풍부한
연습문제 풀이로 부담 없이 기초를
다질 수 있는 강의

강의 **기본이론반**

반드시 알아야 할 기본 개념과 문제풀이
전략을 학습하여 핵심 개념 정리를
완성하는 강의

강의 **심화이론반**

심화이론과 중·상 난이도의 문제를
함께 학습하여 고득점을 위한 발판을
마련하는 강의

레벨별 교재 확인 및
수강신청은 여기서!

gosi.Hackers.com

* 커리큘럼은 과목별·선생님별로 상이할 수 있으며, 자세한 내용은 해커스공무원 사이트에서 확인하세요.

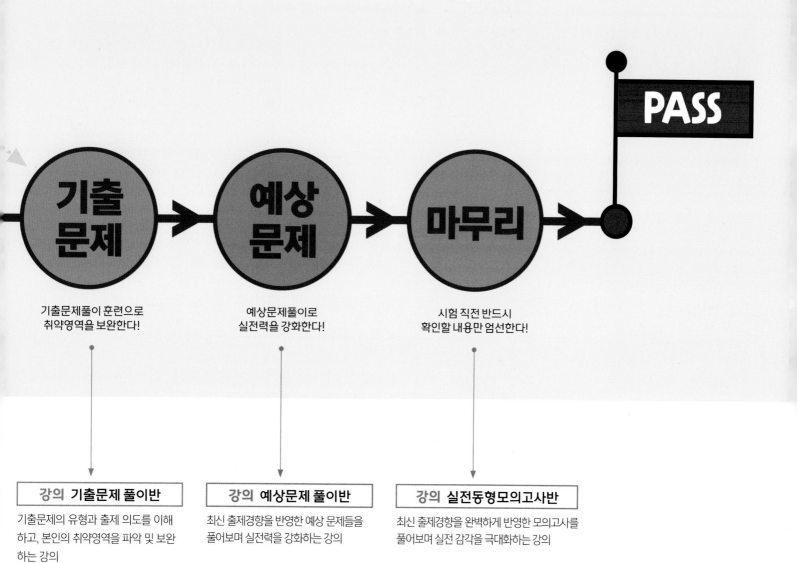

기출문제풀이 훈련으로
취약영역을 보완한다!

예상문제풀이로
실전력을 강화한다!

시험 직전 반드시
확인할 내용만 엄선한다!

강의 기출문제 풀이반

기출문제의 유형과 출제 의도를 이해
하고, 본인의 취약영역을 파악 및 보완
하는 강의

강의 예상문제 풀이반

최신 출제경향을 반영한 예상 문제들을
풀어보며 실전력을 강화하는 강의

강의 실전동형모의고사반

최신 출제경향을 완벽하게 반영한 모의고사를
풀어보며 실전 감각을 극대화하는 강의

강의 봉투모의고사반

시험 직전에 실제 시험과 동일한 형태의
모의고사를 풀어보며 실력을 완성하는 강의

해커스공무원

황남기 행정법 모의고사 Season 1

해커스 공무원

황남기

약력

· 제27회 외무고시 수석합격

· 2012년 공무원 승진시험 출제위원

· 동국대 법대 겸임교수

전) 외교부 사무관

현) 해커스공무원 행정법/헌법 대표교수
황스파고시학원 행정법/헌법 대표교수
윌비스 행정법/헌법 대표교수

주요 저서

· 2022 해커스공무원 황남기 행정법총론 기본서

· 해커스공무원 황남기 행정기본법 조문해설집

· 2022 해커스공무원 황남기 행정법총론 문제족보를 밝히다

· 2022 해커스군무원 황남기 행정법총론 핵심요약집

· 황남기 행정법각론 기본서

· 황남기 행정법각론 문제족보를 밝히다

· 황남기 행정법총론 기출문제집

· 황남기 행정법총론 최근 3년 기출문제

머리말

2022 해커스공무원 황남기
행정법 모의고사 Season 1

    본 교재는 행정법 과목의 문제를 쟁점별로 정리했으며, 기출문제 공부를 충실히 했는지를 점검할 수 있는 모의고사 교재입니다. 모의고사는 이론공부보다 시험장과 비슷한 상황에서 훈련하는 것이 주된 목적입니다. 따라서 다음 사항에 주의하여 본 교재를 활용하시기 바랍니다.

    1. 모의고사는 20문제당 14분 정도의 시간을 기준으로 풀기 바랍니다.

    2. 틀린 문제는 암기가 안 된 것인지, 실수인지, 이해를 못해서인지 분석하시기 바랍니다.

    3. 틀린 문제에 해당하는 범위의 기출문제를 다시 보시기 바랍니다.

    4. 많이 틀린 파트는 발췌 강의를 수강하시거나 기본서 공부를 다시 하시기 바랍니다.

    5. 이후에 모의고사 선지를 암기하시기 바랍니다.

    가능한 한 현장에서 진행하는 모의고사에 참여해 보는 것이 실전 훈련에 큰 도움이 될 것입니다. 더불어 공무원 시험 전문 해커스공무원(gosi.Hackers.com)에서 학원강의나 인터넷동영상강의를 함께 이용하여 꾸준히 수강한다면 학습 효과를 극대화할 수 있습니다.

    본 교재 작업에는 합격생 다수가 참여하여 정리 작업을 해주었습니다. 또한 해커스 편집팀의 수고가 많이 담겨 좋은 교재로 나오게 되었습니다. 참여해 주신 분들에게 감사드립니다. 황남기 행정법 시리즈는 계속해서 출간될 예정이니 공부 후 실력 점검과 내용 보충에 활용하시기 바랍니다.

    2022년 7월 12일 이후 행정절차법이 시행됩니다. 그 후 시험에 참조하도록 하기 위해 행정절차법 개정에 따른 문제를 추가하였으니 개정법 이후 시험보는 수험생들은 참고하시기 바랍니다.

2022년 3월
저자 황남기

차례

2022 해커스공무원 황남기
행정법 모의고사 Season 1

문제

정답 및 해설

쟁점별 모의고사

중간 테스트

부록

2022 해커스공무원 황남기 행정법 모의고사 Season 1

쟁점별
모의고사

제한시간 : 14분 | 시작시각 ___시 ___분 ~ 종료시각 ___시 ___분   나의 점수 _____

01 행정에 대한 설명으로 옳지 않은 것은?

① 행정은 적극적·미래지향적 형성작용이다.

② 행정은 행정주체가 우월한 지위를 가지고 소극적·예외적으로 공익을 추구하는 국가작용이다.

③ 행정법은 헌법의 구체화 법이라고 할 수 있다.

④ 헌법규범과 행정법규범이 충돌하는 경우에는 헌법규범이 우선하게 된다.

02 행정에 대한 설명으로 옳지 않은 것은?

① 대륙법계는 공법과 사법(私法)의 구별을 강조하면서 행정사건은 사법(司法)법원이 아닌 별도의 법원(재판소)의 관할에 속하도록 하고 있다.

② 프랑스에서 행정법원(재판소, Conseil d'Etat)이 출범하게 된 배경은 대혁명 이후 행정사건에 대한 사법(司法)법원의 간섭을 배제하기 위한 필요성과 관련이 있다.

③ 제2차 세계대전 후의 독일기본법은 민주국가원리와 사회적 법치국가원리를 명문화함으로써 국민의 권익구제와 행정통제를 중심으로 한 행정법체계를 공권력 중심의 행정법체계로 전환시켰다.

④ 공역무를 중심개념으로 하여 발전한 프랑스 행정법은 기본적으로 행정의 능률화와 민주화 사이의 조화를 확보하기 위한 과정에서 형성되었다.

03 행정에 대한 설명으로 옳은 것은?

① 공법과 사법(私法)의 구별을 강조하지 않는 영미법계 국가에서는 오늘날 행정법의 특수성은 인정되지 않으며, 행정기관의 결정에 대한 재판권은 통상의 사법(司法)법원이 행사한다.

② 영국의 행정법은 '보통법'과 '법의 지배'의 전통으로 인해 일찍부터 특수한 법체계로 성립될 수 없었으나, 제2차 세계대전 후에 '보통법'의 전통을 포기함으로써 오늘날의 행정법으로 발전되었다.

③ 우리나라의 행정법은 전통적으로 대륙법계의 영향을 받아 행정에 특유한 공법으로서의 성격을 강조하고 있으면서도 행정사건은 별도의 행정법원(재판소)이 아닌 사법(司法)법원의 관할에 속한다.

④ 우리나라는 독일·프랑스 등과 같이 공법·사법의 이원적 법체계를 유지하고 있으나, 행정권 내부에 독립된 행정법원이 있다는 점에서 행정국가에 속한다.

04 행정법의 특징에 대한 설명으로 옳지 않은 것은?

① 행정법은 단일법전으로 구성되어 있지 않지만 행정법의 공통원리가 존재한다.

② 행정법은 의사자유를 원칙으로 하는 사법과는 달리 일방적·획일적으로 적용되므로 성문성이 강하게 요구된다.

③ 법률에 시행령, 시행규칙을 두고 있는 것은 행정법으로 보아도 무방하다.

④ 행정법은 주로 효력규정으로 되어 있어 이에 위반하면 법적 효력이 없게 된다.

05 행정법의 법원에 대한 설명으로 옳은 것은?

① 광의의 법원 개념을 취하더라도 행정규칙은 법원이 될 수 없다.

② 중앙선거관리위원회규칙은 행정법의 법원이 아니다.

③ 지방자치단체의 학생인권조례는 행정법의 법원이 된다.

④ 헌법재판소 판례에 의하면 감사원규칙은 헌법에 근거가 없으므로 법규명령으로 인정되지 않는다.

06 행정법의 법원에 대한 설명으로 옳은 것은?

① 법원(法源)을 법의 인식근거로 보면 헌법은 행정법의 법원이 될 수 없다.

② '인간다운 생활을 할 권리'와 같은 헌법상의 추상적인 기본권에 관한 규정은 행정법의 법원이 되지 못한다.

③ 국제법규도 행정법의 법원이므로, 사인이 제기한 취소소송에서 WTO 협정과 같은 국제협정 위반을 독립된 취소사유로 주장할 수 있다.

④ 「국세기본법」은 조세행정에서 행정선례법의 존재를 인정하는 조항을 두고 있다.

07 행정법의 법원에 대한 설명으로 옳은 것은?

① 일반적으로 승인된 국제법규라도 의회에 의한 입법절차를 거쳐야 행정법의 법원이 된다.

② 헌법에 의하여 체결·공포된 조약과 일반적으로 승인된 국제법규는 국내법과 동일한 효력을 갖는다.

③ 회원국 정부의 반덤핑부과처분이 WTO 협정 위반이라는 이유만으로 사인이 직접 국내 법원에 회원국 정부를 상대로 그 처분의 취소를 구하는 소를 제기할 수 있다.

④ 대법원은 '남북 사이의 화해와 불가침 및 교류협력에 관한 합의서'를 조약이라고 판시하였다.

08 행정법의 법원에 대한 설명으로 옳은 것은?

① 헌법상의 기본권 중에는 헌법규범 자체만으로 이미 충분히 구체적 권리성이 보장되는 것도 있지만, 어떤 기본권의 경우에는 구체화를 위한 행정법적 입법이 있어야만 비로소 구체적 권리성을 가지게 되는 경우도 있다.

② 우리나라는 일반적으로 승인된 국제법규를 특별한 절차를 거쳐 국내법으로 수용한다.

③ 헌법상 기본권 제한의 법리는 행정법 해석에 적용될 수 없다.

④ 국가 상호간의 관계를 규율하는 공법으로서의 국제법은 행정법의 법원이 되지 못한다.

09 관습행정법에 대한 설명으로 옳은 것은?

① 관습법은 성문법령의 흠결을 보충하기 때문에 법률유보원칙에서 말하는 법률에 해당한다.

② 관습법의 효력에 대하여는 성문법이 없는 경우에 보충적 효력만을 인정하는 견해가 다수설의 견해이다.

③ 행정법에는 법의 흠결이 존재하는 경우가 적지 않기 때문에 사법에 비하여 관습법이 성립할 가능성이 크다.

④ 판례는 국세행정상 비과세의 관행을 일종의 행정선례법으로 인정하지 아니한다.

10 관습행정법에 대한 설명으로 옳지 않은 것은?

① 사회의 거듭된 관행으로 생성된 사회생활규범이 관습법으로 승인되었다고 하더라도 사회 구성원들이 그러한 관행의 법적 구속력에 대하여 확신을 갖지 않게 되었다면 그러한 관습법은 법적 규범으로서의 효력이 부정될 수밖에 없다.

② 「수산업법」은 민중적 관습법인 입어권의 존재를 명문으로 인정하고 있다.

③ 관습법이 성립하기 위해서는 국가의 승인이 필요하다는 것이 통설이다.

④ 행정선례법의 존재를 명문으로 인정한 경우도 있다.

11 판례의 법원성에 대한 설명으로 옳지 않은 것은?

① 헌법재판소에 의한 법률의 위헌결정은 국가기관과 지방자치단체를 기속한다는 「헌법재판소법」 제47조에 의해 법원으로서의 성격을 가진다.

② 동종 사건에 관하여 대법원의 판례가 있더라도 하급법원은 그 판례와 다른 판단을 하는 것이 가능하다.

③ 선례구속의 원칙(doctrine of stare decisis)은 영미법계 국가에서 인정되고, 대륙법계 국가에서는 원칙적으로 인정되지 않는다.

④ 「법원조직법」 제8조에 따라 동종 사건의 경우에는 판례의 법적 구속력을 인정하는 것이 일반적인 견해이다.

12 행정법령의 효력에 대한 설명으로 옳은 것은?

① 대통령령·총리령 및 부령은 특별한 규정이 없는 한 공포한 날부터 14일이 경과함으로써 효력을 발생한다.

② 관보의 내용 해석 및 적용 시기 등에 대하여 종이관보가 전자관보보다 우선적 효력을 가진다.

③ 대통령령, 총리령 및 부령은 특별한 규정이 없으면 공포한 날부터 20일이 경과함으로써 효력을 발생한다.

④ 국민의 권리 제한 또는 의무 부과와 직접 관련되는 법률, 대통령령, 총리령 및 부령은 긴급히 시행하여야 할 특별한 사유가 있는 경우를 제외하고는 공포일부터 적어도 20일이 경과한 날부터 시행되도록 하여야 한다.

13 행정법령의 공포에 대한 설명으로 옳지 않은 것은?

① 법령의 공포시점은 관보 또는 공보가 판매소에 도달하여 누구든지 이를 구독할 수 있는 상태가 된 최초의 시점으로 보는 것이 판례의 입장이다.

② 헌법개정·법률·조약·대통령령·총리령 및 부령의 공포는 관보에 게재함으로써 한다.

③ 대통령의 법률안거부권의 행사로 인하여 재의결된 법률을 국회의장이 공포하는 경우에는 서울특별시에서 발행되는 둘 이상의 일간신문에 게재함으로써 한다.

④ 지방자치단체의 조례와 규칙을 지방의회의 의장이 공포하는 경우에는 일간신문에 게재함과 동시에 해당 지방자치단체의 인터넷 홈페이지에 게시하여야 한다.

14 소급적용금지의 원칙에 대한 설명으로 옳지 않은 것은?

① 개정 법령이 기존의 사실 또는 법률관계를 적용대상으로 하면서 국민의 재산권과 관련하여 종전보다 불리한 법률효과를 규정하고 있는 경우, 그러한 사실 또는 법률관계가 개정 법률이 시행되기 이전에 이미 완성 또는 종결된 것이 아니라면 소급입법금지원칙에 위반된다.

② 계속된 사실이나 새 법령 시행 후에 발생한 부과요건사실에 대하여 새 법령을 적용하는 것은 소급입법금지의 원칙에 저촉되지 않는다.

③ 부진정소급입법은 원칙적으로 허용되지만 소급효를 요구하는 공익상의 사유와 신뢰보호의 요청 사이의 교량 과정에서 신뢰보호의 관점이 입법자의 형성권에 제한을 가하게 된다.

④ 법령의 효력이 시행일 이전에 소급하지 않는다는 것은 시행일 이전에 이미 종결된 사실에 대하여 법령이 적용되지 않는다는 것을 의미하는 것이지, 시행일 이전부터 계속되는 사실에 대하여도 법령이 적용되지 않는다는 의미가 아니다.

15 소급적용금지의 원칙에 대한 설명으로 옳은 것은?

① 「소득세법」이 개정되어 세율이 인상된 경우, 법 개정 전부터 개정법이 발효된 후에까지 걸쳐 있는 과세기간(1년)의 전체 소득에 대하여 인상된 세율을 적용하는 것은 재산권에 대한 소급적 박탈이 되므로 위법하다.

② 법령의 소급적용금지의 원칙은 부진정소급적용에도 적용된다.

③ 개정 법령이 기존의 사실 또는 법률관계를 적용대상으로 하면서 종전보다 불리한 법률효과를 규정하고 있는 경우에도 그러한 사실 또는 법률관계가 개정 법률이 시행되기 이전에 이미 종결된 것이 아니라면 이를 헌법상 금지되는 소급입법이라고 할 수는 없다.

④ 계속 중인 사실이나 그 이후에 발생한 요건사실에 대한 법률적용을 인정하는 부진정소급입법의 경우 개인의 신뢰보호와 법적 안정성을 내용으로 하는 법치국가원리에 의하여 허용되지 않는 것이 원칙이다.

16 소급적용금지의 원칙에 대한 설명으로 옳지 않은 것은?

① 우리 헌법재판소는 신뢰보호원칙에도 불구하고 현재에도 진행 중인 것을 규율하는 부진정소급효의 경우에는 입법형성권이 우선한다고 한다.

② 진정소급입법이라 하더라도 예외적으로 국민이 소급입법을 예상할 수 있었거나 신뢰보호의 요청에 우선하는 심히 중대한 공익상의 사유가 소급입법을 정당화하는 경우 등에는 허용될 수 있다.

③ 일반적으로 국민이 소급입법을 예상할 수 있었거나 법적 상태가 불확실하고 혼란스러워 보호할 만한 신뢰이익이 적은 경우에도 진정소급입법이 허용되지 않는다.

④ 법률조항에 대하여 헌법재판소가 헌법불합치결정을 하여 그 법률조항을 합헌적으로 개정 또는 폐지하는 임무를 입법자의 형성 재량에 맡긴 이상, 그 개선입법의 소급적용 여부와 소급적용의 범위는 원칙적으로 입법자의 재량에 달려 있다.

17 소급적용금지의 원칙에 대한 설명으로 옳은 것은?

① 과거에 완성된 사실에 대하여 당사자에게 불리하게 제정 또는 개정된 신법을 적용하는 것은 당사자의 법적 안정성을 해치는 것이므로 어떠한 경우에도 허용될 수 없다.

② 법령을 소급적용하더라도 일반국민의 이해에 직접 관계가 없는 경우, 오히려 그 이익을 증진시키는 경우, 불이익이나 고통을 제거하는 경우에도 법령의 소급적용은 허용되지 않는다.

③ 개인의 신뢰보호의 요청에 우선하는 심히 중대한 공익상의 사유가 소급입법을 정당화하는 경우에는 예외적으로 진정소급입법이 허용된다.

④ 국민의 기득권에 영향을 주거나 국민에게 권리·이익을 부여하는 것인 때에도 소급할 수 없다.

18 소급적용금지의 원칙에 대한 설명으로 옳은 것은?

① 경과규정 등의 특별규정 없이 법령이 변경된 경우, 그 변경 전에 발생한 사항에 대하여 적용할 법령은 개정 후의 신 법령이다.

② 「행정기본법」이 제정되기 전의 판례에 따르면, 건설업면허수첩 대여행위가 그 행위 후 법령 개정으로 취소사유에서 삭제되었다면, 신법을 적용하여 건설업면허취소를 취소해야 한다.

③ 행정법규 위반자에 대한 제재처분을 하기 전에 처분의 기준이 행위시보다 불리하게 개정되었고 개정법에 경과규정을 두는 등의 특별한 규정이 없다면, 변경된 법령등을 적용하여야 한다.

④ 「행정기본법」에 따르면 법령등을 위반한 행위 후 법령등의 변경에 의하여 그 행위가 법령등을 위반한 행위에 해당하지 아니하거나 제재처분 기준이 가벼워진 경우로서 해당 법령등에 특별한 규정이 없는 경우에는 행위시의 법령이 아니라 변경된 법령을 적용해야 한다.

19 법령의 효력에 대한 설명으로 옳지 않은 것은?

① 한시법은 명문으로 정해진 유효기간이 경과하면 당연히 그 효력이 소멸한다.

② 법령이 전문 개정된 경우 특별한 사정이 없는 한 종전의 법률 부칙의 경과규정도 모두 실효된다.

③ 특정 지역만을 규율대상으로 하는 법률은 무효이다.

④ 행정법령의 대인적 효력은 속지주의를 원칙으로 한다.

20 법치주의에 대한 설명으로 옳은 것은?

① 법치국가원리에 있어 법은 국회에서 제정된 형식적 법률만을 의미한다.

② 오늘날 법치국가원리에 비추어, 행정법의 일반원칙에는 성문법적 근거가 요구된다.

③ 헌법재판소에 의한 위헌법률심사제는 실질적 법치주의를 구현하기 위한 방법이다.

④ 행정의 탄력성과 합목적성을 달성하기 위한 행정입법권의 강화는 실질적 법치주의를 구현하기 위한 방법이다.

제한시간 : 14분 | 시작시각 ____시 ____분 ~ 종료시각 ____시 ____분   나의 점수 _____

01 법치주의에 대한 설명으로 옳은 것은?

① 법률은 원칙적으로 국민의 대표기관인 의회가 제정하여야 한다는 원칙을 포함한다.

② 법치행정의 목적은 행정의 효율성과 행정작용의 예견가능성을 보장하는 데 있다.

③ 복종의무가 있는 군인은 상관의 지시와 명령에 대하여 재판청구권을 행사하기 이전에 군인복무규율에 규정된 내부적 절차를 거쳐야 한다.

④ 법률의 법규창조력이란 행정부가 정립하는 법률만이 시원적 법규로서의 구속력을 가진다는 것이다.

02 법치주의에 대한 설명으로 옳지 않은 것은?

① 법률우위의 원칙에서 법은 형식적 법률뿐 아니라 법규명령과 관습법 등을 포함하는 넓은 의미의 법이다.

② 법률의 우위는 행정의 모든 영역에 적용되는 데 반하여, 법률의 유보는 일정한 영역에만 적용된다.

③ 법률우위의 원칙은 법률이 있는 경우에 문제되는 것인데, 법률유보의 원칙은 법률이 없는 경우에 문제되는 것이다.

④ 법률우위의 원칙은 적극적으로 법률을 행정권의 발동요건으로 하는 데 반하여, 법률유보의 원칙은 소극적으로 법률에 위반하는 행정작용의 금지를 의미하는 것이다.

03 법률유보원칙에 대한 설명으로 옳은 것은?

① 법률유보원칙에서 '법률의 유보'라고 하는 경우의 '법률'에는 국회에서 법률제정의 절차에 따라 만들어진 형식적 의미의 법률뿐만 아니라 국회의 의결을 거치지 않은 명령이나 불문법원으로서의 관습법이나 판례법도 포함된다.

② 법률유보원칙은 행정권의 발동에 있어서 조직규범의 근거가 필요하다는 것을 말한다.

③ 중요사항유보설은 헌법상의 법치국가원칙·민주주의원칙 및 기본권규정과 관련하여 볼 때, 각 행정부문의 본질적 사항에 관한 규율은 법률에 유보되어야 한다는 학설이다.

④ 본질성설(중요사항유보설)은 침해행정뿐만 아니라 급부행정에도 법률유보원칙이 적용되어야 한다는 견해를 말한다.

04 법률유보원칙에 대한 설명으로 옳은 것은?

① 법률의 유보가 3권분립의 원칙에 가장 부합하는 주장은 전부유보설이다.

② 헌법재판소는 법률유보와 관련하여 침해유보설의 입장이다.

③ 지방의회의원에 대하여 유급보좌인력을 두는 것은 지방의회의 조례로 규정할 사항이다.

④ 납세의무자에게 조세의 납부의무뿐만 아니라 스스로 과세표준과 세액을 계산하여 신고하여야 하는 의무까지 부과하는 경우에 신고의무 불이행에 따른 납세의무자가 입게 될 불이익은 법률로 정하여야 한다.

05 법률유보원칙에 대한 설명으로 옳지 않은 것은?

① 대법원은 구 도시 및 주거환경정비법 제28조 제4항 본문이 사업시행인가 신청 시의 동의요건을 조합의 정관에 포괄적으로 위임한 것은 헌법 제75조가 정하는 포괄위임입법금지의 원칙이 적용되어 이에 위배된다고 하였다.

② 관할 행정청은 토지분할이 관계 법령상 제한에 해당되어 명백히 불가능하다고 판단되는 경우에는 토지분할 조건부 건축허가를 거부하여야 한다.

③ "관할 관청은 개인택시운송사업자의 운전면허가 취소된 때에 그의 개인택시운송사업면허를 취소할 수 있다."라는 법률규정에 따르면, 관할 관청은 개인택시운송사업자에게 운전면허취소사유가 있다 하더라도, 그로 인하여 운전면허취소처분이 이루어지지 않은 이상 개인택시운송사업면허를 취소할 수는 없다.

④ 토지등소유자가 도시환경정비사업을 시행하는 경우 사업시행인가 신청에 필요한 토지등소유자의 동의정족수를 토지등소유자가 자치적으로 정하여 운영하는 규약에 정하도록 한 것은 법률유보원칙에 위반된다.

06 법률유보원칙에 대한 설명으로 옳지 않은 것은?

① 수신료금액결정은 수신료에 관한 본질적인 사항이 아니므로 국회가 반드시 스스로 행하여야 할 필요는 없다.

② 수신료 징수업무를 한국방송공사가 직접 수행할지 제3자에게 위탁할지 여부는 국민의 기본권 제한에 관한 본질적인 사항이 아니다.

③ 헌법재판소는 구 토지초과이득세법상의 기준시가는 국민의 납세의무의 성부(成否) 및 범위와 직접적인 관계를 가지고 있는 중요한 사항임에도 불구하고 해당 내용을 법률에 규정하지 않고 하위법령에 위임한 것은 헌법 제75조에 반한다고 판단한 바 있다.

④ 헌법재판소는 중학교 의무교육 실시 여부 자체는 법률로 정하여야 하는 기본사항으로서 법률유보사항이나 그 실시의 시기·범위 등 구체적 실시에 필요한 세부사항은 법률유보사항이 아니라고 하였다.

07 법률유보원칙에 대한 설명으로 옳은 것은?

① 다수설에 따르면 행정지도에 관해서 개별법에 근거규정이 없는 경우 행정지도의 상대방인 국민에게 미치는 효력을 고려하여 행정지도를 할 수 없다고 본다.

② 헌법재판소는 예산도 일종의 법규범이고, 법률과 마찬가지로 국회의 의결을 거쳐 제정되며, 국가기관뿐만 아니라 일반국민도 구속한다고 본다. 따라서 법률유보원칙에서 말하는 법률에는 예산도 포함된다.

③ 수익적 행정행위의 철회는 반드시 법률적 근거가 필요한 것은 아니다.

④ 부관의 사후변경은 법률에 명문의 규정이 있거나 그 변경이 미리 유보되어 있는 경우 이외에는 허용되지 않는다.

08 법률유보원칙에 대한 설명으로 옳지 않은 것은?

① 조례는 법령의 범위 내에서 상위법령의 구체적 위임이 없는 사항도 규율하는 것이 가능하다.

② 지방자치단체의 '세 자녀 이상 세대 양육비 등 지원에 관한 조례안'은 저출산 문제의 국가적·사회적 심각성을 십분 감안하여 향후 지방자치단체의 출산을 적극 장려토록 하여 인구정책을 보다 전향적으로 실효성 있게 추진하고자 세 자녀 이상 세대 중 세 번째 이후 자녀에게 양육비 등을 지원할 수 있도록 하는 것으로서, 위와 같은 사무는 지방자치단체 고유의 자치사무이므로 그 제정에 있어서 반드시 법률의 개별적 위임이 따로 필요한 것은 아니다.

③ 행정규칙의 제정에는 법률유보원칙이 적용된다.

④ 헌법재판소는 법률이 공법적 단체 등의 정관에 자치법적 사항을 위임하는 경우에는 의회유보원칙이 적용된다고 하였다.

09 법률유보원칙에 대한 설명으로 옳지 않은 것은?

① 우리 헌법재판소는 오늘날 법률유보원칙은 특히 국민의 기본권 실현과 관련된 영역에 있어서는 국민의 대표자인 입법자가 그 본질적 사항에 대해서 스스로 결정하여야 한다는 요구까지 내포하는 것은 아니라고 판시한 바 있다.

② 법률유보원칙은 국민의 기본권 실현과 관련된 영역에 있어서는 입법자가 그 본질적 사항에 대해서 스스로 결정하여야 한다는 요구까지 내포하고 있다.

③ 국가의 통치조직과 작용에 관한 기본적이고 본질적인 사항은 반드시 국회가 정하여야 한다.

④ 「공공기관의 운영에 관한 법률」 규정에 따른 입찰참가자격의 제한기준 등에 관하여 필요한 사항은 기획재정부령으로 정한다는 부분은 의회유보원칙에 위배되지 않는다.

10 법률유보원칙에 대한 설명으로 옳은 것은?

① 의회유보론은 위임금지를 뜻하는 것으로서 의회법률이라는 형식과 그 규율의 명확성을 요구한다.

② 법률유보의 적용범위는 행정의 복잡화와 다기화, 재량행위의 확대에 따라 과거에 비해 점차 축소되고 있으며, 이러한 경향에 따라 헌법재판소는 행정유보의 입장을 확고히 하고 있다.

③ 법률유보를 대체하는 행정유보가 일반적으로 인정되고 있다.

④ 헌법재판소는 법률유보의 범위에 대해서는 모든 행정작용은 법률에 근거해야 한다는 전부유보설을 취하고 있다.

11 통치행위에 대한 설명으로 옳은 것은?

① 통치행위의 주체는 통상 정부가 거론되나 국회와 사법부에 의한 통치행위를 인정하는 것이 일반적이다.

② 통치행위를 하는 기관의 권한을 존중해야 하므로 통치행위는 폭넓게 인정하여야 하며, 그 판단이 오로지 사법부만에 의하여 이루어져야 하는 것도 아니다.

③ 고도의 정치적 결단에 의하여 행해지는 국가작용이라고 할지라도 그것이 국민의 기본권 침해와 직접 관련되는 경우에는 당연히 헌법재판소의 심판대상이 될 수 있다.

④ 대통령의 서훈취소는 통치행위에 해당한다.

12 통치행위에 대한 설명으로 옳은 것은?

① 헌법재판소는 대통령의 해외파병결정은 국방 및 외교와 관련된 고도의 정치적 결단을 요하는 문제로서 헌법과 법률이 정한 절차를 지켜 이루어진 것이 명백한 이상 사법적 기준만으로 이를 심판하는 것은 자제되어야 한다고 판시하였다.

② 남북정상회담의 개최과정에서 재정경제부(현 기획재정부)장관에게 신고하지 아니하거나 통일부장관의 협력사업 승인을 얻지 아니한 채 북한 측에 사업권의 대가 명목으로 송금한 행위는 고도의 정치적 성격을 지니고 있는 행위라 할 것이므로 특별한 사정이 없는 한 그 당부를 심판하는 것은 사법권의 내재적·본질적 한계를 넘어서는 것이 되어 적절하지 못하다.

③ 우리 헌법재판소는 대통령의 긴급재정명령에 관한 헌법소원사건에서 통치행위라 하더라도 헌법수호와 직접 관련되는 때에는 헌법재판소의 심판대상이 된다고 판시하였다.

④ 신행정수도건설이나 수도이전문제는 그 자체로 고도의 정치적 결단을 요하므로 사법심사의 대상에서 제외되고, 그것이 국민의 기본권 침해와 관련되는 경우에도 헌법재판소의 심판대상이 될 수 없다.

13 평등의 원칙에 대한 설명으로 옳은 것은?

① 한국전기통신공사 교환직렬에 대하여 다른 일반직 직원과 비교해 5년간의 차등정년을 둔 것은 남녀의 차별적 대우를 금지하는 구 남녀고용평등법에 위배되어 무효이다.

② 유예기간 없이 개인택시운송사업면허기준을 변경하고 그에 기하여 면허신청을 거부한 처분은 신뢰보호의 원칙이나 형평의 원칙, 재량권의 남용에 해당하지 아니한다.

③ 지방의회의 감사 또는 조사를 위하여 출석요구를 받은 증인이 출석하지 않을 경우 증인의 사회적 지위에 따라 과태료의 액수에 차등을 두는 것을 내용으로 하는 조례안은 헌법에 규정된 평등의 원칙에 위배된다고 볼 수 없다.

④ 동일한 사항을 다르게 취급하는 것은 합리적 이유가 없는 차별이므로, 같은 정도의 비위를 저지른 자들은 비록 개전의 정이 있는지 여부에 차이가 있다고 하더라도 징계 종류의 선택과 양정에 있어 동일하게 취급받아야 한다.

14 자기구속의 법리에 대한 설명으로 옳은 것은?

① 헌법재판소는 재량준칙의 대외적 구속력 인정과 관련한 행정의 자기구속의 법리의 근거를 평등의 원칙에서 찾고 있으며, 신뢰보호의 원칙에서는 찾고 있지 않다.

② 재량준칙이 공표된 것만으로도 자기구속의 원칙이 적용될 수 있으며, 재량준칙이 되풀이 시행되어 행정관행이 성립될 필요는 없다.

③ 행정의 자기구속의 원칙은 행정명령의 법적 성질과 관련하여 주로 논의된다.

④ 처분이 위법하더라도 그 처분이 수차례 반복적으로 행하여졌다면 그러한 처분은 행정청에 대하여 자기구속력을 갖게 된다.

15 자기구속의 법리에 대한 설명으로 옳은 것은?

① 행정의 자기구속의 원칙은 처분청이 아닌 제3자 행정청에 대해서는 적용되지 않는다.

② 행정청이 위법한 행정처분을 반복적으로 한 선례가 있다면 신뢰보호의 원칙과 행정의 자기구속의 원칙에 따라 선례구속의 법리가 통용된다.

③ 행정청이 조합설립추진위원회의 설립승인 심사에서 위법한 행정처분을 한 선례가 있는 경우에는, 행정청에 대해 자기구속력을 갖게 되어 이후에도 그러한 기준에 따라야 한다.

④ 행정의 자기구속의 법리에 따라 행정청은 선행결정의 위법성 여부와 관계없이 동종 사안이라면 후행결정에 있어서도 그 선행결정과 동일한 결정을 해야 한다.

16 비례의 원칙에 대한 설명으로 옳은 것은?

① "제재적 행정처분이 재량권의 범위를 일탈하였거나 남용하였는지 여부는 처분사유로 된 위반행위의 내용과 그 위반의 정도, 당해 처분에 의하여 달성하려는 공익상의 필요와 개인이 입게 될 불이익 및 이에 따르는 제반 사정 등을 객관적으로 심리하여 공익침해의 정도와 그 처분으로 인하여 개인이 입게 될 불이익을 비교·교량하여 판단하여야 한다."라는 판례는 비례의 원칙(과잉금지원칙) 중 적합성 원칙에 관한 것이다.

② 행정지도를 함에 있어서 명문의 규정은 없지만 비례의 원칙이 적용된다.

③ 수익적 행정행위의 취소에는 비례의 원칙이 적용될 수 있으나, 침익적 행정행위의 취소에는 비례의 원칙이 적용될 여지가 적다.

④ 비례의 원칙은 경찰권 행사와 같은 침익적 행정작용의 한계에 관한 이론으로서 급부행정분야에서는 적용되지 아니한다.

17 비례의 원칙에 대한 설명으로 옳지 않은 것은?

① 「행정규제기본법」과 「행정절차법」은 각각 규제의 원칙과 행정지도의 원칙으로 비례의 원칙을 정하고 있다.

② 「도로교통법」 제148조의2 제1항 제1호의 '「도로교통법」 제44조 제1항을 2회 이상 위반한' 것에 구 도로교통법 제44조 제1항을 위반한 음주운전 전과도 포함된다고 해석하는 것은 비례의 원칙에 위반된다고 할 수 없다.

③ 음식점영업허가의 신청에 대하여 부관으로서의 부담을 붙이면 공익목적이 달성될 수 있음에도 불구하고 그 허가를 거부하는 것은 비례의 원칙에 위배된다.

④ 법규에 명문의 근거가 없는 경우에 환경보전을 이유로 산림훼손허가를 거부하는 것은 비례의 원칙에 반한다.

18 부당결부금지원칙에 대한 설명으로 옳지 않은 것은?

① 甲이 국세를 체납하였다는 이유로 행정청이 甲의 영업점에 대한 영업허가의 취소 혹은 정지를 요구할 경우에 문제가 될 수 있는 것은 부당결부금지원칙이다.

② 부당결부금지원칙은 행정작용을 함에 있어서 상대방에게 이와 실질적인 관련이 없는 의무를 부과하지 말도록 하는 것인데, 판례는 이러한 부당결부금지원칙의 적용을 긍정하고 있다.

③ 건축물에 인접한 도로의 개설을 위한 도시계획사업시행허가처분은 건축물에 대한 건축허가처분과는 별개의 행정처분이므로 사업시행허가를 함에 있어 조건으로 내세운 기부채납의무를 이행하지 않았음을 이유로 한 건축물에 대한 준공거부처분은 「건축법」에 근거 없이 이루어진 것으로서 위법하다.

④ 주택사업계획을 승인하면서 입주민이 이용하는 진입도로의 개설 및 확장과 이의 기부채납의무를 부담으로 부과하는 것은 부당결부금지원칙에 반한다.

19 부당결부금지원칙에 대한 설명으로 옳은 것은?

① 지방자치단체장이 사업자에게 주택사업계획승인을 하면서 그 주택사업과는 아무런 관련이 없는 토지를 기부채납하도록 하는 부관은 부당결부금지원칙에 위반되어 당연무효라고 볼 수 있다.

② 대법원은 승합차를 혈중알코올농도 0.1% 이상의 음주상태로 운전한 자에 대하여 제1종 보통운전면허 외에 제1종 대형운전면허까지 취소한 행정청의 처분이 부당결부금지원칙을 위반한 것으로 보았다.

③ 제1종 보통면허로 운전할 수 있는 차량을 음주운전한 경우 제1종 보통면허의 취소 외에 동일인이 소지하고 있는 제1종 대형면허와 원동기장치자전거면허는 취소할 수 없다.

④ 승합자동차를 운전한 자에 대하여 운전면허를 취소할 경우 제1종 보통면허와 대형면허를 취소할 수는 있지만 특수면허를 취소할 수는 없다.

20 신뢰보호의 원칙에 대한 설명으로 옳은 것은?

① 신뢰보호의 원칙은 「행정기본법」과 「행정절차법」에 명문의 근거가 있다.

② 신뢰보호의 대상인 행정청의 선행조치에는 법적 행위만이 포함되며, 행정지도 등의 사실행위는 포함되지 아니한다.

③ 신뢰의 대상인 행정청의 선행조치는 문서에 의한 형식적 행위이어야 한다.

④ 신뢰보호의 원칙이 적용되기 위한 요건인 행정권의 행사에 관하여 신뢰를 주는 선행조치가 되기 위해서는 반드시 처분청 자신의 적극적인 언동이 있어야만 한다.

제한시간 : 14분 | 시작시각 ___시 ___분 ~ 종료시각 ___시 ___분   나의 점수 _____

---

01 신뢰보호의 원칙에 대한 설명으로 옳은 것은?

① 신뢰보호의 원칙이 적용되기 위한 요건의 하나인 행정청의 공적 견해표명이 있었는지의 여부를 판단함에 있어서는 반드시 행정조직상의 형식적인 권한분장에 따라야 한다.

② 공적 견해표명의 존재 여부를 판단함에 있어 법적 구속력이 있는 형식으로 표명되었는가 여부는 절대적인 기준이 되지 않는다.

③ 신뢰의 대상인 행정청의 선행조치는 법률행위를 의미하며 사실행위는 이에 포함되지 않는다.

④ 판례는 신뢰보호의 원칙의 요건으로서 형식적인 권한을 가지고 있는지를 기준으로 하여야 하고, 언동에 대한 상대방의 신뢰가능성에 비추어 실질에 의하여 판단하는 것은 아니다.

02 신뢰보호의 원칙에 대한 설명으로 옳지 않은 것은?

① 헌법재판소의 위헌결정은 행정청이 개인에 대하여 신뢰의 대상이 되는 공적인 견해를 표명한 것이라고 할 수 없으므로 그 결정에 관련한 개인의 행위에 대하여는 신뢰보호의 원칙이 적용되지 아니한다.

② 행정청이 폐기물처리업 사업계획에 대하여 적정통보를 한 것만으로 그 사업부지 토지에 대한 국토이용계획변경신청을 승인하여 주겠다는 취지의 공적인 견해표명을 한 것으로 볼 수 없다.

③ 헌법재판소의 위헌결정은 행정청이 개인에 대하여 신뢰의 대상이 되는 공적인 견해를 표명한 것이라고 할 수 있으므로 그 결정에 관련한 개인의 행위에 대하여는 신뢰보호의 원칙이 적용된다.

④ 행정청이 지구단위계획을 수립하면서 권장용도를 숙박시설로 하였다 해도, 항상 숙박시설에 대한 건축허가가 가능하리라는 공적 견해를 표명한 것으로 볼 수는 없다.

03 신뢰보호의 원칙에 대한 설명으로 옳은 것은?

① 서울지방병무청 총무과 민원팀장이 국외영주권을 취득한 사람의 상담에 응하여 법령의 내용을 숙지하지 못한 채 민원봉사 차원에서 현역입영대상자가 아니라고 답변하였다면 그것이 서울지방병무청장의 공적인 견해표명이라 할 수 있다.

② 구 개발이익환수에 관한 법률에 정한 개발사업을 시행하기 전에, 행정청이 민원예비심사로서 관련 부서 의견으로 '저촉사항 없음'이라고 기재한 것은 공적인 견해표명에 해당한다.

③ 형질변경불허가처분 취소청구소송에서 농지를 대지로 형질변경하여 종교시설을 건립할 것을 명시한 토지거래허가신청에 대한 허가처분은 행정청의 선행조치로 인정되어 신뢰보호의 원칙이 적용되었다.

④ 재량권 행사의 준칙인 행정규칙의 공표만으로 상대방은 보호가치 있는 신뢰를 갖게 되었다고 볼 수 있다.

04 신뢰보호의 원칙에 대한 설명으로 옳지 않은 것은?

① 입법예고를 통해 법령안의 내용을 국민에게 예고한 적이 있다고 하더라도 그것이 법령으로 확정되지 아니한 이상 국가가 이해관계자들에게 그 법령안에 관련된 사항을 약속하였다고 볼 수 없으며, 이러한 사정만으로 어떠한 신뢰를 부여하였다고 볼 수도 없다.

② 소위 삼청교육으로 인한 피해를 보상하겠다는 대통령의 담화발표와 이에 대한 후속조치로 국방부장관이 그 피해를 보상하겠다고 공고하고 피해신고까지 받은 것은 피해자들인 국민에 대하여 약속이 이행될 것이라는 강한 신뢰를 가지게 하였으며, 이러한 신뢰는 법적으로 보호받아야 할 이익이다.

③ 면허세의 근거법령이 제정되어 폐지될 때까지의 4년 동안 과세관청이 면허세를 부과할 수 있음을 알면서도 수출확대라는 공익상 필요에서 한 건도 부과한 일이 없었다면 비과세의 관행이 이루어졌다고 보아도 무방하다.

④ 선행조치는 반드시 과세관청이 납세자에 대하여 비과세를 시사하는 명시적 언동이 있어야만 하는 것은 아니나, 묵시적인 언동 다시 말하면 비과세의 사실상태가 장기간에 걸쳐 계속되는 경우에 그것이 그 사항에 대하여 과세의 대상으로 삼지 아니하는 뜻의 과세관청의 묵시적인 의향표시로 볼 수 있는 경우에도 이를 인정할 수 없다.

05 신뢰보호의 원칙에 대한 설명으로 옳은 것은?

① 과세관청이 납세의무자에게 부가가치세 면세사업자용 사업자등록증을 교부하거나 고유번호를 부여하였다고 하더라도 그가 영위하는 사업에 관하여 부가가치세를 과세하지 않겠다는 언동이나 공적 견해를 표명한 것으로 볼 수 있다.

② 재정경제부가 보도자료를 통하여 비업무용 토지에 관한 '「법인세법 시행규칙」을 개정하여 법제처의 심의를 거쳐 6월 말경 공포·시행할 예정'이라고 밝혔다면, 이를 신뢰하여 비업무용 토지를 매각한 기업의 이익은 보호되어야 한다.

③ 신뢰보호의 원칙과 관련하여, 행정청의 선행조치가 신청자인 사인의 사위나 사실은폐에 의해 이뤄진 경우라도 행정청의 선행조치에 대한 사인의 신뢰는 보호되어야 한다.

④ 신뢰보호의 원칙의 요건 중 하나인 귀책사유의 유무는 상대방과 그로부터 신청행위를 위임받은 수임인 등 관계자 모두를 기준으로 판단한다.

06 신뢰보호의 원칙에 대한 설명으로 옳은 것은?

① 행정청의 선행조치에 대하여 상대방인 사인의 아무런 처리행위가 없었던 경우라도 정신적 신뢰를 이유로 신뢰보호를 요구할 수 있다.

② 행정청의 선행조치와 무관하게 우연히 행해진 사인의 처리행위도 신뢰보호의 대상이 될 수 있다.

③ '공익을 해할 우려가 있는 경우가 아니어야 함'은 신뢰보호의 원칙의 성립요건이지만, '제3자의 정당한 이익을 해할 우려가 있는 경우가 아니어야 함'도 신뢰보호의 원칙의 성립요건이다.

④ 신뢰보호의 원칙은 사익과 공익 사이의 형량문제로 공익 이외의 제3자의 이익은 고려되지 않는다.

07 신뢰보호의 원칙에 대한 설명으로 옳은 것은?

① 신뢰보호의 원칙과 행정의 법률적합성의 원칙이 충돌하는 경우 국민보호를 위해 원칙적으로 신뢰보호의 원칙이 우선한다.

② 지방공무원 임용신청 당시 잘못 기재된 생년월일에 근거하여 36년 동안 공무원으로 근무하다 정년을 1년 3개월 앞두고 생년월일을 정정한 후 그에 기초하여 정년연장을 요구하는 것은 신의성실의 원칙에 반한다고 할 수 없다.

③ 신뢰보호의 원칙이 충족되는 경우에는 비례의 원칙(과잉금지의 원칙)이 적용될 여지가 없으므로 신뢰보호의 대상인 사익이 존속보호되어야 한다는 것이 통설과 판례의 입장이다.

④ 신뢰의 대상인 행정청의 선행조치에는 적극적·소극적 언동이 모두 포함되지만, 적어도 적법한 선행조치일 것이 요구되므로 위법한 선행조치에 대한 신뢰보호는 허용되지 않는다.

08 신뢰보호의 원칙에 대한 설명으로 옳은 것은?

① 신뢰보호의 원칙은 위법한 수익적 행정행위의 취소권 제한의 법리·실권의 법리 등의 이론적 근거가 되지만, 확약의 법리·계획보장청구권 등과는 무관하다.

② 행정청의 확약 또는 공적 견해표명이 있은 후에 사실적·법률적 상태가 변경되었다면, 그와 같은 확약 또는 공적 의사표명은 행정청의 별다른 의사표시를 기다리지 않고 실효된다.

③ 우리나라 「행정절차법」에서는 취소권을 1년 이상 행사하지 아니하면 실권되는 것으로 명문의 규정을 두고 있다.

④ 국립공원 관리권한을 가진 행정청이 실제의 공원구역과 다르게 경계측량과 표지를 설치한 십수 년 후 착오를 발견하여 지형도를 수정한 조치는 신뢰보호의 원칙에 위배된다.

09 신뢰보호의 원칙에 대한 설명으로 옳지 않은 것은?

① 정구장시설 설치의 도시계획결정을 청소년수련시설 설치의 도시계획으로 변경한 경우, 사업시행자로 지정받을 것을 예상하고 정구장설계비용 등을 지출한 자의 신뢰이익을 침해한 것으로 볼 수 없다.

② 과세관청이 비과세대상에 해당하는 것으로 잘못 알고 일단 비과세결정을 하였으나 그 후 과세표준과 세액의 탈루 또는 오류가 있는 것을 발견한 때에는, 이를 조사하여 세무서장이 일단 비과세결정을 하였다가 이를 번복하고 다시 과세처분을 하였다면 신의성실의 원칙에 반하는 위법한 것이라 할 수 있다.

③ 시의 도시계획과장과 도시계획국장이 도시계획사업의 준공과 동시에 사업부지에 편입한 토지에 대한 완충녹지 지정을 해제하고 아울러 당초의 토지소유자들에게 환매하겠다는 약속을 했음에도, 이를 믿고 토지를 협의매매한 토지소유자의 완충녹지지정해제신청을 거부한 것은 신뢰보호의 원칙에 위반된다.

④ 운전면허취소사유에 해당하는 음주운전을 적발한 경찰관의 소속 경찰서장이 사무착오로 위반자에게 운전면허정지처분을 한 상태에서 위반자의 주소지 관할 지방경찰청장이 위반자에게 운전면허취소처분을 한 것은 신뢰보호의 원칙을 위반한 처분이다.

10 공법관계와 사법관계에 대한 설명으로 옳은 것은?

① 공법관계는 행정소송 중 항고소송의 대상이 되며, 사인 간의 법적 분쟁에 관한 사법관계는 행정소송 중 당사자소송의 대상이 된다.

② 공법과 사법의 구별기준에 대한 신주체설은 국가나 지방자치단체 등의 행정주체가 관련되는 법률관계를 공법관계로 보고, 사인 간의 법률관계는 사법관계로 본다.

③ 행정법관계는 행정청과 일반국민 간의 관계이므로 공무원에 대한 징계행위는 행정법관계라고 할 수 없다.

④ 관리관계는 공법관계에 속하나 원칙적으로 사법이 적용된다.

11 공법관계와 사법관계에 대한 설명으로 옳은 것은?

① 국고작용의 경우에는 행정주체가 국민과 대등한 지위에서 사법적 형식으로 행위를 하는 것이므로, 이 영역에서는 기본권의 효력이 없다고 보아야 한다.

② 행정사법(行政私法) 영역에서는 사법이 적용되며, 공법원리는 추가로 적용될 수 없다.

③ 급부행정이나 경제지도행정영역에 있어서 행정주체에게 당해 작용 수행의 법적 형식에 대한 선택가능성이 없는 경우에는 행정사법이 적용될 수 없다.

④ 일반적으로 행정사법관계는 공법관계로 본다.

12 공법관계와 사법관계에 대한 설명으로 옳지 않은 것은?

① 「국유재산법」상 국유재산 무단사용에 대한 변상금 부과처분은 사법관계에 속한다.

② 행정재산의 사용·수익 허가에 따른 사용료를 미납한 경우에 부과된 가산금의 징수를 다투는 소송은 「행정소송법」상 행정소송에 해당한다.

③ 국립의료원 부설주차장에 관한 위탁관리용역운영계약은 공법관계로서 이와 관련한 가산금지급채무부존재에 대한 소송을 행정소송에 의해야 한다.

④ 행정재산을 원래의 목적 외로 사용할 경우 그에 대한 사용·수익 허가는 행정처분으로서 항고소송의 대상이 된다. 그러나 사용허가를 받은 행정재산을 전대하는 경우 그 전대행위는 사법상의 임대차에 해당한다.

13 공법관계와 사법관계에 대한 설명으로 옳지 않은 것은?

① 지방소방공무원이 자신이 소속된 지방자치단체를 상대로 초과근무수당의 지급을 구하는 청구에 관한 소송은 당사자소송의 절차에 따라야 한다.

② 서울특별시 지하철공사 임직원의 근무관계는 사법관계에 해당한다.

③ 공립유치원 전임강사에 대한 해임처분의 시정 및 수령 지체된 보수의 지급을 구하는 소송은 민사소송에 해당한다.

④ 사립학교 교원에 대한 징계는 사법관계이나 그에 대해 교원소청심사가 제기되어 그에 대한 결정이 있으면 그 결정은 공법의 문제가 된다.

14 공법관계와 사법관계에 대한 설명으로 옳지 않은 것은?

① 헌법재판소는, 정부투자기관(한국토지공사)의 출자로 설립된 회사(한국토지신탁) 내부의 근무관계(인사상의 차별 및 해고)에 관한 사항은 특별한 공법적 규정이 존재하는 경우라도 사법관계에 속하는 것이라고 본다.

② 대법원은, 농지개량조합(현 한국농어촌공사)과 그 직원의 관계는 사법상의 근로계약관계가 아닌 공법상의 특별권력관계이고, 그 조합의 직원에 대한 징계처분의 취소를 구하는 소송은 행정소송사항에 속한다고 본다.

③ 헌법재판소는, 한국방송공사의 직원채용관계는 특별한 공법적 규제 없이 한국방송공사의 자율에 맡겨진 셈이 되므로, 이는 사법적인 관계에 해당한다고 봄이 상당하고, 직원채용관계가 사법적인 것이라면 그러한 채용에 필수적으로 따르는 사전절차로 채용시험의 응시자격을 정한 공고 또한 사법적인 성격을 지닌다고 할 것이므로, 이러한 채용시험공고는 헌법소원으로 다툴 수 있는 공권력의 행사에 해당하지 않는다고 한다.

④ 「수도법」에 의하여 지방자치단체인 수도사업자가 그 수돗물의 공급을 받는 자에게 하는 수도료 부과·징수와 이에 따른 수도료 납부관계는 공법상의 권리·의무관계이므로, 이에 관한 분쟁은 행정소송의 대상이다.

15 공법관계와 사법관계에 대한 설명으로 옳은 것은?

① 입찰보증금의 국고귀속조치는 국가가 사법상의 재산권의 주체로서 행위하는 것이지, 공권력을 행사하는 것이거나 공권력 작용과 일체성을 가진 것이므로, 이에 관한 분쟁은 행정소송의 대상이 될 수밖에 없다.

② 「국가를 당사자로 하는 계약에 관한 법률」에 의하여 국가기관이 특정기업의 입찰참가자격을 제한하는 경우 이것은 사법관계이므로, 이에 대해 다투기 위하여서는 민사소송을 제기하여야 한다.

③ 대법원은 지방자치단체가 공공조달계약 입찰을 일정 기간 동안 제한하는 부정당업자 제재는 사법상의 통지행위에 불과하다고 본다.

④ 조달청이 국가종합전자조달시스템인 나라장터 종합쇼핑몰에 거래정지조치를 하는 것은 처분으로서 공법관계에 속한다.

16 공법관계와 사법관계에 대한 설명으로 옳은 것은?

① 「공익사업을 위한 토지 등의 취득 및 보상에 관한 법률」에 의한 협의취득은 공법상 계약이다.

② 개발부담금 부과처분의 직권취소를 이유로 한 부당이득반환청구는 사법관계에 속한다.

③ 구 하천구역 편입토지 보상에 관한 특별조치법 제2조 제1항의 규정에 의한 손실보상금의 지급을 구하는 소송의 성질은 사법관계에 속한다.

④ 구 개발이익환수에 관한 법률상 개발부담금 부과처분이 취소된 경우 그 과오납금의 반환을 청구하는 소송은 「행정소송법」상 행정소송에 해당한다.

17 공법관계와 사법관계에 대한 설명으로 옳은 것은?

① 「초·중등교육법」상 사립중학교에 대한 중학교 의무교육의 위탁관계는 공법관계에 속한다.

② 납세의무자가 국가에 대해 부가가치세 환급세액 지급을 청구하는 것의 법적 성질은 부당이득반환청구이므로 민사소송절차에 따라야 한다.

③ 공익사업의 시행으로 인하여 건축허가 등 관계 법령에 의한 절차를 진행 중이던 사업이 폐지되는 경우 그 사업 등에 소요된 비용 등의 손실에 대한 쟁송은 민사소송절차에 의해야 한다.

④ 공용수용의 목적물이 불필요하게 된 경우 피수용자가 다시 수용된 토지의 소유권을 회복할 수 있도록 하는 환매권은 일종의 공권이다.

18 행정주체에 대한 설명으로 옳지 않은 것은?

① 행정안전부장관은 행정주체가 될 수 없다.

② 서울대학교는 행정주체가 될 수 없다.

③ 「도시 및 주거환경정비법」상 주택재건축정비사업조합은 공법인으로서 목적범위 내에서 법령이 정하는 바에 따라 일정한 행정작용을 행하는 행정주체의 지위를 갖는다.

④ 각종 행정처분으로 인한 권리나 의무의 주체는 처분의 주체와 일치하지는 않는다.

19 공무수탁사인에 대한 설명으로 옳은 것은?

① 경찰과의 계약을 통해 주차위반차량을 견인하는 민간사업자도 공무수탁사인에 해당한다.

② 행정권한의 위탁은 행정행위의 형식으로 하여야 하고, 공법상 계약의 형식으로 할 수 없다.

③ 공무수탁사인은 수탁받은 공무를 수행하는 범위 내에서 행정주체이고, 「행정절차법」이나 「행정소송법」에서는 행정청이므로 행정행위를 발하거나 행정지도를 하는 경우 「행정절차법」이 적용된다.

④ 「민영교도소 등의 실지·운영에 관한 법률」상의 민영교도소는 행정보조인(행정보조자)에 해당한다.

20 행정주체와 객체에 대한 설명으로 옳지 않은 것은?

① 국가가 공무수탁사인의 공무수탁사무수행을 감독하는 경우 수탁사무수행의 합법성뿐만 아니라 합목적성까지도 감독할 수 있다.

② 국가가 자신의 임무를 스스로 수행할 것인지 아니면 그 임무의 기능을 민간부문으로 하여금 수행하게 할 것인지에 대하여 입법자에게 광범위한 입법재량 내지 형성의 자유가 인정된다고 보는 것이 판례의 입장이다.

③ 「소득세법」에 의한 원천징수의무자의 원천징수행위는 법령에서 규정된 징수 및 납부의무를 이행하기 위한 것에 불과한 것이지, 공권력의 행사로서의 행정처분에 해당되지 아니한다고 보는 것이 판례의 입장이다.

④ 지방자치단체는 행정주체이지 행정권 발동의 상대방인 행정객체는 될 수 없다.

제한시간 : 14분 | 시작시각 ___시 ___분 ~ 종료시각 ___시 ___분   나의 점수 _____

01 사법규정의 행정법관계에서의 적용에 대한 설명으로 옳은 것은?

① 행정법관계에서 기간의 계산에 관하여 특별한 규정이 없으면 「민법」의 기간 계산에 관한 규정이 적용되지 않는다.

② 현행법상 국가에 대한 금전채권의 소멸시효에 대하여는 「민법」의 규정이 그대로 적용된다.

③ 행정소송에 관하여 「행정소송법」에 특별한 규정이 없는 사항에 대하여는 「법원조직법」과 「민사소송법」 및 「민사집행법」의 규정을 준용한다.

④ 현행법상 행정목적을 위하여 제공된 행정재산에 대해서는 공용폐지가 되지 않는 한 「민법」상 취득시효규정이 적용된다.

02 소멸시효의 기간에 대한 설명으로 옳은 것은?

① 「국가재정법」상 5년의 소멸시효가 적용되는 '금전의 급부를 목적으로 하는 국가의 권리'에는 국가의 사법(私法)상 행위에서 발생한 국가에 대한 금전채무도 포함된다.

② 금전의 급부를 목적으로 하는 국가의 권리로서 시효에 관하여 다른 법률에 규정이 없는 것은 10년 동안 행사하지 아니하면 소멸한다.

③ 다른 법률의 규정에도 불구하고 공법상의 채권의 소멸시효는 5년이다.

④ 「국유새산법」상 변상금 부과처분에 대한 취소소송이 진행되는 동안에도 그 부과권의 소멸시효가 중단된다.

03 취득시효에 대한 설명으로 옳은 것은?

① 「국유재산법」상 일반재산은 취득시효의 대상이 될 수 있다.

② 판례에 따르면 국유재산 중 행정재산은 시효취득의 대상이 된다.

③ 취득시효제도의 이념은 행정상 법률관계에도 적용되며, 국가 등이 사인 소유의 물건을 시효취득하는 것도 가능하다.

④ 행정재산이 해당 용도로 사용되고 있지 않다면 용도폐지의 의사가 있다고 보아 시효에 의한 취득의 대상이 될 수 있다.

04 부당이득에 대한 설명으로 옳은 것은?

① 처분이 무효 또는 소급 취소된 경우의 무자격자의 기초생활보장금의 수령은 공법상 부당이득에 해당한다.

② 자연재해 시 빈 상점의 물건의 처분은 공법상 부당이득에 해당한다.

③ 「특수임무수행자 보상에 관한 법률」 제18조 제1항 제2호에 따라 보상금 등을 받은 당사자로부터 잘못 지급된 부분을 환수하는 처분을 당연히 하여야 한다.

④ 국가는 국유재산의 무단점유자에 대하여 변상금 부과·징수권의 행사와는 별도로 민사상 부당이득반환청구의 소를 제기할 수 없다.

05 사인의 공법행위에 대한 설명으로 옳은 것은?

① 사인의 공법행위는 공정력을 가지므로 무효가 아닌 한 취소되기 전까지 유효하다.

② 사인의 공법행위가 행정행위의 동기에 불과한 경우에도 그 사인의 행위의 흠은 행정행위의 효력에 영향을 미친다.

③ 사인의 공법행위에 대한 적용법규에 관하여는 「행정기본법」이 일반법이다.

④ 「민법」의 비진의 의사표시의 무효에 관한 규정은 그 성질상 영업재개신고나 사직의 의사표시와 같은 사인의 공법행위에는 적용되지 않는다.

06 사인의 공법행위에 대한 설명으로 옳지 않은 것은?

① 사인의 공법행위는 사인의 지위와 행위의 효과 등에 따라 다양하게 분류할 수 있으나, 사인의 공법행위에 대한 법률적 구성을 규정하고 있는 통칙적인 규정은 없다.

② 신청권은 행정청의 응답을 구하는 권리이며, 신청된 대로의 처분을 구하는 권리이다.

③ 공무원이 한 사직 의사표시의 철회나 취소는 그에 터 잡은 의원면직처분이 있을 때까지 할 수 있는 것이고, 일단 면직처분이 있고 난 이후에는 철회나 취소할 여지가 없다.

④ 행정청은 법령상 규정된 형식적 요건을 갖추지 못한 신고서가 제출된 경우에는 지체 없이 상당한 기간을 정하여 신고인에게 보완을 요구하여야 한다.

07 사인의 공법행위에 대한 설명으로 옳은 것은?

① 신청에 따른 행정청의 처분이 기속행위인 때에는 행정청은 신청에 대한 응답의무를 지지만, 재량행위인 때에는 응답의무가 없다.

② 법령등에서 행정청에 일정한 사항을 통지함으로써 의무가 끝나는 신고는 그 기재사항에 흠이 없고, 필요한 구비서류가 첨부되어 있으며, 그 밖에 법령등에 규정된 형식상의 요건에 적합할 때에는 신고서를 접수기관에 발송한 때에 신고의무가 이행된 것으로 본다.

③ 수리를 요하지 않는 신고는 요건을 갖추지 못한 부적법한 신고라도 행정청이 이를 수리한 경우에는 신고의 법적 효력이 발생한다고 할 수 없다.

④ 「행정절차법」상 신고요건으로는 신고서의 기재사항에 흠이 없고, 필요한 구비서류가 첨부되어 있어야 하며, 신고의 기재사항은 그 진실함이 입증되어야 한다.

08 사인의 공법행위에 대한 설명으로 옳지 않은 것은?

① 신고는 사인이 행하는 공법행위로 행정기관의 행위가 아니나, 「행정절차법」에는 신고에 관한 규정을 두고 있다.

② 자기완결적 신고에 있어 적법한 신고가 있는 경우, 행정청은 법 규정에 정하지 아니한 사유를 심사하여 이를 이유로 신고수리를 거부할 수 없다.

③ 수리를 요하지 않는 신고의 경우 신고의 적법 여부나 수리 여부와는 관계없이 신고서가 접수기관에 도달하면 신고의무가 이행된 것으로 본다.

④ 「행정절차법」이 정하는 신고의 요건을 갖추고 있다면 행정청이 수리를 거부하여도 신고의 법적 효력은 발생한다.

09 신고에 대한 설명으로 옳은 것은?

① 숙박업을 하고자 하는 자가 법령이 정하는 시설과 설비를 갖추고 행정청에 신고를 하면 행정청은 공중위생관리법령의 규정에 따라 원칙적으로 이를 수리하여야 하나, 새로 숙박업을 하려는 자가 기존에 다른 사람이 숙박업 신고를 한 적이 있는 시설 등의 소유권 등 정당한 사용권한을 취득하여 법령에서 정한 요건을 갖추어 신고하였더라도 행정청은 기존의 숙박업 신고가 외관상 남아 있다는 이유로 이를 거부할 수 있다.

② 정보통신매체를 이용하여 학습비를 받고 불특정 다수인에게 원격평생교육을 실시하기 위해 구 평생교육법에서 정한 형식적 요건을 모두 갖추어 신고한 경우, 행정청은 신고대상이 된 교육이나 학습이 공익적 기준에 적합하지 않는다는 등의 실체적 사유를 들어 신고 수리를 거부할 수 있다.

③ 전입신고자가 거주의 목적 외에 다른 이해관계에 관한 의도를 가지고 있는지 전입신고 수리 여부 심사 시 고려해서는 안 된다.

④ 주민등록의 신고는 행정청이 수리한 경우에 효력이 발생하는 것이 아니라, 행정청에 도달하기만 하면 신고로서의 효력이 발생한다.

10 신고에 대한 설명으로 옳은 것은?

① 구 주민등록법상 주민들의 거주지 이동에 따른 주민등록 전입신고에 대하여 시장은 그 수리 여부를 심사할 수 없다.

② 납골당설치신고가 구 장사 등에 관한 법률 관련 규정의 모든 요건에 맞는 신고를 했다면 수리 여부와 관계없이 납골당을 설치할 수 있다.

③ 다른 법령에 의한 인허가가 의제되지 않는 일반적인 건축신고는 자기완결적 신고이므로 이에 대한 수리 거부행위는 항고소송의 대상이 되는 처분이 아니다.

④ 「국토의 계획 및 이용에 관한 법률」상의 개발행위허가가 의제되는 건축신고는 특별한 사정이 없는 한 행정청이 그 실체적 요건에 관한 심사를 한 후 수리하여야 하는 이른바 '수리를 요하는 신고'로 보아야 한다.

11 신고에 대한 설명으로 옳지 않은 것은?

① 「건축법」상 건축주 명의변경신고는 행위요건적 신고이다.

② 유료노인복지주택의 설치신고를 받은 행정관청은 그 유료노인복지주택의 시설 및 운용기준이 법령에 부합하는지와 설치신고 당시 부적격자들이 입소하고 있는지 여부를 심사할 수 있다.

③ 행정청이 구 체육시설의 설치·이용에 관한 법률의 규정에 의하여 체육시설업자 지위승계신고를 수리하는 처분을 하는 경우, 종전 체육시설업자에 대하여 「행정절차법」상 사전통지 등 절차를 거칠 필요는 없다.

④ 구 체육시설의 설치·이용에 관한 법률의 규정에 따라 체육시설의 회원을 모집하고자 하는 자의 '회원모집계획서 제출'은 수리를 요하는 신고이며, 이에 대하여 회원모집계획을 승인하는 시·도지사 등의 검토결과 통보는 수리행위로서 행정처분에 해당한다.

12 신고에 대한 설명으로 옳은 것은?

① 이행통지는 납골당설치신고에 대하여 납골당을 설치하는 데 필요한 각종 인허가 사항, 향후 절차 등에 관한 사항을 알려 주게 되어 새로이 참가인 또는 관계자들의 법률상 지위에 변동을 일으키므로, 수리처분과는 별도로 이행통지를 항고소송의 대상이 되는 다른 처분으로 볼 수 있다.

② 구 유통산업발전법상 대규모점포의 개설 등록은 이른바 '수리를 요하는 신고'로서 행정처분에 해당한다.

③ 「수산업법」 제47조 소정의 어업의 신고는 행정청의 수리에 의하여 비로소 그 효과가 발생하는 수리를 요하는 신고라고 볼 수 없다.

④ 주민등록 전입신고의 수리 여부와 관련하여서는, 전입신고자가 거주의 목적 외에 다른 이해관계에 관한 의도를 가지고 있었는지 여부, 무허가 건축물의 관리, 전입신고를 수리함으로써 당해 지방자치단체에 미치는 영향 등도 고려하여야 한다.

13 사업양도·양수신고 수리에 대한 설명으로 옳지 않은 것은?

① 수리대상인 사업양도·양수가 존재하지 아니하거나 무효인 때에 수리대상인 사업양도·양수가 없었음에도 신고를 수리한 경우에는 먼저 민사쟁송으로 양도·양수가 무효임을 구한 이후에 신고 수리의 무효를 다툴 수 있다.

② 「식품위생법」에 의한 영업양도에 따른 지위승계신고를 수리하는 허가관청의 행위는 단순히 양도·양수인 사이에 이미 발생한 사법상의 사업양도의 법률효과에 의하여 양수인이 그 영업을 승계하였다는 사실의 신고를 접수하는 행위에 그치는 것이 아니라, 영업허가자의 변경이라는 법률효과를 발생시키는 행위이다.

③ 행정청에 의한 구 식품위생법상의 영업자지위승계신고 수리처분이 종전의 영업자의 권익을 제한하는 처분이라면, 해당 행정청은 종전의 영업자에게 「행정절차법」 소정의 행정절차를 실시하고 처분을 하여야 한다.

④ 민사쟁송으로 양도·양수행위의 무효를 구함이 없이 막바로 신고수리처분의 무효확인을 구할 법률상 이익이 있다.

14 甲은 영업허가를 받아 영업을 하던 중 자신의 영업을 乙에게 양도하고자 乙과 사업양도·양수계약을 체결하고 관련 법령에 따라 관할 행정청 A에게 지위승계신고를 하였다. 이에 대한 설명으로 가장 옳지 않은 것은? (다툼이 있는 경우 판례에 의함)

① 甲과 乙 사이의 사업양도·양수계약이 무효이더라도 A가 지위승계신고를 수리하였더라도 영업양도계약이 무효라면 위 신고수리처분도 무효이다.

② A가 지위승계신고의 수리를 거부한 경우 甲은 수리거부에 대해 취소소송으로 다툴 수 있다.

③ 甲과 乙이 사업양도·양수계약을 체결하였으나 지위승계신고 이전에 甲에 대해 영업허가가 취소되었다면, 乙은 이를 다툴 법률상 이익은 없다.

④ 甲과 乙이 관련 법령상 요건을 갖춘 적법한 신고를 하였더라도 A가 이를 수리하지 않았다면 지위승계의 효력이 발생하지 않는다.

15 행정입법에 대한 설명으로 옳은 것은?

① 행정입법은 행정주체가 정하는 구체적·개별적 규범으로 처분성이 인정된다.

② 지방자치단체에 의한 자치입법은 행정입법에 해당되지 않는다.

③ 해제조건의 성취는 법규명령과 행정규칙의 공통적 소멸사유이다.

④ 국가보훈처장·인사혁신처장과 같은 국무총리 직속기관은 부령제정권을 가진다.

16 행정입법에 대한 설명으로 옳지 않은 것은?

① 행정 각부가 아닌 국무총리 소속의 독립기관은 독립하여 법규명령을 발할 수 있다.

② 대통령령의 경우 모법의 시행에 관한 전반적 사항을 정하는 경우에는 ○○법(법률) 시행령으로, 모법의 일부 규정의 시행에 필요한 개별적 사항을 정하거나 대통령령의 권한 범위 내의 사항을 정하는 경우에는 ○○규정, ○○령으로 한다.

③ 중앙선거관리위원회는 법령의 범위 안에서 선거관리·국민투표관리·정당사무 등에 관한 규칙을 제정할 수 있는바, 이 규칙은 법규명령의 성질을 가진다.

④ 대통령의 긴급명령, 긴급재정경제명령은 헌법에 직접 근거를 둔 법규명령에 해당한다.

17 법규명령에 대한 설명으로 옳은 것은?

① 법규명령의 위임근거가 되는 법률에 대하여 위헌결정이 선고되더라도 그 위임에 근거하여 제정된 법규명령은 별도의 폐지행위가 있어야 효력을 상실한다.

② 구법에 위임의 근거가 없어 법규명령이 무효였다면 사후에 법 개정으로 위임의 근거가 부여되었다 할지라도 무효이다.

③ 일반적으로 법률의 위임에 따라 효력을 갖는 법규명령의 경우에 위임의 근거가 없어 무효였더라도 나중에 법 개정으로 위임의 근거가 부여되면 그때부터는 유효한 법규명령으로 볼 수 있다. 그러나 법규명령이 개정된 법률에 규정된 내용을 함부로 유추·확장하는 내용의 해석규정이어서 위임의 한계를 벗어난 것으로 인정될 경우에는 법규명령은 여전히 무효이다.

④ 집행명령은 상위법령의 집행을 위해 필요한 사항을 규정한 것으로 법규명령에 해당하므로, 법률의 수권 없이 제정할 수 없다.

18 법규명령에 대한 설명으로 옳은 것은?

① 어떤 법률의 말미에 "이 법의 시행에 필요한 사항은 대통령령으로 정한다."라고 하여 일반적 시행령 위임조항을 두었다면 이것은 위임명령의 일반적 발령근거로 작용한다.

② 집행명령은 상위법령의 집행을 위하여 필요한 사항을 법률 또는 상위명령의 위임에 의해 직권으로 발하는 명령이다.

③ 집행명령은 상위법령의 집행에 필요한 세칙을 정하는 범위 내에서만 가능하고, 국민의 새로운 권리·의무를 정할 수 없다.

④ 위임명령은 법규사항을 정할 수 있으나, 집행명령은 상위법령의 집행에 필요한 절차나 형식을 정하는 데 그쳐야 하며 법규사항을 정할 수 없다.

19 입법권의 위임에 대한 설명으로 옳은 것은?

① 급부행정 영역상의 위임입법에 있어서는 기본권침해 영역보다 구체성의 요구가 다소 약화되어도 무방하다.

② 다양한 사실관계를 규율하거나 사실관계가 수시로 변화될 것이 예상되는 분야에서는 다른 분야에 비하여 상대적으로 입법위임의 명확성·구체성이 강화된다.

③ 법률이 행정부가 아니거나 행정부에 속하지 않는 공법적 기관의 정관에 자치법적 사항을 위임한 경우에도 헌법이 정하는 포괄적인 위임입법의 금지는 원칙적으로 적용된다.

④ 대법원은 구 도시 및 주거환경정비법 제28조 제4항 본문이 사업시행인가 신청 시의 동의요건을 조합의 정관에 포괄적으로 위임한 것은 헌법 제75조가 정하는 포괄위임입법금지의 원칙이 적용되어 이에 위배된다고 하였다.

20 입법권의 위임에 대한 설명으로 옳은 것은?

① 외형상으로는 일반적·포괄적으로 위임한 것처럼 보인다면 해당 법률의 전반적인 체계와 취지·목적, 당해 조항의 규정 형식과 내용 및 관련 법규의 해석을 통하여 그 내재적인 위임의 범위나 한계가 객관적으로 분명히 확정될 수 있는 것이라도 일반적·포괄적인 위임에 해당한다.

② 국회전속적 입법사항은 반드시 법률에 의하여 규정되어야 하며, 입법자가 법률에서 구체적으로 범위를 정하여도 법규명령에 위임될 수는 없다.

③ 헌법에서 채택하고 있는 조세법률주의의 원칙상 과세요건과 징수절차에 관한 사항을 명령·규칙 등 하위법령에 구체적·개별적으로 위임하여 규정할 수 없다.

④ 행정의 효율성을 도모하기 위해 법률에서 위임받은 사항을 전혀 규정하지 않고 하위의 법규명령에 재위임하는 것은 허용되지 않는다.

제한시간 : 14분 | 시작시각 ___시 ___분 ~ 종료시각 ___시 ___분   나의 점수 _____

01 행정입법의 제정절차에 대한 설명으로 옳지 않은 것은?

① 상위 법령등의 단순한 집행을 위해 총리령을 제정하려는 경우, 행정상 입법예고를 하지 아니할 수 있다.

② 대통령령을 제정하려면 국무회의의 심의와 법제처의 심사를 거쳐야 한다.

③ 중앙행정기관의 장은 법률에서 위임한 사항이나 법률을 집행하기 위하여 필요한 사항을 규정한 훈령이나 예규가 폐지되었을 때에는 10일 이내에 이를 국회 소관 상임위원회에 제출하여야 한다.

④ 총리령안과 부령안은 국무회의의 심의와 법제처의 심사를 거쳐야 한다.

02 행정입법에 대한 설명으로 옳지 않은 것은?

① 행정규칙 위반은 징계사유가 된다.

② 행정규칙의 제정에는 법률우위의 원칙이 적용된다.

③ 영업정지처분이 적법한지 여부는 행정기관 내부의 사무처리준칙을 규정한 「공중위생관리법 시행규칙」[별표 7]에 합치하는 것인지 여부에 따라 판단되어야 한다.

④ 행정규칙 자체는 원칙적으로 「행정소송법」상 처분에 해당되지 않는다.

03 행정입법에 대한 설명으로 옳지 않은 것은?

① 소의 이익(권리보호의 필요)이 인정될 수 있는지 여부는 행정기관 내부의 사무처리준칙을 규정한 「공중위생관리법 시행규칙」[별표 7]의 법적 성격이 법규명령인지 또는 행정규칙인지 여부와 관련이 있다.

② 행정청은 법률의 근거 규정 없이도 재량권이 인정되는 영역에서 재량권 행사의 기준이 되는 지침을 제정할 수 있다.

③ 행정처분이 법규성이 없는 내부지침 등의 규정에 위배된다고 하더라도 그 이유만으로 처분이 위법하게 되는 것은 아니고, 또 그 내부지침 등에서 정한 요건에 부합한다고 하여 반드시 그 처분이 적법한 것이라고 할 수도 없다.

④ 해석준칙(규범해석행정규칙)은 계쟁처분의 판단에 있어 대외적 효력이 없으므로 법원을 구속하지 않는다.

04 행정입법에 대한 설명으로 옳은 것은?

① 행정규칙도 행정작용의 하나이므로 하자가 있으면 하자의 정도에 따라 무효 또는 취소할 수 있는 행정규칙이 된다.

② 법령의 위임이 없음에도 법령의 처분요건에 해당하는 사항을 부령에서 변경하여 규정한 경우 그 부령의 규정은 행정명령에 지나지 않아 대외적 구속력이 없다.

③ 상급행정기관이 하급행정기관에 대하여 업무처리지침이나 법령의 해석적용에 관한 기준을 정하여서 발하는 이른바 행정규칙은 일반적으로 행정조직 내부에서의 효력뿐만 아니라 대외적인 구속력도 갖는다.

④ 행정관청 내부의 사무처리규정에 불과한 전결규정에 위반하여 원래의 전결권자 아닌 보조기관 등이 처분권자인 행정관청의 이름으로 행정처분을 한 경우, 그 처분은 권한 없는 자에 의하여 행하여진 것으로 무효이다.

05 재량준칙에 대한 설명으로 옳은 것은?

① 상위법령에서 세부사항 등을 시행규칙으로 정하도록 위임하였음에도 이를 고시 등 행정규칙으로 정하였다면, 당해 고시 등은 상위법령과 결합하여 대외적 구속력을 가지는 법규명령으로서 효력이 인정된다.

② 대법원은 재량준칙이 되풀이 시행되어 행정관행이 성립된 경우에는 당해 재량준칙에 자기구속력을 인정한다. 따라서 당해 재량준칙에 반하는 처분은 법규범인 당해 재량준칙을 직접 위반한 것으로서 위법한 처분이 된다고 한다.

③ 재량준칙은 행정의 자기구속의 법리에 의거하여 간접적으로 대외적 구속력을 갖는다.

④ 재량준칙의 자기구속력은 신뢰보호의 원칙과는 무관하다.

06 행정입법에 대한 설명으로 옳지 않은 것은?

① 행정규칙의 공표는 행정규칙의 성립요건이나 효력요건은 아니나, 「행정절차법」에서는 행정청은 필요한 처분기준을 당해 처분의 성질에 비추어 될 수 있는 한 구체적으로 공표하도록 하고 있다.

② 법규적 성질을 갖는 행정규칙은 공포됨으로써 법규명령의 효력을 갖는다.

③ 행정규칙에서 사용하는 개념이 달리 해석될 여지가 있다 하더라도 행정청이 수권의 범위 내에서 법령이 위임한 취지 및 형평과 비례의 원칙에 기초하여 합목적적으로 기준을 설정하여 그 개념을 해석·적용하고 있다면, 개념이 달리 해석될 여지가 있다는 것만으로 이를 사용한 행정규칙이 법령의 위임 한계를 벗어났다고는 할 수 없다.

④ 처분의 근거가 행정규칙에 규정되어 있다고 하더라도, 그 처분이 상대방에게 권리 설정 또는 의무 부담을 명하거나 기타 법적인 효과를 발생하게 하는 등으로 상대방의 권리·의무에 직접 영향을 미치는 행위인 경우에는 항고소송의 대상이 되는 행정처분에 해당한다.

07 행정입법에 대한 설명으로 옳은 것은?

① 부령상의 제재처분기준에 관한 규정에서 위반 횟수에 따라 가중처분하게 되어 있는 경우에도, 제재적 처분의 제재기간 경과 후에 행정처분의 취소를 구할 법률상 이익은 없다.

② 법규명령 형식의 행정규칙과 관련하여 대법원은 대통령령(시행령)과 부령(시행규칙) 간의 구분 없이 실질적인 행정규칙의 성질을 인정하고 있다.

③ 판례는 그 형식이 대통령령이면 그 규정의 성질과 내용이 행정기관 내부의 사무처리준칙을 규정하였다 하더라도 법규명령에 해당한다고 본다.

④ 상위법령의 위임이 없음에도 상위법령에 규정된 처분요건을 부령에서 변경하여 규정하였다면 그 부령은 대외적 효력을 가지며 따라서 그 부령에 따른 처분 역시 적법하다.

08 행정입법에 대한 설명으로 옳은 것은?

① 한국표준산업분류는 우리나라의 산업구조를 가장 잘 반영하고 있고, 업종의 분류에 관하여 가장 공신력 있는 자료로 평가받고 있는 점 등을 고려하면, 업종의 분류에 관하여 판단자료와 전문성의 한계가 있는 대통령이나 행정각부의 장에게 위임하지 통계청장이 고시하는 한국표준산업분류에 위임할 필요성이 인정된다고 할 수 없다.

② 행정각부의 장이 정하는 고시라도 법령 내용을 보충하는 기능을 가지는 경우에는 형식과 상관없이 근거법령규정과 결합하여 법규명령의 효력을 가지며, 법령에 근거를 둔 고시는 상위법령의 위임범위를 벗어난 경우에도 법규명령으로서 기능한다.

③ 대법원은 행정적 편의를 도모하기 위해 법령의 위임을 받아 제정된 절차적 규정을 법령보충적 행정규칙으로 본다.

④ 구 청소년보호법의 위임에 따라 제정된 청소년보호법 시행령으로 정한 '위반행위의 종별에 따른 과징금처분 기준'은 법규명령에 해당하며, 그 기준에서 정한 과징금 액수는 정액이 아니라 최고한도액이다.

09 행정입법에 대한 설명으로 옳은 것은?

① 「도로교통법 시행규칙」 제53조 제1항이 정한 [별표 16]의 '운전면허행정처분기준'은 부령의 형식으로 되어 있으나, 그 규정의 성질과 내용이 행정청 내부의 사무처리준칙을 규정한 것에 지나지 아니하므로 대외적으로 국민이나 법원을 기속하는 효력이 없다.

② 「공익사업을 위한 토지 등의 취득 및 보상에 관한 법률」 제68조 제3항은 협의취득의 보상액 산정에 관한 구체적 기준을 시행규칙에 위임하고 있고, 위임범위 내에서 동법(同法) 시행규칙 제22조는 토지에 건축물 등이 있는 경우에는 건축물 등이 없는 상태를 상정하여 토지를 평가하도록 규정하고 있는데, 이는 대외적 구속력이 없다.

③ 구 식품위생법 시행규칙 제53조가 정한 [별표 15]의 행정처분기준은 구 식품위생법 제58조에 따른 영업허가의 취소 등에 관한 행정처분의 기준을 정한 것으로 대외적 구속력이 있다.

④ 「독점규제 및 공정거래에 관한 법률」 제23조 제3항에 근거한 불공정거래행위의 제정·고시 또는 구 대외무역법 제19조 제2항에 근거한 물품수출입공고 등은 행정규칙의 형식을 취하고 있으므로 내용상으로도 행정규칙으로 보는 것이 타당하다.

10 행정입법에 대한 설명으로 옳지 않은 것은?

① 판례는 "주유소의 진출입로는 도로상의 횡단보도로부터 10m 이상 이격되게 설치하여야 한다."라고 규정한 '전라남도 주유소 등록요건에 관한 고시' 제2조 제2항 [별표 1]에 대하여 법규명령으로서의 효력을 긍정하였다.

② '2006년 교육공무원 보수업무 등 편람'은 법규명령의 성질을 가진 것이라고 볼 수 없다.

③ '식품제조영업허가기준에 관한 고시'는 구 식품위생법 제23조의3 제4호에 따라 보건복지부장관이 발한 것으로서, 실질적으로 법의 규정을 보충하는 기능을 지니면서 그것과 결합하여 대외적으로 구속력을 발한다.

④ 구 주택건설촉진법 제7조 제2항의 위임규정에 터 잡은 시행령(대통령령) 제10조의3 제1항 [별표 1]에 근거한 영업정지처분을 함에 있어, 처분청은 모법이 정한 범위 내에서 위 시행령상의 기준에 구애받지 않고 정지기간을 정할 재량권이 있다.

11 행정입법에 대한 통제에 대한 설명으로 옳은 것은?

① 현행법은 국회의 행정규칙에 관한 심사라는 직접적 통제수단을 갖고 있다.

② 중앙행정기관의 장은 법률에서 위임한 사항이나 법률을 집행하기 위하여 필요한 사항을 규정한 대통령령·총리령·부령 등이 제정 또는 개정된 때에는 14일 이내에 이를 국회에 송부하여 국회에 의한 통제를 받게 된다.

③ 상급행정청의 감독권의 대상에는 하급행정청의 행정입법권 행사도 포함되지만 상급행정청은 하급행정청의 법규명령을 스스로 폐지할 수 있다.

④ 헌법 제107조 제2항의 규정에 따르면 행정입법의 심사는 일반적인 재판절차에 의하여 구체적 규범통제의 방법에 의하도록 하고 있으므로, 원칙적으로 당사자는 구체적 사건의 심판을 위한 선결문제로서 행정입법의 위법성을 주장하여 법원에 대하여 당해 사건에 대한 적용 여부의 판단을 구할 수 있을 뿐 행정입법 자체의 합법성의 심사를 목적으로 하는 독립한 신청을 제기할 수는 없다.

12 행정입법에 대한 통제에 대한 설명으로 옳지 않은 것은?

① 보건복지부 고시가 다른 집행행위의 매개 없이 그 자체로서 요양기관, 국민건강보험공단, 국민건강보험가입자 등의 법률관계를 직접 규율하고 있다면 항고소송의 대상이 된다.

② 의료기관의 명칭표시판에 진료과목을 함께 표시하는 경우 글자 크기를 제한하고 있는 구 의료법 시행규칙 제31조는 그 자체로 국민의 구체적 권리·의무나 법률관계에 직접적 변동을 초래하지 아니하므로 항고소송의 대상이 될 수 없다.

③ 교육에 관한 조례에 대한 항고소송을 제기함에 있어서는 그 의결기관인 시·도 지방의회를 피고로 하여야 한다.

④ 고시가 위법하게 제정된 경우라도 고시의 제정행위는 일반적·추상적인 규범의 정립행위이나 국가배상책임의 대상이 되는 직무행위에 해당한다고 볼 수 있다.

5회

2022 해커스공무원 함남기 행정법 모의고사 Season 1

13 행정행위에 대한 설명으로 옳지 않은 것은?

① 행정행위는 공법상의 행위이므로, 행정청이 특정인에게 어업권과 같이 사권의 성질을 가지는 권리를 설정하는 행위는 행정행위가 아니다.

② 부하 공무원에 대한 상관의 개별적인 직무명령은 행정행위가 아니다.

③ 지방경찰청장이 횡단보도를 설치하여 보행자통행방법 등을 규제하는 것은 행정행위에 해당한다.

④ 구체적 사실을 규율하는 경우에 불특정 다수인을 상대방으로 하는 처분이라도 행정행위이기도 하다.

14 이중효과적 행정행위(복효적 행정행위, 제3자효 행정행위)에 대한 설명으로 옳지 않은 것은?

① 기존 시내버스업자는 시외버스사업을 하는 자에 대해 시내버스로 전환함을 허용하는 사업계획변경인가처분의 취소를 구할 법률상 이익이 있다.

② 「행정소송법」은 제3자효 행정행위에 있어서 제3자도 집행정지를 신청할 수 있는지에 대해서는 규정하고 있지 않다.

③ 제3자인 이해관계인은 법원의 참가결정이 없어도 관계 처분에 의하여 자신의 법률상 이익이 침해되는 한 청문이나 공청회 등 의견청취절차에 참가할 수 있다.

④ 행정소송의 결과에 따라 권리 또는 이익의 침해 우려가 있는 제3자는 당해 행정소송에 참가할 수 있으며, 이때 참가인인 제3자는 실제로 소송에 참가하여 소송행위를 하였는지 여부를 불문하고 판결의 효력을 받는다.

15 기속행위와 재량행위에 대한 설명으로 옳지 않은 것은?

① 구 전염병예방법 제54조의2 제2항에 따른 예방접종으로 인한 질병, 장애 또는 사망의 인정 여부 결정은 보건복지가족부(현 보건복지부)장관의 재량에 속한다.

② 도로점용허가를 하면서 甲과 인근 주민들 간의 협의를 조건으로 하는 부관을 부가할 수 있다.

③ 구 지방재정법상 공유재산의 무단점유에 대한 변상금 부과처분은 재량행위이다.

④ 「국토의 계획 및 이용에 관한 법률」에 따른 토지의 형질변경허가는 그 금지요건이 불확정개념으로 규정되어 있어 그 금지요건에 해당하는지 여부를 판단함에 있어서 행정청에 재량권이 부여되어 있다고 할 것이므로, 이 법에 따른 토지의 형질변경행위를 수반하는 건축허가는 재량행위에 속한다.

16 기속행위와 재량행위에 대한 설명으로 옳지 않은 것은?

① 「지방공무원법」상 지방전문직공무원 채용계약에서 정한 채용기간이 만료된 경우에는 채용계약의 갱신이나 기간연장 여부는 기본적으로 지방자치단체장의 재량이다.

② 재량행위에 대한 사법심사를 하는 경우에, 법원은 행정청의 재량에 기한 공익판단의 여지를 감안하면서 독자적인 결론을 도출한 후 당해 행위에 재량권의 일탈·남용이 있는지 여부를 심사하여야 한다.

③ 「여객자동차 운수사업법」에 의한 개인택시운송사업면허는 특정인에게 권리나 이익을 부여하는 행정행위로서 법령에 특별한 규정이 없는 한 재량행위이고, 그 면허를 위하여 필요한 기준을 정하는 것 역시 행정청의 재량에 속한다.

④ 학교환경위생정화구역 내에서의 금지행위 및 금지시설의 해제신청에 대하여 신청을 인용하거나 거부하는 처분은 재량행위에 속한다.

17 불확정개념과 판단여지에 대한 설명으로 옳은 것은?

① 불확정개념에 관한 논의는 법규정의 요건부분에만 재량이 인정된다는 견해를 보충해주는 이론이다.

② 불확정개념은 법률효과의 해석에 있어서 불분명한 경우에 인정되는 개념이다.

③ 판단여지를 긍정하는 학설은 판단여지는 법률효과 선택의 문제이고 재량은 법률요건에 대한 인식의 문제라는 점, 양자는 그 인정근거와 내용 등을 달리하는 점에서 구별하는 것이 타당하다고 한다.

④ 다수설에 따르면 불확정개념의 해석은 법적 문제이기 때문에 일반적으로 전면적인 사법심사의 대상이 되고, 특정한 사실관계와 관련하여서는 원칙적으로 일의적인 해석(하나의 정당한 결론)만이 가능하다고 본다.

18 다단계 행정행위에 대한 설명으로 옳은 것은?

① 부분허가(부분승인)는 본허가권한과 분리되는 독자적인 행정행위이기 때문에 부분허가를 위해서는 본허가 이외에 별도의 법적 근거를 필요로 한다.

② 사전결정(예비결정)은 단계화된 행정절차에서 최종적인 행정결정을 내리기 전에 이루어지는 행위이지만, 그 자체가 하나의 행정행위이기도 하다.

③ 구 주택건설촉진법에 의한 주택건설사업계획 사전결정이 있는 경우 주택건설계획 승인처분은 사전결정에 기속되므로 다시 승인 여부를 결정할 수 없다.

④ 폐기물 사업계획에 대한 적합통보결정은 최종행정행위인 폐기물처리사업허가에 기본적으로 구속력을 미치지 않는다.

19 행정행위에 대한 설명으로 옳지 않은 것은?

① 하명의 대상은 법률행위뿐만 아니라 사실행위일 수도 있다.

② 법률행위가 하명을 위반하면 원칙적으로 무효가 된다.

③ 허가된 사업의 성질상 부당하게 짧은 기한을 정한 경우 그 기한은 그 허가의 조건의 존속기간을 정한 것이다.

④ 「행정절차법」에 따르면 특정 영업의 허가 신청 내용을 모두 그대로 인정하는 허가를 할 경우 그 허가처분의 근거와 이유를 제시하지 않아도 된다.

20 허가에 대한 설명으로 옳지 않은 것은?

① 종전의 허가가 기한의 도래로 실효되었다고 하여도 종전 허가의 유효기간이 지나서 기간연장을 신청하였다면 그 신청은 종전 허가의 유효기간을 연장하여 주는 행정처분을 구한 것으로 보아야 하지 종전 허가와는 별개로 새로운 허가를 내용으로 하는 행정처분을 구한 것으로 보아서는 아니 된다.

② 부지사전승인처분은 원자로 및 관계 시설 건설허가의 사전적 부분허가의 성격을 가지고 있으므로, 원자로 및 관계 시설의 건설허가기준에 관한 사항은 건설허가의 기준이 됨은 물론 부지사전승인의 기준이 된다.

③ 원자로 및 관계 시설의 부지사전승인처분은 그 자체로서 건설부지를 확정하고 사전공사를 허용하는 법률효과를 지닌 독립한 행정처분이다.

④ 건축허가신청 후 허가기준이 변경된 경우 그 허가청이 허가신청을 수리하고도 정당한 이유 없이 그 처리를 늦추어 그 사이에 허가기준이 변경된 것이 아닌 이상 변경된 허가기준에 따라서 처분을 하여야 한다.

제한시간 : 14분 | 시작시각 ___시 ___분 ~ 종료시각 ___시 ___분

나의 점수 _____

01 인·허가 의제제도에 대한 설명으로 옳은 것은?

① 인·허가 의제제도는 행정기관의 권한에 변경을 가져오는 것이므로 법률의 명시적인 근거가 있어야 한다.

② 인·허가 의제제도가 인정되는 경우 민원인은 하나의 인·허가 신청과 더불어 의제를 원하는 인·허가 신청을 각각의 해당 기관에 제출하여야 한다.

③ 주된 인·허가처분이 관계 기관의 장과 협의를 거쳐 발령된 이상 의제되는 인·허가에 법령상 요구되는 주민의 의견청취 등의 절차는 거쳐야 한다.

④ 인·허가 의제에 관계 기관의 장과 협의가 요구되는 경우, 주된 인·허가를 하기 전에 의제되는 모든 인·허가 사항에 관하여 관계 기관의 장과 사전협의를 거쳐야 한다.

02 인·허가 의제제도에 대한 설명으로 옳은 것은?

① 주된 인·허가에 의해 의제되는 인·허가는 원칙적으로 주된 인·허가로 인한 사업을 시행하는 데 필요한 범위 내에서만 그 효력이 유지되는 것은 아니므로, 주된 인·허가로 인한 사업이 완료된 이후에도 효력이 있다.

② 주된 인·허가거부처분을 하면서 의제되는 인·허가거부사유를 제시한 경우, 의제되는 인·허가거부를 다투려는 자는 주된 인·허가거부 외에 별도로 의제되는 인·허가거부에 대한 쟁송을 제기해야 한다.

③ 주된 인·허가에 관한 사항을 규정하고 있는 법률에서 주된 인·허가가 있으면 다른 법률에 의한 인·허가를 받은 것으로 의제한다는 규정을 둔 경우, 주된 인·허가가 있으면 다른 법률에 의하여 인·허가를 받았음을 전제로 하는 그 다른 법률의 모든 규정들까지 적용되는 것은 아니다.

④ A허가에 대해 B허가가 의제되는 것으로 규정된 경우, A불허가처분을 하면서 B불허가사유를 들고 있으면 A불허가처분과 별개로 B불허가처분도 존재한다.

03 허가에 대한 설명으로 옳은 것은?

① 허가가 갱신된 이후라고 하더라도, 갱신 전의 법 위반 사실을 이유로 허가를 취소할 수 있다.

② 허가의 유효기간이 지난 후에 그 허가의 기간연장이 신청된 경우, 허가권자는 특별한 사정이 없는 한 유효기간을 연장해 주어야 한다.

③ 허가처분에 기간이 부당히 짧은 경우에는 그 기간은 허가 자체의 존속기간이 아니라 허가조건의 존속기간으로 보아 종기가 도래하기 전에 반드시 연장에 관한 신청이 있어야 하는 것은 아니라고 본다.

④ 허가조건의 존속기간 내에 적법한 갱신신청이 있었음에도 갱신 가부의 결정이 없으면 주된 행정행위는 효력이 상실된다.

04 허가에 대한 설명으로 옳은 것은?

① 종전 허가의 유효기간이 지난 후에 한 기간연장신청은 신규허가를 구하는 것으로 본다.

② 허가의 갱신으로 종전의 허가가 실효되는 것은 아니므로 허가의 갱신으로 인하여 갱신 전의 위법사유가 치유된다.

③ 허가의 갱신의 경우에는 종전의 허가는 실효되고 새로운 허가가 부여되는 것이다.

④ 일반적으로 행정처분에 효력기간이 정하여져 있는 경우에는 그 기간의 경과로 그 행정처분의 효력은 상실되고, 다만 허가에 붙은 기한이 그 허가된 사업의 성질상 부당하게 짧은 경우에는 이를 그 허가 자체의 존속기간이지 그 허가조건의 존속기간으로 볼 수 없다.

05 행정행위에 대한 설명으로 옳은 것은?

① 특허는 주로 특정인을 대상으로 행해지나 이에 한정되지 않으며 불특정 다수인에게 행해지기도 한다.

② 특허는 출원을 효력발생요건으로 하며 출원이 없거나 그 취지에 반하는 특허는 완전한 효력을 발생할 수 없게 된다.

③ 강학상 허가와 특허는 의사표시를 요소로 한다는 점과 반드시 신청을 전제로 한다는 점에서 공통점이 있다.

④ 하천점용허가는 성질상 일반적 금지의 해제에 불과하여 허가의 일정한 요건을 갖춘 경우 기속적으로 판단하여야 한다.

06 행정행위에 대한 설명으로 옳은 것은?

① 공유수면의 점용·사용 허가는 허가 상대방에게 제한을 해제하여 공유수면이용권을 부여하는 처분으로 강학상 허가에 해당한다.

② 「도시 및 주거환경정비법」 등 관련 법령에 근거하여 행하는 주택재건축사업조합 설립인가처분은 사인들의 조합설립행위에 대한 보충행위로서의 성질을 갖는 것에 그칠 뿐, 행정주체로서의 지위를 부여하는 설권적 처분의 성격을 갖는 것은 아니다.

③ 공유수면 점용·사용 허가기간이 그 사업의 성질상 부당하게 짧다고 인정되면 허가는 기간 만료로 당연히 실효되는 것이 아니다.

④ 공유수면매립면허처분 및 공유수면매립목적 변경승인처분은 각각 강학상 허가와 강학상 특허에 해당한다.

07 행정행위에 대한 설명으로 옳지 않은 것은?

① 관할청의 구 사립학교법에 따른 학교법인의 이사장 등 임원취임승인행위는 강학상 특허에 해당한다.

② 「출입국관리법」상 체류자격 변경허가는 신청인에게 당초의 체류자격과 다른 체류자격에 해당하는 활동을 할 수 있는 권한을 부여하는 일종의 설권적 처분이다.

③ 구 수도권 대기환경개선에 관한 특별법상 대기오염물질 총량관리사업장 설치의 허가는 강학상 특허에 해당한다.

④ 개발촉진지구 안에서 시행되는 지역개발사업에 관한 지정권자의 실시계획승인처분은 강학상 특허에 해당한다.

08 행정행위에 대한 설명으로 옳은 것은?

① 재단법인의 정관변경허가는 강학상 특허에 해당한다.

② 전기·가스 등의 공급사업이나 철도·버스 등의 운송사업에 대한 허가는 강학상의 특허로 보는 것이 일반적이다.

③ 공유수면매립허가, 보세구역의 설치·운영에 관한 특허, 특허기업의 사업양도허가는 강학상 특허에 해당한다.

④ 국립의료원 부설주차장에 관한 위탁관리용역운영계약은 공법상 계약에 해당한다.

09 행정행위에 대한 설명으로 옳지 않은 것은?

① 정당한 어업허가를 받고 공유수면매립사업지구 내에서 허가어업에 종사하고 있던 어민들에 대하여 손실보상을 할 의무가 있는 사업시행자가 손실보상의무를 이행하지 아니한 채 공유수면매립공사를 시행함으로써 실질적이고 현실적인 침해를 가한 때에는 불법행위를 구성하는 것이고, 이 경우 허가어업자들이 입게 되는 손해는 그 손실보상금 상당액이다.

② 다수설에 의하면 법령에 명문의 규정이 없는 한 수정인가를 할 수 없다.

③ 행정청의 주택재개발정비사업조합설립인가는 사인들의 조합설립행위에 대한 보충행위의 성질을 갖는 것으로 강학상 인가에 해당한다.

④ 「민법」에 따른 재단법인의 정관변경 허가는 재단법인의 정관변경에 대한 법률상의 효력을 완성시키는 보충행위로서 그 법적 성격은 인가에 해당한다.

10 재건축과 재개발에 대한 설명으로 옳은 것은?

① 「도시 및 주거환경정비법」상 재건축조합의 관리처분계획에 대한 인가·고시 후 관리처분계획결의의 하자를 다투고자 하는 경우 조합총회의 결의는 관리처분계획처분의 실체적 요건에 해당하기 때문에 조합총회결의를 대상으로 효력 유무를 다투는 확인의 소를 제기하는 것이 허용된다.

② 재개발조합이 조합원에게 한 관리처분계획에 대한 다툼은 공법상의 당사자소송을 제기하여 그 위법성을 다툴 수 있다.

③ 「도시 및 주거환경정비법」상 주택재개발사업조합의 조합설립인가처분이 법원의 재판에 의하여 취소된 경우 그 조합설립인가처분은 소급하여 효력을 상실한다.

④ 「도시 및 주거환경정비법」상 관리처분계획에 대한 인가는 강학상 인가의 성격을 갖고 있으므로 관리처분계획에 대한 인가가 있더라도 관리처분계획안에 대한 총회결의에 하자가 있다면 민사소송으로 총회결의의 하자를 다투어야 한다.

11 재건축과 재개발에 대한 설명으로 옳은 것은?

① 재개발조합설립인가신청에 대하여 행정청의 조합설립인가처분이 있은 이후에 조합설립 동의에 하자가 있음을 이유로 재개발조합설립의 효력을 부정하려면 조합설립 동의의 효력을 소의 대상으로 하여야 한다.

② 조합설립추진위원회 구성승인처분은 조합의 설립을 위한 주체인 추진위원회의 구성행위를 보충하여 그 효력을 부여하는 처분으로 인가에 해당한다.

③ 주택재건축조합설립인가 후 주택재건축조합설립결의의 하자를 이유로 조합설립인가처분의 무효확인을 구하기 위해서는 직접 항고소송의 방법으로 확인을 구할 수 없으며, 조합설립결의 부분에 대한 효력 유무를 민사소송으로 다툰 후 인가의 무효확인을 구해야 한다.

④ 조합설립결의에 하자가 있었으나 조합설립인가처분이 이루어진 경우에는 조합설립결의의 하자를 당사자소송으로 다툴 것이고 조합설립인가처분에 대해 항고소송을 제기할 수 없다.

12 준법률행위적 행정행위에 대한 설명으로 옳은 것은?

① 행려병자의 유류품 처분은 준법률행위적 행정행위에 속한다.

② 당선자 결정은 준법률행위적 행정행위 중 확인이다.

③ 행정심판 재결은 준법률행위적 행정행위 중 공증이다.

④ 합격증서 발급은 준법률행위적 행정행위 중 확인이다.

13 준법률행위적 행정행위에 대한 설명으로 옳지 않은 것은?

① 공무원시험 합격자 결정은 준법률행위적 행정행위 중 확인이다.

② 도로구역의 결정은 준법률행위적 행정행위에 속한다.

③ 확인행위는 특정한 사실 또는 법률관계의 존부(存否) 또는 정부(正否)에 대하여 다툼이 있는 경우에 행정청이 공권적으로 판단하는 행위로 각종 증명서 발급이 이에 속한다.

④ 건축물에 대한 준공검사처분은 확인이다.

14 부관에 대한 설명으로 옳은 것은?

① 행정청이 처분을 하며 부가한 부담의 위법 여부는 처분 당시 법령뿐 아니라 처분 전후의 법령상태를 모두 살펴 판단하여야 하므로, 부담의 전제가 된 근거법령이 개정되어 부관을 붙일 수 없게 된 경우라면 부담의 효력은 소멸한다.

② 「사도법」상 사도개설허가에서 정해진 공사기간이 공사기간을 준수하여 공사를 마치도록 하는 의무를 부과하는 부담의 성질을 가지므로 그 공사기간 내에 사도로 준공검사를 받지 못하였다 하더라도 사도개설허가가 당연히 실효되는 것은 아니다.

③ 수익적 행정처분에 있어서는 법령에 특별한 근거규정이 없다고 하더라도 부담을 붙일 수 있는데, 그와 같은 부담은 행정청이 행정처분을 하면서 일방적으로 부가하여야 하는 것이지 부담을 부가하기 이전에 상대방과 협의하여 부담의 내용을 협약의 형식으로 미리 정한 다음 행정처분을 하면서 이를 부가할 수는 없다.

④ 행정처분에 부담인 부관을 붙인 경우 그 처분을 받은 사람이 부담의 이행으로 사법상 매매 등의 법률행위를 한 경우에는 그 부관은 특별한 사정이 없는 한 법률행위를 하게 된 동기 내지 연유로 작용하였을 뿐이라도 이는 법률행위 자체를 무효화시키는 사유이다.

15 부관에 대한 설명으로 옳지 않은 것은?

① 정지조건부 행정행위는 조건의 성취 여부가 정해지지 않은 동안에는 그 효력이 불확정한 상태에 있지만, 해제조건부 행정행위는 조건성취에 의해 그 효력을 상실한다.

② 「식품위생법」은 관할 관청이 영업허가를 하는 때에는 필요한 조건을 붙일 수 있다고 규정하고 있다. 여기에서 조건은 강학상 법률효과의 일부배제라고 부른다.

③ 어업면허처분을 함에 있어 그 면허의 유효기간을 정한 경우, 위 면허의 유효기간은 행정청이 위 어업면허처분의 효력을 제한하기 위한 행정행위의 부관이라 할 것이고 이러한 행정행위의 부관은 독립하여 행정소송의 대상이 될 수 없는 것이므로 위 어업면허처분 중 그 면허 유효기간만의 취소를 구하는 청구는 허용될 수 없다.

④ 재량행위인 허가의 기간이 부당하게 짧은 경우라면 그 기한은 허가조건의 존속기간을 정한 것으로 볼 수 있으나, 그 후 당초 기한이 상당기간 연장되어 전체를 기준으로 볼 경우 부당하게 짧은 경우에 해당하지 않는다면 관계 행정청은 재량권의 행사로서 기간연장을 불허가할 수 있다.

16 부관에 대한 설명으로 옳지 않은 것은?

① 행정청이 종교단체에 대하여 기본재산전환인가를 함에 있어 인가조건을 부가하고 그 불이행 시 인가를 취소할 수 있도록 한 경우, 그 인가조건의 의미는 철회권 유보이다.

② 철회권이 유보된 경우일지라도 행정행위의 상대방은 당해 행정행위 철회 시 신뢰보호의 원칙을 원용하여 손실보상을 청구할 수 있다.

③ 철회권이 유보된 경우라도 철회권의 행사는 그 자체만으로는 정당화되지 않고 그 외에 철회의 일반적 요건이 충족되어야 한다.

④ 공장건축허가를 부여하면서 근로자의 정기건강진단의무를 부과하는 것은 부관의 종류 중 부담에 해당한다.

17 부관에 대한 설명으로 옳지 않은 것은?

① 부담과 조건의 구별이 애매한 경우 조건으로 보는 것보다 부담으로 해석하는 것이 상대방에게 유리하다.

② 부담부 행정행위의 경우 부담에서 부과하고 있는 의무의 이행이 있어야 비로소 주된 행정행위의 효력이 발생한다.

③ 공유수면매립준공인가 중 매립지 일부에 대하여 한 국가귀속처분은 부관의 종류 중 법률효과의 일부배제에 해당한다.

④ 법률효과의 일부배제는 법령상에 규정된 효과의 일부를 배제하는 것이어서, 항상 법령에 명시적 근거를 요하는 것이다.

18 부관에 대한 설명으로 옳은 것은?

① 행정청은 수익적 행정처분으로서 재량행위인 주택재건축사업시행인가에 대하여 법령상의 제한에 근거한 것이 아니라 하더라도 공익상 필요 등에 의하여 필요한 범위 내에서 조건(부담)을 부과할 수 있다.

② 수익적 행정처분에 있어서도 원칙적으로 법령에 특별한 근거규정이 있어야만 그 부관으로서 부담을 붙일 수 있다.

③ 재량행위나 기속재량행위에는 부관을 붙인다면 이는 무효이다.

④ 판례는 대구직할시 교육위원회 교육감이 사립학교의 이사회소집을 승인하면서 일정한 일시와 장소에 한정하여 이사회를 개최할 수 있다고 붙인 부관의 구속력을 인정하였다.

19 부관에 대한 설명으로 옳은 것은?

① 기속행위 내지 기속적 재량행위에 해당하는 이사회소집승인행위에 붙인 부관은 무효이다.

② 「식품위생법」은 관할 관청이 영업허가를 하는 때에는 필요한 조건을 붙일 수 있다고 규정하고 있다. 이에 행정청이 유흥주점영업을 허가하면서 일정한 규모의 주차공간을 확보할 것을 조건으로 붙였다. 「식품위생법」상의 영업허가는 재량행위이므로 이러한 조건을 붙일 수 있는 것이다.

③ 처분과 실제적 관련성이 없어 부관으로 붙일 수 없는 부담이라도 사법상 계약의 형식으로 처분의 상대방에게 부과할 수 있다.

④ 처분과 실제적 관련성이 없어 부관으로 붙일 수 없는 부담을 사전에 협약을 한 후에는 부가할 수 있다.

20 부관에 대한 설명으로 옳지 않은 것은?

① 기선선망어업의 허가를 하면서 운반선, 등선 등 부속선을 사용할 수 없도록 제한한 부관은 그 어업허가의 목적 달성을 사실상 어렵게 하여 그 본질적 효력을 해하는 것이다.

② 행정청 A는 甲에 대하여 주택건설사업계획 승인처분을 하면서 사업부지 중 일부를 공공시설용 토지로 기부채납할 것을 부관으로 하였고, 甲은 그 부관의 이행으로 토지에 대한 소유권이전등기를 마쳤다. 위 기부채납 부관이 처분과 실제적 관련성이 없어 부관으로 붙일 수 없는 경우, 사법상 계약의 형식으로 甲에게 토지이전의무를 부과할 수는 없다.

③ 법률행위적 행정행위에는 부관을 붙일 수 있는 것이 원칙이므로, 귀화허가 및 공무원의 임명행위 등과 같은 신분설정행위에는 부관을 붙일 수 있다.

④ 처분을 하면서 처분과 관련한 소의 제기를 금지하는 내용의 부제소특약을 부관으로 붙이는 것은 허용되지 않는다.

제한시간 : 14분 | 시작시각 ___시 ___분 ~ 종료시각 ___시 ___분 　　　　나의 점수 _____

01 행정행위의 요건과 효력에 대한 설명으로 옳은 것은?

① 청소년유해매체물 결정·고시는 일반 불특정 다수인을 상대방으로 하여 일률적으로 표시의무, 포장의무, 청소년에 대한 판매·대여 등의 금지의무 등 각종 의무를 발생시키는 행정처분으로서 웹사이트 운영자에게 제대로 통지해야 효력이 발생한다.

② 상대방이 있는 행정처분은 특별한 규정이 없는 한 상대방에게 고지되지 아니하더라도 상대방이 다른 경로를 통해 행정처분의 내용을 알게 되었다면 그 효력이 발생한다.

③ 면허관청이 운전면허정지처분을 하면서 통지서에 의하여 면허정지사실을 통지하지 아니하거나 처분집행 예정일 7일 전까지 이를 발송하지 아니한 경우에는 절차와 형식을 갖추지 아니한 조치로서 효력이 없으나, 면허관청이 임의로 출석한 상대방의 편의를 위하여 구두로 면허정지사실을 알렸다면 운전면허정지처분의 효력이 인정된다.

④ 건물소유자에게 소방시설 불량사항을 시정·보완하라는 명령을 구두로 고지한 것은 「행정절차법」에 위반한 것으로 하자가 중대·명백하여 당연무효이다.

02 행정행위의 요건과 효력에 대한 설명으로 옳지 않은 것은?

① 구 중기관리법에 「도로교통법 시행령」 제86조 제3항 제4호와 같은 운전면허의 취소·정지에 대한 통지에 관한 규정이 없더라도 중기조종사면허의 취소나 정지는 상대방에 대한 통지를 요하지 아니한다고 할 수 없고 행정행위의 일반원칙에 따라 이를 상대방에게 고지하여야 효력이 발생한다.

② 보통우편의 방법으로 발송된 경우 반송되지 않았다면 상당기간 내에 도달하였다고 추정할 수 있다.

③ 납세자가 과세처분의 내용을 이미 알고 있는 경우에도 납세고지서의 송달이 필요하다.

④ 송달하는 장소에서 송달받을 자를 만나지 못한 경우에는 그 사무원·피용자 또는 동거인으로서 사리를 분별할 지능이 있는 사람에게 문서를 교부할 수 있다.

03 행정절차법상 송달에 대한 설명으로 옳지 않은 것은?

① 정보통신망을 이용한 송달은 송달받을 자의 동의 여부와 상관없이 허용된다.

② 정보통신망을 이용한 송달은 송달받을 자가 동의하는 경우에만 한한다.

③ 교부에 의한 송달은 수령확인서를 받고 문서를 교부함으로써 한다.

④ 교부에 의한 송달은 수령확인서를 받고 문서를 교부함으로써 하며, 송달하는 장소에서 송달받을 자를 만나지 못한 경우에는 그 사무원·피용자 또는 동거인으로서 사리를 분별할 지능이 있는 사람에게 문서를 교부할 수 있다.

04 행정행위의 효력발생과 소멸에 대한 설명으로 옳지 않은 것은?

① 송달받을 자의 주소 등을 통상의 방법으로 확인할 수 없을 때에는 공시송달 절차에 의해 송달할 수 있다.

② A시의 시장이 「식품위생법」 위반을 이유로 乙에 대해 영업허가를 취소하는 처분을 하고자 하나 송달이 불가능하다. A시의 시장이 영업허가취소처분을 송달하려면 乙이 알기 쉽도록 관보, 공보, 게시판, 일간신문 중 하나 이상에 공고하고 인터넷에도 공고하여야 한다.

③ 2020.1.6. 인기 아이돌 가수인 甲의 노래가 수록된 음반이 청소년유해매체물로 결정 및 고시되었는데, 여성가족부장관은 이 고시를 하면서 그 효력발생시기를 구체적으로 밝히지 않았다. 「행정 효율과 협업 촉진에 관한 규정」에 따르면 여성가족부장관의 고시의 효력은 2020.1.20.부터 발생한다.

④ 행정처분에 그 효력기간이 부관으로 정하여져 있는 경우, 그 처분의 효력 또는 집행이 정지된 바 없다면 위 기간의 경과로 그 행정처분의 효력은 상실되므로 그 기간 경과 후에는 그 처분이 외형상 잔존함으로 인하여 어떠한 법률상 이익이 침해되고 있다고 볼 만한 별다른 사정이 없는 한 그 처분의 취소를 구할 법률상의 이익이 없다.

05 공정력과 선결문제에 대한 설명으로 옳은 것은?

① 민사소송에 있어서 어느 행정처분의 당연무효 여부가 선결문제로 되는 때에는 이를 판단하여 당연무효임을 전제로 판결할 수는 없고, 반드시 행정소송 등의 절차에 의하여 그 취소나 무효확인을 받아야 한다.

② 처분 등의 효력 유무 및 위법 여부 또는 존재 여부가 민사소송의 선결문제로 되어 당해 민사소송의 수소법원이 이를 판단하는 경우에 대하여 「행정소송법」은 명시적인 규정을 두고 있다.

③ 행정처분의 취소를 구하는 취소소송에서 그 처분의 취소를 선결문제로 하는 부당이득반환청구가 병합된 경우, 그 청구의 인용을 위해서는 그 소송절차에서 판결에 의해 당해 처분이 취소되면 충분하고 그 처분의 취소가 확정되어야 할 필요는 없다.

④ 행정청의 조치명령에 위반하여 명령위반죄로 기소된 사안에서 해당 조치명령이 당연무효인 경우에 한하여 형사법원은 그 위법성을 판단하여 죄의 성립 여부를 결정할 수 있다.

06 공정력에 대한 설명으로 옳지 않은 것은?

① 처분은 권한이 있는 기관이 취소 또는 철회하거나 기간의 경과 등으로 소멸되기 전까지는 적법한 것으로 통용된다. 다만, 무효인 처분은 처음부터 그 효력이 발생하지 아니한다.

② 연령미달의 결격자인 甲이 그의 형인 乙의 이름으로 운전면허시험에 응시·합격하여 운전면허를 취득하였다면 이는 「도로교통법」상 취소사유에 불과하다. 따라서 아직 그 면허가 취소되지 않고 있는 동안 운전을 하던 중 적발된 甲을 무면허운전으로 처벌할 수 없다.

③ 지방공무원 甲이 그에 대한 임명권자를 달리하는 지방자치단체로의 전출명령이 동의 없이 이루어진 것으로서 위법하다고 주장하면서 전출받은 근무지에 출근하지 아니하자 이에 대하여 감봉 3월의 징계처분이 내려진 경우, 위 전출명령은 위법한 것으로서 취소되어야 하므로, 위 전출명령이 적법함을 전제로 내려진 위 징계처분은 비록 위 전출명령이 공정력에 의하여 취소되기 전까지는 유효한 것으로 취급되어야 한다고 하더라도 징계양정에 있어서는 결과적으로 재량권을 일탈한 위법이 있다.

④ 위법한 행정대집행이 완료되면 당해 계고처분의 무효확인 또는 취소를 구할 소의 이익은 없다 하더라도, 미리 그 행정처분의 취소판결이 있어야만 그 행정처분의 위법임을 이유로 한 손해배상청구를 할 수 있는 것은 아니다.

07 불가쟁력이 발생한 행정행위에 대한 설명으로 옳은 것은?

① 행정청 A는 甲에 대하여 주택건설사업계획 승인처분을 하면서 사업부지 중 일부를 공공시설용 토지로 기부채납할 것을 부관으로 하였고, 甲은 그 부관의 이행으로 토지에 대한 소유권이전등기를 마쳤다. 甲에 대한 기부채납 부관이 제소기간의 도과로 불가쟁력이 발생한 이후에는 그 부담의 이행으로 한 소유권이전등기의 효력을 다툴 수 없다.

② 영업허가를 취소하는 처분에 대해 불가쟁력이 발생하였더라도 이후 사정변경을 이유로 그 허가취소의 변경을 요구하였으나 행정청이 이를 거부한 경우라면, 그 거부는 원칙적으로 항고소송의 대상이 되는 처분이다.

③ 판례는 불가쟁력이 생긴 행정처분이라도 공권의 확대화 경향에 따라 이에 대한 취소 또는 변경을 구할 신청권을 적극적으로 인정하고 있다.

④ 행정처분이 불복기간의 경과로 인하여 확정될 경우, 그 확정력은 처분으로 인하여 법률상 이익을 침해받은 자가 처분의 효력을 더 이상 다툴 수 없다는 의미일 뿐 그 처분의 기초가 된 사실관계나 법률적 판단이 확정되고 당사자들이나 법원이 이에 기속되어 모순되는 주장이나 판단을 할 수 없게 되는 것은 아니다.

08 행정행위의 효력에 대한 설명으로 옳지 않은 것은?

① 산업재해요양보상급여취소처분이 불복기간의 경과로 인해 확정되면 요양급여청구권 없음이 확정되므로 다시 요양급여를 청구할 수 없다.

② 환경영향평가를 거쳐야 함에도 불구하고 환경영향평가를 거치지 않고 개발사업승인을 한 처분에 대해서는 처분이 있은 후 1년이 도과한 경우라도 불가쟁력이 발생하지 않는다.

③ 불가변력은 모든 행정행위에 공통되는 것이 아니라 행정심판의 재결 등과 같이 예외적이고 특별한 경우에 처분청 등 행정청에 대한 구속으로 인정되는 실체법적 효력을 의미한다.

④ 과세처분에 대해 이의신청을 하고 이에 따라 직권취소가 이루어졌다면 특별한 사정이 없는 한 불가변력이 발생한다.

09 행정행위의 하자에 대한 설명으로 옳지 않은 것은?

① 도로점용허가를 받은 부분을 넘어 무단으로 도로를 점용하고 있는 경우, 무단으로 사용하는 부분에 대해서는 변상금 부과처분을 하여야 함에도 乙이 변상금이 아닌 사용료 부과처분을 하였다고 하여 이를 중대한 하자라고 할 수 없다.

② 헌법재판소는 위헌법률에 근거한 행정처분의 효력과 관련하여, 그 행정처분을 무효로 하더라도 법적 안정성을 크게 해치지 않는 반면에 그 하자가 중대하여 그 구제가 필요한 경우에 대해서는 예외적으로 당연무효사유로 보아야 한다는 입장을 취하고 있다.

③ 행정행위의 무효사유를 판단하는 기준으로서의 명백성은 행정행위의 법적 안정성 확보를 통하여 행정의 원활한 수행을 도모하는 한편, 그 행정행위를 유효한 것으로 믿은 제3자나 공공의 신뢰를 보호하여야 할 필요가 있는 경우에 보충적으로 요구된다.

④ 명백성보충요건설에서는 행정행위의 무효의 기준으로 중대성요건만을 요구하지만, 제3자나 공공의 신뢰보호의 필요가 있는 경우에는 보충적으로 명백성요건도 요구한다.

10 행정행위의 무효에 대한 설명으로 옳은 것은?

① 도지사의 권한에 속하는 행위가 군수에게 내부위임된 경우에, 군수가 당해 행위를 자신의 명의로 행하였다면 이는 형식에 하자가 있는 행위로서 취소할 수 있는 행위이나 당연무효는 아니다.

② 행정관청 내부의 사무처리규정인 전결규정에 위반하여 원래의 전결권자가 아닌 보조기관 등이 처분권자인 행정관청의 이름으로 행정처분을 하였다면 그러한 처분은 권한 없는 자에 의하여 행하여진 무효의 처분이라고 할 수 없다.

③ 임용 당시 임용권자의 과실로 임용결격자임을 밝혀내지 못한 경우에는 甲에 대한 임용행위는 유효하다.

④ 국가사무가 시·도지사에게 기관위임된 경우에 시·도지사가 이를 구청장 등에게 재위임하기 위해서는 시·도 조례에 의하여야 한다.

11 행정행위의 무효에 대한 설명으로 옳은 것은?

① 법령상 환경영향평가 대상사업에 대하여 환경영향평가를 부실하게 거쳐 사업승인을 하였다면, 그러한 부실로 인하여 당연히 승인처분은 위법하게 된다.

② 환지변경이 있을 때에는 환지절차를 새로이 밟아야 하며 이를 밟지 아니하고 한 환지변경처분은 위법하고 그 흠은 중대하고 명백하여 행정처분의 무효사유에 해당한다.

③ 행정청이 사전에 교통영향평가를 거치지 아니한 채 '건축허가 전까지 교통영향평가 심의필증을 교부받을 것'을 부관으로 붙여서 한 '실시계획변경승인 및 공사시행변경 인가처분'은 그 하자가 중대하고 객관적으로 명백하여 당연무효이다.

④ 과세관청이 과세예고 통지 후 과세전적부심사청구나 그에 대한 결정이 있기 전에 국세부과처분을 한 경우, 특별한 사정이 없는 한 그 하자가 중대·명백하다고 볼 수 없어 당연무효가 아닌 취소사유에 해당한다.

12 행정행위의 무효에 대한 설명으로 옳지 않은 것은?

① 구 학교보건법의 규정에 의하면 학교환경위생정화구역 내에서 금지된 행위 및 시설의 해제 여부에 관한 행정처분 시 학교환경위생정화위원회의 심의를 거치도록 되어 있는바, 위 심의에 따른 의결은 행정처분에 실질적 영향을 미칠 수 있으므로 위 심의를 누락한 채 행해진 행정처분은 당연무효이다.

② 당사자의 신청에 의하며 인허가 또는 면허 등 이익을 주거나 그 신청을 거부하는 처분을 하는 것을 내용으로 하는 이른바 신청에 의한 처분의 경우에는 신청에 대하여 일단 거부처분이 행해지면 그 거부처분이 적법한 절차에 의하여 취소·철회되지 않는 한, 사유를 추가하여 거부처분을 반복하는 것은 존재하지도 않는 신청에 대한 거부처분으로서 당연무효이다.

③ 학교법인 이사회의 승인의결 없이 회의록을 위조하여 행한 기본재산교환허가신청에 대한 시교육위원회의 교환허가처분은 판례에 의할 때 무효사유에 해당한다.

④ 과세처분에 관한 납세고지서의 송달이 「국세기본법」의 규정에 위배되는 부적법한 것으로서 송달의 효력이 발생하지 아니하는 이상, 그 과세처분은 무효이다.

13 행정행위의 무효에 대한 설명으로 옳지 않은 것은?

① 음주운전 단속 경찰관이 자신의 명의로 운전면허행정처분통지서를 작성·교부하여 행한 운전면허정지처분은 위법하며, 취소의 원인이 된다.

② 도지사의 인사교류안 작성과 그에 따른 인사교류의 권고가 전혀 이루어지지 않은 상태에서, 관할구역 내 A시의 시장이 인사교류로서 소속 지방공무원인 甲에게 B시 지방공무원으로 전출을 명한 처분은 당연무효이다.

③ 폐기물처리시설입지선정위원회가 관계 법규정에 위배하여 군수와 주민대표가 선정·추천한 전문가를 포함시키지 않은 채 임의로 구성되어 의결한 경우, 그에 터잡아 이루어진 폐기물처리시설 입지결정처분은 판례에 의할 때 무효사유에 해당한다.

④ 납세자가 아닌 제3자의 재산을 대상으로 한 압류처분은 행정행위의 하자 중 무효사유에 해당한다.

14 위헌결정과 처분의 하자에 대한 설명으로 옳은 것은?

① 처분 이후에 처분의 근거가 된 법률이 헌법재판소에 의해 위헌으로 결정되었다면 그 처분은 법률상 근거 없는 처분이 되어 당연무효임이 원칙이다.

② 행정처분에 대하여 그 행정처분의 근거가 된 법률이 위헌이라는 이유로 무효확인청구의 소가 제기된 경우에는 다른 특별한 사정이 없는 한 법원으로서는 그 법률이 위헌인지 여부에 대하여는 판단할 필요 없이 그 무효확인청구를 각하하여야 한다.

③ 행정처분이 있은 후에 집행단계에서 그 처분의 근거된 법률이 위헌으로 결정되는 경우 그 처분의 집행이나 집행력을 유지하기 위한 행위는 위헌결정의 기속력에 위반되어 허용되지 않는다.

④ 판례는 행정처분의 근거가 된 법률이나 조례가 행정처분 후에 위헌으로 선언되면 그 처분의 하자는 원칙적으로 모두 무효사유가 된다고 한다.

15 위헌결정과 처분의 하자에 대한 설명으로 옳은 것은?

① 위헌결정 이전에 이미 부담금 부과처분과 압류처분 및 이에 기한 압류등기가 이루어지고 각 처분이 확정되었다고 하여도, 특별한 사정이 없는 한 기존의 압류등기나 교부청구만으로는 다른 사람에 의하여 개시된 경매절차에서 배당을 받을 수 없다.

② 법률의 위헌 여부가 명백하지 않은 상태라도 이후 해당 법률에 위헌이 선언되었다면 위헌판결의 기속력에 의해 그 법률에 근거한 행정처분의 하자는 무효사유이다.

③ 처분이 있은 후에 근거법률이 위헌으로 결정된 경우, 그 법률을 적용한 공무원에게 고의 또는 과실이 있었다고 단정할 수 있다.

④ 행정처분 이후 근거법률이 위헌으로 결정된 경우, 당해 행정처분은 원칙적으로 당연무효가 되므로 이미 취소소송의 제소기간이 경과하여 확정력이 발생한 행정처분에도 위헌결정의 소급효가 미친다.

16 위헌결정과 처분의 하자에 대한 설명으로 옳지 않은 것은?

① 신고납부방식의 조세에 있어서 납세의무자의 신고행위가 당연무효로 되지 않는 한, 납세의무자가 납세의무가 있는 것으로 오인하고 신고 후 조세납부행위를 하였다 하더라도 그것이 곧 부당이득에 해당한다고 할 수 없다.

② 과세처분에 따라 세금을 납부하였고 그 처분에 불가쟁력이 발생한 경우에는 과세처분의 근거법률이 나중에 위헌으로 결정되었다고 하더라도 이미 납부한 세금의 반환청구는 허용되지 않는다.

③ 「소득세법」 조항에 대하여 헌법재판소가 위헌으로 결정한 후에 과세관청이 위 조항을 여전히 적용하여 丙에게 소득세를 부과한 사실이 있다고 가정하면, 그 과세처분은 무효이다.

④ 위헌인 법률에 근거한 조세부과처분은 원칙상 취소할 수 있는 행위에 불과하므로 불복기간이 지난 경우에는 더 이상 다툴 수 없고, 조세부과처분과 체납처분 간에는 하자의 승계가 인정되지 않으므로 위 「소득세법」 조항에 위헌결정이 선고된 후에 甲에 대하여 공매 등의 체납처분을 하는 것은 위헌결정의 기속력에 반하지 않는다.

17 행정행위에 대한 설명으로 옳은 것은?

① 「주민등록법」상 최고·공고절차가 생략된 주민등록말소처분은 무효인 행정처분에 해당한다.

② 「행정절차법」상 청문절차를 거쳐야 하는 처분임에도 청문절차를 결여한 처분은 무효인 행정행위에 해당한다.

③ 망인(亡人) 甲이 친일행적을 하였다는 이유로 국무회의 의결과 대통령 결재를 거쳐 甲의 독립유공자 서훈취소가 결정된 후, 국가보훈처장이 甲의 유족에게 행한 '독립유공자 서훈취소결정 통보'는 서훈취소처분의 외부적 표시의 방법으로서 위 통지의 주체나 형식에 어떤 하자가 있다고 보기도 어렵다.

④ 외형상 하나의 행정처분이라면 가분성이 있거나 그 처분대상의 일부가 특정될 수 있더라도 그 일부만의 취소는 허용되지 않는다.

18 행정행위의 취소에 대한 설명으로 옳지 않은 것은?

① 영업허가취소처분이 행정쟁송에 의하여 취소되었다면, 영업허가취소 이후에 행한 영업에 대하여 무허가영업으로 처벌할 수 없다.

② 행정청이 의료법인의 이사에 대한 이사취임승인취소처분을 직권으로 취소하면 이사의 지위가 소급하여 회복된다.

③ 행정처분을 한 처분청은 그 처분에 하자가 있는 경우에는 원칙적으로 별도의 법적 근거가 없더라도 스스로 이를 직권으로 취소할 수 있고, 이러한 경우 이해관계인에게는 처분청에 대하여 그 취소를 요구할 신청권이 부여된 것으로 볼 수 있다.

④ 행정행위의 위법이 치유된 경우에는 그 위법을 이유로 당해 행정행위를 직권취소할 수 없다.

19 행정행위의 취소에 대한 설명으로 옳지 않은 것은?

① 변상금 부과처분에 대한 취소소송이 진행 중이라도 처분청은 위법한 처분을 스스로 취소하고 그 하자를 보완하여 다시 적법한 부과처분을 할 수 있다.

② 도로점용허가가 甲의 점용목적에 필요한 범위를 넘어 과도하게 이루어진 경우, 이는 위법한 점용허가로서 乙은 甲에 대한 도로점용허가 전부를 취소하여야 하며 도로점용허가 중 특별사용의 필요가 없는 부분에 대해서만 직권취소할 수 없다.

③ 처분청은 행정처분에 하자가 있는 경우에 별도의 법적 근거가 없더라도 스스로 이를 취소할 수 있는데, 수익적 행정처분의 경우에는 해당 법률에 취소에 관해서도 별도의 법적 근거가 요구된다고 할 수 없다.

④ 위법한 처분에 대해 불가쟁력이 발생한 이후에도 불가변력이 발생하지 않은 이상, 당해 처분은 처분의 위법성을 이유로 직권취소될 수 있다.

20 취소에 대한 설명으로 옳은 것은?

① 판례는 민원사무를 처리하는 행정기관이 민원1회방문 처리제를 시행하는 절차의 일환으로 민원사항의 심의·조정 등을 위한 민원조정위원회를 개최하면서 민원인에게 회의일정 등을 사전에 통지하지 아니하였다면 취소사유가 존재한다는 입장이다.

② 직권취소는 처분의 성격을 가지므로, 이유제시절차 등의 「행정절차법」상 처분절차에 따라야 하며, 특히 수익적 행정행위의 직권취소는 상대방에게 침해적 효과를 발생시키므로 「행정절차법」에 따른 사전통지, 의견청취의 절차를 거쳐야 한다.

③ 과세관청은 세금부과처분을 취소한 처분에 취소원인인 하자가 있다는 이유로 취소처분을 다시 취소함으로써 원부과처분을 소생시킬 수 있다.

④ 광업권 취소처분 후 광업권 설정의 선출원이 있는 경우에도 취소처분을 취소하여 광업권을 복구시키는 조치는 적법하다.

8회

쟁점별 모의고사

행정행위 하자

정답 및 해설 p.210

제한시간 : 14분 | 시작시각 ___시 ___분 ~ 종료시각 ___시 ___분   나의 점수 _____

01 행정행위의 철회에 대한 설명으로 옳은 것은?

① 철회 자체가 행정행위의 성질을 가지는 것은 아니어서 「행정절차법」상 처분절차를 적용하여야 하는 것은 아니나, 신뢰보호원칙이나 비례원칙과 같은 행정법의 일반원칙은 준수해야 한다.

② 명문의 규정을 불문하고 처분청과 감독청은 철회권을 가진다.

③ 행정행위를 한 처분청은 별도의 법적 근거가 없다 하더라도 사정변경이 생겼거나 중대한 공익상의 필요가 발생한 경우 그 효력을 상실케 하는 별개의 행정행위로 이를 철회할 수 있다.

④ 행정청이 행한 공사중지명령의 상대방은 그 명령 이후에 그 원인사유가 소멸하였음을 들어 행정청에 공사중지명령의 철회를 요구할 수 있는 조리상의 신청권이 없다.

02 행정행위의 철회에 대한 설명으로 옳은 것은?

① 보건복지부장관이 어린이집에 대한 평가인증이 이루어진 이후에 새로이 발생한 사유를 들어 「영유아보육법」 제30조 제5항에 따라 평가인증을 철회하는 처분을 하면서도, 그 평가인증의 효력을 과거로 소급하여 상실시키기 위해서는, 특별한 사정이 없는 한 「영유아보육법」 제30조 제5항과는 별도의 법적 근거가 필요하다.

② 부담부 행정행위에 있어서 처분의 상대방이 부담을 이행하지 아니한 경우에 당해 부담부 행정행위는 당연히 효력을 상실하게 된다.

③ 행정행위의 철회는 행정행위의 원시적 하자를 이유로 한다.

④ 관할 행정청은 '건축기간 동안 자재 등을 도로에 불법 적치하지 말 것'이라는 부관을 붙여 건축허가를 하였는데 부관에 위반하였음을 이유로 관할 행정청이 건축허가의 효력을 소멸시키려면 법령상의 근거가 있어야 한다.

03 취소와 철회에 대한 설명으로 옳지 않은 것은?

① 부담의 불이행을 이유로 행정행위를 철회하는 경우에도 이익형량에 따른 철회의 제한이 적용된다.

② 행정청은 적법한 처분이 법률에서 정한 철회 사유에 해당하게 된 경우에 그 처분의 전부 또는 일부를 장래를 향하여 철회할 수 있다.

③ 행정행위의 철회의 효과는 취소와 같이 소급하여 발생한다.

④ 허위 기타 부정한 방법으로 허가·변경허가·재허가를 받거나 승인·변경승인·재승인을 얻거나 등록·변경등록을 한 때 방송사업허가를 취소하는 것은 강학상 취소이다.

04 행정행위의 실효에 대한 설명으로 옳지 않은 것은?

① 해제조건부 행정행위에 있어서 조건의 성취, 종기부 행정행위에 있어서 종기의 도래는 행정행위의 효력의 소멸을 가져온다.

② 신청에 의한 허가처분을 받은 자가 그 영업을 폐업한 경우에는 그 허가도 당연히 실효된다 할 것이고, 이 경우 허가행위의 허가취소처분은 허가가 실효되었음을 확인하는 것에 불과하다.

③ 실효는 「행정절차법」의 사전통지나 의견청취절차가 적용되지 않는다.

④ 실효는 상대방에 대한 통지를 요건으로 한다.

05 하자 있는 행정행위의 치유에 대한 설명으로 옳은 것은?

① 세액산출근거가 누락된 납세고지서에 의한 과세처분에 대하여 상고심 계류 중 세액산출근거의 통지가 행하여지면 당해 과세처분의 하자는 치유된다.

② 행정행위의 내용상의 하자는 치유의 대상이 될 수 있으나, 형식이나 절차상의 하자에 대해서는 치유가 인정되지 않는다.

③ 행정행위의 하자가 치유되면 당해 행정행위는 처분 당시부터 하자가 없는 적법한 행정행위로 효력을 발생한다.

④ 징계처분이 중대하고 명백한 하자 때문에 당연무효의 것이라면 징계처분을 받은 자가 이를 용인하였다면 그 하자가 치유된다.

06 하자 있는 행정행위의 치유에 대한 설명으로 옳지 않은 것을 모두 조합한 것은?

> ㉠ 재건축주택조합설립인가처분 당시 동의율을 충족하지 못한 하자는 후에 추가동의서가 제출되었다는 사정만으로 치유될 수 없다.
> ㉡ 면허의 취소처분에는 그 근거가 되는 법령이나 취소권 유보의 부관 등을 명시하여야 함은 물론 처분을 받은 자가 어떠한 위반사실에 대하여 당해 처분이 있었는지를 알 수 있을 정도로 사실을 적시할 것을 요하지만, 이와 같은 취소처분의 근거와 위반사실의 적시를 빠뜨린 하자는 피처분자가 처분 당시 그 취지를 알고 있었거나 그 후 알게 되었다면 그 하자는 치유될 수 있다.
> ㉢ 행정청이 「식품위생법」상의 청문절차를 이행함에 있어 청문서 도달기간을 다소 어겼지만 영업자가 이의하지 아니한 채 청문일에 출석하여 의견을 진술하고 변명하는 등 방어의 기회를 충분히 가졌다면 청문서 도달기간을 준수하지 아니한 하자는 치유되었다고 본다.
> ㉣ 공무원으로 사실상 근무 중 甲의 임용결격사유가 해소된 경우에는 甲의 공무원으로서의 신분이 그때부터 당연히 인정된다.

① ㉠, ㉡   ② ㉠, ㉢

③ ㉡, ㉣   ④ ㉢, ㉣

07 하자 있는 행정행위의 치유에 대한 설명으로 옳지 않은 것은?

① 인가의 대상이 되는 기본행위에 하자가 있다면 인가가 있더라도 그 기본행위의 하자가 치유되는 것은 아니다.

② 행정청이 청문서 도달기간을 다소 어겼다 하더라도 당사자가 이에 대하여 이의하지 아니한 채 스스로 청문일에 출석하여 방어의 기회를 충분히 가졌다면 청문서 도달기간을 준수하지 아니한 하자는 치유된다.

③ 토지소유자 등의 동의율을 충족하지 못했다는 주택재건축정비사업 조합설립인가처분 당시의 하자는 후에 토지소유자 등의 추가동의서가 제출되었다면 치유된다.

④ 인근 주민의 동의를 받아야 하는 요건을 결여하였다는 이유로 경원관계에 있는 자가 제기한 허가처분의 취소소송에서, 허가처분을 받은 자가 사후 동의를 받은 경우에 하자의 치유를 인정하는 것은 원고에게 불이익하게 되므로 이를 허용할 수 없다.

08 하자 있는 행정행위의 치유와 전환에 대한 설명으로 옳지 않은 것을 모두 조합한 것은?

> ㉠ 행정처분에 있어 여러 개의 처분사유 중 일부가 적법하지 않으면 다른 처분사유로써 그 처분의 정당성이 인정된다고 하더라도, 그 처분은 위법하게 된다.
> ㉡ 하자 있는 행정행위와 전환되는 행정행위가 요건·목적·효과에 있어 실질적 공통성이 있어야 한다.
> ㉢ 무효인 행정행위가 전환될 행정행위의 성립·적법·효력요건을 갖추고 있어야 한다.
> ㉣ 공무원이 아닌 자의 행위를 사실상 공무원의 행위로 인정하는 것이 무효의 전환의 예이다.

① ㉠, ㉡   ② ㉠, ㉣

③ ㉡, ㉢   ④ ㉢, ㉣

09 하자의 승계에 대한 설명으로 옳은 것은?

① 선행행위의 하자를 이유로 후행행위를 다투는 경우뿐 아니라 후행행위의 하자를 이유로 선행행위를 다투는 것도 하자의 승계이다.

② 선행행위에 대하여 불가쟁력이 발생하지 않았거나 선행행위와 후행행위가 서로 독립하여 각각 별개의 법률효과를 목적으로 하는 때에는 원칙적으로 선행행위의 하자를 이유로 후행행위의 효력을 다툴 수 없다.

③ 선행행위의 흠이 후행행위에 승계되는가의 문제는 무효인 행정행위에만 해당하고, 선행행위가 취소할 수 있는 행정행위와는 무관하다.

④ 선행행위에 무효의 하자가 존재하더라도 선행행위와 후행행위가 결합하여 하나의 법적 효과를 목적으로 하는 경우에는 하자의 승계에 대한 논의의 실익이 있다.

10 하자의 승계에 대한 설명으로 옳지 않은 것은?

① 선행행위의 사실적·법적 상태가 유지되는 한도에서 선행행위의 구속력은 인정된다.

② 표준지공시지가결정이 위법한 경우에는 그 자체를 행정소송의 대상이 되는 행정처분으로 보아 그 위법 여부를 다툴 수 있음은 물론, 수용보상금의 증액을 구하는 소송에서도 선행처분으로서 그 수용대상 토지가격 산정의 기초가 된 비교표준지공시지가결정의 위법을 독립한 사유로 주장할 수 있다.

③ 구 토지수용법상 사업인정과 수용재결은 서로 결합하여 하나의 효과를 발생시키는 것이므로 선행처분인 사업인정의 하자가 후행처분인 수용재결에 승계되어 사업인정의 위법을 이유로 수용재결의 위법을 주장할 수 있다.

④ 연속적으로 행하여진 선행처분과 후행처분이 서로 독립하여 별개의 법률효과를 목적으로 하고 선행처분에 불가쟁력이 생겨 그 효력을 다툴 수 없게 된 경우에는 선행처분이 당연무효가 아닌 한 원칙적으로 선행처분의 하자를 이유로 후행처분의 효력을 다툴 수 없다.

11 하자의 승계에 대한 설명으로 옳지 않은 것은?

① 취소사유인 절차적 하자가 있는 당초 과세처분에 대하여 증액경정처분이 있는 경우, 당초 처분의 절차적 하자는 증액경정처분에 승계되지 아니한다.

② 조합설립추진위원회 구성승인처분과 조합설립인가처분은 재개발조합의 설립이라는 동일한 법적 효과를 목적으로 하는 것으로, 조합설립추진위원회 구성승인처분에 하자가 있는 경우에는 특별한 사정이 없는 한 조합설립인가처분은 위법한 것이 된다.

③ 선행처분과 후행처분이 서로 독립하여 별개의 효과를 목적으로 하는 경우에도 선행처분의 불가쟁력이나 구속력이 그로 인하여 불이익을 입게 되는 자에게 수인한도를 넘는 가혹함을 가져오며, 그 결과가 당사자에게 예측가능한 것이 아닌 경우에는 국민의 재판받을 권리를 보장하고 있는 헌법의 이념에 비추어 선행처분의 후행처분에 대한 구속력은 인정될 수 없다.

④ 보충역편입처분을 다투지 아니하여 이미 불가쟁력이 생겨 그 효력을 다툴 수 없게 된 경우에는, 병역처분변경신청에 의하는 경우는 별론으로 하고, 보충역편입처분에 하자가 있다고 할지라도 그것이 당연무효라고 볼 만한 특단의 사정이 없는 한 그 위법을 이유로 공익근무요원소집처분의 효력을 다툴 수 없다.

12 하자의 승계에 대한 설명으로 옳지 않은 것은?

① 선행처분인 대집행계고처분에 불가쟁력이 발생하였다면, 후행처분인 대집행영장발부통보처분의 취소소송에서 위 대집행계고처분이 위법하다는 것을 이유로 대집행영장발부통보처분도 위법한 것이라는 주장을 할수 없다.

② 선행행위의 구속력의 법적 결과를 예측할 수 없거나 수인이 불가능한 경우에 선행행위의 구속력은 인정되지 않는다.

③ 甲을「일제강점하 반민족행위 진상규명에 관한 특별법」에 의하여 친일반민족행위자로 결정한 친일반민족행위진상규명위원회의 최종발표(선행처분)에 따라 지방보훈지청장이「독립유공자예우에 관한 법률」의 적용대상자로 보상금 등의 예우를 받던 甲의 유가족에 대하여 위 법률의 적용배제자결정(후행처분)을 한 경우, 유가족이 통지를 받지 못하여 그 존재를 알지 못한 선행처분에 대하여 위 특별법에 의한 이의신청절차를 밟거나 후행처분에 대한 것과 별개로 행정심판이나 행정소송을 제기하지 않았다고 하더라도, 이 경우 선행처분의 후행처분에 대한 구속력을 인정할 수 없으므로 선행처분의 위법을 이유로 후행처분의 효력을 다툴 수 있다.

④ 선행행위의 상대방과 후행행위의 상대방이 일치하는 경우에 선행행위의 구속력은 인정된다.

13 하자의 승계에 대한 설명으로 옳지 않은 것은?

① 표준지로 선정된 토지의 공시지가에 대하여 불복하기 위하여는 처분청을 상대로 그 공시지가결정의 취소를 구하는 행정소송을 제기하여야 하고, 그러한 소송절차를 밟지 아니한 채 개별토지가격결정을 다투는 소송에서 그 개별토지가격 산정의 기초가 된 표준지공시지가의 위법성을 다툴 수는 없다.

② 선행처분과 후행처분이 서로 독립하여 별개의 법률효과를 목적으로 하는 경우에도 선행처분이 당연무효의 하자가 있다는 이유로 후행처분의 효력을 다툴 수 있다.

③ 원칙적으로 선후의 행정행위가 결합하여 하나의 법적효과를 완성하는지 여부를 기준으로 하자의 승계 여부를 결정한다.

④ 도시·군계획시설결정과 실시계획인가는 서로 결합하여 도시·군계획시설사업의 실시라는 하나의 법적 효과를 완성하므로, 도시·군계획시설결정의 하자는 실시계획인가에 승계된다.

14 하자의 승계에 대한 설명으로 옳은 것은?

① 조세부과처분이 무효라 하더라도 그로써 압류 등 체납처분의 효력을 다툴 수는 없다.

② 과세관청의 소득처분과 그에 따른 소득금액변동통지가 있는 경우 원천징수하는 소득세의 납세의무에 관하여는 이를 확정하는 소득금액변동통지에 대한 항고소송에서 다투어야 하고 소득금액변동통지가 취소사유에 불과한 경우 징수처분에 대한 항고소송에서 이를 다툴 수는 없다.

③ 판례는 과세처분과 체납처분 사이 행정행위의 하자의 승계를 인정했다.

④ 신고납세방식의 취득세의 신고행위와 징수처분은 선행행위와 후행행위 간 하자의 승계가 인정된다.

15 하자의 승계에 대한 설명으로 옳지 않은 것은?

① 적법한 건축물에 대한 철거명령의 후행행위인 건축물철거 대집행계고처분은 행정행위의 하자 중 무효사유에 해당한다.

② 대집행의 계고, 대집행영장에 의한 통지, 대집행의 실행, 대집행비용의 납부명령은 동일한 행정목적을 달성하기 위하여 일련의 절차로 연속하여 행하여지는 것으로서, 서로 결합하여 하나의 법률효과를 발생시키는 것이다.

③ 계고처분의 후속절차인 대집행에 위법이 있다고 하더라도, 그와 같은 후속절차에 위법성이 있다는 점을 들어 선행절차인 계고처분이 부적법하다는 사유로 삼을 수는 없다.

④ 적법하게 건축된 건축물에 대한 철거명령을 전제로 행하여진 후행행위인 건축물철거 대집행계고처분은 당연무효라 할 수 없다.

16 하자의 승계에 대한 설명으로 옳지 않은 것은?

① 판례상 표준지공시지가결정과 개별공시지가결정 간 하자의 승계가 인정된다.

② 판례는 토지구획정리사업 시행인가처분과 환지청산금 부과처분 사이의 하자 승계를 인정하고 있지 않다.

③ 구 도시 및 주거환경정비법상 사업시행계획에 관한 취소사유인 하자는 관리처분계획에 승계되지 않는다.

④ 판례는 안경사시험합격취소처분과 안경사면허취소처분 사이 행정행위의 하자의 승계를 인정했다.

17 하자의 승계에 대한 설명으로 옳은 것은?

① 선행처분인 국제항공노선 운수권배분 실효처분 및 노선면허거부처분에 대하여 이미 불가쟁력이 생겨 그 효력을 다툴 수 없게 되었더라도 후행처분인 노선면허처분을 다투는 단계에서 선행처분의 하자를 다툴 수 있다.

② 판례상 보충역편입처분과 공익근무요원소집처분 간 하자의 승계가 인정된다.

③ 귀속재산의 임대처분과 후행 매각처분은 하자의 승계가 인정되는 경우이다.

④ 판례는 공무원의 직위해제처분과 면직처분 사이 행정행위의 하자의 승계를 인정했다.

18 행정상 확약에 대한 설명으로 옳지 않은 것은?

① 판례는 어업면허에 선행하는 우선순위결정은 강학상 확약에 불과하고 행정처분으로 볼 수 없다는 입장이다.

② 어업권면허에 선행하는 우선순위결정은 행정청이 우선권자로 결정된 자의 신청이 있으면 어업권면허처분을 하겠다는 것을 약속하는 행위로서 그 우선순위결정에 공정력과 불가쟁력이 인정된다.

③ 예비결정과 확약은 구분된다.

④ 유효한 확약은 권한을 가진 행정청에 의해서만 그리고 권한의 범위 내에서만 발해질 수 있다.

19 행정상 확약에 대한 설명으로 옳지 않은 것은?

① 확약은 본행정행위에 대해 정당한 권한을 가진 행정청만이 할 수 있고, 당해 행정청의 행위권한의 범위 내에 있어야 한다.

② 확약에는 공정력이나 불가쟁력과 같은 효력이 인정되는 것은 아니라고 하더라도, 일단 확약이 있은 후에 사실적·법률적 상태가 변경되었다고 하여 행정청의 별다른 의사표시 없이 확약이 실효된다고 할 수 없다.

③ 확약이 법적 구속력을 갖기 위해서는 상대방에게 표시되고, 그 상대방이 행정청의 확약을 신뢰하였고, 그 신뢰에 귀책사유가 없어야 한다.

④ 행정청의 확약의 불이행으로 인해 손해를 입은 자는 「국가배상법」상 요건을 충족하는 경우에 한하여 손해배상을 청구할 수 있다.

20 행정상 확약에 대한 설명으로 옳은 것은?

① 행정청의 확약은 위법하더라도 중대·명백한 하자가 있어 당연무효가 아닌 한 취소되기 전까지는 유효한 것으로 통용된다.

② 확약을 행한 행정청은 확약의 내용인 행위를 하여야 할 자기구속적 의무를 지며, 상대방은 행정청에 그 이행을 청구할 권리를 갖게 된다.

③ 현행 「행정절차법」에는 확약에 관한 규정을 두고 있다.

④ 재량행위에 대해 상대방에게 확약을 하려면 확약에 대한 법적 근거가 있어야 한다.

제한시간 : 14분 | 시작시각 ___시 ___분 ~ 종료시각 ___시 ___분 　　　　　나의 점수 _____

01 공법상 계약에 대한 설명으로 옳지 않은 것은?

① 공법상 계약에는 법률우위의 원칙이 적용된다.

② 공법상 계약에 관한 일반법이 없다.

③ 다수설에 따르면 공법상 계약은 당사자의 자유로운 의사의 합치에 의하므로 원칙적으로 법률유보의 원칙이 적용되지 않는다고 본다.

④ 공법상 계약은 「행정절차법」의 규율대상이 아니다.

02 공법상 계약과 처분에 대한 설명으로 옳지 않은 것은?

① 단순히 계약상의 규정에 근거한 것이 아니라 계약상의 규정과 중첩되더라도 법령상의 근거를 가진 행위에 대해서는 공권력성을 인정하여 이를 처분으로 인정하는 경우가 있다.

② 한국환경산업기술원장이 환경기술개발사업 협약을 체결한 甲주식회사 등에게 연차평가 실시 결과 절대평가 60점 미만으로 평가되었다는 이유로 연구개발 중단 조치 및 연구비 집행중지 조치를 한 사안은 행정처분에 해당한다.

③ 중소기업 정보화지원사업에 대한 지원금출연협약의 해지 및 환수통보는 공법상 계약에 따른 의사표시가 아니라 행정청이 우월한 지위에서 행하는 공권력의 행사로서 행정처분이다.

④ 구 산업집적활성화 및 공장설립에 관한 법률에 따른 산업단지 입주계약의 해지통보는 행정청인 관리권자로부터 관리업무를 위탁받은 한국산업단지공단이 우월적 지위에서 그 상대방에게 일정한 법률상 효과를 발생하게 하는 것으로서 항고소송의 대상이 되는 행정처분에 해당한다.

03 공법상 계약에 대한 설명으로 옳은 것은?

① 택시회사들의 자발적 감차, 감차보상금의 지급 및 자발적 감차조치의 불이행에 따른 행정청의 직권감차명령을 내용으로 하는 택시회사들과 행정청 간의 합의는 대등한 당사자 사이에서 체결한 공법상 계약에 해당하므로, 그에 따른 감차명령은 행정청이 우월한 지위에서 행하는 공권력의 행사로 볼 수 없다.

② 행정청이 자신과 상대방 사이의 근로관계를 일방적인 의사표시로 종료시켰다면, 곧바로 그 의사표시는 행정청으로서 공권력을 행사하여 행하는 행정처분에 해당한다.

③ 지방자치단체의 장이 「공유재산 및 물품 관리법」에 근거하여 기부채납 및 사용·수익 허가 방식으로 민간투자사업을 추진하는 과정에서 이미 선정된 우선협상대상자를 그 지위에서 배제하는 행위는 항고소송의 대상이 되는 행정처분에 해당한다.

④ 지방자치단체가 일반재산인 부동산을 무상으로 기부자에게 사용을 허용하는 행위는 사경제 주체로서 상대방과 대등한 입장에서 하는 사법상 행위이지만 기부자가 그 부동산을 일정기간 무상사용한 후에 한 사용허가기간 연장신청을 지방자치단체가 거부한 경우, 당해 거부행위는 단순한 사법상의 행위가 아니라 행정처분에 해당한다.

04 공법상 계약에 대한 설명으로 옳지 않은 것은?

① 공법상 계약의 무효확인을 구하는 당사자소송의 청구는 당해 소송에서 추구하는 권리구제를 위한 다른 직접적인 구제방법이 있는 이상 소송요건을 구비하지 못한 위법한 청구이다.

② 계약직공무원 채용계약 해지의 의사표시의 무효확인을 구하는 소송의 경우 즉시확정의 이익이 요구된다.

③ 공법상 계약의 일방 당사자인 행정청이 계약 위반행위를 한다면 타방 당사자인 주민 또는 국민은 행정소송 중 당사자소송으로써 권리구제를 받을 수 있다.

④ A광역시립합창단원으로서 위촉기간이 만료되는 자들의 재위촉 신청에 대하여 A광역시문화예술회관장이 실기와 근무성적에 대한 평정을 실시하여 재위촉을 하지 아니한 것은 항고소송의 대상이 되는 불합격처분에 해당한다.

05 공법상 계약에 대한 설명으로 옳지 않은 것은?

① 각 중앙관서의 장은 계약을 체결하려면, 계약의 목적·성질·규모 등을 고려하여 필요하다고 인정되면 참가자의 자격을 제한하거나 참가자를 지명하여 경쟁에 부치거나 수의계약을 할 수 있다.

② 낙찰자 결정의 법적 성질은 본계약을 따로 체결한다는 취지로서 계약의 편무예약에 해당한다.

③ 「국가를 당사자로 하는 계약에 관한 법률」상 부정당업자에 대한 입찰참가자격제한조치는 취소소송의 대상이 된다.

④ 「행정기본법」은 공법상 계약 불이행에 대해 행정청의 자력집행력을 규정하고 있다.

06 행정계획에 대한 설명으로 옳지 않은 것은?

① 행정계획은 장래 행정작용의 방향을 정한 것일 뿐 직접 국민의 권리·의무에 변동을 가져오지는 않으므로 행정입법의 성질을 갖는다고 본다.

② 주택재건축정비사업조합이 법에 기초하여 수립한 사업시행계획이 인가·고시를 통해 확정되면 그 사업시행계획은 이해관계인에 대한 구속적 행정계획으로서 독립된 행정처분에 해당한다.

③ 乙이 고시한 도시계획시설결정은 특정 개인의 권리 내지 법률상의 이익을 개별적이고 구체적으로 규제하는 효과를 가져오게 하는 행정청의 처분이라 할 것이고, 이는 행정소송의 대상이 된다.

④ 甲이 乙에게 국토의 계획 및 이용에 관한 법령에 따라 자신의 대지에 대한 매수를 청구하더라도 매매의 효과가 바로 발생하는 것은 아니다.

07 행정계획에 대한 설명으로 옳은 것은?

① 정부가 발표한 '4대강 살리기 마스터플랜'은 행정기관 내부에서 사업의 기본방향을 제시하는 것일 뿐 국민의 권리·의무에 직접 영향을 미치는 것이 아니어서 행정처분에 해당하지 않는다.

② 일반적으로 도시관리계획결정은 구체적으로 국민의 권익을 침해하지 않아 처분성이 인정되지 않지만, 개발제한구역 지정은 그것만으로 지가하락 등의 결과를 초래하므로 구체적 권익침해가 있다고 보아야 한다.

③ 환지계획은 그 자체가 직접 토지소유자 등의 법률상 지위를 변동시키므로 환지계획은 항고소송의 대상이 되는 처분에 해당한다.

④ 도지사가 도(道) 내 특정시를 공공기관이 이전할 혁신도시 최종입지로 선정한 행위는 항고소송의 대상이 되는 행정처분이다.

08 행정계획에 대한 설명으로 옳은 것은?

① 도시관리계획결정은 지형도면을 고시한 날부터 5일 후에 효력을 발생한다.

② 구 도시계획법상 행정청이 기안·결재 등의 과정을 거쳐 도시계획결정 등의 처분을 하였다고 하더라도 이를 관보에 게재하여 고시하지 아니한 이상 대외적으로는 아무런 효력도 발생하지 아니한다.

③ 인·허가의제에서 계획확정기관이 의제되는 인·허가의 실체적 및 절차적 요건에 기속되는지 여부가 문제되는데, 인·허가의 실체적 요건 및 절차적 요건 모두에 기속된다고 보는 것이 일반적이다.

④ 판례에 따르면 행정계획의 구속효는 계획마다 상이하나, 집중효에 있어서는 절차집중과 실체집중 모두 인정된다.

09 행정계획에 대한 설명으로 옳은 것은?

① 국공립대학의 총장직선제 개선 여부를 재정지원 평가요소로 반영하고 이를 개선하지 않을 경우 다음 연도에 지원금을 삭감 또는 환수하도록 규정한 교육부장관의 '대학교육역량강화사업 기본계획'은 헌법소원의 대상이 된다.

② 비구속적 행정계획안이나 행정지침은 비록 그것이 국민의 기본권에 직접적으로 영향을 끼치고, 앞으로 법령의 뒷받침에 의하여 그대로 실시될 것이 틀림없을 것으로 예상될 수 있을 때에도 헌법소원의 대상이 될 수 없다.

③ 도시계획시설결정 단계에서 설치사업에 따른 공익과 사익 사이의 이익형량이 이루어졌다면, 乙도지사는 실시계획인가를 할 때 특별한 사정이 없는 한 이익형량을 다시 할 필요는 없다.

④ 도시관리계획변경신청에 따른 도시관리계획시설변경 결정에는 형량명령이 적용되지 않는다.

10 행정계획에 대한 설명으로 옳은 것은?

① 계획재량에 대한 실체적 통제법리인 형량명령이론에 의할 때 형량에서 반드시 고려되어야 할 특정 이익이 고려되지 않은 경우를 오형량이라 한다.

② 행정주체가 행정계획을 입안·결정함에 있어서 이익형량을 전혀 행하지 아니하거나 이익형량의 고려대상에 마땅히 포함시켜야 할 사항을 누락한 경우, 또는 이익형량을 하였으나 정당성·객관성이 결여된 경우에는 그 행정계획결정은 재량권을 일탈·남용한 것으로서 위법하게 된다.

③ 형량 시에 여러 이익 간의 형량을 행하기는 하였으나 그것이 객관성·비례성을 결한 경우를 형량의 해태라고 한다.

④ 문화재보호구역 내에 있는 토지소유자는 문화재보호구역의 지정해제를 요구할 수 있는 법규상 또는 조리상 신청권이 있다고 할 수 없다.

11 행정계획에 대한 설명으로 옳지 않은 것은?

① 도시계획시설의 지정으로 말미암아 당해 토지의 이용가능성이 배제되거나 또는 토지소유자가 토지를 종래 허용된 용도대로도 사용할 수 없기 때문에 이로 인하여 현저한 재산적 손실이 발생하는 경우에는, 원칙적으로 국가 등은 이에 대한 보상을 해야 한다.

② 사적 이용권이 배제된 상태에서 토지소유자로 하여금 10년 이상을 아무런 보상 없이 수인하도록 하는 것은 헌법상 재산권 보장에 위배된다.

③ 甲은 도시계획시설결정의 장기미집행으로 인해 재산권이 침해되었음을 이유로 위 도시계획시설결정의 실효를 주장할 수 있고, 이는 법률의 규정과 관계없이 헌법상 재산권으로부터 당연히 도출되는 권리이다.

④ 「행정기본법」에는 행정계획에 대한 규정이 없다.

12 행정계획에 대한 설명으로 옳지 않은 것은?

① 개발제한구역으로의 편입조치는 처분성을 인정받기 어려우므로 헌법소원을 제기하여 절차 위반의 위법을 주장할 수 있다.

② 이미 고시된 실시계획에 포함된 상세계획으로 관리되는 토지 위의 건물의 용도를 상세계획 승인권자의 변경승인 없이 임의로 판매시설에서 상세계획에 반하는 일반목욕장으로 변경신고한 경우에 그 영업신고를 수리하지 않고 영업소를 폐쇄한 처분은 적법하다.

③ 「행정절차법」은 국민생활에 매우 큰 영향을 주는 사항에 대한 행정계획을 수립·시행하거나 변경하고자 하는 때에는 이를 예고하도록 규정하고 있다.

④ 도시계획의 입안에 있어 해당 도시계획안 내용의 공고 및 공람 절차에 하자가 있는 도시계획결정은 위법하다.

13 행정상 사실행위에 대한 설명으로 옳지 않은 것을 모두 조합한 것은?

> ㉠ 추첨방식에 의해 운수사업면허 대상자를 선정하는 경우에 있어서의 추첨행위는 행정처분을 위한 사전 준비절차로서의 사실행위에 불과한 것이다.
>
> ㉡ 헌법재판소는 "수형자의 서신을 교도소장이 검열하는 행위는 이른바 권력적 사실행위로서 행정심판이나 행정소송의 대상이 되는 행정처분으로 볼 수 있다."라고 하여 명시적으로 권력적 사실행위의 처분성을 긍정하였다.
>
> ㉢ 한국철도시설공단의 특정 회사에 대해 행한 공사낙찰적격심사 감점처분은 취소소송의 대상이 되는 처분이다.
>
> ㉣ 甲은 토지매매에 의한 양도소득세 확정신고를 하면서, 행정청의 행정지도에 따라 실제 거래가격이 아닌 개별공시지가에 의하여 매매가격을 신고하였다. 추후에 이것이 허위신고로 문제되자 甲은 자신의 행위가 행정청의 행정지도에 따른 것이라고 하면서 반발하고 있다. 甲의 행위는 행정청의 행정지도에 따른 것으로서 범법행위가 아니지만, 관할 관청은 이에 대한 법적 책임을 피할 수 없다.
>
> ㉤ 행정지도가 다수인을 대상으로 할 경우에도 명령·강제작용이 아니기 때문에 「행정절차법」은 특별한 사정이 없으면 공표할 필요가 없다고 규정한다.

① ㉠, ㉡, ㉢   ② ㉡, ㉢, ㉤

③ ㉡, ㉣, ㉤   ④ ㉢, ㉣, ㉤

14 행정상 사실행위에 대한 설명으로 옳은 것은?

① 행정지도에 따른 허위의 매매가격신고로 인하여 불이익을 입었다면 행정청이 사실상 강제력을 행사하였는지에 관계없이 공무원의 직무상 불법행위가 성립한다.

② 행정지도는 작용법적 근거가 필요하지 않으므로, 비례원칙과 평등원칙에 구속되지 않는다.

③ 행정관청이 구 국토이용관리법 소정의 토지거래계약신고에 관하여 공시된 기준시가를 기준으로 매매가격을 신고하도록 행정지도를 하여 그에 따라 허위신고를 한 것이라 하더라도 이와 같은 행정지도는 법에 어긋나는 것으로서 그 범법행위가 정당화될 수 없다.

④ 사인의 행위가 행정지도에 따라 행해진 경우 그 행정지도가 위법하다고 할지라도 원칙적으로 그 사인의 행위의 위법성이 조각된다.

15 행정절차법상 행정지도에 대한 설명으로 옳지 않은 것은?

① 행정기관이 동일한 행정목적을 실현하기 위하여 다수인에게 행정지도를 하려는 경우 특별한 사정이 없으면 행정지도에 공통되는 내용을 공표하여야 한다.

② 위생지도의 상대방인 일반·휴게·계절음식점 업주가 甲의 위생지도에 불응한 경우, 그 사유만으로 당해 업주에게 불이익한 조치를 해서는 아니 된다.

③ 행정지도는 그 목적 달성에 필요한 최소한도에 그쳐야 하며, 행정지도의 상대방의 의사에 반하여 부당하게 강요하여서는 아니 된다.

④ 행정지도의 상대방은 해당 행정지도의 방식·내용 등에 관하여 행정지도를 한 행정기관의 상급행정기관에 의견제출을 하여야 한다.

16 행정지도에 대한 설명으로 옳은 것을 모두 조합한 것은?

> ㉠ 행정지도가 다수인을 대상으로 할 경우에도 명령·강제작용이 아니기 때문에 「행정절차법」은 특별한 사정이 없으면 공표할 필요가 없다고 규정한다.
> ㉡ 만약 행정청의 행정지도를 따르지 않을 경우 일정한 불이익조치가 예정되어 있었다면 그 행정지도는 헌법소원의 대상이 되는 공권력 행사가 될 수 있다.
> ㉢ 행정지도는 법적 효과를 발생시키는 것이 아니므로 항고소송 등 행정쟁송의 대상이 되지 아니하며, 행정지도를 따르지 않았다는 이유로 발령된 행정행위에 대해서도 항고소송을 제기할 수 없다.
> ㉣ 세무당국이 주류제조회사에 대하여 특정 업체와의 주류거래를 일정기간 중지하여 줄 것을 요청한 행위는 권고적 성격의 행위로서 행정처분이라고 볼 수 없다.

① ㉠, ㉡
② ㉠, ㉢
③ ㉡, ㉣
④ ㉢, ㉣

17 행정지도에 대한 설명으로 옳지 않은 것은?

① 판례는 단수처분에 대해 「행정소송법」상 처분에 해당하는 것으로 인정하고 있다.

② 수형자의 서신을 교도소장이 검열하는 행위는 행정심판이나 행정소송의 대상이 되는 행정처분으로 볼 수 있다.

③ 위법건축물에 대한 단전 및 전화통화단절조치 요청행위는 처분성이 부인된다.

④ 판례에 의하면, 행정규칙에 의한 불문경고조치는 차후 징계감경사유로 작용할 수 있는 표창대상자에서 제외되는 등의 인사상 불이익을 줄 수 있다 하여도 이는 간접적 효과에 불과하므로 항고소송의 대상인 행정처분에 해당하지 않는다.

18 행정지도에 대한 설명으로 옳은 것은?

① 교육인적자원부장관의 국공립대학총장들에 대한 학칙 시정요구는 대학총장의 임의적인 협력을 통하여 사실상의 효과를 발생시키는 행정지도의 일종으로 헌법소원의 대상이 되는 공권력 행사라고 볼 수 없다.

② 노동부장관이 공공기관 단체협약 내용을 분석하여 불합리한 요소를 개선하라고 요구한 행위는 행정지도로서의 한계를 넘어 규제적·구속적 성격을 강하게 갖는다고 할 수 없어 헌법소원의 대상이 되는 공권력의 행사에 해당한다고 볼 수 없다.

③ 행정청이 허위의 매매가격신고를 사실상 강제하지 않았더라도 현행법상 甲의 피해에 대한 손실보상이 이루어질 수 있다.

④ 행정기관의 조언이 강제성을 띠지 않고 행정지도의 한계를 일탈하지 아니하였다고 하더라도, 그 조언으로 인하여 상대방에게 어떤 손해가 발생하였다면 행정기관은 그에 대한 손해배상책임이 있다.

19 행정지도에 대한 설명으로 옳은 것은?

① 위법한 행정지도로 상대방에게 일정기간 어업권을 행사하지 못하는 손해를 입힌 행정기관이 "어업권 및 시설에 대한 보상 문제는 관련 부서와의 협의 및 상급기관의 질의, 전문기관의 자료에 의하여 처리해야 하므로 처리기간이 지연됨을 양지하여 달라."라는 취지의 공문을 보낸 사유만으로 자신의 채무를 승인한 것으로 볼 수는 없다.

② 행정기관의 위법한 행정지도로 일정기간 어업권을 행사하지 못하는 손해를 입은 자가 그 어업권을 타인에게 매도하여 매매대금 상당의 이득을 얻은 경우, 손해배상액의 산정에서 그 이득을 손익상계할 수 있다.

③ 행정지도는 상대방인 국민의 임의적 협력을 구하는 비권력적 행위이므로 「국가배상법」상의 직무행위에 해당하지 않는다.

④ 강제성을 띠지 아니한 행정지도로 인하여 손해가 발생한 경우에 행정청은 손해배상책임이 있다.

20 행정의 자동결정에 대한 설명으로 옳지 않은 것은?

① 행정의 자동결정은 컴퓨터를 통하여 이루어지는 자동적 결정이기 때문에 행정행위의 개념적 요소를 구비하는 경우에도 행정행위로서의 성격을 인정할 수 있다.

② 행정의 자동결정의 기준이 되는 프로그램의 법적 성질은 명령(행정규칙을 포함)이라는 견해가 유력하다.

③ 행정의 자동결정은 「행정절차법」의 사전통지나 의견청취절차, 이유부기가 생략될 수 있다.

④ 처분에 재량이 있는 경우 행정청은 법률로 정하는 바에 따라 완전히 자동화된 시스템(인공지능 기술을 적용한 시스템을 포함)으로 처분을 할 수 있다.

제한시간 : 14분 | 시작시각 ___시 ___분 ~ 종료시각 ___시 ___분

나의 점수 _____

01 행정절차에 대한 설명으로 옳은 것은?

① 「행정절차법」은 「행정심판법」, 「행정소송법」과 마찬가지로 '처분'의 개념을 정의하고 있고, 그 내용도 동일하다.

② 우리나라의 「행정절차법」은 독일과 마찬가지로 순수한 절차규정만으로 이루어졌다.

③ 행정절차는 행정의 민주화, 행정의 능률화, 사후적 행정구제 등의 기능을 수행한다.

④ 처분, 신고, 행정상 입법예고, 행정예고 및 행정조사의 절차에 관하여 다른 법률에 특별한 규정이 있는 경우를 제외하고는 원칙적으로 「행정절차법」에서 정하는 바에 따른다.

02 행정절차에 대한 설명으로 옳은 것은?

① 「행정절차법」에는 행정지도와 행정계약에 관한 명문의 규정을 두고 있다.

② 「행정절차법」에는 행정계획의 확정절차, 행정조사절차에 관한 규정이 없다.

③ 「행정절차법」에 신의성실에 대한 규정은 있으나 신뢰보호에 관한 규정은 없다.

④ 「행정절차법」상 행정계획의 확정절차를 규정하고 있다.

03 행정절차에 대한 설명으로 옳지 않은 것은 모두 몇 개인가?

㉠ 「행정절차법」은 「국세기본법」과는 달리 행정청에 대해서만 신의성실의 원칙에 따를 것을 규정하고 있다.

㉡ 해당 매립지가 귀속될 지방자치단체를 결정할 때 행정안전부장관은 관계 지방의회의 의견청취절차를 거쳐야 한다.

㉢ 공무원 인사 관계 법령에 따른 처분에 관한 사항이라도 그 전부에 대하여 「행정절차법」의 적용이 배제되는 것이 아니라, 성질상 행정절차를 거치기 곤란하거나 불필요하다고 인정되는 처분이나 행정절차에 준하는 절차를 거치도록 하고 있는 처분의 경우에만 「행정절차법」의 적용이 배제된다.

㉣ 계약해지 통보는 그 실질이 징계해고와 유사하므로 「행정절차법」에 의하여 사전통지를 하고, 그 근거와 이유를 제시하여야 한다.

① 없음   ② 1개

③ 2개   ④ 3개

04 행정절차에 대한 설명으로 옳지 않은 것은?

① 공정거래위원회 시정조치 및 과징금 납부명령에 「행정절차법」 소정의 의견청취절차 생략사유가 존재하면 공정거래위원회는 「행정절차법」을 적용하여 의견청취절차를 생략할 수 있다.

② 지방의회의 의결을 거치거나 동의 또는 승인을 받아 행하는 사항에 대해서는 「행정절차법」이 적용되지 않는다.

③ 적법절차의 원칙은 헌법의 기본원리이고 「행정절차법」은 행정절차에 관한 일반법적 성격을 가지기는 하지만 「행정절차법」이 모든 행정작용에 적용되는 것은 아니다.

④ 징계심의대상자가 선임한 변호사가 징계위원회에 출석하여 징계심의대상자를 위하여 필요한 의견을 진술하는 것은 방어권 행사의 본질적 내용에 해당하므로, 행정청은 특별한 사정이 없는 한 이를 거부할 수 없다.

05 행정절차에 대한 설명으로 옳은 것은?

① 「국가공무원법」상 직위해제처분의 경우 사후적으로 소청이나 행정소송을 통하여 충분한 의견진술 및 자료제출의 기회를 보장하고 있다고 보기 어려우므로 처분의 사전통지 및 의견청취에 관한 「행정절차법」의 규정이 적용된다고 보아야 한다.

② 처분의 사전통지 및 의견청취 등에 관한 「행정절차법」 규정은 「군인사법」상 진급선발취소처분에 대해서는 적용되지 않는다.

③ 구 군인사법상 보직해임처분에는 처분의 근거와 이유 제시 등에 관한 구 행정절차법의 규정이 별도로 적용되지 아니한다.

④ 외국인의 출입국에 관한 사항은 「행정절차법」이 적용되지 않으므로, 미국 국적을 가진 교민에 대한 사증거부처분에 대해서도 처분의 방식에 관한 「행정절차법」 제24조는 적용되지 않는다.

06 행정절차에 대한 설명으로 옳지 않은 것은?

① 대법원에 따르면, 「행정절차법」의 적용이 제외되는 의결·결정에 대해서는 「행정절차법」을 적용하여 의견청취절차를 생략할 수는 없다.

② 검사에 대한 인사발령처분에도 「행정절차법」이 적용되므로 사전통지와 의견청취절차를 거쳐야 한다.

③ 「독점규제 및 공정거래에 관한 법률」 규정에 의한 처분의 상대방에게 부여된 절차적 권리의 범위와 한계를 확정하려면 「행정절차법」이 당사자에게 부여한 절차적 권리의 범위와 한계 수준을 고려하여야 한다.

④ 「행정절차법 시행령」 제2조 제8호는 '학교·연수원 등에서 교육·훈련의 목적을 달성하기 위하여 학생·연수생들을 대상으로 하는 사항'을 「행정절차법」이 적용되지 않는 경우로 규정하고 있으나 생도의 퇴학처분과 같이 신분을 박탈하는 징계처분을 여기에 해당한다고 할 수 없다.

07 행정절차에 대한 설명으로 옳은 것은?

① 행정처분의 직접 상대방이 아닌 제3자라도 법적 보호 이익이 있는 자는 당연히 「행정절차법」상 당사자에 해당한다.

② 법인이 아닌 사단 또는 재단은 행정절차에 있어서 당사자가 될 수 없다.

③ 다수의 대표자가 있는 경우 그중 1인에 대한 행정청의 통지는 모든 당사자 등에게 효력이 있다.

④ 당사자 등에는 행정청이 직권으로 또는 신청에 따라 행정절차에 참여하게 한 이해관계인도 포함된다.

08 행정절차에 대한 설명으로 옳지 않은 것을 모두 조합한 것은?

⊙ 당사자 등은 당사자 등의 형제자매를 대리인으로 선임할 수 있다.

⊙ 행정청이 사안을 접수한 후 관할이 변경되는 경우에는 지체 없이 이를 새로운 관할 행정청에 이송하여야 한다.

⊙ 행정청의 관할이 분명하지 아니하고 당해 행정청을 공통으로 감독하는 상급행정청이 없는 경우, 법원이 그 관할을 정한다.

⊙ 행정응원을 요청받은 행정청은 행정응원으로 인하여 고유의 직무 수행이 현저히 지장받을 것으로 인정되는 명백한 이유가 있는 경우를 제외하고는 응원을 거부할 수 없다.

⊙ 행정응원을 위해 파견된 직원은 특별한 규정이 없는 한 응원을 요청한 행정청의 지휘·감독을 받는다.

① ㉠, ㉢ ② ㉡, ㉣

③ ㉢, ㉣ ④ ㉢, ㉤

09 송달에 대한 설명으로 옳은 것은?

① 외국에 거주하거나 체류하는 자에 대한 송달의 효력발생일은 공고일부터 30일이 경과한 때이다.

② 문서를 송달받을 자 또는 그 사무원 등이 정당한 사유 없이 송달받기를 거부하는 때에는 그 사실을 수령확인서에 적고, 문서를 송달할 장소에 놓아둘 수 있다.

③ 정보통신망을 이용한 송달을 할 경우 행정청은 송달받을 자의 동의를 얻어 송달받을 전자우편주소 등을 지정하여야 한다.

④ 송달이 불가능한 경우에는 송달받을 자가 알기 쉽도록 관보, 공보, 게시판, 일간신문, 인터넷 중 하나에 공고하여야 한다.

10 행정절차에 대한 설명으로 옳지 않은 것은?

① 처분기준을 공표하는 것이 해당 처분의 성질상 현저히 곤란하거나 공공의 안전 또는 복리를 현저히 해치는 것으로 인정될 만한 상당한 이유가 있는 경우에는 「행정절차법」 제20조 제2항에 따라 처분기준을 따로 공표하지 않거나 개략적으로만 공표할 수도 있다.

② 행정작용의 근거가 되는 법령등의 내용이 명확하지 아니한 경우 상대방은 해당 행정청에 그 해석을 요청할 수 있다.

③ 「행정절차법」상 처분의 처리기간에 관한 규정은 훈시규정이 아니라 강행규정이다.

④ 행정청이 「행정절차법」에 따라 공표한 처리기간이 지나 처분을 하였더라도 이를 처분을 취소할 절차상 하자로 볼 수 없다.

11 처분 이유제시에 대한 설명으로 옳은 것은?

① 신청 내용을 모두 그대로 인정하는 처분인 경우 이유제시의무가 면제되지만, 처분 후 당사자가 요청하는 경우에는 그 근거와 이유를 제시하여야 한다.

② 단순·반복적인 처분 또는 중대한 처분이지만 당사자가 그 이유를 명백히 알 수 있는 경우 처분의 이유제시를 생략할 수 있다.

③ 처분의 이유제시를 생략한 때에도 처분 후 당사자가 요청하는 경우에 그 근거와 이유를 제시하여야 할 경우가 있다.

④ 행정청은 긴급히 처분을 할 필요가 있는 경우 당사자에게 처분의 근거와 이유를 제시하지 않아도 되지만, 처분 후에는 당사자의 요청이 없어도 그 근거와 이유를 제시하여야 한다.

12 처분 이유제시에 대한 설명으로 옳은 것으로 조합된 것은?

> ㉠ 「행정절차법」은 당사자에게 의무를 부과하거나 당사자의 권익을 제한하는 처분을 하는 경우에 대해서만 그 근거와 이유를 제시하도록 규정하고 있다.
> ㉡ 세무서장이 주류도매업자에 대하여 일반주류도매업 면허취소 통지를 하면서 그 위반사실을 구체적으로 특정하지 아니한 것은 위법하다는 것이 판례의 입장이다.
> ㉢ 가산세 부과처분에 관해서는 「국세기본법」이나 개별세법 어디에도 그 납세고지의 방식 등에 관하여 따로 정한 규정이 없으므로, 가산세의 종류와 세액의 산출근거 등을 전혀 밝히지 않고 가산세의 합계액만을 기재한 경우 그 부과처분은 위법하지 않다.
> ㉣ 행정청이 토지형질변경허가신청을 불허하는 근거규정으로 '「도시계획법 시행령」 제20조'를 명시하지 아니하고 '「도시계획법」'이라고만 기재하였으나, 신청인이 자신의 신청이 개발제한구역의 지정 목적에 현저히 지장을 초래하는 것이라는 이유로 구 도시계획법 시행령 제20조 제1항 제2호에 따라 불허된 것임을 알 수 있었던 경우에는 그 불허처분이 위법하지 않다.
> ㉤ 이유제시는 처분의 상대방에게 제시된 이유에 대해 방어할 기회를 보장하기 위해 처분에 앞서 사전에 함이 원칙이다.

① ㉠, ㉡

② ㉡, ㉣

③ ㉢, ㉤

④ ㉣, ㉤

13 행정절차법의 신청에 대한 설명으로 옳지 않은 것은?

① 신청에 대한 거부처분은 특별한 사정이 없는 한 「행정절차법」 제21조 제1항의 '당사자에게 의무를 부과하거나 권익을 제한하는 처분'에 해당하지 않으므로 사전통지의 대상이 아니다.

② 교육부장관이 관련 법령에 따른 부적격사유가 없는 A와 B 총장후보자 가운데 A후보자가 상대적으로 더욱 적합하다고 판단하여 대통령에게 총장으로 A후보자를 임용제청한 경우, 교육부장관은 B후보자에게 개별 심사항목이나 총장 임용 적격성에 대한 정성적 평가 결과를 구체적으로 밝힐 의무가 있다.

③ 허가처분의 신청인이 신청에 앞서 행정청의 허가업무 담당자에게 신청서의 내용에 대한 검토를 요청한 것은 다른 특별한 사정이 없는 한 신청의 의사표시로 볼 수 없다.

④ 행정청에 처분을 구하는 신청은 문서로만 가능한 것은 아니다.

14 행정절차법의 신청에 대한 설명으로 옳은 것은?

① 처분을 신청할 때 전자문서로 하는 경우에는 신청인의 컴퓨터 등에 입력된 때에 신청한 것으로 본다.

② 행정청은 신청에 구비서류의 미비 등 흠이 있는 경우에는 그 이유를 구체적으로 밝혀 접수된 신청을 되돌려 보내야 한다.

③ 「행정절차법」상 행정청은 신청에 구비서류 미비 등 흠이 있는 경우에는 당사자의 신청에 의해 보완에 필요한 상당한 기간을 정하여 신청인에게 보완을 요구할 수 있다.

④ 행정청은 부득이한 사유로 공표한 처리기간 내에 처분을 처리하기 곤란한 경우에는 해당 처분의 처리기간의 범위에서 한 번만 그 기간을 연장할 수 있다.

15 행정절차에 대한 설명으로 옳지 않은 것은?

① 처분상대방이 이미 행정청에 위반사실을 시인하였다는 사정은 사전통지의 예외가 적용되는 '의견청취가 현저히 곤란하거나 명백히 불필요하다고 인정될 만한 상당한 이유가 있는 경우'에 해당한다.

② 처분의 사전통지가 적용되는 제3자는 '행정청이 직권 또는 신청에 따라 행정절차에 참여하게 한 이해관계인'으로 한정된다.

③ 사전통지의 내용은 처분의 제목, 당사자의 성명 또는 명칭과 주소, 처분하려는 원인이 되는 사실과 처분의 내용 및 법적 근거와 이에 대하여 의견을 제출할 수 있다는 뜻, 의견제출기한 등인데, 여기서 의견제출기한은 의견제출에 필요한 기간을 10일 이상으로 고려하여 정하여야 한다.

④ 「행정절차법」은 행정청이 처분을 하는 때에는 당사자에게 그 근거와 이유를 제시하도록 이유제시의 원칙을 규정하고 있는바, 이러한 이유제시의 원칙은 상대방에게 부담을 주는 행정처분의 경우뿐만 아니라 수익적 행정행위의 거부에도 적용된다.

16 행정절차에 대한 설명으로 옳은 것은?

① 행정청이 구 관광진흥법의 규정에 의하여 유원시설업자 지위승계신고를 수리하는 처분을 하는 경우, 종전 유원시설업자에 대하여는 처분의 사전통지절차를 거칠 필요가 없다.

② 처분의 상대방에게 이익이 되며 제3자의 권익을 침해하는 이중효과적 행정행위는 「행정절차법」상 사전통지·의견제출의 대상이 된다.

③ 「도로법」상 도로구역을 결정하거나 변경할 경우 이를 고시에 의하도록 하면서 그 도면을 일반인이 열람할 수 있도록 한 경우, 판례는 그 도로구역 변경결정을 「행정절차법」 제21조 제1항의 사전통지나 제22조 제3항의 의견청취의 대상이 되는 처분으로 본다.

④ 신청에 따른 처분이 이루어지지 않은 경우에는 특별한 사정이 없는 한 사전통지의 대상이 된다고 할 수 없다.

17 사전통지에 대한 설명으로 옳은 것은?

① 처분의 전제가 되는 사실이 법원의 재판 등에 의하여 객관적으로 증명된 경우에는 행정청이 당사자에게 의무를 부과하거나 권익을 제한하는 처분을 하는 경우에도 사전통지를 하지 아니할 수 있다.

② 행정청이 침해적 행정처분을 할 경우에는 사전통지를 반드시 하여야 한다.

③ 행정청은 행정처분으로 인하여 권익을 침해받게 되는 제3자에 대하여 처분의 원인이 되는 사실과 처분의 내용 및 법적 근거를 미리 통지하여야 한다.

④ 수익적 행정행위의 신청에 대해서 이를 거부하면서 사전통지 및 의견제출 절차를 거치지 않은 것은 실질적으로 침익적 결과를 초래하였으므로 취소사유에 해당한다.

18 사전통지에 대한 설명으로 옳지 않은 것은?

① 정규공무원으로 임용된 사람에게 시보임용처분 당시 「지방공무원법」에 정한 공무원임용 결격사유가 있어 시보임용처분을 취소하고 그에 따라 정규임용처분을 취소한 경우 정규임용처분을 취소하는 처분에 대하여서는 「행정절차법」의 규정이 적용된다.

② 공기업 사장에 대한 해임처분 과정에서 처분 내용을 사전에 통지받지 못했고 해임처분 시 법적 근거 및 구체적 해임사유를 제시받지 못하였다면, 그 해임처분은 위법하지만 당연무효는 아니다.

③ 침익적 행정처분을 하면서 사전통지 및 의견제출의 기회를 주지 않았다면, 사전통지 및 의견제출 절차를 생략해야 할 예외적 사유가 없는 한, 그 처분은 위법하여 취소되어야 한다.

④ 행정청은 당사자 등에게 의무를 면제하거나 권익을 부여하는 처분을 하는 경우에도 사전통지의무를 진다.

19 청문에 대한 설명으로 옳지 않은 것은?

① 「행정절차법」의 청문배제사유인 '해당 처분의 성질상 의견청취가 현저히 곤란하거나 명백히 불필요하다고 인정될 만한 상당한 이유가 있는 경우'는 해당 행정처분의 성질에 의하여 판단하여야 하는 것이지, 청문통지서의 반송 여부, 청문통지의 방법 등에 의하여 판단할 것은 아니다.

② 인허가 등의 취소를 내용으로 하는 처분의 상대방은 처분의 근거법률에 청문을 하도록 규정되어 있지 않더라도 「행정절차법」에 따라 의견제출기한 내에 청문을 신청할 수 있다.

③ 청문서가 「행정절차법」에서 정한 날짜보다 다소 늦게 도달하였을 경우에도, 당사자가 이에 대하여 이의하지 아니하고 청문일에 출석하여 의견을 진술하였다면 청문서 도달기간을 준수하지 않은 하자는 치유된다.

④ 청문은 다른 법령등에서 규정하고 있는 경우 이외에 행정청이 필요하다고 인정하는 경우에도 실시할 수 있으나, 공청회는 다른 법령등에서 규정하고 있는 경우에만 개최할 수 있다.

20 청문과 공청회에 대한 설명으로 옳지 않은 것은?

① 묘지공원과 화장장의 후보지를 선정하는 과정에서 추모공원건립추진협의회가 후보지 주민들의 의견을 청취하기 위하여 그 명의로 개최한 공청회는 「행정절차법」에서 정한 절차를 준수하여야 하는 것은 아니다.

② 행정청은 공청회를 마친 후 처분을 할 때까지 새로운 사정이 발견되어 공청회를 다시 개최할 필요가 있다고 인정할 때에는 공청회를 다시 개최할 수 있다.

③ 행정청은 공청회의 발표자를 관련 전문가 중에서 우선적으로 지명하거나 위촉하여야 하며, 적절한 발표자를 선정하지 못하거나 필요한 경우에만 발표를 신청한 자 중에서 지명할 수 있다.

④ 행정청은 공청회를 개최하려는 경우에는 공청회 개최 14일 전까지 제목·일시·장소 등 일정한 사항을 당사자 등에게 통지하고 관보·공보·인터넷 홈페이지 또는 일간신문 등에 공고하는 등의 방법으로 널리 알려야 하나, 공청회 개최를 알린 후 예정대로 개최하지 못하여 새로 일시 및 장소 등을 정한 경우에는 공청회 개최 7일 전까지 알려야 한다.

쟁점별 모의고사

행정절차 ~ 정보공개

정답 및 해설 p.229

제한시간 : 14분 | 시작시각 ___시 ___분 ~ 종료시각 ___시 ___분

나의 점수 _____

01 행정절차에 대한 설명으로 옳지 않은 것은?

① 「행정절차법」상 행정지도는 구술의 형식으로도 할 수 있다.

② '고시'의 방법으로 불특정 다수인을 상대로 의무를 부과하거나 권익을 제한하는 처분의 경우에는 「행정절차법」 제22조 제3항에 의하여 그 상대방을 대표할 수 있는 사업자단체 등에게 의견제출의 기회를 주어야 한다.

③ 의견제출제도는 당사자에게 의무를 부과하거나 권익을 제한하는 경우에 적용되고, 수익적 행위나 수익적 행위의 신청에 대한 거부에는 적용이 없으며, 일반처분의 경우에도 적용이 없다.

④ 입법예고기간은 예고할 때 정하되, 특별한 사정이 없으면 40일(자치법규는 20일) 이상으로 한다.

02 민원 처리에 관한 법률에 대한 설명으로 옳지 않은 것은?

① '민원인'이란 행정기관에 민원을 제기하는 개인·법인 또는 단체를 말하되, 사경제의 주체로서 제기하는 경우를 제외한 행정기관, 행정기관과 민원과 직접 관련된 사법(私法)상 계약관계에 있는 자, 성명·주소 등이 불명확한 자 등 대통령령으로 정하는 자는 제외한다.

② '복합민원'이란 하나의 민원 목적을 실현하기 위하여 법령·훈령·예규·고시·자치법규 등에 따라 여러 관계 기관 또는 관계 부서의 인가·허가·승인·추천·협의 또는 확인 등을 거쳐 처리되는 법정민원을 말한다.

③ 민원인은 법정민원 중 신청에 경제적으로 많은 비용이 수반되는 민원 등 대통령령으로 정하는 민원에 대하여는 행정기관의 장에게 정식으로 민원을 신청하기 전에 미리 약식의 사전심사절차를 거쳐야 한다.

④ 민원사무의 처리기간을 6일 이상으로 정한 경우 '일' 단위로 계산하고 첫날을 산입한다.

03 민원 처리에 관한 법률에 대한 설명으로 옳은 것은?

① 행정기관의 장은 민원에 관해 관계 법령 등에서 정한 처리기간이 남아 있는 경우 민원처리기간까지 지연시킬 수 있다.

② 법정민원에 대한 거부처분에 대하여 불복이 있는 경우 그 거부처분을 받은 날부터 90일 이내에 이의신청을 할 수 있다.

③ 행정기관의 장은 민원 1회방문 처리제를 확립함으로써 불필요한 사유로 민원인이 행정기관을 다시 방문하지 아니하도록 하여야 한다.

④ 행정기관의 장은 민원실을 반드시 설치하여야 한다.

04 행정절차의 하자에 대한 설명으로 옳지 않은 것은?

① 법령에서 사업의 승인 이전에 관계 행정청과의 협의를 거치도록 규정한 취지가 미리 자문을 구하라는 의미인 경우에는 비록 승인 전에 이러한 협의를 거치지 아니하였더라도 그 승인처분이 당연무효가 되는 것은 아니다.

② 「행정절차법」상 청문은 청문 주재자가 필요하다고 인정하는 경우 공개할 수 있으며, 당사자 또는 이해관계인은 청문의 공개를 신청할 수 없다.

③ 행정청이 침익적 행정처분을 함에 있어 의견제출의 기회를 부여하지 않아도 되는 예외적인 경우에 해당하지 않는 한, 의견제출 기회를 부여하지 않은 것은 취소사유에 해당한다.

④ 「국가공무원법」상 소청심사위원회가 소청사건을 심사하면서 소청인 또는 그 대리인에게 진술의 기회를 부여하지 아니하고 한 결정은 무효이다.

05 행정절차의 하자에 대한 설명으로 옳은 것은?

① 집합건물 중 일부 구분건물의 소유자에 대하여 관할 소방서장이 소방시설 불량사항에 관한 시정보완명령을 구술로 고지한 것은 신속을 요하거나 경미한 경우가 아닌 한 「행정절차법」을 위반한 것으로 하자가 중대하고 명백하여 당연무효이다.

② 수사과정 및 징계과정에서 자신의 비위행위에 대한 해명기회를 가졌다면 「행정절차법」에 따른 의견제출의 기회 등을 부여받은 것으로 보아야 한다.

③ 명문의 규정이 없는 한 취소사유인 절차상 하자가 실체적 결정에 영향을 미치지 않았음이 명백한 경우에는 절차상 하자만으로 당해 행정행위를 취소할 수 없다.

④ 적법한 건축물에 대한 철거명령의 하자가 중대하고 명백하여 당연무효라 하더라도, 그 후행행위인 건축물철거 대집행계고처분이 당연무효인 것은 아니다.

06 행정절차의 하자에 대한 설명으로 옳지 않은 것은?

① 절차상 하자로 인하여 무효인 행정처분이 있은 후 행정청이 관계 법령에서 정한 절차를 갖추어 다시 동일한 행정처분을 하였다면 당해 행정처분은 종전의 무효인 행정처분과 관계없이 새로운 행정처분이라고 보아야 한다.

② 판례에 의하면 이유제시의 하자와 관련하여 이유제시가 전혀 없거나 중요사항의 기재가 결여되는 경우에는 무효사유로 그 외의 경우에는 취소사유로 보고 있다.

③ 학교환경위생정화위원회의 심의를 거치지 아니하고 내려진 거부처분의 흠은 행정처분의 효력에 아무런 영향을 주지 않는다거나 경미한 정도에 불과하다고 볼 수 없으므로 특별한 사정이 없는 한 거부처분을 위법하게 하는 취소사유에 해당한다.

④ 행정청이 청문의 사전통지기간을 다소 어겼다 하더라도 당사자가 이에 대하여 이의를 제기하지 않고 청문일에 출석하여 그 의견을 진술하고 변명하는 등 방어의 기회를 충분히 가졌다면 청문의 사전통지기간을 준수하지 아니한 하자는 치유된다.

07 행정절차의 하자에 대한 설명으로 옳지 않은 것은?

① 과세처분의 절차에 위법이 있어 과세처분을 취소하는 판결이 확정된 경우 과세관청은 그 위법사유를 보완하여 다시 새로운 과세처분을 할 수 있다.

② 기속행위의 경우에도 행정처분의 절차상 하자만으로 독자적인 취소사유가 된다.

③ 사전통지와 청문 등의 주요 절차를 위반하면 위법이 되나 의견제출 절차, 타 기관과의 협의절차를 위반한다고 하여 위법이 되는 것은 아니다.

④ 민원사무를 처리하는 행정기관이 민원조정위원회를 개최하면서 민원인에게 그 회의일정 등을 사전에 통지하여야 함에도 불구하고 그러하지 아니한 경우에, 이러한 사정만으로 곧바로 그 민원사항에 대한 행정기관의 장의 거부처분이 위법하다고 볼 수는 없다.

08 개인정보에 대한 설명으로 옳지 않은 것을 모두 조합한 것은?

> ㉠ 「개인정보 보호법」은 개인정보의 누설이나 권한 없는 처리 또는 다른 사람의 이용에 제공하는 등 부당한 목적으로 사용한 행위를 처벌하도록 규정하고 있다. 여기에서 '누설'이라 함은 아직 이를 알지 못하는 타인에게 알려주는 일체의 행위를 말한다.
> ㉡ 개인정보자기결정권의 보호대상이 되는 개인정보는 개인의 신체, 신념, 사회적 지위, 신분 등과 같이 인격주체성을 특징짓는 사항으로서 개인의 동일성을 식별할 수 있게 하는 일체의 정보를 의미하는 것이므로 개인의 내밀한 영역에 속하는 정보에 국한되고 공적 생활에서 형성되었거나 이미 공개된 개인정보는 포함되지 않는다.
> ㉢ 법인의 정보는 「개인정보 보호법」의 보호대상이 아니다.
> ㉣ 개인정보 보호에 관하여는 다른 법률에 특별한 규정이 있는 경우에도 이 법에서 정하는 바에 따른다.

① ㉠, ㉡

② ㉡, ㉢

③ ㉠, ㉣

④ ㉡, ㉣

09 개인정보에 대한 설명으로 옳은 것은?

① 개인정보는 살아 있는 개인뿐만 아니라 사망자의 성명, 주민등록번호 및 영상 등을 통하여 개인을 알아볼 수 있는 정보도 포함한다.

② 세관장은 정보주체인 수입업자가 필요한 최소한의 정보 외의 개인정보 수집에 동의하지 아니한다고 하여 그 수입업자에게 재화 또는 서비스의 제공을 거부하여서는 아니 된다.

③ 「개인정보 보호법」의 대상정보의 범위에는 공공기관·법인·단체에 의하여 처리되는 정보가 포함되고, 개인에 의해서 처리되는 정보는 포함되지 않는다.

④ 개인정보는 살아 있는 개인에 관한 정보로서 성명, 주민등록번호 및 영상 등을 통하여 개인을 알아볼 수 있는 정보이며, 해당 정보만으로는 특정 개인을 알아볼 수 없다면, 다른 정보와 쉽게 결합하여 그 개인을 알아볼 수 있는 경우라도 개인정보라 할 수 없다.

10 개인정보에 대한 설명으로 옳은 것은?

① 자신의 개인정보를 열람한 정보주체는 개인정보처리자에게 그 개인정보의 정정을 요구할 수는 있으나, 그 개인정보의 삭제를 요구할 수는 없다.

② 개인정보의 열람청구와 삭제 또는 정정청구는 정보주체가 직접 하여야 하고, 대리인에 의한 청구는 허용되지 않는다.

③ 정보주체는 개인정보처리자가 「개인정보 보호법」을 위반한 행위로 손해를 입으면 개인정보처리자에게 손해배상을 청구할 수 있으며, 이 경우 그 정보주체는 고의 또는 과실을 입증해야 한다.

④ 개인정보처리자가 집단분쟁조정을 거부하거나 집단분쟁조정의 결과를 수락하지 아니한 경우, 일정한 요건을 갖춘 단체는 법원에 권리침해행위의 금지·중지를 구하는 단체소송을 제기할 수 있다.

11 개인정보에 대한 설명으로 옳은 것은 모두 몇 개인가?

> ㉠ 개인정보처리자가 주민등록번호를 처리하기 위해서는 정보주체에게 다른 개인정보의 처리에 대한 동의와 별도로 동의를 받아야 한다.
> ㉡ 개인정보와 관련한 분쟁의 조정을 원하는 자는 개인정보 분쟁조정위원회에 분쟁조정을 신청할 수 있다.
> ㉢ 개인정보 분쟁조정위원회의 조정을 분쟁당사자가 수락하는 경우, 조정의 내용은 재판상 화해와 동일한 효력을 갖는다.
> ㉣ 「개인정보 보호법」에는 개인정보 단체소송을 제기할 수 있는 단체에 대한 제한을 두고 있지 않으므로 법인격이 있는 단체라면 어느 단체든지 권리침해 행위의 금지·중지를 구하는 소송을 제기할 수 있다.

① 모두 옳음   ② 1개

③ 2개   ④ 3개

12 개인정보에 대한 설명으로 옳은 것은?

① 개인정보처리자는 개인정보의 삭제를 요구하는 자에게 대통령령으로 정하는 바에 따라 수수료를 청구할 수 있다.

② 개인정보처리자가 「개인정보 보호법」상의 허용요건을 충족하여 개인정보를 수집하는 경우에는 그 목적에 필요한 최소한의 개인정보를 수집하여야 한다. 이 경우 개인정보처리자가 최소한의 개인정보 수집이라는 의무를 위반한 경우 그 입증책임은 이의를 제기하는 정보주체가 부담한다.

③ 개인정보처리자는 정보주체의 사생활을 현저히 침해할 우려가 있는 개인정보로서 대통령령으로 정하는 정보(즉, 민감정보)에 대해서는 다른 개인정보의 처리에 대한 동의와 별도로 동의를 받은 경우에도 이를 처리하여서는 아니 된다.

④ 개인정보처리자는 개인정보가 유출되었음을 알게 되었을 때에는 지체 없이 방송통신위원회 위원장에게 신고하여야 한다.

13 개인정보 보호에 대한 설명으로 옳은 것은?

① 영상정보처리기기운영자는 영상정보처리기기의 설치 목적과 다른 목적으로 영상정보처리기기를 임의로 조작하거나 다른 곳을 비춰서는 아니 되며, 녹음기능은 사용할 수 없다.

② 불특정 다수가 이용하는 목욕실, 화장실, 발한실(發汗室), 탈의실 등에의 영상정보처리기기 설치는 대통령령으로 정하는 바에 따라 안내판 설치 등 필요한 조치를 취하는 경우에만 허용된다.

③ 개인정보처리자란 개인정보파일을 운용하기 위하여 스스로 개인정보를 처리하는 공공기관, 법인, 단체 및 개인 등을 말한다.

④ 개인정보 보호에 관한 사항을 심의·의결하기 위하여 대통령 소속으로 '개인정보 보호위원회'를 둔다.

14 개인정보 보호에 대한 설명으로 옳은 것은?

① 공공기관의 장이 개인정보파일을 운용하는 경우에는 개인정보파일의 명칭, 운용목적, 처리방법, 보유기간 등을 과학기술정보통신부장관에게 등록하여야 한다.

② 인터넷 포털사이트 등의 개인정보 유출사고로 주민등록번호가 불법 유출되어 그 피해자가 주민등록번호 변경을 신청했으나 구청장이 거부 통지를 한 사안에서, 피해자의 의사와 무관하게 주민등록번호가 유출된 경우에는 조리상 주민등록번호의 변경요구신청권을 인정함이 타당하다.

③ 개인정보 처리위탁에 있어 수탁자는 정보제공자의 관리·감독 아래 위탁받은 범위 내에서만 개인정보를 처리하게 되지만, 위탁자로부터 위탁사무 처리에 따른 대가를 지급받는 이상 개인정보 처리에 관하여 독자적인 이익을 가지므로, 그러한 수탁자는 「개인정보 보호법」 제17조에 의해 개인정보처리자가 정보주체의 개인정보를 제공할 수 있는 '제3자'에 해당한다.

④ 관계 중앙행정기관의 장은 개인정보 보호를 위하여 필요하다고 인정하면 소관 법률에 따라 개인정보처리자에게 개인정보처리실태의 개선을 권고하거나 지도·점검을 할 수 있다.

15 정보공개 청구에 대한 설명으로 옳지 않은 것은?

① 청주시의회에서 의결한 청주시 행정정보공개조례안은 행정에 대한 주민의 알 권리의 실현을 그 근본내용으로 하면서도 이로 인한 개인의 권익침해 가능성을 배제하고 있으므로, 이를 들어 주민의 권리를 제한하거나 의무를 부과하는 조례라고는 단정할 수 없고, 따라서 그 제정에 있어서 반드시 법률의 개별적 위임이 따로 필요한 것은 아니다.

② 정보공개를 청구하는 자가 공개를 구하는 정보를 행정기관이 보유·관리하고 있을 상당한 개연성이 있다는 점을 입증하여야 한다.

③ 알 권리에서 파생되는 정보의 공개의무는 특별한 사정이 없는 한, 특정의 정보에 대한 공개 청구가 있는 경우에 비로소 존재한다.

④ 공개 청구의 대상 정보가 이미 다른 사람에게 널리 알려져 있거나 인터넷 검색을 통해 쉽게 알 수 있는 경우에는 비공개결정을 할 수 있다.

16 정보공개 청구에 대한 설명으로 옳지 않은 것은?

① 「공공기관의 정보공개에 관한 법률」은 정보공개 청구권자가 공개를 청구하는 정보와 어떤 관련성을 가질 것을 요구하거나 정보공개 청구의 목적에 특별한 제한을 두고 있지 아니하므로 정보공개 청구권자의 권리구제 가능성 등은 정보의 공개 여부 결정에 아무런 영향을 미치지 못한다.

② 국가 또는 지방자치단체로부터 보조금을 받는 사회복지법인과 사회복지사업을 하는 비영리법인도 공개대상이 되는 공공기관에 포함된다.

③ 판례는 '특별법에 따라 설립된 특수법인'이라는 점만으로 정보공개의무를 인정하고 있으며, 다시금 해당 법인의 역할과 기능에서 정보공개의무를 지는 공공기관에 해당하는지 여부를 판단하지 않는다.

④ 한국방송공사는 「공공기관의 정보공개에 관한 법률 시행령」 제2조 제4호에 규정된 '특별법에 따라 설립된 특수법인'에 해당한다.

17 정보공개 청구에 대한 설명으로 옳은 것은?

① 사립대학교는 「공공기관의 정보공개에 관한 법률 시행령」에 따른 공공기관에 해당하나, 국비의 지원을 받는 범위 내에서만 공공기관의 성격을 가진다.

② 한국증권업협회는 「공공기관의 정보공개에 관한 법률 시행령」 제2조 제4호에 규정된 '특별법에 따라 설립된 특수법인'에 해당하지 아니한다.

③ 정보공개의무를 지는 공공기관에는 국가기관과 지방자치단체만이 해당한다.

④ 국·공립의 초등학교는 공공기관의 정보공개에 관한 법령상 공공기관에 해당하지만, 사립초등학교는 이에 해당하지 않는다.

18 개인정보에 대한 설명으로 옳지 않은 것은?

① 개인정보처리자는 법령에서 민감정보의 처리를 요구 또는 허용하는 경우에도 정보주체의 동의를 받지 못하면 민감정보를 처리할 수 없다.

② 정치적 견해, 건강, 사상·신념에 관한 정보는 민감정보에 해당한다.

③ 세관장은 개인정보의 처리업무를 제3자에게 위탁할 수 있는데, 그 위탁은 위탁업무 수행 목적 외 개인정보의 처리 금지에 관한 사항이나 개인정보의 기술적·관리적 보호조치에 관한 사항 등의 내용이 포함된 문서에 의하여야 한다.

④ 개인정보처리자의 「개인정보 보호법」 위반행위로 손해를 입은 정보주체는 개인정보처리자에게 손해배상을 청구할 수 있고, 그 개인정보처리자는 고의 또는 과실이 없음을 입증하지 않으면 책임을 면할 수 없다.

19 정보공개 청구에 대한 설명으로 옳은 것은 몇 개인가?

⊙ 이해관계자인 당사자에게 문서열람권을 인정하는 「행정절차법」상의 정보공개와는 달리 「공공기관의 정보공개에 관한 법률」은 모든 국민에게 정보공개 청구를 허용한다.

ⓛ 정보공개청구권을 가지는 국민에는 자연인은 물론 법인, 권리능력 없는 사단·재단도 포함되고, 법인, 권리능력 없는 사단·재단 등의 경우에는 설립목적을 불문한다.

ⓒ 정보공개청구권은 해당 정보와 이해관계가 있는 자에 한해서만 인정된다.

ⓔ 외국인에게도 국민과 동일하게 정보공개청구권이 인정된다.

① 없음　　　　　② 1개

③ 2개　　　　　④ 3개

20 정보공개 청구에 대한 설명으로 옳은 것은?

① 구 공공기관의 정보공개에 관한 법률 시행령 제2조 제1호가 정보공개의무기관으로 사립대학교를 들고 있는 것은 모법의 위임범위를 벗어난 것으로 위법하다.

② 국회는 「공공기관의 정보공개에 관한 법률」상 공공기관에 해당하지만, 동법이 적용되는 것이 아니라 「국회정보공개규칙」이 적용된다.

③ 공공기관이 정보를 한때 보유·관리하였으나 후에 그 정보를 더 이상 보유·관리하고 있지 아니하다는 점에 대한 증명책임의 소재는 정보공개청구권자에게 있다.

④ 「공공기관의 정보공개에 관한 법률」상 공개청구의 대상이 되는 정보는 반드시 원본일 필요는 없고 사본도 가능하다.

제한시간 : 14분 | 시작시각 ___시 ___분 ~ 종료시각 ___시 ___분

나의 점수 _____

01 정보공개 청구에 대한 설명으로 옳지 않은 것은?

① 정보공개 청구는 시민단체의 정보공개 청구와 같이 개인적인 이해관계가 없는 공익을 위한 경우에도 인정된다.

② 오로지 공공기관의 담당 공무원을 괴롭힐 목적으로 정보공개 청구를 하는 경우에도 정보공개청구권의 행사는 허용되어야 한다.

③ 정보를 취득 또는 활용할 의사가 전혀 없이 사회통념상 용인될 수 없는 부당이득을 얻으려는 목적의 정보공개 청구는 권리남용행위로서 허용되지 않는다.

④ 정보공개 신청이 오로지 권리남용의 목적임이 명백하다면 행정청은 공개를 거부할 수 있다.

02 정보공개 청구에 대한 설명으로 옳지 않은 것은?

① 정보공개가 결정되고 공개에 오랜 시간이 걸리지 않는 정보는 말(구술)로도 공개할 수 있다.

② 법원은 청구 대상 정보의 일부가 특정되지 않은 경우 공공기관이 보유·관리하고 있는 공개 청구 정보를 제출하도록 하여 이를 비공개로 열람·심사하는 등의 방법으로 공개 청구 정보의 내용과 범위를 특정시킬 수 있다.

③ 국가안전보장·국방·통일·외교관계 분야 업무를 주로 하는 국가기관의 정보공개심의회 구성 시 최소한 3분의 1 이상은 외부 전문가로 위촉하여야 한다.

④ 정보공개에 관한 정책 수립 및 제도 개선에 관한 사항을 심의·조정하기 위하여 행정안전부장관 소속으로 정보공개위원회를 둔다.

03 정보공개 청구에 대한 설명으로 옳은 것은?

① 국민의 정보공개청구권을 보장하기 위하여 정보공개에 드는 비용은 무료로 한다.

② 정보의 공개 및 우송 등에 드는 비용은 정보공개 청구를 받은 행정청이 부담한다.

③ 공공기관이 공개 청구 대상 정보를 청구인이 신청한 공개방법 이외의 방법으로 공개하는 결정을 한 경우, 정보공개 청구 중 정보공개방법 부분에 대하여 일부 거부처분을 한 것이다.

④ 정보의 공개 및 우송 등에 소요되는 비용은 실비의 범위에서 청구인의 부담으로 한다. 다만, 그 액수가 너무 많아서 청구인에게 과중한 부담을 주는 경우에는 비용을 감면할 수 있다.

04 정보공개 청구에 대한 설명으로 옳지 않은 것은?

① 정보공개거부처분의 취소를 구하는 소송에서 공공기관이 청구 정보를 증거 등으로 법원에 제출하여 법원을 통하여 그 사본을 청구인에게 교부 또는 송달되게 하여 청구인에게 정보를 공개하는 셈이 되었다면, 이러한 우회적인 방법에 의한 공개는 「공공기관의 정보공개에 관한 법률」에 의한 공개라고 볼 수 있다.

② 공공기관은 정보공개 청구를 거부할 경우에도 대상이 된 정보의 내용을 구체적으로 확인·검토하여 어느 부분이 어떠한 법익 또는 기본권과 충돌되어 정보공개법 제9조 제1항 몇 호에서 정하고 있는 비공개사유에 해당하는지를 주장·입증하여야 하며, 그에 이르지 아니한 채 개괄적인 사유만 들어 공개를 거부하는 것은 허용되지 아니한다.

③ 정보공개거부처분 취소소송에서 공개를 거부한 정보에 비공개 대상 부분과 공개가 가능한 부분이 혼합되어 있는 경우, 공개 청구의 취지에 어긋나지 아니하는 범위 안에서 두 부분을 분리할 수 있다면 법원은 청구취지의 변경이 없더라도 공개가 가능한 정보에 관한 부분만의 일부취소를 명할 수 있다.

④ 정보공개제도를 이용하여 사회통념상 용인될 수 없는 부당한 이득을 얻으려 하거나, 오로지 공공기관의 담당 공무원을 괴롭힐 목적으로 정보공개 청구를 하는 경우라면, 적법한 공개 청구 요건을 갖추고 있는 경우라도 정보공개청구권 행사를 허용하지 않는 것이 옳다.

05 정보공개 청구에 대한 설명으로 옳지 않은 것은?

① 다른 법률 또는 법률에서 위임한 대통령령 및 부령에 따라 비밀이나 비공개 사항으로 규정된 정보는 비공개의 대상이 된다.

② 교정에 관한 사항으로서 공개될 경우 그 직무수행을 현저히 곤란하게 하는 정보는 비공개 대상 정보에 해당한다.

③ 공개 청구된 정보가 수사의견서인 경우 수사의 방법 및 절차 등이 공개되더라도 수사기관의 직무수행을 현저히 곤란하게 하지 않는 때에는 비공개 대상 정보에 해당하지 않는다.

④ 공개될 경우 부동산 투기로 특정인에게 이익 또는 불이익을 줄 우려가 있다고 인정되는 정보는 비공개 대상에 해당한다.

06 정보공개 청구에 대한 설명으로 옳지 않은 것은?

① 「공공기관의 정보공개에 관한 법률」에 의하면 '다른 법률 또는 법률에서 위임한 명령에 의하여 비밀 또는 비공개 사항으로 규정된 정보'는 이를 공개하지 아니할 수 있다고 규정하고 있는바, 여기에서 '법률에 의한 명령'은 법률의 위임에 의하여 제정된 대통령령, 총리령, 부령 전부를 의미하는 것이 아니라 정보의 공개에 관하여 법률의 구체적 위임에 의하여 제정된 법규명령을 의미한다.

② 감사원장의 감사 결과가 군사2급비밀에 해당한다고 하여 「공공기관의 정보공개에 관한 법률」 제9조 제1항 제1호에 의하여 공개하지 아니할 수는 없다.

③ 법원 이외의 공공기관이 「공공기관의 정보공개에 관한 법률」 제9조 제1항 제4호에서 정한 '진행 중인 재판에 관련된 정보'에 해당한다는 사유로 정보공개를 거부하기 위하여는 반드시 그 정보가 진행 중인 재판의 소송기록 자체에 포함된 내용일 필요는 없다.

④ 비공개 대상인 '법인 등의 경영상·영업상 비밀'은 「부정경쟁방지 및 영업비밀보호에 관한 법률」 제2조 제2호에 규정된 '영업비밀'에 한하지 않고, '타인에게 알려지지 아니함이 유리한 사업활동에 관한 일체의 정보' 또는 '사업활동에 관한 일체의 비밀사항'을 말한다.

07 정보공개 청구에 대한 설명으로 옳지 않은 것은?

① 직무를 수행한 공무원의 성명 및 직위는 비공개 대상 정보이다.

② 법인 등이 거래하는 금융기관의 계좌번호에 관한 정보는 영업상 비밀에 관한 사항으로서 「공공기관의 정보공개에 관한 법률」상 비공개 대상 정보에 해당한다.

③ 재건축사업계약에 의하여 조합원들에게 제공될 무상보상평수 산출내역은 법인 등의 영업상 비밀에 관한 사항이 아니며 비공개 대상 정보에 해당되지 않는다.

④ 지방자치단체의 업무추진비 세부항목별 집행내역 및 그에 관한 증빙서류에 포함된 개인에 관한 정보는 비공개 대상 정보에 해당한다.

08 정보공개 청구에 대한 설명으로 옳은 것은?

① 「공직자윤리법」상의 등록의무자가 구 공직자윤리법 시행규칙 제12조에 따라 제출한 '자신의 재산등록사항의 고지를 거부한 직계존비속의 본인과의 관계, 성명, 고지거부사유, 서명'이 기재되어 있는 문서는 정보공개법상의 비공개 대상 정보에 해당한다.

② '독립유공자서훈 공적심사위원회의 심의·의결 과정 및 그 내용을 기재한 회의록'은 공개될 경우에 업무의 공정한 수행에 현저한 지장을 초래한다고 인정할 만한 상당한 이유가 있는 정보에 해당한다.

③ 법원 이외의 공공기관이 '진행 중인 재판에 관련된 정보'에 해당한다는 사유로 정보공개를 거부하기 위해서는 그 정보가 진행 중인 재판에 관련된 일체의 정보여야 한다.

④ 판례에 의하면 국가정보원이 직원에게 지급하는 현금급여 및 월초수당에 관한 정보는 공개 대상이다.

09 정보공개 청구에 대한 설명으로 옳지 않은 것은?

① 불기소처분기록 중 피의자신문조서 등에 기재된 피의자 등의 인적 사항 이외의 진술내용이 개인의 사생활의 비밀 또는 자유를 침해할 우려가 인정된다면 비공개 대상에 해당한다.

② 학교폭력대책자치위원회가 피해학생의 보호를 위한 조치, 가해학생에 대한 조치, 학교폭력과 관련된 분쟁의 조정 등에 관하여 심의한 결과를 기재한 회의록은 「공공기관의 정보공개에 관한 법률」 소정의 비공개 대상 정보에 해당한다.

③ 학교환경위생구역 내 금지행위(숙박시설) 해제결정에 관한 학교환경위생정화위원회의 회의록에 기재된 발언 내용에 대한 해당 발언자의 인적 사항 부분에 관한 정보는 「공공기관의 정보공개에 관한 법률」 소정의 비공개 대상 정보에 해당한다.

④ 「보안관찰법」 소정의 보안관찰 관련 통계자료는 「공공기관의 정보공개에 관한 법률」 소정의 비공개 대상 정보에 해당하지 않는다.

10 정보공개 청구에 대한 설명으로 옳은 것은?

① 독립유공자서훈 공적심사위원회의 심의·의결 과정 및 그 내용을 기재한 회의록은 독립유공자 등록에 관한 신청당사자의 알 권리 보장과 공정한 업무수행을 위해서 공개되어야 한다.

② 대통령의 사면권 행사는 고도의 정치적 행위이므로 그 정보의 공개가 사면권 자체를 부정하게 될 위험이 있고 해당 정보의 당사자들의 사생활의 비밀도 침해할 우려가 있기 때문에 「공공기관의 정보공개에 관한 법률」상의 비공개사유에 해당된다.

③ 교육공무원의 근무성적평정 결과를 공개하지 아니한다고 규정하고 있는 「교육공무원 승진규정」을 근거로 정보공개 청구를 거부하는 것은 위법하다.

④ 「검찰보존사무규칙」상의 정보의 열람·등사의 제한은 「공공기관의 정보공개에 관한 법률」 제9조 제1항 제1호의 '다른 법률 또는 법률에 의한 명령에 의하여 비공개사항으로 규정된 경우'에 해당한다.

11 정보공개 청구에 대한 설명으로 옳은 것은?

① 외국 또는 외국기관으로부터 비공개를 전제로 입수한 정보는 비공개를 전제로 하였다는 이유만으로 비공개 대상 정보에 해당한다고 할 수 없다.

② 사립대학교에 정보공개를 청구하였다가 거부될 경우 사립대학교에 대한 국가의 지원이 한정적·국부적·일시적임을 고려한다면 사립대학교 총장을 피고로 하여 취소소송을 제기할 수 없다.

③ 공무원이 직무와 관련 없이 개인적 자격으로 금품을 수령한 정보는 공개 대상이 되는 정보이다.

④ '2002학년도부터 2005학년도까지의 대학수학능력시험 원데이터'는 연구목적으로 그 정보의 공개를 청구하는 경우라도 공개로 인하여 초래될 부작용이 공개로 얻을 수 있는 이익보다 더 클 것이므로, 그 공개로 대학수학능력시험 업무의 공정한 수행이 객관적으로 현저하게 지장을 받을 것이라는 개연성이 있어 비공개 대상 정보에 해당한다.

12 정보공개결정과 불복절차에 대한 설명으로 옳지 않은 것은?

① 정보공개 청구인은 공공기관의 비공개결정에 대해 이의신청절차를 거치지 아니하면 행정심판을 청구할 수 없다.

② 정보공개청구권은 법률상 보호되는 구체적인 권리이므로 청구인이 공공기관에 대하여 정보공개를 청구하였다가 거부처분을 받은 것 자체가 법률상 이익의 침해에 해당한다.

③ 정보공개가 신청된 정보를 공공기관이 보유·관리하고 있지 아니한 경우에는 특별한 사정이 없는 한 정보공개거부처분의 취소를 구할 법률상의 이익이 없다.

④ 공공기관은 정보의 공개 또는 비공개를 결정한 때에는 이를 청구인에게 통지하여야 한다.

13 정보공개결정과 불복절차에 대한 설명으로 옳은 것은?

① 정보공개 청구 후 20일이 경과하도록 정보공개결정이 없는 경우, 이의신청은 허용되나 행정심판 청구는 허용되지 않는다.

② 정보비공개결정 취소소송에서 공공기관이 청구 정보를 증거로 법원에 제출하여 법원을 통하여 그 사본을 청구인에게 교부되게 하여 정보를 공개하게 된 경우에는 비공개결정의 취소를 구할 소의 이익이 소멸한다.

③ 정보공개 청구인은 자신에게 해당 정보의 공개를 구할 법률상 이익이 있음을 입증하여야 한다.

④ 비공개결정을 통지받은 청구인은 통지를 받은 날부터 30일 이내에 해당 공공기관에 서면으로 이의신청을 할 수 있다.

14 정보공개결정과 불복절차에 대한 설명으로 옳지 않은 것은?

① 정보공개 청구자는 정보공개와 관련한 공공기관의 비공개결정에 대해서는 이의신청을 할 수 있지만, 부분공개의 결정에 대해서는 따로 이의신청을 할 수 없다.

② 정보공개와 관련해 법률상 이익을 침해받은 청구인 또는 제3자는 이의신청뿐만 아니라 행정심판, 행정소송도 제기할 수 있다.

③ 정보공개 청구권자의 권리구제 가능성 등은 정보의 공개 여부 결정에 아무런 영향을 미치지 못한다.

④ 공공기관은 이의신청을 받은 날부터 7일 이내에 그 이의신청에 대하여 결정하고 그 결과를 청구인에게 지체 없이 문서로 통지하여야 한다.

15 정보공개결정과 불복절차에 대한 설명으로 옳은 것은?

① 정보공개와 관련한 공공기관의 처분에 대하여 행정소송을 제기하는 경우에는 이의신청을 반드시 거쳐야 한다.

② 공공기관은 공개 대상 정보가 제3자와 관련이 있다고 인정할 때에는 반드시 공개 청구된 사실을 제3자에게 통지하고 그에 대한 의견을 들은 다음에 공개 여부를 결정하여야 한다.

③ 공공기관은 정보공개의 청구를 받으면 그 청구를 받은 날부터 10일 이내에 공개 여부를 결정하여야 하나 부득이한 사유로 이 기간 이내에 공개 여부를 결정할 수 없는 때에는 그 기간이 끝나는 날의 다음 날부터 기산하여 10일의 범위에서 공개 여부 결정기간을 연장할 수 있다.

④ 정보공개 청구의 거부에 대해서는 의무이행심판을 제기할 수 없다.

2022 해커스공무원 함남기 행정법 모의고사 Season 1

16 정보공개결정과 불복절차에 대한 설명으로 옳은 것은?

① 공개 대상 정보는 원칙적으로 공개를 청구하는 자가 작성한 정보공개청구서의 기재내용에 의하여 특정되며, 공개 청구자가 특정한 바와 같은 정보를 공공기관이 보유·관리하고 있지 않은 경우라도 해당 정보에 대한 공개거부처분에 대해 취소를 구할 법률상 이익은 인정된다.

② 공공기관은 정보공개와 관련한 결정에 대해 이의신청을 받은 날부터 14일 이내에 그 이의신청에 대하여 결정하고 그 결과를 청구인에게 지체 없이 문서로 통지하여야 한다.

③ 정보공개 청구 후 20일이 경과하도록 정보공개 결정이 없는 때에는 정보공개 청구 후 20일이 경과한 날부터 30일 이내에 해당 공공기관에 문서로 이의신청을 할 수 있다.

④ 정보공개거부처분을 받은 청구인은 그 정보의 열람에 관한 구체적 이익을 입증해야만 행정소송을 통하여 그 공개거부처분의 취소를 구할 법률상의 이익이 인정된다.

17 정보공개 청구에 대한 설명으로 옳은 것은?

① 공개를 거부한 정보에 비공개 대상 정보에 해당하는 부분과 공개가 가능한 부분이 혼합되어 있는 경우라면 법원은 정보공개거부처분 전부를 취소해야 한다.

② 행정청이 공개를 거부한 정보에 비공개사유에 해당하는 부분과 그렇지 않은 부분이 혼재되어 있는 경우에는 그 전부에 대해 공개하여야 한다.

③ 비공개 대상 정보의 공개 여부에 대한 결정은 공공기관의 재량행위에 속한다.

④ 직무를 수행한 공무원의 성명·직위는 비공개 대상 정보이다.

18 제3자와 관련된 정보공개 청구에 대한 설명으로 옳은 것은?

① 공개 청구된 정보가 제3자와 관련이 있는 경우 행정청은 제3자에게 통지하여야 하고 의견을 들을 수 있으나, 제3자가 비공개를 요청할 권리를 갖지는 않는다.

② 공공기관은 정보공개 청구의 대상이 된 정보가 제3자와 관련된 경우 해당 제3자의 의견을 청취할 수 있으나, 그에게 통지할 의무는 없다.

③ 공공기관은 공개 청구된 공개 대상 정보의 전부 또는 일부가 제3자와 관련이 있다고 인정할 때에는 그 사실을 제3자에게 7일 이내에 통지하여야 한다.

④ 제3자의 비공개 요청에도 불구하고 공공기관이 공개 결정을 할 때에는 공개결정 이유와 공개 실시일을 분명히 밝혀 지체 없이 문서로 통지하여야 한다.

19 제3자와 관련된 정보공개 청구에 대한 설명으로 옳은 것을 모두 조합한 것은?

> ㉠ 공공기관은 공개 청구된 정보가 공공기관이 보유·관리하지 아니하는 정보인 경우로서 「민원 처리에 관한 법률」에 따른 민원으로 처리할 수 있는 경우에는 민원으로 처리할 수 있다.
> ㉡ 행정안전부장관은 정보공개에 관하여 필요할 경우에 국회사무총장에게 정보공개 처리실태의 개선을 권고할 수 있고 전년도의 정보공개 운영에 관한 보고서를 매년 국정감사 시작 30일 전까지 국회에 제출하여야 한다.
> ㉢ 공공기관은 국민이 알아야 할 필요가 있는 정보를 국민에게 공개하도록 적극적으로 노력하여야 하며, 정보의 공개에 관한 사무를 신속하고 원활하게 수행하기 위하여 정보공개 장소를 확보하고 공개에 필요한 시설을 갖추어야 한다.
> ㉣ 「민사소송법」상 문서제출의무 예외에 해당하는 '공무원 또는 공무원이었던 사람'이 그 직무와 관련하여 보관하거나 가지고 있는 문서에 대한 공개는 「공공기관의 정보공개에 관한 법률」의 규정에도 불구하고 「민사소송법」의 절차에 따라야 한다.

① ㉠, ㉡   ② ㉠, ㉢

③ ㉡, ㉣   ④ ㉢, ㉣

20 제3자와 관련된 정보공개 청구에 대한 설명으로 옳은 것은?

① 자신과 관련된 정보에 대한 제3자의 비공개 요청에도 불구하고 공공기관이 공개결정을 할 때에는 제3자는 해당 공공기관에 문서 또는 구두로 이의신청을 하거나 행정심판 또는 행정소송을 제기할 수 있다.

② 공공기관은 제3자의 비공개 요청에도 불구하고 공개 결정을 할 때에는 공개 결정일과 공개 실시일의 사이에 최소한 20일의 간격을 두어야 한다.

③ 공개 청구된 사실을 통지받은 제3자가 해당 공공기관에 공개하지 아니할 것을 요청하는 때에는 공공기관은 비공개결정을 하여야 한다.

④ 공공기관은 공개 대상 정보가 제3자와 관련이 있다고 인정할 때에는 제3자에게 지체 없이 통지하여야 하며, 제3자는 통지일부터 3일 이내에 비공개 요청을 할 수 있다.

제한시간 : 14분 | 시작시각 ___시 ___분 ~ 종료시각 ___시 ___분

나의 점수 _____

01 대집행에 대한 설명으로 옳은 것은?

① 행정행위에 불가쟁력이 발생해야 하는 것은 아니다.

② 의무자에게 부과된 의무는 행정청에 의해서 행해진 명령에 한하며, 법률에 의해 혹은 법률에 근거하여 행해진 명령은 해당되지 않는다.

③ 행정법관계에서는 강제력의 특질이 인정되므로 행정법상의 의무를 명하는 명령권의 근거규정은 동시에 그 의무불이행에 대한 행정상 강제집행의 근거가 될 수 있다.

④ 다른 수단에 의한 이행의 확보도 가능하지만 그 수단이 행정대집행보다 비용이 많이 들어야 한다.

02 대집행에 대한 설명으로 옳은 것은?

① 관계 법령에서 금지규정 및 그 위반에 대한 벌칙규정은 두고 있으나 금지규정 위반행위에 대한 시정명령의 권한에 대해서는 규정하고 있지 않은 경우에 그 금지규정 및 벌칙규정은 당연히 금지규정 위반행위로 인해 발생한 유형적 결과를 시정하게 하는 것도 예정하고 있다고 할 것이어서 금지규정 위반으로 인한 결과의 시정을 명하는 권한도 인정하고 있는 것으로 해석된다.

② 법률상 시설설치 금지의무를 위반하여 시설을 설치한 경우 별다른 규정이 없어도 대집행요건이 충족된다.

③ 대집행의 대상은 대체적 작위의무이며, 부작위의무 위반의 경우에는 그것을 대체적 작위의무로 전환하는 규정을 두고 있지 아니하는 한 대집행의 대상이 되지 아니한다.

④ 대집행이 행해지기 위해서는 대체적 작위의무의 불이행을 방치함이 심히 공익을 해할 것으로 인정될 때이어야 하나, 다른 수단으로써 그 이행을 확보하기 곤란할 필요까지는 요하지 않는다.

03 대집행에 대한 설명으로 옳지 않은 것은 모두 몇 개인가?

㉠ 관계 법령에 위반하여 장례식장 영업을 하고 있는 자에 대한 장례식장 사용중지의무는 대집행의 대상이 된다.

㉡ 공원매점에서 퇴거할 의무는 비대체적 작위의무이기 때문에 「행정대집행법」에 의한 대집행의 대상이 되는 것은 아니다.

㉢ 관계 법령상 행정대집행의 절차가 인정되어 행정청이 행정대집행의 방법으로 대체적 작위의무의 이행을 실현할 수 있는 경우에 「민사소송법」상 강제집행의 방법으로도 그 의무의 이행을 구할 수 있다.

㉣ 「행정대집행법」 제2조에 따른 대집행의 실시 여부는 행정청의 재량에 속하지 않는다.

㉤ 대집행의 요건이 충족된 경우에는 대집행을 하여야 하며, 대집행권한을 발동할지에 대해 행정청의 재량은 인정되지 않는다.

① 2개 　　　　② 3개

③ 4개 　　　　④ 5개

04 대집행에 대한 설명으로 옳은 것은?

① 판례에 의하면 대집행의 요건에 관한 주장·입증책임은 대집행에 불복하는 처분의 상대방에게 있음이 원칙이다.

② 관계 법령상 행정대집행의 절차가 인정되어 행정청이 행정대집행의 방법으로 건물의 철거 등 대체적 작위의무의 이행을 실현할 수 있는 경우에도 따로 민사소송의 방법으로 그 의무의 이행을 구할 수 있다.

③ 구 대한주택공사가 대집행권한을 위탁받아 공무인 대집행을 실시하기 위하여 지출한 비용을 「행정대집행법」 절차에 따라 「국세징수법」의 예에 의하여 징수할 수 있음에도 민사소송절차에 의하여 그 비용의 상환을 구하는 청구는 소의 이익이 없어 부적법하다.

④ 공유재산대부계약이 적법하게 해지되었음에도 불구하고 공유재산의 점유자가 그 지상물을 점유하고 있는 경우, 지방자치단체의 장은 원상회복을 위해 행정대집행의 방법으로 그 지상물을 철거시킬 수는 없다.

05 대집행에 대한 설명으로 옳은 것은?

① 대법원은 「공익사업을 위한 토지 등의 취득 및 보상에 관한 법률」상 수용대상물의 인도·이전의무 불이행에 대한 지방자치단체장의 대집행권한을 구 한국토지공사에 위탁한 것은 구 한국토지공사를 행정보조자로 고용한 것으로 본다.

② 제3자 집행에서 행정청과 제3자 간의 계약은 사법상 계약이라는 것이 다수설의 입장이다.

③ 대집행권자는 처분청 및 상급감독청이다.

④ 대집행의 주체는 처분을 한 행정청과 제3자이다.

06 대집행에 대한 설명으로 옳은 것은?

① 甲은 관할 행정청에 토지의 형질변경행위가 수반되는 건축허가를 신청하였고, 관할 행정청은 甲에 대해 '건축기간 동안 자재 등을 도로에 불법적치하지 말 것'이라는 부관을 붙여 건축허가를 하였다. 甲이 위 부관을 위반하여 도로에 자재 등을 불법적치한 경우, 관할 행정청은 바로 「행정대집행법」에 따라 불법적치된 자재 등을 제거할 수 있다.

② 사업계획승인을 하면서 기부채납부관을 부가하였는데 부관을 불이행하였다면 행정청은 이를 이유로 사업계획승인을 철회하거나 의무불이행에 대하여 행정대집행을 할 수 있다.

③ 영업허가 후 유흥주점의 위생상태가 악화되어 영업정지처분을 했음에도 영업을 계속하고 있는 경우에는 관할 행정청이 대집행을 할 수 있다.

④ 자신의 건물에 대한 대집행이 완료된 후 건물철거가 위법임을 이유로 손해배상청구소송을 제기한 경우, 법원은 대집행실행행위에 대한 취소판결이 없어도 손해배상청구를 인용할 수 있다.

07 대집행에 대한 설명으로 옳은 것은?

① 계고서라는 명칭의 1장의 문서로써 일정기간 내에 위법건축물의 자진철거를 명함과 동시에 그 소정기한 내에 자진철거를 하지 아니할 때에는 대집행할 뜻을 미리 계고한 경우라도 「건축법」에 의한 철거명령과 「행정대집행법」에 의한 계고처분은 독립하여 있는 것으로서 각 그 요건이 충족되었다고 볼 수 있다.

② 대집행계고를 함에 있어 대집행할 행위의 내용 및 범위는 대집행계고서에 의하여 특정되어야 하고, 계고처분 전후의 다른 문서의 송달로써는 불특정의 하자를 치유할 수 없다.

③ 대집행실행에 저항하는 경우, 「행정대집행법」에는 이러한 저항을 실력으로 배제할 수 있다는 명문의 규정을 두고 있다.

④ 제1차 철거명령 및 계고처분에 불응하여 다시 철거촉구 및 제2차 계고처분 역시 행정처분의 성질을 가진다.

08 대집행에 대한 설명으로 옳은 것을 모두 조합한 것은?

> ㉠ 위법한 건물의 공유자 1인에 대한 계고처분은 다른 공유자에 대하여는 그 효력이 없다.
>
> ㉡ 계고 시 상당한 기간을 부여하지 않은 경우 대집행영장으로 대집행의 시기를 늦추었다 하더라도 대집행계고처분은 상당한 이행기간을 정하여 한 것이 아니므로 위법하다.
>
> ㉢ 군수가 「군사무위임조례」의 규정에 따라 무허가 건축물에 대한 철거대집행사무를 하부 행정기관인 읍·면에 위임한 경우라도, 읍·면장에게는 관할구역 내의 무허가 건축물에 대하여 그 철거대집행을 위한 계고처분을 할 권한이 없다.
>
> ㉣ 대집행의 계고는 준법률행위적 행정행위로서 통지행위에 해당하며, 계고가 반복된 경우 각각의 계고는 행정소송의 대상이 되는 행정처분에 해당한다.

① ㉠, ㉡   ② ㉠, ㉢

③ ㉡, ㉣   ④ ㉢, ㉣

09 대집행에 대한 설명으로 옳지 않은 것은?

① 제1차로 창고건물의 철거 및 하천부지에 대한 원상복구명령을 하였음에도 이에 불응하므로 대집행계고를 하면서 다시 자진철거 및 하천부지의 원상복구를 명한 경우, 대집행계고서에 기재된 철거 및 원상복구명령도 취소소송의 대상이 되는 독립한 행정처분이다.

② 무허가 증축부분으로 인하여 건물의 미관이 나아지고 증축부분을 철거하는 데 비용이 많이 소요된다고 하더라도 건물철거대집행 계고처분을 할 요건에 해당된다.

③ 계고처분의 후속절차인 대집행에 위법이 있다고 하더라도, 그와 같은 후속절차에 위법성이 있다는 점을 들어 선행절차인 계고처분이 부적법하다는 사유로 삼을 수는 없다.

④ 대집행에 소용된 비용을 납부하지 아니할 때에는 국세징수의 예에 의하여 징수할 수 있다.

10 대집행에 대한 설명으로 옳지 않은 것은?

① 건물의 점유자가 철거의무자일 때에는 건물철거의무에 퇴거의무도 포함되어 있는 것이어서 별도로 퇴거를 명하는 집행권원이 필요하지 않다.

② 행정청이 행정대집행의 방법으로 건물철거의무의 이행을 실현할 수 있는 경우에는 건물철거 대집행 과정에서 부수적으로 그 건물의 점유자들에 대한 퇴거조치를 할 수 있다.

③ 대집행실행에 대한 항거가 있을 경우 실력에 의한 항거의 배제는 대집행실행권에 포함된 것으로 볼 수 있다.

④ 대집행을 통한 건물철거의 경우 건물의 점유자가 철거의무자인 때에는 부수적으로 건물의 점유자에 대한 퇴거조치를 할 수 있다.

11 대집행에 대한 설명으로 옳지 않은 것은?

① 행정청은 해가 지기 전에 대집행을 착수한 경우라면 해가 진 후에도 대집행을 할 수 있다.

② 도심광장으로서 '서울특별시 서울광장의 사용 및 관리에 관한 조례'에 의하여 관리되고 있는 '서울광장'은 비록 공부상 지목이 도로로 되어 있으나 「도로법」 제65조 제1항 소정의 행정대집행의 특례규정이 적용되는 「도로법」상 도로라고 할 수 없다.

③ 행정대집행의 방법으로 건물철거의무 이행을 실현할 수 있는 경우, 철거의무자인 건물점유자의 퇴거의무를 실현하려면 퇴거를 명하는 별도의 집행권원이 있어야 하고, 철거대집행 과정에서 부수적으로 건물점유자들에 대한 퇴거조치를 할 수는 없다.

④ 행정처분에 대한 쟁송제기기간 내라도 행정상 강제집행은 가능하다.

12 대집행에 대한 설명으로 옳은 것은?

① 대집행영장의 통지는 대집행을 실행하겠다는 단순한 사실의 통지에 불과하여 행정처분이라고 보기 어려우므로 이에 대해서는 취소소송을 제기할 수 없다.

② 행정청이 행정대집행의 방법으로 건물철거의무의 이행을 실현할 수 있는 경우, 점유자들이 적법한 행정대집행을 위력을 행사하여 방해한다면 「형법」상 공무집행방해죄의 범행방지 차원에서 경찰의 도움을 받을 수도 있다.

③ 후행처분인 대집행비용납부명령 취소청구소송에서 선행처분인 계고처분이 위법하다는 이유로 대집행비용 납부명령의 취소를 구할 수 없다.

④ 행정청이 건물철거의무를 행정대집행의 방법으로 실현하는 과정에서, 건물을 점유하고 있는 철거의무자들에 대하여 제기한 건물퇴거를 구하는 소송은 적법하다.

13 이행강제금(집행벌)에 대한 설명으로 옳은 것은?

① 이행강제금의 부과는 의무불이행에 대한 집행벌로 가하는 것이기 때문에 행정절차상 의견청취를 거치지 않아도 된다.

② 이행강제금은 비대체적 작위의무 위반에만 부과될 뿐 대체적 작위의무의 위반에는 부과될 수 없다.

③ 이행강제금은 형벌과 병과될 경우 이중처벌금지원칙에 반한다.

④ 행정청은 대집행의 대상이 될 수 있는 것에 대하여 이행강제금을 부과할 수 있다.

14 이행강제금(집행벌)에 대한 설명으로 옳지 않은 것은?

① 「건축법」상 이행강제금 납부의무는 상속인 기타의 사람에게 승계될 수 없는 일신전속적인 성질을 갖는다.

② 「건축법」 제79조 제1항에 따른 위반 건축물 등에 대한 시정명령을 받은 자가 이를 이행하면, 허가권자는 새로운 이행강제금의 부과를 즉시 중지하되 이미 부과된 이행강제금은 징수하여야 한다.

③ 건축주 등이 장기간 건축철거를 명하는 시정명령을 이행하지 아니하였다면, 비록 그 기간 중에 시정명령의 이행 기회가 제공되지 아니하였다가 뒤늦게 시정명령의 이행 기회가 제공된 경우라 하더라도, 행정청은 이행 기회가 제공되지 아니한 과거의 기간에 대한 이행강제금까지 한꺼번에 부과할 수 있다.

④ 「건축법」상 허가권자는 이행강제금을 부과하기 전에 이행강제금을 부과·징수한다는 뜻을 미리 문서로써 계고하여야 한다.

15 이행강제금(집행벌)에 대한 설명으로 옳은 것은?

① 이행강제금이란 행정법상 의무를 불이행하였거나 위반한 자에 대하여 당해 위반행위로 얻은 경제적 이익을 박탈하기 위하여 부과하거나 또는 사업의 취소·정지에 갈음하여 부과되는 금전상의 제재를 말한다.

② 사용자가 이행하여야 할 행정법상 의무의 내용을 초과하는 것을 '불이행 내용'으로 기재한 이행강제금 부과 예고서에 의하여 이행강제금 부과 예고를 한 다음 이를 이행하지 않았다는 이유로 이행강제금을 부과하였다면, 초과한 정도가 근소하다는 등의 특별한 사정이 없는 한 이행강제금 부과 예고는 이행강제금제도의 취지에 반하는 것으로서 위법하고, 이에 터 잡은 이행강제금 부과처분 역시 위법하다.

③ 「부동산 실권리자명의 등기에 관한 법률」상 장기미등기자가 이행강제금 부과 전에 등기신청의무를 이행하였더라도 동법에 규정된 기간이 지나서 등기신청의무를 이행하였다면 이행강제금을 부과할 수 있다.

④ 건물에 대한 2011.5.9.자 건축허가를 받은 甲이 건축 중이던 건물을 乙에게 양도하였는데, 乙이 명의를 변경하지 아니한 채 사용승인 없이 건물을 사용하였다는 사유로 관할 행정청이 甲에게 이행강제금을 부과한 경우, 甲은 이의 제기 후 「비송사건절차법」에 따른 재판에서 이행강제금 부과의 위법을 주장하여야 한다.

16 이행강제금(집행벌)에 대한 설명으로 옳지 않은 것은?

① 「건축법」에 의하여 시정명령을 받은 의무자가 이행강제금이 부과되기 전에 그 의무를 이행하였다 하더라도 시정명령에서 정한 기간을 지나서 이행한 이상 행정청은 이행강제금을 부과할 수 있다.

② 「건축법」상 이행강제금 부과처분은 이에 대한 불복방법에 관하여 별도의 규정을 두지 않고 있으므로 이는 행정소송의 대상이 된다.

③ 「건축법」상 이행강제금 부과처분에 대해 이의를 제기하지 아니하고 미납한 경우 「지방행정제재·부과금의 징수 등에 관한 법률」에 따라 강제징수한다.

④ 구 건축법상 이행강제금 납부의 최초 독촉은 징수처분으로서 항고소송의 대상이 되는 행정처분에 해당한다.

17 강제징수에 대한 설명으로 옳지 않은 것은?

① 「국세징수법」상 독촉은 반드시 문서(독촉장)로 하여야 하며, 원칙적으로 납부기한이 지난 후 10일 내에 발부하여야 한다.

② 특별한 사정이 없는 한, 과세관청이 과세처분에 앞서 필수적으로 행하여야 할 과세예고 통지를 하지 아니함으로써 납세자에게 과세전적부심사의 기회를 부여하지 아니한 채 과세처분을 하였다면, 그 과세처분은 위법하다.

③ 하나의 납세고지서에 의하여 복수의 과세처분을 함께 하는 경우에는 과세처분별로 그 세액과 산출근거 등을 구분하여 기재함으로써 납세의무자가 각 과세처분의 내용을 알 수 있도록 해야 한다.

④ 독촉과 체납처분에 대하여 불복이 있는 자는 바로 취소소송을 제기할 수 있다.

18 강제징수에 대한 설명으로 옳지 않은 것은?

① 독촉만으로는 시효중단의 효과가 발생하지 않는다.

② 압류 대상 재산은 의무자 및 동거인의 소유인 재산적인 가치가 있는 모든 재산을 말하며, 생활필수품에는 의무자의 동의와 무관하게 압류를 할 수 없다.

③ 압류 후 부과처분의 근거법률이 위헌으로 결정된 경우에 압류처분은 취소사유가 있는 것이 되므로 압류를 해제하여야 할 것이다.

④ 구 국세징수법상 국세를 납부기한까지 납부하지 아니하면 과세권자의 가산금 확정절차 없이 같은 법 제21조에 의하여 가산금이 당연히 발생하고 그 액수도 확정된다.

19 강제징수에 대한 설명으로 옳은 것은?

① 「국세징수법」상 체납자 등에 대한 공매통지는 체납자 등의 법적 지위나 권리·의무에 직접적인 영향을 주는 행정처분에 해당하지 아니하므로 공매통지가 적법하지 아니한 경우에도 그에 따른 공매처분이 위법하게 되는 것은 아니다.

② 「국세징수법」상의 체납처분에서 압류재산의 매각은 공매를 통해서만 이루어지며 수의계약으로 해서는 안 된다.

③ 매각은 원칙적으로 공매에 의하나, 예외적으로 수의계약에 의할 수도 있다.

④ 공매통지가 적법하지 아니하다면 특별한 사정이 없는 한, 공매통지를 직접 항고소송의 대상으로 삼아 다투어야 한다.

20 강제징수에 대한 설명으로 옳지 않은 것은?

① 공매에 의하여 재산을 매수한 자는 그 공매처분이 취소된 경우에 그 취소처분의 위법을 주장하여 행정소송을 제기할 법률상 이익이 있다.

② 한국자산관리공사가 인터넷을 통하여 재공매(입찰)하기로 한 결정 자체는 상대방의 법적 지위나 권리·의무에 직접 영향을 주는 것으로 행정처분에 해당한다.

③ 과세관청의 체납자 등에 대한 공매통지는 국가의 강제력에 의하여 진행되는 공매절차에서 체납자 등의 권리 내지 재산상 이익을 보호하기 위하여 법률로 규정한 절차적 요건에 해당하지만, 그 통지를 하지 아니한 채 공매처분을 하였다 하여도 그 공매처분이 당연무효로 되는 것은 아니다.

④ 「국세기본법」에 의하면 강제징수절차에 불복하는 당사자는 심사청구 또는 심판청구를 거친 후 행정소송을 제기하여야 한다.

제한시간 : 14분 | 시작시각 ___시 ___분 ~ 종료시각 ___시 ___분　　　　　　　　나의 점수 _____

01 행정상 즉시강제에 대한 설명으로 옳은 것은?

① 즉시강제는 대체적 작위의무의 불이행이 있는 경우에 행정청이 스스로 의무자가 행할 행위를 대신 수행하는 조치이다.

② 행정상 즉시강제는 의무불이행을 전제로 한다.

③ 행정상 즉시강제는 직접강제와는 달리 행정상 강제집행에 해당하지 않는다.

④ 신체의 자유를 제한하는 즉시강제는 헌법상 기본권 침해에 해당하여 법률의 규정에 의해서도 허용되지 아니한다.

02 행정상 즉시강제에 대한 설명으로 옳은 것은?

① 감염병환자 등이 있는 장소나 감염병병원체에 오염되었다고 인정되는 장소에 대한 일시적 폐쇄는 의무의 불이행을 전제로 하지 않으므로 강학상 '직접강제'에 해당한다.

② 「행정기본법」은 행정상 즉시강제의 일반법이다.

③ 즉시강제란 법령 또는 행정처분에 의한 선행의 구체적 의무의 불이행으로 인한 목전의 급박한 장해를 제거할 필요가 있는 경우에 행정기관이 즉시 국민의 신체 또는 재산에 실력을 행사하여 행정상의 필요한 상태를 실현하는 작용을 말한다.

④ 구 음반·비디오물 및 게임물에 관한 법률상 등급분류를 받지 아니한 게임물을 발견한 경우 관계 행정청이 관계 공무원으로 하여금 이를 수거·폐기하게 할 수 있도록 한 규정은 헌법상 영장주의와 피해 최소성의 요건을 위배하는 과도한 입법으로 헌법에 위반된다.

03 행정상 즉시강제에 대한 설명으로 옳은 것은?

① 재범의 위험성이 현저한 자를 상대로 긴급히 보호할 필요가 있는 경우에 단기간의 동행보호를 허용한 구 사회안전법상 동행보호규정은 사전영장주의를 규정한 헌법규정에 반한다.

② 「식품위생법」상 영업소 폐쇄명령을 받은 후에도 계속하여 영업을 하는 경우 해당 영업소를 폐쇄하는 조치는 행정상 즉시강제의 수단에 해당한다.

③ 구 음반·비디오물 및 게임물에 관한 법률상 불법게임물에 대한 수거 및 폐기 조치는 행정상 즉시강제에 해당한다.

④ 감염병환자의 강제입원, 불법게임물의 폐기는 행정상 직접강제의 예이다.

04 행정상 즉시강제에 대한 설명으로 옳지 않은 것은?

① 손실발생의 원인에 대하여 책임이 없는 자가 경찰관의 적법한 보호조치에 자발적으로 협조하여 재산상의 손실을 입은 경우, 국가는 손실을 입은 자에 대하여 정당한 보상을 하여야 한다.

② 행정상 즉시강제는 처분성이 인정되지 않기 때문에 항고소송을 제기할 수 없고, 손해배상청구만 가능하다.

③ 행정대집행 등은 사전에 계고를 해야 하나, 급박성을 요건으로 하는 즉시강제에는 계고 등 절차는 적용되지 않는다.

④ 위법한 즉시강제에 대한 구제수단으로는 행정쟁송이나 국가배상 또는 정당방위가 있다.

05 행정조사에 대한 설명으로 옳은 것은?

① 행정조사는 조사를 통해 법령등의 위반사항을 발견하고 처벌하는 데 중점을 두어야 한다.

② 행정기관이 조사대상자의 자발적인 협조를 얻어 실시하는 행정조사의 경우에도 법령등에서 행정조사를 규정하고 있지 아니한 경우에는 행정조사를 실시할 수 없다.

③ 「행정절차법」은 행정조사에 관한 명문의 규정을 두고 있지 않으므로 행정조사가 처분에 해당하는 경우에도 「행정절차법」상의 처분절차에 관한 규정이 적용되지 않는다.

④ 행정기관은 조사대상자의 자발적인 협조가 없는 한 법령등에서 행정조사를 규정하고 있는 경우에 한하여 행정조사를 실시할 수 있다.

06 행정조사에 대한 설명으로 옳지 않은 것은?

① 위법한 세무조사를 통하여 수집된 과세자료에 기초하여 과세처분을 하였더라도 그러한 사정만으로 그 과세처분이 위법하게 되는 것은 아니다.

② 우편물 통관검사절차에서 이루어지는 우편물 개봉 등의 검사는 행정조사의 성격을 가지는 것으로서 수사기관의 강제처분이라고 할 수 없으므로, 압수·수색영장 없이 검사가 진행되었다 하더라도 특별한 사정이 없는 한 위법하다고 볼 수 없다.

③ 부가가치세 부과처분이 종전의 부가가치세 경정조사와 같은 세목 및 같은 과세기간에 대하여 중복하여 실시한 위법한 세무조사에 기초하여 이루어진 경우 그 과세처분은 위법하다.

④ 음주운전 여부에 대한 조사 과정에서 운전자 본인의 동의를 받지 아니하고 법원의 영장도 없이 채혈조사가 행해졌다면, 그 조사 결과를 근거로 한 운전면허취소처분은 특별한 사정이 없는 한 위법하다.

07 행정조사에 대한 설명으로 옳지 않은 것은?

① 조세부과처분을 위한 과세관청의 세무조사결정은 사실행위로서 납세의무자의 권리·의무에 직접 영향을 미치는 것은 아니므로 항고소송의 대상이 되지 아니한다.

② 법령상 서면조사에 의하도록 한 것을 실지조사를 행하여 과세처분을 하였다면 그 과세처분은 위법하다.

③ 「토양환경보전법」상 토양오염실태조사를 실시할 권한은 시·도지사에게 있으나 토양오염실태조사가 감사원 소속 감사관의 주도하에 실시되었다는 사정만으로 그에 기초하여 내려진 토양정밀조사명령이 위법하다고 할 수 없다.

④ 헌법 제12조 제1항에서 규정하고 있는 적법절차의 원칙은 형사소송절차에 국한되지 않고 모든 국가작용 전반에 대하여 적용되는 원칙이므로, 세무공무원의 세무조사권의 행사에서도 적법절차의 원칙은 준수되어야 한다.

08 행정조사에 대한 설명으로 옳은 것은?

① 「근로기준법」상 근로감독관의 직무에 관한 사항에 대하여는 「행정조사기본법」이 적용될 여지가 없다.

② 금융감독기관의 감독·검사·조사 및 감리에 관한 사항에 대하여는 「행정조사기본법」을 적용하지 아니한다.

③ 조세에 관한 사항도 행정조사의 대상에 해당한다.

④ 조사대상자가 행정조사의 실시를 거부하거나 방해하는 경우 조사원은 「행정조사기본법」상의 명문규정에 의하여 조사대상자의 신체와 재산에 대해 실력을 행사할 수 있다.

2022 해커스공무원 함남기 행정법 모의고사 Season 1

09 행정조사에 대한 설명으로 옳지 않은 것을 모두 조합한 것은?

> ㉠ 행정기관은 유사하거나 동일한 사안에 대하여는 공동조사 등을 실시함으로써 행정조사가 중복되지 아니하도록 하여야 한다.
>
> ㉡ 행정조사에 현장조사, 문서열람, 시료채취, 보고요구, 자료제출요구, 진술요구 및 출석요구가 포함된다.
>
> ㉢ 행정조사는 그 실효성 확보를 위해 수시조사를 원칙으로 한다.
>
> ㉣ 조사대상자가 조사대상 선정기준에 대한 열람을 신청한 경우에 행정기관은 그 열람이 당해 행정조사업무를 수행할 수 없을 정도로 조사활동에 지장을 초래한다는 이유로 열람을 거부할 수 없다.
>
> ㉤ 정기조사 또는 수시조사를 실시한 행정기관의 장은 조사대상자의 자발적인 협조를 얻어 실시하는 경우가 아닌 한, 동일한 사안에 대하여 동일한 조사대상자를 재조사하여서는 아니 된다.

① ㉠, ㉢, ㉣   ② ㉡, ㉢

③ ㉢, ㉤   ④ ㉢, ㉣, ㉤

10 행정조사에 대한 설명으로 옳지 않은 것은?

① 출석요구서 등을 통지받은 자가 천재지변이나 그 밖에 대통령령으로 정하는 사유로 인하여 행정조사를 받을 수 없는 때에는 당해 행정조사를 연기하여 줄 것을 행정기관의 장에게 요청할 수 있고, 행정기관의 장은 행정조사의 연기요청을 받은 때에는 연기요청을 받은 날부터 7일 이내에 조사의 연기 여부를 결정하여 조사대상자에게 통지하여야 한다.

② 「행정조사기본법」에 따르면, 행정조사를 실시하는 경우 조사개시 7일 전까지 조사대상자에게 출석요구서, 보고요구서·자료제출요구서, 현장출입조사서를 서면으로 통지하여야 하나, 조사대상자의 자발적인 협조를 얻어 행정조사를 실시하는 경우에는 미리 서면으로 통지하지 않고 행정조사의 개시와 동시에 이를 조사대상자에게 제시할 수 있다.

③ 조사대상자는 조사원에게 공정한 행정조사를 기대하기 어려운 사정이 있다고 판단되는 경우에는 행정기관의 장에게 당해 조사원의 교체를 신청할 수 있고, 교체신청을 받은 행정기관의 장은 7일 이내에 이를 심사하여야 한다.

④ 행정기관의 장은 법령등에 특별한 규정이 있는 경우를 제외하고는 행정조사의 결과를 확정한 날부터 7일 이내에 그 결과를 조사대상자에게 통지하여야 한다.

11 행정조사에 대한 설명으로 옳은 것은?

① 행정조사에 현장조사, 문서열람, 시료채취, 보고요구, 자료제출요구, 진술요구는 포함되지만 출석요구는 포함되지 않는다.

② 행정기관은 조사대상자의 자발적인 협조를 얻어 실시하는 행정조사인 경우 「행정조사기본법」 제17조 제1항 본문에 따른 사전통지를 하지 않을 수 있다.

③ 조사대상자는 행정기관의 장이 승인하지 않는 한 조사원의 교체신청을 할 수 없다.

④ 행정조사는 그 실효성 확보를 위해 수시조사를 원칙으로 한다.

12 행정조사에 대한 설명으로 옳은 것은?

① 조사대상의 선정에 있어 자율준수노력 등을 고려함은 형평에 어긋나므로 허용되지 않는다.

② 행정기관은 조사목적에 적합하도록 조사대상자를 선정하여 행정조사를 실시하는 것을 원칙으로 하나, 필요한 경우 제3자에 대하여도 조사할 수 있다.

③ 조사대상자는 법령등에서 규정하고 있는 경우에 한하여 조사대상 선정기준에 대한 열람을 행정기관의 장에게 신청할 수 있다.

④ 행정기관이 당해 행정조사업무를 수행할 수 없을 정도로 조사활동에 지장을 초래하는 경우를 제외하고는 조사대상자 선정 열람신청이 있다면 행정기관은 열람할 수 있도록 하여야 한다.

13 행정조사에 대한 설명으로 옳은 것은?

① 행정기관의 장은 조사대상자가 신고한 내용이 거짓의 신고라고 인정할 만한 근거가 있거나 신고내용을 신뢰할 수 없는 경우를 제외하고는 그 신고내용을 행정조사에 갈음하여야 한다.

② 당해 행정기관 내의 2 이상의 부서가 동일하거나 유사한 업무분야에 대하여 동일한 조사대상자에게 행정조사를 실시하는 경우에는 공동조사를 할 수 있다.

③ 행정기관의 장은 법령등에서 규정하고 있는 조사사항을 조사대상자로 하여금 스스로 신고하도록 하는 제도를 운영할 의무가 있다.

④ 조사원이 현장조사 중에 자료·서류·물건 등을 영치하는 경우에 조사대상자의 생활이나 영업이 사실상 불가능하게 될 우려가 있는 때에는 조사원은 증거인멸의 우려가 있는 경우가 아니라면 사진촬영 등의 방법으로 영치에 갈음할 수 있다.

14 행정벌에 대한 설명으로 옳은 것은?

① 행정벌과 이행강제금은 장래에 의무의 이행을 강제하기 위한 제재로서 직접적으로 행정작용의 실효성을 확보하기 위한 수단이라는 점에서는 동일하다.

② 행정벌에는 행정형벌과 행정질서벌이 있으며, 행정질서벌의 종류로는 과태료와 과징금이 있다.

③ 공무원에 대한 징계처분은 행정벌에 속한다.

④ 피고인이 「행형법」에 의한 징벌을 받아 그 집행을 종료한 뒤에 형사처벌을 한다고 하여 일사부재리의 원칙에 반하는 것은 아니다.

15 행정형벌에 대한 설명으로 옳지 않은 것은 모두 몇 개인가?

⊙ 과태료는 행정형벌이 아니라 행정질서벌이므로 죄형법정주의의 규율대상에 해당하지 않는다.

ⓛ 종업원 등의 범죄에 대해 법인에게 어떠한 잘못이 있는지를 전혀 묻지 않고, 곧바로 그 종업원 등을 고용한 법인에게도 종업원 등에 대한 처벌조항에 규정된 벌금형을 과하도록 규정하는 것은 책임주의에 반한다.

ⓒ 과실범을 처벌한다는 명문의 규정이 없더라도 행정형벌법규의 해석에 의하여 과실행위도 처벌한다는 뜻이 도출되는 경우에는 과실범도 처벌될 수 있다.

ⓔ 양벌규정에 의해 영업주가 처벌되기 위해서는 종업원의 범죄가 성립하거나 처벌이 이루어져야 함이 전제조건이 되어야 한다.

① 없음　　　　② 1개

③ 2개　　　　④ 3개

16 행정형벌에 대한 설명으로 옳지 않은 것은?

① 지방자치단체 소속 공무원이 압축트럭 청소차를 운전하여 고속도로를 운행하던 중 제한축중을 초과적재 운행함으로써 차량운행제한을 위반한 경우, 해당 지방자치단체는 양벌규정에 따른 처벌대상이 된다.

② 구 대기환경보전법에 따라 배출허용기준을 초과하는 배출가스를 배출하는 자동차를 운행하는 행위를 처벌하는 규정은 과실범의 경우에 적용하지 아니한다.

③ 지방자치단체 소속 공무원이 기관위임사무인 지정항만순찰의 업무를 위해 관할 관청의 승인 없이 개조한 승합차를 운행함으로써 「자동차관리법」을 위반한 경우, 해당 지방자치단체는 양벌규정에 따른 처벌대상이 되지 않는다.

④ 감염병 전파를 막기 위하여 일시적 폐쇄명령에 위반된 행위를 이유로 법인의 종업원과 함께 법인도 처벌하고자 한다면, 종업원의 행위의 결과에 대하여 법인에게 독자적인 책임이 있어야 한다.

17 통고에 대한 설명으로 옳은 것은?

① 지방국세청장이 조세범칙행위에 대하여 형사고발을 한 후에 동일한 조세범칙행위에 대하여 한 통고처분에 따라 조세범칙행위자가 이러한 통고처분을 이행하였더라도 「조세범 처벌절차법」 제15조 제3항에서 정한 일사부재리의 원칙이 적용될 수 없다.

② 「도로교통법」에 따른 경찰서장의 통고처분에 대하여 항고소송을 제기할 수 있다.

③ 범칙자가 통고처분에 따른 내용을 이행하지 아니하면, 통고처분권자는 민사소송을 제기할 수 있다.

④ 통고처분을 받은 자가 임의로 범칙금을 납부하는 경우에는, 언제든지 통고처분의 위법을 다툴 수 있다.

18 통고에 대한 설명으로 옳은 것은?

① 「조세범 처벌절차법」상 통고처분을 받은 자는 30일 이내에 통고된 내용을 이행하여야 한다.

② 통고처분은 행정질서벌에도 인정된다.

③ 통고처분이 행하여지더라도 공소시효의 진행은 중단된다.

④ 통고처분은 행정기관이 아니라 검사의 신청에 따라 판사의 허가에 의한다.

19 통고에 대한 설명으로 옳지 않은 것은?

① 통고처분에 의해 범칙금을 납부한 경우, 그 납부의 효력에 따라 다시 벌받지 아니하게 되는 행위사실은 범칙금 통고의 이유에 기재된 당해 범칙행위 자체에 한정될 뿐, 그 범칙행위와 동일성이 인정되는 범칙행위에는 미치지 않는다.

② 「도로교통법」상 통고처분을 받은 자가 그 처분에 대하여 이의가 있는 경우에는 통고처분에 따른 범칙금의 납부를 이행하지 아니함으로써 경찰서장의 즉결심판 청구에 의하여 법원의 심판을 받을 수 있게 된다.

③ 경찰서장이 범칙행위에 대하여 통고처분을 한 이상, 통고처분에서 정한 범칙금 납부기간까지는 원칙적으로 경찰서장은 즉결심판을 청구할 수 없고, 검사도 동일한 범칙행위에 대하여 공소를 제기할 수 없다.

④ 소정의 기간 내에 통고처분을 이행하지 아니하면 통고처분은 당연히 효력을 상실한다.

20 과태료에 대한 설명으로 옳지 않은 것은?

① 어떤 행정법규 위반행위에 대해 과태료를 과할 것인지 행정형벌을 과할 것인지는 기본적으로 입법재량에 속한다.

② 과태료는 행정상의 질서유지를 위한 행정질서벌에 해당할 뿐이므로 죄형법정주의의 규율대상에 해당하지 아니한다.

③ 죄형법정주의 원칙 등 형벌법규의 해석 원리는 행정형벌에 관한 규정을 해석할 때에도 적용되지 않는다.

④ 임시운행허가기간을 벗어나 무등록차량을 운행한 자는 과태료와 별도로 형사처벌의 대상이 된다.

제한시간 : 14분 | 시작시각 ___시 ___분 ~ 종료시각 ___시 ___분   나의 점수 _____

01 과태료에 대한 설명으로 옳지 않은 것을 모두 조합한 것은?

> ㉠ 「여객자동차 운수사업법」에서 정하는 과태료 처분이나 감차처분 등은 형벌이 아니므로 같은 법이 정하고 있는 처분대상인 위반행위를 유추해석하거나 확대해석하는 것이 가능하다.
>
> ㉡ 「민법」상의 의무를 위반하여 과태료를 부과하는 행위는 「질서위반행위규제법」상 질서위반행위에 해당한다.
>
> ㉢ 법률에 따르지 아니하고는 어떤 행위도 질서위반행위로 과태료를 부과하지 아니한다.
>
> ㉣ 과태료는 법률만이 아니라 조례에 의하여도 부과할 수 있다.

① ㉠, ㉡   ② ㉠, ㉣

③ ㉡, ㉢   ④ ㉢, ㉣

02 질서위반행위규제법에 대한 설명으로 옳은 것은?

① 질서위반행위 후 법률이 변경되어 그 행위가 질서위반행위에 해당하지 아니하게 된 경우, 법률에 특별한 규정이 없는 한 질서위반행위의 성립은 행위 시의 법률에 따른다.

② 행정청의 과태료 처분이나 법원의 과태료 재판이 확정된 후 법률이 변경되어 그 행위가 질서위반행위에 해당하지 아니하게 되더라도 변경된 법률에 특별한 규정이 없는 한 과태료의 징수 또는 집행은 면제되지 않는다.

③ 과태료를 부과하는 근거법령이 개정되어 행위 시의 법률에 의하면 과태료 부과대상이었지만 재판 시의 법률에 의하면 부과대상이 아니게 된 때에는 특별한 사정이 없는 한 과태료를 부과할 수 없다.

④ 자신의 행위가 위법하지 아니한 것으로 오인하고 행한 질서위반행위에 대해서는 과태료를 부과하지 아니한다.

03 질서위반행위규제법에 대한 설명으로 옳은 것은?

① 하나의 행위가 2 이상의 질서위반행위에 해당하는 경우에는 각 질서위반행위에 대하여 정한 과태료 중 가장 중한 과태료를 부과한다. 이 경우를 제외하고 2 이상의 질서위반행위가 경합하는 경우에는 가장 중한 과태료에 그 1/2을 가산한다. 다만, 다른 법령(지방자치단체의 조례를 포함한다)에 특별한 규정이 있는 경우에는 그 법령으로 정하는 바에 따른다.

② 질서위반행위 시 만 14세가 되지 아니한 자에게는 과태료를 부과하지 아니한다.

③ 현실적 행위자가 아닌 법령상 책임자로 규정된 자에게는 행정법규 위반에 대한 제재조치를 부과할 수 없다.

④ 「질서위반행위규제법」상 개인의 대리인이 업무에 관하여 그 개인에게 부과된 법률상의 의무를 위반한 때에는 행위자인 대리인에게 과태료를 부과한다.

04 질서위반행위규제법에 대한 설명으로 옳은 것은?

① 과태료는 행정청의 과태료 부과처분이나 법원의 과태료 재판이 확정된 후 3년간 징수하지 아니하거나 집행하지 아니하면 시효로 인하여 소멸한다.

② 신분에 의하여 성립하는 질서위반행위에 신분이 없는 자가 가담한 때에는 신분이 없는 자에 대하여도 질서위반행위가 성립한다.

③ 행정청에 의해 부과된 과태료는 질서위반행위가 종료된 날(다수인이 질서위반행위에 가담한 경우에는 최종행위가 종료된 날을 말한다)부터 5년간 징수하지 아니하거나 집행하지 아니하면 시효로 인하여 소멸한다.

④ 과태료에는 소멸시효가 없으므로 행정청의 과태료 처분이나 법원의 과태료 재판이 확정된 이상 일정한 시간이 지나더라도 그 처벌을 면할 수는 없다.

05 질서위반행위규제법에 대한 설명으로 옳은 것은?

① 「질서위반행위규제법」상의 행정청의 과태료 부과처분에 대해 불복하는 당사자는 이의제기절차를 거치지 않고 항고소송을 통해 다툴 수 있다.

② 「질서위반행위규제법」은 과태료 부과에 대해 이의가 제기된 경우에는 행정청의 과태료 부과처분은 그 효력을 상실한다고 규정하고 있다.

③ 행정청은 의견제출절차를 마친 후에 서면으로 과태료를 부과하여야 하는데, 당사자가 동의하는 경우에도 전자문서는 여기의 서면에 포함되지 않는다.

④ 20만 원 이하의 과태료는 원칙적으로 즉결심판절차에 의해 부과된다.

06 질서위반행위규제법에 대한 설명으로 옳은 것은?

① 「질서위반행위규제법」에 의하면 법원이 과태료 재판을 약식재판으로 진행하고자 하는 경우 당사자와 검사는 약식재판의 고지를 받은 날부터 7일 이내에 이의신청을 할 수 있다.

② 과태료 사건은 다른 법령에 특별한 규정이 있는 경우를 제외하고는 과태료 부과관청의 소재지의 지방법원 또는 그 지원의 관할로 한다.

③ 행정청의 과태료 부과에 불복하는 당사자는 과태료 부과 통지를 받은 날부터 30일 이내에 해당 행정청에 서면으로 이의제기를 하여야 한다.

④ 행정청은 과태료 부과에 앞서 7일 이상의 기간을 정하여 당사자에게 의견을 제출할 기회를 주어야 한다.

07 과징금에 대한 설명으로 옳지 않은 것은?

① 「여객자동차 운수사업법」상 사업정지처분에 갈음하여 부과하는 과징금은 행정법규 위반이라는 객관적 사실에 착안하여 가하는 제재이므로 반드시 현실적인 행위자가 아니라도 법령상 책임자로 규정된 자에게 부과될 수 있다.

② 하나의 회사 내부에 여러 개의 사업 부문이 존재하는 경우, 다른 사업자와 부당한 공동행위를 한 사업자는 회사 내부 조직인 관련 특정 사업 부문이 아니라 회사 자체이고, 과징금도 그 회사에 대하여 부과된다.

③ 신설회사에 대하여 분할하는 회사의 분할 전 법 위반행위를 이유로 과징금을 부과하는 것은 허용된다.

④ '계약금액'은 「독점규제 및 공정거래에 관한 법률」의 과징금의 기본 산정기준이 되며, 이는 입찰담합에 의하여 낙찰을 받고 계약을 체결한 사업자뿐만 아니라 낙찰자 또는 낙찰예정자를 미리 정하는 내용의 담합에 참여하였으나 낙찰을 받지 못한 사업자에 대하여도 마찬가지로 적용된다.

08 과징금에 대한 설명으로 옳지 않은 것은?

① 과징금 부과에도 「행정절차법」상 사전통지와 의견청취절차를 거쳐야 하나, 「독점규제 및 공정거래에 관한 법률」에 의견진술권을 규정하고 있으므로 공정거래위원회는 「행정절차법」을 적용하여 의견청취절차를 생략할 수는 없다.

② 동일한 행위에 대하여 「보험업법」과 「독점규제 및 공정거래에 관한 법률」을 중첩적으로 적용하여 과징금을 각각 부과할 수 있다.

③ 과징금 부과 후 새로운 자료가 나올 경우에도 새로운 과징금을 부과할 수 없다.

④ 관할 행정청이 여객자동차 운송사업자의 여러 가지 위반행위를 인지한 경우, 인지한 여러 가지 위반행위 중 일부에 대해서만 우선 과징금 부과처분을 하고 나머지에 대해서는 차후에 별도의 과징금 부과처분을 할 수 있다.

09 과징금에 대한 설명으로 옳은 것을 조합한 것은?

> ㉠ 대법원 판례는 사업구역을 위반하였음을 이유로 한 과징금 부과처분을 취소한 재결에 대하여 처분의 상대방 아닌 제3자도 그 취소를 구할 법률상 이익이 있다고 한다.
>
> ㉡ 과징금을 부과할 것인지 영업정지처분을 내릴 것인지는 통상 행정청의 재량에 속하는 것으로 본다.
>
> ㉢ 여러 개의 위반행위에 대해 외형상 하나의 과징금 납부명령을 하였으나 그중 일부 위반행위에 대한 과징금 부과만 위법하고 소송상 그 일부 위반행위를 기초로 한 과징금액을 산정할 수 있는 자료가 있는 경우, 그 일부 위반행위에 대한 과징금액에 해당하는 부분만 취소해야 한다.
>
> ㉣ 자동차운수사업면허조건 등에 위반한 사업자에 대하여 행정청이 행정제재수단으로서 사업정지를 명할 것인지, 과징금을 부과할 것인지, 과징금을 부과키로 하였다면 그 금액은 얼마로 할 것인지 등에 관하여 재량권이 부여되어 있다 할 것이고 과징금 부과처분이 법이 정한 한도액을 초과하여 위법한 경우 법원으로서는 그 한도액을 초과한 부분만을 취소하면 된다.

① ㉠, ㉡

② ㉠, ㉣

③ ㉡, ㉢

④ ㉢, ㉣

10 공급거부에 대한 설명으로 옳지 않은 것은?

① 행정청이 위법건축물에 대한 시정명령을 하고 나서 위반자가 이를 이행하지 아니하여 전기·전화의 공급자에게 그 위법건축물에 대한 전기·전화공급을 하지 말아 줄 것을 요청한 행위는 항고소송의 대상이 되는 행정처분이라고 볼 수 없다.

② 「수도법」상의 단수처분은 항고소송의 대상인 행정처분이다.

③ 행정청이 위법건축물에 대한 시정명령을 하고 나서 위반자가 이를 이행하지 아니하여 전기·전화의 공급자에게 그 위법건축물에 대한 전기·전화공급을 하지 말아 줄 것을 요청한 행위는 권고적 성격의 행위에 불과한 것으로서 전기·전화공급자나 특정인의 법률상 지위에 직접적인 변동을 가져오는 것은 아니므로 이를 항고소송의 대상이 되는 행정처분이라고 볼 수 없다.

④ 현행 「건축법」은 이 법 또는 이 법의 규정에 의한 명령이나 처분에 위반하여 허가가 취소되거나 개축 등의 시정명령을 받고 이행하지 아니한 건축물에 대하여 전기·전화·수도의 공급자 등에게 그 공급을 중지하도록 요청할 수 있다고 규정하고 있다.

11 의무위반자에 대한 행정상 공표에 대한 설명으로 옳은 것은?

① 행정상 공표는 의무위반자의 명예나 신용의 침해를 위협함으로써 직접적으로 행정법상 의무이행을 확보하는 수단이다.

② 「국세기본법」은 고액조세체납자의 명단공표에 관하여 규정하고 있다.

③ 대법원은 국세청장이 부동산투기자의 명단을 언론사에 공표함으로써 명예를 훼손한 사건에서 손해배상책임을 인정하였다.

④ 공표로 타인의 명예를 훼손한 경우에도 국가기관이 공표 당시 이를 진실이라고 믿었다면 위법성이 없다.

12 부패방지 및 국민권익위원회의 설치와 운영에 관한 법률의 내용으로 옳지 않은 것은?

① 고충민원의 처리와 이에 관련된 불합리한 행정제도를 개선하고, 부패의 발생을 예방하며 부패행위를 효율적으로 규제하도록 하기 위하여 국무총리 소속으로 국민권익위원회를 둔다.

② 19세(2022년 7월 5일부터 18세) 이상의 국민은 공공기관의 사무처리가 법령위반 또는 부패행위로 인하여 공익을 현저히 해하는 경우 대통령령으로 정하는 일정한 수 이상의 국민의 연서로 감사원에 감사를 청구할 수 있다.

③ 국민권익위원회는 고충민원을 처리함에 있어 행정기관 등의 장에게 의견제출의 기회를 주어야 한다.

④ 누구든지 국민권익위원회 또는 시민고충처리위원회에 고충민원을 신청할 수 있다. 이 경우 하나의 권익위원회에 대하여 고충민원을 제기한 신청인은 다른 권익위원회에 대하여도 고충민원을 신청할 수 없다.

13 손해배상에 대한 설명으로 옳지 않은 것은?

① 일본 국가배상법이 국가배상청구권의 발생요건 및 상호 보증에 관하여 우리나라 「국가배상법」과 동일한 내용을 규정하고 있는 점 등에 비추어 우리나라와 일본 사이에 우리나라 「국가배상법」 제7조가 정하는 상호 보증이 있다.

② 「국가배상법」 제7조가 정하는 상호 보증은 반드시 당사국과의 조약이 체결되어 있을 필요는 없지만, 당해 외국에서 구체적으로 우리나라 국민에게 국가배상청구를 인정한 사례가 있어 실제로 국가배상이 상호 인정될 수 있는 상태가 인정되어야 한다.

③ 국가배상청구권은 피해자나 그 법정대리인이 그 손해 및 가해자를 안 날로부터 3년간 이를 행사하지 아니하면 시효로 인하여 소멸한다.

④ 배상청구권의 시효와 관련하여 '가해자를 안다'는 것은 피해자나 그 법정대리인이 가해 공무원의 불법행위가 그 직무를 집행함에 있어서 행해진 것이라는 사실까지 인식함을 요구한다.

14 손해배상에 대한 설명으로 옳지 않은 것은?

① 국가배상은 공행정작용을 대상으로 하므로 국가배상청구소송은 당사자소송이다.

② 취소소송의 원고는 피고인 행정청이 속하는 국가 또는 공공단체를 상대로 손해배상, 제해시설의 설치 그 밖에 적당한 구제방법의 청구를 당해 취소소송 등이 계속된 법원에 병합하여 제기할 수 있다.

③ 과세대상이 아닌 것을 세무공무원이 직무상 과실로 과세대상으로 오인하여 과세처분을 행함으로 인하여 손해가 발생된 경우, 동 과세처분이 취소되지 아니하였다 하더라도 국가는 이로 인한 손해를 배상할 책임이 있다.

④ 영업정지처분으로 인하여 재산적 손해를 입었다고 주장하며 국가배상소송을 제기하는 경우 수소법원은 위 처분에 대하여 「국가배상법」상 법령의 위반사유가 있는지 독자적으로 판단할 수 있다.

15 손해배상에 대한 설명으로 옳은 것은?

① 공무원에는 조직법상 의미의 공무원뿐만 아니라 기능적 의미의 공무원이 포함된다.

② 공무원에는 널리 공무를 위탁받아 실질적으로 공무에 종사하고 있는 일체의 자가 포함되지만, 공무의 위탁이 일시적이고 한정적인 사항에 관한 활동을 위한 것인 경우에는 공무원에 해당하지 않는다.

③ 서울특별시 강서구 교통할아버지 사건과 같은 경우 공무를 위탁받아 수행하는 일반 사인(私人)은 「국가배상법」 제2조 제1항에 따른 공무원이 될 수 없다.

④ 시·도지사 등의 업무에 속하는 대집행권한을 위탁받은 한국토지공사가 대집행을 실시하는 과정에서 국민에게 손해가 발생할 경우 한국토지공사는 공무수탁사인에 해당하므로, 「국가배상법」 제2조의 공무원과 같은 지위를 갖게 된다.

16 헌법과 국가배상법의 손해배상에 대한 설명으로 옳은 것은?

① 헌법에 의하여 일반적으로 부과된 의무가 있음에도 불구하고 국회가 그 입법을 하지 않고 있다면 「국가배상법」상 배상책임이 인정된다.

② 행위 자체의 외관을 객관적으로 관찰하여 공무원의 직무행위로 보여진다 하더라도 그것이 실질적으로 직무행위에 해당하지 않는다면 그 행위는 '직무를 집행하면서' 행한 것으로 볼 수 없다.

③ 도로개설 등 공사로 인한 무허가건물의 강제철거와 관련하여 이루어지는 지방자치단체의 그 철거건물 소유자에 대한 시영아파트 분양권 부여 등의 업무는, 사경제 주체로서의 활동이므로 지방자치단체의 공권력 행사로 보기 어렵다고 할 것이다.

④ 인사업무담당 공무원이 다른 공무원의 공무원증 등을 위조한 행위는 실질적으로 직무행위에 속하지 아니한다 할지라도 외관상으로는 「국가배상법」상의 직무집행에 해당한다.

17 국가배상법의 손해배상에 대한 설명으로 옳지 않은 것은?

① 어떠한 행정처분이 후에 항고소송에서 취소되었다면 그 기판력에 의하여 당해 행정처분은 곧바로 「국가배상법」 제2조의 공무원의 고의 또는 과실로 인한 불법행위를 구성한다.

② 판례에 의하면 규제권한을 행사하지 아니한 것이 직무상 의무를 위반하여 위법한 것으로 되는 경우에는 특별한 사정이 없는 한 과실도 인정된다.

③ 영업허가취소처분이 행정심판에 의하여 재량권의 일탈을 이유로 취소되었다고 하더라도 그 처분이 당시 시행되던 「공중위생법 시행규칙」에 정해진 행정처분의 기준에 따른 것인 이상 그 영업허가취소처분을 한 행정청 공무원에게 그와 같은 위법한 처분을 한 데 있어 직무집행상의 과실이 있다고 할 수는 없다.

④ 「국가배상법」상 과실은 담당 공무원이 보통 일반의 공무원을 표준으로 하여 볼 때 객관적 주의의무를 결하여 그 행정처분이 객관적 정당성을 상실하였다고 인정될 정도에 이른 경우를 말한다.

18 공무원의 과실인정 여부에 대한 설명으로 옳지 않은 것은?

① 긴급조치 제1호와 제9호는 국민의 기본권을 극단적으로 제한하는 위헌적인 규범이었으므로 긴급조치 제1호와 제9호로 유죄 판결을 받은 자의 손해배상을 인정하기 위하여 국가배상책임의 성립요건으로서 공무원의 고의 또는 과실 요건에 예외가 인정되어야 한다.

② 특별한 사정이 없는 한 일반적으로 공무원이 관계 법규를 알지 못하거나 필요한 지식을 갖추지 못하고 법규의 해석을 그르쳐 행정처분을 하였다면 그가 법률전문가가 아닌 행정직 공무원이라도 과실이 있다.

③ 법령의 해석이 복잡·미묘하여 어렵고 학설·판례가 통일되지 않을 때에 공무원이 신중을 기해 그중 어느 한 설을 취하여 처리한 경우에는 그 해석이 결과적으로 위법한 것이었다 하더라도 「국가배상법」상 공무원의 과실을 인정할 수 없다.

④ 행정입법에 관여한 공무원이 입법 당시의 상황에서 다양한 요소를 고려하여 나름대로 합리적인 근거를 찾아 어느 하나의 견해에 따라 경과규정을 두는 등의 조치 없이 새 법령을 그대로 시행하거나 적용한 경우, 그와 같은 공무원의 판단이 나중에 대법원이 내린 판단과 같지 않다고 하더라도 국가배상책임의 성립요건인 공무원의 과실이 있다고 할 수는 없다.

19 공무원의 과실인정 여부에 대한 설명으로 옳은 것은?

① 「경찰관 직무집행법」상 경찰관에게 재량에 의한 직무수행권한을 부여한 것처럼 되어 있으나, 경찰관에게 권한을 부여한 취지와 목적에 비추어 볼 때 구체적인 사정에 따라 경찰관이 그 권한을 행사하여 필요한 조치를 취하지 않는 것이 현저하게 불합리하다고 인정되는 경우에 권한의 불행사는 직무상 의무를 위반한 것으로 위법하다.

② 입법자가 법률로써 특정한 사항을 시행령으로 정하도록 위임했음에도 불구하고 행정부가 정당한 이유 없이 이를 이행하지 않는다면 권력분립의 원칙과 법치국가 내지 법치행정의 원칙에 위배되는 것으로서 위헌성이 인정되나 이는 헌법소원을 통한 구제의 대상이 될 뿐이고 국가배상의 대상이 되는 것은 아니다.

③ 법령의 규정을 따르지 아니한 법관의 재판상 직무행위는 곧바로 「국가배상법」 제2조 제1항에서 규정하고 있는 위법행위가 되어 국가의 손해배상책임이 발생한다.

④ 「국가배상법」상 위법을 항고소송의 위법보다 넓은 개념으로 보는 견해에 의하면 취소소송의 판결 중에서 인용판결의 기판력은 국가배상소송에 영향을 미치지 않지만, 기각판결의 기판력은 국가배상소송에 영향을 미친다.

20 공무원의 과실인정 여부에 대한 설명으로 옳지 않은 것은?

① '교육공무원 성과상여금 지급 지침'에서 기간제 교원을 성과상여금 지급대상에서 제외하여도 이에 대해 국가 배상책임이 있다고 할 수 없다.

② 국가 등에게 일정한 기준에 따라 상수원수의 수질을 유지하여야 할 의무를 부과하고 있는 「수도법」의 규정은 국민에게 양질의 수돗물이 공급되게 함으로써 국민 개개인의 안전과 이익을 직접적으로 보호하기 위한 것으로서, 그 의무에 위반하여 국민에게 손해를 가하였다면 국가 또는 지방자치단체는 배상책임을 부담한다.

③ 유흥주점의 화재로 여종업원들이 사망한 경우, 담당 공무원의 유흥주점의 용도변경, 무허가 영업 및 시설 기준에 위배된 개축에 대하여 시정명령 등 「식품위생법」상 취하여야 할 조치를 게을리한 직무상 의무위반 행위와 여종업원들의 사망 사이에는 상당인과관계가 존재하지 아니한다.

④ 산업기술혁신 촉진법령에 따른 중앙행정기관과 지방자치단체 등의 인증신제품 구매의무는 공공 일반의 전체적인 이익을 도모하기 위한 것으로 봄이 타당하고, 신제품 인증을 받은 자의 재산상 이익은 법령이 보호하고자 하는 이익으로 보기는 어려우므로, 지방자치단체가 위 법령에서 정한 인증신제품 구매의무를 위반하였다고 하더라도, 이를 이유로 신제품 인증을 받은 자에 대하여 국가배상책임을 지는 것은 아니다.

16회 쟁점별 모의고사
국가배상 ~ 손실보상

정답 및 해설 p.258

제한시간 : 14분 | 시작시각 ___시 ___분 ~ 종료시각 ___시 ___분　　　　　　나의 점수 _____

01 국가배상법의 배상에 대한 설명으로 옳지 않은 것은?

① 반사적 이익의 침해에 의한 불이익은 「국가배상법」 제2조의 손해에 포함되지 않는다.

② 「국가배상법」은 생명·신체의 침해에 대한 위자료의 지급만을 규정하고 있으므로, 재산권 침해에 대해서는 위자료를 청구할 수 없다.

③ 가해공무원의 과실 여부에 대한 입증책임은 원고에게 있다.

④ 불법행위를 이유로 배상하여야 할 손해는 현실로 입은 확실한 손해에 한한다.

02 운전병인 군인 甲은 전투훈련 중 같은 부대 소속 군인 丙을 태우고 군용차량을 운전하여 훈련지로 이동하다가 민간인 乙이 운전하던 차량과 쌍방과실로 충돌하였고, 이로 인해 군인 丙이 사망하였다. 이 경우 손해배상책임 및 구상권에 관한 설명 중 옳은 것은? (단, 자동차손해보험과 관련된 법적 책임은 고려하지 않음)

① 현행법상 丙의 유족이 다른 법령에 따라 유족연금 등 보상을 받은 경우라도 국가배상청구를 할 수 있다.

② 대법원은 甲이 고의가 있는 경우에만 丙의 유족에 대한 손해배상책임을 부담하고, 甲에게 과실만 인정되는 경우에는 丙의 유족에 대한 손해배상책임을 부담하지 않는다고 보았다.

③ 대법원은 공동불법행위의 일반적인 경우와 달리 乙은 자신의 부담부분만을 丙의 유족에게 배상하면 된다고 하였다.

④ 대법원은 만일 乙이 손해배상액 전부를 丙의 유족에게 배상한 경우에는 자신의 귀책부분을 넘는 금액에 대해 국가에 구상청구를 할 수 있다고 하였다.

03 폭설로 인하여 인근 지역 국도에서 교통사고가 발생하였고, 이와 관련하여 사전에 이 지역에 폭설이 내릴 것이라는 일기예보가 수차례 있었지만, 특별히 이 국도의 차량통행을 통제하는 등의 조치는 없었다. 이에 대한 설명 중 옳지 않은 것은?

① 국도는 「국가배상법」 제5조의 영조물에 해당한다.

② 대법원은 교통사고로 인한 손해발생의 예견가능성이나 회피가능성이 없었다면 도로의 관리상의 하자를 인정할 수 없다는 입장을 취하고 있다.

③ 국도를 관리하는 공무원의 고의 또는 과실과 무관하게 국가의 배상책임을 인정할 수 있다.

④ 국가는 영조물 설치·관리상 하자로 손해가 발생한 경우 그 손해방지에 필요한 주의를 해태하지 아니하였다면 면책을 주장할 수 있다.

04 영조물의 설치·관리상 하자책임에 대한 설명으로 옳은 것은?

① 「국가배상법」상 '공공의 영조물'은 지방자치단체가 소유권, 임차권 그 밖의 권한에 기하여 관리하고 있는 경우는 포함하지만, 사실상의 관리를 하고 있는 경우는 포함하지 않는다.

② 국가 또는 지방자치단체가 관리하지만 사인의 소유에 속하는 공물에 대하여는 「국가배상법」 제5조가 적용되지 아니한다.

③ 일반공중이 사용하는 공공용물 외에 행정주체가 직접 사용하는 공용물이나 하천과 같은 자연공물도 「국가배상법」 제5조의 '공공의 영조물'에 포함된다.

④ 아직 물적 시설이 완성되지 아니하여 일반공중의 이용에 제공되지 않은 옹벽도 「국가배상법」상의 영조물에 해당한다.

05 영조물의 설치·관리상 하자책임에 대한 설명으로 옳은 것은?

① 국공유나 사유 여부를 불문하고 사실상 도로로 사용되고 있었다면 도로의 노선인정의 공고 기타 공용개시가 없었다고 하여도 「국가배상법」 제5조의 배상책임이 인정된다.

② 판례는 영조물의 설치·관리에 있어서 항상 완전무결한 상태를 유지할 정도의 고도의 안전성을 갖추지 아니하였다고 하여 영조물의 설치 또는 관리에 하자가 있다고 단정할 수 없다고 한다.

③ 주관적 요소를 고려하는 최근의 판례에 따르면 영조물의 결함이 영조물의 설치·관리자의 관리행위가 미칠 수 없는 상황 아래에 있는 것이 입증되는 경우 영조물의 설치·관리상의 하자를 인정할 수 있다.

④ 영조물 설치·관리상 하자의 발생에는 관리자의 주관적 귀책사유가 있어야 한다는 것이 통설과 판례이다.

06 영조물의 설치·관리상 하자책임에 대한 설명으로 옳은 것은?

① 토석채취공사 도중 경사지를 굴러 내린 암석이 가스저장시설을 충격하여 화재가 발생한 경우, 토지형질변경허가권자에게 허가 당시 사업자로 하여금 위해방지시설을 설치하게 할 의무는 없다.

② 강설에 대처하기 위하여 완벽한 방법으로 도로 자체에 융설 설비를 갖추는 것은 현대의 과학기술 수준이나 재정사정에 비추어 사실상 불가능하다고 할 것이므로, 고속도로의 관리자에게 도로의 구조, 기상예보 등을 고려하여 사전에 충분한 인적·물적 설비를 갖추어 강설 시 신속한 제설작업을 하고 필요한 경우 제때에 교통통제 조치를 취할 관리의무가 있다고 할 수 없다.

③ 자연현상 또는 제3자나 피해자의 행위가 손해의 원인에 가세되었다면 국가 등의 배상책임은 성립한다.

④ 하자의 의미에 관한 학설 중 객관설에 의할 때, 영조물에 결함이 있지만 그 결함이 객관적으로 보아 영조물의 설치·관리자의 관리행위가 미칠 수 없는 상황 아래에 있는 경우에는 영조물의 설치·관리상의 하자를 인정할 수 없다.

07 영조물의 설치·관리상 하자책임에 대한 설명으로 옳지 않은 것은?

① 영조물의 하자 유무는 객관적 견지에서 본 안전성의 문제이며, 국가의 예산 부족으로 인해 영조물의 설치·관리에 하자가 생긴 경우에도 국가는 면책될 수 없다.

② 소음 등을 포함한 공해 등의 위험지역으로 이주하여 거주하는 것이 피해자가 위험의 존재를 인식하고 그로 인한 피해를 용인하면서 접근한 것이라고 볼 수 있는 경우 가해자의 면책이 인정될 수 있다.

③ 국가배상청구소송에서 공공의 영조물에 하자가 있다는 입증책임은 피해자가 지지만, 관리주체에게 손해발생의 예견가능성과 회피가능성이 없다는 입증책임은 관리주체가 진다.

④ 고속도로의 관리상 하자가 인정되더라도 고속도로의 관리상 하자를 판단할 때 고속도로의 점유관리자가 손해의 방지에 필요한 주의의무를 해태하였다는 주장·입증책임은 피해자에게 있다.

08 영조물의 설치·관리상 하자책임에 대한 설명으로 옳은 것은?

① 공항에서 발생하는 소음 등으로 인근 주민들이 피해를 입었다면 수인한도를 넘는지 여부를 불문하고 도로의 경우와 같이 '공공의 영조물'에 관한 일반적인 설치·관리상의 하자에 대한 판단방법에 따라 국가책임이 인정된다.

② 하천의 제방이 계획홍수위를 넘고 있더라도, 하천이 그 후 새로운 하천시설을 설치할 때 '하천시설기준'으로 정한 여유고(餘裕高)를 확보하지 못하고 있다면 그 사정만으로 안전성이 결여된 하자가 있다고 보아야 한다.

③ 50년 만의 최대강우량을 기록한 집중호우로 인한 제방도로 유실로 보행자가 익사한 경우라면 불가항력적 사고에 해당되어 국가배상은 인정되지 않는다.

④ 가변차로에 설치된 2개의 신호등에서 서로 모순된 신호가 들어오는 오작동이 발생하였고 그 고장이 현재의 기술수준상 부득이하다는 사정만으로 영조물의 하자가 면책되는 것은 아니다.

09 배상책임에 대한 설명으로 옳지 않은 것은?

① 지방자치단체의 장이 기관위임된 국가행정사무를 처리하는 경우 그에 소요되는 경비의 실질적·궁극적 부담자는 국가라고 하더라도 당해 지방자치단체는 국가로부터 내부적으로 교부된 금원으로 그 사무에 필요한 경비를 대외적으로 지출하는 자이므로, 이러한 경우 지방자치단체는 「국가배상법」 제6조 제1항의 비용부담자로서 공무원의 직무상 불법행위로 인한 손해를 배상할 책임이 있다.

② 영조물의 설치·관리를 맡은 자와 영조물의 설치·관리 비용을 부담하는 자가 동일하지 아니한 경우에 피해자는 영조물의 설치·관리자 또는 설치·관리의 비용부담자에게 선택적으로 손해배상을 청구할 수 있다.

③ 「국가배상법」 제6조 제1항에 의하면 지방자치단체장이 설치하여 관할 지방경찰청장에게 관리권한이 위임된 교통신호기의 고장으로 인하여 교통사고가 발생한 경우, 지방자치단체가 손해배상책임을 지고 국가는 피해자에 대하여 배상책임을 지지 않는다.

④ 공공의 영조물의 설치·관리를 맡은 자뿐만 아니라 그 비용부담자도 배상책임을 진다.

10 배상책임에 대한 설명으로 옳은 것은?

① 판례는 지방자치단체장 간의 기관위임이 있을 때 위임받은 하위 지방자치단체 소속 공무원이 위임사무를 처리하면서 고의로 타인에게 손해를 가한 경우에는 상위 지방자치단체는 손해배상책임을 지지 않는다고 본다.

② 국가나 지방자치단체는 공무원이 직무를 집행하면서 고의 또는 과실로 위법하게 타인에게 손해를 가한 때에 「국가배상법」상 배상책임을 지고, 공무원의 선임 및 감독에 상당한 주의를 한 경우에도 그 배상책임을 면할 수 없다.

③ 서울특별시가 점유·관리하는 도로에 대하여 행정권한 위임조례에 따라 보도 관리 등을 위임받은 관할 자치구청장 甲으로부터 도급받은 A주식회사가 공사를 진행하면서 남은 자갈더미를 그대로 방치하여 오토바이를 타고 이곳을 지나가던 乙이 넘어져 상해를 입은 경우, 서울특별시는 「국가배상법」 제5조 제1항에서 정한 설치·관리상의 하자로 인한 국가배상책임을 부담하지 아니한다.

④ 사무귀속주체와 비용부담주체가 동일하지 아니한 경우에는 사무귀속주체가 손해를 우선적으로 배상하여야 한다.

11 손실보상에 대한 설명으로 옳은 것은?

① 구 하천법의 시행으로 국유로 된 제외지 안의 토지에 대하여는 관리청이 그 손실을 보상하도록 규정하고 있는 동법 부칙 제2조 제1항에 의한 손실보상청구권은 공법상 권리이다.

② 법률 제3782호 「하천법」 중 개정법률 부칙 제2조의 규정에 의한 보상청구권의 소멸시효가 만료된 구 하천 구역편입토지 보상에 관한 특별조치법 제2조에 의한 손실보상청구권은 사법상의 권리이고 그에 관한 쟁송도 민사소송절차에 의하여야 한다.

③ 공익사업의 시행으로 인하여 이주하는 주거용 건축물의 세입자에게 인정되는 주거이전비보상청구권은 「민법」상의 권리이다.

④ 「공익사업을 위한 토지 등의 취득 및 보상에 관한 법률」에 따른 사업폐지 등에 대한 보상청구권은 사법상 권리로서 그에 관한 소송은 민사소송절차에 의하여야 한다.

12 손실보상청구권에 대한 설명으로 옳은 것은?

① 공공용물에 관하여 적법한 개발행위 등이 이루어짐으로 말미암아 이에 대한 일정 범위의 사람들의 일반사용이 종전에 비하여 제한받게 되었다 하더라도 특별한 사정이 없는 한 그로 인한 불이익은 손실보상의 대상이 되는 특별한 손실에 해당한다고 할 수 없다.

② 손실보상이 인정되기 위하여 재산권에 대한 침해가 현실적으로 발생하여야 하는 것은 아니다.

③ 손실보상은 재산권 침해에 대한 보상이며, 여기서 재산권 침해란 재산적 가치가 있는 공권을 제외한 모든 사권(私權)의 침해를 의미한다.

④ 손실보상의 이론적 근거로서 특별희생설에 의하면, 공공복지와 개인의 권리 사이에 충돌이 있는 경우에는 개인의 권리가 우선한다.

13 손실보상청구권에 대한 설명으로 옳지 않은 것은?

① 재산권의 사회적 제약에 해당하는 공용제한에 대해서는 보상규정을 두지 않아도 된다.

② 보상규정이 없다고 하여 당연히 보상이 이루어질 수 없는 것이 아니라, 헌법해석론에 따라서는 특별한 희생에 해당하는 재산권 제약에 대해서는 손실보상이 이루어질 수도 있다.

③ 공유수면매립면허의 고시가 있는 경우 그 사업이 시행되므로, 그로 인하여 곧바로 손실이 발생한다고 할 수 있고 실질적이고 현실적인 피해가 발생할 때를 기다릴 필요 없이 손실보상청구권이 발생한다.

④ 공익사업의 시행으로 토석채취허가를 연장받지 못한 경우 그로 인한 손실은 적법한 공권력의 행사로 가하여진 재산상의 특별한 희생으로서 손실보상의 대상이 된다고 볼 수도 없다.

14 손실보상청구권에 대한 설명으로 옳지 않은 것을 모두 조합한 것은?

> ㉠ 방침규정설은 손실보상에 관한 헌법규정은 입법의 방침을 정한 것에 불과한 프로그램규정으로 보고 있다.
> ㉡ 대법원은 헌법 제23조 제3항의 규정에도 불구하고 보상에 관한 구체적 사항이 법률로써 정해져 있지 아니한 때에는 손실보상을 인정할 수 없다고 한다.
> ㉢ 위헌무효설을 입법자에 대한 직접효력설이라고 부르기도 하고, 직접효력설에 의하면 재산권의 침해를 당한 국민은 헌법규정에 의하여 직접 정당한 보상을 청구할 수 있다.
> ㉣ 헌법 제23조 제3항을 입법자에 대한 구속규정으로 보는 위헌무효설에 따르면, 보상규정이 없는 공용침해법률은 위헌법률이 되며 이러한 위헌법률에 근거한 공용침해는 위법한 공용침해에 해당하기 때문에 그러한 공용침해에 대해서는 다른 법률의 유추해석을 통하여 보상이 주어져야 한다고 본다.

① ㉠, ㉡   ② ㉠, ㉢
③ ㉡, ㉣   ④ ㉢, ㉣

15 손실보상청구권에 대한 설명으로 옳은 것을 모두 조합한 것은?

> ㉠ 헌법재판소는 손실보상에 관한 직접적인 보상규정이 없는 경우 다른 법령을 유추적용하여 그 손실을 보상하여야 한다고 본다.
> ㉡ 대법원은 보상규정을 결한 공용침해조항에 근거한 공용침해처분은 위헌이며, 따라서 그 공용침해행위로 인하여 손해를 입은 자는 손실보상의 청구가 아닌 국가배상을 청구할 수 있다고 본다.
> ㉢ 헌법재판소는 재산권의 제한이 특별한 희생에 해당하는 경우에 보상규정을 두지 않는 것은 위헌이라고 하면서도 단순위헌이 아닌 헌법불합치결정을 하였다.
> ㉣ 손실보상액 산정의 기준이나 방법에 관하여 구체적인 법령의 규정이 없는 경우에는, 그 성질상 유사한 물건 또는 권리 등에 대한 관련 법령상의 손실보상액 산정의 기준이나 방법에 관한 규정을 유추적용할 수 있으므로, 하천수 사용권에 대한 '물의 사용에 관한 권리'로서의 정당한 보상금액은 어업권이 취소되거나 어업면허의 유효기간 연장이 허가되지 않은 경우의 손실보상액 산정방법과 기준을 유추적용하여 산정할 수 있다.

① ㉠, ㉡   ② ㉠, ㉢
③ ㉡, ㉣   ④ ㉢, ㉣

16 손실보상청구권에 대한 설명으로 옳은 것은?

① 헌법재판소는 헌법 제23조 제3항의 '공공필요'는 '국민의 재산권을 그 의사에 반하여 강제로라도 취득해야 할 공익적 필요성'을 의미하고, 이 요건 중 공익성은 기본권 일반의 제한사유인 '공공복리'보다 좁은 것으로 보고 있다.

② 공용수용이 허용될 수 있는 공익사업의 범위는 법률유보원칙에 따라 법률에서 명확히 규정되어야 한다. 따라서 공공의 이익에 도움이 되는 사업이라면 '공익사업'으로 실정법에 열거되어 있지 아니한 사업도 공용수용이 허용될 수 있다.

③ 손실보상청구권을 발생시키는 침해는 재산권이나 신체에 대한 것이어야 한다.

④ 손실보상청구권을 공권으로 보게 되면 손실보상청구권을 발생시키는 침해의 대상이 되는 재산권에는 공법상의 권리만이 포함될 뿐 사법상의 권리는 포함되지 않는다.

17 손실보상청구권에 대한 설명으로 옳은 것은?

① 「민법」상 재산권에 대한 상린관계에서의 제한은 재산권의 사회적 제약을 넘는 것이므로 손실보상의 대상이 된다.

② 수산업협동조합이 관계 법령에 의하여 대상지역에서의 독점적 지위가 부여되어 있던 위탁판매사업을 공유수면매립으로 인해 중단하게 되어 입은 위탁판매수수료 수입손실에 대하여 판례는 보상을 인정하지 않았다.

③ 공공필요를 이유로 하는 재산권의 수용 등은 행정기관이 주체가 되어야 하며, 행정기관 이외에 사인에 의한 공용수용은 인정되지 않는다.

④ 헌법 제23조 제3항은 정당한 보상을 전제로 하여 재산권의 수용 등에 관한 가능성을 규정하고 있지만 재산권 수용의 주체를 정하고 있지 않으므로 민간기업을 수용의 주체로 규정한 자체를 두고 위헌이라고 할 수 없다.

18 손실보상청구권에 대한 설명으로 옳지 않은 것은?

① 국가 등의 공적 기관이 직접 수용의 주체가 되는 것이든 그러한 공적 기관의 최종적인 허부판단과 승인결정 하에 민간기업이 수용의 주체가 되는 것이든, 양자 사이에 공공필요에 대한 판단과 수용의 범위에 있어서 본질적인 차이가 있는 것은 아니다.

② 헌법 제23조 제3항의 정당한 보상이란 원칙적으로 피수용재산의 객관적인 재산가치를 완전하게 보상하는 것이어야 한다는 완전보상을 뜻한다.

③ 행정상 손실보상을 위해서는 원칙적으로 법률에 의해 손실보상의 기준·방법·내용 등에 관한 사항이 규정되어 있어야 한다.

④ 대통령령으로 손실보상의 가부에 관하여 직접 규정하고 있다.

19 개발제한구역 관련 헌법재판소 판례에 대한 설명으로 옳지 않은 것은?

① 헌법재판소는 구 도시계획법 제21조의 개발제한구역 제도에 대하여 그 자체는 합헌이지만 보상규정을 결한 것에 위헌성이 있어 입법권자는 이를 시정할 의무가 있다고 보았다.

② 개발제한구역의 지정으로 인한 지가의 하락은 토지소유자가 수인해야 하는 사회적 제약의 한계를 넘는 것으로, 아무런 보상 없이 이를 감수하도록 하고 있는 한, 헌법에 위반된다.

③ 개발제한구역 지정으로 인하여 토지를 종래의 목적으로도 사용할 수 없거나 또는 더 이상 법적으로 허용된 토지이용의 방법이 없기 때문에 실질적으로 토지의 사용·수익의 길이 없는 경우에는 토지소유자가 수인해야 하는 사회적 제약의 한계를 넘는 것으로 보아야 한다.

④ 재산권의 침해와 공익 간의 비례성을 다시 회복하기 위한 방법은 헌법상 반드시 금전보상만을 해야 하는 것은 아니다.

20 손실보상에 대한 설명으로 옳지 않은 것은?

① 헌법 제23조 제3항을 국민에 대한 직접적인 효력이 있는 규정으로 보는 견해는 동 조항의 재산권의 수용·사용·제한규정과 보상규정을 불가분조항으로 본다.

② 헌법 제23조 제1항의 규정이 재산권의 존속을 보호하는 것이라면 제23조 제3항의 수용제도를 통해 존속보장은 가치보장으로 변하게 된다.

③ 헌법 제23조 제3항을 불가분조항으로 볼 경우, 보상규정을 두지 아니한 수용법률은 헌법위반이 된다.

④ 사회적 제약을 벗어나는 무보상의 공용침해에 대하여, 분리이론은 당해 침해행위의 폐지를 주장함으로써 위헌적 침해의 억제에 중점을 두고 있음에 비하여, 경계이론은 보상을 통한 가치의 보장에 중점을 두고 있다.

제한시간 : 14분 | 시작시각 ___시 ___분 ~ 종료시각 ___시 ___분　　　　　　　　　　나의 점수 _____

01 손실보상에 대한 설명으로 옳은 것은?

① 기대이익은 재산권의 보호대상에 포함되지 않는다.

② 재산권의 사회적 제약과 공용침해는 별개의 제도가 아니라 재산권 규제의 강도에 따라서 상대적으로 구분되는 것으로 사회적 제약의 경계를 벗어나면 보상의무가 있는 공용침해로 전환된다고 보는 경계이론은 독일의 연방헌법재판소의 판결에서 유래한다.

③ 개발제한구역 지정으로 말미암아 일부 토지소유자에게 사회적 제약의 범위를 넘는 가혹한 부담이 발생하는 예외적인 경우임에도 보상규정을 두지 않은 것이 위헌이라는 견해는 보상을 통한 가치의 보장을 강조하는 입장이다.

④ 경계이론은 당해 침해행위의 폐지를 주장함으로써 위헌적 침해의 억제에 중점을 두고 있음에 비하여, 분리이론은 보상을 통한 가치의 보장에 중점을 두고 있다.

02 손실보상에 대한 설명으로 옳지 않은 것은?

① 「공익사업을 위한 토지 등의 취득 및 보상에 관한 법률」상 손실보상은 원칙적으로 토지 등의 현물로 보상하여야 하고, 현금으로 지급하는 것은 다른 법률에 특별한 규정이 있는 경우에 예외적으로 허용된다.

② 당해 공익사업으로 인한 개발이익을 손실보상액 산정에서 배제하는 것은 헌법상 정당보상의 원칙에 위배되지 아니한다.

③ 토지수용으로 인한 손실보상액은 당해 공공사업의 시행을 직접 목적으로 하는 계획의 승인·고시로 인한 가격변동을 고려함이 없이 수용재결 당시의 가격을 기준으로 하여 정하여야 한다.

④ 토지보상법에 의한 보상을 하면서 손실보상금에 관한 당사자 간의 합의가 성립하면 그 합의내용이 토지보상법에서 정하는 손실보상 기준에 맞지 않는다고 하더라도 합의가 적법하게 취소되는 등의 특별한 사정이 없는 한 추가로 토지보상법상 기준에 따른 손실보상금 청구를 할 수는 없다.

03 손실보상에 대한 설명으로 옳은 것은?

① 토지수용으로 인한 손실보상액을 산정함에 있어 당해 공공사업의 시행과 관련이 없는 다른 사업으로 인한 개발이익도 배제한 가격으로 평가하여야 한다.

② 정비기반시설과 그 부지의 소유·관리·유지관계를 정한 「도시 및 주거환경정비법」 제65조 제2항의 전단에 따른 정비기반시설의 소유권 귀속은 헌법 제23조 제3항의 수용에 해당한다.

③ 헌법재판소는 생업의 근거를 상실하게 된 자에 대하여 일정 규모의 상업용지 또는 상가분양권 등을 공급하는 생활대책이 헌법 제23조 제3항이 규정하는 정당한 보상에 포함된다고 결정하였다.

④ 헌법 제23조 제3항에서 규정한 '정당한 보상'이란 원칙적으로 피수용재산의 객관적인 재산가치를 완전하게 보상하여야 한다는 완전보상을 뜻하는 것이지만, 공익사업의 시행으로 인한 개발이익은 완전보상의 범위에 포함되는 피수용토지의 객관적 가치 내지 피수용자의 손실이라고 볼 수 없다.

04 손실보상에 대한 설명으로 옳지 않은 것은?

① 영업을 폐지하거나 휴업함에 따라 휴직하거나 실직하는 근로자의 임금손실에 대하여는 「근로기준법」에 따른 평균임금 등을 고려하여 보상하여야 한다.

② 토지의 문화적·학술적 가치는 특별한 사정이 없는 한 손실보상의 대상이 되지 않는다.

③ 체육시설업의 영업주체가 영업시설의 양도나 임대 등에 의하여 변경되었으나 그에 관한 신고를 하지 않은 채 영업을 하던 중에 공익사업으로 영업을 폐지 또는 휴업하게 된 경우 그 임차인 등의 영업은 보상대상에서 제외되지 않는다.

④ 농지개량사업 시행지역 내의 토지등소유자가 토지사용에 관한 승낙을 한 경우, 그에 대한 정당한 보상을 받지 않았더라도 농지개량사업 시행자는 토지소유자 및 그 승계인에 대하여 보상할 의무가 없다.

05 손실보상에 대한 설명으로 옳지 않은 것은?

① 농업의 손실에 대하여는 농지의 단위면적당 소득 등을 고려하여 실제 경작자에게 보상하여야 하지만, 농지소유자가 해당 지역에 거주하는 농민인 경우에는 농지소유자와 실제 경작자가 협의하는 바에 따라 보상할 수 있다.

② 수용대상 토지의 보상가격이 당해 토지의 개별공시지가를 기준으로 하여 산정한 것보다 저렴하게 되었다는 사정만으로 그 보상액 산정이 위법한 것은 아니다.

③ 표준지공시지가결정에 위법이 있는 경우 수용보상금의 증액을 구하는 소송에서 수용대상 토지가격 산정의 기초가 된 비교표준지공시지가결정의 위법을 독립된 사유로 주장할 수 있다.

④ 편입토지·물건 보상, 지장물 보상, 잔여 토지·건축물 손실보상 또는 수용청구의 경우에는 원칙적으로 개별물건에 따라 하나의 보상항목이 되지만, 잔여 영업시설 손실보상을 포함하는 영업손실보상의 경우에는 '전체적으로 단일한 시설 일체로서의 영업' 자체가 보상항목이 아니라 영업시설이나 공사비용, 휴업기간 등이 개별적으로 보상항목이다.

06 손실보상에 대한 설명으로 옳지 않은 것은?

① 이주대책은 헌법 제23조 제3항의 정당한 보상에 포함되는 것이라기보다는 정당한 보상에 부가하여, 이주자들에게 종전의 생활상태를 회복시키기 위한 생활보상의 하나로서, 이주대책의 실시 여부는 입법자의 입법정책적 재량의 영역에 속한다고 볼 것이므로, 세입자를 이주대책대상자에서 제외하는 토지보상법 시행령 규정은 세입자의 재산권을 침해하는 것이라 볼 수 없다.

② 사업시행자의 이주대책 수립·실시의무뿐만 아니라 이주대책의 내용에 관하여 규정하고 있는 토지보상법상의 관련 규정은 당사자의 합의 또는 사업시행자의 재량에 의하여 적용을 배제할 수 있는 임의법규이다.

③ 도시개발사업의 사업시행자는 이주대책기준을 정하여 이주대책대상자 가운데 이주대책을 수립·실시하여야 할 자를 선정하여 그들에게 공급할 택지 등을 정하는 데 재량을 갖는다.

④ 이주대책은 이주자들에게 종전의 생활상태를 회복시키기 위한 생활보상의 일환으로서 국가의 정책적인 배려에 의하여 마련된 제도이므로, 이주대책의 실시 여부는 입법자의 입법정책적 재량의 영역에 속한다.

07 손실보상에 대한 설명으로 옳은 것은?

① 대법원은, 이주대책은 이른바 생활보상에 해당하는 것으로서 헌법 제23조 제3항이 규정하는 손실보상의 한 형태로 보아야 하므로, 법률이 사업시행자에게 이주대책의 수립·실시의무를 부과하였다면 이로부터 사업시행자가 수립한 이주대책상의 택지분양권 등의 구체적 권리가 이주자에게 직접 발생한다고 본다.

② 사업시행자가 이주대책에 관한 구체적인 계획을 수립하여 이를 해당자에게 통지 내지 공고하게 되면 이주대책대상자에게 구체적인 수분양권이 발생하게 된다.

③ 이주자의 수분양권은 이주자가 이주대책에서 정한 절차에 따라 사업시행자에게 이주대책대상자 선정신청을 하고 사업시행자가 이를 받아들여 이주대책대상자로 확인·결정하여야만 비로소 구체적으로 발생하게 된다.

④ 이주대책대상자 선정에서 배제되어 수분양권을 취득하지 못한 이주자가 사업시행자를 상대로 공법상 당사자소송으로 이주대책상의 수분양권의 확인을 구하는 것은 허용될 수 있다.

08 손실보상에 대한 설명으로 옳은 것은?

① 「공익사업을 위한 토지 등의 취득 및 보상에 관한 법률」상 주거용 건축물 세입자의 주거이전비 보상청구권은 사법상의 권리이고, 주거이전비 보상청구소송은 민사소송에 의하여야 한다.

② 이주대책대상자 선정에서 배제된 이주자는 사업시행자를 상대로 그 선정거부처분의 취소를 구하는 항고소송을 제기할 필요 없이 공법상 당사자소송으로 이주대책상의 수분양권 확인을 구하는 소송을 제기할 수 있다.

③ 사업시행자 스스로 공익사업의 원활한 시행을 위하여 생활대책을 수립·실시할 수 있도록 하는 내부규정을 두고 이에 따라 생활대책대상자 선정기준을 마련하여 생활대책을 수립·실시하는 경우, 생활대책대상자 선정기준에 해당하는 자는 자신을 생활대책대상자에서 제외하거나 선정을 거부한 행위에 대해 사업시행자를 상대로 항고소송을 제기할 수는 없다.

④ 한국토지주택공사가 택지개발사업의 시행자로서 일정 기준을 충족하는 손실보상대상자들에 대하여 생활대책을 수립·시행하면서 직권으로 甲이 생활대책대상자에 해당하지 않는다는 결정을 하고 이에 대한 甲의 이의신청에 대하여 재심사 결과로도 생활대책대상자로 선정되지 않았다는 통보를 한 경우, 그 재심사 결과의 통보는 독립한 행정처분이다.

09 손실보상에 대한 설명으로 옳은 것은?

① 공공사업의 시행으로 인하여 사업지 밖에 미치는 간접
손실에 관하여 그 피해자와 사업시행자 사이에 협의가
이루어지지 아니하고 그 보상에 관한 명문의 근거법령
이 없는 경우에 손실의 예견 및 특정이 가능하여도 「공
익사업을 위한 토지 등의 취득 및 보상에 관한 법률 시
행규칙」의 관련 규정을 유추하여 적용할 수는 없다.

② 대법원 판례에 의하면 공공사업의 시행으로 사업시행
지 밖에서 발생한 간접손실은 손실발생을 쉽게 예견할
수 있고 손실 범위도 구체적으로 특정할 수 있더라도,
사업시행자와 협의가 이루어지지 아니하고 그 보상에
관한 명문의 근거법령이 없는 경우에는 보상의 대상이
아니다.

③ 공공사업의 시행으로 인하여 사업지구 밖에서 수산제
조업에 대한 간접손실이 발생하리라는 것을 쉽게 예견
할 수 있고 그 손실의 범위도 구체적으로 특정할 수 있
는 경우라면, 그 손실의 보상에 관하여 구 공공용지의
취득 및 손실보상에 관한 특례법 시행규칙의 간접보상
규정을 유추적용할 수 있다.

④ 건물의 일부만 수용되어 잔여부분을 보수하여 사용할
수 있는 경우 그 건물 전체의 가격에서 수용된 부분의
비율에 해당하는 금액과 건물 보수비를 손실보상액으
로 평가하여 보상하면 되고, 잔여건물에 대한 가치하
락까지 보상해야 하는 것은 아니다.

10 잔여지 손실보상에 대한 설명으로 옳은 것은?

① 사업시행자에게 한 잔여지 매수청구의 의사표시는 일
반적으로 관할 토지수용위원회에 한 잔여지 수용청구
의 의사표시로 볼 수 있다.

② 공익사업에 영업시설 일부가 편입됨으로 인하여 잔여
영업시설에 손실을 입은 자는 재결절차를 거치지 않은
채 곧바로 사업시행자를 상대로 잔여 영업시설의 손실
에 대한 보상을 청구할 수 있다.

③ 동일한 토지소유자에 속하는 일단의 토지의 일부가 취
득됨으로써 잔여지의 가격이 감소한 때에는 잔여지를
종래의 목적으로 사용하는 것이 가능한 경우라도 그
잔여지는 손실보상의 대상이 된다.

④ 토지소유자가 잔여지 수용청구에 대한 재결절차를 거
친 경우에는 곧바로 사업시행자를 상대로 잔여지 가격
감소 등으로 인한 손실보상을 청구할 수 있다.

11 잔여지 손실보상에 대한 설명으로 옳은 것은?

① 「공익사업을 위한 토지 등의 취득 및 보상에 관한 법률」
상 잔여지 수용청구권은 형성권적 성질을 가지므로,
잔여지 수용청구를 받아들이지 않은 재결에 대하여 토
지소유자가 불복하여 제기하는 소송은 보상금증감청
구소송에 해당한다.

② 「공익사업을 위한 토지 등의 취득 및 보상에 관한 법률」
에 의한 잔여지 수용청구를 받아들이지 않은 토지수용
위원회의 재결에 대하여 토지소유자가 불복하여 제기
하는 소송은 항고소송에 해당한다.

③ 공익사업을 위한 토지 등의 취득 및 보상에 관한 법령
에 의한 잔여지 수용청구권은 토지수용위원회의 재결
이 없더라도 그 청구에 의하여 수용의 효과가 발생하
는 청구권적 성질을 가진다.

④ 건축물의 일부가 공익사업에 편입됨으로 인하여 잔여
건축물의 가격감소 손실이 발생한 경우에 토지보상법
에 규정된 재결절차를 거치지 않은 채 곧바로 사업시
행자를 상대로 손실보상을 청구하는 것은 허용된다.

12 잔여지 손실보상에 대한 설명으로 옳지 않은 것은?

① 공익사업에 필요한 토지 등의 취득 또는 사용으로 인
하여 토지소유자나 관계인이 입은 손실은 사업시행자
가 보상하여야 한다.

② 손실보상액을 결정함에 있어서 사업시행자의 재산상
태를 고려해야 한다.

③ 손실보상은 토지소유자나 관계인에게 개인별로 하여
야 한다. 다만, 개인별로 보상액을 산정할 수 없을 때
에는 그러하지 아니하다.

④ 손실보상의 지급에서는 개인별 보상의 원칙이 적용된다.

13 손실보상에 대한 설명으로 옳지 않은 것은?

① 토지투기가 우려되는 지역으로서 대통령령이 정하는 지역 안에서 「택지개발촉진법」상의 택지개발사업을 시행하는 공공단체는 부재부동산 소유자의 토지에 대한 보상금 중 대통령령이 정하는 1억 원 이상의 일정 금액을 초과하는 부분에 대하여는 해당 사업시행자가 발행하는 채권으로 지급할 수 있다.

② 토지수용 시 금전보상이 원칙이나 채권보상을 할 수 있다.

③ 사업시행자는 동일한 소유자에게 속하는 일단의 토지의 일부를 취득하거나 사용하는 경우, 해당 공익사업의 시행으로 인하여 잔여지의 가격이 증가하거나 그 밖의 이익이 발생한 경우에도 그 이익을 취득 또는 사용으로 인한 손실과 상계할 수 없다.

④ 보상은 물건별로 하는 것이 아니라, 개인별로 보상한다.

14 토지수용위원회의 재결과 불복절차에 대한 설명으로 옳지 않은 것은?

① 토지수용위원회는 손실보상의 신청범위와 관계없이 손실보상의 증액재결을 할 수 없다.

② 사업시행자, 토지소유자 또는 관계인은 토지수용위원회의 재결에 불복할 때에는 재결서를 받은 날부터 90일 이내에 행정소송을 제기할 수 있다.

③ 토지소유자가 손실보상금의 증액을 구하는 행정소송을 제기하는 경우에는 토지수용위원회가 아니라 사업시행자를 피고로 하여야 한다.

④ 토지수용위원회는 사업인정의 취소와 관련 없이 부득이한 사정이 있으면 사업인정과 배치되는 재결을 할 수 없다.

15 토지수용위원회의 재결과 불복절차에 대한 설명으로 옳지 않은 것은?

① 토지보상법 제72조에 의한 사용토지에 대한 수용청구를 받아들이지 아니한 토지수용위원회의 재결에 대하여 토지소유자는 당해 토지수용위원회를 피고로 하여 항고소송을 제기할 수 있다.

② 손실보상금 산정을 위한 감정평가 중 어느 한 가지 점이라도 위법사유가 있으면 그것으로써 감정평가 결과는 위법하게 되나, 법원은 그 감정내용 중 위법하지 않은 부분을 추출하여 판결에서 참작할 수 있다.

③ 하나의 재결에서 피보상자별로 여러 가지의 토지, 물건, 권리 또는 영업의 손실에 관하여 심리·판단이 이루어졌을 때, 피보상자 또는 사업시행자가 반드시 재결 전부에 관하여 불복하여야 하는 것은 아니다.

④ 토지보상법상 재결에 대하여 불복절차를 취하지 아니함으로써 그 재결에 대하여 더 이상 다툴 수 없게 된 경우에는, 사업시행자는 그 재결이 당연무효이거나 취소되지 않는 한 이미 보상금을 지급받은 자에 대하여 민사소송으로 그 보상금을 부당이득이라 하여 반환을 구할 수 없다.

16 토지수용위원회의 재결과 불복절차에 대한 설명으로 옳은 것은?

① 사업인정기관은 어떠한 사업이 외형상 토지 등을 수용 또는 사용할 수 있는 사업에 해당한다 하더라도, 사업시행자에게 해당 공익사업을 수행할 의사와 능력이 없다면 사업인정을 거부할 수 있다.

② 사업시행자가 사업인정을 받은 이후 수용재결 당시 사업을 수행할 능력을 상실한 상태에서 수용재결을 신청하여 그 재결을 받았다 하더라도 수용권의 남용에 해당한다고 볼 수 없다.

③ 하나의 수용재결에서 여러 가지의 토지, 물건, 권리 또는 영업의 손실의 보상에 관하여 심리·판단이 이루어졌을 때, 피보상자는 재결 전부에 관하여 불복하여야 하고 여러 보상항목들 중 일부에 관해서만 개별적으로 불복할 수는 없다.

④ 하나의 재결에서 피보상자별로 여러 가지의 토지, 물건, 권리 또는 영업의 손실에 관하여 심리·판단이 이루어졌을 때, 피보상자 또는 사업시행자가 반드시 재결 전부에 관하여 불복하여야 한다.

17 토지수용위원회의 재결과 불복절차에 대한 설명으로 옳지 않은 것은?

① 토지수용위원회의 수용재결이 있은 후라고 하더라도 토지소유자와 사업시행자가 다시 협의하여 토지 등의 취득·사용 및 그에 대한 보상에 관하여 임의로 계약을 체결할 수 있다.

② 수용재결에 대해 취소소송으로 다투는 경우에 「행정소송법」 제20조의 제소기간규정이 적용되지 않는다.

③ 국토교통부장관이 사업인정의 고시를 누락한 경우 이는 절차상의 위법으로 그 사업인정 자체를 무효로 할 중대하고 명백한 하자라고 볼 수 있으므로, 이와 같은 위법을 들어 수용재결처분의 취소를 구하거나 무효확인을 구할 수 있다.

④ 수용재결에 불복하여 이의신청을 거친 후 취소소송을 제기하는 때에는 원칙적으로 지방토지수용위원회 또는 중앙토지수용위원회를 피고로 하여 수용재결의 취소를 구하여야 한다.

18 수용유사침해와 수용적 침해에 대한 보상에 대한 설명으로 옳지 않은 것은?

① 수용적 침해는 적법한 공행정작용의 비전형적이고 비의도적인 부수적 효과로써 발생한 개인의 재산권에 대한 손해를 전보하는 것을 말한다.

② 수용유사침해는 경계이론보다는 분리이론과 밀접한 관련이 있다.

③ 수용적 침해는 적법한 행정활동의 의도되지 아니한 부수적 효과로서 발생한 사인의 재산권에 대한 손실을 보상해 주기 위하여 관습법적으로 발전되어 온 희생보상제도를 근거로 하여 독일연방사법재판소가 발전시켰다.

④ 개별 법률에서 재산권의 수용·사용·제한 등을 규정하면서 손실보상규정을 두지 않는 경우 독일의 수용유사침해이론을 우리나라에 도입하고자 하는 학자들은 헌법 제23조 제1항(재산권 보장)과 제11조(평등원칙)를 근거로 하여 헌법 제23조 제3항 및 관계 법률의 보상조항을 유추적용할 수 있다고 한다.

19 희생보상청구권에 대한 보상에 대한 설명으로 옳은 것은?

① 희생보상청구권이란 공권력작용으로 인하여 발생한 재산적 법익의 손실에 대하여 보상을 청구할 수 있는 권리를 말한다.

② 「감염병의 예방 및 관리에 관한 법률」과 같은 법 시행령의 관련 규정에 따르면 법령상 보상금 지급에 대한 처분권한은 질병관리본부장(현행은 질병관리청장)에게 있다.

③ 「감염병의 예방 및 관리에 관한 법률」 제71조에 의한 예방접종 피해에 대한 국가의 보상책임은 과실책임이지만, 질병, 장애 또는 사망이 예방접종으로 발생하였다는 점이 인정되어야 한다.

④ 예방접종과 장애 등 사이의 인과관계는 의학적·자연과학적으로 명백히 증명되어야 하는 것이다.

20 결과제거청구권에 대한 보상에 대한 설명으로 옳은 것은?

① 이것에 의해 보호되는 개인의 권리는 법률상 보호받을 만한 가치가 있는 것으로, 재산적 가치도 포함될 수 있으나 뿐만 아니라 명예 등 비재산적 가치는 포함되지 않는다.

② 관리작용에 의한 침해인 경우에도 인정되나, 법률행위에 한정된다.

③ 결과제거청구소송은 행정상 당사자소송이다.

④ 적법한 사용권을 취득함이 없이 타인의 토지를 도로부지로 편입하여 도로로 사용하는 경우 인도를 청구할 수 없으나, 공중의 편의를 위한 상수도시설을 대지소유자가 소유권에 기하여 철거를 요구하는 것이 권리남용에 해당하지는 않는다.

18회 쟁점별 모의고사

행정심판

정답 및 해설 p.272

제한시간 : 14분 | 시작시각 ___시 ___분 ~ 종료시각 ___시 ___분   나의 점수 _____

01 행정심판에 대한 설명으로 옳지 않은 것을 조합한 것은?

> ㉠ 「행정심판법」은 당사자심판을 규정하여 당사자소송과 연동시키고 있다.
>
> ㉡ 이의신청은 그것이 준사법적 절차의 성격을 띠어 실질적으로 행정심판의 성질을 가진다면 이를 행정심판으로 볼 수 있다.
>
> ㉢ 진정이라는 표현을 사용하더라도 그것이 실제로 행정심판의 실체를 가진다면 행정심판으로 다룰 수 있다.
>
> ㉣ 도로점용료 부과처분에 대한 「지방자치법」상의 이의신청은 행정심판과는 구별되는 제도이므로, 이의신청을 제기해야 할 사람이 처분청에 표제를 '행정심판청구서'로 한 서류를 제출한 경우 이를 처분에 대한 이의신청으로 볼 수 없다.

① ㉠, ㉡
② ㉠, ㉣
③ ㉡, ㉢
④ ㉢, ㉣

02 행정심판에 대한 설명으로 옳은 것은?

① 행정심판에서는 행정청이 상대방에게 심판청구기간을 법정심판청구기간보다 긴 기간으로 잘못 알린 경우에 그 잘못 알린 기간 내에 심판청구가 있으면 그 심판청구는 법정심판청구기간 내에 제기된 것으로 보며, 이는 행정소송에서도 적용된다.

② 「행정심판법」은 「행정소송법」과는 달리 집행정지뿐만 아니라 임시처분도 규정하고 있다.

③ 행정심판에서 행정심판위원회는 행정청의 부작위가 위법·부당하다고 판단되면 직접 처분을 할 수 있으나, 행정소송에서 법원은 행정청의 부작위가 위법한 경우에만 직접 처분을 할 수 있다.

④ 행정심판은 행정의 적법성·합목적성의 유무 판단을 대상으로 하나, 행정소송은 법률문제 판단 및 행정의 당·부당 판단도 그 대상으로 한다.

03 행정심판에 대한 설명으로 옳은 것은?

① 행정심판과 행정소송은 행정처분의 적법·타당성을 판단하는 작용인 점에서 형식적 의미의 사법작용이다.

② 「행정심판법」에는 「행정소송법」의 경우와는 달리 사정재결의 규정이 없다.

③ 행정소송제도에서와 마찬가지로 행정청의 이행을 요구하는 심판청구가 가능하다.

④ 행정심판에 있어서도 불가쟁력제도가 있다.

04 행정심판에 대한 설명으로 옳은 것은?

① 무효등확인심판은 심판청구기간의 제한이 없고, 사정재결도 인정되지 아니한다.

② 거부처분에 대한 취소심판이나 무효등확인심판청구에서 인용재결이 있었음에도 불구하고 피청구인인 행정청이 재결의 취지에 따른 처분을 하지 아니한 경우에는 당사자가 신청하면 행정심판위원회는 기간을 정하여 서면으로 시정을 명하고 그 기간에 이행하지 아니하면 직접 처분을 할 수 있다.

③ 취소재결의 기속력으로서 재처분의무가 없으므로, 현행법상 거부처분에 불복할 때에는 취소심판보다 의무이행심판이 더 효과적이다.

④ 거부에 대한 의무이행심판에는 청구기간의 제한과 사정재결, 집행정지 규정이 적용되지 않는다.

05 행정심판에 대한 설명으로 옳은 것은?

① 당사자의 신청에 대한 행정청의 부당한 거부처분에 대하여 일정한 처분을 하도록 하는 행정심판의 청구는 현행법상 허용되고 있다.

② 의무이행심판은 행정청의 적극적인 행위로 인한 침해로부터 권익을 보호하는 기능을 한다.

③ 행정청의 부작위에 대한 의무이행심판은 심판청구기간 규정의 적용을 받지 않고, 사정재결이 인정되지 아니한다.

④ 거부처분에 대하여서는 의무이행심판을 제기하여야 하며, 취소심판을 제기할 수 없다.

06 행정심판 청구기간에 대한 설명으로 옳지 않은 것은?

① 국세부과처분에 대한 이의신청에 있어서 재조사결정이 내려지고 그에 따라 후속처분이 내려진 경우 재조사결정에 따른 심사청구기간이나 심판청구기간은 이의신청인이 후속처분의 통지를 받은 날부터 기산된다.

② 행정처분이 있음을 안 날부터 90일을 넘겨 행정심판을 청구하였다가 각하재결을 받은 후 그 재결서를 송달받은 날부터 90일 내에 원래의 처분에 대하여 취소소송을 제기한 경우, 취소소송의 제소기간을 준수한 것으로 볼 수 없다.

③ 개별공시지가에 대하여 「부동산 가격공시에 관한 법률」에 따른 이의신청을 하여 그 결과 통지를 받은 후 다시 행정심판을 거친 경우 행정소송의 제소기간은 그 행정심판 재결서 정본을 송달받은 날부터 기산한다.

④ 고시 또는 공고에 의하여 행정처분을 하는 경우에는 고시 또는 공고가 효력이 발생하여도 그날 이해관계인이 그 처분이 있음을 바로 알 수 없으므로 이해관계인이 실제로 그 고시 또는 공고된 처분이 있음을 알게 된 날을 제소기간의 기산점으로 삼아야 한다.

07 행정심판 청구기간에 대한 설명으로 옳은 것은?

① 취소심판이 제기된 경우, 행정청이 처분 시에 심판청구기간을 알리지 아니하였다 할지라도 당사자가 처분이 있음을 알게 된 날부터 90일이 경과하면 행정심판위원회는 부적법 각하재결을 하여야 한다.

② 고시 또는 공고에 의하여 행정처분을 하는 경우에는 고시 또는 공고의 효력발생일을 처분이 있는 날로 보아 그날부터 180일 이내에 행정심판을 청구할 수 있다.

③ 고시에 의하여 행정처분을 하는 경우, 행정심판청구의 기산일인 '알게 된 날'은 고시의 효력발생일인 '고시 또는 공고가 있은 후 5일이 경과한 날'이라는 것이 판례의 입장이다.

④ 불가항력으로 인하여 기간 내 심판청구를 할 수 없을 때, 사유가 소멸한 날부터 30일 이내에 심판청구를 할 수 있다.

08 행정심판 청구기간에 대한 설명으로 옳지 않은 것은?

① 행정청이 행정심판 청구기간을 긴 기간으로 잘못 알린 경우 잘못 알린 기간 내 심판청구가 있으면 적법한 청구로 본다.

② 개별 법률에서 정한 심판청구기간이 「행정심판법」이 정한 심판청구기간보다 짧은 경우, 행정청이 행정처분을 하면서 그 개별 법률상 심판청구기간을 고지하지 아니하였다면 그 개별 법률에서 정한 심판청구기간 내에 한하여 심판청구가 가능하다.

③ 심판청구기간의 기산점인 '처분이 있음을 안 날'이라 함은 당사자가 통지·공고 기타의 방법에 의하여 당해 처분이 있었다는 사실을 현실적으로 안 날을 의미한다.

④ 행정심판의 경우 행정처분의 직접 상대방이 아닌 제3자는 처분이 있음을 곧 알 수 없는 처지이므로 위 제3자가 행정심판 청구기간 내에 처분이 있음을 알았거나 쉽게 알 수 있었다는 특별한 사정이 없는 한 '처분이 있었던 날부터 180일'의 심판청구기간의 적용을 배제할 정당한 사유가 있는 때에 해당한다.

09 행정심판 청구기간에 대한 설명으로 옳은 것은?

① 행정청이 처분을 할 때에 처분의 상대방에게 심판청구 기간을 알리지 아니한 경우에는 처분이 있었던 날부터 180일까지가 취소심판이나 거부처분에 대한 의무이행 심판의 청구기간이 된다.

② 「행정심판법」의 규정과 달리 개별법에서 심판청구기 간을 짧게 정하고 있는 규정은 헌법에 위반된다.

③ 「행정심판법」상 심판청구는 원칙적으로 처분이 있음 을 알게 된 날부터 120일 이내에 제기하여야 한다.

④ 「행정심판법」상 행정청이 심판청구기간을 법이 정한 기간보다 길게 고지한 경우라 하더라도 처분이 있은 날부터 180일 이내에는 제기하여야 한다.

10 행정심판법상의 고지제도에 대한 설명으로 옳은 것은?

① 고지는 불복제기의 가능성 여부 및 불복청구의 요건 등 불복청구에 필요한 사항을 알려주는 권력적 사실행 위로서 처분성이 인정된다.

② 직권에 의하여 고지하는 경우 처분의 상대방에 대해서 만 고지하면 된다.

③ 여기서 말하는 처분은 「행정심판법」에 의한 처분에 한 하고, 「행정심판법」이외의 다른 법령에 의한 심판청 구의 대상이 되는 처분은 포함하지 않는다는 것이 통 설이다.

④ 행정청이 처분을 하면서 고지의무를 이행하지 않은 경 우 또는 잘못 고지한 경우 당해 처분은 위법하다.

11 행정심판에 대한 설명으로 옳은 것은?

① 「행정심판법」상 심판청구서는 처분청을 경유하여 재 결청에 제기하여야 한다.

② 「행정심판법」상 처분의 상대방이 아닌 제3자는 청구 인이 될 수 없다.

③ 「행정심판법」에 따른 서류의 송달에 관하여는 「행정절 차법」중 송달에 관한 규정을 준용한다.

④ 처분의 상대방이 아닌 제3자가 심판청구를 한 경우 위 원회는 재결서의 등본을 지체 없이 피청구인을 거쳐 처분의 상대방에게 송달하여야 한다.

12 행정심판에 대한 설명으로 옳지 않은 것은?

① 행정심판청구인이 경제적 능력으로 인해 대리인을 선 임할 수 없는 경우에는 행정심판위원회에 국선대리인 을 선임하여 줄 것을 신청할 수 있다.

② 취소심판에서는 스스로 처분을 취소하거나 다른 처분 으로 변경할 수 없다.

③ 처분청은 기각재결을 받은 후에도 정당한 이유가 있으 면 원처분을 취소·변경할 수 있다.

④ 심판청구서를 받은 행정청은 그 심판청구가 이유 있다 고 인정할 때에는 심판청구의 취지에 따라 처분을 취 소·변경 또는 확인을 하거나 신청에 따른 처분을 할 수 있고, 이를 청구인에게 알리고 행정심판위원회에 그 증명서류를 제출하여야 한다.

13 행정심판법상 집행정지에 대한 설명으로 옳지 않은 것은?

① 집행정지 신청은 행정심판을 청구한 후에는 할 수 없다.

② 「행정심판법」은 위원회의 심리·결정을 갈음하는 위원장의 직권결정에 관한 규정을 두고 있는 반면, 「행정소송법」은 법원의 결정에 갈음하는 재판장의 직권결정에 관한 규정을 두고 있지 아니하다.

③ 행정심판청구와 취소소송의 제기는 모두 처분의 효력이나 그 집행 또는 절차의 속행에 영향을 주지 아니한다.

④ 공공복리에 중대한 영향을 미칠 우려가 있을 때에는 「행정심판법」 및 「행정소송법」상의 집행정지가 모두 허용되지 아니한다.

14 행정심판법상 집행정지와 임시처분에 대한 설명으로 옳은 것은?

① 「행정소송법」이 집행정지의 요건 중 하나로 '중대한 손해'가 생기는 것을 예방할 필요성에 관하여 규정하고 있는 반면, 「행정심판법」은 집행정지의 요건 중 하나로 '회복하기 어려운 손해'를 예방할 필요성에 관하여 규정하고 있다.

② 「행정소송법」은 집행정지결정에 대한 즉시항고에 관하여 규정하고 있는 반면, 「행정심판법」에는 집행정지결정에 대한 즉시항고에 관하여 규정하고 있지 아니하다.

③ 행정심판위원회는 처분 또는 부작위가 위법·부당하다고 상당히 의심되는 경우, 처분 또는 부작위 때문에 당사자가 받을 우려가 있는 중대한 불이익이나 당사자에게 생길 급박한 위험을 막기 위하여 임시지위를 정하여야 할 필요가 있는 경우에는 당사자의 신청이 있는 경우에 한하여 임시처분을 결정할 수 있다.

④ 임시처분은 의무이행심판을 인정하면서도 가처분제도를 인정하지 않아 제한된 재결의 실효성을 제고하기 위한 것이므로 집행정지로 그 목적을 달성할 수 있는 경우에도 허용된다.

15 행정심판법상 사정재결에 대한 설명으로 옳은 것은?

① 사정재결은 취소심판·의무이행심판에만 인정된다.

② 행정심판위원회는 사정재결을 함에 있어서 청구인에 대하여 상당한 구제방법을 취하거나 피청구인에게 상당한 구제방법을 취할 것을 명할 수 있으나, 재결주문에 그 처분 등이 위법 또는 부당함을 명시할 필요는 없다.

③ 행정심판위원회는 무효확인심판의 청구가 이유가 있더라도 이를 인용하는 것이 공공복리에 크게 위배된다고 인정되면 그 청구를 기각하는 재결을 할 수 있다.

④ 행정심판위원회는 부작위에 대한 청구가 이유가 있더라도 이를 인용하는 것이 공공복리에 크게 위배된다고 인정되면 사정재결을 할 수 없다.

16 행정심판 재결에 대한 설명으로 옳은 것은?

① 행정심판위원회로부터 재결서의 정본을 송달받은 행정청은 청구인 및 참가인에게 재결서의 등본을 송달하여야 한다.

② 재결은 피청구인 또는 위원회가 심판청구서를 받은 날부터 60일 이내에 하여야 한다. 다만, 부득이한 사정이 있는 경우에는 위원장이 직권으로 30일을 연장할 수 있다.

③ 행정심판의 재결에 대해서는 재결 자체에 고유한 위법이 있음을 이유로 하는 경우에 한하여 다시 행정심판을 청구할 수 있다.

④ 시·도행정심판위원회의 재결에 불복하는 경우 청구인은 그 재결 및 같은 처분 또는 부작위에 대하여 중앙행정심판위원회에 재심을 청구할 수 있다.

17 행정심판 재결에 대한 설명으로 옳은 것은?

① 요건심리의 결과 심판청구의 제기요건을 갖추고 있지 못한 것으로 판단되는 경우에는 기각재결을 한다.

② 기각재결이 있은 후에는 처분청은 직권으로 당해 처분을 취소할 수 없다.

③ 재결은 당연무효가 아닌 한 다른 행정행위와 마찬가지로 공정력, 불가쟁력 등을 가진다.

④ 사정재결도 인용재결에 해당한다.

18 행정심판 재결에 대한 설명으로 옳은 것은?

① 「행정심판법」은 이행재결의 한 유형으로서 처분재결의 가능성을 명문으로 인정하고 있다.

② 행정심판위원회가 직접 처분을 함에 있어서 처분청에게 처분 발령을 위한 기회를 부여하지 않아도 된다.

③ 행정심판의 재결이 확정되면 피청구인인 행정청을 기속하는 효력이 있고 그 처분의 기초가 된 사실관계나 법률적 판단이 확정되므로 이후 당사자 및 법원은 이에 모순되는 주장이나 판단을 할 수 없다.

④ 취소심판의 인용재결에는 취소재결·변경재결·취소명령재결·변경명령재결이 있다.

19 행정심판 재결에 대한 설명으로 옳은 것은?

① 「행정심판법」은 취소심판의 인용재결의 종류로 취소재결, 변경재결, 취소명령재결, 변경명령재결에 관한 규정을 두고 있다.

② 점용허가취소처분을 취소하는 확정판결의 기속력은 판결의 주문에 미치는 것으로 그 전제가 되는 처분 등의 구체적 위법사유에 관한 이유 중의 판단에 대해서는 인정되지 않는다.

③ 행정심판 재결의 기속력은 인용재결뿐만 아니라 각하재결과 기각재결에도 인정되는 효력이다.

④ 거부처분취소재결이 있는 경우에는 행정청은 그 재결의 취지에 따라 이전의 신청에 대한 처분을 하여야 하는 것이므로 행정청이 그 재결의 취지에 따른 처분을 하지 아니하고 그 처분과는 양립할 수 없는 다른 처분을 하는 것은 재결의 기속력에 반하여 위법하다.

20 행정심판 재결에 대한 설명으로 옳은 것은?

① 재결에 의하여 취소되는 처분이 당사자의 신청을 거부하는 것을 내용으로 하는 경우라도 그 처분을 한 행정청이 재결의 취지에 따라 다시 이전의 신청에 대한 처분을 하여야 할 의무는 없다.

② 판례에 따르면, 처분의 절차적 위법사유로 인용재결이 있었으나 행정청이 절차적 위법사유를 시정한 후 행정청이 종전과 같은 처분을 하는 것은 재결의 기속력에 반한다.

③ 처분의 취소 또는 변경을 구하는 취소심판의 경우에 변경의 의미는 소극적 변경뿐만 아니라 적극적 변경까지 포함한다.

④ 재결의 형성력은 행정심판위원회가 직접 처분의 취소·변경 등을 하지 않은 처분의 변경명령재결 또는 의무이행명령재결의 경우에 발생한다.

제한시간 : 14분 | 시작시각 ___시 ___분 ~ 종료시각 ___시 ___분　　　　　　　　　　　　나의 점수 _____

01 행정심판 재결에 대한 설명으로 옳은 것은?

① 양도소득세 부과처분에 대한 불복심사청구에서 이유 있다고 인정되어 취소되었음에도 처분청이 동일한 사실에 관하여 부과처분을 되풀이한다면 설령 그 부과처분이 감사원의 시정요구에 의한 것이라 하더라도 위법하다.

② 행정심판위원회는 피청구인이 처분의 이행을 명하는 재결에도 불구하고 처분을 하지 아니하는 경우에는 당사자의 신청 또는 직권으로 기간을 정하여 서면으로 시정을 명하고 그 기간에 이행하지 아니하면 직접 처분을 할 수 있다.

③ 행정심판위원회는 피청구인이 거부처분의 취소재결에도 불구하고 처분을 하지 아니하는 경우에는 당사자가 신청하면 기간을 정하여 서면으로 시정을 명하고, 그 기간에 이행하지 아니하면 직접 처분을 할 수 있다.

④ 위원회는 처분명령재결에도 불구하고 처분을 하지 아니하는 경우에는 당사자가 신청하면 기간을 정하여 서면으로 시정을 명하거나 즉시 직접 처분을 할 수 있다.

02 행정심판에 대한 설명으로 옳지 않은 것은?

① 행정청은 당초 처분사유와 기본적 사실관계가 동일하지 아니한 처분사유를 행정소송 계속 중에는 추가·변경할 수 없고, 행정심판 단계에서도 추가·변경할 수 없다.

② 청구인은 청구의 기초에 변경이 없는 범위에서 청구의 취지나 이유를 변경할 수 있다.

③ 행정심판의 종류의 변경도 가능하다.

④ 재결 전이라면 언제든지 행정심판 청구를 변경할 수 있다.

03 행정심판에 대한 설명으로 옳지 않은 것을 조합한 것은?

> ㉠ 서울시 종로구청장이 행한 행정처분에 대한 행정심판의 피청구인은 서울시장이다.
> ㉡ 행정안전부장관이 행한 행정처분에 대한 행정심판의 행정심판위원회는 중앙행정심판위원회이다.
> ㉢ 경기도 지방경찰청 소속 경찰관이 직무상 행한 불법행위에 대한 손해배상소송에서 피고는 경기도이다.
> ㉣ 서울특별시장의 처분에 대한 행정심판은 중앙행정심판위원회에서 심리·재결한다.

① ㉠, ㉡　　　　　　　　② ㉠, ㉢

③ ㉡, ㉣　　　　　　　　④ ㉢, ㉣

04 행정심판에 대한 설명으로 옳은 것은?

① 환경분쟁조정위원회는 행정심판위원회와 성격이 다른 기관이다.

② 국가인권위원회의 처분 또는 부작위에 대한 행정심판의 청구는 국민권익위원회에 두는 중앙행정심판위원회에서 심리·재결한다.

③ 「행정심판법」상 처분청은 위원회의 재결에 대하여 수정재결이나 재의를 요구할 수가 있다.

④ 「행정심판법」상 행정심판위원회의 권한에는 심리권, 의결권, 집행정지결정권, 기피신청에 대한 결정권, 청구명령불허권, 보정명령권 등이 있다.

05 행정심판에 대한 설명으로 옳은 것은?

① 행정심판위원회는 제기된 행정심판을 심리·재결하는 기능을 하는 합의제 행정기관이며, 국민권익위원회에 설치되는 중앙행정심판위원회는 위원장 1명을 포함하여 70명 이내의 위원으로 구성하되 위원 중 상임위원은 4명 이내로 한다.

② 중앙행정심판위원회의 상임위원은 별정직 국가공무원으로 임명하며, 중앙행정심판위원회 위원장의 제청으로 국무총리를 거쳐 대통령이 임명한다.

③ 중앙행정심판위원회의 위원장은 법제처장이 되고, 유고 시에는 법제처 차장이 그 직무를 대행한다.

④ 예외적으로 당해 지방자치단체의 조례에서 시·도행정심판위원회의 위원장을 공무원이 아닌 위원으로 정한 경우에 그는 상임으로 직무를 수행한다.

06 행정심판에 대한 설명으로 옳은 것은?

① 국회사무총장의 처분에 대한 행정심판의 청구에 대해서는 국민권익위원회에 두는 중앙행정심판위원회에서 심리·재결한다.

② 중앙행정심판위원회의 위원장은 그 행정심판위원회가 소속된 행정청이 되며, 위원장이 부득이한 사유로 직무를 수행할 수 없거나 위원장이 필요하다고 인정하는 경우에는 위원장이 사전에 지명한 위원이 있는 경우 그 위원이 위원장의 직무를 대행한다.

③ 행정심판에 있어서 사건의 심리·의결에 관한 사무에 관여하는 직원에게는 「행정심판법」 제10조의 위원의 제척·기피·회피가 적용된다.

④ 행정심판 당사자는 행정심판위원회의 위원에 대한 기피신청을 할 수 있고, 이러한 신청에 대해 위원장은 위원회의 의결을 거쳐 기피 여부를 결정한다.

07 행정심판에 대한 설명으로 옳은 것은?

① 중앙행정심판위원회는 심판청구를 심리·재결할 때에 처분 또는 부작위의 근거가 되는 명령 등이 상위 법령에 위반되면 관계 행정기관에 그 명령 등의 개정·폐지 등 적절한 시정조치를 요청할 수 있고, 그 사실을 법무부장관에게 통보하여야 한다.

② 처분청은 행정심판위원회의 의결에 대해 재의를 요구할 수 있다.

③ 대통령의 처분 또는 부작위에 대하여는 다른 법률에서 행정심판을 청구할 수 있도록 정한 경우 외에는 행정심판을 청구할 수 없다.

④ 관계 행정기관의 장이 특별행정심판 또는 「행정심판법」에 따른 행정심판절차에 대한 특례를 신설하거나 변경하는 법령을 제정·개정할 때에는 미리 중앙행정심판위원회의 동의를 구하여야 한다.

08 행정심판에 대한 설명으로 옳은 것은?

① 「행정심판법」은 구술심리를 원칙으로 하며, 당사자의 신청이 있는 때에는 서면심리로 할 것을 규정하고 있다.

② 행정심판의 심리는 서면심리를 원칙으로 한다.

③ 「행정심판법」은 원칙적으로 공개심리주의를 채택하고 있다.

④ 행정심판위원회의 심리는 당사자가 주장한 사실에 한정되지 않으며, 필요한 때에는 당사자가 주장하지 아니한 사실에 대하여도 심리할 수 있다.

09 행정심판에 대한 설명으로 옳은 것은?

① 행정심판의 심리는 원칙적으로 행정심판위원회가 주도하며, 당사자의 처분권주의는 예외적으로 인정된다.

② 위원회는 직권에 의하여 심판청구의 대상이 되는 처분 또는 부작위 외의 사항에 대하여도 재결할 수 있다.

③ 행정심판에 있어서 행정처분의 위법·부당 여부는 원칙적으로 처분 시를 기준으로 판단하여야 할 것이나, 재결 당시까지 제출된 모든 자료를 종합하여 처분 당시 존재하였던 객관적 사실을 확정하고 그 사실에 기초하여 처분의 위법·부당 여부를 판단할 수 있다.

④ 행정심판의 청구는 서면으로 하여야 하나, 구술에 의한 청구도 허용된다.

10 행정심판에 대한 설명으로 옳지 않은 것은?

① 법인이 아닌 사단 또는 재단으로서 대표자나 관리인이 정하여져 있는 경우에는 그 대표자나 관리인의 이름으로 심판청구를 할 수 있다.

② 행정심판의 경우 여러 명의 청구인이 공동으로 심판청구를 할 때에는 청구인들 중에서 3명 이하의 선정대표자를 선정할 수 있다.

③ 행정심판절차에서 청구인들이 당사자가 아닌 자를 선정대표자로 선정하였더라도 그 선정행위는 그 효력이 없다.

④ 행정청의 권한이 위임 또는 위탁된 경우에는 위임 또는 위탁을 받은 자가 피청구인이 된다.

11 행정심판의 피청구인에 대한 설명으로 옳은 것은?

① 피청구인을 경정하는 결정이 있으면 그 경정결정 시에 새로운 피청구인에 대한 행정심판이 청구된 것으로 본다.

② 행정처분을 한 후에 당해 처분에 대한 권한이 다른 행정청에 승계된 경우에도 원래의 처분청이 피청구인이 된다.

③ 청구인이 피청구인을 잘못 지정한 경우에는 위원회는 직권으로 또는 당사자의 신청에 의하여 결정으로써 피청구인을 경정(更正)할 수 있다.

④ 피청구인 결정이 있으면 종전의 피청구인에 대한 심판청구는 취하되고 종전의 피청구인에 대한 행정심판은 경정결정이 된 때 행정심판이 청구된 것으로 본다.

12 행정심판에 대한 설명으로 옳은 것은?

① 행정심판위원회는 당사자의 권리 및 권한의 범위에서 직권으로 심판청구의 신속하고 공정한 해결을 위하여 조정을 할 수 있지만, 그 조정이 공공복리에 적합하지 아니하거나 해당 처분의 성질에 반하는 경우에는 그러하지 아니하다.

② 조정은 당사자가 합의한 사항을 조정서에 기재한 후 당사자가 서명 또는 날인함으로써 완성된다.

③ 위원회는 피청구인이 인용재결에 따른 처분을 하지 아니하면 청구인의 신청에 의하여 결정으로 상당한 기간을 정하고 피청구인이 그 기간 내에 이행하지 아니하는 경우에는 그 지연기간에 따라 일정한 배상을 하도록 명할 수 있으나, 즉시 배상을 할 것을 명할 수 없다.

④ 거부처분을 무효확인한 경우에 피청구인은 청구인의 신청에 의하여 결정으로 상당한 기간을 정하고 피청구인이 그 기간 내에 이행하지 아니하는 경우에는 위원회는 간접 강제할 수 있다.

13 항고소송에 대한 설명으로 옳지 않은 것은?

① 「국가유공자 등 예우 및 지원에 관한 법률」은 국가유공자 등록신청을 거부한 경우 신청 대상자가 이의신청을 제기할 수 있도록 규정하고 있는데, 행정청이 그 이의신청을 받아들이지 아니하는 내용의 결정을 한 경우 그 결정은 원결정과 별개로 항고소송의 대상이 되지 않는다.

② 「감염병의 예방 및 관리에 관한 법률」상 예방접종 피해보상 거부처분에 대하여 법령의 규정 없이 제기한 이의신청은 행정심판으로 볼 수 없으므로, 그 거부처분에 대한 신청인의 이의신청에 대해 기각결정이 내려진 경우에는 그 기각결정은 새로운 거부처분이 아니므로 처분성이 인정되지 않는다.

③ 법원은 당사자소송을 취소소송으로 변경하는 것이 상당하다고 인정할 때에는 청구의 기초에 변경이 없는 한 사실심의 변론종결 시까지 원고의 신청에 의하여 결정으로써 소의 변경을 허가할 수 있는데, 이때 제소기간은 애초에 당사자소송을 제기한 시점을 기준으로 계산한다.

④ 보충역편입처분에 따라 공익근무요원으로 소집되어 근무 중 보충역편입처분을 취소당한 후 공익근무요원 복무중단처분 및 현역병입영대상편입처분이 순차로 내려지자, 원고가 보충역편입처분취소처분의 취소를 구하는 소를 제기하였다가 공익근무요원복무중단처분의 취소 및 현역병입영대상편입처분의 취소를 청구취지로 추가한 경우, 추가된 부분의 제소기간은 청구취지의 추가신청이 있은 때를 기준으로 계산한다.

14 항고소송에 대한 설명으로 옳은 것은?

① 취소소송은 개인의 권익구제를 직접 목적으로 하는 객관적 소송이다.

② 「행정소송법」상 기관소송과 민중소송이 무명항고소송의 대표적 예이다.

③ 무효인 행정행위에 대하여는 무효선언을 구하는 의미에서의 취소소송이 판례상 인정되고 있으며, 이 경우 취소소송의 적법요건을 갖출 필요는 없다.

④ 무효인 처분에 대하여 취소소송이 제기된 경우 소송제기요건이 구비되었다면 법원은 당해 소를 각하하여서는 아니 되며, 무효를 선언하는 의미의 취소판결을 하여야 한다.

15 다음 설명 중 항고소송에 대한 설명으로 옳은 것은 몇 개인가?

㉠ 국회의원에 대한 징계처분은 사법심사의 대상이 아니다.
㉡ 지방의회의원에 대한 징계의결은 사법심사의 대상이 아니다.
㉢ 당연퇴직의 통보는 취소소송의 대상이 되는 행정처분이다.
㉣ 제소기간 경과 후 허가기간이 부당하게 짧다는 이유로 부관의 변경을 신청하였으나 乙이 이를 거절한 경우, 乙의 거부행위는 특별한 사정이 없는 한 취소소송의 대상이 되는 처분이 아니다.
㉤ 소방서장의 건축부동의는 취소소송의 대상이 되는 처분이 아니다.
㉥ 甲은 건축불허가처분에 관한 쟁송에서 「건축법」상의 건축불허가사유뿐만 아니라 소방서장의 건축부동의 사유에 관하여도 다툴 수 있다.

① 2개　　　　② 3개
③ 4개　　　　④ 5개

16 다음 설명 중 항고소송에 대한 설명으로 옳은 것은 몇 개인가?

㉠ 판례는 신청권 유무와 관계없이 신청에 대한 행정청의 일방적 거부를 항고소송의 대상인 처분으로 본다.
㉡ 판례는 법령의 개정에 따라 퇴직연금 중 일부 금액의 지급정지가 통보되었을 때, 이를 항고소송의 대상이 되는 처분이라고 보았다.
㉢ 지방의회 의장에 대한 불신임의결은 의장으로서의 권한을 박탈하는 행정처분의 일종으로서 항고소송의 대상이 된다.
㉣ 어업권면허에 선행하는 우선순위결정은 강학상의 확약에 불과하고 행정처분은 아니다.
㉤ 청소년유해매체물 결정 및 고시처분은 행정처분의 종류 중 하나인 일반처분에 해당한다.
㉥ 개별공시지가결정은 행정청의 중간행위에 불과하여 항고소송의 대상이 되는 처분이 아니다.
㉦ 상수원 수질보전을 위하여 필요한 지역의 토지소유자가 한 매수신청에 대한 유역환경청장의 매수거절결정은 행정처분이다.

① 3개　　　　② 4개
③ 5개　　　　④ 6개

19회

2022 해커스공무원 함남기 행정법 모의고사 Season 1

17 다음 설명 중 항고소송에 대한 설명으로 옳은 것은?

① 대법원은, 항정신병 치료제의 요양급여에 관한 보건복지부 고시가 구체적 집행행위의 개입 없이 그 자체로서 직접 국민에 대하여 구체적 효과를 발생하여 특정한 권리·의무를 형성하게 하는 경우라 하더라도 항고소송의 대상이 될 수 없다고 한다.

② 중앙선거관리위원회가 甲정당이 법정시도당수 요건을 구비하지 못하게 되었다는 이유로 「정당법」 제44조 제1항 제1호에 따라 정당등록을 취소한 경우 법정요건의 불비로 위 규정에 의하여 곧바로 등록취소의 효력이 생기는 것이고 중앙선거관리위원회의 등록취소는 사실행위에 불과하여 처분성이 인정되지 아니하므로, 그 취소를 구하는 甲정당의 행정소송 제기는 부적법하다.

③ 乙이 과세처분의 취소를 구하는 행정소송을 제기하였다가 그 청구를 기각한 판결이 확정되어 법원의 소송절차에 의하여서는 더 이상 이를 다툴 수 없게 된 경우 당해 과세처분만의 취소를 구하는 乙의 헌법소원심판청구는 법원의 확정판결의 기판력으로 인하여 부적법하다.

④ 수형자 丙이 교도관의 면회제한조치에 대하여 국가인권위원회에 시정을 구하는 진정을 제기하였다가 기각결정을 받은 경우 그 기각결정의 행정처분성을 인정하기 어렵다.

18 다음 설명 중 항고소송에 대한 설명으로 옳지 않은 것은?

① 군의관은 행정청은 아니나 신체등위판정 자체만으로는 권리·의무가 정하여지는 것이고 병역처분에 의하여 비로소 병역의무의 종류가 정하여지므로 군의관이 하는 신체등위판정은 행정처분이다.

② 「도시 및 주거환경정비법」에 의한 주택재개발정비사업조합은 조합원에 대한 법률관계에서 적어도 특수한 존립목적을 부여받은 특수한 행정주체로서 국가의 감독하에 그 존립목적인 특정한 공공사무를 행하고 있다고 볼 수 있는 범위 내에서는 공법상의 권리·의무관계에 서 있는 것이므로 분양신청 후에 정하여진 관리처분계획은 행정처분이다.

③ 한국자산관리공사의 공매통지는 공매의 요건이 아니라 공매사실 자체를 체납자에게 알려주는 데 불과한 것으로서, 통지받은 상대방의 법적 지위나 권리·의무에 직접 영향을 주는 것이 아니라고 할 것이므로 행정처분이 아니다.

④ 금융감독원장으로부터 문책경고를 받은 금융기관의 임원이 일정기간 금융업종 임원선임의 자격제한을 받도록 관계 법령에 규정되어 있는 경우, 그 문책경고는 그 상대방의 권리·의무에 직접 영향을 미치는 행위이므로 행정처분에 해당한다.

19 행정심판의 재결에 대한 항고소송에 관한 설명으로 옳지 않은 것은? (다툼이 있는 경우 판례에 의함)

① 의약품제조품목허가처분에 대하여 원처분의 상대방이 아닌 제3자가 행정심판을 청구하여 재결청이 원처분을 취소하는 형성재결을 한 경우에 그 원처분의 상대방은 그 재결에 대하여 항고소송을 제기할 수밖에 없는데, 이 경우 위 재결은 원처분과 내용을 달리하는 것이어서 재결의 취소를 구하는 것은 원처분에 없는 재결 고유의 위법을 주장하는 것이 된다.

② 행정심판청구가 부적법하지 않음에도 각하한 재결은 재결 자체에 고유한 하자가 있는 경우에 해당하므로 그 재결은 취소소송의 대상이 된다.

③ 공무원인 원고에 대한 감봉 1월의 징계처분을 관할 소청심사위원회가 견책으로 변경하는 소청결정을 내린 경우, 원고가 위 소청결정 중 견책에 처한 조치는 재량권의 일탈·남용이 있어 위법하다는 사유를 들어 다툰다면 이는 위 소청결정 자체에 고유한 위법이 있는 경우에 해당한다.

④ 행정처분에 대한 행정심판의 재결에 이유모순의 위법이 있다는 사유는 원처분의 취소를 구하는 소송에서 그 취소를 구할 위법사유로서 주장할 수 없다.

20 재결과 항고소송에 대한 설명으로 옳지 않은 것은? (다툼이 있는 경우 판례에 의함)

① 행정청이 식품위생법령에 기하여 영업자에 대하여 행정제재처분을 한 후 변경명령재결에 따라 그 처분을 영업자에게 유리하게 변경하는 처분을 한 경우, 그 취소소송의 대상은 변경된 내용의 당초 처분이다.

② 소청심사위원회가 해임처분을 정직 2월로 변경한 경우 처분의 상대방은 소청심사위원회를 피고로 하여 정직 2월의 재결에 대한 취소소송을 제기할 수 있다.

③ 감사원의 변상판정처분에 대하여 재결에 해당하는 재심의판정을 거친 경우, 재심의판정처분이 항고소송의 대상이 된다.

④ 행정청이 골프장 사업계획승인을 얻은 자의 사업시설 착공계획서를 수리한 것에 불복하여 인근 주민들이 그 수리처분의 취소를 구하는 행정심판을 청구한 것에 대하여, 재결청이 처분성의 결여를 이유로 위 취소심판청구를 부적법 각하하여야 함에도 불구하고 이를 각하하지 않고 심판청구를 인용하여 취소재결을 하였다면 재결 자체에 고유한 하자가 있는 것이다.

제한시간 : 14분 | 시작시각 ___시 ___분 ~ 종료시각 ___시 ___분   나의 점수 _____

01 사립학교 교사 甲은 학교법인으로부터 파면당하였다. 甲은 이에 불복하여 교원의 지위 향상 및 교육활동 보호를 위한 특별법에 따라 교원소청심사위원회에 소청심사를 청구하였다. 이에 관한 설명으로 옳지 않은 것은? (다툼이 있는 경우 판례에 의함)

① 甲은 학교법인을 상대로 불복하려면 파면처분에 대해서 항고소송을 제기할 수는 없고 민사소송으로 다투어야 한다.

② 교원소청심사위원회가 기각결정을 한 경우, 그 기각결정은 행정심판의 재결이다.

③ 교원소청심사위원회가 인용결정을 한 경우, 학교법인은 물론 학교장도 항고소송을 제기할 수 있다.

④ 교원소청심사위원회가 기각결정을 하면 그 기각결정에 대해 항고소송을 제기할 수 있다.

02 원고적격에 대한 설명으로 옳은 것은?

① 원처분의 상대방이 아닌 제3자가 행정심판을 청구하여 재결청이 원처분을 취소하는 형성재결을 한 경우에 그 원처분의 상대방은 그 재결에 대하여 항고소송을 제기할 수밖에 없다.

② 취소소송은 처분 등의 취소를 구할 법적으로 정당한 이익이 있는 자가 제기할 수 있다.

③ 수익적 행정처분을 신청한 자는 그 거부에 대하여 거부처분취소소송을 제기할 원고적격이 당연히 인정된다.

④ 판례에 의하면 수익적 행정처분을 신청한 자는 비록 신청권이 없는 경우에도 그 거부에 대하여는 거부처분취소소송으로 제기할 원고적격이 당연히 인정된다.

03 원고적격에 대한 설명으로 옳지 않은 것을 조합한 것은?

ⓐ 재량행위에 의해서는 법률상 보호이익이 침해될 수 없다.

ⓑ 법인의 주주는 당해 법인에 대한 행정처분에 관하여 사실상이나 간접적인 이해관계를 가질 뿐이어서 스스로 그 처분의 취소를 구할 원고적격이 없는 것이 원칙이라고 할 것이지만, 그 처분으로 인하여 궁극적으로 주식이 소각되거나 주주의 법인에 대한 권리가 소멸하는 등 주주의 지위에 중대한 영향을 초래하게 되는데도 그 처분의 성질상 당해 법인이 이를 다툴 것을 기대할 수 없고 달리 주주의 지위를 보전할 구제방법이 없는 경우에는 주주도 그 처분의 취소를 구할 원고적격이 있다.

ⓒ 인허가 등의 수익적 행정처분을 신청한 수인이 서로 경쟁관계에 있어서 일방에 대한 허가 등의 처분이 타방에 대한 불허가 등으로 귀결될 수밖에 없는 때 허가 등의 처분을 받지 못한 자는 자신에 대한 불허가처분 등의 취소를 구하면 되는 것이지, 경원자에 대하여 이루어진 허가 등 처분의 상대방이 아니므로 당해 처분의 취소를 구할 원고적격이 없다.

ⓓ 광업권설정허가처분과 그에 따른 광산 개발로 인하여 재산상·환경상 이익의 침해를 받거나 받을 우려가 있는 토지나 건축물의 소유자와 점유자 또는 이해관계인 및 주민들은 그 처분 전과 비교하여 수인한도를 넘는 재산상·환경상 이익의 침해를 받거나 받을 우려가 있다는 것을 증명함으로써 그 처분의 취소를 구할 원고적격을 인정받을 수 있다.

① ㉠, ㉡   ② ㉠, ㉢

③ ㉡, ㉣   ④ ㉢, ㉣

04 원고적격에 대한 설명으로 옳지 않은 것은?

① 영업양도가 무효이면 지위승계신고 수리가 있었더라도 그 수리는 무효이므로 양도인은 민사쟁송으로 양도·양수행위의 무효를 구함이 없이 막바로 허가관청을 상대로 신고수리처분의 무효확인을 구할 법률상 이익이 있다.

② 만일 A시장이 2013.11.27. 乙에 대한 허가취소처분을 하였다면, 甲은 지위승계신고 수리 이전이라도 사실상 양수인으로서 이를 소송상 다툴 법률상 이익이 있다.

③ 공유수면매립목적 변경승인처분으로 자신의 직원들이 쾌적한 환경에서 생활할 수 있는 환경상 이익을 침해받았음을 이유로 B 자신의 이름으로 그 변경승인처분에 대하여 항고소송을 제기할 수 있다.

④ 방사성물질 등에 의하여 직접적이고 중대한 피해를 입으리라고 예상되는 지역 내의 주민들에게는 방사성물질 등에 의한 생명·신체의 안전침해를 이유로 한 부지사전승인처분 취소소송의 원고적격이 인정된다.

05 항고소송의 원고적격과 소의 이익에 대한 설명으로 옳지 않은 것을 조합한 것은?

┌─────────────────────────────────────┐
│ ㉠ 공유수면매립면허처분과 관련하여 법령상 요구되는 │
│ 환경영향평가를 실시하지 않은 경우 환경영향평가지 │
│ 역 밖에 거주하는 주민들에 대해서도 환경상 이익에 │
│ 대한 침해 또는 침해우려가 있는 것으로 사실상 추정 │
│ 된다. │
│ ㉡ 공유수면 점용·사용허가로 인하여 인접한 토지를 적 │
│ 정하게 이용할 수 없게 되는 등의 피해를 받을 우려가 │
│ 있는 인접 토지소유자 등은 공유수면 점용·사용허가 │
│ 처분의 취소소송 또는 무효등확인소송의 원고적격이 │
│ 인정된다. │
│ ㉢ 신청이 거부된 경우 甲은 권리·의무에 아무런 침해를 │
│ 입은 것이 아니기 때문에 취소소송으로 이를 다툴 수 │
│ 없다. │
│ ㉣ 기존에 허가받은 유흥주점업자는 통상적으로 甲이 받 │
│ 은 영업허가에 대하여 취소소송을 제기할 법률상 이 │
│ 익이 없다. │
└─────────────────────────────────────┘

① ㉠, ㉡   ② ㉠, ㉢

③ ㉡, ㉣   ④ ㉢, ㉣

06 항고소송의 원고적격과 소의 이익에 대한 설명으로 옳지 않은 것은?

① 취소소송의 계속 중에 협의의 소의 이익이 없게 된 때에는 당해 소송은 기각된다.

② 판례에 의하면 건축허가에 기하여 이미 건축공사를 완료하였다면 그 건축허가처분의 취소를 구할 이익이 없다고 한다.

③ 취소된 행정처분을 대상으로 한 취소소송은 소의 이익이 없어 부적법하다.

④ 건축사 업무정지처분에 대하여 그를 기초로 법률에서 가중하여 제재처분을 규정하고 있는 경우 정지기간이 지난 후에도 그 정지처분의 취소를 구할 소의 이익이 있다.

07 항고소송에 대한 설명으로 옳은 것은?

① 현역입영대상자가 현역병입영통지처분을 받고 현실적으로 입영을 하였다고 하더라도, 입영 이후의 법률관계에 영향을 미치고 있는 현역병입영통지처분의 취소를 구할 소의 이익이 있다.

② 항고소송인 행정처분에 관한 무효확인소송에 있어서 무효확인소송의 보충성이 요구된다.

③ 취소소송의 피고는 언제나 당해 처분을 행한 행정처분청만이 될 수 있다.

④ 대법원장이 행한 처분에 대한 행정소송의 피고는 대법관이다.

08 항고소송의 피고에 대한 설명으로 옳지 않은 것은?

① 당사자소송의 원고가 피고를 잘못 지정하여 피고경정 신청을 한 경우 법원은 결정으로써 피고의 경정을 허가할 수 있다.

② 지방의회의원에 대한 징계의결 취소소송과 지방의회 의장선임의결의 무효확인을 구하는 소송의 피고는 모두 지방의회 의장이다.

③ 개별법령에 합의제 행정청의 장을 피고로 한다는 명문 규정이 없는 한 합의제 행정청 명의로 한 행정처분의 취소소송의 피고적격자는 합의제 행정청의 장이 아닌 당해 합의제 행정청이다.

④ 수용재결에 불복하여 취소소송을 제기하는 때에는 이의신청을 거친 경우에도 수용재결을 한 중앙토지수용위원회 또는 지방토지수용위원회를 피고로 하여 수용재결의 취소를 구하여야 하고, 다만 이의신청에 대한 재결 자체에 고유한 위법이 있음을 이유로 하는 경우에만 그 이의재결을 한 중앙토지수용위원회를 피고로 하여 이의재결의 취소를 구할 수 있다.

09 항고소송의 피고에 대한 설명으로 옳은 것은?

① 행정처분을 행할 적법한 권한 있는 상급행정청으로부터 내부위임을 받은 데 불과한 하급행정청이 권한 없이 자기의 명의로 행정처분을 한 경우 그 취소소송에서는 실제로 그 처분을 행한 하급행정청이 아니라 그 처분을 행할 적법한 권한 있는 상급행정청을 피고로 하여야 한다.

② 원고가 피고를 잘못 지정한 경우 피고경정은 취소소송과 당사자소송 모두에서 사실심 변론종결에 이르기까지 허용된다.

③ 「행정소송법」은 소의 변경에 따르는 피고의 경정을 인정하지 않고 있다.

④ 피고의 경정이 있으면 종전의 피고에 대한 소는 취하된 것으로 보고, 새로운 피고에 대한 소송은 경정이 있은 때에 제기된 것으로 본다.

10 행정소송에 대한 설명으로 옳은 것은?

① 관련청구소송의 이송은 당사자가 신청하는 경우에만 가능하다.

② 관련청구소송의 이송 및 병합은 항고소송과 민사소송의 관할 법원이 다르다는 전제에서 공통되거나 관련되는 쟁점에 관한 심리의 효율을 위하여 인정되는 것으로 관련청구소송의 이송 및 병합에 관한 「행정소송법」 제10조의 규정은 항고소송 이외에 당사자소송에는 준용되지 않는다.

③ 취소소송과 그와 관련되는 손해배상·부당이득반환·원상회복 등 청구소송이 각각 다른 법원에 계속되고 있는 경우에 관련청구소송이 계속된 법원이 상당하다고 인정하는 때에는 당사자의 신청 또는 직권에 의하여 이를 손해배상·부당이득반환·원상회복 등 청구소송이 계속된 법원으로 이송할 수 있다.

④ 취소소송에는 사실심의 변론종결 시까지 관련청구소송을 병합하거나 피고 외의 자를 상대로 한 관련청구소송을 취소소송이 계속된 법원에 병합하여 제기할 수 있다.

11 행정소송에 대한 설명으로 옳지 않은 것은?

① 관련청구소송이 취소소송과 병합되기 위해서는 그 청구의 내용 또는 발생원인이 취소소송의 대상인 처분등과 법률상 또는 사실상 공통되거나, 그 처분의 효력이나 존부가 선결문제로 되는 등의 관계에 있어야 하는 것이 원칙이다.

② 관련청구소송의 병합은 본래의 취소소송이 적법할 것을 요건으로 하는 것이어서 본래의 취소소송이 부적법하여 각하되면 그에 병합된 관련청구도 소송요건을 흠결한 부적법한 것으로 각하되어야 한다.

③ 판례에 의하면 행정처분에 대한 무효확인과 취소청구는 서로 양립할 수 없는 청구로서 주위적·예비적 청구로서만 병합이 가능하다.

④ 행정처분의 취소를 구하는 소송에서 처분의 취소를 선결문제로 하는 부당이득반환청구가 병합된 경우, 부당이득반환청구가 인용되기 위해서는 처분이 취소되면 충분하지 않고 처분의 취소가 확정되어야 한다.

12 취소소송의 제소기간에 대한 내용으로 옳지 않은 것은? (다툼이 있는 경우 판례에 의함)

① 「행정소송법」 제20조(제소기간) 제2항 소정의 '정당한 사유'란 「민사소송법」 제173조(소송행위의 추후보완)의 '당사자가 책임질 수 없는 사유'나 「행정심판법」 제27조(심판청구의 기간) 제2항의 '불가항력적인 사유'보다는 넓은 개념이다.

② 아르바이트 직원이 개발부담금 납부고지서를 수령하였다고 하여 그때에 납부의무자가 처분이 있음을 알았다고 추정할 수는 있다.

③ 「행정소송법」상 취소소송에서 청구취지를 변경하여 구소가 취소되고 새로운 소가 제기된 것으로 변경된 경우, 새로운 소에 대한 제소기간의 준수 등은 원칙적으로 구소가 제기된 때를 기준으로 하여야 한다.

④ 행정청이 법정심판청구기간보다 긴 기간으로 잘못 알린 경우에 그 잘못 알린 기간 내에 심판청구가 있으면 그 심판청구는 법정심판청구기간 내에 제기된 것으로 본다는 취지의 「행정심판법」 제18조 제5항의 규정은 행정소송의 제기에는 적용되지 않는다.

13 A구청장은 법령 위반을 이유로 甲에 대하여 3월의 영업정지처분을 하였고, 甲은 2020.12.20.에 처분서를 송달받았다. 이에 대하여 甲이 행정심판을 청구하자, 행정심판위원회는 2021.2.11.에 "A구청장은 甲에 대하여 한 3월의 영업정지처분을 과징금 부과처분으로 변경하라."라는 일부기각(일부인용)의 재결을 하였고, 그 재결서 정본은 2021.2.13.에 甲에게 도달하였다. A구청장은 이 재결 취지에 따라 2021.2.18.에 甲에 대하여 과징금 부과처분을 하였다. 甲은 A구청장을 상대로 과징금 부과처분의 취소를 구하는 취소소송을 제기하려고 한다. 이 사례에서 甲이 취소소송을 제기할 때, 그 취소소송의 대상과 제소기간을 올바르게 연결한 것은? (다툼이 있는 경우 판례에 의함)

① 2020.12.20.의 영업정지처분 … 2021.2.18.부터 90일

② 2021.2.18.의 과징금 부과처분 … 2021.2.13.부터 90일

③ 2020.12.20.의 과징금 부과처분 … 2021.2.13.부터 90일

④ 2020.12.20.의 과징금 부과처분 … 2021.2.18.부터 90일

14 행정심판 전치요건에 관한 설명으로 옳지 않은 것은? (다툼이 있는 경우 판례에 의함)

① 행정처분의 상대방에게 행정심판전치주의가 적용되는 경우라도, 제3자가 제기하는 행정소송의 경우 제3자는 행정처분의 존재를 알지 못하고 행정심판에 대한 고지도 받지 못하게 되므로 행정심판전치주의가 적용되지 않는다.

② 필요적 행정심판전치주의가 적용되는 경우 그 요건을 구비하였는지 여부는 법원의 직권조사사항이다.

③ 행정심판전치주의가 적용되는 경우에 행정심판을 거치지 않고 소제기를 하였다면 사실심 변론종결 전까지 행정심판을 거친 경우에 하자는 치유된 것으로 볼 수 있다.

④ 원고가 전심절차에서 주장하지 아니한 처분의 위법사유를 소송절차에서 새로이 주장한 경우 다시 그 처분에 대하여 별도의 전심절차를 거쳐야 하는 것은 아니다.

15 다른 법률에 당해 처분에 대한 행정심판의 재결을 거치지 아니하면 취소소송을 제기할 수 없다는 규정이 있음에도 불구하고 행정소송법상 행정심판의 재결 없이 취소소송을 제기할 수 있는 사유에 해당하는 것을 모두 고른 것은?

> ㉠ 처분의 집행 또는 절차의 속행으로 인하여 생길 중대한 손해를 예방하여야 할 긴급한 필요가 있는 때
> ㉡ 처분을 행한 행정청이 행정심판을 거칠 필요가 없다고 잘못 알린 때
> ㉢ 행정청이 사실심의 변론종결 후 소송의 대상인 처분을 변경하여 당해 변경된 처분에 관하여 소를 제기하는 때
> ㉣ 동종사건에 관하여 이미 행정심판의 기각재결이 있는 때
> ㉤ 행정심판청구가 있은 날로부터 30일이 지나도 재결이 없는 때

① ㉠, ㉢, ㉤　　　　② ㉡, ㉣

③ ㉠　　　　　　　④ ㉡, ㉤

16 집행부정지원칙과 정지결정에 대한 설명으로 옳은 것은?

① 취소소송이 제기되더라도 당해 계쟁처분의 효력이나 집행 또는 절차 속행은 정지되지 않는 것이 원칙이다.

② 취소소송에 있어 집행정지신청은 민사소송상 가처분과 마찬가지로 본안소송과 별도로 독립하여 신청할 수 있다.

③ 법원은 다툼이 있는 법률관계에 관하여 당사자의 중대한 불이익을 피하거나 급박한 위험을 막기 위하여 임시의 지위를 정하여야 할 필요가 있는 경우에는 당사자의 신청에 따라 결정으로써 가처분할 수 있다.

④ 행정소송은 민사소송과는 달리 본안소송이 법원에 계속되어 있음을 요하므로 행정소송의 제기와 동시에 집행정지를 신청할 수 없다.

17 집행정지결정에 대한 설명으로 옳지 않은 것은?

① 집행정지요건으로 '긴급한 필요'란 회복하기 어려운 손해발생 가능성이 절박하여 본안판단을 기다릴 만한 시간적 여유가 없음을 말한다.

② 집행정지요건으로 '회복하기 어려운 손해'란 행정처분을 받은 당사자가 사회통념상 참고 견디기가 매우 어려운 유형·무형의 손해를 말한다.

③ 처분의 집행정지나 절차의 속행정지를 통하여 그 목적을 달성할 수 있는 경우 처분의 효력정지는 허용된다.

④ 무효등확인소송에 있어서도 집행정지결정이 허용된다.

18 집행정지결정에 대한 설명으로 옳은 것은?

① 행정처분의 무효란 행정처분이 처음부터 아무런 효력도 발생하지 아니한다는 의미이므로 무효등확인소송에서는 집행정지가 인정되지 아니한다.

② 집행정지의 소극적 요건으로서 '공공복리에 중대한 영향을 미칠 우려'에 대한 주장·소명책임은 행정청에게 있다.

③ 국토교통부 등에서 발표한 '4대강 살리기 마스터플랜'에 따른 '한강 살리기 사업' 구간 인근에 거주하는 주민들이 각 공구별 사업실시계획승인처분에 대한 효력정지를 신청한 사안에서, 대법원은 토지소유권 수용 등으로 인한 손해를 효력정지요건인 '회복하기 어려운 손해'에 해당한다고 판시하였다.

④ 행정처분의 집행정지를 구하는 신청사건에서는 「행정소송법」 제23조에서 정한 요건의 존부만이 판단의 대상이 되므로 집행정지사건 자체에 의하여도 신청인의 본안청구가 적법한 것이어야 한다는 것을 집행정지의 요건에 포함시켜서는 아니 된다.

19 집행정지결정에 대한 설명으로 옳지 않은 것은?

① 집행정지결정 또는 기각결정에 대하여는 즉시항고를 할 수 있고, 집행정지결정에 대한 즉시항고에는 결정의 집행을 정지하는 효력이 있다.

② 행정처분의 집행정지를 구하는 사건 자체에 의하여도 신청인의 본안청구가 이유 없음이 명백할 때에는 행정처분의 집행정지를 명할 수 없다.

③ 행정처분의 효력정지를 구하는 신청사건에 있어서는 행정처분 자체의 적법 여부는 궁극적으로 본안판결에서 심리를 거쳐 판단할 성질의 것이므로 원칙적으로는 판단할 것이 아니고, 그 행정처분의 효력을 정지할 것인가에 대한 「행정소송법」상 집행정지에 관한 규정에서 정한 요건의 존부만이 판단의 대상이 되나, 본안소송에서의 처분의 취소가능성이 없음에도 불구하고 처분의 효력정지를 인정한다는 것은 제도의 취지에 반하므로, 효력정지사건 자체에 의하여도 신청인의 본안청구가 이유 없음이 명백할 때에는 행정처분의 효력정지를 명할 수 없다.

④ 효력정지신청을 기각한 결정에 대해 행정처분의 적법 여부를 불복사유로 삼을 수 없다.

20 항고소송에 대한 설명으로 옳은 것은?

① 소송요건의 충족 여부는 소제기 시를 기준으로 판단한다.

② 행정소송으로 제기할 사항을 민사소송으로 제기한 경우 수소법원은 원칙적으로 각하하여야 한다.

③ 법원은 행정사건을 심리함에 있어 법률문제에 대한 심리만을 할 수 있고, 사실문제에 대해서는 심리할 수 없다.

④ 법원이 필요하다고 인정할 때에는 직권으로 증거를 조사할 수 있다.

제한시간 : 14분 | 시작시각 ___시 ___분 ~ 종료시각 ___시 ___분

나의 점수 _____

01 취소소송에서의 처분사유의 추가·변경에 대한 설명으로 옳지 않은 것은? (다툼이 있는 경우 판례에 의함)

① 처분사유의 추가·변경은 쟁송제기 후의 문제이나, 처분이유의 사후제시는 하자치유의 문제이므로 쟁송제기 전에 허용된다.

② 추가 또는 변경된 사유가 당초의 처분 시 그 사유를 명기하지 않았을 뿐 처분 시에 이미 존재하고 있었고 당사자도 그 사실을 알고 있었다 하더라도 당초의 처분사유와 동일성이 인정된다고 할 수 없다.

③ 처분청이 처분 당시 적시한 구체적 사실을 변경하지 아니하는 범위 내에서 단지 처분의 근거법령만을 추가·변경하는 경우에도, 법원은 처분청이 처분 당시 적시한 구체적 사실에 대하여 처분 후에 추가·변경한 법령을 적용하여 처분의 적법 여부를 판단할 수는 있다.

④ 처분사유를 추가·변경한다는 관할 행정청의 주장이 법원에서 받아들여진 경우, 처분이 변경된 것이므로 원고는 처분변경으로 인한 소의 변경을 신청하여야 한다.

02 판례에 의할 때, 취소소송에서 기본적 사실관계의 동일성이 인정되어 처분사유의 추가·변경이 허용되는 것은?

① 행정청의 당초 처분사유인 '기존 공동사업장과의 거리제한규정에 저촉된다는 사유'와 피고 주장의 '최소 주차용지에 미달한다는 사유'

② 주택신축을 위한 산림형질변경허가신청에 대한 행정청의 거부처분에 있어서 당초 거부처분의 근거로 삼은 '준농림지역에서의 행위제한이라는 사유'와 나중에 거부처분의 근거로 추가한 '자연경관 및 생태계의 교란, 국토 및 자연의 유지와 환경보전 등 중대한 공익상의 필요라는 사유'

③ 토석채취허가신청을 반려의 당초의 사유인 '인근 주민의 동의서 미제출의 이유'와 '자연경관이 훼손된다는 이유'

④ 「교과용도서에 관한 규정」 제33조 제2항에 따라 교육부장관의 검정도서에 대한 가격조정명령의 당초 사유인 '예상 발행부수보다 실제 발행부수가 1,000부 이상 많은 경우'와 추가사유인 '제조원가 중 도서의 개발 및 제조 과정에서 실제 발생하지 아니한 제조원가가 차지하는 비율이 1,000분의 15 이상인 경우'

03 항고소송에 대한 설명으로 옳은 것은?

① 행정소송에서 법원은 당사자가 주장하지 않는 사실에 대해서는 심리할 수 없다.

② 행정사건의 심리절차는 행정소송의 특수성을 감안하여 「행정소송법」이 정하고 있는 특칙이 적용될 수 있는 점을 제외하면 심리절차 면에서 민사소송절차와 큰 차이가 없으므로, 특별한 사정이 없는 한 민사사건을 행정소송절차로 진행한 것 자체가 위법하다고 볼 수 없다.

③ 취소소송에서는 직접적으로 공공의 이익과 관련하여 객관적으로 적법하고 공정한 결과가 요구되기 때문에 민사소송상의 원칙인 변론주의가 배제되고 직권탐지주의가 채용되고 있다.

④ 행정소송의 경우 직권심리주의에 따라 변론주의가 완화되므로 행정의 적법성 보장과 국민의 권리보호를 위하여 당사자가 주장하지 않은 법률효과에 관한 요건사실이나 공격방어방법이라도 이를 시사하고 그 제출을 권유하는 것이 민사소송과 달리 허용된다.

04 주장책임·증명책임에 대한 설명으로 옳지 않은 것은?

① 항고소송의 경우 피고가 당해 처분의 적법성에 관하여 합리적으로 수긍할 수 있는 일응의 입증을 하였다면 이와 상반되는 주장과 입증의 책임은 원고에게 돌아간다.

② 취소소송에서 당사자의 명백한 주장이 없는 경우에도 법원은 기록에 나타난 여러 사정을 기초로 직권으로 사정판결을 할 수 있다.

③ 정보공개거부처분 취소소송에서 비공개사유의 주장·입증책임은 피고인 공공기관에 있다.

④ 행정소송의 입증책임은 피고 행정청에 있으므로 피고는 당해 행정처분에 중대하거나 명백한 하자가 없어 무효가 아니라는 입증을 하여야 한다.

05 주장책임·증명책임에 대한 설명으로 옳지 않은 것은?

① 국가유공자 인정과 관련하여, 공무수행으로 상이(傷痍)를 입었다는 점이나 그로 인한 신체장애의 정도가 법령에 정한 등급 이상에 해당한다는 점에 관한 증명책임은 국가유공자 등록신청인에게 있지만, 그 상이가 '불가피한 사유 없이 본인의 과실이나 본인의 과실이 경합된 사유로 입은 것'이라는 사정에 관한 증명책임은 피고인 처분청에게 있다.

② 자유재량에 의한 행정처분은 처분청이 그 재량권의 행사가 정당한 것이었다는 점을 주장·입증해야 한다.

③ 구체적인 소송과정에서 경험칙에 비추어 과세요건사실이 추정되는 사실이 밝혀진 경우에는, 납세의무자가 문제로 된 사실이 경험칙을 적용하기에 적절하지 아니하다거나 사건에서 경험칙의 적용을 배제하여야 할 만한 특별한 사정이 있다는 점 등을 증명하여야 한다.

④ 성희롱을 사유로 한 징계처분의 당부를 다투는 행정소송에서 징계사유에 대한 증명책임은 그 처분의 적법성을 주장하는 피고에게 있다.

06 판결의 효력에 대한 설명으로 옳지 않은 것은?

① 취소판결이 확정되면 소급적으로 효력을 상실하여 취소판결의 형성력이 제3자에게도 영향을 미친다.

② 처분행정청은 기속력의 적극적 효력에 의하여 판결의 취지에 따른 처분을 하여야 하는 재처분의무를 진다.

③ 법원이 처분에 대해 집행정지결정을 하면 행정청은 다시 이전의 신청에 대한 처분을 하여야 한다.

④ 행정청의 동일내용의 처분금지의무는 통상적으로 취소소송의 인용판결이 확정된 경우에만 인정되며, 기각판결의 경우에는 인정되지 않는다.

07 판결의 효력에 대한 설명으로 옳은 것은?

① 취소판결이 확정되면 당사자인 행정청과 그 밖의 관계 행정청은 확정판결에 저촉되는 처분을 할 수 없다. 그러나 기본적 사실관계의 동일성이 없는 다른 처분사유를 들어 동일한 내용의 처분을 하는 것은 기속력에 반하지 않는다.

② 거부처분에 대하여 취소판결이 확정된 경우, 행정청의 재처분은 신청내용을 그대로 인정하는 처분이 되어야 한다. 따라서 행정청은 판결의 취지를 존중하여 반드시 신청한 내용대로 처분을 하여야 한다.

③ 처분의 취소판결이 확정된 후에는 처분청은 별도의 처분이유가 있는 경우라 하더라도 동일인에 대하여 동일 내용의 처분을 할 수 없다.

④ 새로운 처분의 처분사유가 종전 처분의 처분사유와 기본적 사실관계에서 동일하지 않은 다른 사유에 해당하더라도, 처분사유가 종전 처분 당시 이미 존재하고 있었고 당사자가 이를 알고 있었다면 이를 내세워 새로이 처분을 하는 것은 확정판결의 기속력에 저촉된다.

08 판결의 효력에 대한 설명으로 옳은 것은?

① 취소확정판결의 '기판력'은 취소 청구가 인용된 판결에서 인정되는 것으로서 당사자인 행정청과 그 밖의 관계 행정청에게 확정판결의 취지에 따라 행동하여야 할 의무를 지우는 작용을 한다.

② 「행정소송법」 제8조 제2항에 의하여 행정소송에 준용되는 「민사소송법」 제216조, 제218조가 규정하고 있는 '기속력'이란 전소 판결의 소송물과 동일한 후소를 허용하지 않음과 동시에, 후소의 소송물이 전소의 소송물과 동일하지는 않더라도 전소의 소송물에 관한 판단이 후소의 선결문제가 되거나 모순관계에 있을 때에는 후소에서 전소 판결의 판단과 다른 주장을 하는 것을 허용하지 않는 작용을 한다.

③ 원거부처분 이후에 법령 개정이 있는 경우 개정법령을 근거로 처분을 할 수 있다. 다만, 개정된 법령에 경과규정을 두어 구법을 적용하도록 한 경우, 개정법을 근거로 신청을 거부하는 처분은 기속력에 반한다.

④ 판결의 효력으로서 실질적 확정력이 발생하기 위하여는 반드시 형식적 확정력이 발생하여야 하는 것은 아니다.

09 사정판결에 대한 설명으로 옳지 않은 것은?

① 무효등확인소송에도 사정판결의 적용이 가능하다.

② 반드시 주문에 위법임을 명시해야 한다.

③ 판례는 법원이 직권으로 사정판결을 할 수 있다고 한다.

④ 사정판결의 비용은 피고가 부담해야 한다.

10 행정소송법의 간접강제에 대한 설명으로 옳은 것은?

① 법원은 재처분기간을 정하지 않고 즉시 손해배상을 할 것을 명할 수 없다.

② 간접강제는 금전적 배상제도의 일종이다.

③ 간접강제결정은 처분청이 '판결의 취지'에 따라 재처분을 하지 않는 경우에 할 수 있는 것으로, 원심판결의 이유가 위법하지만 결론이 정당하다는 이유로 상고기각판결이 선고되어 원심판결이 확정된 경우라면, 이때 '판결의 취지'는 원심판결의 이유와 원심판결의 결론을 의미한다.

④ 거부처분에 대하여 무효확인판결이 내려진 경우 행정청에 판결의 취지에 따른 재처분의무가 인정될 뿐만 아니라 그에 대하여 간접강제도 허용된다.

11 간접강제에 대한 설명으로 옳은 것은?

① 간접강제결정에서 정한 의무이행기한이 경과하였다면 그 이후 확정판결의 취지에 따른 재처분의 이행이 있더라도 처분상대방은 간접강제결정에 기한 배상금을 추심할 수 있다.

② 간접강제결정은 피고 또는 참가인이었던 행정청에 효력을 미치며, 그 행정청이 소속하는 국가 또는 공공단체에 효력을 미치는 것은 아니다.

③ 부작위위법확인소송에서도 간접강제는 인정될 수 있다.

④ 간접강제결정에 기한 배상금은 확정판결에 따른 재처분의 지연에 대한 제재 또는 손해배상이다.

12 무효확인소송에 대한 설명으로 옳지 않은 것은?

① 행정처분에 대한 무효확인과 취소청구는 서로 양립할 수 없는 청구로서 주위적·예비적 청구로서만 병합이 가능하다.

② 공무원이 파면처분을 당한 경우, 그 처분에 취소원인 인 흠이 있는 때에는 파면처분취소소송을 제기하여야 하고 직접 당사자소송으로 공무원지위확인소송을 제기할 수 없다.

③ 항고소송인 행정처분에 관한 무효확인소송을 제기하려면 「행정소송법」에 규정된 '무효확인을 구할 법률상 이익'이 있어야 하는바, 행정처분의 근거법률에 의하여 보호되는 직접적이고 구체적인 이익이 있는 경우에는 「행정소송법」상 '무효확인을 구할 법률상 이익'이 있다고 보아야 하고, 이와 별도로 무효확인소송의 보충성이 요구되는 것은 아니므로 행정처분의 무효를 전제로 한 이행소송 등과 같은 직접적인 구제수단이 있는지 여부를 따질 필요가 없다.

④ 행정처분 무효확인소송에서 원고의 청구가 이유 있다고 인정하는 경우에도 처분의 무효를 확인하는 것이 현저히 공공복리에 적합하지 아니하다고 인정하는 때에는 법원은 원고의 청구를 기각할 수 있다.

13 부작위위법확인소송에 대한 설명으로 옳은 것은?

① 재량하자의 하나인 재량권의 불행사가 행정청의 부작위를 의미하는 것은 아니다.

② 부작위위법확인소송은 행정청의 부작위 또는 무응답, 거부처분 등 소극적 위법상태를 제거하기 위한 제도이다.

③ 판례에 의하면 행정청이 거부처분을 하였을 경우에도 부작위가 성립할 수 있다.

④ 부작위위법확인소송은 객관적 소송의 일종이다.

14 부작위위법확인소송에 대한 설명으로 옳지 않은 것은?

① 행정심판을 거친 경우에는 부작위위법확인소송의 경우에도 제소기간의 제한이 있다.

② 부작위위법확인소송은 처분의 신청을 한 자로서 부작위의 위법의 확인을 구할 법률상 이익이 있는 자만이 제기할 수 있다.

③ 판례의 태도에 비추어 볼 때, 부작위위법확인소송에서 인용판결(확인판결)이 확정되면 행정청은 이전의 신청에 대한 처분을 하여야 하고 거부처분을 할 수는 없다.

④ 부작위위법확인소송은 제3자 보호를 위하여 제3자의 소송참가와 재심청구가 인정된다.

15 당사자소송에 대한 설명으로 옳은 것은 모두 몇 개인가?

> ㉠ 납세의무자에 대한 국가의 부가가치세 환급세액 지급의무에 대응하는 국가에 대한 납세의무자의 부가가치세 환급세액 지급청구는 민사소송이 아니라 당사자소송에 의하여야 한다.
> ㉡ 국세부과처분이 당연무효임을 전제로 하여 이미 납부한 세액의 반환을 구하는 부당이득반환청구소송을 제기한 경우, 법원은 부과처분의 하자가 단순한 취소사유에 그칠 때에도 부당이득반환청구를 인용하는 판결을 할 수 있다.
> ㉢ 당사자소송은 처분 등 이외의 공법상 법률관계를 소송의 대상으로 하므로 이행소송의 형태는 인정되지 않는다.
> ㉣ 당사자소송은 국가·공공단체 그 밖의 권리주체를 피고로 한다.

① 없음 　　　　　② 1개

③ 2개 　　　　　④ 3개

16 당사자소송에 대한 설명으로 옳지 않은 것은?

① 법령 또는 처분 등의 무효를 전제로 한 공법상 법률관계의 확인소송도 당사자소송에 속한다.

② 당사자소송에 관련청구소송인 민사소송을 병합할 수 있지만, 민사소송에는 당사자소송을 병합할 수 없다.

③ 「민주화운동관련자 명예회복 및 보상 등에 관한 법률」에 따라 보상금 등의 지급신청을 한 자가 '민주화운동관련자 명예회복 및 보상 심의위원회'의 보상금 등 지급에 관한 결정을 다투고자 하는 경우에는 곧바로 보상금 등의 지급을 구하는 소송을 당사자소송의 형식으로 제기할 수 있다.

④ 원고가 고의 또는 중대한 과실 없이 당사자소송으로 제기하여야 할 것을 항고소송으로 잘못 제기한 경우에, 당사자소송으로서의 소송요건을 결하고 있음이 명백하여 당사자소송으로 제기되었더라도 어차피 부적법하게 되는 경우가 아닌 이상, 법원으로서는 원고로 하여금 당사자소송으로 소 변경을 하도록 하여 심리·판단하여야 한다.

17 당사자소송에 대한 설명으로 옳지 않은 것은?

① 국가에 대한 납세의무자의 부가가치세 환급세액 지급청구는 민사소송이 아니라 당사자소송의 절차에 따라야 한다.

② 「행정소송법」상 취소소송에 관한 행정심판기록의 제출명령규정은 당사자소송에 준용된다.

③ 공무원연금법령상 퇴직수당 등의 급여를 받으려고 하는 자는 우선 공무원연금관리공단에 급여지급을 신청하여 공단의 급여지급결정을 받아야 하고, 공단의 급여지급결정 없이 바로 당사자소송으로 급여의 지급을 구하는 것은 허용되지 아니한다.

④ 지방전문직공무원 채용계약 해지의 의사표시는 지방자치단체장의 처분에 해당하므로 지방자치단체를 상대로 당사자소송으로 해지 의사표시의 무효확인을 청구할 수 없다.

18 당사자소송에 대한 설명으로 옳지 않은 것은?

① 당사자소송에서 원고가 피고를 잘못 지정한 것으로 보이는 경우, 피고경정은 원고의 신청에 의하여야 하므로 법원으로서는 원고의 피고경정신청이 없는 경우 소를 각하하면 족하고 석명권을 행사하여 원고로 하여금 정당한 피고로 경정하게 할 필요는 없다.

② 국가의 부가가치세 환급세액 지급의무는 정의와 공평의 관념에서 수익자와 손실자 사이의 재산상태 조정을 위해 인정되는 부당이득반환의무가 아니라 조세정책적 관점에서 인정되는 공법상 의무이므로 국가에 대한 납세의무자의 부가가치세 환급세액 지급청구는 당사자소송에 의한다.

③ 「도시 및 주거환경정비법」상 주택재건축정비사업조합을 상대로 관리처분계획안에 대한 조합총회결의의 효력 등을 다투는 소송은 「행정소송법」상의 당사자소송에 해당한다.

④ 납세의무부존재확인의 소는 공법상의 법률관계 그 자체를 다투는 소송으로서 당사자소송이라 할 것이므로 과세관청이 아니라 그 법률관계의 한쪽 당사자인 국가·공공단체 그 밖의 권리주체가 피고적격을 가진다.

19 당사자소송에 대한 설명으로 옳지 않은 것은?

① 지방자치단체가 보조금지급결정을 하면서 일정 기한 내에 보조금을 반환하도록 하는 교부조건을 부가한 경우, 보조사업자의 지방자치단체에 대한 보조금반환의무는 보조사업자가 지방자치단체에 부담하는 공법상 의무이므로, 보조사업자에 대한 지방자치단체의 보조금반환청구소송은 당사자소송에 해당한다.

② 공무원연금법상 급여를 받으려고 하는 자는 관계 법령에 따라 공무원연금공단에 급여지급을 신청하지 않고도 곧바로 공무원연금공단을 상대로 한 당사자소송으로 권리의 확인이나 급여의 지급을 소구할 수 있다.

③ 관계 법령상 구 하천법 시행으로 하천구역으로 편입되어 국유로 되었으나 그에 대한 보상규정이 없었거나 보상청구권이 시효로 소멸되어 보상을 받지 못한 토지들에 대하여 시·도지사가 그 손실을 보상하도록 규정하고 있고 위 관계 법령에 의한 손실보상청구권이 그 법령상 요건이 충족되면 당연히 발생되는 경우, 위 관계 법령에 의한 손실보상금의 지급을 구하는 소송은 당사자소송에 해당한다.

④ 원고가 고의 또는 중대한 과실 없이 당사자소송으로 제기하여야 할 것을 항고소송으로 잘못 제기한 경우에, 당사자소송으로서의 소송요건을 결하고 있음이 명백하여 당사자소송으로 제기되었더라도 어차피 부적법하게 되는 경우가 아닌 이상, 법원으로서는 원고가 당사자소송으로 소 변경을 하도록 하여 심리·판단하여야 한다.

20 항고소송에 대한 설명으로 옳은 것은?

① 민중소송은 법률이 정한 경우 법률이 정한 자만 제기할 수 있다.

② 민중소송으로써 처분 등의 취소를 구하는 소송에는 그 성질에 반하지 아니하는 한 민사소송에 관한 규정 가운데 당사자소송을 준용한다.

③ 국회의원선거에 있어 선거의 효력에 이의가 있는 후보자는 고등법원에 선거소송을 제기할 수 있다.

④ 민중소송은 국가 또는 공공단체의 기관의 부당행위를 시정하는 것을 목적으로 하는 소송이므로 법률의 규정과 무관하게 광범위하게 인정된다.

2022 해커스공무원 황남기 행정법 모의고사 Season 1

중간 테스트

제한시간 : 14분 | 시작시각 ___시 ___분 ~ 종료시각 ___시 ___분   나의 점수 _____

01 행정기본법에 대한 설명으로 옳지 않은 것은?

① 법령에는 법률 및 대통령령·총리령·부령과 국회규칙·대법원규칙·헌법재판소규칙·중앙선거관리위원회규칙은 포함하나 감사원규칙은 포함되지 않는다.

② 법령의 위임을 받아 중앙행정기관의 장이 정한 훈령·예규 및 고시 등 행정규칙도 법령에 포함시키고 있어 법령보충적 행정규칙을 포함하고 있다.

③ 자치법규인 지방자치단체의 조례 및 규칙도 행정법의 법원에 포함하고 있다.

④ 단순 행정규칙은 법령에 포함하고 있지 않다.

02 행정기본법에 대한 설명으로 옳은 것은?

① '당사자'는 처분의 상대방과 행정청이 직권 또는 신청에 의하여 행정절차에 참여하게 한 이해관계인을 포함하고 있다.

② '제재처분'이란 법령등에 따른 의무를 위반하거나 이행하지 아니하였음을 이유로 당사자에게 의무를 부과하거나 권익을 제한하는 처분을 말하며, 행정상 강제를 포함한다.

③ 행정에 관하여 다른 법률에 특별한 규정이 있는 경우에도 불구하고 이 법에서 정하는 바에 따른다.

④ 국가와 지방자치단체는 소속 공무원이 공공의 이익을 위하여 적극적으로 직무를 수행할 수 있도록 제반 여건을 조성하고, 이와 관련된 시책 및 조치를 추진하여야 한다.

03 행정기본법의 행정에 관한 기간의 계산에 대한 설명으로 옳은 것은?

① 행정에 관한 기간의 계산에 관하여는 「민법」에 특별한 규정이 있는 경우를 제외하고는 「행정기본법」을 적용한다.

② 법령등 또는 처분에서 국민의 권익을 제한하거나 의무를 부과하는 경우 권익이 제한되거나 의무가 지속되는 기간의 계산에는 기간을 일, 주, 월 또는 연으로 정한 경우에는 기간의 첫날을 산입한다.

③ 법령등 또는 처분에서 국민의 권익을 제한하거나 의무를 부과하는 경우 권익이 제한되거나 의무가 지속되는 기간의 계산에는 기간의 말일이 토요일 또는 공휴일인 경우에는 기간은 그 다음 날로 만료한다.

④ 법령등 또는 처분에서 국민의 권익을 부여하거나 의무를 면제하는 경우 권익이 제한되거나 의무가 지속되는 기간의 계산에는 기간을 일, 주, 월 또는 연으로 정한 경우에는 기간의 첫날을 산입한다.

04 행정기본법에 규정된 일반원칙에 대한 설명으로 옳은 것은?

① 행정작용은 법률에 근거하여야 하며, 국민의 권리를 제한하거나 의무를 부과하는 경우와 그 밖에 국민생활에 중요한 영향을 미치는 경우에는 법률에 위반되어서는 아니 된다.

② 「행정기본법」은 법률유보의 범위에 대해 전부유보설을 취하고 있다.

③ 평등의 원칙과 자기구속의 법리를 규정하고 있다.

④ 행정작용은 행정목적을 달성하는 데 유효하고 적절하여야 하고, 행정목적을 달성하는 데 필요한 최소한도에 그쳐야 하며, 행정작용으로 인한 국민의 이익 침해가 그 행정작용이 의도하는 공익보다 크지 아니하여야 한다.

05 행정기본법의 법령 적용의 기준에 대한 설명으로 옳은 것은?

① 새로운 법령등은 법령등에 특별한 규정이 있는 경우를 제외하고는 그 법령등의 효력 발생 전에 완성되거나 종결된 사실관계 또는 법률관계에 대해서 적용한다.

② 당사자의 신청에 따른 처분은 법령등에 특별한 규정이 있거나 처분 당시의 법령등을 적용하기 곤란한 특별한 사정이 있는 경우를 제외하고는 신청 당시의 법령등에 따른다.

③ 법령등을 위반한 행위의 성립과 이에 대한 제재처분은 법령등에 특별한 규정이 있는 경우를 제외하고는 처분 당시의 법령등에 따른다.

④ 법령등을 위반한 행위 후 법령등의 변경에 의하여 그 행위가 법령등을 위반한 행위에 해당하지 아니하거나 제재처분 기준이 가벼워진 경우로서 해당 법령등에 특별한 규정이 없는 경우에는 변경된 법령등을 적용한다.

06 법원 간의 관계에 대한 설명으로 옳지 않은 것은?

① 대법원 확정판결의 효력은 성문법보다 우선한다.

② 학교급식을 위해 국내 우수농산물을 사용하는 자에게 식재료나 구입비의 일부를 지원하는 것 등을 내용으로 하는 지방자치단체의 조례안은 '1994년 관세 및 무역에 관한 일반협정'에 위반되어 그 효력이 없다.

③ 행정법의 일반원칙은 다른 법원(法源)과의 관계에서 보충적 역할에 그치지 않으며 헌법적 효력을 갖기도 한다.

④ 「특허법」과 「우편법」에서는 조약이 국내법보다 우선적으로 적용된다고 명문으로 규정하고 있지 않다.

07 법률유보원칙에 대한 설명으로 옳은 것은?

① 각 국가유공자단체의 대의원의 선출에 관한 사항은 각 단체의 구성과 운영에 관한 것으로서, 국민의 권리와 의무의 형성에 관한 사항이나 국가의 통치조직과 작용에 관한 기본적이고 본질적인 사항이라고 볼 수 없으므로 법률유보 내지 의회유보의 원칙이 지켜져야 할 영역이라고 볼 수 없다.

② 헌법재판소는 국회의 의결을 거쳐 확정되는 예산도 일종의 법규범이므로 법률과 마찬가지로 국가기관뿐만 아니라 국민도 구속한다고 본다.

③ 법규에 명문의 근거가 없음에도 환경보전이라는 중대한 공익상의 이유로 산림훼손허가를 거부하는 것은 법률유보의 원칙에 비추어 허용되지 않는다.

④ 법령의 규정보다 더 침익적인 조례는 법률유보원칙에 위반되어 위법하며 무효이다.

08 신뢰보호의 원칙에 대한 설명으로 옳은 것은?

① 건축설계를 위임받은 건축사가 건축한계선의 제한이 있다는 사실을 간과한 채 건축설계를 하고 이를 토대로 건축물의 신축허가를 받은 경우, 신축허가에 대한 건축주의 신뢰는 보호되어야 한다.

② 법률에 따른 개인의 행위가 국가에 의하여 일정 방향으로 유인된 신뢰의 행사가 아니라 단지 법률이 부여한 기회를 활용한 것이라 하더라도, 신뢰보호의 이익이 인정된다.

③ 수익적 행정처분의 하자가 당사자의 사실은폐에 의한 신청행위에 기인한 것이라면 당사자는 그 처분에 관한 신뢰이익을 원용할 수 없다.

④ 공적 견해표명을 신뢰한 자가 사실은폐 등 적극적 부정행위를 하지 않는 한 귀책사유가 인정되지 않는다.

09 공법관계와 사법관계에 대한 설명으로 옳은 것은?

① 「귀속재산처리법」에 의한 귀속재산의 매각행위는 공법관계에 해당한다.

② 국유 일반재산의 대부료 등의 징수에 관하여 민사소송의 방법으로 대부료 등의 지급을 구하여야 한다.

③ 국가나 지방자치단체에 근무하는 청원경찰의 징계처분에 대한 소송은 「행정소송법」상 행정소송에 해당하지 않는다.

④ 사립학교 교원의 징계는 사립학교의 공적 성격을 고려할 때 행정처분에 해당한다.

10 개인적 공권에 대한 설명으로 옳지 않은 것은?

① 근로자가 퇴직급여를 청구할 수 있는 권리와 같은 이른바 사회적 기본권은 헌법 규정에 의하여 바로 도출되는 개인적 공권이라 할 수 없다.

② 공무원연금수급권은 헌법 규정만으로는 이를 실현할 수 없고 그 수급요건, 수급권자의 범위 및 급여금액은 법률에 의하여 비로소 확정된다.

③ 서울특별시의 '철거민에 대한 시영아파트 특별분양 개선지침'에 의한 무허가 건물소유자의 시영아파트 특별분양신청권은 개인적 공권에 해당한다.

④ 구 수산업법 제40조 소정의 관행어업권은 개인적 공권에 해당한다.

11 개인적 공권에 대한 설명으로 옳은 것은?

① 사회권적 기본권의 성격을 가지는 연금수급권은 헌법에 근거한 개인적 공권이므로 헌법 규정만으로도 실현할 수 있다.

② 소극적 방어권인 헌법상의 자유권적 기본권은 법률의 규정이 없다고 하더라도 직접 공권이 성립될 수도 있다.

③ 개인적 공권은 명확한 법규의 존재를 전제로 하는 것이므로 성문법에 근거하지 않으면 성립할 수 없다.

④ 개인적 공권은 공법상 계약을 통해서는 성립할 수 없다.

12 개인적 공권에 대한 설명으로 옳은 것은?

① 개인적 공권은 강행적인 행정법규에 의하여 행정청을 기속함으로써 비로소 성립하는 것일 뿐 개인의 사익보호성은 성립요건이 아니라는 것이 일반적인 견해이다.

② 개인적 공권이 성립하려면 공법상 강행법규가 국가 기타 행정주체에게 행위의무를 부과해야 한다. 과거에는 그 의무가 기속행위의 경우에만 인정되었으나, 오늘날에는 재량행위에도 인정된다고 보는 것이 일반적이다.

③ 오늘날 공권의 성립요건 가운데 '의사력(법상의 힘)의 존재'를 요구하는 것이 새로운 경향이다.

④ 판례에 따르면 불가쟁력이 발생한 행정행위에 대해 그것의 변경을 구할 국민의 신청권은 특별한 사정이 없는 한 인정되고 있다.

13 법규의 사익보호성에 대한 설명으로 옳지 않은 것은?

① 한의사면허는 경찰금지를 해제하는 명령적 행위에 해당하고 한약조제시험을 통하여 약사에게 한약조제권을 인정함으로써 한의사들의 영업상 이익이 감소되었다고 하더라도 이는 사실상 이익에 불과하기 때문에 한약조제권을 인정받은 약사들에 대한 합격처분의 무효확인을 구하는 한의사의 소는 부적법하다.

② 중계유선방송사업 허가를 받은 중계유선방송사업자의 사업상 이익은 반사적 이익에 해당한다.

③ 장의자동차운송사업구역 면허에 따른 영업이 보호되는 사업구역의 이익은 반사적 이익에 해당한다.

④ 경원자소송(競願者訴訟)에서는 법적 자격의 흠결로 신청이 인용될 가능성이 없는 경우를 제외하고는 경원관계의 존재만으로 거부된 처분의 취소를 구할 법률상 이익이 있다.

14 법규의 사익보호성에 대한 설명으로 옳은 것은?

① 인허가 등 수익적 처분을 신청한 여러 사람이 상호경쟁관계에 있다면, 그 처분이 타방에 대한 불허가 등으로 될 수밖에 없는 때에도 수익적 처분을 받지 못한 사람은 처분의 직접 상대방이 아니므로 원칙적으로 당해 수익적 처분의 취소를 구할 수 없다.

② 대법원은 경업자(競業者)에게는 개인적 공권을 인정하면서도, 경원자(競願者)에게는 이를 부인하였다.

③ 인허가 등 수익적 행정처분을 신청한 여러 사람이 서로 경원관계에 있어서 한 사람에 대한 허가 등 처분이 다른 사람에 대한 불허가 등으로 귀결될 수밖에 없을 때 허가 등 처분을 받지 못한 사람은 신청에 대한 거부처분의 직접 상대방으로서 원칙적으로 자신에 대한 거부처분의 취소를 구할 원고적격이 있고 특별한 사정이 없는 한 자신에 대한 거부처분의 취소를 구할 소의 이익이 있다.

④ 자동차 LPG충전소 설치허가에 대한 인근 주민의 이익은 반사적 이익에 해당한다.

15 법규의 사익보호성에 대한 설명으로 옳은 것은?

① 상수원보호구역 설정의 근거가 되는 규정은 상수원의 확보와 수질보전일 뿐이고, 그 상수원에서 급수를 받고 있는 지역주민들이 가지는 이익은 상수원의 확보와 수질보호라는 공공의 이익이 달성됨에 따라 반사적으로 얻게 되는 이익에 불과하다.

② 주거지역 내에서 법령상의 제한면적을 초과하는 연탄공장의 건축허가처분으로 불이익을 받고 있는 인근 주민은 당해 처분의 취소를 소구할 법률상 자격이 없다.

③ 환경영향평가에 관한 자연공원법령 및 환경영향평가법령들의 취지는 환경공익을 보호하려는 데 있으므로 환경영향평가 대상지역 안의 주민들이 수인한도를 넘는 환경침해를 받지 아니하고 쾌적한 환경에서 생활할 수 있는 개별적 이익까지 보호하는 데 있다고 볼 수는 없다.

④ 환경영향평가 대상지역 밖에 거주하는 주민은 관계 법령의 내용과는 상관없이 헌법상의 환경권에 근거하여 제3자에 대한 공유수면매립면허처분을 취소할 것을 청구할 수 있는 공권을 가진다.

16 무하자재량행사청구권에 대한 설명으로 옳지 않은 것은?

① 다수의 검사 임용신청자 중 일부만을 검사로 임용하는 결정을 함에 있어, 임용신청자들에게 전형의 결과인 임용 여부의 응답을 할 것인지는 임용권자의 편의재량 사항이다.

② 일반적인 개인적 공권의 성립요건인 사익보호성은 무하자재량행사청구권에도 적용된다.

③ 검사의 임용에 있어서 임용권자는 적어도 재량권의 일탈이나 남용이 없는 위법하지 않은 응답을 할 의무가 있고, 이에 대응하여 임용신청자는 적법한 응답을 요구할 수 있는 응답신청권을 가지며, 나아가 이를 바탕으로 재량권 남용의 임용거부처분에 대하여 항고소송으로 그 취소를 구할 수 있다.

④ 무하자재량행사청구권은 수익적 행정행위뿐만 아니라 부담적 행정행위에도 적용될 수 있다.

17 행정개입청구권에 대한 설명으로 옳은 것은?

① 규제권한 발동에 관해 행정청의 재량을 인정하는 「건축법」의 규정은 소정의 사유가 있는 경우 행정청에 건축물의 철거 등을 명할 수 있는 권한을 부여한 것일 뿐 행정청에 그러한 의무가 있음을 규정한 것은 아니다.

② 개인적 공권으로서의 경찰권은 주민에 의한 자치경찰제의 도입까지 의미하는 것으로 이해된다.

③ 행정개입청구권은 특정한 내용의 처분을 하여 줄 것을 청구하는 권리가 아니고, 재량권을 흠 없이 행사하여 처분을 하여 줄 것을 청구하는 권리인 점에서 형식적 권리라고 할 수 있다.

④ 재량권이 영으로 수축하는 경우 행정개입청구권은 무하자재량행사청구권으로 전환된다.

18 공권과 공의무의 특성에 대한 설명으로 옳은 것은?

① 행정청이 특정 개발사업의 시행자를 지정하는 처분을 하면서 상대방에게 지정처분의 취소에 대한 소권을 포기하도록 하는 내용의 부관을 붙이는 것은 단지 부제소특약만을 덧붙이는 것이어서 허용된다.

② 의사의 진료행위거부금지의무는 의사면허의 법률효과로 지는 의무이다.

③ 영업양도에 따른 지위승계신고를 수리하는 허가관청의 행위는 영업허가자의 변경이라는 법률효과를 발생시키는 행위로서 항고소송의 대상이 될 수 있다.

④ 공매 등의 절차로 영업시설의 전부를 인수함으로써 영업자의 지위를 승계한 자가 관계 행정청에 이를 신고하여 관계 행정청이 그 신고를 수리하는 처분에 대해 종전 영업자는 제3자로서 그 처분의 취소를 구할 법률상 이익이 인정되지 않는다.

19 특별행정법관계에 대한 설명으로 옳은 것은?

① 특별권력관계이론은 19세기 후반 프랑스에서 성립된 특유한 이론으로 독일에서는 특별권력관계이론이 존재하지 않는다.

② Bachof는 특별권력관계 내에서 취해진 행위 중 기본관계에서의 행위는 사법심사의 대상이 되지만, 경영수행관계에서의 행위는 사법심사의 대상이 되지 않는다고 하였다.

③ 특별권력관계를 기본관계와 경영수행관계로 분류할 경우 경영수행관계는 공법관계로서 법치행정원리가 적용된다.

④ 기본관계가 성립하기 위해서는 상대방의 동의를 필요로 하는 경우도 있으나 필요로 하지 않는 경우도 있다.

20 특별행정법관계에 대한 설명으로 옳은 것은?

① 소위 특별권력관계론에 의한 법적 근거 없는 기본권 제한은 더 이상 허용될 수 없다고 보는 것이 다수의 견해이다.

② 오늘날에도 특별권력관계에 대하여는 법률의 유보 및 사법심사가 완전히 배제된다고 하는 것이 학설과 판례의 입장이다.

③ 감염병환자의 강제수용은 특별권력관계에 해당하지 않는다.

④ 판례에 의하면 서울특별시 지하철공사의 임원과 직원의 근무관계의 성질은 공법상 특별권력관계에 해당한다.

01 소멸시효의 기간에 대한 설명으로 옳은 것은?

① 「국세징수법」상 세무공무원이 체납자의 재산을 압류하기 위해 수색을 하였으나 압류할 목적물이 없어 압류를 실행하지 못한 경우에도 시효중단의 효력은 발생한다고 할 수 없다.

② 국가배상청구에 있어서 채권자가 동일한 목적을 달성하기 위하여 복수의 채권을 갖고 있는 경우 어느 하나의 청구권을 행사하는 것이 다른 채권에 대한 소멸시효 중단의 효력이 있다.

③ 지방자치단체의 납입의 고지는 시효중단의 효력이 있다.

④ 조세에 관한 소멸시효가 완성된 후에 부과된 조세부과처분은 위법한 처분이지만 당연무효라고 볼 수는 없다.

02 부당이득에 대한 설명으로 옳지 않은 것은?

① 제3자가 「국세징수법」에 따라 체납자의 명의로 체납액을 완납한 경우 국가가 체납액을 납부받은 것에 법률상 원인이 없다고 할 수 없어 국가에 대하여 부당이득반환을 청구할 수 없다.

② 공법상 부당이득에 관한 일반법은 없으므로 특별한 규정이 없는 경우, 「민법」상 부당이득반환의 법리가 준용된다.

③ 국유재산의 무단점유자에 대한 변상금 부과·징수권과 민사상 부당이득반환청구권은 양자가 경합하여 병존할 수는 있다.

④ 「보조금 관리에 관한 법률」에 따라 중앙관서의 장이 보조사업자에게 보조금반환을 명하였음에도 보조사업자가 이를 반환하지 아니하는 경우, 중앙관서의 장은 강제징수의 방법과 민사소송의 방법을 합리적 재량에 의하여 선택적으로 활용할 수 있다.

03 사인의 공법행위에 대한 설명으로 옳지 않은 것은?

① 수리를 요하는 신고의 경우 그 신고에 대한 거부행위는 행정소송의 대상이 되는 처분에 해당한다.

② 신고에 관한 현행 「행정절차법」의 내용에 따르면 수리를 요하는 신고란 사인이 행정청에 대하여 일정한 사항을 통지하고 행정청이 이를 수리함으로써 법적 효과가 발생하는 신고를 말하며, 실정법상 등록으로 표현되는 경우가 있다.

③ 신고에 관한 현행 「행정절차법」의 내용에 따르면 행정청은 수리를 요하는 신고의 경우, 그 수리를 거부할 수 있다.

④ 신고에 관한 현행 「행정절차법」의 내용에 따르면 행정청은 형식적인 흠이 있는 신고의 경우 지체 없이 상당한 기간을 정하여 보완을 요구하여야 하며, 신고인이 상당한 기간 내에 보완을 하지 아니하였을 때에는 그 이유를 구체적으로 밝혀 신고서를 되돌려 보내야 한다.

04 사인의 공법행위에 대한 설명으로 옳은 것은?

① 수리란 신고를 유효한 것으로 판단하고 법령에 의하여 처리할 의사로 이를 수령하는 적극적 행위이므로 수리행위에는 신고필증의 교부와 같은 행정청의 행위가 수반되어야 한다.

② 「체육시설의 설치·이용에 관한 법률」상 신고 체육시설업의 신고를 받은 행정청은 그 신고를 받은 날부터 7일 이내에 그 수리 여부를 신고인에게 통지하여야 한다.

③ 수리를 요하는 신고의 경우 행정청은 형식적 심사를 하는 것으로 족하다.

④ 신고의 수리는 타인의 행위를 유효한 행위로 받아들이는 행정행위를 말하며, 이는 강학상 법률행위적 행정행위에 해당한다.

05 신고에 대한 설명으로 옳지 않은 것은?

① 가설건축물 존치기간을 연장하려는 건축주 등이 법령에 규정되어 있는 제반 서류와 요건을 갖추어 행정청에 연장신고를 한 경우, 행정청으로서는 법령에서 요구하고 있지도 아니한 '대지사용승낙서' 등의 서류가 제출되지 아니하였거나, 대지소유권자의 사용승낙이 없다는 사유를 들어 가설건축물 존치기간 연장신고의 수리를 거부할 수 있다.

② 허가대상 건축물의 양수인이 건축법령에 규정되어 있는 형식적 요건을 갖추어 행정청에 적법하게 건축주 명의변경신고를 한 경우, 행정청은 실체적인 이유를 들어 신고의 수리를 거부할 수 없다.

③ 건축물의 소유권을 둘러싸고 소송이 계속 중이어서 판결로 소유권의 귀속이 확정될 때까지 건축주명의변경신고의 수리를 거부함은 상당하다.

④ 신고대상인 건축물의 건축행위를 하고자 할 경우에는 관계 법령에 정해진 적법한 요건을 갖춘 신고만을 하면 그와 같은 건축행위를 할 수 있고, 행정청의 수리처분 등 별도의 조처를 기다릴 필요가 없다.

06 사업양도·양수 신고수리에 대한 설명으로 옳은 것은?

① 「행정절차법」상 사전통지의 상대방인 당사자는 행정청의 처분에 대하여 직접 그 상대가 되는 자를 의미하므로, 「식품위생법」상의 영업자지위승계신고를 수리하는 행정청은 영업자지위를 이전한 종전의 영업자에 대하여 사전통지를 하고 의견제출의 기회를 주고 처분을 하여야 한다.

② 구 관광진흥법에 의한 지위승계신고를 수리하는 허가관청의 행위는 사실적인 행위에 불과하여 항고소송의 대상이 되지 않는다.

③ 사업양도·양수에 따른 지위승계신고가 수리된 경우 사업의 양도·양수가 무효라도 허가관청을 상대로 신고수리처분의 무효확인을 구할 수는 없다.

④ 「식품위생법」에 의해 영업양도에 따른 지위승계신고를 수리하는 행정청의 행위는 단순히 양수인이 그 영업을 승계하였다는 사실의 신고를 접수한 행위에 그친다.

07 행정입법에 대한 설명으로 옳은 것은?

① 헌법에서 인정한 법규명령의 형식을 예시적으로 이해하는 견해에 의하면 감사원규칙은 법규명령이 아니라고 본다.

② 헌법재판소는 국회입법에 의한 수권이 입법기관이 아닌 행정기관에게 법률 등으로 구체적인 범위를 정하여 위임한 사항에 관하여는 당해 행정기관에게 법정립의 권한이 부여된다고 보고 있다.

③ 헌법 제40조와 제75조·제95조의 의미를 살펴보면, 국회입법에 의한 수권이 입법기관이 아닌 행정기관에게 법률 등으로 구체적인 범위를 정하여 위임한 사항에 관하여는 당해 행정기관에게 법정립의 권한을 갖게 되고, 입법자가 규율의 형식도 선택할 수도 있다 할 것이므로, 헌법이 인정하고 있는 위임입법의 형식은 열기적인 것으로 보아야 할 것이다.

④ 「행정기본법」 제2조에서 법령에는 법령보충적 행정규칙을 규정하고 있지 않아 헌법이 인정하고 있는 위임입법의 형식은 한정적 열거로 보고 있다.

08 법규명령에 대한 설명으로 옳은 것은?

① 법규명령 중 위임명령은 원칙적으로 헌법 제75조와 헌법 제95조에 따라 법률이나 상위명령에 개별적인 수권규범이 있는 경우만 가능하다.

② 위임의 근거가 없어 무효인 법규명령도 나중에 법 개정으로 위임의 근거가 부여되면 제정된 때로 소급하여 유효한 법규명령으로 볼 수 있다.

③ 법령의 위임관계는 반드시 하위법령의 개별 조항에서 위임의 근거가 되는 상위법령의 해당 조항을 구체적으로 명시하고 있어야 한다.

④ 판례는 구법의 위임에 의한 유효한 법규명령이 법 개정에 따라 위임의 근거가 없어지게 되면 소급하여 법규명령이 무효가 된다고 한다.

09 입법권의 위임에 대한 설명으로 옳지 않은 것은?

① 영유아 보육시설 종사자의 정년을 조례로 규정하고자 하는 경우에는 법률의 위임이 필요하다.

② 군민의 출산을 장려하기 위하여 세 자녀 이상 세대 중 세 번째 이후 자녀에게 양육비 등을 지원할 수 있도록 하는 조례의 제정에는 법률의 위임이 필요 없다.

③ 특히 긴급한 필요가 있거나 미리 법률로 자세히 정할 수 없는 부득이한 사정이 있어 법률에 형벌의 종류·상한·폭을 명확히 규정하더라도, 행정형벌에 대한 위임입법은 허용되지 않는다.

④ 벌칙규정의 위임에 있어서는 판례상 보충성의 원칙이 요구된다.

10 행정입법에 대한 설명으로 옳지 않은 것은?

① 상위법령에서 세부사항 등을 시행규칙으로 정하도록 위임하였음에도 이를 고시 등 행정규칙으로 정하였다면 이때 고시 등 행정규칙은 대외적 구속력을 갖는 법규명령으로서 효력이 인정될 수 없다.

② 행정각부의 장이 정하는 특정 고시가 비록 법령에 근거를 둔 것이더라도 규정내용이 법령의 위임범위를 벗어난 것일 경우 대외적 구속력을 인정할 수 없다.

③ 상위법령의 위임이 없음에도 상위법령에 규정된 처분요건에 해당하는 사항을 하위부령에서 변경하여 규정한 경우 대외적 구속력을 인정할 수 있다.

④ 재량준칙이 정하는 바에 따라 반복 시행되어 행정관행이 이루어지면 자기구속을 받게 되며, 자기구속력이 발생한 행정관행을 위반한 행정처분은 위법한 처분이 된다.

11 행정입법에 대한 통제에 대한 설명으로 옳지 않은 것은?

① 행정소송에 대한 대법원 판결에 의하여 명령·규칙이 헌법 또는 법률에 위반된다는 것이 확정된 경우에는 대법원은 지체 없이 그 사유를 행정안전부장관에게 통보하여야 하고, 그 통보를 받은 행정안전부장관은 지체 없이 이를 관보에 게재하여야 한다.

② 명령·규칙 또는 처분이 헌법이나 법률에 위반되는 여부가 재판의 전제가 된 경우에는 헌법재판소가 이를 최종적으로 심사할 권한을 가진다.

③ 시행령의 규정을 위헌 또는 위법하여 무효라고 선언한 대법원의 판결이 선고되지 아니한 상태에서는, 그 시행령 규정의 위헌 내지 위법 여부가 해석상 다툼의 여지가 없을 정도로 명백하였다고 인정되지 아니하는 이상 그 시행령에 근거한 행정처분의 하자는 취소사유에 해당할 뿐 무효사유가 되지 아니한다.

④ 고시가 일반·추상적 성격을 가질 때는 법규명령 또는 행정규칙에 해당하지만, 고시가 구체적인 규율의 성격을 갖는다면 행정처분에 해당한다.

12 기속행위와 재량행위에 대한 설명으로 옳지 않은 것은?

① 법률에서 정한 귀화요건을 갖춘 귀화신청인에 대한 법무부장관의 귀화허가는 기속행위로 본다.

② 「국토의 계획 및 이용에 관한 법률」상 개발행위허가는 허가기준 및 금지요건이 불확정개념으로 규정된 부분이 많아 그 요건에 해당하는지 여부는 행정청의 재량판단의 영역에 속한다.

③ 「부동산 실권리자명의 등기에 관한 법률 시행령」제3조의2 단서는 조세를 포탈하거나 법령에 의한 제한을 회피할 목적이 아닌 경우에 과징금의 100분의 50을 감경할 수 있다고 규정하고 있으므로 감경사유가 존재하더라도 과징금을 감경할 것인지 여부는 과징금 부과관청의 재량에 속한다.

④ 「의료법」상 신의료기술의 안전성·유효성 평가나 신의료기술의 시술로 국민보건에 중대한 위해가 발생하거나 발생할 우려가 있는지 여부에 대한 판단과, 그 경우 행정청이 어떠한 종류와 내용의 지도나 명령을 할 것인지의 판단에 관해서는 행정청에 재량권이 부여되어 있다.

13 재량행위에 대한 설명으로 옳은 것은?

① 재량권의 일탈이란 재량권의 내적 한계를 벗어난 것을 말하고, 재량권의 남용이란 재량권의 외적 한계를 벗어난 것을 말한다.

② 재량권의 불행사에는 재량권을 충분히 행사하지 아니한 경우도 포함된다.

③ 사실의 존부에 대한 판단에도 재량권이 인정될 수 있으므로, 사실을 오인하여 재량권을 행사한 경우라도 처분이 위법한 것은 아니다.

④ 재량권의 일탈·남용 여부에 대한 입증책임은 처분청인 행정청에게 있다.

14 불확정개념과 판단여지에 대한 설명으로 옳은 것은?

① 판단여지와 재량을 구별하는 입장에 따르면 재량은 법률효과에서 인정된다.

② 판단여지와 재량을 구별하는 입장에 따르면 재량행위에 법효과를 제한하는 부관을 붙일 수 없다.

③ 법 규정의 일체성에 의해 요건 판단과 효과 선택의 문제를 구별하기 어렵다고 보는 견해는 재량과 판단여지의 구분을 인정한다.

④ 판단여지는 요건재량설을 보충하는 역할을 한다.

15 허가에 대한 설명으로 옳은 것은?

① 허가는 억제적(또는 제재적·사후적) 금지를 해제하여 주는 행위인 점에서 예방적(또는 사전적) 금지를 해제하여 주는 행위인 예외적 승인과 구별된다.

② 판례에 의하면 허가 여부의 결정기준은 특별한 사정이 없는 한 원칙적으로 신청 당시의 법령에 의한다.

③ 「주택법」상 주택건설사업계획의 승인은 재량행위에 해당하므로, 처분권자는 주택건설사업계획이 법령이 정하는 제한사유에 배치되지 않는 경우에도 공익상 필요가 있으면 사업계획승인신청에 대하여 불허가결정을 할 수 있다.

④ 숙박용 건물의 건축허가는 기속행위이므로 중대한 공익상의 이유가 있다 할지라도 그 허가를 거부할 수 없다.

16 인·허가 의제제도에 대한 설명으로 옳은 것은?

① 주된 인·허가인 건축불허가처분을 하면서 그 처분사유로 의제되는 인·허가에 해당하는 형질변경불허가사유를 들고 있다면, 그 건축불허가처분을 받은 자는 형질변경불허가처분에 관해서도 쟁송을 제기하여 다툴 수 있다.

② 「건축법」에서 관련 인·허가 의제제도를 둔 취지는 인·허가 의제사항 관련 법률에 따른 각각의 인·허가 요건에 관한 일체의 심사를 배제하려는 것이 아니다.

③ 인·허가 의제는 의제되는 행위에 대하여 본래적으로 권한을 갖는 행정기관의 권한행사를 보충하는 것이므로 법령의 근거가 없는 경우에도 인정된다.

④ 주택건설사업계획 승인처분에 따라 의제된 인·허가가 위법함을 다투고자 하는 이해관계인은, 주택건설사업계획 승인처분의 취소를 구해야지 의제된 인·허가의 취소를 구해서는 아니 되며, 의제된 인·허가는 주택건설사업계획 승인처분과 별도로 항고소송의 대상이 되는 처분에 해당하지 않는다.

17 재건축과 재개발에 대한 설명으로 옳은 것은?

① 관리처분계획에 대한 인가처분은 단순한 보충행위에 그치지 않고 일종의 설권적 처분의 성질을 가지므로, 인가처분 시 기부채납과 같은 다른 조건을 붙일 수 있다.

② 이전고시가 효력을 발생하게 된 이후에는 조합원 등이 관리처분계획의 취소 또는 무효확인을 구할 법률상 이익이 없다.

③ 주택재개발정비사업조합은 공법인에 해당하기 때문에, 조합과 조합장 또는 조합임원 사이의 선임·해임 등을 둘러싼 법률관계는 공법상 법률관계로서, 그 조합장 또는 조합임원의 지위를 다투는 소송은 공법상 당사자소송에 의하여야 한다.

④ 재개발조합의 인가는 법률관계의 당사자의 법률행위의 효과를 완성시켜 주는 보충행위에 해당한다.

18 준법률행위적 행정행위에 대한 설명으로 옳은 것은?

① 「친일반민족행위자 재산의 국가귀속에 관한 특별법」에 따른 친일재산은 친일반민족행위자 재산조사위원회가 국가귀속결정을 하여야 비로소 국가의 소유로 된다.

② 「친일반민족행위자 재산의 국가귀속에 관한 특별법」에 따른 친일재산의 국가귀속결정은 당해 재산이 친일재산에 해당한다는 사실을 확인하는 준법률행위적 행정행위에 해당한다.

③ 서울특별시장의 의료유사업자 자격증 갱신발급은 의료유사업자의 자격을 부여 내지 확인하는 행위의 성질을 가진다.

④ 공증행위는 특정한 사실 또는 법률관계의 존재를 공적으로 증명하는 행위로서 발명특허가 이에 해당한다.

19 부관에 대한 설명으로 옳은 것은?

① 부관에 설정되어 있는 일반적 한계를 살펴보면, 본체인 행정행위의 본질적 목적에 위반하는 것은 허용되지 않지만 행정법상 일반원칙은 준수하지 않아도 된다고 한다.

② 부관을 행정행위 당시가 아니라 행정행위가 행하여진 후에 새로이 붙일 수 있는지에 대하여는 비록 법령에 근거가 있고 상대방의 동의가 있다고 해도 인정하지 않는 것이 판례의 태도이다.

③ 부관의 사후변경은 법률에 명문의 규정이 있거나 그 변경이 미리 유보되어 있는 경우 또는 상대방의 동의가 있는 경우에 한하여 허용되는 것이 원칙이지만, 사정변경으로 인하여 당초에 부담을 부가한 목적을 달성할 수 없게 된 경우에도 그 목적달성에 필요한 범위 내에서 예외적으로 허용된다.

④ 공유재산의 관리청이 기부채납된 행정재산에 대하여 행하는 사용·수익 허가의 경우, 부관인 사용·수익 허가의 기간에 위법사유가 있다면 허가기간만 위법하게 된다.

20 부관에 대한 설명으로 옳은 것은?

① 기부채납받은 행정재산에 대한 사용·수익 허가에서 공유재산의 관리청이 정한 사용·수익 허가의 기간은 그 허가의 효력을 제한하기 위한 행정행위의 부관으로서, 이러한 사용·수익 허가의 기간에 대해서는 독립하여 행정소송을 제기할 수 있다.

② 지방국토관리청장이 일부 공유수면매립지를 국가 또는 지방자치단체에 귀속처분한 것은 법률효과의 일부를 배제하는 부관을 붙인 것이므로 이러한 행정행위의 부관은 독립하여 행정쟁송의 대상이 될 수 없다.

③ 해제조건은 주된 행정행위에 종속되기는 하나 다른 행정행위의 부관과는 달리 독립하여 그 자체에 대한 행정쟁송의 제기가 가능하다는 것이 판례의 태도이다.

④ 부담 이외의 부관에 대하여는 진정일부취소소송을 제기하여 다툴 수 없으나, 부진정일부취소소송의 형식으로는 다툴 수 있다.

제한시간 : 14분 | 시작시각 ____시 ____분 ~ 종료시각 ____시 ____분　　　　나의 점수 _____

01 행정행위의 요건과 효력에 대한 설명으로 옳지 않은 것은?

① 보통우편에 의한 송달과 달리 등기우편에 의한 송달은 반송 등 기타 특별한 사유가 없는 한 배달된 것으로 추정된다.

② 처분서를 보통우편의 방법으로 발송한 경우에는 그 우편물이 상당한 기간 내에 도달하였다고 추정할 수 없다.

③ 등기에 의한 우편송달의 경우에는 수취인이 주민등록지에 실제로 거주하지 않는 경우에도 반송 등 기타 특별한 사유가 없는 한 배달된 것으로 추정되므로 우편물의 도달사실을 처분청이 입증해야 하는 것은 아니다.

④ 정보통신망을 이용한 송달의 경우 전자문서가 송달받을 자가 지정한 컴퓨터 등에 입력된 때에 도달된 것으로 본다.

02 공정력에 대한 설명으로 옳은 것은?

① 개발제한구역 안에 건축되어 있던 비닐하우스를 매수한 자에게 구청장이 이를 철거하여 토지를 원상회복하라고 시정지시한 조치가 위법한 것으로 인정된다 하더라도 당연무효가 아니라면, 이러한 시정지시에는 일단 따라야 하므로 이에 따르지 아니한 행위는 위 조치의 근거법률에 규정된 조치명령 등 위반죄로 처벌할 수 있다.

② 조세과오납에 따른 부당이득반환청구사안에서 민사법원은 사전통지 및 의견제출절차를 거치지 않은 하자를 이유로 행정행위의 효력을 부인할 수 있다.

③ 「주택법」상 공사중지명령을 위반하였다는 이유로 乙을 「주택법」 위반죄로 처벌하기 위해서는 「주택법」에 의한 공사중지명령이 적법한 것이어야 하므로 그 공사중지명령이 위법하다고 인정되는 한 乙의 「주택법」 위반죄는 성립하지 않는다.

④ 과세처분의 하자가 취소할 수 있는 사유인 경우 과세관청이 이를 스스로 취소하거나 항고소송절차에 의하여 취소되지 아니하여도 해당 조세의 납부는 부당이득이 된다.

03 행정행위의 효력에 대한 설명으로 옳은 것은?

① 특허심판원이 행하는 심결은 일단 행해지면 그 심결에 흠이 있다 하더라도 특허심판원 스스로 이를 취소할 수 없는 것은 공정력과 관련이 있다.

② 행정행위의 불가변력은 당해 행정행위에 대해서만 인정되는 것이 아니고, 동종의 행정행위라면 그 대상을 달리하더라도 인정된다.

③ 실질적 존속력이 발생한 행위라도 형식적 존속력이 발생하지 않은 동안에는 상대방은 그 행위를 다툴 수 있다.

④ 법무부장관이 A에게 귀화허가를 준 경우 그 귀화허가가 무효가 아니라면, 귀화허가가 모든 국가기관을 구속하여 각부 장관이 A를 국민으로 보아야 하는 효력은 행정의사의 존속력에 나온다.

04 행정행위의 무효에 대한 설명으로 옳은 것은?

① 「지방공무원법」 제31조에 정한 공무원 임용결격사유가 있는 자임에도 불구하고 지방공무원으로 임용되어 25년간 큰 잘못 없이 근무하다가 위 사실이 발각되어 임용권자로부터 당연퇴직통보를 받았다. 「지방공무원법」 제61조는 같은 법 제31조의 임용결격사유를 당연퇴직사유로 규정하고 있다. 甲의 부정행위가 없는 한 甲에 대한 임용행위는 취소할 수 있는 행위가 아니라 당연무효인 행위이다.

② 적법한 권한 위임 없이 세관출장소장에 의하여 행하여진 관세부과처분은 행정행위의 하자 중 무효사유에 해당한다.

③ 5급 이상의 국가정보원 직원에 대한 의원면직처분이 임면권자인 대통령이 아닌 국가정보원장이 한 것은 무권한자의 권한 행사이고, 5급 이상의 국가정보원 직원에 대하여 임면권자인 대통령이 아닌 국가정보원장이 행한 의원면직처분은 당연무효이다.

④ 망인(亡人)의 친일행적을 이유로 국무회의 의결과 대통령 결재를 거쳐 망인에 대한 독립유공자 서훈이 취소된 후 국가보훈처장이 망인의 유족에게 행한 독립유공자 서훈취소결정 통보는 권한 없는 기관에 의한 행정처분으로서 당연무효이다.

05 행정행위의 무효에 대한 설명으로 옳지 않은 것은?

① 구 개발이익환수에 관한 법률 시행 당시, 납부의무자가 아닌 조합원에 대하여 행한 개발부담금 부과처분은 판례에 의할 때 무효사유에 해당한다.

② 부동산을 양도한 사실이 없음에도 세무당국이 부동산을 양도한 것으로 오인한 양도소득세 부과처분은 착오에 의한 행정처분으로서 취소할 수 있는 행정행위에 해당한다.

③ 취소판결의 기속력에 위반하여 행해진 행정처분은 무효인 행정처분에 해당한다.

④ 판례는 환경영향평가를 거쳐야 할 대상사업에 대하여 이를 거치지 아니하였음에도 불구하고 승인 등 처분이 이루어졌다면 이는 당연무효라는 입장이다.

06 위헌결정과 처분의 하자에 대한 설명으로 옳지 않은 것은?

① 조세부과의 근거가 되었던 법률규정이 위헌으로 결정된 경우, 비록 그에 기한 과세처분이 위헌결정 전에 이루어졌고, 과세처분에 대한 제소기간이 이미 경과하여 조세채권이 확정되었으며, 조세채권의 집행을 위한 체납처분의 근거규정 자체에 대하여는 따로 위헌결정이 내려진 바 없다고 하더라도, 위와 같은 위헌결정 이후에 조세채권의 집행을 위한 새로운 체납처분에 착수하거나 이를 속행하는 것은 더 이상 허용되지 않는다.

② 헌법불합치결정을 받은 법령에 근거하여 부담금을 부과·징수하는 침익적 처분을 하는 경우, 그 법령과 관련한 어떠한 추가적 개선입법이 없더라도 행정청이 사법적 판단에 따라 위헌이라고 판명된 내용과 동일한 취지로 부담금 부과처분을 하여서는 안 된다는 점은 분명하고, 이는 법질서의 통일성과 일관성을 확보하려는 법치주의의 당연한 귀결이며, 행정청이 위 부담금 부과처분을 하지 않는 데에 어떠한 법률상 장애가 있다고 볼 수도 없으므로 위 부담금 부과처분은 당연무효이다.

③ 과세처분 이후 조세부과의 근거가 되었던 법률규정에 대하여 위헌결정이 내려진 경우, 그 조세채권이 확정되었다 하더라도 위헌결정이 내려진 후 행하여진 체납처분은 당연무효이다.

④ 부담금 부과처분 이후에 처분의 근거법률이 위헌결정된 경우, 그 부과처분에 불가쟁력이 발생하였고 위헌결정 전에 이미 관할 행정청이 압류처분을 하였다면, 위헌결정 이후에도 후속절차인 체납처분절차를 통하여 부담금을 강제징수할 수 있다.

07 위헌결정과 처분의 하자에 대한 설명으로 옳은 것은?

① 행정처분이 행하여진 이후에 그 근거법률이 헌법재판소에 의하여 위헌판결을 받은 경우에는 특별한 사정이 없는 한 무효사유에 해당한다.

② 법률이 위헌으로 선언된 경우, 위헌결정 전에 이미 형성된 법률관계에 기한 후속처분은 비록 그것이 새로운 위헌적 법률관계를 생성·확대하는 경우라도 당연무효라 볼 수는 없다.

③ 행정처분 자체의 효력이 쟁송기간 경과 후에도 존속 중인 경우, 그 행정처분이 위헌인 법률에 근거하여 내려졌고 그 목적달성을 위해 필요한 후행 행정처분이 아직 이루어지지 않았다면 그 하자가 중대하여 그 구제가 필요한 경우에 대하여서는 쟁송기간 경과 후라도 무효확인을 구할 수 있다.

④ 헌법재판소가 법률을 위헌으로 결정하였다면 이러한 결정이 있은 후 그 법률을 근거로 한 행정처분은 중대한 하자이기는 하나 명백한 하자는 아니므로 당연무효는 아니다.

08 행정행위의 하자에 대한 설명으로 옳은 것은?

① 일반적으로 조례가 법률 등 상위법령에 위배된다는 사정은 그 조례의 규정을 위법하여 무효라고 선언한 대법원의 판결이 선고되지 아니한 상태에서는 그 조례 규정의 위법 여부가 해석상 다툼의 여지가 없을 정도로 명백하였다고 인정되지 아니하는 이상 객관적으로 명백한 것이라 할 수 없으므로, 이러한 조례에 근거한 행정처분의 하자는 취소사유에 해당할 뿐 무효사유가 된다고 볼 수는 없다.

② 「산업재해보상보험법」상 각종 보험급여 등의 지급결정을 변경 또는 취소하는 처분과 처분에 터 잡아 잘못 지급된 보험급여액에 해당하는 금액을 징수하는 처분이 적법한지를 판단하는 경우, 지급결정을 변경 또는 취소하는 처분이 적법하다면 그에 터 잡은 징수처분도 적법하다고 판단해야 한다.

③ 「학교보건법」에 따른 학교환경위생정화구역 내에서의 금지행위 및 해제 여부에 관한 행정처분을 하면서 학교환경위생정화위원회의 심의절차를 누락한 것은 당연무효사유이다.

④ 「택지개발촉진법」상 택지개발예정지구를 지정함에 있어 거쳐야 하는 관계 중앙행정기관의 장과의 협의를 거치지 않은 택지개발예정지구 지정처분은 무효인 행정행위에 해당한다.

09 행정행위에 대한 설명으로 옳지 않은 것은?

① 국고보조조림결정에서 정한 조건에 일부만 위반한 경우 그 보조조림결정의 전부를 취소한 것은 위법하다고 한 판례가 있다.

② 마을버스 운수사업자가 유류사용량을 실제보다 부풀려 유가보조금을 과다 지급받은 데 대하여 관할 행정청이 부정수급기간 동안 지급된 유가보조금 전액을 회수하는 내용의 처분을 한 것은 '거짓이나 부정한 방법으로 지급받은 보조금'에 대하여 반환할 것을 명하는 것일 뿐만 아니라 '정상적으로 지급받은 보조금'까지 반환하도록 명할 수 있는 것이어서 위법하다.

③ 취소사유가 있는 행정행위의 경우에는 제소기간을 도과하면 취소소송을 제기할 수 없게 되며, 그로 인해 당해 행정법관계는 실체적으로 확정되기 때문에 처분청은 당해 행정행위를 직권취소할 수 없다.

④ A시장이 甲의 건축허가신청에 대한 거부에 앞서 건축위원회의 심의를 거치지 않았다면 이는 절차상 하자에 해당하므로 법원은 이를 이유로 건축허가거부처분을 취소할 수 있다.

10 행정행위의 취소에 대한 설명으로 옳지 않은 것은?

① 국세감액결정처분은 이미 부과된 과세처분에 하자가 있음을 이유로 사후에 이를 일부취소하는 처분이고, 취소의 효력은 판결 등에 의한 취소이거나 과세관청의 직권에 의한 취소이거나에 관계없이 그 부과처분이 있었을 당시로 소급하여 발생한다.

② 처분청이라도 자신이 행한 수익적 행정행위를 위법 또는 부당을 이유로 취소하려면 취소에 대한 법적 근거가 있어야 한다.

③ 행정청이 직권취소를 할 수 있다는 사정만으로 이해관계인인 제3자에게 행정청에 대한 직권취소청구권이 부여된 것으로 볼 수 없다.

④ 「행정권한의 위임 및 위탁에 관한 규정」은 위임기관 및 위탁기관은 수임기관 및 수탁기관의 수임 및 수탁 사무처리에 대하여 지휘·감독하고, 그 처리가 위법 또는 부당하다고 인정되는 때에는 이를 취소하거나 정지시킬 수 있다고 규정하고 있다.

11 행정행위의 취소에 대한 설명으로 옳지 않은 것은?

① 출생 연월일 정정으로 특례노령연금 수급요건을 충족하지 못하게 된 자에 대하여 지급결정을 소급적으로 직권취소하고, 이미 지급된 급여를 환수하는 처분은 위법하다.

② 행정행위의 직권취소사유는 행정행위의 성립 당시에 존재하였던 하자를 말하고, 철회사유는 행정행위가 성립된 이후에 새로이 발생한 것으로서 행정행위의 효력을 존속시킬 수 없는 사유를 말한다.

③ 병무청장이 재신체검사 등을 거쳐 현역병입영대상편입처분을 보충역편입처분으로 변경하는 경우, 그 후 보충역편입처분의 성립에 중대하나 명백하지 않은 하자가 있었음을 이유로 하여 이를 취소한다고 하더라도 종전의 현역병입영대상편입처분의 효력이 되살아나는 것은 아니다.

④ 대통령은 국무총리의 명령이 위법하다고 인정해도 이를 중지 또는 취소할 수 있다.

12 하자의 승계에 대한 설명으로 옳은 것은?

① 선행 사업인정과 후행 수용재결 사이에는 하자가 승계된다.

② 헌법재판소의 결정에 따르면, 불가쟁력이 발생한 사업실시계획인가고시의 하자는 당연무효가 아닌 한 수용재결에 승계되지 아니한다.

③ 도시계획결정과 수용재결처분은 하자의 승계가 인정되는 경우이다.

④ 판례상 재개발사업인정과 수용재결 간 하자의 승계가 인정된다.

13 하자의 승계에 대한 설명으로 옳지 않은 것은?

① 개별공시지가결정에 대한 재조사청구에 따른 감액조정에 대하여 더 이상 불복하지 아니한 경우에는 선행처분의 불가쟁력이나 구속력이 수인한도를 넘는 가혹한 것이거나 예측불가능하다고 볼 수 없어 이를 기초로 한 양도소득세 부과처분 취소소송에서 다시 개별공시지가결정의 위법을 당해 과세처분의 위법사유로 주장할 수 없다.

② 표준지공시지가결정이 위법한 경우 수용대상 토지가격 산정의 기초가 된 비교표준지공시지가결정의 위법을 독립된 사유로 주장할 수 있다.

③ 구 부동산 가격공시 및 감정평가에 관한 법률상 선행처분인 표준지공시지가의 결정에 하자가 있는 경우에 그 하자는 보상금 산정을 위한 수용재결에 승계된다.

④ 선행처분인 개별공시지가결정이 위법하여 그에 기초한 개발부담금 부과처분도 위법하게 되었지만 그 후 적법한 절차를 거쳐 공시된 개별공시지가결정이 종전의 위법한 공시지가결정과 그 내용이 동일하다면 위법한 개별공시지가결정에 기초한 개발부담금 부과처분은 적법하게 된다.

14 공법상 계약에 대한 설명으로 옳지 않은 것을 모두 조합한 것은?

> ㉠ 甲지방자치단체의 장인 乙은 甲지방자치단체가 설립·운영하는 A고등학교에 영상음악 과목을 가르치는 산학겸임교사로 丙을 채용하는 계약을 체결하였다. 그런데 계약기간 중에 乙은 일방적으로 丙에게 위 계약을 해지하는 통보를 하였다. 丙을 채용하는 계약은 공법상 계약에 해당하므로, 계약해지 의사표시가 무효임을 다투는 당사자소송의 피고적격은 乙에게 있다.
> ㉡ 지방계약직공무원에 대해서도, 채용계약상 특별한 약정이 없는 한, 「지방공무원법」, 「지방공무원 징계 및 소청 규정」에 정한 징계절차에 의하지 않고서는 보수를 삭감할 수는 없다.
> ㉢ 일반적으로 공법상 계약은 법규에 저촉되지 않는 한 자유로이 체결할 수 있으며 법률의 근거도 필요하지 않다.
> ㉣ 「행정기본법」은 공법상 계약의 체결에 대해 문서 또는 구두로 할 수 있도록 규정하고 있다.

① ㉠, ㉡
② ㉡, ㉢
③ ㉢, ㉣
④ ㉠, ㉣

15 공법상 계약에 대한 설명으로 옳은 것은?

① 전문직공무원인 공중보건의사의 채용계약 해지의 경우 관할 도지사의 일방적인 의사표시에 의하여 그 신분을 박탈하는 불이익처분이므로 당해 채용계약은 공법상 계약이 아니라 항고소송의 대상이 되는 처분의 성질을 가진다.

② 공법상 채용계약에 대한 해지의 의사표시는 공무원에 대한 징계처분과 달라서 「행정절차법」에 의하여 그 근거와 이유를 제시하여야 하는 것은 아니다.

③ 구 사회간접자본시설에 대한 민간투자법에 근거한 서울-춘천 간 고속도로 민간투자시설사업의 사업시행자 지정은 공법상 계약에 해당한다.

④ 「과학기술기본법」 및 하위법령상 사업협약의 해지 통보는 단순히 대등 당사자의 지위에서 형성된 공법상 계약을 계약당사자의 지위에서 종료시키는 의사표시에 불과하다.

16 행정계획에 대한 설명으로 옳지 않은 것은?

① 구 도시재개발법에 의한 재개발조합의 관리처분계획은 토지 등의 소유자에게 구체적이고 결정적인 영향을 미치는 것으로서 조합이 행한 처분에 해당한다.

② 도시계획시설결정과 실시계획인가는 도시계획시설사업을 위하여 이루어지는 단계적 행정절차로 도시계획시설결정에 취소사유에 해당하는 하자가 있는 경우 그 하자는 실시계획인가에 승계된다.

③ 도시·군계획시설 부지 소유자의 매수청구에 대한 관할 행정청의 매수거부결정은 항고소송의 대상인 처분에 해당한다.

④ A회사가 도시계획시설사업 대상 토지의 소유와 동의 요건을 갖추지 못하였는데도 사업시행자로 지정되었다면 특별한 사정이 없는 한 그 사업시행자 지정처분의 하자는 중대하다고 보아야 한다.

17 행정계획에 대한 설명으로 옳지 않은 것은?

① 「행정절차법」은 행정계획의 확정절차에 대한 일반법이라는 것이 통설이다.

② 환지계획인가 후에 수정하고자 하는 내용에 대하여 토지소유자 등 이해관계인의 공람절차를 거치지 아니한 채 수정된 내용에 따라 한 환지예정지 지정처분은 당연무효이다.

③ 법률에 규정된 공청회를 열지 아니한 하자가 있는 도시계획결정에 불가쟁력이 발생하였다면, 당해 도시계획결정이 당연무효가 아닌 이상 그 하자를 이유로 후행하는 수용재결처분의 취소를 구할 수는 없다.

④ 건설부장관이 구 주택건설촉진법에 따라 관계 기관의 장과의 협의를 거쳐 사업계획승인을 한 이상 허가·인가·결정·승인 등이 있는 것으로 볼 것이고, 그 절차와 별도로 구 도시계획법 소정의 중앙도시계획위원회의 의결이나 주민의 의견청취 등 절차를 거칠 필요는 없다.

18 행정상 사실행위에 대한 설명으로 옳지 않은 것은?

① 행정기관이 행정지도를 함에 있어 조직법상의 근거는 요구된다.

② 직접적 규제목적이 없는 행정지도는 법령에 직접 근거규정이 없어도 권한업무의 범위 내에서 행해질 수 있다.

③ 사인의 행위가 행정지도에 따라 행해진 경우 그 행정지도가 위법하다고 할지라도 원칙적으로 그 사인의 행위의 위법성이 조각된다.

④ 국가의 공권력이 헌법과 법률에 근거하지 아니하고 통상의 행정지도의 한계를 넘어 부실기업의 정리라는 명목하에 사기업의 매각을 지시하거나 그 해체에 개입하는 것은 허용되지 아니한다.

19 행정절차법상 행정지도에 대한 설명으로 옳은 것은?

① 「행정절차법」에서는 행정지도에 대한 사전통지 및 의견제출절차에 대해 규정하고 있다.

② 행정지도의 상대방은 행정지도의 내용에 동의하지 않는 경우 이를 따르지 않을 수 있으므로, 행정지도의 내용이나 방식에 대해 의견제출권을 갖지 않는다.

③ 「행정절차법」은 행정지도는 반드시 서면으로 하여야 하고, 그 서면에는 행정지도의 취지·내용을 기재하도록 규정함으로써 행정지도의 명확성을 요구하고 있다.

④ 행정지도에 따를 것이냐는 상대방에게 맡겨진 문제이나 행정지도에 따르지 않은 경우 행정청은 불이익을 줄 수는 없으나 금지하명 등 처분을 할 수 있다.

20 행정계획에 대한 설명으로 옳은 것은?

① 헌법재판소에 의하면 도시계획사업의 시행으로 토지를 수용당한 사람은 도시계획결정과 토지수용이 당연무효가 아닌 한 도시계획결정 자체의 취소를 청구할 법률상의 이익이 없다.

② 폐기물처리사업의 적정통보를 받은 자가 폐기물처리업허가를 받기 위해서는 국토이용계획의 변경이 선행되어야 하는 경우 일반적·추상적 효력을 가지는 이용계획의 특성상 그 변경을 신청할 개인의 권리는 인정되지 아니한다.

③ 도시·군관리계획 구역 내에 토지 등을 소유하고 있는 주민의 봉안시설(구 납골시설)에 대한 도시·군관리계획 입안제안을 입안권자인 군수가 반려한 행위는 사실의 통지에 불과하여 항고소송의 대상이 될 수 없다.

④ 「국토의 계획 및 이용에 관한 법률」상 도시·군계획시설결정에 이해관계가 있는 주민에 의한 도시·군계획시설결정 변경신청에 대해 관할 행정청이 거부한 경우, 그 거부행위는 항고소송의 대상이 되는 행정처분에 해당하지 않는다.

제한시간 : 14분 | 시작시각 ____시 ____분 ~ 종료시각 ____시 ____분

나의 점수 _____

01 행정절차에 대한 설명으로 옳지 않은 것은?

① 난민인정·귀화 등과 같이 성질상 행정절차를 거치기 곤란하거나 불필요하다고 인정되는 처분이나 행정절차에 준하는 절차를 거치도록 하고 있는 처분의 경우에는 「행정절차법」의 적용이 배제되는 것으로 보아야 하고, 이러한 법리는 '공무원 인사관계 법령에 의한 처분'에 해당하는 별정직공무원에 대한 직권면직처분의 경우에도 마찬가지로 적용된다.

② 「행정절차법」의 적용이 제외되는 공무원 인사관계 법령에 의한 처분에 관한 사항이란 성질상 행정절차를 거치기 곤란하거나 불필요하다고 인정되는 처분이나 행정절차에 준하는 절차를 거치도록 하고 있는 처분에 관한 사항만을 말하는 것으로 보아야 한다.

③ 행정절차법령이 '공무원 인사관계 법령에 의한 처분에 관한 사항'에 대하여 「행정절차법」의 적용이 배제되는 것으로 규정하고 있는 이상, '공무원 인사관계 법령에 의한 처분에 관한 사항' 전부에 대해 「행정절차법」의 적용이 배제되는 것으로 보아야 한다.

④ 지방의회의 동의를 얻어 행하는 처분에 대해서는 「행정절차법」이 적용되지 아니한다.

02 송달에 대한 설명으로 옳지 않은 것은?

① 정보통신망을 이용한 송달은 송달받을 자가 동의하는 경우에만 한다.

② 정보통신망을 이용하여 전자문서로 송달하는 경우에는 송달받을 자가 지정한 컴퓨터 등에 입력된 때에 도달된 것으로 본다.

③ 행정처분의 송달은 「민법」상 도달주의가 아니라, 「행정절차법」 제15조에 의한 발신주의를 취한다.

④ 귀속재산을 불하받은 자가 사망한 후에 불하처분 취소처분을 수불하자의 상속인에게 송달한 때에는 그 상속인에 대하여 다시 그 불하처분을 취소한다는 새로운 행정처분을 한 것으로 본다.

03 처분 이유제시에 대한 설명으로 옳은 것은?

① 행정청은 경미한 처분으로 당사자가 이유를 명백하게 알 수 있는 경우에는 처분 후 당사자가 요청하여도 그 근거와 이유를 제시할 필요가 없다.

② 판례에 의하면 이유제시의 정도는 당사자가 처분사유를 이해할 수 있을 정도로 구체적이어야 하므로 인허가 사항의 거부 등 신청 당시 당사자가 근거규정을 알 수 있을 정도의 상당한 이유가 있더라도 당해 처분의 근거 및 이유의 구체적 조항 및 내용을 명시하여야 한다.

③ 행정청은 처분을 할 때에는 원칙적으로 당사자에게 그 근거와 이유를 제시하여야 하며, 이유제시의 정도는 처분사유를 이해할 수 있을 정도로 구체적이어야 한다.

④ 행정처분의 이유로 제시한 수개의 처분사유 중 일부가 위법하면, 다른 처분사유로써 그 처분의 정당성이 인정되더라도 그 처분은 위법하다.

04 사전통지에 대한 설명으로 옳은 것은?

① 상대방의 귀책사유로 야기된 처분의 하자를 이유로 수익적 행정행위를 취소하는 경우에는 특별한 규정이 없는 한 「행정절차법」상 사전통지의 대상이 되지 않는다.

② 용도를 무단변경한 건물의 원상복구를 명하는 시정명령 및 계고처분을 하는 경우, 사전에 통지할 필요가 없다.

③ 행정청이 공공의 안전 또는 복리를 위하여 긴급히 처분을 할 필요가 있는 경우에는 의견청취를 하지 아니할 수 있다.

④ 단순·반복적인 처분 또는 경미한 처분으로서 당사자가 그 이유를 명백히 알 수 있는 경우 사전통지가 생략된다.

05 사전통지와 의견청취절차에 대한 설명으로 옳지 않은 것은?

① 「건축법」상의 공사중지명령에 대한 사전통지를 하고 의견제출의 기회를 준다면 많은 액수의 손실보상금을 기대하여 공사를 강행할 우려가 있다는 사정은 사전통지 및 의견제출절차의 예외사유에 해당하지 아니한다.

② 「행정절차법」상 당사자는 의견제출의 기회를 스스로 포기할 수 있다.

③ 징계와 같은 불이익처분절차에서 징계심의대상자에게 변호사를 통한 방어권의 행사를 보장하는 것이 필요하고, 징계심의대상자가 선임한 변호사가 징계위원회에 출석하여 징계심의대상자를 위하여 필요한 의견을 진술하는 것은 방어권 행사의 본질적 내용에 해당하므로, 행정청은 특별한 사정이 없는 한 이를 거부할 수 없다.

④ 사전통지의무가 면제되는 경우에도 의견청취의무가 면제되는 것은 아니다.

06 사전통지와 의견청취절차에 대한 설명으로 옳은 것은?

① 공무원연금관리공단의 퇴직연금의 환수결정은 관련 법령에 따라 당연히 환수금액이 정해지는 것이므로, 퇴직연금의 환수결정에 앞서 당사자에게 의견진술의 기회를 주지 아니하여도 「행정절차법」에 위반되지 않는다.

② 당사자 등은 청문조서의 내용을 열람·확인할 수 있을 뿐, 그 청문조서에 이의가 있더라도 정정을 요구할 수는 없다.

③ 청문은 행정청이 어떠한 처분을 하기 전에 당사자 등의 의견을 직접 듣는 절차일 뿐, 증거를 조사하는 절차는 아니다.

④ 행정절차에는 당사자주의가 적용되므로 행정청은 당사자가 제출한 증거나 당사자의 증거신청에 구속된다.

07 甲은 A시에서 공동주택을 건축하기 위하여 주택건설사업계획승인신청을 하였는데, A시장은 해당 지역이 용도변경을 추진 중에 있고 일반 여론에서도 보존의 목소리가 높은 지역이라는 이유로 거부처분을 하였다. 이에 甲은 A시장의 거부처분에 있어서 사전통지가 없었으며 이유제시 또한 미흡하다는 이유로 거부처분의 무효를 주장하고 있다. 이 사례에 대한 설명으로 옳은 것은? (다툼이 있으면 판례에 의함)

① 만약 A시장의 거부처분에 절차상의 하자가 인정된다면, 그 하자는 실체적 사유와 무관하게 처분을 위법으로 하는 사유이고, 해당 처분이 재량행위인지 기속행위인지와 무관하게 위법사유에 해당한다.

② A시장이 거부처분을 하기에 앞서 사전통지를 하여야 한다.

③ A시장이 거부처분을 하면서 甲이 그 근거를 알 수 있을 정도로 상당한 이유를 제시한 경우에는 해당 처분의 근거 및 이유를 구체적 조항 및 내용까지 명시하지 아니한 경우에 그 처분은 위법하다.

④ 甲이 A시장의 거부처분에 대하여 취소소송을 제기하여 다투는 경우에 집행정지를 통한 권리구제가 가능하다.

08 청문에 대한 설명으로 옳은 것은?

① 행정청은 청문을 하려면 청문이 시작되는 날부터 14일 전까지 당사자 등에게 통지를 하여야 한다.

② 행정청과 당사자 사이에 청문의 실시 등 의견청취절차를 배제하는 협약이 있었다 하더라도, 이와 같은 협약의 체결로 청문의 실시에 관한 규정의 적용을 배제할 수 있다고 볼 만한 법령상의 규정이 없는 한, 청문의 실시에 관한 규정의 적용이 배제되지 않으며, 청문을 실시하지 않아도 되는 예외적인 경우에 해당하지 아니한다.

③ 행정청은 행정처분의 상대방에 대한 청문통지서가 반송되었거나, 행정처분의 상대방이 청문일시에 불출석하였다는 이유로 청문절차를 생략하고 침해적 행정처분을 할 수 있다.

④ 청문 주재자는 당사자 등의 전부 또는 일부가 정당한 사유 없이 청문기일에 출석하지 아니한 경우라도 이들에게 다시 의견진술 및 증거제출의 기회를 주지 아니하고는 청문을 마칠 수 없다.

09 청문과 공청회에 대한 설명으로 옳은 것은?

① 「행정절차법」상 청문 주재자의 자격은 공무원이 아닌 자이어야 하며, 독립하여 직무를 수행한다.

② 「행정절차법」상 행정청은 청문을 당사자가 공개를 신청한 경우 공개하여야 한다.

③ 인허가 등의 취소 또는 신분·자격의 박탈, 법인이나 조합 등의 설립허가의 취소 시 의견제출기한 내에 당사자 등의 신청이 있는 경우에 공청회를 개최한다.

④ 행정청은 「행정절차법」 제38조에 따른 공청회와 병행하여서만 정보통신망을 이용한 공청회를 실시할 수 있다.

10 행정절차에 대한 설명으로 옳지 않은 것을 조합한 것은?

> ㉠ 국민생활에 매우 큰 영향을 주는 사항 및 그 밖에 널리 국민의 의견을 수렴할 필요가 있는 사항에 대한 정책, 제도 및 계획을 수립·시행하는 경우라도 예고로 인하여 공공의 안전 또는 복리를 현저히 해칠 우려가 있는 때에는 행정청은 이를 예고하지 아니할 수 있다.
> ㉡ 행정예고기간은 예고 내용의 성격 등을 고려하여 정하되, 특별한 사정이 없으면 14일 이상으로 한다.
> ㉢ 행정예고를 입법예고로 갈음할 수는 없다.
> ㉣ 법령등의 단순한 집행을 위한 사항은 행정예고를 하지 않을 수 있다.

① ㉠, ㉡   ② ㉢, ㉣

③ ㉡, ㉢   ④ ㉠, ㉣

11 민원 처리에 관한 법률상 법정민원에 관한 설명으로 옳지 않은 것은?

① 법정민원에 대한 행정기관의 장의 거부처분에 불복하는 민원인은 그 거부처분을 받은 날부터 60일 이내에 문서로 이의신청을 할 수 있다.

② 행정기관의 장은 이의신청을 받은 날부터 7일 이내에 그 이의신청에 대하여 결정하고 그 결과를 민원인에게 지체 없이 문서로 통지하여야 한다.

③ 판례는 구 민원사무 처리에 관한 법률에서 정한 사전심사 결과 통보는 항고소송의 대상이 되는 행정처분에 해당하지 않는다고 본다.

④ 민원인은 이의신청을 거치지 않고도 「행정심판법」에 따른 행정심판 또는 「행정소송법」에 따른 행정소송을 제기할 수 있다.

12 개인정보에 대한 설명으로 옳은 것은?

① 판례는 지문(指紋)을 개인정보에 해당하지 않는 것으로 본다.

② 개인정보처리자는 개인정보의 처리 목적을 명확하게 하여야 하고 그 목적에 필요한 범위에서 최소한의 개인정보만을 적법하고 정당하게 수집하여야 하며, 필요한 경우에는 목적 외의 용도로 활용할 수 있다.

③ 개인정보처리자는 개인정보 처리방침 등 개인정보의 처리에 관한 사항을 비밀에 부쳐야 하며, 열람청구권 등 정보주체의 권리를 보장하여야 한다.

④ 개인정보처리자의 고의 또는 중대한 과실로 인하여 개인정보가 유출된 경우로서 정보주체에게 손해가 발생한 때에는 법원은 그 손해액의 3배를 넘지 아니하는 범위에서 손해배상액을 정할 수 있다.

13 개인정보에 대한 설명으로 옳은 것은?

① 개인정보 단체소송은 개인정보처리자가 「개인정보 보호법」상의 집단분쟁조정을 거부하거나 집단분쟁조정의 결과를 수락하지 아니한 경우에 법원의 허가를 받아 제기할 수 있다.

② 개인정보 단체소송을 허가하거나 불허가하는 법원의 결정에 대하여는 불복할 수 없다.

③ 개인정보 단체소송에 관하여 「개인정보 보호법」에 특별한 규정이 없는 경우에는 「행정소송법」을 적용한다.

④ 「소비자기본법」에 따라 공정거래위원회에 등록한 소비자단체가 개인정보 단체소송을 제기하려면 그 단체의 정회원수가 1백명 이상이어야 한다.

14 개인정보 보호법상 개인정보 단체소송에 대한 설명으로 옳은 것은?

① 개인정보 단체소송은 개인정보처리자가 「개인정보 보호법」상의 집단분쟁조정을 거부하거나 집단분쟁조정의 결과를 수락하지 아니한 경우에 제기할 수 있으며, 그 제기에 법원의 허가를 받아야 한다.

② 단체소송의 관할은 원고의 주소가 있는 곳의 행정법원에 전속한다.

③ 원고의 청구를 기각하는 판결이 확정된 경우에도 이와 동일한 사안에 관하여 단체소송을 제기할 수 있는 다른 단체는 단체소송을 제기할 수 있다.

④ 개인정보 단체소송을 허가하거나 불허가하는 법원의 결정에 대하여는 불복할 수 없다.

15 개인정보 보호법의 내용으로 옳은 것은?

① 「개인정보 보호법」을 위반한 개인정보처리자의 행위로 손해를 입은 정보주체는 개인정보처리자에게 손해배상을 청구할 수 있고, 이 경우 정보주체가 개인정보처리자에게 고의 또는 과실이 있음을 입증하지 못하면 책임을 물을 수 없다.

② 개인정보처리자의 고의 또는 중대한 과실로 인하여 개인정보가 분실·도난·유출·위조·변조 또는 훼손된 경우로서 정보주체에게 손해가 발생한 때에는 법원이 그 손해액의 2배를 넘지 아니하는 범위에서 손해배상액을 정할 수 있으나, 이 경우 개인정보처리자가 고의 또는 중대한 과실이 없음을 증명한 경우에는 그러하지 아니하다.

③ 분쟁조정위원회는 재적위원 과반수의 출석으로 개의하며 출석위원 과반수의 찬성으로 의결한다.

④ 다른 법령에서 그 개인정보가 수집대상으로 명시되어 있는 경우에는 그 삭제 또는 수정을 요구할 수 없다.

16 정보공개 청구에 대한 설명으로 옳은 것은?

① 정보공개를 구하는 정보를 공공기관이 한때 보유·관리하였으나 후에 그 정보가 담긴 문서들이 폐기되어 존재하지 않게 된 것이라면 그 정보를 더 이상 보유·관리하고 있지 아니하다는 점에 대한 증명책임은 공공기관에 있다.

② 정보공개 청구권자를 '모든 국민'으로 규정하고 있으므로 외국인의 정보공개청구권은 인정될 여지가 없다.

③ 판례에 따르면 자연인과 법인은 정보공개를 청구할 권리를 갖지만, 권리능력 없는 사단은 그러하지 아니하다.

④ 「공공기관의 정보공개에 관한 법률」은 모든 국민을 정보공개 청구권자로 규정하고 있는데, 이에는 자연인은 물론 법인, 권리능력 없는 사단·재단, 지방자치단체 등이 포함된다.

17 정보공개 청구에 대한 설명으로 옳은 것은?

① 행정소송의 재판기록 일부의 정보공개 청구에 대한 비공개결정은 전자문서로 통지할 수 없다.

② 공개방법을 선택하여 정보공개를 청구하였더라도 공공기관은 정보공개 청구자가 선택한 방법에 따라 정보를 공개하여야 하는 것은 아니며, 원칙적으로 그 공개방법을 선택할 재량권이 있다.

③ 공개 대상의 양이 과다하여 정상적인 업무수행에 현저한 지장을 초래할 우려가 있는 경우에는 이를 기간별로 나누어 교부하거나 열람과 병행하여 교부할 수 있다.

④ 정보공개제도는 공공기관이 보유·관리하는 정보를 그 상태대로 공개하는 제도이므로, 전자적 형태로 보유·관리하는 정보를 검색·편집하여야 하는 경우는 새로운 정보의 생산으로서 정보공개의 대상이 아니다.

18 정보공개에 관해 적용되는 법률에 대한 설명으로 옳은 것은?

① 문서제출의무가 인정되는 「민사소송법」 제344조 제1항 제1호의 '당사자가 소송에서 인용한 문서'라도 공무원이 직무와 관련하여 보관하거나 가지고 있는 문서로서 「공공기관의 정보공개에 관한 법률」 제9조에서 정하고 있는 비공개 대상 정보에 해당하는 경우에는 그 문서제출의무를 면할 수 있다.

② 형사재판확정기록의 공개에 관하여도 「공공기관의 정보공개에 관한 법률」에 의한 공개 청구가 허용된다.

③ 사립학교에 대하여 「교육관련기관의 정보공개에 관한 특례법」이 적용된다고 하여 더 이상 「공공기관의 정보공개에 관한 법률」을 적용할 수 없게 되는 것은 아니라고 할 것이다.

④ 기관이 아닌 개인이 타인에 관한 정보의 공개를 청구하는 경우 「공공기관의 정보공개에 관한 법률」이 아니라 「개인정보 보호법」에 따라 정보공개 여부를 판단한다.

19 정보공개 청구에 대한 설명으로 옳은 것은?

① 사법시험 제2차 시험의 답안지와 시험문항에 대한 채점위원별 채점 결과는 비공개정보에 해당한다.

② 「공공기관의 정보공개에 관한 법률」 제9조 제1항 제4호의 '진행 중인 재판에 관련된 정보'에 해당한다는 사유로 정보공개를 거부하기 위해서는 그 정보가 진행 중인 재판의 소송기록 그 자체에 포함된 내용이어야 한다.

③ 공무원이 직무와 관련 없이 개인적 자격으로 금품을 수령한 정보는 공개 대상이 되는 정보이다.

④ 국가정보원이 그 직원에게 지급하는 현금급여 및 월초수당에 관한 정보는 비공개 대상 정보에 해당한다.

20 정보공개결정과 불복절차에 대한 설명으로 옳은 것은?

① 정보공개거부결정의 취소를 구하는 소송에서는 각 행정청의 정보공개심의회가 피고가 된다.

② 공공기관에 정보공개를 청구하였다가 거부처분을 받은 것만으로 정보공개청구권이 인정되는 것이 아니라 추가로 어떤 법률상 이익을 가져야 한다는 것이 판례의 입장이다.

③ 「공공기관의 정보공개에 관한 법률」상 정보공개거부에 대한 구제수단으로 「행정소송법」상 행정소송과 달리 특수한 정보공개소송을 인정하고 있다.

④ 공공기관이 공개 청구의 대상이 된 정보를 공개는 하되 청구인이 신청한 공개방법 이외의 방법으로 공개하기로 결정한 경우, 청구인은 항고소송으로 다툴 수 있다.

01 대집행에 대한 설명으로 옳지 않은 것은?

① 행정상 강제집행을 위해서는 의무부과의 근거법규 외에 별도의 법적 근거를 요한다.

② 대집행의 대상이 되는 대체적 작위의무는 공법상 의무여야 한다.

③ 대체적 작위의무가 법률의 위임을 받은 조례에 의해 직접 부과된 경우에는 대집행의 대상이 되지 아니한다.

④ 행정주체와 사인 사이의 건축도급계약에 있어서, 사인이 의무불이행을 하였다고 하여도 행정대집행은 허용되지 않는다.

02 이행강제금(집행벌)에 대한 설명으로 옳지 않은 것은?

① 이행강제금은 침익적 강제수단이므로 법적 근거를 요한다.

② 부작위의무나 비대체적 작위의무뿐만 아니라 대체적 작위의무의 위반에 대하여도 이행강제금을 부과할 수 있다.

③ 「건축법」상 이행강제금은 의무자에게 심리적 압박을 주어 시정명령에 따른 의무이행을 간접적으로 강제하는 강제집행수단이 아니라 시정명령의 불이행이라는 과거의 위반행위에 대한 금전적 제재에 해당한다.

④ 이행강제금 납부의 최초 독촉은 징수처분으로서 항고소송의 대상이 되는 행정처분이다.

03 이행강제금(집행벌)에 대한 설명으로 옳지 않은 것은?

① 이행강제금은 법령으로 정하는 바에 따라 계고나 시정명령 없이 부과할 수 있으며 법령으로 정하는 바에 따라 반복적으로 이행할 때까지 부과할 수 있다.

② 공무원이 위법건축물임을 알지 못하여 공사 도중에 시정명령이 내려지지 않아 건축물이 완공되었다 하더라도 위법건축물 완공 후에도 시정명령을 할 수 있고 그 불이행에 대하여 이행강제금을 부과할 수 있다.

③ 이행강제금은 금전의 징수가 목적이 아니라 의무이행을 촉구하기 위한 것이므로 일단 의무이행이 있으면 비록 시정명령에서 정한 기간을 지나서 이행한 경우라도 이행강제금을 부과할 수 없다.

④ 사용자가 이행하여야 할 행정법상 의무의 내용을 초과하는 것을 '불이행 내용'으로 기재한 이행강제금 부과예고서에 의하여 「근로기준법」상 이행강제금 부과예고를 한 다음 이를 이행하지 않았다는 이유로 행정청이 사용자에게 이행강제금을 부과하였다면, 초과한 정도가 근소하다는 등의 특별한 사정이 없는 한 이행강제금 부과예고는 이행강제금제도의 취지에 반하는 것으로서 위법하고, 이에 터 잡은 이행강제금 부과처분 역시 위법하다.

04 직접강제에 대한 설명으로 옳은 것은?

① 직접강제는 작위의무의 불이행에 대해서만 발동될 수 있는 것이지, 부작위의무의 불이행에 대해서는 발동될 수 없다.

② 행정관청은 의료기관이 「의료법」상의 의무를 위반하는 경우에도 폐쇄조치를 명할 수 없다.

③ 직접강제는 행정대집행이나 이행강제금 부과의 방법으로는 행정상 의무이행을 확보할 수 없거나 그 실현이 불가능한 경우에 실시하여야 한다.

④ 직접강제는 처분성이 인정되지 않으므로 항고소송의 대상이 된다고 할 수 없다.

05 강제징수에 대한 설명으로 옳은 것은?

① 세무공무원이 국세의 징수를 위해 납세자의 재산을 압류하는 경우 그 재산의 가액이 징수할 국세액을 초과한다면 당해 압류처분은 무효라고 할 수 없다.

② 납세의무자의 재산에 대하여 사실상·법률상의 처분을 금지시키는 강제보전행위인 압류는 사실행위로서 처분적 성격을 가지지 않는다.

③ 재판상의 가압류 또는 가처분 재산이 체납처분 대상인 경우에는 체납처분을 할 수 없다.

④ 과세처분 이후에 그 근거법률이 위헌결정을 받았으나 이미 과세처분의 불가쟁력이 발생한 경우, 당해 과세처분에 대한 조세채권의 집행을 위한 체납처분의 속행은 적법하다.

06 행정상 즉시강제에 대한 설명으로 옳은 것은?

① 행정강제는 행정상 강제집행을 원칙으로 하므로 불법 게임물에 대해서도 관계 당사자에게 수거·폐기를 명하고 그 불이행 시 직접강제 등 행정상 강제집행으로 나아가야 한다.

② 행정상 즉시강제는 국민의 권리침해를 필연적으로 수반하므로, 이에 대해서는 영장주의가 적용된다.

③ 즉시강제의 발령에는 긴급성과 보충성 및 비례원칙이 요구된다.

④ 행정상 즉시강제는 소극적 목적뿐 아니라 적극적 목적을 위해서도 발동될 수 있다.

07 행정조사에 대한 설명으로 옳은 것은?

① 「행정조사기본법」은 행정조사 실시를 위한 일반적인 근거규범으로서 행정기관은 다른 법령등에서 따로 행정조사를 규정하고 있지 않더라도 「행정조사기본법」을 근거로 행정조사를 실시할 수 있다.

② 자발적인 협조에 따라 실시하는 행정조사에 대하여 조사대상자가 조사에 응할 것인지에 대한 응답을 하지 아니하는 경우에는 법령등에 특별한 규정이 없는 한 그 조사에 동의한 것으로 본다.

③ 행정조사가 사인에게 미치는 중요한 사항인 경우에는 설령 비권력적 행정조사라고 하더라도 중요사항유보설에 의하면 법률의 근거를 필요로 한다.

④ 「행정절차법」은 행정조사절차에 관한 명문의 규정을 두고 있다.

08 행정벌에 대한 설명으로 옳은 것은?

① 행정질서벌은 형사벌과의 사이에 일사부재리의 원칙이 적용된다.

② 행정형벌 절차는 「비송사건절차법」에 의한다.

③ 판례상 과태료는 행정형벌이 아니라 행정질서벌이므로 죄형법정주의의 규율대상에 해당한다.

④ 행정형벌은 원칙적으로 「형사소송법」의 절차에 따라 과해지나, 특별과벌절차로서 통고처분과 즉결심판 등이 있다.

09 통고처분에 대한 설명으로 옳지 않은 것을 모두 조합한 것은?

> ㉠ 통고처분을 받은 자가 그 통고에 따라 이행한 경우에는 다시 소추할 수 없다.
> ㉡ 통고처분을 받은 자가 금액을 법정기한 내에 납부하면 과벌절차가 종료되며, 일사부재리의 원칙에 따라 형사소추가 불가능해진다.
> ㉢ 지방국세청장이 조세범칙행위에 대하여 형사고발을 한 후에 동일한 조세범칙행위에 대하여 한 통고처분은 특별한 사정이 없는 한 위법하지만 무효는 아니다.
> ㉣ 법률에 따라 통고처분을 할 수 있으면 행정청은 통고처분을 하여야 하며, 통고처분 이외의 조치를 취할 재량은 없다.
> ㉤ 행정법규 위반자가 법정기간 내에 통고처분에 의해 부과된 금액을 납부하지 않으면 「비송사건절차법」에 의해 처리된다.

① ㉠, ㉡
② ㉡, ㉢, ㉤
③ ㉢, ㉣, ㉤
④ ㉠, ㉡, ㉢

10 질서위반행위규제법에 대한 설명으로 옳은 것은?

① 과태료의 부과·징수의 절차에 관해 「질서위반행위규제법」의 규정에 저촉되는 다른 법률의 규정이 있는 경우에는 그 다른 법률의 규정이 정하는 바에 따른다.

② 지방자치단체의 조례도 과태료 부과의 근거가 될 수 있다.

③ 과태료의 부과·징수, 재판 및 집행 등에 관한 다른 법률의 규정은 「질서위반행위규제법」에 우선하여 적용한다.

④ 질서위반행위는 행정질서벌이므로 대한민국 영역 밖에서 질서위반행위를 한 대한민국의 국민에게는 적용되지 않는다.

11 과징금에 대한 설명으로 옳은 것은?

① 과징금은 분할 납부하는 것을 원칙으로 한다.

② 과징금 등 처분과 별도의 처분서로 감면기각처분을 한 경우, 각 처분에 대하여 함께 또는 별도로 불복할 수 있다.

③ 공정거래위원회가 부당한 공동행위를 한 사업자에게 과징금 부과처분(선행처분)을 한 뒤, 다시 자진신고 등을 이유로 과징금 감면처분(후행처분)을 한 경우, 선행처분의 취소를 구하는 소는 적법하다.

④ 과징금을 감액한 경우 당초 처분과 감액처분은 항고소송의 대상이 된다.

12 세법상 가산세에 대한 설명으로 옳은 것은? (다툼이 있는 경우 판례에 의함)

① 세법상 가산세는 납세자에게 고의·과실이 없으면 부과할 수 없다.

② 납세의무자에게 의무를 게을리한 점을 탓할 수 없는 정당한 사유가 있는 경우에는 가산세를 부과할 수 없다.

③ 납세의무자가 세무공무원의 잘못된 설명을 믿고 신고·납부의무를 이행하지 아니한 경우에는 그것이 관계 법령에 어긋나는 것임이 명백한 때에도 가산세를 부과할 수 없다.

④ 변호사가 2002년부터 2014년까지 다수의 법인파산사건에 대한 파산관재업무를 수행하고 지급받은 보수를 줄곧 '기타 소득'으로 신고하였고, 파산관재인의 보수가 사업소득으로 과세될 수 있는지에 관하여 세법 해석상 견해의 대립이 있었고 과세관청 역시 그에 대한 확실한 견해를 가지지 못하고 있었던 경우, 과세관청이 이를 '기타 소득'이 아닌 사업소득으로 보아 아직 부과제척기간이 도과하지 않은 과세연도 귀속 종합소득세 부과처분을 하면서 가산세를 부과할 수 있다.

13 행정법상 새로운 의무이행 확보수단에 관한 설명으로 옳은 것은? (다툼이 있는 경우 판례에 의함)

① 행정법상 의무를 위반하거나 불이행한 자에 대하여 각종 인허가를 거부할 수 있게 함으로써 행정법상 의무의 준수 또는 이행을 확보하는 직접적 강제수단을 관허사업의 제한이라 한다.

② 조세체납을 이유로 하는 관허사업제한은 부당결부가 아니라는 견해가 일반적이다.

③ 보강수사가 필요한 상황임에도 검사가 마치 피의자의 범행이 확정된 듯한 표현을 사용하여 각 언론사의 기자들을 상대로 언론에 의한 보도를 전제로 피의사실을 공표한 행위는 위법성이 조각되지 않는다.

④ 일정 금액 이상의 조세를 미납하였고 그 미납에 정당한 사유가 없는 자에 대한 출국금지처분을 하는 것은 과잉금지원칙에 반하지 않는다.

14 국민권익위원회에 대한 설명으로 옳은 것은?

① 국민권익위원회는 필요하다고 인정하는 경우 행정기관의 장에게 제도개선의 권고를 할 수 있으며, 제도개선 권고를 받은 행정기관의 장은 이를 제도개선에 반영하여야 하고, 그 처리 결과를 국민권익위원회에 통보할 필요까지는 없다.

② 국민권익위원회의 위원장과 위원의 임기는 각각 3년으로 하되 1차에 한하여 연임할 수 있다.

③ 국민권익위원회는 조사 결과 행정기관의 처분이 위법하다고 판단하여 행정기관 등의 장에게 시정을 요구한 경우에는 행정기관 등의 장은 이를 따라야 한다.

④ 국내에 거주하는 외국인은 국민고충처리민원인에 포함되지 않는다.

15 헌법과 국가배상법의 손해배상에 대한 설명으로 옳은 것은?

① 프랑스에서 국가의 배상책임은 꽁세유데따(Conseil d'Etat)의 판례에 의해 형성되었다. 프랑스 국가배상책임의 특징의 역무과실책임, 위험책임 그리고 책임의 중복이론이라 할 수 있다.

② 종래 대위책임설에 입각한 독일의 국가배상제도는 1982년 국가책임법(Staatshafungsgesetz) 제정으로 바이마르 헌법상의 자기책임적 구조로 회귀하였다.

③ 「국가배상법」은 직무행위로 인한 행정상 손해배상에 대하여 무과실책임을 명시하고 있다.

④ 「국가배상법」은 국가배상책임의 주체를 국가 또는 공공단체로 규정하고 있다.

16 헌법과 국가배상법의 손해배상에 대한 설명으로 옳은 것은?

① 배상심의회의 결정은 대외적인 법적 구속력을 가지므로 배상신청인과 상대방은 그 결정에 항상 구속된다.

② 판례는 구 국가배상법 제3조의 배상액 기준은 배상심의회 배상액 결정의 기준이 될 뿐 배상범위를 법적으로 제한하는 규정이 아니므로 법원을 기속하지 않는다고 보았다.

③ 헌법재판소는 국가배상심의회의 배상결정에 신청인이 동의하면 「민사소송법」상의 화해가 성립한다는 규정을 합헌으로 보았다.

④ 헌법재판소는 구 국가배상법상의 결정전치주의를 피해자의 구제를 지연시키는 역기능이 있다고 하여 위헌으로 보았고, 이제는 「국가배상법」 개정으로 배상신청을 하지 아니하고도 소송을 제기할 수 있다.

17 헌법과 국가배상법의 손해배상에 대한 설명으로 옳지 않은 것은?

① 지구배상심의회와 본부배상심의회의 관할은 배상금의 개산액에 따라 구분되는 것이므로, 지구배상심의회에서 배상신청이 기각 또는 각하되면 본부배상심의회에 재심을 신청할 수 없다.

② 국가나 지방자치단체에 대한 배상신청사건을 심의하기 위하여 법무부에 본부심의회를 둔다. 다만, 군인이나 군무원이 타인에게 입힌 손해에 대한 배상신청사건을 심의하기 위하여 국방부에 특별심의회를 둔다.

③ 본부심의회와 특별심의회와 지구심의회는 법무부장관의 지휘를 받아야 한다.

④ 지구심의회는 배상신청을 받으면 지체 없이 증인신문·감정·검증 등 증거조사를 한 후 그 심의를 거쳐 4주일 이내에 배상금 지급결정, 기각결정 또는 각하결정을 하여야 한다.

18 헌법과 국가배상법의 손해배상에 대한 설명으로 옳지 않은 것은?

① 「국가배상법」 제2조 제1항의 배상책임 요건에 관하여 준법률행위적 행정행위는 직무상 과실로 인한 허위의 인감증명 발급과 같은 손해발생의 원인행위가 되는 경우에도 직무행위에 포함되지는 않는다.

② 서울특별시장의 대행자인 도봉구청장이 서울지하철 도봉차량기지 건설사업의 부지로 예정된 원고 소유의 토지를 구 공공용지의 취득 및 손실보상에 관한 특례법에 따라 매수하기로 하는 내용의 매매계약을 체결한 경우, 이 매매계약은 공공기관이 사경제 주체로서 행한 사법상 매매이므로 이에 대하여는 「국가배상법」을 적용하기는 어렵고 일반 「민법」의 규정을 적용할 수 있을 뿐이다.

③ 「국가배상법」 제5조 제1항 소정의 '영조물의 설치 또는 관리의 하자'라 함은 영조물이 그 용도에 따라 통상 갖추어야 할 안전성을 갖추지 못한 상태에 있음을 말하는 것으로서, 영조물이 완전무결한 상태에 있지 아니하고 그 기능상 어떠한 결함이 있다는 것만으로 영조물의 설치 또는 관리에 하자가 있다고 할 수 없고, 객관적으로 보아 시간적·장소적으로 영조물의 기능상 결함으로 인한 손해발생의 예견가능성과 회피가능성이 없는 경우, 즉 그 영조물의 결함이 영조물의 설치·관리자의 관리행위가 미칠 수 없는 상황 아래에 있는 경우에는 영조물의 설치·관리상의 하자를 인정할 수 없다.

④ 하위 지방자치단체장을 보조하는 그 지방자치단체 소속 공무원이 기관위임사무를 처리하면서 고의·과실로 타인에게 손해를 가하거나 위임사무로 설치·관리하는 영조물의 하자로 타인에게 손해를 발생하게 한 경우, 권한을 위임한 상위 지방자치단체가 손해배상책임을 진다.

19 헌법과 국가배상법의 손해배상에 대한 설명으로 옳지 않은 것은?

① 과실개념의 주관화(主觀化) 경향이 나타나고 있다.

② 공무원의 직무집행이 법령이 정한 요건과 절차에 따라 이루어진 것이라면 특별한 사정이 없는 한 이는 법령에 적합한 것이고, 그 과정에서 개인의 권리가 침해되는 일이 생긴다고 하여 그 법령적합성이 곧바로 부정되는 것은 아니다.

③ 형벌에 관한 법령이 헌법재판소의 위헌결정으로 소급하여 효력을 상실한 경우, 위헌 선언 전 그 법령에 기초하여 수사가 개시되어 공소가 제기되고 유죄판결이 선고되었더라도, 그러한 사정만으로 국가의 손해배상책임이 발생한다고 볼 수 없다.

④ 재량권의 행사에 관하여 행정청 내부에 일응의 기준을 정해 둔 경우 그 기준에 따른 행정처분을 하였다면 이에 관여한 공무원에게 그 직무상의 과실이 있다고 할 수 없다.

20 공무원의 과실인정 여부에 대한 설명으로 옳은 것은?

① 소방공무원의 권한 행사가 관계 법률의 규정에 의하여 소방공무원의 재량에 맡겨져 있으면 구체적인 상황에서 소방공무원이 권한을 행사하지 아니한 것이 현저하게 합리성을 잃어 사회적 타당성이 없는 경우에도 직무상 의무를 위반하여 위법하게 되는 것은 아니다.

② 공무원의 직무집행이 법령이 정한 요건과 절차에 따라 이루어진 것이라면 특별한 사정이 없는 한 공무원의 행위는 법령에 적합한 것이나, 그 과정에서 개인의 권리가 침해된 경우에는 법령적합성이 곧바로 부정된다.

③ 법관의 재판에 법령의 규정을 따르지 아니한 잘못이 있다 하더라도 이로써 바로 「국가배상법」 제2조 제1항의 법령위반이 되는 것은 아니며, 국가배상책임이 성립하기 위해서는 당해 법관이 위법 또는 부당한 목적을 가지고 재판을 하는 등 법관이 그에게 부여된 권한의 취지에 명백히 어긋나게 이를 행사하였다고 인정할 만한 특별한 사정이 있어야 한다.

④ 위법한 환지처분에 불가쟁력이 발생한 경우에는 국가배상청구소송은 인용될 수 없다.

01 법관의 직무상 행위와 배상에 대한 설명으로 옳지 않은 것은?

① 헌법재판소 재판관이 청구기간을 오인하여 청구기간 내에 제기된 헌법소원심판청구를 위법하게 각하한 경우, 설령 본안판단을 하였더라도 어차피 청구가 기각되었을 것이라는 사정이 있다면 국가배상책임이 인정될 수 없다.

② 법관의 재판행위가 위법행위로서 국가배상책임이 인정되려면 당해 법관이 위법 또는 부당한 목적을 가지고 재판하는 등 법관에게 부여된 권한의 취지에 명백히 어긋나게 이를 행사하였다고 인정할 특별한 사정이 있어야 한다.

③ 재판에 대하여 불복절차 내지 시정절차 자체가 없는 경우에는 부당한 재판으로 인하여 불이익 내지 손해를 입은 사람에게 배상책임의 요건이 충족되는 한 국가배상책임이 인정된다.

④ 긴급조치 제1호와 제9호가 국민의 기본권을 극단적으로 제한하는 위헌적인 규범이었다고 하더라도 국가배상책임의 성립요건으로서 공무원의 고의 또는 과실 요건에 예외가 인정되어야 하는 것은 아니다.

02 공무원 직무상 행위와 배상에 대한 설명으로 옳지 않은 것은?

① 소방공무원들이 다중이용업소인 주점의 비상구와 피난시설 등에 대한 점검을 소홀히 함으로써 주점의 피난통로 등에 중대한 피난 장애요인이 있음을 발견하지 못하여 업주들에 대한 적절한 지도·감독을 하지 아니한 경우, 직무상 의무 위반과 주점 손님들의 사망 사이에 상당인과관계가 인정된다.

② 경매담당 공무원이 기일통지를 잘못하여 경락허가결정이 취소된 경우, 국가의 배상책임이 인정된다.

③ 검사가 공판과정에서 피고인의 무죄를 입증할 수 있는 결정적인 증거를 입수하였으나 이를 법원에 제출하지 아니하여 유죄판결을 받았다면, 국가배상책임이 인정된다.

④ 공무원이 자기 소유 차량으로 공무수행 중 사고를 일으킨 경우, 공무원 개인은 고의 또는 중과실에 의한 것인 경우에 한해 「자동차손해배상 보장법」상의 운행자성이 인정되는 한 배상책임을 부담한다.

03 국가배상에 대한 설명으로 옳지 않은 것은?

① 공익근무요원은 「국가배상법」상 손해배상청구가 제한되는 군인·군무원·경찰공무원 또는 예비군대원에 해당한다고 할 수 없다.

② 육군중사 甲이 다음 날 실시예정인 독수리 훈련에 대비하여 사전정찰차 훈련지역 일대를 살피고 귀대하던 중 교통사고가 일어났다면, 甲이 비록 개인 소유의 오토바이를 운전하였다 하더라도 실질적·객관적으로 위 甲의 운전행위는 그에게 부여된 훈련지역의 사전정찰 임무를 수행하기 위한 직무와 밀접한 관련이 있다고 보아야 한다.

③ 직무집행과 관련하여 공상을 입은 군인이 먼저 「국가배상법」에 따라 손해배상금을 지급받은 후 「보훈보상대상자 지원에 관한 법률」이 정한 보상금 등 보훈급여금의 지급을 청구하는 경우, 국가보훈처장은 「국가배상법」에 따라 손해배상을 받았다는 것을 이유로 그 지급을 거부할 수 있다.

④ 경찰공무원이 낙석사고 현장 부근으로 이동하던 중 대형 낙석이 순찰차를 덮쳐 사망한 사안에서, 「국가배상법」의 이중배상금지규정에 따른 면책조항은 전투·훈련 또는 이에 준하는 직무집행뿐만 아니라 일반 직무집행에 관하여도 국가나 지방자치단체의 배상책임을 제한하는 것으로 해석하여야 한다.

04 대한변호사협회장인 甲은 변호사 등록거부사유가 없음에도 乙의 변호사등록신청을 거부하였다. 이에 乙은 손해배상청구소송을 제기하였다. 대법원 판례와 일치하지 않는 것은?

① 공법인이 국가로부터 위탁받은 공행정사무를 집행하는 과정에서 공법인의 임직원이나 피용인이 고의 또는 과실로 법령을 위반하여 타인에게 손해를 입힌 경우, 공법인의 임직원이나 피용인은 고의 또는 중과실이 있는 경우에만 배상책임을 부담한다.

② 대한변호사협회의 장으로서 국가로부터 위탁받은 공행정사무인 '변호사등록에 관한 사무'를 수행하는 범위 내에서는 「국가배상법」 제2조에서 정한 공무원에 해당한다.

③ 대한변호사협회장 甲의 등록거부는 경과실에 의한 것이므로 甲은 배상책임을 지지 않는다.

④ 대한변호사협회장 甲의 등록거부는 경과실에 의한 것이므로 대한변호사협회는 배상책임을 지지 않는다.

05 공동불법행위로 인한 배상에 대한 설명으로 옳은 것은?

① 민간인과 직무집행 중인 군인의 공동불법행위로 인하여 직무집행 중인 다른 군인이 피해를 입은 경우, 민간인이 피해 군인에게 자신의 과실비율에 따라 내부적으로 부담할 부분을 초과하여 피해금액 전부를 배상한 경우에 대법원 판례에 따르면 민간인은 국가에 대해 가해 군인의 과실비율에 대한 구상권을 행사할 수 있다.

② 민간인과 공무원의 공동불법행위에 의하여 군인에게 손해를 발생하게 한 경우, 피해자인 군인은 국가에 대해서는 배상청구를 할 수 없지만 민간인에 대해서는 손해의 전부에 대한 배상청구를 할 수 있다.

③ 헌법재판소는 「국가배상법」 제2조 제1항 단서를, 일반국민이 직무집행 중인 군인과의 공동불법행위로 직무집행 중인 다른 군인에게 공상을 입혀 그 피해자에게 공동의 불법행위로 인한 손해를 배상한 다음 공동불법행위자인 군인의 부담부분에 관하여 국가에 대하여 구상권을 행사하는 것을 허용하지 아니한다고 해석하는 한 헌법에 위반된다고 판단하였다.

④ 대법원은 공무원의 직무상 불법행위로 인하여 직무집행과 관련하여 피해를 입은 군인 등에 대하여 그 불법행위와 관련하여 공동불법행위책임을 지는 일반국민이 전부 배상한 경우, 다른 공동불법행위자인 군인의 부담부분에 관하여 국가를 상대로 구상권을 행사할 수 있다고 판단하였다.

06 영조물의 설치·관리상 하자책임에 대한 설명으로 옳은 것은?

① 고등학교 3학년 학생이 교사의 단속을 피해 담배를 피우기 위하여 3층 건물 화장실 밖의 학생들이 출입할 수 없는 난간을 지나다가 실족하여 사망한 경우, 학교시설의 설치·관리상의 하자가 있다.

② 편도 2차로 도로의 1차로상에 교통사고의 원인이 될 수 있는 크기의 돌멩이가 방치되어 있었고 이로 인하여 사고가 발생하였다면, 도로의 점유·관리자의 관리 가능성과 무관하게 이는 도로 관리·보존상의 하자에 해당한다.

③ 대법원 판례는 영조물의 설치·관리상의 하자로 인하여 손해가 발생한 경우, 피해자의 위자료청구권이 배제되는 것이 아니라고 한다.

④ 「국가배상법」의 규정에 의하면 영조물의 설치·관리를 맡은 자와 영조물의 설치·관리 비용을 부담하는 자가 동일하지 아니한 경우에는 영조물의 설치·관리 비용을 부담하는 자가 우선적으로 손해를 배상하여야 한다.

07 배상책임에 대한 설명으로 옳은 것은?

① 공무원에게 경과실이 있을 뿐인 경우에는 공무원 개인은 손해배상책임을 부담하지 아니한다.

② 공무원의 불법행위책임을 국가 자신의 책임으로 보는 입장에서는 일반적으로 공무원의 피해자에 대한 책임을 부인한다.

③ 「국가배상법」상 과실을 판단할 경우 보통 일반의 공무원을 그 표준으로 하고, 반드시 누구의 행위인지 가해공무원을 특정하여야 한다.

④ 국가가 가해공무원에 대하여 구상권을 행사하는 경우, 국가가 배상한 배상액 전액에 대하여 구상권을 행사하여야 한다.

08 배상책임에 대한 설명으로 옳은 것은?

① 경과실이 있는 공무원이 피해자에 대하여 손해배상책임을 부담하지 아니함에도 피해자에게 손해를 배상하였다면 이는 법률상 원인이 없는 것으로 피해자는 공무원에 대하여 이를 반환할 의무가 있다.

② 경과실이 있는 공무원이 피해자에게 직접 손해를 배상하였다면 그것은 채무자 아닌 사람이 타인의 채무를 변제한 경우에 해당한다.

③ 피해자에게 손해를 직접 배상한 경과실이 있는 공무원이 국가에 대하여 국가의 손해배상책임의 범위 내에서 자신이 변제한 금액에 관하여 구상권을 행사하는 것은 권리남용으로 허용되지 아니한다.

④ 공무원의 불법행위에 고의 또는 중과실이 있는 경우 피해자는 가해공무원에 대해 해야 하고, 국가·지방자치단체나 가해공무원을 선택하여 청구할 수 없다.

09 손실보상에 대한 설명으로 옳은 것은?

① 대통령령으로 손실보상의 가부에 관하여 직접 규정하도록 규정하고 있다.

② 손해배상은 단체주의적인 사상에 기초를 두고 있는 반면에, 손실보상은 개인주의적인 사상에 기초를 두고 있다.

③ 손실보상의 청구는 실정법상 민사소송에 의하도록 하고 있다.

④ 공공용물에 대한 일반사용이 적법한 개발행위로 제한됨으로 인한 불이익이 손실보상의 대상이 되는 특별한 손실에 해당하지 않는다.

10 손실보상에 대한 설명으로 옳지 않은 것은?

① 헌법 제23조 제3항에서 규정한 '정당한 보상'이란 원칙적으로 피수용재산의 객관적인 재산가치를 완전하게 보상하여야 한다는 완전보상을 뜻하는 것이지만, 공익사업의 시행으로 인한 개발이익은 완전보상의 범위에 포함되는 피수용토지의 객관적 가치 내지 피수용자의 손실이라고 볼 수 없다.

② 토지수용으로 인한 손실보상액을 공시지가를 기준으로 산정하되 개별공시지가가 아닌 표준지공시지가를 기준으로 하는 것은 헌법 제23조 제3항이 규정한 정당보상의 원칙에 위배되지 않는다.

③ 재결에 의한 수용 또는 사용의 경우 보상액의 산정은 재결 당시의 가격을 기준으로 하고, 해당 공익사업으로 인하여 토지 등의 가격이 변동되었을 때에는 이를 고려하여야 한다.

④ 특허권을 수용한 경우에도 손실보상의 원인이 된다.

11 손실보상에 대한 설명으로 옳은 것은?

① 간접적 영업손실은 특별한 희생이 될 수 없다.

② 토지수용 보상액을 산정함에 있어 택지개발사업의 시행과 함께 그 용도지역이 주거지역으로 변경된 토지를 수용하는 경우에 용도지역의 변경을 고려하지 않아야 한다.

③ 지장물인 건물은 적법한 건축허가를 받아 건축된 건물만이 손실보상의 대상이 된다.

④ 토지에 대한 보상액은 가격시점에서의 현실적인 이용상황, 일반적인 이용방법에 의한 객관적 상황, 일시적인 이용상황 및 토지소유자가 관계인이 갖는 주관적 가치 및 특별한 용도에 사용할 것을 전제로 한 경우 등을 고려한다.

12 손실보상에 대한 설명으로 옳지 않은 것은?

① 공익사업시행지구 밖 영업손실보상의 요건인 '공익사업의 시행으로 인한 그 밖의 부득이한 사유로 일정 기간 동안 휴업이 불가피한 경우'란 공익사업의 시행 또는 시행 당시 발생한 사유로 휴업이 불가피한 경우만을 의미하는 것이 아니라 공익사업의 시행 결과, 즉 그 공익사업의 시행으로 설치되는 시설의 형태·구조·사용 등에 기인하여 휴업이 불가피한 경우도 포함된다.

② 이주대책은 이주자들에게 종전의 생활상태를 회복시키기 위한 생활보상의 일환으로서 국가의 정책적인 배려에 의하여 마련된 제도이므로, 이주대책의 실시 여부는 입법자의 입법정책적 재량의 영역에 속한다.

③ 생활보상의 일종인 이주대책은 입법자의 입법정책적 재량영역이 아니라 헌법 제23조 제3항의 정당한 보상에 포함된다고 함이 헌법재판소의 입장이다.

④ 택지개발사업으로 그 용도지역이 주거지역으로 변경된 경우 용도지역 변경 없이 토지가액을 평가해야 한다.

13 손실보상에 대한 설명으로 옳은 것은?

① 사업시행자는 이주대책을 수립할 의무를 질 뿐, 그 내용결정에 있어서 재량권을 갖는 것은 아니다.

② 이주대책은 이주자들에게 종전의 생활상태를 회복시켜 주려는 생활보상의 일환으로서 헌법 제23조 제3항에 규정된 정당한 보상에 당연히 포함되는 것이므로 이주대책의 실시 여부는 입법자의 입법재량의 영역에 속한다고 할 수 없다.

③ 생활대책대상자 선정기준에 해당하는 자는 자신을 생활대책대상자에서 제외하거나 선정을 거부한 사업시행자를 상대로 항고소송을 제기할 수 있다.

④ 사업시행자 스스로 생활대책을 수립·실시하는 경우, 이는 내부적인 기준에 불과하므로 생활대책대상자 선정기준에 해당하는 자는 사업시행자에게 생활대책대상자 선정 여부의 확인·결정을 신청할 수 있는 권리를 갖지 못한다.

14 손실보상에 대한 설명으로 옳은 것은?

① 주거용 건물의 거주자에 대하여는 주거이전에 필요한 비용 외에 가재도구 등 동산의 운반에 필요한 비용은 보상하지 않아도 된다.

② 이주대책에 필요한 비용은 사업시행자의 부담으로 한다.

③ 사업시행자가 이주대책대상자에게 생활기본시설로서 제공하여야 하는 도로에는 주택단지 안의 도로를 해당 주택단지 밖에 있는 동종의 도로에 연결시키는 도로와 고속도로 등 고속국도는 일반적으로 위와 같은 간선시설에 해당하여 생활기본시설로 볼 수 있다.

④ 광역교통시설 부담금은 이주대책대상자에게 생활의 근거로 제공되어야 할 생활기본시설 설치비용에 해당한다고 볼 수 있다.

15 잔여지 손실보상에 대한 설명으로 옳지 않은 것은?

① 잔여지 수용청구는 당해 공익사업의 공사완료일까지 해야 하지만, 토지소유자가 그 기간 내에 잔여지 수용청구권을 행사하지 않았더라도 그 권리가 소멸하는 것은 아니다.

② 잔여지가 이용은 가능하지만 그 이용에 많은 비용이 소요되는 경우에는 잔여지 수용을 청구할 수 있다.

③ 구 토지수용법에 의한 잔여지수용청구권은 그 요건을 구비한 때에는 청구에 의해 수용의 효과가 발생하는 형성권적 성질을 가진다.

④ 잔여지 수용의 청구가 있으면 그 잔여지에 관하여 권리를 가진 자는 사업시행자에게 그 권리의 존속을 청구할 수 있다.

16 손실보상에 대한 설명으로 옳지 않은 것을 조합한 것은?

⊙ 협의취득 시 건물소유자가 건물을 철거하겠다는 약정을 하고도 이행하지 않으면 이때의 철거의무는 공법상의 의무이므로 「행정대집행법」에 의한 대집행이 가능하다.

ⓛ 「공익사업을 위한 토지 등의 취득 및 보상에 관한 법률」에 의한 협의취득은 사법상의 법률행위이므로 당사자 사이의 자유로운 의사에 따라 채무불이행책임이나 매매대금 과부족금에 대한 지급의무를 약정할 수 있다.

ⓒ 협의취득으로 인한 사업시행자의 토지에 대한 소유권 취득은 승계취득이므로 관할 토지수용위원회에 의한 협의 성립의 확인이 있었더라도 사업시행자는 수용재결의 경우와 동일하게 그 토지에 대한 원시취득의 효과를 누릴 수 없다.

ⓔ 공공사업의 시행자가 그 사업에 필요한 토지를 취득하는 경우 그것이 협의에 의한 취득이고 「공익사업을 위한 토지 등의 취득 및 보상에 관한 법률」상의 협의 성립의 확인이 없는 이상, 그 취득행위는 어디까지나 사경제 주체로서 행하는 사법상의 취득으로서 승계취득한 것으로 보아야 할 것이고, 재결에 의한 취득과 같이 원시취득한 것으로 볼 수는 없다.

① ⊙, ⓛ   ② ⊙, ⓒ

③ ⓒ, ⓔ   ④ ⓛ, ⓔ

17 토지수용위원회의 재결과 불복절차에 대한 설명으로 옳지 않은 것은?

① 이의신청에 대한 재결에 대하여 기한 내에 행정소송이 제기되지 않거나 그 밖의 사유로 이의신청에 대한 재결이 확정된 때에는 「민사소송법」상의 확정판결이 있은 것으로 본다.

② 「공익사업을 위한 토지 등의 취득 및 보상에 관한 법률」상 토지수용위원회의 수용재결에 대한 이의절차는 실질적으로 행정심판의 성질을 갖는 것이므로 동법에 특별한 규정이 있는 것을 제외하고는 「행정심판법」의 규정이 적용된다.

③ 「공익사업을 위한 토지 등의 취득 및 보상에 관한 법률」상 수용재결이나 이의신청에 대한 재결에 불복하는 행정소송의 제기는 사업의 진행 및 토지 수용 또는 사용을 정지시킨다.

④ 「공익사업을 위한 토지 등의 취득 및 보상에 관한 법률」에 따를 경우, 피수용자는 수용재결을 신청할 수 없고 사업인정고시가 있은 후 협의가 성립되지 아니한 때에는 토지소유자 및 관계인은 서면으로 사업시행자에게 재결을 신청할 것을 청구할 수 있다.

18 결과제거청구권에 대한 보상에 대한 설명으로 옳은 것은?

① 행정주체의 고의·과실을 요건으로 하며, 위법한 행정작용의 결과로 자신의 법률상 이익이 침해받는 경우에 성립한다.

② 공법상 결과제거청구권은 공행정작용의 직접적인 결과뿐 아니라 간접적인 결과를 그 대상으로 한다.

③ 행정청의 침해는 권력적인 것이든 비권력적인 것이든 관계없다.

④ 타인의 법률상 이익을 침해하는 것뿐만 아니라 사실상의 이익을 침해하는 경우에도 결과제거청구권이 성립한다.

19 행정심판청구에 대한 설명으로 옳지 않은 것을 조합한 것은?

> ⊙ 행정심판을 청구하려는 자는 심판청구서를 작성하여 피청구인이나 위원회에 제출하여야 하며 피청구인의 수만큼 심판청구서 부본을 함께 제출하여야 한다.
> ㉡ 「행정심판법」상 심판청구는 서면으로 하여야 한다.
> ㉢ 행정심판청구서는 피청구인인 행정청을 거쳐 행정심판위원회에 제출하여야 한다.
> ㉣ 행정심판청구서의 형식을 다 갖추지 않았다면 비록 그 문서내용이 행정심판의 청구를 구하는 것을 내용으로 하더라도 부적법하다.

① ⊙, ㉡   ② ㉡, ㉢

③ ㉢, ㉣   ④ ⊙, ㉣

20 행정심판 재결에 대한 설명으로 옳은 것은?

① 심판청구를 인용하는 재결은 청구인과 피청구인, 그 밖의 관계 행정청을 기속한다.

② 재결에 의하여 취소되는 처분이 당사자의 신청을 거부하는 것을 내용으로 하는 경우에는 그 처분을 한 행정청은 재결의 취지에 따라 다시 이전의 신청에 대한 처분을 하여야 한다.

③ 취소재결의 경우 기판력과 기속력이 인정된다.

④ 행정심판위원회가 처분을 취소하거나 변경하는 재결을 하면, 행정청은 재결의 기속력에 따라 처분을 취소 또는 변경하는 처분을 하여야 하고, 이를 통하여 당해 처분은 처분 시에 소급하여 소멸되거나 변경된다.

2022 해커스공무원 함남기 행정법 모의고사 Season 1

제한시간 : 14분 | 시작시각 ＿＿＿시 ＿＿＿분 ~ 종료시각 ＿＿＿시 ＿＿＿분   나의 점수 ＿＿＿＿＿＿

01 행정심판에 대한 설명으로 옳은 것은?

① 법원행정처장의 부당한 처분에 대해서는 중앙행정심판위원회에 행정심판을 제기할 수 있다.

② 시·도의 관할구역에 있는 둘 이상의 시·군·자치구 등이 공동으로 설립한 행정청의 처분에 대하여는 시·도지사 소속 행정심판위원회에서 심리·재결한다.

③ 서울특별시장의 식품위생업무에 관련된 처분에 대하여 행정심판이 제기된 경우에는 보건복지부장관 소속 행정심판위원회가 재결을 행한다.

④ 중앙행정심판위원회의 위원장은 법제처장이 된다.

02 행정심판에 대한 설명으로 옳은 것은?

① 중앙행정심판위원회의 상임위원은 행정심판에 관한 지식과 경험이 풍부한 사람 중에서 중앙행정심판위원회 위원장의 제청으로 국무총리를 거쳐 대통령이 임명할 수 있다.

② 중앙행정심판위원회의 비상임위원은 변호사 자격을 취득한 후 3년 이상의 실무 경험이 있는 사람 중에서 중앙행정심판위원회 위원장의 제청으로 국무총리가 성별을 고려하여 위촉할 수 있다.

③ 중앙행정심판위원회의 회의는 소위원회 회의를 제외하고 위원장, 상임위원 및 위원장이 회의마다 지정하는 비상임위원을 포함하여 총 7명으로 구성한다.

④ 중앙행정심판위원회의 위원장은 국민권익위원회의 부위원장 중 1명이 되며, 상임위원은 위원장의 제청으로 대통령이 임명하고 그 임기는 3년이며 연임할 수 없다.

03 다음 설명 중 항고소송에 대한 설명으로 옳은 것을 조합한 것은?

⊙ 재량행위라도 재량권의 일탈·남용이 있는 때에는 법원은 이를 취소할 수 있다.

⊙ 직무감독을 통해서는 부당한 재량권의 행사를 통제할 수 없다.

ⓒ 특별권력관계에서의 행위는 직접 행정소송으로 다툴 수 없다.

② 공법상 사실관계의 확인을 구하는 행정소송은 허용되지 않는다.

① ⊙, ⓒ   ② ⓒ, ⓒ

③ ⓒ, ②   ④ ⊙, ②

04 다음 설명 중 항고소송에 대한 설명으로 옳은 것은 몇 개인가?

⊙ 정부투자기관에 대한 기획재정부장관의 예산편성지침통보는 행정처분이다.

⊙ 운전면허정지처분의 자료가 되는 벌점부과는 행정행위가 아니다.

ⓒ 이미 확정된 과세처분에 대해 증액경정한 경우, 행정소송의 대상은 원처분이다.

② 이미 확정된 과세처분에 대해 감액경정한 경우, 행정소송의 대상은 감액처분이다.

⑩ 과태료 처분은 취소소송의 대상인 행정처분이 아니다.

⑪ 반복된 행위는 그 행위마다 처분이 된다.

ⓢ 판례에 의하면 폐기물처리업을 하기 위하여 제출한 폐기물처리사업계획서에 대해 허가권자가 내린 부적정통보는 취소소송의 대상이 된다.

① 1개   ② 2개

③ 3개   ④ 4개

05 항고소송의 원고적격과 소의 이익에 대한 설명으로 옳지 않은 것을 조합한 것은?

> ㉠ 영업정지기간의 경과로 영업정지처분의 효력은 상실되므로 甲이 제기한 소송은 소의 이익(권리보호의 필요)이 인정될 수 없다.
> ㉡ 대학입학고사불합격처분의 취소를 구하는 소송의 계속 중 당해 연도의 입학시기가 지난 경우에도 불합격처분의 취소를 구할 소의 이익은 있다.
> ㉢ 건축허가에 따른 건축공사가 완료된 경우, 이격거리 위반을 이유로 건축허가처분의 취소를 구할 소의 이익은 있다.
> ㉣ 삼청교육으로 인한 피해를 보상하겠다는 대통령의 담화에 따라 국방부장관이 삼청교육 관련 피해자들에게 그 피해를 보상하겠다고 공고하고 피해신고까지 받은 것에 대한 국민의 신뢰는 법적으로 보호받아야 하는 이익이다.

① ㉠, ㉢

② ㉡, ㉢

③ ㉢, ㉣

④ ㉠, ㉣

06 다음 설명 중 항고소송에 대한 설명으로 옳지 않은 것은 몇 개인가?

> ㉠ 정보공개청구인이 전자적 형태의 정보를 정보통신망을 통하여 송신하는 방법으로 정보공개할 것을 청구하였으나, 공공기관이 대상정보를 공개하되 방문하여 수령하라고 결정하여 통지한 경우, 청구인에게 특정한 공개방법을 지정하여 정보공개를 청구할 수 있는 법령상 신청권이 있다고 볼 수는 없으므로, 이를 항고소송의 대상이 되는 거부처분이라 할 수 없다.
> ㉡ 개발부담금을 부과할 때는 가능한 한 개발부담금 부과처분 후에 지출한 개발비용도 공제함이 마땅하므로, 이미 부과처분에 따라 납부한 개발부담금 중 부과처분 후 납부한 개발비용인 학교용지부담금에 해당하는 금액에 대하여는 조리상 그 취소나 변경 등 환급에 필요한 처분을 신청할 권리가 인정되므로, 그 환급신청 거절회신은 항고소송의 대상이 된다.
> ㉢ 중요무형문화재 보유자의 추가인정 여부는 행정청의 재량에 속하고, 특정 개인에게 자신을 보유자로 인정해 달라는 법규상 또는 조리상 신청권이 있다고 할 수 없어, 중요무형문화인 경기민요 보유자 추가인정 신청에 대한 거부는 항고소송의 대상이 되지 않는다.
> ㉣ 기간제로 임용되어 임용기간이 만료된 국·공립대학의 조교수에 대하여 재임용을 거부하는 취지의 임용기간 만료 통지는 항고소송의 대상이 된다.
> ㉤ 업무상 재해를 당한 甲의 요양급여 신청에 대하여 근로복지공단이 요양승인처분을 하면서 사업주를 乙주식회사로 보아 요양승인사실을 통지하자, 乙주식회사가 甲이 자신의 근로자가 아니라고 주장하면서 근로복지공단에 사업주 변경을 신청하였으나 이를 거부하는 통지를 받은 경우, 근로복지공단의 결정에 따라 산업재해보상보험의 가입자지위가 발생하는 것이 아니므로 乙주식회사에게 법규상 또는 조리상 사업주변경신청권이 인정되지 않아, 위 거부통지는 항고소송의 대상이 되지 않는다.
> ㉥ 거부처분 후 법령이 개정 시행된 경우에 거부처분 취소의 확정판결을 받은 행정청이 개정법령상의 새로운 사유를 내세워 다시 거부처분을 하는 것은 「행정소송법」상의 재처분의무에 반한다.
> ㉦ 정부 간 항공노선의 개설에 관한 잠정협정 및 비밀양해각서와 건설교통부(현 국토교통부) 내부지침에 의한 항공노선에 대한 운수권배분처분은 항고소송의 대상이 된다.

① 1개

② 2개

③ 3개

④ 4개

07 원고적격에 대한 설명으로 옳지 않은 것은?

① 대법원은 상수원보호구역의 변경에 대하여 그 상수원으로부터 급수를 받는 인근 주민의 원고적격을 부인한 바 있다.

② 액화석유가스(LPG)충전소설치허가가 위법인 경우에 설치장소에 인접하여 거주하는 주민들은 처분의 취소를 구할 원고적격이 인정된다.

③ 인근 주민의 공설화장장설치결정취소소송에서 처분의 직접적 근거법률 이외에 관계 법률도 법에 의하여 보호되는 법률상 이익을 판단하는 근거법률이 된다.

④ 전원(電源)개발사업실시계획승인처분에 대한 취소소송에서 환경영향평가 대상지역 외의 주민들은 처분의 취소를 구할 원고적격이 인정된다.

08 항고소송의 소의 이익에 대한 설명으로 옳은 것을 조합한 것은?

⊙ 제재적 행정처분이 그 처분에서 정한 제재기간의 경과로 인하여 그 효과가 소멸되었으나, 부령인 시행규칙의 형식으로 정한 처분기준에서 제재적 행정처분(이하 '선행처분'이라고 함)을 받은 것을 가중사유나 전제요건으로 삼아 장래의 제재적 행정처분(이하 '후행처분'이라고 함)을 하도록 정하고 있는 경우, 위 시행규칙이 정한 바에 따라 선행처분을 가중사유 또는 전제요건으로 하는 후행처분을 받을 우려가 현실적으로 존재하는 경우에도 선행처분을 받은 상대방은 그 처분에서 정한 제재기간이 경과한 선행처분의 취소를 구할 법률상 이익이 없다.

⊙ 사업양도·양수에 따른 허가관청의 지위승계신고의 수리대상인 사업양도·양수가 존재하지 아니하거나 무효인 때에는 사업의 양도행위가 무효라고 주장하는 양도자는 민사쟁송으로 양도·양수행위의 무효를 구함이 없이 막바로 허가관청을 상대로 하여 행정소송으로 사업양도·양수에 따른 허가관청의 지위승계신고수리처분의 무효확인을 구할 법률상 이익이 있다.

⊙ 행정처분의 근거법률에 의하여 보호되는 직접적이고 구체적인 이익이 있는 경우에는 「행정소송법」제35조에 규정된 '무효확인을 구할 법률상 이익'이 있다고 보아야 하고, 이와 별도로 무효확인소송의 보충성이 요구되는 것은 아니므로 행정처분의 무효를 전제로 한 이행소송 등과 같은 직접적인 구제수단이 있는지 여부를 따질 필요가 없다.

⊙ 2개월의 영업정지처분은 그 기간의 경과로 이미 효력이 상실되었으므로, 甲에게는 그 처분의 취소를 구할 법률상 이익이 인정되지 아니한다.

① ㄱ, ㄴ   ② ㄴ, ㄷ

③ ㄷ, ㄹ   ④ ㄱ, ㄹ

09 항고소송의 원고적격과 소의 이익에 대한 설명으로 옳은 것은?

① 치과의사시험에 불합격된 자가 새로운 시험에 합격하였다면 그 불합격처분의 취소를 구할 소의 이익이 없다.

② 고등학교 졸업은 단지 대학입학자격이나 학력인정으로서의 의미만 있으므로, 고등학교 퇴학처분을 받은 후 고등학교 졸업학력 검정고시에 합격하였다면 고등학교 퇴학처분을 받은 자로서는 퇴학처분의 취소를 구할 소의 이익이 없다.

③ 해임처분 무효확인 또는 취소소송 계속 중 해당 공무원의 임기가 만료되어 해임처분의 무효확인 또는 취소로 지위를 회복할 수 없는 경우, 그 무효확인 또는 취소로 해임처분일부터 임기만료일까지 기간에 대한 보수지급을 구할 수 있더라도 해임처분의 무효확인 또는 취소를 구할 법률상 이익이 없다.

④ 위법한 건축허가에 대해 취소소송으로 다투는 도중에 건축공사가 완료된 경우, 그 취소를 구할 소의 이익이 인정된다.

11 항고소송의 제소기간에 대한 설명으로 옳은 것은?

① 피고경정으로 인한 피고의 변경은 당사자의 동일성을 바꾸는 것이므로 피고를 경정하는 경우, 제소기간의 준수 여부는 피고를 경정한 때를 기준으로 한다.

② 제소기간의 기산과 관련하여 법원은 '처분이 있음을 안 날'과 '처분이 있은 날' 중 선택적으로 적용할 수 있다.

③ 통상 고시에 의하여 행정처분을 하는 경우에는 그 처분의 상대방이 불특정 다수인이고, 그 처분의 효력이 불특정 다수인에게 일률적으로 적용되는 것이므로, 그 행정처분에 이해관계를 갖는 자는 고시가 있었다는 사실을 현실적으로 알았는지 여부에 관계없이 고시가 효력을 발생하는 날에 행정처분이 있음을 알았다고 보아야 하고, 따라서 그에 대한 취소소송은 그날부터 90일 이내에 제기하여야 한다.

④ 특정인에 대한 행정처분을 주소불명 등의 이유로 송달할 수 없어 관보, 공보, 게시판, 일간신문 등에 공고한 경우에는 공고가 효력을 발생하는 날에 상대방이 그 행정처분이 있음을 알았다고 볼 수 있다.

10 항고소송의 피고에 대한 설명으로 옳은 것은?

① 국회의장이 행한 처분에 대한 행정소송의 피고는 국회의원이 된다.

② 대법원 판례에 따르면 법률상 처분권한을 가진 A행정청이 자신의 권한을 하급행정청인 B행정청에 내부위임하였고, B행정청이 자신의 이름으로 처분을 한 경우에는 B행정청을 피고로 한다.

③ 합의제 행정기관이 한 처분에 대하여는 그 기관 자체가 피고가 되는 것이 원칙이므로 중앙노동위원회의 처분에 대한 소는 중앙노동위원회를 피고로 하여야 한다.

④ 「행정소송법」은 취소소송에서 원고가 피고를 잘못 지정한 경우, 피고가 본안에서 변론을 한 이후에는 피고의 동의를 얻어야 피고경정이 가능하다고 규정하고 있다.

12 필요적 전치주의에 대한 설명으로 옳지 않은 것을 조합한 것은?

> ㉠ 행정소송을 제기하기 전에는 반드시 행정심판을 거쳐야 한다.
> ㉡ 법령에서 심판전치를 규정한 경우 행정심판을 거치지 않고 행정소송을 제기하면 각하판결을 하여야 한다.
> ㉢ 행정청이 사실심의 변론종결 후 소송의 대상인 처분을 변경하여 당해 변경된 처분에 관하여 소를 제기하는 때에도 반드시 심판을 거쳐야 한다.
> ㉣ 개별 법률에서 규정하고 있는 행정심판을 거치지 않고 행정소송을 제기한 후에 그 변론종결 시까지 행정심판절차를 거친 경우에는 행정심판전치요건은 충족된 것이다.

① ㉠, ㉢   ② ㉡, ㉣

③ ㉠, ㉣   ④ ㉢, ㉣

13 취소소송의 제1심 관할법원에 대한 설명으로 옳은 것은?

① 취소소송의 제1심 관할법원은 원고의 소재지를 관할하는 행정법원으로 한다.

② 당사자소송에서 국가가 피고인 경우 대법원 소재지를 관할하는 행정법원이 관할법원이다.

③ 행정소송에 관하여 「민사소송법」상의 합의관할 및 변론관할에 관한 규정이 준용된다.

④ 중앙행정기관, 중앙행정기관의 부속기관과 합의제 행정기관 또는 그 장이나, 국가의 사무를 위임 또는 위탁받은 공공단체 또는 그 장을 피고로 하여 취소소송을 제기하는 경우에는 대법원 소재지를 관할하는 행정법원에 제기하여야 한다.

14 집행정지결정에 대한 설명으로 옳지 않은 것은?

① 집행정지기각결정에 대하여는 즉시항고를 할 수 있다.

② 부작위위법확인소송에는 집행정지에 관한 규정이 적용되지 않는다.

③ 집행정지결정을 한 후 본안소송이 취하되어 소송이 계속하지 아니한 것으로 되면 집행정지결정은 당연히 그 효력이 소멸되는 것이 아니라 이에 대한 별도의 취소조치가 필요하다.

④ 집행정지의 소극적 요건으로서 '공공복리에 중대한 영향을 미칠 우려가 없을 것'이라고 할 때의 공공복리는 그 처분의 집행과 관련된 구체적·개별적인 공익을 말하고, 피신청인인 행정청이 공공복리에 중대한 영향을 미칠 우려가 있다는 점을 주장·소명하여야 한다.

15 취소소송에서의 처분사유의 추가·변경에 대한 설명으로 옳은 것은? (다툼이 있는 경우 판례에 의함)

① 추가사유나 변경사유는 처분 시에 객관적으로 존재하던 사유여야 하므로 처분 이후에 발생한 사유를 추가·변경할 수 없다.

② 외국인 甲이 법무부장관에게 귀화신청을 하였으나 법무부장관이 '품행 미단정'을 불허사유로 「국적법」상의 요건을 갖추지 못하였다며 신청을 받아들이지 않는 처분을 하였는데, 법무부장관이 甲을 '품행 미단정'이라고 판단한 이유에 대하여 제1심 변론절차에서 「자동차관리법」 위반죄로 기소유예를 받은 전력 등을 고려하였다고 주장한 후, 제2심 변론절차에서 불법체류전력 등의 제반사정을 추가로 주장할 수 없다.

③ 당초 행정처분의 근거로 제시한 이유가 실질적인 내용이 없는 경우에, 행정소송의 단계에서 그 행정처분의 사유를 추가할 수 있다.

④ "폐기물 중간처분업체인 甲회사가 소각시설을 허가받은 내용과 달리 설치하거나 증설한 후 허가받은 처분능력의 100분의 30을 초과하여 폐기물을 과다소각하였다."라는 과징금 부과처분의 당초 처분사유에 대해, 그 취소소송에서 "甲회사는 변경허가를 받지 않은 채 소각시설을 무단 증설하여 과다소각하였으므로 구 폐기물관리법 시행규칙 제29조 제1항 제2호 (마)목 등 위반에 해당한다."라고 주장하는 것은 새로운 처분사유를 추가로 주장한 것이다.

16 항고소송에서의 심리에 대한 설명으로 옳지 않은 것은?

① 「행정소송법」 제26조에서 직권심리주의를 채용하고 있으나, 이는 행정소송에 있어서 원고의 청구범위를 초월하여 그 이상의 청구를 인용할 수 있다는 의미가 아니다.

② 어떠한 처분에 법령상 근거가 있는지, 「행정절차법」에서 정한 처분절차를 준수하였는지는 소송요건 심사단계에서 고려할 요소이다.

③ 행정소송에서 쟁송의 대상이 되는 행정처분의 존부는 소송요건으로서 법원의 직권조사사항이다.

④ 항고소송에서 원고는 전심절차에서 주장하지 아니한 공격방어방법이라도 이전의 주장과 전혀 별개의 것이 아닌 한 이를 소송절차에서 주장할 수 있고 법원은 이를 심리하여 행정처분의 적법 여부를 판단할 수 있다.

17 판결의 효력에 대한 설명으로 옳지 않은 것은?

① 취소판결의 기속력은 취소청구가 인용된 판결에서 인정되는 것으로서 당사자인 행정청과 그 밖의 관계 행정청에 확정판결의 취지에 따라 행동하여야 할 의무를 부과한다.

② 취소소송에서 기각판결이 확정된 경우에는 처분이 적법하다는 점에 기판력이 발생하므로, 패소한 당사자는 해당 처분에 관한 무효확인소송에서 그 처분이 위법하다고 주장할 수 없다.

③ 취소판결의 기속력에 위반하여 행한 행정청의 행위는 위법하나, 이는 무효사유가 아니라 취소사유에 해당한다.

④ 행정처분의 적법 여부는 그 행정처분이 행하여진 때의 법령과 사실을 기준으로 하여 판단하는 것이므로 거부처분 후에 법령이 개정·시행된 경우에는 개정된 법령 및 허가기준을 새로운 사유로 들어 다시 이전의 신청에 대한 거부처분을 할 수 있다.

18 무효확인소송에 대한 설명으로 옳은 것은?

① 무효확인소송은 행정행위의 부존재확인을 청구하는 것은 허용되지 않는다.

② 판례에 의하면 행정처분의 무효를 전제로 한 이행소송 등과 같은 구제수단이 있는 경우에는 원칙적으로 소의 이익을 부정하고, 다른 구제수단에 의하여 분쟁이 해결되지 않는 경우에 한하여 무효확인소송이 인정된다.

③ 무효등확인소송의 경우에는 제3자의 소송참가와 제3자에 의한 재심청구가 인정된다.

④ 위법한 과세처분에 대하여 세금을 납부한 자는 그 과세처분이 당연무효가 아닌 경우에도 과세처분취소소송을 제기함이 없이 곧바로 납부한 세금의 반환을 구하는 소송을 제기할 수 있다.

19 부작위위법확인소송에 대한 설명으로 옳지 않은 것은?

① 부작위위법확인소송의 위법 판단의 기준시점은 취소소송의 경우와 동일하게 판단된다.

② 부작위위법확인소송은 사정판결이 부인된다.

③ 부작위위법확인소송은 소의 변경이 인정된다.

④ 부작위위법확인의 소는 부작위상태가 계속되는 한 그 위법의 확인을 구할 이익이 있다고 보아야 하므로 원칙적으로 제소기간의 제한을 받지 않지만, 행정심판을 거친 경우에는 재결서의 정본을 송달받은 날부터 90일 이내에 부작위위법확인의 소를 제기하여야 한다.

20 당사자소송에 대한 설명으로 옳지 않은 것은?

① 당사자소송에 관하여 법령에 제소기간이 정하여져 있는 경우에는 그 기간은 불변기간으로 한다.

② 청구의 기초에 변경이 없는 한 당사자소송을 취소소송으로 변경할 수는 있으나 무효등확인소송으로는 변경할 수 없다.

③ 당사자소송에서 법원은 필요하다고 인정할 때에는 직권으로 증거조사를 할 수 있다.

④ 당사자소송은 국가·공공단체 및 그 밖의 권리주체를 피고로 한다.

부록

행정절차법 **1**회

01 2022년 7월 12일 시행되는 행정절차법에 대한 설명으로 옳지 않은 것은?

① 「행정절차법」은 확약의 일반법이다.

② 「행정절차법」은 법 위반사실 등의 공표에 대한 일반법이다.

③ 「행정절차법」은 행정계획에 대해 규정하고 있다.

④ 「행정절차법」은 공법상 계약에 대해 규정하고 있다.

02 행정절차법에 대한 설명으로 옳지 않은 것은?

① 행정청은 허가 등의 취소를 할 때 청문회 개최는 의견제출기한 내에 당사자 등의 신청을 요건으로 한다.

② 행정청은 송달받을 자의 주소 등을 통상적인 방법으로 확인할 수 없는 경우 또는 송달이 불가능한 경우 송달받을 자가 알기 쉽도록 관보, 공보, 게시판, 일간신문 중 하나 이상에 공고하고 인터넷에도 공고하여야 한다.

③ 공고방식으로 송달한 경우 민감정보 및 고유식별정보 등 송달받을 자의 개인정보를 「개인정보 보호법」에 따라 보호하여야 한다.

④ 공공의 안전 또는 복리를 위하여 긴급히 처분을 할 필요가 있거나 사안이 경미한 경우에는 말, 전화, 휴대전화를 이용한 문자 전송, 팩스 또는 전자우편 등 문서가 아닌 방법으로 처분을 할 수 있다.

03 행정절차법에 대한 설명으로 옳은 것은?

① 행정청이 처분을 할 때에는 다른 법령등에 특별한 규정이 있는 경우를 제외하고는 문서로 하여야 하며, 전자문서로 하는 경우에는 당사자 등의 동의가 있어야 한다.

② 행정청은 신청한 사람 중에서 청문 주재자를 공정하게 선정하여야 한다.

③ 행정청은 다수 국민의 이해가 상충되는 처분을 하려는 경우에는 청문 주재자를 2명 이상으로 선정할 수 있다.

④ 행정청은 다수 국민의 이해가 상충되는 처분 또는 다수 국민에게 불편이나 부담을 주는 처분을 하려는 경우에 한해 청문 주재자를 2명 이상으로 선정할 수 있다.

04 행정절차법에 대한 설명으로 옳은 것은?

① 당사자 등은 의견제출의 경우에는 문서의 열람 또는 복사를 요청할 수 없다.

② 당사자 등은 의견제출의 경우 또는 공청회의 경우에는 공청회의 통지가 있는 날부터 공청회가 끝날 때까지 행정청에 해당 사안의 조사결과에 관한 문서와 그 밖에 해당 처분과 관련되는 문서의 열람 또는 복사를 요청할 수 있다.

③ 행정청은 공청회와 병행하여서만 정보통신망을 이용한 공청회를 실시할 수 있다.

④ 국민의 생명·신체·재산의 보호 등 국민의 안전 또는 권익보호 등의 이유로 제38조에 따른 공청회를 개최하기 어려운 경우에도 행정청은 공청회와 병행하여서만 온라인공청회를 실시할 수 있다.

05 행정절차법의 확약에 대한 설명으로 옳은 것은?

① 법령등에서 권익을 제한하거나 의무를 부과하는 처분을 규정하고 있는 경우 행정청은 당사자의 신청에 따라 장래에 어떤 처분을 하거나 하지 아니할 것을 내용으로 하는 의사표시를 할 수 있다.

② 확약은 문서 또는 구두로 할 수 있다.

③ 행정청은 다른 행정청과의 협의 등의 절차를 거쳐야 하는 처분에 대하여 확약을 하려는 경우에는 확약을 하기 전에 그 절차를 거쳐야 한다.

④ 행정청은 확약을 이행할 수 없는 경우에는 지체 없이 당사자에게 그 사실을 통지할 수 있다.

06 행정절차법에 대한 설명으로 옳은 것은?

① 행정청은 확약에 기속되지 아니한다.

② 확약이 위법한 경우라도 행정청은 확약에 기속된다.

③ 행정청은 행정청이 구속적 행정계획을 수립할 때뿐 아니라 변경·폐지할 때에도 관련된 여러 이익을 정당하게 형량하여야 한다.

④ 「행정절차법」은 행정계획이 법률에 근거하도록 하여야 한다고 규정하여 법률유보원칙이 적용됨을 명시하고 있다.

07 행정절차법의 위반사실 등의 공표에 대한 설명으로 옳지 않은 것은?

① 법 위반사실 등의 공표는 법률에 근거해야 한다.

② 행정청은 위반사실 등의 공표를 하기 전에 사실과 다른 공표로 인하여 당사자의 명예·신용 등이 훼손되지 아니하도록 객관적이고 타당한 증거와 근거가 있는지를 확인하여야 한다.

③ 행정청은 위반사실 등의 공표를 할 때에는 미리 당사자에게 그 사실을 통지하고 의견제출의 기회를 주어야 한다.

④ 당사자가 의견진술의 기회를 포기한다는 뜻을 명백히 밝힌 경우에도 행정청은 위반사실 등의 공표를 할 때에는 미리 당사자에게 그 사실을 통지하고 의견제출의 기회를 주어야 한다.

08 행정절차법에 대한 설명으로 옳지 않은 것은?

① 행정예고기간은 예고 내용의 성격 등을 고려하여 정하되, 20일 이상으로 한다.

② 행정목적을 달성하기 위하여 긴급한 필요가 있는 경우에는 행정예고기간을 단축할 수 있다. 이 경우 단축된 행정예고기간은 10일 이상으로 한다.

③ 행정청은 정부시책이나 행정제도 및 그 운영의 개선에 관한 국민의 창의적인 의견이나 고안(국민제안)을 접수·처리하여야 한다.

④ 행정청은 주요 정책 등에 관한 국민과 전문가의 의견을 듣거나 국민이 참여할 수 있는 온라인 또는 오프라인 창구를 설치·운영하여야 한다.

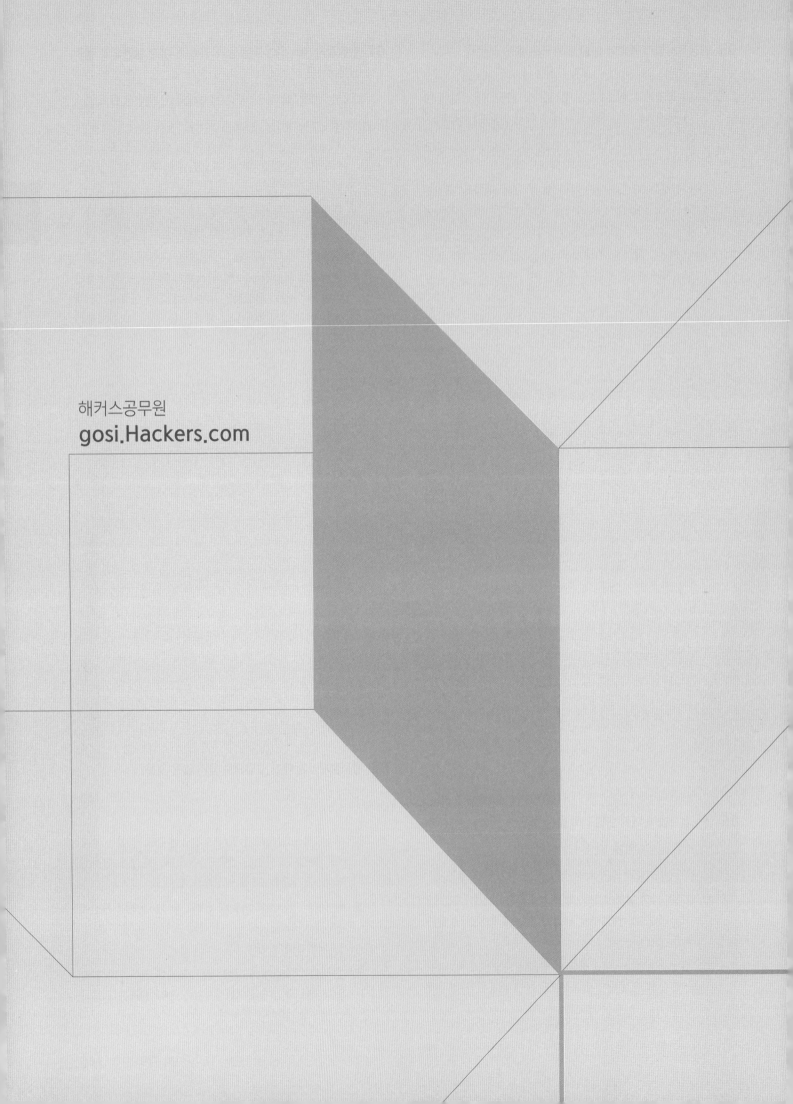

해커스공무원
gosi.Hackers.com

2022 해커스공무원 황남기 행정법 모의고사 Season 1

쟁점별
모의고사

정답 및 해설

정답

01	②	02	③	03	③	04	④
05	③	06	④	07	②	08	①
09	②	10	③	11	④	12	③
13	④	14	①	15	③	16	③
17	③	18	④	19	③	20	③

01 　　　　　　　　　　　　　　　　　정답 ②

① [O] 행정은 소극적이고 현상유지적인 작용이 아니라, 장래에 대하여 적극적이고 능동적인 미래지향적 형성작용이다.

❷ [X] 행정은 우월한 지위에 있는 행정주체가 적극적·능동적으로 공익의 실현을 목적으로 하는 국가작용이다.

③ [O] 베르너(F. Werner)는 '구체화된 헌법으로서의 행정법'이라고 표현하여 헌법과 행정법의 밀접한 관련성을 강조하였다.

④ [O] 헌법은 최상위의 기본법이다.

02 　　　　　　　　　　　　　　　　　정답 ③

① [O] 대륙법계는 공법과 사법을 구별한다. 행정법의 모국인 프랑스의 행정법은 Conseil d'Etat(국참사원)라는 독립한 행정재판소의 판례를 통해 발전하였고, 독일의 행정법은 19C 후반에 이르러 비로소 행정재판소가 생겨 실정법과 공권력을 중심으로 발전하였다.

② [O] 프랑스에서의 행정법은 사법권의 간섭으로부터 행정권을 해방시키기 위한 투쟁에서 발전하였다.

❸ [X] 독일의 경우 제2차 세계대전 후 공권력에 의한 국민의 권익침해에 대한 사법적 구제가 일반적으로 인정되게 되었다. 즉, 실질적 법치주의에 따라 국가 중시에서 국민의 권리보호 쪽으로 행정법의 목적이 바뀌었다. 그리고 제2차 세계대전 후 행정법원을 행정부에서 법원으로 그 소속을 바꾸어 행정통제를 강화하였다.

④ [O] 프랑스의 행정재판소인 국참사원(Conseil d'Etat)은 처음부터 재판기능을 수행한 것은 아니었다. 그런데 국영담배공장의 담배운반 수레에 블랑꼬라는 꼬마가 치인 사건(블랑꼬 사건)에서, 국영담배공장의 업무는 비권력적인 공역무임에도 행정의 능률화와 민주화 사이의 조화를 위해 국참사원(Conseil d'Etat)의 관할에 속한다고 판결하였다. 이를 계기로 프랑스에서 행정법이 독자적으로 형성·발전하게 되었다.

03 　　　　　　　　　　　　　　　　　정답 ③

① [X] 영미법계에서는 공법과 사법의 구별을 인정하지 않으나, 행정법의 특수성은 인정하여 사법의 특별법으로 본다.

② [X] 영국은 행정주체도 똑같은 법의 지배를 받는다는 보통법(common law) 및 법의 지배의 원칙으로 인하여 오랫동안 행정에 특유한 법

인 행정법의 성립을 보지 못하였다. 그러나 제2차 세계대전 이후 고도로 자본주의가 발달함으로 인해 사회적·경제적 문제를 해결하기 위하여 행정기능의 확대·강화 및 개입이 요구되었고, 이에 따른 새로운 제정법 및 각종 행정위원회의 기능(행정권한·준입법권한·준사법권한)을 중심으로 행정법이 성립·발전하게 되었다. 즉, 영국은 보통법의 전통을 부정한 것이 아니라, 보통법에 대한 예외를 인정하고, 보통법의 전통과 조화를 이루면서 행정법이 발전하였다.

❸ [O] ④ [X] 우리나라의 행정법원은 행정부 소속이 아니라 일반법원에 속하므로 사법국가형이다. 다만, 사법국가이면서도 공·사법의 이원체계와 「행정소송법」에 따른 행정사건의 처리 등 대륙법계 국가의 행정국가적 요소를 가미하고 있다.

04 　　　　　　　　　　　　　　　　　정답 ④

① [O] 비례원칙·평등원칙·신뢰보호원칙 등과 같은 행정법의 공통원리는 존재한다.

② [O] 행정작용은 그 공공성으로 인해 획일적이고 강행적인 규율을 원칙으로 하는 결과, 국민들의 법적 생활의 안정성과 예측가능성을 보장하기 위하여 성문법주의를 원칙으로 한다.

③ [O] 형식적 법률만으로는 복잡하고 다양한 행정법관계를 모두 규율하는 데 한계가 있으므로, 많은 경우에 법규명령인 시행령(대통령령)과 시행규칙(총리령·부령)이 제정되어 있다.

❹ [X] 행정법은 주로 단속법규로 되어 있어 이에 위반하더라도 법적 효력이 없게 되는 것이 아니라, 행정벌의 대상이 될 뿐이다.

05 　　　　　　　　　　　　　　　　　정답 ③

① [X] 법원의 범위(개념)에 관하여는 법규만을 법원으로 인정하는 협의설(판례)과 법규뿐만 아니라 일체의 법규범이 법원이 된다는 광의설(다수설)의 대립이 있다. 협의설에 의하면 행정규칙의 법원성을 인정할 수 없으나, 광의설에 의하면 행정규칙도 법원성이 인정된다.

② [X] 중앙선거관리위원회는 법령의 범위 안에서 선거관리·국민투표관리 또는 정당사무에 관한 규칙을 제정할 수 있으며, 법률에 저촉되지 아니하는 범위 안에서 내부규율에 관한 규칙을 제정할 수 있다(헌법 제114조 제6항). 그리고 「행정기본법」 제2조 제1호 가목 2)에서 중앙선거관리위원회규칙을 법령으로 규정하여 법원성을 인정하고 있다.

❸ [O] 지방의회가 제정하는 조례는 자치법규로서 '법령등'에 해당하여 행정법의 법원이 된다(「행정기본법」 제2조 제1호 나목).

④ [X] 감사원은 감사에 관한 절차, 감사원의 내부규율과 감사사무처리에 관한 규칙을 제정할 수 있다(「감사원법」 제52조). 이 감사원규칙은 헌법에 근거가 있는 것이 아니라 「감사원법」에 근거하고 있으므로 행정규칙이라는 견해도 주장되고 있으나, 헌법이 인정하고 있는 위임입법의 형식을 예시적인 것으로 보는 헌법재판소의 입장(헌재 2006.12.28, 2005헌바59)과 다수설에서는 법률에 의한 행정입법권의 부여도 인정되므로 법규명령으로 볼 수 있다. ➡ 「행정기본법」 제2조 제1호 가목 2)에서도 감사원규칙을 법규명령으로서 인정하고 있다.

06 정답 ④

① [X] 법원이란 행정의 조직과 작용 및 그 구제에 대한 법의 존재형식 또는 무엇이 법인가를 인식하는 근거를 말한다. 헌법은 <u>최고·최상위의 법원</u>이다.

② [X] 헌법은 <u>최고·최상위의 법원</u>이다. ➡ 모든 국민은 '인간다운 생활을 할 권리'를 가지며 국가는 생활능력 없는 국민을 보호할 의무가 있다는 헌법의 규정은 모든 국가기관을 기속하지만 그 기속의 의미는 동일하지 아니한데, 입법부나 행정부에 대하여는 국민소득, 국가의 재정능력과 정책 등을 고려하여 가능한 범위 안에서 최대한으로 모든 국민이 물질적인 최저생활을 넘어서 인간의 존엄성에 맞는 건강하고 문화적인 생활을 누릴 수 있도록 하여야 한다는 행위의 지침, 즉 행위규범으로서 작용하지만, 헌법재판에 있어서는 다른 국가기관, 즉 입법부나 행정부가 국민으로 하여금 인간다운 생활을 영위하도록 하기 위하여 객관적으로 필요한 최소한의 조치를 취할 의무를 다하였는지를 기준으로 국가기관의 행위의 합헌성을 심사하여야 한다는 통제규범으로 작용하는 것이다(헌재 2004. 10.28, 2002헌마328).

③ [X] WTO 협정은 국가와 국가 사이의 권리·의무관계를 설정하는 국제협정으로, 그 내용 및 성질에 비추어 이와 관련한 법적 분쟁은 위 WTO 분쟁해결기구에서 해결하는 것이 원칙이고, 사인에 대하여는 위 협정의 직접 효력이 미치지 아니한다고 보아야 할 것이므로, 위 협정에 따른 회원국 정부의 반덤핑부과처분이 WTO 협정 위반이라는 이유만으로 <u>사인이 직접 국내 법원에 회원국 정부를 상대로 그 처분의 취소를 구하는 소를 제기하거나 위 협정 위반을 처분의 독립된 취소사유로 주장할 수는 없다</u>(대판 2009.1.30, 2008두17936).

❹ [O] 세법의 해석이나 국세행정의 관행이 일반적으로 납세자에게 받아들여진 후에는 그 해석이나 관행에 의한 행위 또는 계산은 정당한 것으로 보며, 새로운 해석이나 관행에 의하여 소급하여 과세되지 아니한다(「국세기본법」 제18조 제3항).

07 정답 ②

① [X] 일반적으로 승인된 국제법규는 국제사회에서 통용되는 국제법규이므로 <u>별도의 입법절차 없이 국내법으로서 효력을 가진다</u>(일원론).

❷ [O] 헌법 제6조 제1항

③ [X] WTO 협정은 국가와 국가 사이의 권리·의무관계를 설정하는 국제협정으로, 그 내용 및 성질에 비추어 이와 관련한 법적 분쟁은 위 WTO 분쟁해결기구에서 해결하는 것이 원칙이고, 사인에 대하여는 위 협정의 직접 효력이 미치지 아니한다고 보아야 할 것이므로, 위 협정에 따른 회원국 정부의 반덤핑부과처분이 WTO 협정 위반이라는 이유만으로 <u>사인이 직접 국내 법원에 회원국 정부를 상대로 그 처분의 취소를 구하는 소를 제기하거나 위 협정 위반을 처분의 독립된 취소사유로 주장할 수는 없다</u>(대판 2009.1.30, 2008두17936).

④ [X] '남북 사이의 화해와 불가침 및 교류협력에 관한 합의서'는 남북한 당국이 각기 정치적인 책임을 지고 상호간에 그 성의 있는 이행을 약속한 것이기는 하나 법적 구속력이 있는 것은 아니어서 이를 국가 간의 조약 또는 이에 준하는 것으로 볼 수 없고, 따라서 국내법과 동일한 효력이 인정되는 것도 아니다(대판 1999.7.23, 98두14525).

08 정답 ①

❶ [O] 기본권 중 자유권적 기본권은 <u>헌법규범만으로 구체적 권리성이 보장된다. 그러나 환경권은 법률의 규정이 있어야 비로소 구체적 권리성을 갖게 된다</u>(대판 1997.7.22, 96다56153 참조).

② [X] 일반적으로 승인된 국제법규는 별도의 입법절차 없이 국내법적 효력을 가진다고 보는 일원론이 통설이다.

③ [X] 과잉금지(비례)의 원칙은 기본권 제한의 법리인데, <u>행정법의 해석에서도 적용된다.</u>

④ [X] 일반적으로 승인된 국제법규는 별도의 절차 없이 국내법(법률 또는 명령)적 효력을 가지므로, 행정법의 법원이 된다.

09 정답 ②

① [X] 법률우위원칙에서의 '법률'에는 헌법·법률·법규명령·관습법과 같은 불문법이 포함되나, 원칙적으로 행정규칙은 포함되지 않는다. 그리고 법률유보원칙에서의 '법률'에는 국회가 제정한 형식적 의미의 법률은 물론 법률의 위임을 받은 법규명령도 포함되나, 행정규칙과 불문법원인 관습법이나 판례는 이에 포함되지 않는다.

❷ [O] 관습법과 성문법의 관계에 대해서는 대등적 효력설과 보충적 효력설의 대립이 있는데, 다수설과 판례(대판 1983.6.14, 80다3231)는 성문법을 개폐하는 효력은 없고 보충적 효력을 가질 뿐이라고 한다. 다만, 예외적으로 관습헌법은 대등적 효력설을 취하고 있음에 주의해야 한다(헌재 2004.10.21, 2004헌마554).

③ [X] 행정법은 법치주의의 원리로 인해 행정부는 법률에 근거해 행위를 해야 하므로, 관습법이 상대적으로 성립할 가능성이 적다.

④ [X] 비과세의 사실상태가 장기간에 걸쳐 계속된 경우에 그것이 그 사항에 대하여 과세의 대상으로 삼지 아니하는 뜻의 과세관청의 묵시적인 의향표시로 볼 수 있는 경우에는 이를 국세행정의 관행이라고 인정할 수 있다(대판 1987.2.24, 86누571). ➡ 판례는 국세행정상 비과세의 관행을 행정선례법으로 인정하고 있다.

10 정답 ③

① [O] 사회의 거듭된 관행으로 생성된 사회생활규범이 관습법으로 승인되었다고 하더라도 사회 구성원들이 그러한 관행의 법적 구속력에 대하여 확신을 갖지 않게 되었다거나, 사회를 지배하는 기본적 이념이나 사회질서의 변화로 인하여 그러한 관습법을 적용하여야 할 시점에 있어서의 전체 법질서에 부합하지 않게 되었다면 그러한 <u>관습법은 법적 규범으로서의 효력이 부정될 수밖에 없다</u>(대판 전합체 2005.7.21, 2002다1178).

② [O] 마을어업의 어업권자는 입어자에게 「수산업법」 제38조에 따른 어장관리규약으로 정하는 바에 따라 해당 어장에 입어하는 것을 허용하여야 한다(「수산업법」 제40조 제1항).

❸ [X] 관습법의 성립에는 국가의 승인까지는 필요치 않고 행정관행에 대한 행정기관과 일반국민들의 법적 확신만 존재하면 된다는 법적 확신설이 통설·판례(대판 1983.6.14, 80다3231 ; 헌재 2004.9. 23, 2000헌라2)이다.

④ [O] 「국세기본법」 제18조 제3항과 「행정절차법」 제4조 제2항에서 행정선례법에 관한 규정을 두고 있다.

11 정답 ④

① [O] 「헌법재판소법」 제47조 제1항은 "법률의 위헌결정은 법원과 그 밖의 국가기관 및 지방자치단체를 기속한다."라고 규정하고 있으므로, 헌법재판소에 의한 위헌결정의 <u>법원성이 인정된다</u>(대판

2009.2.12, 2004두10289 ; 대판 2008.10.23, 2006다66272).

② [O] 상급법원 재판에서의 판단은 해당 사건에 관하여 하급심을 기속한다(「법원조직법」 제8조). 따라서 해당 사건이 아닌 이상 동종 사건에 관하여는 하급법원은 대법원의 판례와 다른 판단을 할 수 있다.

③ [O] 선례구속의 원칙은 영미법계 국가에서 인정되고, 대륙법계 국가에서는 인정되지 않음이 원칙이다.

❹ [X] 상급법원 재판에서의 판단은 해당 사건에 관하여 하급심을 기속한다(「법원조직법」 제8조). 이 「법원조직법」 제8조에 의해 인정되는 기속력은 해당 사건에 한하는 것이지 동종 사건에까지 하급심을 기속하는 것은 아니다(대판 1996.10.25, 96다31307 참조).

12   정답 ③

① [X] 법률은 특별한 규정이 없는 한 공포한 날로부터 20일을 경과함으로써 효력을 발생하고(헌법 제53조 제7항), 대통령령·총리령 및 부령은 특별한 규정이 없으면 공포한 날부터 20일이 경과함으로써 효력을 발생한다(「법령 등 공포에 관한 법률」 제13조). 그리고 조례와 규칙은 특별한 규정이 없으면 공포한 날부터 20일이 지나면 효력을 발생한다(「지방자치법」 제32조 제8항).

② [X]

> 「법령 등 공포에 관한 법률」 제11조 【공포 및 공고의 절차】 ④ 관보의 내용 해석 및 적용 시기 등에 대하여 종이관보와 전자관보는 동일한 효력을 가진다.

❸ [O] 「법령 등 공포에 관한 법률」 제13조

④ [X]

> 「법령 등 공포에 관한 법률」 제13조의2 【법령의 시행유예기간】 국민의 권리 제한 또는 의무 부과와 직접 관련되는 법률, 대통령령, 총리령 및 부령은 긴급히 시행하여야 할 특별한 사유가 있는 경우를 제외하고는 공포일부터 적어도 30일이 경과한 날부터 시행되도록 하여야 한다.

13   정답 ④

① [O] 법령등의 공포시점은 관보가 전국의 각 관보보급소에 발송·배포되어 이를 일반인이 열람 또는 구독할 수 있는 상태에 놓이게 된 최초의 시기를 뜻한다(대판 1969.11.25, 69누129).

② [O]

> 「법령 등 공포에 관한 법률」 제11조 【공포 및 공고의 절차】 ① 헌법개정·법률·조약·대통령령·총리령 및 부령의 공포와 헌법개정안·예산 및 예산 외 국고부담계약의 공고는 관보(官報)에 게재함으로써 한다.

③ [O] 「국회법」 제98조 제3항 전단에 따라 하는 국회의장의 법률 공포는 서울특별시에서 발행되는 둘 이상의 일간신문에 게재함으로써 한다(「법령 등 공포에 관한 법률」 제11조 제2항).

❹ [X] 조례와 규칙의 공포는 해당 지방자치단체의 공보에 게재하는 방법으로 한다. 다만, 「지방자치법」 제32조 제6항 후단에 따라 지방의회의 의장이 조례를 공포하는 경우에는 공보나 일간신문에 게재하거나 게시판에 게시한다(「지방자치법」 제33조 제1항).

14   정답 ①

❶ [X] 행정처분은 그 근거 법령이 개정된 경우에도 경과규정에서 달리 정함이 없는 한 처분 당시 시행되는 개정 법령과 그에서 정한 기준에 의하는 것이 원칙이고, 개정 법령이 기존의 사실 또는 법률관계를 적용대상으로 하면서 국민의 재산권과 관련하여 종전보다 불리한 법률효과를 규정하고 있는 경우에도 그러한 사실 또는 법률관계가 개정 법률이 시행되기 이전에 이미 완성 또는 종결된 것이 아니라면 이를 헌법상 금지되는 소급입법에 의한 재산권 침해라고 할 수는 없으며, 그러한 개정 법률의 적용과 관련하여서는 개정 전 법령의 존속에 대한 국민의 신뢰가 개정 법령의 적용에 관한 공익상의 요구보다 더 보호가치가 있다고 인정되는 경우에 그러한 국민의 신뢰보호를 보호하기 위하여 그 적용이 제한될 수 있는 여지가 있을 따름이다(대판 2020.7.23, 2019두31839).

② [O] 계속된 사실이나 새로운 법령 시행 후에 발생한 부과요건사실에 대하여 새로운 법령을 적용하는 것은 소급입법금지의 원칙에 저촉되지 않는다(대판 1995.4.25, 93누13728).

③ [O] 부진정소급입법은 원칙적으로 허용되지만 소급효를 요구하는 공익상의 사유와 신뢰보호의 요청 사이의 교량 과정에서 신뢰보호의 관점이 입법자의 형성권에 제한을 가하게 되는 데 반하여, 진정소급입법은 개인의 신뢰보호와 법적 안정성을 내용으로 하는 법치국가원리에 의하여 특단의 사정이 없는 한 헌법적으로 허용되지 아니하는 것이 원칙이나 예외적으로 국민이 소급입법을 예상할 수 있었거나, 법적 상태가 불확실하고 혼란스러웠거나 하여 보호할 만한 신뢰의 이익이 적은 경우와 소급입법에 의한 당사자의 손실이 없거나 아주 경미한 경우, 그리고 신뢰보호의 요청에 우선하는 심히 중대한 공익상의 사유가 소급입법을 정당화하는 경우에는 허용될 수 있다(헌재 2011.3.31, 2008헌바141 등).

④ [O] 「행정기본법」 제14조는 새로운 법령은 그 법령등의 효력 발생 전에 완성되거나 종결된 사실관계 또는 법률관계에 대해서는 적용되지 아니한다고 하여 완성된 사건이 아닌 진행 중인 사건에 새 법령을 적용하는 부진정소급적용을 금지하고 있지 않다.

> 「행정기본법」 제14조 【법 적용의 기준】 ① 새로운 법령등은 법령등에 특별한 규정이 있는 경우를 제외하고는 그 법령등의 효력 발생 전에 완성되거나 종결된 사실관계 또는 법률관계에 대해서는 적용되지 아니한다.

15   정답 ③

① [X] 과세단위가 시간적으로 정해지는 조세에 있어 과세표준기간인 과세연도 진행 중에 세율인상 등 납세의무를 가중하는 세법의 제정이 있는 경우에는 이미 충족되지 아니한 과세요건을 대상으로 하는 강학상 이른바 부진정소급효의 경우이므로 그 과세연도 개시시에 소급적용이 허용된다(대판 1983.4.26, 81누423). 따라서 2021년 5월에 세율을 인상하는 법이 개정되어 해당 연도인 2021년(1~12월)에 적용하는 것은 부진정소급적용이므로 허용된다.

② [X] 계속된 사실이나 새로운 법령 시행 후에 발생한 부과요건사실에 대하여 새로운 법령을 적용하는 것은 소급적용금지의 원칙에 저촉되지 않는다(대판 1995.4.25, 93누13728). 즉, 이른바 부진정소급효의 경우에는 소급적용이 허용된다(대판 1983.4.26, 81누423).

❸ [O] 행정처분은 그 근거 법령이 개정된 경우에도 경과규정에서 달리 정함이 없는 한 처분 당시 시행되는 개정 법령과 그에서 정한 기준에 의하는 것이 원칙이고, 그 개정 법령이 기존의 사실 또는 법률관계를 적용대상으로 하면서 종전보다 불리한 법률효과를 규정하

고 있는 경우에도 그러한 사실 또는 법률관계가 개정 법률이 시행되기 이전에 이미 종결된 것이 아니라면 이를 헌법상 금지되는 소급입법이라고 할 수는 없으며, 그러한 개정 법률의 적용과 관련하여서는 개정 전 법령의 존속에 대한 국민의 신뢰가 개정 법령의 적용에 관한 공익상의 요구보다 더 보호가치가 있다고 인정되는 경우에 그러한 국민의 신뢰보호를 보호하기 위하여 그 적용이 제한될 수 있는 여지가 있을 따름이다(대판 2010.3.11, 2008두15169).

④ [X] 소급입법은, 새로운 입법을 이미 종료된 사실관계 또는 법률관계에 적용하도록 하는 진정소급입법과, 현재 진행 중인 사실관계 또는 법률관계에 적용하게 하는 부진정소급입법으로 나눌 수 있다. 이 중에서 기존의 법에 의하여 이미 형성된 개인의 법적 지위를 사후입법을 통하여 박탈함을 내용으로 하는 진정소급입법은 개인의 신뢰보호와 법적 안정성을 내용으로 하는 법치국가원리에 의하여 허용되지 않음 원칙이다. 반면, 부진정소급입법은 원칙적으로 허용되지만, 소급효를 요구하는 공익상의 사유와 신뢰보호를 요구하는 개인보호의 사유 사이의 교량과정에서 그 범위에 제한이 가하여질 수 있다(대판 2019.1.31, 2015두60020 ; 헌재 2011. 3.31, 2008헌바141).

16 　　　　　　　　　　　　　　　　정답 ③

① [O] 진정소급효 입법의 경우에는 입법권자의 입법형성권보다도 당사자가 구법질서에 기대했던 신뢰보호의 견지에서 그리고 법적 안정성을 도모하기 위해 특단의 사정이 없는 한 구법에 의하여 이미 얻은 자격 또는 권리를 새 입법을 하는 마당에 그대로 존중할 의무가 있다고 할 것이나, 부진정소급효 입법의 경우에는 구법질서에 대하여 기대했던 당사자의 신뢰보호보다는 광범위한 입법권자의 입법형성권을 경시해서는 안 될 일이므로 특단의 사정이 없는 한 새 입법을 하면서 구법관계 내지 구법상의 기대이익을 존중하여야 할 의무가 발생하지는 않는다(헌재 1989.3.17, 88헌마1).

② [O] 진정소급입법이라 하더라도 예외적으로 국민이 소급입법을 예상할 수 있었거나 신뢰보호의 요청에 우선하는 심히 중대한 공익상의 사유가 소급입법을 정당화하는 경우 등에는 허용될 수 있다(대판 2012.2.23, 2010두17557 ; 헌재 2011.3.31, 2008헌바141).

❸ [X] 진정소급입법은 개인의 신뢰보호와 법적 안정성을 내용으로 하는 법치국가원리에 의하여 특단의 사정이 없는 한 헌법적으로 허용되지 아니하는 것이 원칙이나, 예외적으로 국민이 소급입법을 예상할 수 있었거나, 법적 상태가 불확실하고 혼란스러웠거나 하여 보호할 만한 신뢰의 이익이 적은 경우와 소급입법에 의한 당사자의 손실이 없거나 아주 경미한 경우, 그리고 신뢰보호의 요청에 우선하는 심히 중대한 공익상의 사유가 소급입법을 정당화하는 경우에는 허용될 수 있다(헌재 2011.3.31, 2008헌바141 등).

④ [O] 어떤 법률조항에 대하여 헌법재판소가 헌법불합치결정을 하여 입법자에게 그 법률조항을 합헌적으로 개정 또는 폐지하는 임무를 입법자의 형성 재량에 맡긴 이상, 개선입법의 소급적용 여부와 소급적용 범위는 원칙적으로 입법자의 재량에 달린 것이다(대판 2015.5.29, 2014두35447 ; 대판 2011.9.29, 2008두18885).

17 　　　　　　　　　　　　　　　　정답 ③

① [X] 「행정기본법」 제14조에 따르면 법령등에 특별한 규정이 있는 경우에는 새 법령을 그 법령등의 효력 발생 전에 완성되거나 종결된 사실관계 또는 법률관계에 대해서는 적용할 수 있다. 따라서 과거에 완성된 사실에 대하여 당사자에게 불리하게 제정 또는 개정된 신법을 적용하는 것은 어떠한 경우에도 허용될 수 없는 것은 아니다.

> 「행정기본법」 제14조【법 적용의 기준】① 새로운 법령등은 법령등에 특별한 규정이 있는 경우를 제외하고는 그 법령등의 효력 발생 전에 완성되거나 종결된 사실관계 또는 법률관계에 대해서는 적용되지 아니한다.

> [관련 판례] 진정소급입법은 개인의 신뢰보호와 법적 안정성을 내용으로 하는 법치국가원리에 의하여 특단의 사정이 없는 한 헌법적으로 허용되지 아니하는 것이 원칙이나 예외적으로 국민이 소급입법을 예상할 수 있었거나, 법적 상태가 불확실하고 혼란스러웠거나 하여 보호할 만한 신뢰의 이익이 적은 경우와 소급입법에 의한 당사자의 손실이 없거나 아주 경미한 경우, 그리고 신뢰보호의 요청에 우선하는 심히 중대한 공익상의 사유가 소급입법을 정당화하는 경우에는 허용될 수 있다(헌재 2011.3.31, 2008헌바141 등).

② [X] 「행정기본법」 제14조 제1항은 진정소급적용만 금지하고 있어 부진정소급적용은 허용된다. 기존 판례도 마찬가지이다.

> 「행정기본법」 제14조【법 적용의 기준】① 새로운 법령등은 법령등에 특별한 규정이 있는 경우를 제외하고는 그 법령등의 효력 발생 전에 완성되거나 종결된 사실관계 또는 법률관계에 대해서는 적용되지 아니한다.

> [관련 판례] 법령을 소급적용하더라도 일반국민의 이해에 직접 관계가 없는 경우, 오히려 그 이익을 증진하는 경우, 불이익이나 고통을 제거하는 경우 등의 특별한 사정이 있는 경우에 한하여 예외적으로 법령의 소급적용이 허용된다(대판 2005.5.13, 2004다8630).

❸ [O] 진정소급입법은 개인의 신뢰보호와 법적 안정성을 내용으로 하는 법치국가원리에 의하여 특단의 사정이 없는 한 헌법적으로 허용되지 아니하는 것이 원칙이나, 예외적으로 국민이 소급입법을 예상할 수 있었거나, 법적 상태가 불확실하고 혼란스러웠거나 하여 보호할 만한 신뢰의 이익이 적은 경우와 소급입법에 의한 당사자의 손실이 없거나 아주 경미한 경우, 그리고 신뢰보호의 요청에 우선하는 심히 중대한 공익상의 사유가 소급입법을 정당화하는 경우에는 허용될 수 있다(헌재 2011.3.31, 2008헌바141 ; 대판 2012.2.23, 2010두17557).

④ [X] 법령을 소급적용하더라도 일반국민의 이해에 직접 관계가 없는 경우, 오히려 그 이익을 증진하는 경우, 불이익이나 고통을 제거하는 경우 등의 특별한 사정이 있는 경우에 한하여 예외적으로 법령의 소급적용이 허용된다(대판 2005.5.13, 2004다8630). 즉, 신법이 피적용자에게 유리한 경우에는 이른바 시혜적인 소급입법이 가능하다(헌재 2002.2.28, 2000헌바69). 따라서 국민의 기득권에 영향을 주지 않거나 국민에게 권익을 부여하는 경우에는 소급적용이 가능하다.

18 　　　　　　　　　　　　　　　　정답 ④

① [X] 법령이 변경된 경우 신 법령이 피적용자에게 유리하여 이를 적용하도록 하는 경과규정을 두는 등의 특별한 규정이 없는 한 헌법 제13조 등의 규정에 비추어 볼 때 그 변경 전에 발생한 사항에 대하여는 변경 후의 신 법령이 아니라 변경 전의 구 법령이 적용되어야 한다(대판 2002.12.10, 2001두3228).

② [X] 「행정기본법」 제14조 제3항 단서에 따르면 법령등을 위반한 행위 후 법령등의 변경에 의하여 그 행위가 법령등을 위반한 행위에 해당하지 아니하거나 제재처분 기준이 가벼워진 경우로서 해당 법령등에 특별한 규정이 없는 경우에는 변경된 법령등을 적용한다. 따라서 건설업면허수첩 대여행위가 그 행위 후 법령 개정으로 취소

사유에서 삭제되었다면, 신법을 적용하여 건설업면허취소를 취소해서는 안 된다. 다만, 구 판례는 구법을 적용하여 면허를 취소한다는 입장이었다.

> **관련 판례** 건설업자인 원고가 소외인에게 면허수첩을 대여한 것이 그 당시 시행된 「건설업법」 제38조 제1항 제8호 소정의 건설업면허 취소사유에 해당된다면 그 후 「건설업법 시행령」 제3조 제1항이 개정되어 건설업면허 취소사유에 해당하지 아니하게 되었다 하더라도 국토교통부장관은 동 면허수첩 대여행위 당시 시행된 「건설업법」 제38조 제1항 제8호를 적용하여 원고의 건설업면허를 취소하여야 할 것이다 (대판 1982.12.28, 82누1).

> **「행정기본법」 제14조 【법 적용의 기준】** ③ 법령등을 위반한 행위의 성립과 이에 대한 제재처분은 법령등에 특별한 규정이 있는 경우를 제외하고는 법령등을 위반한 행위 당시의 법령등에 따른다. 다만, 법령등을 위반한 행위 후 법령등의 변경에 의하여 그 행위가 법령등을 위반한 행위에 해당하지 아니하거나 제재처분 기준이 가벼워진 경우로서 해당 법령등에 특별한 규정이 없는 경우에는 변경된 법령등을 적용한다.

③ [X] **2015년 서울 9급 변형** 「행정기본법」 제14조 제3항의 단서에 따르면 피적용자에게 유리하게 개정된 경우라면 변경된 법령을 적용하나, 그렇지 않은 경우 「행정기본법」 제14조 제3항 본문이 적용된다. 따라서 「행정기본법」 제14조 제3항 본문에 따라 행정법규 위반자에 대한 제재처분을 하기 전에 처분의 기준이 행위시보다 불리하게 개정되었고 개정법에 경과규정을 두는 등의 특별한 규정이 없다면, 법령등을 위반한 행위 당시의 법령을 적용하여야 한다. 이는 기존 판례와도 일치한다.

> **「행정기본법」 제14조 【법 적용의 기준】** ③ 법령등을 위반한 행위의 성립과 이에 대한 제재처분은 법령등에 특별한 규정이 있는 경우를 제외하고는 법령등을 위반한 행위 당시의 법령등에 따른다. 다만, 법령등을 위반한 행위 후 법령등의 변경에 의하여 그 행위가 법령등을 위반한 행위에 해당하지 아니하거나 제재처분 기준이 가벼워진 경우로서 해당 법령등에 특별한 규정이 없는 경우에는 변경된 법령등을 적용한다.

> **관련 판례** 구 건설업법 시행 당시에 건설업자가 도급받은 건설공사 중 전문공사를 그 전문공사를 시공할 자격 없는 자에게 하도급한 행위에 대하여 「건설산업기본법」 시행 이후에 과징금 부과처분을 하는 경우, 과징금의 부과 상한은 「건설산업기본법」 부칙 제5조 제1항에 의하여 피적용자에게 유리하게 개정된 「건설산업기본법」 제82조 제2항에 따르되, 구체적인 부과기준에 대하여는 처분시의 시행령이 행위시의 시행령보다 불리하게 개정되었고 어느 시행령을 적용할 것인지에 대하여 특별한 규정이 없으므로, 행위시의 시행령을 적용하여야 한다 (대판 2002.12.10, 2001두3228).

❹ [O] 「행정기본법」 제14조 제3항의 단서에 따르면 피적용자에게 유리하게 개정된 경우라면 변경된 법령을 적용한다.

> **「행정기본법」 제14조 【법 적용의 기준】** ③ 법령등을 위반한 행위의 성립과 이에 대한 제재처분은 법령등에 특별한 규정이 있는 경우를 제외하고는 법령등을 위반한 행위 당시의 법령등에 따른다. 다만, 법령등을 위반한 행위 후 법령등의 변경에 의하여 그 행위가 법령등을 위반한 행위에 해당하지 아니하거나 제재처분 기준이 가벼워진 경우로서 해당 법령등에 특별한 규정이 없는 경우에는 변경된 법령등을 적용한다.

> **관련 판례** 법령이 변경된 경우 신 법령이 피적용자에게 유리하여 이를 적용하도록 하는 경과규정을 두는 등의 특별한 규정이 없는 한 헌법 제13조 등의 규정에 비추어 볼 때 그 변경 전에 발생한 사항에 대하여는 변경 후의 신 법령이 아니라 변경 전의 구 법령이 적용되어야 한다(대판 2002.12.10, 2001두3228).

19 정답 ③

① [O] 명문의 규정으로 법령의 유효기간을 정한 한시법의 경우, 그 유효기간이 경과하면 별도의 법령 폐지가 없더라도 당연히 효력이 소멸된다.

② [O] 개정 법률이 전문 개정인 경우에는 기존 법률을 폐지하고 새로운 법률을 제정하는 것과 마찬가지여서 종전의 본칙은 물론, 부칙 규정도 모두 소멸하는 것으로 보아야 하므로 종전의 법률 부칙의 경과규정도 실효된다고 보는 것이 원칙이지만, 특별한 사정이 있는 경우에는 그 효력이 상실되지 않는다고 보아야 한다(대판 2008. 11.27, 2006두19419).

❸ [X] 법령은 원칙적으로 대한민국의 영토 전역에 걸쳐 효력을 가지나, 예외적으로 「제주특별자치도 설치 및 국제자유도시 조성을 위한 특별법」, 「수도권정비계획법」 등과 같이 법령 자체가 특정 지역에만 적용할 것을 선언하고 있는 경우에는 해당 지역에 대해서만 효력을 갖게 된다.

④ [O] 법령은 속지주의의 원칙에 따라 대한민국의 영토 내에 있는 모든 사람(자연인·법인, 내국인·외국인 불문)에게 적용되는 것이 원칙이다. 그러나 예외적으로 외국인에 대하여 특칙을 두는 경우(예 「출입국관리법」 제7조~제38조), 상호주의가 적용되는 경우(예 「국가배상법」 제7조)가 있다.

20 정답 ③

① [X] 법치주의란 법의 지배를 의미하는 것으로, 행정권의 발동은 국민의 의사를 대표하는 의회가 제정되는 법률에 기속되는 한편, 법률의 적용을 보장하는 재판제도를 가짐으로써 인권보장을 달성하려는 원리를 의미한다. 법치주의는 형식적 법률의 우월성(형식적 법치주의)을 넘어서 실질적으로 개인의 권익을 보장하는 내용의 법의 지배를 요구하는 실질적 법치주의로 진화되었다. 따라서 오늘날 법치국가원리 아래에서의 '법'은 국회가 제정한 형식적 법률만을 의미하는 것이 아니라, 법률의 위임을 받은 법규명령·조례 등도 포함한다.

② [X] 행정법의 일반원칙은 성문법에 규정된 경우도 있으나, 불문의 법원리인 조리로서 인정될 수도 있다.

❸ [O] 실질적 법치주의에서는 국민의 기본권을 보장하기 위하여 국민의 자유와 권리를 침해하는 헌법에 위반되는 법률을 제거하기 위하여 위헌법률심사제를 도입하고 있다.

④ [X] 오늘날의 법치주의는 국민의 권리·의무에 관한 사항을 법률로 정해야 한다는 형식적 법치주의에 그치는 것이 아니라 비록 국회에서 제정한 법률이라 할지라도 그 법률의 목적과 내용 또한 헌법이념에 부합하는 등 정의에 합치되는 것이라야 한다는 실질적 법치주의를 의미한다(헌재 1989.7.21, 89헌마38). 따라서 행정입법권의 강화는 실질적 법치주의를 약화시키는 결과를 초래한다.

2회 쟁점별 모의고사

행정법의 일반원칙

정답

01	①	02	④	03	③	04	④
05	①	06	①	07	③	08	③
09	①	10	①	11	③	12	①
13	②	14	③	15	①	16	③
17	④	18	④	19	④	20	①

01
정답 ①

❶ [O] 법치행정의 원칙에는 법률의 법규창조력의 원칙, 법률우위의 원칙, 법률유보의 원칙이 포함된다. 그중 법규창조력의 원칙은 국민의 권리를 제한하거나 의무를 부과하는 규율인 법규는 국민의 대표기관인 의회가 제정하여야 한다는 의미이다.

② [X] 법적 안정성·신뢰보호·예견가능성 등은 법치행정의 목적이나, 행정의 효율성은 법치행정의 목적이 될 수 없다.

③ [X] 구 군인사법의 위임에 따라 제정된 구 군인복무규율 제24조와 제25조에서 규정하고 있는 건의제도의 취지는 위법 또는 오류의 의심이 있는 명령을 받은 부하가 명령 이행 전에 상관에게 명령권자의 과오나 오류에 대하여 자신의 의견을 제시할 수 있도록 함으로써 명령의 적법성과 타당성을 확보하고자 하는 것일 뿐 그것이 군인의 재판청구권 행사에 앞서 반드시 거쳐야 하는 군 내 사전절차로서의 의미를 갖는다고 보기 어렵다(대판 전합체 2018.3.22, 2012두26401).

④ [X] 법률의 법규창조력은 국민생활을 직접 구속하는 법규는 의회에서 제정한 법률에 의해서만 시원적으로 창설될 수 있음을 의미한다. 따라서 법률에 근거가 없는 명령은 시원적 법규창조력을 갖지 못한다.

02
정답 ④

① [O] 법률우위의 원칙에서의 '법률'은 성문법(헌법·법률·법규명령 등)과 관습법과 같은 불문법을 모두 포함하는 광의의 법규를 의미한다. 즉, 행정법의 법원에 속하는 모든 법규를 말한다. 그러나 행정규칙은 포함되지 않는 것이 원칙이다.

② [O] '법률의 우위'는 모든 행정영역에 적용되나, '법률의 유보'는 일정한 행정영역에만 적용되고, 구체적 적용범위에 관해서는 학설의 대립이 있다.

③ [O] 법률우위의 원칙은 이미 법률이 존재하고 있는 경우에 그에 위배하여 행정작용을 할 수 없다는 것이고, 법률유보의 원칙은 어떤 행정권을 발동할 수 있다는 규정이 존재하지 않는 경우에 행정권을 발동할 수 있느냐의 문제이다.

❹ [X] 법률우위의 원칙은 모든 행정작용이 현행법에 위배될 수 없음을 뜻하나(법치주의의 소극적 측면), 법률유보의 원칙은 행정작용에 대한 법적 근거를 요구한다(법치주의의 적극적 측면).

03
정답 ③

① [X] 법률유보의 원칙에서의 '법률'에는 국회가 제정한 형식적 의미의 법률은 물론 법률의 위임을 받은 법규명령도 포함되나, 행정규칙과 불문법원인 관습법이나 판례는 이에 포함되지 않는다.

② [X] 행정사무를 행정기관에 배분하는 규범을 조직규범(직무규범)이라고 하는데, 법에 의해 부여되지 않은 권한행사는 금지되기 때문에 이 조직규범은 모든 영역에서 필요하다. 그리고 행정부가 국민의 권리·의무와 관련되는 행위를 함에 있어서 근거가 되는 규범을 작용규범(수권규범·권능규범)이라고 하는데, 조직규범만으로는 그 직무수행을 정당화하는 근거가 될 수 없으므로 법률유보원칙상 행정권 발동(행사)은 조직규범 외에 개별적인 작용법적 근거가 있어야 한다.

❸ [O] 중요사항유보설은 침해적 사항이든 급부적 사항이든 헌법상의 법치국가원칙·민주주의 원칙 및 기본권과 관련된 중요한 사항이나 공동체의 중요한 의사결정은 직접 국회가 법률로 정해야 한다는 견해이다. ➡「행정기본법」제8조는 대법원과 헌법재판소의 판례에 따라 중요사항유보설을 채택하고 있다.

④ [X] 급부행정에도 법률유보원칙이 적용되는 것은 급부유보설이다. 그런데 본질성이론은 침해, 급부영역과 무관하게 행정부의 행위가 공동체의 본질적 사항이나 기본권과 관련된 사항은 법률로 규정해야 한다는 이론이다.

04
정답 ④

① [X] 전부유보설은 국가의 모든 행정작용에 법률의 근거를 필요로 한다고 하는 견해로서, 이에 따르면 행정의 입법에 대한 전면적 종속을 초래하여 행정권의 고유영역이 없어지므로 권력분립의 원칙을 저해하게 된다.

② [X] 헌법재판소는 법률유보와 관련하여 중요사항유보설(본질성이론)의 입장이다(헌재 1991.2.11, 90헌가27 ; 헌재 2009.2.26, 2008헌마370 등).

③ [X] 지방의회의원에 대하여 유급보좌인력을 두는 것은 지방의회의원의 신분·지위 및 처우에 관한 현행 법령상의 제도에 중대한 변경을 초래하는 것으로서, 이는 개별 지방의회의 조례로써 규정할 사항이 아니라 국회의 법률로써 규정하여야 할 입법사항이다(대판 2013.1.16, 2012추84 ; 대판 2017.3.30, 2016추5087).

❹ [O] 법인세, 종합소득세와 같이 납세의무자에게 조세의 납부의무뿐만 아니라 스스로 과세표준과 세액을 계산하여 신고하여야 하는 의무까지 부과하는 경우에는 신고의무 이행에 필요한 기본적인 사항과 신고의무 불이행 시 납세의무자가 입게 될 불이익 등은 납세의무를 구성하는 기본적·본질적 내용으로서 법률로 정하여야 한다(대판 전합체 2015.8.20, 2012두23808).

05
정답 ①

❶ [X] 구 도시 및 주거환경정비법상 사업시행자에게 사업시행계획의 작성권이 있고 행정청은 단지 이에 대한 인가권만을 가지고 있으므로 사업시행자인 조합의 사업시행계획 작성은 자치법적 요소를 가지고 있는 사항이라 할 것이고, 이와 같이 사업시행계획의 작성이 자치법적 요소를 가지고 있는 이상, 조합의 사업시행인가 신청 시의 토지등소유자의 동의요건 역시 자치법적 사항이라 할 것이며, 따라서 구 도시 및 주거환경정비법 제28조 제4항 본문이 사업시행인가 신청 시의 동의요건을 조합의 정관에 포괄적으로 위임하고

있다고 하더라도 헌법 제75조가 정하는 <u>포괄위임입법금지의 원칙</u>이 적용되지 아니하므로 이에 위배된다고 할 수 없다(대판 2007.10.12, 2006두14476).

② [O] 구 건축법 제2조 제1호, 구 건축법 시행령 제3조 제2항 제5호에 따르면, 건축행정청은 하나 이상의 필지의 일부를 하나의 대지로 삼아 건축공사를 완료한 후 사용승인을 신청할 때까지 토지분할절차를 완료할 것을 조건으로 건축허가를 할 수 있다(이하 '토지분할 조건부 건축허가'라고 함). 이와 같은 토지분할 조건부 건축허가는, 건축허가 신청에 앞서 토지분할절차를 완료하도록 하는 대신, 건축허가 신청인의 편의를 위해 건축허가에 따라 우선 건축공사를 완료한 후 사용승인을 신청할 때까지 토지분할절차를 완료할 것을 허용하는 취지이다. 행정청이 객관적으로 처분상대방이 이행할 가능성이 없는 조건을 붙여 행정처분을 하는 것은 법치행정의 원칙상 허용될 수 없으므로, 건축행정청은 신청인의 건축계획상 하나의 대지로 삼으려고 하는 '하나 이상의 필지의 일부'가 관계 법령상 토지분할이 가능한 경우인지를 심사하여 토지분할이 관계 법령상 제한에 해당되어 명백히 불가능하다고 판단되는 경우에는 <u>토지분할 조건부 건축허가를 거부하여야 한다</u>(대판 2018.6.28, 2015두47737).

③ [O] 구 여객자동차 운수사업법 제76조 제1항 제15호, 같은 법 시행령 제29조에는 관할 관청은 개인택시운송사업자의 운전면허가 취소된 때에 그의 개인택시운송사업면허를 취소할 수 있도록 규정되어 있을 뿐 그에게 운전면허취소사유가 있다는 사유만으로 개인택시운송사업면허를 취소할 수 있도록 하는 규정은 없으므로, 관할 관청으로서는 비록 개인택시운송사업자에게 운전면허취소사유가 있다 하더라도 그로 인하여 <u>운전면허취소처분이 이루어지지 않은 이상 개인택시운송사업면허를 취소할 수는 없다</u>(대판 2008.5.15, 2007두26001).

④ [O] 토지등소유자가 도시환경정비사업을 시행하는 경우 사업시행인가 신청 시 필요한 토지등소유자의 동의는, 개발사업의 주체 및 정비구역 내 토지등소유자를 상대로 수용권을 행사하고 각종 행정처분을 발할 수 있는 행정주체로서의 지위를 가지는 사업시행자를 지정하는 문제로서, 그 동의요건을 정하는 것은 국민의 권리와 의무의 형성에 관한 기본적이고 본질적인 사항이므로 국회가 스스로 행하여야 하는 사항에 속하는 것임에도 불구하고, 사업시행인가 신청에 필요한 동의정족수를 토지등소유자가 자치적으로 정하여 운영하는 규약에 정하도록 한 것은 <u>법률유보원칙에 위반</u>된다(헌재 2012.4.24, 2010헌바1).

06 정답 ①

❶ [X] 텔레비전방송수신료는 대다수 국민의 재산권 보장의 측면이나 한국방송공사에 보장된 방송자유의 측면에서 <u>국민의 기본권 실현에 관련된 영역</u>에 속하고, 수신료금액의 결정은 납부의무자의 범위 등과 함께 수신료에 관한 본질적인 중요한 사항이므로 국회가 스스로 행하여야 하는 사항에 속하는 것임에도 불구하고 구 한국방송공사법 제36조 제1항에서 국회의 결정이나 관여를 배제한 채 한국방송공사로 하여금 수신료금액을 결정해서 문화관광부장관의 승인을 얻도록 한 것은 법률유보원칙에 위반된다(헌재 1999.5.27, 98헌바70).

② [O] 수신료 징수업무를 한국방송공사가 직접 수행할 것인지 제3자에게 위탁할 것인지, 위탁한다면 누구에게 위탁하도록 할 것인지, 위탁받은 자가 자신의 고유업무와 결합하여 징수업무를 할 수 있는지는 징수업무처리의 효율성 등을 감안하여 결정할 수 있는 사항으로서 <u>국민의 기본권 제한에 관한 본질적인 사항이 아니라 할 것</u>이다. 따라서 「방송법」 제64조 및 제67조 제2항은 법률유보의 원칙에 위반되지 아니한다(헌재 2008.2.28, 2006헌바70).

③ [O] 구 토지초과이득세법상의 기준시가는 <u>국민의 납세의무의 성부 및 범위와 직접적인 관계를 가지고 있는 중요한 사항</u>이므로 이를 하위법규에 백지위임하지 아니하고 그 대강이라도 구 토지초과이득세법 자체에서 직접 규정해 두어야만 함에도 불구하고, 구 토지초과이득세법 제11조 제2항이 그 기준시가를 전적으로 대통령령에 맡겨 두고 있는 것은 헌법상의 조세법률주의 혹은 위임입법의 범위를 구체적으로 정하도록 한 헌법 제75조의 취지에 위반된다(헌재 1994.7.29, 92헌바49).

④ [O] 중학교 의무교육의 실시 여부 자체라든가 그 연한은 <u>교육제도의 수립에 있어서 본질적 내용으로서 국회입법에 유보</u>되어 있어서 반드시 형식적 의미의 법률로 규정되어야 할 기본적 사항이라 하겠으나(이에 따라서 구 교육법 제8조에서 3년의 중등교육을 반드시 실시하여야 하도록 규정하고 있음), 그 실시의 시기·범위 등 구체적인 실시에 필요한 세부사항에 관하여는 <u>반드시 그런 것은 아니다</u>(헌재 1991.2.11, 90헌가27).

07 정답 ③

① [X] 행정지도는 비권력적 사실행위이므로 원칙적으로 <u>법률의 근거(작용법적 근거)를 요하지 아니한다.</u> 다만, 국민의 권리·의무에 영향을 주는 행정지도는 권력적 성격을 가지므로 예외적으로 법률의 근거가 필요하다. 한편, 행정지도도 행정작용의 일종이므로 행정청의 일반적인 존립과 활동의 근거가 되는 조직법적 근거는 있어야 한다.

② [X] 예산은 일종의 법규범이고 법률과 마찬가지로 국회의 의결을 거쳐 제정되지만 법률과 달리 국가기관만을 구속할 뿐 <u>일반국민을 구속하지 않는다</u>(헌재 2006.4.25, 2006헌마409). 즉, 예산과 법률을 구별하는 것이 헌법 제53조와 제54조의 태도이고, 이를 예산비법률주의라고 한다. 따라서 예산은 법률유보원칙에서의 법률에 해당하지 않는다.

❸ [O] 행정행위를 한 처분청은 비록 그 처분 당시에 별다른 하자가 없었고, 또 그 처분 후에 이를 철회할 별도의 법적 근거가 없다 하더라도 원래의 처분을 존속시킬 필요가 없게 된 사정변경이 생겼거나 <u>또는 중대한 공익상의 필요가 발생한 경우에는 그 효력을 상실케 하는 별개의 행정행위로 이를 철회할 수 있다</u>고 할 것이나, 소위 수익적 행정처분을 철회하는 경우에는 비록 철회의 사유가 있다고 하더라도 그 철회권의 행사는 기득권의 침해를 정당화할 만한 중대한 공익상의 필요 또는 제3자의 이익보호의 필요가 있는 때에 한하여 상대방이 받는 불이익과 비교·교량하여 결정하여야 한다(대판 2004.11.26, 2003두10251 ; 대판 1992.4.14, 91누9251).

④ [X] 행정처분에 이미 부담이 부가되어 있는 상태에서 그 의무의 범위 또는 내용 등을 변경하는 부관의 사후변경은, <u>법률에 명문의 규정이 있거나 그 변경이 미리 유보되어 있는 경우 또는 상대방의 동의가 있는 경우에 한하여 허용</u>되는 것이 원칙이지만, 사정변경으로 인하여 당초에 부담을 부가한 목적을 달성할 수 없게 된 경우에도 그 목적달성에 필요한 범위 내에서 예외적으로 허용된다(대판 2007.9.21, 2006두7973 ; 대판 1997.5.30, 97누2627).
➡ 행정청은 부관을 붙일 수 있는 처분이 ㉠ 법률에 근거가 있는 경우, ㉡ 당사자의 동의가 있는 경우, ㉢ 사정이 변경되어 부관을 새로 붙이거나 종전의 부관을 변경하지 아니하면 해당 처분의 목적을 달성할 수 없다고 인정되는 경우에는 그 처분을 한 후에도 부관을 새로 붙이거나 종전의 부관을 변경할 수 있다「행정기본법」 제17조(부관) 제3항].

① [O] 지방자치단체는 법령의 범위에서 그 사무에 관하여 조례를 제정할 수 있다. 다만, 주민의 권리 제한 또는 의무 부과에 관한 사항이나 벌칙을 정할 때에는 법률의 위임이 있어야 한다(「지방자치법」 제28조 제1항). 따라서 주민의 권리 제한 또는 의무 부과에 관한 사항이나 벌칙을 정할 때를 제외하고는 <u>법률의 위임이 없더라도 조례를 제정할 수 있다</u>.

② [O] 「지방자치법」 제22조에 의하면 지방자치단체는 그 내용이 주민의 권리의 제한 또는 의무의 부과에 관한 사항이거나 벌칙에 관한 사항이 아닌 한 법률의 위임이 없더라도 그의 사무에 관하여 조례를 제정할 수 있는바, 지방자치단체의 '세 자녀 이상 세대 양육비 등 지원에 관한 조례안'은 저출산 문제의 국가적·사회적 심각성을 십분 감안하여 향후 지방자치단체의 출산을 적극 장려토록 하여 인구정책을 보다 전향적으로 실효성 있게 추진하고자 세 자녀 이상 세대 중 세 번째 이후 자녀에게 양육비 등을 지원할 수 있도록 하는 것으로서, 위와 같은 사무는 <u>지방자치단체 고유의 자치사무 중 주민의 복지증진에 관한 사무를 규정한 「지방자치법」 제9조 제2항 제2호 (라)목에서 예시하고 있는 노인·아동·심신장애인·청소년 및 여성의 보호와 복지증진에 해당되는 사무이고</u>, 또한 위 조례안에는 주민의 편의 및 복리증진에 관한 내용을 담고 있어 그 <u>제정에 있어서 반드시 법률의 개별적 위임이 따로 필요한 것은 아니다</u>(대판 2006.10.12, 2006추38).

❸ [X] 행정규칙은 행정기관이 법률의 수권 없이 직무권한의 범위 내에서 제정하므로 법률유보의 원칙이 적용되지 않는다는 점에서 법규명령과 다르다.

④ [O] 법률이 자치적인 사항을 정관에 위임할 경우 원칙적으로 헌법상의 포괄위임입법금지원칙이 적용되지 않는다 하더라도, 그 사항이 국민의 권리·의무에 관련되는 것일 경우에는, 적어도 <u>국민의 권리와 의무의 형성에 관한 사항을 비롯하여 국가의 통치조직과 작용에 관한 기본적이고 본질적인 사항은 반드시 국회가 정하여야 할 것이다</u>(헌재 2006.3.30, 2005헌바31).

❶ [X] 오늘날의 법률유보원칙은 단순히 행정작용이 법률에 근거를 두기만 하면 충분한 것이 아니라, <u>국가공동체와 그 구성원에게 기본적이고도 중요한 의미를 갖는 영역, 특히 국민의 기본권 실현에 관련된 영역에 있어서는 행정에 맡길 것이 아니라 국민의 대표자인 입법자 스스로 그 본질적 사항에 대하여 결정하여야 한다는 요구, 즉 의회유보원칙까지 내포하는 것으로 이해되고 있다</u>(헌재 2012.11.29, 2011헌마827 ; 헌재 1999.5.29, 98헌바70). ➡ 행정작용은 법률에 위반되어서는 아니 되며, 국민의 권리를 제한하거나 의무를 부과하는 경우와 그 밖에 국민생활에 중요한 영향을 미치는 경우에는 <u>법률에 근거하여야 한다</u>[「행정기본법」 제8조(법치행정의 원칙)].

② [O] 오늘날의 법률유보원칙은 단순히 행정작용이 법률에 근거를 두기만 하면 충분한 것이 아니라, 국가공동체와 그 구성원에게 기본적이고도 중요한 의미를 갖는 영역, 특히 국민의 기본권 실현에 관련된 영역에 있어서는 행정에 맡길 것이 아니라 국민의 대표자인 입법자 스스로 그 본질적 사항에 대하여 결정하여야 한다는 요구, 즉 의회유보원칙까지 내포하는 것으로 이해되고 있다(헌재 2012.11.29, 2011헌마827).

③ [O] 법률이 자치적인 사항을 정관에 위임할 경우 원칙적으로 헌법상의 포괄위임입법금지원칙이 적용되지 않는다 하더라도, 그 사항이 국민의 권리·의무에 관련되는 것일 경우에는, 적어도 <u>국민의 권리와 의무의 형성에 관한 사항을 비롯하여 국가의 통치조직과 작용에 관한 기본적이고 본질적인 사항은 반드시 국회가 정하여야 할 것이다</u>(헌재 2006.3.30, 2005헌바31).

④ [O] 「공공기관의 운영에 관한 법률」 제39조 제3항 중 "제2항의 규정에 따른 입찰참가자격의 제한기준 등에 관하여 필요한 사항은 기획재정부령으로 정한다." 부분은 공기업·준정부기관으로 하여금 '공정한 경쟁이나 계약의 적정한 이행을 해칠 것이 명백하다고 판단'되는 사람·법인 또는 단체에 대하여 2년의 범위 내에서 일정기간 입찰참가자격을 제한할 수 있도록 하고 있는 「공공기관의 운영에 관한 법률」 제39조 제2항에 따른 제재처분에 관하여 세부적으로 필요한 사항을 기획재정부령으로 정하도록 위임하고 있다. 그런데 제재처분의 본질적인 사항인 입찰참가자격 제한 처분의 주체, 사유, 대상, 기간 및 내용 등은 위 제39조 제2항에서 이미 규정되어 있으므로, 제39조 제3항은 <u>의회유보원칙에 위배되지 않는다</u>(헌재 2017.8.31, 2015헌바388). ➡ 제재처분의 근거가 되는 법률에는 제재처분의 주체, 사유, 유형 및 상한을 명확하게 규정하여야 한다. 이 경우 제재처분의 유형 및 상한을 정할 때에는 해당 위반행위의 특수성 및 유사한 위반행위와의 형평성 등을 종합적으로 고려하여야 한다[「행정기본법」 제22조(제재처분의 기준) 제1항].

❶ [O] 공동체에 있어서 중요한 사항은 반드시 의회의 의결이 필요하며 이를 위임하여서는 아니 된다는 원리를 뜻하는 의회유보론은 <u>본질성이론과 관련</u>하여 발전해 온 것으로서, 일정한 규율장소(의회)와 일정한 규율밀도(명확성)를 강조한다.

② [X] 행정의 복잡화·다기화, 재량행위의 확대에 따라 <u>법률유보의 적용범위가 점점 확대</u>되고 있다. 그리고 오늘날의 법률유보원칙은 단순히 행정작용이 법률에 근거를 두기만 하면 충분한 것이 아니라, 국가공동체와 그 구성원에게 기본적이고도 중요한 의미를 갖는 영역, 특히 국민의 기본권 실현에 관련된 영역에 있어서는 행정에 맡길 것이 아니라 국민의 대표자인 입법자 스스로 그 본질적 사항에 대하여 결정하여야 한다는 요구, 즉 의회유보원칙까지 내포하는 것으로 이해되고 있다(헌재 2012.11.29, 2011헌마827 ; 헌재 1999.5.29, 98헌바70). 즉, 헌법재판소는 행정유보원칙이 아니라 의회유보원칙을 제시하였다.

③ [X] 법치행정의 원칙상 <u>법률유보를 행정유보로 일반적으로 대체하는 것은 곤란</u>하고, 예외적으로 허용할 수 있을 뿐이다. 행정유보라 함은 행정권이 입법에 의한 제한을 받지 않고 스스로 규율할 수 있는 행정의 고유영역, 즉 법률로부터 자유로운 행정영역을 의미한다. 특히, 배타적 행정유보를 국회가 법률로 정할 수 없고 오로지 행정부가 결정할 수 있는 영역을 인정하는 이론이다. 이는 법률에 근거하여 통치행위를 해야 한다는 법치주의의 근간에 위배되므로 허용될 수 없다.

④ [X] 행정의 복잡화·다기화, 재량행위의 확대에 따라 <u>법률유보의 적용범위가 점점 확대</u>되고 있다. 그리고 오늘날의 법률유보원칙은 단순히 행정작용이 법률에 근거를 두기만 하면 충분한 것이 아니라, 국가공동체와 그 구성원에게 기본적이고도 중요한 의미를 갖는 영역, 특히 국민의 기본권 실현에 관련된 영역에 있어서는 <u>행정에 맡길 것이 아니라 국민의 대표자인 입법자 스스로 그 본질적 사항에 대하여 결정하여야 한다는 요구, 즉 의회유보원칙까지 내포하는 것으로 이해되고 있다</u>(헌재 2012.11.29, 2011헌마827 ; 헌재 1999.5.29, 98헌바70). 즉, 헌법재판소는 행정유보원칙이 아니라 의회유보원칙을 제시하였다.

11 정답 ③

① [X] 통치행위는 주로 정부(대통령)의 행위와 관련해서 문제된다. 그런데 국무총리·국무위원의 해임건의, 국회의원의 자격심사·징계·제명 등에서와 같이 국회도 통치행위의 주체가 될 수 있다. 그러나 <u>법원은 통치행위의 판단주체이므로 성질상 스스로 통치행위를 한다는 것을 상정하기 어렵다.</u> 따라서 사법부는 통치행위의 주체가 아니라 판단의 주체에 해당한다.

② [X] 통치행위의 개념을 인정한다고 하더라도 <u>과도한 사법심사의 자제가 기본권을 보장하고 법치주의 이념을 구현하여야 할 법원의 책무를 태만히 하거나 포기하는 것이 되지 않도록 그 인정을 지극히 신중하게 하여야 하며, 그 판단은 오로지 사법부만에 의하여 이루어져야 한다</u>(대판 2004.3.26, 2003도7878 ; 대판 전합체 2010. 12.16, 2010도5986).

❸ [O] 헌법재판소는 헌법의 수호와 국민의 기본권 보장을 사명으로 하는 국가기관이므로 비록 고도의 정치적 결단에 의하여 행해지는 국가작용이라고 할지라도 그것이 국민의 기본권 침해와 직접 관련되는 경우에는 당연히 <u>헌법재판소의 심판대상이 된다</u>(헌재 1996.2.29, 93헌마186).

④ [X] 구 상훈법 제8조는 서훈취소의 요건을 구체적으로 명시하고 있고 절차에 관하여 상세하게 규정하고 있다. 그리고 서훈취소는 서훈수여의 경우와는 달리 이미 발생된 서훈대상자 등의 권리 등에 영향을 미치는 행위로서 관련 당사자에게 미치는 불이익의 내용과 정도 등을 고려하면 사법심사의 필요성이 크다. 따라서 기본권의 보장 및 법치주의의 이념에 비추어 보면, 비록 서훈취소가 대통령이 국가원수로서 행하는 행위라고 하더라도 <u>법원이 사법심사를 자제하여야 할 고도의 정치성을 띤 행위라고 볼 수는 없다</u>(대판 2015.4.23, 2012두26920).

12 정답 ①

❶ [O] 일반사병 이라크파병결정은 그 성격상 <u>국방 및 외교에 관련된 고도의 정치적 결단을 요하는 문제</u>로서, 헌법과 법률이 정한 절차를 지켜 이루어진 것임이 명백하다면 대통령과 국회의 판단은 존중되어야 하고 헌법재판소가 사법적 기준만으로 이를 심판하는 것은 자제되어야 한다(헌재 2004.4.29, 2003헌마814).

② [X] 남북정상회담의 개최는 고도의 정치적 성격을 지니고 있는 행위라 할 것이므로 특별한 사정이 없는 한 그 당부를 심판하는 것은 사법권의 내재적·본질적 한계를 넘어서는 것이 되어 적절하지 못하지만, 남북정상회담의 개최과정에서 재정경제부(현 기획재정부)장관에게 신고하지 아니하거나 통일부장관의 협력사업 승인을 얻지 아니한 채 북한 측에 사업권의 대가 명목으로 송금한 행위 자체는 <u>사법심사의 대상이 된다</u>(대판 2004.3.26, 2003도7878).

③ [X] 비록 고도의 정치적 결단에 의하여 행해지는 국가작용이라고 할지라도 그것이 '국민의 기본권 침해'와 직접 관련되는 경우에는 당연히 헌법재판소의 심판대상이 된다(헌재 1996.2.29, 93헌마186).

④ [X] 신행정수도건설이나 수도이전의 문제가 정치적 성격을 가지고 있는 것은 인정할 수 있지만, 그 자체로 고도의 정치적 결단을 요하여 <u>사법심사의 대상으로 하기에는 부적절한 문제라고까지는 할 수 없다.</u> 다만, 「신행정수도건설을 위한 특별조치법」의 위헌 여부를 판단하기 위한 선결문제로서 신행정수도건설이나 수도이전의 문제를 국민투표에 붙일지 여부에 관한 대통령의 의사결정이 사법심사의 대상이 될 경우 위 의사결정은 고도의 정치적 결단을 요하는 문제여서 사법심사를 자제함이 바람직하다고는 할 수 있고, 이에 따라 그 의사결정에 관련된 흠을 들어 위헌성이 주장되는 법률에 대한 사법심사 또한 자제함이 바람직하다고는 할 수 있다. 그러나

대통령의 위 의사결정이 국민의 기본권 침해와 직접 관련되는 경우에는 헌법재판소의 심판대상이 될 수 있고, 이에 따라 위 의사결정과 관련된 법률도 헌법재판소의 심판대상이 될 수 있다(헌재 2004. 10.21, 2004헌마554).

13 정답 ②

① [X] 한국전기통신공사가 교환직렬에 대하여 다른 일반직 직원과 비교하여 5년간의 정년차등을 둔 것이 <u>사회통념상 합리성이 없다고 단정하기는 어렵다</u>(대판 1996.8.23, 94누13589). 즉, 평등권을 침해하는 것이 아니다.

❷ [O] A는 10년 이상 무사고 운전자였다. 기존의 기준에 따르면 A는 개인택시면허를 발급받을 수 있는 자였다. 그러나 면허기준이 변경되어 A의 신청은 수리거부당했다. 그런데 매년 그때의 상황에 따라 적절히 면허 숫자를 조절해야 할 필요성이 있는 개인택시면허제도의 성격상 그 자격요건이나 우선순위의 요건을 일정한 범위 내에서 강화하고 그 요건을 변경함에 있어 유예기간을 두지 아니하였다 하더라도 그러한 점만으로는 <u>행정청의 면허신청접수거부처분이 신뢰보호의 원칙이나 형평의 원칙, 재량권의 남용에 해당하지 아니한다</u>(대판 1996.7.30, 95누12897).

③ [X] 조례안이 지방의회의 감사 또는 조사를 위하여 출석요구를 받은 증인이 5급 이상 공무원인지 여부, 기관(법인)의 대표나 임원인지 여부 등 증인의 사회적 신분에 따라 미리부터 과태료의 액수에 차등을 두고 있는 경우, 그와 같은 차별은 증인의 불출석이나 증언거부에 대하여 과태료를 부과하는 목적에 비추어 볼 때 그 합리성을 인정할 수 없고 지위의 높고 낮음만을 기준으로 한 부당한 차별대우라고 할 것이어서 <u>헌법에 규정된 평등의 원칙에 위배되어 무효</u>이다(대판 1997.2.25, 96추213).

④ [X] 대략 같은 정도의 비위를 저지른 자들에 대하여 그 구체적인 직무의 특성, 금전 수수의 경우에는 그 액수와 횟수, 의도적·적극적 행위인지 여부, 개전의 정이 있는지 여부 등에 따라 징계의 종류의 선택과 양정에 있어서 차별적으로 취급하는 것은 사안의 성질에 따른 합리적 차별로서 이를 자의적 취급이라고 할 수 없어 <u>평등의 원칙 내지 형평에 반하지 아니한다</u>(대판 2012.5.24, 2011두19727).

14 정답 ③

① [X] 재량권 행사의 준칙인 행정규칙이 그 정한 바에 따라 되풀이 시행되어 행정관행이 이루어지게 되면, <u>평등의 원칙이나 신뢰보호의 원칙에 따라 행정기관은 그 상대방에 대한 관계에서 그 규칙에 따라야 할 자기구속을 당하게 되는 경우에는 대외적인 구속력을 가지게 되는바, 이러한 경우에는 헌법소원의 대상이 될 수도 있다</u>(헌재 2001.5.31, 99헌마413).

② [X] 재량준칙이 그 정한 바에 따라 되풀이 시행되어 행정관행이 이루어지게 되면 '평등의 원칙'이나 '신뢰보호의 원칙'에 따라 행정기관은 그 상대방에 대한 관계에서 그 규칙에 따라야 할 자기구속을 받게 된다. 그런데 행정청 내부의 사무처리준칙에 해당하는 '2008년도 농림사업시행지침서'(재량준칙)가 그 정한 바에 따라 되풀이 시행되어 행정관행이 이루어졌다고 볼 수 없을 뿐만 아니라, 위 <u>지침의 공표만으로는 원고가 보호가치 있는 신뢰를 가지게 되었다고 보기도 어렵다</u>(대판 2009.12.24, 2009두7967).

❸ [O] 행정청의 행정행위가 재량준칙(행정규칙)에 위반하더라도 바로 위법한 것은 아니나, 자기구속의 원칙에 따라 행정청은 동일 사안에서 동일한 행위를 해야 한다. 따라서 자기구속의 원칙은 재량준칙이 법규성(대외적 구속력)을 가지게 하는 전환규범이다. 즉, 자기

구속의 원칙은 법규명령이 아니라 행정규칙인 재량준칙의 법적 성질과 관련하여 주로 논의된다.

④ [X] 위법한 행정처분이 수차례에 걸쳐 반복적으로 행하여졌다 하더라도 그러한 처분이 위법한 것인 때에는 행정청에 대하여 자기구속력을 갖게 된다고 할 수 없다(대판 2009.6.25, 2008두13132).

❶ [O] 행정의 자기구속의 원칙은 행정청은 자신이 형성한 행정선례에 구속당한다는 의미이므로 해당 처분청에 적용되는 원칙이다. 따라서 행정청이 다른 경우에는 자기구속의 법리가 적용되지 않는다.

② [X] 위법한 행정처분이 수차례에 걸쳐 반복적으로 행하여졌다 하더라도 그러한 처분이 위법한 것인 때에는 행정청에 대하여 자기구속력을 갖게 된다고 할 수 없다(대판 2009.6.25, 2008두13132).

③ [X] 위법한 행정처분이 수차례에 걸쳐 반복적으로 행하여졌다 하더라도 그러한 처분이 위법한 것인 때에는 행정청에 대하여 자기구속력을 갖게 된다고 할 수 없다. 따라서 행정청이 조합설립추진위원회의 설립인가 심사에서 위법한 행정처분을 한 선례가 있다고 하여 그러한 기준을 따라야 할 의무는 없다(대판 2009.6.25, 2008두13132).

④ [X] 위법한 행위에는 평등원칙과 자기구속의 법리가 적용되지 않는다. 따라서 위법한 선행행위가 있다고 하더라도 동일한 결정을 할 필요는 없다.

① [X] 위 판례(대판 2006.4.14, 2004두3854)는 행정목적(공익·질서유지)의 실현과 그로 인한 국민의 기본권에 대한 침해·제한 사이에는 합리적인 형량이 요구된다는 상당성(법익균형성)의 원칙에 관한 것이다.

② [X] 행정지도는 그 목적 달성에 필요한 최소한도에 그쳐야 하며, 행정지도의 상대방의 의사에 반하여 부당하게 강요하여서는 아니 된다(「행정절차법」 제48조 제1항).

❸ [O] 침익적 행정행위의 취소는 국민에게 이익이 되므로 비례의 원칙이 적용될 여지가 적다.

④ [X] 비례의 원칙은 침익적 행정은 물론이고 급부행정 등 모든 행정작용에 적용된다. 특히, 급부행정에 적용되는 경우에는 과잉급부금지원칙이라 한다.

① [O]

> 「행정규제기본법」 제5조 【규제의 원칙】 ③ 규제의 대상과 수단은 규제의 목적 실현에 필요한 최소한의 범위에서 가장 효과적인 방법으로 객관성·투명성 및 공정성이 확보되도록 설정되어야 한다.
>
> 「행정절차법」 제48조 【행정지도의 원칙】 ① 행정지도는 그 목적 달성에 필요한 최소한도에 그쳐야 하며, 행정지도의 상대방의 의사에 반하여 부당하게 강요하여서는 아니 된다.

② [O] 「도로교통법」 제148조의2 제1항 제1호는 「도로교통법」 제44조 제1항을 2회 이상 위반한 사람으로서 다시 같은 조 제1항을 위반하여 술에 취한 상태에서 자동차 등을 운전한 사람에 대해 1년 이상 3년 이하의 징역이나 500만 원 이상 1,000만 원 이하의 벌금에 처하도록 규정하고 있는데, 위 제1호에서 정하고 있는 '제44조 제1항을 2회 이상 위반한' 것에, 개정된 「도로교통법」이 시행되기 이전의 구 도로교통법 제44조 제1항을 위반한 음주운전 전과까지 포함되는 것으로 해석하는 것이 형벌불소급의 원칙이나 일사부재리의 원칙 또는 비례의 원칙에 위배된다고 할 수 없다(대판 2012.11.29, 2012도10269).

③ [O] 권리제한은 최소화해야 한다. 부담을 붙이면 공익목적이 달성될 수 있음에도 허가를 거부한 것은 필요성의 원칙(최소성의 원칙)에 반한다.

❹ [X] 법령이 규정하는 산림훼손 금지 또는 제한 지역에 해당하는 경우는 물론이고 금지 또는 제한 지역에 해당하지 않더라도 허가관청은 산림훼손허가신청 대상 토지의 현상과 위치 및 주위의 상황 등을 고려하여 국토 및 자연의 유지와 환경의 보전 등 중대한 공익상 필요가 있다고 인정될 때에는 허가를 거부할 수 있고, 그 경우 법규에 명문의 근거가 없더라도 거부처분을 할 수 있다(대판 2007.5.10, 2005두13315).

① [O] 부당결부금지원칙이란 행정기관이 공권력적 조치를 취함에 있어 그것과 실질적인 관련이 없는 반대급부와 결부시켜서는 안 된다는 원칙을 말한다. 국세체납과 영업허가의 취소·정지는 실체적 관련성이 없다는 주장이 제기될 수 있으므로 부당결부금지원칙 위반이 문제될 수 있다. ➡ 행정청은 행정작용을 할 때 상대방에게 해당 행정작용과 실질적인 관련이 없는 의무를 부과해서는 아니 된다[「행정기본법」 제13조(부당결부금지의 원칙)].

② [O] 지방자치단체장이 사업자에게 주택사업계획승인을 하면서 그 주택사업과는 아무런 관련이 없는 토지를 기부채납하도록 하는 부관을 주택사업계획승인에 붙인 경우, 그 부관은 부당결부금지원칙에 위반되어 위법하다(대판 1997.3.11, 96다49650). 즉, 판례는 부당결부금지원칙의 적용을 긍정하고 있다.

③ [O] 준공거부처분에서 그 이유로 내세운 도로기부채납의무는 이 사건 기숙사 등 건축물에 인접한 도로 198m 개설을 위한 도시계획사업시행허가와 위 기숙사 등 건축물의 신축을 위한 도시계획사업의 시행허가에 관한 것으로 이 사건 기숙사 등 건축물의 건축허가와는 별개의 것이고, 건축허가사항대로 이행되는 「건축법」 등에 위반한 사항이 없는 이 사건 기숙사 등 건축물에 관하여 원고가 위와 같은 이유로 준공거부처분을 한 것은 「건축법」에 근거 없이 이루어진 것으로서 위법하다(대판 1992.11.27, 92누10364).

❹ [X] 사업주체에게 주택단지의 진입도로 등 간선시설을 설치하고 그 부지소유권 등을 기부채납할 것을 조건으로 하여 주택건설사업계획의 승인을 하였다 해도 다른 특별한 사정이 없다면 이를 사업주체에게 필요한 범위를 넘어 과중한 부담을 지우는 것으로서 형평의 원칙 등에 위배되는 위법한 부관이라고 할 수는 없다(대판 1997.3.14, 96누16698).

① [X] 지방자치단체장이 사업자에게 주택사업계획승인을 하면서 그 주택사업과는 아무런 관련이 없는 토지를 기부채납하도록 하는 부관을 주택사업계획승인에 붙인 경우, 그 부관은 부당결부금지원칙에 위

반되어 위법하지만, 지방자치단체장이 승인한 사업자의 주택사업계획은 상당히 큰 규모의 사업임에 반하여, 사업자가 기부채납한 토지 가액은 그 100분의 1 상당의 금액에 불과한 데다가, 사업자가 그동안 그 부관에 대하여 아무런 이의를 제기하지 아니하다가 지방자치단체장이 업무착오로 기부채납한 토지에 대하여 보상협조 요청서를 보내자 그때서야 비로소 부관의 하자를 들고 나온 사정에 비추어 볼 때 부관의 하자가 중대하고 명백하여 당연무효라고는 볼 수 없다고 할 것이다(대판 1997.3.11, 96다49650).

② [X] 제1종 보통운전면허와 제1종 대형운전면허의 소지자가 제1종 보통운전면허로 운전할 수 있는 승합차를 음주운전하다가 적발되어 두 종류의 운전면허를 모두 취소당한 사안에서, 그 취소처분으로 생업에 막대한 지장을 초래하게 되어 가족의 생계조차도 어려워질 수 있다는 당사자의 불이익보다는 교통법규의 준수 또는 주취운전으로 인한 사고의 예방이라는 공익목적 실현의 필요성이 더욱 크고, 당해 처분 중 제1종 대형운전면허의 취소가 재량권을 일탈한 것으로 본다면 상대방은 그 운전면허로 다시 승용 및 승합자동차를 운전할 수 있게 되어 주취운전에도 불구하고 아무런 불이익을 받지 않게 되어 현저히 형평을 잃은 결과가 초래된다는 이유로, 제1종 대형 운전면허 부분에 대한 운전면허취소처분이 재량권의 한계를 넘는 위법한 처분이라고 볼 수 없다고 하였다(대판 1997.3.11, 96누15176).

③ [X] 제1종 대형면허 소지자는 제1종 보통면허로 운전할 수 있는 자동차와 원동기장치자전거를, 제1종 보통면허 소지자는 원동기장치자전거까지 운전할 수 있도록 규정하고 있어서 제1종 보통면허로 운전할 수 있는 차량의 음주운전은 당해 운전면허뿐만 아니라 제1종 대형면허로도 가능하고, 또한 제1종 대형면허나 제1종 보통면허의 취소에는 당연히 원동기장치자전거의 운전까지 금지하는 취지가 포함된 것이어서 이들 세 종류의 운전면허는 서로 관련된 것이라고 할 것이므로 제1종 보통면허로 운전할 수 있는 차량을 음주운전한 경우에 이와 관련된 면허인 제1종 대형면허와 원동기장치자전거면허까지 취소할 수 있는 것으로 보아야 한다(대판 1994.11.25, 94누9672).

❹ [O] 제1종 보통, 제1종 대형, 제1종 특수자동차운전면허소유자가 운전한 12인승 승합자동차는 제1종 보통 및 제1종 대형자동차운전면허로는 운전이 가능하나 제1종 특수자동차운전면허로는 운전할 수 없으므로, 위 운전자는 자신이 소지하고 있는 자동차운전면허 중 제1종 보통 및 제1종 대형자동차운전면허만으로 운전한 것이 되어, 제1종 특수자동차운전면허는 위 승합자동차의 운전과는 아무런 관련이 없기 때문이다(대판 1998.3.24, 98두1031).

② [X] 행정청의 선행조치에는 법률행위는 물론 행정지도와 같은 사실행위도 포함된다.

③ [X] 행정청의 '선행조치'에는 적극적·소극적 행위, 명시적·묵시적 행위를 불문하고 모두 포함된다. 따라서 문서에 의한 형식적 행위일 필요는 없다.

④ [X] 신뢰보호의 원칙이 적용되기 위하여는 사인의 신뢰가 형성될 수 있는 대상인 행정청의 선행조치가 있어야 하는데, 여기서의 '선행조치'에는 적극적 행위(작위)·소극적 행위(부작위), 명시적 행위·묵시적 행위가 모두 포함된다.

20   정답 ①

❶ [O]

> 「행정기본법」 제12조【신뢰보호의 원칙】 ① 행정청은 공익 또는 제3자의 이익을 현저히 해칠 우려가 있는 경우를 제외하고는 행정에 대한 국민의 정당하고 합리적인 신뢰를 보호하여야 한다.
>
> 「행정절차법」 제4조【신의성실 및 신뢰보호】 ② 행정청은 법령등의 해석 또는 행정청의 관행이 일반적으로 국민들에게 받아들여졌을 때에는 공익 또는 제3자의 정당한 이익을 현저히 해칠 우려가 있는 경우를 제외하고는 새로운 해석 또는 관행에 따라 소급하여 불리하게 처리하여서는 아니 된다.

3회 쟁점별 모의고사

행정법의 일반원칙 ~ 법률관계

정답

01	②	**02**	③	**03**	③	**04**	④
05	④	**06**	③	**07**	④	**08**	②
09	②	**10**	④	**11**	③	**12**	①
13	③	**14**	①	**15**	④	**16**	②
17	①	**18**	②	**19**	③	**20**	④

01 정답 ②

① [X] ④ [X] 행정청의 공적 견해표명이 있었는지의 여부를 판단함에 있어서는, 반드시 행정조직상의 형식적인 권한분장에 구애될 것은 아니고, 담당자의 조직상의 지위와 임무, 당해 언동을 하게 된 구체적인 경위 및 그에 대한 상대방의 신뢰가능성에 비추어 실질에 의하여 판단하여야 한다(대판 2008.1.17, 2006두10931).

❷ [○] 법적 구속력이 없는 권고·행정지도도 공적 견해표명에 해당한다.

③ [X] 행정청의 선행조치에는 법률행위는 물론 행정지도와 같은 사실행위도 포함된다.

02 정답 ③

① [○] 대판 2003.6.27, 2002두6965

② [○] 폐기물관리법령에 의한 폐기물처리업 사업계획에 대한 적정통보와 국토이용관리법령에 의한 국토이용계획변경은 각기 그 제도적 취지와 결정 단계에서 고려해야 할 사항들이 다르므로, 폐기물처리업 사업계획에 대하여 적정통보를 한 것만으로 그 사업부지 토지에 대한 국토이용계획변경신청을 승인하여 주겠다는 취지의 공적인 견해표명을 한 것으로 볼 수 없다(대판 2005.4.28, 2004두8828).

❸ [X] 헌법재판소의 위헌결정은 행정청이 개인에 대하여 신뢰의 대상이 되는 공적인 견해를 표명한 것이라고 할 수 없으므로 그 결정에 관련한 개인의 행위에 대하여는 신뢰보호의 원칙이 적용되지 아니한다(대판 2003.6.27, 2002두6965).

④ [○] 행정청이 지구단위계획을 수립하면서 그 권장용도를 판매·위락·숙박시설로 결정하여 고시한 행위를 당해 지구 내에서는 공익과 무관하게 언제든지 숙박시설에 대한 건축허가가 가능하리라는 공적 견해를 표명한 것이라고 평가할 수는 없다(대판 2005.11.25, 2004두6822).

03 정답 ③

① [X] 서울지방병무청 총무과 민원팀장에 불과한 공무원이 법령의 내용을 숙지하지 못한 상태에서 국외영주권을 취득한 사람(원고)의 상담에 응하여 민원봉사 차원에서 "복무기간 6개월의 공익근무요원이 될 수 있다."라고 하면서 보충역편입처분신청서를 민원실로 접

수시키라고 안내하였다고 하여 그것이 피고(서울지방병무청장)의 공적인 견해표명이라고 하기 어렵고, 원고 측이 더 나아가 담당부서의 담당 공무원에게 공적 견해의 표명을 구하는 정식의 서면질의 등을 하지 아니한 채 위 공무원의 안내만을 신뢰한 것에는 원고 측에 귀책사유도 있어 신뢰보호의 원칙이 적용되지 아니한다(대판 2003.12.26, 2003두1875).

② [X] 「개발이익환수에 관한 법률」에 정한 개발사업을 시행하기 전에, 행정청이 토지 지상에 예식장 등을 건축하는 것이 관계 법령상 가능한지 여부를 질의하는 민원예비심사에 대하여 관련 부서 의견으로 「개발이익환수에 관한 법률」에 '저촉사항 없음'이라고 기재하였다고 하더라도, 이후의 개발부담금 부과처분에 관하여 신뢰보호의 원칙을 적용하기 위한 요건인, 개인에 대하여 신뢰의 대상이 되는 공적인 견해표명을 한 것이라고는 보기 어렵다(대판 2006.6.9, 2004두46).

❸ [○] 종교법인이 도시계획구역 내 생산녹지로 답(畓)인 토지에 대하여 종교회관 건립을 이용목적으로 하는 토지거래계약의 허가를 받으면서 담당 공무원이 관련 법규상 허용된다 하여, 이를 신뢰하고 건축준비를 하였으나 그 후 당해 지방자치단체장이 다른 사유를 들어 토지형질변경허가신청을 불허가한 것은 신뢰보호의 원칙에 반한다(대판 1997.9.12, 96누18380).

④ [X] 재량권 행사의 준칙인 행정규칙이 그 정한 바에 따라 되풀이 시행되어 행정관행이 이루어지게 되면 평등의 원칙이나 신뢰보호의 원칙에 따라 행정기관은 그 상대방에 대한 관계에서 그 규칙에 따라야 할 자기구속을 받게 된다. 따라서 시장이 농림수산식품부에 의하여 공표된 '2008년도 농림사업시행지침서'에 명시되지 않은 '시·군별 건조저장시설 개소당 논 면적' 기준을 충족하지 못하였다는 이유로 신규 건조저장시설 사업자 인정신청을 반려한 사안에서, 위 지침이 되풀이 시행되어 행정관행이 이루어졌다거나 그 공표만으로 신청인이 보호가치 있는 신뢰를 갖게 되었다고 볼 수 없으므로, 그 처분이 행정의 자기구속의 원칙 및 행정규칙에 관련된 신뢰보호의 원칙에 위배되거나 재량권을 일탈·남용한 위법이 없다고 하였다(대판 2009.12.24, 2009두7967).

04 정답 ④

① [○] 정책의 주무 부처인 중앙행정기관이 그 소관 사항에 대하여 입안한 법령안은 법제처 심사 등의 절차를 거쳐 공포함으로써 확정되므로, 법령이 확정되기 이전에는 법적 효과가 발생할 수 없다. 따라서 입법예고를 통해 법령안의 내용을 국민에게 예고한 적이 있다고 하더라도 그것이 법령으로 확정되지 아니한 이상 국가가 이해관계자들에게 위 법령안에 관련된 사항을 약속하였다고 볼 수 없으며, 이러한 사정만으로 어떠한 신뢰를 부여하였다고 볼 수도 없다(대판 2018.6.15, 2017다249769).

② [○] 이 경우, 대통령이 정부의 수반인 지위에서 피해자들인 국민에 대하여 향후 입법조치 등을 통하여 그 피해를 보상해 주겠다고 구체적 사안에 관하여 종국적으로 약속한 것으로서, 거기에 채무의 승인이나 시효이익의 포기와 같은 사법상의 효과는 없더라도, 그 상대방은 약속이 이행될 것에 대한 강한 신뢰를 가지게 되고, 이러한 신뢰는 단순한 사실상의 기대를 넘어 법적으로 보호받아야 할 이익이라고 보아야 한다(대판 2001.7.10, 98다38364).

③ [○] 「국세기본법」 제18조 제3항의 규정은 납세자의 권리보호와 과세관청에 대한 납세자의 신뢰보호에 그 목적이 있는 것이므로 이 사건 보세운송면허세의 부과 근거이던 「지방세법 시행령」이 1973.10.1. 제정되어 1977.9.20.에 폐지될 때까지 4년 동안 그 면허세를 부과할 수 있는 정을 알면서도 피고가 수출확대라는 공익상 필요에서 한 건도 이를 부과한 일이 없었다면 납세자인 원고는 그것

을 믿을 수밖에 없고 그로써 비과세의 관행이 이루어졌다고 보아도 무방하다(대판 전합체 1980.6.10, 80누6).

❹ [X] 「국세기본법」 제18조 제3항에서 정한 일반적으로 납세자에게 받아들여진 국세행정의 관행이 있으려면 반드시 과세관청이 납세자에 대하여 불과세를 시사하는 명시적인 언동이 있어야만 하는 것은 아니고 묵시적인 언동, 다시 말하면 비과세의 사실상태가 장기간에 걸쳐 계속되는 경우에 그것이 그 사항에 대하여 과세의 대상으로 삼지 아니하는 뜻의 과세관청의 묵시적인 의향표시로 볼 수 있는 경우 등에도 이를 인정할 수 있다(대판 1985.11.12, 85누549).

정답 ④

① [X] 「부가가치세법」상의 사업자등록은 과세관청이 부가가치세의 납세의무자를 파악하고 그 과세자료를 확보하는 데 입법취지가 있고, 이는 단순한 사업사실의 신고로서 사업자가 소관 세무서장에게 소정의 사업자등록신청서를 제출함으로써 성립하며, 사업자등록증의 교부는 이와 같은 등록사실을 증명하는 증서의 교부행위에 불과한 것으로 과세관청이 납세의무자에게 부가가치세 면세사업자용 사업자등록증을 교부하였다고 하더라도 그가 영위하는 사업에 관하여 부가가치세를 과세하지 아니함을 시사하는 언동이나 공적인 견해를 표명한 것으로 볼 수 없으며, 구 부가가치세법 시행령 제8조 제2항에 정한 고유번호의 부여도 과세자료를 효율적으로 처리하기 위한 것에 불과한 것이므로 과세관청이 납세의무자에게 고유번호를 부여한 경우에도 마찬가지이다(대판 2008.6.12, 2007두23255).

② [X] 「법인세법 시행규칙」을 시기적으로 반드시 6월 말경까지 공포·시행하겠다는 내용의 공적 견해를 표명한 것으로 보기 어렵고, 부동산의 양도 이전에 위 시행규칙의 관계 규정이 실제 공포·시행되고 있는지 여부를 확인하지 않은 데 귀책사유가 있다(대판 2002.11.26, 2001두9103).

③ [X] 행정청의 선행조치가 당사자의 사실은폐나 기타 사위의 방법에 의한 신청행위에 기인한 것이라면, 당사자는 자신이 처분에 관한 신뢰이익을 원용할 수 없다(대판 2008.11.13, 2008두8628 ; 대판 2013.2.15, 2011두1870).

❹ [O] 행정청의 견해표명이 정당하다고 신뢰한 데에 대하여 그 개인에게 귀책사유가 없을 것도 신뢰보호의 원칙이 적용되기 위한 요건 중의 하나인데, 그 귀책사유의 유무는 상대방과 그로부터 신청행위를 위임받은 수임인 등 관계자 모두를 기준으로 판단하여야 한다(대판 2008.1.17, 2006두10931 ; 대판 2002.11.8, 2001두1512).

정답 ③

① [X] 신뢰보호의 원칙이 적용되기 위해서는 상대방인 사인이 행정청의 선행조치를 신뢰한 것만으로는 부족하고, 반드시 일정한 처리행위가 있어야 한다. 따라서 상대방인 사인의 아무런 처리행위가 없었던 경우에는 정신적 신뢰를 이유로 신뢰보호를 요구할 수 없다.

② [X] 사인의 처리는 행정청의 선행조치에 대한 신뢰에 근거한 것이어야 한다. 따라서 선행조치에 대한 신뢰와 객관적으로 연관이 없는 개인의 조치는 인과관계가 없으므로 신뢰보호의 원칙이 성립하지 않는다.

❸ [O] 행정청의 행위에 대하여 신뢰보호의 원칙이 적용되기 위하여는, 행정청이 공적인 견해표명에 따른 행정처분을 할 경우 이로 인하여 공익 또는 제3자의 정당한 이익을 현저히 해할 우려가 있는 경우가 아니어야 한다(대판 2001.9.28, 2000두8684 ; 대판 2008. 1.17, 2006두10931). → 행정청은 공익 또는 제3자의 이익을 현저히 해칠 우려가 있는 경우를 제외하고는 행정에 대한 국민의 정

당하고 합리적인 신뢰를 보호하여야 한다[「행정기본법」 제12조(신뢰보호의 원칙) 제1항].

④ [X] 행정청이 공적 견해표명에 따른 행정처분을 할 경우 이로 인하여 공익 또는 제3자의 정당한 이익을 현저히 해할 우려가 있는 경우가 아니어야 한다는 것도 신뢰보호의 원칙이 적용되기 위한 요건 중의 하나이다(대판 2001.9.28, 2000두8684 ; 대판 2008.1.17, 2006두10931).

정답 ②

① [X] 신뢰보호의 원칙과 행정의 법률적합성의 원칙이 충돌한 경우 법률적합성 우위설과 이익형량설(동위설)이 대립하고 있으나, 이익형량설이 통설·판례의 입장이다. 이 견해에 의하면, 적법상태의 실현을 통해 실현되는 이익과 행정작용의 존속에 대한 신뢰보호라는 사익을 비교하여 전자가 크면 신뢰보호의 원칙보다는 법령을 준수하는 행위를 해야 하나, 후자가 크면 신뢰보호의 원칙을 우선시해야 한다.

❷ [O] 지방공무원 임용신청 당시 잘못 기재된 호적상 출생 연월일을 생년월일로 기재하고, 이에 근거한 공무원인사기록카드의 생년월일 기재에 대하여 처음 임용된 때부터 약 36년 동안 전혀 이의를 제기하지 않다가, 정년을 1년 3개월 앞두고 호적상 출생 연월일을 정정한 후 그 출생 연월일을 기준으로 정년의 연장을 요구하는 것은 신의성실의 원칙에 반하지 않는다(대판 2009.3.26, 2008두21300).

③ [X] 신뢰보호의 원칙과 법률적합성의 원칙이 충돌하는 경우, 법률적합성 우위설과 이익형량설(동위설)의 대립이 있으나 후설이 통설·판례(대판 2007.10.29, 2005두4649 등 참조)이다. 이 견해에 의하면 공익과 사익을 비교형량하여 우선순위를 정하므로 상당성의 원칙(협의의 비례원칙)이 적용된다.

④ [X] 신뢰의 대상이 되는 행위인 선행조치는 적극적·소극적 조치 여부를 가리지 않으며, 법률행위·사실행위 여부도 가리지 않고, 행정행위의 경우에는 무효가 아닌 이상 적법행위·위법행위 여부도 가리지 않는다.

정답 ②

① [X] 침익적 행정행위를 취소하는 경우에는 신뢰보호의 원칙이 적용되지 않지만, 수익적 행정행위를 취소하는 것은 신뢰보호에 위반될 수 있으므로 수익적 행정행위의 취소가 제한된다. 그리고 실권의 법리는 신뢰보호의 원칙에서 파생한 원리이고, 확약의 법리는 신뢰보호와 가장 밀접한 관계에 있으며, 기존 행정계획에 대한 신뢰보호가 계획변경에 따른 공익보다 큰 경우에는 계획보장청구권이 인정되므로, 이도 관련성이 있다.

❷ [O] 확약 또는 공적인 의사표명이 있은 후에 사실적·법률적 상태가 변경되었다면, 그와 같은 확약 또는 공적인 의사표명은 행정청의 별다른 의사표시를 기다리지 않고 실효된다(대판 1996.8.20, 95누10877).

③ [X] 독일의 행정절차법에서는 1년의 직권취소기간을 두고 있으나, 우리의 「행정절차법」에는 취소권의 행사기간에 관한 규정이 없다.

④ [X] 시장이 한때 실제의 공원구역과 다르게 경계측량 및 표지를 설치함으로 인하여 원고들이 그 잘못된 경계를 믿고 행정청으로부터 초지조성허가를 받아 초지를 조성하고 축사를 신축하여 그러한 상태가 십수 년이 경과하였다 하여도, 이 사건 토지가 당초 국립공원구역 안에 있는 것으로 적법하게 지정, 공고된 이상 여전히 이 사건 토지는 그 공원구역 안에 있는 것이고, 따라서 그 후 위와 같은

착오를 발견한 피고가 이 사건 토지를 그 공원구역 안에 있는 것으로 지형도를 수정한 조치를 가리켜 신뢰보호의 원칙에 위배된다거나 행정의 자기구속의 법리에 반하는 것이라고도 할 수 없다(대판 1992.10.13, 92누2325).

09

① [O] 당초 정구장시설을 설치한다는 도시계획결정을 하였다가 정구장 대신 청소년수련시설을 설치한다는 도시계획변경결정 및 지적승인을 한 경우, 당초의 도시계획결정만으로는 도시계획사업의 시행자 지정을 받게 된다는 공적인 견해를 표명하였다고 할 수 없으므로 그 후의 도시계획변경결정 및 지적승인이 도시계획사업의 시행자로 지정받을 것을 예상하고 정구장설계비용 등을 지출한 자의 신뢰이익을 침해한 것으로 볼 수 없다(대판 2000.11.10, 2000두727).

❷ [X] 구 소득세법 제127조는, 과세표준과 세액의 조사결정에 탈루 또는 오류가 있음을 발견하면 징세기관은 즉시 경정결정을 하도록 규정하고 있으므로, 세무서장이 일단 비과세결정을 하였다가 이를 번복하고 다시 과세처분을 하였다는 사실만으로 세무서장의 과세처분이 신의성실의 원칙에 반하는 위법한 것이라 할 수 없다(대판 1989.1.17, 87누681).

③ [O] 위 해제신청을 거부한 것은 행정상 신뢰보호의 원칙을 위반하거나 재량권을 일탈·남용한 위법한 처분이라고 할 것이다(대판 2008. 10.9, 2008두6127).

④ [O] 운전면허취소사유에 해당하는 음주운전을 적발한 경찰관의 소속 경찰서장이 사무착오로 위반자에게 운전면허정지처분을 한 상태에서 위반자의 주소지 관할 지방경찰청장이 위반자에게 운전면허취소처분을 한 것은 선행처분에 대한 당사자의 신뢰 및 법적 안정성을 저해하는 것으로서 허용될 수 없다(대판 2000.2.25, 99두10520).

10

① [X] 당사자소송은 행정청의 처분 등을 원인으로 하는 법률관계에 관한 소송, 그 밖에 공법상의 법률관계에 관한 소송으로서 그 법률관계의 한쪽 당사자를 피고로 하는 소송을 말한다(「행정소송법」 제3조 제2호). 이에 반해 사법관계는 민사소송의 대상이 된다.

② [X] 공법과 사법의 구별기준에 대한 주체설은 법률관계의 당사자 중 일방이 국가나 지방자치단체 등의 행정주체인 경우에는 공법관계로, 그 당사자가 모두 사인인 경우에는 사법관계로 보는 견해이다. 이에 대해 신주체설은 공권력의 담당자인 행정주체에 대해서만 권리·권한을 부여하거나 의무를 부과하는 법은 공법이고, 모든 권리주체에 권리를 부여하고 의무를 부과하는 법은 사법으로 보는 견해이다. 이 견해는 Wolff가 주체설을 보완하여 주장한 것으로서, 특별법설 또는 귀속설이라고도 한다.

③ [X] 공무원도 권리주체이므로 그에 대한 징계행위는 특별행정법관계이다.

❹ [O] 공법관계 중 관리관계란 국가의 공적 재산 또는 공적 사업 등의 관리주체로서의 행정주체와 사인 간의 관계(예 공물의 설치·유지·관리, 공기업의 경영·관리 등)로서, 전래적 공법관계라고 한다. 이에 대해서는 특별한 규정이 없는 한 사법규정이 적용되는 것이 원칙이고, 예외적으로 공법규정이 적용된다.

11

① [X] 헌법재판소는 기본권이 국고적 행위에도 그 효력이 미친다는 입장이다. 다만, 국고적 행위는 사법상의 행위이므로 헌법소원이나 항고소송의 대상이 되지는 않는다. 그런데 공법관계에서는 기본권의 효력이 직접적이나, 국고관계에서는 기본권의 효력이 없는 것이 아니라 간접적으로 발생하게 된다.

② [X] 행정사법이란 행정주체가 공행정작용을 사법의 형식으로 수행하는 행위로서, 공법관계가 아니라 사법관계이므로 사법의 적용을 받는다. 그러나 사법의 형식으로 행위를 하게 되면 행정주체는 많은 자유를 누리게 되는 결과, 소위 사법으로의 도피 현상이 발생할 수 있다. 이를 차단하기 위해서는 행정주체가 행정목적을 위해 사법의 형식을 취하더라도 기본권과 헌법 또는 행정법의 원리에 구속받아야 한다. 즉, 행정사법 영역에서도 일정한 공법규정 내지 공법원리에 의한 제한·수정을 받는다.

❸ [O] 행정사법은 행정주체가 공행정작용을 수행함에 있어 그 법적 형식(공법적 형식과 사법적 형식)의 선택가능성이 인정되는 경우에 적용되는 법상태 또는 법영역이다. 따라서 변상금 부과·조세 징수와 같이 행정청이 일방적으로 하명하는 행위에는 행정사법의 형식으로 행할 수 없다.

④ [X] 행정사법관계는 공법관계가 아니라 사법관계이며, 일정한 공법규정 내지 공법원리에 의해서 제한·수정된다.

12

❶ [X] 「국유재산법」상의 변상금 부과처분은 국유재산을 무단으로 사용하는 자에 대하여 그 관리청이 부과하는 행정처분이다(대판 2000. 11.24, 2000다28568 등).

② [O] 국유재산 등의 관리청이 하는 행정재산의 사용·수익에 대한 허가는 순전히 사경제 주체로서 행하는 사법상의 행위가 아니라 관리청이 공권력을 가진 우월적 지위에서 행하는 행정처분으로서 특정인에게 행정재산을 사용할 수 있는 권리를 설정하여 주는 강학상 특허에 해당하고, 행정재산의 사용·수익 허가에 따른 사용료에 대하여는 「국유재산법」의 규정에 의하여 「국세징수법」이 규정한 가산금과 중가산금을 징수할 수 있다. 따라서 원고가 가산금지급채무의 부존재를 주장하여 구제를 받으려면, 적절한 행정쟁송절차를 통하여 권리관계를 다투어야 할 것이지, 민사소송으로 위 지급의무의 부존재확인을 구할 수는 없는 것이다(대판 2006.3.9, 2004다31074).

③ [O] 국립의료원 부설주차장에 관한 위탁관리용역운영계약의 실질은 행정재산인 위 부설주차장에 대한 「국유재산법」 제24조 제1항에 의한 사용·수익 허가로서 이루어진 것임을 알 수 있으므로, 이는 위 국립의료원이 원고의 신청에 의하여 공권력을 가진 우월적 지위에서 행한 행정처분으로서 특정인에게 행정재산을 사용할 수 있는 권리를 설정하여 주는 강학상 특허에 해당한다 할 것이고 순전히 사경제 주체로서 원고와 대등한 위치에서 행한 사법상의 계약으로 보기 어렵다고 할 것이다. 따라서 위 계약에 따른 가산금지급채무의 부존재를 주장하여 구제를 받으려면, 적절한 행정쟁송절차를 통하여 권리관계를 다투어야 할 것이지 민사소송으로 위 지급의무의 부존재확인을 구할 수는 없는 것이다(대판 2006.3.9, 2004다31074).

④ [O] 국유재산 등의 관리청이 하는 행정재산의 사용·수익에 대한 허가는 순전히 사경제 주체로서 행하는 사법상의 행위가 아니라 관리청이 공권력을 가진 우월적 지위에서 행하는 행정처분으로서 특정인에게 행정재산을 사용할 수 있는 권리를 설정하여 주는 강학상 특허에 해당한다(대판 2006.3.9, 2004다31074). 그러나 한국공

항공단이 정부로부터 무상 사용허가를 받은 행정재산을 구 한국공항공단법 제17조에서 정한 바에 따라 전대하는 경우에 미리 그 계획을 작성하여 건설교통부장관에게 제출하고 승인을 얻어야 하는 등 일부 공법적 규율을 받고 있다고 하더라도, 한국공항공단이 그 행정재산의 관리청으로부터 국유재산 관리사무의 위임을 받거나 국유재산 관리의 위탁을 받지 않은 이상, 한국공항공단이 무상 사용허가를 받은 행정재산에 대하여 하는 전대행위는 통상의 사인 간의 임대차와 다를 바가 없고, 그 임대차계약이 임차인의 사용승인신청과 임대인의 사용승인의 형식으로 이루어졌다고 하여 달리 볼 것은 아니다(대판 2004.1.15, 2001다12638).

13 정답 ③

① [O] 지방소방공무원이 자신이 소속된 지방자치단체를 상대로 초과근무수당의 지급을 구하는 청구에 관한 소송은 「행정소송법」 제3조 제2호에 규정된 당사자소송의 절차에 따라야 한다(대판 2013.3.28, 2012다102629).

② [O] 서울특별시 지하철공사의 임원과 직원의 근무관계의 성질은 공법상의 관계라고는 볼 수 없고 사법관계에 속한다(대판 1989.9.12, 89누2103).

❸ [X] 교육부(구 문교부)장관의 권한을 재위임받은 공립교육기관의 장에 의하여 공립유치원의 임용기간을 정한 전임강사로 임용되어 지방자치단체로부터 보수를 지급받으면서 「공무원복무규정」을 적용받고 사실상 유치원 교사의 업무를 담당하여 온 유치원 교사의 자격이 있는 자는 교육공무원에 준하여 신분보장을 받는 정원 외의 임시직 공무원으로 봄이 상당하므로 그에 대한 해임처분의 시정 및 수령지체된 보수의 지급을 구하는 소송은 행정소송의 대상이지 민사소송의 대상이 아니다(대판 1991.5.10, 90다10766).

④ [O] 사립학교 교원은 학교법인 또는 사립학교 경영자가 임면하고, 그 임면은 사법상 고용계약에 의하며, 사립학교 교원은 학생을 교육하는 대가로 학교법인 등으로부터 임금을 지급받으므로 학교법인 등과 사립학교 교원의 관계는 원칙적으로 사법상 법률관계에 해당한다. 따라서 학교법인 등의 사립학교 교원에 대한 인사권의 행사로서 징계 등 불리한 처분은 사법적 법률행위의 성격을 가진다(대판 2014.7.24, 2014도6377). 즉, 사립학교 교원에 대한 학교법인의 해임처분을 취소소송의 대상이 되는 행정청의 처분으로 볼 수 없고, 따라서 학교법인을 상대로 한 불복은 행정소송에 의할 수 없고 민사소송절차에 의할 것이다(대판 1993.2.12, 92누13707). 그러나 사립학교 교원에 대한 징계처분 등 그 의사에 반한 불리한 처분에 대하여 「교원의 지위 향상 및 교육활동 보호를 위한 특별법」 제9조, 제10조의 규정에 따라 교원소청심사위원회에 소청심사를 청구하고 이에 불복하여 행정소송을 제기하는 방법도 있다. 이 경우, 쟁송의 대상이 되는 행정처분은 학교법인의 징계처분이 아니라 교원소청심사위원회의 결정이므로 그 결정이 행정심판으로서의 재결에 해당하는 것은 아니라 할 것이고, 이 경우 처분청인 교원소청심사위원회가 항고소송의 피고가 되는 것이다(대판 1994.12.9, 94누6666).

14 정답 ①

❶ [X] 정부투자기관(한국토지공사)의 출자로 설립된 회사(한국토지신탁) 내부의 근무관계(인사상의 차별 및 해고)에 관한 사항은, 이를 규율하는 특별한 공법적 규정이 존재하지 않는 한, 원칙적으로 사법관계에 속하므로 헌법소원의 대상이 되는 공권력 작용이라고 볼 수 없다(헌재 2002.3.28, 2001헌마464 ; 헌재 2006.11.39, 2005헌마855).

② [O] 대판 1995.6.9, 94누10870

③ [O] 공법인의 행위는 일반적으로 헌법소원의 대상이 될 수 있으나, 그 중 대외적 구속력을 갖지 않는 단순한 내부적 행위나 사법적인 성질을 지니는 것은 헌법소원의 대상이 되는 공권력의 행사에 해당한다 할 수 없다. 「방송법」은 제52조에서 "한국방송공사 직원은 정관이 정하는 바에 따라 사장이 임면한다."라고 규정하는 외에는, 직원의 채용관계에 관하여 달리 특별한 규정을 두고 있지 않으므로, 한국방송공사의 군미필자 응시자격을 제한하는 예비사원 채용공고(이 사건 공고라 함) 내지 직원채용은 한국방송공사의 정관과 내부 인사규정 및 그 시행세칙에 근거하여 이루어질 수밖에 없다. 그렇다면 한국방송공사의 직원채용관계는 특별한 공법적 규제 없이 한국방송공사의 자율에 맡겨진 셈이 되므로 이는 사법적인 관계에 해당한다고 봄이 상당하다. 또한 직원채용관계가 사법적인 것이라면, 그러한 채용에 필수적으로 따르는 사전절차로서 채용시험의 응시자격을 정한 이 사건 공고 또한 사법적인 성격을 지닌다고 할 것이다. 그렇다면 이 사건 공고는 헌법소원으로 다툴 수 있는 '공권력의 행사'에 해당하지 않는다(헌재 2006.11.30, 2005헌마855).

④ [O] 「수도법」에 의하여 지방자치단체인 수도사업자가 그 수돗물의 공급을 받은 자에 대하여 하는 수도료의 부과·징수와 이에 따른 수도료의 납부관계는 공법상의 권리·의무관계라 할 것이므로, 이에 관한 소송은 행정소송절차에 의하여야 하고 민사소송절차에 의할 수는 없다(대판 1977.2.22, 76다2517).

15 정답 ④

① [X] 구 예산회계법(현 「국가를 당사자로 하는 계약에 관한 법률」)에 따라 체결되는 계약은 사법상의 계약이라고 할 것이고 동법 제70조의5의 입찰보증금은 낙찰자의 계약체결의무이행의 확보를 목적으로 하여 그 불이행 시에 이를 국고에 귀속시켜 국가의 손해를 전보하는 사법상의 손해배상 예정으로서의 성질을 갖는 것이라고 할 것이므로, 입찰보증금의 국고귀속조치는 국가가 사법상의 재산권의 주체로서 행위하는 것이지 공권력을 행사하는 것이거나 공권력 작용과 일체성을 가진 것이 아니라 할 것이므로 이에 관한 분쟁은 행정소송이 아닌 민사소송의 대상이 될 수밖에 없다고 할 것이다(대판 1983.12.27, 81누366).

② [X] 대법원은 「국가를 당사자로 하는 계약에 관한 법률」 제27조 제1항에 의한 중앙관서의 장(국방부장관, 산림청장, 조달청장 등)이 행한 입찰참가자격 제한행위의 처분성을 인정하여 그 자격 제한처분취소소송을 받아들여 본안판단을 하고 있다(대판 2000.10.13, 99두3201 ; 대판 1986.3.11, 85누793 ; 대판 1994.6.24, 94누958 등).

③ [X] 도지사가 2010.7.12. 부정당업자 입찰참가자격의 제한처분을 하면서 입찰참가자격의 제한기간을 처분 다음 날부터 5개월간으로 정하였다 하더라도 상대방에게 고지되어야 그 효력이 발생하며, 고지되기 이전의 제한기간에 대하여는 그 효력이 미치지 아니한다(대판 2012.11.15, 2011두31635). ➡ 지방자치단체가 계약 입찰을 일정기간 동안 제한하는 부정당업자 제재는 사법상의 통지행위에 불과한 것이 아니라, 처분성이 인정된다.

❹ [O] <甲주식회사가 조달청과 물품구매계약을 체결하고 국가종합전자조달시스템인 나라장터 종합쇼핑몰 인터넷 홈페이지를 통해 요구받은 제품을 수요기관에 납품하였는데, 조달청이 계약이행내역 점검 결과 일부 제품이 계약 규격과 다르다는 이유로 물품구매계약 추가특수조건 규정에 따라 甲회사에 대하여 6개월의 나라장터 종합쇼핑몰 거래정지조치를 한 사안> … 조달청이 계약상대자에 대하여 나라장터 종합쇼핑몰에서의 거래를 일정기간 정지하는 조치는 「전자조달의 이용 및 촉진에 관한 법률」, 「조달사업에 관한 법

률」 등에 의하여 보호되는 계약상대자의 직접적이고 구체적인 법률상 이익인 나라장터를 통하여 수요기관의 전자입찰에 참가하거나 나라장터 종합쇼핑몰에서 등록된 물품을 수요기관에 직접 판매할 수 있는 지위를 직접 제한하거나 침해하는 행위에 해당하는 점 등을 종합하면, 위 거래정지조치는 비록 추가특수조건이라는 사법상 계약에 근거한 것이지만 행정청인 조달청이 행하는 구체적 사실에 관한 법집행으로서의 공권력의 행사로서 그 상대인 甲회사의 권리·의무에 직접 영향을 미치므로 항고소송의 대상이 되는 행정처분에 해당한다(대판 2018.11.29, 2015두52395).

16 정답 ②

① [X]「공익사업을 위한 토지 등의 취득 및 보상에 관한 법률」에 따른 토지 등의 협의취득은 공공사업에 필요한 토지 등을 그 소유자와의 협의에 의하여 취득하는 것으로서 공공기관이 사경제 주체로서 행하는 사법상 매매 내지 사법상 계약의 실질을 가지는 것이다(대판 2006.10.13, 2006두7096).

❷ [O] ④ [X] 개발부담금 부과처분이 취소된 이상 그 후의 부당이득으로서의 과오납금 반환에 관한 법률관계는 단순한 민사관계에 불과한 것이고, 행정소송절차에 따라야 하는 관계로 볼 수 없다(대판 1995.12.22, 94다51253).

③ [X]「하천법」 부칙 제2조의 규정에 의한 손실보상청구권의 소멸시효가 만료된 구 하천구역 편입토지 보상에 관한 특별조치법 제2조 제1항에서 정하고 있는 손실보상청구권은 「하천법」 본칙이 원래부터 규정하고 있던 하천구역에의 편입에 의한 손실보상청구권과 하등 다를 바가 없는 것이어서 공법상의 권리임이 분명하므로 그에 관한 쟁송도 행정소송절차에 의하여야 한다(대판 전합체 2006. 5.18, 2004다6207).

17 정답 ①

❶ [O] 중학교 의무교육의 위탁관계는 「초·중등교육법」 제12조 제3항·제4항 등 관련 법령에 의하여 정해지는 공법적 관계로서, 대등한 당사자 사이의 자유로운 의사를 전제로 사익 상호간의 조정을 목적으로 하는 「민법」 제688조의 수임인의 비용상환청구권에 관한 규정이 그대로 준용된다고 보기도 어렵다(대판 2015.1.29, 2012두7387).

② [X] 납세의무자에 대한 국가의 부가가치세 환급세액 지급의무는 그 납세의무자로부터 어느 과세기간에 과다하게 거래징수된 세액 상당을 국가가 실제로 납부받았는지와 관계없이 부가가치세법령의 규정에 의하여 직접 발생하는 것으로서, 그 법적 성질은 정의와 공평의 관념에서 수익자와 손실자 사이의 재산상태 조정을 위해 인정되는 부당이득반환의무가 아니라 부가가치세법령에 의하여 그 존부나 범위가 구체적으로 확정되고 조세정책적 관점에서 특별히 인정되는 공법상 의무라고 봄이 타당하다. 그렇다면 납세의무자에 대한 국가의 부가가치세 환급세액 지급의무에 대응하는 국가에 대한 납세의무자의 부가가치세 환급세액 지급청구는 민사소송이 아니라 「행정소송법」 제3조 제2호에 규정된 당사자소송의 절차에 따라야 한다(대판 전합체 2013.3.21, 2011다95564).

③ [X] 구 공익사업을 위한 토지 등의 취득 및 보상에 관한 법률 제79조 제2항, 같은 법 시행규칙 제57조에 따른 사업폐지 등에 대한 보상청구권은 공익사업의 시행 등 적법한 공권력의 행사에 의한 재산상 특별한 희생에 대하여 전체적인 공평부담의 견지에서 공익사업의 주체가 손해를 보상하여 주는 손실보상의 일종으로 공법상 권리임이 분명하므로 그에 관한 쟁송은 민사소송이 아닌 행정소송절차에 의하여야 한다(대판 2012.10.11, 2010다23210).

④ [X]「공익사업을 위한 토지 등의 취득 및 보상에 관한 법률」 제91조에 규정된 환매권은 상대방에 대한 의사표시를 요하는 형성권의 일종으로서 재판상이든 재판 외든 그 존속기간 내에 행사하면 매매의 효력이 생기고(대판 2013.2.28, 2010두22368), 위 매매는 환매권자와 국가 간의 사법상의 매매라 할 것이다(대판 1992.4.24, 92다4673).

18 정답 ②

① [O] 행정주체에는 국가, 공공단체(지방자치단체, 공공조합, 공법상 재단, 영조물법인), 공무수탁사인이 있다. 즉, 공무수탁사인도 행정주체이므로 개인도 행정주체가 될 수 있다. 그러나 대통령과 각부 장관은 행정주체가 아니라 행정기관(행정청)에 불과하다.

❷ [X] 종래의 판례는 서울대학교의 행정주체성을 부인하였다(대판 2001. 6.29, 2001다21991). 그러나 2011년 12월 28일부터 서울대학교는 공법인(영조물법인)으로서 행정주체의 지위를 갖게 되었다.

③ [O]「도시 및 주거환경정비법」에 따른 주택재건축(재개발)정비사업조합은 관할 행정청의 감독 아래 위 법상의 주택재건축사업을 시행하는 공법인으로서, 그 목적범위 내에서 법령이 정하는 바에 따라 일정한 행정작용을 행하는 행정주체의 지위를 갖는다(대판 2010. 7.29, 2008다6328 ; 대판 전합체 2014.5.22, 2012도7190).

④ [O] 권리·의무주체는 행정주체이나, 처분주체는 행정기관이다. 따라서 양자가 일치하는 것은 아니다.

19 정답 ③

① [X] 차량견인의 대행업자는 공무수탁사인이 아니라, 행정대행인에 해당한다.

② [X] 행정권한의 위탁이 직접 법령에 의하여 행해지는 경우도 있으나, 대부분은 법령에 근거한 행정행위의 형식이나 공법상 계약의 형식으로 위탁된다.

❸ [O]「행정절차법」 제2조 제1호에서는 "행정청이란 ㉠ 행정에 관한 의사를 결정하여 표시하는 국가 또는 지방자치단체의 기관, ㉡ 그 밖에 법령 또는 자치법규(법령 등)에 따라 행정권한을 가지고 있거나 위임 또는 위탁받은 공공단체 또는 그 기관이나 사인(私人)을 말한다."라고 규정하고 있다. 따라서 공무수탁사인이 행정행위를 하거나 행정지도를 하는 경우에도 「행정절차법」이 적용된다.

④ [X]「민영교도소 등의 설치·운영에 관한 법률」상 종교재단이 운영하는 민영교도소는 행정보조인이 아니라, 공무수탁사인에 해당한다.

20 정답 ④

① [O] 위탁기관은 민간위탁사무의 처리에 대하여 민간수탁기관을 지휘·감독하며, 민간수탁기관의 사무처리가 위법하거나 부당하다고 인정될 때에는 이를 취소하거나 정지시킬 수 있다(「행정권한의 위임 및 위탁에 관한 규정」 제14조 제1항·제3항).

② [O] 즉, 국가가 어떤 임무수행방법을 선택할 것인가 하는 문제는 입법자가 당해 사무의 성격과 수행방식의 효율성 정도 및 비용, 공무원 수의 증가 또는 정부부문의 비대화문제, 민간부문의 자본능력과 기술력의 성장 정도, 시장여건의 성숙도, 민영화에 대한 사회적·정치적 합의 등을 종합적으로 고려하여 판단해야 할 사항으로서 그 판단에 관하여는 입법자에게 광범위한 입법재량 내지 형성의 자유가 인정된다(헌재 2007.6.28, 2004헌마262).

③ [○] 대판 1990.3.23, 89누4789

❹ [X] 지방자치단체는 국가의 영토의 일부를 자기 구역으로 해서 구역 내 주민을 국법이 허용하는 범위에서 지배하는 법인으로서, 시원적 행정주체인 국가로부터 권력을 부여받은 행정주체이다. 그런데 행정객체가 될 수 없는 국가와 달리, 지방자치단체는 국가와의 관계에서 행정객체가 될 수 있다.

정답

01	③	02	①	03	③	04	①
05	④	06	②	07	③	08	③
09	③	10	④	11	③	12	②
13	①	14	③	15	③	16	①
17	③	18	③	19	①	20	④

01 ─────────────────── 정답 ③

① [X]

> 「행정기본법」 제6조 【행정에 관한 기간의 계산】 ① 행정에 관한 기간의 계산에 관하여는 이 법 또는 다른 법령등에 특별한 규정이 있는 경우를 제외하고는 「민법」을 준용한다.

② [X] 「민법」상 금전채권의 소멸시효기간은 원칙적으로 10년이나, 국가에 대한 금전채권의 소멸시효기간은 원칙적으로 5년이다(「국가재정법」 제96조). 따라서 「민법」의 규정이 국가에 대한 금전채권의 소멸시효에 대하여 그대로 적용되는 것은 아니다.

❸ [O]

> 「행정소송법」 제8조 【법 적용 예】 ① 행정소송에 대하여는 다른 법률에 특별한 규정이 있는 경우를 제외하고는 이 법이 정하는 바에 의한다.
> ② 행정소송에 관하여 이 법에 특별한 규정이 없는 사항에 대하여는 「법원조직법」과 「민사소송법」 및 「민사집행법」의 규정을 준용한다.

④ [X] 행정재산은 「민법」 제245조에도 불구하고 시효취득의 대상이 되지 아니한다(「국유재산법」 제7조 제2항, 「공유재산 및 물품 관리법」 제6조 제2항). 즉, 행정목적을 위하여 공용되는 행정재산은 공용폐지가 되지 않는 한 사법상 거래의 대상이 될 수 없으므로 취득시효의 대상도 되지 않는다(대판 1995.12.22, 95다19478).

02 ─────────────────── 정답 ①

❶ [O] 「국가재정법」(구 예산회계법) 제96조의 '금전의 급부를 목적으로 하는 국가의 권리'라 함은 금전의 급부를 목적으로 하는 권리인 이상 금전급부의 발생원인에 관하여는 아무런 제한이 없으므로 국가의 공권력의 발동으로 하는 행위는 물론 국가의 사법상의 행위에서 발생한 국가에 대한 금전채무도 포함한다(대판 1967.7.4, 67다751).

② [X] 금전의 급부를 목적으로 하는 국가의 권리로서 시효에 관하여 다른 법률에 규정이 없는 것은 5년 동안 행사하지 아니하면 시효로 인하여 소멸한다(「국가재정법」 제96조 제1항).

③ [X] 금전의 급부(지급)를 목적으로 하는 국가(지방자치단체)의 권리로서 시효에 관하여 다른 법률에 규정이 없는 것은 5년 동안 행사하

지 아니하면 시효로 인하여 소멸하고, 국가(지방자치단체)에 대한 권리로서 금전의 급부(지급)를 목적으로 하는 것도 또한 같다(「국가재정법」 제96조 제1항·제2항, 「지방재정법」 제82조).

④ [X] 변상금 부과처분에 대한 취소소송이 진행 중이라도 그 부과권자로서는 위법한 처분을 스스로 취소하고 그 하자를 보완하여 다시 적법한 부과처분을 할 수도 있는 것이어서 그 권리행사에 법률상의 장애사유가 있는 경우에 해당한다고 할 수 없으므로, 그 처분에 대한 취소소송이 진행되는 동안에도 변상금 부과권의 소멸시효는 중단되지 않는다(대판 2006.2.10, 2003두5686).

03 ─────────────────── 정답 ③

① [X] ② [X] 행정재산을 제외한 일반재산은 공물이 아니므로 시효취득의 대상이 될 수 있다(헌재 1991.5.13, 89헌가97 ; 대판 2010.11.25, 2010다58957).

❸ [O] 국가 등이 사인 소유의 물건을 시효취득하는 것은 가능하다.

④ [X] 행정재산이 해당 용도로 사용되고 있지 않다면 용도폐지의 의사가 있다고 볼 수 없고, 별도의 의사표시가 필요하다.

04 ─────────────────── 정답 ①

❶ [O] 공무원의 봉급과다수령, 무자격자의 연금 내지 기초생활보장금의 수령, 사인의 국유지 무단점용 등은 사인이 국가나 지방자치단체 등으로부터 부당이득을 취하는 경우(행정객체의 부당이득)이다.

② [X] 국가 등의 행정주체에 의한 사무관리에는 ⊙ 학교재단에 문제가 있는 사립학교에 대한 교육위원회의 강제관리, ⓒ 재해 시에 행하는 구호나 빈 상점에 있는 물건의 처분, 시·군에서 행하는 행려병자의 보호 등의 보호관리가 있다.

③ [X] 「특수임무수행자 보상에 관한 법률」 제18조 제1항 제2호에 따라 보상금 등을 받은 당사자로부터 잘못 지급된 부분을 환수하는 처분을 함에 있어서는 그 보상금 등의 수급에 관하여 당사자에게 고의 또는 중과실의 귀책사유가 있는지 여부, 보상금의 액수·보상금 지급일과 환수처분일 사이의 시간적 간격·수급자의 보상금 소비 여부 등에 비추어 이를 다시 원상회복하는 것이 수급자에게 가혹한지 여부, 잘못 지급된 보상금 등에 해당하는 금액을 징수하는 처분을 통하여 달성하고자 하는 공익상 필요의 구체적 내용과 처분으로 말미암아 당사자가 입게 될 불이익의 내용 및 정도와 같은 여러 사정을 두루 살펴, 잘못 지급된 보상금 등에 해당하는 금액을 징수하는 처분을 해야 할 공익상 필요와 그로 인하여 당사자가 입게 될 기득권과 신뢰의 보호 및 법률생활 안정의 침해 등의 불이익을 비교·교량한 후, 공익상 필요가 당사자가 입게 될 불이익을 정당화할 만큼 강한 경우에 한하여 보상금 등을 받은 당사자로부터 잘못 지급된 보상금 등에 해당하는 금액을 환수하는 처분을 하여야 한다고 봄이 타당하다(대판 2014.10.27, 2012두17186).

④ [X] 「국유재산법」 제72조 제1항, 제73조에 의한 변상금 부과·징수권은 민사상 부당이득반환청구권과 법적 성질을 달리하므로, 국가는 무단점유자를 상대로 변상금 부과·징수권의 행사와 별도로 국유재산의 소유자로서 민사상 부당이득반환청구의 소를 제기할 수 있다(대판 전합체 2014.7.16, 2011다76402).

05
정답 ④

① [X] 사인의 공법행위에는 행정행위와 달리 구속력·공정력·집행력 등과 같은 행정행위의 우월적 효력이 인정되지 않는다.

② [X] 사인의 공법행위가 행정행위의 단순한 동기에 불과한 경우에는 그 하자는 행정행위에 영향을 미치지 않으므로 유효하나, 그 전제조건인 경우에는 행정행위의 효력에 영향을 미친다.

③ [X] 사인의 공법행위에 대한 적용법규로서 일반법은 없다. 다만, 「행정기본법」은 수리를 요하는 신고를 규정하고 있다.

❹ [O] 「민법」의 법률행위에 관한 규정은 행위의 격식화를 특색으로 하는 공법행위에 당연히 타당하다고 말할 수 없으므로 공법행위인 영업재개업신고에 「민법」 제107조(진의 아닌 의사표시)는 적용될 수 없고(대판 1978.7.25, 76누276), 또 진의 아닌 의사표시에 관한 「민법」 제107조는 그 성질상 사직의 의사표시와 같은 사인의 공법행위에는 준용되지 아니한다(대판 1997.12.12, 97누13962).

06
정답 ②

① [O] 사인의 공법행위를 규율하는 일반법(통칙적 규정)은 없다. 다만, 「민원 처리에 관한 법률」과 「행정절차법」에 개별 규정을 두고 있을 뿐이다.

❷ [X] 신청이란 일정한 수익적 행정행위의 발급을 행정청에 요구하는 사인의 공법행위 또는 사인이 행정청에 일정한 조치를 취해 줄 것을 요구하는 의사표시를 말한다. 즉, 신청권은 행정청의 응답을 구하는 권리이다. 그러나 신청인이 그 신청에 따른 단순한 응답을 받을 권리를 넘어서 신청의 인용이라는 만족적 결과를 얻을 권리를 의미하는 것은 아니다(대판 2009.9.10, 2007두20638). 즉, 신청된 대로의 처분을 구하는 권리는 아니다.

③ [O] 공무원이 한 사직 의사표시의 철회나 취소는 그에 터 잡은 의원면직처분이 있을 때까지 할 수 있는 것이고, 일단 면직처분이 있고 난 이후에는 철회나 취소할 여지가 없다(대판 2001.8.24, 99두9971).

④ [O] 수리를 요하지 않는 신고에서 신고요건(신고서의 기재사항에 흠이 없을 것, 필요한 구비서류가 첨부되어 있을 것, 그 밖에 법령등에 규정된 형식상의 요건에 적합할 것)을 갖추지 못한 신고서가 제출된 경우에는 행정청은 지체 없이 상당한 기간을 정하여 신고인에게 보완을 요구하여야 한다(「행정절차법」 제40조 제3항).

07
정답 ③

① [X] 상대방으로부터 그 신청을 받은 행정청으로서는 상당한 기간 내에 그 신청을 인용하는 적극적 처분을 하거나 각하 또는 기각하는 등의 소극적 처분을 하여야 할 법률상의 응답의무가 있다(대판 2005.4.14, 2003두7590). 즉, 신청에 따른 행정청의 처분이 기속행위인 때에는 물론이고, 재량행위인 때에도 행정청은 신청에 대한 응답의무가 있다.

② [X] 법령등에서 행정청에 일정한 사항을 통지함으로써 의무가 끝나는 신고는 그 기재사항에 흠이 없고, 필요한 구비서류가 첨부되어 있으며, 그 밖에 법령등에 규정된 형식상의 요건에 적합할 때에는 신고서가 접수기관에 도달된 때에 신고의무가 이행된 것으로 본다(「행정절차법」 제40조 제2항).

❸ [O] 수리를 요하지 않는 신고가 형식적 요건을 갖추지 못하여 부적법한 경우에는 행정청이 수리하였다 하더라도 신고의 법적 효력이 발생하지 않는다.

④ [X] 「행정절차법」 제40조의 신고는 '수리를 요하지 않는 신고'이므로 신고의 형식적 요건만 갖추면 행정청은 수리하여야 하고, 실질적 요건(기재사항의 진실함)까지 갖출 필요는 없다. 이에 반해 수리를 요하는 신고는 형식적 요건 외에 일정한 실질적 요건을 신고의 요건으로 하고 있는 경우가 많다.

08
정답 ③

① [O] 「행정절차법」 제40조는 '수리를 요하지 않는 신고(자기완결적 신고)'에 대한 규정을 두고 있다.

② [O] 자기완결적 신고는 적법한 신고가 있으면 수리 여부와 관계없이 접수기관에 도달된 때에 신고의무가 이행된 것으로 본다(「행정절차법」 제40조 제1항·제2항). 즉, 적법한 자기완결적 신고에 대해 행정청이 수리를 거부할 수 없다.

❸ [X] 수리를 요하지 않는 신고가 적법한 경우에는 행정청의 수리 여부에 관계없이 신고서가 접수기관에 도달된 때에 신고의무가 이행된 것으로 본다(「행정절차법」 제40조 제2항). 그러나 수리를 요하지 않는 신고가 형식적 요건을 갖추지 못하여 부적법한 경우에는 신고서가 도달하여 행정청이 수리하였다 하더라도 신고의 효력이 발생하지 않는다.

④ [O] 「행정절차법」상 신고는 수리를 요하지 않는 신고이므로, 신고의 요건을 갖추었다면 수리를 거부해도 신고의 효력이 발생한다.

09
정답 ③

① [X] 숙박업을 하고자 하는 자가 법령이 정하는 시설과 설비를 갖추고 행정청에 신고를 하면, 행정청은 「공중위생관리법」, 「공중위생관리법 시행규칙」의 관련 규정에 따라 원칙적으로 이를 수리하여야 한다. 행정청이 법령이 정한 요건 이외의 사유를 들어 수리를 거부하는 것은 위 법령의 목적에 비추어 이를 거부해야 할 중대한 공익상의 필요가 있다는 등 특별한 사정이 있는 경우에 한한다. 이러한 법리는 이미 다른 사람 명의로 숙박업 신고가 되어 있는 시설 등의 전부 또는 일부에서 새로 숙박업을 하고자 하는 자가 신고를 한 경우에도 마찬가지이다. 기존에 다른 사람이 숙박업 신고를 한 적이 있더라도 새로 숙박업을 하려는 자가 그 시설 등의 소유권 등 정당한 사용권한을 취득하여 법령에서 정한 요건을 갖추어 신고하였다면, 행정청으로서는 특별한 사정이 없는 한 이를 수리하여야 하고, 단지 해당 시설 등에 관한 기존의 숙박업 신고가 외관상 남아 있다는 이유만으로 이를 거부할 수 없다(대판 2017.5.30, 2017두34087).

② [X] 불특정 다수인을 대상으로 학습비를 받고 정보통신매체를 이용하여 원격평생교육을 실시하고자 하는 경우에는 누구든지 구 평생교육법 제22조 제2항에 따라 이를 신고하여야 하나, 신고서의 기재사항에 흠결이 없고 소정의 서류가 구비된 때에는 이를 수리하여야 하고, 이러한 형식적 요건을 모두 갖추었음에도 그 신고대상이 된 교육이나 학습이 공익적 기준에 적합하지 않다는 등의 실체적 사유를 들어 신고의 수리를 거부할 수는 없다고 할 것이다(대판 2016.7.22, 2014두42179).

❸ [O] 전입신고를 받은 시장·군수 또는 구청장의 심사대상은 전입신고자가 30일 이상 생활의 근거로 거주할 목적으로 거주지를 옮기는지 여부만으로 제한된다고 보아야 한다. 따라서 전입신고자가 거주의 목적 이외에 다른 이해관계에 관한 의도를 가지고 있는지 여부, 무허가 건축물의 관리, 전입신고를 수리함으로써 당해 지방자치단체에 미치는 영향 등과 같은 사유는 「주민등록법」이 아닌 다른 법률에 의하여 규율되어야 하고, 주민등록 전입신고의 수리 여부를 심

사하는 단계에서는 고려대상이 될 수 없다(대판 전합체 2009.6. 18, 2008두10997).

④ [X] 주민등록은 단순히 주민의 거주관계를 파악하고 인구의 동태를 명확히 하는 것 외에도 주민등록에 따라 공법관계상의 여러 가지 법률상 효과가 나타나게 되는 것으로서, 주민등록의 신고는 행정청에 도달하기만 하면 신고로서의 효력이 발생하는 것이 아니라, 행정청이 수리한 경우에 비로소 신고의 효력이 발생한다(대판 2009.1.30, 2006다17850). ➡ 수리를 요하는 신고

10   정답 ④

① [X] 「주민등록법」상 시장 등은 주민등록 전입신고의 수리 여부를 심사할 수 있는 권한이 있으나, 그 수리 여부에 대한 심사는 「주민등록법」의 입법목적의 범위 내에서 제한적으로 이루어져야 한다(대판 전합체 2009.6.18, 2008두10997).

② [X] 구 장사 등에 관한 법률 제14조 제1항, 구 장사 등에 관한 법률 시행규칙 제7조 제1항 [별지 제7호 서식]을 종합하면, 납골당설치신고는 이른바 '수리를 요하는 신고'라 할 것이므로, 납골당설치신고가 구 장사 등에 관한 법률 관련 규정의 모든 요건에 맞는 신고라 하더라도 신고인은 곧바로 납골당을 설치할 수는 없고, 이에 대한 행정청의 수리처분이 있어야만 신고한 대로 납골당을 설치할 수 있다. 한편, '수리'란 신고를 유효한 것으로 판단하고 법령에 의하여 처리할 의사로 이를 수령하는 수동적 행위이므로, 수리행위에 신고필증 교부 등 행위가 꼭 필요한 것은 아니다(대판 2011.9.8, 2009두6766).

③ [X] 건축주 등은 신고제하에서도 건축신고가 반려될 경우 당해 건축물의 건축을 개시하면 시정명령, 이행강제금, 벌금의 대상이 되거나 당해 건축물을 사용하여 행할 행위의 허가가 거부될 우려가 있어 불안정한 지위에 놓이게 된다. 따라서 건축신고 반려행위가 이루어진 단계에서 당사자로 하여금 반려행위의 적법성을 다투어 그 법적 불안을 해소한 다음 건축행위에 나아가도록 함으로써 장차 있을지도 모르는 위험에서 미리 벗어날 수 있도록 길을 열어 주고, 위법한 건축물의 양산과 그 철거를 둘러싼 분쟁을 조기에 근본적으로 해결할 수 있게 하는 것이 법치행정의 원리에 부합한다. 그러므로 건축신고 반려행위는 항고소송의 대상이 된다고 보는 것이 옳다(대판 전합체 2010.11.18, 2008두167).

❹ [O] 일정한 건축물에 관한 건축신고는 「건축법」 제14조 제2항, 제11조 제5항 제3호에 의하여 「국토의 계획 및 이용에 관한 법률」 제56조에 따른 개발행위허가를 받은 것으로 의제되는데, 이와 같은 인허가의제 효과를 수반하는 건축신고는 일반적인 건축신고와는 달리, 특별한 사정이 없는 한 행정청이 그 실체적 요건에 관한 심사를 한 후 수리하여야 하는 이른바 '수리를 요하는 신고'로 보는 것이 옳다(대판 전합체 2011.1.20, 2010두14954).

11   정답 ③

① [O] 건축주 명의변경신고 수리거부행위는 행정청이 허가대상 건축물 양수인의 건축주 명의변경신고라는 구체적인 사실에 관한 법집행으로서 그 신고를 수리하여야 할 법령상의 의무를 지고 있음에도 불구하고 그 신고의 수리를 거부함으로써, 양수인이 건축공사를 계속하기 위하여 또는 건축공사를 완료한 후 자신의 명의로 소유권보존등기를 하기 위하여 가지는 구체적인 법적 이익을 침해하는 결과가 되었다고 할 것이므로, 비록 건축허가가 대물적 허가로서 그 허가의 효과가 허가대상 건축물에 대한 권리변동에 수반하여 이전된다고 하더라도, 양수인의 권리·의무에 직접 영향을 미치는

것으로서 취소소송의 대상이 되는 처분이라고 하지 않을 수 없다(대판 1992.3.31, 91누4911). 즉, 판례는 건축주 명의변경신고를 수리를 요하는 신고(행위요건적 신고)로 이해하고 있다.

② [O] 구 노인복지법 제33조 제2항에 의한 유료노인복지주택의 설치신고를 받은 행정관청으로서는 그 유료노인복지주택의 시설 및 운영기준이 위 법령에 부합하는지와 아울러 그 유료노인복지주택이 적법한 입소대상자에게 분양되었는지와 설치신고 당시 부적격자들이 입소하고 있지는 않은지 여부까지 심사하여 그 신고의 수리 여부를 결정할 수 있다(대판 2007.1.11, 2006두14537).

❸ [X] 행정청이 구 관광진흥법 또는 구 체육시설의 설치·이용에 관한 법률의 규정에 의하여 유원시설업자 또는 체육시설업자 지위승계신고를 수리하는 처분을 하는 경우, 종전 유원시설업자 또는 체육시설업자에 대하여 「행정절차법」 제21조 제1항 등에서 정한 처분의 사전통지 등 절차를 거쳐야 한다(대판 2012.12.13, 2011두29144).

④ [O] 체육시설의 회원을 모집하고자 하는 자는 시·도지사 등으로부터 회원모집계획서에 대한 검토결과 통보를 받은 후에 회원을 모집할 수 있다고 봄이 상당하고, 따라서 체육시설의 회원을 모집하고자 하는 자의 시·도지사 등에 대한 회원모집계획서 제출은 수리를 요하는 신고에서의 신고에 해당하며, 시·도지사 등의 검토결과 통보는 수리행위로서 행정처분에 해당한다고 할 것이다(대판 2009.2.26, 2006두16243).

12   정답 ②

① [X] 파주시장이 종교단체 납골당설치신고를 한 甲교회에, "구 장사 등에 관한 법률 등에 따라 필요한 시설을 설치하고 유골을 안전하게 보관할 수 있는 설비를 갖추어야 하며 관계 법령에 따른 허가 및 준수 사항을 이행하여야 한다."라는 내용의 납골당설치신고사항 이행통지를 한 경우, 그 이행통지는 납골당설치신고에 대하여 파주시장이 납골당설치 요건을 구비하였음을 확인하고 구 장사 등에 관한 법령상 납골당설치기준, 관계 법령상 허가 또는 신고 내용을 고지하면서 신고한 대로 납골당 시설을 설치하도록 한 것이므로, 파주시장이 甲교회에 이행통지를 함으로써 납골당설치신고수리를 하였다고 보는 것이 타당하다. 한편, 위 이행통지는 파주시장이 납골당설치신고를 수리하면서 납골당을 설치하는 데 필요한 각종 인허가 사항, 향후 절차 등에 관한 사항을 알려 준 것에 불과한 것으로, 이로 인하여 새로이 참가인 또는 관계자들의 법률상 지위에 변동을 일으키지 아니하므로, 그 이행통지를 수리처분과는 별도로 항고소송의 대상이 되는 다른 처분으로 볼 수는 없다(대판 2011.9.8, 2009두6766).

❷ [O] 구 유통산업발전법상 대규모점포의 개설 등록은 이른바 '수리를 요하는 신고'로서 행정처분에 해당하고 등록은 구체적 유형 구분에 따라 이루어지므로, 등록의 효력은 대규모점포가 구체적으로 어떠한 유형에 속하는지에 관하여도 미친다(대판 전합체 2015.11.19, 2015두295).

③ [X] 「수산업법」 제47조 소정의 어업의 신고는 행정청의 수리에 의하여 비로소 그 효과가 발생하는 이른바 '수리를 요하는 신고'라고 할 것이고, 따라서 설사 관할 관청이 어업신고를 수리하면서 공유수면매립구역을 조업구역에서 제외한 것이 위법하다고 하더라도, 그 제외된 구역에 관하여 관할 관청의 적법한 수리가 없었던 것이 분명한 이상 그 구역에 관하여는 적법한 어업신고가 있는 것으로 볼 수 없다(대판 2000.5.26, 99다37382).

④ [X] 전입신고를 받은 시장·군수 또는 구청장의 심사대상은 전입신고자가 30일 이상 생활의 근거로 거주할 목적으로 거주지를 옮기는지 여부만으로 제한된다고 보아야 한다. 따라서 전입신고자가 거

주의 목적 이외에 다른 이해관계에 관한 의도를 가지고 있는지 여부, 무허가 건축물의 관리, 전입신고를 수리함으로써 당해 지방자치단체에 미치는 영향 등과 같은 사유는 「주민등록법」이 아닌 다른 법률에 의하여 규율되어야 하고, 주민등록 전입신고의 수리 여부를 심사하는 단계에서는 고려대상이 될 수 없다(대판 전합체 2009.6.18, 2008두10997). ➡ 주민등록의 대상이 되는 실질적 의미에서의 거주지인지 여부를 심사하기 위하여 「주민등록법」의 입법목적과 주민등록의 법률상 효과 이외에 「지방자치법」 및 지방자치의 이념까지도 고려하여야 한다고 판시하였던 판결은 이 판결의 견해에 배치되는 범위 내에서 변경하기로 한다.

13   정답 ①

❶ [X] 사업양도·양수에 따른 허가관청의 지위승계신고의 수리는 적법한 사업의 양도·양수가 있었음을 전제로 하는 것이므로 그 수리대상인 사업양도·양수가 존재하지 아니하거나 무효인 때에는 수리를 하였다 하더라도 그 수리는 유효한 대상이 없는 것으로서 당연히 무효라 할 것이고, 사업의 양도행위가 무효라고 주장하는 양도자는 민사쟁송으로 양도·양수행위의 무효를 구함이 없이 막바로 허가관청을 상대로 하여 행정소송으로 위 신고수리처분의 무효확인을 구할 법률상 이익이 있다(대판 2005.12.23, 2005두3554).

② [O] 「식품위생법」상 영업양도에 따른 지위승계신고를 수리하는 허가관청의 행위는 단순히 양도인과 양수인 사이에 이미 발생한 사법상 사업양도의 법률효과에 의하여 양수인이 영업을 승계하였다는 사실의 신고를 접수하는 행위에 그치는 것이 아니라, 실질적으로 양도자의 사업허가 등을 취소함과 아울러 양수자에게 적법하게 사업을 할 수 있는 권리를 설정하여 주는 행위로서 영업허가자 등의 변경이라는 법률효과를 발생시키는 행위라고 할 것이다(대판 2012. 1.12, 2011도6561).

③ [O] 행정청이 구 식품위생법 규정에 의하여 영업자지위승계신고를 수리하는 처분은 종전의 영업자의 권익을 제한하는 처분이라 할 것이고, 따라서 종전의 영업자는 그 처분에 대하여 직접 그 상대가 되는 자에 해당한다고 봄이 상당하므로, 행정청으로서는 위 신고를 수리하는 처분을 함에 있어서 「행정절차법」 규정 소정의 당사자에 해당하는 종전의 영업자에 대하여 사전통지·의견제출의 기회 등의 행정절차를 실시하고 처분을 하여야 한다(대판 2003.2.14, 2001두7015).

④ [O] 사업양도·양수에 따른 허가관청의 지위승계신고의 수리는 적법한 사업의 양도·양수가 있었음을 전제로 하는 것이므로 그 수리대상인 사업양도·양수가 존재하지 아니하거나 무효인 때에는 수리를 하였다 하더라도 그 수리는 유효한 대상이 없는 것으로서 당연히 무효라 할 것이고, 사업의 양도행위가 무효라고 주장하는 양도자는 민사쟁송으로 양도·양수행위의 무효를 구함이 없이 막바로 허가관청을 상대로 하여 행정소송으로 위 신고수리처분의 무효확인을 구할 법률상 이익이 있다(대판 2005.12.23, 2005두3554).

14   정답 ③

① [O] 사업양도·양수에 따른 허가관청의 지위승계신고의 수리는 적법한 사업의 양도·양수가 있었음을 전제로 하는 것이므로 그 수리대상인 사업양도·양수가 존재하지 아니하거나 무효인 때에는 수리를 하였다 하더라도 그 수리는 유효한 대상이 없는 것으로서 당연히 무효라 할 것이다(대판 2005.12.23, 2005두3554).

② [O] '수리를 요하는 신고'인 영업자지위승계신고에 대한 행정청의 수리 및 수리의 거부는 사인의 권리·의무에 영향을 주므로 항고소송의 대상이 되는 처분성이 인정된다(대판 1993.6.8, 91누11544 참조).

❸ [X] 수허가자의 지위를 양수받아 명의변경신고를 할 수 있는 양수인의 지위는 단순한 반사적 이익이나 사실상의 이익이 아니라 법령에 의하여 보호되는 직접적이고 구체적인 이익으로서 법률상 이익이라고 할 것이고, 허가가 유효하게 존속하고 있다는 것이 양수인의 명의변경신고의 전제가 된다는 의미에서 관할 행정청이 양도인에 대하여 허가를 취소하는 처분을 하였다면 이는 양수인의 지위에 대한 직접적 침해가 된다고 할 것이므로 양수인은 허가를 취소하는 처분의 취소를 구할 법률상 이익을 가진다(대판 2003.7.11, 2001두6289).

④ [O] 영업양도에 따른 지위승계신고를 수리하는 허가관청의 행위는 단순히 양도인과 양수인 사이에 이미 발생한 사법상 사업양도의 법률효과에 의하여 양수인이 영업을 승계하였다는 사실의 신고를 접수하는 행위에 그치는 것이 아니라, 실질적으로 양도자의 사업허가 등을 취소함과 아울러 양수자에게 적법하게 사업을 할 수 있는 권리를 설정하여 주는 행위로서 사업허가자 등의 변경이라는 법률효과를 발생시키는 행위라고 할 것이다(대판 2012.1.12, 2011도6561). 즉, 영업자지위승계신고는 허가관청의 수리가 있어야 영업양도의 법률효과가 발생하게 된다.

15   정답 ③

① [X] 행정청의 위법한 처분 등의 취소 또는 변경을 구하는 취소소송의 대상이 될 수 있는 것은 구체적인 권리·의무에 관한 분쟁이어야 하고 일반적·추상적인 법령이나 규칙 등은 그 자체로서 국민의 구체적인 권리·의무에 직접적 변동을 초래케 하는 것이 아니므로 그 대상이 될 수 없다(대판 1992.3.10, 91누12639). 즉, 행정입법은 일반적·추상적 규율로서 원칙적으로 처분성이 인정되지 않는다.

② [X] 자치입법도 행정입법에 해당한다.

❸ [O] 법규명령과 행정규칙에 해제조건이 붙어 있는 경우에는 해제조건의 성취에 의하여 그 법규명령과 행정규칙의 효력이 소멸한다.

④ [X] 대통령령은 대통령만이, 총리령은 국무총리만이, 부령은 각부 장관만이 제정할 수 있다. 따라서 각처의 장은 부령제정권을 가지지 못한다.

16   정답 ①

❶ [X] 대통령령은 대통령만이, 총리령은 국무총리만이, 부령은 각부 장관만이 제정할 수 있다. 따라서 행정 각부가 아닌 국무총리 소속의 독립기관인 국가보훈처·인사혁신처·법제처·식품의약품안전처의 장은 독립하여 법규명령을 발할 수 없다.

② [O] 대통령령 중 '○○법(법률) 시행령'의 예로는 「국민건강보험법 시행령」·「독점규제 및 공정거래에 관한 법률 시행령」 등이 있고, '○○규정'의 예로는 「보안업무규정」·「행정권한의 위임 및 위탁에 관한 규정」 등이 있고, '○○령'의 예로는 「군예식령」·「국가공무원총정원령」 등이 있다.

③ [O] 중앙선거관리위원회는 법령의 범위 안에서 선거관리·국민투표관리 또는 정당사무에 관한 규칙을 제정할 수 있으며, 법률에 저촉되지 아니하는 범위 안에서 내부규율에 관한 규칙을 제정할 수 있다(헌법 제114조 제6항). 그리고 「행정기본법」 제2조 제1호 가목 2)에서 중앙선거관리위원회규칙을 법령으로 규정하여 법원성을 인정하고 있다.

④ [O] 헌법 제76조에서 규정하고 있는 대통령의 긴급명령과 긴급재정경제명령은 법률의 효력을 가지는 법률대위명령으로서의 법규명령이다.

17 정답 ③

① [X] 법규명령의 위임근거가 되는 법률에 대하여 위헌결정이 선고되면 그 위임에 근거하여 제정된 법규명령도 원칙적으로 효력을 상실한다(대판 2001.6.12, 2000다18547). ➡ 별도의 폐지절차 없이 당연히 실효한다.

② [X] 일반적으로 법률의 위임에 의하여 효력을 갖는 법규명령의 경우, 구법에 위임의 근거가 없어 무효였더라도 사후에 법 개정으로 위임의 근거가 부여되면 그때부터는 유효한 법규명령이 된다(대판 1995.6.30, 93추83).

❸ [O] 일반적으로 법률의 위임에 따라 효력을 갖는 법규명령의 경우에 위임의 근거가 없어 무효였더라도 나중에 법 개정으로 위임의 근거가 부여되면 '그때부터'는 유효한 법규명령으로 볼 수 있다. 그러나 법규명령이 개정된 법률에 규정된 내용을 함부로 유추·확장하는 내용의 해석규정이어서 위임의 한계를 벗어난 것으로 인정될 경우에는 법규명령은 여전히 무효이다(대판 전합체 2017.4.20, 2015두45700).

④ [X] 집행명령은 상위법령으로부터 위임받은 바는 없으나 그 상위법령을 집행하기 위해 필요한 세부적·기술적 사항에 대해 발하는 법규명령이므로, 상위법령의 수권 없이도 제정할 수 있다. ➡ 위임명령은 상위법령의 위임이 있어야 하고 또 그 위임받은 범위 내에서 제정할 수 있다.

18 정답 ③

① [X] 구 소득세법 제203조에 의하면 "이 법의 시행에 필요한 사항은 대통령령으로 정한다."라고 규정하고 있으나, 이것은 법률의 시행에 필요한 집행명령을 발할 수 있음을 규정한 것에 지나지 아니한다(대판 전합체 1982.11.23, 82누221).

② [X] 집행명령은 상위법령의 범위 내에서 상위법령의 시행에 필요한 구체적·기술적 사항을 규정하는 것으로 위임명령과 달리 상위법령의 위임 없이 발령할 수 있다.

❸ [O] 집행명령은 법령으로부터 위임받은 바는 없으나 법령을 집행하기 위해 필요한 세부적·기술적 사항에 대해 발하는 법규명령으로서, 위임명령과는 달리 국민의 새로운 권리·의무사항을 규율할 수는 없다.

④ [X] 위임명령은 법률의 수권이 있는 경우에는 국민의 새로운 권리·의무사항을 규율할 수 있으나, 집행명령은 국민의 새로운 권리·의무사항을 규율할 수 없다.

19 정답 ①

❶ [O] 헌재 1997.12.24, 95헌마390 ; 헌재 1991.2.11, 90헌가27

② [X] 위임입법에 있어서 위임의 구체성·명확성의 요구 정도는 규제대상의 종류와 성격에 따라서 달라진다. 즉, 급부행정 영역에서는 기본권침해 영역보다는 구체성의 요구가 다소 약화되어도 무방하다고 해석되며, 다양한 사실관계를 규율하거나 사실관계가 수시로 변화될 것이 예상될 때에는 위임의 명확성의 요건이 완화된다(헌재 1997.12.24, 95헌마390 ; 헌재 2003.7.24, 2002헌바82).

③ [X] 법률이 공법적 단체 등의 정관에 자치법적 사항을 위임한 경우에는 헌법 제75조가 정하는 포괄적인 위임입법의 금지는 원칙적으로 적용되지 않는다고 봄이 상당하고, 그렇다 하더라도 그 사항이 국민의 권리·의무에 관련되는 것일 경우에는 적어도 국민의 권리·의무에 관한 기본적이고 본질적인 사항은 국회가 정하여야 한다

(대판 2007.10.12, 2006두14476).

④ [X] 구 도시 및 주거환경정비법상 사업시행자에게 사업시행계획의 작성권이 있고 행정청은 단지 이에 대한 인가권만을 가지고 있으므로 사업시행자인 조합의 사업시행계획 작성은 자치법적 요소를 가지고 있는 사항이라 할 것이고, 이와 같이 사업시행계획의 작성이 자치법적 요소를 가지고 있는 이상, 조합의 사업시행인가 신청 시의 토지등소유자의 동의요건 역시 자치법적 사항이라 할 것이며, 따라서 구 도시 및 주거환경정비법 제28조 제4항 본문이 사업시행인가 신청 시의 동의요건을 조합의 정관에 포괄적으로 위임하고 있다고 하더라도 헌법 제75조가 정하는 포괄위임입법금지의 원칙이 적용되지 아니하므로 이에 위배된다고 할 수 없다(대판 2007.10.12, 2006두14476).

20 정답 ④

① [X] 법률규정 자체에 위임의 구체적 범위를 명확히 규정하고 있지 아니하여 외형상으로는 일반적·포괄적으로 위임한 것처럼 보이더라도, 그 법률의 전반적인 체계와 취지·목적, 당해 조항의 규정 형식과 내용 및 관련 법규를 살펴 이에 대한 해석을 통하여 그 내재적인 위임의 범위나 한계를 객관적으로 분명히 확정될 수 있는 것이라면 이를 일반적·포괄적인 위임에 해당하는 것으로 볼 수는 없다(대판 전합체 1996.3.21, 95누3640).

② [X] 헌법에서 직접 법률로 정하도록 위임한 국회전속적 입법사항이라 하더라도 그 본질적 내용을 법률로 정하여야 한다는 것이지, 전적으로 법률에 의해 규율되어야만 하는 것은 아니다. 따라서 세부적 사항에 대하여 구체적으로 범위를 정하여 위임하는 것은 허용된다.

③ [X] 헌법 제38조, 제59조가 채택하고 있는 조세법률주의의 원칙은 과세요건과 징수절차 등 조세권 행사의 요건과 절차를 국민의 대표기관인 국회가 제정한 법률로써 규정하여야 한다는 것이나, 과세요건과 징수절차에 관한 사항을 명령·규칙 등 하위법령에 위임하여 규정하게 할 수 없는 것은 아니고, 이러한 사항을 하위법령에 위임하여 규정하게 하는 경우 구체적·개별적 위임만이 허용되며, 이러한 법률 또는 그 위임에 따른 명령·규칙의 규정은 일의적이고 명확하여야 한다는 것이다(대판 2014.11.27, 2013두16876).

❹ [O] 법률에서 위임받은 사항을 전혀 규정하지 않고 재위임하는 것은 이위임금지(履委任禁止)의 법리에 반할 뿐 아니라 수권법의 내용변경을 초래하는 것이 되므로 허용되지 아니하나, 위임받은 사항에 관하여 대강을 정하고 그중의 특정사항을 범위를 정하여 하위법령에 다시 위임하는 경우에는 재위임이 허용된다(대판 2015. 1.15, 2013두14238 ; 헌재 1996.2.29, 94헌마213).

정답

01	④	02	③	03	①	04	②
05	③	06	②	07	③	08	④
09	①	10	④	11	④	12	③
13	①	14	③	15	③	16	②
17	④	18	②	19	②	20	①

01 정답 ④

① [O]

> 「행정절차법」 제41조【행정상 입법예고】 ① 법령등을 제정·개정 또는 폐지(이하 '입법'이라 한다)하려는 경우에는 해당 입법안을 마련한 행정청은 이를 예고하여야 한다. 다만, 다음 각 호의 어느 하나에 해당하는 경우에는 예고를 하지 아니할 수 있다.
> 1. 신속한 국민의 권리 보호 또는 예측 곤란한 특별한 사정의 발생 등으로 입법이 긴급을 요하는 경우
> 2. 상위 법령등의 단순한 집행을 위한 경우
> 3. 입법내용이 국민의 권리·의무 또는 일상생활과 관련이 없는 경우
> 4. 단순한 표현·자구를 변경하는 경우 등 입법내용의 성질상 예고의 필요가 없거나 곤란하다고 판단되는 경우
> 5. 예고함이 공공의 안전 또는 복리를 현저히 해칠 우려가 있는 경우

② [O] 대통령령은 법제처의 심사(「정부조직법」 제23조)와 국무회의의 심의(헌법 제89조)를 거쳐야 한다. 반면, 총리령과 부령은 국무회의 심의사항이 아니므로 법제처의 심사만 거치면 된다(헌법 제89조 제3호 참조).

③ [O]

> 「국회법」 제98조의2【대통령령 등의 제출 등】 ① 중앙행정기관의 장은 법률에서 위임한 사항이나 법률을 집행하기 위하여 필요한 사항을 규정한 대통령령·총리령·부령·훈령·예규·고시 등이 제정·개정 또는 폐지되었을 때에는 10일 이내에 이를 국회 소관 상임위원회에 제출하여야 한다. 다만, 대통령령의 경우에는 입법예고를 할 때(입법예고를 생략하는 경우에는 법제처장에게 심사를 요청할 때를 말한다)에도 그 입법예고안을 10일 이내에 제출하여야 한다.

❹ [X] 헌법개정안·국민투표안·조약안·법률안 및 대통령령안은 국무회의의 심의를 거쳐야 하고(헌법 제89조 제3호), 국무회의에 상정될 법령안·조약안과 총리령안 및 부령안의 심사와 그 밖에 법제에 관한 사무를 전문적으로 관장하기 위하여 국무총리 소속으로 법제처를 둔다(「정부조직법」 제23조 제1항). ➡ 대통령령은 법제처의 심사와 국무회의의 심의를 거쳐야 하나, 총리령과 부령은 국무회의 심의사항이 아니므로 법제처의 심사만 거치면 된다. 실제 시험에서는 "국무회의에 상정될 총리령안과 부령안은 법제처의 심사를 받아야 한다."로 출제되었으나, '국무회의에 상정될' 부분은 출제오류이므로 삭제되어야 한다.

02 정답 ③

① [O] 행정규칙은 행정부 내부에서는 구속력을 가진다. 따라서 행정규칙에 위반하는 행위를 한 공무원이나 국공립학교 학생은 징계책임을 진다.

② [O] 법률우위의 원칙은 법규명령과 행정규칙에 모두 적용된다.

❸ [X] 제재처분을 규정한 부령인 시행규칙은 행정규칙에 불과하여 재판규범이 되지 않으므로, 그 경우에는 상위 법률이나 시행령을 가지고 위법 여부를 심사한다.

④ [O] 법규명령 또는 행정규칙 등의 행정입법은 일반적·추상적 성질을 가지는 것으로서, 그 자체로서는 국민의 구체적인 권리·의무 내지는 법률상의 이익에 직접 관계가 있는 행정처분이라 할 수 없으므로 이는 행정소송의 대상이 될 수 없다(대판 1979.4.24, 78누242 ; 대판 1992.3.10, 91누12639). 다만, 다른 집행행위의 매개 없이 그 자체로서 직접 국민의 구체적인 권리·의무나 법률관계를 규율하는 성격을 가질 때(즉, 처분적 명령 내지 처분적 행정규칙)에는 행정처분에 해당하여 항고소송의 대상이 된다(대판 2006.9.22, 2005두2506).

03 정답 ①

❶ [X] 제재적 행정처분의 가중사유나 전제요건에 관한 규정이 법령이 아니라 부령인 시행규칙의 형식으로 되어 있다고 하더라도, 그러한 규칙이 법령에 근거를 두고 있는 이상 그 법적 성질이 대외적·일반적 구속력을 갖는 법규명령인지 여부와는 상관없이, 규칙이 정한 바에 따라 선행처분을 가중사유 또는 전제요건으로 하는 후행처분을 받을 우려가 현실적으로 존재하는 경우에는, 선행처분을 받은 상대방은 비록 그 처분에서 정한 제재기간이 경과하였다 하더라도 그 처분의 취소소송을 통하여 그러한 불이익을 제거할 권리보호의 필요성이 충분히 인정된다고 할 것이므로, 선행처분의 취소를 구할 법률상 이익이 있다고 보아야 한다(대판 전합체 2006.6.22, 2003두1684).

② [O] 재량권 행사의 기준으로 설정된 행정청 내부의 사무처리준칙에 불과한 지침은 대외적으로 국민을 기속하는 법규명령이 아니라 행정규칙에 불과하므로(대판 1997.1.21, 95누12941 ; 대판 2014.6.26, 2012두1525 등 참조), 법적 근거가 없어도 제정할 수 있다. 즉, 행정규칙에는 법률유보의 원칙이 적용되지 않는다.

③ [O] 행정처분이 법규성이 없는 내부지침 등의 규정에 위배된다고 하더라도 그 이유만으로 처분이 위법하게 되는 것은 아니고, 또 내부지침 등에서 정한 요건에 부합한다고 하여 반드시 그 처분이 적법한 것이라고 할 수도 없다. 처분의 적법 여부는 그러한 내부지침 등에서 정한 요건에 합치하는지 여부가 아니라 일반국민에 대하여 구속력을 가지는 법률 등 법규성이 있는 관계 법령의 규정을 기준으로 판단하여야 한다(대판 2018.6.15, 2015두40248).

④ [O] 해석준칙(규범해석행정규칙)은 법령, 특히 불확정개념을 해석하고 적용함에 있어서의 일정한 준거기준으로서, 하급행정기관에 의한 법해석·적용에 통일을 기하기 위해 발하는 규칙이다. 그런데 법령을 구속적으로 해석할 수 있는 권한은 법원이 가지므로 행정기관이 제정한 규범해석규칙은 대외적 효력이 없으므로 법원을 구속하지 않는다.

① [X] 성립요건·발효요건을 갖추지 못한 행정입법은 하자(흠) 있는 것이 되는데, 하자 있는 행정입법은 취소할 수 있는 것이 아니라 무효라고 봄이 판례(대판 전합체 2009.10.22, 2007두3480 ; 대판 전합체 1993.1.19, 92누6983 등)이고 학설의 일반적 견해이다. 왜냐하면 행정입법은 행정행위와 달리 공정력이 인정되지 않으므로 취소의 대상이 될 수 없기 때문이다.

❷ [O] 법령에서 행정처분의 요건 중 일부 사항을 부령으로 정할 것을 위임한 데 따라 시행규칙 등 부령에서 이를 정한 경우에 그 부령의 규정은 국민에 대해서도 구속력이 있는 법규명령에 해당한다고 할 것이지만, 법령의 위임이 없음에도 법령에 규정된 처분요건에 해당하는 사항을 부령에서 변경하여 규정한 경우에는 그 부령의 규정은 행정청 내부의 사무처리기준 등을 정한 것으로서 행정조직 내에서 적용되는 행정명령의 성격을 지닐 뿐 국민에 대한 대외적 구속력은 없다고 보아야 한다(대판 2013.9.12, 2011두10584).

③ [X] 상급행정기관이 하급행정기관에 대하여 업무처리지침이나 법령의 해석적용에 관한 기준을 정하여 발하는 이른바 '행정규칙이나 내부지침'은 일반적으로 행정조직 내부에서만 효력을 가질 뿐 대외적인 구속력을 갖는 것은 아니므로 행정처분이 그에 위반하였다고 하여 그러한 사정만으로 곧바로 위법하게 되는 것은 아니다(대판 2009.12.24, 2009두7967).

④ [X] 전결과 같은 행정권한의 내부위임은 법령상 처분권자인 행정관청이 내부적인 사무처리의 편의를 도모하기 위하여 그의 보조기관 또는 하급행정관청으로 하여금 그의 권한을 사실상 행사하게 하는 것으로서 법률이 위임을 허용하지 않는 경우에도 인정되는 것이므로, 설사 행정관청 내부의 사무처리규정에 불과한 전결규정에 위반하여 원래의 전결권자 아닌 보조기관 등이 처분권자인 행정관청의 이름으로 행정처분을 하였다고 하더라도 그 처분이 권한 없는 자에 의하여 행하여진 무효의 처분이라고는 할 수 없다(대판 1998.2.27, 97누1105).

① [X] 상위법령에서 세부사항 등을 시행규칙으로 정하도록 위임하였음에도 이를 고시 등 행정규칙으로 정하였다면 그 역시 대외적 구속력을 가지는 법규명령으로서 효력이 인정될 수 없다(대판 2012. 7.5, 2010다72076).

② [X] 재량준칙은 일반적으로 행정조직 내부에서만 효력을 가질 뿐 대외적인 구속력을 갖는 것은 아니므로 행정처분이 이를 위반하였다고 하여 그러한 사정만으로 곧바로 위법하게 되는 것은 아니고, 다만 그 재량준칙이 정한 바에 따라 되풀이 시행되어 행정관행이 이루어지게 되면 평등의 원칙이나 신뢰보호의 원칙에 따라 행정기관은 상대방에 대한 관계에서 그 규칙에 따라야 할 자기구속을 받게 되므로, 이러한 경우에는 특별한 사정이 없는 한 그에 반하는 처분은 평등의 원칙이나 신뢰보호의 원칙에 어긋나 재량권을 일탈·남용한 위법한 처분이 된다(대판 2013.11.14, 2011두28783 ; 대판 2014.11.27, 2013두18964). ➡ 평등의 원칙이나 신뢰보호의 원칙을 매개로 하여 위법하게 되는 것이지, 재량준칙을 직접 위반하여 위법한 처분이 되는 것이 아니다.

❸ [O] 재량권 행사의 준칙인 행정규칙이 그 정한 바에 따라 되풀이 시행되어 행정관행이 이루어지게 되면, 평등의 원칙이나 신뢰보호의 원칙에 따라 행정기관은 그 상대방에 대한 관계에서 그 규칙에 따라야 할 자기구속을 당하게 되는 경우에는 대외적인 구속력을 가지게 되는바, 이러한 경우에는 헌법소원의 대상이 될 수도 있다(헌재 2001.5.31, 99헌마413).

④ [X] 재량권 행사의 준칙인 행정규칙이 그 정한 바에 따라 되풀이 시행되어 행정관행이 이루어지게 되면 '평등의 원칙'이나 '신뢰보호의 원칙'에 따라 행정기관은 그 상대방에 대한 관계에서 그 규칙에 따라야 할 자기구속을 받게 되므로, 이러한 경우에는 특별한 사정이 없는 한 그를 위반하는 처분은 평등의 원칙이나 신뢰보호의 원칙에 위배되어 재량권을 일탈·남용한 위법한 처분이 된다(대판 2009. 12.24, 2009두7967).

① [O] 행정규칙의 일반적 공표의무를 정하는 법규정이 없을 뿐만 아니라, 행정규칙의 공표가 행정규칙의 성립요건도 효력요건도 아니다. 그런데 「행정절차법」 제20조 제1항에서는 "행정청은 필요한 처분기준을 해당 처분의 성질에 비추어 되도록 구체적으로 정하여 공표하여야 한다."라고 규정하고 있다. 따라서 처분기준을 정하는 행정규칙은 공표하여야 한다. 다만, 그 처분기준을 공표하는 것이 해당 처분의 성질상 현저히 곤란하거나 공공의 안전 또는 복리를 현저히 해치는 것으로 인정될 만한 상당한 이유가 있는 경우에는 처분기준을 공표하지 아니할 수 있다(「행정절차법」 제20조 제2항).

❷ [X] 행정규칙은 공포를 요하지 아니하며, 법규성이 인정되는 법령보충적 행정규칙에 대하여도 판례는 공포를 요하지 않는다고 한다(대판 1993.11.23, 93도662).

③ [O] 법령상의 어떤 용어가 별도의 법률상의 의미를 가지지 않으면서 일반적으로 통용되는 의미를 가지고 있다면, 상위규범에 그 용어의 의미에 관한 별도의 정의규정을 두고 있지 않고 권한을 위임받은 하위규범에서 그 용어의 사용기준을 정하고 있다 하더라도 하위규범이 상위규범에서 위임한 한계를 벗어났다고 볼 수 없으며, 행정규칙에서 사용하는 개념이 달리 해석할 여지가 있다 하더라도 행정청이 수권의 범위 내에서 법령이 위임한 취지 및 형평과 비례의 원칙에 기초하여 합목적적으로 기준을 설정하여 그 개념을 해석·적용하고 있다면, 개념이 달리 해석할 여지가 있다는 것만으로 이를 사용한 행정규칙이 법령의 위임 한계를 벗어났다고는 할 수 없다(대판 2008.4.10, 2007두4841).

④ [O] 어떠한 처분의 근거가 행정규칙에 규정되어 있다고 하더라도, 그 처분이 상대방에게 권리 설정 또는 의무 부담을 명하거나 기타 법적인 효과를 발생하게 하는 등으로 상대방의 권리·의무에 직접 영향을 미치는 행위라면, 이 경우에도 항고소송의 대상이 되는 행정처분에 해당한다고 보아야 한다(대판 2012.9.27, 2010두3541).

① [X] 제재적 행정처분이 그 처분에서 정한 제재기간의 경과로 인하여 그 효과가 소멸되었으나, 부령인 시행규칙 또는 지방자치단체의 규칙의 형식으로 정한 처분기준에서 제재적 행정처분을 받은 것을 가중사유나 전제요건으로 삼아 장래의 제재적 행정처분을 하도록 정하고 있는 경우, 선행처분인 제재적 행정처분을 받은 상대방이 그 처분에서 정한 제재기간이 경과하였다 하더라도 그 처분의 취소를 구할 법률상 이익이 있다(대판 전합체 2006.6.22, 2003두1684). 따라서 출제 당시에는 옳은 지문이었으나, 판례의 변경으로 틀린 지문으로 되었다.

② [X] ❸ [O] 법규명령 형식의 행정규칙에 대하여 판례는 시행령(대통령령)의 형식은 법규명령으로 보고(대판 1997.12.26, 97누15418 등), 시행규칙(부령)의 형식은 원칙적으로 행정규칙으로 보고 있다(대판 2007.9.20, 2007두6946 등).

④ [X] 법령에서 행정처분의 요건 중 일부 사항을 부령으로 정할 것을 위임한 데 따라 시행규칙 등 부령에서 이를 정한 경우에 그 부령의 규정은 국민에 대해서도 구속력이 있는 법규명령에 해당한다고 할 것이지만, 법령의 위임이 없음에도 법령에 규정된 처분요건에 해당하는 사항을 부령에서 변경하여 규정한 경우에는 그 부령의 규정은 행정청 내부의 사무처리기준 등을 정한 것으로서 행정조직 내에서 적용되는 행정명령의 성격을 지닐 뿐 국민에 대한 대외적 구속력은 없다고 보아야 한다. 따라서 어떤 행정처분이 그와 같이 법규성이 없는 시행규칙 등의 규정에 위배된다고 하더라도 그 이유만으로 처분이 위법하게 되는 것은 아니라 할 것이고, 또 그 규칙 등에서 정한 요건에 부합한다고 하여 반드시 그 처분이 적법한 것이라고 할 수도 없다(대판 2013.9.12, 2011두10584).

08 정답 ④

① [X] 한국표준산업분류는 우리나라의 산업구조를 가장 잘 반영하고 있고, 업종의 분류에 관하여 가장 공신력 있는 자료로 평가받고 있는 점 등을 고려하면, 업종의 분류에 관하여 판단자료와 전문성의 한계가 있는 대통령이나 행정각부의 장에게 위임하기보다는 통계청장이 고시하는 한국표준산업분류에 위임할 필요성이 인정된다(헌재 2014.7.24, 2013헌바183).

② [X] 일반적으로 행정각부의 장이 정하는 고시라도 그것이 특히 법령의 규정에서 특정 행정기관에 법령 내용의 구체적 사항을 정할 수 있는 권한을 부여함으로써 법령 내용을 보충하는 기능을 가질 경우에는 형식과 상관없이 근거법령 규정과 결합하여 대외적으로 구속력이 있는 법규명령으로서의 효력을 가지나, 이는 어디까지나 법령의 위임에 따라 법령 규정을 보충하는 기능을 가지는 점에 근거하여 예외적으로 인정되는 효력이므로 특정 고시가 비록 법령에 근거를 둔 것이더라도 규정 내용이 법령의 위임범위를 벗어난 것일 경우에는 법규명령으로서의 대외적 구속력을 인정할 여지는 없다(대판 2016.8.17, 2015두51132).

③ [X] 법률의 위임을 받은 것이기는 하나 행정적 편의를 도모하기 위한 절차적 규정은 단순히 행정규칙의 성질을 가지는 데 불과하다(대판 2003.9.5, 2001두403).

❹ [O] 구 청소년보호법 제49조 제1항·제2항에 따른 같은 법 시행령 제40조 [별표 6]의 '위반행위의 종별에 따른 과징금처분기준'은 법규명령이기는 하나 모법의 위임규정의 내용과 취지 및 헌법상의 과잉금지의 원칙과 평등의 원칙 등에 비추어 같은 유형의 위반행위라 하더라도 그 규모나 기간·사회적 비난 정도·위반행위로 인하여 다른 법률에 의하여 처벌받은 다른 사정·행위자의 개인적 사정 및 위반행위로 얻은 불법이익의 규모 등 여러 요소를 종합적으로 고려하여 사안에 따라 적정한 과징금의 액수를 정하여야 할 것이므로 그 수액은 정액이 아니라 최고한도액이다(대판 2001.3.9, 99두5207).

09 정답 ①

❶ [O] 대판 1997.5.30, 96누5773

② [X] 「공익사업을 위한 토지 등의 취득 및 보상에 관한 법률」 제68조 제3항은 협의취득의 보상액 산정에 관한 구체적 기준을 시행규칙에 위임하고 있고, 위임범위 내에서 「공익사업을 위한 토지 등의 취득 및 보상에 관한 법률 시행규칙」 제22조는 토지에 건축물 등이 있는 경우에는 건축물 등이 없는 상태를 상정하여 토지를 평가하도록 규정하고 있는데, 이는 비록 행정규칙의 형식이나 「공익사업을 위한 토지 등의 취득 및 보상에 관한 법률」의 내용이 될 사항을 구체적으로 정하여 내용을 보충하는 기능을 갖는 것이므로, 「공익사업을 위한 토지 등의 취득 및 보상에 관한 법률」 규정과 결합하여 대외적인 구속력을 가진다(대판 2012.3.29, 2011다104253).

③ [X] 「식품위생법 시행규칙」 제53조에서 [별표 15]로 「식품위생법」 제58조에 따른 행정처분의 기준을 정하였다고 하더라도, 형식은 부령으로 되어 있으나 성질은 행정기관 내부의 사무처리준칙을 정한 것에 불과한 것으로서, 보건복지부장관이 관계 행정기관 및 직원에 대하여 직무권한행사의 지침을 정하여 주기 위하여 발한 행정명령의 성질을 가지는 것이지 같은 법 제58조 제1항의 규정에 보장된 재량권을 기속하는 것이라고 할 수 없고 대외적으로 국민이나 법원을 기속하는 힘이 있는 것은 아니므로, 같은 법 제58조 제1항에 의한 처분의 적법 여부는 같은 법 시행규칙에 적합한 것인가의 여부에 따라 판단할 것이 아니라 같은 법 규정 및 그 취지에 적합한 것인가의 여부에 따라 판단하여야 할 것이며, 따라서 행정처분이 위 기준에 위반되었다는 사정만으로 그 처분이 위법한 것으로 되는 것은 아니다(대판 1994.10.14, 94누4370). 즉, 판례는 시행규칙(부령) 형식의 행정규칙을 원칙적으로 행정규칙으로 보고 있다.

④ [X] ㉠ 위임규정인 「독점규제 및 공정거래에 관한 법률」 제23조 제3항에 근거하여 제정·고시된 표시·광고에 관한 공정거래지침의 여러 규정 중 불공정거래행위를 예방하기 위하여 사업자가 준수하여야 할 지침을 마련한 것으로 볼 수 있는 내용의 규정은 위 법의 위임범위 내에 있는 것으로서 위 법의 규정과 결합하여 법규적 효력을 가진다(대판 2000.9.29, 98두12772). ㉡ 구 대외무역법 제19조 제2항 단서 및 같은 법 시행령 제35조는 지식경제부장관으로 하여금 별도 공고대상의 하나로서 국가별 수출입의 균형을 유지하기 위한 물품의 수입을 공고하도록 위임하면서 그 공고의 절차나 방식에 관하여 아무런 제한을 두지 아니하여 이에 지식경제부장관은 고시의 형식으로 수입선다변화품목의 지정 및 그 수입절차 등을 공고하였는바, 이는 그 근거가 되는 구 대외무역법 시행령 제35조의 규정을 보충하는 기능을 가지면서 그와 결합하여 대외적인 구속력이 있는 법규명령으로서의 효력을 가지는 것이다(대판 1993.11.23, 93도662).

10 정답 ④

① [O] 위 고시는 「석유사업법」 및 그 시행령의 위의 규정이 도지사에게 그 법령 내용의 구체적인 사항을 정할 수 있는 권한을 부여하면서 그 권한 행사의 절차나 방법을 정하지 아니하고 있는 관계로 도지사가 규칙의 형식으로 그 법령의 내용이 될 사항을 구체적으로 규정한 것으로서, 이는 당해 「석유사업법」 및 그 시행령의 위임한계를 벗어나지 아니하는 한 그 법령의 규정과 결합하여 대외적인 구속력이 있는 법규명령으로서의 효력을 갖게 된다(대판 1998.9.25, 98두7503).

② [O] '2006년 교육공무원 보수업무 등 편람'은 교육부(구 교육인적자원부)에서 관련 행정기관 및 그 직원을 위한 업무처리지침 내지 참고사항을 정리해 둔 것에 불과하고 법규명령의 성질을 가진 것이라고는 볼 수 없다(대판 2010.12.9, 2010두16349).

③ [O] 식품제조영업허가기준이라는 고시는 공익상의 이유로 허가를 할 수 없는 영업의 종류를 지정할 권한을 부여한 구 식품위생법 제23조의3 제4호에 따라 보건복지부장관이 발한 것으로서, 실질적으로 법의 규정 내용을 보충하는 기능을 지니면서 그것과 결합하여 대외적으로 구속력이 있는 법규명령의 성질을 가진 것이다(대판 1994.3.8, 92누1728 ; 대판 1995.11.14, 92도496).

❹ [X] 구 주택건설촉진법 제7조 제2항의 위임규정에 터 잡은 구 주택건설촉진법 시행령 제10조의3 제1항 [별표 1]은 영업의 정지처분에 관한 기준을 개개의 사유별로 그에 따른 영업정지기간을 일률적으로 확정하여 규정하는 형식을 취하고 있고, 다만 영업정지사유가 경합되거나 사업실적미달로 인하여 영업정지처분사유에 해당하게 된 경우에 한하여 예외적으로 그 정지기간의 결정에 재량의 여지를 두고 있을 뿐이므로, 등록을 마친 주택건설사업자가 법 제38조 제14항의 규정에 의한 하자보수를 정당한 사유 없이 사용검사권자가 지정한 날까지 이행하지 아니하거나 지체한 때에는 관할 관청으로서는 위 [별표 1]의 제2호 (타)목 (1)의 규정에 의하여 3개월간의 영업정지처분을 하여야 할 뿐 달리 그 정지기간에 관하여 재량의 여지가 없다고 할 것이다(대판 1997.12.26, 97누15418).

11 정답 ④

① [X] 법규명령에 대해서는 국회의 국정조사나 감사·해임건의·탄핵 등을 통한 위법한 명령에 대한 간접적 통제는 물론, 명령 등의 심사제·법률의 제정이나 개폐를 통한 직접적 통제수단도 인정되고 있다. 그러나 행정규칙에 대해서는 국정조사나 감사·해임건의 등을 통한 간접적 통제수단은 인정되지만, 행정규칙심사제와 같은 직접적 통제수단은 인정하지 않고 있다. 「국회법」 제98조의2 제3항에서 훈령·예규·고시에 대한 심사를 포함하고 있지 않다.

② [X] 중앙행정기관의 장은 법률에서 위임한 사항이나 법률을 집행하기 위하여 필요한 사항을 규정한 대통령령·총리령·부령·훈령·예규·고시 등이 제정·개정 또는 폐지되었을 때에는 10일 이내에 이를 국회 소관 상임위원회에 제출하여야 한다. 다만, 대통령령의 경우에는 입법예고를 할 때(입법예고를 생략하는 경우에는 법제처장에게 심사를 요청할 때를 말한다)에도 그 입법예고안을 10일 이내에 제출하여야 한다(「국회법」 제98조의2 제1항).

③ [X] 상급행정청은 하급행정청의 행정입법권 행사에 대해서도 감독권을 행사할 수 있으므로, 상급행정청은 하급행정청의 위법·부당한 법규명령의 개정 또는 폐지를 명할 수 있다. 그러나 일반적 감독권에 근거해서 상급행정청이 하급행정청의 법규명령을 스스로 개정 또는 폐지할 수는 없다.

❹ [O] 헌법 제107조 제2항의 규정에 따르면 행정입법의 심사는 일반적인 재판절차에 의하여 구체적 규범통제의 방법에 의하도록 명시하고 있으므로, 당사자는 구체적 사건의 심판을 위한 선결문제로서 행정입법의 위법성을 주장하여 법원에 대하여 당해 사건에 대한 적용 여부의 판단을 구할 수 있을 뿐 행정입법 자체의 합법성의 심사를 목적으로 하는 독립한 신청을 제기할 수는 없다(대결 1994.4.26, 93부32).

12 정답 ③

① [O] 보건복지부 고시인 '약제급여·비급여목록 및 급여상한금액표'는 다른 집행행위의 매개 없이 그 자체로서 국민건강보험가입자, 국민건강보험공단, 요양기관 등의 법률관계를 직접 규율하는 성격을 가지므로 항고소송의 대상이 되는 행정처분에 해당한다(대판 2006.9.22, 2005두2506 ; 대판 2006.12.21, 2005두16161).

② [O] 의료기관의 명칭표시판에 진료과목을 함께 표시하는 경우 글자 크기를 제한하고 있는 구 의료법 시행규칙 제31조는 그 자체로서 국민의 구체적인 권리·의무나 법률관계에 직접적인 변동을 초래하지 아니하므로 항고소송의 대상이 되는 행정처분이라고 할 수 없다(대판 2007.4.12, 2005두15168).

❸ [X] 「지방교육자치에 관한 법률」에 의하면 시·도의 교육·학예에 관한 사무의 집행기관은 시·도 교육감이고 시·도 교육감에게 지방교육에 관한 조례안의 공포권이 있다고 규정되어 있으므로, 교육에 관한 조례의 무효확인소송을 제기함에 있어서는 그 집행기관인 시·도 교육감을 피고로 하여야 한다(대판 1996.9.20, 95누8003).

④ [O] 「국가배상법」 제2조에 따른 국가배상책임의 요건인 '공무원의 직무행위'에는 권력작용과 비권력적 공행정작용이 포함된다. 즉, 법적 행위(법률행위적 행정행위와 준법률행위적 행정행위)이건 사실행위이건, 작위이건 부작위(대판 2010.8.26, 2010다37479)이건, 입법작용(입법행위)이건(대판 2008.5.29, 2004다33469) 사법작용(대판 2003.7.11, 99다24218)이건 불문하고 모두 포함된다. 그리고 어떠한 고시가 일반적·추상적 성격을 가질 때에는 법규명령 또는 행정규칙에 해당할 것이지만, 다른 집행행위의 매개 없이 그 자체로서 직접 국민의 구체적인 권리·의무나 법률관계를 규율하는 성격을 가질 때에는 행정처분에 해당한다(대판 2006.9.22, 2005두2506).

13 정답 ①

❶ [X] 특허에 의해 설정되는 권리는 보통 공권이나, 광업권·어업권 등과 같이 사권인 경우도 있다.

② [O] 행정행위는 행정청이 구체적 사실에 대한 법집행으로 대외적 효과를 가지는 권력적 단독행위이다. 따라서 상급자의 직무명령은 대외적 효력을 가지는 행위가 아니므로 행정행위가 아니다.

③ [O] 「도로교통법」 제10조 제1항·제2항, 제24조 제1항의 규정 취지에 비추어 볼 때, 지방경찰청장이 횡단보도를 설치하여 보행자의 통행방법 등을 규제하는 것은 행정청이 특정사항에 대하여 의무의 부담을 명하는 행위이고, 이는 국민의 권리·의무에 직접 관계가 있는 행위로서 행정처분이라고 보아야 할 것이다(대판 2000.10.27, 98두8964).

④ [O] 불특정 다수인을 상대방으로 하되 구체적 사실을 규율하는 행정청의 단독적·권력적 행위인 일반처분도 행정행위이다.

14 정답 ③

① [O] 「자동차운수사업법」 제6조 제1호의 규정의 목적이 자동차운수사업에 관한 질서를 확립하고 자동차운수의 종합적인 발달을 도모하여 공공의 복리를 증진함과 동시에 업자 간의 경쟁으로 인한 경영의 불합리를 미리 방지하자는 데 있다 할 것이므로 기존 시내버스업자로서는, 다른 운송사업자가 운행하고 있는 기존 시외버스를 시내버스로 전환을 허용하는 사업계획변경인가처분에 대하여 그 취소를 구할 법률상의 이익이 있다고 할 것이다(대판 1987.9.22, 85누985 ; 대판 2002.10.25, 2001두4450).

② [O] 취소소송이 제기된 경우에 본안이 계속되고 있는 법원은 당사자의 신청 또는 직권에 의하여 집행정지를 결정할 수 있다(「행정소송법」 제23조 제2항). 즉, 제3자효 행정행위에 있어서 제3자도 집행정지를 신청할 수 있는지에 대해서는 규정하고 있지 않다. 그러나 예컨대, 행정청이 B에게 버스운송사업면허를 내준 것에 대해 같은 노선의 기존 운송사업자인 A가 그 면허처분에 대해 취소소송을 제기한 경우, 그 종국판결을 받기까지는 상당한 기간이 걸리므로 A는 취소소송의 제기와 더불어 B에 대한 면허처분의 집행정지를 법원에 신청할 수 있도록 해야 실효를 거둘 수 있을 것이다.

❸ [X] 「행정절차법」상 '청문'이란 행정청이 어떠한 처분을 하기 전에 '당사자 등'의 의견을 직접 듣고 증거를 조사하는 절차를 말하고(제2조 제5호), '공청회'란 행정청이 공개적인 토론을 통하여 어떠한 행정작용에 대하여 '당사자 등', 전문지식과 경험을 가진 사람, 그 밖의 일반인으로부터 의견을 널리 수렴하는 절차를 말한다(제2조 제6호). 그리고 '당사자 등'이란 ㉠ 행정청의 처분에 대하여 직접 그 상대가 되는 당사자와 ㉡ 행정청이 직권으로 또는 신청에 따라 행정절차에 참여하게 한 이해관계인을 말한다(제2조 제4호). 따라서 제3자효 행정행위에서 제3자는 이해관계인으로서 행정청이 행정절차에 참여하게 하여야 의견청취절차에 참가할 수 있다.

④ [O] 법원은 소송의 결과에 따라 권리 또는 이익의 침해를 받을 제3자가 있는 경우에는 당사자 또는 제3자의 신청 또는 직권에 의하여 결정으로써 그 제3자를 소송에 참가시킬 수 있고, 소송에 참가한 제3자에 대하여는 「민사소송법」 제67조의 규정을 준용한다(「행정소송법」 제16조 제1항·제4항).

> **「민사소송법」 제67조【필수적 공동소송에 대한 특별규정】** ① 소송목적이 공동소송인 모두에게 합일적으로 확정되어야 할 공동소송의 경우에 공동소송인 가운데 한 사람의 소송행위는 모두의 이익을 위하여서만 효력을 가진다.
> ② 제1항의 공동소송에서 공동소송인 가운데 한 사람에 대한 상대방의 소송행위는 공동소송인 모두에게 효력이 미친다.

15
정답 ③

① [O] 구 전염병예방법(현 「감염병의 예방 및 관리에 관한 법률」) 제54조의2 제2항에 의하여 보건복지가족부(현 보건복지부)장관에게 예방접종으로 인한 질병, 장애 또는 사망(이하 '장애 등'이라 함)의 인정 권한을 부여한 것은, 예방접종과 장애 등 사이에 인과관계가 있는지를 판단하는 것은 고도의 전문적 의학 지식이나 기술이 필요한 점과 전국적으로 일관되고 통일적인 해석이 필요한 점을 감안한 것으로 역시 보건복지가족부장관의 재량에 속하는 것이므로, 인정에 관한 보건복지가족부장관의 결정은 가능한 한 존중되어야 한다(대판 2014.5.16, 2014두274).

② [O] 재량행위에 있어서는 법령상의 근거가 없다고 하더라도 부관을 붙일 수 있다(대판 1997.3.14, 96누16698). 따라서 공물의 특허사용인 도로점용허가는 그 성질상 사적 소유물을 위해 특정인에게 공물의 사용권을 설정하는 것으로서 도로점용허가의 부관을 통해 행정청의 관여가 가능하다(대판 2008.11.27, 2008두4985).

❸ [X] 구 지방재정법상의 변상금 부과처분은 법률에 의한 대부 또는 사용·수익 허가 등을 받은 경우에 납부하여야 할 대부료 상당액 이외에 2할을 가산한 금원을 변상금으로 부과하는 행정처분으로, 이는 무단점유에 대한 징벌적인 의미가 있는 것으로 법규의 규정 형식으로 보아 처분청의 재량이 허용되지 않는 기속행위이다(대판 2000.1.14, 99두9735).

④ [O] 「국토의 계획 및 이용에 관한 법률」에서 정한 도시지역 안에서 토지의 형질변경행위를 수반하는 건축허가는 「건축법」에 의한 건축허가와 「국토의 계획 및 이용에 관한 법률」에 의한 토지의 형질변경허가의 성질을 아울러 갖는 것으로 보아야 할 것이고, 「국토의 계획 및 이용에 관한 법률」에 의한 토지의 형질변경허가는 그 금지요건이 불확정개념으로 규정되어 있어 그 금지요건에 해당하는지 여부를 판단함에 있어서 행정청에 재량권이 부여되어 있다고 할 것이므로, 「국토의 계획 및 이용에 관한 법률」에 의하여 지정된 도시지역 안에서 토지의 형질변경행위를 수반하는 건축허가는 결국 재량행위에 속한다(대판 2010.2.25, 2009두19960 ; 대판 2013.10.31, 2013두9625).

16
정답 ②

① [O] 「지방공무원법」과 「지방전문직공무원규정」 등 관계 법령의 규정 내용에 비추어 보면, 지방전문직공무원 채용계약에서 정한 채용기간이 만료된 경우 채용계약을 갱신하거나 채용기간을 연장할 것인지 여부는 지방자치단체장의 재량에 맡겨져 있는 것으로 보아야 할 것이므로 지방전문직공무원 채용계약에서 정한 기간이 형식적인 것에 불과하고 그 채용계약은 기간의 약정이 없는 것이라고 볼 수 없다(대판 1993.9.14, 92누4611).

❷ [X] 행정행위가 재량성의 유무 및 범위와 관련하여 이른바 기속행위 내지 기속재량행위와 재량행위 내지 자유재량행위로 구분된다고 할 때, 양자에 대한 사법심사는, 전자의 경우 그 법규에 대한 원칙적인 기속성으로 인하여 법원이 사실인정과 관련 법규의 해석·적용을 통하여 일정한 결론을 도출한 후 그 결론에 비추어 행정청이 한 판단의 적법 여부를 독자의 입장에서 판정하는 방식에 의하게 된다. 후자의 경우 행정청의 재량에 기한 공익판단의 여지를 감안하여 법원은 독자의 결론을 도출함이 없이 당해 행위에 재량권의 일탈·남용이 있는지 여부만을 심사하게 된다(대판 2018.10.4, 2014두37702).

③ [O] 「여객자동차 운수사업법」에 의한 개인택시운송사업면허는 특정인에게 권리나 이익을 부여하는 행정행위로서 법령에 특별한 규정이 없는 한 재량행위이고, 그 면허를 위하여 필요한 기준을 정하는 것도 역시 행정청의 재량에 속하는 것이다(대판 1998.2.13, 97누13061 ; 대판 2010.1.28, 2009두19137).

④ [O] 구 학교보건법 제6조 제1항 단서의 규정에 의하여 시·도교육위원회 교육감 또는 교육감이 지정하는 자가 학교환경위생정화구역 안에서의 금지행위 및 시설의 해제신청에 대하여 그 행위 및 시설이 학습과 학교보건에 나쁜 영향을 주지 않는 것인지의 여부를 결정하여 그 금지행위 및 시설을 해제하거나 계속하여 금지(해제거부)하는 조치는 시·도교육위원회 교육감 또는 교육감이 지정하는 자의 재량행위에 속하는 것으로서, 그것이 재량권을 일탈·남용하여 위법하다고 하기 위하여는 그 행위 및 시설의 종류나 규모, 학교에서의 거리와 위치는 물론이고, 학교의 종류와 학생 수, 학교주변의 환경, 그리고 위 행위 및 시설이 주변의 다른 행위나 시설 등과 합하여 학습과 학교보건위생 등에 미칠 영향 등의 사정과 그 행위나 시설이 금지됨으로 인하여 상대방이 입게 될 재산권 침해를 비롯한 불이익 등의 사정 등 여러 가지 사항들을 합리적으로 비교·교량하여 신중하게 판단하여야 한다(대판 2010.3.11, 2009두17643).

17
정답 ④

① [X] 요건재량설은 요건부분이 불확정개념일 때 행정청이 요건충족 여부에 대해 재량을 가진다는 견해이다. 요건이 충족되지 않았다고 판단하면 효과가 당연히 발생하지 않아 행정청이 너무 광범위한 재량을 가지게 되고, 행정청의 광범위한 재량은 국민의 권리를 지나치게 제약하는 결과를 초래한다. 그래서 효과재량설이 나오게 되는데, 이는 행정청이 요건판단에 있어서는 재량을 가지지 못하고, 효과판단에서만 재량을 가진다는 견해이다. 판단여지론은 법규의 요건부분에 사용된 개념이 불확정개념이라면 행정청의 전문적 판단이 존중되어야 한다는 이론이다. 즉, 요건재량설 ➡ 효과재량설 ➡ 판단여지설(불확정개념)의 순으로 주장되었다.

② [X] 판단여지론은 요건규정에 불확정개념이 사용된 경우 이를 법개념으로 보아 하나의 판단만이 적법하다고 보면서도, 다만 행정청의 결정이 일정한 한계 내에서 이루어진 경우 법원은 이를 존중해야 한다는 이론으로서, 전통적인 요건재량설을 비판하면서 등장하였다. 즉, 불확정개념은 법률효과의 해석이 불분명한 경우에 인정되는 개념이

아니라, 법률요건이 불분명한 경우에 인정되는 개념이다.

③ [X] 재량과 구별되는 판단여지를 긍정하는 다수설은 ㉠ 판단여지는 구성요건과 관련된 개념이지만 재량은 법적 효과와 관련된 개념이고, ㉡ 행정법규에 있어서 요건사실의 인정은 인식의 문제로서 법원의 전속적 권한에 속하는 법해석의 문제이지 행정청의 효과부분의 결정에 관한 문제가 아니며, ㉢ 재량은 입법자에 의하여 부여되는 것이지만 판단여지는 법원에 의해 주어지는 것이라는 점 등을 근거로 법률효과 선택의 문제인 재량과 법률요건에 대한 해석(인식)의 문제인 판단여지를 구별하여야 한다는 입장이다.

❹ [O] 재량과 판단여지를 구별하는 다수설에 따르면, 판단여지론이란 행정법규의 요건규정에 불확정개념이 사용된 경우 그 불확정개념도 법개념이므로 원칙적으로 일의적인 해석(하나의 정당한 결론)만이 적법(가능)하고 법원에 의한 전면적인 사법심사의 대상이 되는 것이 원칙이다. 다만, 예외적으로 고도의 전문적·기술적·정책적 판단이 필요한 경우에는 행정청에 판단여지가 인정되어 법원의 사법심사가 배제 또는 제한된다.

18 정답 ②

① [X] 부분허가권은 본허가권에 포함되므로, 본허가권을 가진 행정청은 별도의 법적 근거가 없다 하더라도 부분허가를 할 수 있다.

❷ [O] 다단계 행정결정에서 행정주체는 사전결정(예비결정) ➡ 부분허가(부분승인) ➡ 완전허가라는 3단계를 거쳐 허가를 해주고 있다. 그 중 사전결정(예비결정)이란 단계적 행정결정에 있어 최종적인 행정결정을 내리기 전에, 최종적 행정결정의 요건 중 '일부에 관한 확정적 결정' 또는 '일부의 심사에 대한 종국적인 판단'을 말하는 것으로서, 그 자체가 하나의 행정행위이다. 행정청은 본행정행위에 대한 법적 근거가 있으면 별도의 법적 근거가 없다 하더라도 사전결정을 할 수 있다.

③ [X] 구 주택건설촉진법 제33조 제1항의 규정에 의한 주택건설사업계획의 승인은 상대방에게 권리나 이익을 부여하는 효과를 수반하는 이른바 수익적 행정처분으로서 행정처분의 요건에 관하여 일의적으로 규정되어 있지 아니한 이상 행정청의 재량행위에 속하고, 그 전 단계인 같은 법 제32조의4 제1항의 규정에 의한 주택건설사업계획의 사전결정이 있다 하여 달리 볼 것은 아니다. 따라서 구청장이 주택건설사업에 대한 사전결정을 하였다고 하더라도 사업승인 단계에서 그 사전결정에 기속되지 않고 다시 사익과 공익을 비교·형량하여 그 승인 여부를 결정할 수 있다(대판 1999.5.25, 99두1052).

④ [X] 예비결정이 있게 되면 처분청으로 하여금 예비결정과 모순되는 본결정을 하지 못하도록 하는 구속력을 갖게 된다. 즉, 예비결정이 무효가 아닌 한 행정청은 본결정을 함에 있어서 예비결정의 대상이 된 사항을 그대로 인정하고 예비결정에서 결정되지 않은 나머지 부분만을 결정하여야 한다.

19 정답 ②

① [O] 하명의 대상은 주로 사실행위(예 철거명령)이나, 법률행위(예 영업행위금지)일 수도 있다.

❷ [X] 하명에 의하여 과하여진 의무를 불이행한 자에 대하여는 행정상 강제집행과 행정벌이 과하여지는 것이 보통이다. 그러나 하명에 위반한 법률행위도 사법적으로는 유효하다. 예컨대, 방문판매가 금지된 경우, 방문판매를 한 자는 처벌받으나 판매행위는 유효하다.

③ [O] 일반적으로 행정처분에 효력기간이 정하여져 있는 경우에는 그 기간의 경과로 그 행정처분의 효력은 상실되고, 다만 허가에 붙은 기한이 그 허가된 사업의 성질상 부당하게 짧은 경우에는 이를 그 허가 자체의 존속기간이 아니라 그 허가조건의 존속기간으로 보아 그 기한이 도래함으로써 그 조건의 개정을 고려한다는 뜻으로 해석할 수는 있지만, 그와 같은 경우라 하더라도 그 허가기간이 연장되기 위하여는 그 종기가 도래하기 전에 그 허가기간의 연장에 관한 신청이 있어야 하며, 만일 그러한 연장신청이 없는 상태에서 허가기간이 만료하였다면 그 허가의 효력은 상실된다(대판 2007. 10.11, 2005두12404).

④ [O] 행정청은 처분을 할 때에는 ㉠ 신청 내용을 모두 그대로 인정하는 처분인 경우, ㉡ 단순·반복적인 처분 또는 경미한 처분으로서 당사자가 그 이유를 명백히 알 수 있는 경우, ㉢ 긴급히 처분을 할 필요가 있는 경우를 제외하고는 당사자에게 그 근거와 이유를 제시하여야 한다. 행정청은 위 ㉡ 및 ㉢의 경우에 처분 후 당사자가 요청하는 경우에는 그 근거와 이유를 제시하여야 한다(「행정절차법」 제23조).

20 정답 ①

❶ [X] 종전의 허가가 기한의 도래로 실효한 이상 원고가 종전 허가의 유효기간이 지나서 신청한 기간연장신청은 그에 대한 종전의 허가처분을 전제로 하여 단순히 그 유효기간을 연장하여 주는 행정처분을 구하는 것이라기보다는 종전의 허가처분과는 별도의 새로운 허가를 내용으로 하는 행정처분을 구하는 것이라고 보아야 할 것이어서, 이러한 경우 허가권자는 이를 새로운 허가신청으로 보아 법의 관계 규정에 의하여 허가요건의 적합 여부를 새로이 판단하여 그 허가 여부를 결정하여야 할 것이다(대판 1995.11.10, 94누11866).

② [O] 원자로시설부지사전승인처분의 근거법률인 구 원자력법 제11조 제3항에 근거한 원자로 및 관계 시설의 부지사전승인처분은 원자로 등의 건설허가 전에 그 원자로 등 건설예정지로 계획 중인 부지가 구 원자력법의 관계 규정에 비추어 적법성을 구비한 것인지 여부를 심사하여 행하는 사전적 부분 건설허가처분의 성격을 가지고 있는 것이므로, 구 원자력법 제12조 제2호·제3호로 규정한 원자로 및 관계 시설의 허가기준에 관한 사항은 건설허가처분의 기준이 됨은 물론 부지사전승인처분의 기준으로도 된다(대판 1998. 9.4, 97누19588).

③ [O] 구 원자력법 제11조 제3항 소정의 부지사전승인제도는 원자로 및 관계 시설을 건설하고자 하는 자가 그 계획 중인 건설부지가 구 원자력법에 의하여 원자로 및 관계 시설의 부지로 적법한지 여부 및 굴착공사 등 일정한 범위의 공사(이하 '사전공사'라 함)를 할 수 있는지 여부에 대하여 건설허가 전에 미리 승인을 받는 제도로서, 원자로 및 관계 시설의 건설에는 장기간의 준비·공사가 필요하기 때문에 필요한 모든 준비를 갖추어 건설허가신청을 하였다가 부지의 부적법성을 이유로 불허가될 경우 그 불이익이 매우 크고 또한 원자로 및 관계 시설 건설의 이와 같은 특성상 미리 사전공사를 할 필요가 있을 수도 있어 건설허가 전에 미리 그 부지의 적법성 및 사전공사의 허용 여부에 대한 승인을 받을 수 있게 함으로써 그의 경제적·시간적 부담을 덜어 주고 유효적절한 건설공사를 행할 수 있도록 배려하려는 데 그 취지가 있다고 할 것이므로, 원자로 및 관계 시설의 부지사전승인처분은 그 자체로서 건설부지를 확정하고 사전공사를 허용하는 법률효과를 지닌 독립한 행정처분이기는 하지만, 건설허가 전에 신청자의 편의를 위하여 미리 그 건설허가의 일부 요건을 심사하여 행하는 사전적 부분 건설허가처분의 성격을 갖고 있는 것이어서 나중에 건설허가처분이 있게 되면 그 건설허가처분에 흡수되어 독립된 존재가치를 상실함으로써 그

건설허가처분만이 쟁송의 대상이 되는 것이므로, 부지사전승인처분의 취소를 구하는 소는 소의 이익을 잃게 되고, 따라서 부지사전승인처분의 위법성은 나중에 내려진 건설허가처분의 취소를 구하는 소송에서 이를 다투면 된다(대판 1998.9.4, 97누19588).

④ [O] 허가 등의 행정처분은 원칙적으로 처분시의 법령과 허가기준에 의하여 처리되어야 하고 허가신청 당시의 기준에 따라야 하는 것은 아니며, 비록 허가신청 후 허가기준이 변경되었다 하더라도 그 <u>허가관청이 허가신청을 수리하고도 정당한 이유 없이 그 처리를 늦추어 그 사이에 허가기준이 변경된 것이 아닌 이상 변경된 허가기준에 따라서 처분을 하여야 한다</u>(대판 2006.8.25, 2004두2974).

정답

01	①	02	③	03	①	04	①
05	②	06	③	07	①	08	②
09	③	10	③	11	②	12	②
13	③	14	②	15	②	16	②
17	②	18	①	19	①	20	③

01
정답 ①

❶ [O] 인·허가 의제제도는 행정기관의 권한에 변경을 초래한다. 따라서 행정조직법정주의 원리에 비추어 개별 법률의 명시적인 근거가 있는 경우에만 허용된다.

② [X] 개별 법률에 의해 인·허가 의제제도가 인정되는 경우, 민원인은 주된 하나의 인·허가 담당기관에 신청하면 된다. 의제를 원하는 인·허가 신청을 할 필요가 없다.

③ [X] 건설부(현 국토교통부)장관이 구 주택건설촉진법 제33조에 따라 관계 기관의 장과의 협의를 거쳐 사업계획승인을 한 이상 같은 조 제4항의 허가·인가·결정·승인 등이 있는 것으로 볼 것이고, 그 절차와 별도로 구 도시계획법 제12조 등 소정의 중앙도시계획위원회의 의결이나 주민의 의견청취 등 절차를 거칠 필요는 없다(대판 1992.11.10, 92누1162).

④ [X] 구 주한미군 공여구역주변지역 등 지원 특별법 제29조의 인·허가 의제 조항은 목적사업의 원활한 수행을 위해 행정절차를 간소화하고자 하는 데 입법 취지가 있는데, 만일 사업시행승인 전에 반드시 사업 관련 모든 인·허가 의제 사항에 관하여 관계 행정기관의 장과 협의를 거쳐야 한다고 해석하면 일부의 인·허가 의제 효력만을 먼저 얻고자 하는 사업시행승인 신청인의 의사와 맞지 않을 뿐만 아니라 사업시행승인 신청을 하기까지 상당한 시간이 소요되어 그 취지에 반하는 점, 위 특별법 제29조 제1항에서 인·허가 의제 사항 중 일부만에 대하여도 관계 행정기관의 장과 협의를 거치면 인·허가 의제 효력이 발생할 수 있음을 명확히 하고 있는 점 등에 비추어 보면, 위 특별법 제11조에 의한 사업시행승인을 하는 경우 같은 법 제29조 제1항에 규정된 사업 관련 모든 인·허가 의제 사항에 관하여 관계 행정기관의 장과 일괄하여 사전협의를 거칠 것을 요건으로 하는 것은 아니고, 사업시행승인 후 인·허가 의제 사항에 관하여 관계 행정기관의 장과 협의를 거치면 그때 해당 인·허가가 의제된다고 보는 것이 타당하다(대판 2012.2.9, 2009두16305).

02
정답 ③

① [X] 구 택지개발촉진법 제11조 제1항 제9호에서는 사업시행자가 택지개발사업 실시계획승인을 받은 때 「도로법」에 의한 도로공사시행허가 및 도로점용허가를 받은 것으로 본다고 규정하고 있는바, 이러한 인·허가 의제제도는 목적사업의 원활한 수행을 위해 행정절차를 간소화하고자 하는 데 그 취지가 있는 것이므로 위와 같은

실시계획승인에 의해 의제되는 도로공사시행허가 및 도로점용허가는 원칙적으로 당해 택지개발사업을 시행하는 데 필요한 범위 내에서만 그 효력이 유지된다고 보아야 한다. 따라서 원고가 택지개발사업과 관련하여 그 사업시행의 일환으로 도로예정지 또는 도로에 전력관을 매설하였다고 하더라도 사업시행 완료 후 이를 계속 유지·관리하기 위해 도로를 점용하는 것에 대한 도로점용허가까지 그 실시계획승인에 의해 의제된다고 볼 수는 없다(대판 2010.4.29, 2009두18547).

② [X] 주된 인·허가거부처분을 하면서 주된 인·허가거부사유뿐만 아니라 의제되는 인·허가거부사유를 들고 있다고 하여 그 주된 인·허가거부처분 외에 별도로 의제되는 인·허가거부처분이 존재하는 것이 아니므로, 그 주된 인·허가거부처분을 받은 사람은 그 주된 인·허가거부처분에 관한 쟁송에서 주된 인·허가거부사유뿐만 아니라 의제되는 인·허가거부사유에 관하여도 다툴 수 있는 것이지, 그 주된 인·허가거부처분에 관한 쟁송과는 별개로 의제되는 인·허가거부처분에 관한 쟁송을 제기하여 이를 다투어야 하는 것은 아니다(대판 2001.1.16, 99두10988 ; 대판 2004.10.15, 2003두6573).

❸ [O] 주된 인·허가에 관한 사항을 규정하고 있는 법률에서 주된 인·허가가 있으면 다른 법률에 의한 인·허가를 받은 것으로 의제한다는 규정을 둔 경우, 주된 인·허가가 있으면 다른 법률에 의한 인·허가가 있는 것으로 보는 데 그치고, 거기에서 더 나아가 다른 법률에 의하여 인·허가를 받았음을 전제로 하는 그 다른 법률의 모든 규정들까지 적용되는 것은 아니다(대판 2016.11.24, 2014두47686 ; 대판 2015.4.23, 2014두2409).

④ [X] 건축허가권자가 건축불허가처분을 하면서 그 처분사유로 건축불허가 사유뿐만 아니라 구 소방법 제8조 제1항에 따른 소방서장의 건축부동의 사유(구 도시계획법상 토지의 형질변경불허가 사유나 「농지법」상 농지전용불허가 사유)를 들고 있다고 하여 그 건축불허가처분 외에 별개로 건축부동의처분(형질변경불허가처분이나 농지전용불허가처분)이 존재하는 것이 아니므로, 그 건축불허가처분을 받은 사람은 그 건축불허가처분에 관한 쟁송에서 「건축법」상의 건축불허가 사유뿐만 아니라 부동의 사유(형질변경불허가 사유나 농지전용불허가 사유)에 관하여도 다툴 수 있다(대판 2004.10.15, 2003두6573 ; 대판 2001.1.16, 99두10988).

03
정답 ①

❶ [O] 허가의 갱신은 허가취득자에게 다시 종전의 지위를 계속 유지시키는 효과를 갖는 것에 불과하고 갱신 후에는 갱신 전의 법 위반사항을 불문에 붙이는 효과를 발생하는 것이 아니라고 해석함이 상당하므로, 일단 갱신이 있은 후에도 갱신 전의 법 위반사실에 근거하여 허가를 취소할 수 있다(대판 1982.7.27, 81누174).

② [X] 종전의 허가가 기한의 도래로 실효한 이상, 원고가 종전 허가의 유효기간이 지나서 한 기간연장신청은 그에 대한 종전의 허가처분을 전제로 하여 단순히 그 유효기간을 연장하여 주는 행정처분을 구하는 것이라기보다는 종전의 허가처분과는 별도의 새로운 허가를 내용으로 하는 행정처분을 구하는 것이라고 보아야 할 것이어서, 이러한 경우 허가권자는 이를 새로운 허가신청으로 보아 법의 관계 규정에 의하여 허가요건의 적합 여부를 새로이 판단하여 그 허가 여부를 결정하여야 할 것이다(대판 1995.11.10, 94누11866).

③ [X] 허가에 붙은 기한이 그 허가된 사업의 성질상 부당하게 짧은 경우에는 이를 그 허가 자체의 존속기간이 아니라 그 허가조건의 존속기간으로 보아 그 기한이 도래함으로써 그 조건의 개정을 고려한다는 뜻으로 해석할 수는 있지만, 그와 같은 경우라 하더라도 그 허가기간이 연장되기 위하여는 그 종기가 도래하기 전에 그 허가

2022 해커스공무원 함수민 행정법 모의고사 Season 1

기간의 연장에 관한 신청이 있어야 하며, 만일 그러한 연장신청이 없는 상태에서 허가기간이 만료하였다면 그 허가의 효력은 상실된다(대판 2007.10.11, 2005두12404).

④ [X] 연장신청이 없는 상태에서 허가기간이 만료하였다면 그 허가의 효력은 상실되지만, 허가조건의 존속기간 내에 적법한 갱신신청이 있었다면 갱신 가부의 결정이 없더라도 주된 행정행위의 효력은 상실되지 아니한다.

04 　　　　　　　　　　　　　　　정답 ①

❶ [O] 종전의 허가가 기한의 도래로 실효한 이상 원고가 종전 허가의 유효기간이 지나서 신청한 이 사건 기간연장신청은 그에 대한 종전의 허가처분을 전제로 하여 단순히 그 유효기간을 연장하여 주는 행정처분을 구하는 것이라기보다는 종전의 허가처분과는 별도의 새로운 허가를 내용으로 하는 행정처분을 구하는 것이라고 보아야 할 것이다(대판 1995.11.10, 94누11866).

② [X] 건설업면허의 갱신이 있으면 기존 면허의 효력은 동일성을 유지하면서 장래에 향하여 지속한다 할 것이고 갱신에 의하여 갱신 전의 면허는 실효되고 새로운 면허가 부여된 것이라고 볼 수는 없으므로 면허갱신에 의하여 갱신 전의 건설업자의 모든 위법사유가 치유된다거나 일정한 시일의 경과로서 그 위법사유가 치유된다고 볼 수 없다(대판 1984.9.11, 83누658).

③ [X] 허가의 갱신이 있으면 기존 허가의 효력은 동일성을 유지하면서 장래에 향하여 지속한다 할 것이고, 갱신에 의하여 갱신 전의 허가는 실효되고 새로운 허가가 부여된 것이라고 볼 수는 없다(대판 1984.9.11, 83누658).

④ [X] 일반적으로 행정처분에 효력기간이 정하여져 있는 경우에는 그 기간의 경과로 그 행정처분의 효력은 상실되고, 다만 허가에 붙은 기한이 그 허가된 사업의 성질상 부당하게 짧은 경우에는 이를 그 허가 자체의 존속기간이 아니라 그 허가조건의 존속기간으로 보아 그 기한이 도래함으로써 그 조건의 개정을 고려한다는 뜻으로 해석할 수는 있지만, 그와 같은 경우라 하더라도 그 허가기간이 연장되기 위하여는 그 종기가 도래하기 전에 그 허가기간의 연장에 관한 신청이 있어야 하며, 만일 그러한 연장신청이 없는 상태에서 허가기간이 만료하였다면 그 허가의 효력은 상실된다(대판 2007.10.11, 2005두12404).

05 　　　　　　　　　　　　　　　정답 ②

① [X] 특허는 특정인에게만 행해질 수 있을 뿐이고 불특정 다수인에 대해서는 행해질 수 없다. ➡ 허가는 불특정 다수인에 대해서도 행해질 수 있다.

❷ [O] 허가는 일반처분(예 통행금지해제)으로도 할 수 있으므로 반드시 신청이 있어야 하는 것은 아니나, 특허는 신청(출원)이 있어야 행정청은 특허를 내줄 수 있다.

③ [X] 허가와 특허는 모두 법률행위적 행정행위로서 행정청의 '의사표시'에 따라 법률적 효과가 발생하는 점에서는 동일하다. 그리고 허가는 원칙적으로 신청(출원)이 필요하나 불특정인에 대한 허가와 같이 신청을 필요로 하지 않는 경우도 있다. 이에 반해 특허는 반드시 신청을 필요로 한다.

④ [X] 하천의 점용허가권은 특허에 의한 공물사용권의 일종이고(대판 2015.1.29, 2012두27404), 하천부지 점용허가 여부는 관리청의 재량에 속한다(대판 2008.7.24, 2007두25930).

06 　　　　　　　　　　　　　　　정답 ③

① [X] 구 공유수면관리법에 따른 공유수면의 점용·사용 허가는 특정인에게 공유수면이용권이라는 독점적 권리를 설정하여 주는 처분(즉, 특허)으로서, 그 처분의 여부 및 내용의 결정은 원칙적으로 행정청의 재량에 속한다고 할 것이고, 이와 같은 재량처분에 있어서는 그 재량권 행사의 기초가 되는 사실인정에 오류가 있거나 그에 대한 법령적용에 잘못이 없는 한 그 처분이 위법하다고 할 수 없다(대판 2004.5.28, 2002두5016).

② [X] 행정청이 「도시 및 주거환경정비법」 등 관련 법령에 근거하여 행하는 조합설립인가처분은 단순히 사인들의 조합설립행위에 대한 보충행위로서의 성질을 갖는 것에 그치는 것이 아니라, 재건축조합에 대하여 「도시 및 주거환경정비법」상 주택재건축사업을 시행할 수 있는 권한을 갖는 행정주체(공법인)로서의 지위를 부여하는 일종의 설권적 처분의 성격을 갖는다고 보아야 한다(대판 2010.2.25, 2007다73598 ; 대판 2012.4.12, 2010다10986 등).

❸ [O] 행정행위인 허가 또는 특허에 붙인 조항으로서 종료의 기한을 정한 경우 종기인 기한에 관하여는 일률적으로 기한이 왔다고 하여 당연히 그 행정행위의 효력이 상실된다고 할 것이 아니고 그 기한이 그 허가 또는 특허된 사업의 성질상 부당하게 짧은 기한을 정한 경우에 있어서는 그 기한은 그 허가 또는 특허의 조건의 존속기간을 정한 것이다.

④ [X] 공유수면매립면허는 설권행위인 '특허'의 성질을 갖는 것이므로 원칙적으로 행정청의 자유재량에 속하며, 일단 실효된 공유수면매립면허의 효력을 회복시키는 행위도 특단의 사정이 없는 한 새로운 면허부여와 같이 면허관청의 자유재량에 속한다고 할 것이다(대판 1989.9.12, 88누9206). 그리고 공유수면매립목적 변경승인은 원래의 공유수면매립 승인을 한 행정청이 매립지의 상황, 매립사업의 내용과 진행 정도, 변경되는 매립목적의 내용, 매립목적 변경의 필요성 및 효과, 매립목적 변경으로 인한 주변환경의 변화, 공익에 미치는 영향 등 여러 사정을 참작하여 승인을 할 것인지 결정하는 재량행위이다(대판 2012.6.28, 2010두2005). 따라서 공유수면매립목적 변경승인처분도 강학상 특허에 해당한다.

07 　　　　　　　　　　　　　　　정답 ①

❶ [X] 구 사립학교법 제20조 제1항·제2항은 학교법인의 이사장·이사·감사 등의 임원은 이사회의 선임을 거쳐 관할청의 승인을 받아 취임하도록 규정하고 있는바, 관할청의 임원취임승인행위는 학교법인의 임원선임행위의 법률상 효력을 완성케 하는 보충적 법률행위이다(대판 2007.12.27, 2005두9651).

② [O] 출입국관리법령상 체류자격 변경허가는 신청인에게 당초의 체류자격과 다른 체류자격에 해당하는 활동을 할 수 있는 권한을 부여하는 일종의 설권적 처분의 성격을 가지므로, 허가권자는 신청인이 관계 법령에서 정한 요건을 충족하였더라도, 신청인의 적격성, 체류 목적, 공익상의 영향 등을 참작하여 허가 여부를 결정할 수 있는 재량을 가진다(대판 2016.7.14, 2015두48846).

③ [O] 구 수도권 대기환경개선에 관한 특별법 제14조 제1항에서 정한 대기오염물질 총량관리사업장 설치의 허가 또는 변경허가는 특정인에게 인구가 밀집되고 대기오염이 심각하다고 인정되는 수도권 대기관리권역에서 총량관리대상 오염물질을 일정량을 초과하여 배출할 수 있는 특정한 권리를 설정하여 주는 행위로서 그 처분의 여부 및 내용의 결정은 행정청의 재량에 속한다(대판 2013.5.9, 2012두22799).

④ [O] 개발촉진지구 안에서 시행되는 지역개발사업(국가 또는 지방자치단체가 직접 시행하는 경우를 제외한다. 이하 '지구개발사업'이라

함)에서 지정권자의 실시계획승인처분은 단순히 시행자가 작성한 실시계획에 대한 보충행위로서의 성질을 가지는 것이 아니라 <u>시행자에게 구 지역균형개발 및 지방중소기업 육성에 관한 법률상 지구개발사업을 시행할 수 있는 지위를 부여하는</u> 일종의 설권적 처분의 성격을 가진 독립된 행정처분으로 보아야 한다(대판 2014.9.26, 2012두5619).

08 정답 ②

① [X] 「민법」 제45조와 제46조에서 말하는 재단법인의 정관변경허가는 법률상의 표현이 허가로 되어 있기는 하나, 그 성질에 있어 법률행위의 효력을 보충해 주는 것이지 일반적 금지를 해제하는 것이 아니므로, 그 법적 성격은 <u>인가</u>라고 보아야 한다(대판 전합체 1996.5.16, 95누4810).

❷ [O] 특허는 학문상의 개념이고, 실정법에서는 특허·허가·면허 등으로 불린다. 예컨대, 전기·가스·수도 등의 공급사업이나 철도·버스 등의 운송사업 등과 같은 공익사업에 대한 허가는 <u>강학상 특허</u>에 해당하는 경우가 대부분이다.

③ [X] ⊙ 공유수면매립면허는 설권행위인 '특허'의 성질을 갖는 것이므로 원칙적으로 행정청의 자유재량에 속한다(대판 1989.9.12, 88누9206). ⓒ 구 관세법 제78조 소정의 보세구역의 설영특허는 보세구역의 설치·경영에 관한 권리를 설정하는 이른바 <u>공기업의 특허</u>로서 그 특허의 부여 여부는 행정청의 자유재량에 속한다(대판 1989.5.9, 88누4188). ⓒ 특허기업의 사업양도허가는 <u>인가</u>에 해당한다.

④ [X] 대한민국 산하의 국립의료원 부설주차장에 관한 위탁관리용역운영계약은 <u>국립의료원이 원고의 신청에 의하여 공권력을 가진 우월적 지위에서 행한 행정처분으로서 특정인에게 행정재산을 사용할 수 있는 권리를 설정하여 주는 강학상 특허에 해당한다</u> 할 것이고 순전히 사경제 주체로서 원고와 대등한 위치에서 행한 사법상의 계약으로 보기 어렵다(대판 2006.3.9, 2004다31074).

09 정답 ③

① [O] 대판 1999.11.23, 98다11529

② [O] 원칙적으로 <u>수정인가를 할 수 없다</u>(다수설). 그러나 법령상 명문의 근거가 있는 경우에는 <u>수정인가도 가능</u>하다.

❸ [X] 재개발조합설립인가신청에 대한 행정청의 조합설립인가처분은 단순히 사인들의 조합설립행위에 대한 보충행위로서의 성질을 가지는 것이 아니라 법령상 일정한 요건을 갖추는 경우 행정주체(공법인)의 지위를 부여하는 일종의 설권적 처분의 성질을 가진다고 보아야 한다(대판 2010.1.28, 2009두4845 등). 즉, 구 도시 및 주거환경정비법 제16조 제1항에서 정하는 주택재개발정비사업조합설립인가처분은 설권적 처분(즉, 특허)의 성질을 갖고 있다(대판 2010.8.26, 2010두2579).

④ [O] 「민법」 제45조와 제46조에서 말하는 재단법인의 정관변경 허가는 법률상의 표현이 허가로 되어 있기는 하나, 그 성질에 있어 법률행위의 효력을 보충해 주는 것이지 일반적 금지를 해제하는 것이 아니므로, 그 법적 성격은 인가라고 보아야 한다(대판 전합체 1996.5.16, 95누4810).

10 정답 ③

① [X] 「도시 및 주거환경정비법」에 따라 조합이 수립한 관리처분계획에 대하여 관할 행정청의 인가·고시까지 있게 되면 관리처분계획은 행정처분으로서 효력이 발생하게 되므로, <u>총회결의의 하자를 이유로 하여 행정처분의 효력을 다투는 항고소송의 방법으로 관리처분계획의 취소 또는 무효확인을 구하여야 하고, 그와 별도로 행정처분에 이르는 절차적 요건 중 하나에 불과한 총회결의 부분만을 따로 떼어내어 효력 유무를 다투는 확인의 소를 제기하는 것은 특별한 사정이 없는 한 허용되지 않는다</u>(대판 전합체 2009.9.17, 2007다2428 ; 대판 2012.3.29, 2010두7765 등).

② [X] 구 도시재개발법에 의한 재개발조합은 조합원에 대한 법률관계에서 적어도 특수한 존립목적을 부여받은 특수한 행정주체로서 국가의 감독하에 그 존립목적인 특정한 공공사무를 행하고 있다고 볼 수 있는 범위 내에서는 공법상의 권리·의무관계에 서 있는 것이므로 분양신청 후에 정하여진 관리처분계획의 내용에 관하여 다툼이 있는 경우에는 그 <u>관리처분계획은 토지등소유자에게 구체적이고 결정적인 영향을 미치는 것으로서 조합이 행한 처분에 해당하므로 항고소송의 방법으로 그 무효확인이나 취소를 구할 수 있다</u>(대판 2002.12.10, 2001두6333).

❸ [O] 「도시 및 주거환경정비법」상 주택재개발사업조합의 조합설립인가처분이 법원의 재판에 의하여 취소된 경우 그 <u>조합설립인가처분은 소급하여 효력을 상실하고</u>, 이에 따라 당해 주택재개발사업조합 역시 조합설립인가처분 당시로 소급하여 「도시 및 주거환경정비법」상 주택재개발사업을 시행할 수 있는 행정주체인 공법인으로서의 지위를 상실하므로, 당해 주택재개발사업조합이 조합설립인가처분 취소 전에 같은 법상 적법한 행정주체 또는 사업시행자로서 한 결의 등 처분은 달리 특별한 사정이 없는 한 소급하여 효력을 상실한다고 보아야 한다(대판 2012.3.29, 2008다95885).

④ [X] 「도시 및 주거환경정비법」에 기초하여 주택재개발정비사업조합이 수립한 관리처분계획을 인가하는 행정청의 행위는 조합의 관리처분계획에 대한 법률상의 효력을 완성시키는 보충행위이다(대판 2016.12.15, 2015두51347). 그리고 조합을 상대로 관리처분계획안에 대한 조합총회결의의 효력 등을 다투는 소송은 행정처분에 이르는 절차적 요건의 존부나 효력 유무에 관한 소송으로서 그 소송 결과에 따라 행정처분의 위법 여부에 직접 영향을 미치는 공법상 법률관계에 관한 것이므로, 이는 「행정소송법」상의 당사자소송에 해당한다. 그러나 조합이 수립한 관리처분계획에 대하여 관할 행정청의 인가·고시까지 있게 되면 관리처분계획은 행정처분으로서 효력이 발생하게 되므로, 총회결의의 하자를 이유로 하여 행정처분의 효력을 다투는 항고소송의 방법으로 관리처분계획의 취소 또는 무효확인을 구하여야 하고, 그와 별도로 행정처분에 이르는 절차적 요건 중 하나에 불과한 총회결의 부분만을 따로 떼어내어 효력 유무를 다투는 확인의 소를 제기하는 것은 특별한 사정이 없는 한 허용되지 않는다(대판 전합체 2009.9.17, 2007다2428). ➡ 인가·고시가 이루어지기 전에는 「행정소송법」상 당사자소송으로써, 그 이후에는 항고소송으로써 관리처분계획에 대한 취소 또는 무효확인을 구하는 방법에 의하여야 할 것이다(대판 2009.11.26, 2008다41383).

11 정답 ②

① [X] 재개발조합설립인가신청에 대한 행정청의 조합설립인가처분은 단순히 사인들의 조합설립행위에 대한 보충행위로서의 성질을 가지는 것이 아니라 법령상 일정한 요건을 갖추는 경우 행정주체(공법인)의 지위를 부여하는 일종의 설권적 처분의 성질을 가진다고 보

2022 해커스공무원 함남기 행정법 모의고사 Season 1

아야 한다. 그러므로 구 도시 및 주거환경정비법상 재개발조합설립인가신청에 대하여 행정청의 조합설립인가처분이 있은 이후에는, 조합설립 동의에 하자가 있음을 이유로 재개발조합설립의 효력을 부정하려면 항고소송으로 조합설립인가처분의 효력을 다투어야 한다(대판 2010.1.28, 2009두4845).

❷ [O] 구 도시 및 주거환경정비법상 여러 규정들의 체계, 내용 및 취지에 비추어 보면, 조합설립추진위원회의 구성을 승인하는 처분은 조합의 설립을 위한 주체에 해당하는 비법인사단인 추진위원회를 구성하는 행위를 보충하여 그 효력을 부여하는 처분인 데 반하여, 조합설립인가처분은 법령상 요건을 갖출 경우 구 도시 및 주거환경비법상 주택재개발사업을 시행할 수 있는 권한을 가지는 행정주체(공법인)로서의 지위를 부여하는 일종의 설권적 처분이므로, 양자는 그 목적과 성격을 달리한다(대판 2013.12.26, 2011두8291).

③ [X] 「도시 및 주거환경정비법」상 주택재건축(재개발)정비사업조합에 대한 조합설립인가처분이 행하여진 경우 조합설립결의는 위 인가처분이라는 행정처분을 하는 데 필요한 요건 중 하나에 불과한 것이어서, 조합설립인가처분이 행하여진 후에는 조합설립결의의 하자를 이유로 조합설립의 무효를 주장하려면 행정청을 상대로 조합설립인가처분의 취소 또는 무효확인을 구하는 항고소송의 방법에 의하여야 하고, 이와는 별도로 민사소송으로 재건축조합을 상대로 조합설립결의의 효력을 다투는 확인의 소를 제기하는 것은 확인의 이익이 없어 허용되지 아니한다(대판 2010.2.25, 2007다73598 ; 대결 2009.9.24, 2009마168).

④ [X] 도시환경정비사업조합 설립인가신청에 대한 행정청의 조합설립인가처분은 단순히 사인들의 조합설립행위에 대한 보충행위로서의 성질을 가지는 것이 아니라 법령상 일정한 요건을 갖추는 경우 행정주체(공법인)의 지위를 부여하는 일종의 설권적 처분의 성질을 가진다고 봄이 상당하다. 그리고 그와 같이 보는 이상, 일단 조합설립인가처분이 있은 경우 조합설립결의는 위 인가처분이라는 행정처분을 하는 데 필요한 요건 중 하나에 불과한 것이어서, 조합설립인가처분이 있은 이후에는 조합설립결의의 하자를 이유로 조합설립의 무효를 주장하는 것은 조합설립인가처분의 취소 또는 무효확인을 구하는 항고소송의 방법에 의하여야 할 것이고, 이와는 별도로 조합설립결의만을 대상으로 그 효력 유무를 다투는 확인의 소를 제기하는 것은 확인의 이익이 없어 허용되지 아니한다(대결 2010.4.8, 2009마1026).

12   정답 ②

① [X] 행려병자나 사자의 유류품 처분은 법률행위적 행정행위 중 형성적 행정행위로서 '공법상 대리'에 해당한다.

❷ [O] 확인은 특정한 사실 또는 법률관계에 대하여 의문이 있거나 다툼이 있는 경우에 행정청이 공적인 권위로서 그 존부를 확인하는 판단의 의사표시이다.

③ [X] 행정심판 재결은 준법률행위적 행정행위 중 확인이다.

④ [X] 합격증서 발급은 준법률행위적 행정행위 중 공증이다.

13   정답 ③

① [O] 공무원시험의 합격자 결정은 특정의 사실 또는 법률관계에 관하여 의문 또는 다툼이 있는 경우 행정청이 공적 입장에서 판단하는 행위로서 준법률행정행위 중 확인행위에 해당한다.

② [O] 도로구역의 결정은 준법률행위적 행정행위 중 '확인'에 해당한다.

❸ [X] 확인행위는 특정한 사실 또는 법률관계의 존부 또는 정부에 대하여 의문이 있거나 다툼이 있는 경우에 행정청이 공적인 권위로서 판단하는 행위로서, 당선자 결정·교과서 검정·발명 특허·행정심판 재결 등이 이에 속한다. 각종 증명서의 발급은 공증행위에 해당한다.

④ [O] 준공검사처분(건물사용검사처분)은 건축허가를 받아 건축한 건물이 건축허가사항대로 건축행정목적에 적합한가의 여부를 '확인'하고, 준공검사필증(사용검사필증)을 교부하여 줌으로써 허가받은 자로 하여금 건축한 건물을 사용·수익할 수 있게 하는 법률효과를 발생시키는 것이다(대판 1992.4.10, 91누5358 ; 대판 1999.1.26, 98두15283).

14   정답 ②

① [X] 행정청이 수익적 행정처분을 하면서 부가한 부담의 위법 여부는 처분 당시 법령을 기준으로 판단하여야 하고, 부담이 처분 당시 법령을 기준으로 적법하다면 처분 후 부담의 전제가 된 주된 행정처분의 근거법령이 개정됨으로써 행정청이 더 이상 부관을 붙일 수 없게 되었다 하더라도 곧바로 위법하게 되거나 그 효력이 소멸하게 되는 것은 아니다(대판 2009.2.12, 2005다65500).

❷ [O] 사도개설허가에는 본질적으로 사도를 개설하기 위한 토목공사 등 현실적인 도로개설공사가 따르기 마련이므로 허가를 하면서 공사기간을 특정하기도 하지만 사도개설허가는 사도를 개설할 수 있는 권한의 부여 자체에 주안점이 있는 것이지 공사기간의 제한에 주안점이 있는 것이 아닌 점 등에 비추어 보면, 사도개설허가처분에 명시된 공사기간은 허가를 받은 자에 대하여 공사기간을 준수하여 공사를 마치도록 하는 의무를 부과하는 일종의 부담에 불과한 것이지, 사도개설허가 자체의 존속기간(즉, 유효기간)을 정한 것이라 볼 수 없고, 따라서 사도개설허가에서 정해진 공사기간 내에 사도로 준공검사를 받지 못하였다 하더라도, 이를 이유로 행정관청이 새로운 행정처분을 하는 것은 별론으로 하고, 사도개설허가가 당연히 실효되는 것은 아니다(대판 2004.11.25, 2004두7023).

③ [X] 수익적 행정처분에 있어서는 법령에 특별한 근거규정이 없다고 하더라도 그 부관으로서 부담을 붙일 수 있고, 그와 같은 부담은 행정청이 행정처분을 하면서 일방적으로 부가할 수도 있지만 부담을 부가하기 이전에 상대방과 협의하여 부담의 내용을 협약의 형식으로 미리 정한 다음 행정처분을 하면서 이를 부가할 수도 있다. 그리고 행정청이 수익적 행정처분을 하면서 부가한 부담의 위법 여부는 처분 당시 법령을 기준으로 판단하여야 하고, 부담이 처분 당시 법령을 기준으로 적법하다면 처분 후 부담의 전제가 된 주된 행정처분의 근거법령이 개정됨으로써 행정청이 더 이상 부관을 붙일 수 없게 되었다 하더라도 곧바로 위법하게 되거나 그 효력이 소멸하게 되는 것은 아니다. 따라서 행정처분의 상대방이 수익적 행정처분을 얻기 위하여 행정청과 사이에 행정처분에 부가할 부담에 관한 협약을 체결하고 행정청이 수익적 행정처분을 하면서 협약상의 의무를 부담으로 부가하였으나 부담의 전제가 된 주된 행정처분의 근거법령이 개정됨으로써 행정청이 더 이상 부관을 붙일 수 없게 된 경우에도 곧바로 협약의 효력이 소멸하는 것은 아니다(대판 2009.2.12, 2005다65500).

④ [X] 행정처분에 부담인 부관을 붙인 경우 부관의 무효화에 의하여 본체인 행정처분 자체의 효력에도 영향이 있게 될 수는 있지만, 그 처분을 받은 사람이 부담의 이행으로 사법상 매매 등의 법률행위를 한 경우에는 그 부관은 특별한 사정이 없는 한 법률행위를 하게 된 동기 내지 연유로 작용하였을 뿐이므로 이는 법률행위의 취소 사유가 될 수 있음은 별론으로 하고 그 법률행위 자체를 당연히

무효화하는 것은 아니다. 또한 행정처분에 붙은 부담인 부관이 제소기간의 도과로 확정되어 이미 불가쟁력이 생겼다면 그 하자가 중대하고 명백하여 당연무효로 보아야 할 경우 외에는 누구나 그 효력을 부인할 수 없을 것이지만, 부담의 이행으로서 하게 된 사법상 매매 등의 법률행위는 부담을 붙인 행정처분과는 어디까지나 별개의 법률행위이므로 그 부담의 불가쟁력의 문제와는 별도로 법률행위가 사회질서 위반이나 강행규정에 위반되는지 여부 등을 따져보아 그 법률행위의 유효 여부를 판단하여야 한다(대판 2009.6.25, 2006다18174).

15 정답 ②

① [O] 정지조건은 행정행위의 효력을 조건성취 때까지 정지하는 부관이고, 해제조건은 조건이 성취되면 행정행위의 효력을 해제(소멸)시키는 부관이다.

❷ [X] 부담도 법령상으로는 조건으로 표현되는 경우가 많으므로, 위 주차공간확보가 조건인지 아니면 부담인지가 문제된다. 그러나 조건으로 보게 되면 당사자에게 불리하므로 부관이 부담인지 조건인지가 불분명할 때에는 부담으로 추정해야 한다.

③ [O] 어업면허처분을 함에 있어 그 면허의 유효기간을 1년으로 정한 경우, 위 면허의 유효기간은 행정청이 위 어업면허처분의 효력을 제한하기 위한 행정행위의 부관이라 할 것이고 이러한 행정행위의 부관은 독립하여 행정소송의 대상이 될 수 없는 것이므로 위 어업면허처분 중 그 면허유효기간만의 취소를 구하는 청구는 허용될 수 없다(대판 1986.8.19, 86누202).

④ [O] 일반적으로 행정처분에 효력기간이 정하여져 있는 경우에는 그 기간의 경과로 그 행정처분의 효력은 상실되며, 다만 허가에 붙은 기한이 그 허가된 사업의 성질상 부당하게 짧은 경우에는 이를 그 허가 자체의 존속기간이 아니라 그 허가조건의 존속기간으로 보아 그 기한이 도래함으로써 그 조건의 개정을 고려한다는 뜻으로 해석할 수 있지만, 이와 같이 당초에 붙은 기한을 허가 자체의 존속기간이 아니라 허가조건의 존속기간으로 보더라도 그 후 당초의 기한이 상당기간 연장되어 연장된 기간을 포함한 존속기간 전체를 기준으로 볼 경우 더 이상 허가된 사업의 성질상 부당하게 짧은 경우에 해당하지 않게 된 때에는 관계 법령의 규정에 따라 허가 여부의 재량권을 가진 행정청으로서는 그때에도 허가조건의 개정만을 고려하여야 하는 것은 아니고 재량권의 행사로서 더 이상의 기간연장을 불허가할 수도 있는 것이며, 이로써 허가의 효력은 상실된다(대판 2004.3.25, 2003두12837).

16 정답 ②

① [O] 「민법」상의 비영리(종교) 사단법인인 원고가 소외 자유건설 주식회사와 기본재산인 X부동산에 관하여 교환계약을 체결하고, 주무관청인 문화체육관광부장관으로부터 기본재산전환인가를 받아 X부동산에 관한 소유권이전등기를 경료해 주었고, 기본재산전환인가의 인가조건에 의하면 원고는 X부동산을 공정한 시가에 처분하되, 처분금은 전액 취득재산매입비 및 건축비용으로 사용할 것이며, 취득재산은 원고의 기본재산으로 편입하여 사업목적에 제공해야 하고, 이를 이행하지 않거나 신청서상 허위가 발견될 시에는 기본재산전환인가를 취소할 수 있도록 되어 있다. 그런데 위 기본재산전환인가의 인가조건으로 되어 있는 사유들은 모두 위 인가처분의 효력이 발생하여 기본재산처분행위가 유효하게 이루어진 이후에 비로소 이행할 수 있는 것들이고, 인가처분 당시에 그 처분에 그와 같은 흠이 존재하였던 것은 아니므로 인가처분의 철회사유에 해당한다고 보아야 하고, 인가처분을 함에 있어 위와 같은 철회사

유를 인가조건으로 부가하면서 비록 철회권 유보라고 명시하지 아니한 채 조건불이행 시 인가를 취소할 수 있다는 기재를 하였다 해도 위 인가조건의 전체적 의미는 인가처분에 대한 철회권을 유보한 것이라고 볼 것이다(대판 2003.5.30, 2003다6422).

❷ [X] 철회권 유보는 상대방의 의무이행을 강제하고 철회로 인한 상대방의 신뢰보호 위반 주장을 배제하는 기능을 한다.

③ [O] 철회권이 유보된 경우, 유보된 철회사유가 발생하였다고 하더라도 자유롭게 철회권을 행사할 수 있는 것은 아니다. 이 경우에도 철회권을 행사하려면 행정행위의 철회에 관한 일반적 요건이 충족되어야 한다.

④ [O] 공장건축허가를 부여하면서 근로자의 정기건강진단의무를 부과하는 것은 부담을 붙인 것이다.

17 정답 ②

① [O] 당사자에 대한 효과면에서 부담이 조건보다 상대방에게 유리하다. 따라서 부관이 부담인지 조건인지가 불분명할 때에는 부담으로 추정해야 한다.

❷ [X] 조건이 성취되어야 비로소 행정행위가 효력을 발생하는 정지조건부 행정행위와 달리, 부담부 행정행위는 부담에서 부과하고 있는 의무의 이행 여부와 관계없이 처음부터 효력을 발생한다.

③ [O] 법률효과의 일부배제란 법률이 예정하고 있는 효과의 일부를 행정청이 배제하는 행정행위의 부관을 말한다. 예컨대, 공유수면매립준공인가를 하면서 매립지 일부를 국가에 귀속시키는 처분을 하는 것(대판 1991.12.13, 90누8503 ; 대판 1993.10.8, 93누2032), 택시의 영업허가를 하면서 격일제운행을 하게 하는 것(이를 행정처분의 내용적 제한일 뿐 부관이 아니라는 견해도 있음), 도로의 점용허가를 하면서 야간에만 사용하도록 하는 것, 시장개설허가를 하면서 야간에만 영업하도록 하는 것 등이 이에 해당한다.

④ [O] 법률효과의 일부배제는 법령 자체가 인정하고 있는 법률효과의 일부를 행정청이 의사표시로써 배제하는 것으로 법령의 명시적인 근거를 요한다.

18 정답 ①

❶ [O] 주택재건축사업시행의 인가는 상대방에게 권리나 이익을 부여하는 효과를 가진 이른바 수익적 행정처분으로서 법령에 행정처분의 요건에 관하여 일의적으로 규정되어 있지 아니한 이상, 행정청의 재량행위에 속하므로, 처분청으로서는 법령상의 제한에 근거한 것이 아니라 하더라도 공익상 필요 등에 의하여 필요한 범위 내에서 여러 조건(부담)을 부과할 수 있다(대판 2007.7.12, 2007두6663).

② [X] 수익적 행정행위(행정처분)에 있어서는 법령에 특별한 근거규정이 없다고 하더라도 그 부관으로서 부담을 붙일 수 있으나, 그러한 부담은 비례의 원칙, 부당결부금지의 원칙에 위반되지 않아야만 적법하다(대판 1997.3.11, 96다49650).

③ [X] 기속행위나 기속적 재량행위에는 부관을 붙일 수 없고 가사 부관을 붙였다 하더라도 무효이다(대판 1995.6.13, 94다56883 ; 대판 2012.10.11, 2011두8277).

「행정기본법」제17조 【부관】① 행정청은 처분에 재량이 있는 경우에는 부관(조건, 기한, 부담, 철회권의 유보 등을 말한다)을 붙일 수 있다.
② 행정청은 처분에 재량이 없는 경우에는 법률에 근거가 있는 경우에 부관을 붙일 수 있다.

---

④ [X] 감독청은 이사회소집승인을 함에 있어서 회의의 목적사항을 정한 이사회의 소집 자체를 승인할 수 있을 뿐이고, 여기에 이사회를 소집할 시기·장소를 지정할 수는 없는 것이며, 가사 감독청이 소집승인을 하면서 일시·장소를 지정하였다 하더라도 그 <u>일시·장소의 지정은 아무런 구속력이 없는 무의미한 것에 지나지 않는다</u> 할 것이므로 그 소집승인은 그러한 일시·장소의 지정이 없는 소집승인으로서의 효력이 있을 뿐이다(대판 1988.4.27, 87누1106).

19
정답 ①

❶ [O] 감독청의 학교법인 이사회소집승인행위는 기속행위 내지 기속적 재량행위에 해당하므로, 여기에는 부관을 붙이지 못한다 할 것이며, 가사 부관을 붙였다 하더라도 이는 무효의 것으로서 당초부터 부관이 붙지 아니한 소집승인행위가 있었던 것으로 보아야 할 것이다(대판 1988.4.27, 87누1106).

② [X] 「식품위생법」상 영업허가는 성질상 일반적 금지의 해제에 불과하므로 허가권자는 허가신청이 법에서 정한 요건을 구비한 때에는 허가하여야 하는 기속행위이고(대판 2000.3.24, 97누12532), 일반적으로 기속행위에는 부관을 붙일 수 없고 가사 부관을 붙였다 하더라도 무효이다(대판 1995.6.13, 94다56883). 그러나 기속행위인 경우에도 법령에 명문의 규정이 있으면 부관을 붙일 수 있다. 따라서 「식품위생법」이 영업허가를 하는 때에 필요한 조건을 붙일 수 있다고 규정하고 있으므로, 위와 같은 조건을 붙일 수 있다.

③ [X] 행정처분과 부관 사이에 실제적 관련성이 있다고 볼 수 없는 경우 <u>공무원이 공법상의 제한을 회피할 목적으로 행정처분의 상대방과 사이에 사법상 계약을 체결하는 형식을 취하였다면 이는 법치행정의 원리에 반하는 것으로서 위법하다고 보지 않을 수 없다</u>(대판 2010.1.28, 2007도9331 ; 대판 2009.12.10, 2007다63966).

④ [X] 공무원이 인·허가 등 수익적 행정처분을 하면서 상대방에게 그 처분과 관련하여 이른바 부관으로서 부담을 붙일 수 있다 하더라도, 그러한 부담은 법치주의와 사유재산 존중, 조세법률주의 등 헌법의 기본원리에 비추어 비례의 원칙이나 부당결부금지의 원칙에 위배되지 않아야만 적법한 것인바, 행정처분과 부관 사이에 실제적 관련성이 있다고 볼 수 없는 경우 공무원이 위와 같은 공법상의 제한을 회피할 목적으로 행정처분의 상대방과 사이에 사법상 계약을 체결하는 형식을 취하였다면 이는 법치행정의 원리에 반하는 것으로서 위법하다고 보지 않을 수 없다(대판 2010.1.28, 2007도9331 ; 대판 2009.12.10, 2007다63966).

20
정답 ③

① [O] 「수산업법」 제15조에 의하여 어업의 면허 또는 허가에 붙이는 부관은 그 성질상 허가된 어업의 본질적 효력을 해하지 않는 한도의 것이어야 하고 허가된 어업의 내용 또는 효력 등에 대하여는 행정청이 임의로 제한 또는 조건을 붙일 수 없다고 보아야 할 것이며, 「수산업법 시행령」 제14조의4 제3항의 규정내용은 기선선망어업에는 그 어선규모의 대소를 가리지 않고 등선과 운반선을 갖출 수 있고, 또 갖추어야 하는 것이라고 해석되므로 기선선망어업의 허가를 하면서 운반선, 등선 등 부속선을 사용할 수 없도록 제한한 부관은 그 <u>어업허가의 목적 달성을 사실상 어렵게 하여 그 본질적 효력을 해하는 것</u>일 뿐만 아니라 위 시행령의 규정에도 어긋나는 것이며, 더욱이 어업조정이나 기타 공익상 필요하다고 인정되는 사정이 없는 이상 위법한 것이다(대판 1990.4.27, 89누6808).

② [O] 공무원이 인·허가 등 수익적 행정처분을 하면서 상대방에게 그 처분과 관련하여 이른바 부관으로서 부담을 붙일 수 있다 하더라

도, 그러한 부담은 법치주의와 사유재산 존중, 조세법률주의 등 헌법의 기본원리에 비추어 비례의 원칙이나 부당결부금지의 원칙에 위배되지 않아야만 적법한 것인바, 행정처분과 부관 사이에 실제적 관련성이 있다고 볼 수 없는 경우 공무원이 위와 같은 공법상의 제한을 회피할 목적으로 행정처분의 상대방과 사이에 사법상 계약을 체결하는 형식을 취하였다면 이는 법치행정의 원리에 반하는 것으로서 위법하다고 보지 않을 수 없다(대판 2010.1.28, 2007도9331 ; 대판 2009.12.10, 2007다63966).

❸ [X] 법률행위적 행정행위는 부관을 붙일 수 있는 것이 원칙이나, 신분설정행위에는 <u>부관을 붙일 수 없다.</u>

④ [O] 지방자치단체장이 도매시장법인의 대표이사에 대하여 위 지방자치단체장이 개설한 농수산물도매시장의 도매시장법인으로 다시 지정함에 있어서 그 지정조건으로 "지정기간 중이라도 개설자가 농수산물 유통정책의 방침에 따라 도매시장법인 이전 및 지정취소 또는 폐쇄 지시에도 일체 소송이나 손실보상을 청구할 수 없다."라는 부관을 붙였으나, 그중 부제소특약에 관한 부분은 당사자가 임의로 처분할 수 없는 공법상의 권리관계를 대상으로 하여 사인의 국가에 대한 공권인 소권을 당사자의 합의로 포기하는 것으로서 허용될 수 없다(대판 1998.8.21, 98두8919).

정답

01	④	02	②	03	①	04	③
05	③	06	①	07	④	08	①
09	③	10	②	11	②	12	①
13	①	14	③	15	①	16	④
17	③	18	③	19	②	20	②

01   정답 ④

① [X] 구 청소년보호법에 따른 청소년유해매체물 결정 및 고시처분은 당해 유해매체물의 소유자 등 특정인만을 대상으로 한 행정처분이 아니라 일반 불특정 다수인을 상대방으로 하여 일률적으로 표시의무, 포장의무, 청소년에 대한 판매·대여 등의 금지의무 등 각종 의무를 발생시키는 행정처분으로서, 정보통신윤리위원회가 특정 인터넷 웹사이트를 청소년유해매체물로 결정하고 청소년보호위원회가 효력발생시기를 명시하여 고시함으로써 그 명시된 시점에 효력이 발생하였다고 봄이 상당하고, 정보통신윤리위원회와 청소년보호위원회가 위 처분이 있었음을 위 웹사이트 운영자에게 제대로 통지하지 아니하였다고 하여 그 효력 자체가 발생하지 아니한 것으로 볼 수는 없다(대판 2007.6.14, 2004두619).

② [X] 상대방 있는 행정처분은 특별한 규정이 없는 한 의사표시에 관한 일반법리에 따라 상대방에게 고지되어야 효력이 발생하고, 상대방 있는 행정처분이 상대방에게 고지되지 아니한 경우에는 상대방이 다른 경로를 통해 행정처분의 내용을 알게 되었다고 하더라도 행정처분의 효력이 발생한다고 볼 수 없다(대판 2019.8.9, 2019두38656).

③ [X] 면허관청이 운전면허정지처분을 하면서 [별지 52호] 서식의 통지서에 의하여 면허정지사실을 통지하지 아니하거나 처분집행예정일 7일 전까지 이를 발송하지 아니한 경우에는 특별한 사정이 없는 한 위 관계 법령이 요구하는 절차·형식을 갖추지 아니한 조치로서 그 효력이 없고, 이와 같은 법리는 면허관청이 임의로 출석한 상대방의 편의를 위하여 구두로 면허정지사실을 알렸다고 하더라도 마찬가지이다(대판 1996.6.14, 95누17823).

❹ [○] 집합건물 중 일부 구분건물의 소유자가 관할 소방서장으로부터 소방시설 불량사항에 관한 시정·보완명령을 받고도 따르지 아니하였다는 내용으로 기소되었다 하더라도, 담당 소방공무원이 행정처분인 위 명령을 구술로 고지한 것은 「행정절차법」 제24조를 위반한 것으로 하자가 중대하고 명백하여 당연무효이고, 무효인 명령에 따른 의무위반이 생기지 아니하는 이상 피고인에게 명령 위반을 이유로 「소방시설 설치·유지 및 안전관리에 관한 법률」 제48조의2 제1호에 따른 행정형벌을 부과할 수 없다(대판 2011. 11.10, 2011도11109).

02   정답 ②

① [○] 중기조종사면허의 효력을 정지하는 처분이 그 상대방에게 고지되지 아니하였고, 상대방이 그 정지처분이 있다는 사실을 알지 못하고 굴삭기를 조종하였다면 이는 구 중기관리법의 조종면허에 관한 규정에 위반하는 조종을 하였다고 할 수 없을 것이고, 구 중기관리법에 「도로교통법 시행령」 제86조 제3항 제4호와 같은 운전면허의 취소·정지에 대한 통지에 관한 규정이 없다고 하여 중기조종사면허의 취소나 정지는 상대방에 대한 통지를 요하지 아니한다고 할 수 없고, 오히려 반대의 규정이 없다면 행정행위의 일반원칙에 따라 이를 상대방에게 고지하여야 효력이 발생한다고 볼 것이다(대판 1993.6.29, 93다10224).

❷ [X] 내용증명우편이나 등기우편과는 달리, 보통우편의 방법으로 발송되었다는 사실만으로는 그 우편물이 상당한 기간 내에 도달하였다고 추정할 수 없고, 송달의 효력을 주장하는 측에서 증거에 의하여 도달사실을 입증하여야 한다(대판 2009.12.10, 2007두20140 등).

③ [○] 납세고지서의 교부송달 및 우편송달에 있어서는 반드시 납세의무자 또는 그와 일정한 관계에 있는 사람의 현실적인 수령행위를 전제로 하고 있다고 보아야 하며, 납세자가 과세처분의 내용을 이미 알고 있는 경우에도 납세고지서의 송달이 불필요하다고 할 수는 없다(대판 2004.4.9, 2003두13908).

④ [○] 교부에 의한 송달은 수령확인서를 받고 문서를 교부함으로써 하며, 송달하는 장소에서 송달받을 자를 만나지 못한 경우에는 그 사무원·피용자 또는 동거인으로서 사리를 분별할 지능이 있는 사람에게 문서를 교부할 수 있다. 다만, 문서를 송달받을 자 또는 그 사무원 등이 정당한 사유 없이 송달받기를 거부하는 때에는 그 사실을 수령확인서에 적고, 문서를 송달할 장소에 놓아둘 수 있다(「행정절차법」 제14조 제2항).

03   정답 ①

❶ [X] ② [○] 정보통신망을 이용한 송달은 송달받을 자가 동의하는 경우에만 한다. 이 경우 송달받을 자는 송달받을 전자우편주소 등을 지정하여야 한다(「행정절차법」 제14조 제3항).

③ [○] ④ [○] 교부에 의한 송달은 수령확인서를 받고 문서를 교부함으로써 하며, 송달하는 장소에서 송달받을 자를 만나지 못한 경우에는 그 사무원·피용자 또는 동거인으로서 사리를 분별할 지능이 있는 사람에게 문서를 교부할 수 있다. 다만, 문서를 송달받을 자 또는 그 사무원 등이 정당한 사유 없이 송달받기를 거부하는 때에는 그 사실을 수령확인서에 적고, 문서를 송달할 장소에 놓아둘 수 있다(「행정절차법」 제14조 제2항).

04   정답 ③

① [○] ② [○]

> 「행정절차법」 제14조 【송달】 ④ 다음 각 호의 어느 하나에 해당하는 경우에는 송달받을 자가 알기 쉽도록 관보, 공보, 게시판, 일간신문 중 하나 이상에 공고하고 인터넷에도 공고(➡ 공시송달)하여야 한다.
> 1. 송달받을 자의 주소 등을 통상적인 방법으로 확인할 수 없는 경우
> 2. 송달이 불가능한 경우

❸ [X] 특정인에 대한 처분은 「행정절차법」이 적용되나 불특정 다수에 한하여 「행정 효율과 협업 촉진에 관한 규정」이 적용된다.

> **「행정 효율과 협업 촉진에 관한 규정」 제6조【문서의 성립 및 효력 발생】** ② 문서는 수신자에게 도달(전자문서의 경우는 수신자가 관리하거나 지정한 전자적 시스템 등에 입력되는 것을 말한다)됨으로써 효력을 발생한다.
> ③ 제2항에도 불구하고 공고문서(고시·공고 등 행정기관이 일정한 사항을 일반에게 알리는 문서)는 그 문서에서 효력발생시기를 구체적으로 밝히고 있지 않으면 그 고시 또는 공고 등이 있은 날부터 5일이 경과한 때에 효력이 발생한다.

④ [O] 행정처분에 그 효력기간이 정하여져 있는 경우, 그 처분의 효력 또는 집행이 정지된 바 없다면 위 기간의 경과로 그 행정처분의 효력은 상실되므로 그 기간 경과 후에는 그 처분이 외형상 잔존함으로 인하여 어떠한 법률상 이익이 침해되고 있다고 볼 만한 별다른 사정이 없는 한 그 처분의 취소를 구할 법률상의 이익이 없다(대판 2004.7.8, 2002두1946).

05
정답 ③

① [X] 민사소송에 있어서 어느 행정처분의 당연무효 여부가 선결문제로 되는 때에는 이를 판단하여 당연무효임을 전제로 판결할 수 있고, 반드시 행정소송 등의 절차에 의하여 그 취소나 무효확인을 받아야 하는 것은 아니다(대판 2010.4.8, 2009다90092).

② [X] 처분 등의 효력 유무 또는 존재 여부가 민사소송의 선결문제로 되어 당해 민사소송의 수소법원이 이를 심리·판단하는 경우에는 제17조(행정청의 소송참가), 제25조(행정심판기록의 제출명령), 제26조(직권심리) 및 제33조(소송비용에 관한 재판의 효력)의 규정을 준용한다. 이 경우 당해 수소법원은 그 처분 등을 행한 행정청에게 그 선결문제로 된 사실을 통지하여야 한다(「행정소송법」 제11조 제1항·제2항). 즉, 처분 등의 위법 여부가 민사소송의 선결문제로 되는 경우에 대해서는 「행정소송법」에 규정되어 있지 않다.

❸ [O] 「행정소송법」 제10조는 처분의 취소를 구하는 취소소송에 당해 처분과 관련되는 부당이득반환소송을 관련 청구로 병합할 수 있다고 규정하고 있는바, 이 조항을 둔 취지에 비추어 보면 취소소송에 병합할 수 있는 당해 처분과 관련되는 부당이득반환소송에는 당해 처분의 취소를 선결문제로 하는 부당이득반환청구가 포함되고, 이러한 부당이득반환청구가 인용되기 위해서는 그 소송절차에서 판결에 의해 당해 처분이 취소되면 충분하고 그 처분의 취소가 확정되어야 하는 것은 아니라고 보아야 한다(대판 2009.4.9, 2008두23153).

④ [X] 구 도시계획법에 정한 처분이나 조치명령을 받은 자가 이에 위반한 경우 이로 인하여 동법 제92조에 정한 처벌을 하기 위하여는 그 처분이나 조치명령이 적법한 것이라야 하고, 그 처분이 당연무효가 아니라 하더라도 그것이 위법한 처분으로 인정되는 한 같은 법 제92조 위반죄가 성립될 수 없다(대판 1992.8.18, 90도1709 ; 대판 2008.2.29, 2006도7689 등).

06
정답 ①

❶ [X] 공정력의 정의로서 옳다.

> **「행정기본법」 제15조【처분의 효력】** 처분은 권한이 있는 기관이 취소 또는 철회하거나 기간의 경과 등으로 소멸되기 전까지는 유효한 것으로 통용된다. 다만, 무효인 처분은 처음부터 그 효력이 발생하지 아니한다.

② [O] 연령미달의 결격자인 피고인이 그의 형의 이름으로 운전면허시험에 응시, 합격하여 교부받은 운전면허는 비록 위법하다 하더라도 당연무효는 아니고 「도로교통법」 제152조 제3호의 '거짓이나 그 밖의 부정한 수단으로 운전면허를 받은 경우'에 해당함에 불과하여 취소되지 않는 한 그 효력이 있는 것이라 할 것이므로 피고인의 운전행위는 무면허운전에 해당하지 아니한다(대판 1982.6.8, 80도2646).

③ [O] 「지방공무원법」 제29조의3은 "지방자치단체의 장은 다른 지방자치단체의 장의 동의를 얻어 그 소속 공무원을 전입할 수 있다."라고 규정하고 있는바, 위 규정에 의하여 동의를 한 지방자치단체의 장이 소속 공무원을 전출하는 것은 임명권자를 달리하는 지방자치단체로의 이동인 점에 비추어 반드시 당해 공무원 본인의 동의를 전제로 하는 것이고, 위 법규정도 본인의 동의를 배제하는 취지의 규정은 아니어서 위헌·무효의 규정은 아니다. 그러나 당해 공무원의 동의 없는 「지방공무원법」 제29조의3의 규정에 의한 전출명령은 위법하여 취소되어야 하므로, 그 전출명령이 적법함을 전제로 내린 감봉 3월의 징계처분은 그 전출명령이 공정력에 의하여 취소되기 전까지는 유효하다고 하더라도 징계양정에 있어 재량권을 일탈하여 위법하다고 할 것이다(대판 2001.12.11, 99두1823).

④ [O] 위법한 행정대집행이 완료되면 계고처분 또는 행정대집행영장에 의한 통지와 같은 행정처분의 무효확인 또는 취소를 구할 소의 이익은 없다 하더라도, 미리 그 행정처분의 취소판결이 있어야만 그 행정처분의 위법임을 이유로 한 손해배상청구를 할 수 있는 것은 아니다(대판 1972.4.28, 72다337).

07
정답 ④

① [X] 행정처분에 붙인 부담인 부관이 제소기간 도과로 불가쟁이 생긴 경우에도 그 부담의 이행으로 한 사법상 법률행위의 효력을 다툴 수 있다. 즉, 행정처분에 붙은 부담인 부관이 제소기간의 도과로 확정되어 이미 불가쟁력이 생겼다면 그 하자가 중대하고 명백하여 당연무효로 보아야 할 경우 외에는 누구나 그 효력을 부인할 수 없을 것이지만, 부담의 이행으로서 하게 된 사법상 매매 등의 법률행위는 부담을 붙인 행정처분과는 어디까지나 별개의 법률행위이므로 그 부담의 불가쟁력의 문제와는 별도로 법률행위가 사회질서 위반이나 강행규정에 위반되는지 여부 등을 따져보아 그 법률행위의 유효 여부를 판단하여야 한다(대판 2009.6.25, 2006다18174).

② [X] ③ [X] 제소기간이 이미 도과하여 불가쟁력이 생긴 행정처분에 대하여는 개별 법규에서 그 변경을 요구할 신청권을 규정하고 있거나 관계 법령의 해석상 그러한 신청권이 인정될 수 있는 등 특별한 사정이 없는 한 국민에게 그 행정처분의 변경을 구할 신청권이 있다 할 수 없다(대판 2007.4.26, 2005두11104 ; 대판 2017.2.9, 2014두43264). 이러한 신청권이 없음에도 이루어진 국민의 신청을 행정청이 받아들이지 아니한 경우 거부로 인하여 신청인의 권리나 법적 이익에 어떤 영향을 미친다고 볼 수 없으므로 이를 항고소송의 대상이 되는 행정처분이라 할 수 없다(대판 2016.7.14, 2014두47426).

❹ [O] 일반적으로 행정처분이나 행정심판 재결이 불복기간의 경과로 확정될 경우 그 확정력은, 처분으로 법률상 이익을 침해받은 자가 당해 처분이나 재결의 효력을 더 이상 다툴 수 없다는 의미일 뿐, 더 나아가 판결과 같은 기판력이 인정되는 것은 아니어서 그 처분의 기초가 된 사실관계나 법률적 판단이 확정되고 당사자들이나 법원이 이에 기속되어 모순되는 주장이나 판단을 할 수 없게 되는 것은 아니다(대판 2008.7.24, 2006두20808).

❶ [X] 종전의 산업재해요양보상급여취소처분이 불복기간의 경과로 인하여 확정되었더라도 요양급여청구권이 없다는 내용의 법률관계까지 확정된 것은 아니며 소멸시효에 걸리지 아니한 이상 다시 요양급여를 청구할 수 있고 그것이 거부된 경우 이는 새로운 거부처분으로서 위법 여부를 소구할 수 있다(대판 1993.4.13, 92누17181).

② [O] 환경영향평가를 거쳐야 할 대상사업에 대하여 환경영향평가를 거치지 아니하였음에도 불구하고 승인 등 처분이 이루어진 경우, 그 처분은 당연무효이다(대판 2006.6.30, 2005두14363). 그런데 무효인 행정행위에는 행정행위의 불가쟁력이 인정되지 않는다.

③ [O] 불가쟁력은 모든 행정행위에 인정되나, 불가변력은 행정심판의 재결·징계처분결정과 같은 준사법적 행정행위와 국가시험자격자결정·당선인결정과 같은 확인행위와 같은 일부 행정행위에만 인정되는 실체법적 효력을 말한다.

④ [O] 과세관청이 과세처분에 대한 이의신청절차에서 납세자의 이의신청사유가 옳다고 인정하여 과세처분을 직권으로 취소한 경우, 납세자가 허위의 자료를 제출하는 등 부정한 방법에 기초하여 직권취소되었다는 등의 특별한 사유가 없는데도 이를 번복하고 종전과 동일한 과세처분을 하는 것은 위법하다(대판 2017.3.9, 2016두56790 ; 대판 2019.1.31, 2017두75873). 즉, 과세처분에 대한 이의신청에 따른 직권취소에도 특별한 사유가 없는 한 불가변력이 인정된다.

① [O] 공물에 대하여 점용·사용 허가 등을 받아 적법하게 사용하는 경우에는 사용료 부과처분을, 허가를 받지 않고 무단으로 사용하는 경우에는 변상금 부과처분을 하는 것이 적법하다. 그러나 적법한 사용이든 무단사용이든 그 공물의 점용·사용으로 인한 대가를 부과할 수 있다는 점은 공통된 것이고, 적법한 사용인지 무단사용인지의 여부에 관한 판단은 사용관계에 관한 사실인정과 법적 판단을 수반하는 것으로 반드시 명료하다고 할 수 없으므로, 그러한 판단을 그르쳐 변상금 부과처분을 할 것을 사용료 부과처분을 하거나 반대로 사용료 부과처분을 할 것을 변상금 부과처분을 하였다고 하여 그와 같은 부과처분의 하자를 중대한 하자라고 할 수는 없다(대판 2013.4.26, 2012두20663).

② [O] 행정처분 자체의 효력이 쟁송기간 경과 후에도 존속 중인 경우, 특히 그 처분이 위헌법률에 근거하여 내려진 것이고 그 행정처분의 목적달성을 위하여서는 후행 행정처분이 필요한데 후행 행정처분은 아직 이루어지지 않은 경우와 같이 그 행정처분을 무효로 하더라도 법적 안정성을 크게 해치지 않는 반면에 그 하자가 중대하여 그 구제가 필요한 경우에 대하여서는 그 예외를 인정하여 이를 당연무효사유로 보아서 쟁송기간 경과 후에라도 무효확인을 구할 수 있는 것이라고 봐야 할 것이다(헌재 2014.1.28, 2011헌바38 ; 헌재 2001.9.27, 2001헌바38 등).

❸ [X] 하자 있는 행정처분이 당연무효가 되기 위하여는 그 하자가 법규의 중요한 부분을 위반한 중대한 것으로서 객관적으로 명백한 것이어야 하며, 하자가 중대하고 명백한 것인지 여부를 판별함에 있어서는 그 법규의 목적, 의미, 기능 등을 목적론적으로 고찰함과 동시에 구체적 사안 자체의 특수성에 관하여도 합리적으로 고찰함을 요한다(대판 전합체 다수의견 1995.7.11, 94누4615). 즉, 판례의 주류적 입장은 중대명백설의 입장에 있다. ➡ 위 지문은 명백성보충요건설을 취한 소수의 반대의견이다. 즉, 행정행위의 무효사유를 판단하는 기준으로서의 명백성은 행정처분의 법적 안정성 확보를 통하여 행정의 원활한 수행을 도모하는 한편 그 행정처분

을 유효한 것으로 믿은 제3자나 공공의 신뢰를 보호하여야 할 필요가 있는 경우에 보충적으로 요구되는 것으로서, 그와 같은 필요가 없거나 하자가 워낙 중대하여 그와 같은 필요에 비하여 처분상대방의 권익을 구제하고 위법한 결과를 시정할 필요가 훨씬 더 큰 경우라면 그 하자가 명백하지 않더라도 그와 같이 중대한 하자를 가진 행정처분은 당연무효라고 보아야 한다(대판 전합체 소수의견 1995.7.11, 94누4615).

④ [O] 명백성보충요건설은 하자의 중대성만으로도 행정행위가 무효로 되나, 제3자나 공공의 신뢰보호의 필요가 있는 경우에는 하자의 중대성 외에 명백성도 무효의 요건이 된다는 견해이다.

① [X] 행정권한의 위임은 위임관청이 법률에 따라 특정한 권한을 수임관청에 이전하는 권한에 대한 법적 귀속의 변경임에 대하여, 그 내부위임은 행정관청의 내부적인 사무처리의 편의를 도모하기 위하여 그 보조기관 또는 하급행정관청으로 하여금 그 권한을 사실상 행하게 하는 데 그치는 것이므로 권한의 위임의 경우에는 수임자가 자기의 명의로 그 권한을 행사할 수 있다 할 것이나 내부위임의 경우에는 수임자는 위임관청의 명의로 이를 할 수 있을 뿐이지 자기의 명의로는 할 수 없다고 할 것이다. 따라서 군수가 도지사로부터 내부위임받은 행위를 자기의 이름으로 처리한 경우에는 권한 없는 자에 의하여 행하여진 위법·무효의 것이다(대판 1986.12.9, 86누569 ; 대판 1987.5.26, 86누757 등).

❷ [O] 전결과 같은 행정권한의 내부위임은 법령상 처분권자인 행정관청이 내부적인 사무처리의 편의를 도모하기 위하여 그의 보조기관 또는 하급행정관청으로 하여금 그의 권한을 사실상 행사하게 하는 것으로서 법률이 위임을 허용하지 않는 경우에도 인정되는 것이므로, 설사 행정관청 내부의 사무처리규정에 불과한 전결규정에 위반하여 원래의 전결권자 아닌 보조기관 등이 처분권자인 행정관청의 이름으로 행정처분을 하였다고 하더라도 그 처분이 권한 없는 자에 의하여 행하여진 무효의 처분이라고는 할 수 없다(대판 1998.2.27, 97누1105).

③ [X] 임용 당시 공무원임용결격사유가 있었다면 비록 국가(임용권자)의 과실에 의하여 임용결격자임을 밝혀내지 못하였다 하더라도 그 임용행위는 당연무효로 보아야 한다(대판 1987.4.14, 86누459 ; 대판 2005.7.28, 2003두469).

④ [X] 국가사무로서 지방자치단체의 장에게 위임된 이른바 기관위임사무를 시·도지사가 지방자치단체의 '조례'에 의하여 이를 구청장 등에게 재위임할 수는 없고 「행정권한의 위임 및 위탁에 관한 규정」 제4조에 의하여 위임기관의 장의 승인을 얻은 후 지방자치단체의 장이 제정한 '규칙'이 정하는 바에 따라 재위임하는 것만이 가능하다(대판 전합체 1995.7.11, 94누4615).

① [X] 환경영향평가법령에서 정한 환경영향평가를 거쳐야 할 대상사업에 대하여 그러한 환경영향평가를 거치지 아니하였음에도 승인 등 처분을 하였다면 그 처분은 위법하다 할 것이나, 그러한 절차를 거쳤다면, 비록 그 환경영향평가의 내용이 다소 부실하다 하더라도, 그 부실의 정도가 환경영향평가제도를 둔 입법취지를 달성할 수 없을 정도이어서 환경영향평가를 하지 아니한 것과 다를 바 없는 정도의 것이 아닌 이상, 그 부실은 당해 승인 등 처분에 재량권 일탈·남용의 위법이 있는지 여부를 판단하는 하나의 요소로 됨에 그칠 뿐, 그 부실로 인하여 당연히 당해 승인 등 처분이 위법하게 되는 것이 아니다(대판 전합체 2006.3.16, 2006두330).

❷ [O] 환지처분이 일단 확정되어 효력을 발생한 후에는 이를 소급하여 시정하는 뜻의 환지변경처분이란 있을 수 없고, 그러한 환지변경의 필요가 있을 때에는 환지절차를 새로이 밟아야 하며 이를 밟지 아니하고 한 환지변경처분은 위법하다 할 것인바, 그와 같은 위법은 환지절차의 본질을 해한 것으로서 그 흠은 중대하고 명백하여 행정처분의 무효사유에 해당한다(대판 1992.11.10, 91누8227 ; 대판 1998.2.13, 97다49459).

③ [X] 교통영향평가는 환경영향평가와 그 취지 및 내용, 대상사업의 범위, 사전 주민의견수렴절차 생략 여부 등에 차이가 있고 그 후 교통영향평가가 교통영향분석·개선대책으로 대체된 점, 행정청은 교통영향평가를 배제한 것이 아니라 '건축허가 전까지 교통영향평가 심의필증을 교부받을 것'을 부관으로 하여 실시계획변경 및 공사시행변경 인가처분을 한 점 등에 비추어, 행정청이 사전에 교통영향평가를 거치지 아니한 채 위와 같은 부관을 붙여서 한 위 처분에 중대하고 명백한 흠이 있다고 할 수 없으므로 이를 무효로 보기는 어렵다고 할 것이다(대판 2010.2.25, 2009두102).

④ [X] 「국세기본법」 및 「국세기본법 시행령」이 과세전적부심사를 거치지 않고 곧바로 과세처분을 할 수 있거나 과세전적부심사에 대한 결정이 있기 전이라도 과세처분을 할 수 있는 예외사유로 정하고 있다는 등의 특별한 사정이 없는 한, 과세예고 통지 후 과세전적부심사청구나 그에 대한 결정이 있기도 전에 과세처분을 하는 것은 원칙적으로 과세전적부심사 이후에 이루어져야 하는 과세처분을 그보다 앞서 함으로써 과세전적부심사제도 자체를 형해화시킬 뿐만 아니라 과세전적부심사결정과 과세처분 사이의 관계 및 불복절차를 불분명하게 할 우려가 있으므로, 그와 같은 과세처분은 납세자의 절차적 권리를 침해하는 것으로서 절차상 하자가 중대하고도 명백하여 무효이다(대판 2016.12.27, 2016두49228).

12 정답 ①

❶ [X] 행정청이 구 학교보건법 소정의 학교환경위생정화구역 내에서 금지행위 및 시설의 해제 여부에 관한 행정처분을 함에 있어 학교환경위생정화위원회의 심의를 거치도록 한 취지는 그에 관한 전문가 내지 이해관계인의 의견과 주민의 의사를 행정청의 의사결정에 반영함으로써 공익에 가장 부합하는 민주적 의사를 도출하고 행정처분의 공정성과 투명성을 확보하려는 데 있고, 나아가 그 심의의 요구가 법률에 근거하고 있을 뿐 아니라 심의에 따른 의결내용도 단순히 절차의 형식에 관련된 사항에 그치지 않고 금지행위 및 시설의 해제 여부에 관한 행정처분에 영향을 미칠 수 있는 사항에 관한 것임을 종합해 보면, 금지행위 및 시설의 해제 여부에 관한 행정처분을 하면서 절차상 위와 같은 심의를 누락한 흠이 있다면 그와 같은 흠을 가리켜 위 행정처분의 효력에 아무런 영향을 주지 않는다거나 경미한 정도에 불과하다고 볼 수는 없으므로, 특별한 사정이 없는 한 이는 행정처분을 위법하게 하는 취소사유가 된다(대판 2007.3.15, 2006두15806).

② [O] 행정행위 중 당사자의 신청에 의하여 인허가 또는 면허 등 이익을 주거나 그 신청을 거부하는 처분을 하는 것을 내용으로 하는 이른바 신청에 의한 처분의 경우에는 신청에 대하여 일단 거부처분이 행해지면 그 거부처분이 적법한 절차에 의하여 취소되지 않는 한, 사유를 추가하여 거부처분을 반복하는 것은 존재하지도 않는 신청에 대한 거부처분으로서 당연무효이다(대판 1999.12.28, 98두1895).

③ [O] 학교법인의 감독청인 피고(부산시교육위원회)의 학교법인 기본재산교환허가처분은 학교법인의 이사장이 교환허가신청을 함에 있어서 이사회의 승인의결을 받음이 없이 이사회회의록 사본을 위조하여 첨부한 교환허가신청서에 의한 것인바, 피고의 위 허가처분은 중대하고 명백한 하자가 있어 당연무효라 할 것이고 위 학교법

인 이사회가 위 교환을 추인·재추인하는 의결을 한 사실만으로써 무효인 허가처분의 하자가 치유된다고 볼 수 없다(대판 전합체 1984.2.28, 81누275).

④ [O] 과세처분에 관한 납세고지서의 송달이 「국세기본법」 제8조 제1항의 규정에 위배되는 부적법한 것으로서 송달의 효력이 발생하지 아니하는 이상, 그 과세처분은 무효이다(대판 1995.8.22, 95누3909).

13 정답 ①

❶ [X] 단속 경찰관이 자신의 명의로 운전면허행정처분통지서를 작성·교부하여 행한 운전면허정지처분은 비록 그 처분의 내용·사유·근거 등이 기재된 서면을 교부하는 방식으로 행하여졌다고 하더라도 권한 없는 자에 의하여 행하여진 점에서 무효의 처분에 해당한다(대판 1997.5.16, 97누2313).

② [O] 「지방공무원법」 제30조의2 제2항의 입법취지는 시·도지사에게 관할구역 내 지방자치단체 상호간의 균형 있는 인력배치와 지방자치단체의 행정발전 등을 도모할 수 있도록 하기 위하여 인사교류를 권고할 수 있는 권한을 부여하는 한편 그 권한의 적정한 행사를 보장하기 위하여 인사교류협의회에서 정한 인사교류기준에 따라 작성된 인사교류안에 따르도록 한 것이므로, 이러한 일련의 절차는 위 조항에 의한 인사교류를 함에 있어서 본질적인 것으로서 중대하다고 할 것인바, 도지사의 인사교류안의 작성과 그에 따른 인사교류의 권고가 전혀 이루어지지 않은 상태에서 행하여진 관할구역 내 시장의 인사교류에 관한 처분은 그 하자가 중대한 것으로서 객관적으로 명백하여 당연무효라 할 것이다(대판 2005.6.24, 2004두10968).

③ [O] 구 폐기물처리시설 설치 촉진 및 주변지역 지원 등에 관한 법률에 정한 입지선정위원회가 그 구성방법 및 절차에 관한 같은 법 시행령의 규정에 위배하여 군수와 주민대표가 선정·추천한 전문가를 포함시키지 않은 채 임의로 구성되어 의결을 한 경우, 그에 터 잡아 이루어진 폐기물처리시설 입지결정처분의 하자는 중대한 것이고 객관적으로도 명백하므로 무효사유에 해당한다(대판 2007.4.12, 2006두20150).

④ [O] 체납처분으로서 압류의 요건을 규정한 「국세징수법」 제24조 각 항의 규정을 보면 어느 경우에나 압류의 대상을 납세자의 재산에 국한하고 있으므로, 납세자가 아닌 제3자의 재산을 대상으로 한 압류처분은 그 처분의 내용이 법률상 실현될 수 없는 것이어서 당연무효이다(대판 2012.4.12, 2010두4612 ; 대판 2013.1.24, 2010두27998 등).

14 정답 ③

① [X] 일반적으로 법률이 헌법에 위반된다는 사정이 헌법재판소의 위헌결정이 있기 전에는 객관적으로 명백한 것이라고 할 수는 없으므로 헌법재판소의 위헌결정 전에 행정처분의 근거되는 당해 법률이 헌법에 위반된다는 사유는 특별한 사정이 없는 한 그 행정처분의 취소소송의 전제가 될 수 있을 뿐 당연무효사유는 아니라고 봄이 상당하다(대판 2014.3.27, 2011두24057 등).

② [X] 기각하여야 한다(대판 1994.10.28, 92누9463).

❸ [O] 위헌법률에 기한 행정처분의 집행이나 집행력을 유지하기 위한 행위는 위헌결정의 기속력에 위반되어 허용되지 않는다고 보아야 할 것인데, 그 규정 이외에는 체납부담금을 강제로 징수할 수 있는 다른 법률적 근거가 없으므로, 그 위헌결정 이전에 이미 부담금 부과처분과 압류처분 및 이에 기한 압류등기가 이루어지고 위의 각 처

분이 확정되었다고 하여도, 위헌결정 이후에는 별도의 행정처분인 매각처분, 분배처분 등 후속 체납처분절차를 진행할 수 없는 것은 물론이고, 특별한 사정이 없는 한 기존의 압류등기나 교부청구만으로는 다른 사람에 의하여 개시된 경매절차에서 배당을 받을 수도 없다(대판 2002.8.23, 2001두2959).

④ [X] 일반적으로 법률이 헌법에 위반된다는 사정은 헌법재판소의 위헌결정이 있기 전에는 객관적으로 명백한 것이라고 할 수는 없으므로 헌법재판소의 위헌결정 전에 행정처분의 근거되는 당해 법률이 헌법에 위반된다는 사유는 특별한 사정이 없는 한 그 행정처분의 <u>취소소송의 전제가 될 수 있을 뿐 당연무효사유는 아니다</u>(대판 2002.11.8, 2001두3181 ; 헌재 2010.2.25, 2007헌바131 등).

15 정답 ①

❶ [O] 위헌법률에 기한 행정처분의 집행이나 집행력을 유지하기 위한 행위는 위헌결정의 기속력에 위반되어 허용되지 않는다고 보아야 할 것인데, 그 규정 이외에는 체납부담금을 강제로 징수할 수 있는 다른 법률적 근거가 없으므로, 그 위헌결정 이전에 이미 부담금 부과처분과 압류처분 및 이에 기한 압류등기가 이루어지고 위의 각 처분이 확정되었다고 하여도, 위헌결정 이후에는 별도의 행정처분인 매각처분, 분배처분 등 후속 체납처분절차를 진행할 수 없는 것은 물론이고, 특별한 사정이 없는 한 기존의 압류등기나 교부청구만으로는 다른 사람에 의하여 개시된 경매절차에서 배당을 받을 수도 없다(대판 2002.8.23, 2001두2959).

② [X] 법률에 근거하여 행정처분이 발하여진 후에 헌법재판소가 그 행정처분의 근거가 된 법률을 위헌으로 결정하였다면 결과적으로 위 <u>행정처분은 법률의 근거가 없이 행하여진 것과 마찬가지가 되어 하자가 있는 것이 된다고 할 것이다.</u> 그러나 일반적으로 법률이 헌법에 위반된다는 사정이 헌법재판소의 위헌결정이 있기 전에는 객관적으로 명백한 것이라고 할 수는 없으므로 헌법재판소의 위헌결정 전에 행정처분의 근거되는 당해 법률이 헌법에 위반된다는 사유는 특별한 사정이 없는 한 그 행정처분의 취소소송의 전제가 될 수 있을 뿐 당연무효사유는 아니라고 봄이 상당하다(대판 2014.3.27, 2011두24057 ; 대판 2013.10.31, 2012두17803).

③ [X] 일반적으로 법률이 헌법에 위반된다는 사정은 헌법재판소의 위헌결정이 있기 전에는 객관적으로 명백한 것이라고 할 수 없으므로, 법률이 헌법에 위반되는지 여부를 심사할 권한이 없는 공무원으로서는 그 법률을 적용할 수밖에 없는 것이고, 따라서 법률에 근거한 행정처분이 사후에 그 처분의 근거가 되는 법률에 대한 헌법재판소의 위헌결정으로 결과적으로 위법하게 집행된 처분이 될지라도, 이에 이르는 과정에 있어서 <u>공무원의 고의 또는 과실을 인정할 수는 없다고 할 것이다.</u>

④ [X] 법률에 근거하여 행정처분이 발하여진 후에 헌법재판소가 그 행정처분의 근거가 된 법률을 위헌으로 결정하였다면 결과적으로 위 행정처분은 법률의 근거가 없이 행하여진 것과 마찬가지가 되어 하자가 있는 것이 된다고 할 것이다. 그러나 하자 있는 행정처분이 당연무효가 되기 위하여는 그 하자가 중대할 뿐만 아니라 명백한 것이어야 하는데, 일반적으로 법률이 헌법에 위반된다는 사정이 헌법재판소의 위헌결정이 있기 전에는 객관적으로 명백한 것이라고 할 수는 없으므로 헌법재판소의 위헌결정 전에 행정처분의 근거되는 당해 법률이 헌법에 위반된다는 사유는 특별한 사정이 없는 한 그 행정처분의 취소소송의 전제가 될 수 있을 뿐 당연무효사유는 아니라고 봄이 상당하다. 그리고 이처럼 위헌인 법률에 근거한 행정처분이 당연무효인지의 여부는 위헌결정의 소급효와는 별개의 문제로서, 위헌결정의 소급효가 인정된다고 하여 위헌인 법률에 근거한 행정처분이 당연무효가 된다고는 할 수 없고 오히려 <u>이미 취소소송의 제기기간을 경과하여 확정력이 발생한 행정처분</u>

<u>에는 위헌결정의 소급효가 미치지 않는다고 보아야 할 것이다</u>(대판 2014.3.27, 2011두24057). 따라서 과세처분에 불가쟁력이 발생한 후 과세처분의 근거법률에 대한 위헌결정이 있었다 해도 이미 납부한 세금의 반환청구는 허용되지 않는다.

16 정답 ④

① [O] 취득세는 신고납세방식의 조세로서 이러한 유형의 조세에 있어서는 원칙적으로 납세의무자가 스스로 과세표준과 세액을 정하여 신고하는 행위에 의하여 납세의무가 구체적으로 확정되고, 그 납부행위는 신고에 의하여 확정된 구체적 납세의무의 이행으로 하는 것이며 국가나 지방자치단체는 그와 같이 확정된 조세채권에 기하여 납부된 세액을 보유하므로, 납세의무자의 신고행위가 중대하고 명백한 하자로 인하여 당연무효로 되지 아니하는 한 그것이 바로 부당이득에 해당한다고 할 수 없고, 여기에서 신고행위의 하자가 중대하고 명백하여 당연무효에 해당하는지의 여부에 대하여는 신고행위의 근거가 되는 법규의 목적, 의미, 기능 및 하자 있는 신고행위에 대한 법적 구제수단 등을 목적론적으로 고찰함과 동시에 신고행위에 이르게 된 구체적 사정을 개별적으로 파악하여 합리적으로 판단하여야 한다(대판 2009.4.23, 2009다5001 ; 대판 2006. 1.13, 2004다64340 등).

② [O] 법률에 근거하여 행정처분이 발하여진 후에 헌법재판소가 그 행정처분의 근거가 된 법률을 위헌으로 결정하였다면 결과적으로 위 행정처분은 법률의 근거가 없이 행하여진 것과 마찬가지가 되어 하자가 있는 것이 된다고 할 것이다. 그러나 하자 있는 행정처분이 당연무효가 되기 위하여는 그 하자가 중대할 뿐만 아니라 명백한 것이어야 하는데, 일반적으로 법률이 헌법에 위반된다는 사정이 헌법재판소의 위헌결정이 있기 전에는 객관적으로 명백한 것이라고 할 수는 없으므로 헌법재판소의 위헌결정 전에 행정처분의 근거되는 당해 법률이 헌법에 위반된다는 사유는 특별한 사정이 없는 한 그 행정처분의 취소소송의 전제가 될 수 있을 뿐 당연무효사유는 아니라고 봄이 상당하다. 그리고 이처럼 위헌인 법률에 근거한 행정처분이 당연무효인지의 여부는 위헌결정의 소급효와는 별개의 문제로서, 위헌결정의 소급효가 인정된다고 하여 위헌인 법률에 근거한 행정처분이 당연무효가 된다고는 할 수 없고 오히려 이미 취소소송의 제기기간을 경과하여 확정력이 발생한 행정처분에는 위헌결정의 소급효가 미치지 않는다고 보아야 할 것이다(대판 2014.3.27, 2011두24057). 따라서 과세처분에 불가쟁력이 발생한 후 과세처분의 근거법률에 대한 위헌결정이 있었다 해도 이미 납부한 세금의 반환청구는 허용되지 않는다.

③ [O] 「헌법재판소법」 제47조 제1항은 "법률의 위헌결정은 법원 기타 국가기관 및 지방자치단체를 기속한다."라고 규정하고, 같은 법 제75조 제1항은 "헌법소원의 인용결정은 모든 국가기관과 지방자치단체를 기속한다."라고 규정하고 있는바, 위 각 규정에 의하여 모든 국가기관은 헌법재판소의 위헌결정에 따라 장래에 어떤 처분을 행할 때 위헌결정을 존중하여야 할 뿐 아니라 위헌결정된 당해 심판대상은 물론 동일한 사정하에서 동일한 이유에 근거한 동일 내용의 공권력 행사(또는 불행사)를 하여서는 아니 되는 의무를 부과받고 있다(대판 2003.9.2, 2003다14348). 따라서 위헌결정 후 위헌인 법률에 근거한 처분행위는 법률의 근거 없이 행하여진 것으로서 그 하자가 중대하고도 명백(위헌결정이 있었으므로)하여 당연무효이다(대판 2002.6.28, 2001두1925).

❹ [X] 구 헌법재판소법(2011.4.5. 법률 제10546호로 개정되기 전의 것) 제47조 제1항은 "법률의 위헌결정은 법원 기타 국가기관 및 지방자치단체를 기속한다."라고 규정하고 있는데, 이러한 위헌결정의 기속력과 헌법을 최고규범으로 하는 법질서의 체계적 요청에 비추어 국가기관 및 지방자치단체는 위헌으로 선언된 법률규정에

근거하여 새로운 행정처분을 할 수 없음은 물론이고, 위헌결정 전에 이미 형성된 법률관계에 기한 후속처분이라도 그것이 새로운 위헌적 법률관계를 생성·확대하는 경우라면 이를 허용할 수 없다. 따라서 조세부과의 근거가 되었던 법률규정이 위헌으로 선언된 경우, 비록 그에 기한 과세처분이 위헌결정 전에 이루어졌고, 과세처분에 대한 제소기간이 이미 경과하여 조세채권이 확정되었으며, 조세채권의 집행을 위한 체납처분의 근거규정 자체에 대하여는 따로 위헌결정이 내려진 바 없다고 하더라도, 위와 같은 위헌결정 이후에 조세채권의 집행을 위한 새로운 체납처분에 착수하거나 이를 속행하는 것은 더 이상 허용되지 않고, 나아가 이러한 위헌결정의 효력에 위배하여 이루어진 체납처분은 그 사유만으로 하자가 중대하고 객관적으로 명백하여 당연무효라고 보아야 한다(대판 전합체 2012.2.16, 2010두10907). 위 지문은 위 전원합의부 판결의 소수의견이다.

17 정답 ③

① [X] 관할 행정청이 주민등록을 말소하는 처분이 「주민등록법」에 규정한 최고·공고의 절차를 거치지 아니하였다 하더라도 그러한 하자는 중대하고 명백한 것이라고 할 수 없어 처분의 당연무효사유에 해당하는 것이라고는 할 수 없다(대판 1994.8.26, 94누3223).

② [X] 행정청이 특히 침해적 행정처분을 할 때 그 처분의 근거법령 등에서 청문을 실시하도록 규정하고 있다면, 「행정절차법」 등 관련 법령상 청문을 실시하지 않아도 되는 예외적인 경우에 해당하지 않는 한 반드시 청문을 실시하여야 하며, 그러한 절차를 결여한 처분은 위법한 처분으로서 취소사유에 해당한다(대판 2007.11.16, 2005두15700 ; 대판 2004.7.8, 2002두8350).

❸ [O] 국무회의에서 건국훈장 독립장이 수여된 망인에 대한 서훈취소를 의결하고 대통령이 결재함으로써 서훈취소가 결정된 후 국가보훈처장이 망인의 유족에게 '독립유공자 서훈취소결정 통보'를 한 경우, 국가보훈처장이 행한 통보행위 자체는 유족으로서 훈장 등을 보관하고 있는 유족 등에 대하여 그 반환 요구의 전제로서 대통령의 서훈취소결정이 있었음을 알리는 것에 불과하므로, 이로써 국가보훈처장이 그 명의로 서훈취소의 처분을 하였다고 볼 것은 아니다. 나아가 서훈취소처분의 통지가 처분권한자인 대통령이 아니라 그 보좌기관인 국가보훈처장에 의하여 이루어졌다고 하더라도, 그 처분이 대통령의 인식과 의사에 기초하여 이루어졌고, 그 통지로 서훈취소처분의 주체(대통령)와 내용을 알 수 있으므로, 서훈취소처분의 외부적 표시의 방법으로서 위 통지의 주체나 형식에 어떤 하자가 있다고 보기도 어렵다(대판 2014.9.26, 2013두2518).

④ [X] 외형상 하나의 행정처분이라 하더라도 가분성이 있거나 그 처분대상의 일부가 특정될 수 있다면 일부만의 취소도 가능하고 그 일부의 취소는 당해 취소부분에 관하여 효력이 생기는 것이다(대판 2015.3.26, 2012두20304).

18 정답 ③

① [O] 영업의 금지를 명한 영업허가취소처분 자체가 나중에 행정쟁송절차에 의하여 취소되었다면 그 영업허가취소처분은 그 처분 시에 소급하여 효력을 잃게 되며, 그 영업허가취소처분에 복종할 의무가 원래부터 없었음이 확정되었다고 봄이 타당하고, 영업허가취소처분이 장래에 향하여서만 효력을 잃게 된다고 볼 것은 아니므로 그 영업허가취소처분 이후의 영업행위를 무허가영업이라고 볼 수는 없다(대판 1993.6.25, 93도277).

② [O] 행정처분이 취소되면 그 소급효에 의하여 처음부터 그 처분이 없

었던 것과 같은 효과를 발생하게 되는바, 행정청이 의료법인의 이사에 대한 이사취임승인취소처분(제1처분)을 직권으로 취소(제2처분)한 경우에는 그로 인하여 이사가 소급하여 이사로서의 지위를 회복하게 되고, 그 결과 위 제1처분과 제2처분 사이에 법원에 의하여 선임결정된 임시이사들의 지위는 법원의 해임결정이 없더라도 당연히 소멸된다(대판 1997.1.21, 96누3401).

❸ [X] 산림법령에는 채석허가처분을 한 처분청이 산림을 복구한 자에 대하여 복구설계서승인 및 복구준공통보를 한 경우 그 취소신청과 관련하여 아무런 규정을 두고 있지 않고, 원래 행정처분을 한 처분청은 그 처분에 하자가 있는 경우에는 원칙적으로 별도의 법적 근거가 없더라도 스스로 이를 직권으로 취소할 수 있지만, 그와 같이 직권취소를 할 수 있다는 사정만으로 이해관계인에게 처분청에 대하여 그 취소를 요구할 신청권이 부여된 것으로 볼 수는 없으므로, 처분청이 위와 같이 법규상 또는 조리상의 신청권이 없이 한 이해관계인의 복구준공통보 등의 취소신청을 거부하더라도, 그 거부행위는 항고소송의 대상이 되는 처분에 해당하지 않는다(대판 2006. 6.30, 2004두701).

④ [O] 행정행위의 하자가 치유되면 그 행정행위는 소급하여 처음부터 하자 없는 적법한 행정행위로서 효력을 발생한다. 따라서 하자가 치유되면 그 처분은 적법하게 되므로 이제 직권취소할 수가 없다.

19 정답 ②

① [O] 변상금 부과처분에 대한 취소소송이 진행 중이라도 그 부과권자로서는 위법한 처분을 스스로 취소하고 그 하자를 보완하여 다시 적법한 부과처분을 할 수도 있는 것이어서 그 권리행사에 법률상의 장애사유가 있는 경우에 해당한다고 할 수 없으므로, 그 처분에 대한 취소소송이 진행되는 동안에도 변상금 부과권의 소멸시효는 중단되지 않는다(대판 2006.2.10, 2003두5686).

❷ [X] 도로점용허가는 도로의 일부에 대한 특정사용을 허가하는 것으로서 도로의 일반사용을 저해할 가능성이 있으므로 그 범위는 점용목적 달성에 필요한 한도로 제한되어야 한다. 도로관리청이 도로점용허가를 하면서 특별사용의 필요가 없는 부분을 점용장소 및 점용면적에 포함하는 것은 그 재량권 행사의 기초가 되는 사실인정에 잘못이 있는 경우에 해당하므로 그 도로점용허가 중 특별사용의 필요가 없는 부분은 위법하다. 이러한 경우 도로점용허가를 한 도로관리청은 위와 같은 흠이 있다는 이유로 유효하게 성립한 도로점용허가 중 특별사용의 필요가 없는 부분을 직권취소할 수 있음이 원칙이다. 이에 따라 도로관리청이 도로점용허가 중 특별사용의 필요가 없는 부분을 소급적으로 직권취소하였다면, 도로관리청은 이미 징수한 점용료 중 취소된 부분의 점용면적에 해당하는 점용료를 반환하여야 한다(대판 2019.1.17, 2016두56721).

③ [O] 처분청은 행정처분에 하자가 있는 경우에는 별도의 법적 근거가 없더라도 스스로 이를 취소할 수 있고, 다만 수익적 행정처분을 취소할 때에는 이를 취소하여야 할 중대한 공익상 필요와 취소로 인하여 처분상대방이 입게 될 기득권과 법적 안정성에 대한 침해 정도 등 불이익을 비교·교량한 후 공익상 필요가 처분상대방이 입을 불이익을 정당화할 만큼 강한 경우에 한하여 취소할 수 있다. 수익적 행정처분의 하자가 처분상대방의 사실은폐나 그 밖의 부정한 방법에 의한 신청행위에 기인한 것이라면 처분상대방은 행정처분에 의한 이익을 위법하게 취득하였음을 스스로 알아 취소가능성도 예상하고 있었다고 보아야 하므로, 그 자신이 행정처분에 관한 신뢰이익을 원용할 수 없음은 물론이고, 행정청이 이를 고려하지 아니하였다고 하여도 재량권 일탈·남용에는 해당하지 않는다(대판 2020.7.23, 2019두31839).

④ [O] 쟁송기간의 도과로 불가쟁력이 발생하여 상대방이 더 이상 쟁송으

로 다툴 수 없는 행정행위라도 불가변력이 발생하지 아니한 이상 처분행정청은 직권으로 취소하거나 철회할 수 있다(대판 1995.9. 15, 95누6311 참조).

20   정답 ②

① [X] 민원사무를 처리하는 행정기관이 민원1회방문처리제를 시행하는 절차의 일환으로 민원사항의 심의·조정 등을 위한 민원조정위원회를 개최하면서 민원인에게 회의일정 등을 사전에 통지하지 아니하였다 하더라도, 이러한 사정만으로 곧바로 민원사항에 대한 행정기관의 장의 거부처분에 취소사유에 이를 정도의 흠이 존재한다고 보기는 어렵다. 다만, 행정기관의 장의 거부처분이 재량행위인 경우에, 위와 같은 사전통지의 흠결로 민원인에게 의견진술의 기회를 주지 아니한 결과 민원조정위원회의 심의과정에서 고려대상에 마땅히 포함시켜야 할 사항을 누락하는 등 재량권의 불행사 또는 해태로 볼 수 있는 구체적 사정이 있다면, 거부처분은 재량권을 일탈·남용한 것으로서 위법하다(대판 2015.8.27, 2013두1560).

❷ [O] 직권취소는 일단 유효하게 성립한 행정행위를 그 행위에 위법 또는 부당한 하자가 있음을 이유로 소급하여 그 효력을 소멸시키는 별도의 행정처분이므로(대판 2014.10.27, 2012두11959), 「행정절차법」상 처분절차가 적용된다. 한편, 「행정절차법」 제23조의 이유제시는 침익적·수익적 행정처분에 모두 적용되는 절차이고, 제21조의 사전통지와 제22조의 의견청취(의견제출·청문·공청회)는 침익적 행정처분에만 적용되는 절차이다. 그런데 수익적 행정행위의 직권취소는 침익적 처분이므로 사전통지 및 의견청취 등의 절차를 거쳐야 한다.

③ [X] 「국세기본법」 제26조 제1호는 부과의 취소를 국세납부의무 소멸사유의 하나로 들고 있으나, 그 부과의 취소에 위법사유가 있다고 하더라도 당연무효가 아닌 한 일단 유효하게 성립하여 부과처분을 확정적으로 상실시키는 것이므로, 과세관청은 부과의 취소를 다시 취소함으로써 원부과처분을 소생시킬 수는 없고 납세의무자에게 종전의 과세대상에 대한 납부의무를 지우려면 다시 법률에서 정한 부과절차에 좇아 동일한 내용의 새로운 처분을 하는 수밖에 없다 (대판 1995.3.10, 94누7027).

④ [X] 광업권 취소처분 후 구 광업법 제36조 제1호에 의한 광업권 설정의 선출원이 있는 경우에 다시 그 취소처분을 취소함은 위법이다 (대판 1967.10.23, 67누126).

정답

01	③	02	①	03	③	04	④
05	③	06	③	07	③	08	②
09	②	10	③	11	②	12	①
13	④	14	②	15	④	16	①
17	③	18	②	19	②	20	②

01
정답 ③

① [X] 행정행위의 철회는 적법요건을 구비하여 완전히 효력을 발하고 있는 행정행위를 사후적으로 그 행위의 효력의 전부 또는 일부를 장래에 향해 소멸시키는 행정행위이다(대판 2005.4.29, 2004두11954). 즉, 행정행위의 철회도 그 자체로 원행정행위와는 별개의 독립한 행정행위이므로 「행정절차법」상 처분절차가 적용되고, 또 평등원칙·비례원칙·신뢰보호원칙 등의 일반원칙을 준수해야 한다.

② [X] 철회는 특별한 규정이 없는 한 처분청만이 행사할 수 있는 것이 원칙이다(대판 2004.11.26, 2003두10251). 따라서 감독청은 법적 근거가 없는 한 철회권을 가지지 못한다.

❸ [O] 행정행위를 한 처분청은 비록 그 처분 당시에 별다른 하자가 없었고, 또 그 처분 후에 이를 철회할 별도의 법적 근거가 없다 하더라도 원래의 처분을 존속시킬 필요가 없게 된 사정변경이 생겼거나 또는 중대한 공익상의 필요가 발생한 경우에는 그 효력을 상실케 하는 별개의 행정행위로 이를 철회할 수 있다(대판 2004.11.26, 2003두10251). ➡ 2021년 제정된 「행정기본법」 제19조가 철회의 일반법적 근거이다.

> 「행정기본법」 제19조 【적법한 처분의 철회】 ① 행정청은 적법한 처분이 다음 각 호의 어느 하나에 해당하는 경우에는 그 처분의 전부 또는 일부를 장래를 향하여 철회할 수 있다.
> 1. 법률에서 정한 철회 사유에 해당하게 된 경우
> 2. 법령등의 변경이나 사정변경으로 처분을 더 이상 존속시킬 필요가 없게 된 경우
> 3. 중대한 공익을 위하여 필요한 경우

④ [X] 행정청이 행한 공사중지명령의 상대방은 그 명령 이후에 그 원인사유가 소멸하였음을 들어 행정청에 공사중지명령의 철회를 요구할 수 있는 조리상의 신청권이 있다 할 것이고, 상대방으로부터 그 신청을 받은 행정청으로서는 상당한 기간 내에 그 신청을 인용하는 적극적 처분을 하거나 각하 또는 기각하는 등의 소극적 처분을 하여야 할 법률상의 응답의무가 있다고 할 것이며, 행정청이 상대방의 신청에 대하여 아무런 적극적 또는 소극적 처분을 하지 않고 있는 이상 행정청의 부작위는 그 자체로 위법하다고 할 것이고, 구체적으로 그 신청이 인용될 수 있는지 여부는 소극적 처분에 대한 항고소송의 본안에서 판단하여야 할 사항이라고 할 것이다(대판 2005.4.14, 2003두7590).

02
정답 ①

❶ [O] 「영유아보육법」 제30조 제5항 제3호에 따른 평가인증의 취소는 평가인증 당시에 존재하였던 하자가 아니라 그 이후에 새로이 발생한 사유로 평가인증의 효력을 소멸시키는 경우에 해당하므로, 법적 성격은 평가인증의 '철회'에 해당한다. 그런데 행정청이 평가인증을 철회하면서 그 효력을 철회의 효력발생일 이전으로 소급하게 하면, 철회 이전의 기간에 평가인증을 전제로 지급한 보조금 등의 지원이 그 근거를 상실하게 되어 이를 반환하여야 하는 법적 불이익이 발생한다. 이는 장래를 향하여 효력을 소멸시키는 철회가 예정한 법적 불이익의 범위를 벗어나는 것이다. 이처럼 행정청이 평가인증이 이루어진 이후에 새로이 발생한 사유를 들어 「영유아보육법」 제30조 제5항에 따라 평가인증을 철회하는 처분을 하면서도, 평가인증의 효력을 과거로 소급하여 상실시키기 위해서는, 특별한 사정이 없는 한 「영유아보육법」 제30조 제5항과는 별도의 법적 근거가 필요하다(대판 2018.6.28, 2015두58195).

② [X] 부관 중 부담만은 주된 행정행위로부터 독립한 별개의 행정행위로서, 부담을 이행하지 않는다고 해서 주된 행정행위의 효력이 바로 상실되는 것은 아니다. 다만, 처분행정청은 부담불이행을 이유로 해당 처분을 철회할 수 있다(대판 1989.10.24, 89누2431). 따라서 철회하지 않는 한 행정행위는 유효하다.

③ [X] 행정행위의 취소사유는 행정행위의 성립 당시에 존재하였던 하자(원시적 하자)를 말하고, 철회사유는 행정행위가 성립된 이후에 새로이 발생한 것으로서 행정행위의 효력을 존속시킬 수 없는 사유(후발적 하자)를 말한다(대판 2003.5.30, 2003다6422).

④ [X] 부담부 행정처분에 있어서 처분의 상대방이 부담(의무)을 이행하지 아니한 경우에 처분행정청으로서는 이를 들어 당해 처분을 취소(철회)할 수 있다(대판 1989.10.24, 89누2431). 즉, 부담(의무)을 위반하였다고 해서 행정행위의 효력이 바로 소멸되는 것이 아니라 철회가 있어야 비로서 그 효력이 소멸된다. 그런데 처분청은 별도의 법적 근거가 없더라도 철회할 수 있다(대판 2017.3.15, 2014두41190).

03
정답 ③

① [O] 부담부 행정처분에 있어서 처분의 상대방이 부담(의무)을 이행하지 아니한 경우에 처분행정청으로서는 이를 들어 당해 처분을 취소(철회)할 수 있다. 다만, 이 취소(철회)권의 행사에도 이익형량에 따른 철회의 제한이 적용되므로, 상대방의 의무불이행을 방치하는 데 생기는 공익상의 불이익과 취소(철회)함으로써 상대방이 입게 되는 손실을 비교·교량하여 결정하여야 한다(대판 1989.10.24, 89누2431).

② [O] 행정행위의 철회는 소급효가 없고 장래효를 원칙으로 한다. 다만, 부담의 불이행을 이유로 철회하는 경우에는 소급하여 효력이 발생한다.

> 「행정기본법」 제19조 【적법한 처분의 철회】 ① 행정청은 적법한 처분이 다음 각 호의 어느 하나에 해당하는 경우에는 그 처분의 전부 또는 일부를 장래를 향하여 철회할 수 있다.
> 1. 법률에서 정한 철회 사유에 해당하게 된 경우
> 2. 법령등의 변경이나 사정변경으로 처분을 더 이상 존속시킬 필요가 없게 된 경우
> 3. 중대한 공익을 위하여 필요한 경우

❸ [X] 철회는 <u>장래효를 원칙으로 한다.</u> 다만, 부담의 불이행을 이유로 철회하는 경우에는 소급하여 효력이 발생한다.

> 「행정기본법」제19조【적법한 처분의 철회】① 행정청은 적법한 처분이 다음 각 호의 어느 하나에 해당하는 경우에는 그 처분의 전부 또는 일부를 장래를 향하여 철회할 수 있다.
> 1. 법률에서 정한 철회 사유에 해당하게 된 경우
> 2. 법령등의 변경이나 사정변경으로 처분을 더 이상 존속시킬 필요가 없게 된 경우
> 3. <u>중대한 공익을 위하여 필요한 경우</u>

④ [O] 행정행위의 취소는 일단 유효하게 성립한 행정행위를 그 성립에 위법 또는 부당한 하자가 있음을 이유(원시적 하자)로 소급하여 그 효력을 소멸시키는 것이다. 따라서 허위 기타 부정한 방법으로 허가·변경허가·재허가를 받거나 승인·변경승인·재승인을 얻거나 등록·변경등록을 한 때 방송사업허가를 취소하는 것은 강학상 허가취소에 해당한다. 그런데 수익적 행정처분의 하자가 당사자의 사실은폐나 기타 사위의 방법에 의한 신청행위에 기인한 것이라면, 당사자는 처분에 의한 이익을 위법하게 취득하였음을 알아 취소가능성도 예상하고 있었을 것이므로, 그 자신이 처분에 관한 신뢰이익을 원용할 수 없음은 물론, 행정청이 이를 고려하지 아니하였다고 하여도 재량권의 남용이 되지 아니한다(대판 2013.2.15, 2011두1870 ; 대판 2008.11.13, 2008두8628).

04   정답 ④

① [O] 해제조건의 성취, 종기의 도래는 대표적인 실효사유이다.

② [O] 신청에 의한 허가처분을 받은 자가 그 영업을 폐업한 경우에는 그 <u>영업허가는 당연히 실효되고,</u> 이와 같은 경우 허가행정청의 허가취소처분은 허가의 실효됨을 확인하는 것에 불과하다(대판 1981.7.14, 80누593 ; 대판 1990.7.13, 90누2284).

③ [O] 실효에 의해 권익이 제한되거나 의무가 부과되는 것은 아니므로 「행정절차법」의 사전통지나 의견청취절차가 적용되지 않는다.

❹ [X] 취소와 철회는 상대방에 대한 통지를 요건으로 하나, 실효는 아니다.

05   정답 ③

① [X] 세액산출근거가 누락된 납세고지서에 의한 과세처분의 <u>하자의 치유를 허용하려면 늦어도 과세처분에 대한 불복 여부의 결정 및 불복신청에 편의를 줄 수 있는 상당한 기간 내에 하여야 한다</u>고 할 것이므로, 위 과세처분에 대한 전심절차가 모두 끝나고 상고심의 계류 중에 세액산출근거의 통지가 있었다고 하여 이로써 위 과세처분의 하자가 치유되었다고는 볼 수 없다(대판 1984.4.10, 83누393). 즉, 행정절차상 하자의 치유시기에 대해 판례는 다수설인 쟁송제기이전시설을 취하고 있다.

② [X] 행정행위의 절차상·형식상 하자는 치유될 수 있으나, 내용상 하자는 치유될 수 없다. ➡ 사건 처분에 관한 <u>하자가 행정처분의 내용에 관한 것</u>이고 새로운 노선면허가 이 사건 소 제기 이후에 이루어진 사정 등에 비추어 하자의 치유를 인정치 않은 원심의 판단은 정당하다(대판 1991.5.28, 90누1359).

❸ [O] 행정행위의 하자가 치유되면 그 행정행위는 <u>소급하여 처분시(치유시 X)</u>부터 하자 없는 적법한 행정행위로서 효력을 발생한다. 따라서 하자가 치유되면 그 처분은 적법하게 되므로 이제 직권취소할 수가 없다.

④ [X] 징계처분이 중대하고 명백한 흠 때문에 당연무효의 것이라면 징계처분을 받은 자가 이를 용인하였다 하여 그 흠이 치유되는 것은 아니다(대판 1989.12.12, 88누8869).

06   정답 ③

㉠ [O] 주택재건축정비사업조합 인가처분 당시 동의율을 충족하지 못한 하자는 <u>후에 추가동의서가 제출되었다는 사정만으로 치유될 수 없다</u>(대판 2013.7.11, 2011두27544 ; 대판 2014.5.16, 2011두13736).

㉡ [X] 면허의 취소처분에는 그 근거가 되는 법령이나 취소권 유보의 부관 등을 명시하여야 함은 물론 처분을 받은 자가 어떠한 위반사실에 대하여 당해 처분이 있었는지를 알 수 있을 정도로 사실을 적시할 것을 요하며, 이와 같은 취소처분의 근거와 위반사실의 적시를 빠뜨린 하자는 피처분자가 처분 당시 그 취지를 알고 있었다거나 그 후 알게 되었다 하여도 <u>치유될 수 없다</u>고 할 것인바, 세무서장인 피고가 주류도매업자인 원고에 대하여 한 이 사건 일반주류도매업면허취소통지에 "상기 주류도매장은 무면허 주류판매업자에게 주류를 판매하여 「주세법」제11조 및 「국세법사무처리규정」제26조에 의거 지정조건 위반으로 주류판매면허를 취소합니다."라고만 되어 있어서 원고의 영업기간과 거래상대방 등에 비추어 원고가 어떠한 거래행위로 인하여 이 사건 처분을 받았는지 알 수 없게 되어 있다면 이 사건 면허취소처분은 위법하다(대판 1990.9.11, 90누1786).

㉢ [O] 행정청이 「식품위생법」상의 청문절차를 이행함에 있어 청문서 도달기간을 다소 어겼다 하더라도 영업자가 이에 대하여 이의하지 아니한 채 스스로 청문일에 출석하여 그 의견을 진술하고 변명하는 등 방어의 기회를 충분히 가졌다면 <u>청문서 도달기간을 준수하지 아니한 하자는 치유되었다</u>고 봄이 상당하다(대판 1992.10.23, 92누2844).

㉣ [X] 임용결격사유가 소멸된 후에 계속 근무하여 왔다고 하더라도 그 때부터 무효인 임용행위가 유효로 되어 적법한 공무원의 신분을 회복한다고 볼 수 없다(대판 1998.1.23, 97누16985 ; 대판 1996.2.27, 95누9617).

07   정답 ③

① [O] 기본행위에 하자가 있을 때에는 그에 대한 인가가 있다 하더라도 기본행위가 유효한 것으로 될 수 없는 것이므로 기본행위의 하자를 다툴 수 있다(대판 2005.10.14, 2005두1046 ; 대판 2004.10.28, 2002두10766 등). 즉, 하자 있는 기본행위에 대하여 행정청의 인가가 있더라도 그 기본행위의 하자가 치유되는 것은 아니므로 기본행위에 취소원인이 있다면 인가가 있은 후에도 그 기본행위를 취소할 수 있다.

② [O] 행정청이 「식품위생법」상의 청문절차를 이행함에 있어 청문서 도달기간을 다소 어겼다 하더라도 영업자가 이에 대하여 이의하지 아니한 채 스스로 청문일에 출석하여 그 의견을 진술하고 변명하는 등 방어의 기회를 충분히 가졌다면 <u>청문서 도달기간을 준수하지 아니한 하자는 치유되었다</u>고 봄이 상당하다(대판 1992.10.23, 92누2844).

❸ [X] 주택재건축정비사업 설립인가처분 당시 동의율을 충족하지 못한 하자는 후에 추가동의서가 제출되었다는 사정만으로 치유될 수 없다(대판 2013.7.11, 2011두27544).

④ [O] 충전소 설치예정지로부터 100m 이내 건물주의 동의를 얻지 아니하고 이를 갖춘 양 허가신청을 하여 액화석유가스충전소 설치허가처분을 받자 경원자가 취소소송을 제기했다. 이 사건 처분 후 위 각 건물주로부터 동의를 받았으니 그 하자는 치유되었다는 주장에 대해, 하자 있는 행정행위의 치유는 행정행위의 성질이나 법치주의의 관점에서 볼 때 원칙적으로 허용될 수 없는 것이고 예외적으로 행정행위의 무용한 반복을 피하고 당사자의 법적 안정성을 위해 이를 허용하는 때에도 국민의 권리나 이익을 침해하지 않는 범위에서 구체적 사정에 따라 합목적적으로 인정하여야 할 것인데, 이 사건에 있어서는 원고의 적법한 허가신청이 참가인들의 신청과 경합되어 있어 <u>이 사건 처분의 치유를 허용한다면 원고에게 불이익하게 되므로 이를 허용할 수 없다</u>고 하였다(대판 1992.5.8, 91누13274).

㉠ [X] 행정처분에 있어 수개의 처분사유 중 일부가 적법하지 않다고 하더라도 다른 처분사유로써 그 처분의 정당성이 인정되는 경우에는 그 처분을 <u>위법하다고 할 수 없다</u>(대판 2013.10.24, 2013두963). 따라서 여러 처분사유에 관하여 하나의 제재처분을 하였을 때 그중 일부가 인정되지 않는다고 하더라도 나머지 처분사유들만으로도 처분의 정당성이 인정되는 경우에는 그 처분을 위법하다고 보아 취소하여서는 아니 된다(대판 2020.5.14, 2019두63515).

㉡ [O] ㉢ [O] 하자 있는 행정행위를 적법한 다른 행정행위로 유지시키는 것을 하자 있는 행정행위의 전환이라고 하는데, 그 인정요건으로는 ⓐ <u>전환 전의 행위와 전환 후의 행위가 요건·목적·효과에 있어 실질적 공통성이 있어야 하고</u>, ⓑ 하자 있는 행정행위가 전환될 행정행위의 성립·적법·효력요건을 갖추고 있어야(양 행위의 절차와 형식이 동일하여야) 하며, ⓒ 하자 있는 행정행위를 한 행정청의 의사에 반하지 않아야 하고, ⓓ 상대방과 관계자 및 제3자의 이익을 침해하지 않아야 한다.

㉣ [X] 하자 있는 행정행위의 전환의 예로는 ⓐ 조세과오납금의 다른 조세채무에의 충당, ⓑ 사망자에 대한 조세부과처분의 상속인에 대한 처분으로 전환, ⓒ 영업허가신청 후 사망한 자에 대한 허가를 유족(배우자)에 대한 허가로의 변경 등을 들 수 있다. 그런데 사실상 공무원이론은 예컨대, 임용결격사유가 있는 공무원의 행정행위는 무효이나, <u>상대방의 신뢰보호의 차원에서 유효한 것으로 보는 이론</u>이다. 이에 대해서는 하자의 치유로 보는 견해, 하자의 전환으로 보는 견해, 치유·전환과 무관하다는 견해(다수설)의 대립이 있다.

① [X] 하자의 승계 문제는 둘 이상의 행정행위가 연속적으로 행해지는 경우 선행행위에 하자가 있으면 후행행위 자체에 하자가 없어도 후행행위에 영향을 미치는가의 문제이지, <u>후행행위의 하자를 이유로 선행행위를 다투는 것은 인정될 수 없다.</u> ➡ 계고처분의 후속절차인 대집행에 위법이 있다고 하더라도, 그와 같은 후속절차에 위법성이 있다는 점을 들어 선행절차인 계고처분이 부적법하다는 사유로 삼을 수는 없다(대판 1997.2.14, 96누15428).

❷ [O] 하자의 승계가 인정되기 위해서는 선행행위에 불가쟁력이 발생하여야 한다. 따라서 아직 선행행위에 불가쟁력이 발생하지 아니한 경우에는 선행행위를 직접 다투면 되기 때문에 하자의 승계를 논할 필요가 없다. 그리고 두 개 이상의 행정처분을 연속적으로 하는 경우 선행처분과 후행처분이 서로 독립하여 별개의 법률효과를 목적으로 하는 때에는 선행처분에 불가쟁력이 생겨 그 효력을 다툴

수 없게 된 경우에는 <u>선행처분의 하자가 중대하고 명백하여 당연무효인 경우를 제외하고는 선행처분의 하자를 이유로 후행처분의 효력을 다툴 수 없는 것이 원칙이다</u>(대판 2013.3.14, 2012두6964).

③ [X] 설명이 뒤바뀌었다. 선행행위의 흠이 후행행위에 승계되는 하자승계의 문제는 선행행위가 취소할 수 있는 경우에만 해당한다.

④ [X] 하자의 승계문제는 선행행위에 무효가 아닌 취소사유가 있는 경우에 논할 실익이 있다. 왜냐하면 선행행위가 무효라면 제소기간과 관계없이 무효를 주장할 수 있기 때문이다. 즉, 선행행위가 무효이면 후행행위는 당연히 무효이므로, 무효일 경우 하자의 승계를 논의할 실익은 없다.

① [O] 하자승계문제를 선행행위와 후행행위가 결합하여 하나의 법적 효과를 완성하는 것인가의 여부에 따라 해결하려는 통설적 견해를 부정하고, 하자승계문제를 불가쟁력이 발생한 선행행위의 후행행위에 대한 구속력(규준력)의 문제로 대체하려는 견해가 '구속력(규준력)이론'이다. 이 이론에 따를 경우 구속력이 인정되기 위해서는 ㉠ 선행행위와 후행행위는 동일한 목적을 추구하며 법적 효과가 기본적으로 일치하여야 하고(객관적 한계), ㉡ 선행행위와 후행행위의 수범자(상대방)가 일치하여야 하며(주관적 한계), ㉢ 선행행위의 사실적·법적 상태가 동일하게 유지되어야 하고(시간적 한계), ㉣ 선행행위의 후행행위에 대한 구속력의 인정이 예측가능하고 수인가능성이 있어야 한다.

② [O] 표준지공시지가결정은 이를 기초로 한 수용재결 등과는 별개의 독립된 처분으로서 서로 독립하여 별개의 법률효과를 목적으로 하지만, 표준지공시지가는 이를 인근 토지의 소유자나 기타 이해관계인에게 개별적으로 고지하도록 되어 있는 것이 아니어서 인근 토지의 소유자 등이 표준지공시지가결정 내용을 알고 있었다고 전제하기가 곤란할 뿐만 아니라, 결정된 표준지공시지가가 공시될 당시 보상금 산정의 기준이 되는 표준지의 인근 토지를 함께 공시하는 것이 아니어서 인근 토지소유자는 보상금 산정의 기준이 되는 표준지가 어느 토지인지를 알 수 없으므로, 인근 토지소유자가 표준지의 공시지가가 확정되기 전에 이를 다투는 것은 불가능하다. 더욱이 장차 어떠한 수용재결 등 구체적인 불이익이 현실적으로 나타나게 되었을 경우에 비로소 권리구제의 길을 찾는 것이 우리 국민의 권리의식임을 감안하여 볼 때, 인근 토지소유자 등으로 하여금 결정된 표준지공시지가를 기초로 하여 장차 토지보상 등이 이루어질 것에 대비하여 항상 토지의 가격을 주시하고 표준지공시지가결정이 잘못된 경우 정해진 시정절차를 통하여 이를 시정하도록 요구하는 것은 부당하게 높은 주의의무를 지우는 것이고, 위법한 표준지공시지가결정에 대하여 그 정해진 시정절차를 통하여 시정하도록 요구하지 않았다는 이유로 위법한 표준지공시지가를 기초로 한 수용재결 등 후행 행정처분에서 표준지공시지가결정의 위법을 주장할 수 없도록 하는 것은 수인한도를 넘는 불이익을 강요하는 것으로서 국민의 재산권과 재판받을 권리를 보장한 헌법의 이념에도 부합하는 것이 아니다. 따라서 표준지공시지가결정이 위법한 경우에는 그 자체를 행정소송의 대상이 되는 행정처분으로 보아 그 위법 여부를 다툴 수 있음은 물론, 수용보상금의 증액을 구하는 소송에서도 선행처분으로서 그 수용대상 토지 가격 산정의 기초가 된 비교표준지공시지가결정의 위법을 독립한 사유로 주장할 수 있다(대판 2008.8.21, 2007두13845).

❸ [X] 구 토지수용법상 사업인정단계에서의 하자를 다투지 아니하여 이미 쟁송기간이 도과한 수용재결단계에 있어서는 위 사업인정처분에 중대하고 명백한 하자가 있어 당연무효라고 볼 만한 특단의 사정이 없다면 그 처분의 불가쟁력에 의하여 사업인정처분의 위법·

부당함을 이유로 수용재결처분의 취소를 구할 수 없다(대판 1987. 9.8, 87누395 ; 대판 1992.3.13, 91누4324).

④ [○] 두 개 이상의 행정처분을 연속적으로 하는 경우 선행처분과 후행처분이 서로 독립하여 별개의 법률효과를 목적으로 하는 때에는 선행처분에 불가쟁력이 생겨 그 효력을 다툴 수 없게 된 경우에는 선행처분의 하자가 중대하고 명백하여 당연무효인 경우를 제외하고는 선행처분의 하자를 이유로 후행처분의 효력을 다툴 수 없는 것이 원칙이다. 그러나 선행처분과 후행처분이 서로 독립하여 별개의 효과를 목적으로 하는 경우에도 선행처분의 불가쟁력이나 구속력이 그로 인하여 불이익을 입게 되는 자에게 수인한도를 넘는 가혹함을 가져오며, 그 결과가 당사자에게 예측가능한 것이 아닌 경우에는 국민의 재판받을 권리를 보장하고 있는 헌법의 이념에 비추어 선행처분의 후행처분에 대한 구속력은 인정될 수 없다(대판 2013.3.14, 2012두6964).

11
정답 ②

① [○] 증액경정처분이 있는 경우 당초처분은 증액경정처분에 흡수되어 소멸하고, 소멸한 당초처분의 절차적 하자는 존속하는 증액경정처분에 승계되지 아니한다(대판 2010.6.24, 2007두16493).

❷ [X] 추진위원회 구성의 동의요건 흠결 등 추진위원회 구성승인처분상의 위법만을 들어 조합설립인가처분의 위법을 인정하는 것은 조합설립의 요건이나 절차, 그 인가처분의 성격, 추진위원회 구성의 요건이나 절차, 그 구성승인처분의 성격 등에 비추어 타당하다고 할 수 없다. 따라서 조합설립인가처분은 추진위원회 구성승인처분이 적·유효할 것을 전제로 한다고 볼 것은 아니므로, 구 도시 및 주거환경정비법령이 정한 동의요건을 갖추고 창립총회를 거쳐 주택재개발조합이 성립한 이상, 이미 소멸한 추진위원회 구성승인처분의 하자를 들어 조합설립인가처분이 위법하다고 볼 수 없다. 다만, 추진위원회 구성승인처분의 위법으로 그 추진위원회의 조합설립인가신청행위가 무효라고 평가될 수 있는 특별한 사정이 있는 경우라면, 그 신청행위에 기초한 조합설립인가처분이 위법하다고 볼 수 있다(대판 2013.12.26, 2011두8291 ; 대판 전합체 2014.4.14, 2012두1419).

③ [○] 두 개 이상의 행정처분을 연속적으로 하는 경우 선행처분과 후행처분이 서로 독립하여 별개의 법률효과를 목적으로 하는 때에는 선행처분에 불가쟁력이 생겨 그 효력을 다툴 수 없게 된 경우에는 선행처분의 하자가 중대하고 명백하여 당연무효인 경우를 제외하고는 선행처분의 하자를 이유로 후행처분의 효력을 다툴 수 없는 것이 원칙이다. 그러나 선행처분과 후행처분이 서로 독립하여 별개의 효과를 목적으로 하는 경우에도 선행처분의 불가쟁력이나 구속력이 그로 인하여 불이익을 입게 되는 자에게 수인한도를 넘는 가혹함을 가져오며, 그 결과가 당사자에게 예측가능한 것이 아닌 경우에는 국민의 재판받을 권리를 보장하고 있는 헌법의 이념에 비추어 선행처분의 후행처분에 대한 구속력은 인정될 수 없다(대판 2013.3.14, 2012두6964).

④ [○] 보충역편입처분 등의 병역처분은 구체적인 병역의무부과를 위한 전제로서 징병검사 결과 신체등위와 학력·연령 등 자질을 감안하여 역종을 부과하는 처분임에 반하여, 공익근무요원소집처분은 보충역편입처분을 받은 공익근무요원소집대상자에게 기초적 군사훈련과 구체적인 복무기관 및 복무분야를 정한 공익근무요원으로서의 복무를 명하는 구체적인 행정처분이므로, 위 두 처분은 후자의 처분이 전자의 처분을 전제로 하는 것이기는 하나 각각 단계적으로 별개의 법률효과를 발생하는 독립된 행정처분이라고 할 것이므로, 따라서 보충역편입처분의 기초가 되는 신체등위판정에 잘못이 있다는 이유로 이를 다투기 위하여는 신체등위판정을 기초로 한 보충역편입처분에 대하여 쟁송을 제기하여야 할 것이며, 그 처분

을 다투지 아니하여 이미 불가쟁력이 생겨 그 효력을 다툴 수 없게 된 경우에는, 병역처분변경신청에 의하는 경우는 별론으로 하고, 보충역편입처분에 하자가 있다고 할지라도 그것이 당연무효라고 볼 만한 특단의 사정이 없는 한 그 위법을 이유로 공익근무요원소집처분의 효력을 다툴 수 없다(대판 2002.12.10, 2001두5422).

12
정답 ①

❶ [X] 대집행의 계고, 대집행영장에 의한 통지, 대집행의 실행, 대집행에 요한 비용의 납부명령 등은 타인이 대신하여 행할 수 있는 행정의무의 이행을 의무자의 비용부담하에 확보하고자 하는, 동일한 행정목적을 달성하기 위하여 단계적인 일련의 절차로 연속하여 행하여지는 것으로서, 서로 결합하여 하나의 법률효과를 발생시키는 것이므로, 선행처분인 계고처분이 하자가 있는 위법한 처분이라면, 비록 그 하자가 중대하고도 명백한 것이 아니어서 당연무효의 처분이라고 볼 수 없고 행정소송으로 효력이 다투어지지도 아니하여 이미 불가쟁력이 생겼으며, 후행처분인 대집행영장발부통보처분 자체에는 아무런 하자가 없다고 하더라도, 후행처분인 대집행영장발부통보처분의 취소를 청구하는 소송에서 청구원인으로 선행처분인 계고처분이 위법한 것이기 때문에 그 계고처분을 전제로 행하여진 대집행영장발부통보처분도 위법한 것이라는 주장을 할 수 있다(대판 1996.2.9, 95누12507).

② [○] 선행행위의 후행행위에 대한 구속력을 인정하는 것이 예측가능성과 수인가능성이 없는 경우에는 그 구속력이 인정되지 않는다. 이와 같이 구속력이 차단되는 경우에는 행정청은 후행행위를 함에 있어 선취된 결정에 구속되지 않고 후행행위를 할 수 있다고 한다.

③ [○] 甲을 친일반민족행위자로 결정한 친일반민족행위진상규명위원회(이하 '진상규명위원회'라 함)의 최종발표(선행처분)에 따라 지방보훈지청장이 「독립유공자예우에 관한 법률」 적용대상자로 보상금 등의 예우를 받던 甲의 유가족 乙 등에 대하여 「독립유공자예우에 관한 법률」 적용배제자결정(후행처분)을 한 사안에서, 진상규명위원회가 甲의 친일반민족행위자 결정 사실을 통지하지 않아 乙은 후행처분이 있기 전까지 선행처분의 사실을 알지 못하였고, 후행처분인 지방보훈지청장의 「독립유공자예우에 관한 법률」 적용배제결정이 자신의 법률상 지위에 직접적인 영향을 미치는 행정처분이라고 생각했을 뿐, 통지를 받지도 않은 진상규명위원회의 친일반민족행위자 결정처분이 자신의 법률상 지위에 영향을 주는 독립된 행정처분이라고 생각하기는 쉽지 않았을 것으로 보여, 乙이 선행처분에 대하여 「일제강점하 반민족행위 진상규명에 관한 특별법」에 의한 이의신청절차를 밟거나 후행처분에 대한 것과 별개로 행정심판이나 행정소송을 제기하지 않았다고 하여 선행처분의 하자를 이유로 후행처분의 효력을 다툴 수 없게 하는 것은 乙에게 수인한도를 넘는 불이익을 주고 그 결과가 乙에게 예측가능한 것이라고 할 수 없어 선행처분의 후행처분에 대한 구속력을 인정할 수 없으므로 선행처분의 위법을 이유로 후행처분의 효력을 다툴 수 있다(대판 2013.3.14, 2012두6964).

④ [○] 하자승계문제를 선행행위와 후행행위가 결합하여 하나의 법적 효과를 완성하는 것인가의 여부에 따라 해결하려는 통설적 견해를 부정하고, 하자승계문제를 불가쟁력이 발생한 선행행위의 후행행위에 대한 구속력(규준력)의 문제로 대체하려는 견해가 '구속력(규준력)이론'이다. 이 이론에 따를 경우 구속력이 인정되기 위해서는 ㉠ 선행행위와 후행행위는 동일한 목적을 추구하며 법적 효과가 기본적으로 일치하여야 하고(객관적 한계), ㉡ 선행행위와 후행행위의 수범자(상대방)가 일치하여야 하며(주관적 한계), ㉢ 선행행위의 사실적·법적 상태가 동일하게 유지되어야 하고(시간적 한계), ㉣ 선행행위의 후행행위에 대한 구속력의 인정이 예측가능하고 수인가능성이 있어야 한다.

13
정답 ④

① [O] 표준지로 선정된 토지의 공시지가에 대하여 불복하기 위하여는 구 지가공시 및 토지 등의 평가에 관한 법률 제8조 제1항 소정의 이의절차를 거쳐 처분청을 상대로 그 공시지가결정의 취소를 구하는 행정소송을 제기하여야 하고, 그러한 절차를 밟지 아니한 채 개별토지가격결정의 효력을 다투는 소송에서 그 개별토지가격 산정의 기초가 된 표준지공시지가의 위법성을 다툴 수는 없다(대판 1996. 9.20, 95누11931).

② [O] 두 개 이상의 행정처분을 연속적으로 하는 경우 선행처분과 후행처분이 서로 독립하여 별개의 법률효과를 목적으로 하는 때에는 선행처분에 불가쟁력이 생겨 그 효력을 다툴 수 없게 된 경우에는 선행처분의 하자가 중대하고 명백하여 '당연무효인 경우를 제외'하고는 선행처분의 하자를 이유로 후행처분의 효력을 다툴 수 없는 것이 원칙이다(대판 2013.3.14, 2012두6964). 즉, 선행처분과 후행처분이 서로 독립하여 별개의 법률효과를 목적으로 하는 때에도 선행처분이 당연무효이면 선행처분의 하자를 이유로 후행처분의 효력을 다툴 수 있다(대판 2017.7.11, 2016두35120).

③ [O] 판례는 하자의 승계문제를 선행행위와 후행행위가 결합하여 하나의 법적 효과를 완성하는 것인지 여부에 따라 해결하려고 한다. 즉, 두 개 이상의 행정처분이 연속적으로 행하여지는 경우 선행처분과 후행처분이 서로 결합하여 1개의 법률효과를 완성하는 때에는 선행처분에 하자가 있으면 그 하자는 후행처분에 승계되나(대판 2005.4.15, 2004두14915 등), 선행처분과 후행처분이 서로 독립하여 별개의 법률효과를 목적으로 하는 때에는 선행처분의 하자를 이유로 후행처분의 효력을 다툴 수 없는 것이 원칙이다(대판 2013.3.14, 2012두6964).

❹ [X] 「국토의 계획 및 이용에 관한 법률」상 도시·군계획시설결정과 실시계획인가는 도시·군계획시설사업을 위하여 이루어지는 단계적 행정절차에서 별도의 요건과 절차에 따라 별개의 법률효과를 발생시키는 독립적인 행정처분이다. 그러므로 선행처분인 도시·군계획시설결정에 하자가 있더라도 그것이 당연무효가 아닌 한 원칙적으로 후행처분인 실시계획인가에 승계되지 않는다(대판 2017.7. 18, 2016두49938).

14
정답 ②

① [X] ③ [X] 조세부과처분과 체납처분(압류 ➡ 매각 ➡ 청산)은 별개의 행정처분으로서 독립성을 가지므로 부과처분에 하자가 있더라도 그 부과처분이 취소되지 아니하는 한 그 부과처분에 의한 체납처분은 위법이라고 할 수는 없지만, 체납처분은 부과처분의 집행을 위한 절차에 불과하므로 그 부과처분에 중대하고도 명백한 하자가 있어 무효인 경우에는 그 부과처분의 집행을 위한 체납처분도 무효라 할 것이다(대판 1987.9.22, 87누383).

❷ [O] 원천징수의무자인 법인이 원천징수하는 소득세의 납세의무를 이행하지 아니함에 따라 과세관청이 하는 납세고지는 확정된 세액의 납부를 명하는 징수처분에 해당하므로 선행처분인 소득금액변동통지에 하자가 존재하더라도 당연무효사유에 해당하지 않는 한 후행처분인 징수처분에 그대로 승계되지 아니한다. 따라서 과세관청의 소득처분과 그에 따른 소득금액변동통지가 있는 경우 원천징수하는 소득세의 납세의무에 관하여는 이를 확정하는 소득금액변동통지에 대한 항고소송에서 다투어야 하고, 소득금액변동통지가 당연무효가 아닌 한 징수처분에 대한 항고소송에서 이를 다툴 수는 없다(대판 2012.1.26, 2009두14439).

④ [X] 신고납세방식을 채택하고 있는 취득세에 있어서 과세관청이 납세의무자의 신고에 의하여 취득세의 납세의무가 확정된 것으로 보고 그 이행을 명하는 징수처분으로 나아간 경우, 납세의무자의 신고

행위에 하자가 존재하더라도 그 하자가 당연무효사유에 해당하지 않는 한 그 하자가 후행처분인 징수처분에 그대로 승계되지는 않는 것이다(대판 2006.9.8, 2005두14394).

15
정답 ④

① [O] ❹ [X] 적법한 건축물에 대한 철거명령은 그 하자가 중대하고 명백하여 당연무효라고 할 것이고, 그 후행행위인 건축물철거 대집행계고처분 역시 당연무효라고 할 것이다(대판 1999.4.27, 97누6780).

② [O] 대집행의 계고, 대집행영장에 의한 통지, 대집행의 실행, 대집행에 요한 비용의 납부명령 등은 타인이 대신하여 행할 수 있는 행정의무의 이행을 의무자의 비용부담하에 확보하고자 하는, 동일한 행정목적을 달성하기 위하여 단계적인 일련의 절차로 연속하여 행하여지는 것으로서, 서로 결합하여 하나의 법률효과를 발생시키는 것이다(대판 1996.2.9, 95누12507 ; 대판 1993.11.9, 93누14271).

③ [O] 대판 1997.2.14, 96누15428

16
정답 ①

❶ [X] 표준지로 선정된 토지의 공시지가에 대하여 불복하기 위하여는 구 지가공시 및 토지 등의 평가에 관한 법률 제8조 제1항 소정의 이의절차를 거쳐 처분청을 상대로 그 공시지가결정의 취소를 구하는 행정소송을 제기하여야 하고, 그러한 절차를 밟지 아니한 채 개별토지가격결정의 효력을 다투는 소송에서 그 개별토지가격 산정의 기초가 된 표준지공시지가의 위법성을 다툴 수는 없다(대판 1996. 9.20, 95누11931).

② [O] 토지구획정리사업시행자의 자격이나 토지소유자의 동의 여부 및 특정 토지의 사업지구 편입 등에 하자가 있다고 주장하는 토지소유자 등은 시행인가단계에서 그 하자를 다투었어야 하며, 시행인가처분에 명백하고도 중대한 하자가 있어 당연무효라고 볼 특별한 사정이 없는 한, 사업시행 후 시행인가처분의 하자를 이유로 환지청산금 부과처분의 효력을 다툴 수는 없다(대판 2004.10.14, 2002두424).

③ [O] 구 도시 및 주거환경정비법상 사업시행계획과 관리처분계획은 서로 독립하여 별개의 법적 효과를 발생시키는 것으로서 사업시행계획의 수립에 관한 취소사유인 하자가 관리처분계획에 승계되지 아니하므로, 위 취소사유를 들어 관리처분계획의 적법 여부를 다툴 수는 없다(대판 2014.6.12, 2012두28520 ; 대판 2012.8.23, 2010두13463).

④ [O] 국립보건원장이 구 의료기사법 제7조 제2항에 의하여 안경사 국가시험의 합격을 무효로 하는 처분을 함에 따라 보건복지부장관이 안경사면허를 취소하는 처분을 한 경우 합격무효처분과 면허취소처분은 동일한 행정목적을 달성하기 위하여 단계적인 일련의 절차로 연속하여 행하여지는 행정처분으로서, 안경사 국가시험에 합격한 자에게 주었던 안경사면허를 박탈한다는 하나의 법률효과를 발생시키기 위하여 서로 결합된 선행처분과 후행처분의 관계에 있다(대판 1993.2.9, 92누4567).

17
정답 ③

① [X] 선행처분인 국제항공노선 운수권배분 실효처분 및 노선면허거부처분에 대하여 이미 불가쟁력이 생겨 그 효력을 다툴 수 없게 된 이상 그에 위법사유가 있더라도 그것이 당연무효사유가 아닌 한

그 하자가 후행처분인 노선면허처분에 승계된다고 할 수 없다(대판 2004.11.26, 2003두3123).

② [X] 보충역편입처분에 하자가 있다고 할지라도 그것이 당연무효라고 볼 만한 특단의 사정이 없는 한 그 위법을 이유로 공익근무요원소집처분의 효력을 다툴 수 없다(대판 2002.12.10, 2001두5422).

❸ [O] A가 귀속재산의 임대차 우선권자였으나 행정청은 B에게 임대차를 하였다. B로부터 권리를 양수한 C는 행정청과 임대차계약과 매매계약을 체결했다. B에 대한 임대차에 하자가 있는 경우 C에 대한 매각처분에도 하자가 인정될 수 있다(대판 1963.2.7, 62누215).

④ [X] 구 경찰공무원법 제50조 제1항에 의한 직위해제처분과 제3항에 의한 면직처분은 후자가 전자의 처분을 전제로 한 것이기는 하나 각각 단계적으로 별개의 법률효과를 발생하는 행정처분이어서 선행 직위해제처분의 위법사유가 면직처분에는 승계되지 아니한다 할 것이므로 선행된 직위해제처분의 위법사유를 들어 면직처분의 효력을 다툴 수는 없다(대판 1984.9.11, 84누191).

18 　　　　　　　　　　　　　　　　　　정답 ②

① [O] 어업권면허에 선행하는 우선순위결정은 행정청이 우선권자로 결정된 자의 신청이 있으면 어업권면허처분을 하겠다는 것을 약속하는 행위로서 강학상 확약에 불과하고 행정처분은 아니므로, 우선순위결정에 공정력이나 불가쟁력과 같은 효력은 인정되지 아니한다(대판 1995.1.20, 94누6529).

❷ [X] 어업권면허에 선행하는 우선순위결정은 강학상 확약에 불과하고 행정처분은 아니므로, 우선순위결정에 공정력이나 불가쟁력과 같은 효력은 인정되지 아니한다(대판 1995.1.20, 94누6529).

③ [O] 예비결정은 그 자체가 독립된 행정행위로서 처분성이 인정되나, 판례에 의하면 확약은 장래의 행정작용에 대한 약속에 불과하여 처분성이 인정되지 아니한다(다수설은 처분성을 인정함)는 점에서 양자는 구별된다. 그리고 예비결정은 그 기초가 된 사실적·법률적 상태가 변경되어도 계속 효력을 유지하나, 확약은 그 기초가 된 사실적·법률적 상태가 변경되면 그 구속력이 실효된다는 점에서도 서로 다르다.

④ [O] 확약은 그 확약의 내용이 되는 본행정행위를 할 수 있는 정당한 권한을 가진 행정청이 그 권한의 범위 내에서 하여야 한다.

19 　　　　　　　　　　　　　　　　　　정답 ②

① [O] 확약은 그 확약의 내용이 되는 본행정행위를 할 수 있는 정당한 권한을 가진 행정청이 그 권한의 범위 내에서 하여야 한다.

❷ [X] 확약은 행정처분이 아니므로 공정력이나 불가쟁력과 같은 효력은 인정되지 아니한다(대판 1995.1.20, 94누6529). 그리고 행정청이 상대방에게 장차 어떤 처분을 하겠다고 확약을 하였다고 하더라도, 그 자체에서 상대방으로 하여금 언제까지 처분의 발령을 신청하도록 유효기간을 두었는데도 그 기간 내에 상대방의 신청이 없었다거나 확약이 있은 후에 사실적·법률적 상태가 변경되었다면, 그와 같은 확약은 행정청의 별다른 의사표시를 기다리지 않고 실효된다(대판 1996.8.20, 95누10877).

③ [O] 확약은 상대방에게 표시되고, 상대방이 표시된 확약을 귀책사유 없이 신뢰한 경우라야 법적 구속력을 갖게 된다.

④ [O] 행정청의 확약 불이행으로 인해 또는 위법한 확약으로 인해 손해를 입은 자는 「국가배상법」상 요건을 충족하는 경우 손해배상을 청구할 수 있다.

20 　　　　　　　　　　　　　　　　　　정답 ②

① [X] 확약은 행정처분이 아니므로 공정력이 인정되지 않는다(대판 1995.1.20, 94누6529).

❷ [O] 확약은 공적 견해표명이므로 행정청은 확약의 내용인 본행정행위(본처분)를 하여야 할 자기구속적인 의무를 지게 되고, 이에 대응하여 상대방은 행정청에 그 이행을 청구할 권리를 갖게 된다. 이와 같은 확약의 구속력에 의해 행정청이 확약된 행위를 하지 않을 경우에 상대방은 신뢰보호원칙 위반을 원용할 수 있다. 즉, 신뢰보호원칙 위반의 원용은 확약의 구속력을 근거로 하는 것이지, 반드시 확약을 행정행위로 인정해야만 이를 원용할 수 있는 것은 아니다.

③ [X] 「행정절차법」에는 확약에 대한 규정이 없다.

④ [X] 재량행위와 기속행위 모두 확약이 가능하다. 그리고 법령에 의해 본처분에 대한 권한이 있다면 확약을 허용하는 명문규정이 없더라도 허용된다는 본처분권한포함설이 다수설이다. 따라서 확약은 별도의 법적 근거가 없어도 할 수 있다.

정답

01	②	02	③	03	③	04	④
05	④	06	①	07	①	08	②
09	③	10	②	11	③	12	①
13	④	14	③	15	④	16	③
17	④	18	②	19	①	20	④

01　　　　　　　　　　　　　　　　정답 ②

① [O] 「행정기본법」 제27조 제1항은 '법령등을 위반하지 아니하는 범위에서'라고 규정하여 법률우위의 원칙이 공법상 계약에도 적용됨을 명시하고 있다. ➡ 법률유보의 원칙이 공법상 계약에 적용되는지에 관해서는 명시한 바 없음에 주의한다.

❷ [X] 「행정기본법」 제27조는 공법상 계약에 관한 일반법으로서 강행규정이다. 따라서 이에 위반한 공법상 계약은 무효이다.

> **「행정기본법」 제27조 【공법상 계약의 체결】** ① 행정청은 법령등을 위반하지 아니하는 범위에서 행정목적을 달성하기 위하여 필요한 경우에는 공법상 법률관계에 관한 계약(이하 '공법상 계약'이라 한다)을 체결할 수 있다. 이 경우 계약의 목적 및 내용을 명확하게 적은 계약서를 작성하여야 한다.
> ② 행정청은 공법상 계약의 상대방을 선정하고 계약 내용을 정할 때 공법상 계약의 공공성과 제3자의 이해관계를 고려하여야 한다.

③ [O] 공법상의 계약은 비권력적 행정작용이므로 법령에 명시적인 근거가 없더라도 행정청이 자유롭게 체결할 수 있다(다수설). 즉, 법률유보의 원칙은 공법상 계약에 적용되지 않는다.

④ [O] 「행정절차법」은 공법상 계약절차에 관한 일반적 규정을 두고 있지 않다. 즉, 공법상 계약에는 「행정절차법」이 적용되지 않는다.

02　　　　　　　　　　　　　　　　정답 ③

① [O] 공기업·준정부기관이 법령 또는 계약에 근거하여 선택적으로 입찰참가자격 제한 조치를 할 수 있는 경우, 계약상대방에 대한 입찰참가자격 제한 조치가 법령에 근거한 행정처분인지 아니면 계약에 근거한 권리행사인지는 원칙적으로 의사표시의 해석 문제이다. 이 때에는 공기업·준정부기관이 계약상대방에게 통지한 문서의 내용과 해당 조치에 이르기까지의 과정을 객관적·종합적으로 고찰하여 판단하여야 한다. 따라서 여러 사정에 비추어 볼 때, 한국수력원자력 주식회사가 한 입찰참가자격 제한 조치가 계약에 근거한 권리행사가 아니라 「공공기관의 운영에 관한 법률」에 근거한 것이면 행정처분으로 봄이 타당하다(대판 2018.10.25, 2016두33537 ; 대판 2019.2.14, 2016두33292). 즉, 계약상의 규정과 중첩되더라도 법령상의 근거를 가진 행위는 처분으로 인정할 수가 있다.

② [O] <한국환경산업기술원장이 환경기술개발사업 협약을 체결한 甲주식회사 등에게 연차평가 실시 결과 절대평가 60점 미만으로 평가되었다는 이유로 연구개발 중단 조치 및 연구비 집행중지 조치(이하 '각 조치'라 함)를 한 사안> … 각 조치는 甲회사 등에게 연구개발을 중단하고 이미 지급된 연구비를 더 이상 사용하지 말아야 할 공법상 의무를 부과하는 것이고, 연구개발 중단 조치는 협약의 해약 요건에도 해당하며, 조치가 있은 후에는 주관연구기관이 연구개발을 계속하더라도 그에 사용된 연구비는 환수 또는 반환대상이 되므로, 각 조치는 甲회사 등의 권리·의무에 직접적인 영향을 미치는 행위로서 항고소송의 대상이 되는 행정처분에 해당한다(대판 2015.12.24, 2015두264). 위 사안에서, 연구개발 중단 조치 및 연구비 집행중지 조치는 항고소송의 대상이 되는 행정처분에 해당한다.

❸ [X] <중소기업기술정보진흥원장이 甲주식회사와 중소기업 정보화지원사업 지원대상인 사업의 지원에 관한 협약을 체결하였는데, 협약이 甲회사에 책임이 있는 사업실패로 해지되었다는 이유로 협약에서 정한 대로 지급받은 정부지원금을 반환할 것을 통보한 사안> … 중소기업 정보화지원사업에 따른 지원금 출연을 위하여 중소기업청장이 체결하는 협약은 공법상 대등한 당사자 사이의 의사표시의 합치로 성립하는 공법상 계약에 해당하는 점, 구 중소기업 기술혁신 촉진법 제32조 제1항은 제10조가 정한 기술혁신사업과 제11조가 정한 산학협력 지원사업에 관하여 출연한 사업비의 환수에 적용될 수 있을 뿐 이와 근거규정을 달리하는 중소기업 정보화지원사업에 관하여 출연한 지원금에 대하여는 적용될 수 없고 달리 지원금 환수에 관한 구체적인 법령상 근거가 없는 점 등을 종합하면, 협약의 해지 및 그에 따른 환수통보는 공법상 계약에 따라 행정청이 대등한 당사자의 지위에서 하는 의사표시로 보아야 하고, 이를 행정청이 우월한 지위에서 행하는 공권력의 행사로서 행정처분에 해당한다고 볼 수는 없다(대판 2015.8.27, 2015두41449).

④ [O] 구 산업집적활성화 및 공장설립에 관한 법률의 여러 규정에서 알 수 있는 피고의 지위, 입주계약해지의 절차, 그 해지통보에 수반되는 법적 의무 및 그 의무를 불이행한 경우의 형사적 내지 행정적 제재 등을 종합적으로 고려하면, 같은 법 제42조 제1항 제5호에 따른 산업단지 입주계약의 해지통보는 단순히 대등한 당사자의 지위에서 형성된 공법상 계약을 계약당사자의 지위에서 종료시키는 의사표시에 불과하다고 볼 것이 아니라, 행정청인 관리권자로부터 관리업무를 위탁받은 피고(한국산업단지공단)가 우월적 지위에서 원고에게 일정한 법률상 효과를 발생하게 하는 것으로서 항고소송의 대상이 되는 행정처분에 해당한다고 할 것이다(대판 2011. 6.30, 2010두23859).

03　　　　　　　　　　　　　　　　정답 ③

① [X] 이 사건 합의는 「여객자동차 운수사업법」 제4조 제3항이 정한 '면허조건'을 원고들의 동의하에 사후적으로 붙인 것으로서, 이러한 면허조건을 위반하였음을 이유로 한 직권감차 통보는 피고가 우월적 지위에서 「여객자동차 운수사업법」 제85조 제1항 제38호에 따라 원고들에게 일정한 법적 효과를 발생하게 하는 것이므로 항고소송의 대상이 되는 처분에 해당한다고 보아야 하고, 단순히 대등한 당사자의 지위에서 형성된 공법상 계약에 근거한 의사표시에 불과한 것으로는 볼 수 없다(대판 2016.11.24, 2016두45028).

② [X] 행정청이 자신과 상대방 사이의 근로관계를 일방적인 의사표시로 종료시켰다고 하더라도 곧바로 그 의사표시가 행정청으로서 공권력을 행사하여 행하는 행정처분이라고 단정할 수는 없고, 관계 법령이 상대방의 근무관계에 관하여 구체적으로 어떻게 규정하고 있는지에 따라 그 의사표시가 항고소송의 대상이 되는 행정처분에 해당하는 것인지 아니면 공법상 계약관계의 일방 당사자로서 대등

한 지위에서 행하는 의사표시인지 여부를 개별적으로 판단하여야 한다(대판 2014.4.24, 2013두6244).

❸ [O] 「공유재산 및 물품 관리법」 제2조 제1호, 제7조 제1항, 제20조 제1항·제2항 제2호의 내용과 체계에 관련 법리를 종합하면, 지방자치단체의 장이 공유재산법에 근거하여 기부채납 및 사용·수익허가 방식으로 민간투자사업을 추진하는 과정에서 사업시행자를 지정하기 위한 전 단계에서 공모제안을 받아 일정한 심사를 거쳐 우선협상대상자를 선정하는 행위와 이미 선정된 우선협상대상자를 그 지위에서 배제하는 행위는 민간투자사업의 세부내용에 관한 협상을 거쳐 공유재산법에 따른 공유재산의 사용·수익 허가를 우선적으로 부여받을 수 있는 지위를 설정하거나 또는 이미 설정한 지위를 박탈하는 조치이므로 <u>모두 항고소송의 대상이 되는 행정처분으로 보아야 한다</u>(대판 2020.4.29, 2017두31064).

④ [X] 지방자치단체가 구 지방재정법 시행령 제71조의 규정에 따라 기부채납받은 공유재산을 무상으로 기부자에게 사용을 허용하는 행위는 사경제 주체로서 상대방과 대등한 입장에서 하는 <u>사법상 행위이지 행정청이 공권력의 주체로서 행하는 공법상 행위라고 할 수 없으므로</u>, 기부자가 기부채납한 부동산을 일정기간 무상사용한 후에 한 사용허가기간 연장신청을 거부한 행정청의 행위도 <u>단순한 사법상의 행위일 뿐 행정처분 기타 공법상 법률관계에 있어서의 행위는 아니다</u>(대판 1994.1.25, 93누7365).

04 　　　　　　　　　　　　　　　　　　　정답 ④

① [O] 계약직공무원에 대한 채용계약이 해지된 경우 이미 채용기간이 만료되어 소송 결과에 의해 법률상 그 직위가 회복되지 않는 이상 채용계약 해지의 의사표시의 무효확인만으로는 당해 소송에서 추구하는 권리구제의 기능이 있다고 할 수 없고, 침해된 급료지급청구권이나 사실상의 명예를 회복하는 수단은 바로 급료의 지급을 구하거나 명예훼손을 전제로 한 손해배상을 구하는 등의 이행청구소송으로 <u>직접적인 권리구제방법이 있는 이상 무효확인소송은 적절한 권리구제수단이라 할 수 없어</u> 확인소송의 또 다른 소송요건을 구비하지 못하고 있다 할 것이며, 위와 같이 직접적인 권리구제의 방법이 있는 이상 무효확인소송을 허용하지 않는다고 해서 당사자의 권리구제를 봉쇄하는 것도 아니다(대판 2008.6.12, 2006두16328).

② [O] 계약직공무원에 대한 채용계약이 해지된 경우에는 공무원 등으로 임용되는 데에 있어서 법령상의 아무런 제약사유가 되지 않을 뿐만 아니라, 계약기간 만료 전에 채용계약이 해지된 전력이 있는 사람이 공무원 등으로 임용되는 데에 있어서 그러한 전력이 없는 사람보다 사실상 불이익한 장애사유로 작용한다고 하더라도 그것만으로는 법률상의 이익이 침해되었다고 볼 수는 없으므로 그 무효확인을 구할 이익이 없다(대판 2008.6.12, 2006두16328).

③ [O] <u>공법상 계약에 관한 다툼은 대등한 당사자 간의 소송 형식인 공법상의 당사자소송으로 해결하여야 한다</u>(대판 1996.5.31, 95누10617).

❹ [X] <u>광주광역시문화예술회관장의 단원 위촉은</u> 광주광역시문화예술회관장이 행정청으로서 공권력을 행사하여 행하는 행정처분이 아니라 공법상의 근무관계의 설정을 목적으로 하여 광주광역시와 단원이 되고자 하는 자 사이에 대등한 지위에서 의사가 합치되어 성립하는 <u>공법상 근로계약에 해당한다고 보아야 할 것이므로</u>, 광주광역시립합창단원으로서 위촉기간이 만료되는 자들의 재위촉 신청에 대하여 광주광역시문화예술회관장이 실기와 근무성적에 대한 평정을 실시하여 재위촉을 하지 아니한 것을 <u>항고소송의 대상이 되는 불합격처분이라고 할 수는 없다</u>(대판 2001.12.11, 2001두7794).

05 　　　　　　　　　　　　　　　　　　　정답 ④

① [O] 각 중앙관서의 장 또는 계약담당 공무원은 계약을 체결하려면 일반경쟁에 부쳐야 한다. 다만, <u>계약의 목적·성질·규모 등을 고려하여 필요하다고 인정되면 대통령령으로 정하는 바에 따라 참가자의 자격을 제한하거나 참가자를 지명하여 경쟁에 부치거나 수의계약을 할 수 있다</u>(「국가를 당사자로 하는 계약에 관한 법률」 제7조).

② [O] 「국가를 당사자로 하는 계약에 관한 법률」에 따른 낙찰자 결정의 법적 성질은 <u>입찰과 낙찰행위가 있은 후에 더 나아가 본계약을 따로 체결한다는 취지로서 계약의 편무예약에 해당한다</u>(대판 2006. 6.29, 2005다41603).

③ [O] 판례는 「국가를 당사자로 하는 계약에 관한 법률」 제27조 제1항에 의한 중앙관서의 장(국방부장관, 산림청장, 조달청장 등)이 행한 입찰참가자격제한행위의 <u>처분성을 인정하여</u> 그 자격제한처분 취소소송을 받아들여 본안판단을 하고 있다(대판 2000.10.13, 99두3201 ; 대판 1986.3.11, 85누793 ; 대판 1994.6.24, 94누958 등).

❹ [X] 「행정기본법」은 계약해지나 공법상 계약 불이행에 대해 행정청의 자력집행력을 규정하고 있지 않다.

> **「행정기본법」 제27조【공법상 계약의 체결】** ① 행정청은 법령등을 위반하지 아니하는 범위에서 행정목적을 달성하기 위하여 필요한 경우에는 공법상 법률관계에 관한 계약(이하 '공법상 계약'이라 한다)을 체결할 수 있다. 이 경우 계약의 목적 및 내용을 명확하게 적은 계약서를 작성하여야 한다.
> ② 행정청은 공법상 계약의 상대방을 선정하고 계약 내용을 정할 때 공법상 계약의 공공성과 제3자의 이해관계를 고려하여야 한다.

06 　　　　　　　　　　　　　　　　　　　정답 ①

❶ [X] 행정계획의 법적 성질에 관하여는 입법행위설, 행정행위설, 독자성설 등이 주장되고 있다. 그러나 행정계획의 법적 성질을 일률적으로 단정지을 수는 없으며 개별적으로 검토하여 법적 구속력이 있는지, 항고소송의 대상이 되는지 여부를 판단해야 한다는 개별검토설이 통설이다. 판례도 국민의 권리·의무에 구체적·개별적인 영향을 미치는 행정계획(예 도시관리계획)에 대해서는 처분성을 인정하나(대판 1982.3.9, 80누105), 그렇지 않은 행정계획(예 환지계획)에 대해서는 처분성을 부정한다(대판 1999.8.20, 97누6889).

② [O] 구 도시 및 주거환경정비법에 따른 주택재건축정비사업조합은 관할 행정청의 감독 아래 위 법상 주택재건축사업을 시행하는 공법인으로서, 그 목적범위 내에서 법령이 정하는 바에 따라 일정한 행정작용을 행하는 행정주체의 지위를 가진다 할 것인데, 재건축정비사업조합이 이러한 행정주체의 지위에서 위 법에 기초하여 수립한 사업시행계획은 인가·고시를 통해 확정되면 이해관계인에 대한 구속적 행정계획으로서 독립된 행정처분에 해당하고, 이와 같은 사업시행계획안에 대한 조합총회결의는 그 행정처분에 이르는 절차적 요건 중 하나에 불과한 것으로서, 그 계획이 확정된 후에는 항고소송의 방법으로 계획의 취소 또는 무효확인을 구할 수 있을 뿐, 절차적 요건에 불과한 총회결의 부분만을 대상으로 그 효력 유무를 다투는 확인의 소를 제기하는 것은 허용되지 아니하고, 한편 이러한 항고소송의 대상이 되는 행정처분의 효력이나 집행 혹은 절차속행 등의 정지를 구하는 신청은 「행정소송법」상 집행정지신청의 방법으로서만 가능할 뿐 「민사소송법」상 가처분의 방법으로는 허용될 수 없다(대결 2009.11.2, 2009마596).

③ [O] 도시계획시설결정은, 그 결정 자체로 인하여 직접 그 결정이 지정한 특정 지역 안의 토지나 건물 소유자가 토지의 형질변경 및 건축물의 신축·증축 등의 권리행사를 제한받게 되는 점에서 볼 때, 특정 개인의 구체적인 권리·의무나 법률관계를 직접적으로 규율하는 성격을 갖는 행정처분에 해당한다(헌재 2011.2.24, 2009헌마164).

④ [O] 대지에 대한 매수를 청구한 경우 매수의무자는 그 청구를 받은 날부터 6개월 이내에 매수 여부를 결정하면 되므로, 매수청구가 있다고 하여 매매의 효과가 바로 발생하는 것은 아니다.

> **「국토의 계획 및 이용에 관한 법률」 제47조 【도시·군계획시설 부지의 매수청구】** ① 도시·군계획시설에 대한 도시·군관리계획의 결정의 고시일부터 10년 이내에 그 도시·군계획시설의 설치에 관한 도시·군계획시설사업이 시행되지 아니하는 경우 그 도시·군계획시설의 부지로 되어 있는 토지 중 지목이 대(垈)인 토지의 소유자는 대통령령으로 정하는 바에 따라 특별시장·광역시장·특별자치시장·특별자치도지사·시장 또는 군수에게 그 토지의 매수를 청구할 수 있다.
> ⑥ 매수의무자는 제1항에 따른 매수청구를 받은 날부터 6개월 이내에 매수 여부를 결정하여 토지소유자와 특별시장·광역시장·특별자치시장·특별자치도지사·시장 또는 군수에게 알려야 하며, 매수하기로 결정한 토지는 매수 결정을 알린 날부터 2년 이내에 매수하여야 한다.

07   정답 ①

❶ [O] 국토해양부, 환경부, 문화체육관광부, 농림수산부, 식품부가 합동으로 2009.6.8. 발표한 '4대강 살리기 마스터플랜' 등은 4대강 정비사업과 주변 지역의 관련 사업을 체계적으로 추진하기 위하여 수립한 종합계획이자 '4대강 살리기 사업'의 기본방향을 제시하는 계획으로서, 행정기관 내부에서 사업의 기본방향을 제시하는 것일 뿐, 국민의 권리·의무에 직접 영향을 미치는 것이 아니어서 행정처분에 해당하지 않는다(대결 전합체 2011.4.21, 2010무111).

② [X] 개발제한구역의 지정으로 인한 개발가능성의 소멸과 그에 따른 지가의 하락이나 지가상승률의 상대적 감소는 토지소유자가 감수해야 하는 사회적 제약의 범주에 속하는 것으로 보아야 한다. 자신의 토지를 장래에 건축이나 개발목적으로 사용할 수 있으리라는 기대가능성이나 신뢰 및 이에 따른 지가상승의 기회는 원칙적으로 재산권의 보호범위에 속하지 않는다. 구역지정 당시의 상태대로 토지를 사용·수익·처분할 수 있는 이상, 구역지정에 따른 단순한 토지이용의 제한은 원칙적으로 재산권에 내재하는 사회적 제약의 범주를 넘지 않는다. 따라서 구 도시계획법 제21조에 의한 재산권의 제한은 개발제한구역으로 지정된 토지를 원칙적으로 지정 당시의 지목과 토지현황에 의한 이용방법에 따라 사용할 수 있는 한, 재산권에 내재하는 사회적 제약을 비례의 원칙에 합치하게 합헌적으로 구체화한 것이라고 할 것이나, 종래의 지목과 토지현황에 의한 이용방법에 따른 토지의 사용도 할 수 없거나 실질적으로 사용·수익을 전혀 할 수 없는 예외적인 경우에도 아무런 보상 없이 이를 감수하도록 하고 있는 한, 비례의 원칙에 위반되어 당해 토지소유자의 재산권을 과도하게 침해하는 것으로서 헌법에 위반된다(헌재 1998.12.24, 89헌마214 ; 대판 1996.6.28, 94다54511).

③ [X] 환지계획은 환지예정지 지정이나 환지처분의 근거가 될 뿐 그 자체가 직접 토지소유자 등의 법률상의 지위를 변동시키거나 또는 환지예정지 지정이나 환지처분과는 다른 고유한 법률효과를 수반하는 것이 아니어서 이를 항고소송의 대상이 되는 처분에 해당한다고 할 수가 없다(대판 1999.8.20, 97누6889).

④ [X] 정부의 수도권 소재 공공기관의 지방이전시책을 추진하는 과정에서 도지사가 도 내 특정시를 공공기관이 이전할 혁신도시 최종입지로 선정한 행위는 항고소송의 대상이 되는 행정처분이 아니다(대판 2007.11.15, 2007두10198).

08   정답 ②

① [X] 도시·군관리계획결정의 효력은 지형도면을 고시한 날부터 발생한다(「국토의 계획 및 이용에 관한 법률」 제31조 제1항).

❷ [O] 구 도시계획법 제7조가 도시계획결정 등 처분의 고시를 도시계획구역, 도시계획결정 등의 효력발생요건으로 규정하였다고 볼 것이어서 건설부장관 또는 그의 권한의 일부를 위임받은 서울특별시장, 도지사 등 지방장관이 기안·결재 등의 과정을 거쳐 정당하게 도시계획결정 등의 처분을 하였다고 하더라도 이를 관보에 게재하여 고시하지 아니한 이상 대외적으로는 아무런 효력도 발생하지 아니한다(대판 1985.12.10, 85누186).

③ [X] 행정계획의 집중효란 계획확정행정기관이 사업계획을 확정하면 그 사업을 수행하는 데 필요한 다른 법령에 의한 인·허가를 받은 것으로 의제하는 효력을 말하는 것으로서, 계획확정절차를 통해 인·허가를 받은 것으로 대체된다는 점에서 대체효라고도 한다. 이 집중효가 다른 행정청(대체행정청)의 관할권에만 미치는가 아니면 의제되는 인·허가와 관련된 절차법상 또는 실체법상의 요건에까지 미치는가에 대해서는 견해의 대립이 있다. 즉, ㉠ 집중효는 대체행정청의 관할에만 미친다는 관할집중설, ㉡ 집중효는 대체행정청의 관할만이 아니라 의제되는 인·허가의 절차법상 요건규정에까지 미친다는 절차집중설(다수설), ㉢ 집중효가 절차뿐만 아니라 실체법상의 요건에까지 미치나 실체법적 요건은 완화될 수 있다는 제한적 실체집중설 등이 그것이다. 관할집중설에 의하면 계획확정행정기관은 의제되는 인·허가와 관련된 절차법·실체법상의 요건규정에 기속되어 그 모두를 준수해야 하나, 절차집중설에 의하면 계획확정행정기관은 의제되는 인·허가와 관련된 절차규정을 따를 필요가 없으나 실체법상의 요건규정에는 집중효가 미치지 못하므로 실체법상의 요건에는 기속된다. 판례도 "국토교통부장관이 구 주택건설촉진법 제33조에 따라 관계 기관의 장과의 협의를 거쳐 사업계획승인을 한 이상 같은 조 제4항의 허가·인가·결정·승인 등이 있는 것으로 볼 것이고, 그 절차와 별도로 구 도시계획법 제12조 등 소정의 중앙도시계획위원회의 의결이나 주민의 의견청취 등 절차를 거칠 필요는 없다."라고 판시하여 절차집중설의 입장을 취하고 있다(대판 1992.11.10, 92누1162).

④ [X] 행정계획은 구속효 여부에 따라 구속적 행정계획과 비구속적 행정계획이 있다(헌재 2012.4.3, 2012헌마164). 그리고 행정계획의 집중효의 범위 내지 정도에 대해서는 관할집중설·절차집중설·제한적 실체집중설 등이 대립하고 있으나, 다른 행정청(대체행정청)의 관할만이 아니라 의제되는 인·허가의 절차법상 요건규정에까지 집중효의 효력이 미친다는 절차집중설이 다수설·판례(대판 1992.11.10, 92누1162)이다. 이 절차집중설에 의하면 계획확정행정기관은 의제되는 인·허가와 관련된 절차규정을 따를 필요가 없으나 실체법상의 요건규정에는 집중효가 미치지 못하므로 실체법상의 요건에는 기속된다.

09   정답 ③

① [X] 2012년도와 2013년도 '대학교육역량강화사업 기본계획'은 대학교육역량강화 지원사업을 추진하기 위한 국가의 기본방침을 밝히고 국가가 제시한 일정 요건을 충족하여 높은 점수를 획득한 대학

에 대하여 지원금을 배분하는 것을 내용으로 하는 행정계획일 뿐, 위 계획에 따를 의무를 부과하는 것은 아니다. 총장직선제를 개선하지 않을 경우 지원금을 받지 못하게 될 가능성이 있어 대학들이 이 계획에 구속될 여지가 있다 하더라도, 이는 사실상의 구속에 불과하고 이에 따를지 여부는 전적으로 대학의 자율에 맡겨져 있다. 더구나 총장직선제를 개선하려면 학칙이 변경되어야 하므로, 계획 자체만으로는 대학의 구성원인 청구인들의 법적 지위나 권리·의무에 어떠한 영향도 미친다고 보기 어렵다. 따라서 2012년도와 2013년도 계획 부분은 헌법소원의 대상이 되는 공권력 행사에 해당하지 아니한다(헌재 2016.10.27, 2013헌마576).

② [X] 비구속적 행정계획안이나 행정지침이라도 국민의 기본권에 직접적으로 영향을 끼치고, 앞으로 법령의 뒷받침에 의하여 그대로 실시될 것이 틀림없을 것으로 예상될 수 있을 때에는, 공권력 행위로서 예외적으로 헌법소원의 대상이 된다(헌재 2012.4.3, 2012헌마164).

❸ [O] 도시·군계획시설결정 단계에서 계획시설의 공익성 여부와 그 설치사업에 따른 공익과 사익 사이의 이익형량이 이루어진다. 도시·군계획시설사업의 실시계획인가 여부를 결정하는 행정청은 특별한 사정이 없는 한 실시계획이 도시·군계획시설의 구조 및 설치의 기준 등에 부합하는지 여부를 판단하는 것으로 충분하고, 나아가 그 사업의 공익성 여부나 사업 수행에 따른 이익형량을 다시 할 필요는 없다(대판 2017.7.18, 2016두49938).

④ [X] 행정주체가 행정계획을 입안·결정하면서 이익형량을 전혀 행하지 않거나, 이익형량의 고려대상에 마땅히 포함시켜야 할 사항을 빠뜨린 경우 또는 이익형량을 하였으나 정당성과 객관성이 결여된 경우에는 행정계획결정은 형량에 하자가 있어 위법하게 된다. 이러한 법리는 행정주체가 구 국토의 계획 및 이용에 관한 법률 제26조에 의한 주민의 도시관리계획 입안 제안을 받아들여 도시관리계획결정을 할 것인지를 결정할 때에도 마찬가지이고, 나아가 도시계획시설구역 내 토지 등을 소유하고 있는 주민이 장기간 집행되지 아니한 도시계획시설의 결정권자에게 도시계획시설의 변경을 신청하고, 결정권자가 이러한 신청을 받아들여 도시계획시설을 변경할 것인지를 결정하는 경우에도 동일하게 적용된다고 보아야 한다(대판 2012.1.12, 2010두5806).

10   정답 ②

① [X] 행정주체가 구체적인 행정계획을 입안·결정할 때에 가지는 비교적 광범위한 형성의 자유는 무제한적인 것이 아니라 행정계획에 관련되는 자들의 이익을 공익과 사익 사이에서는 물론이고 공익 상호 간과 사익 상호간에도 정당하게 비교·교량하여야 한다는 제한이 있는 것이므로, 행정주체가 행정계획을 입안·결정하면서 이익형량을 전혀 행하지 않거나(형량해태·형량의 부존재), 이익형량의 고려대상에 마땅히 포함시켜야 할 사항을 빠뜨린 경우(형량흠결·형량의 누락) 또는 이익형량을 하였으나 정당성과 객관성이 결여된 경우(오형량·형량의 불비례)에는 행정계획결정은 형량에 하자가 있어 위법하게 된다(대판 2012.1.12, 2010두5806 ; 대판 2016. 2.18, 2015두53640 등).

❷ [O] 행정주체가 행정계획을 입안·결정할 때 이익형량을 전혀 행하지 않거나(형량해태), 이익형량의 고려대상에 마땅히 포함시켜야 할 사항을 누락한 경우(형량흠결) 또는 이익형량을 하였으나 정당성과 객관성이 결여된 경우(오형량)에는 그 행정계획결정은 이익형량에 하자가 있어(재량권을 일탈·남용한 것으로서) 위법하게 될 수 있다(대판 2016.2.18, 2015두53640 ; 대판 1996.11.29, 96누8567 등).

③ [X] 행정주체가 행정계획을 입안·결정함에 있어서 이익형량을 전혀 행하지 아니하거나(형량해태), 이익형량의 고려대상에 마땅히 포함시켜야 할 사항을 누락한 경우(형량흠결) 또는 이익형량을 하였으나 정당성과 객관성이 결여되거나 비례의 원칙에 어긋나게 된 경우(오형량 내지 형량불비례), 그 행정계획결정은 형량에 하자가 있어 위법하게 된다(대판 2011.2.24, 2010두21464). 그 밖에 조사의무를 이행하지 않은 경우(형량조사의 하자 내지 조사의 흠결)와 관련된 공익 또는 사익의 가치를 잘못 평가하는 경우(평가의 과오)도 형량명령 하자의 내용에 속한다.

④ [X] 「문화재보호법」은 문화재를 보존하여 이를 활용함으로써 국민의 문화적 생활의 향상을 도모함과 아울러 인류문화의 발전에 기여함을 목적으로 하면서도, 문화재보호구역의 지정에 따른 재산권 행사의 제한을 줄이기 위하여, 행정청에게 보호구역을 지정한 경우에 일정한 기간마다 적정성 여부를 검토할 의무를 부과하고, 그 검토사항 등에 관한 사항은 문화관광부령으로 정하도록 위임하였으며, 검토 결과 보호구역의 지정이 적정하지 아니하거나 기타 특별한 사유가 있는 때에는 보호구역의 지정을 해제하거나 그 범위를 조정하여야 한다고 규정하고 있는 점, 같은 법 제8조 제3항의 위임에 의한 같은 법 시행규칙 제3조의2 제1항은 그 적정성 여부의 검토에 있어서 당해 문화재의 보존가치 외에도 보호구역의 지정이 재산권 행사에 미치는 영향 등을 고려하도록 규정하고 있는 점 등과 헌법상 개인의 재산권 보장의 취지에 비추어 보면, 문화재보호구역 내에 있는 토지소유자 등으로서는 위 보호구역의 지정해제를 요구할 수 있는 법규상 또는 조리상의 신청권이 있다고 할 것이고, 이러한 신청에 대한 거부행위는 항고소송의 대상이 되는 행정처분에 해당한다(대판 2004.4.27, 2003두8821).

11   정답 ③

① [O] 도시계획시설의 지정으로 말미암아 당해 토지의 이용가능성이 배제되거나 또는 토지소유자가 토지를 종래 허용된 용도대로도 사용할 수 없기 때문에 이로 말미암아 현저한 재산적 손실이 발생하는 경우에는, 원칙적으로 사회적 제약의 범위를 넘는 수용적 효과를 인정하여 국가나 지방자치단체는 이에 대한 보상을 해야 한다(헌재 1999.10.21, 97헌바26).

② [O] 어떠한 경우라도 토지의 사적 이용권이 배제된 상태에서 토지소유자로 하여금 10년 이상을 아무런 보상 없이 수인하도록 하는 것은 공익실현의 관점에서도 정당화될 수 없는 과도한 제한으로서 헌법상의 재산권 보장에 위배된다고 보아야 한다(헌재 1999.10.21, 97헌바26).

❸ [X] 장기미집행 도시계획시설결정의 실효제도는 도시계획시설부지로 하여금 도시계획시설결정으로 인한 사회적 제약으로부터 벗어나게 하는 것으로서 결과적으로 개인의 재산권이 보다 보호되는 측면이 있는 것은 사실이나, 이와 같은 보호는 입법자가 새로운 제도를 마련함에 따라 얻게 되는 법률에 기한 권리일 뿐 헌법상 재산권으로부터 당연히 도출되는 권리는 아니다(헌재 2005.9.29, 2002헌바84). 따라서 장기미집행에 따른 도시계획시설결정의 실효를 위해서는 헌법상 재산권 조항을 가지고는 부족하고 법률의 근거가 필요하며, 현행 「국토의 계획 및 이용에 관한 법률」 제48조에서 규정을 두고 있다.

> 「국토의 계획 및 이용에 관한 법률」 제48조【도시·군계획시설결정의 실효 등】① 도시·군계획시설결정이 고시된 도시·군계획시설에 대하여 그 고시일부터 20년이 지날 때까지 그 시설의 설치에 관한 도시·군계획시설사업이 시행되지 아니하는 경우 그 도시·군계획시설결정은 그 고시일부터 20년이 되는 날의 다음 날에 그 효력을 잃는다.

④ [O] 「행정기본법」에는 행정계획에 대한 규정을 두고 있지 않다.

❶ [X] 일정한 경우 개발제한구역의 지정을 도시계획으로 결정할 수 있는 건설교통부(현 국토교통부)장관의 권한과 개발제한구역 내에서의 행위제한과 그 위임에 관하여 규정하고 있는 구 도시계획법 제21조의 내용에 비추어 볼 때, 건설교통부장관의 개발제한구역의 지정·고시라는 별도의 구체적인 집행행위에 의하여 비로소 재산권 침해 여부의 문제가 발생할 수 있는 것이지, 위 법률조항 자체에 의하여 직접 자유의 제한, 의무의 부과, 권리 또는 법적 지위의 박탈이 생긴 경우라고는 볼 수 없다(헌재 1999.10.21, 98헌마407). 즉, 개발제한구역 지정행위(도시관리계획결정)에 대하여는 행정심판 및 행정소송 등을 제기할 수 있으므로(즉, 처분성이 인정되므로), 우선 그러한 구제절차를 거쳐야 헌법소원을 제기할 수 있다(헌재 1991.9.16, 89헌마152 ; 헌재 2011.2.24, 2009헌마164).

② [O] 대판 2008.3.27, 2006두3742

③ [O] 「행정절차법」은 행정계획의 수립에 관해 일반적 규정을 두고 있지 않다. 그러나 행정계획이 「행정절차법」상 처분에 해당하는 경우에는 특별한 규정이 없는 한 「행정절차법」상의 처분절차에 따라야 하고(같은 법 제17조~제39조의2), 또 행정청은 행정계획을 수립·시행하거나 변경하려는 경우에는 원칙적으로 이를 예고하여야 한다(「행정절차법」 제46조 제1항).

④ [O] 구 도시계획법 제16조의2 제2항과 같은 법 시행령 제14조의2 제6항 내지 제8항의 규정을 종합하여 보면 도시계획의 입안에 있어 해당 도시계획안의 내용을 공고 및 공람하게 한 것은 다수 이해관계자의 이익을 합리적으로 조정하여 국민의 권리·자유에 대한 부당한 침해를 방지하고 행정의 민주화와 신뢰를 확보하기 위하여 국민의 의사를 그 과정에 반영시키는 데 있는 것이므로 이러한 공고 및 공람 절차에 하자가 있는 도시계획결정은 위법하다(대판 2000.3.23, 98두2768).

㉠ [O] 추첨방식에 의하여 운수사업면허 대상자를 선정하는 경우 추첨 자체는 다수의 면허 신청자 중에서 면허를 받을 수 있는 신청자를 특정하여 선발하는 행정처분을 위한 사전 준비절차로서의 사실행위에 불과한 것이다(대판 1993.5.11, 92누15987).

㉡ [O] 수형자의 서신을 교도소장이 검열하는 행위는 이른바 권력적 사실행위로서 행정심판이나 행정소송의 대상이 되는 행정처분으로 볼 수 있으나, 위 검열행위가 이미 완료되어 행정심판이나 행정소송을 제기하더라도 소의 이익이 부정될 수밖에 없으므로 헌법소원심판을 청구하는 외에 다른 효과적인 구제방법이 있다고 보기 어렵기 때문에 보충성의 원칙에 대한 예외에 해당한다(헌재 1998.8.27, 96헌마398).

㉢ [X] 한국철도시설공단이 甲회사에 대하여 한 '공사낙찰적격심사 감점처분'은 행정청이나 그 소속 기관 또는 그 위임을 받은 공공단체의 공법상의 행위가 아니라 장차 그 대상인 甲회사가 공단이 시행하는 입찰에 참가하는 경우에 그 낙찰적격자 심사 등 계약사무를 처리함에 있어 공단 내부규정인 '공사낙찰적격심사세부기준'에 의하여 종합취득점수의 10/100을 감점하게 된다는 뜻의 사법상의 효력을 가지는 통지행위에 불과하다 할 것이고, 또한 공단의 이와 같은 통지행위가 있다고 하여 甲회사에 「공공기관의 운영에 관한 법률」 제39조 제2항·제3항, 구 공기업·준정부기관 계약사무규칙 제15조에 의한 국가, 지방자치단체 또는 다른 공공기관에서 시행하는 모든 입찰에의 참가자격을 제한하는 효력이 발생한다고 볼 수도 없으므로, 공단의 이 사건 감점조치는 행정소송의 대상이 되는 행정처분이라고 할 수 없다(대판 2014.12.24, 2010두6700).

㉣ [X] 토지의 매매대금을 허위로 신고하고 계약을 체결하였다면 이는 계약예정금액에 대하여 허위의 신고를 하고 토지 등의 거래계약을 체결한 것으로서 구 국토이용관리법 제33조 제4호에 해당한다고 할 것이고, 행정관청이 구 국토이용관리법 소정의 토지거래계약신고에 관하여 공시된 기준시가를 기준으로 매매가격을 신고하도록 행정지도를 하여 그에 따라 허위신고를 한 것이라 하더라도 이와 같은 행정지도는 법에 어긋나는 것으로서 그와 같은 행정지도나 관행에 따라 허위신고행위에 이르렀다고 하여도 이것만 가지고서는 그 범법행위가 정당화될 수 없다(대판 1994.6.14, 93도3247).

㉤ [X] 행정기관이 같은 행정목적을 실현하기 위하여 많은 상대방에게 행정지도를 하려는 경우에는 특별한 사정이 없으면 행정지도에 공통적인 내용이 되는 사항을 공표하여야 한다(「행정절차법」 제51조).

① [X] 「국가배상법」이 정한 배상청구의 요건인 '공무원의 직무'에는 권력적 작용만이 아니라 행정지도와 같은 비권력적 작용도 포함되며, 단지 행정주체가 사경제 주체로서 하는 활동만이 제외된다(대판 1998.7.10, 96다38971). 그러나 행정지도가 강제성을 띠지 않은 비권력적 작용으로서 행정지도의 한계를 일탈하지 아니하였다면, 그로 인하여 상대방에게 어떤 손해가 발생하였다 하더라도 행정기관은 그에 대한 손해배상책임이 없다(대판 2008.9.25, 2006다18228).

② [X] 행정지도는 비권력적 사실행위로서, 행정지도에 따를 것인지 여부는 상대방의 임의적 결정에 달려 있으므로 원칙적으로 법적 근거가 필요하지 않다. 그러나 법률우위의 원칙은 행정지도에도 적용된다. 따라서 행정지도도 행정법의 일반원칙인 비례원칙·평등원칙·신뢰보호원칙·부당결부금지원칙 등의 구속을 받는다.

❸ [O] ④ [X] 토지의 매매대금을 허위로 신고하고 계약을 체결하였다면 이는 계약예정금액에 대하여 허위의 신고를 하고 토지 등의 거래계약을 체결한 것으로서 구 국토이용관리법 제33조 제4호에 해당한다고 할 것이고, 행정관청이 구 국토이용관리법 소정의 토지거래계약 신고에 관하여 공시된 기준시가를 기준으로 매매가격을 신고하도록 행정지도를 하여 그에 따라 허위신고를 한 것이라 하더라도 이와 같은 행정지도는 법에 어긋나는 것으로서 그와 같은 행정지도나 관행에 따라 허위신고행위에 이르렀다고 하여도 이것만 가지고서는 그 범법행위가 정당화될 수 없다(대판 1994.6.14, 93도3247 ; 대판 1992.4.24, 91도1609). 즉, 위법한 행정지도에 따라 행한 사인의 행위도 원칙적으로 위법성이 인정된다.

① [O] 「행정절차법」 제51조

② [O] 행정기관은 행정지도의 상대방이 행정지도에 따르지 아니하였다는 것을 이유로 불이익한 조치를 하여서는 아니 된다(「행정절차법」 제48조 제2항).

③ [O] 「행정절차법」 제48조 제1항

❹ [X] 행정지도의 상대방은 해당 행정지도의 방식·내용 등에 관하여 행정기관에 의견제출을 할 수 있다(「행정절차법」 제50조).

㉠ [X] 행정기관이 같은 행정목적을 실현하기 위하여 많은 상대방에게 행정지도를 하려는 경우에는 특별한 사정이 없으면 <u>행정지도에 공통적인 내용이 되는 사항을 공표하여야</u> 한다(「행정절차법」 제51조).

㉡ [O] 교육인적자원부(현 교육부)장관의 대학총장들에 대한 학칙시정요구는 「고등교육법」 제6조 제2항, 같은 법 시행령 제4조 제3항에 따른 것으로서 그 법적 성격은 대학총장의 임의적인 협력을 통하여 사실상의 효과를 발생시키는 행정지도의 일종이지만, 그에 따르지 않을 경우 일정한 불이익조치를 예정하고 있어 사실상 상대방에게 그에 따를 의무를 부과하는 것과 다를 바 없으므로 단순한 행정지도로서의 한계를 넘어 규제적·구속적 성격을 상당히 강하게 갖는 것으로서 헌법소원의 대상이 되는 공권력의 행사라고 볼 수 있다(헌재 2003.6.26, 2002헌마337).

㉢ [X] 강압적인 위법한 행정지도가 아닌 한, 행정지도는 비권력적 사실행위로서 상대방의 임의적 협력을 전제로 하기 때문에 처분성이 인정되지 않음이 원칙이다(대판 1980.10.27, 80누395). 그러나 행정지도를 따르지 않았다는 이유로 발령된 행정행위는 새로운 처분이므로 항고소송의 대상이 된다.

㉣ [O] 항고소송의 대상이 되는 행정처분은 행정청의 공법상의 행위로서 상대방 또는 기타 관계자들의 법률상 지위에 직접적으로 법률적인 변동을 일으키는 행위를 말하는 것이므로 세무당국이 소외 회사에 대하여 원고와의 주류거래를 일정기간 중지하여 줄 것을 요청한 행위는 권고 내지 협조를 요청하는 권고적 성격의 행위로서 소외 회사나 원고의 법률상의 지위에 직접적인 법률상의 변동을 가져오는 행정처분이라고 볼 수 없는 것이므로 항고소송의 대상이 될 수 없다(대판 1980.10.27, 80누395).

① [O] 단수처분은 <u>항고소송의 대상이 되는 행정처분에 해당한다</u>(대판 1979.12.28, 79누218).

② [O] 수형자의 서신을 교도소장이 검열하는 행위는 이른바 <u>권력적 사실행위로서 행정심판이나 행정소송의 대상이 되는 행정처분으로 볼 수 있으나</u>, 위 검열행위가 이미 완료되어 행정심판이나 행정소송을 제기하더라도 소의 이익이 부정될 수밖에 없으므로 헌법소원심판을 청구하는 외에 다른 효과적인 구제방법이 있다고 보기 어렵기 때문에 보충성의 원칙에 대한 예외에 해당한다(헌재 1998.8.27, 96헌마398).

③ [O] 행정청이 위법건축물에 대한 시정명령을 하고 나서 위반자가 이를 이행하지 아니하여 전기·전화의 공급자에게 그 위법건축물에 대한 전기·전화공급을 하지 말아 줄 것을 요청한 행위는 권고적 성격의 행위에 불과한 것으로서 전기·전화공급자나 특정인의 법률상 지위에 직접적인 변동을 가져오는 것은 아니므로 이를 항고소송의 대상이 되는 행정처분이라고 볼 수 없다(대판 1996.3.22, 96누433).

❹ [X] 행정규칙에 의한 '불문경고조치'가 비록 법률상의 징계처분은 아니지만 위 처분을 받지 아니하였다면 차후 <u>다른 징계처분이나 경고를 받게 될 경우 징계감경사유로 사용될 수 있었던 표창공적의 사용가능성을 소멸시키는 효과와 1년 동안 인사기록카드에 등재됨으로써 그 동안은 장관표창이나 도지사표창 대상자에서 제외시키는 효과 등이 있다는 이유로 항고소송의 대상이 되는 행정처분에 해당한다</u>(대판 2002.7.26, 2001두3532).

① [X] 교육인적자원부(현 교육부)장관의 대학총장들에 대한 이 사건 학칙시정요구는 「고등교육법」 제6조 제2항, 같은 법 시행령 제4조 제3항에 따른 것으로서 그 법적 성격은 대학총장의 임의적인 협력을 통하여 사실상의 효과를 발생시키는 행정지도의 일종이지만, 그에 따르지 않을 경우 일정한 불이익조치를 예정하고 있어 사실상 상대방에게 따를 의무를 부과하는 것과 다를 바 없으므로 <u>단순한 행정지도로서의 한계를 넘어 규제적·구속적 성격을 상당히 강하게 갖는 것으로서 헌법소원의 대상이 되는 공권력의 행사라고 볼 수 있다</u>(헌재 2003.6.26, 2002헌마337).

❷ [O] 노동부(현 고용노동부)장관이 2009.4. 노동부 산하 7개 공공기관의 단체협약 내용을 분석하여 2009.5.1.경 불합리한 요소를 개선하라고 요구한 행위는 이를 따르지 않을 경우의 불이익을 명시적으로 예정하고 있다고 보기 어렵고, 행정지도로서의 한계를 넘어 규제적·구속적 성격을 강하게 갖는다고 할 수 없어 헌법소원의 대상이 되는 공권력의 행사에 해당한다고 볼 수 없다(헌재 2011. 12.29, 2009헌마330).

③ [X] 강제성을 띠지 아니한 행정지도에 상대방에 따랐다 해도, 이는 자유로운 의사에 기해 선택한 것이므로 그 피해에 대해서도 상대방이 수인하여야 하고, 따라서 손실보상청구권도 인정되지 아니한다.

④ [X] 행정지도가 강제성을 띠지 않은 비권력적 작용으로서 행정지도의 한계를 일탈하지 아니하였다면, 그로 인하여 상대방에게 어떤 손해가 발생하였다 하더라도 행정기관은 그에 대한 손해배상책임이 없다(대판 2008.9.25, 2006다18228).

❶ [O] 대판 2008.9.25, 2006다18228

② [X] 행정기관의 위법한 행정지도로 일정기간 어업권을 행사하지 못하는 손해를 입은 자가 그 어업권을 타인에게 매도하여 매매대금 상당의 이득을 얻었더라도 그 이득은 손해배상책임의 원인이 되는 행위인 위법한 행정지도와 상당인과관계에 있다고 볼 수 없고, 행정기관이 배상하여야 할 손해는 위법한 행정지도로 피해자가 일정기간 어업권을 행사하지 못한 데 대한 것임에 반해 피해자가 얻은 이득은 어업권 자체의 매각대금이므로 위 이득이 위 손해의 범위에 대응하는 것이라고 볼 수도 없어, <u>피해자가 얻은 매매대금 상당의 이득을 행정기관이 배상하여야 할 손해액에서 공제할 수 없다</u>(대판 2008.9.25, 2006다18228).

③ [X] 「국가배상법」이 정한 배상청구의 요건인 '공무원의 직무'에는 <u>권력적 작용만이 아니라 행정지도와 같은 비권력적 작용도 포함된다</u>(대판 1998.7.10, 96다38971).

④ [X] 행정지도가 강제성을 띠지 않은 비권력적 작용으로서 행정지도의 한계를 일탈하지 아니하였다면, 그로 인하여 상대방에게 어떤 손해가 발생하였다 하더라도 <u>행정기관은 그에 대한 손해배상책임이 없다</u>(대판 2008.9.25, 2006다18228).

① [O] 행정청에 의하여 의도된 이상 자동기계에 의하여 사람이 개입하지 않고도 자동적으로 발급되거나 결정되는 행위도 행정행위가 될 수 있다.

② [O] 행정의 자동결정의 기준이 되는 프로그램의 법적 성질은 행정규칙이라고 볼 수 있다.

③ [O] 교통신호등에는 「행정절차법」의 사전통지나 의견청취절차, 이유부기가 생략된다.

❹ [X]

> 「**행정기본법**」 **제20조【자동적 처분】** 행정청은 법률로 정하는 바에 따라 완전히 자동화된 시스템(인공지능 기술을 적용한 시스템을 포함한다)으로 처분을 할 수 있다. 다만, 처분에 재량이 있는 경우는 그러하지 아니하다.

정답

01	①	02	②	03	③	04	①
05	③	06	②	07	④	08	③
09	②	10	③	11	③	12	②
13	②	14	④	15	①	16	④
17	①	18	④	19	④	20	③

01 정답 ①

❶ [○] 「행정절차법」 제2조 제2호, 「행정심판법」 제2조 제1호, 「행정소송법」 제2조 제1항 제1호는 모두 동일하게 "'처분'이란 행정청이 행하는 구체적 사실에 관한 법집행으로서의 공권력의 행사 또는 그 거부와 그 밖에 이에 준하는 행정작용을 말한다."라고 규정하고 있다.

② [X] 「행정절차법」은 대부분 절차에 관한 규정으로 이루어져 있으나, 부분적으로 신의성실 및 신뢰보호의 원칙(제4조) 등 실체적 원칙에 관한 규정도 몇 개 존재한다. 따라서 실체적 규정을 대폭 포함하고 있는 독일의 행정절차법과는 다르다.

③ [X] 행정절차의 기능(필요성)으로는 행정의 민주화, 공정화(적정화), 능률화, 투명성 및 신뢰성의 확보 등을 들 수 있다(「행정절차법」 제1조 참조). 그리고 행정절차는 이해관계인의 의견조정을 사전에 행함으로써 사후의 분쟁을 예방할 수 있다는 점에서 행정구제제도의 보완으로서 사전적 권리구제의 수단이 된다.

④ [X] 처분·신고·행정상 입법예고·행정예고 및 행정지도의 절차에 관하여 다른 법률에 특별한 규정이 있는 경우를 제외하고는 이 법에서 정하는 바에 따른다(「행정절차법」 제3조 제1항).

02 정답 ②

① [X] 「행정절차법」에는 행정지도에 관한 규정은 있으나(제48조~제51조), 행정계약에 관한 규정은 없다.

❷ [○] 행정의 절차에 관한 일반법인 「행정절차법」에는 행정계획 확정, 행정조사 등의 절차에 관한 규정이 없다.

③ [X] 「행정절차법」에는 신의성실 및 신뢰보호의 원칙(제4조) 등 실체적 원칙에 관한 규정도 존재한다.

④ [X] 「행정절차법」에는 행정계획의 확정절차에 관한 규정이 없다.

03 정답 ③

㉠ [○] ⓐ '행정청'은 직무를 수행할 때 신의에 따라 성실히 하여야 한다(「행정절차법」 제4조 제1항). ⓑ '납세자'가 그 의무를 이행할 때에는 신의에 따라 성실하게 하여야 한다. '세무공무원'이 직무를 수행할 때에도 또한 같다(「국세기본법」 제15조).

㉡ [X] 「지방자치법」 제4조 제2항·제3항·제7항에 따르면, 행정안전부장관은 「공유수면 관리 및 매립에 관한 법률」에 따른 매립지가 속

할 지방자치단체를 「지방자치법」 제4조 제4항부터 제7항까지의 규정 및 절차에 따라 결정하면 되고, 관계 지방의회의 의견청취절차를 반드시 거칠 필요는 없다(대판 2013.11.14, 2010추73).

㉢ [○] 「행정절차법」 제3조 제2항은 "이 법은 다음 각 호의 어느 하나에 해당하는 사항에 대하여는 적용하지 아니한다."라고 규정하면서 그 제9호에서 "'병역법」에 따른 징집·소집, 외국인의 출입국·난민인정·귀화, 공무원 인사 관계 법령에 따른 징계와 그 밖의 처분, 이해 조정을 목적으로 하는 법령에 따른 알선·조정·중재·재정 또는 그 밖의 처분 등 해당 행정작용의 성질상 행정절차를 거치기 곤란하거나 거칠 필요가 없다고 인정되는 사항과 행정절차에 준하는 절차를 거친 사항으로서 대통령령으로 정하는 사항'을 「행정절차법」의 적용이 제외되는 경우로 규정하고 있고, 그 위임에 기한 「행정절차법 시행령」 제2조는 "법 제3조 제2항 제9호에서 '대통령령으로 정하는 사항'이라 함은 다음 각 호의 어느 하나에 해당하는 사항을 말한다."라고 규정하면서 그 제3호에서 '공무원 인사 관계 법령에 의한 징계 기타 처분에 관한 사항'을 규정하고 있는바, 행정과정에 대한 국민의 참여와 행정의 공정성, 투명성 및 신뢰성을 확보하고 국민의 권익을 보호함을 목적으로 하는 「행정절차법」의 입법목적과 「행정절차법」 제3조 제2항 제9호의 규정 내용 등에 비추어 보면, 공무원 인사 관계 법령에 의한 처분에 관한 사항 전부에 대하여 「행정절차법」의 적용이 배제되는 것이 아니라, 성질상 행정절차를 거치기 곤란하거나 불필요하다고 인정되는 처분이나 행정절차에 준하는 절차를 거치도록 하고 있는 처분의 경우에만 「행정절차법」의 적용이 배제되는 것으로 보아야 할 것이다(대판 2007.9.21, 2006두20631).

㉣ [X] 계약직공무원채용계약 해지의 의사표시는 일반공무원에 대한 징계처분과는 달라서 항고소송의 대상이 되는 처분 등의 성격을 가진 것으로 인정되지 아니하고, 일정한 사유가 있을 때에 국가 또는 지방자치단체가 채용계약관계의 한쪽 당사자로서 대등한 지위에서 행하는 의사표시로 취급되는 것으로 이해되므로, 이를 징계해고 등에서와 같이 그 징계사유에 한하여 효력 유무를 판단하여야 하거나, 행정처분과 같이 「행정절차법」에 의하여 근거와 이유를 제시하여야 하는 것은 아니다(대판 2002.11.26, 2002두5948).

04 정답 ①

❶ [X] 「행정절차법」 제3조 제2항, 「행정절차법 시행령」 제2조 제6호에 의하면 '공정거래위원회의 의결·결정을 거쳐 행하는 사항'에는 「행정절차법」의 적용이 제외되게 되어 있으므로, 설사 공정거래위원회의 시정조치 및 과징금 납부명령에 「행정절차법」 소정의 의견청취절차 생략사유가 존재한다고 하더라도, 공정거래위원회는 「행정절차법」을 적용하여 의견청취절차를 생략할 수 없다(대판 2001.5.8, 2000두10212).

② [○] '국회 또는 지방의회의 의결을 거치거나 동의 또는 승인을 받아 행하는 사항'에 대하여는 「행정절차법」을 적용하지 아니한다(「행정절차법」 제3조 제2항 제1호).

③ [○] 「행정절차법」 제3조 제1항은 "행정절차에 관하여 다른 법률에 특별한 규정이 있는 경우를 제외하고는 이 법이 정하는 바에 의한다."라고 규정하고 있는바, 이는 「행정절차법」이 행정절차에 관한 일반법임을 밝힘과 아울러, 다른 법률이 행정절차에 관한 특별한 규정을 적극적으로 두고 있는 경우이거나 다른 법률이 명시적으로 「행정절차법」의 규정을 적용하지 아니한다고 소극적으로 규정하고 있는 경우에는 「행정절차법」의 적용을 배제하고 다른 법률의 규정을 적용한다는 뜻을 밝히고 있는 것이다(대판 2002.2.5, 2001두7138).

④ [O] 「행정절차법」제12조 제1항 제3호·제2항, 제11조 제4항 본문에 따르면, 당사자 등은 변호사를 대리인으로 선임할 수 있고, 대리인으로 선임된 변호사는 당사자 등을 위하여 행정절차에 관한 모든 행위를 할 수 있다고 규정되어 있다. 위와 같은 행정절차법령의 규정과 취지, 헌법상 법치국가원리와 적법절차원칙에 비추어 징계와 같은 불이익처분절차에서 징계심의대상자에게 변호사를 통한 방어권의 행사를 보장하는 것이 필요하고, 징계심의대상자가 선임한 변호사가 징계위원회에 출석하여 징계심의대상자를 위하여 필요한 의견을 진술하는 것은 방어권 행사의 본질적 내용에 해당하므로, 행정청은 특별한 사정이 없는 한 이를 거부할 수 없다(대판 2018.3.13, 2016두33339).

05 정답 ③

① [X] 「국가공무원법」상 직위해제처분은 구 행정절차법 제3조 제2항 제9호, 구 행정절차법 시행령 제2조 제3호에 의하여 당해 행정작용의 성질상 행정절차를 거치기 곤란하거나 불필요하다고 인정되는 사항 또는 행정절차에 준하는 절차를 거친 사항에 해당하므로, 처분의 사전통지 및 의견청취 등에 관한 「행정절차법」의 규정이 별도로 적용되지 않는다(대판 2014.5.16, 2012두26180).

② [X] 군인사법령에 의하여 진급예정자명단에 포함된 자에 대하여 의견제출의 기회를 부여하지 아니한 채 진급선발을 취소하는 처분을 한 것은 절차상 하자가 있어 위법하다(대판 2007.9.21, 2006두20631).

❸ [O] 구 군인사법상 보직해임처분은 구 행정절차법 제3조 제2항 제9호, 같은 법 시행령 제2조 제3호에 의하여 해당 행정작용의 성질상 행정절차를 거치기 곤란하거나 불필요하다고 인정되는 사항 또는 행정절차에 준하는 절차를 거친 사항에 해당하므로, 처분의 근거와 이유제시 등에 관한 구 행정절차법의 규정이 별도로 적용되지 아니한다(대판 2014.10.15, 2012두5756).

④ [X] 「행정절차법」의 적용이 제외되는 '외국인의 출입국에 관한 사항'이란 해당 행정작용의 성질상 행정절차를 거치기 곤란하거나 거칠 필요가 없다고 인정되는 사항이나 행정절차에 준하는 절차를 거친 사항으로서 「행정절차법 시행령」으로 정하는 사항만을 가리킨다. '외국인의 출입국에 관한 사항'이라고 하여 행정절차를 거칠 필요가 당연히 부정되는 것은 아니다. 외국인의 사증발급 신청에 대한 거부처분이 성질상 「행정절차법」제24조에서 정한 '처분서 작성·교부'를 할 필요가 없거나 곤란하다고 일률적으로 단정하기 어렵다. 또한 출입국관리법령에 사증발급 거부처분서 작성에 관한 규정을 따로 두고 있지 않으므로, 외국인의 사증발급 신청에 대한 거부처분을 하면서 「행정절차법」제24조에 정한 절차를 따르지 않고 '행정절차에 준하는 절차'로 대체할 수도 없다(대판 2019.7.11, 2017두38874).

06 정답 ②

① [O] 「행정절차법」제3조 제2항, 같은 법 시행령 제2조 제6호에 의하면 공정거래위원회의 의결·결정을 거쳐 행하는 사항에는 「행정절차법」의 적용이 제외되게 되어 있으므로, 설사 공정거래위원회의 시정조치 및 과징금납부명령에 「행정절차법」소정의 의견청취절차 생략사유가 존재한다고 하더라도, 공정거래위원회는 「행정절차법」을 적용하여 의견청취절차를 생략할 수는 없다(대판 2001. 5.8, 2000두10212).

❷ [X] 검사에 대한 인사발령처분은 보직과 근무지를 일괄하여 정하는 처분이어서 성질상 행정절차를 거치기 곤란하거나 불필요하다고 인정되는 처분에 해당한다(대판 2010.2.11, 2009두16350).

③ [O] 「행정절차법」제3조, 「행정절차법 시행령」제2조 제6호는 「독점규제 및 공정거래에 관한 법률」에 대하여 「행정절차법」의 적용이 배제되도록 규정하고 있다. 그 취지는 「독점규제 및 공정거래에 관한 법률」의 적용을 받는 당사자에게 「행정절차법」이 정한 것보다 더 약한 절차적 보장을 하려는 것이 아니라, 오히려 그 의결절차상 인정되는 절차적 보장의 정도가 일반 행정절차와 비교하여 더 강화되어 있기 때문이다. …<중략>… 이처럼 「독점규제 및 공정거래에 관한 법률」규정에 의한 처분의 상대방에게 부여된 절차적 권리의 범위와 한계를 확정하려면 「행정절차법」이 당사자에게 부여한 절차적 권리의 범위와 한계 수준을 고려하여야 한다(대판 2018.12.27, 2015두44028).

④ [O] 「행정절차법 시행령」제2조 제8호는 '학교·연수원 등에서 교육·훈련의 목적을 달성하기 위하여 학생·연수생들을 대상으로 하는 사항'을 「행정절차법」의 적용이 제외되는 경우로 규정하고 있으나, 이는 교육과정과 내용의 구체적 결정, 과제의 부과, 성적의 평가, 공식적 징계에 이르지 아니한 질책·훈계 등과 같이 교육·훈련의 목적을 직접 달성하기 위하여 행하는 사항을 말하는 것으로 보아야 하고, 생도에 대한 퇴학처분과 같이 신분을 박탈하는 징계처분은 여기에 해당한다고 볼 수 없다(대판 2018.3.13, 2016두33339).

07 정답 ④

① [X] 「행정절차법」제2조 제4호에 의하면 '당사자 등'이란 행정청의 처분에 대하여 직접 그 상대가 되는 당사자, 행정청이 직권으로 또는 신청에 따라 행정절차에 참여하게 한 이해관계인을 말한다.

② [X] 자연인, 법인, 법인이 아닌 사단 또는 재단(이하 '법인 등'이라 함), 그 밖에 다른 법령등에 따라 권리·의무의 주체가 될 수 있는 자에 해당하는 자는 행정절차에서 '당사자 등'이 될 수 있다(「행정절차법」제9조).

③ [X] 다수의 대표자가 있는 경우 그중 1인에 대한 행정청의 행위는 모든 당사자 등에게 효력이 있다. 다만, 행정청의 통지는 대표자 모두에게 하여야 그 효력이 있다(「행정절차법」제11조 제6항).

❹ [O] '당사자 등'이란 행정청의 처분에 대하여 직접 그 상대가 되는 당사자, 행정청이 직권으로 또는 신청에 따라 행정절차에 참여하게 한 이해관계인을 말한다(「행정절차법」제2조 제4호).

08 정답 ③

㉠ [O] 당사자 등은 ⓐ 당사자 등의 배우자, 직계존속·비속 또는 형제자매, ⓑ 당사자 등이 법인 등인 경우 그 임원 또는 직원, ⓒ 변호사, ⓓ 행정청 또는 청문 주재자(청문의 경우만 해당)의 허가를 받은 자, ⓔ 법령등에 따라 해당 사안에 대하여 대리인이 될 수 있는 자를 대리인으로 선임할 수 있다(「행정절차법」제12조 제1항).

㉡ [O] 행정청이 그 관할에 속하지 아니하는 사안을 접수하였거나 이송받은 경우에는 지체 없이 이를 관할 행정청에 이송하여야 하고 그 사실을 신청인에게 통지하여야 한다. 행정청이 접수하거나 이송받은 후 관할이 변경된 경우에도 또한 같다(「행정절차법」제6조 제1항).

㉢ [X] 행정청의 관할이 분명하지 아니한 경우에는 해당 행정청을 공통으로 감독하는 상급행정청이 그 관할을 결정하며, 공통으로 감독하는 상급행정청이 없는 경우에는 각 상급행정청(해당 행정청 X)이 협의하여 그 관할을 결정한다(「행정절차법」제6조 제2항).

② [X] 행정응원을 요청받은 행정청은 ⓐ 다른 행정청이 보다 능률적이거나 경제적으로 응원할 수 있는 명백한 이유가 있는 경우, ⓑ 행정응원으로 인하여 고유의 직무 수행이 현저히 지장받을 것으로 인정되는 명백한 이유가 있는 경우에는 응원을 <u>거부할 수 있다</u>(「행정절차법」 제8조 제2항).

⑰ [O] 행정응원을 위하여 파견된 직원은 <u>응원을 요청한 행정청의 지휘·감독을 받는다</u>. 다만, 해당 직원의 복무에 관하여 <u>다른 법령 등에 특별한 규정이 있는 경우에는 그에 따른다</u>(「행정절차법」 제8조 제5항).

09   정답 ②

① [X] 외국에 거주하거나 체류하는 자에 대한 기간 및 기한은 행정청이 그 <u>우편이나 통신에 걸리는 일수(日數)를 고려하여 정하여야 한다</u>(「행정절차법」 제16조 제2항).

❷ [O] 교부에 의한 송달은 <u>수령확인서를 받고 문서를 교부함으로써 하</u>며, 송달하는 장소에서 송달받을 자를 만나지 못한 경우에는 그 <u>사무원·피용자 또는 동거인으로서 사리를 분별할 지능이 있는 사람(이하 이 조에서 '사무원 등'이라 함)에게 문서를 교부할 수 있다</u>. 다만, 문서를 송달받을 자 또는 그 사무원 등이 정당한 사유 없이 송달받기를 거부하는 때에는 <u>그 사실을 수령확인서에 적고, 문서를 송달할 장소에 놓아둘 수 있다</u>(「행정절차법」 제14조 제2항).

③ [X] 정보통신망을 이용한 송달은 송달받을 자가 동의하는 경우에만 한다. 이 경우 송달받을 자는 <u>송달받을 전자우편주소 등을 지정하여야</u> 한다(「행정절차법」 제14조 제3항).

④ [X] ㉠ 송달받을 자의 주소 등을 통상적인 방법으로 확인할 수 없는 경우, ㉡ 송달이 불가능한 경우에는 송달받을 자가 알기 쉽도록 <u>관보, 공보, 게시판, 일간신문 중 하나 이상에 공고하고 인터넷에도 공고하여야</u> 한다(「행정절차법」 제14조 제4항).

10   정답 ③

① [O] 「행정절차법」 제20조는 제1항에서 "행정청은 필요한 처분기준을 해당 처분의 성질에 비추어 되도록 구체적으로 정하여 공표하여야 한다. 처분기준을 변경하는 경우에도 또한 같다."라고 정하면서, 제2항에서 "제1항에 따른 처분기준을 공표하는 것이 해당 처분의 성질상 현저히 곤란하거나 공공의 안전 또는 복리를 현저히 해치는 것으로 인정될 만한 상당한 이유가 있는 경우에는 처분기준을 공표하지 아니할 수 있다."라고 정하고 있다. 이와 같이 행정청으로 하여금 처분기준을 구체적으로 정하여 공표하도록 한 것은 해당 처분이 가급적 미리 공표된 기준에 따라 이루어질 수 있도록 함으로써 해당 처분의 상대방으로 하여금 결과에 대한 예측가능성을 높이고 이를 통하여 행정의 공정성, 투명성, 신뢰성을 확보하며 행정청의 자의적인 권한행사를 방지하기 위한 것이다. 그러나 처분의 성질상 처분기준을 미리 공표하는 경우 행정목적을 달성할 수 없게 되거나 행정청에 일정한 범위 내에서 재량권을 부여함으로써 구체적인 사안에서 개별적인 사정을 고려하여 탄력적으로 처분이 이루어지도록 하는 것이 오히려 공공의 안전 또는 복리에 더 적합한 경우도 있다. 그러한 경우에는 「행정절차법」 제20조 제2항에 따라 처분기준을 따로 공표하지 않거나 개략적으로만 공표할 수도 있다(대판 2019.12.13, 2018두41907).

② [O] 행정청이 행하는 행정작용은 그 내용이 구체적이고 명확하여야 하며, 행정작용의 근거가 되는 법령등의 내용이 명확하지 아니한 경우 상대방은 해당 행정청에 그 해석을 요청할 수 있으며, 이 경우 해당 행정청은 특별한 사유가 없으면 그 요청에 따라야 한다. 그리고 행정청은 상대방에게 행정작용과 관련된 정보를 충분히 제공하여야 한다(「행정절차법」 제5조).

❸ [X] ④ [O] 「행정절차법」 제19조 제1항은 "행정청은 신청인의 편의를 위하여 처분의 처리기간을 종류별로 미리 정하여 공표하여야 한다."라고 정하고 있다. 「민원 처리에 관한 법률」 제17조 제1항은 "행정기관의 장은 법정민원을 신속히 처리하기 위하여 행정기관에 법정민원의 신청이 접수된 때부터 처리가 완료될 때까지 소요되는 처리기간을 법정민원의 종류별로 미리 정하여 공표하여야 한다."라고 정하고 있고, 「민원 처리에 관한 법률 시행령」 제23조 제1항은 "행정기관의 장은 민원이 접수된 날부터 30일이 지났으나 처리가 완료되지 아니한 경우 또는 민원인의 명시적인 요청이 있는 경우에는 그 처리진행상황과 처리완료 예정일 등을 적은 문서를 민원인에게 교부하거나 정보통신망 또는 우편 등의 방법으로 통지하여야 한다."라고 정하고 있다. 처분이나 민원의 처리기간을 정하는 것은 신청에 따른 사무를 가능한 한 조속히 처리하도록 하기 위한 것이다. <u>처리기간에 관한 규정은 훈시규정에 불과할 뿐 강행규정이라고 볼 수 없다</u>. 행정청이 처리기간이 지나 처분을 하였더라도 이를 처분을 취소할 절차상 하자로 볼 수 없다. 「민원 처리에 관한 법률 시행령」 제23조에 따른 민원처리진행상황 통지도 민원인의 편의를 위한 부가적인 제도일 뿐, 그 통지를 하지 않았더라도 이를 처분을 취소할 절차상 하자로 볼 수 없다(대판 2019.12.13, 2018두41907).

11   정답 ③

① [X] 신청 내용을 모두 그대로 인정하는 처분인 경우에는 처분 후 당사자가 요청하는 경우에도 그 근거와 이유의 제시를 생략할 수 있다(「행정절차법」 제23조 제2항).

② [X] '중대한 처분이지만'이 아니고, '경미한 처분으로서'라고 해야 옳다.

❸ [O] ④ [X] 행정청은 처분을 할 때에는 ㉠ 신청 내용을 모두 그대로 인정하는 처분인 경우, ㉡ 단순·반복적인 처분 또는 경미한 처분으로서 당사자가 그 이유를 명백히 알 수 있는 경우, ㉢ 긴급히 처분을 할 필요가 있는 경우를 제외하고는 당사자에게 그 근거와 이유를 제시하여야 한다. 그런데 행정청은 위 ㉡ 및 ㉢의 경우에 <u>처분 후 당사자가 요청하는 경우에는 그 근거와 이유를 제시하여야</u> 한다(「행정절차법」 제23조 제1항·제2항).

12   정답 ②

㉠ [X] 행정청은 '처분을 할 때'에는 근거와 이유의 제시를 생략할 수 있는 경우에 해당하지 않는 한, 원칙적으로 당사자에게 그 근거와 이유를 제시하여야 한다(「행정절차법」 제23조 제1항). 즉, 처분의 근거와 이유의 제시는 <u>수익적 처분절차와 침익적 처분절차에 공통적으로 적용되는 절차</u>이다.

㉡ [O] 세무서장이 주류도매업자에 대하여 한 일반주류도매업면허취소통지에 "상기 주류도매장은 무면허 주류판매업자에게 주류를 판매하여 「주세법」 제11조 및 「국세법사무처리규정」 제26조에 의거 지정조건 위반으로 주류판매면허를 취소합니다."라고만 되어 있어서 주류도매업자의 영업기간과 거래상대방 등에 비추어 <u>주류도매업자가 어떠한 거래행위로 인하여 위 처분을 받았는지 알 수 없게 되어 있다면 이 면허취소처분은 위법하다</u>(대판 1990.9.11, 90누1786).

㉢ [X] 가산세 부과처분에 관해서는 「국세기본법」이나 개별 세법 어디에도 그 납세고지의 방식 등에 관하여 따로 정한 규정이 없다. 그러나 가산세는 본세의 세목별로 그 종류가 매우 다양할 뿐 아니라

부과기준 및 산출근거도 제각각이다. 따라서 납세고지서에 가산세의 산출근거 등이 기재되어 있지 않으면 납세의무자로서는 무슨 가산세가 어떤 근거로 부과되었는지 파악하기가 쉽지 않은 것이 보통일 것이다. 한편, 본세의 부과처분과 가산세의 부과처분은 각 별개의 과세처분인 것처럼, 같은 세목에 관하여 여러 종류의 가산세가 부과되면 그 각 가산세 부과처분도 종류별로 각각 별개의 과세처분이라고 보아야 한다. 따라서 하나의 납세고지서에 의하여 본세와 가산세를 함께 부과할 때에는 납세고지서에 본세와 가산세 각각의 세액과 산출근거 등을 구분하여 기재해야 하는 것이고, 또 여러 종류의 가산세를 함께 부과하는 경우에는 그 가산세 상호간에도 종류별로 세액과 산출근거 등을 구분하여 기재함으로써 납세의무자가 납세고지서 자체로 각 과세처분의 내용을 알 수 있도록 하는 것이 당연한 원칙이다. 따라서 가산세 부과처분이라고 하여 그 종류와 세액의 산출근거 등을 전혀 밝히지 않고 가산세의 합계액만을 기재한 경우에는 그 부과처분은 위법함을 면할 수 없다(대판 전합체 2012.10.18, 2010두12347 ; 대판 2015.3.20, 2014두44434).

ⓔ [O] 행정청이 토지형질변경허가신청을 불허하는 근거규정으로 '「도시계획법 시행령」 제20조'를 명시하지 아니하고 '「도시계획법」'이라고만 기재하였으나, 신청인이 자신의 신청이 개발제한구역의 지정목적에 현저히 지장을 초래하는 것이라는 이유로 구 도시계획법 시행령 제20조 제1항 제2호에 따라 불허된 것임을 알 수 있었던 경우, 그 불허처분은 위법하다고 할 수 없다(대판 2002.5.17, 2000두8912).

ⓜ [X] 행정청은 처분을 할 때에는 원칙적으로 당사자에게 그 근거와 이유를 제시하여야 한다(「행정절차법」 제23조 제1항). 즉, 이유제시는 사전에 할 필요는 없고 '처분을 할 때'에 하면 된다.

13   정답 ②

① [O] 신청에 따른 처분이 이루어지지 아니한 경우에는 아직 당사자에게 권익이 부과되지 아니하였으므로 특별한 사정이 없는 한 신청에 대한 거부처분이라고 하더라도 직접 당사자의 권익을 제한하는 것은 아니어서 신청에 대한 거부처분을 「행정절차법」 제21조 제1항에서 말하는 '당사자의 권익을 제한하는 처분'에 해당한다고 할 수 없는 것이어서 처분의 사전통지대상이 된다고 할 수 없다(대판 2003.11.28, 2003두674).

❷ [X] 교육부장관이 어떤 후보자를 총장 임용에 부적격하다고 판단하여 배제하고 다른 후보자를 임용제청하는 경우라면 배제한 후보자에게 연구윤리 위반, 선거부정, 그 밖의 비위행위 등과 같은 부적격사유가 있다는 점을 구체적으로 제시할 의무가 있다. 그러나 부적격사유가 없는 후보자들 사이에서 어떤 후보자를 상대적으로 더욱 적합하다고 판단하여 임용제청하는 경우라면, 이는 후보자의 경력, 인격, 능력, 대학운영계획 등 여러 요소를 종합적으로 고려하여 총장 임용의 적격성을 정성적으로 평가하는 것으로 그 판단 결과를 수치화하거나 이유제시를 하기 어려울 수 있다. 이 경우에는 교육부장관이 어떤 후보자를 총장으로 임용제청하는 행위 자체에 그가 총장으로 더욱 적합하다는 정성적 평가 결과가 당연히 포함되어 있는 것으로, 이로써 「행정절차법」상 이유제시의무를 다한 것이라고 보아야 한다. 여기에서 나아가 교육부장관에게 개별 심사항목이나 고려요소에 대한 평가 결과를 더 자세히 밝힐 의무까지는 없다(대판 2018.6.15, 2016두57564).

③ [O] 「행정절차법」 제17조 제4항 본문은 "행정청은 신청을 받았을 때에는 다른 법령등에 특별한 규정이 있는 경우를 제외하고는 그 접수를 보류 또는 거부하거나 부당하게 되돌려 보내서는 아니 되며, 신청을 접수한 경우에는 신청인에게 접수증을 주어야 한다."라고 규정하고 있는바, 여기에서의 신청인의 행정청에 대한 신청의 의

사표시는 명시적이고 확정적인 것이어야 한다고 할 것이므로 신청인이 신청에 앞서 행정청의 허가업무 담당자에게 신청서의 내용에 대한 검토를 요청한 것만으로는 다른 특별한 사정이 없는 한 명시적이고 확정적인 신청의 의사표시가 있었다고 하기 어렵다(대판 2004.9.24, 2003두13236 ; 대판 2004.10.15, 2003두13243).

④ [O] 행정청에 처분을 구하는 신청은 문서로 하여야 한다. 다만, 다른 법령등에 특별한 규정이 있는 경우와 행정청이 미리 다른 방법을 정하여 공시한 경우에는 그러하지 아니하다(「행정절차법」 제17조 제1항).

14   정답 ④

① [X] 처분을 신청할 때 전자문서로 하는 경우에는 '행정청'의 컴퓨터 등에 입력된 때에 신청한 것으로 본다(「행정절차법」 제17조 제2항).

② [X] 행정청은 신청에 구비서류의 미비 등 흠이 있는 경우에는 보완에 필요한 상당한 기간을 정하여 지체 없이 신청인에게 보완을 요구하여야 하고, 신청인이 그 기간 내에 보완을 하지 아니하였을 때에는 그 이유를 구체적으로 밝혀 접수된 신청을 되돌려 보낼 수 있다(「행정절차법」 제17조 제5항·제6항).

③ [X] 행정청은 신청에 구비서류의 미비 등 흠이 있는 경우에는 보완에 필요한 상당한 기간을 정하여 지체 없이 신청인에게 보완을 요구하여야 한다(「행정절차법」 제17조 제5항). 따라서 당사자의 신청 없이 직권으로 보완을 요구해야만 한다.

❹ [O] 행정청은 신청인의 편의를 위하여 처분의 처리기간을 종류별로 미리 정하여 공표하여야 하고, 부득이한 사유로 공표한 처리기간 내에 처분을 처리하기 곤란한 경우에는 해당 처분의 처리기간의 범위에서 한 번만 그 기간을 연장할 수 있다(「행정절차법」 제19조 제1항·제2항).

15   정답 ①

❶ [X] 「행정절차법」에 의하면, '해당 처분의 성질상 의견청취가 현저히 곤란하거나 명백히 불필요하다고 인정될 만한 상당한 이유가 있는 경우' 등에 한하여 처분의 사전통지나 의견청취를 하지 아니할 수 있고, 여기에서 '의견청취가 현저히 곤란하거나 명백히 불필요하다고 인정될 만한 상당한 이유가 있는 경우'에 해당하는지는 해당 행정처분의 성질에 비추어 판단하여야 하며, 처분상대방이 이미 행정청에 위반사실을 시인하였다거나 처분의 사전통지 이전에 의견을 진술할 기회가 있었다는 사정을 고려하여 판단할 것은 아니다(대판 2016.10.27, 2016두41811).

② [O] 행정청은 당사자에게 의무를 부과하거나 권익을 제한하는 처분을 하는 경우에는 처분하려는 원인이 되는 사실과 처분의 내용 및 법적 근거, 이에 대하여 의견을 제출할 수 있다는 뜻과 의견을 제출하지 아니하는 경우의 처리방법 등을 '당사자 등'에게 사전통지하여야 한다(「행정절차법」 제21조 제1항). 여기서 '당사자 등'이란 행정청의 처분에 대하여 직접 그 상대가 되는 당사자, 행정청이 직권으로 또는 신청에 따라 행정절차에 참여하게 한 이해관계인을 말한다(「행정절차법」 제2조 제4호). 따라서 행정청이 직권으로 또는 신청에 따라 행정절차에 참여하게 한 이해관계인이 아닌 이상, 제3자효 행정행위에 있어서 권익을 침해받게 되는 제3자라도 그에 대한 사전통지를 할 필요가 없다.

③ [O] 「행정절차법」 제21조 제1항·제3항

④ [O] 처분의 이유제시(제23조)는 「행정절차법」상 수익적 처분절차와 침익적 처분절차에 공통적으로 적용되는 절차이다.

① [X] 행정청이 구 관광진흥법 또는 구 체육시설의 설치·이용에 관한 법률의 규정에 의하여 유원시설업자 또는 체육시설업자 지위승계 신고를 수리하는 처분은 종전 유원시설업자 또는 체육시설업자의 권익을 제한하는 처분이고, 종전 유원시설업자 또는 체육시설업자 는 그 처분에 대하여 직접 그 상대가 되는 자에 해당한다고 보는 것이 타당하므로, 행정청이 그 신고를 수리하는 처분을 할 때에는 「행정절차법」 규정에서 정한 당사자에 해당하는 종전 유원시설업 자 또는 체육시설업자에 대하여 위 규정에서 정한 행정절차를 실 시하고 처분을 하여야 한다(대판 2012.12.13, 2011두29144).

② [X] 사전통지·의견제출의 기회부여는 행정청이 당사자에게 침익적 처 분을 하는 경우에 적용된다(「행정절차법」 제21조 제1항, 제22조 제3항). 「행정절차법」상 '당사자'란 행정청의 처분에 대하여 직접 그 상대가 되는 당사자를 말한다(「행정절차법」 제2조 제4호). 따 라서 처분의 상대방에게 이익이 되는 이중효과적 행정행위는 그 상대방에 대하여 사전통지·의견제출의 대상이 되지 않는다. 그리 고 권익을 침해받은 제3자라도 행정청이 직권으로 또는 신청에 따 라 행정절차에 참여한 것이 아닌 한 「행정절차법」 제2조 제4호 나 목에서 말하는 이해관계인이 아니므로 그 제3자에 대해서도 사전 통지·의견제출에 관한 규정이 적용되지 않는다. ➡ 참고로 행정청 이 영업자 지위승계신고를 수리하는 처분은 종전 영업자의 권익을 제한하는 처분이고, 종전 영업자는 그 처분에 대하여 직접 그 상대 가 되는 자에 해당하므로, 행정청이 그 신고를 수리하는 처분을 할 때에는 「행정절차법」 규정에서 정한 행정절차를 실시하고 처분을 하여야 한다(대판 2012.12.13, 2011두29144).

③ [X] 「행정절차법」 제2조 제4호가 「행정절차법」의 당사자를 행정청의 처분에 대하여 직접 그 상대가 되는 당사자로 규정하고, 「도로법」 제25조 제3항이 도로구역을 결정하거나 변경할 경우 이를 고시에 의하도록 하면서, 그 도면을 일반인이 열람할 수 있도록 한 점 등 을 종합하여 보면, 도로구역을 변경한 이 사건 처분은 「행정절차 법」 제21조 제1항의 사전통지나 제22조 제3항의 의견청취의 대 상이 되는 처분은 아니라고 할 것이다(대판 2008.6.12, 2007두 1767).

❹ [O] 신청에 따른 처분이 이루어지지 아니한 경우에는 아직 당사자에게 권익이 부과되지 아니하였으므로 특별한 사정이 없는 한 신청에 대한 거부처분이라고 하더라도 직접 당사자의 권익을 제한하는 것 은 아니어서 신청에 대한 거부처분을 「행정절차법」 제21조 제1항 에서 말하는 '당사자의 권익을 제한하는 처분'에 해당한다고 할 수 없는 것이어서 처분의 사전통지 대상이 된다고 할 수 없다(대판 2003.11.28, 2003두674).

❶ [O] 행정청이 당사자에게 '의무를 부과'하거나 '권익을 제한'하는 처분 을 하는 경우에도 ㉠ 공공의 안전 또는 복리를 위하여 긴급히 처 분을 할 필요가 있는 경우, ㉡ 법령등에서 요구된 자격이 없거나 없어지게 되면 반드시 일정한 처분을 하여야 하는 경우에 그 자격 이 없거나 없어지게 된 사실이 법원의 재판 등에 의하여 객관적으 로 증명된 경우, ㉢ 해당 처분의 성질상 의견청취가 현저히 곤란 하거나 명백히 불필요하다고 인정될 만한 상당한 이유가 있는 경 우에는 사전통지를 하지 아니할 수 있고, 처분의 전제가 되는 사실 이 법원의 재판 등에 의하여 객관적으로 증명된 경우 등 사전통지 를 하지 아니할 수 있는 구체적인 사항은 대통령령으로 정한다(「행 정절차법」 제21조 제4항·제5항).

② [X] 처분의 사전통지절차는 침해적 처분(불이익처분)을 하는 경우에만 적용되고, 수익적 처분에는 적용되지 않는다. 그러나 침해적 처분 이라 해도 예외적으로 사전통지를 하지 않을 수 있다(「행정절차 법」 제21조 제4항).

③ [X] 「행정절차법」에는 제3자효 행정행위에 있어서 권익을 침해받게 되는 제3자에 대한 사전통지의무규정이 없다.

④ [X] 당사자에게 권리나 이익을 부여하는 효과를 수반하는 이른바 수익 적 행위를 구하는 당사자의 신청에 대한 거부처분은 「행정절차법」 제21조에서 말하는 당사자의 권익을 제한하는 처분에 해당한다고 볼 수 없다. 따라서 위 거부처분에는 「행정절차법」 제21조에 따른 사전통지나 의견제출 절차를 거치지 않아도 위법하지 않다(대판 2017.11.23, 2014두1628).

① [O] 정규공무원으로 임용된 사람에게 시보임용처분 당시 「지방공무원 법」 제31조 제4호에 정한 공무원임용 결격사유가 있어 시보임용 처분을 취소하고 그에 따라 정규임용처분을 취소한 경우, 정규임 용처분을 취소하는 처분은 성질상 행정절차를 거치는 것이 불필요 하여 「행정절차법」의 적용이 배제되는 경우에 해당하지 않으므로, 그 처분을 하면서 사전통지를 하거나 의견제출의 기회를 부여하지 않은 것은 위법하다(대판 2009.1.30, 2008두16155).

② [O] 해임처분 과정에서 한국방송공사 사장이 처분 내용을 사전에 통지 받거나 그에 대한 의견제출 기회 등을 받지 못했고 해임처분 시 법적 근거 및 구체적 해임사유를 제시받지 못하였다면 그 해임처 분은 「행정절차법」에 위배되어 위법하지만, 절차나 처분형식의 하 자가 중대하고 명백하다고 볼 수 없으므로 당연무효가 아닌 취소 사유에 해당한다(대판 2012.2.23, 2011두5001).

③ [O] 행정청이 침해적 행정처분을 하면서 당사자에게 사전통지를 하거 나 의견제출의 기회를 주지 아니하였다면, 사전통지를 하지 아니 하거나 의견제출의 기회를 주지 아니하여도 되는 예외적인 경우에 해당하지 아니하는 한, 그 처분은 위법하여 취소를 면할 수 없다 (대판 2019.5.30, 2014두40258 ; 대판 2020.4.29, 2017두 31064).

❹ [X] 행정청은 당사자에게 의무를 부과하거나 권익을 제한하는 처분을 하는 경우에는 미리 일정한 사항을 당사자 등에게 통지하여야 한 다(「행정절차법」 제21조 제1항). 즉, 사전통지의 대상은 침익적 처분에 한한다. 따라서 당사자 등에게 의무를 면제하거나 권익을 부여하는 수익적 처분의 경우에는 사전통지의무를 지지 않는다.

① [O] 「행정절차법」 제21조 제4항 제3호는 침해적 행정처분을 할 경우 청문을 실시하지 않을 수 있는 사유로서 '해당 처분의 성질상 의견 청취가 현저히 곤란하거나 명백히 불필요하다고 인정될 만한 상당 한 이유가 있는 경우'를 규정하고 있으나, 여기에서 말하는 '의견 청취가 현저히 곤란하거나 명백히 불필요하다고 인정될 만한 상당 한 이유가 있는지 여부'는 해당 행정처분의 성질에 비추어 판단하 여야 하는 것이지, 청문통지서의 반송 여부, 청문통지의 방법 등에 의하여 판단할 것은 아니며, 또한 행정처분의 상대방이 통지된 청 문일시에 불출석하였다는 이유만으로 행정청이 관계 법령상 그 실 시가 요구되는 청문을 실시하지 아니한 채 침해적 행정처분을 할 수는 없을 것이므로, 행정처분의 상대방에 대한 청문통지서가 반 송되었다거나, 행정처분의 상대방이 청문일시에 불출석하였다는 이유로 청문을 실시하지 아니하고 한 침해적 행정처분은 위법하다 (대판 2001.4.13, 2000두3337).

② [○]

> 「행정절차법」 제22조 【의견청취】 ① 행정청이 처분을 할 때 다음 각 호의 어느 하나에 해당하는 경우에는 청문을 한다.
> 1. 다른 법령등에서 청문을 하도록 규정하고 있는 경우
> 2. 행정청이 필요하다고 인정하는 경우
> 3. 다음 각 목의 처분 시 제21조 제1항 제6호에 따른 의견제출기한 내에 당사자 등의 신청이 있는 경우
>   가. 인허가 등의 취소
>   나. 신분·자격의 박탈
>   다. 법인이나 조합 등의 설립허가의 취소

③ [○] 행정청이 청문서 도달기간을 다소 어겼다 하더라도 영업자가 이에 대하여 이의하지 아니한 채 스스로 청문일에 출석하여 그 의견을 진술하고 변명하는 등 방어의 기회를 충분히 가졌다면 청문서 도달기간을 준수하지 아니한 하자는 치유되었다고 봄이 상당하다(대판 1992.10.23, 92누2844).

❹ [X] 「행정절차법」 제22조 제1항·제2항

청문 사유	① 행정청이 처분을 할 때 다음 각 호의 어느 하나에 해당하는 경우에는 청문을 한다. 1. 다른 법령등에서 청문을 하도록 규정하고 있는 경우 2. 행정청이 필요하다고 인정하는 경우 3. 다음 각 목의 처분 시 제21조 제1항 제6호에 따른 의견 제출기한 내에 당사자 등의 신청이 있는 경우 　가. 인허가 등의 취소 　나. 신분·자격의 박탈 　다. 법인이나 조합 등의 설립허가의 취소
공청회 개최 사유	② 행정청이 처분을 할 때 다음 각 호의 어느 하나에 해당하는 경우에는 공청회를 개최한다. 1. 다른 법령등에서 공청회를 개최하도록 규정하고 있는 경우 2. 해당 처분의 영향이 광범위하여 널리 의견을 수렴할 필요가 있다고 행정청이 인정하는 경우 3. 국민생활에 큰 영향을 미치는 처분으로서 대통령령으로 정하는 처분에 대하여 대통령령으로 정하는 수 이상의 당사자 등이 공청회 개최를 요구하는 경우

20 정답 ③

① [○] 묘지공원과 화장장의 후보지를 선정하는 과정에서 서울특별시, 비영리법인, 일반 기업 등이 공동발족한 협의체인 추모공원건립추진 협의회가 후보지 주민들의 의견을 청취하기 위하여 그 명의로 개최한 공청회는 행정청이 도시계획시설결정을 하면서 개최한 공청회가 아니므로, 위 공청회의 개최에 관하여 「행정절차법」에서 정한 절차를 준수하여야 하는 것은 아니다(대판 2007.4.12, 2005두1893).

② [○] 「행정절차법」 제39조의3

❸ [X] 공청회의 발표자는 발표를 신청한 사람 중에서 행정청이 선정한다. 다만, 발표를 신청한 사람이 없거나 공청회의 공정성을 확보하기 위하여 필요하다고 인정하는 경우에는 ⊙ 해당 공청회의 사안과 관련된 당사자 등, ⓒ 해당 공청회의 사안과 관련된 분야에 전문적 지식이 있는 사람, ⓒ 해당 공청회의 사안과 관련된 분야에 종사한 경험이 있는 사람 중에서 지명하거나 위촉할 수 있다(「행정절차법」 제38조의3 제2항).

④ [○] 행정청은 공청회를 개최하려는 경우에는 공청회 개최 14일 전까지 ⊙ 제목, ⓒ 일시 및 장소, ⓒ 주요 내용, ⓔ 발표자에 관한 사항, ⓜ 발표신청 방법 및 신청기한, ⓑ 정보통신망을 통한 의견

제출, ⓢ 그 밖에 공청회 개최에 필요한 사항을 당사자 등에게 통지하고 관보, 공보, 인터넷 홈페이지 또는 일간신문 등에 공고하는 등의 방법으로 널리 알려야 한다. 다만, 공청회 개최를 알린 후 예정대로 개최하지 못하여 새로 일시 및 장소 등을 정한 경우에는 공청회 개최 7일 전까지 알려야 한다(「행정절차법」 제38조).

정답

01	②	02	③	03	③	04	②
05	①	06	②	07	②	08	④
09	②	10	④	11	③	12	①
13	①	14	②	15	④	16	③
17	②	18	①	19	③	20	④

01　　　　　　　　　　　　　　　　　정답 ②

① [O] 행정지도가 말로 이루어지는 경우에 상대방이 행정지도의 취지·내용 및 신분을 적은 서면의 교부를 요구하면 그 행정지도를 하는 자는 직무 수행에 특별한 지장이 없으면 이를 교부하여야 한다(「행정절차법」 제49조 제2항).

❷ [X] '고시'의 방법으로 불특정 다수인을 상대로 의무를 부과하거나 권익을 제한하는 처분은 성질상 의견제출의 기회를 주어야 하는 상대방을 특정할 수 없으므로 그 상대방에게 의견제출의 기회를 주어야 한다고 해석할 것은 아니다(대판 2014.10.27, 2012두7745).

③ [O] 행정청이 당사자에게 의무를 부과하거나 권익을 제한하는 처분을 할 때 청문을 하는 경우 또는 공청회를 개최하는 경우 외에는 당사자 등에게 의견제출의 기회를 주어야 한다(「행정절차법」 제22조 제3항). 즉, 의견제출제도는 침익적 처분에만 적용되고 수익적 처분이나 그 신청에 대한 거부에는 적용되지 않는다. 그리고 일반처분과 같이 불특정 다수인을 상대로 하는 경우에는 성질상 의견제출의 기회를 주어야 하는 상대방을 특정할 수 없으므로 그 적용이 없다(대판 2014.10.27, 2012두7745).

④ [O] 「행정절차법」 제43조

02　　　　　　　　　　　　　　　　　정답 ③

① [O] '민원인'이란 행정기관에 민원을 제기하는 개인·법인 또는 단체를 말한다. 다만, 행정기관(사경제의 주체로서 제기하는 경우는 제외한다), 행정기관과 사법(私法)상 계약관계(민원과 직접 관련된 계약관계만 해당한다)에 있는 자, 성명·주소 등이 불명확한 자 등 대통령령으로 정하는 자는 제외한다(「민원 처리에 관한 법률」 제2조 제2호).

② [O] '복합민원'이란 하나의 민원 목적을 실현하기 위하여 관계 법령 등(법령·훈령·예규·고시·자치법규 등)에 따라 여러 관계 기관(민원과 관련된 단체·협회 등을 포함한다) 또는 관계 부서의 인가·허가·승인·추천·협의 또는 확인 등을 거쳐 처리되는 법정민원을 말한다(「민원 처리에 관한 법률」 제2조 제5호).

❸ [X] 민원인은 법정민원 중 신청에 경제적으로 많은 비용이 수반되는 민원 등 대통령령으로 정하는 민원에 대하여는 행정기관의 장에게 정식으로 민원을 신청하기 전에 미리 약식의 사전심사를 청구할 수 있고(따라서 임의적임), 행정기관의 장은 사전심사가 청구된 법정민원이 다른 행정기관의 장과의 협의를 거쳐야 하는 사항인 경우에는 미리 그 행정기관의 장과 협의하여야 한다(「민원 처리에 관한 법률」 제30조 제1항·제2항).

④ [O]

> 「민원 처리에 관한 법률」 제19조【처리기간의 계산】 ① 민원의 처리기간을 5일 이하로 정한 경우에는 민원의 접수시각부터 '시간' 단위로 계산하되, 공휴일과 토요일은 산입하지 아니한다. 이 경우 1일은 8시간의 근무시간을 기준으로 한다.
> ② 민원의 처리기간을 6일 이상으로 정한 경우에는 '일' 단위로 계산하고 첫날을 산입하되, 공휴일과 토요일은 산입하지 아니한다.
> ③ 민원의 처리기간을 주·월·연으로 정한 경우에는 첫날을 산입하되, 「민법」 제159조부터 제161조까지의 규정을 준용한다.

03　　　　　　　　　　　　　　　　　정답 ③

① [X] 행정기관의 장은 관계 법령 등에서 정한 처리기간이 남아 있다거나 그 민원과 관련 없는 공과금 등을 미납하였다는 이유로 민원 처리를 지연시켜서는 아니 된다. 다만, 다른 법령에 특별한 규정이 있는 경우에는 그에 따른다(「민원 처리에 관한 법률」 제6조 제1항).

② [X] 법정민원에 대한 행정기관의 장의 거부처분에 불복하는 민원인은 그 거부처분을 받은 날부터 60일 이내에 그 행정기관의 장에게 문서로 이의신청을 할 수 있다(「민원 처리에 관한 법률」 제35조 제1항).

❸ [O] 행정기관의 장은 복합민원을 처리할 때에 그 행정기관의 내부에서 할 수 있는 자료의 확인, 관계 기관·부서와의 협조 등에 따른 모든 절차를 담당 직원이 직접 진행하도록 하는 민원 1회방문 처리제를 확립함으로써 불필요한 사유로 민원인이 행정기관을 다시 방문하지 아니하도록 하여야 한다(「민원 처리에 관한 법률」 제32조 제1항).

④ [X] 행정기관의 장은 민원을 신속히 처리하고 민원인에 대한 안내와 상담의 편의를 제공하기 위하여 민원실을 설치할 수 있다(「민원 처리에 관한 법률」 제12조).

04　　　　　　　　　　　　　　　　　정답 ②

① [O] 「국방·군사시설 사업에 관한 법률」 및 구 산림법에서 보전임지를 다른 용도로 이용하기 위한 사업에 대하여 승인 등 처분을 하기 전에 미리 산림청장과 협의를 하라고 규정한 의미는 그의 자문을 구하라는 것이지 그 의견을 따라 처분을 하라는 의미는 아니라 할 것이므로, 이러한 협의를 거치지 아니하였다고 하더라도 이는 당해 승인처분을 취소할 수 있는 원인이 되는 하자 정도에 불과하고 그 승인처분이 당연무효가 되는 하자에 해당하는 것은 아니라고 봄이 상당하다(대판 2006.6.30, 2005두14363).

❷ [X] 청문은 당사자가 공개를 신청하거나 청문 주재자가 필요하다고 인정하는 경우 공개할 수 있다. 다만, 공익 또는 제3자의 정당한 이익을 현저히 해칠 우려가 있는 경우에는 공개하여서는 아니 된다(「행정절차법」 제30조).

③ [O] 「행정절차법」 제21조 제1항·제4항, 제22조 제1항 내지 제4항에 의하면, 행정청은 당사자에게 의무를 부과하거나 권익을 제한하는 처분을 하는 경우에는 미리 처분하려는 원인이 되는 사실과 처분의 내용 및 법적 근거, 이에 대하여 의견을 제출할 수 있다는 뜻과 의견을 제출하지 아니하는 경우의 처리방법 등의 사항을 당사자 등에게 통지하여야 하고, 다른 법령등에서 필요적으로 청문을 실시하거나 공청회를 개최하도록 규정하고 있지 아니한 경우에도 당사자 등에게 의견제출의 기회를 주어야 하되, '해당 처분의 성질상 의견청취가 현저히 곤란하거나 명백히 불필요하다고 인정될 만한

상당한 이유가 있는 경우' 등에는 처분의 사전통지나 의견청취를 하지 아니할 수 있도록 규정하고 있으므로, 행정청이 침해적 행정처분을 하면서 당사자에게 위와 같은 사전통지를 하거나 의견제출의 기회를 주지 아니하였다면 사전통지를 하지 않거나 의견제출의 기회를 주지 아니하여도 되는 예외적인 경우에 해당하지 아니하는 한 그 처분은 위법하여 취소를 면할 수 없다(대판 2007.9.21, 2006두20631).

④ [O] 소청심사위원회가 소청사건을 심사할 때에는 국회규칙·대법원규칙·헌법재판소규칙·중앙선거관리위원회규칙 또는 대통령령으로 정하는 바에 따라 소청인 또는 대리인에게 진술 기회를 주어야 하고, 이에 따른 진술 기회를 주지 아니한 결정은 무효로 한다(「국가공무원법」 제13조).

05   정답 ①

❶ [O] 「행정절차법」 제24조는, "행정청이 처분을 하는 때에는 다른 법령 등에 특별한 규정이 있는 경우를 제외하고는 문서로 하여야 하고 전자문서로 하는 경우에는 당사자 등의 동의가 있어야 하며, 다만 신속을 요하거나 사안이 경미한 경우에는 구술 기타 방법으로 할 수 있다."라고 규정하고 있는데, 이는 행정의 공정성·투명성 및 신뢰성을 확보하고 국민의 권익을 보호하기 위한 것이므로 위 규정을 위반하여 행하여진 행정청의 처분은 하자가 중대하고 명백하여 원칙적으로 무효이다. 따라서 집합건물 중 일부 구분건물의 소유자인 피고인이 관할 소방서장으로부터 소방시설 불량사항에 관한 시정보완명령을 받고도 따르지 아니하였다는 내용으로 기소된 경우, 담당 소방공무원이 행정처분인 위 명령을 구술로 고지한 것은 「행정절차법」 제24조를 위반한 것으로 하자가 중대하고 명백하여 당연무효이다(대판 2011.11.10, 2011도11109).

② [X] 「군인사법」 및 그 시행령에 진급예정자명단에 포함된 자의 진급선발을 취소하는 처분을 함에 있어 행정절차에 준하는 절차를 거치도록 하는 규정이 없을 뿐만 아니라 위 처분이 성질상 행정절차를 거치기 곤란하거나 불필요하다고 인정되는 처분이라고 보기도 어렵다고 할 것이어서 위 처분이 「행정절차법」의 적용이 제외되는 경우에 해당한다고 할 수 없으며, 나아가 원고(甲)가 수사과정 및 징계과정에서 자신의 비위행위에 대한 해명기회를 가졌다는 사정만으로 위 진급선발을 취소하는 처분이 「행정절차법」 제21조 제4항 제3호, 제22조 제4항에 따라 원고에게 사전통지를 하지 않거나 의견제출의 기회를 주지 아니하여도 되는 예외적인 경우에 해당한다고 할 수 없으므로, 피고(국방부장관)가 위 처분을 함에 있어 원고에게 의견제출의 기회를 부여하지 아니한 이상, 위 처분은 절차상 하자가 있어 위법하다고 할 것이다(대판 2007.9.21, 2006두20631).

③ [X] 판례는 기속행위인 「국세징수법」상의 과세처분(대판 1984.5.9, 84누116)과 재량행위인 「식품위생법」상의 영업정지처분(대판 1991. 7.9, 91누971)에 대하여 절차상의 하자를 이유로 취소를 인정하였다. 즉, 행정처분이 기속행위인지 재량행위인지를 불문하고 당해 처분이 실체법상으로는 적법하더라도 절차법상의 하자만으로 독립된 취소사유가 된다고 본다. 따라서 구 독점규제 및 공정거래에 관한 법률 제49조 제3항, 제52조 제1항이 정하고 있는 절차적 요건을 갖추지 못한 공정거래위원회의 시정조치 또는 과징금납부명령은 설령 실체법적 사유를 갖추고 있다고 하더라도 위법하여 취소를 면할 수 없다(대판 2001.5.8, 2000두10212).

④ [X] 적법한 건축물에 대한 철거명령은 그 하자가 중대하고 명백하여 당연무효라고 할 것이고, 그 후행행위인 건축물철거 대집행계고처분 역시 당연무효라고 할 것이다(대판 1999.4.27, 97누6780).

06   정답 ②

① [O] 절차상 또는 형식상 하자로 인하여 무효인 행정처분이 있은 후 행정청이 관계 법령에서 정한 절차 또는 형식을 갖추어 다시 동일한 행정처분을 하였다면 당해 행정처분은 종전의 무효인 행정처분과 관계없이 새로운 행정처분이라고 보아야 한다(대판 2014.3.13, 2012두1006).

❷ [X] 이유제시의 하자와 같은 행정절차상의 하자도 행정행위의 독자적 위법사유로 인정하여 그 하자가 중대하고 명백하다면 무효확인소송, 그렇지 않으면 취소소송을 제기할 수 있다고 봄이 다수설이다. 그러나 대법원 판례는 무효가 아닌 취소사유로 보고 있다(대판 1998. 6.26, 96누12634).

③ [O] 행정청이 구 학교보건법 소정의 학교환경위생정화구역 내에서 금지행위 및 시설의 해제 여부에 관한 행정처분을 함에 있어 학교환경위생정화위원회의 심의를 거치도록 한 취지는 그에 관한 전문가 내지 이해관계인의 의견과 주민의 의사를 행정청의 의사결정에 반영함으로써 공익에 가장 부합하는 민주적 의사를 도출하고 행정처분의 공정성과 투명성을 확보하려는 데 있고, 나아가 그 심의의 요구가 법률에 근거하고 있을 뿐 아니라 심의에 따른 의결내용도 단순히 절차의 형식에 관련된 사항에 그치지 않고 금지행위 및 시설의 해제 여부에 관한 행정처분에 영향을 미칠 수 있는 사항에 관한 것임을 종합해 보면, 금지행위 및 시설의 해제 여부에 관한 행정처분을 하면서 절차상 위와 같은 심의를 누락한 흠이 있다면 그와 같은 흠을 가리켜 위 행정처분의 효력에 아무런 영향을 주지 않는다거나 경미한 정도에 불과하다고 볼 수는 없으므로, 특별한 사정이 없는 한 이는 행정처분을 위법하게 하는 취소사유가 된다(대판 2007.3.15, 2006두15806).

④ [O] 행정청이 「식품위생법」상의 청문절차를 이행함에 있어 소정의 청문서 도달기간을 지키지 아니하였다면 이는 청문의 절차적 요건을 준수하지 아니한 것이므로 이를 바탕으로 한 행정처분은 일단 위법하다고 보아야 할 것이지만, 이러한 청문제도의 취지는 처분으로 말미암아 받게 될 영업자에게 미리 변명과 유리한 자료를 제출할 기회를 부여함으로써 부당한 권리침해를 예방하려는 데에 있는 것임을 고려하여 볼 때, 가령 행정청이 청문서 도달기간을 다소 어겼다 하더라도 영업자가 이에 대하여 이의하지 아니한 채 스스로 청문일에 출석하여 그 의견을 진술하고 변명하는 등 방어의 기회를 충분히 가졌다면 청문서 도달기간을 준수하지 아니한 하자는 치유되었다고 봄이 상당하다(대판 1992.10.23, 92누2844).

07   정답 ③

① [O] 과세의 절차 내지 형식에 위법이 있어 과세처분을 취소하는 판결이 확정되었을 때에는 그 확정판결의 기판력은 거기에 적시된 절차 내지 형식의 위법사유에 한하여 미치는 것이므로 그 과세부과권이 소멸되지 아니한 이상 과세관청은 그 위법사유를 보완하여 다시 새로운 과세처분을 할 수 있고, 그 새로운 과세처분은 확정판결에 의하여 취소된 종전의 과세처분과는 별개의 처분이라 할 것이어서 종전의 처분과 중복된 과세처분은 아니라고 할 것이므로 확정판결의 기판력에 저촉되는 것이 아니다(대판 1987.2.10, 86누91 ; 대판 1987.12.8, 87누382 ; 대판 2002.7.23, 2000두6237 등).

② [O] 판례는 기속행위인 「국세징수법」상의 과세처분(대판 1984.5.9, 84누116)과 재량행위인 「식품위생법」상의 영업정지처분(대판 1991.7.9, 91누971)에 대하여 절차상의 하자를 이유로 취소를 인정하였다. 즉, 행정처분이 기속행위인지 재량행위인지를 불문하고 해당 처분이 실체법상으로는 적법하더라도 절차법상의 하자만으로 독립된 취소사유가 된다고 본다.

❸ [X] 판례는 행정처분이 기속행위인지 재량행위인지를 불문하고, 또 주요 절차인지 여부도 묻지 않고 해당 처분이 실체법상으로는 적법하더라도 절차법상의 하자만으로도 위법하여 독립된 취소사유가 된다고 본다(대판 1984.5.9, 84누116 ; 대판 1991.7.9, 91누971).

④ [O] 민원사무를 처리하는 행정기관이 민원 1회방문 처리제를 시행하는 절차의 일환으로 민원사항의 심의·조정 등을 위한 민원조정위원회를 개최하면서 민원인에게 회의일정 등을 사전에 통지하지 아니하였다 하더라도, 이러한 사정만으로 곧바로 민원사항에 대한 행정기관의 장의 거부처분에 취소사유에 이를 정도의 흠이 존재한다고 보기는 어렵다. 다만, 행정기관의 장의 거부처분이 재량행위인 경우에, 위와 같은 사전통지의 흠결로 민원인에게 의견진술의 기회를 주지 아니한 결과 민원조정위원회의 심의과정에서 고려대상에 마땅히 포함시켜야 할 사항을 누락하는 등 재량권의 불행사 또는 해태로 볼 수 있는 구체적 사정이 있다면, 거부처분은 재량권을 일탈·남용한 것으로서 위법하다(대판 2015.8.27, 2013두1560).

08 정답 ④

㉠ [O] 구 개인정보 보호법 제23조 제2항, 제11조(현 제71조 제5호, 제59조 제2호)에서는 개인정보의 누설이나 권한 없는 처리 또는 타인의 이용에 제공하는 등 부당한 목적으로 사용한 행위를 처벌하도록 규정하고 있다. 여기에서 '누설'이라 함은 아직 이를 알지 못하는 타인에게 알려주는 일체의 행위를 말하고, 개인정보의 정보주체로부터 자신에 관한 개인정보의 취급을 위임받아 관련 사무를 수행하는 대리인은 위 조항에 의하여 처벌되는 누설이나 개인정보 이용 제공의 상대방인 '타인'에 해당하지 아니한다(대판 2015.7.9, 2013도13070).

㉡ [X] 개인정보자기결정권의 보호대상이 되는 개인정보는 개인의 신체, 신념, 사회적 지위, 신분 등과 같이 개인의 인격주체성을 특징짓는 사항으로서 개인의 동일성을 식별할 수 있게 하는 일체의 정보이고, 반드시 개인의 내밀한 영역에 속하는 정보에 국한되지 아니하며 공적 생활에서 형성되었거나 이미 공개된 개인정보까지 포함한다(대판 2016.8.17, 2014다235080 ; 대판 2016.3.10, 2012다105482).

㉢ [O] '개인정보'란 살아 있는 개인에 관한 정보를 말한다(「개인정보 보호법」 제2조 제1호). 따라서 사자(死者)나 법인의 정보는 「개인정보 보호법」에서 말하는 개인정보에 포함되지 아니한다.

㉣ [X] 개인정보 보호에 관하여는 다른 법률에 특별한 규정이 있는 경우를 제외하고는 이 법에서 정하는 바에 따른다(「개인정보 보호법」 제6조).

09 정답 ②

① [X] ④ [X] '개인정보'란 살아 있는 개인에 관한 정보로서 ㉠ 성명, 주민등록번호 및 영상 등을 통하여 개인을 알아볼 수 있는 정보, ㉡ 해당 정보만으로는 특정 개인을 알아볼 수 없더라도 다른 정보와 쉽게 결합하여 알아볼 수 있는 정보(이 경우 쉽게 결합할 수 있는지 여부는 다른 정보의 입수 가능성 등 개인을 알아보는 데 소요되는 시간, 비용, 기술 등을 합리적으로 고려하여야 한다), ㉢ 위 ㉠ 또는 ㉡을 가명처리(개인정보의 일부를 삭제하거나 일부 또는 전부를 대체하는 등의 방법으로 추가 정보가 없이는 특정 개인을 알아볼 수 없도록 처리하는 것)함으로써 원래의 상태로 복원하기 위한 추가 정보의 사용·결합 없이는 특정 개인을 알아볼 수 없는 정보(이하 '가명정보'라 한다)를 말한다(「개인정보 보호법」 제2조

제1호). 따라서 사자(死者)나 법인의 정보는 「개인정보 보호법」에서 말하는 개인정보에 포함되지 아니한다.

❷ [O] 개인정보처리자는 정보주체가 필요한 최소한의 정보 외의 개인정보 수집에 동의하지 아니한다는 이유로 정보주체에게 재화 또는 서비스의 제공을 거부하여서는 아니 된다(「개인정보 보호법」 제16조 제3항).

③ [X] '개인정보처리자'란 업무를 목적으로 개인정보파일을 운용하기 위하여 스스로 또는 다른 사람을 통하여 개인정보를 처리하는 공공기관, 법인, 단체 및 개인 등을 말한다(「개인정보 보호법」 제2조 제5호). 따라서 「개인정보 보호법」은 공공기관에 의해 처리되는 정보뿐만 아니라 민간에 의해 처리되는 정보까지 보호대상으로 하고 있다.

10 정답 ④

① [X] 자신의 개인정보를 열람한 정보주체는 개인정보처리자에게 그 개인정보의 정정 또는 삭제를 요구할 수 있다. 다만, 다른 법령에서 그 개인정보가 수집 대상으로 명시되어 있는 경우에는 그 삭제를 요구할 수 없다(「개인정보 보호법」 제36조 제1항).

② [X] 정보주체는 제35조에 따른 열람, 제36조에 따른 정정·삭제, 제37조에 따른 처리정지, 제39조의7에 따른 동의 철회 등의 요구(이하 '열람 등 요구'라 한다)를 문서 등 대통령령으로 정하는 방법·절차에 따라 대리인에게 하게 할 수 있다(「개인정보 보호법」 제38조 제1항).

③ [X] 정보주체는 개인정보처리자가 이 법을 위반한 행위로 손해를 입으면 개인정보처리자에게 손해배상을 청구할 수 있다. 이 경우 그 개인정보처리자는 고의 또는 과실이 없음을 입증하지 아니하면 책임을 면할 수 없다(「개인정보 보호법」 제39조 제1항).

❹ [O] 「개인정보 보호법」 제51조에서 '단체소송'에 관하여 규정하고 있다.

11 정답 ③

㉠ [X] 고유식별정보라도 정보주체에게 일정한 사항을 알리고 다른 개인정보의 처리에 대한 동의와 별도로 동의를 받은 경우와 법령에서 구체적으로 고유식별정보의 처리를 요구하거나 허용하는 경우에는 개인정보처리자가 처리할 수 있다(「개인정보 보호법」 제24조 제1항 제1호). 그러나 고유식별정보 중 주민등록번호는 ⓐ 법률·대통령령·국회규칙·대법원규칙·헌법재판소규칙·중앙선거관리위원회규칙 및 감사원규칙에서 구체적으로 주민등록번호의 처리를 요구하거나 허용한 경우, ⓑ 정보주체 또는 제3자의 급박한 생명, 신체, 재산의 이익을 위하여 명백히 필요하다고 인정되는 경우, ⓒ ⓐ 및 ⓑ에 준하여 주민등록번호 처리가 불가피한 경우로서 보호위원회가 고시로 정하는 경우를 제외하고는 개인정보처리자가 처리할 수 없다(「개인정보 보호법」 제24조의2 제1항).

㉡ [O]

> 「개인정보 보호법」 제43조 【조정의 신청 등】 ① 개인정보와 관련한 분쟁의 조정을 원하는 자는 개인정보 분쟁조정위원회에 분쟁조정을 신청할 수 있다.
> ② 분쟁조정위원회는 당사자 일방으로부터 분쟁조정 신청을 받았을 때에는 그 신청내용을 상대방에게 알려야 한다.
> ③ 공공기관이 제2항에 따른 분쟁조정의 통지를 받은 경우에는 특별한 사유가 없으면 분쟁조정에 응하여야 한다.

ⓒ [O] '개인정보 분쟁조정위원회'는 ⓐ 조사 대상 침해행위의 중지, ⓑ 원상회복, 손해배상, 그 밖에 필요한 구제조치, ⓒ 같거나 비슷한 침해의 재발을 방지하기 위하여 필요한 조치 중 어느 하나의 사항을 포함하여 조정안을 작성할 수 있고, 조정안을 작성하면 지체 없이 각 당사자에게 제시하여야 한다. 이에 따라 조정안을 제시받은 당사자가 제시받은 날부터 15일 이내에 수락 여부를 알리지 아니하면 조정을 거부한 것으로 본다. 당사자가 조정내용을 수락한 경우 분쟁조정위원회는 조정서를 작성하고 분쟁조정위원회의 위원장과 각 당사자가 기명날인하여야 하고, 이에 따른 조정의 내용은 재판상 화해와 동일한 효력을 갖는다(「개인정보 보호법」 제47조).

ⓔ [X] 「개인정보 보호법」은 일정한 요건을 갖춘 「소비자기본법」에 따라 공정거래위원회에 등록한 소비자단체와 「비영리민간단체 지원법」에 따른 비영리민간단체만을 단체소송을 제기할 수 있는 단체로 제한하고 있다.

「개인정보 보호법」 제51조【단체소송의 대상 등】다음 각 호의 어느 하나에 해당하는 단체는 개인정보처리자가 제49조에 따른 집단분쟁조정을 거부하거나 집단분쟁조정의 결과를 수락하지 아니한 경우에는 법원에 권리침해 행위의 금지·중지를 구하는 소송(이하 '단체소송'이라 한다)을 제기할 수 있다.
1. 「소비자기본법」 제29조에 따라 공정거래위원회에 등록한 소비자단체로서 다음 각 목의 요건을 모두 갖춘 단체
   가. 정관에 따라 상시적으로 정보주체의 권익증진을 주된 목적으로 하는 단체일 것
   나. 단체의 정회원수가 1천명 이상일 것
   다. 「소비자기본법」 제29조에 따른 등록 후 3년이 경과하였을 것
2. 「비영리민간단체 지원법」 제2조에 따른 비영리민간단체로서 다음 각 목의 요건을 모두 갖춘 단체
   가. 법률상 또는 사실상 동일한 침해를 입은 100명 이상의 정보주체로부터 단체소송의 제기를 요청받을 것
   나. 정관에 개인정보 보호를 단체의 목적으로 명시한 후 최근 3년 이상 이를 위한 활동실적이 있을 것
   다. 단체의 상시 구성원수가 5천명 이상일 것
   라. 중앙행정기관에 등록되어 있을 것

---

12 정답 ①

❶ [O] 개인정보처리자는 '열람 등 요구'를 하는 자에게 대통령령으로 정하는 바에 따라 수수료와 우송료(사본의 우송을 청구하는 경우에 한한다)를 청구할 수 있다(「개인정보 보호법」 제38조 제3항).

② [X] 개인정보처리자는 제15조 제1항 각 호의 어느 하나에 해당하여 개인정보를 수집하는 경우에는 그 목적에 필요한 최소한의 개인정보를 수집하여야 한다. 이 경우 최소한의 개인정보 수집이라는 입증책임은 개인정보처리자가 부담한다(「개인정보 보호법」 제16조 제1항).

③ [X] 개인정보처리자는 사상·신념, 노동조합·정당의 가입·탈퇴, 정치적 견해, 건강, 성생활 등에 관한 정보, 그 밖에 정보주체의 사생활을 현저히 침해할 우려가 있는 개인정보로서 대통령령으로 정하는 정보(이하 '민감정보'라 한다)를 처리하여서는 아니 된다. 다만, ㉠ 정보주체에게 일정한 사항을 알리고 다른 개인정보의 처리에 대한 동의와 별도로 동의를 받은 경우, ㉡ 법령에서 민감정보의 처리를 요구하거나 허용하는 경우에는 그러하지 아니하다(「개인정보 보호법」 제23조 제1항).

④ [X] 개인정보처리자는 개인정보가 유출되었음을 알게 되었을 때에는 지체 없이 해당 정보주체에게 ㉠ 유출된 개인정보의 항목, ㉡ 유출된 시점과 그 경위, ㉢ 유출로 인하여 발생할 수 있는 피해를

최소화하기 위하여 정보주체가 할 수 있는 방법 등에 관한 정보, ㉣ 개인정보처리자의 대응조치 및 피해 구제절차, ㉤ 정보주체에게 피해가 발생한 경우 신고 등을 접수할 수 있는 담당부서 및 연락처를 알려야 하고, 그 피해를 최소화하기 위한 대책을 마련하고 필요한 조치를 하여야 한다. 그리고 개인정보처리자는 대통령령으로 정한 규모 이상의 개인정보가 유출된 경우에는 위 통지 및 조치 결과를 지체 없이 보호위원회 또는 대통령령으로 정하는 전문기관에 신고하여야 한다. 이 경우 보호위원회 또는 대통령령으로 정하는 전문기관은 피해 확산방지, 피해 복구 등을 위한 기술을 지원할 수 있다(「개인정보 보호법」 제34조 제1항~제3항).

---

13 정답 ①

❶ [O] 「개인정보 보호법」 제25조 제5항

② [X] 누구든지 불특정 다수가 이용하는 목욕실, 화장실, 발한실, 탈의실 등 개인의 사생활을 현저히 침해할 우려가 있는 장소의 내부를 볼 수 있도록 영상정보처리기기를 설치·운영하여서는 아니 된다. 다만, 교도소, 정신보건시설 등 법령에 근거하여 사람을 구금하거나 보호하는 시설로서 대통령령으로 정하는 시설에 대하여는 그러하지 아니하다(「개인정보 보호법」 제25조 제2항).

③ [X] '개인정보처리자'란 업무를 목적으로 개인정보파일을 운용하기 위하여 스스로 또는 다른 사람을 통하여 개인정보를 처리하는 공공기관, 법인, 단체 및 개인 등을 말한다(「개인정보 보호법」 제2조 제5호).

④ [X] 개인정보 보호에 관한 사무를 독립적으로 수행하기 위하여 국무총리 소속으로 개인정보 보호위원회를 둔다(「개인정보 보호법」 제7조 제1항).

---

14 정답 ②

① [X] 공공기관의 장이 개인정보파일을 운용하는 경우에는 ㉠ 개인정보파일의 명칭, ㉡ 개인정보파일의 운영 근거 및 목적, ㉢ 개인정보파일에 기록되는 개인정보의 항목, ㉣ 개인정보의 처리방법, ㉤ 개인정보의 보유기간, ㉥ 개인정보를 통상적 또는 반복적으로 제공하는 경우에는 그 제공받는 자, ㉦ 그 밖에 대통령령으로 정하는 사항을 보호위원회에 등록하여야 한다. 등록한 사항이 변경된 경우에도 또한 같다(「개인정보 보호법」 제32조 제1항).

❷ [O] 甲 등이 인터넷 포털사이트 등의 개인정보 유출사고로 자신들의 주민등록번호 등 개인정보가 불법 유출되자 이를 이유로 관할 구청장에게 주민등록번호를 변경해 줄 것을 신청하였으나 구청장이 "주민등록번호가 불법 유출된 경우 「주민등록법」상 변경이 허용되지 않는다."라는 이유로 주민등록번호 변경을 거부하는 취지의 통지를 한 사안 … 피해자의 의사와 무관하게 주민등록번호가 유출된 경우에는 조리상 주민등록번호의 변경을 요구할 신청권을 인정함이 타당하고, 구청장의 주민등록번호 변경신청 거부행위는 항고소송의 대상이 되는 행정처분에 해당한다(대판 2017.6.15, 2013두2945).

③ [X] 「개인정보 보호법」 제17조와 「정보통신망 이용촉진 및 정보보호 등에 관한 법률」(이하 '정보통신망법'이라고 함) 제24조의2에서 말하는 개인정보의 '제3자 제공'은 본래의 개인정보 수집·이용 목적의 범위를 넘어 정보를 제공받는 자의 업무처리와 이익을 위하여 개인정보가 이전되는 경우인 반면, 「개인정보 보호법」 제26조와 정보통신망법 제25조에서 말하는 개인정보의 '처리위탁'은 본래의 개인정보 수집·이용 목적과 관련된 위탁자 본인의 업무 처리와 이익을 위하여 개인정보가 이전되는 경우를 의미한다. 개인

정보 처리위탁에 있어 수탁자는 위탁자로부터 위탁사무 처리에 따른 대가를 지급받는 것 외에는 개인정보 처리에 관하여 독자적인 이익을 가지지 않고, 정보제공자의 관리·감독 아래 위탁받은 범위 내에서만 개인정보를 처리하게 되므로, 「개인정보 보호법」 제17조와 정보통신망법 제24조의2에 정한 '제3자'에 해당하지 않는다(대판 2017.4.7, 2016도13263).

④ [X] 관계 중앙행정기관의 장은 개인정보 보호를 위하여 필요하다고 인정하면 소관 법률에 따라 개인정보처리자에게 개인정보처리실태의 개선을 권고할 수 있고, 이 경우 권고를 받은 개인정보처리자는 이를 이행하기 위하여 성실하게 노력하여야 하며, 그 조치 결과를 관계 중앙행정기관의 장에게 알려야 한다(「개인정보 보호법」 제61조 제3항). 따라서 지도·점검을 할 수는 없다. 그러나 중앙행정기관, 지방자치단체, 국회, 법원, 헌법재판소, 중앙선거관리위원회는 그 소속 기관 및 소관 공공기관에 대하여 개인정보 보호에 관한 의견을 제시하거나 지도·점검을 할 수 있다(「개인정보 보호법」 제61조 제4항).

15 정답 ④

① [O] 대판 1992.6.23, 92추17

② [O] 국민의 '알 권리', 즉 정보에의 접근·수집·처리의 자유는 자유권적 성질과 청구권적 성질을 공유하는 것으로서 헌법 제21조에 의하여 직접 보장되는 권리이고, 그 구체적 실현을 위하여 제정된 「공공기관의 정보공개에 관한 법률」도 제3조에서 공공기관이 보유·관리하는 정보를 원칙적으로 공개하도록 하여 정보공개의 원칙을 천명하고 있다(대판 2009.12.10, 2009두12785).

③ [O] 알 권리에서 파생되는 정부의 공개의무는 특별한 사정이 없는 한 국민의 적극적인 정보수집행위, 특히 특정의 정보에 대한 공개 청구가 있는 경우에야 비로소 존재하므로, 정보공개 청구가 없었던 경우 대한민국과 중화인민공화국이 체결한 양국 간 마늘교역에 관한 합의서를 사전에 마늘재배농가들에게 공개할 정부의 의무는 인정되지 아니한다(헌재 2004.12.16, 2002헌마579).

❹ [X] 공개청구의 대상이 되는 정보가 이미 다른 사람에게 공개되어 널리 알려져 있다거나 인터넷이나 관보 등을 통하여 공개되어 인터넷 검색이나 도서관에서의 열람 등을 통하여 쉽게 알 수 있다는 사정만으로는 소의 이익이 없다거나 비공개결정이 정당화될 수 없다(대판 2011.12.23, 2008두13101).

16 정답 ③

① [O] 「공공기관의 정보공개에 관한 법률」은 비공개대상 정보에 해당하지 않는 한 공공기관이 보유·관리하는 정보는 공개대상이 된다고 규정(제9조 제1항)하고 있을 뿐 정보공개 청구권자가 공개를 청구하는 정보와 어떤 관련성을 가질 것을 요구하거나 정보공개 청구의 목적에 특별한 제한을 두고 있지 아니하므로 정보공개 청구권자의 권리구제 가능성 등은 정보의 공개 여부 결정에 아무런 영향을 미치지 못한다(대판 2017.9.7, 2017두44558).

② [O] '공공기관'이란 ㉠ 국가기관[ⓐ 국회, 법원, 헌법재판소, 중앙선거관리위원회, ⓑ 중앙행정기관(대통령 소속 기관과 국무총리 소속 기관을 포함한다) 및 그 소속 기관, ⓒ 「행정기관 소속 위원회의 설치·운영에 관한 법률」에 따른 위원회], ㉡ 지방자치단체, ㉢ 「공공기관의 운영에 관한 법률」 제2조에 따른 공공기관, ㉣ 「지방공기업법」에 따른 지방공사 및 지방공단, ㉤ 그 밖에 대통령령으로 정하는 기관을 말한다(「공공기관의 정보공개에 관한 법률」 제2조 제3호). 여기서 '그 밖에 대통령령으로 정하는 기관'이란 ㉠ 「유아

교육법」·「초·중등교육법」·「고등교육법」에 따른 각급 학교 또는 그 밖의 다른 법률에 따라 설치된 학교, ㉡ 「지방자치단체 출자·출연 기관의 운영에 관한 법률」 제2조 제1항에 따른 출자기관 및 출연기관, ㉢ 특별법에 따라 설립된 특수법인, ㉣ 「사회복지사업법」 제42조 제1항에 따라 국가나 지방자치단체로부터 보조금을 받는 사회복지법인과 사회복지사업을 하는 비영리법인, ㉤ 위 ㉣ 외에 「보조금 관리에 관한 법률」 제9조 또는 「지방재정법」 제17조 제1항 각 호 외의 부분 단서에 따라 국가나 지방자치단체로부터 연간 5천만 원 이상의 보조금을 받는 기관 또는 단체를 말한다(「공공기관의 정보공개에 관한 법률 시행령」 제2조).

❸ [X] 「공공기관의 정보공개에 관한 법률」에 따라 정보를 공개할 의무가 있는 공공기관으로서 '특별법에 따라 설립된 특수법인'이란 국가기관·지방자치단체·정부투자기관에 준할 정도로 공동체 전체의 이익에 중요한 역할이나 기능을 수행하는 공공기관으로서의 특수성을 갖는 법인을 말한다(대판 2010.4.29, 2008두5643).

④ [O] 「방송법」이라는 특별법에 의하여 설립·운영되는 한국방송공사(KBS)는 「공공기관의 정보공개에 관한 법률 시행령」 제2조 제4호의 '특별법에 의하여 설립된 특수법인'으로서 정보공개의무가 있는 「공공기관의 정보공개에 관한 법률」 제2조 제3호의 '공공기관'에 해당한다(대판 2010.12.23, 2008두13101).

17 정답 ②

① [X] 사립대학교에 대한 국비 지원이 한정적·일시적·국부적이라는 점을 고려하더라도, 「공공기관의 정보공개에 관한 법률 시행령」 제2조 제1호가 정보공개의무를 지는 공공기관의 하나로 사립대학교를 들고 있는 것이 헌법이 정한 대학의 자율성 보장 이념 등에 반하거나 모법인 「공공기관의 정보공개에 관한 법률」의 위임 범위를 벗어났다거나 사립대학교가 국비의 지원을 받는 범위 내에서만 공공기관의 성격을 가진다고 볼 수 없다(대판 2013.11.28, 2011두5049 ; 대판 2006.8.24, 2004두2783).

❷ [O] '한국증권업협회'는 증권회사 상호간의 업무질서를 유지하고 유가증권의 공정한 매매거래 및 투자자보호를 위하여 일정 규모 이상인 증권회사 등으로 구성된 회원조직으로서, 「증권거래법」 또는 그 법에 의한 명령에 대하여 특별한 규정이 있는 것을 제외하고는 「민법」 중 사단법인에 관한 규정을 준용받는 점, 그 업무가 국가기관 등에 준할 정도로 공동체 전체의 이익에 중요한 역할이나 기능에 해당하는 공공성을 갖는다고 볼 수 없는 점 등에 비추어, 「공공기관의 정보공개에 관한 법률 시행령」 제2조 제4호의 '특별법에 의하여 설립된 특수법인'에 해당한다고 보기 어렵다(대판 2010.4.29, 2008두5643).

③ [X] '공공기관'이란 국가기관, 지방자치단체, 「공공기관의 운영에 관한 법률」 제2조에 따른 공공기관, 「지방공기업법」에 따른 지방공사 및 지방공단, 그 밖에 대통령령으로 정하는 기관을 말한다(「공공기관의 정보공개에 관한 법률」 제2조 제3호).

④ [X] 공공기관이란 국가기관, 지방자치단체, 「공공기관의 운영에 관한 법률」 제2조에 따른 공공기관, 「지방공기업법」에 따른 지방공사 및 지방공단, 그 밖에 대통령령으로 정하는 기관을 말한다(「공공기관의 정보공개에 관한 법률」 제2조 제3호). 여기서 '그 밖에 대통령령으로 정하는 기관'에는 「유아교육법」, 「초·중등교육법」, 「고등교육법」에 따른 각급 학교 또는 그 밖의 다른 법률에 따라 설치된 학교도 포함된다(「공공기관의 정보공개에 관한 법률 시행령」 제2조 제1호). 따라서 사립초등학교도 공공기관에 해당한다.

❶ [X] 개인정보처리자는 사상·신념, 노동조합·정당의 가입·탈퇴, 정치적 견해, 건강, 성생활 등에 관한 정보, 그 밖에 정보주체의 사생활을 현저히 침해할 우려가 있는 개인정보로서 대통령령으로 정하는 정보(이하 '민감정보'라 한다)를 처리하여서는 아니 된다. 다만, ㉠ 정보주체에게 제15조 제2항 각 호(ⓐ 정보주체에게 개인정보의 수집·이용 목적, ⓑ 수집하려는 개인정보의 항목, ⓒ 개인정보의 보유 및 이용 기간, ⓓ 동의를 거부할 권리가 있다는 사실 및 동의 거부에 따른 불이익이 있는 경우에는 그 불이익의 내용) 또는 제17조 제2항 각 호(ⓐ 개인정보를 제공받는 자, ⓑ 개인정보를 제공받는 자의 개인정보 이용 목적, ⓒ 제공하는 개인정보의 항목, ⓓ 개인정보를 제공받는 자의 개인정보 보유 및 이용 기간, ⓔ 동의를 거부할 권리가 있다는 사실 및 동의 거부에 따른 불이익이 있는 경우에는 그 불이익의 내용)의 사항을 알리고 다른 개인정보의 처리에 대한 동의와 별도로 동의를 받은 경우, ㉡ 법령에서 민감정보의 처리를 요구하거나 허용하는 경우에는 그러하지 아니하다(「개인정보 보호법」 제23조 제1항). ➡ 법령에서 민감정보의 처리를 요구하거나 허용하는 경우에는 정보주체의 별도의 동의와 관계없이 그 민감정보를 처리할 수 있다.

② [O] 민감정보란 사상·신념, 노동조합·정당의 가입·탈퇴, 정치적 견해, 건강, 성생활 등에 관한 정보, 그 밖에 정보주체의 사생활을 현저히 침해할 우려가 있는 개인정보로서 대통령령으로 정하는 정보를 말한다(「개인정보 보호법」 제23조 제1항).

③ [O] 개인정보처리자가 제3자에게 개인정보의 처리업무를 위탁하는 경우에는 ㉠ 위탁업무 수행 목적 외 개인정보의 처리 금지에 관한 사항, ㉡ 개인정보의 기술적·관리적 보호조치에 관한 사항, ㉢ 그 밖에 개인정보의 안전한 관리를 위하여 대통령령으로 정한 사항이 포함된 문서에 의하여야 한다(「개인정보 보호법」 제26조 제1항).

④ [O] 정보주체는 개인정보처리자가 이 법을 위반한 행위로 손해를 입으면 개인정보처리자에게 손해배상을 청구할 수 있다. 이 경우 그 개인정보처리자는 고의 또는 과실이 없음을 입증하지 아니하면 책임을 면할 수 없다(「개인정보 보호법」 제39조 제1항).

㉠ [O] 「행정절차법」 제37조 제1항은 "당사자 등은 청문의 통지가 있는 날부터 청문이 끝날 때까지 행정청에 해당 사안의 조사 결과에 관한 문서와 그 밖에 해당 처분과 관련되는 문서의 열람 또는 복사를 요청할 수 있다."라고 규정하고 있는데, 「행정절차법」 제2조 제4호에 따르면 '당사자 등'이란 행정청의 처분에 대하여 직접 그 상대가 되는 당사자와 행정청이 직권으로 또는 신청에 따라 행정절차에 참여하게 한 이해관계인을 말한다. 이에 반해 「공공기관의 정보공개에 관한 법률」 제5조 제1항은 "모든 국민은 정보의 공개를 청구할 권리를 가진다."라고 규정하고 있으므로, 이해관계자만이 정보공개를 청구할 수 있는 것이 아니다.

㉡ [O] 「공공기관의 정보공개에 관한 법률」 제6조 제1항은 "모든 국민은 정보의 공개를 청구할 권리를 가진다."라고 규정하고 있는데, 여기에서 말하는 국민에는 자연인은 물론 법인, 권리능력 없는 사단·재단도 포함되고, 법인, 권리능력 없는 사단·재단 등의 경우에는 설립목적을 불문한다(대판 2003.12.12, 2003두8050).

㉢ [X] 모든 국민은 정보의 공개를 청구할 권리를 가진다(「공공기관의 정보공개에 관한 법률」 제5조 제1항). 따라서 이해관계가 있어야 정보공개를 청구할 수 있는 것은 아니다.

㉣ [X] 외국인의 정보공개 청구에 관하여는 대통령령으로 정하는데(「공공기관의 정보공개에 관한 법률」 제5조 제2항), 이에 따라 정보공개를 청구할 수 있는 외국인은 ⓐ 국내에 일정한 주소를 두고 거주하거나 학술·연구를 위하여 일시적으로 체류하는 사람, ⓑ 국내에 사무소를 두고 있는 법인 또는 단체이다(「공공기관의 정보공개에 관한 법률 시행령」 제3조).

① [X] 「공공기관의 정보공개에 관한 법률」 제2조 제3호 라목은 '그 밖에 대통령령으로 정하는 기관'을 '공공기관'으로 규정하고 있고, 같은 법 시행령 제2조 제1호는 '대통령령으로 정하는 기관'에 「유아교육법」, 「초·중등교육법」, 「고등교육법」에 따른 각급 학교 또는 그 밖의 다른 법률에 따라 설치된 학교를 포함시키고 있어, 사립대학교는 정보공개의무가 있는 공공기관에 해당한다. 그리고 「공공기관의 정보공개에 관한 법률 시행령」 제2조 제1호가 정보공개의무를 지는 공공기관의 하나로 사립대학교를 들고 있는 것이 헌법이 정한 대학의 자율성 보장이념 등에 반하거나 모법인 「공공기관의 정보공개에 관한 법률」의 위임범위를 벗어났다거나 사립대학교가 국비의 지원을 받는 범위 내에서만 공공기관의 성격을 가진다고 볼 수 없다(대판 2013.11.28, 2011두5049 ; 대판 2006.8.24, 2004두2783).

② [X] 국가기관인 국회, 법원, 헌법재판소, 중앙선거관리위원회도 「공공기관의 정보공개에 관한 법률」상 '공공기관'에 해당하고(법 제2조 제3호 가목), 「국회정보공개규칙」은 「공공기관의 정보공개에 관한 법률」에서 위임된 사항과 그 시행에 관하여 필요한 사항을 규정함을 목적으로 한다(규칙 제1조). 따라서 국회의 정보공개에 관하여도 「공공기관의 정보공개에 관한 법률」이 적용된다.

③ [X] 정보공개제도는 공공기관이 보유·관리하는 정보를 그 상태대로 공개하는 제도로서 공개를 구하는 정보를 공공기관이 보유·관리하고 있을 상당한 개연성이 있다는 점에 대하여 원칙적으로 공개청구자에게 증명책임이 있다고 할 것이지만, 공개를 구하는 정보를 공공기관이 한때 보유·관리하였으나 후에 그 정보가 담긴 문서 등이 폐기되어 존재하지 않게 된 것이라면 그 정보를 더 이상 보유·관리하고 있지 아니하다는 점에 대한 증명책임은 공공기관에 있다(대판 2004.12.9, 2003두12707 ; 대판 2013.1.24, 2010두18918).

❹ [O] 「공공기관의 정보공개에 관한 법률」상 공개 청구의 대상이 되는 정보란 공공기관이 직무상 작성 또는 취득하여 현재 보유·관리하고 있는 문서에 한정되는 것이기는 하나, 그 문서가 반드시 원본일 필요는 없다(대판 2006.5.25, 2006두3049).

12회 쟁점별 모의고사
정보공개 청구

를 주로 하는 국가기관은 그 국가기관의 장이 외부 전문가의 위촉 비율을 따로 정하되, 최소한 3분의 1 이상은 외부 전문가로 위촉하여야 한다(「공공기관의 정보공개에 관한 법률」제12조 제3항).

❹ [X]

> 「공공기관의 정보공개에 관한 법률」제22조【정보공개위원회의 설치】다음 각 호의 사항을 심의·조정하기 위하여 국무총리 소속으로 정보공개위원회(이하 '위원회'라 한다)를 둔다.

정답

01	②	02	④	03	③	04	①
05	①	06	②	07	①	08	②
09	④	10	③	11	①	12	①
13	④	14	①	15	③	16	③
17	③	18	④	19	②	20	④

01 　정답 ②

① [O] 모든 국민은 정보의 공개를 청구할 권리를 가진다(「공공기관의 정보공개에 관한 법률」제5조 제1항). 따라서 이해당사자만이 정보공개청구권을 가지는 것은 아니다.

❷ [X] ③ [O] ④ [O] 국민의 정보공개 청구는 「공공기관의 정보공개에 관한 법률」제9조에 정한 비공개 대상 정보에 해당하지 아니하는 한 원칙적으로 폭넓게 허용되어야 하지만, 실제로는 해당 정보를 취득 또는 활용할 의사가 전혀 없이 정보공개제도를 이용하여 사회통념상 용인될 수 없는 부당한 이득을 얻으려 하거나, 오로지 공공기관의 담당 공무원을 괴롭힐 목적으로 정보공개 청구를 하는 경우처럼 권리의 남용에 해당하는 것이 명백한 경우에는 정보공개청구권의 행사를 허용하지 아니하는 것이 옳다(대판 2014.12.24, 2014두9349).

02 　정답 ④

① [O] ㉠ 법령등에 따라 공개를 목적으로 작성된 정보, ㉡ 일반국민에게 알리기 위하여 작성된 각종 홍보자료, ㉢ 공개하기로 결정된 정보로서 공개에 오랜 시간이 걸리지 아니하는 정보, ㉣ 그 밖에 공공기관의 장이 정하는 정보로서 즉시 또는 말로 처리가 가능한 정보에 대해서는 제11조(정보공개 여부의 결정)에 따른 절차를 거치지 아니하고 공개하여야 한다(「공공기관의 정보공개에 관한 법률」제16조).

② [O] 정보 비공개결정의 취소를 구하는 경우에 있어서, 만일 공개를 청구한 정보의 내용 중 너무 포괄적이거나 막연하여서 사회일반인의 관점에서 그 내용과 범위를 확정할 수 있을 정도로 특정되었다고 볼 수 없는 부분이 포함되어 있다면, 이를 심리하는 법원으로서는 마땅히 「공공기관의 정보공개에 관한 법률」제20조 제2항의 규정에 따라 공공기관에 그가 보유·관리하고 있는 공개 청구 정보를 제출하도록 하여 이를 비공개로 열람·심사하는 등의 방법으로 공개 청구 정보의 내용과 범위를 특정시켜야 한다(대판 2007.6.1, 2007두2555).

③ [O] 심의회의 위원은 소속 공무원, 임직원 또는 외부 전문가로 지명하거나 위촉하되, 그중 3분의 2는 해당 국가기관 등의 업무 또는 정보공개의 업무에 관한 지식을 가진 외부 전문가로 위촉하여야 한다. 다만, 제9조 제1항 제2호(국가안전보장·국방·통일·외교관계 등에 관한 사항으로서 공개될 경우 국가의 중대한 이익을 현저히 해칠 우려가 있다고 인정되는 정보) 및 제4호에 해당하는 업무

03 　정답 ③

① [X] ② [X] ④ [X] 정보의 공개 및 우송 등에 드는 비용은 실비의 범위에서 청구인이 부담한다. 공개를 청구하는 정보의 사용 목적이 공공복리의 유지·증진을 위하여 필요하다고 인정되는 경우에는 그 비용을 감면할 수 있다(「공공기관의 정보공개에 관한 법률」제17조 제1항·제2항).

❸ [O] 청구인에게는 특정한 공개방법을 지정하여 정보공개를 청구할 수 있는 법령상 신청권이 있다. 따라서 공공기관이 공개 청구의 대상이 된 정보를 공개는 하되, 청구인이 신청한 공개방법 이외의 방법으로 공개하기로 하는 결정을 하였다면, 이는 정보공개 청구 중 정보공개방법에 관한 부분에 대하여 일부 거부처분을 한 것이고, 청구인은 그에 대하여 항고소송으로 다툴 수 있다(대판 2016.11.10, 2016두44674).

04 　정답 ①

❶ [X] 청구인이 정보공개거부처분의 취소를 구하는 소송에서 공공기관이 청구 정보를 증거 등으로 법원에 제출하여 법원을 통하여 그 사본을 청구인에게 교부 또는 송달하게 하여 결과적으로 청구인에게 정보를 공개하는 셈이 되었다고 하더라도, 이러한 우회적인 방법은 법이 예정하고 있지 아니한 방법으로서 법에 의한 공개라고 볼 수는 없으므로, 당해 문서의 비공개결정의 취소를 구할 소의 이익은 소멸되지 않는다고 할 것이다(대판 2004.3.26, 2002두6583).

② [O] 국민으로부터 보유·관리하는 정보에 대한 공개를 요구받은 공공기관으로서는 「공공기관의 정보공개에 관한 법률」제9조 제1항 각 호에서 정하고 있는 비공개사유에 해당하지 않는 한 이를 공개하여야 하고, 이를 거부하는 경우라 할지라도 대상이 된 정보의 내용을 구체적으로 확인·검토하여 어느 부분이 어떠한 법익 또는 기본권과 충돌되어 같은 법 제9조 제1항 몇 호에서 정하고 있는 비공개사유에 해당하는지를 주장·입증하여야만 하며, 그에 이르지 아니한 채 개괄적인 사유만을 들어 공개를 거부하는 것은 허용되지 아니한다(대판 2007.2.8, 2006두4899).

③ [O] 법원이 정보공개거부처분의 위법 여부를 심리한 결과, 공개가 거부된 정보에 비공개 대상 정보에 해당하는 부분과 공개가 가능한 부분이 혼합되어 있으며, 공개 청구의 취지에 어긋나지 아니하는 범위 안에서 두 부분을 분리할 수 있다고 인정할 수 있을 때에는, 공개가 거부된 정보 중 공개가 가능한 부분을 특정하고, 판결의 주문에 정보공개거부처분 중 공개가 가능한 정보에 관한 부분만을 취소한다고 표시하여야 한다(대판 2010.2.11, 2009두6001).

④ [O] 국민의 정보공개 청구는 「공공기관의 정보공개에 관한 법률」제9조에 정한 비공개 대상 정보에 해당하지 아니하는 한 원칙적으로 폭넓게 허용되어야 하지만, 실제로는 해당 정보를 취득 또는 활용할 의사가 전혀 없이 정보공개제도를 이용하여 사회통념상 용인될 수 없는 부당한 이득을 얻으려 하거나, 오로지 공공기관의 담당 공무원을 괴롭힐 목적으로 정보공개 청구를 하는 경우처럼 권리의

남용에 해당하는 것이 명백한 경우에는 정보공개청구권의 행사를 허용하지 아니하는 것이 옳다(대판 2014.12.24, 2014두9349).

05
정답 ①

❶ [X] 공공기관이 보유·관리하는 정보는 공개 대상이 된다. 다만, 다른 법률 또는 법률에서 위임한 명령(국회규칙·대법원규칙·헌법재판소규칙·중앙선거관리위원회규칙·대통령령 및 조례로 한정한다)에 따라 비밀이나 비공개 사항으로 규정된 정보는 공개하지 아니할 수 있다(「공공기관의 정보공개에 관한 법률」 제9조 제1항 제1호).

② [O] 공공기관이 보유·관리하는 정보는 공개 대상이 된다. 다만, 진행 중인 재판에 관련된 정보와 범죄의 예방, 수사, 공소의 제기 및 유지, 형의 집행, 교정, 보안처분에 관한 사항으로서 공개될 경우 그 직무수행을 현저히 곤란하게 하거나 형사피고인의 공정한 재판을 받을 권리를 침해한다고 인정할 만한 상당한 이유가 있는 정보는 공개하지 아니할 수 있다(「공공기관의 정보공개에 관한 법률」 제9조 제1항 제4호).

③ [O] 「공공기관의 정보공개에 관한 법률」 제9조 제1항 제4호는 '수사에 관한 사항으로서 공개될 경우 그 직무수행을 현저히 곤란하게 한다고 인정할 만한 상당한 이유가 있는 정보'를 비공개 대상 정보의 하나로 규정하고 있다. 그 취지는 수사의 방법 및 절차 등이 공개되어 수사기관의 직무수행에 현저한 곤란을 초래할 위험을 막고자 하는 것으로서, 수사기록 중의 의견서, 보고문서, 메모, 법률검토, 내사자료 등(이하 '의견서 등'이라고 함)이 이에 해당하나, 공개청구 대상인 정보가 의견서 등에 해당한다고 하여 곧바로 「공공기관의 정보공개에 관한 법률」 제9조 제1항 제4호에 규정된 비공개 대상 정보라고 볼 것은 아니고, 의견서 등의 실질적인 내용을 구체적으로 살펴 수사의 방법 및 절차 등이 공개됨으로써 수사기관의 직무수행을 현저히 곤란하게 한다고 인정할 만한 상당한 이유가 있어야만 위 비공개 대상 정보에 해당한다(대판 2017.9.7, 2017두44558).

④ [O]

> 「공공기관의 정보공개에 관한 법률」 제9조 【비공개 대상 정보】 ① 공공기관이 보유·관리하는 정보는 공개 대상이 된다. 다만, 다음 각 호의 어느 하나에 해당하는 정보는 공개하지 아니할 수 있다.
> 8. 공개될 경우 부동산 투기, 매점매석 등으로 특정인에게 이익 또는 불이익을 줄 우려가 있다고 인정되는 정보

06
정답 ②

① [O] 「공공기관의 정보공개에 관한 법률」 제9조 제1항 제1호 소정의 '법률에서 위임한 명령'은 법률의 위임규정에 의하여 제정된 대통령령, 총리령, 부령 전부를 의미한다기보다는 정보의 공개에 관하여 법률의 구체적인 위임 아래 제정된 법규명령(위임명령)을 의미한다(대판 2003.12.11, 2003두8395).

❷ [X] 국방부의 한국형 다목적 헬기(KMH) 도입사업에 대한 감사원장의 감사결과보고서가 군사2급비밀에 해당하는 이상 「공공기관의 정보공개에 관한 법률」 제9조 제1항 제1호에 의하여 공개하지 아니할 수 있다(대판 2006.11.10, 2006두9351).

③ [O] 법원 이외의 공공기관이 「공공기관의 정보공개에 관한 법률」 제9조 제1항 제4호에서 정한 '진행 중인 재판에 관련된 정보'에 해당한다는 사유로 정보공개를 거부하기 위하여는 반드시 그 정보가 진행 중인 재판의 소송기록 그 자체에 포함된 내용의 정보일 필요는 없으나, 재판에 관련된 일체의 정보가 그에 해당하는 것은 아니

고 진행 중인 재판의 심리 또는 재판 결과에 구체적으로 영향을 미칠 위험이 있는 정보에 한정된다고 보는 것이 타당하다(대판 2018.9.28, 2017두69892).

④ [O] 「공공기관의 정보공개에 관한 법률」 제9조 제1항 제7호에서 비공개 대상 정보로 정하고 있는 '법인 등의 경영상·영업상 비밀'은 '타인에게 알려지지 아니함이 유리한 사업활동에 관한 일체의 정보' 또는 '사업활동에 관한 일체의 비밀사항'을 의미하는 것이고, 공개 여부는 공개를 거부할 만한 정당한 이익이 있는지 여부에 따라 결정되어야 한다(대판 2014.7.24, 2012두12303 ; 대판 2008.10.23, 2007두1798).

07
정답 ①

❶ [X] 해당 정보에 포함되어 있는 성명·주민등록번호 등 개인에 관한 사항으로서 공개될 경우 사생활의 비밀 또는 자유를 침해할 우려가 있다고 인정되는 정보는 공개하지 아니할 수 있다. 다만, ㉠ 법령에서 정하는 바에 따라 열람할 수 있는 정보, ㉡ 공공기관이 공표를 목적으로 작성하거나 취득한 정보로서 사생활의 비밀 또는 자유를 부당하게 침해하지 아니하는 정보, ㉢ 공공기관이 작성하거나 취득한 정보로서 공개하는 것이 공익이나 개인의 권리구제를 위하여 필요하다고 인정되는 정보, ㉣ 직무를 수행한 공무원의 성명·직위, ㉤ 공개하는 것이 공익을 위하여 필요한 경우로서 법령에 따라 국가 또는 지방자치단체가 업무의 일부를 위탁 또는 위촉한 개인의 성명·직업은 공개하여야 한다(「공공기관의 정보공개에 관한 법률」 제9조 제1항 제6호).

② [O] 「공공기관의 정보공개에 관한 법률」 제9조 제1항 제7호의 입법취지와 내용에 비추어 볼 때, 법인 등의 상호, 단체명, 영업소명, 사업자등록번호 등에 관한 정보는 법인 등의 영업상 비밀에 관한 사항으로서 공개될 경우 법인 등의 정당한 이익을 현저히 해칠 우려가 있다고 인정되는 정보에 해당하지 아니하지만, 법인 등이 거래하는 금융기관의 계좌번호에 관한 정보는 법인 등의 영업상 비밀에 관한 사항으로서 법인 등의 이름과 결합하여 공개될 경우 당해 법인 등의 영업상 지위가 위협받을 우려가 있다고 할 것이므로 위 정보는 법인 등의 영업상 비밀에 관한 사항으로서 공개될 경우 법인 등의 정당한 이익을 현저히 해칠 우려가 있다고 인정되는 정보에 해당한다고 할 것이다(대판 2004.8.20, 2003두8302).

③ [O] 아파트재건축주택조합의 조합원들에게 제공될 '무상보상평수 산출내역'(무상보상평수를 '종전 분양면적＋지하주차장 2평'으로 정할 경우의 사업수익성 등을 검토한 자료)은 「공공기관의 정보공개에 관한 법률」 제9조 제1항 제5호 소정의 '의사결정과정 또는 내부검토과정에 있는 사항 등으로 공개될 경우 업무의 공정한 수행에 현저한 지장을 초래한다고 인정할 만한 상당한 이유가 있는 정보'에 해당한다고 할 수 없고, 제7호 소정의 '법인 등의 영업상 비밀에 관한 사항으로서 공개될 경우 법인 등의 정당한 이익을 현저히 해칠 우려가 있다고 인정되는 정보'에 해당한다고 보기도 어려우므로 비공개 대상 정보에 해당하지 않는다(대판 2006.1.13, 2003두9459).

④ [O] 지방자치단체의 업무추진비 세부항목별 집행내역 및 그에 관한 증빙서류에 포함된 개인에 관한 정보는 특별한 사정이 없는 한 그 개인의 사생활 보호라는 관점에서 보더라도 위와 같은 정보가 공개되는 것은 바람직하지 않으며 위 정보의 비공개에 의하여 보호되는 이익보다 공개에 의하여 보호되는 이익이 우월하다고 단정할 수도 없으므로, 이는 「공공기관의 정보공개에 관한 법률」 제9조 제1항 제6호 마목에서 정한 공개 대상이 되는 '공개하는 것이 공익을 위하여 필요하다고 인정되는 정보'에 해당하지 않는다(대판 2003.3.11, 2001두6425).

① [X] 구 공공기관의 정보공개에 관한 법률과 구 공직자윤리법의 관련 규정들을 종합하여 보면, 구 공직자윤리법에 의한 '등록사항' 중 같은 법 제10조 제1항 및 제2항에 의하여 공개하여야 할 등록사항을 제외한 나머지 등록사항은 같은 법 제10조 제3항 또는 제14조의 규정에 의한 법령비정보에 해당한다. 그런데 위 규정들의 내용 및 「공직자윤리법」의 목적, 입법취지 등을 종합하여 보면, 등록의무자 본인 및 그 배우자와 직계존비속이 소유하는 재산의 종류와 가액 및 고지거부사실(직계존비속이 자신의 재산등록사항의 고지를 거부하는 경우 그 고지거부사실 자체는 등록할 재산에 대응하는 것이므로 등록사항으로 보아야 함)은 구 공직자윤리법에 의한 등록사항에 해당하나, 그 밖에 등록의무자의 배우자 및 직계존비속의 존부와 그 인적 사항 및 고지거부자의 고지거부사유는 그 등록사항에 해당하지 않는다. 따라서 「공직자윤리법」상의 등록의무자가 제출한 '자신의 재산등록사항의 고지를 거부한 직계존비속의 본인과의 관계, 성명, 고지거부사유, 서명(날인)'이 기재되어 있는 구 공직자윤리법 시행규칙 제12조 관련 [별지 14호 서식]의 문서는 구 공직자윤리법에 의한 등록사항이 아니므로, 같은 법 제10조 제3항 및 제14조의 각 규정에 의하여 열람·복사가 금지되거나 누설이 금지된 정보가 아니고, 나아가 <u>구 공공기관의 정보공개에 관한 법률 제9조 제1항 제1호에 정한 법령비정보에도 해당하지 않는다</u>(대판 2007.12.13, 2005두13117).

❷ [O] 甲이 친족인 망 乙 등에 대한 독립유공자 포상신청을 하였다가 독립유공자서훈 공적심사위원회의 심사를 거쳐 포상에 포함되지 못하였다는 내용의 공적심사 결과를 통지받자 국가보훈처장에게 '망인들에 대한 공적심사위원회의 심의·의결 과정 및 그 내용을 기재한 회의록' 등의 공개를 청구하였다. 위 회의록은 「공공기관의 정보공개에 관한 법률」 제9조 제1항 제5호에서 정한 <u>'공개될 경우 업무의 공정한 수행에 현저한 지장을 초래한다고 인정할 만한 상당한 이유가 있는 정보'에 해당한다</u>(대판 2014.7.24, 2013두20301).

③ [X] 법원 이외의 공공기관이 「공공기관의 정보공개에 관한 법률」 제9조 제1항 제4호에서 정한 '진행 중인 재판에 관련된 정보'에 해당한다는 사유로 정보공개를 거부하기 위하여는 <u>반드시 그 정보가 진행 중인 재판의 소송기록 자체에 포함된 내용일 필요는 없다.</u> 그러나 재판에 관련된 일체의 정보가 그에 해당하는 것은 아니고 진행 중인 재판의 심리 또는 재판 결과에 구체적으로 영향을 미칠 위험이 있는 정보에 한정된다고 보는 것이 타당하다(대판 2011.11.24, 2009두19021 ; 대판 2012.4.12, 2010두24913).

④ [X] 국가정보원이 그 직원에게 지급하는 현금급여 및 월초수당에 관한 정보는 국가정보원 예산집행내역의 일부를 구성하는 것이므로, 위 현금급여 및 월초수당에 관한 정보는 <u>「국가정보원법」 제12조에 의하여 비공개 사항으로 규정된 정보로서 「공공기관의 정보공개에 관한 법률」 제9조 제1항 제1호의 비공개 대상 정보인 '다른 법률에 따라 비공개 사항으로 규정된 정보'에 해당한다고 보아야 하고,</u> 위 현금급여 및 월초수당이 근로의 대가로서의 성격을 가진다거나 정보공개 청구인이 해당 직원의 배우자라고 하여 달리 볼 것은 아니다(대판 2010.12.23, 2010두14800).

① [O] 「공공기관의 정보공개에 관한 법률」 제9조 제1항 제6호 본문은 '해당 정보에 포함되어 있는 성명·주민등록번호 등 개인에 관한 사항으로서 공개될 경우 사생활의 비밀 또는 자유를 침해할 우려가 있다고 인정되는 정보'를 비공개 대상 정보의 하나로 규정하고

있다. 여기에서 말하는 비공개 대상 정보에는 성명·주민등록번호 등 '개인식별정보'뿐만 아니라 그 외에 정보의 내용에 따라 '개인에 관한 사항의 공개로 인하여 개인의 내밀한 내용의 비밀 등이 알려지게 되고, 그 결과 인격적·정신적 내면생활에 지장을 초래하거나 자유로운 사생활을 영위할 수 없게 될 위험성이 있는 정보'도 포함된다. 따라서 <u>불기소처분기록이나 내사기록 중 피의자신문조서 등 조서에 기재된 피의자 등의 인적 사항 이외의 진술내용 역시 개인의 사생활의 비밀 또는 자유를 침해할 우려가 인정되는 경우에는 위 비공개 대상 정보에 해당한다</u>(대판 2017.9.7, 2017두44558).

② [O] 학교폭력대책자치위원회가 피해학생의 보호를 위한 조치, 가해학생에 대한 조치, 학교폭력과 관련된 분쟁의 조정 등에 관하여 심의한 결과를 기재한 회의록은 「공공기관의 정보공개에 관한 법률」 제9조 제1항 제1호의 '<u>다른 법률 또는 법률이 위임한 명령에 의하여 비밀 또는 비공개 사항으로 규정된 정보'에 해당한다</u>고 보아야 할 것이다(대판 2010.6.10, 2010두2913).

③ [O] 학교환경위생구역 내 금지행위(숙박시설) 해제결정에 관한 학교환경위생정화위원회의 회의록에 기재된 발언내용에 대한 해당 발언자의 인적 사항 부분에 관한 정보는 「공공기관의 정보공개에 관한 법률」 제9조 제1항 제5호 소정의 공개될 경우 정화위원회의 심의업무의 공정한 수행에 현저한 지장을 초래한다고 인정할 만한 상당한 이유가 있으므로 <u>비공개 대상 정보에 해당한다</u>(대판 2003.8.22, 2002두12946).

❹ [X] 「보안관찰법」 소정의 보안관찰 관련 통계자료는 「공공기관의 정보공개에 관한 법률」 제9조 제1항 제2호 소정의 공개될 경우 국가안전보장·국방·통일·외교관계 등 국가의 중대한 이익을 해할 우려가 있는 정보, 또는 제3호 소정의 공개될 경우 국민의 생명·신체 및 재산의 보호 기타 공공의 안전과 이익을 현저히 해할 우려가 있다고 인정되는 정보에 해당한다(대판 전합체 2004.3.18, 2001두8254).

① [X] 甲이 친족인 망 乙 등에 대한 독립유공자 포상신청을 하였다가 독립유공자서훈 공적심사위원회의 심사를 거쳐 포상에 포함되지 못하였다는 내용의 공적심사 결과를 통지받자 국가보훈처장에게 '망인들에 대한 공적심사위원회의 심의·의결 과정 및 그 내용을 기재한 회의록' 등의 공개를 청구하였다. 위 회의록은 「공공기관의 정보공개에 관한 법률」 제9조 제1항 제5호에서 정한 '공개될 경우 업무의 공정한 수행에 현저한 지장을 초래한다고 인정할 만한 상당한 이유가 있는 정보'에 해당한다(대판 2014.7.24, 2013두20301).

② [X] 사면대상자들의 사면실시건의서와 그와 관련된 국무회의 안건자료에 관한 정보는 그 공개로 얻는 이익이 그로 인하여 <u>침해되는 당사자들의 사생활의 비밀에 관한 이익보다 더욱 크므로</u> 「공공기관의 정보공개에 관한 법률」 제9조 제1항 제6호에서 정한 <u>비공개 사유에 해당하지 않는다</u>(대판 2006.12.7, 2005두241).

❸ [O] 「교육공무원법」 제13조, 제14조의 위임에 따라 제정된 「교육공무원 승진규정」은 정보공개에 관한 사항에 관하여 구체적인 법률의 위임에 따라 제정된 명령이라고 할 수 없고, 따라서 「교육공무원 승진규정」 제26조에서 근무성적평정의 결과를 공개하지 아니한다고 규정하고 있다고 하더라도 위 「교육공무원 승진규정」은 「공공기관의 정보공개에 관한 법률」 제9조 제1항 제1호에서 말하는 법률에서 위임한 명령에 해당하지 아니하므로 위 규정을 근거로 정보공개 청구를 거부하는 것은 잘못이다(대판 2006.10.26, 2006두11910).

④ [X] 「검찰보존사무규칙」에 의한 열람·등사의 제한을 「공공기관의 정보공개에 관한 법률」 제9조 제1항 제1호의 '다른 법률 또는 법률에서 위임한 명령에 따라 비공개사항으로 규정된 경우'에 해당한다고 볼 수 없다(대판 2004.9.23, 2003두1370).

은 정보의 비공개결정을 한 경우에는 그 사실을 청구인에게 지체 없이 문서로 통지하여야 하고, 이 경우 비공개 이유와 불복의 방법 및 절차를 구체적으로 밝혀야 한다(「공공기관의 정보공개에 관한 법률」 제13조 제1항·제4항).

11 정답 ①

❶ [O] 외국 또는 외국기관으로부터 비공개를 전제로 정보를 입수하였다는 이유만으로 이를 공개할 경우 업무의 공정한 수행에 현저한 지장을 받을 것이라고 단정할 수는 없다. 다만, 위와 같은 사정은 정보제공자와의 관계, 정보제공자의 의사, 정보의 취득 경위, 정보의 내용 등과 함께 업무의 공정한 수행에 현저한 지장이 있는지를 판단할 때 고려하여야 할 형량요소이다(대판 2018.9.28, 2017두69892).

② [X] 정보공개의 목적, 교육의 공공성 및 공·사립학교의 동질성, 사립대학교에 대한 국가의 재정지원 및 보조 등 여러 사정에 비추어 보면, 사립대학교에 대한 국비 지원이 한정적·일시적·국부적이라는 점을 고려하더라도, 「공공기관의 정보공개에 관한 법률 시행령」 제2조 제1호가 정보공개의무를 지는 공공기관의 하나로 사립대학교를 들고 있는 것이 헌법이 정한 대학의 자율성 보장 이념 등에 반하거나 모법인 「공공기관의 정보공개에 관한 법률」의 위임 범위를 벗어났다거나 사립대학교가 국비의 지원을 받는 범위 내에서만 공공기관의 성격을 가진다고 볼 수 없다(대판 2013.11.28, 2011두5049 ; 대판 2006.8.24, 2004두2783). ➡ 연세대, 계명대의 총장을 피고로 하여 정보공개거부처분취소소송을 제기한 사안

③ [X] 공무원의 주민등록번호와 공무원이 직무와 관련 없이 개인적인 자격으로 간담회·연찬회 등 행사에 참석하고 금품을 수령한 정보는 「공공기관의 정보공개에 관한 법률」 제9조 제1항 제6호 단서 다목 소정의 '공개하는 것이 공익을 위하여 필요하다고 인정되는 정보'에 해당하지 않는다(대판 2004.8.20, 2003두8302 ; 대판 2003.12.12, 2003두8050).

④ [X] '2002학년도부터 2005학년도까지의 대학수학능력시험 원데이터'는 연구목적으로 그 정보의 공개를 청구하는 경우, 공개로 인하여 초래될 부작용이 공개로 얻을 수 있는 이익보다 더 클 것이라고 단정하기 어려우므로 그 공개로 대학수학능력시험 업무의 공정한 수행이 객관적으로 현저하게 지장을 받을 것이라는 고도의 개연성이 존재한다고 볼 수 없어 위 조항의 비공개 대상 정보에 해당하지 않는다(대판 2010.2.25, 2007두9877).

12 정답 ①

❶ [X] 청구인은 이의신청절차를 거치지 아니하고 행정심판을 청구할 수 있다(「공공기관의 정보공개에 관한 법률」 제19조 제2항).

② [O] 정보공개청구권은 법률상 보호되는 구체적인 권리이므로 청구인이 공공기관에 대하여 정보공개를 청구하였다가 거부처분을 받은 것 자체가 법률상 이익의 침해에 해당한다고 할 것이고, 거부처분을 받은 것 이외에 추가로 어떤 법률상의 이익을 가질 것을 요구하는 것은 아니다(대판 2004.9.23, 2003두1370).

③ [O] 정보공개를 구하는 자가 공개를 구하는 정보를 행정기관이 보유·관리하고 있을 상당한 개연성이 있다는 점을 입증함으로써 족하다 할 것이지만, 공공기관이 그 정보를 보유·관리하고 있지 아니한 경우에는 특별한 사정이 없는 한 정보공개거부처분의 취소를 구할 법률상의 이익이 없다(대판 2014.6.12, 2013두4309).

④ [O] 공공기관은 정보의 공개를 결정한 경우에는 공개의 일시 및 장소 등을 분명히 밝혀 청구인에게 통지하여야 한다. 그리고 공공기관

13 정답 ④

① [X] 청구인이 정보공개와 관련한 공공기관의 비공개결정 또는 부분공개결정에 대하여 불복이 있거나 정보공개 청구 후 20일이 경과하도록 정보공개결정이 없는 때에는 공공기관으로부터 정보공개 여부의 결정 통지를 받은 날 또는 정보공개 청구 후 20일이 경과한 날부터 30일 이내에 해당 공공기관에 문서로 이의신청을 할 수 있다(「공공기관의 정보공개에 관한 법률」 제18조 제1항). 그리고 청구인이 정보공개와 관련한 공공기관의 결정에 대하여 불복이 있거나 정보공개 청구 후 20일이 경과하도록 정보공개결정이 없는 때에는 「행정심판법」에서 정하는 바에 따라 행정심판을 청구할 수 있고(「공공기관의 정보공개에 관한 법률」 제19조 제1항), 「행정소송법」에서 정하는 바에 따라 행정소송을 제기할 수 있다(「공공기관의 정보공개에 관한 법률」 제20조 제1항).

② [X] 청구인이 정보공개거부처분의 취소를 구하는 소송에서 공공기관이 청구 정보를 증거 등으로 법원에 제출하여 법원을 통하여 그 사본을 청구인에게 교부 또는 송달되게 하여 결과적으로 청구인에게 정보를 공개하는 셈이 되었다고 하더라도, 이러한 우회적인 방법은 「공공기관의 정보공개에 관한 법률」이 예정하고 있지 아니한 방법으로서 「공공기관의 정보공개에 관한 법률」에 의한 공개라고 볼 수는 없으므로, 당해 정보의 비공개결정의 취소를 구할 소의 이익은 소멸되지 않는다(대판 2016.12.15, 2012두11409).

③ [X] 정보공개청구권은 법률상 보호되는 구체적인 권리이므로 청구인이 공공기관에 대하여 정보공개를 청구하였다가 거부처분을 받은 것 자체가 법률상 이익의 침해에 해당한다고 할 것이고, 거부처분을 받은 것 이외에 추가로 어떤 법률상의 이익을 가질 것을 요구하는 것은 아니다(대판 2004.9.23, 2003두1370). ➡ 정보의 공개를 구할 법률상 이익이 있음을 입증할 필요가 없다.

❹ [O] 청구인이 정보공개와 관련한 공공기관의 비공개결정 또는 부분공개결정에 대하여 불복이 있거나 정보공개 청구 후 20일이 경과하도록 정보공개 결정이 없는 때에는 공공기관으로부터 정보공개 여부의 결정 통지를 받은 날 또는 정보공개 청구 후 20일이 경과한 날부터 30일 이내에 해당 공공기관에 문서로 이의신청을 할 수 있다(「공공기관의 정보공개에 관한 법률」 제18조 제1항).

14 정답 ①

❶ [X] 청구인이 정보공개와 관련한 공공기관의 비공개결정 또는 부분공개결정에 대하여 불복이 있거나 정보공개 청구 후 20일이 경과하도록 정보공개 결정이 없는 때에는 공공기관으로부터 정보공개 여부의 결정 통지를 받은 날 또는 정보공개 청구 후 20일이 경과한 날부터 30일 이내에 해당 공공기관에 문서로 이의신청을 할 수 있다(「공공기관의 정보공개에 관한 법률」 제18조 제1항).

② [O] 청구인이 정보공개와 관련한 공공기관의 결정에 대하여 불복이 있거나 정보공개 청구 후 20일이 경과하도록 정보공개 결정이 없는 때에는 「행정심판법」에서 정하는 바에 따라 행정심판을 청구할 수 있고(「공공기관의 정보공개에 관한 법률」 제19조 제1항), 「행정소송법」에서 정하는 바에 따라 행정소송을 제기할 수 있다(「공공기관의 정보공개에 관한 법률」 제20조 제1항).

③ [O] 「공공기관의 정보공개에 관한 법률」은 비공개 대상 정보에 해당하지 않는 한 공공기관이 보유·관리하는 정보는 공개 대상이 된다고 규정하고 있을 뿐(「공공기관의 정보공개에 관한 법률」제9조 제1항), 정보공개 청구권자가 공개를 청구하는 정보와 어떤 관련성을 가질 것을 요구하거나 정보공개 청구의 목적에 특별한 제한을 두고 있지 아니하므로 정보공개 청구권자의 권리구제 가능성 등은 정보의 공개 여부 결정에 아무런 영향을 미치지 못한다(대판 2017.9.7, 2017두44558).

④ [O] 공공기관은 이의신청을 받은 날부터 7일 이내에 그 이의신청에 대하여 결정하고 그 결과를 청구인에게 지체 없이 문서로 통지하여야 한다. 다만, 부득이한 사유로 정하여진 기간 이내에 결정할 수 없을 때에는 그 기간이 끝나는 날의 다음 날부터 기산하여 7일의 범위에서 연장할 수 있으며, 연장 사유를 청구인에게 통지하여야 한다(「공공기관의 정보공개에 관한 법률」제18조 제3항).

15 정답 ③

① [X] 정보공개 청구인은 이의신청절차를 거치지 아니하고 행정심판을 청구할 수 있고(「공공기관의 정보공개에 관한 법률」제19조 제2항), 청구인이 정보공개와 관련한 공공기관의 결정에 대하여 불복이 있거나 정보공개 청구 후 20일이 경과하도록 정보공개 결정이 없는 때에는 「행정소송법」에서 정하는 바에 따라 행정소송을 제기할 수 있다(「공공기관의 정보공개에 관한 법률」제20조 제1항). 따라서 「행정소송법」상 제18조의 임의적 전치주의에 따라 행정심판을 제기함이 없이 바로 행정소송을 제기할 수 있으므로, 결국 이의신청 없이 바로 행정소송을 제기할 수 있다.

② [X] 공공기관은 공개 청구된 공개 대상 정보의 전부 또는 일부가 제3자와 관련이 있다고 인정할 때에는 그 사실을 제3자에게 지체 없이 통지하여야 하며, 필요한 경우에는 그의 의견을 들을 수 있다(「공공기관의 정보공개에 관한 법률」제11조 제3항). 따라서 반드시 의견을 들어야 하는 것은 아니다.

❸ [O] 공공기관은 정보공개의 청구를 받으면 그 청구를 받은 날부터 10일 이내에 공개 여부를 결정하여야 하나, 부득이한 사유로 그 기간 이내에 공개 여부를 결정할 수 없을 때에는 그 기간이 끝나는 날의 다음 날부터 기산하여 10일의 범위에서 공개 여부 결정기간을 연장할 수 있다. 이 경우 공공기관은 연장된 사실과 연장사유를 청구인에게 지체 없이 문서로 통지하여야 한다(「공공기관의 정보공개에 관한 법률」제11조 제1항·제2항).

④ [X] 청구인이 정보공개와 관련한 공공기관의 결정에 대하여 불복이 있거나 정보공개 청구 후 20일이 경과하도록 정보공개 결정이 없는 때에는 「행정심판법」에서 정하는 바에 따라 행정심판을 청구할 수 있다(「공공기관의 정보공개에 관한 법률」제19조 제1항). 그리고 의무이행심판은 처분을 신청한 자로서 행정청의 거부처분 또는 부작위에 대하여 일정한 처분을 구할 법률상 이익이 있는 자가 청구할 수 있으므로(「행정심판법」제13조 제3항), 정보공개 청구의 거부에 대해서는 의무이행심판을 제기할 수 있다.

16 정답 ③

① [X] 정보공개법에서 말하는 공개 대상 정보는 정보 그 자체가 아닌 정보공개법 제2조 제1호에서 예시하고 있는 매체 등에 기록된 사항을 의미하고, 공개 대상 정보는 원칙적으로 공개를 청구하는 자가 정보공개법 제10조 제1항 제2호에 따라 작성한 정보공개청구서의 기재내용에 의하여 특정되며, 만일 공개 청구자가 특정한 바와 같은 정보를 공공기관이 보유·관리하고 있지 않은 경우라면 특별한

사정이 없는 한 해당 정보에 대한 공개거부처분에 대하여는 취소를 구할 법률상 이익이 없다(대판 2013.1.24, 2010두18918).

② [X] 공공기관은 이의신청을 받은 날부터 7일 이내에 그 이의신청에 대하여 결정하고 그 결과를 청구인에게 지체 없이 문서로 통지하여야 한다. 다만, 부득이한 사유로 정하여진 기간 이내에 결정할 수 없을 때에는 그 기간이 끝나는 날의 다음 날부터 기산하여 7일의 범위에서 연장할 수 있으며, 연장 사유를 청구인에게 통지하여야 한다(「공공기관의 정보공개에 관한 법률」제18조 제3항).

❸ [O] 청구인이 정보공개와 관련한 공공기관의 비공개결정 또는 부분공개결정에 대하여 불복이 있거나 정보공개 청구 후 20일이 경과하도록 정보공개 결정이 없는 때에는 공공기관으로부터 정보공개 여부의 결정 통지를 받은 날 또는 정보공개 청구 후 20일이 경과한 날부터 30일 이내에 해당 공공기관에 문서로 이의신청을 할 수 있다(「공공기관의 정보공개에 관한 법률」제18조 제1항).

④ [X] 정보공개청구권은 법률상 보호되는 구체적인 권리이므로 청구인이 공공기관에 대하여 정보공개를 청구하였다가 거부처분을 받은 것 자체가 법률상 이익의 침해에 해당한다고 할 것이고, 거부처분을 받은 것 이외에 추가로 어떤 법률상의 이익을 가질 것을 요구하는 것은 아니다(대판 2004.9.23, 2003두1370).

17 정답 ③

① [X] ② [X] 법원이 정보공개거부처분의 위법 여부를 심리한 결과, 공개가 거부된 정보에 비공개 대상 정보에 해당하는 부분과 공개가 가능한 부분이 혼합되어 있으며, 공개 청구의 취지에 어긋나지 아니하는 범위 안에서 두 부분을 분리할 수 있다고 인정할 수 있을 때에는, 공개가 거부된 정보 중 공개가 가능한 부분을 특정하고, 판결의 주문에 정보공개거부처분 중 공개가 가능한 정보에 관한 부분만을 취소한다고 표시하여야 한다(대판 2010.2.11, 2009두6001).

❸ [O] 공공기관이 보유·관리하는 정보 중 비공개 대상 정보는 공개하지 아니할 수 있다(「공공기관의 정보공개에 관한 법률」제9조 제1항). 즉, 공개 여부는 공공기관의 재량행위이므로 공개할 수도 있다. ➡ 상대적(절대적 X) 비공개

④ [X] 해당 정보에 포함되어 있는 성명·주민등록번호 등 개인에 관한 사항으로서 공개될 경우 사생활의 비밀 또는 자유를 침해할 우려가 있다고 인정되는 정보는 비공개 대상 정보이다. 다만, ⓐ 법령에서 정하는 바에 따라 열람할 수 있는 정보, ⓑ 공공기관이 공표를 목적으로 작성하거나 취득한 정보로서 사생활의 비밀 또는 자유를 부당하게 침해하지 아니하는 정보, ⓒ 공공기관이 작성하거나 취득한 정보로서 공개하는 것이 공익이나 개인의 권리 구제를 위하여 필요하다고 인정되는 정보, ⓓ 직무를 수행한 공무원의 성명·직위, ⓔ 공개하는 것이 공익을 위하여 필요한 경우로서 법령에 따라 국가 또는 지방자치단체가 업무의 일부를 위탁 또는 위촉한 개인의 성명·직업에 관한 정보는 비공개 대상 정보에서 제외한다(「공공기관의 정보공개에 관한 법률」제9조 제1항 제6호).

18 정답 ④

① [X] 공공기관은 공개 청구된 공개 대상 정보의 전부 또는 일부가 제3자와 관련이 있다고 인정할 때에는 그 사실을 제3자에게 지체 없이 통지하여야 하며, 필요한 경우에는 그의 의견을 들을 수 있다(「공공기관의 정보공개에 관한 법률」제11조 제3항). 이에 따라 공개 청구된 사실을 통지받은 제3자는 그 통지를 받은 날부터 3일 이내에 해당 공공기관에 대하여 자신과 관련된 정보를 공개하지 아니

할 것을 요청할 수 있다(「공공기관의 정보공개에 관한 법률」 제21조 제1항).

② [X] ③ [X] 공공기관은 공개 청구된 공개 대상 정보의 전부 또는 일부가 제3자와 관련이 있다고 인정할 때에는 그 사실을 제3자에게 지체 없이 통지하여야 하며, 필요한 경우에는 그의 의견을 들을 수 있다(「공공기관의 정보공개에 관한 법률」 제11조 제3항).

❹ [O] 공개 청구된 사실을 통지받은 제3자는 그 통지를 받은 날부터 3일 이내에 해당 공공기관에 대하여 자신과 관련된 정보를 공개하지 아니할 것을 요청할 수 있고, 이 비공개 요청에도 불구하고 공공기관이 공개결정을 할 때에는 공개결정 이유와 공개 실시일을 분명히 밝혀 지체 없이 문서로 통지하여야 하며, 제3자는 해당 공공기관에 문서로 이의신청을 하거나 행정심판 또는 행정소송을 제기할 수 있다. 이 경우 이의신청은 통지를 받은 날부터 7일 이내에 하여야 한다(「공공기관의 정보공개에 관한 법률」 제21조 제1항·제2항).

일을 분명히 밝혀 지체 없이 문서로 통지하여야 하며, 제3자는 해당 공공기관에 문서로 이의신청을 하거나 행정심판 또는 행정소송을 제기할 수 있다. 이 경우 이의신청은 통지를 받은 날부터 7일 이내에 하여야 한다. 그리고 공공기관은 위 공개 결정일과 공개 실시일 사이에 최소한 30일의 간격을 두어야 한다(「공공기관의 정보공개에 관한 법률」 제21조).

② [X] 공공기관은 공개 결정일과 공개 실시일 사이에 최소한 30일의 간격을 두어야 한다(「공공기관의 정보공개에 관한 법률」 제21조 제3항).

❹ [O] 「공공기관의 정보공개에 관한 법률」 제11조 제3항, 제21조 제1항

19 정답 ②

㉠ [O]

「공공기관의 정보공개에 관한 법률」 제11조 【정보공개 여부의 결정】 ⑤ 공공기관은 정보공개 청구가 다음 각 호의 어느 하나에 해당하는 경우로서 「민원 처리에 관한 법률」에 따른 민원으로 처리할 수 있는 경우에는 민원으로 처리할 수 있다.
1. 공개 청구된 정보가 공공기관이 보유·관리하지 아니하는 정보인 경우
2. 공개 청구의 내용이 진정·질의 등으로 이 법에 따른 정보공개 청구로 보기 어려운 경우

㉡ [X] 행정안전부장관은 정보공개에 관하여 필요할 경우에 공공기관(국회·법원·헌법재판소 및 중앙선거관리위원회는 제외한다)의 장에게 정보공개 처리실태의 개선을 권고할 수 있다. 이 경우 권고를 받은 공공기관은 이를 이행하기 위하여 성실하게 노력하여야 하며, 그 조치 결과를 행정안전부장관에게 알려야 한다(「공공기관의 정보공개에 관한 법률」 제24조 제4항). 그리고 행정안전부장관은 전년도의 정보공개 운영에 관한 보고서를 매년 정기국회 개회 전까지 국회에 제출하여야 한다(「공공기관의 정보공개에 관한 법률」 제26조 제1항).

㉢ [O] 「공공기관의 정보공개에 관한 법률」 제7조 제2항, 제8조 제2항

㉣ [X] 「민사소송법」 제344조 제2항은 같은 조 제1항에서 정한 문서에 해당하지 아니한 문서라도 문서의 소지자는 원칙적으로 그 제출을 거부하지 못하나, 다만 '공무원 또는 공무원이었던 사람이 그 직무와 관련하여 보관하거나 가지고 있는 문서'는 예외적으로 제출을 거부할 수 있다고 규정하고 있는바, 여기서 말하는 '공무원 또는 공무원이었던 사람이 그 직무와 관련하여 보관하거나 가지고 있는 문서'는 국가기관이 보유·관리하는 공문서를 의미한다고 할 것이고, 이러한 공문서의 공개에 관하여는 「공공기관의 정보공개에 관한 법률」에서 정한 절차와 방법에 의하여야 할 것이다(대결 2010. 1.19, 2008마546).

20 정답 ④

① [X] ③ [X] 공개 청구된 사실을 통지받은 제3자는 그 통지를 받은 날부터 3일 이내에 해당 공공기관에 대하여 자신과 관련된 정보를 공개하지 아니할 것을 요청할 수 있고, 이 비공개 요청에도 불구하고 공공기관이 공개결정을 할 때에는 공개결정 이유와 공개 실시

정답

01	①	02	③	03	③	04	③
05	②	06	④	07	①	08	①
09	①	10	③	11	③	12	②
13	④	14	③	15	②	16	①
17	④	18	①	19	③	20	②

01 정답 ①

❶ [O] 불가쟁력이란 제소기간의 도과 등으로 상대방이 더 이상 행정행위의 효력을 다툴 수 없다는 행정행위의 효력을 말하는데, 이는 대집행의 요건과는 관계가 없다. 또 '의무자가 의무를 이행하지 않을 의사를 명백하게 밝혔을 것'도 대집행의 요건이 아니다.

② [X] 법률(법률의 위임에 의한 명령, 지방자치단체의 조례를 포함)에 의하여 직접 명령되었거나 또는 법률에 의거한 행정청의 명령에 따른 의무불이행의 경우 대집행을 할 수 있다(「행정대집행법」 제2조).

③ [X] 의무부과(하명)와 불이행된 의무이행의 강제는 반드시 동일한 성질의 행위는 아니고, 행정상 강제집행은 국민의 신체·재산에 실력을 가하여 행정상 의무이행을 확보하는 수단으로서 그에 의하여 국민의 자유와 권리가 침해될 수 있으므로, 의무부과에 대한 법적 근거 외에 별도로 강제집행의 법적 근거가 필요하다.

④ [X] 대체적 작위의무의 불이행이 있는 경우에도 그 의무이행 확보를 위한 침익성이 적은 다른 수단이 있는 경우에는 그에 의하여야 할 것이므로, 대집행은 그러한 수단이 없는 경우에 부득이한 수단으로서만 발동되어야 한다(비례원칙).

02 정답 ③

① [X] 단순한 부작위의무의 위반, 즉 관계 법령에 정하고 있는 절대적 금지나 허가를 유보한 상대적 금지를 위반한 경우에는 당해 법령에서 그 위반자에 대하여 위반에 의하여 생긴 유형적 결과의 시정을 명하는 행정처분의 권한을 인정하는 규정을 두고 있지 아니한 이상, 법치주의의 원리에 비추어 볼 때 위와 같은 부작위의무로부터 그 의무를 위반함으로써 생긴 결과를 시정하기 위한 작위의무를 당연히 끌어낼 수는 없으며, 또 위 금지규정(특히, 허가를 유보한 상대적 금지규정)으로부터 작위의무, 즉 위반 결과의 시정을 명하는 권한이 당연히 추론되는 것도 아니다(대판 1996.6.28, 96누4374).

② [X] ❸ [O] 부작위의무인 시설설치 금지의무를 위반하여 금지된 건축물·옥외광고물·도로장애물 등을 시설한 경우 그 시설에 대하여 곧바로 대집행을 할 수는 없고, 법령의 근거(예 「건축법」 제79조, 「옥외광고물 등 관리법」 제10조, 「도로법」 제83조, 「하천법」 제69조 등)에 따라 작위의무를 부과(예 철거명령)하여 그 부작위의무를 작위의무로 전환한 후에 그 작위의무의 불이행에 대해 대집행을 할 수가 있다(대판 1996.6.28, 96누4374 참조).

④ [X] 대집행은 다른 수단으로써 그 이행을 확보하기 곤란하고(보충성) 또한 그 불이행을 방치함이 심히 공익을 해할 것으로 인정될 때에 할 수 있다(「행정대집행법」 제2조).

03 정답 ③

㉠ [X] 이 사건 용도 위반 부분을 장례식장으로 사용하는 것이 관계 법령에 위반한 것이라는 이유로 장례식장의 사용을 중지할 것과 이를 불이행할 경우 「행정대집행법」에 의하여 대집행하겠다는 내용의 계고처분은, 그 처분에 따른 '장례식장 사용중지의무'가 '타인이 대신' 할 수도 없고, 타인이 대신하여 '행할 수 있는 행위'라고도 할 수 없는 비대체적 부작위의무에 대한 것이므로, 그 자체로 위법함이 명백하다(대판 2005.9.28, 2005두7464).

㉡ [O] 도시공원시설인 매점의 관리청이 그 공동점유자 중의 1인에 대하여 소정의 기간 내에 위 매점으로부터 퇴거하고 이에 부수하여 그 판매시설물 및 상품을 반출하지 아니할 때에는 이를 대집행하겠다는 내용의 계고처분은 그 주된 목적이 매점의 원형을 보존하기 위하여 점유자가 설치한 불법시설물을 철거하고자 하는 것이 아니라, 매점에 대한 점유자의 점유를 배제하고 그 점유이전을 받는 데 있다고 할 것인데, 이러한 의무는 그것을 강제적으로 실현함에 있어 직접적인 실력행사가 필요한 것이지 대체적 작위의무에 해당하는 것은 아니어서 직접강제의 방법에 의하는 것은 별론으로 하고 「행정대집행법」에 의한 대집행의 대상이 되는 것은 아니다(대판 1998.10.23, 97누157).

㉢ [X] 관계 법령상 행정대집행의 절차가 인정되어 행정청이 행정대집행의 방법으로 건물의 철거 등 대체적 작위의무의 이행을 실현할 수 있는 경우에는 따로 민사소송의 방법으로 그 의무의 이행을 구할 수 없다(대판 2017.4.28, 2016다213916).

㉣ [X] 통설 및 판례(대판 1996.10.11, 96누8086)는 대집행의 요건이 충족된 경우에도 대집행을 실시할 것인지 여부는 행정청의 재량에 속한다. 그러나 이를 기속행위로 보는 견해도 있다(김남진, 김연태).

㉤ [X] 대집행의 요건이 충족된 경우에도 대집행을 할 것인지 여부는 행정청의 재량행위이다(통설). 이에 반해 공익을 해치는 경우에는 대집행을 하여야만 하는 행정청의 기속행위로 보는 견해도 있다.

04 정답 ③

① [X] 대집행의 요건의 주장·입증책임은 처분행정청에 있다(대판 1996.10.11, 96누8086).

② [X] 관계 법령상 행정대집행의 절차가 인정되어 행정청이 행정대집행의 방법으로 건물의 철거 등 대체적 작위의무의 이행을 실현할 수 있는 경우에는 따로 민사소송의 방법으로 그 의무의 이행을 구할 수 없다(대판 2017.4.28, 2016다213916).

❸ [O] 대한주택공사가 구 대한주택공사법 및 구 대한주택공사법 시행령에 의하여 대집행권한을 위탁받아 공무인 대집행을 실시하기 위하여 지출한 비용은 「행정대집행법」 절차에 따라 「국세징수법」의 예에 의하여 징수할 수 있다. 이와 같이 「행정대집행법」이 대집행비용의 징수에 관하여 민사소송절차에 의한 소송이 아닌 간이하고 경제적인 특별구제절차를 마련해 놓고 있음에도 민사소송절차에 의하여 그 비용의 상환을 청구하는 것은 소의 이익이 없어 부적법하다(대판 2011.9.8, 2010다48240).

④ [X] 공유재산의 점유자가 그 공유재산에 관하여 대부계약 외 달리 정당한 권원이 있다는 자료가 없는 경우 그 대부계약이 적법하게 해지된 이상 그 점유자의 공유재산에 대한 점유는 정당한 이유 없는 점유라

할 것이고, 따라서 지방자치단체의 장은 「공유재산 및 물품 관리법」 제83조에 의하여 행정대집행의 방법으로 그 지상물(묘목 및 비닐하우스 등)을 철거시킬 수 있다(대판 2001.10.12, 2001두4078).

05 　　　　　　　　　　　　　　　　　　 정답 ②

① [X] 한국토지공사는 법령의 위탁에 의하여 대집행을 수권받은 자로서 공무인 대집행을 실시함에 따르는 권리·의무 및 책임이 귀속되는 행정주체의 지위에 있다고 볼 것이지 지방자치단체 등의 기관으로서 「국가배상법」 제2조 소정의 공무원에 해당한다고 볼 것은 아니다(대판 2010.1.28, 2007다82950).

❷ [O] 제3자 집행(타자집행)에서 행정청과 의무자 사이는 공법상의 법률관계이나, 행정청과 제3자 간의 계약은 사법상 도급계약이다(다수설).

③ [X] 대집행을 결정하고 이를 실행할 수 있는 권한을 가진 자, 즉 대집행의 주체는 당해 행정청(처분청)이다(「행정대집행법」 제2조 참조). 여기서 당해 행정청이란 의무를 부과한 행정청을 의미하는데, 그 행정청의 위임이 있으면 다른 행정청(수임청)도 대집행의 주체가 될 수 있다. 그러나 상급행정청(감독청)이나 법원, 집행관은 대집행의 주체가 아니다.

④ [X] 대집행의 주체는 의무를 부과한 당해 행정청(처분청)이나(「행정대집행법」 제2조 참조), 그 행정청의 위임이 있으면 다른 행정청(수임청)도 대집행의 주체가 될 수 있다. 그러나 대집행을 현실로 수행하는 자, 즉 대집행의 행위자는 반드시 당해 행정청이어야 하는 것(자기집행)은 아니고, 경우에 따라서는 제3자가 대집행을 실행할 수도 있다(타자집행).

06 　　　　　　　　　　　　　　　　　　 정답 ④

① [X] '건축기간 동안 자재 등을 도로에 불법적치하지 말 것'이라는 부관은 부작위의무를 명한 부담에 해당한다. 그런데 부작위의무를 위반하여 도로에 자재 등을 불법적치한 경우 곧바로 대집행을 할 수는 없고, 법령의 근거에 따라 작위의무를 부과(예 적치물제거명령)하여 그 부작위의무를 작위의무로 전환한 후에 그 작위의무의 불이행에 대해 대집행을 할 수가 있다(대판 1996.6.28, 96누4374).

② [X] 부관 중 부담만은 주된 행정행위로부터 독립한 별개의 행정행위이다. 따라서 행정청은 부담에 대해서만 철회할 수 있고, 그 부담의무를 이행하지 않을 경우 강제집행을 하거나 행정벌을 부과할 수 있다. 그러나 토지의 기부채납은 비대체적 작위의무이므로 행정대집행은 불가능하다.

③ [X] 「행정대집행법」 제2조는 대집행의 대상이 되는 의무를 '법률(법률의 위임에 의한 명령, 지방자치단체의 조례를 포함)에 의하여 직접 명령되었거나 또는 법률에 의거한 행정청의 명령에 의한 행위로서 타인이 대신하여 행할 수 있는 행위'라고 규정하고 있으므로, 대집행계고처분을 하기 위하여는 법령에 의하여 직접 명령되거나 법령에 근거한 행정청의 명령에 의한 의무자의 대체적 작위의무 위반행위가 있어야 한다(대판 2010.6.24, 2010두1231). 따라서 단순한 부작위의무의 위반, 즉 관계 법령에 정하고 있는 절대적 금지나 허가를 유보한 상대적 금지를 위반한 경우에는 당해 법령에서 그 위반자에 대하여 위반에 의하여 생긴 유형적 결과의 시정을 명하는 행정처분의 권한을 인정하는 규정을 두고 있지 아니한 이상, 법치주의의 원리에 비추어 볼 때 위와 같은 부작위의무로부터 그 의무를 위반함으로써 생긴 결과를 시정하기 위한 작위의무를 당연히 끌어낼 수는 없으며, 또 위 금지규정(특히, 허가를 유보한 상대적 금지규정)으로부터 작위의무, 즉 위반 결과의 시정을 명하는 권한이 당연히 추론되는 것도 아니다(대판 1996.6.28, 96누4374).

그 결과 영업정지처분을 받은 甲은 영업을 하여서는 아니 되는 비대체적 부작위의무를 부담하는데, 이를 위반하여 계속 영업을 하고 있다 하더라도 대집행을 할 수는 없다.

❹ [O] 위법한 행정대집행이 완료되면 그 처분의 무효확인 또는 취소를 구할 소의 이익은 없다 하더라도, 미리 그 행정처분의 취소판결이 있어야만 그 행정처분의 위법임을 이유로 한 손해배상청구를 할 수 있는 것은 아니다(대판 1972.4.28, 72다337).

07 　　　　　　　　　　　　　　　　　　 정답 ①

❶ [O] 계고서라는 명칭의 1장의 문서로서 일정기간 내에 위법건축물의 자진철거를 명함과 동시에 그 소정기한 내에 자진철거를 하지 아니할 때에는 대집행할 뜻을 미리 계고한 경우라도 「건축법」에 의한 철거명령과 「행정대집행법」에 의한 계고처분은 독립하여 있는 것으로서 각 그 요건이 충족되었다고 볼 것이다(대판 1992.6.12, 91누13564).

② [X] 행정청이 「행정대집행법」 제3조 제1항에 의한 대집행계고를 함에 있어서는 의무자가 스스로 이행하지 아니하는 경우에 대집행할 행위의 내용 및 범위가 구체적으로 특정되어야 하지만, 그 행위의 내용 및 범위는 반드시 대집행계고서에 의하여서만 특정되어야 하는 것이 아니고 계고처분 전후에 송달된 문서나 기타 사정을 종합하여 행위의 내용이 특정되거나 대집행 의무자가 그 이행의무의 범위를 알 수 있으면 족하다(대판 1997.2.14, 96누15428 ; 대판 1996.10.11, 96누8086 등).

③ [X] 수인의무를 위반하여 의무자가 대집행의 실행에 저항하는 경우 행정청이 실력으로 그 저항을 배제할 수 있느냐에 대해, 「행정대집행법」에는 아무런 명문의 규정이 없는 관계로 견해가 대립한다. 이는 「경찰관 직무집행법」과 「형법」상의 공무집행방해죄에 의해 해결해야 한다는 부정설이 다수설이다. 즉, 대집행실행에 대한 항거가 있을 경우 실력에 의한 항거의 배제는 대집행실행권에 포함된 것으로 볼 수 없다.

④ [X] 제2차 계고처분은 새로운 철거의무를 부과한 것이 아니고, 다만 대집행기한의 연기통지에 불과하므로 행정처분이 아니다(대판 1994.10.28, 94누5144 ; 대판 2000.2.22, 98두4665).

08 　　　　　　　　　　　　　　　　　　 정답 ①

㉠ [O] 위법한 건물의 공유자 1인에 대한 계고처분은 다른 공유자에 대하여는 그 효력이 없다(대판 1994.10.28, 94누5144).

㉡ [O] 「행정대집행법」 제3조 제1항은 행정청이 의무자에게 대집행영장으로써 대집행할 시기 등을 통지하기 위하여는 그 전제로서 대집행계고처분을 함에 있어서 의무이행을 할 수 있는 상당한 기간을 부여할 것을 요구하고 있으므로, 행정청이 의무이행기간이 1988.5.24.까지로 된 대집행계고서를 5.19. 원고에게 발송하여 원고가 그 이행종기인 5.24. 이를 수령하였다면, 설사 행정청이 대집행영장으로써 대집행의 시기를 1988.5.27. 15 : 00로 늦추었더라도 위 대집행계고처분은 상당한 이행기한을 정하여 한 것이 아니어서 대집행의 적법절차에 위배한 것으로 위법한 처분이라고 할 것이다(대판 1990.9.14, 90누2048 ; 대판 1992.12.8, 92누11626).

㉢ [X] 군수가 「군사무위임조례」의 규정에 따라 무허가 건축물에 대한 철거대집행사무를 하부 행정기관인 읍·면에 위임하였다면, 읍·면장에게는 관할구역 내의 무허가 건축물에 대하여 그 철거대집행을 위한 계고처분을 할 권한이 있다(대판 1997.2.14, 96누15428).

㉣ [X] 대집행의 계고는 행정청이 그의 우월적인 입장에서 의무자에게 대

하여 상당한 이행기한을 정하고 그 기한 내에 이행을 하지 않을 경우에는 대집행을 한다는 의사를 통지하는 준법률적 행정행위이며, 「행정소송법」상 처분에 해당하여 항고소송의 대상이 될 수 있다(대판 1966.10.31, 66누25). 그러나 계고가 반복된 경우 제2차, 제3차의 계고처분은 대집행기한의 연기 통지에 불과하므로 행정처분이 아니다(대판 1994.10.28, 94누5144).

09 정답 ①

❶ [X] 제1차로 창고건물의 철거 및 하천부지에 대한 원상복구명령을 하였음에도 이에 불응하므로 대집행계고를 하면서 다시 자진철거 및 토사를 반출하여 하천부지를 원상복구할 것을 명한 경우, 「행정대집행법」상의 철거 및 원상복구의무는 제1차 철거 및 원상복구명령에 의하여 이미 발생하였다 할 것이어서, 대집행계고서에 기재된 자진철거 및 원상복구명령은 새로운 의무를 부과하는 것이라고 볼 수 없으며, 단지 종전의 철거 및 원상복구를 독촉하는 통지에 불과하므로 취소소송의 대상이 되는 독립한 행정처분이라고 할 수 없고, 대집행계고서에 기재된 철거 및 원상복구의무의 이행기한은 「행정대집행법」 제3조 제1항에 따른 이행기한을 정한 것에 불과하다고 할 것이다(대판 2004.6.10, 2002두12618). 즉, 반복된 행위의 독립된 처분성을 부정하였다.

② [O] 무허가 증축부분으로 인하여 건물의 미관이 나아지고 위 증축부분을 철거하는 데 비용이 많이 소요된다고 하더라도, 위 무허가 증축부분을 그대로 방치한다면 이를 단속하는 당국의 권능이 무력화되어 건축행정의 원활한 수행이 위태롭게 되며 「건축법」 소정의 제한규정을 회피하는 것을 사전 예방하고 또한 도시계획구역 안에서 토지의 경제적이고 효율적인 이용을 도모한다는 더 큰 공익을 심히 해할 우려가 있으므로 건물철거대집행 계고처분을 할 요건에 해당된다(대판 1992.3.10, 91누4140).

③ [O] 대판 1997.2.14, 96누15428

④ [O] 대집행에 요한 비용은 「국세징수법」의 예에 의하여 징수할 수 있다(「행정대집행법」 제6조 제1항).

10 정답 ③

① [O] 대판 2017.4.28, 2016다213916

② [O] 행정청이 행정대집행의 방법으로 건물철거의무의 이행을 실현할 수 있는 경우에는 건물철거 대집행 과정에서 부수적으로 건물의 점유자들에 대한 퇴거조치를 할 수 있고, 점유자들이 적법한 행정대집행을 위력을 행사하여 방해하는 경우 「형법」상 공무집행방해죄가 성립하므로, 필요한 경우에는 「경찰관 직무집행법」에 근거한 위험발생방지조치 또는 「형법」상 공무집행방해죄의 범행방지 내지 현행범 체포의 차원에서 경찰의 도움을 받을 수도 있다(대판 2017.4.28, 2016다213916).

❸ [X] 수인의무를 위반하여 의무자가 대집행의 실행에 저항할 경우 행정청이 실력으로 그 저항을 배제할 수 있느냐에 대해서는 견해의 대립이 있으나, 이는 「경찰관 직무집행법」과 「형법」상의 공무집행방해죄에 의해 해결해야 한다는 부정설이 다수설이다. 즉, 대집행실행에 대한 항거가 있을 경우 실력에 의한 항거의 배제는 대집행실행권에 포함된 것으로 볼 수 없다.

④ [O] 건물의 점유자가 철거의무자일 때에는 건물철거의무에 퇴거의무도 포함되어 있는 것이어서 별도로 퇴거를 명하는 집행권원이 필요하지 않다. 따라서 행정청이 행정대집행의 방법으로 건물철거의무의 이행을 실현할 수 있는 경우에는 건물철거 대집행 과정에서 부수적으로 건물의 점유자들에 대한 퇴거조치를 할 수 있고, 점유

자들이 적법한 행정대집행을 위력을 행사하여 방해하는 경우 「형법」상 공무집행방해죄가 성립하므로, 필요한 경우에는 「경찰관 직무집행법」에 근거한 위험발생방지조치 또는 「형법」상 공무집행방해죄의 범행방지 내지 현행범 체포의 차원에서 경찰의 도움을 받을 수도 있다(대판 2017.4.28, 2016다213916).

11 정답 ③

① [O]

> **「행정대집행법」 제4조【대집행의 실행 등】**① 행정청(제2조에 따라 대집행을 실행하는 제3자를 포함한다. 이하 이 조에서 같다)은 해가 뜨기 전이나 해가 진 후에는 대집행을 하여서는 아니 된다. 다만, 다음 각 호의 어느 하나에 해당하는 경우에는 그러하지 아니하다.
> 1. 의무자가 동의한 경우
> 2. 해가 지기 전에 대집행을 착수한 경우
> 3. 해가 뜬 후부터 해가 지기 전까지 대집행을 하는 경우에는 대집행의 목적 달성이 불가능한 경우
> 4. 그 밖에 비상시 또는 위험이 절박한 경우

② [O] 위 서울광장은 비록 공부상 지목이 도로로 되어 있으나 「도로법」 제65조 제1항 소정의 행정대집행의 특례규정이 적용되는 「도로법」상 도로라고 할 수 없다(대판 2010.11.11, 2009도11523).

❸ [X] 관계 법령상 행정대집행의 절차가 인정되어 행정청이 행정대집행의 방법으로 건물의 철거 등 대체적 작위의무의 이행을 실현할 수 있는 경우에는 따로 민사소송의 방법으로 그 의무의 이행을 구할 수 없다. 한편, 건물의 점유자가 철거의무자일 때에는 건물철거의무에 퇴거의무도 포함되어 있는 것이어서 별도로 퇴거를 명하는 집행권원이 필요하지 않다. 따라서 행정청이 행정대집행의 방법으로 건물철거의무의 이행을 실현할 수 있는 경우에는 건물철거대집행 과정에서 부수적으로 건물의 점유자들에 대한 퇴거조치를 할 수 있고, 점유자들이 적법한 행정대집행을 위력을 행사하여 방해하는 경우 「형법」상 공무집행방해죄가 성립하므로, 필요한 경우에는 「경찰관 직무집행법」에 근거한 위험발생방지조치 또는 「형법」상 공무집행방해죄의 범행방지 내지 현행범 체포의 차원에서 경찰의 도움을 받을 수도 있다(대판 2017.4.28, 2016다213916).

④ [O] 행정청에게는 국민이 행정법상의 의무를 이행하지 않는 경우에 실력을 행사하여 그 의무이행을 실현시킬 수 있는 자력집행력이 있다. 따라서 설령 행정처분에 대한 쟁송제기기간 내라 해도 행정상 강제집행을 할 수 있다.

12 정답 ②

① [X] 대집행영장에 의한 통지는 준법률행위적 행정행위(의사의 통지)로서 처분성이 인정되어 항고소송의 대상이 된다.

❷ [O] 행정청이 행정대집행의 방법으로 건물철거의무의 이행을 실현할 수 있는 경우에는 건물철거 대집행 과정에서 부수적으로 건물의 점유자들에 대한 퇴거조치를 할 수 있고, 점유자들이 적법한 행정대집행을 위력을 행사하여 방해하는 경우 「형법」상 공무집행방해죄가 성립하므로, 필요한 경우에는 「경찰관 직무집행법」에 근거한 위험발생방지조치 또는 「형법」상 공무집행방해죄의 범행방지 내지 현행범 체포의 차원에서 경찰의 도움을 받을 수도 있다(대판 2017.4.28, 2016다213916).

③ [X] 대집행비용납부명령 자체에는 아무런 하자가 없다 하더라도, 후행처분인 대집행비용납부명령의 취소를 청구하는 소송에서 청구원

인으로 선행처분인 계고처분이 위법한 것이기 때문에 그 계고처분을 전제로 행하여진 대집행비용납부명령도 위법한 것이라는 주장을 할 수 있다(대판 1993.11.9, 93누14271).

④ [X] 건물의 점유자가 철거의무자일 때에는 건물철거의무에 퇴거의무도 포함되어 있는 것이어서 별도로 퇴거를 명하는 집행권원이 필요하지 않다. 즉, 행정청이 행정대집행의 방법으로 건물철거의무의 이행을 실현할 수 있는 경우에는 건물철거 대집행 과정에서 부수적으로 건물의 점유자들에 대한 퇴거조치를 할 수 있다. 따라서 철거의무자들에 대한 건물퇴거를 구하는 소는 부적법하다(대판 2017.4.28, 2016다213916).

---

13 정답 ④

① [X] 의견제출·청문·공청회로 구분되는 의견청취(「행정절차법」 제22조)의 절차는 침익적 처분(불이익처분)에만 적용되는 절차이다. 따라서 침익적 처분인 이행강제금의 부과에도 의견청취절차를 거쳐야 한다.

② [X] 전통적으로 행정대집행은 대체적 작위의무에 대한 강제집행수단으로, 이행강제금은 부작위의무나 비대체적 작위의무에 대한 강제집행수단으로 이해되어 왔으나, 이는 이행강제금제도의 본질에서 오는 제약은 아니며, 이행강제금은 대체적 작위의무의 위반에 대하여도 부과될 수 있다(헌재 2004.2.26, 2001헌바80).

③ [X] 「건축법」 제108조에 의한 무허가 건축행위에 대한 형사처벌과 「건축법」 제80조 제1항에 의한 시정명령 위반에 대한 이행강제금의 부과는 그 처벌 내지 제재대상이 되는 기본적 사실관계로서의 행위를 달리하며, 또한 그 보호법익과 목적에서도 차이가 있으므로 헌법 제13조 제1항이 금지하는 이중처벌에 해당한다고 할 수 없다(헌재 2004.2.26, 2001헌바80 ; 대결 2005.8.19, 2005마30).

❹ [O] 현행 「건축법」상 위법건축물에 대한 이행강제수단으로 대집행과 이행강제금이 인정되고 있는데, 양 제도는 각각의 장단점이 있으므로 행정청은 개별 사건에 있어서 위반 내용, 위반자의 시정의지 등을 감안하여 대집행과 이행강제금을 선택적으로 활용할 수 있으며, 이처럼 그 합리적인 재량에 의해 선택하여 활용하는 이상 중첩적인 제재에 해당한다고 볼 수 없다(헌재 2004.2.26, 2001헌바80 ; 헌재 2011.10.25, 2009헌바140).

---

14 정답 ③

① [O] 구 건축법상의 이행강제금은 구 건축법의 위반행위에 대하여 시정명령을 받은 후 시정기간 내에 당해 시정명령을 이행하지 아니한 건축주 등에 대하여 부과되는 간접강제의 일종으로서 그 이행강제금 납부의무는 상속인 기타의 사람에게 승계될 수 없는 일신전속적인 성질의 것이다(대결 2006.12.8, 2006마470).

② [O] 허가권자는 제79조 제1항에 따라 시정명령을 받은 자가 이를 이행하면 새로운 이행강제금의 부과를 즉시 중지하되, 이미 부과된 이행강제금은 징수하여야 한다(「건축법」 제80조 제6항).

❸ [X] 구 건축법 제80조 제1항·제4항에 의하면 문언상 최초의 시정명령이 있었던 날을 기준으로 1년 단위별로 2회에 한하여 이행강제금을 부과할 수 있고, 이 경우에도 매 1회 부과 시마다 구 건축법 제80조 제1항 단서에서 정한 1회분 상당액의 이행강제금을 부과한 다음 다시 시정명령의 이행에 필요한 상당한 이행기한을 정하여 그 기한까지 시정명령을 이행할 수 있는 기회(이하 '시정명령의 이행 기회'라 함)를 준 후 비로소 다음 1회분 이행강제금을 부과할 수 있다. 따라서 비록 건축주 등이 장기간 시정명령을 이행하지 아니하였더라도, 그 기간 중에는 시정명령의 이행 기회가 제공되지

아니하였다가 뒤늦게 시정명령의 이행 기회가 제공된 경우라면, 시정명령의 이행 기회 제공을 전제로 한 1회분의 이행강제금만을 부과할 수 있고, 시정명령의 이행 기회가 제공되지 아니한 과거의 기간에 대한 이행강제금까지 한꺼번에 부과할 수는 없다. 그리고 이를 위반하여 이루어진 이행강제금 부과처분은 과거의 위반행위에 대한 제재가 아니라 행정상의 간접강제수단이라는 이행강제금의 본질에 반하여 구 건축법 제80조 제1항·제4항 등 법규의 중요한 부분을 위반한 것으로서, 그러한 하자는 중대할 뿐만 아니라 객관적으로도 명백하다(대판 2016.7.14, 2015두46598).

④ [O] 「건축법」 제80조 제3항

---

15 정답 ②

① [X] 이행강제금이란 비대체적 작위의무 또는 부작위의무·수인의무의 불이행 시에 일정 액수의 금전이 부과될 것임을 의무자에게 미리 통지함으로써 심리적 압박을 주어 의무이행의 확보를 도모하는 간접적 강제수단으로서, 집행벌이라고도 한다. 위 지문은 과징금에 대한 정의이다.

❷ [O] 이행강제금은 행정법상의 부작위의무 또는 비대체적 작위의무를 이행하지 않은 경우에 '일정한 기한까지 의무를 이행하지 않을 때에는 일정한 금전적 부담을 과할 뜻'을 미리 '계고'함으로써 의무자에게 심리적 압박을 주어 장래를 향하여 의무의 이행을 확보하려는 간접적인 행정상 강제집행수단이고, 노동위원회가 「근로기준법」 제33조에 따라 이행강제금을 부과하는 경우 그 30일 전까지 하여야 하는 이행강제금 부과 예고는 이러한 '계고'에 해당한다. 따라서 사용자가 이행하여야 할 행정법상 의무의 내용을 초과하는 것을 '불이행 내용'으로 기재한 이행강제금 부과 예고서에 의하여 이행강제금 부과 예고를 한 다음 이를 이행하지 않았다는 이유로 이행강제금을 부과하였다면, 초과한 정도가 근소하다는 등의 특별한 사정이 없는 한 이행강제금 부과 예고는 이행강제금제도의 취지에 반하는 것으로서 위법하고, 이에 터 잡은 이행강제금 부과처분 역시 위법하다(대판 2015.6.24, 2011두2170).

③ [X] 「부동산 실권리자명의 등기에 관한 법률」상 장기미등기자에 대하여 부과되는 이행강제금은 소유권이전등기신청의무 불이행이라는 과거의 사실에 대한 제재인 과징금과 달리, 장기미등기자에게 등기신청의무를 이행하지 아니하면 이행강제금이 부과된다는 심리적 압박을 주어 의무의 이행을 간접적으로 강제하는 행정상의 간접강제수단에 해당한다. 따라서 장기미등기자가 이행강제금 부과 전에 등기신청의무를 이행하였다면 이행강제금의 부과로써 이행을 확보하고자 하는 목적은 이미 실현된 것이므로 「부동산 실권리자명의 등기에 관한 법률」 제6조 제2항에 규정된 기간이 지나서 등기신청의무를 이행한 경우라 하더라도 이행강제금을 부과할 수 없다(대판 2016.6.23, 2015두36454).

④ [X] 「건축법」의 관계 규정상 건축허가 혹은 건축신고 시 관할 행정청에 명의상 건축주가 실제 건축주인지 여부에 관한 실질적 심사권이 있다고 보기 어렵고, 또 명목상 건축주라도 그것이 명의대여라면, 당해 위반 건축물에 대한 직접 원인행위자는 아니라 하더라도 명의대여자로서 책임을 부담하여야 하는 점, 만약 이와 같이 보지 않을 경우 건축주는 자신이 명목상 건축주에 불과하다고 주장하여 책임회피의 수단으로 악용할 가능성이 있고, 또 건축주 명의대여가 조장되어 행정법관계를 불명확하게 하고 법적 안정성을 저해하는 요소로 작용할 수 있는 점 등을 종합적으로 고려하여 보면, 위반 건축물에 대해 건축주 명의를 갖는 자는 명의가 도용되었다는 등의 특별한 사정이 있지 않은 한 「건축법」 제79조 제1항의 건축주에 해당한다고 보아야 한다. 따라서 건물에 대한 건축허가를 받은 甲이 건축 중이던 건물 및 대지를 乙에게 양도하였으나 乙이 명의를 변경하지 아니한 채 사용승인을 받지 않고 건물을 사용하

자, 행정청이 명의상 건축주이자 건물에 관한 소유권보존등기 명의자인 甲에게 시정명령을 한 후 이행강제금을 부과한 경우, 건축주 명의가 도용되었다는 등의 특별한 사정을 인정할 만한 자료가 없는 이상, 위 건물의 건축주 명의를 갖는 자이자 부동산등기부등본상 소유자인 甲이 「건축법」 제79조 제1항에 규정된 시정명령의 상대방인 건축주 또는 소유자가 될 수 있다고 보아야 하므로 위 처분은 적법하다(대판 2010.10.14, 2010두13340). 주의할 것은 종래 이행강제금제도를 둔 법률들은 이행강제금 부과처분에 불복이 있는 자는 당해 부과권자에게 이의를 제기할 수 있고, 이의를 제기한 경우에는 당해 부과권자는 지체 없이 관할 법원에 그 사실을 통보하여야 하며, 그 통보를 받은 관할 법원은 「비송사건절차법」에 의한 과태료의 재판을 하도록 하였었다. 따라서 <u>이행강제금 부과처분은 행정소송의 대상이 되는 처분성이 인정될 수 없었다</u>(대판 2000.9.22, 2000두5722 참조). 그러나 현재는 「비송사건절차법」에 의한 불복절차규정이 삭제됨으로써 이행강제금 부과처분이 행정행위로서의 성질을 가지게 되어 행정쟁송에 의해 구제를 받을 수 있게 되었다는 점이다.

16   정답 ①

❶ [X] 「건축법」상의 이행강제금은 시정명령의 불이행이라는 과거의 위반행위에 대한 제재가 아니라, 의무자에게 시정명령을 받은 의무의 이행을 명하고 그 이행기간 안에 의무를 이행하지 않으면 이행강제금이 부과된다는 사실을 고지함으로써 의무자에게 심리적 압박을 주어 의무의 이행을 간접적으로 강제하는 행정상의 간접강제 수단에 해당한다. 이러한 이행강제금의 본질상 시정명령을 받은 의무자가 이행강제금이 부과되기 전에 그 의무를 이행한 경우에는 비록 시정명령에서 정한 기간을 지나서 이행한 경우라도 <u>이행강제금을 부과할 수 없다</u>(대판 2018.1.25, 2015두35116).

② [O] 종래 이행강제금제도를 둔 법률들은 이행강제금 부과처분에 대한 불복절차와 관련하여 「비송사건절차법」에 의한 과태료재판에 의하도록 규정하고 있었고, 따라서 이행강제금 부과처분은 행정소송의 대상이 되는 처분성이 인정될 수 없었다(대판 2000.9.22, 2000두5722 참조). 그러나 현재는 「건축법」, 「국토의 계획 및 이용에 관한 법률」 등과 같은 대부분의 법률들이 「비송사건절차법」에 의한 불복절차규정을 삭제하고 있고(「농지법」 제62조 제7항만은 아직 종전의 「비송사건절차법」에 의한 재판제도를 그대로 두고 있음), 그 결과 이행강제금 부과처분이 행정행위로서의 성질을 가지게 되어 행정쟁송에 의해 구제를 받을 수 있게 되었다.

③ [O] 허가권자는 이행강제금 부과처분을 받은 자가 이행강제금을 납부기한까지 내지 아니하면 「지방행정제재·부과금의 징수 등에 관한 법률」에 따라 징수한다(「건축법」 제80조 제7항).

④ [O] 이행강제금 부과처분을 받은 자가 이행강제금을 기한 내에 납부하지 아니한 때에는 그 납부를 독촉할 수 있으며, 납부독촉에도 불구하고 이행강제금을 납부하지 않으면 체납절차에 의하여 이행강제금을 징수할 수 있고, 이때 이행강제금 납부의 최초 독촉은 <u>징수처분으로서 항고소송의 대상이 되는 행정처분이 될 수 있다</u>(대판 2009.12.24, 2009두14507).

17   정답 ④

① [O] 국세를 그 납부기한까지 완납하지 아니하였을 때에는 세무서장은 납부기한이 지난 후 10일 내에 독촉장을 발급하여야 한다(「국세징수법」 제10조 제1항 본문).

② [O] 사전구제절차로서 과세예고 통지와 통지내용의 적법성에 관한 심

사(이하 '과세전적부심사'라 함) 제도가 가지는 기능과 이를 통해 권리구제가 가능한 범위, 제도가 도입된 경위와 취지, 납세자의 절차적 권리 침해를 효율적으로 방지하기 위한 통제방법 등을 종합적으로 고려하면, 「국세기본법」 및 「국세기본법 시행령」이 과세예고 통지의 대상으로 삼고 있지 않다거나 과세전적부심사를 거치지 않고 곧바로 과세처분을 할 수 있는 예외사유로 정하고 있는 등의 특별한 사정이 없는 한, 과세관청이 과세처분에 앞서 필수적으로 행하여야 할 과세예고 통지를 하지 아니함으로써 납세자에게 과세전적부심사의 기회를 부여하지 아니한 채 과세처분을 하였다면, 이는 납세자의 절차적 권리를 침해한 것으로서 과세처분의 효력을 부정하는 방법으로 통제할 수밖에 없는 중대한 절차적 하자가 존재하는 경우에 해당하므로, <u>과세처분은 위법하다</u>(대판 2016.4.15, 2015두52326).

③ [O] 하나의 납세고지서에 의하여 복수의 과세처분을 함께 하는 경우에는 과세처분별로 그 세액과 산출근거 등을 구분하여 기재함으로써 납세의무자가 각 과세처분의 내용을 알 수 있도록 해야 하는 것 역시 당연하다고 할 것이다(대판 전합체 2012.10.18, 2010두12347).

❹ [X] 행정상 강제징수절차에 관한 행정소송은 「국세기본법」에 따른 심사청구 또는 심판청구와 그에 대한 결정을 거치지 아니하면 제기할 수 없다(「국세기본법」 제56조 제2항).

18   정답 ①

❶ [X] 조세징수권의 소멸시효 중단사유로는 납부고지, <u>독촉</u>, 교부청구, 압류가 있다(「국세기본법」 제28조 제1항, 「지방세기본법」 제40조 제1항).

② [O] 재산적 가치가 있고 양도성이 있는 모든 재산은 압류금지재산에 해당하지 않는 한 압류의 대상이 될 수 있다. 그런데 체납자와 그 동거가족의 생활에 없어서는 아니 될 의복·침구·가구·주방기구·그 밖의 생활필수품과 체납자와 그 동거가족에게 필요한 3개월간의 식료품 또는 연료 등의 생활필수품은 압류할 수 없다(「국세징수법」 제41조 제1호·제2호).

③ [O] 「국세징수법」 제53조 제1항 제1호는 압류의 필요적 해제사유로 '납부·충당·공매의 중지·부과의 취소 또는 그 밖의 사유로 압류할 필요가 없게 된 경우'를 들고 있고, 여기에서의 납부·충당·공매의 중지·부과의 취소는 '압류할 필요가 없게 된 때'에 해당하는 사유를 예시적으로 열거한 것이라고 할 것이므로 '그 밖의 사유'는 위 법정사유와 같이 납세의무가 소멸되거나 혹은 체납처분을 하여도 체납세액에 충당할 잉여가망이 없게 된 경우는 물론 과세처분 및 그 체납처분절차의 근거법령에 대한 위헌결정으로 후속 체납처분을 진행할 수 없어 체납세액에 충당할 가망이 없게 되는 등으로 압류의 근거를 상실하거나 압류를 지속할 필요성이 없게 된 경우도 포함하는 의미라고 새겨야 한다(대판 2002.7.12, 2002두3317 등).

④ [O] 「국세징수법」상의 가산금과 중가산금은 국세가 납부기한까지 납부되지 않은 경우 미납분에 관한 지연이자의 의미로 부과되는 부대세의 일종으로서, 과세권자의 확정절차 없이 국세를 납부기한까지 납부하지 아니하면 같은 법 제21조·제22조의 규정에 의하여 당연히 발생하고 그 액수도 확정되는 것이다(대판 2000.9.22, 2000두2013 ; 대판 2010.12.9, 2010다70605). ➡ 가산금은 가산세와 달리, 납세의무자에게 의무해태를 탓할 수 없는 정당한 사유가 있는 경우에도 부과할 수 있다.

① [X] ④ [X] 체납자 등에 대한 공매통지는 국가의 강제력에 의하여 진행되는 공매에서 체납자 등의 권리 내지 재산상의 이익을 보호하기 위하여 법률로 규정한 절차적 요건이라고 보아야 하며, 공매처분을 하면서 체납자 등에게 공매통지를 하지 않았거나 공매통지를 하였더라도 그것이 적법하지 아니한 경우에는 절차상의 흠이 있어 그 공매처분이 위법하게 되는 것이지만, 공매통지 자체가 그 상대방인 체납자 등의 법적 지위나 권리·의무에 직접적인 영향을 주는 행정처분에 해당한다고 할 것은 아니므로 다른 특별한 사정이 없는 한 체납자 등은 공매통지의 결여나 위법을 들어 공매처분의 취소 등을 구할 수 있는 것이지 공매통지 자체를 항고소송의 대상으로 삼아 그 취소 등을 구할 수는 없다(대판 2011.3.24, 2010두25527).

② [X] ❸ [O] 행정상 강제징수는 크게 독촉과 체납처분으로 이루어지는데, 그중 체납처분은 압류 ➡ 매각 ➡ 청산의 3단계절차로 행해진다. 여기서 매각은 체납자의 압류재산을 금전으로 바꾸는 것(환가)을 말하는데, 이는 공정성을 확보하기 위해 통화를 제외한 압류재산은 원칙적으로 공매(「국세징수법」 제66조)에 의하되, 보충적으로 수의계약(「국세징수법」 제67조)에 의할 수도 있다. 이때 공매는 형성적 행정행위 중 대리이나, 수의계약은 사법상의 매매계약이다.

① [O] 과세관청이 체납처분으로서 행하는 공매는 우월한 공권력의 행사로서 행정소송의 대상이 되는 공법상의 행정처분이며, 공매에 의하여 재산을 매수한 자는 그 공매처분이 취소된 경우에 그 취소처분의 위법을 주장하여 행정소송을 제기할 법률상 이익이 있다(대판 1984.9.25, 84누201).

❷ [X] 한국자산공사가 당해 부동산을 인터넷을 통하여 재공매(입찰)하기로 한 결정 자체는 내부적인 의사결정에 불과하여 항고소송의 대상이 되는 행정처분이라고 볼 수 없고, 또한 한국자산공사의 공매통지는 통지의 상대방의 법적 지위나 권리·의무에 직접 영향을 주는 것이 아니라고 할 것이므로 이것 역시 행정처분에 해당한다고 할 수 없다(대판 2007.7.27, 2006두8464).

③ [O] 세무서장의 체납자 등에 대한 공매통지는 국가의 강제력에 의하여 진행되는 공매절차에서 체납자 등의 권리 내지 재산상 이익을 보호하기 위하여 법률로 규정한 절차적 요건에 해당하지만, 그 통지를 하지 아니한 채 공매처분을 하였다 하여도 그 공매처분이 당연무효로 되는 것은 아니다(대판 2012.7.26, 2010다50625).

④ [O] 행정상 강제징수절차에 관한 행정소송은 「국세기본법」에 따른 심사청구 또는 심판청구와 그에 대한 결정을 거치지 아니하면 제기할 수 없다(「국세기본법」 제56조 제2항).

정답

01	③	02	②	03	③	04	②
05	④	06	①	07	①	08	②
09	④	10	③	11	②	12	②
13	④	14	④	15	②	16	②
17	①	18	③	19	①	20	③

01
정답 ③

① [X] 행정상 강제집행이 의무의 존재를 전제로 하여 그 불이행이 있는 경우에 일정한 절차를 거쳐 실력행사가 이루어지는 것인 데 반하여, 행정상 즉시강제는 구체적인 의무의 불이행이 전제되지 않고 또는 구체적인 의무의 불이행이 있어도 일정한 절차를 거침이 없이 이루어지는 실력행사라는 점에서 양자는 서로 다르다. ➡ 지문은 행정대집행에 관한 내용이다.

② [X] 행정상 강제집행이 의무의 존재를 전제로 하여 그 불이행이 있는 경우에 일정한 절차를 거쳐 실력행사가 이루어지는 것인 데 반하여, 행정상 즉시강제는 구체적인 의무의 불이행이 전제되지 않고 또는 구체적인 의무의 불이행이 있어도 일정한 절차를 거침이 없이 이루어지는 실력행사라는 점에서 양자는 서로 다르다. 따라서 행정상 강제집행으로 행정의무이행을 확보할 수 있는 경우 행정상 즉시강제는 허용되지 않는다.

❸ [O] 행정상 즉시강제란 행정강제의 일종으로서 목전의 급박한 행정상 장해를 제거할 필요가 있는 경우에, 미리 의무를 명할 시간적 여유가 없을 때 또는 그 성질상 의무를 명하여 가지고는 목적달성이 곤란할 때에, 직접 국민의 신체 또는 재산에 실력을 가하여 행정상 필요한 상태를 실현하는 작용이며, 법령 또는 행정처분에 의한 선행의 구체적 의무의 존재와 그 불이행을 전제로 하는 행정상 강제집행(➡ 대집행, 이행강제금, 직접강제, 강제징수)과 구별된다(헌재 2002.10.31, 2000헌가12).

④ [X] 행정상 즉시강제는 엄격한 실정법상의 근거를 필요로 할 뿐만 아니라, 그 발동에 있어서는 법규의 범위 안에서도 다시 행정상의 장해가 목전에 급박하고, 다른 수단으로는 행정목적을 달성할 수 없는 경우이어야 한다(헌재 2002.10.31, 2000헌가12).

02
정답 ②

① [X] 직접강제란 의무자가 의무를 이행하지 않는 경우에 행정기관이 직접 의무자의 신체·재산에 실력을 가하여 의무자가 직접 의무를 이행한 것과 같은 상태를 실현하는 작용을 말한다. 이에 반해 행정상 즉시강제란 급박한 위험 또는 장해를 제거하기 위하여 미리 의무를 명할 시간적 여유가 없거나 그 성질상 의무를 명해서는 목적을 달성할 수 없는 경우에 직접 개인의 신체·재산에 실력을 가함으로써 행정상 필요한 상태를 실현하는 행정작용을 말한다. 따라서 직접강제는 의무불이행을 전제로 하나, 행정상 즉시강제는 의무불이행을 전제로 하지 않는다. 그런데 「감염병의 예방 및 관리

에 관한 법률」 제47조 제1호의 '일시적 폐쇄'는 의무의 불이행을 전제로 하지 않으므로 '행정상 즉시강제'에 해당한다.

❷ [O] 「행정기본법」 제33조는 즉시강제의 일반법이다.

> **「행정기본법」 제33조【즉시강제】** ① 즉시강제는 다른 수단으로는 행정목적을 달성할 수 없는 경우에만 허용되며, 이 경우에도 최소한으로만 실시하여야 한다.

③ [X] 행정상 즉시강제란 행정강제의 일종으로서 목전의 급박한 행정상 장해를 제거할 필요가 있는 경우에, 미리 의무를 명할 시간적 여유가 없을 때 또는 그 성질상 의무를 명하여 가지고는 목적달성이 곤란할 때에, 직접 국민의 신체 또는 재산에 실력을 가하여 행정상 필요한 상태를 실현하는 작용이며, 법령 또는 행정처분에 의한 선행의 구체적 의무의 존재와 그 불이행을 전제로 하는 행정상 강제집행과 구별된다(헌재 2002.10.31, 2000헌가12).

④ [X] 관계 행정청이 등급분류를 받지 아니하거나 등급분류를 받은 게임물과 다른 내용의 게임물을 발견한 경우 관계 공무원으로 하여금 이를 수거·폐기하게 할 수 있도록 한 구 음반·비디오물 및 게임물에 관한 법률 제24조 제3항 제4호 중 게임물에 관한 규정 부분은 실제로 폐기에 나아감에 있어서는 비례의 원칙에 의한 엄격한 제한을 받는다고 할 것이므로 이를 두고 과도한 입법이라고 보기는 어렵고, 또 피해의 최소성의 요건을 위반한 것으로는 볼 수 없고, 또한 법익의 균형성의 원칙에 위배되는 것도 아니다. 그리고 급박한 상황에 대처하기 위한 것으로서 그 불가피성과 정당성이 충분히 인정되는 경우이므로, 영장 없는 수거를 인정한다고 하더라도 헌법상 영장주의에 위배되는 것으로는 볼 수 없다(헌재 2002.10.31, 2000헌가12).

03
정답 ③

① [X] 구 사회안전법 제11조 소정의 동행보호규정은 재범의 위험성이 현저한 자를 상대로 긴급히 보호할 필요가 있는 경우에 한하여 단기간의 동행보호를 허용한 것으로서 그 요건을 엄격히 해석하는 한, 동 규정 자체가 사전영장주의를 규정한 헌법규정에 반한다고 볼 수는 없다(대판 1997.6.13, 96다56115).

② [X] 영업소의 강제폐쇄(「식품위생법」 제79조, 「공중위생관리법」 제11조, 「축산물 위생관리법」 제38조 등), 외국인의 강제퇴거(「출입국관리법」 제46조) 등은 직접강제에 해당한다.

❸ [O] 구 음반·비디오물 및 게임물에 관한 법률 제24조 제3항 제4호는 문화관광부장관, 시·도지사, 시장·군수·구청장이 등급분류를 받지 아니하거나 등급분류를 받은 게임물과 다른 내용의 게임물(불법게임물)을 발견한 때에는 관계 공무원으로 하여금 이를 수거하여 폐기하게 할 수 있도록 규정하고 있는바, 이는 어떤 하명도 거치지 않고 행정청이 직접 대상물에 실력을 가하는 경우로서, 위 조항은 행정상 즉시강제, 그중에서도 대물적 강제를 규정하고 있다고 할 것이다(헌재 2002.10.31, 2000헌가12).

④ [X] 감염병환자의 강제입원(「감염병의 예방 및 관리에 관한 법률」 제42조 제1항), 불법게임물의 수거·폐기(「게임산업진흥에 관한 법률」 제38조 제3항)는 행정상 즉시강제에 해당한다(헌재 2002.10.31, 2000헌가12).

04 정답 ②

① [○]

> **「경찰관 직무집행법」 제11조의2【손실보상】** ① 국가는 경찰관의 적법한 직무집행으로 인하여 다음 각 호의 어느 하나에 해당하는 손실을 입은 자에 대하여 정당한 보상을 하여야 한다.
> 1. 손실발생의 원인에 대하여 책임이 없는 자가 생명·신체 또는 재산상의 손실을 입은 경우(손실발생의 원인에 대하여 책임이 없는 자가 경찰관의 직무집행에 자발적으로 협조하거나 물건을 제공하여 생명·신체 또는 재산상의 손실을 입은 경우를 포함한다)
> 2. 손실발생의 원인에 대하여 책임이 있는 자가 자신의 책임에 상응하는 정도를 초과하는 생명·신체 또는 재산상의 손실을 입은 경우

❷ [X] 행정상 즉시강제는 권력적 사실행위이므로 그것이 위법한 경우 행정심판과 행정소송의 대상이 되는 처분성이 인정된다. 그러나 즉시강제가 완성되어버리면 취소나 변경을 구할 이익이 없기 때문에, 실제상 행정쟁송은 즉시강제가 장기간에 걸쳐 계속되는 경우(예 강제수용)에만 의미를 갖는다. 따라서 즉시강제가 이미 종료되어 행정쟁송이 불가능한 경우에는 손해배상이 실효적인 구제수단이라고 할 수 있다.

③ [○] 행정대집행 등은 사전에 계고를 해야 하나, 급박성을 요건으로 하는 즉시강제에는 계고 등 절차는 적용되지 않는다. 다만, 즉시강제를 실시하기 위하여 현장에 파견되는 집행책임자는 그가 집행책임자임을 표시하는 증표를 보여 주어야 하며, 즉시강제의 이유와 내용을 고지하여야 한다(「행정기본법」 제33조 제2항).

④ [○] 행정상 즉시강제는 권력적 사실행위이므로 그것이 위법한 경우 행정심판과 행정소송의 대상이 되는 처분성이 인정된다. 그러나 즉시강제가 완성되어버리면 취소나 변경을 구할 이익이 없기 때문에, 실제상 행정쟁송은 즉시강제가 장기간에 걸쳐 계속되는 경우(예 강제수용)에만 의미를 갖는다. 따라서 즉시강제가 이미 종료되어 행정쟁송이 불가능한 경우에는 손해배상이 실효적인 구제수단이라고 할 수 있다. 나아가 위법한 즉시강제에 저항하는 것은 정당방위(「형법」 제21조)로서 공무집행방해죄를 구성하지 아니한다(대판 2006.11.23, 2006도2732 ; 대판 2000.7.4, 99도4341).

05 정답 ④

① [X] 행정조사는 법령등의 위반에 대한 처벌보다는 법령등을 준수하도록 유도하는 데 중점을 두어야 한다(「행정조사기본법」 제4조 제4항). ➡ 예방위주의 행정조사(○), 처벌조사중심주의(X)

② [X] ❹ [○] 행정기관은 법령등에서 행정조사를 규정하고 있는 경우에 한하여 행정조사를 실시할 수 있다. 다만, 조사대상자의 자발적인 협조를 얻어 실시하는 행정조사의 경우에는 그러하지 아니하다(「행정조사기본법」 제5조).

③ [X] 「행정절차법」은 행정조사에 관한 명문의 규정을 두고 있지 않다. 다만, 국민의 권리·의무에 직접 영향을 미치는 권력적 행정조사와 같이 처분에 해당하는 경우에는 「행정절차법」상의 처분절차에 관한 규정이 행정조사에도 적용된다.

06 정답 ①

❶ [X] 「국세기본법」 제81조의4 제1항은 세무조사의 적법요건으로 객관적 필요성, 최소성, 권한남용의 금지 등을 규정하고 있는데, 이는 법치국가원리를 조세절차법의 영역에서도 관철하기 위한 것으로서 그 자체로서 구체적인 법규적 효력을 가진다. 따라서 국가의 과세권을 실현하기 위한 행정조사의 일종인 세무조사가 과세자료의 수집 또는 신고 내용의 정확성 검증이라는 본연의 목적이 아니라 부정한 목적을 위하여 행하여진 것이라면 이는 세무조사에 중대한 위법사유가 있는 경우에 해당하고, 이러한 세무조사에 의하여 수집된 과세자료를 기초로 한 과세처분 역시 위법하다(대판 2016. 12.15, 2016두47659).

② [○] 우편물 통관검사절차에서 이루어지는 우편물의 개봉, 시료채취, 성분분석 등의 검사는 수출입물품에 대한 적정한 통관 등을 목적으로 한 행정조사의 성격을 가지는 것으로서 수사기관의 강제처분이라고 할 수 없으므로, 압수·수색영장 없이 우편물의 개봉, 시료채취, 성분분석 등 검사가 진행되었다 하더라도 특별한 사정이 없는 한 위법하다고 볼 수 없다(대판 2013.9.26, 2013도7718).

③ [○] 납세자에 대한 부가가치세 부과처분이, 종전의 부가가치세 경정조사와 같은 세목 및 같은 과세기간에 대하여 중복하여 실시된 위법한 세무조사에 기초하여 이루어진 것은 위법하다(대판 2006.6.2, 2004두12070).

④ [○] 음주운전 여부에 대한 조사 과정에서 운전자 본인의 동의를 받지 아니하고 또한 법원의 영장도 없이 채혈조사를 한 결과를 근거로 한 운전면허정지·취소처분은 「도로교통법」 제44조 제3항을 위반한 것으로서 특별한 사정이 없는 한 위법한 처분으로 볼 수밖에 없다(대판 2016.12.27, 2014두46850).

07 정답 ①

❶ [X] 세무조사결정은 납세의무자의 권리·의무에 직접 영향을 미치는 공권력의 행사에 따른 행정작용으로서 항고소송의 대상이 된다(대판 2011.3.10, 2009두23617).

② [○] 「소득세법」상 과세표준과 세액을 서면조사결정방법으로 결정하도록 되어 있는 경우, 그 서면조사결정방법으로 결정된 과세표준과 세액을 실지조사에 의한 자료를 근거로 경정할 수 없다(대판 1997.3.28, 96누4701).

③ [○] 시·도지사 또는 시장·군수·구청장은 관할구역 중 토양오염이 우려되는 해당 지역에 대하여 토양오염실태를 조사하여야 하고, 환경부장관이나 시·도지사 또는 시장·군수·구청장은 토양보전을 위하여 필요하다고 인정하면 토양정밀조사를 할 수 있다(「토양환경보전법」 제5조 제2항·제4항). 즉, 「토양환경보전법」상 토양오염실태조사를 실시할 권한은 시·도지사에게 있는바, 토양정밀조사명령의 근거가 된 토양오염실태조사가 감사원에 의해 실시된 것이면 「토양환경보전법」의 규정에 따른 것이라고 할 수 없다. 그러나 토양오염실태조사는 토양정밀조사명령의 사전절차를 이루는 사실행위로서 그 자체가 행정처분에 해당하지 않는 점을 고려해 보면, 토양오염실태조사가 감사원 소속 감사관의 주도하에 실시되었다는 사정만으로 그에 기초하여 내려진 토양정밀조사명령에 이를 위법한 것으로 취소해야 할 정도의 하자가 있다고 볼 수 없다(대판 2009.1.30, 2006두9498).

④ [○] 헌법 제12조 제1항에서 규정하고 있는 적법절차의 원칙은 형사소송절차에 국한되지 아니하고 모든 국가작용 전반에 대하여 적용된다. 세무조사는 국가의 과세권을 실현하기 위한 행정조사의 일종으로서 과세자료의 수집 또는 신고내용의 정확성 검증 등을 위하여 필요불가결하며, 종국적으로는 조세의 탈루를 막고 납세자의 성실한 신고를 담보하는 중요한 기능을 수행한다. 이러한 세무공무원의 세무조사권의 행사에서도 적법절차의 원칙은 마땅히 준수되어야 한다(대판 2014.6.26, 2012두911).

08   정답 ②

① [X] 행정조사의 기본원칙 등은 적용된다.

> **「행정조사기본법」 제3조 【적용범위】** ③ 제2항에도 불구하고 제4조(행정조사의 기본원칙), 제5조(행정조사의 근거) 및 제28조(정보통신수단을 통한 행정조사)는 제2항 각 호의 사항에 대하여 적용한다.

❷ [O]

> **「행정조사기본법」 제3조 【적용범위】** ② 다음 각 호의 어느 하나에 해당하는 사항에 대하여는 이 법을 적용하지 아니한다.
> 4. 「근로기준법」 제101조에 따른 근로감독관의 직무에 관한 사항
> 6. 금융감독기관의 감독·검사·조사 및 감리에 관한 사항

③ [X] 조세·형사·행형 및 보안처분에 관한 사항에 대하여는 이 법을 적용하지 아니한다(「행정조사기본법」 제3조 제2항 제5호).

④ [X] 「행정조사기본법」에는 조사원의 실력 행사에 관한 규정이 없다.

09   정답 ④

㉠ [O] 중복조사금지의 원칙이다(「행정조사기본법」 제4조 제3항).

㉡ [O] '행정조사'란 행정기관이 정책을 결정하거나 직무를 수행하는 데 필요한 정보나 자료를 수집하기 위하여 현장조사, 문서열람, 시료채취 등을 하거나 조사대상자에게 보고요구, 자료제출요구 및 출석·진술요구를 행하는 활동을 말한다(「행정조사기본법」 제2조 제1호).

㉢ [X] 행정조사는 법령등 또는 행정조사운영계획으로 정하는 바에 따라 정기적으로 실시함을 원칙으로 한다. 다만, ⓐ 법률에서 수시조사를 규정하고 있는 경우, ⓑ 법령등의 위반에 대하여 혐의가 있는 경우, ⓒ 다른 행정기관으로부터 법령등의 위반에 관한 혐의를 통보 또는 이첩받은 경우, ⓓ 법령등의 위반에 대한 신고를 받거나 민원이 접수된 경우, ⓔ 그 밖에 행정조사의 필요성이 인정되는 사항으로서 대통령령으로 정하는 경우에는 수시조사를 할 수 있다(「행정조사기본법」 제7조). ➡ 정기조사의 원칙, 예외적 수시조사

㉣ [X] 조사대상자는 조사대상 선정기준에 대한 열람을 행정기관의 장에게 신청할 수 있고, 이에 따라 행정기관의 장이 열람신청을 받은 때에는 ⓐ 행정기관이 당해 행정사업무를 수행할 수 없을 정도로 조사활동에 지장을 초래하는 경우, ⓑ 내부고발자 등 제3자에 대한 보호가 필요한 경우를 제외하고 신청인이 조사대상 선정기준을 열람할 수 있도록 하여야 한다(「행정조사기본법」 제8조 제2항·제3항).

㉤ [X] 정기조사 또는 수시조사를 실시한 행정기관의 장은 동일한 사안에 대하여 동일한 조사대상자를 재조사하여서는 아니 된다. 다만, 당해 행정기관이 이미 조사를 받은 조사대상자에 대하여 위법행위가 의심되는 새로운 증거를 확보한 경우에는 그러하지 아니하다(「행정조사기본법」 제15조 제1항). ➡ 조사대상자의 자발적인 협조를 얻어 실시하는 경우에도 재조사가 금지된다.

10   정답 ③

① [O] 「행정조사기본법」 제18조 제1항·제3항

② [O] 행정조사를 실시하고자 하는 행정기관의 장은 출석요구서, 보고요구서·자료제출요구서 및 현장출입조사서(이하 '출석요구서 등'이라 함)를 조사개시 7일 전까지 조사대상자에게 서면으로 통지하여

야 한다. 다만, ㉠ 행정조사를 실시하기 전에 관련 사항을 미리 통지하는 때에는 증거인멸 등으로 행정조사의 목적을 달성할 수 없다고 판단되는 경우, ㉡ 「통계법」 제3조 제2호에 따른 지정통계의 작성을 위하여 조사하는 경우, ㉢ 제5조 단서에 따라 조사대상자의 자발적인 협조를 얻어 실시하는 행정조사의 경우에는 행정조사의 개시와 동시에 출석요구서 등을 조사대상자에게 제시하거나 행정조사의 목적 등을 조사대상자에게 구두로 통지할 수 있다(「행정조사기본법」 제17조 제1항).

❸ [X]

> **「행정조사기본법」 제22조 【조사원 교체신청】** ① 조사대상자는 조사원에게 공정한 행정조사를 기대하기 어려운 사정이 있다고 판단되는 경우에는 행정기관의 장에게 당해 조사원의 교체를 신청할 수 있다.
> ② 제1항에 따른 교체신청은 그 이유를 명시한 서면으로 행정기관의 장에게 하여야 한다.
> ③ 제1항에 따른 교체신청을 받은 행정기관의 장은 즉시 이를 심사하여야 한다.

④ [O] 「행정조사기본법」 제24조

11   정답 ②

① [X] 행정조사란 행정기관이 정책을 결정하거나 직무를 수행하는 데 필요한 정보나 자료를 수집하기 위하여 현장조사·문서열람·시료채취 등을 하거나 조사대상자에게 보고요구·자료제출요구 및 출석·진술요구를 행하는 활동을 말한다(「행정조사기본법」 제2조 제1호).

❷ [O]

> **「행정조사기본법」 제17조 【조사의 사전통지】** ① 행정조사를 실시하고자 하는 행정기관의 장은 제9조에 따른 출석요구서, 제10조에 따른 보고요구서·자료제출요구서 및 제11조에 따른 현장출입조사서(이하 '출석요구서 등'이라 한다)를 조사개시 7일 전까지 조사대상자에게 서면으로 통지하여야 한다. 다만, 다음 각 호의 어느 하나에 해당하는 경우에는 행정조사의 개시와 동시에 출석요구서 등을 조사대상자에게 제시하거나 행정조사의 목적 등을 조사대상자에게 구두로 통지할 수 있다.
> 1. 행정조사를 실시하기 전에 관련 사항을 미리 통지하는 때에는 증거인멸 등으로 행정조사의 목적을 달성할 수 없다고 판단되는 경우
> 2. 「통계법」 제3조 제2호에 따른 지정통계의 작성을 위하여 조사하는 경우
> 3. 제5조 단서에 따라 조사대상자의 자발적인 협조를 얻어 실시하는 행정조사의 경우

③ [X] 조사대상자는 조사원에게 공정한 행정조사를 기대하기 어려운 사정이 있다고 판단되는 경우에는 행정기관의 장에게 당해 조사원의 교체를 신청할 수 있다(「행정조사기본법」 제22조 제1항). 즉, 조사원의 교체를 신청함에 행정기관의 장의 승인을 얻을 필요는 없다.

④ [X] 행정조사는 법령등 또는 행정조사운영계획으로 정하는 바에 따라 정기적으로 실시함을 원칙으로 한다. 다만, ㉠ 법률에서 수시조사를 규정하고 있는 경우, ㉡ 법령등의 위반에 대하여 혐의가 있는 경우, ㉢ 다른 행정기관으로부터 법령등의 위반에 관한 혐의를 통보 또는 이첩받은 경우, ㉣ 법령등의 위반에 대한 신고를 받거나 민원이 접수된 경우, ㉤ 그 밖에 행정조사의 필요성이 인정되는 사항으로서 대통령령으로 정하는 경우 중 어느 하나에 해당하는 경우에는 수시조사를 할 수 있다(「행정조사기본법」 제7조). ➡ 정기조사의 원칙

12
정답 ②

① [X] 행정기관의 장은 행정조사의 목적, 법령준수의 실적, 자율적인 준수를 위한 노력, 규모와 업종 등을 고려하여 명백하고 객관적인 기준에 따라 행정조사의 대상을 선정하여야 한다(「행정조사기본법」 제8조 제1항).

❷ [O] 행정기관은 조사목적에 적합하도록 조사대상자를 선정하여 행정조사를 실시하여야 한다(「행정조사기본법」 제4조 제2항). 행정기관의 장은 조사대상자에 대한 조사만으로는 당해 행정조사의 목적을 달성할 수 없거나 조사대상이 되는 행위에 대한 사실 여부 등을 입증하는 데 과도한 비용 등이 소요되는 경우로서 ㉠ 다른 법률에서 제3자에 대한 조사를 허용하고 있는 경우, ㉡ 제3자의 동의가 있는 경우에는 제3자에 대하여 보충조사를 할 수 있다(「행정조사기본법」 제19조 제1항).

③ [X] 조사대상자는 조사대상 선정기준에 대한 열람을 행정기관의 장에게 신청할 수 있다(「행정조사기본법」 제8조 제2항). 즉, '법령등에서 규정하고 있는 경우에 한하여' 신청할 수 있는 것이 아니다.

④ [X]

> **「행정조사기본법」 제8조 【조사대상의 선정】** ① 행정기관의 장은 행정조사의 목적, 법령준수의 실적, 자율적인 준수를 위한 노력, 규모와 업종 등을 고려하여 명백하고 객관적인 기준에 따라 행정조사의 대상을 선정하여야 한다.
> ② 조사대상자는 조사대상 선정기준에 대한 열람을 행정기관의 장에게 신청할 수 있다.
> ③ 행정기관의 장이 제2항에 따라 열람신청을 받은 때에는 다음 각 호의 어느 하나에 해당하는 경우를 제외하고 신청인이 조사대상 선정기준을 열람할 수 있도록 하여야 한다.
> 1. 행정기관이 당해 행정조사업무를 수행할 수 없을 정도로 조사활동에 지장을 초래하는 경우
> 2. 내부고발자 등 제3자에 대한 보호가 필요한 경우

13
정답 ④

① [X] 갈음하여야 하는 것이 아니라, 갈음할 수 있다(「행정조사기본법」 제25조 제2항).

② [X]

> **「행정조사기본법」 제14조 【공동조사】** ① 행정기관의 장은 다음 각 호의 어느 하나에 해당하는 행정조사를 하는 경우에는 공동조사를 하여야 한다(의무적 공동조사).
> 1. 당해 행정기관 내의 2 이상의 부서가 동일하거나 유사한 업무분야에 대하여 동일한 조사대상자에게 행정조사를 실시하는 경우
> 2. 서로 다른 행정기관이 대통령령으로 정하는 분야에 대하여 동일한 조사대상자에게 행정조사를 실시하는 경우

③ [X]

> **「행정조사기본법」 제25조 【자율신고제도】** ① 행정기관의 장은 법령등에서 규정하고 있는 조사사항을 조사대상자로 하여금 스스로 신고하도록 하는 제도를 운영할 수 있다.
> ② 행정기관의 장은 조사대상자가 제1항에 따라 신고한 내용이 거짓의 신고라고 인정할 만한 근거가 있거나 신고내용을 신뢰할 수 없는 경우를 제외하고는 그 신고내용을 행정조사에 갈음할 수 있다.

④ [O]

> **「행정조사기본법」 제13조 【자료 등의 영치】** ① 조사원이 현장조사 중에 자료·서류·물건 등(이하 이 조에서 '자료 등'이라 한다)을 영치하는 때에는 조사대상자 또는 그 대리인을 입회시켜야 한다.
> ② 조사원이 제1항에 따라 자료 등을 영치하는 경우에 조사대상자의 생활이나 영업이 사실상 불가능하게 될 우려가 있는 때에는 조사원은 자료 등을 사진으로 촬영하거나 사본을 작성하는 등의 방법으로 영치에 갈음할 수 있다. 다만, 증거인멸의 우려가 있는 자료 등을 영치하는 경우에는 그러하지 아니하다.

14
정답 ④

① [X] 행정벌은 과거의 의무위반에 대한 제재이나, 이행강제금은 장래의 의무이행을 확보하기 위한 수단이라는 점에서 양자는 다르다. 그런데 행정벌과 이행강제금은 모두 간접적인 행정작용의 실효성 확보수단이라는 점에서는 동일하다.

② [X] 행정벌에는 처벌의 내용에 따라 행정형벌과 행정질서벌이 있고, 행정질서벌은 「형법」에 형명으로 규정되어 있지 아니한 과태료가 과하여지는 행정벌이다. 그런데 과징금은 일정한 공법상 의무위반·의무불이행에 대한 금전적 제재라는 점에서는 과태료와 다를 바 없다. 그러나 행정질서벌인 과태료는 사법기관이 부과하나 과징금은 행정기관이 부과하는 행정행위로서 새로운 의무이행 확보수단이라는 점, 과징금은 위반행위로 인한 경제적 이익의 환수가 목적이지 처벌은 아닌 점에서 양자는 구별된다. 즉, 과징금은 행정질서벌에 해당하지 아니한다. 따라서 과징금의 부과와 행정벌의 부과는 병과할 수 있다.

③ [X] 공무원에 대한 징계처분은 특별행정법(권력)관계에서 내부의 질서문란자에게 부과하는 제재인 반면, 행정벌은 일반행정법(권력)관계에서 과거의 의무위반에 대한 제재라는 점에서 서로 구별된다. 즉, 행정벌과 징계벌은 목적 등을 달리하므로 하나의 행위가 동시에 양자의 대상이 되어 병과가 가능하고, 따라서 양자 사이에는 일사부재리의 원칙이 적용되지 않는다.

❹ [O] 피고인이 「행형법」에 의한 징벌을 받아 그 집행을 종료하였다고 하더라도 「행형법」상의 징벌은 수형자의 교도소 내의 준수사항 위반에 대하여 과하는 행정상의 질서벌의 일종으로서 「형법」 법령에 위반한 행위에 대한 형사책임과는 그 목적, 성격을 달리하는 것이므로 징벌을 받은 뒤에 형사처벌을 한다고 하여 일사부재리의 원칙에 반하는 것은 아니다(대판 2000.10.27, 2000도3874).

15
정답 ②

㉠ [O] 법률에 따르지 아니하고는 어떤 행위도 질서위반행위로 과태료를 부과하지 아니한다(「질서위반행위규제법」 제6조). 다만, 종래의 헌법재판소는 적용되지 않는다는 입장이었다(헌재 1998.5.28, 96헌바83).

㉡ [O] 법인이 고용한 종업원 등의 범죄행위에 관하여 비난할 근거가 되는 법인의 의사결정 및 행위구조, 즉 종업원 등이 저지른 행위의 결과에 대한 법인의 독자적인 책임에 관하여 전혀 규정하지 않은 채, 단순히 법인이 고용한 종업원 등이 업무에 관하여 범죄행위를 하였다는 이유만으로 법인에 대하여 형사처벌을 과하고 있는 것은 다른 사람의 범죄에 대하여 그 책임 유무를 묻지 않고 형벌을 부과함으로써 법치국가의 원리 및 죄형법정주의로부터 도출되는 책임주의 원칙에 반한다(헌재 2010.7.29, 2009헌가25 등).

ⓒ [O] 행정상의 단속을 주안으로 하는 법규라 하더라도 명문규정이 있거나 '해석'상 과실범도 벌할 뜻이 명확한 경우를 제외하고는 「형법」의 원칙에 따라 고의가 있어야 벌할 수 있다(대판 2010.2.11, 2009도9807). 따라서 행정형벌법규에 과실범을 처벌한다는 명문의 규정이 없더라도 그 법규의 해석상 과실행위도 처벌한다는 뜻이 도출되는 경우에는 과실범도 처벌할 수가 있다.

ⓔ [X] 양벌규정에 의한 영업주의 처벌은 금지위반행위자인 종업원의 처벌에 종속하는 것이 아니라 독립하여 그 자신의 종업원에 대한 선임·감독상의 과실로 인하여 처벌되는 것이므로 종업원의 범죄성립이나 처벌이 영업주 처벌의 전제조건이 될 필요는 없다(대판 2006.2.24, 2005도7673).

16   정답 ②

① [O] 지방자치단체 소속 공무원이 지방자치단체 고유의 자치사무를 수행하던 중 「도로법」 제113조 내지 제115조의 규정에 의한 위반행위를 한 경우에는 지방자치단체는 「도로법」 제116조의 양벌규정에 따라 처벌대상이 되는 법인에 해당한다. 즉, 지방자치단체 소속 공무원이 압축트럭 청소차를 운전하여 고속도로를 운행하던 중 제한축중을 초과적재 운행함으로써 도로관리청의 차량운행제한을 위반한 경우, 해당 지방자치단체는 「도로법」 제116조의 양벌규정에 따른 처벌대상이 된다(대판 2005.11.10, 2004도2657).

❷ [X] 구 대기환경보전법의 입법목적이나 제반 관계 규정의 취지 등을 고려하면, 법정의 배출허용기준을 초과하는 배출가스를 배출하면서 자동차를 운행하는 행위를 처벌하는 위 법 제57조 제6호의 규정은 자동차의 운행자가 그 자동차에서 배출되는 배출가스가 소정의 운행 자동차 배출허용기준을 초과한다는 점을 실제로 인식하면서 운행한 고의범의 경우는 물론 과실로 인하여 그러한 내용을 인식하지 못한 과실범의 경우도 함께 처벌하는 규정이다(대판 1993. 9.10, 92도1136).

③ [O] 지방자치단체 소속 공무원이 지정항만순찰 등의 업무를 위해 관할관청의 승인 없이 개조한 승합차를 운행함으로써 「자동차관리법」을 위반한 경우, 기관위임사무에 해당하므로 해당 지방자치단체는 「자동차관리법」 제83조의 양벌규정에 따른 처벌대상이 될 수 없다(대판 2009.6.11, 2008도6530).

④ [O] 법인이 고용한 종업원 등의 범죄행위에 관하여 비난할 근거가 되는 법인의 의사결정 및 행위구조, 즉 종업원 등이 저지른 행위의 결과에 대한 법인의 독자적인 책임에 관하여 전혀 규정하지 않은 채, 단순히 법인이 고용한 종업원 등이 업무에 관하여 범죄행위를 하였다는 이유만으로 법인에 대하여 형사처벌을 과하고 있는 법률조항은 다른 사람의 범죄에 대하여 그 책임 유무를 묻지 않고 형벌을 부과함으로써 법치국가의 원리 및 죄형법정주의로부터 도출되는 책임주의 원칙에 반하여 헌법에 위반된다(헌재 2010.7.29, 2009헌가25 ; 헌재 2011.11.24, 2011헌가30 등).

17   정답 ①

❶ [O] 지방국세청장 또는 세무서장이 「조세범 처벌절차법」 제17조 제1항에 따라 통고처분을 거치지 아니하고 즉시 고발하였다면 이로써 조세범칙사건에 대한 조사 및 처분 절차는 종료되고 형사사건 절차로 이행되어 지방국세청장 또는 세무서장으로서는 동일한 조세범칙행위에 대하여 더 이상 통고처분을 할 권한이 없다. 따라서 지방국세청장 또는 세무서장이 조세범칙행위에 대하여 고발을 한 후에 동일한 조세범칙행위에 대하여 통고처분을 하였더라도, 이는 법적 권한 소멸 후에 이루어진 것으로서 특별한 사정이 없는 한 효력이 없고, 조세범칙행위자가 이러한 통고처분을 이행하였더라

도 「조세범 처벌절차법」 제15조 제3항에서 정한 일사부재리의 원칙이 적용될 수 없다(대판 2016.9.28, 2014도10748).

② [X] 「도로교통법」에서 규정하는 경찰서장의 통고처분은 행정소송의 대상이 되는 행정처분이 아니므로 그 처분의 취소를 구하는 소송은 부적법하고, 「도로교통법」상의 통고처분을 받은 자가 그 처분에 대하여 이의가 있는 경우에는 통고처분에 따른 범칙금의 납부를 이행하지 아니함으로써 경찰서장의 즉결심판청구에 의하여 법원의 심판을 받을 수 있게 될 뿐이다(대판 1995.6.29, 95누4674).

③ [X] 범칙자가 통고처분을 불이행하면 즉결심판을 청구하거나 고발하여야 한다. 통고처분은 행정제재금의 성질을 가지며, 불이행의 경우에는 당해 행정청의 고발에 의하여 정식 형사소송절차로 진행된다. 통고처분을 받은 자가 그 처분에 이의가 있는 경우에는 행정소송을 제기할 수 있다.

④ [X] 통고처분은 상대방의 임의의 승복을 그 발효요건으로 하기 때문에 그 자체만으로는 통고이행을 강제하거나 상대방에게 아무런 권리의무를 형성하지 않으므로 행정심판이나 행정소송의 대상으로서의 처분성을 부여할 수 없고, 통고처분에 대하여 이의가 있으면 통고내용을 이행하지 않음으로써 고발되어 형사재판절차에서 통고처분의 위법·부당함을 얼마든지 다툴 수 있기 때문에 통고처분을 행정심판이나 행정소송의 대상에서 제외하고 있는 「관세법」 제38조 제3항 제2호(현 제119조 제2항 제2호)가 법관에 의한 재판받을 권리를 침해한다든가 적법절차의 원칙에 저촉된다고 볼 수 없다(헌재 1998.5.28, 96헌바4).

18   정답 ③

① [X] 지방국세청장 또는 세무서장은 통고처분을 받은 자가 통고서를 송달받은 날부터 15일 이내에 통고대로 이행하지 아니한 경우에는 고발하여야 한다. 다만, 15일이 지났더라도 고발되기 전에 통고대로 이행하였을 때에는 그러하지 아니하다(「조세범 처벌절차법」 제17조 제2항).

② [X] 통고처분은 조세범(「조세범 처벌절차법」 제15조 제1항), 관세범(「관세법」 제311조), 출입국사범(「출입국관리법」 제102조), 교통사범(「도로교통법」 제163조), 경범죄사범(「경범죄 처벌법」 제7조)을 대상으로 부과된다. 그런데 행정형벌은 「형사소송법」이 정하는 바에 따라 법원이 과하는 것이 원칙이고, 통고처분은 행정형벌의 특수한 과벌절차이다. 따라서 행정질서벌(과태료)에는 통고처분이 인정되지 않는다.

❸ [O] 통고처분이 있는 경우에는 공소시효의 진행이 중단된다(「조세범 처벌절차법」 제16조).

④ [X] 통고처분권자는 행정청이다.

19   정답 ①

❶ [X] 범칙금의 납부에 따라 확정판결에 준하는 효력이 인정되는 범위는 범칙금 통고의 이유에 기재된 당해 범칙행위 자체 및 범칙행위와 동일성이 인정되는 범칙행위에 한정된다. 따라서 범칙행위와 같은 시간과 장소에서 이루어진 행위라 하더라도 범칙행위의 동일성을 벗어난 형사범죄행위에 대하여는 범칙금의 납부에 따라 확정판결에 준하는 일사부재리의 효력이 미치지 아니한다(대판 2012.9. 13, 2012도6612 ; 대판 2011.4.28, 2009도12249).

② [O] 「도로교통법」 제163조에서 규정하는 경찰서장의 통고처분은 행정소송의 대상이 되는 행정처분이 아니므로 그 처분의 취소를 구하는 소송은 부적법하고, 「도로교통법」상의 통고처분을 받은 자가

그 처분에 대하여 이의가 있는 경우에는 통고처분에 따른 범칙금의 납부를 이행하지 아니함으로써 경찰서장의 즉결심판청구에 의하여 법원의 심판을 받을 수 있게 될 뿐이다(대판 1995.6.29, 95누4674).

③ [○] 「경범죄 처벌법」상 범칙금제도는 범칙행위에 대하여 형사절차에 앞서 경찰서장의 통고처분에 따라 범칙금을 납부할 경우 이를 납부하는 사람에 대하여는 기소를 하지 않는 처벌의 특례를 마련해 둔 것으로 법원의 재판절차와는 제도적 취지와 법적 성질에서 차이가 있다. 또한 범칙자가 통고처분을 불이행하였더라도 기소독점주의의 예외를 인정하여 경찰서장의 즉결심판청구를 통하여 공판절차를 거치지 않고 사건을 간이하고 신속·적정하게 처리함으로써 소송경제를 도모하되, 즉결심판 선고 전까지 범칙금을 납부하면 형사처벌을 면할 수 있도록 함으로써 범칙자에 대하여 형사소추와 형사처벌을 면제받을 기회를 부여하고 있다. 따라서 경찰서장이 범칙행위에 대하여 통고처분을 한 이상, 범칙자의 위와 같은 절차적 지위를 보장하기 위하여 통고처분에서 정한 범칙금 납부기간까지는 원칙적으로 경찰서장은 즉결심판을 청구할 수 없고, 검사도 동일한 범칙행위에 대하여 공소를 제기할 수 없다고 보아야 한다(대판 2020.4.29, 2017도13409).

④ [○] 통고처분은 취소소송의 대상이 되지 아니한다(대판 1995.6.29, 95누4674). 왜냐하면 소정의 기간 내에 통고처분을 이행하지 않으면 당연히 그 처분은 효력을 상실하고, 또한 그 통고처분에 불복하면 정식재판을 청구하면 되기 때문이다.

20 정답 ③

① [○] 어떤 행정법규 위반의 행위에 대하여 이를 단지 간접적으로 행정상의 질서에 장애를 줄 위험성이 있음에 불과한 경우로 보아 행정질서벌인 과태료를 과할 것인지 아니면 직접적으로 행정목적과 공익을 침해한 행위로 보아 행정형벌을 과할 것인지는 기본적으로 입법권자가 제반사정을 고려하여 결정할 입법재량에 속하는 문제이다(헌재 1998.5.28, 96헌바83).

② [○] 죄형법정주의는 무엇이 범죄이며 그에 대한 형벌이 어떠한 것인가는 국민의 대표로 구성된 입법부가 제정한 법률로써 정하여야 한다는 원칙인데, 과태료는 행정상의 질서유지를 위한 행정질서벌에 해당할 뿐 형벌이라고 할 수 없어 죄형법정주의의 규율대상에 해당하지 아니한다(헌재 1998.5.28, 96헌바83 ; 헌재 2003.12.18, 2002헌바49).

❸ [×] 형벌법규의 해석은 엄격하여야 하고 명문규정의 의미를 피고인에게 불리한 방향으로 지나치게 확장해석하거나 유추해석하는 것은 죄형법정주의의 원칙에 어긋나는 것으로서 허용되지 않으며, 이러한 법해석의 원리는 그 형벌법규의 적용대상이 행정법규가 규정한 사항을 내용으로 하고 있는 경우에 그 행정법규의 규정을 해석하는 데에도 마찬가지로 적용된다(대판 2011.7.14, 2009도7777).

④ [○] 자동차의 임시운행허가를 받은 자가 임시운행허가기간을 넘어 운행한 자가 등록된 차량에 관하여 그러한 행위를 한 경우라면 과태료의 제재만을 받게 되겠지만, 무등록차량에 관하여 그러한 행위를 한 경우라면 과태료와 별도로 형사처벌의 대상이 된다(대판 1996.4.12, 96도158). 즉, 임시운행허가기간을 벗어나 무등록차량을 운행한 자에 대한 과태료의 제재와 형사처벌이 일사부재리의 원칙에 반하는 것이라 할 수 없다.

15회 쟁점별 모의고사

행정벌 ~ 국가배상

정답

01	①	02	③	03	②	04	②
05	②	06	①	07	③	08	④
09	③	10	④	11	③	12	④
13	②	14	①	15	①	16	④
17	①	18	①	19	①	20	②

01 　　　　　　　　　　　　　　　정답 ①

㉠ [X] 구 여객자동차 운수사업법 제76조, 제85조에서 정하는 과태료 처분이나 감차처분 등은 규정 위반자에 대하여 처벌 또는 제재를 가하는 것이므로 같은 법이 정하고 있는 처분대상인 위반행위를 함부로 유추해석하거나 확대해석하여서는 아니 된다(대판 2007. 3.30, 2004두7665).

㉡ [X] '질서위반행위'란 법률(지방자치단체의 조례를 포함한다)상의 의무를 위반하여 과태료를 부과하는 행위를 말한다. 다만, ⓐ 대통령령으로 정하는 사법(私法)상·소송법상 의무를 위반하여 과태료를 부과하는 행위, ⓑ 대통령령으로 정하는 법률에 따른 징계사유에 해당하여 과태료를 부과하는 행위를 제외한다(「질서위반행위규제법」 제2조 제1호). 여기서 '대통령령으로 정하는 사법상·소송법상 의무를 위반하여 과태료를 부과하는 행위'란 「민법」, 「상법」 등 사인 간의 법률관계를 규율하는 법 또는 「민사소송법」, 「가사소송법」, 「민사집행법」, 「형사소송법」, 「민사조정법」 등 분쟁 해결에 관한 절차를 규율하는 법률상의 의무를 위반하여 과태료를 부과하는 행위를 말한다(「질서위반행위규제법 시행령」 제2조 제1항).

㉢ [O] 「질서위반행위규제법」 제6조

㉣ [O] 행정질서벌은 「형법」에 형명이 없는 과태료가 과하여지는 행정벌로서, 이에는 법률에 의한 과태료와 조례에 의한 과태료가 있다. 따라서 조례를 위반한 행위에 대하여 조례로써 과태료를 정할 수 있다(「지방자치법」 제27조 제1항).

02 　　　　　　　　　　　　　　　정답 ③

① [X] 질서위반행위의 성립과 과태료 처분은 행위 시의 법률에 따른다. 그러나 질서위반행위 후 법률이 변경되어 그 행위가 질서위반행위에 해당하지 아니하게 되거나 과태료가 변경되기 전의 법률보다 가볍게 된 때에는 법률에 특별한 규정이 없는 한 변경된 법률을 적용한다(「질서위반행위규제법」 제3조 제1항·제2항).

② [X] 행정청의 과태료 처분이나 법원의 과태료 재판이 확정된 후 법률이 변경되어 그 행위가 질서위반행위에 해당하지 아니하게 된 때에는 변경된 법률에 특별한 규정이 없는 한 과태료의 징수 또는 집행을 면제한다(「질서위반행위규제법」 제3조 제3항).

❸ [O] 「질서위반행위규제법」은 "질서위반행위의 성립과 과태료 처분은 행위 시의 법률에 따른다."라고 하면서도(「질서위반행위규제법」 제3조 제1항), "질서위반행위 후 법률이 변경되어 그 행위가 질서위반행위에 해당하지 아니하게 되거나 과태료가 변경되기 전의 법률보다 가볍게 된 때에는 법률에 특별한 규정이 없는 한 변경된 법

률을 적용한다."라고 규정하고 있다(「질서위반행위규제법」 제3조 제2항). 따라서 질서위반행위에 대하여 과태료를 부과하는 근거법령이 개정되어 행위 시의 법률에 의하면 과태료 부과대상이었지만 재판 시의 법률에 의하면 부과대상이 아니게 된 때에는 개정 법률의 부칙 등에서 행위 시의 법률을 적용하도록 명시하는 등 특별한 사정이 없는 한 재판 시의 법률을 적용하여야 하므로 과태료를 부과할 수 없다(대결 2017.4.7, 2016마1626).

④ [X] 자신의 행위가 위법하지 아니한 것으로 오인하고 행한 질서위반행위는 그 오인에 정당한 이유가 있는 때에 한하여 과태료를 부과하지 아니한다(「질서위반행위규제법」 제8조).

03 　　　　　　　　　　　　　　　정답 ②

① [X]

> 「질서위반행위규제법」 제13조 【수개의 질서위반행위의 처리】 ① 하나의 행위가 2 이상의 질서위반행위에 해당하는 경우에는 각 질서위반행위에 대하여 정한 과태료 중 가장 중한 과태료를 부과한다.
> ② 제1항의 경우를 제외하고 2 이상의 질서위반행위가 경합하는 경우에는 각 질서위반행위에 대하여 정한 과태료를 각각 부과한다. 다만, 다른 법령(지방자치단체의 조례를 포함한다)에 특별한 규정이 있는 경우에는 그 법령으로 정하는 바에 따른다.

❷ [O] 14세가 되지 아니한 자의 질서위반행위는 과태료를 부과하지 아니한다. 다만, 다른 법률에 특별한 규정이 있는 경우에는 그러하지 아니하다(「질서위반행위규제법」 제9조).

③ [X] 행정법규 위반에 대하여 가하는 제재조치는 행정목적의 달성을 위하여 행정법규 위반이라는 객관적 사실에 착안하여 가하는 제재이므로 반드시 현실적인 행위자가 아니라도 법령상 책임자로 규정된 자에게 부과되고 특별한 사정이 없는 한 위반자에게 고의나 과실이 없더라도 부과할 수 있다(대판 2012.5.10, 2012두1297).

④ [X] 법인의 대표자, 법인 또는 개인의 대리인·사용인 및 그 밖의 종업원이 업무에 관하여 법인 또는 그 개인에게 부과된 법률상의 의무를 위반한 때에는 법인 또는 그 개인에게 과태료를 부과한다(「질서위반행위규제법」 제11조).

04 　　　　　　　　　　　　　　　정답 ②

① [X] 3년이 아니라, 5년이다(「질서위반행위규제법」 제15조 제1항).

❷ [O] 「질서위반행위규제법」 제12조 제2항

③ [X] ④ [X] 과태료는 행정청의 과태료 부과처분이나 법원의 과태료 재판이 확정된 후 5년간 징수하지 아니하거나 집행하지 아니하면 시효로 인하여 소멸한다(「질서위반행위규제법」 제15조 제1항).

05 　　　　　　　　　　　　　　　정답 ②

① [X] 과태료 부과처분은 행정청을 피고로 하는 행정소송의 대상이 되는 행정처분이라고 볼 수 없다(대판 2012.10.11, 2011두19369).

❷ [O] 행정청의 과태료 부과에 불복하는 당사자는 과태료 부과 통지를 받은 날부터 60일 이내에 해당 행정청에 서면으로 이의제기를 할 수 있고, 이에 따른 이의제기가 있는 경우에는 행정청의 과태료 부과처분은 그 효력을 상실한다(「질서위반행위규제법」 제20조 제1항·제2항).

③ [X] 행정청은 의견제출절차를 마친 후에 서면(당사자가 동의하는 경우에는 전자문서를 포함)으로 과태료를 부과하여야 한다(「질서위반행위규제법」 제17조 제1항).

④ [X] 지방법원, 지원 또는 시·군법원의 판사는 즉결심판절차에 의하여 피고인에게 20만 원 이하의 벌금, 구류 또는 과료에 처할 수 있다(「즉결심판에 관한 절차법」 제2조). 즉, 즉결심판은 과태료가 아니라 20만 원 이하의 벌금 또는 구류나 과료에 처할 범죄사건을 심판하는 절차이다.

06   정답 ①

❶ [O] 「질서위반행위규제법」 제45조 제1항

② [X]

> 「질서위반행위규제법」 제25조 【관할 법원】 과태료 사건은 다른 법령에 특별한 규정이 있는 경우를 제외하고는 당사자의 주소지의 지방법원 또는 그 지원의 관할로 한다.

③ [X] 30일이 아니라, 60일이다(「질서위반행위규제법」 제20조 제1항).

④ [X]

> 「질서위반행위규제법」 제16조 【사전통지 및 의견 제출 등】 ① 행정청이 질서위반행위에 대하여 과태료를 부과하고자 하는 때에는 미리 당사자(제11조 제2항에 따른 고용주 등을 포함한다)에게 대통령령으로 정하는 사항을 통지하고, 10일 이상의 기간을 정하여 의견을 제출할 기회를 주어야 한다. 이 경우 지정된 기일까지 의견 제출이 없는 경우에는 의견이 없는 것으로 본다.

07   정답 ③

① [O] 「여객자동차 운수사업법」 제88조 제1항(국토교통부장관 또는 시·도지사는 여객자동차 운수사업자가 제49조의6 제1항 또는 제85조 제1항 각 호의 어느 하나에 해당하여 사업정지처분을 하여야 하는 경우에 그 사업정지처분이 그 여객자동차 운수사업을 이용하는 사람들에게 심한 불편을 주거나 공익을 해칠 우려가 있는 때에는 그 사업정지처분을 갈음하여 5천만 원 이하의 과징금을 부과·징수할 수 있다)의 과징금 부과처분은 제재적 행정처분으로서 여객자동차 운수사업에 관한 질서를 확립하고 여객의 원활한 운송과 여객자동차 운수사업의 종합적인 발달을 도모하여 공공복리를 증진한다는 행정목적의 달성을 위하여 행정법규 위반이라는 객관적 사실에 착안하여 가하는 제재이므로 반드시 현실적인 행위자가 아니라도 법령상 책임자로 규정된 자에게 부과되고 원칙적으로 위반자의 고의·과실을 요하지 아니하나, 위반자의 의무 해태를 탓할 수 없는 정당한 사유가 있는 등의 특별한 사정이 있는 경우에는 이를 부과할 수 없다(대판 2014.10.15, 2013두5005).

② [O] 하나의 회사 내부에 여러 개의 사업 부문이 존재하는 경우 과징금의 부과대상(회사) 하나의 회사 내부에 여러 개의 사업 부문이 존재하는 경우 「독점규제 및 공정거래에 관한 법률」 제19조 제1항에 규정된 부당한 공동행위를 한 사업자 및 그로 인한 과징금 부과대상을 판단함에 있어, 다른 사업자와 부당한 공동행위를 한 사업자는 회사 내부 조직인 관련 특정 사업 부문이 아니라 회사 자체라고 보아야 하고, 과징금 역시 그 회사에 대하여 부과된다고 보는 것이 타당하다(대판 2013.7.25, 2012두4302).

❸ [X] 특별한 규정이 없는 한 신설회사에 대하여 분할하는 회사의 분할 전 법 위반행위를 이유로 과징금을 부과하는 것은 허용되지 않는

다(대판 2011.5.26, 2008두18335).

④ [O] 「독점규제 및 공정거래에 관한 법률」 제22조에 따르면 '계약금액'은 과징금의 기본 산정기준이 되며, 이는 입찰담합에 의하여 낙찰을 받고 계약을 체결한 사업자뿐만 아니라 낙찰자 또는 낙찰예정자를 미리 정하는 내용의 담합에 참여하였으나 낙찰을 받지 못한 사업자에 대하여도 마찬가지로 적용된다(대판 2020.10.29, 2019두37233).

08   정답 ④

① [O] 개별법에 특별한 규정이 없으면 「행정절차법」상 의견청취절차를 거쳐 과징금을 부과해야 한다. 개별법에 의견청취절차가 규정된 경우 그 법을 따른다. 「독점규제 및 공정거래에 관한 법률」에 의견진술권을 규정하고 있으므로 공정거래위원회는 「행정절차법」을 적용하여 의견청취절차를 생략할 수는 없다(대판 2001.5.8, 2000두10212).

② [O] 대주주에 대한 일정한 자산거래 또는 신용공여를 금지하는 「보험업법」 규정과 특수관계인에 대한 부당지원행위를 금지하는 「독점규제 및 공정거래에 관한 법률」 규정의 각 보호법익 등을 종합하면, 어느 동일한 행위에 대하여 「보험업법」 규정과 「독점규제 및 공정거래에 관한 법률」 규정을 중첩적으로 적용하여 과징금을 각각 부과할 수 있다(대판 2015.10.29, 2013두23935).

③ [O] 부과관청이 과징금을 부과하면서 추후에 부과금 산정기준이 되는 새로운 자료가 나올 경우에는 과징금액이 변경될 수도 있다고 유보한다든지, 실제로 추후에 새로운 자료가 나왔다고 하여 새로운 부과처분을 할 수는 없다(대판 1999.5.28, 99두1571).

❹ [X] 여객자동차 운수사업자가 범한 여러 가지 위반행위에 대하여 관할 행정청이 사업정지처분을 갈음하는 과징금 부과처분을 하기로 선택하는 경우, 여러 가지 위반행위에 대하여 1회에 부과할 수 있는 과징금 총액의 최고한도액은 5,000만 원인데 관할 행정청이 여객자동차 운송사업자의 여러 가지 위반행위를 인지한 경우, 인지한 여러 가지 위반행위 중 일부에 대해서만 우선 과징금 부과처분을 하고 나머지에 대해서는 차후에 별도의 과징금 부과처분을 할 수 없다. 만약 행정청이 여러 가지 위반행위를 인지하여 그 전부에 대하여 일괄하여 하나의 과징금 부과처분을 하는 것이 가능하였음에도 임의로 몇 가지로 구분하여 각각 별도의 과징금 부과처분을 할 수 있다고 보게 되면, 행정청이 여러 가지 위반행위에 대하여 부과할 수 있는 과징금의 최고한도액을 정한 구 여객자동차 운수사업법 시행령 제46조 제2항의 적용을 회피하는 수단으로 악용될 수 있기 때문이다(대판 2021.2.4, 2020두48390).

09   정답 ③

㉠ [X] 면허받은 장의자동차운송사업구역에 위반하였음을 이유로 한 행정청의 과징금 부과처분에 의하여 동종업자의 영업이 보호되는 결과는 사업구역제도의 반사적 이익에 불과하기 때문에 그 과징금 부과처분을 취소한 재결에 대하여 처분의 상대방 아닌 제3자는 그 취소를 구할 법률상 이익이 없다(대판 1992.12.8, 91누13700).

㉡ [O] 자동차운수사업면허조건 등을 위반한 사업자에 대하여 행정청이 행정제재수단으로 사업정지를 명할 것인지, 과징금을 부과할 것인지, 과징금을 부과키로 한다면 그 금액은 얼마로 할 것인지에 관하여 재량권이 부여되었다 할 것이다(대판 1998.4.10, 98두2270).

㉢ [O] 공정거래위원회가 위반행위에 대한 과징금을 부과하면서 여러 개의 위반행위에 대하여 외형상 하나의 과징금 납부명령을 하였으나 여러 개의 위반행위 중 일부의 위반행위에 대한 과징금 부과만이 위법하고 소송상 그 일부의 위반행위를 기초로 한 과징금액을 산

정할 수 있는 자료가 있는 경우에는, 하나의 과징금 납부명령일지라도 그 일부의 위반행위에 대한 과징금액에 해당하는 부분만을 취소하여야 한다(대판 2019.1.31, 2013두14726).

㉣ [X] 자동차운수사업면허조건 등에 위반한 사업자에 대하여 행정청이 행정제재수단으로 사업정지를 명할 것인지, 과징금을 부과할 것인지, 과징금을 부과키로 한다면 그 금액은 얼마로 할 것인지에 관하여 재량권이 부여되었다 할 것이므로, 과징금 부과처분이 법이 정한 한도액을 초과하여 위법할 경우 법원으로서는 그 전부를 취소할 수밖에 없고, 그 한도액을 초과한 부분이나 법원이 적정하다고 인정되는 부분을 초과한 부분만을 취소할 수 없다(대판 1993.7.27, 93누1077 ; 대판 1998.4.10, 98두2270).

10 　　　　　　　　　　　　　　　　　　정답 ④

① [O] ③ [O] 행정청이 위법건축물에 대한 시정명령을 하고 나서 위반자가 이를 이행하지 아니하여 전기·전화의 공급자에게 그 위법건축물에 대한 전기·전화공급을 하지 말아 줄 것을 요청한 행위는 권고적 성격의 행위에 불과한 것으로서 전기·전화공급자나 특정인의 법률상 지위에 직접적인 변동을 가져오는 것은 아니므로 이를 항고소송의 대상이 되는 행정처분이라고 볼 수 없다(대판 1996.3.22, 96누433).

② [O] 단수처분은 항고소송의 대상이 되는 행정처분에 해당한다(대판 1979.12.28, 79누218).

❹ [X] 과거에 위반 건축물에 대하여 전기·전화·수도의 공급자 등에게 그 공급을 중지하도록 요청할 수 있다는 규정이 있었으나(구 건축법 제69조 제2항), 이는 부당결부금지의 원칙에 위반된다는 비판이 제기되었다. 따라서 현행 「건축법」 제79조에서는 이에 대한 규정을 삭제하였다.

11 　　　　　　　　　　　　　　　　　　정답 ③

① [X] 행정상의 공표란 행정법상의 의무위반이나 의무불이행에 대하여 행정청이 그 사실을 일반에게 알림으로써 그에 따르는 사회적 비난이라는 간접적·심리적 강제에 의하여 그 의무이행을 확보하려는 제도(예 고액조세체납자의 명단이나 사업명의 공시, 공해배출업소의 명단공개 등)이다.

② [X] 고액·상습체납자 등의 명단공개(명단공표)는 「국세징수법」 제114조(고액·상습체납자의 명단공개), 「관세법」 제116조의2 제1항에서 규정하고 있으며, 「국세기본법」에 규정되어 있다가 「국세징수법」으로 이관하였다.

❸ [O] 국가기관이 행정목적달성을 위하여 언론에 보도자료를 제공하는 등 이른바 행정상 공표의 방법으로 실명을 공개함으로써 타인의 명예를 훼손한 경우, 그 공표된 사람에 관하여 적시된 사실의 내용이 진실이라는 증명이 없더라도 국가기관이 공표 당시 이를 진실이라고 믿었고 또 그렇게 믿을 만한 상당한 이유가 있다면 위법성이 없는 것이다. 그러나 지방국세청 소속 공무원들이 통상적인 조사를 다하여 의심스러운 점을 밝혀 보지 아니한 채 막연한 의구심에 근거하여 원고가 위장증여자로서 구 국토이용관리법을 위반하였다는 요지의 조사 결과를 보고한 것이라면, 국세청장이 이에 근거한 보도자료의 내용이 진실하다고 믿은 데에는 상당한 이유가 없다(대판 1993.11.26, 93다18389).

④ [X] 국가기관이 행정목적달성을 위하여 언론에 보도자료를 제공하는 등 이른바 행정상 공표의 방법으로 실명을 공개함으로써 타인의 명예를 훼손한 경우, 그 공표된 사람에 관하여 적시된 사실의 내용이 진실이라는 증명이 없더라도 국가기관이 공표 당시 이를 진실

이라고 믿었고 또 그렇게 믿을 만한 상당한 이유가 있다면 위법성이 없는 것이다(대판 1993.11.26, 93다18389).

12 　　　　　　　　　　　　　　　　　　정답 ④

① [O] 「부패방지 및 국민권익위원회의 설치와 운영에 관한 법률」 제11조 제1항

② [O] 「부패방지 및 국민권익위원회의 설치와 운영에 관한 법률」 제72조 제1항

③ [O] 권익위원회는 제46조 또는 제47조에 따라 관계 행정기관 등의 장에게 권고 또는 의견표명을 하기 전에 그 행정기관 등과 신청인 또는 이해관계인에게 미리 의견을 제출할 기회를 주어야 한다(「부패방지 및 국민권익위원회의 설치와 운영에 관한 법률」 제48조 제1항).

❹ [X] 누구든지 국민권익위원회 또는 시민고충처리위원회에 고충민원을 신청할 수 있다. 이 경우 하나의 권익위원회에 대하여 고충민원을 제기한 신청인은 다른 권익위원회에 대하여도 고충민원을 신청할 수 있다(「부패방지 및 국민권익위원회의 설치와 운영에 관한 법률」 제39조 제1항).

13 　　　　　　　　　　　　　　　　　　정답 ②

① [O] 일본인 甲이 대한민국 소속 공무원의 위법한 직무집행에 따른 피해에 대하여 국가배상청구를 한 경우에, 일본 국가배상법 제1조 제1항, 제6조가 국가배상청구권의 발생요건 및 상호 보증에 관하여 우리나라 「국가배상법」과 동일한 내용을 규정하고 있는 점 등에 비추어 볼 때, 우리나라와 일본 사이에 「국가배상법」 제7조가 정하는 상호 보증이 있다고 할 것이다(대판 2015.6.11, 2013다208388).

❷ [X] 「국가배상법」 제7조가 정하는 '상호 보증'은 외국의 법령, 판례 및 관례 등에 의하여 발생요건을 비교하여 인정되면 충분하고 반드시 당사국과의 조약이 체결되어 있을 필요는 없으며, 당해 외국에서 구체적으로 우리나라 국민에게 국가배상청구를 인정한 사례가 없더라도 실제로 인정될 것이라고 기대할 수 있는 상태이면 충분하다(대판 2015.6.11, 2013다208388).

③ [O] 「국가배상법」 제2조 제1항 본문 전단의 국가배상청구권에는 「국가배상법」 제8조에 의하여 「민법」 제766조 제1항이 적용되므로, 국가배상청구권은 피해자나 그 법정대리인이 손해 및 가해자를 안 날부터 3년간 이를 행사하지 아니하면 시효로 인하여 소멸한다(대판 2012.4.13, 2009다33754). ➡ 「민법」 제766조 제2항(불법행위로 인한 손해배상의 청구권은 불법행위를 한 날로부터 10년을 경과한 때에는 시효로 인하여 소멸한다)은 「국가재정법」 제96조에서 말하는 '다른 법률의 규정'에 해당하지 아니하므로(대판 2001.4.24, 2000다57856), 국가배상청구권은 「국가재정법」에 따라 불법행위를 한 날로부터 5년 이내에 행사하지 아니하면 시효로 인하여 소멸하게 된다.

④ [O] 「국가배상법」 제2조 제1항 본문 전단 규정에 따른 배상책임을 묻는 사건에 대하여는 같은 법 제8조의 규정에 의하여 「민법」 제766조 제1항 소정의 단기소멸시효제도가 적용되는 것인바, 여기서 '가해자를 안다'는 것은 피해자나 그 법정대리인이 가해 공무원이 국가 또는 지방자치단체와 공법상 근무관계가 있다는 사실을 알고, 또한 일반인이 당해 공무원의 불법행위가 국가 또는 지방자치단체의 직무를 집행함에 있어서 행해진 것이라고 판단하기에 족한 사실까지 인식하는 것을 의미한다(대판 2008.5.29, 2004다33469).

14 정답 ①

❶ [X]「국가배상법」을 공법으로 보는 통설에 의하면 국가배상청구소송은 공법상 당사자소송으로 다투어야 한다. 그러나 대법원 판례는 「국가배상법」을 「민법」의 특별법으로서 사법에 해당한다고 보아 국가배상청구소송은 민사소송으로 제기하여야 된다는 입장이다(대판 1972.10.10, 69다701).

② [O]「행정소송법」제28조 제3항

③ [O] 물품세 과세대상이 아닌 것을 세무공무원이 직무상 과실로 과세대상으로 오인하여 과세처분을 행함으로 인하여 손해가 발생된 경우에는, 동 과세처분이 취소되지 아니하였다 하더라도, 국가는 이로 인한 손해를 배상할 책임이 있다(대판 1979.4.10, 79다262).

④ [O] 공정력 또는 구성요건적 효력은 단지 절차법상의 유효성추정력만 인정될 뿐 실체법상의 적법성추정력은 없다. 따라서 영업정지처분의 위법 여부가 민사소송에서의 선결문제인 경우에는 그 영업정지처분의 하자의 정도 및 취소 여부와 상관없이 민사법원이 직접 그 위법 여부를 심리·판단하여 손해배상을 명할 수 있다(대판 1979.4.10, 79다262 참조).

15 정답 ①

❶ [O]「국가배상법」제2조 소정의 '공무원'이라 함은 「국가공무원법」이나 「지방공무원법」에 의하여 공무원으로서의 신분을 가진 자(➡ 조직법상 의미의 공무원)에 국한하지 않고, 널리 공무를 위탁받아 실질적으로 공무에 종사하고 있는 일체의 자(➡ 기능적 의미의 공무원)를 가리키는 것으로서, 공무의 위탁이 일시적이고 한정적인 사항에 관한 활동을 위한 것이어도 달리 볼 것은 아니다(대판 2001.1.5, 98다39060).

② [X]「국가배상법」제2조 소정의 '공무원'이라 함은 널리 공무를 위탁받아 실질적으로 공무에 종사하고 있는 일체의 자를 가리키는 것으로서, 공무의 위탁이 일시적이고 한정적인 사항에 관한 활동을 위한 것이어도 달리 볼 것은 아니다(대판 2001.1.5, 98다39060).

③ [X] 선정된 봉사원 甲은 '교통할아버지' 활동을 하는 범위 내에서는 「국가배상법」제2조에 규정된 지방자치단체의 '공무원'이라고 봄이 상당하다(대판 2001.1.5, 98다39060).

④ [X] 한국토지공사는 구 한국토지공사법 제2조, 제4조에 의하여 정부가 자본금의 전액을 출자하여 설립한 법인이고, 이 사건 택지개발사업은 같은 법 제9조 제4호에 규정된 한국토지공사의 사업으로서, 이러한 사업에 관하여는 「공익사업을 위한 토지 등의 취득 및 보상에 관한 법률」제89조 제1항, 구 한국토지공사법 제22조 제6호 및 같은 법 시행령 제40조의3 제1항의 규정에 의하여, 본래 시·도지사나 시장·군수 또는 구청장의 업무에 속하는 대집행권한을 한국토지공사에 위탁하도록 되어 있는바, 한국토지공사는 이러한 법령의 위탁에 의하여 이 사건 대집행을 수권받은 자로서 공무인 대집행을 실시함에 따르는 권리·의무 및 책임이 귀속되는 행정주체의 지위에 있다고 볼 것이지 지방자치단체 등의 기관으로서 「국가배상법」제2조 소정의 공무원에 해당한다고 볼 것은 아니다(대판 2010.1.28, 2007다82950).

16 정답 ④

① [X] 국가가 일정한 사항에 관하여 헌법에 의하여 부과되는 '구체적'인 입법의무를 부담하고 있음에도 불구하고 그 입법에 필요한 상당한 기간이 경과하도록 고의 또는 과실로 이러한 입법의무를 이행하지 아니하는 등 극히 예외적인 사정이 인정되는 사안에 한정하여「국

가배상법」소정의 배상책임이 인정될 수 있으며, 위와 같은 구체적인 입법의무 자체가 인정되지 않는 경우에는 애당초 부작위로 인한 불법행위가 성립할 여지가 없다(대판 2008.5.29, 2004다33469).

② [X]「국가배상법」제2조 제1항의 '직무를 집행하면서'라 함은 직접 공무원의 직무집행행위이거나 그와 밀접한 관련이 있는 행위를 포함하고, 이를 판단함에 있어서는 행위 자체의 외관을 객관적으로 관찰하여 공무원의 직무행위로 보여질 때에는 비록 그것이 실질적으로 직무행위가 아니거나 또는 행위자로서는 주관적으로 공무집행의 의사가 없었다고 하더라도 그 행위는 공무원이 '직무를 집행하면서' 한 것으로 보아야 한다(대판 2005.1.14, 2004다26805 ; 대판 2008.6.12, 2007다64365).

③ [X] 도로가설 등 공사로 인한 무허가건물의 강제철거와 관련하여 이루어지는 시나 구 등 지방자치단체의 철거건물 소유자에 대한 시영아파트 분양권 부여 및 세입자에 대한 지원대책 등의 업무는 지방자치단체의 공권력 행사 기타 공행정작용과 관련된 활동으로 볼 것이지 사경제 주체로서 하는 활동이라고는 볼 수 없다(대판 1994.9.30, 94다11767).

❹ [O] 울산세관의 통관지원과에서 인사업무를 담당하면서 울산세관공무원들의 공무원증 및 재직증명서 발급업무를 하는 공무원이 울산세관의 다른 공무원의 공무원증 등을 위조하는 행위는 비록 그것이 실질적으로는 직무행위에 속하지 아니한다 할지라도 적어도 외관상으로는 공무원증과 재직증명서를 발급하는 행위로서 직무집행으로 보여지므로 결국 그 공무원증 등 위조행위는 「국가배상법」제2조 제1항 소정의 공무원이 직무를 집행하면서 한 행위로 인정된다(대판 2005.1.14, 2004다26805).

17 정답 ①

❶ [X] 어떠한 행정처분이 후에 항고소송에서 취소되었다고 할지라도 그 기판력에 의하여 당해 행정처분이 곧바로 공무원의 고의 또는 과실로 인한 것으로서 불법행위를 구성한다고 단정할 수는 없는 것이고, 그 행정처분의 담당 공무원이 보통 일반의 공무원을 표준으로 하여 볼 때 객관적 주의의무를 결하여 그 행정처분이 객관적 정당성을 상실하였다고 인정될 정도에 이른 경우에 「국가배상법」제2조가 정한 국가배상책임의 요건을 충족하였다고 봄이 상당할 것이다(대판 2012.5.24, 2012다11297).

② [O] 식약청장 등이 그 권한을 행사하지 아니한 것이 직무상 의무를 위반하여 위법한 것으로 되는 경우에는 특별한 사정이 없는 한 과실도 인정된다(대판 2010.9.9, 2008다77795).

③ [O] 대판 1994.11.8, 94다26141

④ [O] 어떠한 행정처분이 후에 항고소송에서 위법한 것으로서 취소되었다고 하더라도 그로써 곧 당해 행정처분이 공무원의 고의 또는 과실에 의한 불법행위를 구성한다고 단정할 수는 없지만, 그 행정처분의 담당 공무원이 보통 일반의 공무원을 표준으로 하여 볼 때 객관적 주의의무를 결하여 그 행정처분이 객관적 정당성을 상실하였다고 인정될 정도에 이른 경우에는 「국가배상법」제2조 소정의 국가배상책임의 요건을 충족하였다고 보아야 한다(대판 2011.1.27, 2008다30703 ; 대판 2000.5.12, 99다70600 등).

18 정답 ①

❶ [X] 긴급조치 제1호와 제9호는 국민의 기본권을 극단적으로 제한하는 위헌적인 규범이었다. 그럼에도 불구하고 시대적인 상황으로 인하여 2010년대에 이르러서야 비로소 위헌으로 선언될 수 있었던 만큼, 다른 일반 법률에 대한 헌법재판소의 위헌결정과는 분명 차이가 있다고 볼 수 있다. 그리고 위와 같은 긴급조치로 인해 발생한

피해에 대한 보상이 필요하지 않다고 단정할 수는 없다. 그러나 보상의 필요성 때문에 국가배상책임의 성립요건으로서 공무원의 고의 또는 과실 요건에 예외가 인정되어야 한다고 보기는 어렵다. 「국가배상법」 제2조 제1항은 "공무원이 직무를 집행하면서 고의 또는 과실로 법령을 위반하여 타인에게 손해를 입힌 경우 국가가 「국가배상법」에 따라 그 손해를 배상하여야 한다."라는 것으로, 국가배상책임의 일반적 요건사항을 정한 것에 불과할 뿐, 국가의 행위로 인한 모든 손해가 이 조항으로 구제되어야 하는 것은 아니다. 국가의 행위로 인한 손해 중 국가배상책임의 성립요건을 충족하는 경우에는 이 조항으로 구제를 받으면 되고, 그렇지 않더라도 피해에 대한 구제가 필요하다면 다른 방법으로 구제할 수 있다(헌재 2020.3.26, 2016헌바55).

② [○] 법령에 대한 해석이 복잡·미묘하여 워낙 어렵고, 이에 대한 학설·판례조차 귀일되어 있지 않는 등의 특별한 사정이 없는 한 일반적으로 공무원이 관계 법규를 알지 못하거나 필요한 지식을 갖추지 못하고 법규의 해석을 그르쳐 행정처분을 하였다면 그가 법률전문가가 아닌 행정직 공무원이라고 하여 과실이 없다고는 할 수 없다(대판 2001.2.9, 98다52988).

③ [○] 대판 1973.10.10, 72다2583

④ [○] 행정입법에 관여한 공무원이 입법 당시의 상황에서 다양한 요소를 고려하여 나름대로 합리적인 근거를 찾아 어느 하나의 견해에 따라 경과규정을 두는 등의 조치 없이 새 법령을 그대로 시행하거나 적용하였다면, 그와 같은 공무원의 판단이 나중에 대법원이 내린 판단과 같지 아니하여 결과적으로 시행령 등이 신뢰보호의 원칙 등에 위배되는 결과가 되었다고 하더라도, 이러한 경우에까지 「국가배상법」 제2조 제1항에서 정한 국가배상책임의 성립요건인 공무원의 과실이 있다고 할 수는 없다(대판 2013.4.26, 2011다14428).

19 정답 ①

❶ [○] 「경찰관 직무집행법」 제5조는 경찰관은 인명 또는 신체에 위해를 미치거나 재산에 중대한 손해를 끼칠 우려가 있는 위험한 사태가 있을 때에는 그 각 호의 조치를 취할 수 있다고 규정하여 형식상 경찰관에게 재량에 의한 직무수행권한을 부여한 것처럼 되어 있으나, 구체적인 사정에 따라 경찰관이 그 권한을 행사하여 필요한 조치를 취하지 아니하는 것이 현저하게 불합리하다고 인정되는 경우에는 그러한 권한의 불행사는 직무상의 의무를 위반한 것이 되어 위법하게 된다(대판 1998.8.25, 98다16890 ; 대판 2016.4.15, 2013다20427).

② [X] 입법부가 법률로써 행정부에게 특정한 사항을 위임했음에도 불구하고 행정부가 정당한 이유 없이 이를 이행하지 않는다면 권력분립의 원칙과 법치국가 내지 법치행정의 원칙에 위배되는 것으로서 위법함과 동시에 위헌적인 것이 되는바, …<중략>… 행정부가 정당한 이유 없이 시행령을 제정하지 않은 것은 위 보수청구권을 침해하는 불법행위에 해당한다(대판 2007.11.29, 2006다3561).

③ [X] 법관의 재판에 법령의 규정을 따르지 아니한 잘못이 있다 하더라도 이로써 바로 그 재판상 직무행위가 「국가배상법」 제2조 제1항에서 말하는 위법한 행위로 되어 국가의 손해배상책임이 발생하는 것은 아니고, 그 국가배상책임이 인정되려면 당해 법관이 위법 또는 부당한 목적을 가지고 재판을 하였다거나 법이 법관의 직무수행상 준수할 것을 요구하고 있는 기준을 현저하게 위반하는 등 법관이 그에게 부여된 권한의 취지에 명백히 어긋나게 이를 행사하였다고 인정할 만한 특별한 사정이 있어야 한다(대판 2003.7.11, 99다24218).

④ [X] 취소판결의 기판력이 국가배상청구소송에 미치는지 여부는 국가배상청구권의 성립요건 중의 하나인 '위법'의 개념과 관련이 있다.

즉, 국가배상에 있어서의 위법개념과 「행정소송법」상의 위법개념을 동일한 것으로 보는 견해에 의하면, 취소소송에서의 청구기각판결의 기판력으로 인해 그 후의 국가배상소송에서 당해 행정처분의 위법성을 주장할 수 없게 된다. 이에 반하여 국가배상에 있어서의 위법개념을 취소소송에서의 위법개념보다 넓은 것으로 보는 견해에 의하면, 취소소송에서의 인용판결의 기판력은 국가배상소송에 미치지만, 기각판결의 기판력은 국가배상소송에 미치지 않게 된다. 따라서 청구기각판결이 확정되어도 원고는 그 후의 국가배상청구소송에서 당해 처분의 위법을 주장할 수 있다.

20 정답 ②

① [○] 교육부장관이 甲 등을 비롯한 국·공립학교 기간제 교원을 구 공무원수당 등에 관한 규정에 따른 성과상여금 지급대상에서 제외하는 내용의 '교육공무원 성과상여금 지급 지침'을 발표한 경우, 위 지침에서 甲 등을 포함한 기간제 교원을 성과상여금 지급대상에서 제외한 것은 구 공무원수당 등에 관한 규정 제7조의2 제1항의 해석에 관한 법리에 따른 것이므로, 국가는 甲 등에 대하여 불법행위로 인한 손해배상책임을 진다고 볼 수 없다(대판 2017.2.9, 2013다205778).

❷ [X] 국가 등에게 일정한 기준에 따라 상수원수의 수질을 유지하여야 할 의무를 부과하고 있는 법령의 규정은 국민에게 양질의 수돗물이 공급되게 함으로써 국민 일반의 건강을 보호하여 공공 일반의 전체적인 이익을 도모하기 위한 것이지, 국민 개개인의 안전과 이익을 직접적으로 보호하기 위한 규정이 아니므로, 국민에게 공급된 수돗물의 상수원의 수질이 수질기준에 미달한 경우가 있고, 이로 말미암아 국민이 법령에 정하여진 수질기준에 미달한 상수원수로 생산된 수돗물을 마심으로써 건강상의 위해 발생에 대한 염려 등에 따른 정신적 고통을 받았다고 하더라도, 이러한 사정만으로는 국가 또는 지방자치단체가 국민에게 손해배상책임을 부담하지 아니한다(대판 2001.10.23, 99다36280).

③ [○] 유흥주점에 감금된 채 윤락을 강요받으며 생활하던 여종업원들이 유흥주점에 화재가 났을 때 미처 피신하지 못하고 유독가스에 질식해 사망한 경우, 지방자치단체의 담당 공무원이 위 유흥주점의 용도변경, 무허가 영업 및 시설기준에 위배된 개축에 대하여 시정명령 등 「식품위생법」상 취하여야 할 조치를 게을리한 직무상 의무위반행위와 위 종업원들의 사망 사이에는 상당인과관계가 존재하지 않는다. 그러나 소방공무원이 위 유흥주점에 대하여 화재발생 전 실시한 소방점검 등에서 구 소방법상 방염 규정 위반에 대한 시정조치 및 화재발생 시 대피에 장애가 되는 잠금장치의 제거 등 시정조치를 명하지 않은 직무상 의무위반은 현저히 불합리한 경우에 해당하여 위법하고, 이러한 직무상 의무위반과 위 사망의 결과 사이에는 상당인과관계가 존재한다(대판 2008.4.10, 2005다48994).

④ [○] 구 산업기술혁신 촉진법 제1조, 제3조, 제16조 제1항, 제17조 제1항 본문 및 구 산업기술혁신 촉진법 시행령 제23조, 제24조, 제25조, 제27조의 목적과 내용 등을 종합하여 보면, 위 법령이 공공기관에 부과한 신제품 인증을 받은 제품(이하 '인증신제품'이라 함) 구매의무는 기업에 신기술개발제품의 판로를 확보하여 줌으로써 산업기술개발을 촉진하기 위한 국가적 지원책의 하나로 국민경제의 지속적인 발전과 국민의 삶의 질 향상이라는 공공 일반의 이익을 도모하기 위한 것이고, 공공기관이 구매의무를 이행한 결과 신제품 인증을 받은 자가 재산상 이익을 얻게 되더라도 이는 반사적 이익에 불과할 뿐 위 법령이 보호하고자 하는 이익으로 보기는 어렵다. 따라서 공공기관이 위 법령에서 정한 인증신제품 구매의무를 위반하였다고 하더라도, 이를 이유로 신제품 인증을 받은 자에 대하여 「국가배상법」 제2조가 정한 배상책임이나 불법행위를 이유로 한 손해배상책임을 지는 것은 아니다(대판 2015.5.28, 2013다41431).

정답

01	②	02	③	03	④	04	③
05	②	06	③	07	④	08	④
09	③	10	②	11	①	12	①
13	③	14	③	15	④	16	①
17	④	18	④	19	②	20	①

01
정답 ②

① [O] 손해는 법익침해로서의 불이익을 의미하며, 반사적 이익의 침해는 여기의 손해에 해당하지 아니한다.

❷ [X] 「국가배상법」 제3조 제5항에 생명·신체에 대한 침해로 인한 위자료의 지급을 규정하였을 뿐이고 재산권 침해에 대한 위자료의 지급에 관하여 명시한 규정을 두지 아니하였으나, 같은 법조 제4항의 규정이 재산권 침해로 인한 위자료의 지급의무를 배제하는 것이라고 볼 수는 없다(대판 1990.12.21, 90다6033).

③ [O] 국가배상책임에서 가해공무원의 고의·과실 여부에 대한 입증책임은 원고인 피해자에게 있다.

④ [O] 불법행위를 이유로 배상하여야 할 손해는 현실로 입은 확실한 손해에 한하므로, 불법행위로 인하여 피해자가 제3자에 대하여 채무를 부담하게 된 경우 채권자가 채무자에게 그 채무액 상당의 손해배상을 구하기 위해서는 채무의 부담이 현실적·확정적이어서 실제로 변제하여야 할 성질의 것이어야 하고, 현실적으로 손해가 발생하였는지는 사회통념에 비추어 객관적이고 합리적으로 판단하여야 한다(대판 2019.8.14, 2016다217833).

02
정답 ③

① [X] 군인·군무원·경찰공무원 또는 향토예비군대원이 전투·훈련 등 직무집행과 관련하여 전사·순직하거나 공상을 입은 경우에 본인이나 그 유족이 다른 법령에 따라 재해보상금·유족연금·상이연금 등의 보상을 지급받을 수 있을 때에는 이 법 및 「민법」에 따른 손해배상을 청구할 수 없다(「국가배상법」 제2조 제1항 단서).

② [X] 공무원이 직무수행 중 불법행위로 타인에게 손해를 입힌 경우에 국가 등이 국가배상책임을 부담하는 외에 공무원 개인도 고의 또는 중과실이 있는 경우에는 불법행위로 인한 손해배상책임을 진다고 할 것이지만, 공무원에게 경과실뿐인 경우에는 공무원 개인은 손해배상책임을 부담하지 아니한다고 해석하는 것이 헌법 제29조 제1항 본문과 단서 및 「국가배상법」 제2조의 입법취지에 조화되는 올바른 해석이다(대판 전합체 1996.2.15, 95다38677).

❸ [O] ④ [X] 헌법 제29조 제2항, 「국가배상법」 제2조 제1항 단서의 입법취지를 관철하기 위하여는, 「국가배상법」 제2조 제1항 단서가 적용되는 공무원의 직무상 불법행위로 인하여 직무집행과 관련하여 피해를 입은 군인 등에 대하여 위 불법행위에 관련된 일반국민(법인을 포함한다. 이하 '민간인'이라 함)이 공동불법행위책임, 사용자책임, 자동차운행자책임 등에 의하여 그 손해를 자신의 귀책부분을 넘어서 배상한 경우에도, 국가 등은 피해 군인 등에 대한 국가배상책임을 면할 뿐만 아니라, 나아가 민간인에 대한 국가의 귀책비율에 따른 구상의무도 부담하지 않는다고 하여야 할 것이다. 그러나 위와 같은 경우, 민간인은 여전히 공동불법행위자 등이라는 이유로 피해 군인 등의 손해 전부를 배상할 책임을 부담하도록 하면서 국가 등에 대하여는 귀책비율에 따른 구상을 청구할 수 없도록 한다면, 공무원의 직무활동으로 빚어지는 이익의 귀속주체인 국가 등과 민간인과의 관계에서 원래는 국가 등이 부담하여야 할 손해까지 민간인이 부담하는 부당한 결과가 될 것이고(가해공무원에게 경과실이 있는 경우에는 그 공무원은 손해배상책임을 부담하지 아니하므로 민간인으로서는 자신이 손해발생에 기여한 귀책부분을 넘는 손해까지 종국적으로 부담하는 불이익을 받게 될 것이고, 가해공무원에게 고의 또는 중과실이 있는 경우에도 그 무자력 위험을 사용관계에 있는 국가 등이 부담하는 것이 아니라 오히려 민간인이 감수하게 되는 결과가 됨), 이는 위 헌법과 「국가배상법」의 규정에 의하여도 정당화될 수 없다고 할 것이다. 이러한 부당한 결과를 방지하면서 위 헌법 및 「국가배상법」 규정의 입법취지를 관철하기 위하여는, 피해 군인 등은 위 헌법 및 「국가배상법」 규정에 의하여 국가 등에 대한 배상청구권을 상실한 대신에 자신의 과실 유무나 그 정도와 관계없이 무자력의 위험부담이 없는 확실한 국가보상의 혜택을 받을 수 있는 지위에 있게 되는 특별한 이익을 누리고 있음에 반하여 민간인으로서는 손해 전부를 배상할 의무를 부담하면서도 국가 등에 대한 구상권을 행사할 수 없다고 한다면 부당하게 권리침해를 당하게 되는 결과가 되는 것과 같은 각 당사자의 이해관계의 실질을 고려하여, 위와 같은 경우에는 공동불법행위자 등이 부진정연대채무자로서 각자 피해자의 손해 전부를 배상할 의무를 부담하는 공동불법행위의 일반적인 경우와 달리 예외적으로 민간인은 피해 군인 등에 대하여 그 손해 중 국가 등이 민간인에 대한 구상의무를 부담한다면 그 내부적인 관계에서 부담하여야 할 부분을 제외한 나머지 자신의 부담부분에 한하여 손해배상의무를 부담하고, 한편 국가 등에 대하여는 그 귀책부분의 구상을 청구할 수 없다고 해석함이 상당하다 할 것이고, 이러한 해석이 손해의 공평·타당한 부담을 그 지도원리로 하는 손해배상제도의 이상에도 맞는다 할 것이다(대판 전합체 2001. 2.15, 96다42420).

03
정답 ④

① [O] 국도는 행정주체가 공중의 사용에 제공한 것이므로 「국가배상법」 제5조의 영조물에 해당한다.

② [O] 객관적으로 보아 시간적·장소적으로 영조물의 기능상 결함으로 인한 손해발생의 예견가능성과 회피가능성이 없는 경우, 즉 그 영조물의 결함이 영조물의 설치·관리자의 관리행위가 미칠 수 없는 상황 아래에 있는 경우에는 영조물의 설치·관리상의 하자를 인정할 수 없다(대판 2010.7.22, 2010다33354 ; 대판 2008.4.24, 2007다64600 등).

③ [O] 「국가배상법」 제5조 소정의 영조물의 설치·관리상의 하자로 책임은 무과실책임이다.

❹ [X] 「국가배상법」 제5조 소정의 영조물의 설치·관리상의 하자로 책임은 무과실책임이고, 나아가 「민법」 제758조 소정의 공작물의 점유자의 책임과는 달리 면책사유도 규정되어 있지 않으므로 국가 또는 지방자치단체는 영조물의 설치·관리상의 하자로 인하여 타인에게 손해를 가한 경우에 그 손해의 방지에 필요한 주의를 해태하지 아니하였다 하여 면책을 주장할 수도 없다 할 것이다(대판 1994.11.22, 94다32924).

04 정답 ③

① [X] 「국가배상법」 제5조 제1항 소정의 '공공의 영조물'이라 함은 국가 또는 지방자치단체에 의하여 특정 공공의 목적에 공여된 유체물 내지 물적 설비를 말하며, 국가 또는 지방자치단체가 소유권, 임차권 그 밖의 권한에 기하여 관리하고 있는 경우뿐만 아니라 사실상의 관리를 하고 있는 경우도 포함된다(대판 1998.10.23, 98다17381).

② [X] 사인의 소유에 속하는 공물에 대해서도 「국가배상법」 제5조가 적용된다.

❸ [O] 「국가배상법」 제5조 제1항 소정의 '공공의 영조물'이라 함은 국가 또는 지방자치단체에 의하여 특정 공공의 목적에 공여된 유체물 내지 물적 설비를 지칭하며, 특정 공공의 목적에 공여된 물이라 함은 일반공중의 자유로운 사용에 직접적으로 제공되는 공공용물에 한하지 아니하고, 행정주체 자신의 사용에 제공되는 공용물도 포함한다(대판 1995.1.24, 94다45302). 그리고 인공공물뿐 아니라 하천과 같은 자연공물도 포함한다.

④ [X] 사고 당시 설치하고 있던 옹벽은 소외 회사가 공사를 도급받아 공사 중에 있었을 뿐만 아니라 아직 완성도 되지 아니하여 일반공중의 이용에 제공되지 않고 있었던 이상 「국가배상법」 제5조 제1항 소정의 영조물에 해당한다고 할 수 없다(대판 1998.10.23, 98다17381).

05 정답 ②

① [X] 「국가배상법」 제5조에서 말하는 '공공의 영조물'이란 국공유나 사유임을 불문하고 행정주체에 의하여 특정 공공의 목적에 공여된 유체물 또는 물적 설비를 의미하므로, 사실상 군민의 통행에 제공되고 있던 도로 옆의 암벽으로부터 떨어진 낙석에 맞아 소외인이 사망하는 사고가 발생하였다고 하여도 그 사고 지점 도로가 피고 군에 의하여 노선인정 기타 공용개시가 없었으면 이를 영조물이라 할 수 없다(대판 1981.7.7, 80다2478).

❷ [O] 영조물의 설치 및 관리에 있어서 항상 완전무결한 상태를 유지할 정도의 고도의 안전성을 갖추지 아니하였다고 하여 영조물의 설치 또는 관리에 하자가 있다고 단정할 수 없는 것이다(대판 2002.8.23, 2002다9158).

③ [X] 객관적으로 보아 시간적·장소적으로 영조물의 기능상 결함으로 인한 손해발생의 예견가능성과 회피가능성이 없는 경우, 즉 그 영조물의 결함이 영조물의 설치·관리자의 관리행위가 미칠 수 없는 상황 아래에 있는 경우에는 영조물의 설치·관리상의 하자가 인정되지 아니한다(대판 2014.4.24, 2014다201087).

④ [X] 통설과 판례의 주류(대판 2010.11.25, 2007다74560 등)인 객관설에 의하면 영조물이 통상 갖추어야 할 안전성의 결함이 있다면 그 과실 유무를 묻지 않고 하자가 인정된다.

06 정답 ③

① [X] 토석채취공사 도중 경사지를 굴러 내린 암석이 가스저장시설을 충격하여 화재가 발생한 사안에서, 토지형질변경허가권자에게 허가 당시 사업자로 하여금 위해방지시설을 설치하게 할 의무를 다하지 아니한 위법과 작업 도중 구체적인 위험이 발생하였음에도 작업을 중지시키는 등의 사고예방조치를 취하지 아니한 위법이 있다고 하였다(대판 2001.3.9, 99다64278).

② [X] 강설에 대처하기 위하여 완벽한 방법으로 도로 자체에 융설 설비를 갖추는 것이 현대의 과학기술 수준이나 재정사정에 비추어 사실상 불가능하다고 하더라도, 최저 속도의 제한이 있는 고속도로의 경우에 있어서는 도로관리자가 도로의 구조, 기상예보 등을 고려하여 사전에 충분한 인적·물적 설비를 갖추어 강설 시 신속한 제설작업을 하고 나아가 필요한 경우 제때에 교통통제 조치를 취함으로써 고속도로로서의 기본적인 기능을 유지하거나 신속히 회복할 수 있도록 하는 관리의무가 있다(대판 2008.3.13, 2007다29287).

❸ [O] 영조물의 설치 또는 관리상의 하자로 인한 사고라 함은 영조물의 설치 또는 관리상의 하자만이 손해발생의 원인이 되는 경우만을 말하는 것이 아니고, 다른 자연적 사실이나 제3자의 행위 또는 피해자의 행위와 경합하여 손해가 발생하더라도 영조물의 설치 또는 관리상의 하자가 공동원인의 하나가 되는 이상 그 손해는 영조물의 설치 또는 관리상의 하자에 의하여 발생한 것이라고 해석함이 상당하다(대판 1994.11.22, 94다32924).

④ [X] 객관설은 영조물의 설치·관리상 하자를 객관적으로 영조물의 설치와 그 후의 유지·수선이 불완전하여 통상적으로 갖추어야 할 안정성을 결여함으로써 타인에게 위해를 미칠 위험성이 있는 상태를 말한다는 견해로서, 설치·관리자의 주관적인 관리의무 위반을 요하지 않는다(위험책임 또는 무과실책임설). 이 견해에서는 통상적으로 갖추어야 할 안정성이 결여되어 있으면, 관리자 측의 과실 또는 재정 유무에 관계없이 관리자인 국가 등에게 배상책임을 인정하므로 설치·관리자의 관리행위가 미칠 수 없는 상황 아래에 있는 경우에도 영조물의 설치·관리상의 하자를 인정할 수 있다. ➡ 대부분의 판례는 객관설의 입장에 있으나, 최근 판례는 주관적 요소를 고려하여 설치·관리자의 관리행위가 미칠 수 없는 상황 아래에 있는 경우에 그 하자를 부정하고 있다(변형된 객관설 또는 객관화된 주관설). 즉, 객관적으로 보아 시간적·장소적으로 영조물의 기능상 결함으로 인한 손해발생의 예견가능성과 회피가능성이 없는 경우, 즉 그 영조물의 결함이 영조물의 설치·관리자의 관리행위가 미칠 수 없는 상황 아래에 있는 경우에는 영조물의 설치·관리상의 하자가 인정되지 아니한다(대판 2014.4.24, 2014다201087).

07 정답 ④

① [O] 영조물 설치의 '하자'라 함은 영조물의 축조에 불완전한 점이 있어 이 때문에 영조물 자체가 통상 갖추어야 할 완전성을 갖추지 못한 상태에 있음을 말한다고 할 것인바, 그 '하자' 유무는 객관적 견지에서 본 안전성의 문제이고 그 설치자의 재정사정이나 영조물의 사용목적에 의한 사정은 안전성을 요구하는 데 대한 정도 문제로서 참작사유에는 해당할지언정 안전성을 결정지을 절대적 요건에는 해당하지 아니한다 할 것이다(대판 1967.2.21, 66다1723).

② [O] 소음 등 공해의 위험지역으로 이주하였을 때 그 위험의 존재를 인식하고 그로 인한 피해를 용인하면서 접근한 것으로 볼 수 있다면, 그 피해가 직접 생명이나 신체에 관련된 것이 아니라 정신적 고통이나 생활방해의 정도에 그치고 침해행위에 고도의 공공성이 인정되는 경우에는, 위험에 접근한 후 실제로 입은 피해 정도가 위험에 접근할 당시 인식하고 있었던 위험의 정도를 초과하는 것이거나 위험에 접근한 후 그 위험이 특별히 증대하였다는 등의 특별한 사정이 없는 한 가해자의 면책을 인정할 수도 있을 것이다(대판 2015. 10.15, 2013다23914).

③ [O] 판례는 영조물의 설치 또는 관리상의 하자의 입증책임을 피해자(원고)에게 지우고 있다. 그러나 관리주체에게 관리가능성(손해발생의 예견가능성과 회피가능성)이 없었다는 것은 관리주체(피고)가 입증해야 한다(대판 1998.2.10, 97다32536). ➡ 「국가배상법」 제5조 제1항에 정해진 영조물의 설치 또는 관리의 하자라 함은 영조물이

그 용도에 따라 통상 갖추어야 할 안전성을 갖추지 못한 상태에 있음을 말하는 것이며, 다만 영조물이 완전무결한 상태에 있지 아니하고 그 기능상 어떠한 결함이 있다는 것만으로 영조물의 설치 또는 관리에 하자가 있다고 할 수 없고, 위와 같은 안전성의 구비 여부를 판단함에 있어서는 당해 영조물의 용도, 그 설치장소의 현황 및 이용 상황 등 제반 사정을 종합적으로 고려하여 설치·관리자가 그 영조물의 위험성에 비례하여 사회통념상 일반적으로 요구되는 정도의 방호조치의무를 다하였는지 여부를 그 기준으로 삼아야 할 것이며, 만일 객관적으로 보아 시간적·장소적으로 영조물의 기능상 결함으로 인한 손해발생의 예견가능성과 회피가능성이 없는 경우, 즉 그 영조물의 결함이 영조물의 설치·관리자의 관리행위가 미칠 수 없는 상황 아래에 있는 경우임이 입증되는 경우라면 영조물의 설치·관리상의 하자를 인정할 수 없다고 할 것이다(대판 2007.10.26, 2005다51235).

❹ [X] 고속도로의 관리상 하자가 인정되는 이상 고속도로의 점유관리자는 그 하자가 불가항력에 의한 것이거나 손해의 방지에 필요한 주의를 해태하지 아니하였다는 점을 주장·입증하여야 비로소 그 책임을 면할 수 있다(대판 2008.3.13, 2007다29287).

08   정답 ④

① [X] 국가가 김포공항을 설치·관리함에 있어 항공법령에 따른 항공기 소음기준 및 소음대책을 준수하려는 노력을 경주하였다고 하더라도, 김포공항이 항공기 운항이라는 공공의 목적에 이용됨에 있어 그와 관련하여 배출하는 소음 등의 침해가 인근 주민들에게 통상의 수인한도를 넘는 피해를 발생하게 하였다면 김포공항의 설치·관리상에 하자가 있다고 보아야 할 것이고, 김포공항 주변지역의 소음과 관련하여서는 「항공법 시행규칙」 제271조상의 공항소음피해예상지역(제3종구역)으로 분류되는 지역 중 85 WECPNL 이상의 소음이 발생하는 경우에는 사회생활상 통상의 수인한도를 넘는 것으로서 위법성을 띠는 것으로 봄이 상당하다고 할 것이므로, 김포공항을 설치·관리하는 국가는 인근 주민들이 입은 피해에 대하여 손해를 배상할 책임이 있다(대판 2005.1.27, 2003다49566).

② [X] 하천의 관리청이 관계 규정에 따라 설정한 계획홍수위를 변경시켜야 할 사정이 생기는 등 특별한 사정이 없는 한, 이미 존재하는 하천의 제방이 계획홍수위를 넘고 있다면 그 하천은 용도에 따라 통상 갖추어야 할 안전성을 갖추고 있다고 보아야 하고, 그와 같은 하천이 그 후 새로운 하천시설을 설치할 때 기준으로 삼기 위하여 제정한 '하천시설기준'이 정한 여유고를 확보하지 못하고 있다는 사정만으로 바로 안전성이 결여된 하자가 있다고 볼 수는 없다(대판 2003.10.23, 2001다48057).

③ [X] 집중호우로 제방도로가 유실되면서 그곳을 걸어가던 보행자가 강물에 휩쓸려 익사한 경우, 사고 당일의 집중호우가 50년 빈도의 최대강우량에 해당한다는 사실만으로 불가항력에 기인한 것으로 볼 수 없다는 이유로 제방도로의 설치·관리상의 하자를 인정하였다(대판 2000.5.26, 99다53247).

❹ [O] 가변차로에 설치된 신호등의 용도와 오작동 시에 발생하는 사고의 위험성과 심각성을 감안할 때, 만일 가변차로에 설치된 두 개의 신호기에서 서로 모순되는 신호가 들어오는 고장을 예방할 방법이 없음에도 그와 같은 신호기를 설치하여 그와 같은 고장을 발생하게 한 것이라면, 그 고장이 자연재해 등 외부요인에 의한 불가항력에 기인한 것이 아닌 한 그 자체로 설치·관리자의 방호조치의무를 다하지 못한 것으로서 신호등이 그 용도에 따라 통상 갖추어야 할 안전성을 갖추지 못한 상태에 있었다고 할 것이고, 따라서 설령 적정전압보다 낮은 저전압이 원인이 되어 위와 같은 오작동이 발생하였고 그 고장은 현재의 기술수준상 부득이한 것이라고 가정하더라도 그와 같은 사정만으로 손해발생의 예견가능성이나 회피가

능성이 없어 영조물의 하자를 인정할 수 없는 경우라고 단정할 수 없다(대판 2001.7.27, 2000다56822).

09   정답 ③

① [O] 지방자치단체의 장이 기관위임된 국가행정사무를 처리하는 경우 그에 소요되는 경비의 실질적·궁극적 부담자는 국가라고 하더라도 당해 지방자치단체는 국가로부터 내부적으로 교부된 금원으로 그 사무에 필요한 경비를 대외적으로 지출하는 자이므로, 이러한 경우 지방자치단체는 「국가배상법」 제6조 제1항 소정의 비용부담자로서 공무원의 불법행위로 인한 같은 법에 의한 손해를 배상할 책임이 있다(대판 1994.12.9, 94다38137).

② [O] 국가나 지방자치단체가 손해를 배상할 책임이 있는 경우에 공무원의 선임·감독 또는 영조물의 설치·관리를 맡은 자와 공무원의 봉급·급여, 그 밖의 비용 또는 영조물의 설치·관리 비용을 부담하는 자가 동일하지 아니하면 그 비용을 부담하는 자도 손해를 배상하여야 한다(「국가배상법」 제6조 제1항). 즉, 양자는 연대하여 손해배상책임을 지고, 따라서 피해자는 어느 쪽에 대하여도 선택적으로 손해배상을 청구할 수 있다(대판 1999.6.25, 99다11120 참조).

❸ [X] 지방자치단체장이 교통신호기를 설치하여 그 관리권한이 구 도로교통법 제71조의2 제1항의 규정에 의하여 관할 지방경찰청장에게 위임되어 지방자치단체 소속 공무원과 지방경찰청 소속 공무원이 합동근무하는 교통종합관제센터에서 그 관리업무를 담당하던 중위 신호기가 고장난 채 방치되어 교통사고가 발생한 경우, 「국가배상법」 제2조 또는 제5조에 의한 배상책임을 부담하는 것은 지방경찰청장이 소속된 국가가 아니라, 그 권한을 위임한 지방자치단체장이 소속된 지방자치단체라고 할 것이나, 한편「국가배상법」 제6조 제1항은 같은 법 제2조, 제3조 및 제5조의 규정에 의하여 국가 또는 지방자치단체가 손해를 배상할 책임이 있는 경우에 공무원의 선임·감독 또는 영조물의 설치·관리를 맡은 자와 공무원의 봉급·급여 기타의 비용 또는 영조물의 설치·관리의 비용을 부담하는 자가 동일하지 아니한 경우에는 그 비용을 부담하는 자도 손해를 배상하여야 한다고 규정하고 있으므로 교통신호기를 관리하는 지방경찰청장 산하 경찰관들에 대한 봉급을 부담하는 국가도 「국가배상법」 제6조 제1항에 의한 배상책임을 부담한다(대판 1999.6.25, 99다11120).

④ [O] 제2조·제3조 및 제5조에 따라 국가나 지방자치단체가 손해를 배상할 책임이 있는 경우에 공무원의 선임·감독 또는 영조물의 설치·관리를 맡은 자와 공무원의 봉급·급여, 그 밖의 비용 또는 영조물의 설치·관리 비용을 부담하는 자가 동일하지 아니하면 그 비용을 부담하는 자도 손해를 배상하여야 한다. 이 경우에 손해를 배상한 자는 내부관계에서 그 손해를 배상할 책임이 있는 자에게 구상할 수 있다(「국가배상법」 제6조).

10   정답 ②

① [X] 지방자치단체장 간의 기관위임의 경우에 위임받은 하위 지방자치단체장은 상위 지방자치단체 산하 행정기관의 지위에서 그 사무를 처리하는 것이므로 따라서 하위 지방자치단체장을 보조하는 소속 공무원이 위임사무처리에 있어 고의 또는 과실로 타인에게 손해를 가하였더라도 상위 지방자치단체는 여전히 그 사무귀속 주체로서 손해배상책임을 진다(대판 1996.11.8, 96다21331).

❷ [O] 「국가배상법」은 「민법」상의 사용자책임을 규정한 「민법」 제756조 제1항 단서에서 사용자가 피용자의 선임·감독에 무과실인 경우에는 면책되도록 규정한 것과는 달리 이러한 면책규정을 두지

아니함으로써 국가배상책임이 용이하게 인정되도록 하고 있다(대판 전합체 1996.2.15, 95다38677). 따라서 선임·감독자가 사무 감독에 상당한 주의를 다했음을 입증해도, 공무원의 위법행위로 인한 피해자의 손해에 대해 선임·감독자는 손해배상책임을 진다.

③ [X] 서울특별시가 점유·관리하는 도로에 대하여 '서울특별시 도로 등 주요 시설물 관리에 관한 조례'에 따라 보도 관리 등의 위임을 받은 관할 자치구청장 甲으로부터 도로에 접한 보도의 가로수 생육환경 개선공사를 도급받은 A주식회사가 공사를 진행하면서 사용하고 남은 자갈더미를 그대로 도로에 적치해 두었고, 乙이 오토바이를 운전하다가 도로에 적치되어 있던 공사용 자갈더미를 발견하지 못하고 그대로 진행하는 바람에 중심을 잃고 넘어지면서 상해를 입은 경우, 서울특별시는 「국가배상법」 제5조 제1항에서 정한 설치·관리상의 하자로 인한 손해배상책임을 부담한다(대판 2017.9.21, 2017다223538).

④ [X] 국가나 지방자치단체가 손해를 배상할 책임이 있는 경우에 공무원의 선임·감독 또는 영조물의 설치·관리를 맡은 자와 공무원의 봉급·급여, 그 밖의 비용 또는 영조물의 설치·관리 비용을 부담하는 자가 동일하지 아니하면 그 비용을 부담하는 자도 손해를 배상하여야 한다(「국가배상법」 제6조 제1항). 따라서 피해자는 양자에 대하여 손해배상을 선택적으로 청구할 수 있으며(대판 1999.6.25, 99다11120 참조), 사무귀속주체가 우선적으로 손해배상을 하여야 하는 것은 아니다.

11 　　　　　　　　　　　　　　　　　　정답 ①

❶ [O] 법률 제3782호 「하천법」 중 개정법률은 부칙 제2조 제1항에서 개정 「하천법」의 시행일인 1984.12.31. 전에 유수지에 해당되어 하천구역으로 된 토지 및 구 하천법(1971.1.19. 법률 제2292호로 전부 개정된 것)의 시행으로 국유로 된 제외지 안의 토지에 대하여는 관리청이 손실을 보상하도록 규정하였고, 「하천편입토지보상 등에 관한 특별조치법」 제2조는 "다음 각 호의 어느 하나에 해당하는 경우 중 「하천구역편입토지 보상에 관한 특별조치법」 제3조에 따른 소멸시효의 만료로 보상청구권이 소멸되어 보상을 받지 못한 때에는 특별시장·광역시장 또는 도지사가 그 손실을 보상하여야 한다."라고 정하면서, 제2호에서 '법률 제2292호 「하천법」 개정법률의 시행일부터 법률 제3782호 「하천법」 중 개정법률의 시행일 전에 토지가 법률 제3782호 「하천법」 중 개정법률 제2조 제1항 제2호 (가)목에 해당되어 하천구역으로 된 경우'를 정하고 있다. 위 각 규정에 의한 손실보상청구권은 종전의 「하천법」 규정 자체에 의하여 하천구역으로 편입되어 국유로 되었으나 그에 대한 보상규정이 없거나 보상청구권이 시효로 소멸되어 보상을 받지 못한 토지에 대하여, 국가가 반성적 고려와 국민의 권리구제 차원에서 손실을 보상하기 위하여 규정한 것으로서, 법적 성질은 「하천법」이 원래부터 규정하고 있던 하천구역에의 편입에 의한 손실보상청구권과 다를 바가 없는 공법상의 권리이다(대판 2016.8.24, 2014두46966).

② [X] 구 하천구역편입토지 보상에 관한 특별조치법에서는 제2조 각 호에 해당하는 경우 중 법률 제3782호 「하천법」 중 개정법률 부칙 제2조의 규정에 의한 소멸시효의 만료 등으로 보상청구권이 소멸되어 보상을 받지 못한 토지에 대하여 시·도지사가 그 손실을 보상하도록 규정하고 있는바, 위 손실보상청구권의 법적 성질은 공법상의 권리임이 분명하므로 그에 관한 쟁송은 민사소송이 아닌 행정소송절차에 의하여야 할 것이고, 위 손실보상금의 지급을 구하거나 손실보상청구권의 확인을 구하는 소송은 「행정소송법」 제3조 제2호 소정의 당사자소송에 의하여야 할 것이다(대판 2006.11.9, 2006다23503 ; 대판 전합체 2006.5.18, 2004다6207).

③ [X] 적법하게 시행된 공익사업으로 인하여 이주하게 된 주거용 건축물 세입자의 주거이전비보상청구권은 공법상의 권리이고, 따라서 그 보상을 둘러싼 쟁송은 민사소송이 아니라 공법상의 법률관계를 대상으로 하는 행정소송에 의하여야 한다. 즉, 세입자의 주거이전비보상청구권은 그 요건을 충족하는 경우에 당연히 발생하는 것이므로, 주거이전비보상청구소송은 「행정소송법」 제3조 제2호에 규정된 당사자소송에 의하여야 한다(대판 2008.5.29, 2007다8129).

④ [X] 구 공익사업을 위한 토지 등의 취득 및 보상에 관한 법률 제79조 제2항, 「공익사업을 위한 토지 등의 취득 및 보상에 관한 법률 시행규칙」 제57조에 따른 사업폐지 등에 대한 보상청구권은 공익사업의 시행 등 적법한 공권력의 행사에 의한 재산상 특별한 희생에 대하여 전체적인 공평부담의 견지에서 공익사업의 주체가 손해를 보상하여 주는 손실보상의 일종으로 공법상 권리임이 분명하므로 그에 관한 쟁송은 민사소송이 아닌 행정소송절차에 의하여야 한다(대판 2012.10.11, 2010다23210).

12 　　　　　　　　　　　　　　　　　　정답 ①

❶ [O] 대판 2002.2.26, 99다35300

② [X] 손실보상은 행정주체의 적법한 재산권 침해에 대한 구제로서 그 침해의 유형으로는 수용·사용·제한이 있는데, 손실보상이 인정되기 위하여는 사인에 대한 재산권 침해가 현실적으로 발생하여 그 제약의 정도가 특별한 희생에 해당하는 경우라야 한다.

③ [X] 손실보상은 재산권 침해에 대한 보상인데, 여기서 말하는 '재산권'은 재산적 가치가 있는 이상 공권인지 사권인지, 물권인지 채권인지 묻지 않는다.

④ [X] 행정상 손실보상의 이론적 근거에 대한 통설인 '특별희생설'은 행정주체가 공공목적을 위하여 재산권 자체의 내재적 한계를 넘어서 특정인의 재산권에 가한 특별한 희생을 사회공동체 전체의 공동부담으로 보상하는 것이 정의·공평의 요구에 부합하므로 손실보상이 인정되는 것이라고 한다. 따라서 특별희생설에 의하면 공공복지와 개인의 권리 사이에 충돌이 있는 경우, 개인의 권리보다 공공복지가 우선하게 된다.

13 　　　　　　　　　　　　　　　　　　정답 ③

① [O] 개발제한구역 지정 후 토지를 종래의 목적으로 사용할 수 있는 경우 헌법 제23조 제2항의 사회적 제약의 범위 내의 재산권 제한이고, 재산권의 내용과 한계를 비례원칙에 부합하게 합헌적으로 규정한 것이므로 보상할 필요는 없다(헌재 1998.12.24, 89헌마214).

② [O] 사회적 제약의 범위를 넘어 특별한 희생이 발생하였으나 개별 법률상 손실보상에 관한 규정이 없는 경우에 재산권을 침해받은 사인의 보상문제에 대해서는 방침규정설, 위헌무효설, 직접효력설, 유추적용설 등이 대립하고 있다. 이는 헌법 제23조 제3항의 성질 및 효력에 관한 해석의 문제이다.

❸ [X] 손실보상은 공공필요에 의한 행정작용에 의하여 사인에게 발생한 특별한 희생에 대한 전보라는 점에서 그 사인에게 특별한 희생이 발생하여야 하는 것은 당연히 요구되는 것이고, 공유수면매립면허의 고시가 있다고 하여 반드시 그 사업이 시행되고 그로 인하여 손실이 발생한다고 할 수 없으므로, 매립면허 고시 이후 매립공사가 실행되어 관행어업권자에게 실질적이고 현실적인 피해가 발생한 경우에만 구 공유수면매립법에서 정하는 손실보상청구권이 발생하였다고 할 것이다(대판 2010.12.9, 2007두6571).

④ [O] 산림 내에서의 토석채취허가는 「산지관리법」 소정의 토석채취제한지역에 속하는 경우에 허용되지 아니함은 물론이나 그에 해당하는 지역이 아니라 하여 반드시 허가하여야 하는 것으로 해석할 수는 없고 허가권자는 신청지 내의 임황과 지황 등의 사항 등에 비추어 국토 및 자연의 보전 등의 중대한 공익상 필요가 있을 때에는 재량으로 그 허가를 거부할 수 있는 것이다. 따라서 그 자체로 중대한 공익상의 필요가 있는 공익사업이 시행되어 토석채취허가를 연장받지 못하게 되었다고 하더라도 토석채취허가가 연장되지 않게 됨으로 인한 손실과 공익사업 사이에 상당인과관계가 있다고 할 수 없을 뿐 아니라, 특별한 사정이 없는 한 그러한 손실이 적법한 공권력의 행사로 가하여진 재산상의 특별한 희생으로서 손실보상의 대상이 된다고 볼 수도 없다(대판 2009.6.23, 2009두2672).

14 　　　　　　　　　　　　　　　　　　　　　정답 ③

㉠ [O] 방침규정설은 헌법 제23조 제3항은 입법방침을 정한 것에 불과하므로, 입법자가 보상규정을 두지 않으면 보상을 청구할 수 없다는 견해이다.

㉡ [X] 공유수면매립사업으로 인하여 수산업협동조합이 관계 법령에 의하여 대상지역에서의 독점적 지위가 부여되어 있던 위탁판매사업을 중단하게 된 경우, 그로 인한 위탁판매수수료 수입손실은 헌법 제23조 제3항에 규정한 손실보상의 대상이 되고, 그 손실에 관하여 구 공유수면매립법 또는 그 밖의 법령에 직접적인 보상규정이 없더라도 구 공공용지의 취득 및 손실보상에 관한 특례법 시행규칙상의 각 규정을 유추적용하여 그에 관한 보상을 인정하는 것이 타당하다(대판 1999.10.8, 99다27231). ➡ 대법원 판례는 유추적용설의 입장이다.

㉢ [O] 직접효력설은 보상규정이 없더라도 헌법 제23조 제3항에 기하여 직접 보상을 청구할 수 있다는 견해이다.

㉣ [X] 위헌무효설(입법자에 대한 직접효력설)에 의하면 보상규정이 없는 공용침해는 헌법에 위반되므로 그 법률에 근거한 행정처분도 위법하게 되어 취소소송을 제기할 수 있고, 그 처분으로 재산상 손해를 입은 경우에는 국가배상을 청구할 수도 있게 된다. 이에 반하여 관련 법조항을 유추적용하여 보상해야 한다는 견해는 유추적용설이다.

15 　　　　　　　　　　　　　　　　　　　　　정답 ④

㉠ [X] 구 도시계획법상 개발제한구역의 지정에 따른 재산권의 제한이 실질적으로 사용·수익을 전혀 할 수 없는 예외적인 경우에도 아무런 보상 없이 이를 감수하도록 하고 있으므로 헌법에 위반된다(헌재 1998.12.24, 89헌마214).

㉡ [X] 위헌무효설은 헌법 제23조 제3항의 규정은 입법자에 대하여 국민의 재산권을 침해하는 입법을 할 때에는 반드시 보상규정을 두도록 하는 구속력을 가진다고 보면서, 법률이 재산권의 침해를 규정하면서 보상규정을 두지 않으면 그 법률은 위헌무효이고, 그 법률에 근거한 행정처분은 위법하게 된다는 견해이다(다수설). 따라서 사인은 위법한 행정처분에 대해서는 취소소송을 제기할 수 있고, 당해 처분으로 인하여 손해를 입은 경우에는 국가배상청구를 할 수는 있게 된다.

㉢ [O] 구 도시계획법 제21조에 규정된 개발제한구역제도 그 자체는 원칙적으로 합헌적인 규정인데, 다만 개발제한구역의 지정으로 말미암아 일부 토지소유자에게 사회적 제약의 범위를 넘는 가혹한 부담이 발생하는 예외적인 경우에 대하여 보상규정을 두지 않은 것에 위헌성이 있는 것이고, 보상의 구체적 기준과 방법은 헌법재판소가 결정할 성질의 것이 아니라 광범위한 입법형성권을 가진 입법

자가 입법정책적으로 정할 사항이므로, 입법자가 보상입법을 마련함으로써 위헌적인 상태를 제거할 때까지 위 조항을 형식적으로 존속케 하기 위하여 헌법불합치결정을 하는 것이다(헌재 1998.12.24, 89헌마214).

㉣ [O] 물건 또는 권리 등에 대한 손실보상액 산정의 기준이나 방법에 관하여 구체적으로 정하고 있는 법령의 규정이 없는 경우에는, 그 성질상 유사한 물건 또는 권리 등에 대한 관련 법령상의 손실보상액 산정의 기준이나 방법에 관한 규정을 유추적용할 수 있다. 따라서 「공익사업을 위한 토지 등의 취득 및 보상에 관한 법률」 및 그 시행령, 시행규칙에 '물의 사용에 관한 권리'의 평가에 관한 규정이 없고, 「하천법」 제50조에 의한 하천수 사용권과 면허어업의 성질상 유사성, 면허어업의 손실액 산정방법과 환원율 등에 비추어 볼 때, 甲회사의 하천수 사용권에 대한 '물의 사용에 관한 권리'로서의 정당한 보상금액은 「공익사업을 위한 토지 등의 취득 및 보상에 관한 법률 시행규칙」 제44조(어업권의 평가 등) 제1항이 준용하는 「수산업법 시행령」 제69조 [별표 4](어업보상에 대한 손실액의 산출방법·산출기준 등) 중 어업권이 취소되거나 어업면허의 유효기간 연장이 허가되지 않은 경우의 손실보상액 산정방법과 기준을 유추적용하여 산정하는 것이 타당하다(대판 2018.12.27, 2014두11601).

16 　　　　　　　　　　　　　　　　　　　　　정답 ①

❶ [O] 헌법 제23조 제3항에서 규정하고 있는 '공공필요'는 국민의 재산권을 그 의사에 반하여 강제적으로라도 취득해야 할 공익적 필요성을 의미하고(헌재 2011.4.28, 2010헌바114 등), 따라서 '공공필요'의 개념은 '공익성'과 '필요성'이라는 요소로 구성되어 있다. 그중 '공익성'은 추상적인 공익 일반 또는 국가의 이익 이상의 중대한 공익을 요구하므로 기본권 일반의 제한사유인 '공공복리'보다 좁게 보는 것이 타당하며, 나아가 헌법적 요청에 의한 수용이라 하더라도 국민의 재산을 그 의사에 반하여 강제적으로라도 취득해야 할 정도의 '필요성'이 인정되어야 하고, 그 필요성이 인정되기 위해서는 공용수용을 통하여 달성하려는 공익과 그로 인하여 재산권을 침해당하는 사인의 이익 사이의 형량에서 사인의 재산권 침해를 정당화할 정도의 공익의 우월성이 인정되어야 한다(헌재 2014.10.30, 2011헌바172).

② [X] 공용수용이 허용될 수 있는 공익성을 가진 사업, 즉 공익사업의 범위는 사업시행자와 토지소유자 등의 이해가 상반되는 중요한 사항으로서, 공용수용에 대한 법률유보의 원칙에 따라 법률에서 명확히 규정되어야 한다. 공공의 이익에 도움이 되는 사업이라도 '공익사업'으로 실정법에 열거되어 있지 않은 사업은 공용수용이 허용될 수 없다(헌재 2014.10.30, 2011헌바172).

③ [X] 행정상 손해배상은 재산적 침해 외에 생명·신체 등의 비재산적(정신적) 침해로 인한 손해도 배상하나, 행정상 손실보상은 재산적 침해만을 대상으로 하고 비재산적 침해는 이에 포함되지 않는다.

④ [X] 손실보상청구권은 공권력 행사인 공용침해로 인하여 발생한 것이므로 공권이라는 견해(다수설)에 따르더라도, 손실보상청구권을 발생시키는 침해가 재산권에 대한 것이기만 하면 그 재산권이 공법상 권리이건 사법상 권리(예 물권, 채권, 공유수면매립권, 저작권, 특허권 등)이건 묻지 않는다.

17　　　　　　　　　　　　정답 ④

① [X] 상린관계는 한편으로는 소유권의 제한에 해당하나, 다른 한편으로는 타인에게 소유권의 제한을 요구할 수 있는 소유권의 확장적 측면도 있으므로, 재산권에 대한 상린관계에서의 제한은 재산권의 사회적 제약(구속)의 범위 내에 해당하는 침해로서, 손실보상의 요건인 특별한 희생에까지는 미치지 못하므로 손실보상의 대상이 되지 않는다.

② [X] 위 중단으로 인해 수산업협동조합이 상실하게 된 위탁판매수수료 수입은 사업시행자의 매립사업으로 인한 직접적인 영업손실이 아니고 간접적인 영업손실이라고 하더라도 피침해자인 수산업협동조합이 공공의 이익을 위하여 당연히 수인하여야 할 재산권에 대한 제한의 범위를 넘어 수산업협동조합의 위탁판매사업으로 얻고 있는 영업상의 재산이익을 본질적으로 침해하는 특별한 희생에 해당한다(대판 1999.10.8, 99다27231).

③ [X] 국가 등의 공적 기관이 직접 수용의 주체가 되는 것이든 그러한 공적 기관의 최종적인 허부판단과 승인결정하에 민간기업이 수용의 주체가 되는 것이든, 양자 사이에 공공필요에 판단과 수용의 범위에 있어서 본질적인 차이를 가져올 것으로 보이지 않는다. 따라서 수용 등의 주체를 국가 등의 공적 기관에 한정하여 해석할 이유가 없다(헌재 2009.9.24, 2007헌바114).

❹ [O] 민간기업을 수용의 주체로 규정한 「산업입지 및 개발에 관한 법률」 제22조 제1항은 헌법 제23조 제3항에 위반되지 않는다. 즉, 헌법 제23조 제3항은 정당한 보상을 전제로 하여 재산권의 수용 등에 관한 가능성을 규정하고 있지만, 재산권 수용의 주체를 한정하지 않고 있다. 위 헌법 조항의 핵심은 당해 수용이 공공필요에 부합하는가, 정당한 보상이 지급되고 있는가 여부 등에 있는 것이지, 그 수용의 주체가 국가인지 민간기업인지 여부에 달려 있다고 볼 수 없다. 또한 국가 등의 공적 기관이 직접 수용의 주체가 되는 것이든 그러한 공적 기관의 최종적인 허부판단과 승인결정하에 민간기업이 수용의 주체가 되는 것이든, 양자 사이에 공공필요에 대한 판단과 수용의 범위에 있어서 본질적인 차이를 가져올 것으로 보이지 않는다. 따라서 위 수용 등의 주체를 국가 등의 공적 기관에 한정하여 해석할 이유가 없다(헌재 2009.9.24, 2007헌바114).

18　　　　　　　　　　　　정답 ④

① [O] 헌법 제23조 제3항은 정당한 보상을 전제로 하여 재산권의 수용 등에 관한 가능성을 규정하고 있지만, 재산권 수용의 주체를 한정하지 않고 있고, 위 헌법 조항의 핵심은 당해 수용이 공공필요에 부합하는가, 정당한 보상이 지급되고 있는가 여부 등에 있는 것이지, 그 수용의 주체가 국가인지 민간기업인지 여부에 달려 있다고 볼 수 없다. 또한 국가 등의 공적 기관이 직접 수용의 주체가 되는 것이든 그러한 공적 기관의 최종적인 허부판단과 승인결정하에 민간기업이 수용의 주체가 되는 것이든, 양자 사이에 공공필요에 대한 판단과 수용의 범위에 있어서 본질적인 차이를 가져올 것으로 보이지 않는다. 따라서 위 수용 등의 주체를 국가 등의 공적 기관에 한정하여 해석할 이유가 없다(헌재 2009.9.24, 2007헌바114).

② [O] 헌법 제23조 제3항이 규정한 '정당한 보상'이란 손실보상의 원인이 되는 재산권의 침해가 기존의 법질서 안에서 개인의 재산권에 대한 개별적인 침해인 경우에는 그 손실보상은 원칙적으로 피수용재산의 객관적인 재산가치를 완전하게 보상하는 것이어야 한다는 완전보상을 뜻하는 것으로서 보상금액뿐만 아니라 보상의 시기나 방법 등에 있어서도 어떠한 제한을 두어서는 아니 된다는 것을 의미한다(헌재 1990.6.25, 89헌마107 ; 헌재 2009.6.25, 2007헌바60 등).

③ [O] 헌법 제23조 제3항의 "공공필요에 의한 재산권의 수용·사용 또는 제한 및 그에 대한 보상은 법률로써 하되, 정당한 보상을 지급하여야 한다."라는 규정은 보상청구권의 근거에 관하여서뿐만 아니라 보상의 기준과 방법에 관하여서도 법률의 규정에 유보하고 있는 것으로 보아야 한다(대판 2004.10.27, 2003두1349). 그리고 보상의 내용(재산권 보상·간접손실보상·생활보상 등)에 대해서도 법률로 규정해야 한다.

❹ [X] 헌법 제23조 제3항은 "공공필요에 의한 재산권의 수용·사용 또는 제한 및 그에 대한 보상은 법률로써 하되, 정당한 보상을 지급하여야 한다."라고 규정하고 있다. 따라서 법률이 아닌 대통령령에 의해서는 손실보상의 가부에 관하여 규정할 수 없다.

19　　　　　　　　　　　　정답 ②

① [O] 구 도시계획법 제21조에 규정된 개발제한구역제도 그 자체는 원칙적으로 합헌적인 규정인데, 다만 개발제한구역의 지정으로 말미암아 일부 토지소유자에게 사회적 제약의 범위를 넘는 가혹한 부담이 발생하는 예외적인 경우에 대하여 보상규정을 두지 않은 것에 위헌성이 있는 것이고, 보상의 구체적 기준과 방법은 헌법재판소가 결정할 성질의 것이 아니라 광범위한 입법형성권을 가진 입법자가 입법정책적으로 정할 사항이므로, 입법자는 되도록 빠른 시일 내에 보상입법을 하여 위헌적 상태를 제거할 의무가 있고, 행정청은 보상입법이 마련되기 전에는 새로 개발제한구역을 지정하여서는 아니 되며, 토지소유자는 보상입법을 기다려 그에 따른 권리행사를 할 수 있을 뿐 개발제한구역의 지정이나 그에 따른 토지재산권의 제한 그 자체의 효력을 다투거나 위 조항에 위반하여 행한 자신들의 행위의 정당성을 주장할 수는 없다(헌재 1998.12.24, 89헌마214).

❷ [X] 개발제한구역의 지정으로 인한 개발가능성의 소멸과 그에 따른 지가의 하락이나 지가상승률의 상대적 감소는 토지소유자가 감수해야 하는 사회적 제약의 범주에 속하는 것으로 보아야 한다(헌재 1998.12.24, 89헌마214 ; 대판 1996.6.28, 94다54511).

③ [O] 헌재 1998.12.24, 89헌마214

④ [O] 재산권의 침해와 공익 간의 비례성을 다시 회복하기 위한 방법은 헌법상 반드시 금전보상만을 해야 하는 것은 아니다. 입법자는 지정의 해제 또는 토지매수청구권제도와 같이 금전보상에 갈음하거나 기타 손실을 완화할 수 있는 제도를 보완하는 등 여러 가지 다른 방법을 사용할 수 있다(헌재 1998.12.24, 89헌마214).

20　　　　　　　　　　　　정답 ①

❶ [X] 직접효력설에 따르면 법률에 보상규정이 없더라도 헌법 제23조 제3항에 기하여 직접 보상을 청구할 수 있으므로, 같은 조항의 재산권의 수용·사용·제한규정과 보상규정을 불가분조항(결부조항)으로 보지 않는다. ➡ 위헌무효설은 불가분조항으로 본다.

② [O] 헌법 제23조 제1항의 내용규정은 재산권의 존속보장으로서 "방어하라, 불연이면 청산하라."는 정신에 근거를 두고 있고, 헌법 제23조 제3항의 공용침해규정은 가치보장으로서 "참으라, 그리고 청산하라."는 정신에 근거를 두고 있다.

③ [O] 헌법 제23조 제3항을 불가분조항(결부조항)으로 보는 견해는 위헌무효설(입법자에 대한 직접효력설 또는 입법자구속설)의 입장이고, 이는 헌법 제23조 제3항의 규정은 입법자에 대하여 국민의 재산권을 침해하는 입법을 할 때에는 반드시 보상규정을 두도록 하는 구속력을 가진다고 보면서, 법률이 재산권의 침해를 규정하면

서 보상규정을 두지 않으면 그 법률은 위헌무효이고, 그 법률에 근거한 행정처분은 위법하게 된다는 견해이다(다수설). 따라서 사인은 위법한 행정처분에 대해서는 취소소송을 제기할 수 있고, 해당 처분으로 인하여 손해를 입은 경우에는 국가배상청구를 할 수는 있게 된다.

④ [O] 분리이론은 가치보장보다는 위헌적 침해의 억제에 중점을 두어 존속보장을 강화하려는 이론이고, 경계이론은 보상을 통한 가치보장에 중점이 있는 이론이다.

정답

01	①	02	①	03	④	04	④
05	④	06	②	07	③	08	④
09	③	10	③	11	①	12	②
13	①	14	①	15	①	16	①
17	③	18	②	19	②	20	④

01 정답 ①

❶ [O] 우리 헌법이 보장하고 있는 재산권은 경제적 가치가 있는 모든 공법상·사법상의 권리를 뜻한다(헌재 1992.6.26, 90헌바26). 이러한 재산권의 범위에는 동산·부동산에 대한 모든 종류의 물권은 물론, 재산가치 있는 모든 사법상의 채권과 특별법상의 권리 및 재산가치 있는 공법상의 권리 등이 포함되나, 단순한 기대이익·반사적 이익 또는 경제적인 기회 등은 재산권에 속하지 않는다고 보아야 한다(헌재 1998.7.16, 96헌마246).

② [X] 경계이론은 독일 최고법원에 의해 제시되었고, 독일 헌법재판소에 의해 제시된 이론은 분리이론이다.

③ [X] 분리이론은 헌법 제23조 제1항의 존속보장(내용규정)과 헌법 제23조 제3항의 가치보장(공용침해규정)을 전적으로 다른 제도라고 한다. 따라서 개발제한구역의 지정(구 도시계획법 제21조 제1항)이 위헌인 것이 아니라 그 보상입법이 없다는 점에서 위헌이 된다는 견해는 존속보장을 강화하려는 분리이론에 입각한 것이다.

④ [X] 사회적 제약을 벗어나는 무보상의 공용침해에 대하여, 분리이론은 해당 침해행위의 폐지를 주장함으로써 위헌적 침해의 억제에 중점을 두어 가치보장보다는 존속보장을 강화하려는 이론이고, 경계이론은 보상을 통한 가치의 보장에 중점을 두고 있는 이론이다.

02 정답 ①

❶ [X] 손실보상은 다른 법률에 특별한 규정이 있는 경우를 제외하고는 현금(금전)으로 지급함이 원칙이나, 그 밖에도 채권보상·현물보상(대토보상) 등이 인정되고 있다(「공익사업을 위한 토지 등의 취득 및 보상에 관한 법률」 제63조).

② [O] 개발이익은 그 성질상 완전보상의 범위에 포함되는 피수용자의 손실이라고 볼 수 없으므로, 이러한 개발이익을 배제하고 손실보상액을 산정한다 하여 헌법이 규정한 정당보상의 원리에 어긋나는 것이라고 할 수 없다(헌재 2010.12.28, 2008헌바57 ; 헌재 2010. 3.25, 2008헌바102 ; 대판 1993.7.13, 93누227 등).

③ [O] 토지수용으로 인한 손실보상액을 산정함에 있어서 당해 공공사업의 시행을 직접 목적으로 하는 계획의 승인·고시로 인한 가격변동은 이를 고려함이 없이 수용재결 당시의 가격을 기준으로 하여 적정가격을 정하여야 하나, 당해 공공사업과는 관계없는 다른 사업의 시행으로 인한 개발이익은 이를 배제하지 아니한 가격으로 평가하여야 한다(대판 1999.1.15, 98두8896 ; 대판 1992.2.11, 91누7774).

④ [O] 「공익사업을 위한 토지 등의 취득 및 보상에 관한 법률」에 의한 보상합의는 공공기관이 사경제 주체로서 행하는 사법상 계약의 실질을 가지는 것으로서, 당사자 간의 합의로 같은 법 소정의 손실보상의 기준에 의하지 아니한 손실보상금을 정할 수 있으며, 이와 같이 같은 법이 정하는 기준에 따르지 아니하고 손실보상액에 관한 합의를 하였다고 하더라도 그 합의가 착오 등을 이유로 적법하게 취소되지 않는 한 유효하다. 따라서 위 법률에 의한 보상을 하면서 손실보상금에 관한 당사자 간의 합의가 성립하면 그 합의내용대로 구속력이 있고, 손실보상금에 관한 합의내용이 위 법률에서 정하는 손실보상 기준에 맞지 않는다고 하더라도 합의가 적법하게 취소되는 등의 특별한 사정이 없는 한 추가로 위 법률상 기준에 따른 손실보상금 청구를 할 수는 없다(대판 2013.8.22, 2012다3517).

03 정답 ④

① [X] 토지수용으로 인한 손실보상액을 산정함에 있어서 당해 공공사업과는 관계없는 다른 사업의 시행으로 인한 개발이익은 이를 배제하지 아니한 가격으로 평가하여야 한다(대판 1999.1.15, 98두8896 ; 대판 1992.2.11, 91누7774).

② [X] 「도시 및 주거환경정비법」 제65조 제2항은 정비기반시설의 설치와 관련된 비용의 적정한 분담과 그 시설의 원활한 확보 및 효율적인 유지·관리의 관점에서 정비기반시설과 그 부지의 소유·관리·유지관계를 정한 규정인데, 같은 항 전단에 따른 정비기반시설의 소유권 귀속은 헌법 제23조 제3항의 수용에 해당하지 않고, 이 사건 법률조항이 그에 대한 보상의 의미를 가지는 것도 아니므로, 이 사건 법률조항에 관하여 정당한 보상의 원칙이 적용될 여지가 없다(헌재 2013.10.24, 2011헌바355).

③ [X] '생업의 근거를 상실하게 된 자에 대하여 일정 규모의 상업용지 또는 상가분양권 등을 공급하는' 생활대책은 헌법 제23조 제3항에 규정된 정당한 보상에 포함되는 것이라기보다는 생활보상의 일환으로서 국가의 정책적인 배려에 의하여 마련된 제도이므로, 그 실시 여부는 입법자의 입법정책적 재량의 영역에 속한다(헌재 2013.7. 25, 2012헌바71).

❹ [O] 헌재 1990.6.25, 89헌마107 ; 헌재 2009.6.25, 2007헌바60

04 정답 ④

① [O]

> 「공익사업을 위한 토지 등의 취득 및 보상에 관한 법률」 제77조 【영업의 손실 등에 대한 보상】① 영업을 폐업하거나 휴업함에 따른 영업손실에 대하여는 영업이익과 시설의 이전비용 등을 고려하여 보상하여야 한다.
> ③ 휴직하거나 실직하는 근로자의 임금손실에 대하여는 「근로기준법」에 따른 평균임금 등을 고려하여 보상하여야 한다.

② [O] 대판 1989.9.12, 88누11216

③ [O] 체육시설업의 영업주체가 영업시설의 양도나 임대 등에 의하여 변경되었음에도 그에 관한 신고를 하지 않은 채 영업을 하던 중에 공익사업으로 영업을 폐지 또는 휴업하게 된 경우라 하더라도, 그 임차인 등의 영업을 보상대상에서 제외되는 위법한 영업이라고 할 것은 아니다. 따라서 그로 인한 영업손실에 대해서는 법령에 따른 정당한 보상이 이루어져야 마땅하다(대판 2012.12.13, 2010두12842).

❹ [X] 구 농촌근대화촉진법이 "농지개량사업의 시행지역 내의 토지에 관하여 소유권 기타 권리를 가지는 자의 당해 사업에 관한 권리·의무는 그 토지에 관한 소유권 기타 권리의 이동과 동시에 그 승계인에게 이전한다."라고 규정하고 있다(제173조). 그러나 이 규정은 농지개량사업의 계속성과 연속성을 위하여 사업시행 도중에 시행지역 내 토지의 권리관계에 변경이 생기더라도 토지사용승낙 등으로 인한 권리·의무가 승계되도록 한 것으로서, 거기에서 말하는 '당해 사업에 관한 권리·의무'는 농지개량사업의 시행을 위한 토지에의 출입과 사용, 시설물 설치 등 사업 자체에 관한 공법상의 권리·의무만을 가리킨다. 그러므로 농지개량사업 시행지역 내의 토지등소유자가 토지사용에 관한 승낙을 하였더라도 그에 대한 정당한 보상을 받은 바가 없다면 농지개량사업시행자는 토지소유자 및 승계인에 대하여 보상할 의무가 있고, 그러한 보상 없이 타인의 토지를 점유·사용하는 것은 법률상 원인 없이 이득을 얻은 때에 해당한다(대판 2016.6.23, 2016다206369).

05 정답 ④

① [O] 「공익사업을 위한 토지 등의 취득 및 보상에 관한 법률」제77조 제2항

② [O] 토지수용보상액은 구 토지수용법 제46조 제2항 등 관계 법령에서 규정한 바에 따라 산정하여야 하는 것으로서, 「지가공시 및 토지 등의 평가에 관한 법률」제10조의2 규정에 따라 결정·공시된 개별공시지가를 기준으로 하여 산정하여야 하는 것은 아니며, 관계 법령에 따라 보상액을 산정한 결과 그 보상액이 당해 토지의 개별공시지가를 기준으로 하여 산정한 지가보다 저렴하게 되었다는 사정만으로 그 보상액 산정이 잘못되어 위법한 것이라고 할 수는 없다(대판 2002.3.29, 2000두10106).

③ [O] 표준지공시지가결정이 위법한 경우에는 그 자체를 행정소송의 대상이 되는 행정처분으로 보아 그 위법 여부를 다툴 수 있음은 물론, 수용보상금의 증액을 구하는 소송에서도 선행처분으로서 그 수용대상 토지가격 산정의 기초가 된 비교표준지공시지가결정의 위법을 독립한 사유로 주장할 수 있다(대판 2008.8.21, 2007두13845).

❹ [X] 편입토지·물건 보상, 지장물 보상, 잔여 토지·건축물 손실보상 또는 수용청구의 경우에는 원칙적으로 개별 물건별로 하나의 보상항목이 되지만, 잔여 영업시설 손실보상을 포함하는 영업손실보상의 경우에는 '전체적으로 단일한 시설 일체로서의 영업' 자체가 보상항목이 되고, 세부 영업시설이나 영업이익, 휴업기간 등은 영업손실보상금 산정에서 고려하는 요소에 불과하다. 그렇다면 영업의 단일성·동일성이 인정되는 범위에서 보상금 산정의 세부요소를 추가로 주장하는 것은 하나의 보상항목 내에서 허용되는 공격방법일 뿐이므로, 별도로 재결절차를 거쳐야 하는 것은 아니다(대판 2018.7.20, 2015두4044).

06 정답 ②

① [O] 이주대책은 헌법 제23조 제3항에 규정된 정당한 보상에 포함되는 것이라기보다는 이에 부가하여 이주자들에게 종전의 생활상태를 회복시키기 위한 생활보상의 일환으로서 국가의 정책적인 배려에 의하여 마련된 제도라고 볼 것이다. 따라서 이주대책의 실시 여부는 입법자의 입법정책적 재량의 영역에 속하므로 「공익사업을 위한 토지 등의 취득 및 보상에 관한 법률 시행령」제40조 제3항 제3호가 이주대책의 대상자에서 세입자를 제외하고 있는 것이 세입자의 재산권을 침해하는 것이라 볼 수 없다. 그리고 소유자와 세

입자는 생활의 근거의 상실 정도에 있어서 차이가 있는 점, 세입자에 대해서 주거이전비와 이사비가 보상되고 있는 점을 고려할 때, 입법자가 이주대책대상자에서 세입자를 제외하고 있는 이 사건 조항을 불합리한 차별로서 세입자의 평등권을 침해하는 것이라 볼 수는 없다(헌재 2006.2.23, 2004헌마19).

❷ [X] 「공익사업을 위한 토지 등의 취득 및 보상에 관한 법률」은 공익사업에 필요한 토지 등을 협의 또는 수용에 의하여 취득하거나 사용함에 따른 손실보상에 관한 사항을 규정함으로써 공익사업의 효율적인 수행을 통하여 공공복리의 증진과 재산권의 적정한 보호를 도모함을 목적으로 하고 있고, 위 법에 의한 이주대책은 공익사업의 시행에 필요한 토지 등을 제공함으로 인하여 생활의 근거를 상실하게 되는 이주대책대상자들에게 종전 생활상태를 원상으로 회복시키면서 동시에 인간다운 생활을 보장하여 주기 위하여 마련된 제도이므로, 사업시행자의 이주대책 수립·실시의무를 정하고 있는 위 법 제78조 제1항은 물론 이주대책의 내용에 관하여 규정하고 있는 같은 조 제4항 본문 역시 당사자의 합의 또는 사업시행자의 재량에 의하여 적용을 배제할 수 없는 강행법규이다(대판 전합체 2011.6.23, 2007다63089).

③ [O] 사업시행자는 이주대책기준을 정하여 이주대책대상자 중에서 이주대책을 수립·실시하여야 할 자를 선정하여 그들에게 공급할 택지 또는 주택의 내용이나 수량을 정할 수 있고, 이를 정하는 데 재량을 가지므로, 이를 위해 사업시행자가 설정한 기준은 그것이 객관적으로 합리적이 아니라거나 타당하지 않다고 볼 만한 다른 특별한 사정이 없는 한 존중되어야 한다(대판 2009.3.12, 2008두12610).

④ [O] 이주대책은 헌법 제23조 제3항에 규정된 정당한 보상에 포함되는 것이라기보다는 이에 부가하여 이주자들에게 종전의 생활상태를 회복시키기 위한 생활보상의 일환으로서 국가의 정책적인 배려에 의하여 마련된 제도라고 볼 것이다. 그러므로 이주대책의 실시 여부는 입법자의 입법정책적 재량의 영역에 속한다고 볼 것이다(헌재 2006.2.23, 2004헌마19).

07 정답 ③

① [X] ② [X] ❸ [O] 「공익사업을 위한 토지 등의 취득 및 보상에 관한 법률」제78조 제1항이 사업시행자에게 이주대책의 수립·실시의무를 부과하고 있다고 하더라도 그 규정 자체만에 의하여 이주자에게 사업시행자가 수립한 이주대책상의 택지분양권이나 아파트 입주권 등을 받을 수 있는 구체적인 권리(수분양권)가 직접 발생하는 것이라고는 볼 수 없고, 사업시행자가 이주대책에 관한 구체적인 계획을 수립하여 이를 해당자에게 통지 내지 공고한 후, 이주자가 수분양권을 취득하기를 희망하여 이주대책에 정한 절차에 따라 사업시행자에게 이주대책대상자 선정신청을 하고 사업시행자가 이를 받아들여 이주대책대상자로 확인·결정하여야만 비로소 구체적인 수분양권이 발생하게 된다(대판 1995.10.12, 94누11279 ; 대판 전합체 1994.5.24, 92다35783 ; 대판 2003.7.25, 2001다57778).

④ [X] 이주대책상의 수분양권은 이주자가 이주대책을 수립·실시하는 사업시행자로부터 이주대책대상자로 확인·결정을 받음으로써 취득하게 되는 택지나 아파트 등을 분양받을 수 있는 공법상의 권리라고 할 것이므로, 이주자가 사업시행자에 대한 이주대책대상자 선정신청 및 이에 따른 확인·결정 등 절차를 밟지 아니하여 구체적인 수분양권을 아직 취득하지도 못한 상태에서 곧바로 분양의무의 주체를 상대방으로 하여 민사소송이나 공법상 당사자소송으로 이주대책상의 수분양권의 확인 등을 구하는 것은 허용될 수 없고, 나아가 그 공급대상인 택지나 아파트 등의 특정부분에 관하여 그 수분양권의 확인을 소구하는 것은 더더욱 불가능하다고 보아야 한다(대판 전합체 1994.5.24, 92다35783).

① [X] 「공익사업을 위한 토지 등의 취득 및 보상에 관한 법률」 제2조, 제78조에 의하면, 세입자는 사업시행자가 취득 또는 사용할 토지에 관하여 임대차 등에 의한 권리를 가진 관계인으로서, 같은 법 시행규칙 제54조 제2항 본문에 해당하는 경우에는 주거이전에 필요한 비용을 보상받을 권리가 있다. 그런데 이러한 주거이전비는 당해 공익사업 시행지구 안에 거주하는 세입자들의 조기이주를 장려하여 사업추진을 원활하게 하려는 정책적인 목적과 주거이전으로 인하여 특별한 어려움을 겪게 될 세입자들을 대상으로 하는 사회보장적인 차원에서 지급되는 금원의 성격을 가지므로, 적법하게 시행된 공익사업으로 인하여 이주하게 된 <u>주거용 건축물 세입자의 주거이전비 보상청구권은 공법상의 권리이고, 따라서 그 보상을 둘러싼 쟁송은 민사소송이 아니라 공법상의 법률관계를 대상으로 하는 행정소송에 의하여야 한다</u>(대판 2008.5.29, 2007다8129).

② [X] 「공익사업을 위한 토지 등의 취득 및 보상에 관한 법률」상의 공익사업시행자가 하는 이주대책대상자 확인·결정은 구체적인 이주대책상의 수분양권을 부여하는 요건이 되는 행정작용으로서의 처분이지 이를 단순히 절차상의 필요에 따른 사실행위에 불과한 것으로 평가할 수는 없다. 따라서 수분양권의 취득을 희망하는 이주자가 소정의 절차에 따라 이주대책대상자 선정신청을 한 데 대하여 사업시행자가 이주대책대상자가 아니라고 하여 위 확인·결정 등의 처분을 하지 않고 이를 제외시키거나 거부조치한 경우에는, <u>이주자로서는 사업시행자를 상대로 항고소송에 의하여 제외처분이나 거부처분의 취소를 구할 수 있다</u>(대판 2014.2.27, 2013두10885). 그리고 수분양권은 이주자가 이주대책을 수립·실시하는 사업시행자로부터 이주대책대상자로 확인·결정을 받음으로써 취득하게 되는 택지나 아파트 등을 분양받을 수 있는 공법상의 권리라고 할 것이므로, 이주자가 사업시행자에 대한 이주대책대상자 선정신청 및 이에 따른 확인·결정 등 절차를 밟지 아니하여 구체적인 수분양권을 아직 취득하지도 못한 상태에서 <u>곧바로 분양의무의 주체를 상대방으로 하여 민사소송이나 공법상 당사자소송으로 이주대책상의 수분양권의 확인 등을 구하는 것은 허용될 수 없고</u>, 나아가 그 공급대상인 택지나 아파트 등의 특정 부분에 관하여 그 수분양권의 확인을 소구하는 것은 더더욱 불가능하다고 보아야 한다(대판 전합체 1994.5.24, 92다35783).

③ [X] 「공익사업을 위한 토지 등의 취득 및 보상에 관한 법률」은 제78조 제1항에서 "사업시행자는 공익사업의 시행으로 인하여 주거용 건축물을 제공함에 따라 생활의 근거를 상실하게 되는 자(이하 '이주대책대상자'라 함)를 위하여 대통령령으로 정하는 바에 따라 이주대책을 수립·실시하거나 이주정착금을 지급하여야 한다."라고 규정하고 있을 뿐, 생활대책용지의 공급과 같이 공익사업 시행 이전과 같은 경제수준을 유지할 수 있도록 하는 내용의 생활대책에 관한 분명한 근거규정을 두고 있지는 않으나, 사업시행자 스스로 공익사업의 원활한 시행을 위하여 필요하다고 인정함으로써 생활대책을 수립·실시할 수 있도록 하는 내부규정을 두고 내부규정에 따라 생활대책대상자 선정기준을 마련하여 생활대책을 수립·실시하는 경우에는, 이러한 생활대책 역시 "공공필요에 의한 재산권의 수용·사용 또는 제한 및 그에 대한 보상은 법률로써 하되, 정당한 보상을 지급하여야 한다."라고 규정하고 있는 헌법 제23조 제3항에 따른 정당한 보상에 포함되는 것으로 보아야 한다. 따라서 이러한 생활대책대상자 선정기준에 해당하는 자는 사업시행자에게 생활대책대상자 선정 여부의 확인·결정을 신청할 수 있는 권리를 가지는 것이어서, 만일 사업시행자가 그러한 자를 생활대책대상자에서 제외하거나 선정을 거부하면, <u>이러한 생활대책대상자 선정기준에 해당하는 자는 사업시행자를 상대로 항고소송을 제기할 수 있다고 보는 것이 타당하다</u>(대판 2011.10.13, 2008두17905).

❹ [O] <한국토지주택공사가 택지개발사업의 시행자로서 택지개발예정지구 공람공고일 이전부터 영업 등을 행한 자 등 일정 기준을 충족하는 손실보상대상자들에 대하여 생활대책을 수립·시행하였는데, 직권으로 甲 등이 생활대책대상자에 해당하지 않는다는 결정(이하 '부적격통보'라고 함)을 하고, 甲 등의 이의신청에 대하여 재심사 결과로도 생활대책대상자로 선정되지 않았다는 통보(이하 '재심사통보'라고 함)를 한 사안> … 부적격통보가 심사대상자에 대하여 한국토지주택공사가 생활대책대상자 선정신청을 받지 아니한 상태에서 자체적으로 가지고 있던 자료를 기초로 일정 기준을 적용한 결과를 일괄 통보한 것이고, 각 당사자의 개별·구체적 사정은 이의신청을 통하여 추가로 심사하여 고려하겠다는 취지를 포함하고 있다면, 甲 등은 이의신청을 통하여 비로소 생활대책 대상자 선정에 관한 의견서 제출 등의 기회를 부여받게 되었고 한국토지주택공사도 그에 따른 재심사 과정에서 당사자들이 제출한 자료 등을 함께 고려하여 생활대책대상자 선정기준의 충족 여부를 심사하여 재심사통보를 한 것이라고 볼 수 있는 점 등을 종합하면, 비록 <u>재심사통보가 부적격통보와 결론이 같더라도, 단순히 한국토지주택공사의 업무처리의 적정 및 甲 등의 편의를 위한 조치에 불과한 것이 아니라 별도의 의사결정 과정과 절차를 거쳐 이루어진 독립한 행정처분으로서 항고소송의 대상이 된다</u>(대판 2016.7.14, 2015두58645).

① [X] ② [X] 공공사업의 시행 결과 그로 인하여 사업시행지 밖에서 발생한 간접손실에 관하여 피해자와 사업시행자 사이에 협의가 이루어지지 아니하고 그 보상에 관한 명문의 근거법령이 없는 경우라고 하더라도, 공공사업의 시행으로 인하여 그러한 손실이 발생하리라는 것을 쉽게 예견할 수 있고 그 손실의 범위도 구체적으로 이를 특정할 수 있는 경우라면, 피해자는 「공익사업을 위한 토지 등의 취득 및 보상에 관한 법률 시행규칙」상의 손실보상에 관한 규정을 유추적용하여 사업시행자에게 보상을 청구할 수 있다(대판 2002.11.26, 2001다44352 ; 대판 2004.9.23, 2004다25581).

❸ [O] 구 공공용지의 취득 및 손실보상에 관한 특례법 제3조 제1항이 "공공사업을 위한 토지 등의 취득 또는 사용으로 인하여 토지 등의 소유자가 입은 손실은 사업시행자가 이를 보상하여야 한다."라고 규정하고 같은 법 시행규칙 제23조의5에서 공공사업 시행지구 밖에 위치한 영업에 대한 간접손실에 대하여도 일정한 요건을 갖춘 경우 이를 보상하도록 규정하고 있는 점에 비추어, 공공사업의 시행으로 인하여 사업지구 밖에서 수산제조업에 대한 간접손실이 발생하리라는 것을 쉽게 예견할 수 있고 그 손실의 범위도 구체적으로 특정할 수 있는 경우라면, 그 손실의 보상에 관하여 같은 법 시행규칙의 간접보상규정을 유추적용할 수 있다(대판 1999.12.24, 98다57419).

④ [X] 건물의 일부만이 수용되고 그 건물의 잔여부분을 보수하여 사용할 수 있는 경우 그 건물 전체의 가격에서 편입비율만큼의 비율로 손실보상액을 산정하여 보상하는 한편 보수비를 손실보상액으로 평가하여 보상하는 데 그친다면 보수에 의하여 보전될 수 없는 잔여건물의 가치하락분에 대하여는 보상을 하지 않는 셈이어서 불완전한 보상이 되는 점 등에 비추어 볼 때, 잔여건물에 대하여 보수만으로 보전될 수 없는 가치하락이 있는 경우에는, 동일한 토지소유자의 소유에 속하는 일단의 토지 일부가 공공사업용지로 편입됨으로써 잔여지의 가격이 하락한 경우에는 공공사업용지로 편입되는 토지의 가격으로 환산한 잔여지의 가격에서 가격이 하락된 잔여지의 평가액을 차감한 잔액을 손실액으로 평가하도록 되어 있는 구 공공용지의 취득 및 손실보상에 관한 특례법 시행규칙 제26조 제2항을 유추적용하여 잔여건물의 가치하락분에 대한 감가보상을 인정함이 상당하다(대판 2001.9.25, 2000두2426).

10 정답 ③

① [X] 잔여지 수용청구의 의사표시는 관할 토지수용위원회에 하여야 하는 것으로서, 관할 토지수용위원회가 사업시행자에게 잔여지 수용청구의 의사표시를 수령할 권한을 부여하였다고 인정할 만한 사정이 없는 한, 사업시행자에게 한 잔여지 매수청구의 의사표시를 관할 토지수용위원회에 한 잔여지 수용청구의 의사표시로 볼 수는 없다(대판 2010.8.19, 2008두822).

② [X] 공익사업에 영업시설 일부가 편입됨으로 인하여 잔여 영업시설에 손실을 입은 자가 사업시행자로부터 「공익사업을 위한 토지 등의 취득 및 보상에 관한 법률 시행규칙」 제47조 제3항에 따라 잔여 영업시설의 손실에 대한 보상을 받기 위해서는, 법 제34조, 제50조 등에 규정된 재결절차를 거친 다음 그 재결에 대하여 불복이 있는 때에 비로소 법 제83조 내지 제85조에 따라 권리구제를 받을 수 있을 뿐이다. 이러한 재결절차를 거치지 않은 채 곧바로 사업시행자를 상대로 손실보상을 청구하는 것은 허용되지 않는다(대판 2018.7.20, 2015두4044).

❸ [O] 사업시행자가 동일한 토지소유자에 속하는 일단의 토지 일부를 취득함으로 인하여 잔여지의 가격이 감소하거나 그 밖의 손실이 있을 때 등에는 잔여지를 종래의 목적으로 사용하는 것이 가능한 경우라도 잔여지 손실보상의 대상이 되며, 잔여지를 종래의 목적에 사용하는 것이 불가능하거나 현저히 곤란한 경우이어야만 잔여지 손실보상청구를 할 수 있는 것이 아니다(대판 2018.7.20, 2015두4044).

④ [X] 「공익사업을 위한 토지 등의 취득 및 보상에 관한 법률」 제73조, 제75조의2와 제34조, 제50조, 제61조, 제83조 내지 제85조의 규정내용 및 입법취지 등을 종합하면, 토지소유자가 사업시행자로부터 제73조, 제75조의2에 따른 잔여지 또는 잔여건축물 가격감소 등으로 인한 손실보상을 받기 위해서는 제34조, 제50조 등에 규정된 재결절차를 거친 다음 그 재결에 대하여 불복할 때 비로소 제83조 내지 제85조에 따라 권리구제를 받을 수 있을 뿐이며, 특별한 사정이 없는 한 이러한 재결절차를 거치지 않은 채 곧바로 사업시행자를 상대로 손실보상을 청구하는 것은 허용되지 않는다 할 것이고, 이는 잔여지 또는 잔여건축물 수용청구에 대한 재결절차를 거친 경우라고 하여 달리 볼 것은 아니다(대판 2014.9.25, 2012두24092).

11 정답 ①

❶ [O] ② [X] ③ [X] 「공익사업을 위한 토지 등의 취득 및 보상에 관한 법률」 제74조 제1항에 규정되어 있는 잔여지 수용청구권은 손실보상의 일환으로 토지소유자에게 부여되는 권리로서 그 요건을 구비한 때에는 잔여지를 수용하는 토지수용위원회의 재결이 없더라도 그 청구에 의하여 수용의 효과가 발생하는 형성권적 성질을 가지므로, 잔여지 수용청구를 받아들이지 않은 토지수용위원회의 재결에 대하여 토지소유자가 불복하여 제기하는 소송은 위 법 제85조 제2항에 규정되어 있는 '보상금의 증감에 관한 소송'에 해당하여 사업시행자를 피고로 하여야 한다(대판 2010.8.19, 2008두822 ; 대판 2015.4.9, 2014두46669). ➡ 형식적 당사자소송

④ [X] 「공익사업을 위한 토지 등의 취득 및 보상에 관한 법률」 제75조의2 제1항, 제34조, 제50조, 제61조, 제83조 내지 제85조의 내용 및 입법취지 등을 종합하면, 건축물소유자가 사업시행자로부터 법 제75조의2 제1항에 따른 잔여건축물 가격감소 등으로 인한 손실보상을 받기 위해서는 법 제34조, 제50조 등에 규정된 재결절차를 거친 다음 재결에 대하여 불복이 있는 때에 비로소 법 제83조 내지 제85조에 따라 권리구제를 받을 수 있을 뿐, 재결절차를 거치

지 않은 채 곧바로 사업시행자를 상대로 손실보상을 청구하는 것은 허용되지 않고, 이는 수용대상 건축물에 대하여 재결절차를 거친 경우에도 마찬가지이다(대판 2015.11.12, 2015두2963).

12 정답 ②

① [O]

> **「공익사업을 위한 토지 등의 취득 및 보상에 관한 법률」 제61조 【사업시행자 보상】** 공익사업에 필요한 토지 등의 취득 또는 사용으로 인하여 토지소유자나 관계인이 입은 손실은 사업시행자가 보상하여야 한다.

❷ [X] 수용대상 토지에 대한 손실보상액을 평가함에 있어서는 수용재결 당시의 이용상황, 주위환경 등을 기준으로 하여야 하는 것이고, 여기서의 수용대상 토지의 현실 이용상황은 법령의 규정이나 토지소유자의 주관적 의도 등에 의하여 의제될 것이 아니라 오로지 관계 증거에 의하여 확정되어야 한다(대판 1997.8.29, 96누2569). 사업시행자의 재산상태를 고려할 필요는 없다.

③ [O]

> **「공익사업을 위한 토지 등의 취득 및 보상에 관한 법률」 제64조 【개인별 보상】** 손실보상은 토지소유자나 관계인에게 개인별로 하여야 한다. 다만, 개인별로 보상액을 산정할 수 없을 때에는 그러하지 아니하다.

④ [O] 손실보상은 토지소유자나 관계인에게 개인별로 하여야 한다. 다만, 개인별로 보상액을 산정할 수 없을 때에는 그러하지 아니하다(「공익사업을 위한 토지 등의 취득 및 보상에 관한 법률」 제64조). ➡ 개인별 보상의 원칙

13 정답 ①

❶ [X] 사업시행자가 국가, 지방자치단체, 그 밖에 대통령령으로 정하는 「공공기관의 운영에 관한 법률」에 따라 지정 · 고시된 공공기관 및 공공단체인 경우로서 ㉠ 토지소유자나 관계인이 원하는 경우, ㉡ 사업인정을 받은 사업의 경우에는 대통령령으로 정하는 부재부동산 소유자의 토지에 대한 보상금이 대통령령으로 정하는 일정 금액을 초과하는 경우로서 그 초과하는 금액에 대하여 보상하는 경우의 어느 하나에 해당되는 경우에는 제1항 본문(손실보상은 다른 법률에 특별한 규정이 있는 경우를 제외하고는 현금으로 지급하여야 한다)에도 불구하고 해당 사업시행자가 발행하는 채권으로 지급할 수 있다(「공익사업을 위한 토지 등의 취득 및 보상에 관한 법률」 제63조 제7항). 그러나 토지투기가 우려되는 지역으로서 대통령령으로 정하는 지역에서 ㉠ 「택지개발촉진법」에 따른 택지개발사업, ㉡ 「산업입지 및 개발에 관한 법률」에 따른 산업단지개발사업, ㉢ 그 밖에 대규모 개발사업으로서 대통령령으로 정하는 사업의 어느 하나에 해당하는 공익사업을 시행하는 자 중 대통령령으로 정하는 「공공기관의 운영에 관한 법률」에 따라 지정 · 고시된 공공기관 및 공공단체는 제7항에도 불구하고 제7항 제2호에 따른 부재부동산 소유자의 토지에 대한 보상금 중 대통령령으로 정하는 1억 원 이상의 일정 금액을 초과하는 부분에 대하여는 해당 사업시행자가 발행하는 채권으로 지급하여야 한다(「공익사업을 위한 토지 등의 취득 및 보상에 관한 법률」 제63조 제8항).

② [O] 손실보상은 다른 법률에 특별한 규정이 있는 경우를 제외하고는 금전(현금)보상이 원칙이나(「공익사업을 위한 토지 등의 취득 및

보상에 관한 법률」 제63조 제1항 본문), <u>채권보상도 인정된다</u>(「공익사업을 위한 토지 등의 취득 및 보상에 관한 법률」 제63조 제7항·제8항).

③ [O]

> 「공익사업을 위한 토지 등의 취득 및 보상에 관한 법률」 제66조 【사업시행 이익과의 상계금지】 사업시행자는 동일한 소유자에게 속하는 일단의 토지의 일부를 취득하거나 사용하는 경우 해당 공익사업의 시행으로 인하여 잔여지의 가격이 증가하거나 그 밖의 이익이 발생한 경우에도 그 이익을 그 <u>취득 또는 사용으로 인한 손실과 상계할 수 없다.</u>

④ [O] 보상은 물건별로 하는 것이 아니라, 개인별로 보상한다. 즉, 보상액을 피보상자에게 개인별로 지급하는 것이 원칙이다(「공익사업을 위한 토지 등의 취득 및 보상에 관한 법률」 제64조).

14 정답 ①

❶ [X] 토지수용위원회의 재결사항은 ㉠ 수용 또는 사용할 토지의 구역 및 사용방법, ㉡ 손실의 보상, ㉢ 수용 또는 사용의 개시일과 기간, ㉣ 그 밖에 이 법 및 다른 법률에서 규정한 사항이다. 토지수용위원회는 <u>사업시행자·토지소유자 또는 관계인이 신청한 범위 안에서 재결하여야 하나, 다만 위 ㉡의 손실의 보상에 있어서는 증액재결을 할 수 있다</u>(「공익사업을 위한 토지 등의 취득 및 보상에 관한 법률」 제50조 제1항·제2항).

② [O] 사업시행자, 토지소유자 또는 관계인은 토지수용위원회의 재결에 불복할 때에는 <u>재결서를 받은 날부터 90일 이내에</u>, 이의신청을 거쳤을 때에는 이의신청에 대한 재결서를 받은 날부터 60일 이내에 각각 행정소송을 제기할 수 있다. 이 경우 사업시행자는 행정소송을 제기하기 전에 중앙토지수용위원회의 보상액 변경에 따라 늘어난 보상금을 공탁하여야 하며, 보상금을 받을 자는 공탁된 보상금을 소송이 종결될 때까지 수령할 수 없다(「공익사업을 위한 토지 등의 취득 및 보상에 관한 법률」 제85조 제1항).

③ [O] 수용재결에 불복하여 제기하려는 행정소송이 보상금의 증감에 관한 소송인 경우 그 소송을 제기하는 자가 토지소유자 또는 관계인일 때에는 사업시행자를, 사업시행자일 때에는 토지소유자 또는 관계인을 각각 피고로 한다(「공익사업을 위한 토지 등의 취득 및 보상에 관한 법률」 제85조 제2항).

④ [O] 토지수용위원회는 행정쟁송에 의하여 사업인정이 취소되지 않는 한 그 기능상 사업인정 자체를 무의미하게 하는, 즉 사업의 시행이 불가능하게 되는 것과 같은 재결을 행할 수는 없다(대판 2007. 1.11, 2004두8538).

15 정답 ①

❶ [X] 「공익사업을 위한 토지 등의 취득 및 보상에 관한 법률」 제72조의 문언, 연혁 및 취지 등에 비추어 보면, 위 규정이 정한 수용청구권은 같은 법 제74조 제1항이 정한 잔여지 수용청구권과 같이 손실보상의 일환으로 토지소유자에게 부여되는 권리로서 그 청구에 의하여 수용효과가 생기는 형성권의 성질을 지니므로, 토지소유자의 토지수용청구를 받아들이지 아니한 토지수용위원회의 재결에 대하여 토지소유자가 불복하여 제기하는 소송은 같은 법 제85조 제2항에 규정되어 있는 '보상금의 증감에 관한 소송'에 해당하고, 피고는 <u>토지수용위원회가 아니라 사업시행자로 하여야</u> 한다(대판 2015.4.9, 2014두46669).

② [O] 손실보상금 산정을 위한 감정평가 중 어느 한 가지 점이라도 위법사유가 있으면 그것으로써 <u>감정평가 결과는 위법하게 되나, 감정평가가 위법하다고 하여도 법원은 그 감정내용 중 위법하지 않은 부분을 추출하여 판결에서 참작할 수 있다</u>(대판 2014.12.11, 2012두1570).

③ [O] 하나의 재결에서 피보상자별로 여러 가지의 토지, 물건, 권리 또는 영업(이처럼 손실보상 대상에 해당하는지, 나아가 그 보상금액이 얼마인지를 심리·판단하는 기초 단위를 이하 '보상항목'이라고 함)의 손실에 관하여 심리·판단이 이루어졌을 때, 피보상자 또는 사업시행자가 반드시 재결 전부에 관하여 불복하여야 하는 것은 아니며, 여러 보상항목들 중 일부에 관해서만 불복하는 경우에는 그 부분에 관해서만 개별적으로 불복의 사유를 주장하여 행정소송을 제기할 수 있다. 이러한 보상금증감소송에서 법원의 심판범위는 하나의 재결 내에서 소송당사자가 구체적으로 불복신청을 한 보상항목들로 제한된다. 법원이 구체적인 불복신청이 있는 보상항목들에 관해서 감정을 실시하는 등 심리한 결과, 재결에서 정한 보상금액이 일부 보상항목의 경우 과소하고 다른 보상항목의 경우 과다한 것으로 판명되었다면, 법원은 보상항목 상호간의 유용을 허용하여 항목별로 과다 부분과 과소 부분을 합산하여 보상금의 합계액을 정당한 보상으로 결정할 수 있다(대판 2018.5.15, 2017두41221).

④ [O] 대판 2001.4.27, 2000다50237

16 정답 ①

❶ [O] 사업인정이란 공익사업을 토지 등을 수용 또는 사용할 사업으로 결정하는 것으로서 공익사업의 시행자에게 그 후 일정한 절차를 거칠 것을 조건으로 일정한 내용의 <u>수용권을 설정하여 주는 형성행위</u>이므로, 해당 사업이 외형상 토지 등을 수용 또는 사용할 수 있는 사업에 해당한다고 하더라도 <u>사업인정기관으로서는 그 사업이 공용수용을 할 만한 공익성이 있는지의 여부와 공익성이 있는 경우에도 그 사업의 내용과 방법에 관하여 사업인정에 관련된 자들의 이익을 공익과 사익 사이에서는 물론, 공익 상호간 및 사익 상호간에도 정당하게 비교·교량하여야 하고, 그 비교·교량은 비례의 원칙에 적합하도록 하여야 한다.</u> 그뿐만 아니라 해당 공익사업을 수행하여 공익을 실현할 의사나 능력이 없는 자에게 타인의 재산권을 공권력적·강제적으로 박탈할 수 있는 수용권을 설정하여 줄 수는 없으므로, 사업시행자에게 해당 공익사업을 수행할 의사와 능력이 있어야 한다는 것도 <u>사업인정의 한 요건이라고 보아야 한다</u>(대판 2011.1.27, 2009두1051 ; 대판 2019.2.28, 2017두71031).

② [X] 사업시행자가 사업인정을 받은 후 그 사업이 공용수용을 할 만한 공익성을 상실하거나 사업인정에 관련된 자들의 이익이 현저히 비례의 원칙에 어긋나게 된 경우 또는 사업시행자가 해당 공익사업을 수행할 의사나 능력을 상실하였음에도 여전히 그 사업인정에 기하여 수용권을 행사하는 것은 수용권의 공익목적에 반하는 <u>수용권의 남용에 해당하여 허용되지 않는다</u>(대판 2011.1.27, 2009두1051).

③ [X] ④ [X] 하나의 재결에서 피보상자별로 여러 가지의 토지, 물건, 권리 또는 영업(이처럼 손실보상 대상에 해당하는지, 나아가 그 보상금액이 얼마인지를 심리·판단하는 기초 단위를 이하 '보상항목'이라고 함)의 손실에 관하여 심리·판단이 이루어졌을 때, 피보상자 또는 사업시행자가 반드시 재결 전부에 관하여 불복하여야 하는 것은 아니며, 여러 보상항목들 중 일부에 관해서만 불복하는 경우에는 그 부분에 관해서만 개별적으로 불복의 사유를 주장하여 행정소송을 제기할 수 있다. 이러한 보상금증감소송에서 법원의 심판범위는 하나의 재결 내에서 소송당사자가 구체적으로 불복신

청을 한 보상항목들로 제한된다. 법원이 구체적인 불복신청이 있는 보상항목들에 관해서 감정을 실시하는 등 심리한 결과, 재결에서 정한 보상금액이 일부 보상항목의 경우 과소하고 다른 보상항목의 경우 과다한 것으로 판명되었다면, 법원은 보상항목 상호간의 유용을 허용하여 항목별로 과다 부분과 과소 부분을 합산하여 보상금의 합계액을 정당한 보상금으로 결정할 수 있다(대판 2018. 5.15, 2017두41221).

17

정답 ③

① [O] 「공익사업을 위한 토지 등의 취득 및 보상에 관한 법률」은 사업시행자로 하여금 우선 협의취득절차를 거치도록 하고, 협의가 성립되지 않거나 협의를 할 수 없을 때에 수용재결취득절차를 밟도록 예정하고 있기는 하다. 그렇지만 일단 토지수용위원회가 수용재결을 하였더라도 사업시행자로서는 수용 또는 사용의 개시일까지 토지수용위원회가 재결한 보상금을 지급 또는 공탁하지 아니함으로써 재결의 효력을 상실시킬 수 있는 점, 토지소유자 등은 수용재결에 대하여 이의를 신청하거나 행정소송을 제기하여 보상금의 적정 여부를 다툴 수 있는데, 그 절차에서 사업시행자와 보상금액에 관하여 임의로 합의할 수 있는 점, 공익사업의 효율적인 수행을 통하여 공공복리를 증진시키고, 재산권을 적정하게 보호하려는 「공익사업을 위한 토지 등의 취득 및 보상에 관한 법률」의 입법 목적(제1조)에 비추어 보더라도 수용재결이 있은 후에 사법상 계약의 실질을 가지는 협의취득절차를 금지해야 할 별다른 필요성을 찾기 어려운 점 등을 종합해 보면, 토지수용위원회의 수용재결이 있은 후라고 하더라도 토지소유자 등과 사업시행자가 다시 협의하여 토지 등의 취득이나 사용 및 그에 대한 보상에 관하여 임의로 계약을 체결할 수 있다고 보아야 한다(대판 2017.4.13, 2016두64241).

② [O] 행정소송에 대하여는 '다른 법률에 특별한 규정이 있는 경우를 제외'하고는 이 법이 정하는 바에 의한다(「행정소송법」 제8조 제1항). 그런데 「공익사업을 위한 토지 등의 취득 및 보상에 관한 법률」 제85조 제1항에서는 "사업시행자, 토지소유자 또는 관계인은 재결에 불복할 때에는 재결서를 받은 날부터 90일 이내에, 이의신청을 거쳤을 때에는 이의신청에 대한 재결서를 받은 날부터 60일 이내에 각각 행정소송을 제기할 수 있다."라고 규정하고 있다. 따라서 수용재결에 대해 취소소송으로 다투는 경우, 「행정소송법」 제20조의 제소기간규정이 적용되지 않는다.

❸ [X] 「공익사업을 위한 토지 등의 취득 및 보상에 관한 법률」 제22조 제1항에서는 "국토교통부장관은 사업인정을 하였을 때에는 지체 없이 그 뜻을 사업시행자, 토지소유자 및 관계인, 관계 시·도지사에게 통지하고 사업시행자의 성명이나 명칭, 사업의 종류, 사업지역 및 수용하거나 사용할 토지의 세목을 관보에 고시하여야 한다."라고 규정하고 있는바, 가령 국토교통부장관이 위와 같은 절차를 누락한 경우 이는 절차상의 위법으로서 수용재결단계 전의 사업인정단계에서 다툴 수 있는 취소사유에 해당하기는 하나, 더 나아가 그 사업인정 자체를 무효로 할 중대하고 명백한 하자라고 보기는 어렵고, 따라서 이러한 위법을 들어 수용재결처분의 취소를 구하거나 무효확인을 구할 수는 없다(대판 2000.10.13, 2000두5142).

④ [O] 수용재결에 불복하여 취소소송을 제기하는 때에는 이의신청을 거친 경우에도 수용재결을 한 중앙토지수용위원회 또는 지방토지수용위원회를 피고로 하여 수용재결의 취소를 구하여야 하고, 다만 이의신청에 대한 재결 자체에 고유한 위법이 있음을 이유로 하는 경우에는 그 이의재결을 한 중앙토지수용위원회를 피고로 하여 이의재결의 취소를 구할 수 있다고 보아야 한다(대판 2010.1.28, 2008두1504).

18

정답 ②

① [O] 이는 수용적 침해의 보상에 관한 설명이다.

❷ [X] 경계이론은 재산권의 제약이 일정한 문턱을 넘어서면 보상을 요하는 공용침해가 되고, 그 문턱을 넘지 않으면 보상이 필요 없는 재산권의 제약으로 보는 이론이다. 즉, 경계이론은 재산권에 내재하는 사회적 제약과 구별되는 특별한 희생의 판단에 관한 이론이다. 그런데 수용유사침해이론은 공용침해를 통하여 특별한 희생을 입고 있는 사람이 존재함에도 불구하고 법률에 보상규정이 없는 경우에 이를 보상해 주기 위한 이론이다. 따라서 수용유사침해이론은 보상을 직접 목적으로 하는 것으로 경계이론에서 나오는 것이다. 이에 반하여 분리이론은 특별한 희생이 있음에도 보상규정이 없는 경우에는 보상을 해 주어야 하는 것이 아니라, 그 특별한 희생을 강요하는 법률 자체를 위헌무효라고 보는 이론이다. 따라서 수용유사침해이론은 위헌성의 제거를 목적으로 하는 분리이론과는 맥을 달리한다.

③ [O] 수용적 침해란 적법한 행정작용의 부수적인 결과로서 타인의 재산권에 수용적 영향을 가하는 침해를 말하며, 그 특징으로 비정형성과 비의도성을 가진다. 독일연방사법재판소는 수용적 침해도 관습법상 인정되고 있는 희생보상청구권에서 그 법적 근거를 찾고 있다.

④ [O] 수용유사침해이론의 도입긍정설은 공용침해에 해당되지만 손실보상규정이 없는 경우에도 헌법 제23조 제1항(재산권 보장)과 제11조(평등원칙)를 근거로 하여 헌법 제23조 제3항 및 관련 보상규정의 유추적용에 의해 손실보상을 인정할 수 있다고 주장한다. 보상규정의 흠결 시 유추적용설을 주장하는 학자들은 수용유사침해이론의 도입에 적극적이다.

19

정답 ②

① [X] 희생보상청구권이란 공권력작용으로 인하여 발생한 비재산적 법익의 손실에 대하여 보상을 청구할 수 있는 권리를 말한다.

❷ [O] 「감염병의 예방 및 관리에 관한 법률」과 같은 법 시행령의 관련 규정에 따르면 법령상 보상금 지급에 대한 처분권한은 국가사무인 예방접종피해보상에 관한 보건복지부장관의 위임을 받아 보상금 지급 여부를 결정하고, 보상금을 지급함으로써 대외적으로 보상금 지급 여부에 관한 의사를 표시할 수 있는 질병관리본부장(현행은 질병관리청장)에게 있다(대판 2019.4.3, 2017두52764).

③ [X] 「감염병의 예방 및 관리에 관한 법률」 제71조에 의한 예방접종 피해에 대한 국가의 보상책임은 무과실책임이지만, 질병, 장애 또는 사망이 예방접종으로 발생하였다는 점이 인정되어야 한다(대판 2019.4.3, 2017두52764).

④ [X] 「감염병의 예방 및 관리에 관한 법률」 제71조에 의한 예방접종 피해에 대한 국가의 보상책임은 무과실책임이지만, 질병, 장애 또는 사망이 예방접종으로 발생하였다는 점이 인정되어야 한다. 여기서 예방접종과 장애 등 사이의 인과관계는 반드시 의학적·자연과학적으로 명백히 증명되어야 하는 것은 아니고, 간접적 사실관계 등 제반 사정을 고려할 때 인과관계가 있다고 추단되는 경우에는 증명이 있다고 보아야 한다(대판 2019.4.3, 2017두52764).

① [X] 결과제거청구권은 예컨대, 공무원의 위법한 명예훼손적 발언으로 명예를 훼손당한 자가 그 발언의 철회를 요구하는 경우와 같이 <u>비재산적 법익이 침해된 경우에도 행사할 수 있다.</u>

② [X] 결과제거청구권이 인정되려면 행정주체의 공행정작용으로 인한 위법상태가 발생하였어야 하는데, 여기서의 공행정작용이란 <u>권력적·비권력적 행위, 작위·부작위, 법적·사실적 행위 등을 묻지 아니한다. 그러나 사경제작용(국고작용)으로 인한 침해는 제외된다.</u>

③ [X] 결과제거청구권을 행정주체의 공행정작용으로 인하여 야기된 위법한 상태를 제거함을 그 목적으로 한다고 보는 통설인 공권설에 의하면, 결과제거청구소송은 <u>행정소송인 공법상 당사자소송에 의하게 된다. 그러나 판례는 민사소송에 의한다.</u>

❹ [○]

> **관련 판례**
>
> 1. 적법한 사용권을 취득함이 없이 타인의 토지를 도로부지로 편입하여 도로로 사용하는 경우와 토지소유자의 사권행사의 제한
>   도로를 구성하는 부지에 대하여는 사권을 행사할 수 없으므로 그 부지의 소유자는 불법행위를 원인으로 하여 손해배상을 청구함은 별론으로 하고, 그 부지에 관하여 그 소유권을 행사하여 인도를 청구할 수 없다(대판 1968.10.22, 68다1317).
>
> 2. 공중의 편의를 위한 상수도시설을 대지소유자가 소유권에 기하여 철거를 요구하는 것이 권리남용에 해당하는지 여부
>   대지소유자가 그 소유권에 기하여 그 대지의 불법점유자인 시에 대하여 권원 없이 그 대지의 지하에 매설한 상수도관의 철거를 구하는 경우에 공익사업으로서 공중의 편의를 위하여 매설한 상수도관을 철거할 수 없다거나 이를 이설할 만한 마땅한 다른 장소가 없다는 이유만으로써는 대지소유자의 위 철거청구가 오로지 타인을 해하기 위한 것으로서 권리남용에 해당한다고 할 수는 없다(대판 1987.7.7, 85다카1383).

정답

01	②	02	②	03	④	04	①
05	①	06	④	07	③	08	②
09	①	10	②	11	④	12	②
13	①	14	②	15	①	16	②
17	③	18	①	19	④	20	③

01 정답 ②

㉠ [X] 「행정심판법」 제3조는 행정심판의 종류로 취소심판, 무효등확인심판, 의무이행심판을 규정하고 있을 뿐, 부작위법확인심판이나 당사자심판에 대한 규정은 없다.

㉡ [O] 토지수용위원회의 수용재결에 대한 이의절차는 실질적으로 행정심판의 성질을 갖는 것이므로 「공익사업을 위한 토지 등의 취득 및 보상에 관한 법률」에 특별한 규정이 있는 것을 제외하고는 「행정심판법」의 규정이 적용된다(대판 1992.6.9, 92누565).

㉢ [O] 비록 제목이 '진정서'로 되어 있고, 재결청의 표시, 심판청구의 취지 및 이유, 처분을 한 행정청의 고지의 유무 및 그 내용 등 「행정심판법」 제28조 제2항 소정의 사항들을 구분하여 기재하고 있지 아니하여 행정심판청구서로서의 형식을 다 갖추고 있다고 볼 수는 없으나, 피청구인인 처분청과 청구인의 이름과 주소가 기재되어 있고, 청구인의 기명이 되어 있으며, 문서의 기재내용에 의하여 심판청구의 대상이 되는 행정처분의 내용과 심판청구의 취지 및 이유, 처분이 있은 것을 안 날을 알 수 있는 경우, 위 문서에 기재되어 있지 않은 재결청, 처분을 한 행정청의 고지의 유무 등의 내용과 날인 등의 불비한 점은 보정이 가능하므로 위 문서를 행정처분에 대한 행정심판청구로 보는 것이 옳다(대판 2000.6.9, 98두2621).

㉣ [X] 「지방자치법」 제140조 제3항에서 정한 이의신청은 행정청의 위법·부당한 처분에 대하여 행정기관이 심판하는 행정심판과는 구별되는 별개의 제도이나, 이의신청과 행정심판은 모두 본질에 있어 행정처분으로 인하여 권리나 이익을 침해당한 상대방의 권리구제에 목적이 있고, 행정소송에 앞서 먼저 행정기관의 판단을 받는 데에 목적을 둔 엄격한 형식을 요하지 않는 서면행위이므로, 이의신청을 제기해야 할 사람이 처분청에 표제를 '행정심판청구서'로 한 서류를 제출한 경우라 할지라도 서류의 내용에 이의신청 요건에 맞는 불복취지와 사유가 충분히 기재되어 있다면 표제에도 불구하고 이를 처분에 대한 이의신청으로 볼 수 있다(대판 2012.3.29, 2011두26886).

02 정답 ②

① [X] 행정청이 심판청구기간을 제1항에 규정된 기간(처분이 있음을 알게 된 날부터 90일 이내)보다 긴 기간으로 잘못 알린 경우 그 잘못 알린 기간에 심판청구가 있으면 그 행정심판은 제1항에 규정된 기간에 청구된 것으로 본다(「행정심판법」 제27조 제5항). 그러나 「행

정소송법」에서는 이와 같은 규정이 없다.⁻

❷ [O] 「행정심판법」에서는 집행정지(제30조)뿐만 아니라 임시처분(제31조)도 규정하고 있다. 그러나 「행정소송법」에서는 집행정지(제23조)만 규정하고 있을 뿐이고 임시처분에 관한 규정은 없다.

③ [X] 당사자의 신청에 대한 행정청의 위법 또는 부당한 거부처분이나 부작위에 대하여는 의무이행심판을 청구할 수 있고(「행정심판법」 제5조 제3호), 이에 대한 행정심판위원회의 처분이행명령재결이 있으면 행정청은 지체 없이 이전의 신청에 대하여 재결의 취지에 따라 처분을 하여야 한다(「행정심판법」 제49조 제3항). 그럼에도 불구하고 피청구인이 처분을 하지 아니하는 경우에는 위원회는 당사자가 신청하면 기간을 정하여 서면으로 시정을 명하고 그 기간에 이행하지 아니하면 직접 처분을 할 수 있다(「행정심판법」 제50조 제1항). 그러나 행정소송에서는 행정청의 부작위가 위법한 경우에도 부작위위법확인소송만 인정되고 의무이행소송이 인정되지 않으므로 처분이행명령판결이 있을 수 없고, 따라서 법원의 직접 처분도 규정되어 있지 않다.

④ [X] 행정심판은 행정의 법률문제인 적법성·위법성뿐만 아니라 부당성(합목적성)까지 심판대상으로 하나(「행정심판법」 제1조), 행정소송은 위법성만을 심판대상으로 한다(「행정소송법」 제1조). 즉, 행정소송은 행정의 당·부당(합목적성)에 대한 판단을 할 수 없다.

03 정답 ④

① [X] 행정심판은 형식적 의미의 행정작용이고, 행정소송은 형식적 의미의 사법작용이다. 그러나 양자는 모두 실질적 의미의 사법작용이다.

② [X] 「행정심판법」 제44조에서 사정재결에 대해 규정하고 있다.

③ [X] 행정소송에 있어서는 의무이행소송이 인정되지 아니하나, 행정심판에 있어서는 의무이행심판이 인정된다(「행정심판법」 제5조 제3호).

❹ [O] 행정심판의 재결도 행정행위의 일종으로서 내용상 구속력·공정력·불가쟁력·불가변력 등의 효력을 갖는다.

04 정답 ①

❶ [O] 행정심판청구기간의 제한규정은 무효등확인심판청구와 부작위에 대한 의무이행심판청구에는 적용하지 아니한다(「행정심판법」 제27조 제7항). 즉, 취소심판청구와 거부처분에 대한 의무이행심판청구에는 적용되지만, 무효등확인심판청구와 부작위에 대한 의무이행심판청구에는 적용하지 아니한다. 또 사정재결도 무효등확인심판에는 적용하지 아니한다(「행정심판법」 제44조 제3항). 이를 취소심판·의무이행심판에만 인정하고 무효등확인심판에는 적용하지 않는 이유는, 무효와 부존재는 언제나 무효 또는 부존재이고, 유효와 존재의 경우에는 사정재결이 불필요하기 때문이다.

② [X] 위원회는 피청구인이 제49조 제3항(제2항 X)에도 불구하고 처분을 하지 아니하는 경우에는 당사자가 신청(직권 X)하면 기간을 정하여 서면으로 시정을 명하고 그 기간에 이행하지 아니하면 직접 처분을 할 수 있다. 다만, 그 처분의 성질이나 그 밖의 불가피한 사유로 위원회가 직접 처분을 할 수 없는 경우에는 그러하지 아니하다(「행정심판법」 제50조 제1항). ➡ 행정심판위원회의 직접 처분은 처분의 이행명령재결의 실효성을 확보하기 위한 제도이다.

「행정심판법」제49조【재결의 기속력 등】② 재결에 의하여 취소되거나 무효 또는 부존재로 확인되는 처분이 당사자의 신청을 거부하는 것을 내용으로 하는 경우에는 그 처분을 한 행정청은 재결의 취지에 따라 다시 이전의 신청에 대한 처분을 하여야 한다.

③ 당사자의 신청을 거부하거나 부작위로 방치한 처분의 이행을 명하는 재결이 있으면 행정청은 지체 없이 이전의 신청에 대하여 재결의 취지에 따라 처분을 하여야 한다.

④ 신청에 따른 처분이 절차의 위법 또는 부당을 이유로 재결로써 취소된 경우에는 제2항을 준용한다.

③ [X] ㉠ 재결에 의하여 취소되거나 무효 또는 부존재로 확인되는 처분이 당사자의 신청을 거부하는 것을 내용으로 하는 경우나 신청에 따른 처분이 절차의 위법 또는 부당을 이유로 재결로써 취소된 경우에는 그 처분을 한 행정청은 재결의 취지에 따라 다시 이전의 신청에 대한 처분을 하여야 한다(「행정심판법」제49조 제2항·제4항). 즉, 취소재결의 기속력으로서 재처분의무가 있다. ㉡ 취소심판은 행정청의 위법 또는 부당한 처분을 취소하거나 변경하는 행정심판이고, 의무이행심판은 당사자의 신청에 대한 행정청의 위법 또는 부당한 거부처분이나 부작위에 대하여 일정한 처분을 하도록 하는 행정심판이다(「행정심판법」제5조 제1호·제3호). 그런데 거부처분에 대해 취소심판을 청구하여 취소재결을 받아도 그 거부처분이 있기 전의 상태로 돌아갈 뿐 신청인의 권리구제에 아무런 도움이 되지 않으므로, 의무이행심판을 청구하는 것이 권리구제에 더 적합하다.

④ [X] ㉠ 행정심판청구기간의 제한은 무효등확인심판청구와 부작위에 대한 의무이행심판청구에는 적용하지 아니하고 취소심판과 거부처분에 대한 의무이행심판에만 적용된다(「행정심판법」제27조 제7항). ㉡ 사정재결은 무효등확인심판에는 적용하지 아니하고 취소심판과 의무이행심판에만 적용된다(「행정심판법」제44조 제3항). ㉢ 신청에 대한 거부처분의 효력을 정지하더라도 거부처분이 없었던 것과 같은 상태, 즉 거부처분이 있기 전의 신청 시의 상태로 되돌아가는 데에 불과하고 행정청에게 신청에 따른 처분을 하여야 할 의무가 생기는 것이 아니므로, 거부처분의 효력정지는 그 거부처분으로 인하여 신청인에게 생길 손해를 방지하는 데 아무런 보탬이 되지 아니하여 그 효력정지를 구할 이익이 없다(대결 1995.6.21, 95두26 ; 대결 1992.2.13, 91두47). 즉, 거부처분에 대한 의무이행심판에는 집행정지의 규정(제30조)이 적용되지 않는다.

05　　　　　　　　　　　　　　　　　　정답 ①

❶ [O]

「행정심판법」제5조【행정심판의 종류】행정심판의 종류는 다음 각 호와 같다.
1. 취소심판: 행정청의 위법 또는 부당한 처분을 취소하거나 변경하는 행정심판
2. 무효등확인심판: 행정청의 처분의 효력 유무 또는 존재 여부를 확인하는 행정심판
3. 의무이행심판: 당사자의 신청에 대한 행정청의 위법 또는 부당한 거부처분이나 부작위에 대하여 일정한 처분을 하도록 하는 행정심판

② [X] 의무이행심판이란 당사자의 신청에 대한 행정청의 위법 또는 부당한 거부처분이나 부작위에 대하여 일정한 처분을 하도록 하는 행정심판을 말한다(「행정심판법」제5조 제3호). 따라서 의무이행심

판은 행정청의 거부처분이나 부작위 등 소극적인 행위로 인한 침해로부터 당사자의 권익을 보호하는 기능을 한다.

③ [X] ㉠ 행정심판의 청구기간에 관한 규정은 무효등확인심판청구와 부작위에 대한 의무이행심판청구에는 적용하지 아니한다(「행정심판법」제27조 제7항). 따라서 취소심판과 거부처분에 대한 의무이행심판에는 적용된다. ㉡ 사정재결은 무효등확인심판에는 적용하지 아니한다(「행정심판법」제44조 제3항). 따라서 취소심판과 의무이행심판에는 인정된다.

④ [X] 거부처분에 대하여서는 의무이행심판뿐만 아니라 취소심판을 제기할 수도 있다. 다만, 취소심판의 경우에는 잘못된 거부처분의 효력을 상실하게 하는 효과밖에 없으나, 의무이행심판으로 다투게 되면 적극적인 행위를 재결할 수 있다는 실익이 있다. 따라서 허가신청에 대해 거부처분을 한 경우 취소심판보다는 의무이행심판으로 하는 것이 권리구제에 적합하다.

06　　　　　　　　　　　　　　　　　　정답 ④

① [O] 이의신청 등에 대한 결정의 한 유형으로 실무상 행해지고 있는 재조사결정은 처분청으로 하여금 하나의 과세단위의 전부 또는 일부에 관하여 당해 결정에서 지적된 사항을 재조사하여 그 결과에 따라 과세표준과 세액을 경정하거나 당초 처분을 유지하는 등의 후속처분을 하도록 하는 형식을 취하고 있다. 이에 따라 재조사결정을 통지받은 이의신청인 등은 그에 따른 후속처분의 통지를 받은 후에야 비로소 다음 단계의 쟁송절차에서 불복할 대상과 범위를 구체적으로 특정할 수 있게 된다. 이와 같은 재조사결정의 형식과 취지, 그리고 행정심판제도의 자율적 행정통제기능 및 복잡하고 전문적·기술적 성격을 갖는 조세법률관계의 특수성 등을 감안하면, 재조사결정은 당해 결정에서 지적된 사항에 관해서는 처분청의 재조사 결과를 기다려 그에 따른 후속처분의 내용을 이의신청 등에 대한 결정의 일부분으로 삼겠다는 의사가 내포된 변형결정에 해당한다고 볼 수밖에 없다. 그렇다면 재조사결정은 처분청의 후속처분에 의하여 그 내용이 보완됨으로써 이의신청 등에 대한 결정으로서의 효력이 발생한다고 할 것이므로, 재조사결정에 따른 심사청구기간이나 심판청구기간 또는 행정소송의 제소기간은 이의신청인 등이 후속처분의 통지를 받은 날부터 기산된다고 봄이 타당하다(대판 전합체 2010.6.25, 2007두12514).

② [O] 「행정소송법」제18조 제1항, 제20조 제1항, 「행정심판법」제27조 제1항을 종합해 보면, 행정처분이 있음을 알고 처분에 대하여 곧바로 취소소송을 제기하는 방법을 선택한 때에는 처분이 있음을 안 날부터 90일 이내에 취소소송을 제기하여야 하고, 행정심판을 청구하는 방법을 선택한 때에는 처분이 있음을 안 날부터 90일 이내에 행정심판을 청구하고 행정심판의 재결서를 송달받은 날부터 90일 이내에 취소소송을 제기하여야 한다. 따라서 처분이 있음을 안 날부터 90일 이내에 행정심판을 청구하지도 않고 취소소송을 제기하지도 않은 경우에는 그 후 제기된 취소소송은 제소기간을 경과한 것으로서 부적법하고, 처분이 있음을 안 날부터 90일을 넘겨 청구한 부적법한 행정심판청구에 대한 (각하)재결이 있은 후 재결서를 송달받은 날부터 90일 이내에 원래의 처분에 대하여 취소소송을 제기하였다고 하여 취소소송이 다시 제소기간을 준수한 것으로 되는 것은 아니다(대판 2011.11.24, 2011두18786).

③ [O] 구 부동산 가격공시 및 감정평가에 관한 법률(현 「부동산 가격공시에 관한 법률」)에 행정심판의 제기를 배제하는 명시적인 규정이 없고, 같은 법에 따른 이의신청과 행정심판은 그 절차 및 담당기관에 차이가 있다. 따라서 같은 법이 이의신청에 관하여 규정하고 있다고 하여 이를 「행정심판법」제3조 제1항에서 행정심판의 제기를 배제하는 '다른 법률에 특별한 규정이 있는 경우'에 해당한다고 볼 수 없으므로, 개별공시지가에 대하여 이의가 있는 자는 곧바로 행

정소송을 제기하거나 같은 법에 따른 이의신청과 「행정심판법」에 따른 행정심판청구 중 어느 하나만을 거쳐 행정소송을 제기할 수 있을 뿐 아니라, 이의신청을 하여 그 결과 통지를 받은 후 다시 행정심판을 거쳐 행정소송을 제기할 수도 있다고 보아야 하고, 이 경우 행정소송의 제소기간은 그 행정심판 재결서 정본을 송달받은 날부터 기산한다(대판 2010.1.28, 2008두19987).

❹ [X] 통상 고시 또는 공고에 의하여 행정처분을 하는 경우에는 그 처분의 상대방이 불특정 다수인이고, 그 처분의 효력이 불특정 다수인에게 일률적으로 적용되는 것이므로, 그 행정처분에 이해관계를 갖는 자는 고시 또는 공고가 있었다는 사실을 현실적으로 알았는지 여부에 관계없이 고시가 효력을 발생하는 날에 행정처분이 있음을 알았다고 보아야 하고, 따라서 그에 대한 취소소송은 그날부터 90일 이내에 제기하여야 한다(대판 2006.4.14, 2004두3847).

07 정답 ③

① [X] 행정청이 심판청구기간을 알리지 아니한 경우에는 행정심판은 처분이 있었던 날부터 180일 이내에 심판청구를 할 수 있다(「행정심판법」 제27조 제6항).

② [X] 행정심판은 처분이 있음을 알게 된 날부터 90일 이내에 청구하여야 한다(「행정심판법」 제27조 제1항). 그런데 통상 고시 또는 공고에 의하여 행정처분을 하는 경우에는 그 처분의 상대방이 불특정 다수인이고, 그 처분의 효력이 불특정 다수인에게 일률적으로 적용되는 것이므로, 그에 대한 행정심판 청구기간도 그 행정처분에 이해관계를 갖는 자가 고시 또는 공고가 있었다는 사실을 현실적으로 알았는지 여부에 관계없이 고시가 효력을 발생하는 날인 고시 또는 공고가 있은 후 5일이 경과한 날에 행정처분이 있음을 알았다고 보아야 한다(대판 2000.9.8, 99두11257). 따라서 그에 대한 행정심판은 그날부터 90일 이내에 제기하여야 한다.

❸ [O] 통상 고시 또는 공고에 의하여 행정처분을 하는 경우에는 그 처분의 상대방이 불특정 다수인이고, 그 처분의 효력이 불특정 다수인에게 일률적으로 적용되는 것이므로, 그에 대한 행정심판 청구기간도 그 행정처분에 이해관계를 갖는 자가 고시 또는 공고가 있었다는 사실을 현실적으로 알았는지 여부에 관계없이 고시가 효력을 발생하는 날인 고시 또는 공고가 있은 후 5일이 경과한 날에 행정처분이 있음을 알았다고 보아야 한다(대판 2000.9.8, 99두11257).

④ [X] 청구인이 천재지변, 전쟁, 사변, 그 밖의 불가항력으로 인하여 처분이 있음을 알게 된 날부터 90일 이내에 심판청구를 할 수 없었을 때에는 그 사유가 소멸한 날부터 14일 이내에 행정심판을 청구할 수 있다. 다만, 국외에서 행정심판을 청구하는 경우에는 그 기간을 30일로 한다(「행정심판법」 제27조 제2항).

08 정답 ②

① [O] 행정청이 심판청구기간을 처분이 있음을 알게 된 날부터 90일보다 긴 기간으로 잘못 알린 경우 그 잘못 알린 기간에 심판청구가 있으면 그 행정심판은 법정기간에 청구된 것으로 본다(「행정심판법」 제27조 제5항).

❷ [X] 개별 법률에서 행정심판 청구기간에 대한 특칙을 규정하고 있으면 일반법인 「행정심판법」이 아니라 그 개별 법률이 우선 적용된다. 그러나 행정청이 행정처분을 하면서 그 개별 법률상의 심판청구기간을 고지하지 아니하였다면 그 개별 법률에서 정한 심판청구기간이 아니라 「행정심판법」 제27조 제6항에 따라 처분이 있었던 날부터 180일 이내에 행정심판을 청구할 수 있다고 보아야 할 것이다(대판 1992.6.9, 92누565).

③ [O] 「행정심판법」 제27조 제1항 소정의 '처분이 있음을 안 날'이라 함은 당사자가 통지·공고 기타의 방법에 의하여 당해 처분이 있었다는 사실을 현실적으로 안 날을 의미하고, 추상적으로 알 수 있었던 날을 의미하는 것은 아니라 할 것이며, 다만 처분을 기재한 서류가 당사자의 주소에 송달되는 등으로 사회통념상 처분이 있음을 당사자가 알 수 있는 상태에 놓여진 때에는 반증이 없는 한 그 처분이 있음을 알았다고 추정할 수는 있다(대판 2002.8.27, 2002두3850).

④ [O] 행정처분의 상대방이 아닌 제3자는 일반적으로 처분이 있는 것을 바로 알 수 없는 처지에 있으므로 처분이 있었던 날부터 180일이 경과하더라도 특별한 사유가 없는 한 「행정심판법」 제27조 제3항 단서 소정의 정당한 사유가 있는 것으로 보아 심판청구가 가능하나, 그 제3자가 어떤 경위로든 행정처분이 있음을 알았거나 쉽게 알 수 있는 등 같은 법 제27조 제1항 소정의 심판청구기간 내에 심판청구가 가능하였다는 사정이 있는 경우에는 그때부터 90일 이내에 심판청구를 하여야 하고, 이 경우 제3자가 그 청구기간을 지키지 못하였음에 정당한 사유가 있는지 여부는 문제가 되지 아니한다(대판 2002.5.24, 2000두3641).

09 정답 ①

❶ [O] 행정청이 심판청구기간을 알리지 아니한 경우에는 처분이 있었던 날부터 180일까지 심판청구를 할 수 있다(「행정심판법」 제27조 제6항). 그리고 심판청구기간의 규정은 무효등확인심판청구와 부작위에 대한 의무이행심판청구에는 적용하지 아니하므로(「행정심판법」 제27조 제7항), 취소심판과 거부처분에 대한 의무이행심판에 적용된다.

② [X] 개별법상의 행정심판에 대해 「행정심판법」은 일반법으로서의 지위에 있으므로, 개별법에서 행정심판 제기기간에 대한 특칙을 규정하고 있으면 일반법인 「행정심판법」이 아니라 그 개별법이 적용된다(「행정심판법」 제4조 제1항·제2항 참조). 따라서 「행정심판법」의 규정과 달리 개별법에서 심판청구기간을 짧게 정하고 있더라도 헌법에 위반된다고 할 수 없다(헌재 2002.11.28, 2002헌바38 참조).

③ [X] 행정심판은 처분이 있음을 알게 된 날부터 90일 이내에 청구하여야 한다(「행정심판법」 제27조 제1항).

④ [X] 행정청이 심판청구기간을 처분이 있음을 알게 된 날부터 90일의 기간보다 긴 기간으로 잘못 알린 경우 그 잘못 알린 기간에 심판청구가 있으면 그 행정심판은 그 기간에 청구된 것으로 본다(「행정심판법」 제27조 제5항).

10 정답 ②

① [X] 고지는 행정심판청구(불복청구)에 필요한 사항을 알려주는 비권력적 사실행위(통지)이지, 행정청의 일정한 관념이나 의사를 알리는 준법률행위적 행정행위가 아니다. 따라서 고지 그 자체에 의하여는 아무런 법적 효과가 발생하지 않고, 행정심판이나 행정소송의 대상이 되지 않는다. 그러나 고지의 신청에 대한 거부는 처분성이 인정된다.

❷ [O] 행정청이 처분을 할 때에는 처분의 상대방에게 ㉠ 해당 처분에 대하여 행정심판을 청구할 수 있는지, ㉡ 행정심판을 청구하는 경우의 심판청구절차 및 심판청구기간을 알려야 한다(「행정심판법」 제58조 제1항).

③ [X] 고지의 대상은 행정청의 모든 처분(재결처분도 포함)인데, 그 처분에는 「행정심판법」상 행정심판의 대상이 되는 처분뿐만 아니라 이

의신청·심사청구 등 다른 개별 법령에 의한 심판청구의 대상이 되는 처분도 포함된다(통설).

④ [X] 처분을 함에 있어 불고지나 오고지라 하더라도 당해 처분이 위법하게 되는 것은 아니다. 즉, 불고지나 오고지는 처분 자체의 효력에 직접 영향을 미치지 않는다(대판 1987.11.24, 87누529).

11 정답 ④

① [X] 현행 「행정심판법」은 종래의 처분청경유주의(행정심판을 피청구인인 처분청을 거쳐 재결청에 제기하여야 함)를 폐지하고, 청구인의 선택에 따라 처분청을 경유하든지 아니면 행정심판위원회에 직접 청구할 수 있도록 하고 있다(「행정심판법」 제23조 제1항 참조).

② [X] 행정심판의 청구인적격은 법률상 이익이 있는 자이다(「행정심판법」 제13조). 따라서 법률상 이익이 있으면 제3자도 청구인적격이 인정된다.

③ [X]

> 「행정심판법」 제57조 【서류의 송달】 이 법에 따른 서류의 송달에 관하여는 「민사소송법」 중 송달에 관한 규정을 준용한다.

❹ [O] 「행정심판법」 제48조 제4항

12 정답 ②

① [O]

> 「행정심판법」 제18조의2 【국선대리인】 ① 청구인이 경제적 능력으로 인해 대리인을 선임할 수 없는 경우에는 위원회에 국선대리인을 선임하여 줄 것을 신청할 수 있다.
> ② 위원회는 제1항의 신청에 따른 국선대리인 선정 여부에 대한 결정을 하고, 지체 없이 청구인에게 그 결과를 통지하여야 한다. 이 경우 위원회는 심판청구가 명백히 부적법하거나 이유 없는 경우 또는 권리의 남용이라고 인정되는 경우에는 국선대리인을 선정하지 아니할 수 있다.

❷ [X] 행정심판위원회는 취소심판의 청구가 이유가 있다고 인정하면 처분을 취소 또는 다른 처분으로 변경하거나 처분을 다른 처분으로 변경할 것을 피청구인에게 명한다(「행정심판법」 제43조 제3항).

③ [O] 기각재결은 본안심리의 결과 심판청구가 이유 없다고 하여 청구를 배척하고 원처분을 시인하는 재결이다(「행정심판법」 제43조 제2항). 이는 원처분의 적법·타당성을 시인하는 것에 그칠 뿐, 처분청에 대해 원처분을 유지해야 할 의무를 지우는 것은 아니다. 따라서 기각재결이 있은 후에도 처분청은 당해 처분을 직권으로 취소·변경할 수 있다.

④ [O] 심판청구서를 받은 피청구인은 그 심판청구가 이유 있다고 인정하면 심판청구의 취지에 따라 직권으로 처분을 취소·변경하거나 확인을 하거나 신청에 따른 처분(이하 '직권취소 등'이라 함)을 할 수 있다. 이 경우 서면으로 청구인에게 알려야 한다(「행정심판법」 제25조 제1항). 그리고 피청구인은 직권취소 등을 하였을 때에는 청구인이 심판청구를 취하한 경우가 아니면 심판청구서·답변서를 보낼 때 직권취소 등의 사실을 증명하는 서류를 행정심판위원회에 함께 제출하여야 한다(「행정심판법」 제25조 제2항).

13 정답 ①

❶ [X] 집행정지 신청은 심판청구와 동시에 또는 심판청구에 대한 위원회나 소위원회의 의결이 있기 전까지, 집행정지 결정의 취소신청은 심판청구에 대한 위원회나 소위원회의 의결이 있기 전까지 신청의 취지와 원인을 적은 서면을 위원회에 제출하여야 한다. 다만, 심판청구서를 피청구인에게 제출한 경우로서 심판청구와 동시에 집행정지 신청을 할 때에는 심판청구서 사본과 접수증명서를 함께 제출하여야 한다(「행정심판법」 제30조 제5항).

② [O] 제2항과 제4항에도 불구하고 위원회의 심리·결정을 기다릴 경우 중대한 손해가 생길 우려가 있다고 인정되면 위원장은 직권으로 위원회의 심리·결정을 갈음하는 결정을 할 수 있다. 이 경우 위원장은 지체 없이 위원회에 그 사실을 보고하고 추인을 받아야 하며, 위원회의 추인을 받지 못하면 위원장은 집행정지 또는 집행정지 취소에 관한 결정을 취소하여야 한다(「행정심판법」 제30조 제6항). 그러나 「행정소송법」은 법원의 결정에 갈음하는 재판장의 직권결정에 관한 규정이 없다.

③ [O] 심판청구는 처분의 효력이나 그 집행 또는 절차의 속행에 영향을 주지 아니한다(「행정심판법」 제30조 제1항). 그리고 취소소송의 제기는 처분 등의 효력이나 그 집행 또는 절차의 속행에 영향을 주지 아니한다(「행정소송법」 제23조 제1항). ➡ 집행부정지원칙

④ [O] 「행정심판법」 제30조 제3항과 「행정소송법」 제23조 제3항은 모두 "집행정지는 공공복리에 중대한 영향을 미칠 우려가 있을 때에는 허용되지 아니한다."라고 규정하고 있다.

14 정답 ②

① [X] 「행정소송법」이 집행정지의 요건 중 하나로 '회복하기 어려운 손해'가 생기는 것을 예방할 필요성에 관하여 규정하고 있는 반면, 「행정심판법」은 집행정지의 요건 중 하나로 '중대한 손해'를 예방할 필요성에 관하여 규정하고 있다.

> 「행정소송법」 제23조 【집행정지】 ② 취소소송이 제기된 경우에 처분 등이나 그 집행 또는 절차의 속행으로 인하여 생길 회복하기 어려운 손해를 예방하기 위하여 긴급한 필요가 있다고 인정할 때에는 본안이 계속되고 있는 법원은 당사자의 신청 또는 직권에 의하여 처분 등의 효력이나 그 집행 또는 절차의 속행의 전부 또는 일부의 정지(이하 '집행정지'라 한다)를 결정할 수 있다. 다만, 처분의 효력정지는 처분 등의 집행 또는 절차의 속행을 정지함으로써 목적을 달성할 수 있는 경우에는 허용되지 아니한다.
>
> 「행정심판법」 제30조 【집행정지】 ② 위원회는 처분, 처분의 집행 또는 절차의 속행 때문에 중대한 손해가 생기는 것을 예방할 필요성이 긴급하다고 인정할 때에는 직권으로 또는 당사자의 신청에 의하여 처분의 효력, 처분의 집행 또는 절차의 속행의 전부 또는 일부의 정지(이하 '집행정지'라 한다)를 결정할 수 있다. 다만, 처분의 효력정지는 처분의 집행 또는 절차의 속행을 정지함으로써 그 목적을 달성할 수 있을 때에는 허용되지 아니한다.

❷ [O] 집행정지의 결정 또는 기각의 결정에 대하여는 즉시항고할 수 있다. 이 경우 집행정지의 결정에 대한 즉시항고에는 결정의 집행을 정지하는 효력이 없다(「행정소송법」 제23조 제5항). 그러나 「행정심판법」에는 집행정지결정에 대한 즉시항고규정이 없다.

③ [X] 위원회는 처분 또는 부작위가 위법·부당하다고 상당히 의심되는 경우로서 처분 또는 부작위 때문에 당사자가 받을 우려가 있는 중대한 불이익이나 당사자에게 생길 급박한 위험을 막기 위하여 임시지위를 정하여야 할 필요가 있는 경우에는 직권으로 또는 당사

자의 신청에 의하여 임시처분을 결정할 수 있다(「행정심판법」 제31조 제1항).

④ [X] 행정심판위원회는 처분 또는 부작위가 위법·부당하다고 상당히 의심되는 경우로서 처분 또는 부작위 때문에 당사자가 받을 우려가 있는 중대한 불이익이나 당사자에게 생길 급박한 위험을 막기 위하여 임시지위를 정하여야 할 필요가 있는 경우에는 직권으로 또는 당사자의 신청에 의하여 임시처분을 결정할 수 있으나, 이 임시처분은 집행정지로 목적을 달성할 수 있는 경우에는 허용되지 아니한다(「행정심판법」 제31조 제1항·제3항).

15   정답 ①

❶ [O] 사정재결은 무효등확인심판에는 적용하지 아니한다(「행정심판법」 제44조 제3항).

② [X] 사정재결의 경우 위원회는 재결의 주문에서 그 처분 또는 부작위가 위법하거나 부당하다는 것을 구체적으로 밝혀야 한다(「행정심판법」 제44조 제1항 후단).

③ [X] 사정재결은 취소심판·의무이행심판에만 인정하고, 무효등확인심판에는 적용하지 아니한다(「행정심판법」 제44조 제3항).

④ [X] 위원회는 심판청구가 이유가 있다고 인정하는 경우에도 이를 인용하는 것이 공공복리에 크게 위배된다고 인정하면 그 심판청구를 기각하는 재결을 할 수 있다(「행정심판법」 제44조 제1항 전단).

16   정답 ②

① [X] 행정심판위원회는 지체 없이 당사자에게 재결서의 정본을 송달하여야 하고, 또 재결서의 등본을 지체 없이 참가인에게 송달하여야 한다(「행정심판법」 제48조 제1항 전단·제3항). 즉, 행정청이 위원회로부터 재결서 정본을 송달받은 후 청구인 및 참가인에게 재결서 등본을 송달하는 것이 아니다.

❷ [O] 「행정심판법」 제45조 제1항

③ [X] ④ [X] 심판청구에 대한 재결이 있으면 그 재결 및 같은 처분 또는 부작위에 대하여 다시 행정심판을 청구할 수 없다(「행정심판법」 제51조).

17   정답 ③

① [X] 행정심판위원회는 심판청구가 적법하지 아니하면 그 심판청구를 각하한다(「행정심판법」 제43조 제1항). 즉, 각하재결은 심판청구의 요건심리의 결과 그 제기요건상에 흠결이 있는 부적법한 것(예 청구인적격이 없는 자의 심판청구, 심판청구기간이 도과된 후에 제기된 심판청구 등)이라 하여 본안심리를 거부하는 재결이다.

② [X] 위원회는 심판청구가 이유가 없다고 인정하면 그 심판청구를 기각한다(「행정심판법」 제43조 제2항). 그런데 기각재결은 원처분의 적법·타당성을 시인하는 것에 그칠 뿐, 처분청에 대해 원처분을 유지해야 할 의무를 지우는 것은 아니다. 따라서 기각재결이 있은 후에도 처분청은 당해 처분을 직권으로 취소·변경할 수 있다.

❸ [O] 재결도 행정행위의 일종으로서 내용상 구속력·공정력·불가쟁력·불가변력 등의 효력을 갖는다.

④ [X] 사정재결은 청구인의 심판청구가 이유 있는 경우에도 공공복리상의 이유로 이를 기각하는 것이므로(「행정심판법」 제44조 제1항), 기각재결의 일종이다.

18   정답 ①

❶ [O] 위원회는 의무이행심판의 청구가 이유가 있다고 인정하면 지체 없이 신청에 따른 처분을 하거나(처분재결) 처분을 할 것을 피청구인에게 명(처분명령재결)한다(「행정심판법」 제43조 제5항).

② [X] 당사자의 신청을 거부하거나 부작위로 방치한 처분의 이행을 명하는 재결이 있으면 행정청은 지체 없이 이전의 신청에 대하여 재결의 취지에 따라 처분을 하여야 한다(「행정심판법」 제49조 제2항). 그럼에도 불구하고 피청구인이 처분을 하지 아니하는 경우에 위원회는 당사자가 신청하면 기간을 정하여 서면으로 시정을 명하고 그 기간에 이행하지 아니하면 직접 처분을 할 수 있다(「행정심판법」 제50조 제1항 본문). 따라서 위원회의 직접 처분은 처분청이 처분을 이행하지 않을 때 비로소 하게 된다.

③ [X] 행정심판의 재결은 피청구인인 행정청을 기속하는 효력을 가지므로 재결청이 취소심판의 청구가 이유 있다고 인정하여 처분청에 처분을 취소할 것을 명하면(현행법상으로는 처분취소명령재결은 인정되지 않음) 처분청으로서는 재결의 취지에 따라 처분을 취소하여야 하지만, 나아가 재결에 판결에서와 같은 기판력이 인정되는 것은 아니어서 재결이 확정된 경우에도 처분의 기초가 된 사실관계나 법률적 판단이 확정되고 당사자들이나 법원이 이에 기속되어 모순되는 주장이나 판단을 할 수 없게 되는 것은 아니다(대판 2015.11.27, 2013다6759).

④ [X] 행정심판위원회는 취소심판의 청구가 이유가 있다고 인정하면 처분을 취소 또는 다른 처분으로 변경하거나 처분을 다른 처분으로 변경할 것을 피청구인에게 명한다(「행정심판법」 제43조 제3항). 따라서 취소심판의 인용재결에는 형성재결의 성질을 가지는 처분취소재결·처분변경재결과 이행재결의 성질을 가지는 처분변경명령재결이 있다. 종래 인정되던 처분취소명령재결은 현행법상 인정되지 않고 있다.

19   정답 ④

① [X] 행정심판위원회는 취소심판의 청구가 이유가 있다고 인정하면 처분을 취소 또는 다른 처분으로 변경하거나 처분을 다른 처분으로 변경할 것을 피청구인에게 명한다(「행정심판법」 제43조 제3항). 따라서 취소심판의 인용재결에는 형성재결의 성질을 가지는 처분취소재결·처분변경재결과 이행재결의 성질을 가지는 처분변경명령재결이 있다. 종래 인정되던 처분취소명령재결은 현행법상 인정되지 않고 있다.

② [X] 「행정소송법」 제30조 제1항에 의하여 인정되는 취소소송에서 처분 등을 취소하는 확정판결의 기속력은 주로 판결의 실효성 확보를 위하여 인정되는 효력으로서 판결의 주문뿐만 아니라 그 전제가 되는 처분 등의 구체적 위법사유에 관한 이유 중의 판단에 대하여도 인정된다(대판 2001.3.23, 99두5238).

③ [X] 심판청구를 인용하는 재결은 피청구인과 그 밖의 관계 행정청을 기속한다(「행정심판법」 제49조 제1항). ➡ 재결의 기속력은 인용재결에만 인정되고, 기각재결이나 각하재결에는 인정되지 않는다.

❹ [O] 당사자의 신청을 거부하는 처분을 취소하는 재결이 있는 경우에는 행정청은 그 재결의 취지에 따라 이전의 신청에 대한 처분을 하여야 하는 것이므로 행정청이 그 재결의 취지에 따른 처분을 하지 아니하고 그 처분과는 양립할 수 없는 다른 처분을 하는 것은 위법한 것이라 할 것이고, 이 경우 그 재결의 신청인은 위법한 다른 처분의 취소를 소구할 이익이 있다(대판 1988.12.13, 88누7880).

① [X] 재결에 의하여 취소되거나 무효 또는 부존재로 확인되는 처분이 당사자의 신청을 거부하는 것을 내용으로 하는 경우에는 그 처분을 한 행정청은 재결의 취지에 따라 다시 이전의 신청에 대한 처분을 하여야 한다(「행정심판법」 제49조 제2항).

② [X] 부과처분을 취소하는 재결이 있는 경우 당해 처분청은 재결의 취지에 반하지 아니하는 한, 그 재결에 적시된 위법사유를 시정·보완하여 정당한 조세를 산출한 다음 새로이 이를 부과할 수 있는 것이고, 이러한 새로운 부과처분은 재결의 기속력에 저촉되지 아니한다(대판 2001.9.14, 99두3324). ➡ 처분의 절차적 위법사유로 인용재결이 있었다 하더라도 행정청이 절차적 위법사유를 시정한 후 종전과 같은 처분을 하는 것은 재결의 기속력에 반하지 아니한다.

❸ [O] 행정청의 위법 또는 부당한 처분을 취소하거나 변경하는 취소심판(「행정심판법」 제5조 제1호)에서, '변경'이란 취소소송에서와는 달리 적극적 변경(예 허가취소처분을 영업정지처분으로 변경)을 의미한다.

④ [X] 재결의 형성력은 행정심판위원회가 직접 처분을 취소·변경하는 재결이나 신청에 따른 처분을 하는 재결에만 인정되며, 무효확인 재결이나 처분청에 처분의 취소를 명하는 재결, 처분청에 일정한 처분을 할 것을 명하는 재결에는 형성력이 인정되지 않는다.

정답

01	①	02	④	03	②	04	①
05	①	06	③	07	③	08	④
09	③	10	①	11	③	12	④
13	②	14	④	15	③	16	②
17	③	18	①	19	③	20	②

01 정답 ①

❶ [○] 양도소득세 및 방위세 부과처분이 국세청장에 대한 불복심사청구에 의하여 그 불복사유가 이유 있다고 인정되어 취소되었음에도 처분청이 동일한 사실에 관하여 부과처분을 되풀이한 것이라면 설령 그 부과처분이 감사원의 시정요구에 의한 것이라 하더라도 위법하다(대판 1986.5.27, 86누127).

② [X] 행정심판위원회는 피청구인이 처분이행명령재결에도 불구하고 처분을 하지 아니하는 경우에는 당사자가 신청하면 기간을 정하여 서면으로 시정을 명하고 그 기간에 이행하지 아니하면 직접 처분을 할 수 있다. 다만, 그 처분의 성질이나 그 밖의 불가피한 사유로 위원회가 직접 처분을 할 수 없는 경우에는 그러하지 아니하다(「행정심판법」제50조 제1항). 즉, 행정심판위원회는 당사자의 신청이 있는 경우에 한하여 직접 처분을 할 수 있고, 직권으로 이를 할 수는 없다.

③ [X] ④ [X] 행정심판위원회의 직접 처분은 처분의 이행명령재결의 실효성을 확보하기 위한 제도이다.

> 「행정심판법」제50조【위원회의 직접 처분】① 위원회는 피청구인이 제49조 제3항(제2항 ×)에도 불구하고 처분을 하지 아니하는 경우에는 당사자가 신청하면 기간을 정하여 서면으로 시정을 명하고 그 기간에 이행하지 아니하면 직접 처분을 할 수 있다. 다만, 그 처분의 성질이나 그 밖의 불가피한 사유로 위원회가 직접 처분을 할 수 없는 경우에는 그러하지 아니하다.

02 정답 ④

① [○] 행정처분의 취소를 구하는 항고소송에서 처분청은 당초 처분의 근거로 삼은 사유와 기본적 사실관계가 동일성이 있다고 인정되는 한도 내에서만 다른 사유를 추가 또는 변경할 수 있고, 이러한 기본적 사실관계의 동일성 유무는 처분사유를 법률적으로 평가하기 이전의 구체적 사실에 착안하여 그 기초인 사회적 사실관계가 기본적인 점에서 동일한지에 따라 결정되므로, 추가 또는 변경된 사유가 처분 당시에 이미 존재하고 있었다거나 당사자가 그 사실을 알고 있었다고 하여 당초의 처분사유와 동일성이 있다고 할 수 없다. 그리고 이러한 법리는 행정심판 단계에서도 그대로 적용된다(대판 2014.5.16, 2013두26118).

② [○] 「행정심판법」제29조 제1항

③ [○] 청구인은 청구의 기초에 변경이 없는 범위에서 청구의 취지나 이유를 변경할 수 있다(「행정심판법」제29조 제1항). 여기서 '청구의 기초에 변경이 없는 범위'란 청구한 사건의 동일성을 깨뜨리지 않는 범위를 말하고, '청구취지의 변경'의 예로는 취소심판의 무효확인심판으로의 변경을, '청구이유의 변경'의 예로는 처분의 위법을 부당으로 변경함을 들 수 있다.

❹ [X] 청구의 변경은 행정심판위원회의 변경 여부의 결정이 있기 전까지만 가능하다(「행정심판법」제29조 제6항 참조).

03 정답 ②

㉠ [X] 행정심판의 피청구인은 행정처분을 한 행정청(종로구청장)이다(「행정심판법」제17조 제1항). 그러나 심리·재결은 시·도지사 소속으로 두는 행정심판위원회에서 한다(「행정심판법」제6조 제3항).

㉡ [○] 감사원, 국가정보원장 등을 제외한 국가행정기관의 장 또는 그 소속 행정청의 처분 또는 부작위에 대한 심판청구에 대하여는 「부패방지 및 국민권익위원회의 설치와 운영에 관한 법률」에 따른 국민권익위원회에 두는 중앙행정심판위원회에서 심리·재결한다(「행정심판법」제6조 제2항).

㉢ [X] 지방경찰청 소속 경찰관의 선임·감독자는 국가이므로, 국가가 피고가 된다.

㉣ [○] 특별시장·광역시장·특별자치시장·도지사·특별자치도지사(특별시·광역시·특별자치시·도 또는 특별자치도의 교육감을 포함한다. 이하 '시·도지사'라 함) 또는 특별시·광역시·특별자치시·도·특별자치도(이하 '시·도'라 함)의 의회(의장, 위원회의 위원장, 사무처장 등 의회 소속 모든 행정청을 포함)의 처분 또는 부작위에 대한 심판청구에 대하여는 「부패방지 및 국민권익위원회의 설치와 운영에 관한 법률」에 따른 국민권익위원회에 두는 중앙행정심판위원회에서 심리·재결한다(「행정심판법」제6조 제2항).

04 정답 ①

❶ [○] 환경분쟁조정제도는 환경오염으로 인한 피해에 대해 민사소송을 제기하여 법원의 판단을 구하기 전에 행정적 단계에서 신속·간편한 분쟁의 조정제도이다. 따라서 환경분쟁조정위원회는 민사소송의 전심절차라는 점에서, 행정소송의 임의적 전심절차인 행정심판위원회와 다르다.

② [X] 국가인권위원회의 처분 또는 부작위에 대한 행정심판의 청구에 대하여는 국가인권위원회에 두는 행정심판위원회에서 심리·재결한다(「행정심판법」제6조 제1항 제3호).

③ [X] 당사자의 신청을 거부하거나 부작위로 방치한 처분의 이행을 명하는 재결이 있으면 행정청은 지체 없이 이전의 신청에 대하여 재결의 취지에 따라 처분을 하여야 한다(「행정심판법」제49조 제2항). 즉, 행정청은 이전의 신청에 대하여 재결의 취지에 따라 처분을 해야 하므로, 처분청은 위원회의 재결에 대하여 수정재결이나 재의를 요구할 수가 없다.

④ [X] 과거 기피신청에 대한 결정권은 재결청에 있었으나, 현재는 위원장에게 있다(「행정심판법」제10조 제5항).

정답 ①

❶ [O] 행정심판위원회는 행정심판청구를 심리·재결하는 합의제 행정청이다. 중앙행정심판위원회는 위원장 1명을 포함하여 70명 이내의 위원으로 구성하되, 위원 중 상임위원은 4명 이내로 한다(「행정심판법」 제8조 제1항).

② [X] 중앙행정심판위원회의 상임위원은 일반직공무원으로서 「국가공무원법」 제26조의5에 따른 임기제공무원으로 임명하되, 3급 이상 공무원 또는 고위공무원단에 속하는 일반직공무원으로 3년 이상 근무한 사람이나 그 밖에 행정심판에 관한 지식과 경험이 풍부한 사람 중에서 중앙행정심판위원회 위원장의 제청으로 국무총리를 거쳐 대통령이 임명한다(「행정심판법」 제8조 제3항).

③ [X] 중앙행정심판위원회의 위원장은 국민권익위원회의 부위원장 중 1명이 되며, 위원장이 없거나 부득이한 사유로 직무를 수행할 수 없거나 위원장이 필요하다고 인정하는 경우에는 상임위원(상임으로 재직한 기간이 긴 위원 순서로, 재직기간이 같은 경우에는 연장자 순서로 한다)이 위원장의 직무를 대행한다(「행정심판법」 제8조 제2항).

④ [X] 시·도지사 소속으로 두는 행정심판위원회의 경우에는 해당 지방자치단체의 조례로 정하는 바에 따라 공무원이 아닌 위원을 위원장으로 정할 수 있다. 이 경우 위원장은 비상임으로 한다(「행정심판법」 제7조 제3항).

06

정답 ③

① [X]

> 「행정심판법」 제6조 【행정심판위원회의 설치】 ① 다음 각 호의 행정청 또는 그 소속 행정청(행정기관의 계층구조와 관계없이 그 감독을 받거나 위탁을 받은 모든 행정청을 말하되, 위탁을 받은 행정청은 그 위탁받은 사무에 관하여는 위탁한 행정청의 소속 행정청으로 본다. 이하 같다)의 처분 또는 부작위에 대한 행정심판의 청구에 대하여는 다음 각 호의 행정청에 두는 행정심판위원회에서 심리·재결한다.
> 1. 감사원, 국가정보원장, 그 밖에 대통령령으로 정하는 대통령 소속기관의 장
> 2. 국회사무총장·법원행정처장·헌법재판소사무처장 및 중앙선거관리위원회사무총장
> 3. 국가인권위원회, 그 밖에 지위·성격의 독립성과 특수성 등이 인정되어 대통령령으로 정하는 행정청

② [X]

> 「행정심판법」 제8조 【중앙행정심판위원회의 구성】 ② 중앙행정심판위원회의 위원장은 국민권익위원회의 부위원장 중 1명이 되며, 위원장이 없거나 부득이한 사유로 직무를 수행할 수 없거나 위원장이 필요하다고 인정하는 경우에는 상임위원(상임으로 재직한 기간이 긴 위원 순서로, 재직기간이 같은 경우에는 연장자 순서로 한다)이 위원장의 직무를 대행한다.

❸ [O] 사건의 심리·의결에 관한 사무에 관여하는 위원 아닌 직원에게도 제1항부터 제7항까지(제척·기피·회피)의 규정을 준용한다(「행정심판법」 제10조 제8항).

④ [X] 당사자는 행정심판위원에게 공정한 심리·의결을 기대하기 어려운 사정이 있으면 위원장에게 기피신청을 할 수 있고(「행정심판법」 제10조 제2항), 위원장은 제척신청이나 기피신청을 받으면 제척 또는 기피 여부에 대한 결정을 하고 지체 없이 신청인에게 결정서

정본을 송달하여야 한다(「행정심판법」 제10조 제6항). 즉, 기피결정은 위원회의 의결을 거칠 필요가 없이 위원장이 단독으로 한다.

정답 ③

① [X]

> 「행정심판법」 제59조 【불합리한 법령 등의 개선】 ① 중앙행정심판위원회는 심판청구를 심리·재결할 때에 처분 또는 부작위의 근거가 되는 명령 등(대통령령·총리령·부령·훈령·예규·고시·조례·규칙 등을 말한다)이 법령에 근거가 없거나 상위 법령에 위배되거나 국민에게 과도한 부담을 주는 등 크게 불합리하면 관계 행정기관에 그 명령 등의 개정·폐지 등 적절한 시정조치를 요청할 수 있다. 이 경우 중앙행정심판위원회는 시정조치를 요청한 사실을 법제처장에게 통보하여야 한다.
> ② 제1항에 따른 요청을 받은 관계 행정기관은 정당한 사유가 없으면 이에 따라야 한다.

② [X] 당사자의 신청을 거부하거나 부작위로 방치한 처분의 이행을 명하는 재결이 있으면 행정청은 지체 없이 이전의 신청에 대하여 재결의 취지에 따라 처분을 하여야 한다(「행정심판법」 제49조 제3항). 따라서 처분청은 위원회의 재결에 대하여 수정재결이나 재의를 요구할 수가 없다.

③ [O] 「행정심판법」 제3조 제2항

④ [X] 관계 행정기관의 장이 특별행정심판 또는 이 법에 따른 행정심판 절차에 대한 특례를 신설하거나 변경하는 법령을 제정·개정할 때에는 미리 중앙행정심판위원회와 협의하여야 한다(「행정심판법」 제4조 제3항).

정답 ④

① [X] 행정심판의 심리는 구술심리나 서면심리로 한다. 다만, 당사자가 구술심리를 신청한 경우에는 서면심리만으로 결정할 수 있다고 인정되는 경우 외에는 구술심리를 하여야 한다(「행정심판법」 제40조 제1항). 따라서 「행정심판법」은 구술심리를 원칙으로 하는 것도 아니고 서면심리를 원칙으로 하는 것도 아니다.

② [X] 행정심판의 심리는 구술심리나 서면심리로 한다(「행정심판법」 제40조 제1항 본문). 과거에는 서면심리를 원칙으로 하였으나, 현재는 서면심리의 단점을 보완하기 위하여 구술심리도 함께 인정하고 있다.

③ [X] 「행정심판법」은 공개심리주의를 원칙으로 하는지 아니면 비공개심리주의를 원칙으로 하는지에 관하여 직접적인 명문의 규정을 두고 있지 않다. 그러나 서면심리주의·직권심리주의 등을 인정하고 있는 전체적인 구조에 비추어 볼 때, 비공개심리주의를 원칙으로 하고 있다고 볼 수 있다.

❹ [O] 행정심판위원회는 필요하면 당사자가 주장하지 아니한 사실에 대하여도 심리할 수 있다(「행정심판법」 제39조). 즉, 「행정심판법」은 직권심리주의를 채택하고 있다.

정답 ③

① [X] 처분권주의란 심판(소송)의 개시, 심판대상의 결정, 심판(소송)의 종결 등을 당사자의 의사에 맡기는 방식을 말하는데, 당사자주의를 채택하고 있는 행정심판에서는 원칙적으로 처분권주의가 채택되어 있다.

② [X] 위원회는 <u>심판청구의 대상이 되는 처분 또는 부작위 외의 사항에</u> 대하여는 재결하지 못한다(「행정심판법」 제47조 제1항). ➡ 불고불리의 원칙

❸ [O] 행정심판에 있어서 행정처분의 위법·부당 여부는 <u>원칙적으로 처분 시를 기준으로 판단하여야</u> 할 것이나, 재결청은 처분 당시 존재하였거나 행정청에 제출되었던 자료뿐만 아니라, 재결 당시까지 제출된 모든 자료를 종합하여 처분 당시 존재하였던 객관적 사실을 확정하고 그 사실에 기초하여 처분의 위법·부당 여부를 판단할 수 있다(대판 2001.7.27, 99두5092).

④ [X] 행정심판의 청구는 서면으로 하여야 한다(「행정심판법」 제28조 제1항).

10　　　　　　　　　　　　　　　　　　　　정답 ①

❶ [X] 법인이 아닌 사단 또는 재단으로서 대표자나 관리인이 정하여져 있는 경우에는 그 <u>사단이나 재단의 이름으로 심판청구를 할 수 있다</u>(「행정심판법」 제14조).

② [O] 「행정심판법」 제15조 제1항

③ [O] 행정심판절차에서 청구인들이 당사자가 아닌 자를 선정대표자로 선정하였더라도 「행정심판법」 제15조에 위반되어 그 선정행위는 그 효력이 없다(대판 1991.1.25, 90누7791).

④ [O] 「행정심판법」상의 행정청이란 행정에 관한 의사를 결정하여 표시하는 국가 또는 지방자치단체의 기관, 그 밖에 법령 또는 자치법규에 따라 행정권한을 가지고 있거나 <u>위탁을 받은 공공단체나 그 기관 또는 사인을 말한다</u>(「행정심판법」 제2조 제4호). 따라서 수임자나 수탁자도 행정청에 포함되므로 이들이 피청구인이 된다.

11　　　　　　　　　　　　　　　　　　　　정답 ③

① [X] 피청구인의 경정결정이 있으면 종전의 피청구인에 대한 심판청구는 취하되고 종전의 피청구인에 대한 행정심판이 청구된 때에 새로운 피청구인에 대한 행정심판이 청구된 것으로 본다(「행정심판법」 제17조 제4항).

② [X] 심판청구의 대상과 관계되는 권한이 다른 행정청에 승계된 경우에는 <u>권한을 승계한 행정청을 피청구인으로 하여야 하고</u>(「행정심판법」 제17조 제1항 단서), 행정심판이 청구된 후에 권한이 승계된 경우에는 행정심판위원회는 직권으로 또는 당사자의 신청에 의하여 결정으로써 피청구인을 경정한다(「행정심판법」 제17조 제5항).

❸ [O] 「행정심판법」 제17조 제2항

④ [X]

> 「행정심판법」 제17조 【피청구인의 적격 및 경정】 ④ 제2항에 따른 결정이 있으면 종전의 피청구인에 대한 심판청구는 취하되고 종전의 피청구인에 대한 행정심판이 청구된 때에 새로운 피청구인에 대한 행정심판이 청구된 것으로 본다.

12　　　　　　　　　　　　　　　　　　　　정답 ④

① [X]

> 「행정심판법」 제43조의2 【조정】 ① 위원회는 당사자의 권리 및 권한의 범위에서 당사자의 동의를 받아 심판청구의 신속하고 공정한 해결을 위하여 조정을 할 수 있다. 다만, 그 조정이 공공복리에 적합하지 아니하거나 해당 처분의 성질에 반하는 경우에는 그러하지 아니하다.

② [X]

> 「행정심판법」 제43조의2 【조정】 ③ 조정은 당사자가 합의한 사항을 조정서에 기재한 후 당사자가 서명 또는 날인하고 <u>위원회가 이를 확인함으로써 성립한다.</u>

③ [X] ❹ [O]

> 「행정심판법」 제50조의2 【위원회의 간접강제】 ① 위원회는 피청구인이 제49조 제2항(제49조 제4항에서 준용하는 경우를 포함한다) 또는 제3항에 따른 처분을 하지 아니하면 청구인의 신청에 의하여 결정으로 상당한 기간을 정하고 피청구인이 그 기간 내에 이행하지 아니하는 경우에는 그 지연기간에 따라 일정한 배상을 하도록 명하거나 즉시 배상을 할 것을 명할 수 있다.
> * 제49조 제2항 처분의 취소재결과 무효확인재결에 따른 재처분의무

13　　　　　　　　　　　　　　　　　　　　정답 ②

① [O] 「국가유공자 등 예우 및 지원에 관한 법률」상 관련 규정의 문언·취지 등에 비추어 알 수 있는 다음과 같은 사정, 즉 ㉠ 「국가유공자 등 예우 및 지원에 관한 법률」 제74조의18 제1항이 정한 이의신청은, 국가유공자 요건에 해당하지 아니하는 등의 사유로 국가유공자 등록신청을 거부한 처분청인 국가보훈처장이 신청 대상자의 신청 사항을 다시 심사하여 잘못이 있는 경우 스스로 시정하도록 한 절차인 점, ㉡ 이의신청을 받아들이는 것을 내용으로 하는 결정은 당초 국가유공자 등록신청을 받아들이는 새로운 처분으로 볼 수 있으나, 이와 달리 이의신청을 받아들이지 아니하는 내용의 결정은 종전의 결정내용을 그대로 유지하는 것에 불과한 점, ㉢ 보훈심사위원회의 심의·의결을 거치는 것도 최초의 국가유공자 등록신청에 대한 결정에서나 이의신청에 대한 결정에서 마찬가지로 거치도록 규정된 절차인 점, ㉣ 이의신청은 원결정에 대한 행정심판이나 행정소송의 제기에도 영향을 주지 아니하는 점 등을 종합하면, 「국가유공자 등 예우 및 지원에 관한 법률」 제74조의18 제1항이 정한 이의신청을 받아들이지 아니하는 결정은 이의신청인의 권리·의무에 새로운 변동을 가져오는 공권력의 행사나 이에 준하는 행정작용이라고 할 수 없으므로 원결정과 별개로 항고소송의 대상이 되지는 않는다(대판 2016.7.27, 2015두45953).

> 「국가유공자 등 예우 및 지원에 관한 법률」 제74조의18 【이의신청】
> ① 제74조의5 제1항 제1호, 제3호부터 제5호까지, 제11호부터 제13호까지 및 제15호의 사항과 관련된 국가보훈처장의 처분에 이의가 있는 자는 다음 각 호의 어느 하나에 해당하는 경우 국가보훈처장에게 이의신청을 할 수 있다.
> 1. 해당 처분이 법령 적용의 착오에 기초하였다고 판단되는 경우
> 2. 국가보훈처장이 해당 처분을 할 때에 중요한 증거자료를 검토하지 아니하였다고 판단되는 경우

3. 해당 처분이 있은 후 그와 관련된 새로운 증거자료가 발견된 경우

❷ [X] <예방접종 피해신청에 대한 피고(질병관리본부장)의 피해보상 기각결정(이하 '제1차 거부통보'라 함)을 받은 원고가 이의신청을 하였고, 피고는 그 이의신청도 기각(이하 '제2차 거부통보'라 함)한 사안> … 감염병의 예방 및 관리에 관한 법령은 예방접종 피해보상 기각결정에 대한 이의신청에 관하여 아무런 규정을 두고 있지 않으므로 피고가 원고의 이의신청에 대하여 스스로 다시 심사하였다고 하여 행정심판을 거친 경우에 대한 제소기간의 특례가 적용된다고 볼 수 없다. 비록 원고가 제1차 거부통보에 대하여 이의신청 형식으로 불복하였고 제2차 거부통보의 결론이 제1차 거부통보와 같다고 하더라도, 제2차 거부통보는 실질적으로 새로운 처분에 해당하여 독립한 행정처분으로서 항고소송의 대상이 된다고 볼 수 있다(대판 2019.4.3, 2017두52764).

③ [O] 법원은 당사자소송을 항고소송으로 변경하는 것이 상당하다고 인정할 때에는 청구의 기초에 변경이 없는 한 사실심의 변론종결 시까지 원고의 신청에 의하여 결정으로써 소의 변경을 허가할 수 있다(「행정소송법」 제42조, 제21조 제1항). 이에 의한 허가결정이 있은 때에는 변경된 새로운 소송은 처음에 소를 제기한 때에 제기된 것으로 보고, 종전 소송은 취하된 것으로 본다(「행정소송법」 제21조 제4항, 제14조 제4항·제5항).

④ [O] 공익근무요원복무중단처분, 현역병입영대상편입처분 및 현역병입영통지처분은 보충역편입처분취소처분을 전제로 한 것이기는 하나 각각 단계적으로 별개의 법률효과를 발생시키는 독립된 행정처분으로서 하나의 소송물로 평가할 수 없고, 보충역편입처분취소처분의 효력을 다투는 소에 공익근무요원복무중단처분, 현역병입영대상편입처분 및 현역병입영통지처분을 다투는 소도 포함되어 있다고 볼 수는 없다고 할 것이므로, 공익근무요원복무중단처분, 현역병입영대상편입처분 및 현역병입영통지처분의 취소를 구하는 소의 제소기간의 준수 여부는 각 그 청구취지의 추가·변경신청이 있은 때를 기준으로 개별적으로 살펴야 할 것이지, 최초에 보충역편입처분취소처분의 취소를 구하는 소가 제기된 때를 기준으로 할 것은 아니라고 할 것이다. 따라서 원고가 보충역편입처분취소처분에 대한 취소소송을 제기한 후, 공익근무요원복무중단처분, 현역병입영대상편입처분 및 현역병입영통지처분이 있음을 안 날로부터 90일이 훨씬 지나고 나서 현역병입영통지처분의 취소 ➡ 현역병입영대상편입처분의 취소 ➡ 공익근무요원복무중단처분의 취소를 구하는 청구를 추가적으로 병합한 경우, 위 공익근무요원복무중단처분, 현역병입영대상편입처분 및 현역병입영통지처분의 취소를 구하는 소는 모두 제소기간이 경과한 후에 제기된 것이 역수상 명백하여 부적법하다고 할 것이다(대판 2004.12.10, 2003두12257).

14 　　　　　　　　　　　　　　　　　정답 ④

① [X] 항고소송(취소소송·무효등확인소송·부작위위법확인소송)과 당사자소송은 행정청의 처분 등으로 침해된 개인의 권리·이익의 구제(사익보호)를 직접적인 목적으로 하는 소송이므로 주관적 소송이고, 민중소송과 기관소송은 행정작용의 적법·타당성의 확보(공익보호)를 직접적인 목적으로 하는 소송이므로 객관적 소송이다.

② [X] 객관적 소송인 기관소송과 민중소송은 「행정소송법」에 명문으로 규정되어 있으므로 무명항고소송이 아니라 법정소송이다(「행정소송법」 제3조 제3호·제4호, 제45조, 제46조).

③ [X] 행정처분의 당연무효를 선언하는 의미에서 취소를 구하는 행정소송을 제기한 경우에도 제소기간의 준수 등 취소소송의 제소요건을 갖추어야 한다(대판 1993.3.12, 92누11039).

❹ [O] 행정처분의 당연무효를 선언하는 의미에서 취소를 구하는 행정소송을 제기한 경우에도 제소기간의 준수 등 취소소송의 제소요건을 갖추어야 한다(대판 1993.3.12, 92누11039). 즉, 무효선언적 의미의 취소소송도 형식적으로는 취소소송의 형태를 취하고 있으므로 취소소송의 제기요건(예외적 행정심판전치·제소기간 등)을 갖추어야 하며, 그 소송요건을 갖추지 못한 경우에는 각하된다.

15 　　　　　　　　　　　　　　　　　정답 ③

㉠ [O] 국회의원의 징계에 대해 제소할 수 없다(헌법 제64조 제4항). 즉, 이는 통치행위이다.

㉡ [X] 「지방자치법」에 의거한 지방의회의 의원징계의결은 그로 인해 의원의 권리에 직접 법률효과를 미치는 행정처분의 일종으로서 행정소송의 대상이 되고, 그와 같은 의원징계의결의 당부를 다투는 소송의 관할 법원에 관하여는 동법에 특별한 규정이 없으므로 일반법인 「행정소송법」의 규정(제9조)에 따라 지방의회(피고)의 소재지를 관할하는 행정법원이 그 소송의 제1심 관할 법원이 된다(대판 1993.11.26, 93누7341).

㉢ [X] 당연퇴직의 통보는 법률상 당연히 발생하는 퇴직사유를 공적으로 확인하여 알려주는 사실의 통보에 불과한 것이지, 그 통보 자체가 징계파면이나 직권면직과 같이 공무원의 신분을 상실시키는 새로운 형성적 행위는 아니므로 항고소송의 대상이 되는 독립한 행정처분이 될 수는 없다(대판 1985.7.23, 84누374 ; 대판 1995.11.14, 95누2036 등).

㉣ [O] 일반적으로 행정처분에 효력기간이 정하여져 있는 경우에는 그 기간의 경과로 그 행정처분의 효력은 상실되고, 다만 허가에 붙은 기한이 그 허가된 사업의 성질상 부당하게 짧은 경우에는 이를 그 허가 자체의 존속기간이 아니라 그 허가조건의 존속기간으로 보아 그 기한이 도래함으로써 그 조건의 개정을 고려한다는 뜻으로 해석할 수는 있지만, 그와 같은 경우라 하더라도 그 허가기간이 연장되기 위하여는 그 종기가 도래하기 전에 그 허가기간의 연장에 관한 신청이 있어야 하며, 만일 그러한 연장신청이 없는 상태에서 허가기간이 만료하였다면 그 허가의 효력은 상실된다(대판 2007.10.11, 2005두12404). 따라서 제소기간 경과 후 허가기간이 부당하게 짧다는 이유로 부관의 변경을 신청한 데 대한 거부행위는 취소소송의 대상이 되는 처분이 아니다.

㉤ [O] ㉥ [O] 건축허가권자가 건축불허가처분을 하면서 그 처분사유로 건축불허가사유뿐만 아니라 구 소방법 제8조 제1항에 따른 소방서장의 건축부동의사유를 들고 있다고 하여 그 건축불허가처분 외에 별개로 건축부동의처분이 존재하는 것이 아니므로, 그 건축불허가처분을 받은 사람은 그 건축불허가처분에 관한 쟁송에서 「건축법」상의 건축불허가사유뿐만 아니라 소방서장의 부동의사유에 관하여도 다툴 수 있는 것이지, 그 건축불허가처분에 관한 쟁송과는 별개로 건축부동의처분에 관한 쟁송을 제기하여 이를 다투어야 하는 것은 아니다(대판 2004.10.15, 2003두6573 ; 대판 2001.1.16, 99두10988).

16 　　　　　　　　　　　　　　　　　정답 ②

㉠ [X] 국민의 적극적 신청행위에 대하여 행정청이 그 신청에 따른 행위를 하지 않겠다고 거부한 행위가 항고소송의 대상이 되는 행정처분에 해당하는 것이라고 하려면, 그 신청한 행위가 공권력의 행사 또는 이에 준하는 행정작용이어야 하고, 그 거부행위가 신청인의 법률관계에 어떤 변동을 일으키는 것이어야 하며, 그 국민에게 그 행위발동을 요구할 법규상 또는 조리상의 신청권이 있어야 한다(대판 2009.9.10, 2007두20638).

ⓛ [X] 공무원연금관리공단이 법령의 개정사실과 퇴직연금수급자가 퇴직연금 중 일부 금액의 지급정지대상자가 되었다는 사실을 통보한 것은 단지 법령에서 정한 사유의 발생으로 퇴직연금 중 일부 금액의 지급이 정지된다는 점을 알려주는 관념의 통지에 불과하고, 그로 인하여 비로소 지급이 정지되는 것은 아니므로 항고소송의 대상이 되는 행정처분으로 볼 수 없다(대판 2004.7.8, 2004두244).

ⓒ [O] 지방의회 의장에 대한 불신임의결은 의장으로서의 권한을 박탈하는 행정처분의 일종으로서 항고소송의 대상이 된다(대결 1994.10.11, 94두23).

ⓔ [O] 어업권면허에 선행하는 우선순위결정은 강학상 확약에 불과하고 행정처분은 아니다(대판 1995.1.20, 94누6529).

ⓜ [O] 「청소년보호법」에 따른 청소년유해매체물 결정 및 고시처분은 당해 유해매체물의 소유자 등 특정인만을 대상으로 한 행정처분이 아니라 일반 불특정 다수인을 상대방으로 하여 일률적으로 표시의무, 포장의무, 청소년에 대한 판매·대여 등의 금지의무 등 각종 의무를 발생시키는 행정처분이다(대판 2007.6.14, 2004두619).

ⓗ [X] 개별공시지가결정에 위법이 있는 경우에는 그 자체를 행정소송의 대상이 되는 행정처분으로 보아 그 위법 여부를 다툴 수 있다(대판 1994.1.25, 93누8542).

ⓢ [O] 금강수계 중 상수원 수질보전을 위하여 필요한 지역의 토지 등의 소유자가 국가에 그 토지 등을 매도하기 위하여 한 매수신청에 대한 유역환경청장 등의 매수거절결정은 공권력의 행사 또는 이에 준하는 행정작용으로서 항고소송의 대상이 되는 행정처분에 해당한다(대판 2009.9.10, 2007두20638).

17 정답 ③

① [X] 보건복지부 고시인 '요양급여의 적용기준 및 방법에 관한 세부사항'이 불특정의 항정신병 치료제 일반을 대상으로 한 것이 아니라 특정 제약회사의 특정 의약품을 규율대상으로 하는 점 및 의사에 대하여 특정 의약품을 처방함에 있어서 지켜야 할 기준을 제시하면서 만일 그와 같은 처방기준에 따르지 않은 경우에는 국민건강보험공단에 대하여 그 약제비용을 보험급여로 청구할 수 없고 환자 본인에 대하여만 청구할 수 있게 한 점 등에 비추어 볼 때, 위고시는 다른 집행행위의 매개 없이 그 자체로서 제약회사, 요양기관, 환자 및 국민건강보험공단 사이의 법률관계를 직접 규율하는 성격을 가진다고 할 것이므로, 이는 항고소송의 대상이 되는 행정처분으로서의 성격을 갖는다(대결 2003.10.9, 2003무23).

② [X] 이 사건 등록취소규정에 의하여 청구외 사회당이 소멸하여 그 결과 청구인 주장의 기본권이 침해되는 것이 아니라 위 규정 소정의 등록취소사유에 해당되는지 여부에 대한 중앙선거관리위원회의 심사 및 그에 이은 등록취소라는 집행행위에 의하여 비로소 정당이 소멸하게 된다. 그리고 중앙선거관리위원회의 이 사건 사회당에 대한 등록취소처분이 행정소송의 대상이 됨이 명백하다고 할 것이고 그 정당 등록취소처분의 취소소송절차에서의 위 규정에 의한 등록취소사유에 대한 사실관계 확정과 더불어 얼마든지 위 규정에 대한 위헌 여부의 제청을 구할 수 있는 것이며 그 외 달리 그러한 절차경유가 곤란하거나 부당하다고 볼 사정 또는 그러한 절차의 경유가 실효성이 없다고 볼 사정은 찾아보기 어렵다(헌재 2006.4.27, 2004헌마562).

❸ [O] 행정처분의 취소를 구하는 행정소송을 제기하였으나 청구기각의 판결이 확정되어 법원의 소송절차에 의하여서는 더 이상 이를 다툴 수 없게 된 경우에, 당해 행정처분(이하 '원행정처분'이라 함) 자체의 위헌성 또는 그 근거법규의 위헌성을 주장하면서 그 취소를 구하는 헌법소원심판청구를 받아들여 이를 취소하는 것은, 원행정처분을 심판의 대상으로 삼았던 법원의 재판이 예외적으로 헌법소원심판의 대상이 되어 그 재판 자체가 취소되는 경우에 한하여, 국민의 기본권을 신속하고 효율적으로 구제하기 위하여 가능한 것이고, 이와는 달리 법원의 재판이 취소되지 아니하는 경우에는 확정판결의 기판력으로 인하여 원행정처분은 헌법소원심판의 대상이 되지 아니한다. 청구인은 원행정처분인 이 사건 각 과세처분의 취소만을 구하고 있을 뿐 위 처분을 대상으로 한 법원의 재판에 대하여는 헌법소원심판을 청구하지 않고 있고, 달리 위 법원의 재판이 취소되었다고 볼 만한 자료도 없다. 따라서 법원의 재판을 거친 이 사건 각 과세처분의 취소를 구하는 이 사건 심판청구는 부적법하다(헌재 2014.6.3, 2014헌바205).

④ [X] 국가인권위원회는 법률상의 독립된 국가기관이고, 피해자인 진정인에게는 「국가인권위원회법」이 정하고 있는 구제조치를 신청할 법률상 신청권이 있는데 국가인권위원회가 진정을 각하 및 기각결정을 할 경우 피해자인 진정인으로서는 자신의 인격권 등을 침해하는 인권침해 또는 차별행위 등이 시정되고 그에 따른 구제조치를 받을 권리를 박탈당하게 되므로, 진정에 대한 국가인권위원회의 각하 및 기각결정은 피해자인 진정인의 권리행사에 중대한 지장을 초래하는 것으로서 항고소송의 대상이 되는 행정처분에 해당하므로, 그에 대한 다툼은 우선 행정심판이나 행정소송에 의하여야 할 것이다. 따라서 이 사건 헌법소원심판청구는 행정심판이나 행정소송 등의 사전구제절차를 모두 거친 후 청구된 것이 아니므로 보충성 요건을 충족하지 못하였다(헌재 2015.3.26, 2013헌마833).

18 정답 ①

❶ [X] 「병역법」상 신체등위판정은 행정청이라고 볼 수 없는 군의관이 하도록 되어 있으며, 그 자체만으로 바로 「병역법」상의 권리·의무가 정하여지는 것이 아니라 그에 따라 지방병무청장이 병역처분을 함으로써 비로소 병역의무의 종류가 정하여지는 것이므로 항고소송의 대상이 되는 행정처분이라 보기 어렵다(대판 1993.8.27, 93누3356).

② [O] 「도시 및 주거환경정비법」(구 도시재개발법)에 의한 재개발조합은 조합원에 대한 법률관계에서 적어도 특수한 존립목적을 부여받은 특수한 행정주체로서 국가의 감독하에 그 존립목적인 특정한 공공사무를 행하고 있다고 볼 수 있는 범위 내에서는 공법상의 권리·의무관계에 서 있는 것이므로 분양신청 후에 정하여진 관리처분계획의 내용에 관하여 다툼이 있는 경우에는 그 관리처분계획은 토지 등의 소유자에게 구체적이고 결정적인 영향을 미치는 것으로서 조합이 행한 처분에 해당하므로 항고소송의 방법으로 그 무효확인이나 취소를 구할 수 있다(대판 2002.12.10, 2001두6333 ; 대판 전합체 1996.2.15, 94다31235).

③ [O] 한국자산공사가 당해 부동산을 인터넷을 통하여 재공매(입찰)하기로 한 결정 자체는 내부적인 의사결정에 불과하여 항고소송의 대상이 되는 행정처분이라고 볼 수 없고, 또한 한국자산공사가 한 공매통지는 공매의 요건이 아니라 공매사실 자체를 체납자에게 알려주는 데 불과한 것으로서, 통지의 상대방의 법적 지위나 권리·의무에 직접 영향을 주는 것이 아니라고 할 것이므로 이것 역시 행정처분에 해당한다고 할 수 없다(대판 2007.7.27, 2006두8464).

④ [O] '금융기관검사 및 제재에 관한 규정' 제22조는 금융기관의 임원이 금융감독원장으로부터 문책경고를 받은 경우에는 금융업 관련 법 및 당해 금융기관의 감독 관련 규정에서 정한 바에 따라 일정기간 동안 임원선임의 자격제한을 받는다고 규정하고 있고, 「은행법」제18조 제3항의 위임에 기한 구 '은행업감독규정' 제17조 제2호(다)목, 제18조 제1호는 '금융기관검사 및 제재에 관한 규정'에 따라 문책경고를 받은 자로서 문책경고일로부터 3년이 경과하지 아니한 자는 은행장, 상근감사위원, 상임이사, 외국은행지점 대표자가 될 수 없다고 규정하고 있어서, 문책경고는 그 상대방에 대한

직업선택의 자유를 직접 제한하는 효과를 발생하게 하는 등 상대방의 권리·의무에 직접 영향을 미치는 행위로서 행정처분에 해당한다(대판 2005.2.17, 2003두14765).

19   정답 ③

① [○] 당해 의약품제조품목허가처분취소재결은 보건복지부장관이 재결청의 지위에서 스스로 제약회사에 대한 위 의약품제조품목허가처분을 취소한 이른바 형성재결임이 명백하므로, 위 회사에 대한 의약품제조품목가처분은 당해 취소재결에 의하여 당연히 취소·소멸되었고, 그 이후에 다시 위 허가처분을 취소한 당해 처분은 당해 취소재결의 당사자가 아니어서 그 재결이 있었음을 모르고 있는 위 회사에게 위 허가처분이 취소·소멸되었음을 확인하여 알려주는 의미의 사실 또는 관념의 통지에 불과할 뿐 위 허가처분을 취소·소멸시키는 새로운 형성적 행위가 아니므로 항고소송의 대상이 되는 처분이라고 할 수 없다. 그리고 원처분의 상대방이 아닌 제3자가 행정심판을 청구하여 재결청이 원처분을 취소하는 형성재결을 한 경우에 그 원처분의 상대방은 그 재결에 대하여 항고소송을 제기할 수밖에 없고, 이 경우 재결은 원처분과 내용을 달리하는 것이어서 재결의 취소를 구하는 것은 원처분에 없는 재결 고유의 위법을 주장하는 것이 된다(대판 1998.4.24, 97누17131).

② [○] 「행정소송법」 제19조에 의하면 행정심판에 대한 재결에 대하여도 그 재결 자체에 고유한 위법이 있음을 이유로 하는 경우에는 항고소송을 제기하여 그 취소를 구할 수 있고, 여기에서 말하는 '재결 자체에 고유한 위법'이란 그 재결 자체에 주체, 절차, 형식 또는 내용상의 위법이 있는 경우를 의미하는데, 행정심판청구가 부적법하지 않음에도 각하한 재결은 심판청구인의 실체심리를 받을 권리를 박탈한 것으로서 원처분에 없는 고유한 하자가 있는 경우에 해당하고, 따라서 위 재결은 취소소송의 대상이 된다(대판 2001.7.27, 99두2970).

❸ [X] 항고소송은 원칙적으로 당해 처분을 대상으로 하나, 당해 처분에 대한 재결 자체에 고유한 주체·절차·형식 또는 내용상의 위법이 있는 경우에 한하여 그 재결을 대상으로 할 수 있다고 해석되므로, 징계혐의자에 대한 감봉 1월의 징계처분을 견책으로 변경한 소청결정 중 그를 견책에 처한 조치는 재량권의 남용 또는 일탈로서 위법하다는 사유는 <u>소청결정 자체에 고유한 위법을 주장하는 것으로 볼 수 없어 소청결정의 취소사유가 될 수 없다</u>(대판 1993.8.24, 93누5673).

④ [○] 행정처분에 대한 행정심판의 재결에 이유모순의 위법이 있다는 사유는 재결처분 자체에 고유한 하자로서 재결처분의 취소를 구하는 소송에서는 그 위법사유로서 주장할 수 있으나, 원처분의 취소를 구하는 소송에서는 그 취소를 구할 위법사유로서 주장할 수 없다(대판 1996.2.13, 95누8027).

20   정답 ②

① [○] 행정청이 식품위생법령에 기하여 영업자에 대하여 행정제재처분을 한 후 그 처분을 영업자에게 유리하게 변경하는 처분을 한 경우, 변경처분에 의하여 당초 처분은 소멸하는 것이 아니고 당초부터 유리하게 변경된 내용의 처분으로 존재하는 것이므로, 변경처분에 의하여 유리하게 변경된 내용의 행정제재가 위법하다 하여 그 취소를 구하는 경우 그 취소소송의 대상은 <u>변경된 내용의 당초처분이지 변경처분은 아니고</u>, 제소기간의 준수 여부도 변경처분이 아닌 변경된 내용의 당초 처분을 기준으로 판단하여야 한다(대판 2007.4.27, 2004두9302).

❷ [X] 소청심사위원회의 일부취소(일부인용)결정(예 감봉 3월을 감봉 1월로 감경하는 경우)이나 수정(적극적 변경)결정(예 해임처분을 정직 2월로 감경하는 경우, 감봉 1월을 견책으로 변경하는 경우)의 경우, 원처분주의의 원칙상 재결(소청심사위원회의 결정)이 소송의 대상으로 되는 것이 아니라 그 재결에 의해 일부취소되고 남은 원처분이나 수정된 원처분이 소송의 대상이 됨이 원칙이다(대판 2009.10.15, 2009두11829 ; 대판 1993.8.24, 93누5673 등 참조). 따라서 소청심사위원회가 아니라 원처분인 해임처분을 한 처분청을 피고로 하여, 재결이 아니라 정직 2월로 변경된 원처분을 소송의 대상으로 한다.

③ [○] 감사원의 변상판정처분에 대하여서는 <u>행정소송을 제기할 수 없고</u>, 재결에 해당하는 재심의판정에 대하여서만 감사원을 피고로 하여 <u>행정소송을 제기할 수 있다</u>(대판 1984.4.10, 84누91).

④ [○] 행정청이 골프장 사업계획승인을 얻은 자의 사업시설 착공계획서를 수리한 것에 대하여 인근 주민들이 그 수리처분의 취소를 구하는 행정심판을 청구하자 재결청이 그 청구를 인용하여 수리처분을 취소하는 형성적 재결을 한 경우, 그 수리처분 취소심판청구는 행정심판의 대상이 되지 아니하여 부적법 각하하여야 함에도 위 재결은 그 청구를 인용하여 수리처분을 취소하였으므로 재결 자체에 고유한 하자가 있다고 볼 것이다(대판 2001.5.29, 99두10292).

📒 정답

01	②	02	①	03	②	04	③
05	②	06	①	07	①	08	②
09	②	10	④	11	④	12	③
13	③	14	①	15	③	16	①
17	③	18	②	19	①	20	④

01

정답 ②

① [O] 사립학교 교원은 학교법인 또는 사립학교 경영자에 의하여 임면되는 것으로서 사립학교 교원과 학교법인의 관계를 공법상의 권력관계라고는 볼 수 없으므로 사립학교 교원에 대한 학교법인의 해임처분을 취소소송의 대상이 되는 행정청의 처분으로 볼 수 없고, 따라서 학교법인을 상대로 한 불복은 행정소송에 의할 수 없고 민사소송절차에 의할 것이다(대판 1993.2.12, 92누13707).

❷ [X] ④ [O] 사립학교 교원에 대한 해임처분에 대한 구제방법으로 학교법인을 상대로 한 민사소송 이외에 행정소송을 제기하는 방법도 있다(대판 1993.2.12, 92누13707). 즉, 사립학교 교원에 대한 징계처분 등 그 의사에 반한 불리한 처분에 대하여 구 교원지위 향상을 위한 특별법 제9조, 제10조의 규정에 따라 교원소청심사위원회에 소청심사를 청구하고 이에 불복하여 행정소송을 제기하는 경우, 소송의 대상이 되는 행정처분은 학교법인의 징계처분이 아니라 교원소청심사위원회의 결정이므로 그 결정이 행정심판으로서의 재결에 해당하는 것은 아니라 할 것이고, 이 경우 처분청인 교원소청심사위원회가 항고소송의 피고가 되는 것이며, 그러한 법리는 교원소청심사위원회의 결정이 있은 후에 당해 사립학교의 설립자가 국가나 지방자치단체로 변경된다고 하여 달라지지 아니하는 것이다(대판 1994.12.9, 94누6666).

③ [O] 교원소청심사위원회의 결정에 대하여 행정소송을 제기할 수 있는 자에는 「교원지위 향상을 위한 특별법」 제10조 제3항에서 명시하고 있는 교원, 「사립학교법」 제2조에 의한 학교법인, 사립학교 경영자뿐 아니라 소청심사의 피청구인이 된 학교의 장도 포함된다고 보는 것이 타당하다. 따라서 사립대학교 총장이 소속 대학교 교원의 임용권을 위임받아 전임강사 甲에 대하여 재임용기간의 경과를 이유로 당연면직의 통지를 하였고, 이에 甲이 총장을 피청구인으로 재임용거부처분취소청구를 하여 교원소청심사위원회가 재임용거부처분을 취소한다는 결정처분을 한 경우, 대학교 총장이 교원소청심사위원회를 상대로 결정처분의 취소를 구하는 행정소송을 제기할 당사자능력 및 당사자적격이 있다(대판 2011.6.24, 2008두9317).

<교원에 대한 징계와 불복절차>

구분	사립학교 교원	국·공립학교 교원
징계의 성격	처분(X)	처분(O)
소청위원회 결정	처분(O)	행정심판 재결
항고소송 대상	소청위원회 결정	• 징계처분 • 예외적으로 소청위원회 결정

02

정답 ①

❶ [O] 원처분의 상대방이 아닌 제3자가 행정심판을 청구하여 행정심판위원회가 원처분을 취소하는 형성재결을 한 경우에 그 원처분의 상대방은 그 재결에 대하여 항고소송을 제기할 수밖에 없고, 이 경우 재결은 원처분과 내용을 달리하는 것이어서 재결의 취소를 구하는 것은 원처분에 없는 재결 고유의 위법을 주장하는 것이 된다(대판 1998.4.24, 97누17131 ; 대판 2001.5.29, 99두10292).

② [X] 취소소송은 처분 등의 취소를 구할 법률상 이익이 있는 자가 제기할 수 있다(「행정소송법」 제12조).

③ [X] ④ [X] 국민의 적극적 신청행위에 대하여 행정청이 그 신청에 따른 행위를 하지 않겠다고 거부한 행위가 항고소송의 대상이 되는 행정처분에 해당하는 것이라고 하려면, 그 신청한 행위가 공권력의 행사 또는 이에 준하는 행정작용이어야 하고, 그 거부행위가 신청인의 법률관계에 어떤 변동을 일으키는 것이어야 하며, 그 국민에게 그 행위발동을 요구할 법규상 또는 조리상의 신청권이 있어야 한다(대판 2009.9.10, 2007두20638).

03

정답 ②

㉠ [X] 행정청의 재량에 속하는 처분이라도 재량권의 한계를 넘거나 그 남용이 있는 때에는 법원은 이를 취소할 수 있다(「행정소송법」 제27조).

㉡ [O] 일반적으로 법인의 주주는 당해 법인에 대한 행정처분에 관하여 사실상이나 간접적인 이해관계를 가질 뿐이어서 스스로 그 처분의 취소를 구할 원고적격이 없는 것이 원칙이라고 할 것이지만, 그 처분으로 인하여 궁극적으로 주식이 소각되거나 주주의 법인에 대한 권리가 소멸하는 등 주주의 지위에 중대한 영향을 초래하게 되는데도 그 처분의 성질상 당해 법인이 이를 다툴 것을 기대할 수 없고 달리 주주의 지위를 보전할 구제방법이 없는 경우에는 주주도 그 처분에 관하여 직접적이고 구체적인 법률상 이해관계를 가진다고 보이므로 그 취소를 구할 원고적격이 있다(대판 2004.12.23, 2000두2648).

㉢ [X] 인허가 등의 수익적 행정처분을 신청한 수인이 서로 경쟁관계에 있어서 일방에 대한 허가 등의 처분이 타방에 대한 불허가 등으로 귀결될 수밖에 없는 때(이른바 경원관계에 있는 경우로서 동일 대상지역에 대한 공유수면매립면허나 도로점용허가 혹은 일정지역에 있어서의 영업허가 등에 관하여 거리제한규정이나 업소개수제한규정 등이 있는 경우를 그 예로 들 수 있음), 허가 등의 처분을 받지 못한 자는 비록 경원자에 대하여 이루어진 허가 등 처분의 상대방이 아니라 하더라도 당해 처분의 취소를 구할 원고적격이 있다. 다만, 명백한 법적 장애로 인하여 원고 자신의 신청이 인용될 가능성이 처음부터 배제되어 있는 경우에는 당해 처분의 취소를 구할 정당한 이익이 없다(대판 2009.12.10, 2009두8359).

ⓔ [O] 광업권설정허가처분의 근거법규 또는 관련 법규의 취지는 광업권 설정허가처분과 그에 따른 광산 개발과 관련된 후속절차로 인하여 직접적이고 중대한 재산상·환경상 피해가 예상되는 토지나 건축물의 소유자나 점유자 또는 이해관계인 및 주민들이 전과 비교하여 수인한도를 넘는 재산상·환경상 침해를 받지 아니한 채 토지나 건축물 등을 보유하며 쾌적하게 생활할 수 있는 개별적 이익까지도 보호하려는 데 있으므로, 광업권설정허가처분과 그에 따른 광산 개발로 인하여 재산상·환경상 이익의 침해를 받거나 받을 우려가 있는 토지나 건축물의 소유자와 점유자 또는 이해관계인 및 주민들은 그 처분 전과 비교하여 수인한도를 넘는 재산상·환경상 이익의 침해를 받거나 받을 우려가 있다는 것을 증명함으로써 그 처분의 취소를 구할 원고적격을 인정받을 수 있다(대판 2008.9.11, 2006두7577).

04　　　　　　　　　　　　　　　　　　　　정답 ③

① [O] 사업양도·양수에 따른 허가관청의 지위승계신고의 수리는 적법한 사업의 양도·양수가 있었음을 전제로 하는 것이므로 그 수리대상인 사업양도·양수가 존재하지 아니하거나 무효인 때에는 수리를 하였다 하더라도 그 수리는 유효한 대상이 없는 것으로서 당연히 무효라 할 것이고, 사업의 양도행위가 무효라고 주장하는 양도자는 민사쟁송으로 양도·양수행위의 무효를 구함이 없이 막바로 허가관청을 상대로 하여 행정소송으로 위 신고수리처분의 무효확인을 구할 법률상 이익이 있다(대판 2005.12.23, 2005두3554).

② [O] 수허가자의 지위를 양수받아 명의변경신고를 할 수 있는 양수인의 지위는 단순한 반사적 이익이나 사실상의 이익이 아니라 법령에 의하여 보호되는 직접적이고 구체적인 이익으로서 법률상 이익이라고 할 것이고, 허가가 유효하게 존속하고 있다는 것이 양수인의 명의변경신고의 전제가 된다는 의미에서 관할 행정청이 양도인에 대하여 허가를 취소하는 처분을 하였다면 이는 양수인의 지위에 대한 직접적 침해가 된다고 할 것이므로 양수인은 허가를 취소하는 처분의 취소를 구할 법률상 이익을 가진다(대판 2003.7.11, 2001두6289).

❸ [X] <재단법인 甲수녀원이, 매립목적을 택지조성에서 조선시설용지로 변경하는 내용의 공유수면매립목적 변경승인처분으로 인하여 법률상 보호되는 환경상 이익을 침해받았다면서 행정청을 상대로 처분의 무효확인을 구하는 소송을 제기한 사안> … 공유수면매립목적 변경승인처분으로 甲수녀원에 소속된 수녀 등이 쾌적한 환경에서 생활할 수 있는 환경상 이익을 침해받는다고 하더라도 이를 가리켜 곧바로 甲수녀원의 법률상 이익이 침해된다고 볼 수 없고, 자연인이 아닌 甲수녀원은 쾌적한 환경에서 생활할 수 있는 이익을 향수할 수 있는 주체가 아니므로 위 처분으로 위와 같은 생활상의 이익이 직접적으로 침해되는 관계에 있다고 볼 수도 없으며, 위 처분으로 환경에 영향을 주어 甲수녀원이 운영하는 쨈 공장에 직접적이고 구체적인 재산적 피해가 발생한다거나 甲수녀원이 폐쇄되고 이전해야 하는 등의 피해를 받거나 받을 우려가 있다는 점 등에 관한 증명도 부족하므로, 甲수녀원은 처분의 무효확인을 구할 원고적격이 없다(대판 2012.6.28, 2010두2005).

④ [O] 「원자력법」 제12조 제2호(발전용 원자로 및 관계 시설의 위치·구조 및 설비가 대통령령이 정하는 기술수준에 적합하여 방사성물질 등에 의한 인체·물체·공공의 재해방지에 지장이 없을 것)의 취지는 원자로 등 건설사업이 방사성물질 및 그에 의하여 오염된 물질에 의한 인체·물체·공공의 재해를 발생시키지 아니하는 방법으로 시행되도록 함으로써 방사성물질 등에 의한 생명·건강상의 위해를 받지 아니할 이익을 일반적 공익으로서 보호하려는 데 그치는 것이 아니라 방사성물질에 의하여 보다 직접적이고 중대한 피해를 입으리라고 예상되는 지역 내의 주민들의 위와 같은 이익을 직접적·구체적 이익으로서도 보호하려는 데에 있다 할 것이므로, 위와 같은 지역 내의 주민들에게는 방사성물질 등에 의한 생명·신체의 안전침해를 이유로 부지사전승인처분의 취소를 구할 원고적격이 있다(대판 1998.9.4, 97누19588).

05　　　　　　　　　　　　　　　　　　　　정답 ②

ⓐ [X] 공유수면매립과 농지개량사업시행으로 인하여 직접적이고 중대한 환경피해를 입으리라고 예상되는 환경영향평가 대상지역 안의 주민들이 전과 비교하여 수인한도를 넘는 환경침해를 받지 아니하고 쾌적한 환경에서 생활할 수 있는 개별적 이익까지도 이를 보호하려는 데에 있다고 할 것이므로, 위 주민들이 공유수면매립면허처분 등과 관련하여 갖고 있는 위와 같은 환경상의 이익은 주민 개개인에 대하여 개별적으로 보호되는 직접적·구체적 이익으로서 그들에 대하여는 특단의 사정이 없는 한 환경상의 이익에 대한 침해 또는 침해우려가 있는 것으로 사실상 추정되어 공유수면매립면허처분 등의 무효확인을 구할 원고적격이 인정된다. 한편, 환경영향평가 대상지역 밖의 주민이라 할지라도 공유수면매립면허처분 등으로 인하여 그 처분 전과 비교하여 수인한도를 넘는 환경피해를 받거나 받을 우려가 있는 경우에는, 공유수면매립면허처분 등으로 인하여 환경상 이익에 대한 침해 또는 침해우려가 있다는 것을 입증함으로써 그 처분 등의 무효확인을 구할 원고적격을 인정받을 수 있다(대판 전합체 2006.3.16, 2006두330).

ⓑ [O] 「공유수면 관리 및 매립에 관한 법률」 제12조 및 같은 법 시행령 제12조 제1항·제4항의 취지는 공유수면 점용·사용허가로 인하여 인접한 토지를 적정하게 이용할 수 없게 되는 등의 피해를 받을 우려가 있는 인접 토지소유자 등의 개별적·직접적·구체적 이익까지도 보호하려는 것이라고 할 수 있고, 따라서 공유수면 점용·사용허가로 인하여 인접한 토지를 적정하게 이용할 수 없게 되는 등의 피해를 받을 우려가 있는 인접 토지소유자 등은 공유수면 점용·사용허가처분의 취소 또는 무효확인을 구할 원고적격이 인정된다(대판 2014.9.4, 2014두2164).

ⓒ [X] 허가요건이 구비되었음에도 불구하고 행정청이 거부한 경우, 행정처분에 해당하여 취소소송을 제기할 수 있다.

ⓓ [O] 특허의 경우 경업자는 원고적격을 인정받으나, 허가의 경우 새로운 영업자에 대한 허가로 기존 경업자가 침해받는 것은 법률상 이익이 아니라 단순히 반사적 이익에 불과하므로 경업자는 원고적격을 인정받지 못한다(대판 1990.8.14, 89누7900 ; 대판 1986.11.25, 84누147 등 참조).

06　　　　　　　　　　　　　　　　　　　　정답 ①

❶ [X] 협의의 소의 이익은 소송요건이므로 소송계속 중 소의 이익이 없게 되면 부적법하여 각하된다.

② [O] 건축허가에 기하여 이미 건축공사를 완료하였다면 그 건축허가처분의 취소를 구할 이익이 없다 할 것이고, 이와 같이 건축허가처분의 취소를 구할 이익이 없게 되는 것은 건축허가처분의 취소를 구하는 소를 제기하기 전에 건축공사가 완료된 경우뿐 아니라 소를 제기한 후 사실심 변론종결일 전에 건축공사가 완료된 경우에도 마찬가지이다(대판 2007.4.26, 2006두18409).

③ [O] 행정처분이 취소되면 그 처분은 효력을 상실하여 더 이상 존재하지 않는 것이고, 존재하지 않는 행정처분을 대상으로 한 취소소송은 소의 이익이 없어 부적법하다(대판 2010.4.29, 2009두16879).

④ [O] 「건축사법」 제28조 제1항이 건축사 업무정지처분을 연 2회 이상 받고 그 정지기간이 통산하여 12월 이상이 될 경우에는 가중된 제

재처분인 건축사 사무소 등록취소처분을 받게 되도록 규정하여 건축사에 대한 제재적인 행정처분인 업무정지명령을 더 무거운 제재처분인 사무소 등록취소처분의 기준요건으로 규정하고 있으므로, 건축사 업무정지처분을 받은 건축사로서는 위 처분에서 정한 기간이 경과하였다 하더라도 위 처분을 그대로 방치하여 둠으로써 장래 건축사 사무소 등록취소라는 가중된 제재처분을 받을 우려가 있어 건축사로서 업무를 행할 수 있는 법률상 지위에 대한 위험이나 불안을 제거하기 위하여 건축사 업무정지처분의 취소를 구할 이익이 있으나(대판 1991.8.27, 91누3512), 업무정지처분을 받은 후 새로운 업무정지처분을 받음이 없이 1년이 경과하여 실제로 가중된 제재처분을 받을 우려가 없어졌다면 위 처분에서 정한 정지기간이 경과한 이상 특별한 사정이 없는 한 그 처분의 취소를 구할 법률상 이익이 없다(대판 2000.4.21, 98두10080).

07 정답 ①

❶ [○] 현역입영대상자로서는 현실적으로 입영을 하였다고 하더라도, 입영 이후의 법률관계에 영향을 미치고 있는 현역병입영통지처분 등을 한 관할 지방병무청장을 상대로 위법을 주장하여 그 취소를 구할 소송상의 이익이 있다(대판 2003.12.26, 2003두1875).

② [X] 행정처분의 근거법률에 의하여 보호되는 직접적이고 구체적인 이익이 있는 경우에는 「행정소송법」 제35조에 규정된 '무효확인을 구할 법률상 이익'이 있다고 보아야 하고, 이와 별도로 무효확인소송의 보충성이 요구되는 것은 아니므로 행정처분의 무효를 전제로 한 이행소송 등과 같은 직접적인 구제수단이 있는지 여부를 따질 필요가 없다고 해석함이 상당하다(대판 전합체 2008.3.20, 2007두6342). ➡ 무효확인소송의 보충성을 요구하던 종래의 판례를 변경하였다. 따라서 무효인 행정처분이 이미 집행된 경우(예 무효인 조세부과처분에 따라 세금이 이미 납부된 경우)에 그에 의해 형성된 위법상태의 제거를 위한 직접적인 소송방법(예 납부된 조세의 부당이득반환청구소송)이 있더라도 행정처분의 무효확인을 독립한 소송으로 구할 법률상 이익이 있다.

③ [X] 취소소송은 다른 법률에 특별한 규정이 없는 한 그 처분 등을 행한 행정청을 피고로 한다. 다만, 처분 등이 있은 뒤에 그 처분 등에 관계되는 권한이 다른 행정청에 승계된 때에는 이를 승계한 행정청을 피고로 한다. 그리고 행정청이 없게 된 때에는 그 처분 등에 관한 사무가 귀속되는 국가 또는 공공단체를 피고로 한다(「행정소송법」 제13조).

④ [X] 대법원장이 한 처분에 대한 행정소송의 피고는 법원행정처장으로 한다(「법원조직법」 제70조).

08 정답 ②

① [○] 취소소송의 피고경정에 관한 「행정소송법」 제14조의 규정은 당사자소송의 경우에 준용한다(「행정소송법」 제44조 제1항). 따라서 당사자소송의 원고가 피고를 잘못 지정한 때에는 법원은 원고의 신청에 의하여 결정으로써 피고의 경정을 허가할 수 있다.

❷ [X] 지방의회는 행정청이 아니라 의결기관에 불과하므로 원칙적으로 행정소송의 피고가 될 수 없다. 그러나 소속 의원의 징계의결(대판 1993.11.26, 93누7341), 의장선거(대판 1995.1.12, 94누2602), 의장불신임의결(대결 1994.10.11, 94두23)은 항고소송의 대상이 되고, 모두 지방의회를 피고로 한다.

③ [○] 토지수용위원회, 저작권심의위원회, 국민권익위원회, 교원소청심사위원회, 공정거래위원회 등 합의제 행정청의 처분에 대한 소는 그 합의제 행정청의 장이 아니라 합의제 행정청을 피고로 한다(대

판 2009.7.9, 2007두16608 참조).

④ [○] 「공익사업을 위한 토지 등의 취득 및 보상에 관한 법률」 제85조 제1항 전문의 문언 내용과 같은 법 제83조, 제85조가 중앙토지수용위원회에 대한 이의신청을 임의적 절차로 규정하고 있는 점, 「행정소송법」 제19조 단서가 행정심판에 대한 재결은 재결 자체에 고유한 위법이 있음을 이유로 하는 경우에 한하여 취소소송의 대상으로 삼을 수 있도록 규정하고 있는 점 등을 종합하여 보면, 수용재결에 불복하여 취소소송을 제기하는 때에는 이의신청을 거친 경우에도 수용재결을 한 중앙토지수용위원회 또는 지방토지수용위원회를 피고로 하여 수용재결의 취소를 구하여야 하고, 다만 이의신청에 대한 재결 자체에 고유한 위법이 있음을 이유로 하는 경우에는 그 이의재결을 한 중앙토지수용위원회를 피고로 하여 이의재결의 취소를 구할 수 있다고 보아야 한다(대판 2010.1.28, 2008두1504).

09 정답 ②

① [X] 행정처분의 취소 또는 무효확인을 구하는 행정소송은 다른 법률에 특별한 규정이 없는 한 그 처분을 행한 행정청을 피고로 하여야 하며, 행정처분을 행할 적법한 권한 있는 상급행정청으로부터 내부위임을 받은 데 불과한 하급행정청이 권한 없이 행정처분을 한 경우에도 실제로 그 처분을 행한 하급행정청을 피고로 하여야 할 것이지, 그 처분을 행할 적법한 권한 있는 상급행정청을 피고로 할 것은 아니다(대판 1994.8.12, 94누2763 등).

❷ [○] 취소소송의 피고경정에 관한 제14조는 당사자소송의 경우에 준용한다(「행정소송법」 제44조 제1항). 따라서 취소소송이나 당사자소송에서 원고가 피고를 잘못 지정한 때에는 법원은 원고의 신청에 의하여 결정으로써 피고의 경정을 허가할 수 있다(「행정소송법」 제14조 제1항). 그리고 「행정소송법」 제14조에 의한 피고경정은 사실심 변론종결에 이르기까지 허용되는 것으로 해석하여야 할 것이고, 굳이 제1심 단계에서만 허용되는 것으로 해석할 근거는 없다(대결 2006.2.23, 2005부4).

③ [X] 법원은 취소소송을 당해 처분 등에 관계되는 사무가 귀속하는 국가 또는 공공단체에 대한 당사자소송으로 변경하는 것을 허가할 수 있고, 이 경우 피고는 행정청에서 국가 또는 공공단체로 경정되게 된다(「행정소송법」 제21조 제1항·제4항).

④ [X] 원고가 피고를 잘못 지정한 때에는 법원은 원고의 신청에 의하여 결정으로써 피고의 경정을 허가할 수 있고, 이에 의한 결정이 있은 때에는 새로운 피고에 대한 소송은 처음에 소를 제기한 때에 제기된 것으로 보고, 종전의 피고에 대한 소송은 취하된 것으로 본다(「행정소송법」 제14조 제1항·제4항·제5항).

10 정답 ④

① [X] ③ [X] 취소소송과 ㉠ 당해 처분 등과 관련되는 손해배상·부당이득반환·원상회복 등 청구소송과 ㉡ 당해 처분 등과 관련되는 취소소송(이하 '관련청구소송'이라 함)이 각각 다른 법원에 계속되고 있는 경우에 관련청구소송이 계속된 법원이 상당하다고 인정하는 때에는 당사자의 신청 또는 직권에 의하여 이를 취소소송이 계속된 법원으로 이송할 수 있다(「행정소송법」 제10조 제1항).

② [X] 제10조(관련청구소송의 이송 및 병합)의 규정은 당사자소송과 관련청구소송이 각각 다른 법원에 계속되고 있는 경우의 이송과 이들 소송의 병합의 경우에 준용한다(「행정소송법」 제44조 제2항).

❹ [○] 「행정소송법」 제10조 제2항

11   정답 ④

① [○] 「행정소송법」 제10조 제1항 제1호는 행정소송에 병합될 수 있는 관련청구에 관하여 '당해 처분 등과 관련되는 손해배상·부당이득반환·원상회복 등의 청구'라고 규정함으로써 그 병합요건으로 본래의 행정소송과의 관련성을 요구하고 있는바, 이는 행정소송에서 계쟁처분의 효력을 장기간 확정하지 않은 상태에 두는 것은 바람직하지 않다는 관점에서 병합될 수 있는 청구의 범위를 한정함으로써 사건의 심리범위가 확대·복잡화되는 것을 방지하여 그 심판의 신속을 도모하려는 취지라 할 것이므로, 손해배상청구 등의 민사소송이 행정소송에 관련청구로 병합되기 위해서는 그 청구의 내용 또는 발생원인이 행정소송의 대상인 처분 등과 법률상 또는 사실상 공통되거나, 그 처분의 효력이나 존부 유무가 선결문제로 되는 등의 관계에 있어야 함이 원칙이다(대판 2000.10.27, 99두561).

② [○] 「행정소송법」 제38조, 제10조에 의한 관련청구소송의 병합은 본래의 항고소송이 적법할 것을 요건으로 하는 것이어서 본래의 항고소송이 부적법하여 각하되면 그에 병합된 관련청구도 소송요건을 흠결한 부적합한 것으로 각하되어야 한다(대판 2001.11.27, 2000두697).

③ [○] 행정처분에 대한 무효확인과 취소청구는 서로 양립할 수 없는 청구로서 주위적·예비적 청구로서만 병합이 가능하고 선택적 청구로서의 병합이나 단순병합은 허용되지 아니한다(대판 1999.8.20, 97누6889).

❹ [✕] 행정처분의 취소를 구하는 소송에서 처분의 취소를 선결문제로 하는 부당이득반환청구가 병합된 경우, 부당이득반환청구가 인용되기 위해서는 처분이 취소되면 충분하고, 처분의 취소가 확정되어야 하는 것은 아니다(대판 2009.4.9, 2008두23153).

12   정답 ③

① [○] 「행정소송법」 제20조 제2항 소정의 '정당한 사유'란 불확정개념으로서 그 존부는 사안에 따라 개별적·구체적으로 판단하여야 하나 「민사소송법」 제173조(소송행위의 추후보완)의 '당사자가 그 책임을 질 수 없는 사유'나 「행정심판법」 제27조(심판청구의 기간) 제2항 소정의 '천재지변, 전쟁, 사변 그 밖의 불가항력적인 사유'보다는 넓은 개념이라고 풀이되므로, 제소기간도과의 원인 등 여러 사정을 종합하여 지연된 제소를 허용하는 것이 사회통념상 상당하다고 할 수 있는가에 의하여 판단하여야 한다(대판 1991.6.28, 90누6521).

② [○] 납부의무자의 주소지에서 납부의무자의 아르바이트 직원이 납부고지서를 수령한 이상, 납부의무자로서는 그때 처분이 있음을 알 수 있는 상태에 있었다고 볼 수 있고, 따라서 납부의무자는 그때 처분이 있음을 알았다고 추정함이 상당하다(대판 1999.12.28, 99두9742).

❸ [✕] 「행정소송법」상 취소소송은 처분 등이 있음을 안 날부터 90일 이내에 제기하여야 하고, 처분 등이 있은 날부터 1년을 경과하면 제기하지 못한다(「행정소송법」 제20조 제1항·제2항). 그리고 청구취지를 변경하여 구소가 취하되고 새로운 소가 제기된 것으로 변경되었을 때에 새로운 소에 대한 제소기간의 준수 등은 원칙적으로 소의 변경이 있은 때를 기준으로 하여야 한다. 그러나 선행처분에 대하여 제소기간 내에 취소소송이 적법하게 제기되어 계속 중에 행정청이 선행처분서 문언에 일부 오기가 있어 이를 정정할 수 있음에도 선행처분을 직권으로 취소하고 실질적으로 동일한 내용의 후행처분을 함으로써 선행처분과 후행처분 사이에 밀접한 관련성이 있고 선행처분에 존재한다고 주장되는 위법사유가 후행처분에도 마찬가지로 존재할 수 있는 관계인 경우에는 후행처분의 취

소를 구하는 소변경의 제소기간 준수 여부는 따로 따질 필요가 없다(대판 2019.7.4, 2018두58431).

④ [○] 행정청이 법정심판청구기간보다 긴 기간으로 잘못 알린 경우에 그 잘못 알린 기간 내에 심판청구가 있으면 그 심판청구는 법정심판청구기간 내에 제기된 것으로 본다는 취지의 「행정심판법」 제18조 제5항의 규정은 행정심판 제기에 관하여 적용되는 규정이지, 행정소송 제기에도 당연히 적용되는 규정이라고 할 수는 없다.

13   정답 ③

❸ [○] 행정청이 식품위생법령에 기하여 영업자에 대하여 행정제재처분(3월의 영업정지처분)을 한 후 그 처분을 영업자에게 유리하게 변경하는 처분(과징금 부과처분)을 한 경우(이하 처음의 처분을 '당초 처분', 나중의 처분을 '변경처분'이라 함), 변경처분에 의하여 당초 처분은 소멸하는 것이 아니고 당초부터 유리하게 변경된 내용의 처분으로 존재하는 것이므로, 변경처분에 의하여 유리하게 변경된 내용의 행정제재가 위법하다 하여 그 취소를 구하는 경우 그 취소소송의 대상은 변경된 내용의 당초 처분이지 변경처분은 아니고, 제소기간의 준수 여부도 변경처분이 아닌 변경된 내용의 당초 처분을 기준으로 판단하여야 한다(대판 2007.4.27, 2004두9302). ➡ 피고(A구청장)는 2002.12.20. 원고(甲)에 대하여 3월의 영업정지처분이라는 당초 처분을 하였고, 이에 대하여 원고가 행정심판청구를 하자 행정심판위원회는 2003.2.11. "피고가 2002.12.20. 원고에 대하여 한 3월의 영업정지처분을 2월의 영업정지에 갈음하는 과징금 부과처분으로 변경하라."라는 일부기각(일부인용)의 재결을 하였으며, 2003.2.13. 그 재결서 정본이 원고에게 도달하였고, 피고는 위 재결 취지에 따라 2003.2.18. "3월의 영업정지처분을 과징금 560만 원으로 변경한다."라는 취지의 후속 변경처분을 함으로써 당초 처분을 원고에게 유리하게 변경하는 처분을 하였으며, 원고는 2003.6.12. 과징금 부과처분의 취소를 구하는 소를 제기하였다. 이와 같이 후속 변경처분에 의하여 유리하게 변경된 내용의 행정제재인 과징금 부과가 위법하다 하여 그 취소를 구하는 소송에 있어서, 그 취소소송의 대상은 2003.2.18.자 과징금 부과처분이 아니라 후속 변경처분에 의하여 당초부터 유리하게 변경되어 존속하는 2002.12.20.자 과징금 부과처분이고, 그 제소기간도 행정심판재결서 정본을 송달받은 날부터 90일 이내에 제기되어야 한다.

> 「행정소송법」 제20조 【제소기간】 ① 취소소송은 처분 등이 있음을 안 날부터 90일 이내에 제기하여야 한다. 다만, 제18조 제1항 단서에 규정한 경우와 그 밖에 행정심판청구를 할 수 있는 경우 또는 행정청이 행정심판청구를 할 수 있다고 잘못 알린 경우에 행정심판청구가 있은 때의 기간은 재결서의 정본을 송달받은 날부터 기산한다.

14   정답 ①

❶ [✕] 행정처분의 상대방이 아닌 제3자는 「행정심판법」 제18조 제3항 본문 소정의 제척기간에 심판청구가 가능하였다는 특별한 사정이 없는 한 그 제척기간 내에 구애됨이 없이 행정심판을 제기할 수 있으나, 어떠한 경우에도 행정심판을 제기함이 없이 곧바로 행정소송을 제기할 수는 없다고 보아야 할 것이다(대판 1989.5.9, 88누5150).

② [○] 행정소송에 있어 전심절차를 거쳤는지 여부는 소송요건으로서 직권조사사항에 속하는 것이다(대판 1996.9.6, 96누7045).

③ [○] 행정소송의 제기 시에는 행정심판절차를 거치지 않았으나, 행정소송의 사실심 변론종결 전에 행정심판절차를 거친 경우에는 그 하자는 치유된다(대판 1987.4.28, 86누29). 즉, 행정심판 전치요건은 사실심 변론종결 시까지 충족하면 된다.

④ [○] 항고소송에 있어서 원고는 전심절차에서 주장하지 아니한 공격방어방법을 소송절차에서 주장할 수 있고 법원은 이를 심리하여 행정처분의 적법 여부를 판단할 수 있는 것이므로, 원고가 전심절차에서 주장하지 아니한 처분의 위법사유를 소송절차에서 새롭게 주장하였다고 하여 다시 그 처분에 대하여 별도의 전심절차를 거쳐야 하는 것은 아니다(대판 1996.6.14, 96누754 ; 대판 1999.11.26, 99두9407).

15   정답 ③

㉠ [○] ㉢ [X] 다른 법률에 당해 처분에 대한 행정심판의 재결을 거치지 아니하면 취소소송을 제기할 수 없다는 규정이 있는 경우에도 ⓐ 행정심판청구가 있은 날로부터 60일(30일 X)이 지나도 재결이 없는 때, ⓑ 처분의 집행 또는 절차의 속행으로 생길 중대한 손해를 예방하여야 할 긴급한 필요가 있는 때, ⓒ 법령의 규정에 의한 행정심판기관이 의결 또는 재결을 하지 못할 사유가 있는 때, ⓓ 그 밖의 정당한 사유가 있는 때에는 행정심판의 재결을 거치지 아니하고 취소소송을 제기할 수 있다(「행정소송법」 제18조 제2항). ➡ 행정심판은 제기하여야 하나 재결까지 거칠 필요 없이 제소

㉡ [X] ㉣ [X] ㉤ [X] 다른 법률에 당해 처분에 대한 행정심판의 재결을 거치지 아니하면 취소소송을 제기할 수 없다는 규정이 있는 때에도 ⓐ 동종사건에 관하여 이미 행정심판의 기각재결이 있은 때, ⓑ 서로 내용상 관련되는 처분 또는 같은 목적을 위하여 단계적으로 진행되는 처분 중 어느 하나가 이미 행정심판의 재결을 거친 때, ⓒ 행정청이 사실심의 변론종결 후 소송의 대상인 처분을 변경하여 당해 변경된 처분에 관하여 소를 제기하는 때, ⓓ 처분을 행한 행정청이 행정심판을 거칠 필요가 없다고 잘못 알린 때에 해당하는 사유가 있는 때에는 행정심판을 제기함이 없이 취소소송을 제기할 수 있다(「행정소송법」 제18조 제3항).

16   정답 ①

❶ [○] 취소소송의 제기는 처분 등의 효력이나 그 집행 또는 절차의 속행에 영향을 주지 아니한다(「행정소송법」 제23조 제1항). 즉, 집행부정지가 원칙이다.

② [X] 취소소송이 제기된 경우에 처분 등이나 그 집행 또는 절차의 속행으로 인하여 생길 회복하기 어려운 손해를 예방하기 위하여 긴급한 필요가 있다고 인정할 때에는 본안이 계속되고 있는 법원은 당사자의 신청 또는 직권에 의하여 처분 등의 효력이나 그 집행 또는 절차의 속행의 전부 또는 일부의 정지를 결정할 수 있다(「행정소송법」 제23조 제2항 본문). 따라서 당사자의 집행정지신청은 본안이 계속되고 있는 법원에 하여야 하므로, 본안소송과 별도로 독립하여 신청할 수 없다.

③ [X] 「행정소송법」에는 소극적 의미의 가구제인 집행정지가 예외적으로 인정되고 있으나(「행정소송법」 제23조), 적극적 의미의 가구제인 가처분에 대해서는 규정하고 있지 않다.

④ [X] 적법한 본안소송이 계속되어 있을 것이 집행정지의 요건이지만, 실무상 집행정지의 신청을 본안소송의 제기와 동시에 하는 것도 허용하고 있다.

17   정답 ③

① [○] 「행정소송법」 제23조 제2항에서 정하고 있는 집행정지의 요건인 '긴급한 필요'란 회복하기 어려운 손해의 발생이 시간적으로 절박하여 손해를 회피하기 위하여 본안판결을 기다릴 여유가 없는 것을 말한다(대결 1994.1.17, 93두79).

② [○] 「행정소송법」 제23조 제2항에서 정하고 있는 효력정지요건인 '회복하기 어려운 손해'란, 특별한 사정이 없는 한 금전으로 보상할 수 없는 손해로서 금전보상이 불가능한 경우 내지는 금전보상으로는 사회관념상 행정처분을 받은 당사자가 참고 견딜 수 없거나 참고 견디기가 현저히 곤란한 경우의 유형·무형의 손해를 일컫는다(대결 전합체 2011.4.21, 2010무111 ; 대결 2010.5.14, 2010무48 등).

❸ [X] 다만, 처분의 효력정지는 처분 등의 집행 또는 절차의 속행을 정지함으로써 목적을 달성할 수 있는 경우에는 허용되지 아니한다(「행정소송법」 제23조 제2항 단서).

④ [○] 제23조(집행정지)의 규정은 무효등확인소송의 경우에 준용한다(「행정소송법」 제38조 제1항).

18   정답 ②

① [X] 제23조(집행정지), 제24조(집행정지의 취소)의 규정은 무효등확인소송의 경우에 준용한다(「행정소송법」 제38조 제1항).

❷ [○] 「행정소송법」 제23조 제3항에서 집행정지의 요건으로 규정하고 있는 '공공복리에 중대한 영향을 미칠 우려'가 없을 것이라고 할 때의 '공공복리'는 그 처분의 집행과 관련된 구체적이고도 개별적인 공익을 말하는 것으로서, 이러한 집행정지의 소극적 요건에 대한 주장·소명책임은 행정청에게 있다(대결 1999.12.20, 99무42 ; 대결 2008.5.6, 2007무147 등).

③ [X] 국토교통부 등에서 발표한 '4대강 살리기 마스터플랜'에 따른 '한강 살리기 사업' 구간 인근에 거주하는 주민들이 각 공구별 사업실시계획승인처분에 대한 효력정지를 신청한 사안에서, 주민들 중 환경영향평가 대상지역 및 근접 지역에 거주하거나 소유권 기타 권리를 가지고 있는 사람들이 위 사업으로 인하여 토지소유권 기타 권리를 수용당하고 이로 인하여 정착지를 떠나 타지로 이주를 해야 하며 더 이상 농사를 지을 수 없게 되고 팔당지역의 유기농업이 사실상 해체될 위기에 처하게 된다고 하더라도, 그러한 손해는 「행정소송법」 제23조 제2항에서 정하고 있는 효력정지요건인 금전으로 보상할 수 없거나 사회관념상 금전보상으로는 참고 견디기 어렵거나 현저히 곤란한 경우의 유·무형 손해에 해당하지 않는다고 볼 것이다(대결 전합체 2011.4.21, 2010무111).

④ [X] 행정처분의 효력정지나 집행정지를 구하는 신청사건에서 행정처분 자체의 적법 여부는 원칙적으로 판단의 대상이 아니고, 그 행정처분의 효력이나 집행을 정지할 것인가에 관한 「행정소송법」 제23조 제2항 소정의 요건의 존부만이 판단의 대상이 된다. 다만, 집행정지는 행정처분의 집행부정지원칙의 예외로서 인정되는 것이고, 또 본안에서 원고가 승소할 수 있는 가능성을 전제로 한 권리보호수단이라는 점에 비추어 보면, 집행정지사건 자체에 의하여도 신청인의 본안청구가 적법한 것이어야 한다는 것을 집행정지의 요건에 포함시킴이 상당하다(대결 2013.1.31, 2011아73 ; 대결 2010.11.26, 2010무137).

19
정답 ①

❶ [X] 집행정지의 결정 또는 기각의 결정에 대하여는 즉시항고할 수 있다. 이 경우 집행정지의 결정에 대한 즉시항고에는 결정의 집행을 정지하는 효력이 없다(「행정소송법」 제23조 제5항).

② [O] 행정처분의 효력정지나 집행정지제도는 신청인이 본안소송에서 승소판결을 받을 때까지 그 지위를 보호함과 동시에 후에 받을 승소판결을 무의미하게 하는 것을 방지하려는 것이어서 본안소송에서 처분의 취소가능성이 없음에도 처분의 효력이나 집행의 정지를 인정한다는 것은 제도의 취지에 반하므로 효력정지나 집행정지 사건 자체에 의하여도 신청인의 본안청구가 이유 없음이 명백하지 않아야 한다는 것도 <u>효력정지나 집행정지의 요건에 포함시켜야 한다</u>(대결 2008.5.6, 2007무147 ; 대결 2007.7.13, 2005무85).

③ [O] 행정처분의 효력정지를 구하는 신청사건에 있어서는 행정처분 자체의 적법 여부는 궁극적으로 본안판결에서 심리를 거쳐 판단할 성질의 것이므로 원칙적으로는 판단할 것이 아니고, 그 행정처분의 효력을 정지할 것인가에 대한 「행정소송법」 제23조 제2항 소정의 요건의 존부만이 판단의 대상이 되나, 본안소송에서의 처분의 취소가능성이 없음에도 불구하고 처분의 효력정지를 인정한다는 것은 제도의 취지에 반하므로, 효력정지사건 자체에 의하여도 신청인의 본안청구가 이유 없음이 명백할 때에는 행정처분의 효력정지를 명할 수 없다(대결 1994.10.11, 94두23).

④ [O] 행정처분의 효력정지나 집행정지를 구하는 신청사건에서는 행정처분 자체의 적법 여부를 판단할 것이 아니고 행정처분의 효력이나 집행 등을 정지시킬 필요가 있는지 여부, 즉 「행정소송법」 제23조 제2항에서 정한 요건의 존부만이 판단대상이 된다. 나아가 '처분 등이나 그 집행 또는 절차의 속행으로 인한 손해발생의 우려' 등 적극적 요건에 관한 주장·소명책임은 원칙적으로 신청인 측에 있으며, 이러한 요건을 결여하였다는 이유로 효력정지 신청을 기각한 결정에 대하여 행정처분 자체의 적법 여부를 가지고 불복사유로 삼을 수 없다(대결 전합체 2011.4.21, 2010무111).

20
정답 ④

① [X] 소송요건의 충족 여부는 <u>사실심 변론종결 시를 기준</u>으로 한다.

② [X] 원고가 고의 또는 중대한 과실 없이 행정소송으로 제기하여야 할 사건을 민사소송으로 잘못 제기한 경우, 수소법원으로서는 그 행정소송에 대한 관할을 가지고 있지 아니하다면 당해 소송이 이미 행정소송으로서의 전심절차 및 제소기간을 도과하였거나 행정소송의 대상이 되는 처분 등이 존재하지도 아니한 상태에 있는 등 행정소송으로서의 소송요건을 결하고 있음이 명백하여 행정소송으로 제기되었더라도 어차피 부적법하게 되는 경우가 아닌 이상 이를 <u>부적법한 소라고 하여 각하할 것이 아니라 관할 법원에 이송하여야 한다</u>(대판 2008.7.24, 2007다25261 등).

③ [X] 1심과 2심은 법률문제와 사실문제를 모두 심리·판단할 수 있다. 상고심은 법률심으로서 하급심이 인정한 사실관계를 전제로 법률문제만을 최종적으로 심리·판단한다.

❹ [O] 법원은 필요하다고 인정할 때에는 직권으로 <u>증거조사를 할 수 있고, 당사자가 주장하지 아니한 사실에 대하여도 판단할 수 있다</u>(「행정소송법」 제26조).

정답

01	④	02	②	03	②	04	④
05	②	06	③	07	①	08	③
09	①	10	②	11	③	12	④
13	①	14	③	15	③	16	③
17	④	18	①	19	②	20	①

01 정답 ④

① [O] 처분이유의 사후제시(이유제시의 하자치유)는 처분 시에 존재하는 하자(예 처분 시에 이유제시가 전혀 이루어지지 않았거나 법령상 요구되는 정도로 이루어지지 않은 경우)가 사후에 보완되어 없어지는 것으로서 쟁송제기 전까지만 인정되나, 처분사유의 추가·변경은 처분 시에 이미 존재하였지만 처분이유로 기재되지 않았던 사유를 소송계속 중에 처분이유로 주장하는 것이다. 따라서 처분이유의 사후제시는 절차의 하자에 관한 문제로서 행정작용법상의 문제이나, 처분사유의 추가·변경은 계쟁처분의 실체법상 적법성의 주장에 관한 소송법상 문제이다.

② [O] 추가 또는 변경된 사유가 처분 당시에 그 사유를 명기하지 않았을 뿐 이미 존재하고 있었고 당사자도 그 사실을 알고 있었다 하여 당초의 처분사유와 동일성이 있는 것이라고 할 수는 없다(대판 2009.11.26, 2009두15586).

③ [O] 행정처분이 적법한가의 여부는 특별한 사정이 없는 한 처분 당시의 사유를 기준으로 판단하면 되는 것이고 처분청이 처분 당시에 적시한 구체적 사실을 변경하지 아니하는 범위 안에서 단지 그 처분의 근거법령만을 추가·변경하는 것은 새로운 처분사유의 추가라고 볼 수 없으므로, 이와 같은 경우에는 처분청이 처분 당시에 적시한 구체적 사실에 대하여 처분 후에 추가·변경한 법령을 적용하여 그 처분의 적법 여부를 판단하여도 무방하다(대판 1988.1.19, 87누603).

❹ [X] 처분사유의 추가·변경은 처분은 변함없이 사유만 추가·변경되는 것이다. 따라서 처분사유의 추가·변경은 처분의 변경을 초래하지 않는다.

상의 토지이용행위를 제한하여 환경의 보전을 도모하는 지역으로서 부지면적 30,000㎡ 미만의 개발은 허용된다고 하더라도 환경오염의 우려가 있거나 자연환경의 보전 및 토지의 합리적인 이용이라는 법의 입법취지에 부합하는 한도 내에서만 허용된다고 할 것인데, 원고들이 추진하고자 하는 사업은 비교적 대규모의 전원주택의 부지조성사업으로서 위와 같은 법의 취지에 반하여 이를 허용할 수 없다는 것이므로, 그 내용이 모두 이 사건 임야가 준농림지역에 위치하고 있다는 점을 공통으로 하고 있을 뿐 아니라 그 취지 또한 자연환경의 보전을 위하여 개발행위를 제한할 필요가 있어서 산림형질변경을 불허한다는 것으로서 기본적 사실관계의 동일성이 인정된다(대판 2004.11.26, 2004두4482).

③ [X] 원고의 토석채취허가신청에 대하여 피고(나주군수)는 인근 주민들의 동의서를 제출하지 아니하였음을 이유로 이를 반려하였는데, 피고가 토석채취허가신청반려처분취소소송에서 위 반려사유로 새로이 추가하는 처분사유는 위 허가신청지역에 토석채취를 하게 되면 자연경관이 심히 훼손되고 암반의 발파 시 생기는 소음, 토석운반차량의 통행 시 일어나는 소음, 먼지의 발생, 토석채취장에서 흘러내리는 토사가 부근의 농경지를 매몰할 우려가 있는 등 공익에 미치는 영향이 지대하고 이는 '산림내토석채취사무취급요령' 제11조 소정의 제한사유에도 해당되기 때문에 위 반려처분이 적법하다는 것인바, 이는 피고가 당초 위 반려처분의 근거로 삼은 사유와는 그 기본적 사실관계에 있어서 동일성이 인정되지 아니하는 별개의 사유라고 할 것이므로 피고는 이와 같은 사유를 위 반려처분의 근거로 추가할 수 없다고 보아야 할 것이다(대판 1992.8.18, 91누3659).

④ [X] 대통령령인 「교과용도서에 관한 규정」 제33조는 제1항에서 "검정도서와 인정도서의 가격은 저작자와 약정한 출판사가 정한다."라고 규정하고, 제2항에서 "제1항에도 불구하고 교육부장관은 다음 각 호의 사유로 검정도서와 인정도서의 가격이 부당하게 결정될 우려가 있거나 그 가격이 결정된 이후 도서개발에 투입된 비용(이하 '고정비'라고 함)을 출판사가 전부 회수하였음에도 이를 가격에 반영하지 아니하는 경우에는 교과용도서심의회를 거쳐 그 가격의 조정을 명할 수 있다."라고 규정하면서, 각 호의 사유로 '㉠ 제조원가 중 도서의 개발 및 제조 과정에서 실제 발생하지 아니한 제조원가가 차지하는 비율이 1,000분의 15 이상인 경우, ㉡ 가격결정 항목 또는 비목 구분에 잘못이 있는 경우, ㉢ 예상 발행부수보다 실제 발행부수가 1,000부 이상 많은 경우'를 들고 있다. 그런데 교육부장관이 검정도서에 대한 가격조정명령의 사유로 위 제3호의 사유 외에 제1호의 사유를 추가한다고 주장한 경우, 당초 제3호의 사유는 교과용도서의 실제 발행부수가 예상 발행부수보다 1,000부 이상 많다는 것인 데 반하여, 추가된 제1호의 사유는 제조원가 중 실제 발생하지 아니한 제조원가가 차지하는 비율이 1,000분의 15 이상이라는 것이어서 기본적 사실관계가 달라 처분사유 추가가 허용될 수 없다(대판 2019.1.31, 2016두64975).

02 정답 ②

① [X] 피고(부산광역시)의 당초 처분사유인 기존 공동사업장과의 거리제한규정에 저촉된다는 사실과 피고 주장의 최소 주차용지에 미달한다는 사실은 기본적 사실관계를 달리하는 것임이 명백하여 피고가 이를 새롭게 처분사유로서 주장할 수는 없는 것이다(대판 1995.11.21, 95누10952).

❷ [O] 피고가 당초 이 사건 거부처분의 근거와 이유로 삼은 사유는 이 사건 신청이 구 국토이용관리법 제15조 제1항 제4호 및 같은 법 시행령 제14조 제1항 제3의2호의 규정에 의한 준농림지역에서의 행위제한사항에 해당한다는 것이고, 피고가 이 사건 소송에서 추가로 주장한 사유는 준농림지역의 경우 원칙적으로 일정 규모 이

03 정답 ②

① [X] 법원은 필요하다고 인정할 때에는 직권으로 증거조사를 할 수 있고, 당사자가 주장하지 아니한 사실에 대하여도 판단할 수 있다(「행정소송법」 제26조).

❷ [O] 대판 2018.2.13, 2014두11328

③ [X] 「행정소송법」 제26조는 "법원은 필요한 경우에 직권으로써 증거조사를 할 수 있고 또 당사자가 주장하지 않는 사실에 관하여도 판단할 수 있다."라고 규정하고 있어 이는 행정소송의 특수성에서 연유하는 당사자주의·변론주의의 일부 예외규정이라고 볼 것이나, 그렇다고 하여 법원은 아무런 제한 없이 당사자가 주장하지 않는 사실을 판단할 수 있는 것은 아니고 일건 기록에 나타난 사실에

관하여서만 이를 직권으로 심리·조사하고 이를 기초로 하여 판단할 수 있을 따름이다(대판 1985.2.13, 84누467). 즉, 「행정소송법」상 변론주의가 원칙이고, 직권탐지주의는 예외이다.

④ [X] 행정소송에 있어서 특별한 사정이 있는 경우를 제외하면 당해 행정처분의 적법성에 관하여는 행정청이 이를 주장·입증하여야 할 것이나 행정소송에 있어서 직권주의가 가미되어 있다고 하더라도 여전히 변론주의를 기본구조로 하는 이상 행정처분의 위법을 들어 그 취소를 청구함에 있어서는 직권조사사항을 제외하고는 그 취소를 구하는 자가 위법사유에 해당하는 구체적 사실을 먼저 주장하여야 하고, 법원의 석명권 행사는 당사자의 주장에 모순된 점이 있거나 불완전·불명료한 점이 있을 때에 이를 지적하여 정정·보충할 수 있는 기회를 주고, 계쟁사실에 대한 증거의 제출을 촉구하는 것을 그 내용으로 하는 것이며, 당사자가 주장하지도 아니한 법률효과에 관한 요건사실이나 독립된 공격방어방법을 시사하여 그 제출을 권유함과 같은 행위를 하는 것은 <u>변론주의의 원칙에 위배되는 것으로 석명권 행사의 한계를 일탈하는 것이 된다</u>(대판 2001. 10.23, 99두3423).

04   정답 ④

① [O] 「민사소송법」 규정이 준용되는 행정소송에서의 증명책임은 원칙적으로 민사소송 일반원칙에 따라 당사자 간에 분배되고, 항고소송의 경우에는 그 특성에 따라 처분의 적법성을 주장하는 피고에게 그 적법사유에 대한 증명책임이 있다. 다만, 피고가 주장하는 일정한 처분의 적법성에 관하여 합리적으로 수긍할 수 있는 일응의 증명이 있는 경우에는 그 처분은 정당하다고 할 것이며, 이와 상반되는 주장과 증명은 그 상대방인 원고에게 그 책임이 돌아간다(대판 2017. 6.15, 2015두39156 ; 대판 2016.10.27, 2015두42817).

② [O] 행정처분이 위법한 경우에는 이를 취소하는 것이 원칙이고, 예외적으로 그 위법한 처분을 취소·변경하는 것이 도리어 현저히 공공복리에 적합하지 아니하는 경우에는 그 취소를 허용하지 아니하는 사정판결을 할 수 있고, 이러한 사정판결에 관하여는 당사자의 명백한 주장이 없는 경우에도 기록에 나타난 여러 사정을 기초로 직권으로 판단할 수 있는 것이다(대판 2006.12.21, 2005두16161 ; 대판 2006.9.22, 2005두2506).

③ [O] 국민으로부터 보유·관리하는 정보에 대한 공개를 요구받은 공공기관으로서는, 「공공기관의 정보공개에 관한 법률」 제9조 제1항 각 호에서 정하고 있는 비공개사유에 해당하지 않는 한 이를 공개하여야 한다. 이를 거부하는 경우라 할지라도, 대상이 된 정보의 내용을 구체적으로 확인·검토하여, 어느 부분이 어떠한 법익 또는 기본권과 충돌되어 제9조 제1항 몇 호에서 정하고 있는 비공개사유에 해당하는지를 주장·증명(입증)하여야만 하고, 그에 이르지 아니한 채 개괄적인 사유만을 들어 공개를 거부하는 것은 허용되지 아니한다(대판 2018.4.12, 2014두5477 ; 대판 2007.2.8, 2006두4899).

❹ [X] 행정처분의 당연무효를 주장하여 그 무효확인을 구하는 행정소송에 있어서는 <u>원고에게 그 행정처분이 무효인 사유를 주장·입증할 책임이 있다</u>(대판 2010.5.13, 2009두3460).

05   정답 ②

① [O] 국가유공자 인정 요건, 즉 공무수행으로 상이(傷痍)를 입었다는 점이나 그로 인한 신체장애의 정도가 법령에 정한 등급 이상에 해당한다는 점은 국가유공자 등록신청인이 증명할 책임이 있지만, 그 상이가 '불가피한 사유 없이 본인의 과실이나 본인의 과실이 경

합된 사유로 입은 것'이라는 사정, 즉 지원대상자 요건에 해당한다는 사정은 국가유공자 등록신청에 대하여 지원대상자로 등록하는 처분을 하는 처분청이 증명책임을 진다고 보아야 한다(대판 2013. 8.22, 2011두26589).

❷ [X] 자유재량에 의한 행정처분이 그 재량권의 한계를 벗어난 것이어서 위법하다는 점은 그 행정처분의 효력을 다투는 자(원고)가 이를 주장·입증하여야 하고 <u>처분청이 그 재량권의 행사가 정당한 것이었다는 점까지 주장·입증할 필요는 없다</u>(대판 1987.12.8, 87누861).

③ [O] 구체적인 소송과정에서 경험칙에 비추어 과세요건사실이 추정되는 사실이 밝혀진 경우에는, 납세의무자가 문제로 된 사실이 경험칙을 적용하기에 적절하지 아니하다거나 사건에서 경험칙의 적용을 배제하여야 할 만한 특별한 사정이 있다는 점 등을 증명하지 못하는 한, 과세처분이 과세요건을 충족시키지 못한 위법한 처분이라고 단정할 수 없다(대판 2016.6.10, 2015두60341).

④ [O] 대판 2018.4.12, 2017두74702

06   정답 ③

① [O] 취소판결의 효과는 처분 시까지 소급한다. 그리고 처분 등을 취소하는 확정판결은 제3자에 대하여도 효력이 있다(「행정소송법」 제29조 제1항).

② [O] 인용판결의 취지에 따라 행정청은 새로운 처분을 해야 한다는 재처분의무는 기속력의 적극적 효력이다.

❸ [X] 집행정지결정은 「행정소송법」 제30조 제1항이 정한 인용결정의 기속력은 준용하나, 「행정소송법」 제30조 제2항의 재처분의무는 준용하지 않는다.

④ [O] 반복금지효(동일내용의 처분금지의무)는 기속력의 소극적 효력인데, 기속력은 <u>인용판결에만 인정되고 기각판결에는 인정되지 않는다</u>(「행정소송법」 제30조 참조).

07   정답 ①

❶ [O] 처분 등을 취소하는 확정판결은 그 사건에 관하여 당사자인 행정청과 그 밖의 관계 행정청을 기속한다(「행정소송법」 제30조 제1항). 따라서 인용판결이 내려지면 행정청과 그 밖의 행정청도 동일한 내용을 다시 반복할 수 없다. 즉, 법원이 밝힌 위법사유를 반복하여 처분한 경우 기속력에 반한다. 그러나 판결의 주문과 이유에 설시된 개개 사유가 위법하다는 부분에 기속력이 인정되므로 다른 사유로 동일한 처분을 하더라도 기속력에 반하지 않는다(대판 2011. 10.27, 2011두14401 참조).

② [X] 판결에 의하여 취소되는 처분이 당사자의 신청을 거부하는 것을 내용으로 하는 경우에는 그 처분을 행한 행정청은 판결의 취지에 따라 다시 이전의 신청에 대한 처분을 하여야 하나(「행정소송법」 제30조 제2항), 이전에 신청한 대로 처분을 하여야 하는 것은 아니다.

③ [X] 인용판결이 내려지면 행정청과 그 밖의 행정청도 동일한 내용을 다시 반복할 수 없으나, 별도의 새로운 처분이유가 있는 경우에는 동일인에 대하여 <u>동일내용의 처분을 할 수 있다</u>(대결 1998.1.7, 97두22 참조).

④ [X] 행정처분의 위법 여부는 행정처분이 행하여진 때의 법령과 사실을 기준으로 판단하므로, 확정판결의 당사자인 처분행정청은 종전 처분 후에 발생한 새로운 사유를 내세워 다시 처분을 할 수 있고, 새로운 처분의 처분사유가 종전 처분의 처분사유와 기본적 사실관계에서 동일하지 않은 다른 사유에 해당하는 이상, 처분사유가 종전

처분 당시 이미 존재하고 있었고 당사자가 이를 알고 있었더라도 이를 내세워 새로이 처분을 하는 것은 확정판결의 기속력에 저촉되지 않는다(대판 2016.3.24, 2015두48235).

08 정답 ③

① [X] 「행정소송법」 제30조 제1항은 "처분 등을 취소하는 확정판결은 그 사건에 관하여 당사자인 행정청과 그 밖의 관계 행정청을 기속한다."라고 규정하고 있다. 이러한 취소확정판결의 '기속력'은 취소 청구가 인용된 판결에서 인정되는 것으로서 당사자인 행정청과 그 밖의 관계 행정청에게 확정판결의 취지에 따라 행동하여야 할 의무를 지우는 작용을 한다. 이에 비하여 「행정소송법」 제8조 제2항에 의하여 행정소송에 준용되는 「민사소송법」 제216조, 제218조가 규정하고 있는 '기판력'이란 기판력 있는 전소 판결의 소송물과 동일한 후소를 허용하지 않음과 동시에, 후소의 소송물이 전소의 소송물과 동일하지는 않더라도 전소의 소송물에 관한 판단이 후소의 선결문제가 되거나 모순관계에 있을 때에는 후소에서 전소 판결의 판단과 다른 주장을 하는 것을 허용하지 않는 작용을 한다(대판 2016.3.24, 2015두48235).

② [X] 「행정소송법」 제8조 제2항에 의하여 행정소송에 준용되는 「민사소송법」 제216조, 제218조가 규정하고 있는 '기판력'이란 기판력 있는 전소 판결의 소송물과 동일한 후소를 허용하지 않음과 동시에, 후소의 소송물이 전소의 소송물과 동일하지는 않더라도 전소의 소송물에 관한 판단이 후소의 선결문제가 되거나 모순관계에 있을 때에는 후소에서 전소 판결의 판단과 다른 주장을 하는 것을 허용하지 않는 작용을 한다(대판 2016.3.24, 2015두48235).

❸ [O] 행정처분의 적법 여부는 그 행정처분이 행하여진 때의 법령과 사실을 기준으로 하여 판단하는 것이므로 거부처분 후에 법령이 개정·시행된 경우에는 개정된 법령 및 허가기준을 새로운 사유로 들어 다시 이전의 신청에 대한 거부처분을 할 수 있으며 그러한 처분도 위 조항에 규정된 재처분에 해당된다. 따라서 주택건설사업계획승인신청 거부처분의 취소를 명하는 판결이 확정되었음에도 행정청이 그에 따른 재처분을 하지 않은 채 위 취소소송 계속 중에 도시계획법령이 개정되었다는 이유를 들어 다시 거부처분을 한 사안에서, 개정된 도시계획법령에 그 시행 당시 이미 개발행위허가를 신청 중인 경우에는 종전 규정에 따른다는 경과규정을 두고 있으므로 위 사업승인신청에 대하여는 종전 규정에 따른 재처분을 하여야 함에도 불구하고 개정법령을 적용하여 새로운 거부처분을 한 것은 확정된 종전 거부처분취소판결의 기속력에 저촉되어 당연무효라고 하였다(대결 2002.12.11, 2002무22).

④ [X] 형식적 확정력이 발생한 확정판결에만 실질적 확정력(기판력)이 인정된다. 즉, 판결의 실질적 확정력의 전제가 형식적 확정력이다.

09 정답 ①

❶ [X] 사정판결에 관한 제28조는 무효등확인소송에 준용되지 않는다(「행정소송법」 제38조 제1항).

② [O]

> 「행정소송법」 제28조 【사정판결】 ① 원고의 청구가 이유 있다고 인정하는 경우에도 처분 등을 취소하는 것이 현저히 공공복리에 적합하지 아니하다고 인정하는 때에는 법원은 원고의 청구를 기각할 수 있다. 이 경우 법원은 그 판결의 주문에서 그 처분 등이 위법함을 명시하여야 한다.

③ [O] 행정처분이 위법한 경우에는 이를 취소하는 것이 원칙이고, 예외적으로 그 위법한 처분을 취소·변경하는 것이 도리어 현저히 공공복리에 적합하지 아니하는 경우에는 그 취소를 허용하지 아니하는 사정판결을 할 수 있고, 이러한 사정판결에 관하여는 당사자의 명백한 주장이 없는 경우에도 기록에 나타난 여러 사정을 기초로 직권으로 판단할 수 있는 것이다(대판 2006.12.21, 2005두16161 ; 대판 2006.9.22, 2005두2506).

④ [O] 취소청구가 사정판결에 의하여 기각되거나 행정청이 처분 등을 취소 또는 변경함으로 인하여 청구가 각하 또는 기각된 경우에는 소송비용은 피고의 부담으로 한다(「행정소송법」 제32조).

10 정답 ②

① [X] 행정청이 거부처분의 취소판결이 확정되었음에도 다시 이전의 신청에 대한 처분(즉, 재처분)을 하지 아니하는 때에는 제1심 수소법원은 당사자의 신청에 의하여 결정으로써 상당한 기간을 정하고 행정청이 그 기간 내에 이행하지 아니하는 때에는 그 지연기간에 따라 일정한 배상을 할 것을 명하거나 즉시 손해배상을 할 것을 명할 수 있다(「행정소송법」 제34조 제1항). 이를 간접강제결정이라 한다.

❷ [O] 간접강제제도는 금전적 배상제도의 일종으로서, 판결의 기속력에 따른 재처분의무의 이행을 강제하기 위한 제도이다. 즉, 간접강제결정에 기한 배상금은 확정판결의 취지에 따른 재처분의 지연에 대한 제재나 손해배상이 아니고 재처분의 이행에 관한 심리적 강제수단에 불과한 것으로 보아야 하므로, 간접강제결정에서 정한 의무이행기한이 경과한 후에라도 확정판결의 취지에 따른 재처분이 행하여지면 배상금을 추심함으로써 심리적 강제를 꾀한다는 당초의 목적이 소멸하여 처분상대방이 더 이상 배상금을 추심하는 것이 허용되지 않는다(대판 2010.12.23, 2009다37725).

③ [X] 원심판결의 이유는 위법하지만 결론이 정당하다는 이유로 상고기각판결이 선고되어 원심판결이 확정된 경우, 「행정소송법」 제30조 제2항(판결에 의하여 취소되는 처분이 당사자의 신청을 거부하는 것을 내용으로 하는 경우에는 그 처분을 행한 행정청은 판결의 취지에 따라 다시 이전의 신청에 대한 처분을 하여야 한다)에서 규정하고 있는 '판결의 취지'는 상고심판결의 이유와 원심판결의 결론을 의미한다(대판 2004.1.15, 2002두2444).

④ [X] 「행정소송법」 제38조 제1항이 무효확인판결에 관하여 취소판결에 관한 규정을 준용함에 있어서 같은 법 제30조 제2항을 준용한다고 규정하면서도 같은 법 제34조는 이를 준용한다는 규정을 두지 않고 있으므로, 행정처분에 대하여 무효확인판결이 내려진 경우에는 그 행정처분이 거부처분인 경우에도 행정청에 판결의 취지에 따른 재처분의무가 인정될 뿐 그에 대하여 간접강제까지 허용되는 것은 아니라고 할 것이다(대결 1998.12.24, 98무37).

11 정답 ③

① [X] ④ [X] 「행정소송법」 제34조 소정의 간접강제결정에 기한 배상금은 거부처분취소의 확정판결의 취지에 따른 재처분의 지연에 대한 제재나 손해배상이 아니고 재처분의 이행에 관한 심리적 강제수단에 불과한 것으로 보아야 하므로, 특별한 사정이 없는 한 간접강제결정에서 정한 의무이행기한이 경과한 후에라도 확정판결의 취지에 따른 재처분의 이행이 있으면 배상금을 추심함으로써 심리적 강제를 꾀할 목적이 상실되어 처분상대방이 더 이상 배상금을 추심하는 것은 허용되지 않는다(대판 2004.1.15, 2002두2444 ; 대판 2010.12.23, 2009다37725).

② [X] 간접강제결정은 피고 또는 참가인이었던 행정청이 소속하는 국가 또는 공공단체에 그 효력을 미친다(「행정소송법」 제34조 제2항, 제33조).

> 「행정소송법」 제34조 【거부처분취소판결의 간접강제】 ① 행정청이 제30조 제2항의 규정에 의한 처분을 하지 아니하는 때에는 제1심 수소법원은 당사자의 신청에 의하여 결정으로써 상당한 기간을 정하고 행정청이 그 기간 내에 이행하지 아니하는 때에는 그 지연기간에 따라 일정한 배상을 할 것을 명하거나 즉시 손해배상을 할 것을 명할 수 있다.
> ② 제33조와 「민사집행법」 제262조의 규정은 제1항의 경우에 준용한다.
>
> 「행정소송법」 제33조 【소송비용에 관한 재판의 효력】 소송비용에 관한 재판이 확정된 때에는 피고 또는 참가인이었던 행정청이 소속하는 국가 또는 공공단체에 그 효력을 미친다.

❸ [O] 간접강제는 취소소송·부작위위법확인소송에서는 인정되나, 무효확인소송에는 인정되지 않는다(「행정소송법」 제38조).

12 　　　　　　　　　　　　　　　　 정답 ④

① [O] 행정처분에 대한 무효확인과 취소청구는 서로 양립할 수 없는 청구로서 주위적·예비적 청구로서만 병합이 가능하고 선택적 청구로서의 병합이나 단순병합은 허용되지 아니한다(대판 1999.8.20, 97누6889).

② [O] 행정행위는 공정력과 불가쟁력의 효력이 있어 설혹 행정행위에 하자가 있는 경우에도 그 하자가 중대하고 명백하여 당연무효로 보아야 할 사유가 있는 경우 이외에는 그 행정행위가 행정소송이나 다른 행정행위에 의하여 적법히 취소될 때까지는 단순히 취소할 수 있는 사유가 있는 것만으로는 누구나 그 효력을 부인할 수는 없고 법령에 의한 불복기간이 경과한 경우에는 당사자는 그 행정처분의 효력을 다툴 수 없다(대판 1991.4.23, 90누8756).

③ [O] 행정처분의 근거법률에 의하여 보호되는 직접적이고 구체적인 이익이 있는 경우에는 「행정소송법」 제35조에 규정된 '무효확인을 구할 법률상 이익'이 있다고 보아야 하고, 이와 별도로 무효확인소송의 보충성이 요구되는 것은 아니므로 행정처분의 무효를 전제로 한 이행소송 등과 같은 직접적인 구제수단이 있는지 여부를 따질 필요가 없다고 해석함이 상당하다(대판 전합체 2008.3.20, 2007두6342). 즉, 무효확인소송의 보충성을 요구하던 종래의 판례를 변경하였다. 따라서 무효인 행정처분이 이미 집행된 경우(예 무효인 조세부과처분에 따라 세금이 이미 납부된 경우)에 그에 의해 형성된 위법상태의 제거를 위한 직접적인 소송방법(예 납부된 조세의 부당이득반환청구소송)이 있더라도 행정처분의 무효확인을 독립한 소송으로 구할 법률상 이익이 있다.

❹ [X] 무효등확인소송에는 취소소송의 사정판결에 관한 제28조가 준용되지 않는다(「행정소송법」 제38조 제1항). 따라서 원고의 청구가 이유 있다고 인정하는 경우에는 처분 등의 무효를 확인하는 것이 현저히 공공복리에 적합하지 아니하다고 인정하는 때에도 법원은 원고의 청구를 기각할 수 없다.

13 　　　　　　　　　　　　　　　　 정답 ①

❶ [O] '부작위'라 함은 행정청이 당사자의 신청에 대하여 상당한 기간 내에 일정한 처분을 하여야 할 법률상 의무가 있음에도 불구하고 이를 하지 아니하는 것을 말한다(「행정소송법」 제2조 제1항 제2호).

그런데 재량권의 불행사란 행정청이 처분을 함에 있어 재량행위를 기속행위로 오인하여 재량권을 전혀 행사하지 않거나 또는 충분히 행사하지 않는 경우를 말한다. 따라서 처분을 하였으므로 부작위가 아니다.

② [X] 부작위위법확인의 소는 행정청이 당사자의 법규상 또는 조리상의 권리에 기한 신청에 대하여 상당한 기간 내에 신청을 인용하는 적극적 처분 또는 각하하거나 기각하는 등의 소극적 처분을 하여야 할 법률상 응답의무가 있음에도 불구하고 이를 하지 아니하는 경우 그 부작위가 위법하다는 것을 확인함으로써 행정청의 응답을 신속하게 하여 부작위 또는 무응답이라고 하는 소극적 위법상태를 제거하는 것을 목적으로 하는 제도이다(대판 2000.2.25, 99두11455). 따라서 행정청이 당사자의 신청에 대하여 거부처분을 한 경우에는 거부처분에 대하여 취소소송을 제기하여야 하는 것이지 행정처분의 부존재를 전제로 한 부작위위법확인소송을 제기할 수 없다(대판 1992.4.28, 91누8753).

③ [X] 부작위위법확인소송은 당사자의 신청에 대한 행정청의 처분이 존재하지 아니하는 경우에 허용되는 것이므로, 행정청이 당사자의 신청에 대하여 거부처분을 한 경우에는 거부처분에 대하여 취소소송을 제기하여야 하는 것이지 행정처분의 부존재를 전제로 한 부작위위법확인소송을 제기할 수 없다(대판 1992.4.28, 91누8753). 즉, 거부처분은 처분이 있는 것이므로 이에 대한 부작위위법확인소송을 제기할 수 없다.

④ [X] 부작위위법확인소송은 처분의 신청을 한 자로서 부작위의 위법의 확인을 구할 법률상 이익이 있는 자만이 제기할 수 있고(「행정소송법」 제36조), 따라서 객관적 소송이 아니라 항고소송으로서 주관적 소송이다.

14 　　　　　　　　　　　　　　　　 정답 ③

① [O] 취소소송의 제소기간에 관한 제20조의 규정은 부작위위법확인소송의 경우에 준용한다(「행정소송법」 제38조 제2항). 따라서 행정심판 등 전심절차를 거친 경우에는 재결서의 정본을 송달받은 날부터 90일 이내에 부작위위법확인소송을 제기하여야 한다(대판 2009.7.23, 2008두10560). 그러나 부작위는 외관상 명시적인 처분이 없고 또 부작위상태가 계속되는 한 언제든지 소를 제기할 수 있는 것이므로, 행정심판을 거치지 않고 부작위위법확인소송을 제기하는 경우에는 제소기간의 제한을 받지 않는다.

② [O] 「행정소송법」 제36조

❸ [X] 부작위위법확인소송에 있어서 법원은 부작위위법 여부만을 심리해야 한다는 절차적 심리설과 나아가 신청의 실체적 내용도 심리하여 행정청의 처리방향까지 제시해야 한다는 실체적 심리설의 대립이 있는데, 다수설과 판례(대판 1992.7.28, 91누7361 ; 대판 1990.9.25, 89누4758)는 절차적 심리설을 취하고 있다. 따라서 법원은 부작위가 위법함을 확인하는 데 그쳐야지 그 이상으로 행정청이 발동하여야 할 실체적 처분의 내용까지 심리할 수는 없다. 그 결과, 부작위위법확인소송에서 인용판결(확인판결)이 확정되더라도 행정청은 이전의 신청에 대한 거부처분을 할 수가 있다.

④ [O] 제16조(제3자의 소송참가)와 제31조(제3자에 의한 재심청구)의 규정은 부작위위법확인소송의 경우에 준용한다(「행정소송법」 제38조 제2항).

15 정답 ③

㉠ [O] 납세의무자에 대한 국가의 부가가치세 환급세액 지급의무는 공법상 의무라고 보아야 하므로 납세의무자에 대한 국가의 부가가치세 환급세액 지급의무에 대응하는 국가에 대한 납세의무자의 부가가치세 환급세액 지급청구는 민사소송이 아니라 「행정소송법」 제3조 제2호에 규정된 당사자소송의 절차에 따라야 한다(대판 전합체 2013.3.21, 2011다95564).

㉡ [X] 과세처분이 당연무효라고 볼 수 없는 한 과세처분에 취소할 수 있는 위법사유가 있다 하더라도 그 과세처분은 행정행위의 공정력 또는 집행력에 의하여 그것이 적법하게 취소되기 전까지는 유효하다 할 것이므로, 민사소송절차에서 그 과세처분의 효력을 부인할 수 없다(대판 1999.8.20, 99다20179). 따라서 행정행위에 대한 취소권이 없는 민사법원이 직접 과세처분을 취소하여 부당이득반환판결을 할 수는 없다.

㉢ [X] 이행소송인 공법상 금전급부(지급)청구소송·공법상 신분 등의 확인소송도 인정된다.

㉣ [O] 「행정소송법」 제39조

16 정답 ③

① [O] 형식적 당사자소송이란 처분 등을 원인으로 하는 법률관계에 관하여 실질적으로는 처분 등의 효력을 다투는 것이나 형식적으로는 그 법률관계의 일방 당사자를 피고로 하여 제기하는 소송을 말한다. 즉, 형식적 당사자소송은 기본적으로는 법률관계의 내용을 다투는 점에서 당사자소송이지만, 처분의 효력의 부인을 전제로 하는 점에서 실질적 당사자소송과 다르다. 이 형식적 당사자소송은 개별 법률에 규정이 있는 경우에는 허용되나, 법률에 규정이 없는 경우에 대해서는 그 허용 여부가 다투어지고 있다.

② [O] 취소소송에 관한 제10조 제2항(취소소송에는 사실심의 변론종결 시까지 관련청구소송을 병합하거나 피고 외의 자를 상대로 한 관련청구소송을 취소소송이 계속된 법원에 병합하여 제기할 수 있다)의 규정은 당사자소송과 관련청구소송이 각각 다른 법원에 계속되고 있는 경우의 이들 소송의 병합의 경우에 준용한다(「행정소송법」 제44조 제2항). 따라서 행정소송에 관련청구소송인 민사소송(혹은 행정소송)을 병합하는 방식이어야 하며, 민사법원은 행정소송에 대한 관할권이 없으므로 민사소송에 행정소송을 병합할 수는 없다.

❸ [X] '민주화운동관련자 명예회복 및 보상 심의위원회'의 결정은 국민의 권리·의무에 직접 영향을 미치는 행정처분에 해당하므로, 관련자 등으로서 보상금 등을 지급받고자 하는 신청에 대하여 심의위원회가 관련자 해당 요건의 전부 또는 일부를 인정하지 아니하여 보상금 등의 지급을 기각하는 결정을 한 경우에는 신청인은 심의위원회를 상대로 그 결정의 취소를 구하는 소송을 제기하여 보상금 등의 지급대상자가 될 수 있다(대판 전합체 2008.4.17, 2005두16185).
➡ 위 지문은 대법관 김황식, 김지형, 이홍훈의 소수의견이다.

④ [O] 공법상의 법률관계에 관한 당사자소송에서는 그 법률관계의 한쪽 당사자를 피고로 하여 소송을 제기하여야 한다. 다만, 원고가 고의 또는 중대한 과실 없이 당사자소송으로 제기하여야 할 것을 항고소송으로 잘못 제기한 경우에, 당사자소송으로서의 소송요건을 결하고 있음이 명백하여 당사자소송으로 제기되었더라도 어차피 부적법하게 되는 경우가 아닌 이상, 법원으로서는 원고가 당사자소송으로 소 변경을 하도록 하여 심리·판단하여야 한다(대판 2016.5.24, 2013두14863).

17 정답 ④

① [O] 납세의무자에 대한 국가의 부가가치세 환급세액 지급의무는 공법상 의무라고 보아야 하므로 납세의무자에 대한 국가의 부가가치세 환급세액 지급의무에 대응하는 국가에 대한 납세의무자의 부가가치세 환급세액 지급청구는 민사소송이 아니라 「행정소송법」 제3조 제2호에 규정된 당사자소송의 절차에 따라야 한다(대판 전합체 2013.3.21, 2011다95564).

② [O] 취소소송에 관한 제14조(피고경정), 제15조(공동소송), 제16조(제3자의 소송참가), 제17조(행정청의 소송참가), 제22조(처분변경으로 인한 소의 변경), 제25조(행정심판기록의 제출명령), 제26조(직권심리), 제30조 제1항(처분 등을 취소하는 확정판결은 그 사건에 관하여 당사자인 행정청과 그 밖의 관계 행정청을 기속한다), 제32조(소송비용의 부담) 및 제33조(소송비용에 관한 재판의 효력)의 규정은 당사자소송의 경우에 준용한다(「행정소송법」 제44조 제1항).

③ [O] 구 공무원연금법령상 퇴직수당 등의 급여를 받으려고 하는 자는 우선 관계 법령에 따라 공단에 급여지급을 신청하여 공무원연금관리공단이 이를 거부하거나 일부 금액만 인정하는 급여지급결정을 하는 경우 그 결정을 대상으로 항고소송을 제기하는 등으로 구체적 권리를 인정받은 다음 비로소 당사자소송으로 그 급여의 지급을 구하여야 하고, 구체적인 권리가 발생하지 않은 상태에서 곧바로 공무원연금관리공단 등을 상대로 한 당사자소송으로 급여의 지급을 소구하는 것은 허용되지 않는다(대판 2010.5.27, 2008두5636).

❹ [X] 관계 법령의 규정내용에 미루어 보면 현행 실정법이 전문직공무원인 공중보건의사의 채용계약 해지의 의사표시는 일반공무원에 대한 징계처분과는 달라서 항고소송의 대상이 되는 처분 등의 성격을 가진 것으로 인정되지 아니하고, 일정한 사유가 있을 때에 관할 도지사가 채용계약관계의 한쪽 당사자로서 대등한 지위에서 행하는 의사표시로 취급하고 있는 것으로 이해되므로, 공중보건의사 채용계약 해지의 의사표시에 대하여는 대등한 당사자 간의 소송형식인 공법상의 당사자소송으로 그 의사표시의 무효확인을 청구할 수 있는 것이지, 이를 항고소송의 대상이 되는 행정처분이라는 전제하에서 그 취소를 구하는 항고소송을 제기할 수는 없다(대판 1996.5.31, 95누10617).

18 정답 ①

❶ [X] 「행정소송법」 소정의 당사자소송에 있어서 원고가 피고를 잘못 지정한 때에는 법원은 원고의 신청에 의하여 결정으로서 피고의 경정을 허가할 수 있는 것이므로(「행정소송법」 제44조 제1항, 제14조), 원고가 피고를 잘못 지정한 것으로 보이는 경우 법원으로서는 마땅히 석명권을 행사하여 원고로 하여금 정당한 피고로 경정하게 하여 소송을 진행케 하여야 할 것이지, 그러한 조치를 취하지 아니한 채 피고의 지정이 잘못되었다는 이유로 막바로 소를 각하할 것은 아니다(대판 2006.11.9, 2006다23503).

② [O] 납세의무자에 대한 국가의 부가가치세 환급세액 지급의무는 그 납세의무자로부터 어느 과세기간에 과다하게 거래징수된 세액 상당을 국가가 실제로 납부받았는지와 관계없이 부가가치세법령의 규정에 의하여 직접 발생하는 것으로서, 그 법적 성질은 정의와 공평의 관념에서 수익자와 손실자 사이의 재산상태 조정을 위해 인정되는 부당이득반환의무가 아니라 부가가치세법령에 의하여 그 존부나 범위가 구체적으로 확정되고 조세정책적 관점에서 특별히 인정되는 공법상 의무라고 봄이 타당하다. 그렇다면 납세의무자에 대한 국가의 부가가치세 환급세액 지급의무에 대응하는 국가에 대한 납세의무자의 부가가치세 환급세액 지급청구는 민사소송이 아

니라 「행정소송법」 제3조 제2호에 규정된 당사자소송의 절차에 따라야 한다(대판 전합체 2013.3.21, 2011다95564).

③ [O] 「도시 및 주거환경정비법」상 행정주체인 주택재건축정비사업조합을 상대로 관리처분계획안에 대한 조합총회결의의 효력 등을 다투는 소송은 행정처분에 이르는 절차적 요건의 존부나 효력 유무에 관한 소송으로서 그 소송 결과에 따라 행정처분의 위법 여부에 직접 영향을 미치는 공법상 법률관계에 관한 것이므로, 이는 「행정소송법」상의 당사자소송에 해당한다(대판 전합체 2009.9.17, 2007다2428).

④ [O] 납세의무부존재확인의 소는 공법상의 법률관계 그 자체를 다투는 소송으로서 당사자소송이라 할 것이므로 「행정소송법」 제3조 제2호, 제39조에 의하여 그 법률관계의 한쪽 당사자인 국가·공공단체 그 밖의 권리주체가 피고적격을 가진다(대판 2000.9.8, 99두2765).

19 정답 ②

① [O] 지방자치단체가 보조금지급결정을 하면서 일정 기한 내에 보조금을 반환하도록 하는 교부조건을 부가한 경우, 보조사업자의 지방자치단체에 대한 보조금반환의무는 행정처분인 위 보조금지급결정에 부가된 부관상 의무이고, 이러한 부관상 의무는 보조사업자가 지방자치단체에 부담하는 공법상 의무이므로, 보조사업자에 대한 지방자치단체의 보조금반환청구는 공법상 권리관계의 일방 당사자를 상대로 하여 공법상 의무이행을 구하는 청구로서 「행정소송법」 제3조 제2호에 규정한 당사자소송의 대상이라고 할 것이다(대판 2011.6.9, 2011다2951).

❷ [X] 공무원연금법령상 급여를 받으려고 하는 자는 우선 관계 법령에 따라 공무원연금공단에 급여지급을 신청하여 공무원연금공단이 이를 거부하거나 일부 금액만 인정하는 급여지급결정을 하는 경우 그 결정을 대상으로 항고소송을 제기하는 등으로 구체적 권리를 인정받아야 하고, 구체적인 권리가 발생하지 않은 상태에서 곧바로 공무원연금공단을 상대로 한 당사자소송으로 권리의 확인이나 급여의 지급을 소구하는 것은 허용되지 아니한다. 이러한 법리는 구체적인 급여를 받을 권리의 확인을 구하기 위하여 소를 제기하는 경우뿐만 아니라, 구체적인 급여수급권의 전제가 되는 지위의 확인을 구하는 경우에도 마찬가지로 적용된다(대판 2017.2.9, 2014두43264).

③ [O] 「하천법」 규정 자체에 의하여 하천구역으로 편입되어 국유로 되었으나 그에 대한 보상규정이 없었거나 보상청구권이 시효로 소멸되어 보상을 받지 못한 토지들에 대하여, 국가가 반성적 고려와 국민의 권리구제 차원에서 그 손실을 보상하기 위하여 규정한 것으로서, 그 법적 성질은 「하천법」 본칙이 원래부터 규정하고 있던 하천구역에의 편입에 의한 손실보상청구권과 하등 다를 바 없는 것이어서 공법상의 권리임이 분명하므로 그에 관한 쟁송도 행정소송절차에 의하여야 한다. 개정 「하천법」 부칙(1984.12.31.) 제2조와 '법률 제3782호 하천법 중 개정법률 부칙 제2조의 규정에 의한 보상청구권의 소멸시효가 만료된 하천구역편입토지 보상에 관한 특별조치법' 제2조, 제6조의 각 규정들을 종합하면, 위 규정들에 의한 손실보상청구권은 1984.12.31. 전에 토지가 하천구역으로 된 경우에는 당연히 발생되는 것이지, 관리청의 보상금지급결정에 의하여 비로소 발생하는 것은 아니므로, 위 규정들에 의한 손실보상금의 지급을 구하거나 손실보상청구권의 확인을 구하는 소송은 「행정소송법」 제3조 제2호 소정의 당사자소송에 의하여야 한다(대판 전합체 2006.5.18, 2004다6207).

④ [O] 공법상의 법률관계에 관한 당사자소송에서는 그 법률관계의 한쪽 당사자를 피고로 하여 소송을 제기하여야 한다(「행정소송법」 제3조 제2호, 제39조). 다만, 원고가 '고의 또는 중대한 과실 없이' 당사자소송으로 제기하여야 할 것을 항고소송으로 잘못 제기한 경우에, 당사자소송으로서의 소송요건을 결하고 있음이 명백하여 당사자소송으로 제기되었더라도 어차피 부적법하게 되는 경우가 아닌 이상, 법원으로서는 원고가 당사자소송으로 소 변경을 하도록 하여 심리·판단하여야 한다(대판 2016.5.24, 2013두14863).

20 정답 ①

❶ [O] 행정청의 고시(혹은 「국유재산법 시행규칙」) 일부조항이 상위법규인 법률, 시행규칙 및 헌법 등(혹은 「국유재산법 시행령」)에 반하여 무효이므로 그 확인을 구한다는 소송은 「행정소송법」 제3조 제3호가 규정하고 있는 민중소송이고, 이는 같은 법 제45조에 의하여 법률이 정한 경우에 법률에 정한 자에 한하여 제기할 수 있다(대판 1991.8.27, 91누1738 ; 대판 1987.3.24, 86누656).

② [X] 민중소송 또는 기관소송으로써 처분 등의 취소를 구하는 소송에는 그 성질에 반하지 아니하는 한 취소소송에 관한 규정을 준용한다(「행정소송법」 제46조 제1항).

③ [X] 지방의회의원 및 지방자치단체의 장의 선거에 있어서 선거의 효력에 관하여 이의가 있는 선거인·정당(후보자를 추천한 정당에 한함) 또는 후보자는 선거일부터 14일 이내에 당해 선거구선거관리위원회위원장을 피소청인으로 하여 지역구시·도의원선거(지역구세종특별자치시의회의원선거는 제외), 자치구·시·군의원선거 및 자치구·시·군의 장 선거에 있어서는 시·도선거관리위원회에, 비례대표시·도의원선거, 지역구세종특별자치시의회의원선거 및 시·도지사선거에 있어서는 중앙선거관리위원회에 소청할 수 있다(「공직선거법」 제219조 제1항). 그리고 지방의회의원 및 지방자치단체의 장의 선거에 있어서 선거의 효력에 관한 소청의 결정에 불복이 있는 소청인(당선인을 포함)은 해당 소청에 대하여 기각 또는 각하결정이 있는 경우에는 해당 선거구선거관리위원회 위원장을, 인용결정이 있는 경우에는 그 인용결정을 한 선거관리위원회 위원장을 피고로 하여 그 결정서를 받은 날부터 10일 이내에 비례대표시·도의원선거 및 시·도지사선거에 있어서는 대법원에, 지역구시·도의원선거, 자치구·시·군의원선거 및 자치구·시·군의 장 선거에 있어서는 그 선거구를 관할하는 고등법원에 소를 제기할 수 있다(「공직선거법」 제222조 제2항).

④ [X] 민중소송은 국가 또는 공공단체의 기관이 법률에 위반되는 행위를 한 때에 직접 자기의 법률상의 이익과 관계없이 그 시정을 구하기 위하여 제기하는 소송이고(「행정소송법」 제3조 제3호), 민중소송은 법률이 정한 경우에 법률에 정한 자에 한하여 제기할 수 있다(「행정소송법」 제45조).

해커스공무원
gosi.Hackers.com

2022 해커스공무원 황남기 행정법 모의고사 Season 1

중간
테스트
정답 및 해설

정답

01	①	02	④	03	②	04	④
05	④	06	①	07	①	08	③
09	①	10	③	11	②	12	②
13	②	14	③	15	①	16	①
17	①	18	③	19	④	20	①

01 정답 ①

❶ [X]

> 「행정기본법」 제2조【정의】이 법에서 사용하는 용어의 뜻은 다음과
> 같다.
> 1. '법령등'이란 다음 각 목의 것을 말한다.
>   가. 법령: 다음의 어느 하나에 해당하는 것
>   1) 법률 및 대통령령·총리령·부령
>   2) 국회규칙·대법원규칙·헌법재판소규칙·중앙선거관리
>   위원회규칙 및 감사원규칙

② [O]

> 「행정기본법」 제2조【정의】이 법에서 사용하는 용어의 뜻은 다음과
> 같다.
> 1. '법령등'이란 다음 각 목의 것을 말한다.
>   가. 법령: 다음의 어느 하나에 해당하는 것
>   1) 법률 및 대통령령·총리령·부령
>   2) 국회규칙·대법원규칙·헌법재판소규칙·중앙선거관리위
>   원회규칙 및 감사원규칙
>   3) 1) 또는 2)의 위임을 받아 중앙행정기관(「정부조직법」
>   및 그 밖의 법률에 따라 설치된 중앙행정기관을 말한다.
>   이하 같다)의 장이 정한 훈령·예규 및 고시 등 행정규칙

③ [O]

> 「행정기본법」 제2조【정의】이 법에서 사용하는 용어의 뜻은 다음과
> 같다.
> 1. '법령등'이란 다음 각 목의 것을 말한다.
>   나. 자치법규: 지방자치단체의 조례 및 규칙

④ [O] 법령의 위임을 받아 중앙행정기관의 장이 정한 훈령·예규 및 고
시 등 행정규칙도 법령에 포함시키고 있어 법령보충적 행정규칙을
포함하고 있으나, 단순 행정규칙은 법령에 포함하고 있지 않다.

02 정답 ④

① [X] 「행정절차법」은 '당사자 등'에 처분의 상대방과 행정청이 직권 또
는 신청에 의하여 행정절차에 참여하게 한 이해관계인을 포함하고

있으나, 「행정기본법」은 '당사자'란 처분의 상대방을 말한다고 규
정하고 있다(「행정기본법」 제2조 제3호).

② [X]

> 「행정기본법」 제2조【정의】이 법에서 사용하는 용어의 뜻은 다음과
> 같다.
> 5. '제재처분'이란 법령등에 따른 의무를 위반하거나 이행하지 아니
>   하였음을 이유로 당사자에게 의무를 부과하거나 권익을 제한하
>   는 처분을 말한다. 다만, 제30조 제1항 각 호에 따른 행정상 강
>   제는 제외한다.

③ [X]

> 「행정기본법」 제5조【다른 법률과의 관계】① 행정에 관하여 다른
> 법률에 특별한 규정이 있는 경우를 제외하고는 이 법에서 정하는 바
> 에 따른다.

❹ [O]

> 「행정기본법」 제4조【행정의 적극적 추진】① 행정은 공공의 이익을
> 위하여 적극적으로 추진되어야 한다.
> ② 국가와 지방자치단체는 소속 공무원이 공공의 이익을 위하여 적
> 극적으로 직무를 수행할 수 있도록 제반 여건을 조성하고, 이와 관
> 련된 시책 및 조치를 추진하여야 한다.

03 정답 ②

① [X]

> 「행정기본법」 제6조【행정에 관한 기간의 계산】① 행정에 관한 기
> 간의 계산에 관하여는 이 법 또는 다른 법령등에 특별한 규정이 있
> 는 경우를 제외하고는 「민법」을 준용한다.

❷ [O] ③ [X] ④ [X]

> 「행정기본법」 제6조【행정에 관한 기간의 계산】② 법령등 또는 처
> 분에서 국민의 권익을 제한하거나 의무를 부과하는 경우 권익이 제
> 한되거나 의무가 지속되는 기간의 계산은 다음 각 호의 기준에 따른
> 다. 다만, 다음 각 호의 기준에 따르는 것이 국민에게 불리한 경우에
> 는 그러하지 아니하다.
> 1. 기간을 일, 주, 월 또는 연으로 정한 경우에는 기간의 첫날을 산
>   입한다.
> 2. 기간의 말일이 토요일 또는 공휴일인 경우에도 기간은 그날로
>   만료한다.

04 정답 ④

① [X]

> 「행정기본법」 제8조【법치행정의 원칙】행정작용은 법률에 위반되어
> 서는 아니 되며, 국민의 권리를 제한하거나 의무를 부과하는 경우와
> 그 밖에 국민생활에 중요한 영향을 미치는 경우에는 법률에 근거하
> 여야 한다.

② [X] 「행정기본법」 제8조는 중요사항유보설을 취하고 있다.

③ [X] 「행정기본법」 제9조는 평등의 원칙을 규정하고 있으나, 자기구속의 법리를 규정하고 있지 않다.

❹ [O]

> 「행정기본법」 제10조 【비례의 원칙】 행정작용은 다음 각 호의 원칙에 따라야 한다.
> 1. 행정목적을 달성하는 데 유효하고 적절할 것
> 2. 행정목적을 달성하는 데 필요한 최소한도에 그칠 것
> 3. 행정작용으로 인한 국민의 이익 침해가 그 행정작용이 의도하는 공익보다 크지 아니할 것

05 　　　　　　　　　　　　　　　　정답 ④

① [X]

> 「행정기본법」 제14조 【법 적용의 기준】 ① 새로운 법령등은 법령등에 특별한 규정이 있는 경우를 제외하고는 그 법령등의 효력 발생 전에 완성되거나 종결된 사실관계 또는 법률관계에 대해서는 적용되지 아니한다.

② [X]

> 「행정기본법」 제14조 【법 적용의 기준】 ② 당사자의 신청에 따른 처분은 법령등에 특별한 규정이 있거나 처분 당시의 법령등을 적용하기 곤란한 특별한 사정이 있는 경우를 제외하고는 처분 당시의 법령등에 따른다.

③ [X]　❹ [O]

> 「행정기본법」 제14조 【법 적용의 기준】 ③ 법령등을 위반한 행위의 성립과 이에 대한 제재처분은 법령등에 특별한 규정이 있는 경우를 제외하고는 법령등을 위반한 행위 당시의 법령등에 따른다. 다만, 법령등을 위반한 행위 후 법령등의 변경에 의하여 그 행위가 법령등을 위반한 행위에 해당하지 아니하거나 제재처분 기준이 가벼워진 경우로서 해당 법령등에 특별한 규정이 없는 경우에는 변경된 법령등을 적용한다.

06 　　　　　　　　　　　　　　　　정답 ①

❶ [X] 판례의 법원성 인정 여부에 대해서는 논란이 있으나, 법원으로 인정한다 하더라도 판례는 불문법이므로 원칙적 성문법주의하에서는 보충적인 법원일 뿐이다. 따라서 판례가 성문법보다 우선할 수는 없다.

② [O] 특정 지방자치단체의 초·중·고등학교에서 실시하는 학교급식을 위해 위 지방자치단체에서 생산되는 우수 농수축산물과 이를 재료로 사용하는 가공식품(이하 '우수농산물'이라고 함)을 우선적으로 사용하도록 하고 그러한 우수농산물을 사용하는 자를 선별하여 식재료나 식재료 구입비의 일부를 지원하며 지원을 받은 학교는 지원금을 반드시 우수농산물을 구입하는 데 사용하도록 하는 것을 내용으로 하는 위 지방자치단체의 조례안은 내국민대우원칙을 규정한 '1994년 관세 및 무역에 관한 일반협정(GATT)'에 위반되어 그 효력이 없다(대판 2005.9.9, 2004추10 ; 대판 2008.12.24, 2004추72).

③ [O] 행정법의 일반원칙은 행정법 해석의 기본원리이며, 성문법·관습법 및 판례법이 모두 없는 경우에 적용되는 최후의 보충적 법원으로서 중요한 의미를 갖고 있다. 그런데 평등원칙·비례원칙 등의 행정법의 일반원칙은 대부분 헌법적 효력을 가지는 원칙들이다.

④ [O] 종래에는 「특허법」 제26조와 「우편법」 제11조 제1항에서 조약이 국내법보다 우선하여 적용된다고 규정하고 있었으나, 현재는 삭제되었다.

07 　　　　　　　　　　　　　　　　정답 ①

❶ [O] 헌재 2006.3.30, 2005헌바31

② [X] 예산은 일종의 법규범이고 법률과 마찬가지로 국회의 의결을 거쳐 제정되지만, 법률과 달리 국가기관만을 구속할 뿐 일반국민을 구속하지 않는다(헌재 2006.4.25, 2006헌마409). ➡ 예산에는 법률유보가 적용되지 않으나, 예산을 지출하려면 법률에 근거해야 한다.

③ [X] 산림훼손은 국토 및 자연의 유지와 수질 등 환경의 보전에 직접적으로 영향을 미치는 행위이므로, 법령이 규정하는 산림훼손 금지 또는 제한지역에 해당하는 경우는 물론 금지 또는 제한지역에 해당하지 않더라도 허가관청은 산림훼손허가신청 대상토지의 현상과 위치 및 주위의 상황 등을 고려하여 국토 및 자연의 유지와 환경의 보전 등 중대한 공익상 필요가 있다고 인정될 때에는 허가를 거부할 수 있고, 그 경우 법규에 명문의 근거가 없더라도 거부처분을 할 수 있다(대판 2003.3.28, 2002두12113).

④ [X] 지방자치단체의 조례는 자치조례에 해당한다고 하더라도 법령에 위반되지 않는 범위 안에서만 제정할 수 있어서 법령에 위반되는 조례는 효력이 없다(대판 2016.10.27, 2014추514). 즉, 법령의 규정보다 더 침익적인 조례는 '법령우위원칙'에 위반되어 무효이다.

08 　　　　　　　　　　　　　　　　정답 ③

① [X] 건축주와 그로부터 건축설계를 위임받은 건축사가 상세계획지침에 의한 건축한계선의 제한이 있다는 사실을 간과한 채 건축설계를 하고 이를 토대로 건축물의 신축 및 증축허가를 받은 경우, 그 신축 및 증축허가가 정당하다고 신뢰한 데에 귀책사유가 없다고 할 수 없으니, 그 허가에 따라 상당한 정도로 공사가 진척된 건축물에 대하여 건축한계선을 침범하였다는 이유로 위반부분의 철거를 명하였다 하더라도 신뢰보호원칙에 반한다고 할 수 없다(대판 2002.11.8, 2001두1512).

② [X] 개인의 신뢰이익에 대한 보호가치는 ㉠ 법령에 따른 개인의 행위가 국가에 의하여 일정 방향으로 유인된 신뢰의 행사인지, ㉡ 아니면 단지 법률이 부여한 기회를 활용한 것으로서 원칙적으로 사적 위험부담의 범위에 속하는 것인지 여부에 따라 달라진다. 만일 법률에 따른 개인의 행위가 단지 법률이 반사적으로 부여하는 기회의 활용을 넘어서 국가에 의하여 일정 방향으로 유인된 것이라면 특별히 보호가치가 있는 신뢰이익이 인정될 수 있고, 원칙적으로 개인의 신뢰보호가 국가의 법률개정이익에 우선된다고 볼 여지가 있다(헌재 2007.4.26, 2003헌마947).

❸ [O] 수익적 행정처분의 하자가 당사자의 사실은폐나 기타 사위의 방법에 의한 신청행위에 기인한 것이라면 당사자는 처분에 의한 이익이 위법하게 취득되었음을 알아 취소가능성도 예상하고 있었다고 보아야 하므로, 그 자신이 처분에 관한 신뢰이익을 원용할 수 없음은 물론 행정청이 이를 고려하지 아니하였더라도 재량권의 남용이라고 볼 수 없다(대판 2020.2.27, 2019두39611).

④ [X] 개인의 귀책사유라 함은 행정청의 견해표명의 하자가 상대방 등 관계자의 사실은폐나 기타 사위의 방법에 의한 신청행위 등 부정 행위에 기인한 것이거나 그러한 부정행위가 없더라도 하자가 있음 을 알았거나 중대한 과실로 알지 못한 경우 등을 의미한다(대판 2008.1.17, 2006두10931).

09 정답 ①

❶ [O] 행정관청이 국유재산을 매각하는 것은 사법상의 매매계약일 수도 있으나 「귀속재산처리법」에 의하여 귀속재산을 매각하는 것은 행정 처분이지 사법상의 매매가 아니다(대판 1991.6.25, 91다10435 ; 대판 1998.4.24, 96다48350).

② [X] 「국유재산법」 제42조 제1항, 제73조 제2항 제2호에 따르면, 국유 일반재산의 관리·처분에 관한 사무를 위탁받은 자는 국유 일반재 산의 대부료 등이 납기기한까지 납부되지 아니한 경우에는 「국세 징수법」 제23조와 같은 법의 체납처분에 관한 규정을 준용하여 대부료 등을 징수할 수 있다. 이와 같이 국유 일반재산의 대부료 등의 징수에 관하여는 「국세징수법」 규정을 준용한 간이하고 경제 적인 특별구제절차가 마련되어 있으므로, 특별한 사정이 없는 한 민사소송의 방법으로 대부료 등의 지급을 구하는 것은 허용되지 아니한다(대판 2014.9.4, 2014다203588).

③ [X] 국가나 지방자치단체에 근무하는 청원경찰은 「국가공무원법」이나 「지방공무원법」상의 공무원은 아니지만, 다른 청원경찰과는 달리 그 임용권자가 행정기관의 장이고, 국가나 지방자치단체로부터 보수를 받으며, 「산업재해보상보험법」이나 「근로기준법」이 아닌 「공무원 연금법」에 따른 재해보상과 퇴직급여를 지급받고, 직무상의 불법 행위에 대하여도 「민법」이 아닌 「국가배상법」이 적용되는 등의 특질이 있으며 그 외 임용자격, 직무, 복무의무 내용 등을 종합하 여 볼 때, 그 근무관계를 사법상의 고용계약관계로 보기는 어려우 므로 그에 대한 징계처분의 시정을 구하는 소는 행정소송의 대상 이지 민사소송의 대상이 아니다(대판 1993.7.13, 92다47564).

④ [X] 사립학교 교원은 학교법인 또는 사립학교 경영자가 임면하고, 그 임면은 사법상 고용계약에 의하며, 사립학교 교원은 학생을 교육 하는 대가로 학교법인 등으로부터 임금을 지급받으므로 학교법인 등과 사립학교 교원의 관계는 원칙적으로 사법상 법률관계에 해당 한다. 따라서 학교법인 등의 사립학교 교원에 대한 인사권의 행사 로서 징계 등 불리한 처분은 사법적 법률행위의 성격을 가진다(대 판 2014.7.24, 2014도6377).

10 정답 ③

① [O] 헌법상의 기본권은 그것이 구체적 내용을 갖고 있어 법률에 의해 따로 구체화되지 않더라도 직접 적용될 수 있는 경우에는 개인적 공권으로 인정될 수 있다. 예컨대, 자유권적 기본권·평등권·재산 권은 헌법에 의해 구체적 내용을 가지므로 직접 헌법상의 기본권 규정이 개인적 공권의 근거규정이 될 수 있고, 그 침해를 이유로 행정소송을 제기할 수도 있다. 그러나 헌법상의 사회권적 기본권 이나 청구권적 기본권은 법률에 의해 그 기본권의 내용 등이 구체 화될 때까지는 직접 개인적 공권으로 인정되지 아니하며, 따라서 직접 헌법상의 기본권 규정을 근거로 행정소송을 제기할 수 있는 원고적격이 인정되지 않는다. 판례는 구속된 피의자 또는 피고인 의 타인과의 접견권은 헌법에서 직접 인정한 개인적 공권으로 보 나(헌재 2004.9.23, 2000헌마138 ; 대판 1992.5.8, 91부8), 환 경권은 법률의 규정이 있어야 비로소 구체적 권리성을 갖게 된다 고 보고 있다(대판 전합체 2006.3.16, 2006두330 등).

② [O] 공무원연금수급권과 같은 사회보장수급권은 "모든 국민은 인간다 운 생활을 할 권리를 가지고, 국가는 사회보장·사회복지의 증진에 노력할 의무를 진다."라고 규정한 헌법 제34조 제1항 및 제2항으 로부터 도출되는 사회적 기본권 중의 하나로서, 이는 국가에 대하 여 적극적으로 급부를 요구하는 것이므로 헌법 규정만으로는 이를 실현할 수 없어 법률에 의한 형성이 필요하고, 그 구체적인 내용, 즉 수급요건, 수급권자의 범위 및 급여금액 등은 법률에 의하여 비 로소 확정된다(헌재 2013.9.26, 2011헌바272).

❸ [X] 서울특별시의 '철거민에 대한 시영아파트 특별분양 개선지침'은 서울특별시 내부에 있어서의 행정지침에 불과하며, 그 지침 소정 의 사람에게 공법상의 분양신청권이 부여되는 것은 아니므로 분양 불허의 의사표시는 항고소송의 대상이 되는 행정처분으로 볼 수 없다(대판 1991.11.26, 91누3352).

④ [O] 관행어업권은 민중적 관습법에 의해 성립되는 개인적 공권이다.

11 정답 ②

① [X] 공무원연금수급권과 같은 사회보장수급권은 "모든 국민은 인간다 운 생활을 할 권리를 가지고, 국가는 사회보장·사회복지의 증진에 노력할 의무를 진다."라고 규정한 헌법 제34조 제1항 및 제2항으 로부터 도출되는 사회적 기본권 중의 하나로서, 이는 국가에 대하 여 적극적으로 급부를 요구하는 것이므로 헌법 규정만으로는 이를 실현할 수 없어 법률에 의한 형성이 필요하고, 그 구체적인 내용, 즉 수급요건, 수급권자의 범위 및 급여금액 등은 법률에 의하여 비 로소 확정된다(헌재 2013.9.26, 2011헌바272).

❷ [O] 헌법상의 기본권 중 사회권적 기본권이나 청구권적 기본권은 법률 에 의해 그 기본권의 내용 등이 구체화되어야 비로소 개인적 공권 으로 인정된다. 그러나 자유권적 기본권·평등권·재산권과 같이 헌법에 의해 구체적 내용을 갖고 있어 법률에 의해 따로 구체화되 지 않더라도 직접 적용될 수 있는 경우에는 개인적 공권으로 인정 될 수 있다.

③ [X] 개인적 공권은 성문법령 외에, 조리·관습법 등 불문법으로도 성립 할 수 있다. 예컨대, 음용수권, 입어권은 관습법상 권리이다.

④ [X] 개인적 공권은 행정행위나 공법상 계약을 통해서도 성립할 수 있다.

12 정답 ②

① [X] 뷜러(O. Bühler)는 강행법규의 존재, 사익보호성, 청구권능부여 성(의사력·법상의 힘)이라는 개인적 공권의 3요소론을 주장하였 다. 그러나 최근에는 헌법상 재판청구권이 인정되고 행정소송의 개괄주의가 수용됨에 따라 청구권능부여성은 별도의 성립요건으 로 보지 않게 되었다(2요소론). 따라서 공권이 인정되기 위해서는 ㉠ 강행법규에 의해 행정주체(행정청)에게 일정한 행위(즉, 작위 ·부작위)를 하여야 할 의무가 부과되어 있어야 하고, ㉡ 당해 법 규의 입법취지나 목적이 공익의 추구뿐만 아니라 개인의 특정한 법률상 이익도 보호하는 것이어야 한다. 여기서 사익보호성의 유 무는 관계 법규의 명문규정 외에 당해 법규 전체의 목적과 취지도 합리적으로 고려해서 판단한다(대판 2004.8.16, 2003두2175 등 참조). 즉, 법규의 취지가 기본적으로 공익추구에 있고 부수적으로 사익을 보호하고자 하는 경우에도 개인적 공권은 성립하는데, 이 와 같이 공권의 성립요건을 당해 법규가 보호하고자 하는 목적과 연계시키는 이론을 보호규범론이라 한다.

❷ [O] 뷜러(O. Bühler)는 강행법규의 존재, 사익보호성, 청구권능부여 성(의사력·법상의 힘)이라는 개인적 공권의 3요소론을 주장하였 다. 그러나 최근에는 헌법상 재판청구권이 인정되고 행정소송의

개괄주의가 수용됨에 따라 청구권능부여성은 별도의 성립요건으로 보지 않게 되었다(2요소론). 따라서 공권이 인정되기 위해서는 ㉠ 강행법규에 의해 행정주체(행정청)에게 일정한 행위(즉, 작위·부작위)를 하여야 할 의무가 부과되어 있어야 하고, ㉡ 해당 법규의 입법취지나 목적이 공익의 추구뿐만 아니라 개인의 특정한 법률상 이익도 보호하는 것이어야 한다. 그리고 종래에는 기속행위에 대해서만 개인적 공권의 성립을 인정하였으나, 현재에는 특정의 행위를 요구하지는 못하지만 재량행사를 하자 없이 행사해 줄 것을 청구할 수 있는 권리인 무하자재량행사청구권의 인정과 재량이 0으로 수축되는 경우에 행정개입청구권을 행사할 수 있다고 보아 재량행위에 대해서도 개인적 공권의 성립을 인정하고 있다.

③ [X] 뷜러(O. Bühler)는 강행법규의 존재, 사익보호성, 청구권능부여성(의사력·법상의 힘)이라는 개인적 공권의 3요소론을 주장하였다. 그러나 최근에는 헌법상 재판청구권이 인정되고 행정소송의 개괄주의가 수용됨에 따라 청구권능부여성은 별도의 성립요건으로 보지 않게 되었다(2요소론).

④ [X] 제소기간이 이미 도과하여 불가쟁력이 생긴 행정처분에 대하여는 개별 법규에서 그 변경을 요구할 신청권을 규정하고 있거나 관계 법령의 해석상 그러한 신청권이 인정될 수 있는 등 특별한 사정이 없는 한 국민에게 그 행정처분의 변경을 구할 신청권이 있다 할 수 없다(대판 2007.4.26, 2005두11104 ; 대판 2017.2.9, 2014두43264).

13 정답 ②

① [O] 이 경우, 한약조제권을 인정받은 약사들에 대한 합격처분의 무효확인의 소는 원고적격이 없는 자들이 제기한 소로서 부적법하다(대판 1998.3.10, 97누4289).

❷ [X] 허가를 받은 중계유선방송사업자의 사업상 이익은 단순한 반사적 이익에 그치는 것이 아니라 「방송법」에 의하여 보호되는 법률상 이익이라고 보아야 한다(대판 2007.5.11, 2004다11162).

③ [O] 면허받은 장의자동차운송사업구역에 위반하였음을 이유로 한 행정청의 과징금 부과처분에 의하여 동종업자의 영업이 보호되는 결과는 사업구역제도의 반사적 이익에 불과하기 때문에 그 과징금 부과처분을 취소한 재결에 대하여 처분의 상대방 아닌 제3자는 그 취소를 구할 법률상 이익이 없다(대판 1992.12.8, 91누13700).

④ [O] 인·허가 등의 수익적 행정처분을 신청한 수인이 서로 경쟁관계에 있어서 일방에 대한 허가 등의 처분이 타방에 대한 불허가 등으로 귀결될 수밖에 없는 때(이른바, 경원관계에 있는 경우) 허가 등의 처분을 받지 못한 자는 비록 경원자에 대하여 이루어진 허가 등 처분의 상대방이 아니라 하더라도 당해 처분의 취소를 구할 당사자적격이 있다. 다만, 명백한 법적 장애로 인하여 원고 자신의 신청이 인용될 가능성이 처음부터 배제되어 있는 경우에는 당해 처분의 취소를 구할 정당한 이익이 없다(대판 2009.12.10, 2009두8359).

14 정답 ③

① [X] 인허가 등의 수익적 행정처분을 신청한 수인이 서로 경쟁관계에 있어서 일방에 대한 허가 등의 처분이 타방에 대한 불허가 등으로 귀결될 수밖에 없는 때 허가 등의 처분을 받지 못한 자는 비록 경원자에 대하여 이루어진 허가 등 처분의 상대방이 아니라도 당해 처분의 취소를 구할 원고적격이 있다. 다만, 명백한 법적 장애로 인하여 원고 자신의 신청이 인용될 가능성이 처음부터 배제되어 있는 경우에는 당해 처분의 취소를 구할 정당한 이익이 없

다(대판 2009.12.10, 2009두8359).

② [X] 판례는 경업자(競業者)와 경원자(競願者)에게 모두 개인적 공권을 인정하고 있다. ➡ ㉠ 일반적으로 면허나 인허가 등의 수익적 행정처분의 근거가 되는 법률이 해당 업자들 사이의 과당경쟁으로 인한 경영의 불합리를 방지하는 것도 목적으로 하고 있는 경우, 다른 업자에 대한 면허나 인허가 등의 수익적 행정처분에 대하여 미리 같은 종류의 면허나 인허가 등의 수익적 행정처분을 받아 영업을 하고 있는 기존의 업자는 경업자에 대하여 이루어진 면허나 인허가 등 행정처분의 상대방이 아니라 하더라도 당해 행정처분의 취소를 구할 당사자적격이 있다(대판 2018.4.26, 2015두53824 등). ㉡ 인허가 등의 수익적 행정처분을 신청한 수인이 서로 경쟁관계에 있어서 일방에 대한 허가 등의 처분이 타방에 대한 불허가 등으로 귀결될 수밖에 없는 때 허가 등의 처분을 받지 못한 자는 비록 경원자에 대하여 이루어진 허가 등 처분의 상대방이 아니라 하더라도 당해 처분의 취소를 구할 원고적격이 있다. 다만, 명백한 법적 장애로 인하여 원고 자신의 신청이 인용될 가능성이 처음부터 배제되어 있는 경우에는 당해 처분의 취소를 구할 정당한 이익이 없다(대판 2009.12.10, 2009두8359 등).

❸ [O] 인가·허가 등 수익적 행정처분을 신청한 여러 사람이 서로 경원관계에 있어서 한 사람에 대한 허가 등 처분이 다른 사람에 대한 불허가 등으로 귀결될 수밖에 없을 때 허가 등 처분을 받지 못한 사람은 신청에 대한 거부처분의 직접 상대방으로서 원칙적으로 자신에 대한 거부처분의 취소를 구할 원고적격이 있고, 취소판결이 확정되는 경우 판결의 직접적인 효과로 경원자에 대한 허가 등 처분이 취소되거나 효력이 소멸되는 것은 아니더라도 행정청은 취소판결의 기속력에 따라 판결에서 확인된 위법사유를 배제한 상태에서 취소판결의 원고와 경원자의 각 신청에 관하여 처분요건의 구비 여부와 우열을 다시 심사하여야 할 의무가 있으며, 재심사 결과 경원자에 대한 수익적 처분이 직권취소되고 취소판결의 원고에게 수익적 처분이 이루어질 가능성을 완전히 배제할 수는 없으므로, 특별한 사정이 없는 한 경원관계에서 허가 등 처분을 받지 못한 사람은 자신에 대한 거부처분의 취소를 구할 소의 이익이 있다(대판 2015.10.29, 2013두27517).

④ [X] 피고(대구광역시)가 B에게 LPG자동차충전소 설치허가를 하자, 인근 주민인 A가 위 허가처분이 「고압가스안전관리법」 및 같은 법 시행령에 규정된 공공의 안전을 위한 설치허가 기준에 미달할 뿐 아니라 「환경보전법」이 요구하는 환경오염으로 인한 위해의 방지의무를 저버린 위법한 처분이며 이로 인하여 A의 법률상 이익이 침해되었다고 주장하여 위 허가처분취소소송을 제기한 경우, A의 원고적격이 인정된다(대판 1983.7.12, 83누59).

15 정답 ①

❶ [O] 상수원보호구역 설정의 근거가 되는 「수도법」 제5조 제1항 및 같은 법 시행령 제7조 제1항이 보호하고자 하는 것은 상수원의 확보와 수질보전일 뿐이고, 그 상수원에서 급수를 받고 있는 지역주민들이 가지는 상수원의 오염을 막아 양질의 급수를 받을 이익은 직접적이고 구체적으로는 보호하고 있지 않음이 명백하여 위 지역주민들이 가지는 이익은 상수원의 확보와 수질보호라는 공공의 이익이 달성됨에 따라 반사적으로 얻게 되는 이익에 불과하므로 지역주민들에 불과한 원고들에게는 위 상수원보호구역변경처분의 취소를 구할 법률상의 이익이 없다(대판 1995.9.26, 94누14544).

② [X] 주거지역 안에서는 구 도시계획법 제19조 제1항과 개정 전 구 건축법 제32조 제1항에 의하여 공익상 부득이 하다고 인정될 경우를 제외하고는 거주의 안녕과 건전한 생활환경의 보호를 해치는 모든 건축이 금지되고 있을 뿐 아니라 주거지역 내에 거주하는 사람이 받는 위와 같은 보호이익은 법률에 의하여 보호되는 이익이

라고 할 것이므로 주거지역 내에 위 법조 소정 제한면적을 초과한 연탄공장 건축허가처분으로 불이익을 받고 있는 제3거주자는 비록 당해 행정처분의 상대자가 아니라 하더라도 그 행정처분으로 말미암아 위와 같은 법률에 의하여 보호되는 이익을 침해받고 있다면 당해 행정처분의 취소를 소구하여 그 당부의 판단을 받을 법률상의 자격이 있다(대판 1975.5.13, 73누96).

③ [X] 환경영향평가에 관한 자연공원법령 및 환경영향평가법령의 규정들의 취지는 집단시설지구개발사업이 환경을 해치지 아니하는 방법으로 시행되도록 함으로써 집단시설지구개발사업과 관련된 환경공익을 보호하려는 데에 그치는 것이 아니라 그 사업으로 인하여 직접적이고 중대한 환경피해를 입으리라고 예상되는 환경영향평가 대상지역 안의 주민들이 개발 전과 비교하여 수인한도를 넘는 환경침해를 받지 아니하고 쾌적한 환경에서 생활할 수 있는 개별적 이익까지도 이를 보호하려는 데에 있다 할 것이므로, 위 주민들이 당해 변경승인 및 허가처분과 관련하여 갖고 있는 위와 같은 환경상의 이익은 단순히 환경공익 보호의 결과로 국민 일반이 공통적으로 가지게 되는 추상적·평균적·일반적인 이익에 그치지 아니하고 주민 개개인에 대하여 개별적으로 보호되는 직접적·구체적인 이익이라고 보아야 한다(대판 1998.4.24, 97누3286).

④ [X] 헌법 제35조 제1항에서 정하고 있는 환경권에 관한 규정만으로는 그 권리의 주체·대상·내용·행사방법 등이 구체적으로 정립되어 있다고 볼 수 없고, 「환경정책기본법」 제6조도 그 규정내용 등에 비추어 국민에게 구체적인 권리를 부여한 것으로 볼 수 없으므로, 환경영향평가 대상지역 밖에 거주하는 주민에게 헌법상의 환경권 또는 「환경정책기본법」에 근거하여 공유수면매립면허처분과 농지개량사업 시행인가처분의 무효확인을 구할 원고적격은 없다(대판 전합체 2006.3.16, 2006두330).

16 정답 ①

❶ [X] 검사의 임용 여부는 임용권자의 자유재량에 속하는 사항이나, 임용권자가 동일한 검사신규임용의 기회에 다수의 검사지원자들로부터 임용신청을 받아 전형을 거쳐 자체에서 정한 임용기준에 따라 이들 일부만을 선정하여 검사로 임용하는 경우에 있어서 법령상 검사임용신청 및 그 처리의 제도에 관한 명문규정이 없다고 하여도 조리상 임용권자는 임용신청자들에게 전형의 결과인 임용 여부의 응답을 해 줄 의무가 있다고 할 것이며, 응답할 것인지 여부조차도 임용권자의 편의재량사항이라고는 할 수 없다(대판 1991. 2.12, 90누5825).

② [O] 개인적 공권이 인정되기 위해서는 ㉠ 강행법규에 의해 행정주체(행정청)에게 일정한 행위(즉, 작위·부작위)를 하여야 할 의무가 부과되어 있어야 하고, ㉡ 당해 법규의 입법취지나 목적이 공익의 추구뿐만 아니라 개인의 특정한 법률상 이익도 보호하는 것이어야 한다. 그런데 무하자재량행사청구권도 개인적 공권으로서 그 성립요건에 사익보호성이 요구된다.

③ [O] 재량권의 한계 일탈이나 남용이 없는 위법하지 않은 응답을 할 의무가 임용권자에게 있고 이에 대응하여 원고로서도 재량권의 한계 일탈이나 남용이 없는 적법한 응답을 요구할 권리가 있다고 할 것이며, 원고는 이러한 응답신청권에 기하여 재량권 남용의 위법한 거부처분에 대하여는 항고소송으로서 그 취소를 구할 수 있다고 보아야 한다(대판 1991.2.12, 90누5825).

④ [O] 무하자재량행사청구권은 재량영역이라면 수익적 행정행위에는 물론이고 부담적 행정행위에도 인정된다.

17 정답 ①

❶ [O] 구 건축법 및 기타 관계 법령에 국민이 행정청에 대하여 제3자에 대한 건축허가의 취소나 준공검사의 취소 또는 제3자 소유의 건축물에 대한 철거 등의 조치를 요구할 수 있다는 취지의 규정이 없고, 같은 법 제69조 제1항 및 제70조 제1항은 각 조항 소정의 사유가 있는 경우에 시장·군수·구청장에게 건축허가 등을 취소하거나 건축물의 철거 등 필요한 조치를 명할 수 있는 권한 내지 권능을 부여한 것에 불과할 뿐, 시장·군수·구청장에게 그러한 의무가 있음을 규정한 것은 아니므로 위 조항들도 그 근거규정이 될 수 없으며, 그 밖에 조리상 이러한 권리가 인정된다고 볼 수도 없다(대판 1999.12.7, 97누17568).

② [X] 행정개입청구권은 행정의 개입을 청구하는 국민의 생명·신체 및 재산을 보호하기 위하여 인정되는 것이므로 주로 국가의 경찰행정 영역에서 개인적 공권인 경찰권으로 문제되는 것이지 주민에 의한 자치경찰제의 도입까지 의미하는 것은 아니다.

③ [X] 행정개입청구권은 재량이 0으로 수축된 경우 특정의 처분을 구하는 실체적 권리이며 형식적 권리가 아니다. 지문은 무하자재량행사청구권에 관한 설명이다.

④ [X] 재량행위의 경우에는 무하자재량행사청구권이 인정되고 행정개입청구권은 원칙상 인정되지 않지만, 재량권이 0으로 수축하는 경우에는 무하자재량행사청구권이 행정개입청구권으로 전환되어 행정개입청구권이 인정된다. 즉, 재량이 영(0)으로 수축한 경우, 무하자재량행사청구권은 행정개입청구권으로 전환되며, 내용상 형식적 권리에서 실질적 권리로 변한다.

18 정답 ③

① [X] 지방자치단체장이 도매시장법인의 대표이사에 대하여 위 지방자치단체장이 개설한 농수산물도매시장의 도매시장법인으로 다시 지정함에 있어서 그 지정조건으로 "지정기간 중이라도 개설자가 농수산물 유통정책의 방침에 따라 도매시장법인 이전 및 지정취소 또는 폐쇄 지시에도 일체 소송이나 손실보상을 청구할 수 없다."라는 부관을 붙였으나, 그중 부제소특약에 관한 부분은 당사자가 임의로 처분할 수 없는 공법상의 권리관계를 대상으로 하여 사인의 국가에 대한 공권인 소권을 당사자의 합의로 포기하는 것으로서 허용될 수 없다(대판 1998.8.21, 98두8919).

② [X] 의료인 또는 의료기관 개설자는 진료나 조산 요청을 받으면 정당한 사유 없이 거부하지 못하고(「의료법」 제15조 제1항), 이를 위반한 자는 1년 이하의 징역이나 1,000만 원 이하의 벌금에 처한다(「의료법」 제89조). 따라서 의사의 진료행위거부금지의무는 병원장의 특별권력에 의거해 부과되는 의무가 아님은 물론 면허의 법률효과로 지는 의무도 아니며, 법령(「의료법」)에 의해 직접 나타나는 효과로 부담하는 의무이다.

❸ [O] 영업양도에 따른 지위승계신고를 수리하는 허가관청의 행위는 단순히 양도·양수인 사이에 이미 발생한 사법상의 사업양도의 법률효과에 의하여 양수인이 그 영업을 승계하였다는 사실의 신고를 접수하는 행위에 그치는 것이 아니라, 영업허가자의 변경이라는 법률효과를 발생시키는 행위라고 할 것이므로 허가관청이 영업양수에 의한 지위승계신고를 수리하는 행위는 행정처분에 해당한다(대판 1993.6.8, 91누11544 ; 대판 1995.2.24, 94누9146).

④ [X] 甲이 스포츠센터 필수 영업시설 등을 공매 등의 절차에 의하여 제3자에게 이전하여 그 소유권을 상실하였더라도 그 사유만으로 유원시설업허가 또는 체육시설업신고의 효력이 당연히 제3자에게 이전되었다고 볼 만한 법규상 근거가 없고, 반면에 이 사건 신고가 수리됨으로써 종전 사업자인 甲은 당해 영업을 적법하게 할 수 있

는 법규상의 권리가 상실되는 점, 甲으로서는 다시 매매 등을 통하여 스포츠센터 시설 등을 갖출 수도 있으므로 구 관광진흥법과 구 체육시설의 설치·이용에 관한 법률에서 정하는 시설 및 설비기준을 충족할 여지를 완전히 배제하기 어려운 점 등에 비추어 보면, 甲에게 이 사건 신고수리의 취소를 구할 법률상 이익이나 소의 이익이 없게 되었다고 단정할 수 없다(대판 2012.12.13, 2011두29144).

19 정답 ④

① [X] 전통적 특별권력관계이론은 19세기 후반 독일의 입헌군주정의 배경하에 행정조직 내부관계에 대하여는 특별권력관계로 보아 의회가 제정하는 법률로부터 자유로운 영역을 확보하여 군주의 특권적 지위를 유지하기 위한 독일에 특유한 이론으로서 O. Mayer 등에 의해 체계화되었다.

② [X] ③ [X] 울레(C. H. Ule)는 특별권력관계를 외부관계(기본관계)와 내부관계(경영수행관계)로 나누어, 기본관계에서 이루어지는 행정작용은 법이 침투할 수 있는 영역으로 보아 사법심사의 대상으로 보았으나, 경영수행관계의 경우에는 법이 침투할 수 없는 행정영역으로 인정하였다(수정설).

❹ [O] 기본관계 중 공무원의 임용·국공립대학에의 입학과 같이 상대방의 동의에 의해 성립하는 경우도 있으나, 대부분의 기본관계는 상대방의 동의와 관계없이 성립한다.

20 정답 ①

❶ [O] 형식적 법치주의에서는 법의 지배가 미치지 않는 자유재량행위, 통치행위, 고전적 특별권력관계를 광범위하게 인정하였다. 그러나 실질적 법치주의에서는 특별권력관계에서도 법치주의가 적용되어 원칙적으로 법률에 의해서만 기본권의 제한이 가능하게 되었다.

② [X] 현대적 특별행정법관계에서는 법률의 유보 및 사법심사가 배제되는 고전적 특별권력관계를 부정한다. 판례도 국립교육대학의 학생에 대한 퇴학처분에 관하여 사법심사를 인정하였다(대판 1991.11.22, 91누2144).

③ [X] 공법상 영조물이용관계로서 특별권력관계에 해당한다.

④ [X] 서울특별시 지하철공사의 임원과 직원의 근무관계의 성질은 공법상의 특별권력관계라고는 볼 수 없고 사법관계에 속할 뿐만 아니라, 위 지하철공사의 사장이 그 이사회의 결의를 거쳐 제정된 인사규정에 의거하여 소속 직원에 대한 징계처분을 한 경우 이에 대한 불복절차는 민사소송에 의할 것이지 행정소송에 의할 수는 없다(대판 1989.9.12, 89누2103).

🔲 정답

01	③	02	④	03	③	04	②
05	①	06	①	07	②	08	①
09	③	10	③	11	②	12	①
13	②	14	①	15	③	16	②
17	②	18	②	19	③	20	②

01
정답 ③

① [X] 세무공무원이 「국세징수법」 제26조에 의하여 체납자의 가옥·선박·창고 기타의 장소를 수색하였으나 압류할 목적물을 찾아내지 못하여 압류를 실행하지 못하고 수색조서를 작성하는 데 그친 경우에도 소멸시효중단의 효력이 있다(대판 2001.8.21, 2000다12419).

② [X] 채권자가 동일한 목적을 달성하기 위한 복수의 채권을 가지고 있는 경우 어느 하나의 청구권을 행사하는 것이 다른 채권에 대한 소멸시효 중단의 효력이 있다고 할 수 없다. 따라서 국가배상청구권과 연금청구권은 별개의 채권이므로 국가배상청구권을 행사했더라도 연금청구권의 소멸시효 중단의 효력은 없다(대판 2002.5.10, 2000다39735).

❸ [O] 법령의 규정에 따라 국가(지방자치단체)가 행하는 납입의 고지는 시효중단의 효력이 있다(「국가재정법」 제96조 제4항, 「지방재정법」 제84조).

④ [X] 조세에 관한 소멸시효가 완성되면 국가의 조세부과권과 납세의무자의 납세의무는 당연히 소멸한다 할 것이므로 소멸시효 완성 후에 부과된 부과처분은 납세의무 없는 자에 대하여 부과처분을 한 것으로서 그와 같은 하자는 중대하고 명백하여 그 처분의 효력은 당연무효이다(대판 1985.5.14, 83누655).

02
정답 ④

① [O] 제3자가 체납자가 납부하여야 할 체납액을 체납자의 명의로 납부한 경우에는 원칙적으로 체납자의 조세채무에 대한 유효한 이행이 되고, 이로 인하여 국가의 조세채권은 만족을 얻어 소멸하므로, 국가가 체납액을 납부받은 것에 법률상 원인이 없다고 할 수 없고, 제3자는 국가에 대하여 부당이득반환을 청구할 수 없다. 이는 세무서장 등이 체납액을 징수하기 위하여 실시한 체납처분압류가 무효인 경우에도 다르지 아니하다(대판 2015.11.12, 2013다215263).

② [O] 공법상 부당이득에 관한 일반법은 없다. 따라서 개별법상 특별한 규정이 없는 한 「민법」상 부당이득에 관한 규정이 준용된다.

③ [O] 「국유재산법」에 의한 변상금 부과·징수권과 민사상 부당이득반환청구권은 동일한 금액 범위 내에서 경합하여 병존하게 되고, 민사상 부당이득반환청구권이 만족을 얻어 소멸하면 그 범위 내에서 변상금 부과·징수권도 소멸하는 관계에 있다(대판 2014.9.4, 2012두5688).

❹ [X] 구 보조금의 예산 및 관리에 관한 법률은 제30조 제1항에서 중앙관서의 장은 보조사업자가 허위의 신청이나 기타 부정한 방법으로 보조금의 교부를 받은 때 등의 경우 보조금 교부결정의 전부 또는 일부를 취소할 수 있도록 규정하고, 제31조 제1항에서 중앙관서의 장은 보조금의 교부결정을 취소한 경우에 취소된 부분의 보조사업에 대하여 이미 교부된 보조금의 반환을 명하여야 한다고 규정하고 있으며, 제33조 제1항에서 위와 같이 반환하여야 할 보조금에 대하여는 국세징수의 예에 따라 이를 징수할 수 있도록 규정하고 있으므로, 중앙관서의 장으로서는 반환하여야 할 보조금을 국세체납처분의 예에 의하여 강제징수할 수 있고, 위와 같은 중앙관서의 장이 가지는 반환하여야 할 보조금에 대한 징수권은 공법상 권리로서 사법상 채권과는 성질을 달리하므로, 중앙관서의 장으로서는 보조금을 반환하여야 할 자에 대하여 민사소송의 방법으로는 반환청구를 할 수 없다고 보아야 한다(대판 2012.3.15, 2011다17328).

03
정답 ③

① [O] 수리를 요하는 신고에 대한 행정청의 수리거부는 사인의 권리·의무에 영향을 주므로 처분성이 인정되고, 따라서 항고소송으로 다툴 수 있다.

② [O] 수리를 요하는 신고는 실정법상 등록으로 표현되는 경우가 있다.

❸ [X] 「행정절차법」상의 신고는 '수리를 요하지 않는 신고'이다. '수리를 요하지 않는 신고'의 경우에는 원칙적으로 수리를 거부할 수 없다.

④ [O] 「행정절차법」 제40조 제3항·제4항

04
정답 ②

① [X] '수리'란 신고를 유효한 것으로 판단하고 법령에 의하여 처리할 의사로 이를 수령하는 수동적 행위이므로 수리행위에 신고필증 교부 등 행위가 꼭 필요한 것은 아니다(대판 2011.9.8, 2009두6766).

❷ [O]

「체육시설의 설치·이용에 관한 법률」 제20조 【체육시설업의 신고】
① 제10조 제1항 제2호에 따른 체육시설업을 하려는 자는 제11조에 따른 시설을 갖추어 문화체육관광부령으로 정하는 바에 따라 특별자치시장·특별자치도지사·시장·군수 또는 구청장에게 신고하여야 한다.
③ 특별자치시장·특별자치도지사·시장·군수 또는 구청장은 제1항에 따른 신고를 받은 경우에는 신고를 받은 날부터 7일 이내에, 제2항에 따른 변경신고를 받은 경우에는 변경신고를 받은 날부터 5일 이내에 신고수리 여부를 신고인에게 통지하여야 한다.
---

③ [X] 수리를 요하는 신고의 경우, 형식적인 요건 이외에 일정한 실질적 요건을 신고의 요건으로 하고 있는 경우가 많다.

④ [X] 신고의 수리는 행정청이 타인의 행위를 유효한 행위로서 수령하는 것으로, 확인·공증·통지와 함께 준법률행위적 행정행위에 해당한다.

05
정답 ①

❶ [X] 가설건축물은 「건축법」상 '건축물'이 아니므로 건축허가나 건축신고 없이 설치할 수 있는 것이 원칙이지만 일정한 가설건축물에 대

하여는 건축물에 준하여 위험을 통제하여야 할 필요가 있으므로 신고대상으로 규율하고 있다. 이러한 신고제도의 취지에 비추어 보면, 가설건축물 존치기간을 연장하려는 건축주 등이 법령에 규정되어 있는 제반 서류와 요건을 갖추어 행정청에 연장신고를 한 때에는 행정청은 원칙적으로 이를 수리하여 신고필증을 교부하여야 하고, 법령에서 정한 요건 이외의 사유를 들어 수리를 거부할 수는 없다. 따라서 행정청으로서는 법령에서 요구하고 있지도 아니한 '대지사용승낙서' 등의 서류가 제출되지 아니하였거나, 대지소유권자의 사용승낙이 없다는 등의 사유를 들어 가설건축물 존치기간 연장신고의 수리를 거부하여서는 아니 된다(대판 2018.1.25, 2015두35116).

② [O] 허가대상 건축물의 양수인이 구 건축법 시행규칙에 규정되어 있는 형식적 요건을 갖추어 시장·군수 등 행정관청에 적법하게 건축주의 명의변경을 신고한 때에는 행정관청은 그 신고를 수리하여야지 실체적인 이유를 내세워 신고의 수리를 거부할 수는 없다(대판 2014.10.15, 2014두37658).

③ [O] 대판 1993.10.12, 93누883

④ [O] 「건축법」상 신고대상인 건축물의 건축행위를 하고자 할 경우에는 그 관계 법령에 정해진 적법한 요건을 갖춘 신고만을 하면 그와 같은 건축행위를 할 수 있고, 행정청의 수리처분 등 별단의 조처를 기다릴 필요가 없다고 할 것이다(대판 1999.4.27, 97누6780 ; 대판 전합체 2011.1.20, 2010두14954).

06 정답 ①

❶ [O] 행정청이 「식품위생법」 규정에 의하여 영업자지위승계신고를 수리하는 처분은 종전의 영업자의 권익을 제한하는 처분이라 할 것이고 따라서 종전의 영업자는 그 처분에 대하여 직접 그 상대가 되는 자에 해당한다고 봄이 상당하므로, 행정청으로서는 위 신고를 수리하는 처분을 함에 있어서 「행정절차법」 규정 소정의 당사자에 해당하는 종전의 영업자에 대하여 사전통지를 하고 의견제출의 기회를 주고 처분을 하여야 한다(대판 2003.2.14, 2001두7015).

② [X] 구 관광진흥법 제8조 제4항에 의한 지위승계신고를 수리하는 허가관청의 행위는 단순히 양도·양수인 사이에 이미 발생한 사법상 사업양도의 법률효과에 의하여 양수인이 그 영업을 승계하였다는 사실의 신고를 접수하는 행위에 그치는 것이 아니라, 영업허가자의 변경이라는 법률효과를 발생시키는 행위로서 항고소송의 대상이 된다(대판 2012.12.13, 2011두29144).

③ [X] 사업양도·양수에 따른 허가관청의 지위승계신고의 수리는 적법한 사업의 양도·양수가 있었음을 전제로 하는 것이므로 그 수리대상인 사업양도·양수가 존재하지 아니하거나 무효인 때에는 수리를 하였다 하더라도 그 수리는 유효한 대상이 없는 것으로서 당연히 무효라 할 것이고, 사업의 양도행위가 무효라고 주장하는 양도자는 민사쟁송으로 양도·양수행위의 무효를 구함이 없이 막바로 허가관청을 상대로 하여 행정소송으로 위 신고수리처분의 무효확인을 구할 법률상 이익이 있다(대판 2005.12.23, 2005두3554).

④ [X] 구 식품위생법상 영업양도에 따른 지위승계신고를 수리하는 허가관청의 행위는 단순히 양도인과 양수인 사이에 이미 발생한 사법상 사업양도의 법률효과에 의하여 양수인이 영업을 승계하였다는 사실의 신고를 접수하는 행위에 그치는 것이 아니라, 실질적으로 양도자의 사업허가 등을 취소함과 아울러 양수자에게 적법하게 사업을 할 수 있는 권리를 설정하여 주는 행위로서 사업허가자 등의 변경이라는 법률효과를 발생시키는 행위라고 할 것이다(대판 2012.1.12, 2011도6561). ➡ 식품접객업 영업자지위승계신고는 '수리를 요하는 신고'이고, 따라서 허가관청의 수리가 있어야 영업양도의 법률효과가 발생하게 된다.

07 정답 ②

① [X] 감사원은 감사에 관한 절차, 감사원의 내부규율과 감사사무처리에 관한 규칙을 제정할 수 있다(「감사원법」 제52조). 이 감사원규칙은 헌법에 근거가 있는 것이 아니라 「감사원법」에 근거하고 있으므로 행정규칙이라는 견해도 주장되고 있으나, 헌법이 인정하고 있는 위임입법의 형식을 예시적인 것으로 보는 헌법재판소의 입장(헌재 2006.12.28, 2005헌바59)과 다수설에서는 법률에 의한 행정입법권의 부여도 인정되므로 법규명령으로 볼 수 있다. ➡ 「행정기본법」 제2조 제1호 가목 2)에서도 감사원규칙을 법규명령으로서 인정하고 있다.

❷ [O] ③ [X] 헌법 제40조와 제75조·제95조의 의미를 살펴보면, 국회입법에 의한 수권이 입법기관이 아닌 행정기관에게 법률 등으로 구체적인 범위를 정하여 위임한 사항에 관하여는 당해 행정기관에게 법정립의 권한을 갖게 되고, 입법자가 규율의 형식도 선택할 수도 있다 할 것이므로, 헌법이 인정하고 있는 위임입법의 형식은 예시적인 것으로 보아야 할 것이고, 그것은 법률이 행정규칙에 위임하더라도 그 행정규칙은 위임된 사항만을 규율할 수 있으므로, 국회입법의 원칙과 상치되지도 않는다(헌재 2006.12.28, 2005헌바59 ; 헌재 2004.10.28, 99헌바91).

④ [X] 「행정기본법」 제2조에서 법령에는 법령의 위임을 받은 중앙행정기관의 장이 정한 고시, 훈령, 예규도 포함하고 있어 법령보충적 행정규칙을 규정하고 있어 헌법이 인정하고 있는 위임입법의 형식은 예시적으로 보고 있다.

08 정답 ①

❶ [O] 위임명령 중 대통령령은 법률에서 구체적으로 범위를 정한 위임이 있어야(헌법 제75조), 총리령 또는 부령은 법률이나 대통령령의 위임이 있어야(헌법 제95조), 각각 제정할 수 있다.

② [X] 일반적으로 법률의 위임에 따라 효력을 갖는 법규명령의 경우에 위임의 근거가 없어 무효였더라도 나중에 법 개정으로 위임의 근거가 부여되면 '그때부터'는 유효한 법규명령으로 볼 수 있다. 그러나 법규명령이 개정된 법률에 규정된 내용을 함부로 유추·확장하는 내용의 해석규정이어서 위임의 한계를 벗어난 것으로 인정될 경우에는 법규명령은 여전히 무효이다(대판 전합체 2017.4.20, 2015두45700).

③ [X] 법령의 위임관계는 반드시 하위법령의 개별 조항에서 위임의 근거가 되는 상위법령의 해당 조항을 구체적으로 명시하고 있어야만 하는 것은 아니라고 할 것이다(대판 1999.12.24, 99두5658).

④ [X] 일반적으로 법률의 위임에 의하여 효력을 갖는 법규명령의 경우, 구법에 위임의 근거가 없어 무효였더라도 사후에 법 개정으로 위임의 근거가 부여되면 그때부터는 유효한 법규명령이 되나, 반대로 구법의 위임에 의한 유효한 법규명령이 법 개정으로 위임의 근거가 없어지게 되면 그때부터 무효인 법규명령이 된다(대판 1995.6.30, 93추83).

09 정답 ③

① [O] 「영유아보육법」이 보육시설 종사자의 정년에 관한 규정을 두거나 이를 지방자치단체의 조례에 위임한다는 규정을 두고 있지 않음에도 보육시설 종사자의 정년을 규정한 '서울특별시 중구 영유아 보육조례 일부개정 조례안' 제17조 제3항은, 법률의 위임 없이 헌법이 보장하는 직업을 선택하여 수행할 권리의 제한에 관한 사항을

정한 것이어서 그 효력을 인정할 수 없으므로, 위 조례안에 대한 재의결은 무효이다(대판 2009.5.28, 2007추134).

② [O] 「지방자치법」 제22조에 의하면 지방자치단체는 그 내용이 주민의 권리의 제한 또는 의무의 부과에 관한 사항이거나 벌칙에 관한 사항이 아닌 한 법률의 위임이 없더라도 그의 사무에 관하여 조례를 제정할 수 있는바, 지방자치단체의 '세 자녀 이상 세대 양육비 등 지원에 관한 조례안'은 저출산문제의 국가적·사회적 심각성을 십분 감안하여 향후 지방자치단체의 출산을 적극 장려토록 하여 인구정책을 보다 전향적으로 실효성 있게 추진하고자 세 자녀 이상 세대 중 세 번째 이후 자녀에게 양육비 등을 지원할 수 있도록 하는 것으로서, 위와 같은 사무는 지방자치단체 고유의 자치사무 중 주민의 복지증진에 관한 사무를 규정한 「지방자치법」 제9조 제2항 제2호 (라)목에서 예시하고 있는 노인·아동·심신장애인·청소년 및 여성의 보호와 복지증진에 해당되는 사무이고, 또한 위 조례안에는 주민의 편의 및 복리증진에 관한 내용을 담고 있어 그 제정에 있어서 반드시 법률의 개별적 위임이 따로 필요한 것은 아니다. 따라서 군민의 출산을 적극 장려하기 위하여 세 자녀 이상의 세대 중 세 번째 이후 자녀에게 양육비 등을 지원할 수 있도록 하는 내용의 '정선군 세 자녀 이상 세대 양육비 등 지원에 관한 조례안'은 법령에 위반되지 않는다(대판 2006.10.12, 2006추38).

❸ [X] 사회현상의 복잡다기화와 국회의 전문적·기술적 능력의 한계 및 시간적 적응능력의 한계로 인하여 형사처벌에 관련된 모든 법규를 예외 없이 형식적 의미의 법률에 의하여 규정한다는 것은 사실상 불가능할 뿐만 아니라 실제에 적합하지도 아니하기 때문에, 특히 긴급한 필요가 있거나 미리 법률로써 자세히 정할 수 없는 부득이한 사정이 있는 경우에 한하여 수권법률(위임법률)이 구성요건의 점에서는 처벌대상인 행위가 어떠한 것인지 이를 예측할 수 있을 정도로 '구체적'으로 정하고, 형벌의 점에서는 형벌의 종류 및 그 상한과 폭을 '명확히' 규정하는 것을 전제로 위임입법이 허용되며, 이러한 위임입법은 죄형법정주의에 반하지 않는다(대판 2013.3.28, 2012도16383).

④ [O] 형벌법규에 대하여도 특히 긴급한 필요가 있거나 미리 법률로써 자세히 정할 수 없는 부득이한 사정이 있는 경우에 한하여(보충성의 원칙) 수권법률(위임법률)이 구성요건의 점에서는 처벌대상인 행위가 어떠한 것일 거라고 이를 예측할 수 있을 정도로 구체적으로 정하고, 형벌의 점에서는 형벌의 종류 및 그 상한과 폭을 명확히 규정하는 것을 조건으로 위임입법이 허용되며 이러한 위임입법은 죄형법정주의에 반하지 않는다(헌재 1996.2.29, 94헌마213).

10
정답 ③

① [O] 법령의 규정이 특정 행정기관에게 법령내용의 구체적 사항을 정할 수 있는 권한을 부여하면서 권한행사의 절차나 방법을 특정하지 아니한 경우에는 수임 행정기관은 행정규칙이나 규정 형식으로 법령 내용이 될 사항을 구체적으로 정할 수 있다. 이 경우 행정규칙 등은 당해 법령의 위임한계를 벗어나지 않는 한 대외적 구속력이 있는 법규명령으로서 효력을 가지게 되지만, 이는 행정규칙이 갖는 일반적 효력이 아니라 행정기관에 법령의 구체적 내용을 보충할 권한을 부여한 법령 규정의 효력에 근거하여 예외적으로 인정되는 것이다. 따라서 그 행정규칙이나 규정이 상위법령의 위임범위를 벗어난 경우에는 법규명령으로서 대외적 구속력을 인정할 여지는 없다. 이는 행정규칙이나 규정 '내용'이 위임범위를 벗어난 경우뿐 아니라 상위법령의 위임규정에서 특정하여 정한 권한행사의 '절차'나 '방식'에 위배되는 경우도 마찬가지이므로, 상위법령에서 세부사항 등을 시행규칙으로 정하도록 위임하였음에도 이를 고시 등 행정규칙으로 정하였다면 그 역시 대외적 구속력을 가지는 법규명령으로서 효력이 인정될 수 없다(대판 2012.7.5, 2010다72076).

② [O] 행정각부의 장이 정하는 특정 고시가 비록 법령에 근거를 둔 것이더라도 규정내용이 법령의 위임범위를 벗어난 것일 경우에는 법규명령으로서의 대외적 구속력을 인정할 여지는 없다(대판 2019.5.30, 2016다276177).

❸ [X] 법령에서 행정처분의 요건 중 일부 사항을 부령으로 정할 것을 위임한 데 따라 시행규칙 등 부령에서 이를 정한 경우에 그 부령의 규정은 국민에 대해서도 구속력이 있는 법규명령에 해당한다고 할 것이지만, 법령의 위임이 없음에도 법령에 규정된 처분요건에 해당하는 사항을 부령에서 변경하여 규정한 경우에는 그 부령의 규정은 행정청 내부의 사무처리기준 등을 정한 것으로서 행정조직 내에서 적용되는 행정명령의 성격을 지닐 뿐 국민에 대한 대외적 구속력은 없다고 보아야 한다(대판 2013.9.12, 2011두10584).

④ [O] 재량권 행사의 준칙인 행정규칙이 그 정한 바에 따라 되풀이 시행되어 행정관행이 이루어지게 되면 '평등의 원칙'이나 '신뢰보호의 원칙'에 따라 행정기관은 그 상대방에 대한 관계에서 그 규칙에 따라야 할 자기구속을 받게 되므로, 이러한 경우에는 특별한 사정이 없는 한 그를 위반하는 처분은 평등의 원칙이나 신뢰보호의 원칙에 위배되어 재량권을 일탈·남용한 위법한 처분이 된다(대판 2009.12.24, 2009두7967).

11
정답 ②

① [O] 「행정소송법」 제6조

❷ [X] 명령·규칙 또는 처분이 헌법이나 법률에 위반되는 여부가 재판의 전제가 된 경우에는 '대법원'은 이를 최종적으로 심사할 권한을 가진다(헌법 제107조 제2항).

③ [O] 일반적으로 시행령이 헌법이나 법률에 위반된다는 사정은 그 시행령의 규정을 위헌 또는 위법하여 무효라고 선언한 대법원의 판결이 선고되지 아니한 상태에서는 그 시행령 규정의 위헌 내지 위법 여부가 해석상 다툼의 여지가 없을 정도로 명백하였다고 인정되지 아니하는 이상 객관적으로 명백한 것이라 할 수 없으므로, 이러한 시행령에 근거한 행정처분의 하자는 취소사유에 해당할 뿐 무효사유가 되지 아니한다(대판 2007.6.14, 2004두619 ; 대판 2018.10.25, 2015두38856).

④ [O] 고시가 일반·추상적 성격을 가질 때에는 법규명령 또는 행정규칙에 해당하지만, 고시가 구체적인 규율의 성격(다른 집행행위의 매개 없이 그 자체로서 직접 국민의 구체적인 권리·의무나 법률관계를 규율하는 성격)을 갖는다면 행정처분에 해당한다(헌재 2008.11.27, 2005헌마189 ; 대판 2006.9.22, 2005두2506).

12
정답 ①

❶ [X] 「국적법」상 귀화허가의 근거규정의 형식과 문언, 귀화허가의 내용과 특성 등을 고려해 보면, 법무부장관은 귀화신청인이 귀화요건을 갖추었다 하더라도 귀화를 허가할 것인지 여부에 관하여 재량권을 가진다고 보는 것이 타당하다(대판 2010.10.28, 2010두6496).

② [O] 「국토의 계획 및 이용에 관한 법률」이 정한 용도지역 안에서의 건축허가는 「건축법」 제11조 제1항에 의한 건축허가와 「국토의 계획 및 이용에 관한 법률」 제56조 제1항의 개발행위허가의 성질을 아울러 갖는데, 개발행위허가는 허가기준 및 금지요건이 불확정개념으로 규정된 부분이 많아 그 요건에 해당하는지 여부는 행정청의 재량판단의 영역에 속한다(대판 2017.3.15, 2016두55490).

③ [O] 「부동산 실권리자명의 등기에 관한 법률 시행령」 제3조의2 단서는 조세를 포탈하거나 법령에 의한 제한을 회피할 목적이 아닌 경

우에 과징금의 100분의 50을 감경할 수 있다고 규정하고 있고, 이는 임의적 감경규정임이 명백하므로, 위와 같은 감경사유가 존재하더라도 과징금을 감경할 것인지 여부는 과징금 부과관청의 재량에 속한다(대판 2007.7.12, 2006두4554).

④ [○] 「의료법」 제59조 제1항은 보건복지부장관 또는 시·도지사는 보건의료정책을 위하여 필요하거나 국민보건에 중대한 위해가 발생하거나 발생할 우려가 있으면 의료기관이나 의료인에게 필요한 지도와 명령을 할 수 있다고 규정하고 있고, 한편 제53조 제1항·제2항에 의하면 보건복지부장관은 국민건강을 보호하고 의료기술의 발전을 촉진하기 위하여 새로 개발된 의료기술로서 안전성·유효성을 평가할 필요성이 있다고 인정하는 신의료기술에 대하여 제54조에 따른 신의료기술평가위원회의 심의를 거쳐 그 안전성·유효성 등에 관한 평가를 하여야 한다. 위와 같은 규정들의 문언과 체제, 형식, 모든 국민이 수준 높은 의료 혜택을 받을 수 있도록 국민의료에 필요한 사항을 규정함으로써 국민의 건강을 보호하고 증진하려는 「의료법」의 목적 등을 종합하면, 불확정개념으로 규정되어 있는 「의료법」 제59조 제1항에서 정한 지도와 명령의 요건에 해당하는지, 나아가 요건에 해당하는 경우 행정청이 어떠한 종류와 내용의 지도나 명령을 할 것인지의 판단에 관해서는 행정청에 재량권이 부여되어 있다. 그리고 신의료기술의 안전성·유효성 평가나 신의료기술의 시술로 국민보건에 중대한 위해가 발생하거나 발생할 우려가 있는지에 관한 판단은 고도의 의료·보건상의 전문성을 요하므로, 행정청이 국민의 건강을 보호하고 증진하려는 목적에서 「의료법」 등 관계 법령이 정하는 바에 따라 이에 대하여 전문적인 판단을 하였다면, 판단의 기초가 된 사실인정에 중대한 오류가 있거나 판단이 객관적으로 불합리하거나 부당하다는 등의 특별한 사정이 없는 한 존중되어야 한다(대판 2016.1.28, 2013두21120).

13   정답 ②

① [X] 재량권의 일탈이란 재량권의 외적 한계(법적·객관적 한계)를 벗어난 것을 말하고, 재량권의 남용이란 재량권의 내적 한계(재량권이 부여된 내재적 목적)를 벗어난 것을 말한다.

❷ [○] 재량권의 불행사란 행정청이 재량행위를 기속행위로 오인하여 재량권을 전혀 행사하지 않거나 충분히 행사하지 않는 것을 말하는데, 이 재량권의 불행사도 재량 남용의 한 형태로서 위법하게 된다. 따라서 재량은 반드시 행사해야 하는 의무이며, 이를 행사하지 않으면 안 된다.

③ [X] 사실의 존부에 대한 판단에는 재량권이 인정될 수 없다. 그리고 재량행위에 대한 법원의 사법심사는 당해 행위가 사실오인, 비례·평등의 원칙 위배, 당해 행위의 목적 위반이나 부정한 동기 등에 근거하여 이루어짐으로써 재량권을 일탈·남용한 위법이 있는지 여부만을 심사하게 되는 것이나, 법원의 심사 결과 행정청의 재량행위가 사실오인 등에 근거한 것이라고 인정된다면 이는 재량권을 일탈·남용한 것으로서 위법하여 그 취소를 면치 못한다(대판 2001.7.27, 99두2970). 예컨대, 아무런 비위행위가 없는 공무원을 비위가 있는 것으로 오인하여 행한 징계처분은 위법한 것이다.

④ [X] 자유재량에 의한 행정처분이 그 재량권의 한계를 벗어난 것이어서 위법하다는 점은 그 행정처분의 효력을 다투는 자(원고)가 이를 주장·입증하여야 하고 처분청이 그 재량권의 행사가 정당한 것이었다는 점까지 주장·입증할 필요는 없다(대판 1987.12.8, 87누861).

❶ [○] 판단여지와 재량의 구별을 긍정하는 판단여지론은 법률요건에 불확정개념이 사용된 경우 재량을 인정하는 요건재량설의 비판에서 제기된 이론으로서, 재량은 법률효과에서 인정된다고 본다.

② [X] 판단여지와 재량을 구별하는 입장에서는 판단여지의 경우에는 명문의 근거가 없는 한 법효과를 제한하는 부관을 붙일 수 없지만, 재량행위의 경우에는 법효과를 제한하는 부관을 붙일 수 있다는 점에서 구별실익이 있다고 본다.

③ [X] 재량과 구별되는 판단여지를 긍정하는 다수설은 ㉠ 판단여지는 구성요건과 관련된 개념이지만 재량은 법적 효과와 관련된 개념이고, ㉡ 행정법규에 있어서 요건사실의 인정은 인식의 문제로서 법원의 전속적 권한에 속하는 법해석의 문제이지 행정청의 효과부분의 결정에 관한 문제가 아니며, ㉢ 재량은 입법자에 의하여 부여되는 것이지만 판단여지는 법원에 의해 주어지는 것이라는 점 등을 근거로 법률효과 선택의 문제인 재량과 법률요건에 대한 해석(인식)의 문제인 판단여지를 구별하여야 한다는 입장이다. ➡ 판단여지와 재량은 모두 법원에 의한 사법심사의 배제라는 측면에서 동일하고, 재량을 법률효과에만 국한하여 보기 어렵다는 점 등을 근거로 양자의 구별을 부정하는 견해도 있다.

④ [X] 요건재량설은 요건부분이 불확정개념일 때 행정청이 요건충족 여부에 대해 재량을 가진다는 견해이다. 요건이 충족되지 않았다고 판단하면 효과가 당연히 발생하지 않아 행정청이 너무 광범위한 재량을 가지게 되고, 행정청의 광범위한 재량은 국민의 권리를 지나치게 제약하는 결과를 초래한다. 그래서 효과재량설이 나오게 되는데, 이는 행정청이 요건판단에 있어서는 재량을 가지지 못하고, 효과판단에서만 재량을 가진다는 견해이다. 판단여지론은 법규의 요건부분에 사용된 개념이 불확정개념이라면 행정청의 전문적 판단이 존중되어야 한다는 이론이다. 즉, 요건재량설 ➡ 효과재량설 ➡ 판단여지설(불확정개념)의 순으로 주장되었다.

15   정답 ③

① [X] 허가는 예방적 금지의 해제이고, 예외적 허가는 억제적 금지의 해제이다.

② [X] 허가 등의 행정처분은 원칙적으로 처분 시의 법령과 허가기준에 의하여 처리되어야 하고 허가신청 당시의 기준에 따라야 하는 것은 아니다(대판 2006.8.25, 2004두2974).

❸ [○] 구 주택건설촉진법 제33조에 의한 주택건설사업계획의 승인은 상대방에게 권리나 이익을 부여하는 효과를 수반하는 이른바 수익적 행정처분으로서 법령에 행정처분의 요건에 관하여 일의적으로 규정되어 있지 아니한 이상 행정청의 재량행위에 속한다 할 것이고, 이러한 승인을 받으려는 주택건설사업계획이 관계 법령이 정하는 제한에 배치되는 경우는 물론이고 그러한 제한사유가 없는 경우에도 공익상 필요가 있으면 처분권자는 그 승인신청에 대하여 불허가결정을 할 수 있다(대판 2005.4.15, 2004두10883).

④ [X] 숙박시설의 건축허가에 대하여는 중대한 공익(학생들의 교육환경과 인근 주민들의 주거환경 보호)상의 필요성이 인정되는 경우에는 관계 법령에서 정하는 제한사유 이외의 사유를 들어 그 허가신청을 거부할 수 있다(대판 2005.11.25, 2004두6822).

16 정답 ②

① [X] 인·허가를 거부하면서 의제되는 인·허가 요건이 충족되지 않았다고 한 경우, 쟁송의 대상은 주된 인·허가에 대한 거부처분이다(대판 2001.1.16, 99두10988).

❷ [O] 「건축법」에서 인·허가 의제제도를 둔 취지는, 인·허가 의제사항과 관련하여 건축허가 또는 건축신고의 관할 행정청으로 그 창구를 단일화하고 절차를 간소화하며 비용과 시간을 절감함으로써 국민의 권익을 보호하려는 것이지, 인·허가 의제사항 관련 법률에 따른 각각의 인·허가 요건에 관한 일체의 심사를 배제하려는 것으로 보기는 어렵다. 왜냐하면 「건축법」과 인·허가 의제사항 관련 법률은 각기 고유한 목적이 있고, 건축신고와 인·허가 의제사항도 각각 별개의 제도적 취지가 있으며 그 요건 또한 달리하기 때문이다(대판 전합체 2011.1.20, 2010두14954 ; 대판 2015.7.9, 2015두39590).

③ [X] 인·허가 의제제도는 행정기관의 권한에 변경을 초래한다. 따라서 행정조직법정주의 원리에 비추어 개별 법률의 명시적인 근거가 있는 경우에만 허용된다.

④ [X] 구 주택법 제17조 제1항에 따르면, 주택건설사업계획 승인권자가 관계 행정청의 장과 미리 협의한 사항에 한하여 승인처분을 할 때에 인·허가 등이 의제될 뿐이고, 각 호에 열거된 모든 인·허가 등에 관하여 일괄하여 사전협의를 거칠 것을 주택건설사업계획 승인처분의 요건으로 규정하고 있지 않다. 따라서 인·허가 의제대상이 되는 처분에 어떤 하자가 있더라도, 그로써 해당 인·허가 의제의 효과가 발생하지 않을 여지가 있게 될 뿐이고, 그러한 사정이 주택건설사업계획 승인처분 자체의 위법사유가 될 수는 없다. 또한 의제된 인·허가는 통상적인 인·허가와 동일한 효력을 가지므로, 적어도 '부분 인·허가 의제'가 허용되는 경우에는 그 효력을 제거하기 위한 법적 수단으로 의제된 인·허가의 취소나 철회가 허용될 수 있고, 이러한 직권취소·철회가 가능한 이상 그 의제된 인·허가에 대한 쟁송취소 역시 허용된다. 따라서 주택건설사업계획 승인처분에 따라 의제된 인·허가가 위법함을 다투고자 하는 이해관계인은, 주택건설사업계획 승인처분의 취소를 구할 것이 아니라 의제된 인·허가의 취소를 구하여야 하며, 의제된 인·허가는 주택건설사업계획 승인처분과 별도로 항고소송의 대상이 되는 처분에 해당한다(대판 2018.11.29, 2016두38792).

17 정답 ②

① [X] 관리처분계획에 대한 행정청의 인가는 관리처분계획의 법률상 효력을 완성시키는 보충행위로서의 성질을 갖는데, 행정청이 관리처분계획에 대한 인가 여부를 결정할 때에는 그 관리처분계획에 「도시 및 주거환경정비법」 제48조에 규정된 사항이 포함되어 있는지, 그 계획의 내용이 제48조 제2항의 기준에 부합하는지 여부 등을 심사·확인하여 그 인가 여부를 결정할 수 있을 뿐 기부채납과 같은 다른 조건을 붙일 수는 없다(대판 2012.8.30, 2010두24951).

❷ [O] 이전고시의 효력 발생으로 이미 대다수 조합원 등에 대하여 획일적·일률적으로 처리된 권리귀속관계를 모두 무효화하고 다시 처음부터 관리처분계획을 수립하여 이전고시 절차를 거치도록 하는 것은 정비사업의 공익적·단체법적 성격에 배치되므로, 이전고시가 효력을 발생하게 된 이후에는 조합원 등이 관리처분계획의 취소 또는 무효확인을 구할 법률상 이익이 없다고 봄이 타당하다(대판 전합체 2012.3.22, 2011두6400).

③ [X] 「도시 및 주거환경정비법」상 주택재개발정비사업조합이 공법인이라는 사정만으로 재개발조합과 조합장 또는 조합임원 사이의 선임·해임 등을 둘러싼 법률관계가 공법상의 법률관계에 해당한다거나 그

조합장 또는 조합임원의 지위를 다투는 소송이 당연히 공법상 당사자소송에 해당한다고 볼 수는 없고, 그 법률관계는 사법상의 법률관계로서 그 조합장 또는 조합임원의 지위를 다투는 소송은 민사소송에 의하여야 할 것이다(대결 2009.9.24, 2009마168).

④ [X] 주택재개발조합설립인가신청에 대한 행정청의 조합설립인가처분은 단순히 사인들의 조합설립행위에 대한 보충행위로서의 성질을 가지는 것이 아니라 법령상 일정한 요건을 갖추는 경우 행정주체(공법인)의 지위를 부여하는 일종의 설권적 처분의 성질을 가진다고 보아야 한다(대판 2010.1.28, 2009두4845 ; 대판 2012.4.12, 2010다10986 등).

18 정답 ②

① [X] ❷ [O] 「친일반민족행위자 재산의 국가귀속에 관한 특별법」 제3조 제1항 본문, 제9조 규정들의 취지와 내용에 비추어 보면, 같은 법 제2조 제2호에 정한 친일재산은 친일반민족행위자 재산조사위원회가 국가귀속결정을 하여야 비로소 국가의 소유로 되는 것이 아니라 특별법의 시행에 따라 그 취득·증여 등 원인행위 시에 소급하여 당연히 국가의 소유로 되고, 위 위원회의 국가귀속결정은 당해 재산이 친일재산에 해당한다는 사실을 확인하는 이른바 준법률행위적 행정행위의 성격을 가진다(대판 2008.11.13, 2008두13491).

③ [X] 구 의료법 부칙 제7조, 제59조, 같은 법 시행규칙 제59조 등에 의거한 서울특별시장 또는 도지사의 의료유사업자 자격증 갱신발급행위는 의료유사업자의 자격을 부여 내지 확인하는 것이 아니라 특정한 사실 또는 법률관계의 존부를 공적으로 증명하는 소위 공증행위에 속하는 행정행위라 할 것이다(대판 1977.5.24, 76누295 ; 대판 1979.5.22, 79누39).

④ [X] 공증행위는 특정한 사실 또는 법률관계의 존재를 행정청이 공적으로 증명하는 행위로서, 등기(등록)·각종 증명서의 발급 등이 이에 속한다. 발명특허는 확인행위에 해당한다.

19 정답 ③

① [X] 부관은 비례의 원칙, 부당결부금지의 원칙 등 행정법상 일반원칙에 위반되지 않아야 한다.

> 「행정기본법」 제17조【부관】 ④ 부관은 다음 각 호의 요건에 적합하여야 한다.
> 1. 해당 처분의 목적에 위배되지 아니할 것
> 2. 해당 처분과 실질적인 관련이 있을 것
> 3. 해당 처분의 목적을 달성하기 위하여 필요한 최소한의 범위일 것

② [X] ❸ [O] 행정처분에 이미 부담이 부가되어 있는 상태에서 그 의무의 범위 또는 내용 등을 변경하는 부관의 사후변경은, 법률에 명문의 규정이 있거나 그 변경이 미리 유보되어 있는 경우 또는 상대방의 동의가 있는 경우에 한하여 허용되는 것이 원칙이지만, 사정변경으로 인하여 당초에 부담을 부가한 목적을 달성할 수 없게 된 경우에도 그 목적달성에 필요한 범위 내에서 예외적으로 허용된다(대판 2007.9.21, 2006두7973 ; 대판 1997.5.30, 97누2627).

④ [X] 공유재산의 관리청이 기부채납된 행정재산에 대하여 하는 사용·수익의 허가에서 그 허가기간은 행정행위의 본질적 요소에 해당한다고 볼 것이어서, 부관인 허가기간에 위법사유가 있다면 이로써 그 허가 전부가 위법하게 될 것이다(대판 2001.6.15, 99두509).

① [X] 행정행위의 부관은 부담인 경우를 제외하고는 독립하여 행정소송의 대상이 될 수 없는바, 기부채납받은 행정재산에 대한 사용·수익 허가에서 공유재산의 관리청이 정한 사용·수익 허가의 기간은 그 허가의 효력을 제한하기 위한 행정행위의 부관으로서 이러한 사용·수익 허가의 기간에 대해서는 독립하여 행정소송을 제기할 수 없다(대판 2001.6.15, 99두509).

❷ [O] 행정행위의 부관은 부담의 경우를 제외하고는 독립하여 행정소송의 대상이 될 수 없는 것인바, 지방국토관리청장이 일부 공유수면 매립지에 대하여 한 국가 또는 지방자치단체(인천직할시)에의 귀속처분은 매립준공인가를 함에 있어서 매립의 면허를 받은 자의 매립지에 대한 소유권 취득을 규정한 구 공유수면매립법 제14조의 효과 일부를 배제하는 부관을 붙인 것이고, 이러한 행정행위의 부관은 위 법리와 같이 독립하여 행정소송의 대상이 될 수 없다(대판 1993.10.8, 93누2032).

③ [X] 행정행위의 부관은 부담인 경우를 제외하고는 독립하여 행정소송의 대상이 될 수 없다(대판 2001.6.15, 99두509). 따라서 해제조건은 독립적으로 항고소송의 대상이 되는 것은 아니다.

④ [X] 행정행위의 부관은 부담인 경우를 제외하고는 독립하여 행정소송의 대상이 될 수 없다(대판 2001.6.15, 99두509). 즉, 부담 이외의 부관에 대하여는 진정일부취소소송을 제기하여 다툴 수 없다. 나아가 부담 이외의 부관이 붙은 행정행위 전부를 대상으로 취소소송을 제기하여 부관만의 취소를 구하는 부진정일부취소소송을 제기하여 다툴 수도 없다(대판 1985.7.9, 84누604). 즉, 대법원은 부담 이외의 부관에 대하여는 진정일부취소소송과 부진정일부취소소송 모두를 부정하고 있다.

정답

01	③	02	③	03	③	04	①
05	②	06	④	07	③	08	①
09	③	10	②	11	①	12	②
13	④	14	④	15	②	16	②
17	①	18	③	19	④	20	①

---

01   정답 ③

① [O] 보통우편의 방법으로 발송되었다는 사실만으로는 그 우편물이 상당한 기간 내에 도달하였다고 추정할 수 없고, 송달의 효력을 주장하는 측에서 증거에 의하여 이를 입증하여야 한다(대판 2009. 12.10, 2007두20140). 그러나 우편물이 등기취급의 방법으로 발송된 경우 그것이 도중에 유실되었거나 반송되었다는 등의 특별한 사정에 대한 반증이 없는 한 그 무렵 수취인에게 배달되었다고 추정할 수 있다(대판 2017.3.9, 2016두60577). 2020년 국회 8급

② [O] 내용증명우편이나 등기우편과는 달리, 보통우편의 방법으로 발송되었다는 사실만으로는 그 우편물이 상당한 기간 내에 도달하였다고 추정할 수 없고, 송달의 효력을 주장하는 측에서 증거에 의하여 이를 입증하여야 한다(대판 2009.12.10, 2007두20140). 2018년 국가 9급

❸ [X] 우편물이 등기취급의 방법으로 발송된 경우, 특별한 사정이 없는 한 그 무렵 수취인에게 배달되었다고 보아도 좋을 것이나, 수취인이나 그 가족이 주민등록지에 실제로 거주하고 있지 아니하면서 전입신고만을 해 둔 경우에는 그 사실만으로써 주민등록지 거주자에게 송달수령의 권한을 위임하였다고 보기는 어려울 뿐 아니라 수취인이 주민등록지에 실제로 거주하지 아니하는 경우에도 우편물이 수취인에게 도달하였다고 추정할 수는 없고, 따라서 이러한 경우에는 우편물의 도달사실을 과세관청이 입증해야 할 것이다(대판 1998.2.13, 97누8977). 2018년 국가 9급 변형

④ [O] 2020년 국회 8급

> **「행정절차법」 제15조 【송달의 효력 발생】** ② 제14조 제3항(정보통신망을 이용한 송달은 송달받을 자가 동의하는 경우에만 한다. 이 경우 송달받을 자는 송달받을 전자우편주소 등을 지정하여야 한다)에 따라 정보통신망을 이용하여 전자문서로 송달하는 경우에는 송달받을 자가 지정한 컴퓨터 등에 입력된 때에 도달된 것으로 본다.

---

02   정답 ③

① [X] 구 도시계획법 제78조에 정한 처분이나 조치명령을 받은 자가 이에 위반한 경우 이로 인하여 같은 법 제92조에 정한 처벌을 하기 위하여는 그 처분이나 조치명령이 적법한 것이라야 하고, 그 처분이 당연무효가 아니라 하더라도 그것이 위법한 처분으로 인정되는 한 같은 법 제92조 위반죄가 성립될 수 없다고 할 것이고, 한편

같은 법 제92조 제4호, 제78조 제1호, 제21조 제2항의 각 규정을 종합하면 개발제한구역 안에서 그 구역지정의 목적에 위배되는 건축물의 건축, 공작물의 설치 등을 한 경우 행정청은 그 건축물을 건축하거나 공작물을 설치한 자에 대하여서만 같은 법 제78조 제1호에 의하여 처분이나 원상회복 등의 조치명령을 할 수 있고, 명문의 규정이 없는 한 이러한 위반 건축물을 양수한 자에 대하여는 이를 할 수 없다고 할 것이다. 따라서 개발제한구역 안에 건축되어 있던 비닐하우스를 매수한 자에게 구청장이 이를 철거하여 토지를 원상회복하라고 시정지시한 조치는 위법하므로 이러한 시정지시를 따르지 않았다고 하여 구 도시계획법 제92조 제4호에 정한 조치명령 등 위반죄로 처벌할 수는 없다(대판 2004.5.14, 2001도2841). 2014년 변호사

② [X] 행정청이 침해적 행정처분을 하면서 당사자에게 사전통지를 하거나 의견제출의 기회를 주지 아니하였다면, 그 처분은 위법하여 취소할 수 있는 것이 원칙이다(대판 2020.4.29, 2017두31064). 그런데 과세처분이 당연무효라고 볼 수 없는 한 과세처분에 취소할 수 있는 위법사유가 있다 하더라도 그 과세처분은 행정행위의 공정력 또는 집행력에 의하여 그것이 적법하게 취소되기 전까지는 유효하다 할 것이므로, 민사소송절차에서 그 과세처분의 효력을 부인할 수 없다(대판 1999.8.20, 99다20179). 2020년 국회 8급

❸ [O] 「주택법」 제91조에 의하여 행정청으로부터 공사의 중지, 원상복구, 그 밖의 필요한 조치명령을 받은 자가 이에 위반한 경우 이로 인하여 「주택법」 제98조 제11호에 정한 처벌을 하기 위하여는 그 처분이나 조치명령이 적법한 것이라야 하고, 그 조치명령이 당연무효가 아니라 하더라도 그것이 위법한 것으로 인정되는 한 「주택법」 제98조 제11호 위반죄가 성립될 수 없다고 할 것이다(대판 2007.7.13, 2007도3918 ; 대판 2009.6.25, 2006도824). 2015년 변호사

④ [X] 조세의 과오납이 부당이득이 되기 위하여는 납세 또는 조세의 징수가 실체법적으로나 절차법적으로 전혀 법률상의 근거가 없거나 과세처분의 하자가 중대하고 명백하여 당연무효이어야 하고, 과세처분의 하자가 단지 취소할 수 있는 정도에 불과할 때에는 과세관청이 이를 스스로 취소하거나 항고소송절차에 의하여 취소되지 않는 한 그로 인한 조세의 납부가 부당이득이 된다고 할 수 없다(대판 1994.11.11, 94다28000). 2018년 지방 7급

---

03   정답 ③

① [X] 행정행위의 불가변력(실질적 확정력)이란 행정청이 당해 행정행위를 취소 또는 변경할 수 없게 하는 힘을 말한다. 이 불가변력은 국가시험자격자결정·당선인결정과 행정심판의 재결·징계처분결정 등 준사법적 행정행위로서의 성질을 갖는 확인행위에서 인정된다. 2010년 국가 7급

② [X] 국민의 권리와 이익을 옹호하고 법적 안정을 도모하기 위하여 특정한 행위에 대하여는 행정청이라 하여도 이것을 자유로이 취소·변경 및 철회할 수 없다는 행정행위의 불가변력은 당해 행정행위에 대하여서만 인정되는 것이고, 동종의 행정행위라 하더라도 그 대상을 달리할 때에는 이를 인정할 수 없다(대판 1974.12.10, 73누129). 2021년 지방 9급

❸ [O] 실질적 존속력이 발생한 행정행위라고 해서 형식적 존속력이 당연히 발생하는 것은 아니다. 즉, 실질적 존속력은 해당 행정청을 구속할 뿐이므로, 실질적 존속력이 발생한 행정행위를 그 행정청은 취소할 수 없으나 상대방은 형식적 존속력이 발생하지 않은 이상 취소심판·취소소송을 제기하여 다툴 수 있다. 2014년 서울 7급

④ [X] 행정행위의 공정력이란 행정행위가 무효가 아닌 한 상대방 또는 이해관계인은 행정행위가 권한 있는 기관에 의해 취소되기까지는 그 효력을 부인할 수 없는 구속력을 말하고, 구성요건적 효력이란 유효한 행정행위가 존재하는 이상 다른 국가기관은 그것을 존중하여 판단의 기초로 삼아야 한다는 구속력을 말한다. 공정력과 구성요건적 효력에 대해서는 구별긍정설(다수설)과 구별부정설의 대립이 있는데, 판례는 구성요건적 효력이라는 용어 대신 공정력이라는 용어를 사용한다. 어느 견해에 의하든 위 지문은 공정력 혹은 구성요건적 효력으로부터 나오는 효력이지 행정의사의 존속력과는 관계가 없다. 2014년 서울 7급

04   정답 ①

❶ [O] 임용결격자를 공무원으로 임용하는 행위는 당연무효이다(대판 2014.3.27, 2013도11357 등). 2017년 변호사 변형

② [X] 적법한 권한 위임 없이 세관출장소장에 의하여 행하여진 관세부과처분은 그 하자가 중대하기는 하지만 객관적으로 명백하다고 할 수 없으므로 당연무효는 아니라고 할 것이다(대판 2004.11.26, 2003두2403). 2015년 지방 9급

③ [X] 5급 이상의 국가정보원 직원에 대한 의원면직처분이 임면권자인 대통령이 아닌 국가정보원장에 의해 행해진 것은 위법하고, 나아가 국가정보원 직원의 명예퇴직원 내지 사직서 제출이 직위해제 후 1년여에 걸친 국가정보원장 측의 종용에 의한 것이었다는 사정을 감안한다 하더라도 그러한 하자가 중대한 것이라고 볼 수는 없으므로 대통령의 내부결재가 있었는지에 관계없이 당연무효는 아니라고 할 것이다(대판 2007.7.26, 2005두15748). 2021년 변호사 변형

④ [X] 국가보훈처장이 행한 서훈취소결정 통보행위 자체는 유족으로서 「상훈법」에 따라 훈장 등을 보관하고 있는 원고들에 대하여 그 반환요구의 전제로서 대통령의 서훈취소결정이 있었음을 알리는 것에 불과하므로, 이로써 국가보훈처장이 그 명의로 서훈취소의 처분을 하였다고 볼 것은 아니다. 나아가 서훈취소처분의 통지가 처분권한자인 대통령이 아니라 그 보좌기관인 국가보훈처장에 의하여 이루어졌다고 하더라도, 그 처분이 대통령의 인식과 의사에 기초하여 이루어졌고, 그 통지로 서훈취소처분의 주체(대통령)와 내용을 알 수 있으므로, 서훈취소처분의 외부적 표시의 방법으로서 위 통지의 주체나 형식에 어떤 하자가 있다고 보기도 어렵다(대판 2014.9.26, 2013두2518). 2021년 변호사

05   정답 ②

① [O] 납부의무자가 아닌 조합원들에 대한 개발부담금 부과처분은 그 처분의 법적 근거가 없는 것으로서 그 하자가 중대하고도 명백하여 무효이다(대판 1998.5.8, 95다30390). 2011년 국회 8급

② [X] 부동산을 양도한 사실이 없음에도 세무당국이 부동산을 양도한 것으로 오인하여 양도소득세를 부과하였다면 그 부과처분은 착오에 의한 행정처분으로서 그 표시된 내용에 중대하고 명백한 하자가 있어 당연무효이다(대판 1983.8.23, 83누179). 2011년 지방 9급

③ [O] 확정판결의 당사자인 처분행정청이 그 행정소송의 사실심 변론종결 이전의 사유를 내세워 다시 확정판결과 저촉되는 행정처분을 하는 것은 허용되지 않는 것으로서, 이러한 행정처분은 그 하자가 중대하고도 명백한 것이어서 당연무효라 할 것이다(대판 1990. 12.11, 90누3560). 즉, 기속력을 위반한 처분은 당연무효이다(대결 2002.12.11, 2002무22). 2014년 사회복지 9급

06   정답 ④

④ [O] 환경영향평가를 거쳐야 할 대상사업에 대하여 환경영향평가를 거치지 아니하였음에도 불구하고 승인 등 처분이 이루어진다면, 이러한 행정처분의 하자는 법규의 중요한 부분을 위반한 중대한 것이고 객관적으로도 명백한 것이라고 하지 않을 수 없어, 이와 같은 행정처분은 당연무효이다(대판 2006.6.30, 2005두14363). 2017년 국회 8급

① [O] ③ [O] 조세부과의 근거가 되었던 법률규정이 위헌으로 선언된 경우, 비록 그에 기한 과세처분이 위헌결정 전에 이루어졌고, 과세처분에 대한 제소기간이 이미 경과하여 조세채권이 확정되었으며, 조세채권의 집행을 위한 체납처분의 근거규정 자체에 대하여는 따로 위헌결정이 내려진 바 없다고 하더라도, 위와 같은 위헌결정 이후에 조세채권의 집행을 위한 새로운 체납처분에 착수하거나 이를 속행하는 것은 더 이상 허용되지 않고, 나아가 이러한 위헌결정의 효력에 위배하여 이루어진 체납처분은 그 사유만으로 하자가 중대하고 객관적으로 명백하여 당연무효라고 보아야 한다(대판 전합체 2012.2.16, 2010두10907). 2015년 변호사, 2016년 지방 9급

② [O] 수익적 처분의 근거법령이 특정한 유형의 사람에 대한 지급 등 수익처분의 근거를 마련하고 있지 않다는 점이 위헌이라는 이유로 헌법불합치결정이 있더라도, 행정청은 그와 관련한 개선입법이 있기 전에는 해당 유형의 사람에게 구체적인 수익적 처분을 할 수는 없을 것이다. 그러나 이와 달리 법률상 정해진 처분요건에 따라 부담금을 부과·징수하는 침익적 처분을 하는 경우에는, 어떠한 추가적 개선입법이 없더라도 행정청이 사법적 판단에 따라 위헌이라고 판명된 내용과 동일한 취지로 부담금 부과처분을 하여서는 안 된다는 점은 분명하다. 나아가 이러한 결론은 법질서의 통일성과 일관성을 확보하려는 법치주의의 당연한 귀결이므로, 행정청에 위헌적 내용의 법령을 계속 적용할 의무가 있다고 볼 수 없고, 행정청이 위와 같은 부담금 처분을 하지 않는 데에 어떠한 법률상 장애가 있다고 볼 수도 없다(대판 2017.12.28, 2017두30122). 2021년 변호사

❹ [X] 위헌법률에 기한 행정처분의 집행이나 집행력을 유지하기 위한 행위는 위헌결정의 기속력에 위반되어 허용되지 않는다고 보아야 할 것인데, 그 규정 이외에는 체납부담금을 강제로 징수할 수 있는 다른 법률적 근거가 없으므로, 그 위헌결정 이전에 이미 부담금 부과처분과 압류처분 및 이에 기한 압류등기가 이루어지고 위의 각 처분이 확정되었다고 하여도, 위헌결정 이후에는 별도의 행정처분인 매각처분, 분배처분 등 후속 체납처분절차를 진행할 수 없는 것은 물론이고, 특별한 사정이 없는 한 기존의 압류등기나 교부청구만으로는 다른 사람에 의하여 개시된 경매절차에서 배당을 받을 수도 없다(대판 2002.8.23, 2001두2959). 2016년 국가 9급

07   정답 ③

① [X] 일반적으로 법률이 헌법에 위반된다는 사정은 헌법재판소의 위헌결정이 있기 전에는 객관적으로 명백한 것이라고 할 수 없으므로 특별한 사정이 없는 한 이러한 하자는 위 행정처분의 취소사유에 해당할 뿐 당연무효사유는 아니라고 보아야 한다(대판 2000.6.9, 2000다16329). 2010년 지방 7급

② [X] 국가기관 및 지방자치단체는 위헌으로 선언된 법률규정에 근거하여 새로운 행정처분을 할 수 없음은 물론이고, 위헌결정 전에 이미 형성된 법률관계에 기한 후속처분이라도 그것이 새로운 위헌적 법률관계를 생성·확대하는 경우라면 이를 허용할 수 없다. 따라서 조세부과의 근거가 되었던 법률규정이 위헌으로 선언된 경우, 비

록 그에 기한 과세처분이 위헌결정 전에 이루어졌고, 과세처분에 대한 제소기간이 이미 경과하여 조세채권이 확정되었으며, 조세채권의 집행을 위한 체납처분의 근거규정 자체에 대하여는 따로 위헌결정이 내려진 바 없다고 하더라도, 위와 같은 위헌결정 이후에 조세채권의 집행을 위한 새로운 체납처분에 착수하거나 이를 속행하는 것은 더 이상 허용되지 않고, 나아가 이러한 위헌결정의 효력에 위배하여 이루어진 체납처분은 그 사유만으로 <u>하자가 중대하고 객관적으로 명백하여 당연무효라고 보아야 한다</u>(대판 전합체 2012.2.16, 2010두10907). 2016년 지방 7급

❸ [O] 행정처분 자체의 효력이 쟁송기간 경과 후에도 존속 중인 경우, 특히 그 처분이 위헌법률에 근거하여 내려진 것이고 그 행정처분의 목적달성을 위하여서는 후행 행정처분이 필요한데 후행 행정처분은 아직 이루어지지 않은 경우와 같이 그 행정처분을 무효로 하더라도 법적 안정성을 크게 해치지 않는 반면에 그 하자가 중대하여 그 구제가 필요한 경우에 대하여서는 그 예외를 인정하여 이를 당연무효사유로 보아서 쟁송기간 경과 후라도 무효확인을 구할 수 있는 것이라고 봐야 할 것이다(헌재 2014.1.28, 2011헌바38 ; 헌재 2001.9.27, 2001헌바38 등). 2018년 지방 9급

④ [X] 법률이 위헌으로 결정된 후 그 법률에 근거하여 발령되는 행정처분은 위헌결정의 기속력에 반하므로 그 하자가 중대하고 명백하여 <u>당연무효가 된다</u>(대판 2002.6.28, 2001두1925). 2015년 국가 9급

08 정답 ①

❶ [O] 대판 2009.10.29, 2007두26285 2018년 서울 7급 하

② [X] 「산업재해보상보험법」상 각종 보험급여 등의 지급결정을 변경 또는 취소하는 처분과 처분에 터 잡아 잘못 지급된 보험급여액에 해당하는 금액을 징수하는 처분이 적법한지를 판단하는 경우 비교·교량할 각 사정이 동일하다고는 할 수 없으므로, 지급결정을 변경 또는 취소하는 처분이 적법하다고 하여 <u>그에 터 잡은 징수처분도 반드시 적법하다고 판단해야 하는 것은 아니다</u>(대판 2014.7.24, 2013두27159). 2019년 지방 9급

③ [X] 행정청이 구 학교보건법 소정의 학교환경위생정화구역 내에서 금지행위 및 시설의 해제 여부에 관한 행정처분을 하면서 절차상 학교환경위생정화위원회의 심의를 누락한 흠이 있다면 그와 같은 흠을 가리켜 위 행정처분의 효력에 아무런 영향을 주지 않는다거나 경미한 정도에 불과하다고 볼 수는 없으므로, <u>특별한 사정이 없는 한 이는 행정처분을 위법하게 하는 취소사유가 된다</u>(대판 2007. 3.15, 2006두15806). 2016년 국회 8급

④ [X] 구 택지개발촉진법에 의하면, 택지개발은 택지개발예정지구의 지정, 택지개발계획의 승인, 이에 기한 수용재결 등의 순서로 이루어지는바, 위 각 행위는 각각 단계적으로 별개의 법률효과가 발생되는 독립한 행정처분이어서 선행처분에 불가쟁력이 생겨 그 효력을 다툴 수 없게 된 경우에는 선행처분에 위법사유가 있다고 할지라도 그것이 당연무효의 사유가 아닌 한 선행처분의 하자가 후행처분에 승계되는 것은 아니라고 할 것인데, 같은 법 제3조에서 건설부장관이 택지개발예정지구를 지정함에 있어 미리 관계 중앙행정기관의 장과 협의를 하라고 규정한 의미는 그의 <u>자문을 구하라는 것이지 그 의견을 따라 처분을 하라는 의미는 아니라 할 것이므로, 이러한 협의를 거치지 아니하였다고 하더라도 이는 위 지정처분을 취소할 수 있는 원인이 되는 하자 정도에 불과하고 위 지정처분이 당연무효가 되는 하자에 해당하는 것은 아니다</u>(대판 2000.10.13, 99두653). 2017년 지방 7급

09 정답 ③

① [O] 비록 조림계약자들이 보조묘목의 조림을 실행함에 있어 그 일부분을 보조결정 내용과 조건에 따라 조림하지 않고 폐기 등 훼손처분하거나 보조조건에 위반하여 식재하였더라도 그 이외의 부분은 보조결정 내용과 조건에 따라 정당하게 조림하였다면, 이러한 사정과 국고보조조림결정의 경위 등을 고려하면 국고보조조림결정 중 정당하게 조림한 부분까지 합쳐 전체를 취소한 것은 위법하다고 보아야 한다(대판 1986.12.9, 86누276). 2010년 국회 8급

② [O] 마을버스 운수업자 甲이 유류사용량을 실제보다 부풀려 유가보조금을 과다 지급받은 데 대하여 관할 시장이 甲에게 부정수급기간 동안 지급된 유가보조금 전액을 회수하는 내용의 처분을 한 사안에서, 구 여객자동차 운수사업법 제51조 제3항에 따라 국토해양부장관 또는 시·도지사는 여객자동차 운수사업자가 '거짓이나 부정한 방법으로 지급받은 보조금'에 대하여 반환할 것을 명하여야 하고, 위 규정을 '정상적으로 지급받은 보조금'까지 반환하도록 명할 수 있는 것으로 해석하는 것은 문언의 범위를 넘어서는 것이며, 규정의 형식이나 체재 등에 비추어 보면, 위 환수처분은 국토해양부장관 또는 시·도지사가 지급받은 보조금을 반환할 것을 명하여야 하는 기속행위라고 하였다(대판 2013.12.12, 2011두3388). 2018년 국회 8급

❸ [X] 처분청은 쟁송기간의 도과로 불가쟁력이 발생하여 상대방이 더 이상 쟁송으로 다툴 수 없는 행정행위라도 불가변력이 발생하지 아니한 이상 직권으로 취소하거나 철회할 수 있다(대판 1995.9.15, 95누6311 참조). 2014년 국회 8급

④ [O] 「건축법」상 반드시 건축위원회의 심의를 거치도록 규정되어 있음에도 그 심의를 거치지 아니한 경우, 이는 하자 있는 행정행위라 할 것이고(대판 2007.10.11, 2007두1316), 이와 같은 심의를 누락한 흠이 있다면 그와 같은 흠을 가리켜 행정처분의 효력에 아무런 영향을 주지 않는다거나 경미한 정도에 불과하다고 볼 수는 없으므로 특별한 사정이 없는 한 이는 행정처분을 위법하게 하는 취소사유가 된다(대판 2007.3.15, 2006두15806). 2015년 변호사

10 정답 ②

① [O] 국세감액결정처분은 이미 부과된 과세처분에 하자가 있음을 이유로 사후에 이를 일부취소하는 처분이므로, <u>취소의 효력은 그 취소된 국세부과처분이 있었을 당시에 소급하여 발생하는 것이고, 이는 판결 등에 의한 취소이거나 과세관청의 직권에 의한 취소이거나에 따라 차이가 있는 것이 아니다</u>(대판 1995.9.15, 94다16045). 2018년 지방 9급

❷ [X] 행정행위를 한 처분청은 그 행위에 흠(하자)이 있는 경우 별도의 법적 근거가 없더라도 스스로 이를 취소할 수 있고, 다만 수익적 행정처분을 취소할 때에는 이를 취소하여야 할 공익상의 필요와 그 취소로 인하여 당사자가 입게 될 기득권과 신뢰보호 및 법률생활 안정의 침해 등 불이익을 비교·교량한 후 공익상의 필요가 당사자가 입을 불이익을 정당화할 만큼 강한 경우에 한하여 취소할 수 있다(대판 2010.11.11, 2009두14934 ; 대판 2006.5.25, 2003두4669 등). ➡ 「행정기본법」 제18조의 제정으로 직권취소의 일반법적 근거가 된다. 2016년 국가 9급

「행정기본법」 제18조 【위법 또는 부당한 처분의 취소】 ① 행정청은 위법 또는 부당한 처분의 전부나 일부를 소급하여 취소할 수 있다. 다만, 당사자의 신뢰를 보호할 가치가 있는 등 정당한 사유가 있는 경우에는 장래를 향하여 취소할 수 있다.

---

② 행정청은 제1항에 따라 당사자에게 권리나 이익을 부여하는 처분을 취소하려는 경우에는 취소로 인하여 당사자가 입게 될 불이익을 취소로 달성되는 공익과 비교·형량하여야 한다. 다만, 다음 각 호의 어느 하나에 해당하는 경우에는 그러하지 아니하다.
1. 거짓이나 그 밖의 부정한 방법으로 처분을 받은 경우
2. 당사자가 처분의 위법성을 알고 있었거나 중대한 과실로 알지 못한 경우

③ [O] 원래 행정처분을 한 처분청은 그 처분에 하자가 있는 경우에는 원칙적으로 별도의 법적 근거가 없더라도 스스로 이를 직권으로 취소할 수 있지만, 그와 같이 직권취소를 할 수 있다는 사정만으로 이해관계인에게 처분청에 대하여 그 취소를 요구할 신청권이 부여된 것으로 볼 수는 없다(대판 2006.6.30, 2004두701). 2015년 국회 8급

④ [O] 「행정권한의 위임 및 위탁에 관한 규정」 제6조 2014년 서울 7급

11 정답 ①

❶ [X] 행정처분을 한 처분청은 처분의 성립에 하자가 있는 경우 별도의 법적 근거가 없더라도 직권으로 이를 취소할 수 있다고 봄이 원칙이므로, 「국민연금법」이 정한 수급요건을 갖추지 못하였음에도 연금지급결정이 이루어진 경우에는 이미 지급된 급여 부분에 대한 환수처분과 별도로 지급결정을 취소할 수 있다. 이 경우에도 이미 부여된 국민의 기득권을 침해하는 것이므로 취소권의 행사는 지급결정을 취소할 공익상의 필요보다 상대방이 받게 될 불이익 등이 막대한 경우에는 재량권의 한계를 일탈한 것으로서 위법하다고 보아야 한다. 다만, 이처럼 연금지급결정을 취소하는 처분과 그 처분에 기초하여 잘못 지급된 급여액에 해당하는 금액을 환수하는 처분이 적법한지를 판단하는 경우 비교·교량할 각 사정이 동일하다고는 할 수 없으므로, 연금지급결정을 취소하는 처분이 적법하다고 하여 환수처분도 반드시 적법하다고 판단하여야 하는 것은 아니다(대판 2017.3.30, 2015두43971). 2018년 서울 7급 하

② [O] 행정행위의 취소사유는 행정행위의 성립 당시에 존재하였던 하자(원시적 하자)를 말하고, 철회사유는 행정행위가 성립된 이후에 새로이 발생한 것으로서 행정행위의 효력을 존속시킬 수 없는 사유(후발적 하자)를 말한다(대판 2003.5.30, 2003다6422). 2015년 국가 7급

③ [O] 구 병역법의 여러 규정을 종합하면, 지방병무청장이 재신체검사 등을 거쳐 현역병입영대상편입처분을 보충역편입처분이나 제2국민역편입처분으로 변경하거나 보충역편입처분을 제2국민역편입처분으로 변경하는 경우 비록 새로운 병역처분의 성립에 하자가 있다고 하더라도 그것이 당연무효가 아닌 한 일단 유효하게 성립하고 제소기간의 경과 등 형식적 존속력이 생김과 동시에 종전의 병역처분의 효력은 취소 또는 철회되어 확정적으로 상실된다고 보아야 할 것이므로 그 후 새로운 병역처분의 성립에 하자가 있었음을 이유로 하여 이를 취소한다고 하더라도 종전의 병역처분의 효력이 되살아난다고 할 수 없다(대판 2002.5.28, 2001두9653). 2021년 변호사

④ [O] 대통령은 국무총리와 중앙행정기관의 장의 명령이나 처분이 위법 또는 부당하다고 인정하면 이를 중지 또는 취소할 수 있다(「정부조직법」 제11조 제2항). 2013년 서울 7급 변형

12 정답 ②

① [X] 구 토지수용법상 사업인정단계에서의 하자를 다투지 아니하여 이미 쟁송기간이 도과한 수용재결단계에 있어서는 위 사업인정처분에 중대하고 명백한 하자가 있어 당연무효라고 볼 만한 특단의 사정이 없다면 그 처분의 불가쟁력에 의하여 사업인정처분의 위법, 부당함을 이유로 수용재결처분의 취소를 구할 수 없다(대판 1987. 9.8, 87누395 ; 대판 1992.3.13, 91누4324). 즉, 선행 사업인정과 후행 수용재결 사이에는 하자의 승계가 인정되지 않는다. 2016년 국회 8급

❷ [O] 도시관리계획의 결정 및 고시, 사업시행자지정고시, 사업실시계획인가고시, 수용재결 등의 단계로 진행되는 도시계획시설사업의 경우 그 각각의 처분은 이전의 처분을 전제로 한 것이기는 하나, 단계적으로 별개의 법률효과가 발생하는 독립한 행정처분이어서 이미 불가쟁력이 발생한 선행처분에 하자가 있다고 하더라도 그것이 당연무효의 사유가 아닌 한 후행처분에 승계되는 것은 아니다(헌재 2010.12.28, 2009헌바429). 2014년 지방 7급

③ [X] 쟁송기간이 이미 도과한 후인 수용재결단계에 있어서는 도시계획수립행위의 위법을 들어 재결처분의 취소를 구할 수는 없다(대판 1990.1.23, 87누947). 2018년 서울 7급

④ [X] 구 도시재개발법에 의한 재개발사업의 시행을 위하여 토지 등을 수용하는 경우 구 도시재개발법 제17조 등에 의한 재개발사업시행인가는 구 토지수용법 제14조 소정의 사업인정으로 볼 것인바, 재개발사업시행인가처분 자체의 위법은 사업시행인가단계에서 다투어야 하고 이미 그 쟁송기간이 도과한 수용재결단계에서는 그 인가처분이 당연무효라고 볼 만한 특단의 사정이 없는 한 그 위법을 이유로 토지수용재결처분의 취소를 구할 수는 없다(대판 1992. 12.11, 92누5584). 2014년 서울 9급

13 정답 ④

① [O] 토지를 매도한 이후에 그 양도소득세 산정의 기초가 되는 개별토지가격결정(개별공시지가결정)에 대한 재조사청구에 따른 조정결정을 통지받고서도 더 이상 다투지 아니한 경우까지 선행처분인 개별토지가격결정의 불가쟁력이나 구속력이 수인한도를 넘는 가혹한 것이거나 예측불가능하다고 볼 수 없어, 위 개별토지가격결정을 기초로 한 양도소득세 부과처분 취소소송에서 다시 개별토지가격결정의 위법을 당해 과세처분의 위법사유로 주장할 수 없다(대판 1998.3.13, 96누6059). 2017년 국가 하반기 9급

② [O] 표준지공시지가결정이 위법한 경우에는 그 자체를 행정소송의 대상이 되는 행정처분으로 보아 그 위법 여부를 다툴 수 있음은 물론, 수용보상금의 증액을 구하는 소송에서도 선행처분으로서 그 수용대상 토지가격 산정의 기초가 된 비교표준지공시지가결정의 위법을 독립한 사유로 주장할 수 있다(대판 2008.8.21, 2007두13845). 2010년 지방 9급

③ [O] 위법한 표준지공시지가결정에 대하여 그 정해진 시정절차를 통하여 시정하도록 요구하지 않았다는 이유로 위법한 표준지공시지가를 기초로 한 수용재결 등 후행 행정처분에서 표준지공시지가결정의 위법을 주장할 수 없도록 하는 것은 수인한도를 넘는 불이익을 강요하는 것으로서 국민의 재산권과 재판받을 권리를 보장한 헌법의 이념에도 부합하는 것이 아니다. 따라서 표준지공시지가결정이 위법한 경우에는 그 자체를 행정소송의 대상이 되는 행정처분으로 보아 그 위법 여부를 다툴 수 있음은 물론, 수용보상금의 증액을 구하는 소송에서도 선행처분으로서 그 수용대상 토지가격 산정의 기초가 된 비교표준지공시지가결정의 위법을 독립한 사유로 주장할 수 있다(대판 2008.8.21, 2007두13845). 2018년 국가 9급

❹ [X] 선행처분인 개별공시지가결정이 위법하여 그에 기초한 개발부담금 부과처분도 위법하게 된 경우 그 하자의 치유를 인정하면 개발부담금 납부의무자로서는 위법한 처분에 대한 가산금 납부의무를 부담하게 되는 등 불이익이 있을 수 있으므로, <u>그 후 적법한 절차를 거쳐 공시된 개별공시지가결정이 종전의 위법한 공시지가결정과 그 내용이 동일하다는 사정만으로는 위법한 개별공시지가결정에 기초한 개발부담금 부과처분이 적법하게 된다고 볼 수 없다</u>(대판 2001.6.26, 99두11592). 2019년 국회 8급

14 정답 ④

㉠ [X] <지방자치단체(경기도)가 설립·운영하는 고등학교에 채용된 영상음악 과목을 가르치는 산학겸임교사가 고용계약을 갱신하면서 근무해 오던 중 지방자치단체가 고용계약의 갱신을 거절한 사안> … 「지방자치법」 제9조 제2항 제5호 (가)목의 규정에 의하면, 경기도에 의하여 설립된 고등학교의 활동은 지방자치단체인 경기도의 사무로서 그 공공적 업무수행의 일환으로 이루어진다고 해석되고, 형식적으로는 고등학교장과 원고가 근로계약을 체결하였다 하더라도 위 근로계약은 공법상의 근무관계의 설정을 목적으로 하여 경기도와 원고 사이에 대등한 지위에서 의사가 합치되어 성립하는 공법상 근로계약에 해당하므로, 그 갱신거절의 무효확인을 구하는 소(➡ 당사자소송)의 피고적격은 경기도에 있다(대판 2015.4.9, 2013두11499). 2020년 변호사

㉡ [O] 「근로기준법」 등의 입법취지, 「지방공무원법」과 「지방공무원 징계 및 소청 규정」의 여러 규정에 비추어 볼 때, 채용계약상 특별한 약정이 없는 한, 지방계약직공무원에 대하여 <u>「지방공무원법」, 「지방공무원 징계 및 소청 규정」에 정한 징계절차에 의하지 않고서는 보수를 삭감할 수 없다</u>고 봄이 상당하다(대판 2008.6.12, 2006두16328). 2015년 지방 7급

㉢ [O] 공법상의 계약은 비권력적 행정작용이므로 법령에 명시적인 근거가 없더라도 자유롭게 체결할 수 있다. 즉, 법률유보의 원칙은 공법상 계약에 적용되지 않는다. 그러나 법률우위의 원칙은 공법상 계약에도 적용되므로 행정법규에 위반해서는 아니 된다(「행정기본법」 제27조 제1항). 2017년 서울 7급

㉣ [X] 2013년 국회 8급 변형

> 「행정기본법」 제27조 【공법상 계약의 체결】 ① 행정청은 법령등을 위반하지 아니하는 범위에서 행정목적을 달성하기 위하여 필요한 경우에는 공법상 법률관계에 관한 계약(이하 '공법상 계약'이라 한다)을 체결할 수 있다. 이 경우 계약의 목적 및 내용을 명확하게 적은 계약서를 작성하여야 한다.

15 정답 ②

① [X] 전문직공무원인 공중보건의사의 채용계약의 해지가 관할 도지사의 일방적인 의사표시에 의하여 그 신분을 박탈하는 불이익처분이라고 하여 곧바로 그 의사표시가 관할 도지사가 행정청으로서 공권력을 행사하여 행하는 행정처분이라고 단정할 수는 없다(대판 1996.5.31, 95누10617). 2021년 국회 8급

② [O] 계약직공무원 채용계약 해지의 의사표시는 일반공무원에 대한 징계처분과는 달라서 항고소송의 대상이 되는 처분 등의 성격을 가진 것으로 인정되지 아니하고, 일정한 사유가 있을 때에 국가 또는 지방자치단체가 채용계약관계의 한쪽 당사자로서 대등한 지위에서 행하는 의사표시로 취급되는 것으로 이해되므로, 이를 징계해

고 등에서와 같이 그 징계사유에 한하여 효력 유무를 판단하여야 하거나, 행정처분과 같이 「행정절차법」에 의하여 근거와 이유를 제시하여야 하는 것은 아니다(대판 2002.11.26, 2002두5948). 2017년 국가 7급

③ [X] 대법원은 선행처분인 서울-춘천 간 고속도로 민간투자시설사업의 사업시행자 지정처분의 무효를 이유로 그 후행처분인 도로구역결정처분의 취소를 구하는 소송에서, <u>선행처분인 사업시행자 지정처분을 무효로 할 만큼 중대하고 명백한 하자가 없다고 판시하여 사업시행자 지정처분을 행정처분으로 보고 있다</u>(대판 2009.4.23, 2007두13159). 2020년 지방 7급

④ [X] 과학기술기본법령상 사업협약의 해지 통보는 단순히 대등 당사자의 지위에서 형성된 공법상 계약을 계약당사자의 지위에서 종료시키는 의사표시에 불과한 것이 아니라 행정청이 우월적 지위에서 연구개발비의 회수 및 관련자에 대한 국가연구개발사업 참여제한 등의 법률상 효과를 발생시키는 행정처분에 해당한다(대판 2014.12.11, 2012두28704). 2021년 국회 8급

16 정답 ②

① [O] 구 도시재개발법에 의한 재개발조합은 조합원에 대한 법률관계에서 적어도 특수한 존립목적을 부여받은 특수한 행정주체로서 국가의 감독하에 그 존립목적인 특정한 공공사무를 행하고 있다고 볼 수 있는 범위 내에서는 공법상의 권리·의무관계에 서 있는 것이므로 분양신청 후에 정하여진 관리처분계획의 내용에 관하여 다툼이 있는 경우에는 그 관리처분계획은 토지 등의 소유자에게 구체적이고 결정적인 영향을 미치는 것으로서 조합이 행한 처분에 해당하므로 항고소송의 방법으로 그 무효확인이나 취소를 구할 수 있다(대판 2002.12.10, 2001두6333). 2019년 서울 7급

❷ [X] 「국토의 계획 및 이용에 관한 법률」상 도시·군계획시설결정과 실시계획인가는 도시·군계획시설사업을 위하여 이루어지는 단계적 행정절차에서 별도의 요건과 절차에 따라 별개의 법률효과를 발생시키는 독립적인 행정처분이다. 그러므로 선행처분인 도시·군계획시설결정에 하자가 있더라도 그것이 당연무효가 아닌 한 원칙적으로 후행처분인 실시계획인가에 승계되지 않는다(대판 2017.7.18, 2016두49938). 2020년 변호사

③ [O] 대법원은 「국토의 계획 및 이용에 관한 법률」 제47조에 의해 장기간 미집행된 도시계획시설 부지의 소유자가 한 매수청구에 대한 거부처분이 위법하다고 판단하여 그 매수거부결정의 처분성을 인정하고 있다(대판 2007.12.28, 2006두4738). 2021년 국회 8급

④ [O] 「국토의 계획 및 이용에 관한 법률」이 사인을 도시·군계획시설사업의 시행자로 지정하기 위한 요건으로 소유 요건과 동의 요건을 둔 취지는 사인이 시행하는 도시·군계획시설사업의 공공성을 보완하고 사인에 의한 일방적인 수용을 제어하기 위한 것이다. 그러므로 만일 국토의 계획 및 이용에 관한 법령이 정한 도시계획시설사업의 대상 토지의 소유와 동의 요건을 갖추지 못하였는데도 사업시행자로 지정하였다면, 이는 위 법령이 정한 법규의 중요한 부분을 위반한 것으로서 특별한 사정이 없는 한 그 하자가 중대하다고 보아야 한다(대판 2017.7.11, 2016두35120). 2020년 변호사

17 정답 ①

❶ [X] 「행정절차법」에는 행정계획의 확정절차에 관한 규정이 없다. 2013년 지방 7급

② [O] 환지계획인가 후에 당초의 환지계획에 대한 공람과정에서 토지소유자 등 이해관계인이 제시한 의견에 따라 수정하고자 하는 내용

에 대하여 다시 공람절차 등을 밟지 아니한 채 수정된 내용에 따라한 환지예정지 지정처분은 환지계획에 따르지 아니한 것이거나 환지계획을 적법하게 변경하지 아니한 채 이루어진 것이어서 당연무효라고 할 것이다(대판 1999.8.20, 97누6889). 2015년 서울 7급

③ [O] 도시계획의 수립에 있어서 구 도시계획법 제16조의2 소정의 공청회를 열지 아니하고 구 공공용지의 취득 및 손실보상에 관한 특례법 제8조 소정의 이주대책을 수립하지 아니하였더라도 이는 절차상의 위법으로서 취소사유에 불과하고 그 하자가 도시계획결정 또는 도시계획사업시행인가를 무효라고 할 수 있을 정도로 중대하고 명백하다고는 할 수 없으므로, 이러한 위법을 선행처분인 도시계획결정이나 사업시행인가 단계에서 다투지 아니하였다면 그 쟁소기간이 이미 도과한 후인 수용재결단계에 있어서는 도시계획수립행위의 위와 같은 위법을 들어 재결처분의 취소를 구할 수는 없다고 할 것이다(대판 1990.1.23, 87누947). 2016년 지방 7급

④ [O] 건설부장관이 구 주택건설촉진법 제33조에 따라 관계 기관의 장과의 협의를 거쳐 사업계획승인을 한 이상 같은 조 제4항의 허가·인가·결정·승인 등이 있는 것으로 볼 것이고, 그 절차와 별도로 구 도시계획법 제12조 등 소정의 중앙도시계획위원회의 의결이나 주민의 의견청취 등 절차를 거칠 필요는 없다(대판 1992.11.10, 92누1162). 2016년 국회 8급

18 정답 ③

① [O] 행정지도는 비권력적 사실행위이므로 원칙적으로 법률의 근거(작용법적 근거)를 요하지 아니하나, 행정지도도 행정작용의 일종이므로 행정청의 일반적인 존립과 활동의 근거가 되는 조직법적 근거는 있어야 한다. 2012년 서울 9급

② [O] 행정지도는 비권력적 사실행위로서, 행정지도에 따를 것인지 여부는 상대방의 임의적 결정에 달려 있으므로 법적 근거가 필요하지 않다. 2011년 지방 9급

❸ [X] 토지의 매매대금을 허위로 신고하고 계약을 체결하였다면 이는 계약예정금액에 대하여 허위의 신고를 하고 토지 등의 거래계약을 체결한 것으로서 구 국토이용관리법 제33조 제4호에 해당한다고 할 것이고, 행정관청이 구 국토이용관리법 소정의 토지거래계약신고에 관하여 공시된 기준시가를 기준으로 매매가격을 신고하도록 행정지도를 하여 그에 따라 허위신고를 한 것이라 하더라도 이와 같은 행정지도는 법에 어긋나는 것으로서 그와 같은 행정지도나 관행에 따라 허위신고행위에 이르렀다고 하여도 이것만 가지고서는 그 범법행위가 정당화될 수 없다(대판 1994.6.14, 93도3247 ; 대판 1992.4.24, 91도1609). 즉, 위법한 행정지도에 따라 행한 사인의 행위도 원칙적으로 위법성이 인정된다. 2013년 변호사

④ [O] 국가의 공권력이 헌법과 법률에 근거하지 아니하고 통상의 행정지도의 한계를 넘어 부실기업의 정리라는 명목하에 사기업의 매각을 지시하거나 그 해체에 개입하는 것은 허용되지 아니하나, 원래 재무부장관은 금융기관의 불건전채권 정리에 관한 행정지도를 할 권한과 책임이 있고, 이를 위하여 중요한 사항은 대통령에게 보고하고 지시를 받을 수도 있으므로, 기업의 도산과 같이 국민경제에 심대한 영향을 미치는 중요한 사안에 대하여 재무부장관이 부실채권의 정리에 관하여 금융기관에 대하여 행정지도를 함에 있어 사전에 대통령에게 보고하여 지시를 받는다고 하여 위법하다고 할 수는 없다(대판 1999.7.23, 96다21706). 2021년 변호사

19 정답 ④

① [X] 행정지도의 상대방은 해당 행정지도의 방식·내용 등에 관하여 행정기관에 의견제출을 할 수 있다(「행정절차법」 제50조). 그러나 사전통지(제21조)·의견제출(제27조)의 절차에 관한 규정은 침익적 처분에 적용되는데, 행정지도는 침익적 처분이 아니므로 사전통지·의견제출절차에 관한 규정이 적용되지 않는다. 2012년 서울 9급

② [X] 행정지도의 상대방은 해당 행정지도의 방식·내용 등에 관하여 행정기관에 의견제출을 할 수 있다(「행정절차법」 제50조). 2017년 국가 9급

③ [X] 행정지도를 하는 자는 그 상대방에게 그 행정지도의 취지 및 내용과 신분을 밝혀야 한다. 그리고 행정지도는 말로 할 수도 있되, 이 경우 상대방이 위 사항을 적은 서면의 교부를 요구하면 그 행정지도를 하는 자는 직무 수행에 특별한 지장이 없으면 이를 교부하여야 한다(「행정절차법」 제49조 제1항·제2항). 2017년 국회 8급

❹ [O] 행정지도는 상대방에게 강요할 수 없는 임의성을 원칙으로 하고, 불이행을 이유로 불이익을 줄 수 없다. 다만, 불이행한 경우 하명 등 처분을 할 수 있다.

20 정답 ①

❶ [O] 도시계획사업의 시행으로 인한 토지수용에 의하여 이미 이 사건 토지에 대한 소유권을 상실한 청구인은 도시계획결정과 토지의 수용이 법률에 위반되어 당연무효라고 볼 만한 특별한 사정이 보이지 않는 이상 이 사건 토지에 대한 도시계획결정의 취소를 청구할 법률상의 이익을 흠결하여 당해 소송은 적법한 것이 될 수 없다(헌재 2002.5.30, 2000헌바58). 2012년 지방 9급

② [X] 피고로부터 폐기물처리사업계획의 적정통보를 받은 원고가 폐기물처리업허가를 받기 위하여는 이 사건 부동산에 대한 용도지역을 '농림지역 또는 준농림지역'에서 '준도시지역(시설용지지구)'으로 변경하는 국토이용계획변경이 선행되어야 하고, 원고의 위 계획변경신청을 피고가 거부한다면 이는 실질적으로 원고에 대한 폐기물처리업허가신청을 불허하는 결과가 되므로, 원고는 위 국토이용계획변경의 입안 및 결정권자인 피고에 대하여 그 계획변경을 신청할 법규상 또는 조리상 권리를 가진다고 할 것이다(대판 2003. 9.23, 2001두10936). 2014년 국회 8급

③ [X] 구 국토의 계획 및 이용에 관한 법률 제139조 제2항 및 이에 근거하여 제정된 지방자치단체 조례에 따라 광역시장으로부터 납골시설 등에 대한 도시관리계획 입안권을 위임받은 군수는 관할구역 도시관리계획의 입안권자이므로, 도시관리계획 구역 내 토지 등을 소유하고 있는 주민의 납골시설에 관한 도시관리계획의 입안제안을 반려한 군수의 처분은 항고소송의 대상이 되는 행정처분에 해당한다(대판 2010.7.22, 2010두5745). 2016년 변호사

④ [X] 「국토의 계획 및 이용에 관한 법률」의 관련 규정에 헌법상 개인의 재산권 보장의 취지를 더하여 보면, 도시계획구역 내 토지 등을 소유하고 있는 사람과 같이 당해 도시계획시설결정에 이해관계가 있는 주민으로서는 도시시설계획의 입안권자 내지 결정권자에게 도시시설계획의 입안 내지 변경을 요구할 수 있는 법규상 또는 조리상의 신청권이 있고, 이러한 신청에 대한 거부행위는 항고소송의 대상이 되는 행정처분에 해당한다(대판 2015.3.26, 2014두42742). 2017년 국가 하반기 9급

2022 해커스공무원 함남기 행정법 모의고사 Season 1

정답

01	③	02	③	03	③	04	③
05	④	06	①	07	①	08	②
09	④	10	③	11	②	12	④
13	①	14	①	15	③	16	①
17	③	18	③	19	④	20	④

01 정답 ③

① [O] 「행정절차법」 제3조 제2항 제9호에서 ''「병역법」에 따른 징집·소집, 외국인의 출입국·난민인정·귀화, 공무원 인사관계 법령에 따른 징계와 그 밖의 처분, 이해 조정을 목적으로 하는 법령에 따른 알선·조정·중재·재정 또는 그 밖의 처분 등 해당 행정작용의 성질상 행정절차를 거치기 곤란하거나 거칠 필요가 없다고 인정되는 사항과 행정절차에 준하는 절차를 거친 사항으로서 대통령령으로 정하는 사항'을 「행정절차법」의 적용이 제외되는 경우로 규정하고 있고, 그 위임에 기한 「행정절차법 시행령」 제2조는 '공무원 인사관계 법령에 의한 징계 기타 처분에 관한 사항'을 위 '대통령령으로 정하는 사항' 중의 하나로 규정하고 있다. 이와 같은 행정절차법령 규정들의 내용을 행정의 공정성, 투명성 및 신뢰성을 확보하고 국민의 권익을 보호함을 목적으로 하는 「행정절차법」의 입법목적에 비추어 보면, 공무원 인사관계 법령에 의한 처분에 관한 사항이라 하더라도 그 전부에 대하여 「행정절차법」의 적용이 배제되는 것이 아니라, 성질상 행정절차를 거치기 곤란하거나 불필요하다고 인정되는 처분이나 행정절차에 준하는 절차를 거치도록 하고 있는 처분의 경우에만 「행정절차법」의 적용이 배제되는 것으로 보아야 하고, 이러한 법리는 '공무원 인사관계 법령에 의한 처분'에 해당하는 별정직공무원에 대한 직권면직처분의 경우에도 마찬가지로 적용된다고 할 것이다(대판 2013.1.16, 2011두30687). 2016년 국회 8급

② [O] 「행정절차법」 제3조 제2항, 「행정절차법 시행령」 제2조 등 행정절차법령 관련 규정들의 내용을 행정의 공정성, 투명성 및 신뢰성을 확보하고 국민의 권익보호를 목적으로 하는 「행정절차법」의 입법목적에 비추어 보면, 「행정절차법」의 적용이 제외되는 공무원 인사관계 법령에 의한 처분에 관한 사항이란 성질상 행정절차를 거치기 곤란하거나 불필요하다고 인정되는 처분이나 행정절차에 준하는 절차를 거치도록 하고 있는 처분에 관한 사항만을 말하는 것으로 보아야 한다(대판 2018.3.13, 2016두33339). 2019년 서울 9급

❸ [X] 「행정절차법」의 입법목적과 「행정절차법」 제3조 제2항 제9호의 규정내용 등에 비추어 보면, 공무원 인사관계 법령에 의한 처분에 관한 사항 전부에 대하여 「행정절차법」의 적용이 배제되는 것이 아니라 성질상 행정절차를 거치기 곤란하거나 불필요하다고 인정되는 처분이나 행정절차에 준하는 절차를 거치도록 하고 있는 처분의 경우에만 「행정절차법」의 적용이 배제되는 것으로 보아야 할 것이다(대판 2007.9.21, 2006두20631). 2016년 국가 9급

④ [O] '국회 또는 지방의회의 의결을 거치거나 동의 또는 승인을 받아 행하는 사항'에 대하여는 「행정절차법」을 적용하지 아니한다(「행정절차법」 제3조 제2항 제1호). 2018년 국회 8급

02 정답 ③

① [O] 정보통신망을 이용한 송달은 송달받을 자가 동의하는 경우에만 한다. 이 경우 송달받을 자는 송달받을 전자우편주소 등을 지정하여야 한다(「행정절차법」 제14조 제3항). 2018년 지방교행 9급

② [O] 「행정절차법」 제15조 제2항 2018년 지방교행 9급

❸ [X] 송달은 다른 법령등에 특별한 규정이 있는 경우를 제외하고는 해당 문서가 송달받을 자에게 도달됨으로써 그 효력이 발생한다(「행정절차법」 제15조 제1항). 즉, 「행정절차법」은 도달주의를 취하고 있다. 2012년 지방 9급

④ [O] 귀속재산을 불하받은 자가 사망한 후에 그 수불하자에 대하여 한 그 불하처분은 사망자에 대한 행정처분이므로 무효이지만, 그 취소처분을 수불하자의 상속인에게 송달한 때에는 그 송달 시에 그 상속인에 대하여 다시 그 불하처분을 취소한다는 새로운 행정처분을 한 것이라고 할 것이다(대판 1969.1.21, 68누190). 2018년 서울 7급 하

03 정답 ③

① [X] 행정청은 단순·반복적인 처분 또는 경미한 처분으로서 당사자가 그 이유를 명백히 알 수 있는 경우에는 당사자에게 그 근거와 이유를 제시하지 않아도 되나, 처분 후 당사자가 요청하는 경우에는 그 근거와 이유를 제시하여야 한다(「행정절차법」 제23조 제1항·제2항). 2013년 서울 7급

② [X] 일반적으로 당사자가 근거규정 등을 명시하여 신청하는 인허가 등을 거부하는 처분을 함에 있어 당사자가 그 근거를 알 수 있을 정도로 상당한 이유를 제시한 경우에는 당해 처분의 근거 및 이유를 구체적 조항 및 내용까지 명시하지 않았더라도 그로 말미암아 그 처분이 위법한 것이 된다고 할 수 없다(대판 2002.5.17, 2000두8912). 2010년 국회 8급

❸ [O] 행정청은 처분을 할 때에는 원칙적으로 당사자에게 그 근거와 이유를 제시하여야 하는데(「행정절차법」 제23조 제1항), 이 경우 처분의 근거와 이유를 구체적으로 명확하게 제시하여야 하며, 처분의 사실상 사유가 추상적·불충분한 경우에는 위법하게 된다(대판 2013.11.14, 2011두18571). 2014년 국가 7급

④ [X] 행정처분에 있어 수개의 처분사유 중 일부가 적법하지 않다고 하더라도 다른 처분사유로써 그 처분의 정당성이 인정되는 경우에는 그 처분을 위법하다고 할 수 없다(대판 2013.10.24, 2013두96 ; 대판 2017.6.15, 2015두2826). 2018년 국가 7급

04 정답 ③

① [X] 상대방의 귀책사유로 야기된 하자를 이유로 하더라도 그 수익적 행정행위를 취소하는 것은 불이익처분에 해당하므로 원칙적으로 「행정절차법」상의 사전통지의 대상이 된다. 2016년 국가 9급

② [X] 행정청이 침해적 행정처분을 하면서 당사자에게 사전통지를 하거나 의견제출의 기회를 주지 아니하였다면, 사전통지를 하지 아니하거나 의견제출의 기회를 주지 아니하여도 되는 예외적인 경우에 해당하지 아니하는 한, 그 처분은 위법하여 취소를 면할 수 없다.

피고가 원고에게 용도를 무단변경한 건물을 본래의 용도인 운동시설로 원상복구할 의무를 부과하는 '위반 건축물 1차 시정명령 및 계고처분'을 하면서 사전통지를 하지 아니하고 또 의견제출의 기회를 주지 아니한 경우, 위 시정명령 및 계고처분은 「행정절차법」 제21조 제4항 각 호에서 정하고 있는 사전통지 등을 하지 아니하여도 되는 예외사유에 해당한다고 볼 수 없으므로 위법하여 취소할 수 있다(대판 2013.5.23, 2011두25555). 2019년 국가 9급

❸ [○] 사전통지를 하지 아니할 수 있는 경우와 당사자가 의견진술의 기회를 포기한다는 뜻을 명백히 표시한 경우에는 의견청취를 하지 아니할 수 있다(「행정절차법」 제22조 제4항). 2018년 서울 9급

④ [×] 단순·반복적인 처분 또는 경미한 처분으로서 당사자가 그 이유를 명백히 알 수 있는 경우는 처분의 이유제시의무가 면제되는 사유이다(「행정절차법」 제23조 제1항 제2호). 2015년 서울 9급

05   정답 ④

① [○] 대판 2004.5.28, 2004두1254 2010년 지방 7급

② [○] 당사자가 의견진술의 기회를 포기한다는 뜻을 명백히 표시한 경우에는 의견청취를 하지 아니할 수 있다(「행정절차법」 제22조 제4항). 2005년 대구 7급

③ [○] 「행정절차법」 제12조 제1항 제3호, 제2항, 제11조 제4항 본문에 따르면, 당사자 등은 변호사를 대리인으로 선임할 수 있고, 대리인으로 선임된 변호사는 당사자 등을 위하여 행정절차에 관한 모든 행위를 할 수 있다고 규정되어 있다. 위와 같은 행정절차법령의 규정과 취지, 헌법상 법치국가원리와 적법절차원칙에 비추어 징계와 같은 불이익처분절차에서 징계심의대상자에게 변호사를 통한 방어권의 행사를 보장하는 것이 필요하고, 징계심의대상자가 선임한 변호사가 징계위원회에 출석하여 징계심의대상자를 위하여 필요한 의견을 진술하는 것은 방어권 행사의 본질적 내용에 해당하므로, 행정청은 특별한 사정이 없는 한 이를 거부할 수 없다(대판 2018.3.13, 2016두33339). 2021년 변호사

❹ [×] 「행정절차법」 제21조 제4항의 사전통지의무가 면제되는 경우와 당사자가 의견진술의 기회를 포기한다는 뜻을 명백히 표시한 경우에는 의견청취를 하지 아니할 수 있다(「행정절차법」 제22조 제4항). 즉, 사전통지의무가 면제되는 사유는 동시에 의견청취의무의 면제사유이다. 2021년 변호사

06   정답 ①

❶ [○] 퇴직연금의 환수결정은 당사자에게 의무를 과하는 처분이기는 하나, 관련 법령에 따라 당연히 환수금액이 정하여지는 것이므로 퇴직연금의 환수결정에 앞서 당사자에게 의견진술의 기회를 주지 아니하여도 「행정절차법」 제22조 제3항이나 신의칙에 어긋나지 아니한다(대판 2000.11.28, 99두5443). 2019년 서울 7급

② [×] 2021년 지방 9급

> 「행정절차법」 제34조 【청문조서】 ② 당사자 등은 청문조서의 내용을 열람·확인할 수 있으며, 이의가 있을 때에는 그 정정을 요구할 수 있다.

③ [×] '청문'이란 행정청이 어떠한 처분을 하기 전에 당사자 등의 의견을 직접 듣고 증거를 조사하는 절차를 말한다(「행정절차법」 제2조 제5호). 2018년 지방 7급

④ [×] 청문 주재자는 직권으로 또는 당사자의 신청에 따라 필요한 조사를 할 수 있으며, 당사자 등이 주장하지 아니한 사실에 대하여도 조사할 수 있다(「행정절차법」 제33조 제1항). 2017년 국회 8급

07   정답 ①

❶ [○] 판례는 기속행위인 「국세징수법」상의 과세처분(대판 1984.5.9, 84누116)과 재량행위인 「식품위생법」상의 영업정지처분(대판 1991.7.9, 91누971)에 대하여 절차상의 하자를 이유로 취소를 인정하였다. 즉, 행정처분이 기속행위인지 재량행위인지를 불문하고 해당 처분이 실체법상으로는 적법하더라도 절차법상의 하자만으로 독립된 취소사유가 된다고 본다. 따라서 구 독점규제 및 공정거래에 관한 법률 제49조 제3항, 제52조 제1항이 정하고 있는 절차적 요건을 갖추지 못한 공정거래위원회의 시정조치 또는 과징금 납부명령은 설령 실체법적 사유를 갖추고 있다고 하더라도 위법하여 취소를 면할 수 없다(대판 2001.5.8, 2000두10212).

② [×] 신청에 따른 처분이 이루어지지 아니한 경우에는 아직 당사자에게 권익이 부과되지 아니하였으므로 특별한 사정이 없는 한 신청에 대한 거부처분이라고 하더라도 직접 당사자의 권익을 제한하는 것은 아니어서 신청에 대한 거부처분을 「행정절차법」 제21조 제1항에서 말하는 '당사자의 권익을 제한하는 처분'에 해당한다고 할 수 없는 것이어서 처분의 사전통지 대상이 된다고 할 수 없다(대판 2003.11.28, 2003두674).

③ [×] 「행정절차법」 제23조 제1항은 행정청은 처분을 하는 때에는 당사자에게 그 근거와 이유를 제시하여야 한다고 규정하고 있는바, 일반적으로 당사자가 근거규정 등을 명시하여 신청하는 인허가 등을 거부하는 처분을 함에 있어 당사자가 그 근거를 알 수 있을 정도로 상당한 이유를 제시한 경우에는 당해 처분의 근거 및 이유를 구체적 조항 및 내용까지 명시하지 않았더라도 그로 말미암아 그 처분이 위법한 것이 된다고 할 수 없다(대판 2002.5.17, 2000두8912).

④ [×] 신청에 대한 거부처분의 효력을 정지하더라도 거부처분이 없었던 것과 같은 상태, 즉 거부처분이 있기 전의 신청 시의 상태로 되돌아가는 데에 불과하고 행정청에게 신청에 따른 처분을 하여야 할 의무가 생기는 것이 아니므로, 거부처분의 효력정지는 그 거부처분으로 인하여 신청인에게 생길 손해를 방지하는 데 아무런 보탬이 되지 아니하여 그 효력정지를 구할 이익이 없다(대결 1995.6.21, 95두26 ; 대결 2005.1.17, 2004무48).

08   정답 ②

① [×] 14일이 아니라, 10일이다(「행정절차법」 제21조 제2항). 2011년 지방 7급

❷ [○] 행정청이 당사자와 사이에 도시계획사업의 시행과 관련한 협약을 체결하면서 관계 법령 및 「행정절차법」에 규정된 청문의 실시 등 의견청취절차를 배제하는 조항을 두었다고 하더라도, 국민의 행정 참여를 도모함으로써 행정의 공정성·투명성 및 신뢰성을 확보하고 국민의 권익을 보호한다는 「행정절차법」의 목적 및 청문제도의 취지 등에 비추어 볼 때, 위와 같은 협약의 체결로 청문의 실시에 관한 규정의 적용을 배제할 수 있다고 볼 만한 법령상의 규정이 없는 한, 이러한 협약이 체결되었다고 하여 청문의 실시에 관한 규정의 적용이 배제된다거나 청문을 실시하지 않아도 되는 예외적인 경우에 해당한다고 할 수 없다(대판 2004.7.8, 2002두8350). 2019년 지방 7급

③ [X] 「행정절차법」 제21조 제4항 제3호는 침해적 행정처분을 할 경우 청문을 실시하지 않을 수 있는 사유로서 '당해 처분의 성질상 의견 청취가 현저히 곤란하거나 명백히 불필요하다고 인정될 만한 상당한 이유가 있는 경우'를 규정하고 있으나, 여기에서 말하는 '의견 청취가 현저히 곤란하거나 명백히 불필요하다고 인정될 만한 상당한 이유가 있는지 여부'는 당해 행정처분의 성질에 비추어 판단하여야 하는 것이지, <u>청문통지서의 반송 여부, 청문통지의 방법 등에 의하여 판단할 것은 아니며</u>, 또한 행정처분의 상대방이 통지된 청문일시에 불출석하였다는 이유만으로 행정청이 관계 법령상 그 실시가 요구되는 청문을 실시하지 아니한 채 침해적 행정처분을 할 수는 없을 것이므로, 행정처분의 상대방에 대한 청문통지서가 반송되었다거나, 행정처분의 상대방이 청문일시에 불출석하였다는 이유로 청문을 실시하지 아니하고 한 침해적 행정처분은 <u>위법하다</u> (대판 2001.4.13, 2000두3337). 2020년 국가 7급

④ [X] 청문 주재자는 당사자 등의 전부 또는 일부가 정당한 사유 없이 청문기일에 출석하지 아니하거나 제31조 제3항에 따른 의견서를 제출하지 아니한 경우에는 <u>이들에게 다시 의견진술 및 증거제출의 기회를 주지 아니하고 청문을 마칠 수 있다</u>(「행정절차법」 제35조 제2항). 2015년 국가 9급 변형

09 정답 ④

① [X] 청문은 행정청이 <u>소속 직원 또는 대통령령으로 정하는 자격을 가진 사람 중에서 선정하는 사람이 주재하고</u>(「행정절차법」 제28조 제1항 전단), 대통령령으로 정하는 사람 중에서 선정된 청문 주재자는 「형법」이나 그 밖의 다른 법률에 따른 벌칙을 적용할 때에는 공무원으로 본다(「행정절차법」 제28조 제4항). 나아가 청문 주재자 자신이 해당 처분업무를 직접 처리하거나 처리하였던 경우에는 청문을 주재할 수 없는데(「행정절차법」 제29조 제1항 제4호), 그 반대해석상 공무원도 자신이 직접 처리한 바가 없는 처분업무에 대해서는 <u>청문 주재자가 될 수 있다</u>. 한편, 청문 주재자는 독립하여 공정하게 직무를 수행하며, 그 직무 수행상을 이유로 본인의 의사에 반하여 신분상 어떠한 불이익도 받지 아니한다(「행정절차법」 제28조 제3항). 2002년 행정고시

② [X] 청문은 당사자가 공개를 신청하거나 청문 주재자가 필요하다고 인정하는 경우 <u>공개할 수 있다</u>. 다만, 공익 또는 제3자의 정당한 이익을 현저히 해칠 우려가 있는 경우에는 공개하여서는 아니 된다 (「행정절차법」 제30조). 2003년 행정고시

③ [X] 인허가 등의 취소, 신분·자격의 박탈, 법인이나 조합 등의 설립허가의 취소 시 의견제출기한 내에 당사자 등의 신청이 있는 경우에는 <u>청문을 한다</u>(「행정절차법」 제22조 제1항). 즉, 공청회를 개최하는 것이 아니라 청문을 한다. 2018년 국가 9급

❹ [○] 행정청은 제38조에 따른 공청회와 병행하여서만 <u>정보통신망을 이용한 공청회(전자공청회)를 실시할 수 있다</u>(「행정절차법」 제38조의2 제1항). 즉, 전자공청회는 통상의 공청회와 병행하여서만 실시할 수 있는 것이지 통상의 공청회를 갈음하여 실시할 수는 없다. 2017년 국가 하반기 9급

10 정답 ③

㉠ [○] ㉣ [○] 행정청은 정책, 제도 및 계획(이하 '정책 등'이라 함)을 수립·시행하거나 변경하려는 경우에는 이를 예고하여야 한다. 다만, ⓐ 신속하게 국민의 권리를 보호하여야 하거나 예측이 어려운 특별한 사정이 발생하는 등 긴급한 사유로 예고가 현저히 곤란한 경우, ⓑ 법령등의 단순한 집행을 위한 경우, ⓒ 정책 등의 내용이

국민의 권리·의무 또는 일상생활과 관련이 없는 경우, ⓓ 정책 등의 예고가 공공의 안전 또는 복리를 현저히 해칠 우려가 상당한 경우에는 예고를 하지 아니할 수 있다(「행정절차법」 제46조 제1항). 2017년 지방 9급, 2007년 관세사 변형

㉡ [X] 특별한 사정이 없으면 <u>20일 이상으로 한다</u>(「행정절차법」 제46조 제3항). 2014년 국가 9급

㉢ [X] 법령등의 입법을 포함하는 행정예고는 <u>입법예고로 갈음할 수 있다</u> (「행정절차법」 제46조 제2항). 2007년 관세사 변형

11 정답 ②

① [○] 「민원 처리에 관한 법률」 제35조 제1항

❷ [X] 행정기관의 장은 이의신청을 받은 날부터 <u>10일 이내</u>에 그 이의신청에 대하여 인용 여부를 결정하고 그 결과를 민원인에게 지체 없이 문서로 통지하여야 한다. 다만, 부득이한 사유로 정하여진 기간 이내에 인용 여부를 결정할 수 없을 때에는 그 기간의 만료일 다음 날부터 기산하여 10일 이내의 범위에서 연장할 수 있으며, 연장 사유를 민원인에게 통지하여야 한다(「민원 처리에 관한 법률」 제35조 제2항).

③ [○] 구 민원사무 처리에 관한 법률 제19조 제1항·제3항, 구 민원사무 처리에 관한 법률 시행령 제31조 제3항의 내용과 체계에다가 사전심사청구제도는 민원인이 대규모의 경제적 비용이 수반되는 민원사항에 대하여 간편한 절차로써 미리 행정청의 공적 견해를 받아볼 수 있도록 하여 민원행정의 예측가능성을 확보하게 하는 데에 취지가 있다고 보이고, 민원인이 희망하는 특정한 견해의 표명까지 요구할 수 있는 권리를 부여한 것으로 보기는 어려운 점, 행정청은 사전심사 결과 가능하다는 통보를 한 때에도 구 민원사무처리법 제19조 제3항에 의한 제약이 따르기는 하나 반드시 민원사항을 인용하는 처분을 해야 하는 것은 아닌 점, 행정청은 사전심사 결과 불가능하다고 통보하였더라도 사전심사 결과에 구애되지 않고 민원사항을 처리할 수 있으므로 불가능하다는 통보가 민원인의 권리·의무에 직접적 영향을 미친다고 볼 수 없고, 통보로 인하여 민원인에게 어떠한 법적 불이익이 발생할 가능성도 없는 점 등 여러 사정을 종합해 보면, 구 민원사무처리법이 규정하는 사전심사 결과 통보는 <u>항고소송의 대상이 되는 행정처분에 해당하지 아니한다</u>(대판 2014.4.24, 2013두7834).

④ [○]

> 「민원 처리에 관한 법률」 제35조 【거부처분에 대한 이의신청】 ③ 민원인은 제1항에 따른 이의신청 여부와 관계없이 「행정심판법」에 따른 행정심판 또는 「행정소송법」에 따른 행정소송을 제기할 수 있다.

12 정답 ④

① [X] 개인의 고유성, 동일성을 나타내는 지문은 그 <u>정보주체를 타인으로부터 식별 가능하게 하는 개인정보이므로</u>, 시장·군수 또는 구청장이 개인의 지문정보를 수집하고, 경찰청장이 이를 보관·전산화하여 범죄수사목적에 이용하는 것은 모두 개인정보자기결정권을 제한하는 것이라고 할 수 있다(헌재 2005.5.26, 2004헌마190). 2016년 지방교행

② [X] 개인정보처리자는 개인정보의 처리 목적을 명확하게 하여야 하고 그 목적에 필요한 범위에서 최소한의 개인정보만을 적법하고 정당하게 수집하여야 한다. 개인정보처리자는 개인정보의 처리 목적에 필요한 범위에서 적합하게 개인정보를 처리하여야 하며, <u>그 목적</u>

외의 용도로 활용하여서는 아니 된다(「개인정보 보호법」 제3조 제1항·제2항). 2009년 지방 7급

③ [X] 개인정보처리자는 개인정보 처리방침 등 개인정보의 처리에 관한 사항을 공개하여야 하며, 열람청구권 등 정보주체의 권리를 보장하여야 한다(「개인정보 보호법」 제3조 제5항). 2009년 지방 7급

❹ [O] 개인정보처리자의 고의 또는 중대한 과실로 인하여 개인정보가 분실·도난·유출·위조·변조 또는 훼손된 경우로서 정보주체에게 손해가 발생한 때에는 법원은 그 손해액의 3배를 넘지 아니하는 범위에서 손해배상액을 정할 수 있다. 다만, 개인정보처리자가 고의 또는 중대한 과실이 없음을 증명한 경우에는 그러하지 아니하다(「개인정보 보호법」 제39조 제3항). 2018년 서울 7급 하

---

13   정답 ①

❶ [O] 일정한 요건을 갖춘 단체는 개인정보처리자가 집단분쟁조정을 거부하거나 집단분쟁조정의 결과를 수락하지 아니한 경우에는 법원에 권리침해행위의 금지·중지를 구하는 소송(이하 '단체소송'이라 함)을 제기할 수 있고(「개인정보 보호법」 제51조), 단체소송을 제기하는 단체는 소장과 함께 일정한 사항을 기재한 소송허가신청서를 법원에 제출하여야 하고(「개인정보 보호법」 제54조), 법원은 법정요건을 모두 갖춘 경우에 한하여 결정으로 단체소송을 허가한다(「개인정보 보호법」 제55조). 2016년 지방 9급

② [X] 단체소송을 허가하거나 불허가하는 결정에 대하여는 즉시항고할 수 있다(「개인정보 보호법」 제55조 제2항). 2016년 지방 9급

③ [X] 단체소송에 관하여 이 법에 특별한 규정이 없는 경우에는 「민사소송법」을 적용하고, 단체소송의 허가결정이 있는 경우에는 「민사집행법」 제4편에 따른 보전처분을 할 수 있다(「개인정보 보호법」 제57조 제1항·제2항). 2016년 지방 9급

④ [X] 2016년 지방 9급

> 「개인정보 보호법」 제51조 【단체소송의 대상 등】 다음 각 호의 어느 하나에 해당하는 단체는 개인정보처리자가 제49조에 따른 집단분쟁조정을 거부하거나 집단분쟁조정의 결과를 수락하지 아니한 경우에는 법원에 권리침해 행위의 금지·중지를 구하는 소송(이하 '단체소송'이라 한다)을 제기할 수 있다.
> 1. 「소비자기본법」 제29조에 따라 공정거래위원회에 등록한 소비자단체로서 다음 각 목의 요건을 모두 갖춘 단체
>   가. 정관에 따라 상시적으로 정보주체의 권익증진을 주된 목적으로 하는 단체일 것
>   나. 단체의 정회원수가 1천명 이상일 것
>   다. 「소비자기본법」 제29조에 따른 등록 후 3년이 경과하였을 것
> 2. 「비영리민간단체 지원법」 제2조에 따른 비영리민간단체로서 다음 각 목의 요건을 모두 갖춘 단체
>   가. 법률상 또는 사실상 동일한 침해를 입은 100명 이상의 정보주체로부터 단체소송의 제기를 요청받을 것
>   나. 정관에 개인정보 보호를 단체의 목적으로 명시한 후 최근 3년 이상 이를 위한 활동실적이 있을 것
>   다. 단체의 상시 구성원수가 5천명 이상일 것
>   라. 중앙행정기관에 등록되어 있을 것

---

14   정답 ①

❶ [O] 일정한 요건을 갖춘 단체는 개인정보처리자가 집단분쟁조정을 거부하거나 집단분쟁조정의 결과를 수락하지 아니한 경우에는 법원에 권리침해행위의 금지·중지를 구하는 소송(이하 '단체소송'이라

함)을 제기할 수 있고(「개인정보 보호법」 제51조), 단체소송을 제기하는 단체는 소장과 함께 일정한 사항을 기재한 소송허가신청서를 법원에 제출하여야 하고(「개인정보 보호법」 제54조), 법원은 법정요건을 모두 갖춘 경우에 한하여 결정으로 단체소송을 허가한다(「개인정보 보호법」 제55조).

② [X] 단체소송의 소는 피고의 주된 사무소 또는 영업소가 있는 곳, 주된 사무소나 영업소가 없는 경우에는 주된 업무담당자의 주소가 있는 곳의 지방법원 본원 합의부의 관할에 전속한다(「개인정보 보호법」 제52조 제1항).

③ [X] 원고의 청구를 기각하는 판결이 확정된 경우 이와 동일한 사안에 관하여는 제51조에 따른 다른 단체는 단체소송을 제기할 수 없다. 다만, ㉠ 판결이 확정된 후 그 사안과 관련하여 국가·지방자치단체 또는 국가·지방자치단체가 설립한 기관에 의하여 새로운 증거가 나타난 경우와, ㉡ 기각판결이 원고의 고의로 인한 것임이 밝혀진 경우에는 그러하지 아니하다(「개인정보 보호법」 제56조).

④ [X] 단체소송을 허가하거나 불허가하는 결정에 대하여는 즉시항고할 수 있다(「개인정보 보호법」 제55조 제2항).

---

15   정답 ③

① [X] 정보주체는 개인정보처리자가 이 법을 위반한 행위로 손해를 입으면 개인정보처리자에게 손해배상을 청구할 수 있다. 이 경우 그 개인정보처리자는 고의 또는 과실이 없음을 입증하지 아니하면 책임을 면할 수 없다(「개인정보 보호법」 제39조 제1항).

② [X] 개인정보처리자의 고의 또는 중대한 과실로 인하여 개인정보가 분실·도난·유출·위조·변조 또는 훼손된 경우로서 정보주체에게 손해가 발생한 때에는 법원은 그 손해액의 3배를 넘지 아니하는 범위에서 손해배상액을 정할 수 있다. 다만, 개인정보처리자가 고의 또는 중대한 과실이 없음을 증명한 경우에는 그러하지 아니하다(「개인정보 보호법」 제39조 제3항).

❸ [O] 분쟁조정위원회 또는 조정부는 재적위원 과반수의 출석으로 개의하며 출석위원 과반수의 찬성으로 의결한다(「개인정보 보호법」 제40조 제7항).

④ [X] 자신의 개인정보를 열람한 정보주체는 개인정보처리자에게 그 개인정보의 정정 또는 삭제를 요구할 수 있다. 다만, 다른 법령에서 그 개인정보가 수집대상으로 명시되어 있는 경우에는 그 삭제를 요구할 수 없다(「개인정보 보호법」 제36조 제1항).

---

16   정답 ①

❶ [O] 「공공기관의 정보공개에 관한 법률」에서 말하는 공개 대상 정보는 정보 그 자체가 아닌 같은 법 제2조 제1호에서 예시하고 있는 매체 등에 기록된 사항을 의미하고, 공개 대상 정보는 원칙적으로 공개를 청구하는 자가 같은 법 제10조 제1항 제2호에 따라 작성한 정보공개청구서의 기재내용에 의하여 특정되며, 만일 공개청구자가 특정한 바와 같은 정보를 공공기관이 보유·관리하고 있지 않은 경우라면 특별한 사정이 없는 한 해당 정보에 대한 공개거부처분에 대하여는 취소를 구할 법률상 이익이 없다. 이와 관련하여 공개청구자는 그가 공개를 구하는 정보를 공공기관이 보유·관리하고 있을 상당한 개연성이 있다는 점에 대하여 입증할 책임이 있으나, 공개를 구하는 정보를 공공기관이 한때 보유·관리하였으나 후에 그 정보가 담긴 문서들이 폐기되어 존재하지 않게 된 것이라면 그 정보를 더 이상 보유·관리하고 있지 않다는 점에 대한 증명책임은 공공기관에 있다(대판 2013.1.24, 2010두18918). 2017년 국회 8급

② [X] 외국인의 정보공개 청구에 관하여는 대통령령으로 정한다(「공공기관의 정보공개에 관한 법률」 제5조 제2항). 정보공개를 청구할 수 있는 외국인은 ⊙ 국내에 일정한 주소를 두고 거주하거나 학술·연구를 위하여 일시적으로 체류하는 사람, ⓒ 국내에 사무소를 두고 있는 법인 또는 단체이어야 한다(「공공기관의 정보공개에 관한 법률 시행령」 제3조). 2014년 사회복지 9급

③ [X] 「공공기관의 정보공개에 관한 법률」 제6조 제1항은 "모든 국민은 정보의 공개를 청구할 권리를 가진다."라고 규정하고 있는데, 여기에서 말하는 '국민'에는 자연인은 물론 법인, 권리능력 없는 사단·재단도 포함되고, 법인, 권리능력 없는 사단·재단 등의 경우에는 설립목적을 불문한다(대판 2003.12.12, 2003두8050). 2019년 서울 9급

④ [X] 「공공기관의 정보공개에 관한 법률」 제6조 제1항은 "모든 국민은 정보의 공개를 청구할 권리를 가진다."라고 규정하고 있는데, 여기에서 말하는 국민에는 자연인은 물론 법인, 권리능력 없는 사단·재단도 포함되고, 법인, 권리능력 없는 사단·재단 등의 경우에는 설립목적을 불문한다(대판 2003.12.12, 2003두8050). 그러나 지방자치단체를 정보공개 청구권자인 국민에 대응하는 정보공개 의무자로 상정하고 있으므로, 지방자치단체는 정보공개 청구권자에 해당되지 아니한다(서울행정법원 2005.10.12, 2005구합10484). 2016년 국가 7급

17   정답 ③

① [X] <甲이 재판기록 일부의 정보공개를 청구한 데 대하여 서울행정법원장이 「민사소송법」 제162조를 이유로 소송기록의 정보를 비공개한다는 결정을 전자문서로 통지한 사안> '문서'에 '전자문서'를 포함한다고 규정한 「공공기관의 정보공개에 관한 법률」 제2조와 정보의 비공개결정을 '문서'로 통지하도록 정한 「공공기관의 정보공개에 관한 법률」 제13조 제4항의 규정에 의하면 정보의 비공개결정은 전자문서로 통지할 수 있고, 위 규정들은 「행정절차법」 제3조 제1항에서 「행정절차법」의 적용이 제외되는 것으로 정한 '다른 법률'에 특별한 규정이 있는 경우에 해당하므로, 비공개결정 당시 정보의 비공개결정은 「공공기관의 정보공개에 관한 법률」 제13조 제4항에 의하여 전자문서로 통지할 수 있다(대판 2014. 4.10, 2012두17384). 2019년 국가 9급

② [X] 정보공개를 청구하는 자가 공공기관에 대해 정보의 사본 또는 출력물의 교부의 방법으로 공개방법을 선택하여 정보공개 청구를 한 경우에 공개 청구를 받은 공공기관으로서는 「공공기관의 정보공개에 관한 법률」 제13조 제2항에서 규정한 정보의 사본 또는 복제물의 교부를 제한할 수 있는 사유에 해당하지 않는 한 정보공개 청구자가 선택한 공개방법에 따라 정보를 공개하여야 하므로 그 공개방법을 선택할 재량권이 없다고 해석함이 상당하다(대판 2003.12.12, 2003두8050). 2016년 국가 9급

❸ [O] 공공기관은 청구인이 사본 또는 복제물의 교부를 원하는 경우에는 이를 교부하여야 한다. 다만, 공개 대상 정보의 양이 너무 많아 정상적인 업무수행에 현저한 지장을 초래할 우려가 있는 경우에는 정보의 사본·복제물을 일정 기간별로 나누어 제공하거나 열람과 병행하여 제공할 수 있다(「공공기관의 정보공개에 관한 법률」 제13조 제2항). 2018년 서울 7급

④ [X] 「공공기관의 정보공개에 관한 법률」에 의한 정보공개제도는 공공기관이 보유·관리하는 정보를 그 상태대로 공개하는 제도이지만, 전자적 형태로 보유·관리되는 정보의 경우에는, 그 정보가 청구인이 구하는 대로는 되어 있지 않다고 하더라도, 공개 청구를 받은 공공기관이 공개 청구 대상 정보의 기초자료를 전자적 형태로 보유·관리하고 있고, 당해 기관에서 통상 사용되는 컴퓨터 하드웨어 및 소프트웨어와 기술적 전문지식을 사용하여 그 기초자료를 검색하

여 청구인이 구하는 대로 편집할 수 있으며, 그러한 작업이 당해 기관의 컴퓨터 시스템 운용에 별다른 지장을 초래하지 아니한다면, 그 공공기관이 공개 청구 대상 정보를 보유·관리하고 있는 것으로 볼 수 있고, 이러한 경우에 기초자료를 검색·편집하는 것은 새로운 정보의 생산 또는 가공에 해당한다고 할 수 없다(대판 2010.2.11, 2009두6001). 2021년 국회 8급

18   정답 ③

① [X] 「민사소송법」 제344조 제1항 제1호의 문언, 내용, 체계와 입법목적 등에 비추어 볼 때, 인용문서가 공무원이 직무와 관련하여 보관하거나 가지고 있는 문서로서 「공공기관의 정보공개에 관한 법률」 제9조에서 정하고 있는 비공개 대상 정보에 해당한다고 하더라도, 특별한 사정이 없는 한 그에 관한 문서제출의무를 면할 수 없다(대결 2017.12.28, 2015무423).

② [X] 「형사소송법」 제59조의2(재판확정기록의 열람·등사)의 내용·취지 등을 고려하면, 「형사소송법」 제59조의2는 형사재판확정기록의 공개 여부나 공개 범위, 불복절차 등에 대하여 「공공기관의 정보공개에 관한 법률」과 달리 규정하고 있는 것으로 「공공기관의 정보공개에 관한 법률」 제4조 제1항에서 정한 '정보의 공개에 관하여 다른 법률에 특별한 규정이 있는 경우'에 해당한다. 따라서 형사재판확정기록의 공개에 관하여는 「공공기관의 정보공개에 관한 법률」에 의한 공개 청구가 허용되지 아니한다(대판 2016.12.15, 2013두20882).

❸ [O] 구 교육관련기관의 정보공개에 관한 특례법은 공공기관이 직무상 작성 또는 취득하여 관리하고 있는 정보 가운데 교육관련기관이 학교 교육과 관련하여 직무상 작성 또는 취득하여 관리하고 있는 정보의 공개에 관하여 특별히 규율하는 법률이므로, 학교에 대하여 구 교육관련기관의 정보공개에 관한 특례법이 적용된다고 하여 더 이상 「공공기관의 정보공개에 관한 법률」을 적용할 수 없게 되는 것은 아니라고 할 것이다(대판 2013.11.28, 2011두5049).

④ [X] 기관이 아닌 개인이 타인에 관한 정보의 공개를 청구하는 경우에는 구 공공기관의 개인정보 보호에 관한 법률(현 「개인정보 보호법」)에 의할 것이 아니라, 「공공기관의 정보공개에 관한 법률」 제9조 제1항 제6호에 따라 개인에 관한 정보의 공개 여부를 판단하여야 한다(대판 2010.2.25, 2007두9877).

19   정답 ④

① [X] 대법원은 채점결과열람과 답안지열람을 구별하고 있다. 즉, ⊙ 답안지와 시험문항에 대한 채점위원별 채점 결과를 열람하도록 할 경우 시험업무의 공정한 수행에 현저한 지장을 초래한다고 인정할 상당한 이유가 있어 비공개정보에 해당되므로 그 열람을 거부할 수 있다. ⓒ 답안지는 응시자의 시험문제에 대한 답안이 기재되어 있을 뿐 평가자의 평가기준이나 평가 결과가 반영되어 있는 것은 아니므로 답안지의 열람으로 인하여 시험업무의 수행에 현저한 지장을 초래한다고 볼 수 없다(대판 2003.3.14, 2000두6114). 2013년 국가 9급

② [X] 법원 이외의 공공기관이 「공공기관의 정보공개에 관한 법률」 제9조 제1항 제4호가 정한 '진행 중인 재판에 관련된 정보'에 해당한다는 사유로 정보공개를 거부하기 위하여는 반드시 그 정보가 진행 중인 재판의 소송기록 그 자체에 포함된 내용의 정보일 필요는 없으나, 재판에 관련된 일체의 정보가 그에 해당하는 것은 아니고 진행 중인 재판의 심리 또는 재판 결과에 구체적으로 영향을 미칠 위험이 있는 정보에 한정된다고 할 것이다(대판 2012.4.12, 2010두24913 ; 대판 2011.11.24, 2009두19021). 2017년 국가 7급

③ [X] 공무원의 주민등록번호와 공무원이 직무와 관련 없이 개인적인 자격으로 간담회·연찬회 등 행사에 참석하고 금품을 수령한 정보는 「공공기관의 정보공개에 관한 법률」 제9조 제1항 제6호 단서 다목 소정의 '공개하는 것이 공익을 위하여 필요하다고 인정되는 정보'에 해당하지 않는다(대판 2004.8.20, 2003두8302 ; 대판 2003. 12.12, 2003두8050). 2015년 사회복지 9급

❹ [O] 국가정보원이 그 직원에게 지급하는 현금급여 및 월초수당에 관한 정보는 국가정보원 예산집행내역의 일부를 구성하는 것이므로, 위 현금급여 및 월초수당에 관한 정보는 「국가정보원법」 제12조에 의하여 비공개사항으로 규정된 정보로서 「공공기관의 정보공개에 관한 법률」 제9조 제1항 제1호의 비공개 대상 정보인 '다른 법률에 따라 비공개사항으로 규정된 정보'에 해당한다고 보아야 하고, 위 현금급여 및 월초수당이 근로의 대가로서의 성격을 가진다거나 정보공개 청구인이 해당 직원의 배우자라고 하여 달리 볼 것은 아니다(대판 2010.12.23, 2010두14800). 2014년 지방 9급

20 정답 ④

① [X] 취소소송은 다른 법률에 특별한 규정이 없는 한 그 처분 등을 행한 행정청을 피고로 한다(「행정소송법」 제13조 제1항 본문). 따라서 정보공개거부결정의 취소소송의 피고는 정보공개거부결정을 한 공공기관의 장이 된다. 예컨대, 사립대학교(계명대)에 정보공개를 청구하였다가 거부되면 그 대학교 총장을 피고로 하여 취소소송을 제기할 수 있다(대판 2006.8.24, 2004두2783). 2013년 지방 9급

② [X] 청구인이 공공기관에 대하여 정보공개를 청구하였다가 거부처분을 받은 것 자체가 법률상 이익의 침해에 해당한다고 할 것이고, 거부처분을 받은 것 이외에 추가로 어떤 법률상의 이익을 가질 것을 요구하는 것은 아니다(대판 2004.9.23, 2003두1370). 2010년 국가 7급

③ [X] 청구인이 정보공개와 관련한 공공기관의 결정에 대하여 불복이 있거나 정보공개 청구 후 20일이 경과하도록 정보공개결정이 없는 때에는 「행정소송법」에서 정하는 바에 따라 행정소송을 제기할 수 있다(「행정소송법」 제20조 제1항). 따라서 정보공개소송은 일반 행정소송이라 할 수 있다. 2010년 국가 7급

❹ [O] 공공기관이 공개 청구의 대상이 된 정보를 공개는 하되, 청구인이 신청한 공개방법 이외의 방법으로 공개하기로 하는 결정을 하였다면, 이는 정보공개 청구 중 정보공개방법에 관한 부분에 대하여 일부거부처분을 한 것이고, 청구인은 그에 대하여 항고소송으로 다툴 수 있다(대판 2016.11.10, 2016두44674).

정답

01	③	02	③	03	①	04	③
05	①	06	③	07	③	08	④
09	③	10	②	11	②	12	②
13	③	14	②	15	①	16	②
17	①	18	①	19	①	20	③

01 정답 ③

① [O] 의무부과(하명)와 불이행된 의무이행의 강제는 반드시 동일한 성질의 행위는 아니고, 행정상 강제집행은 국민의 신체·재산에 실력을 가하여 행정상 의무이행을 확보하는 수단으로서 그에 의하여 국민의 자유와 권리가 침해될 수 있으므로, 의무부과에 대한 법적 근거 외에 별도로 강제집행의 법적 근거가 필요하다.

② [O] 「행정대집행법」상 대집행의 대상이 되는 대체적 작위의무는 공법상 의무이어야 한다(대판 2006.10.13, 2006두7096). 다만, 예외적으로 사법상 의무인 「국유재산법」상 일반재산에 대한 철거의무에 대해서는 대집행을 인정하고 있다(대판 1992.9.8, 91누13090).

❸ [X] 법률(법률의 위임에 의한 명령, 지방자치단체의 조례를 포함)에 의하여 직접 명령되었거나(법규하명) 또는 법률에 의거한 행정청의 명령에 의한 행위(행정행위로서의 하명처분)로서 타인이 대신하여 행할 수 있는 행위를 의무자가 이행하지 아니하는 경우 다른 수단으로써 그 이행을 확보하기 곤란하고 또한 그 불이행을 방치함이 심히 공익을 해할 것으로 인정될 때에는 당해 행정청은 스스로 의무자가 하여야 할 행위를 하거나 또는 제3자로 하여금 이를 하게 하여 그 비용을 의무자로부터 징수할 수 있다(「행정대집행법」 제2조). ➡ 조례도 「행정대집행법」상의 대체적 작위의무 부과의 근거가 되는 법령에 포함된다.

④ [O] 행정주체와 사인 사이의 건축도급계약은 사법상 계약이고, 따라서 그 의무불이행은 사법상 의무의 불이행이므로 대집행을 할 수 없다(대판 2006.10.13, 2006두7096 참조).

02 정답 ③

① [O] 이행강제금은 위법건축물에 대하여 시정명령 이행 시까지 지속적으로 부과함으로써 건축물의 안전과 기능, 미관을 향상시켜 공공복리의 증진을 도모하는 시정명령 이행확보수단으로서, 국민의 자유와 권리를 제한한다는 의미에서 행정상 간접강제의 일종인 이른바 침익적 행정행위에 속하므로 그 부과요건, 부과대상, 부과금액, 부과횟수 등이 법률로써 엄격하게 정하여져야 하고, 위 이행강제금 부과의 전제가 되는 시정명령도 그 요건이 법률로써 엄격하게 정해져야 한다.

② [O] 전통적으로 행정대집행은 대체적 작위의무에 대한 강제집행수단으로, 이행강제금은 부작위의무나 비대체적 작위의무에 대한 강제집행수단으로 이해되어 왔으나, 이는 이행강제금제도의 본질에서 오는 제약은 아니며, 이행강제금은 대체적 작위의무의 위반에 대

하여도 부과될 수 있다(헌재 2004.2.26, 2001헌바80).

❸ [X] 「건축법」상의 이행강제금은 시정명령의 불이행이라는 과거의 위반행위에 대한 제재가 아니라, 의무자에게 시정명령을 받은 의무의 이행을 명하고 그 이행기간 안에 의무를 이행하지 않으면 이행강제금이 부과된다는 사실을 고지함으로써 의무자에게 심리적 압박을 주어 의무의 이행을 간접적으로 강제하는 행정상의 간접강제수단에 해당한다(대판 2018.1.25, 2015두35116).

④ [O] 이행강제금 납부의 최초 독촉은 징수처분으로서 항고소송의 대상이 되는 행정처분이 될 수 있다(대판 2009.12.24, 2009두14507).

03 정답 ①

❶ [X] 허가권자는 시정명령을 받은 후 시정기간 내에 시정명령을 이행하지 아니한 건축주 등에 대하여는 그 시정명령의 이행에 필요한 상당한 이행기한을 정하여 그 기한까지 시정명령을 이행하지 아니하면 이행강제금을 부과한다. 이 경우 허가권자는 이행강제금을 부과하기 전에 이행강제금을 부과·징수한다는 뜻을 미리 문서로써 계고하여야 한다(「건축법」 제80조 제1항 본문·제3항). 따라서 계고나 시정명령 없이 이행강제금을 부과할 수는 없다. 그러나 시정명령이 이행될 때까지 반복하여 이행강제금을 부과·징수할 수는 있다(「건축법」 제80조 제5항).

② [O] 공무원들이 위법건축물임을 알지 못하여 공사 도중에 시정명령이 내려지지 않아 위법건축물이 완공되었다 하더라도, 공공복리의 증진이라는 위 목적의 달성을 위해서는 완공 후에라도 위법건축물임을 알게 된 이상 시정명령을 할 수 있다고 보아야 할 것이다(대결 2002.8.16, 2002마1022).

③ [O] 「건축법」상의 이행강제금은 시정명령의 불이행이라는 과거의 위반행위에 대한 제재가 아니라, 의무자에게 시정명령을 받은 의무의 이행을 명하고 그 이행기간 안에 의무를 이행하지 않으면 이행강제금이 부과된다는 사실을 고지함으로써 의무자에게 심리적 압박을 주어 의무의 이행을 간접적으로 강제하는 행정상의 간접강제수단에 해당한다. 이러한 이행강제금의 본질상 시정명령을 받은 의무자가 이행강제금이 부과되기 전에 그 의무를 이행한 경우에는 비록 시정명령에서 정한 기간을 지나서 이행한 경우라도 이행강제금을 부과할 수 없다(대판 2018.1.25, 2015두35116).

④ [O] 이행강제금은 행정법상의 부작위의무 또는 비대체적 작위의무를 이행하지 않은 경우에 '일정한 기한까지 의무를 이행하지 않을 때에는 일정한 금전적 부담을 과할 뜻'을 미리 '계고'함으로써 의무자에게 심리적 압박을 주어 장래를 향하여 의무의 이행을 확보하려는 간접적인 행정상 강제집행수단이고, 노동위원회가 「근로기준법」 제33조에 따라 이행강제금을 부과하는 경우 그 30일 전까지 하여야 하는 이행강제금 부과예고는 이러한 '계고'에 해당한다. 따라서 사용자가 이행하여야 할 행정법상 의무의 내용을 초과하는 것을 '불이행 내용'으로 기재한 이행강제금 부과예고서에 의하여 이행강제금 부과예고를 한 다음 이를 이행하지 않았다는 이유로 이행강제금을 부과하였다면, 초과한 정도가 근소하다는 등의 특별한 사정이 없는 한 이행강제금 부과예고는 이행강제금제도의 취지에 반하는 것으로서 위법하고, 이에 터 잡은 이행강제금 부과처분 역시 위법하다(대판 2015.6.24, 2011두2170).

04 정답 ③

① [X] 대체적 작위의무, 비대체적 작위의무, 부작위의무, 수인의무 등 모든 의무의 불이행이 직접강제의 대상이 된다.

② [X] 직접강제란 의무자가 의무를 이행하지 않는 경우에 행정기관이 직접 의무자의 신체 또는 재산에 실력을 가하여 의무자가 직접 의무를 이행한 것과 같은 상태를 실현하는 작용을 말한다. 예컨대, 영업소의 강제폐쇄(「식품위생법」 제79조, 「축산물가공처리법」 제38조, 「의료법」 제64조, 「관광진흥법」 제36조, 「먹는물관리법」 제46조, 「게임산업진흥에 관한 법률」 제38조, 「음악산업진흥에 관한 법률」 제29조 등), 사람의 강제퇴거(「출입국관리법」 제46조, 「군사기지 및 군사시설 보호법」 제11조, 「방어해면법」 제7조 등) 등이 대표적이다.

❸ [O] 「행정기본법」 제32조 제1항에 따르면 직접강제는 행정대집행이나 이행강제금 부과의 방법으로는 행정상 의무이행을 확보할 수 없거나 그 실현이 불가능한 경우에 실시하여야 한다고 규정하여 직접강제가 보충적인 수단임을 명시하고 있다. 「행정기본법」 제정 전에도 직접강제는 강제집행수단 중에서도 가장 강력한 수단으로 국민의 기본권이 침해될 가능성이 높기 때문에 대집행이나 이행강제금으로 의무이행을 강제할 수 있는 경우에는 허용될 수 없다는 것이 일반적 견해였으며, 「행정기본법」은 일반적 견해를 수용하고 있다.

④ [X] 직접강제는 권력적 사실행위로서 처분성이 인정되므로 항고소송의 대상이 된다. 다만, 직접강제는 통상 단기간에 종료되므로 소의 이익이 없게 되는 경우가 많다.

05   정답 ①

❶ [O] 세무공무원이 국세의 징수를 위해 납세자의 재산을 압류하는 경우 그 재산의 가액이 징수할 국세액을 초과한다 하여 위 압류가 당연무효의 처분이라고는 할 수 없다(대판 1986.11.11, 86누479).

② [X] 압류는 의무자의 재산에 대하여 사실상 및 법률상의 처분을 금지하고 아울러 이를 확보하는 강제적인 보전행위로서, 그 성질은 권력적 사실행위로서 처분적 성격을 가진다(대판 2003.5.16, 2002두3669 참조).

③ [X] 관할 세무서장은 재판상의 가압류 또는 가처분 재산이 강제징수 대상인 경우에도 이 법에 따른 강제징수를 한다(「국세징수법」 제26조).

④ [X] 조세부과의 근거가 되었던 법률규정이 위헌으로 선언된 경우, 비록 그에 기한 과세처분이 위헌결정 전에 이루어졌고, 과세처분에 대한 제소기간이 이미 경과하여 조세채권이 확정되었으며, 조세채권의 집행을 위한 체납처분의 근거규정 자체에 대하여는 따로 위헌결정이 내려진 바 없다고 하더라도, 위와 같은 위헌결정 이후에 조세채권의 집행을 위한 새로운 체납처분에 착수하거나 이를 속행하는 것은 더 이상 허용되지 않고, 나아가 이러한 위헌결정의 효력에 위배하여 이루어진 체납처분은 그 사유만으로 하자가 중대하고 객관적으로 명백하여 당연무효라고 보아야 한다(대판 전합체 2012.2.16, 2010두10907).

06   정답 ③

① [X] 불법게임물은 불법현장에서 이를 즉시 수거하지 않으면 증거인멸의 가능성이 있고, 그 사행성으로 인한 폐해를 막기 어려우며, 대량으로 복제되어 유통될 가능성이 있어, 불법게임물에 대하여 관계 당사자에게 수거·폐기를 명하고 그 불이행을 기다려 직접강제 등 행정상의 강제집행으로 나아가는 원칙적인 방법으로는 목적달성이 곤란하다고 할 수 있으므로, 관계 행정청이 등급분류를 받지 아니하거나 등급분류를 받은 게임물과 다른 내용의 게임물을 발견한 경우 관계 공무원으로 하여금 이를 수거·폐기하게 할 수 있도록 한 구 음반·비디오물 및 게임물에 관한 법률 제24조 제3항 제

4호 중 게임물에 관한 규정은 위와 같은 급박한 상황에 대처하기 위한 것으로서 그 불가피성과 정당성이 인정된다(헌재 2002. 10.31, 2000헌가12). 2019년 서울 9급

② [X] ㉠ 영장주의가 행정상 즉시강제에도 적용되는지에 관하여는 논란이 있으나, 행정상 즉시강제는 상대방의 임의이행을 기다릴 시간적 여유가 없을 때 하명 없이 바로 실력을 행사하는 것으로서, 그 본질상 급박성을 요건으로 하고 있어 법관의 영장을 기다려서는 그 목적을 달성할 수 없다고 할 것이므로, 원칙적으로 영장주의가 적용되지 않는다고 보아야 할 것이다(헌재 2002.10.31, 2000헌가12). ➡ 헌법재판소의 원칙적 영장불요설
    ㉡ 사전영장주의는 인신보호를 위한 헌법상의 기속원리이기 때문에 인신의 자유를 제한하는 모든 국가작용의 영역에서 존중되어야 하지만, 헌법 제12조 제3항 단서도 사전영장주의의 예외를 인정하고 있는 것처럼 사전영장주의를 고수하다가는 도저히 행정목적을 달성할 수 없는 지극히 예외적인 경우에는 형사절차에서와 같은 예외가 인정된다(대판 1997.6.13, 96다56115). ➡ 대법원의 절충설 2021년 국가 9급

❸ [O] 행정상 즉시강제의 실체법적 한계로는 ㉠ 급박성(긴급성)에 따른 한계, ㉡ 소극목적성에 따른 한계, ㉢ 보충성의 원칙에 따른 한계, ㉣ 비례원칙에 따른 한계 등이 있다. 2005년 국회 8급

④ [X] 행정상 즉시강제는 급박한 장해의 제거 내지 예방이라는 소극목적을 위해 발동되는 것이지, 적극적으로 어떠한 새로운 질서를 창조하기 위하여 행사될 수는 없다. 2006년 대구 교행

07   정답 ③

① [X] 행정기관은 법령등에서 행정조사를 규정하고 있는 경우에 한하여 행정조사를 실시할 수 있다. 다만, 조사대상자의 자발적인 협조를 얻어 실시하는 행정조사의 경우에는 그러하지 아니하다(「행정조사기본법」 제5조). 2018년 지방 9급

② [X] 행정기관의 장이 조사대상자의 자발적인 협조를 얻어 행정조사를 실시하고자 하는 경우 조사대상자는 문서·전화·구두 등의 방법으로 당해 행정조사를 거부할 수 있고, 이에 따른 행정조사에 대하여 조사대상자가 조사에 응할 것인지에 대한 응답을 하지 아니하는 경우에는 법령등에 특별한 규정이 없는 한 그 조사를 거부한 것으로 본다(「행정조사기본법」 제20조 제1항·제2항). 2017년 서울 9급

❸ [O] 중요사항유보설(본질성설)은 침해적 사항이든 급부적 사항이든, 기본권과 관련된 중요한 사항이나 공동체의 중요한 의사결정은 반드시 직접 국회가 법률로 정해야 한다는 견해로서, 본질적 사항인지 여부는 해당 행정부문 또는 행정작용의 속성을 기준으로 판단하는 것이 아니라 국민 일반 내지 개인과의 관계에서 해당 사항이 가지는 의미·중요성 등에 따라 결정되어야 한다. 따라서 중요사항유보설에 의하면 비구속적 행정계획이나 비권력적 행정조사라도 국민의 이익에 중요한 영향을 미치는 것이면 법률상 근거가 있어야 한다. 2017년 국회 8급

④ [X] 「행정절차법」은 행정조사에 관한 명문의 규정을 두고 있지 않다. 다만, 국민의 권리·의무에 직접 영향을 미치는 권력적 행정조사와 같이 처분에 해당하는 경우에는 「행정절차법」상의 처분절차에 관한 규정이 행정조사에도 적용된다. 2017년 국회 8급

08   정답 ④

① [X] 행정법상의 질서벌인 과태료의 부과처분과 형사처벌은 그 성질이나 목적을 달리하는 별개의 것이므로 행정법상의 질서벌인 과태료

를 납부한 후에 형사처벌을 한다고 하여 이를 일사부재리의 원칙에 반하는 것이라고 할 수는 없다(대판 1996.4.12, 96도158). 2002년 행정고시

② [X] 행정형벌은 「형사소송법」이 정하는 바에 따라 법원이 과하는 것이 원칙이다. 2002년 국가 7급

③ [X] 헌법재판소 판례에 따르면 과태료는 형벌에 해당하지 않아 죄형법정주의가 적용되지 않는다(헌재 1998.5.28, 96헌바83). 2004년 국가 7급

❹ [O] 행정형벌은 「형사소송법」이 정하는 바에 따라 법원이 과하는 것이 원칙이나, 통고처분과 즉결심판이라는 예외적 특별과벌절차에 의하는 경우도 있다. 2004년 국가 7급

09   정답 ③

㉠ [O] 통고처분을 받은 자가 금액을 법정기한 내에 납부하면 과벌절차가 종료되며, 일사부재리의 원칙에 따라 형사소추가 불가능해진다. 즉, 통고처분에 따른 범칙금을 납부한 사람은 그 범칙행위에 대하여 다시 처벌받지 아니한다(「도로교통법」 제164조 제3항, 「출입국관리법」 제106조 등). 2011년 지방 7급

㉡ [O] 범칙금을 납부한 사람은 일사부재리의 원칙에 의해 그 범칙행위에 대하여 다시 처벌받지 아니한다(「도로교통법」 제164조 제3항, 「출입국관리법」 제106조 등). 2006년 국회 8급, 2008년 경기 9급

㉢ [X] 지방국세청장 또는 세무서장이 「조세범 처벌절차법」 제17조 제1항에 따라 통고처분을 거치지 아니하고 즉시 고발하였다면 이로써 조세범칙사건에 대한 조사 및 처분 절차는 종료되고 형사사건절차로 이행되어 지방국세청장 또는 세무서장으로서는 동일한 조세범칙행위에 대하여 더 이상 통고처분을 할 권한이 없다. 따라서 지방국세청장 또는 세무서장이 조세범칙행위에 대하여 고발을 한 후에 동일한 조세범칙행위에 대하여 통고처분을 하였더라도, 이는 법적 권한 소멸 후에 이루어진 것으로서 특별한 사정이 없는 한 효력이 없고, 조세범칙행위자가 이러한 통고처분을 이행하였더라도 「조세범 처벌절차법」 제15조 제3항에서 정한 일사부재리의 원칙이 적용될 수 없다(대판 2016.9.28, 2014도10748). 2018년 지방 7급

㉣ [X] 통고처분을 할 것인지의 여부는 관세청장 또는 세관장의 재량에 맡겨져 있다(대판 2007.5.11, 2006도1993). 2015년 지방 9급

㉤ [X] 행정법규 위반자가 법정기간 내에 범칙금을 불이행하면 통고처분은 그 효력이 소멸되고, 행정청의 즉결심판청구 또는 고발에 의해 형사소송절차로 이행하게 된다. 2015년 지방 9급

10   정답 ②

① [X] 과태료의 부과·징수, 재판 및 집행 등의 절차에 관한 다른 법률의 규정 중 이 법의 규정에 저촉되는 것은 이 법으로 정하는 바에 따른다(「질서위반행위규제법」 제5조). 2017년 국회 8급

❷ [O] 질서위반행위란 법률(지방자치단체의 조례를 포함)상의 의무를 위반하여 과태료를 부과하는 행위를 말한다(「질서위반행위규제법」 제2조 제1호). 나아가 「지방자치법」에서는 지방자치단체는 조례를 위반한 행위에 대하여(「지방자치법」 제34조 제1항), 그리고 사기나 그 밖의 부정한 방법으로 사용료·수수료 또는 분담금의 징수를 면한 자나 공공시설을 부정사용한 자에 대하여 과태료를 부과하는 규정을 조례로 정할 수 있도록 규정하고 있다(「지방자치법」 제156조 제2항). 2016년 국가 9급

③ [X] 과태료의 부과·징수, 재판 및 집행 등의 절차에 관한 다른 법률의 규정 중 이 법의 규정에 저촉되는 것은 이 법으로 정하는 바에 따른다(「질서위반행위규제법」 제5조). 2010년 국회 8급

④ [X] 이 법은 대한민국 영역 밖에서 질서위반행위를 한 대한민국의 국민에게 적용한다(「질서위반행위규제법」 제4조 제2항). 2010년 지방 9급

11   정답 ②

① [X]

> **「행정기본법」 제29조【과징금의 납부기한 연기 및 분할 납부】** 과징금은 한꺼번에 납부하는 것을 원칙으로 한다. 다만, 행정청은 과징금을 부과받은 자가 다음 각 호의 어느 하나에 해당하는 사유로 과징금 전액을 한꺼번에 내기 어렵다고 인정될 때에는 그 납부기한을 연기하거나 분할 납부하게 할 수 있으며, 이 경우 필요하다고 인정하면 담보를 제공하게 할 수 있다.
> 1. 재해 등으로 재산에 현저한 손실을 입은 경우
> 2. 사업 여건의 악화로 사업이 중대한 위기에 처한 경우
> 3. 과징금을 한꺼번에 내면 자금 사정에 현저한 어려움이 예상되는 경우
> 4. 그 밖에 제1호부터 제3호까지에 준하는 경우로서 대통령령으로 정하는 사유가 있는 경우

❷ [O] 부당한 공동행위에 대한 시정명령 및 과징금 부과와 자진신고 감면 여부를 분리 심리하여 별개로 의결한 다음 과징금 등 처분과 별도의 처분서로 감면기각처분을 한 경우, 각 처분에 대하여 함께 또는 별도로 불복할 수 있다. 그러므로 사업자인 원고가 과징금 등 처분과 감면기각처분의 취소를 구하는 소를 함께 제기한 경우에도, 특별한 사정이 없는 한 감면기각처분의 취소를 구할 소의 이익이 인정된다(대판 2017.1.12, 2016두35199 ; 대판 2016.12.27, 2016두43282).

③ [X] 공정거래위원회가 부당한 공동행위를 행한 사업자로서 구 독점규제 및 공정거래에 관한 법률 제22조의2에서 정한 자진신고자나 조사협조자에 대하여 과징금 부과처분(이하 '선행처분'이라 함)을 한 뒤, 「독점규제 및 공정거래에 관한 법률 시행령」 제35조 제3항에 따라 다시 자진신고자 등에 대한 사건을 분리하여 자진신고 등을 이유로 한 과징금 감면처분(이하 '후행처분'이라 함)을 하였다면, 후행처분은 자진신고 감면까지 포함하여 처분상대방이 실제로 납부하여야 할 최종적인 과징금액을 결정하는 종국적 처분이고, 선행처분은 이러한 종국적 처분을 예정하고 있는 일종의 잠정적 처분으로서 후행처분이 있을 경우 선행처분은 후행처분에 흡수되어 소멸한다. 따라서 위와 같은 경우에 선행처분의 취소를 구하는 소는 이미 효력을 잃은 처분의 취소를 구하는 것으로 부적법하다(대판 2015.2.12, 2013두987).

④ [X] 감액처분에 의하여 감액된 부분에 대한 부과처분 취소청구는 이미 소멸하고 없는 부분에 대한 것으로서 소의 이익이 없어 부적법하다(대판 2017.1.12, 2015두2352). 이에 따라 그 감액처분으로도 아직 취소되지 않고 남아 있는 부분이 위법하다고 하여 다투는 경우 항고소송의 대상은 처음의 부과처분 중 감액처분에 의하여 취소되지 않고 남은 부분이고 감액처분이 항고소송의 대상이 되는 것은 아니다(대판 2008.2.15, 2006두3957).

① [X] 세법상 가산세는 과세권의 행사 및 조세채권의 실현을 용이하게 하기 위하여 납세자가 정당한 사유 없이 법에 규정된 신고·납세 의무 등을 위반한 경우에 법이 정하는 바에 의하여 부과하는 행정상의 제재로서, 납세자의 고의·과실은 고려되지 아니한다(대판 2013.5.23, 2013두1829).

❷ [O] 가산세는 과세권의 행사와 조세채권의 실현을 용이하게 하기 위하여 납세의무자가 법에 규정된 신고, 납세 등 각종 의무를 위반한 경우에 법이 정하는 바에 따라 부과하는 행정적 제재로서, 정당한 사유가 있는 때에는 이를 부과하지 않는다(「국세기본법」 제48조 제1항). 따라서 단순한 법률의 부지나 오해의 범위를 넘어 세법 해석상 견해가 대립하는 등으로 납세의무자가 그 의무를 알지 못한 것에 책임을 귀속시킬 수 없는 합리적인 이유가 있을 때 또는 그 의무의 이행을 당사자에게 기대하기 어려운 사정이 있을 때 등 그 의무를 게을리한 점을 비난할 수 없는 정당한 사유가 있는 경우에는 가산세를 부과할 수 없다(대판 2017.7.11, 2017두36885 ; 대판 2016.10.27, 2016두44711).

③ [X] 세법상 가산세는 과세권의 행사 및 조세채권의 실현을 용이하게 하기 위하여 납세자가 정당한 이유 없이 법에 규정된 신고, 납세 등 각종 의무를 위반한 경우에 개별 세법이 정하는 바에 따라 부과되는 행정상의 제재로서 납세자의 고의·과실은 고려되지 않는 반면, 납세의무자가 그 의무를 알지 못한 것이 무리가 아니었다고 할 수 있어 그를 정당시할 수 있는 사정이 있거나 그 의무의 이행을 당사자에게 기대하는 것이 무리라고 하는 사정이 있을 때 등 그 의무해태를 탓할 수 없는 정당한 사유가 있는 경우에는 이를 과할 수 없으나, 납세의무자가 세무공무원의 잘못된 설명을 믿고 그 신고납부의무를 이행하지 아니하였다 하더라도 그것이 관계 법령에 어긋나는 것임이 명백한 때에는 그러한 사유만으로 정당한 사유가 있다고 볼 수 없다(대판 2003.1.10, 2001두7886).

④ [X] <변호사인 甲이 2002년부터 2014년까지 다수의 법인파산사건에 대한 파산관재업무를 수행하고 지급받은 보수를 줄곧 '기타 소득'으로 신고하였는데, 과세관청이 이를 '기타 소득'이 아닌 사업소득으로 보아 아직 부과제척기간이 도과하지 않은 과세연도인 2009년 내지 2013년 귀속 종합소득세 부과처분을 하면서 가산세까지 부과한 사안> … 파산관재인의 보수가 사업소득으로 과세될 수 있는지에 관하여 세법 해석상 견해의 대립이 있었고, 과세관청 역시 2015년에 이르러 비로소 부과처분을 하는 등 그에 대한 확실한 견해를 가지지 못하였던 것으로 보이며, 종합소득세의 부과 경위를 감안할 때 甲에게 가산세까지 부과하는 것은 지나치게 가혹하므로, 甲이 위 보수를 사업소득으로 신고·납부하지 아니하였더라도 그 의무를 게을리하였다고 비난할 수 없는 정당한 사유가 있다(대판 2017.7.11, 2017두36885).

① [X] 관허사업의 제한(제재적 행정처분)이란 행정법상의 의무위반자에 대하여 인가·허가 등을 거부·정지·철회함으로써 위반자에게 불이익을 가하고, 이로써 행정법상의 의무이행을 간접적으로 확보하는 것을 말한다. 즉, 간접적 강제수단이다. 2010년 국가 7급

② [X] 관허사업의 제한은 이행을 확보하고자 하는 의무와 취소·정지되는 영업 사이에 직접적인 실체적 관련성이 없다는 점에서 부당결부금지의 원칙에 위배되는 것이 아닌가 하는 문제점을 제기하고 있음이 일반적이다. 2007년 서울 9급

❸ [O] 피해자의 진술 외에는 직접 증거가 없고 피의자가 피의사실을 강력히 부인하고 있어 보강수사가 필요한 상황이며, 피의사실의 내용이 국민들에게 급박히 알릴 현실적 필요성이 있다고 보기 어려움에도 불구하고, 검사가 마치 피의자의 범행이 확정된 듯한 표현을 사용하여 검찰청 내부절차를 밟지도 않고 각 언론사의 기자들을 상대로 언론에 의한 보도를 전제로 피의사실을 공표한 경우, 피의사실 공표행위의 위법성이 조각되지 않는다(대판 2001.11.30, 2000다68474).

④ [X] 국민의 출국의 자유는 헌법이 기본권으로 보장한 거주·이전의 자유의 한 내용을 이루는 것이므로 그에 대한 제한은 필요 최소한에 그쳐야 하고 그 본질적인 내용을 침해할 수 없고, 「출입국관리법」 등 출국금지에 관한 법률 규정의 해석과 운용도 같은 원칙에 기초하여야 한다. 구 출입국관리법 제4조 제1항, 구 출입국관리법 시행령 제1조의3 제2항은, 5천만 원 이상의 '국세·관세 또는 지방세를 정당한 사유 없이 그 납부기한까지 내지 아니한 사람'에 대하여는 기간을 정하여 출국을 금지할 수 있다고 규정하고 있다. 그러나 위와 같은 조세 미납을 이유로 한 출국금지는 그 미납자가 출국을 이용하여 재산을 해외에 도피시키는 등으로 강제집행을 곤란하게 하는 것을 방지함에 주된 목적이 있는 것이지 조세 미납자의 신병을 확보하거나 출국의 자유를 제한하여 심리적 압박을 가함으로써 미납 세금을 자진납부하도록 하기 위한 것이 아니다. 따라서 재산을 해외로 도피할 우려가 있는지 여부 등을 확인하지 않은 채 단순히 일정 금액 이상의 조세를 미납하였고 그 미납에 정당한 사유가 없다는 사유만으로 바로 출국금지처분을 하는 것은 헌법상의 기본권 보장 원리 및 과잉금지의 원칙에 비추어 허용되지 않는다(대판 2013.12.26, 2012두18363).

① [X] 제46조(시정의 권고 및 의견의 표명) 또는 제47조(제도개선의 권고 및 의견의 표명)에 따른 권고 또는 의견을 받은 관계 행정기관 등의 장은 이를 존중하여야 하며(따라서 반드시 반영해야 하는 것은 아님), 그 권고 또는 의견을 받은 날부터 30일 이내에 그 처리 결과를 권익위원회에 통보하여야 한다(「부패방지 및 국민권익위원회의 설치와 운영에 관한 법률」 제50조 제1항).

❷ [O] 위원장과 위원의 임기는 각각 3년으로 하되 1차에 한하여 연임할 수 있다(「부패방지 및 국민권익위원회의 설치와 운영에 관한 법률」 제16조 제2항).

③ [X] 권익위원회는 고충민원에 대한 조사 결과 처분 등이 위법·부당하다고 인정할 만한 상당한 이유가 있는 경우에는 관계 행정기관 등의 장에게 적절한 시정을 권고할 수 있다(「부패방지 및 국민권익위원회의 설치와 운영에 관한 법률」 제46조 제1항). 이 권고를 받은 관계 행정기관 등의 장은 이를 존중하여야 하며, 그 권고를 받은 날부터 30일 이내에 그 처리 결과를 권익위원회에 통보하여야 하고, 그 권고를 받은 관계 행정기관 등의 장이 그 권고 내용을 이행하지 아니하는 경우에는 그 이유를 권익위원회에 문서로 통보하여야 한다(「부패방지 및 국민권익위원회의 설치와 운영에 관한 법률」 제50조 제1항·제2항). 즉, 시정권고에 반드시 따를 필요는 없다.

④ [X] 누구든지(국내에 거주하는 외국인을 포함) 국민권익위원회 또는 시민고충처리위원회에 고충민원을 신청할 수 있다(「부패방지 및 국민권익위원회의 설치와 운영에 관한 법률」 제39조 제1항).

15 정답 ①

❶ [O] 프랑스의 경우 참사원(Conseil d'Etat)이 1873년 블랑꼬 판결에서 국가배상책임을 공법적 책임으로 최초로 확인하였다. 프랑스 국가배상책임의 특징은 역무과실책임(役務過失責任), 위험책임, 책임의 중복이론이라 할 수 있다. ㉠ 역무과실책임은 과실책임주의가 바탕이 되어 블랑꼬 판결 이래 확립되었고, ㉡ 위험책임이론은 무과실책임을 취한 것으로 국가의 손해배상책임과 손실보상책임을 제도상 뚜렷이 구별하지 않고 이들 모두가 개인의 '공적 부담 앞의 평등', '위험의 사회화'를 실현하려는 취지이며, ㉢ 책임의 중복이론은 공무원 개인 또는 국가에 대한 선택적 청구권을 인정하는 것이다. 2003년 행정고시

② [X] 독일에서 1910년 국가배상책임법으로 입법화되었으며 1919년 바이마르 헌법에 의해 최초로 헌법 차원에서 국가배상책임을 국가대위책임으로 인정하였다. 1982년 국가책임법을 규정하여 자기책임으로 전환되었으나 독일헌법재판소의 위헌결정으로 다시 대위책임원칙으로 복귀했다. 2003년 행정고시

③ [X] 「국가배상법」 제2조는 공무원의 고의·과실을 요건으로 규정하고 있다. 이에 반해 「국가배상법」 제5조에 의한 배상책임은 공공의 영조물의 설치·관리상 하자가 있다고 하는 객관적 사실만으로도 성립하고, 또 「국가배상법」 제2조와 달리 공무원의 고의·과실을 요건으로 규정하고 있지 않으므로 무과실책임이다. 2015년 서울 9급

④ [X] 국가배상책임의 주체에 대하여, 헌법 제29조에서는 국가 또는 공공단체, 「국가배상법」 제2조에서는 국가나 지방자치단체라고 규정하고 있다. 2015년 사회복지 9급

16 정답 ②

① [X] 심의회의 배상결정을 받은 신청인은 지체 없이 그 결정에 대한 동의서를 첨부하여 국가나 지방자치단체에 배상금 지급을 청구하여야 한다(「국가배상법」 제15조 제1항). 즉, 심의회의 배상결정은 대외적인 법적 구속력을 갖지 않으며, 신청인의 동의가 있어야 그 효력이 발생하게 된다. 그리고 신청인의 동의를 받은 심의회의 배상결정은 확정판결과 같은 재판상 화해가 이루어진 것으로 본다고 규정하고 있던 구 국가배상법 제16조는 헌법재판소의 위헌결정으로 삭제되었다(헌재 1995.5.25, 91헌가7). 따라서 「국가배상법」상 배상신청인은 배상심의회의 배상결정에 동의하여 배상금을 수령한 이후에도 손해배상소송을 제기하여 배상금의 증액을 청구할 수 있다. 2020년 지방 9급

❷ [O] 구 국가배상법(1967.3.3. 법률 제1899호) 제3조 제1항과 제3항의 손해배상의 기준은 배상심의회의 배상금지급기준을 정함에 있어서의 하나의 기준을 정한 것에 지나지 아니하는 것이고 이로써 배상액의 상한을 제한한 것으로 볼 수 없다 할 것이며, 따라서 법원이 「국가배상법」에 의한 손해배상액을 산정함에 있어서 그 기준에 구애되는 것이 아니라 할 것이다(대판 전합체 1970.1.29, 69다1203). 2020년 지방 9급

③ [X] 구 국가배상법 제16조는 배상심의회의 배상결정에 대해 신청인이 동의한 때에는 재판상 화해가 성립된 것으로 본다고 규정하였으나, 헌법재판소는 위 규정이 과도하게 신청인의 재판청구권을 제한한다고 하여 위헌결정을 하였다(헌재 1995.5.25, 91헌가7). 2002년 입법고시

④ [X] 「국가배상법」에 의한 손해배상청구에 관한 시간, 노력, 비용의 절감을 도모하여 배상사무의 원활을 기하며 피해자로서도 신속·간편한 절차에 의하여 배상금을 지급받을 수 있도록 하는 한편, 국고손실을 절감하도록 하기 위한 구 국가배상법 제9조에 의해 달성되는 공익과, 배상절차의 합리성 및 적정성의 정도, 그리고 한편으로는 배상신청을 하는 국민이 치러야 하는 수고나 시간의 소모를 비

교하여 볼 때, 위 법률조항이 헌법 제37조의 기본권 제한의 한계에 관한 규정을 위배하여 국민의 재판청구권을 침해하는 정도에는 이르지 않는다(헌재 2000.2.24, 99헌바17). 합헌결정이었으나 「국가배상법」 개정으로 배상신청을 하지 아니하고도 소송을 제기할 수 있다. 2002년 입법고시

17 정답 ①

❶ [X]

> 「국가배상법」 제15조의2 【재심신청】 ① 지구심의회에서 배상신청이 기각(일부기각된 경우를 포함한다) 또는 각하된 신청인은 결정정본이 송달된 날부터 2주일 이내에 그 심의회를 거쳐 본부심의회나 특별심의회에 재심(再審)을 신청할 수 있다.

② [O] 「국가배상법」 제10조 제1항

③ [O]

> 「국가배상법」 제10조 【배상심의회】 ② 본부심의회와 특별심의회는 대통령령으로 정하는 바에 따라 지구심의회(地區審議會)를 둔다.
> ③ 본부심의회와 특별심의회와 지구심의회는 법무부장관의 지휘를 받아야 한다.

④ [O] 「국가배상법」 제13조 제1항

18 정답 ①

❶ [X] 인감증명은 인감 자체의 동일성을 증명함과 동시에 거래행위자의 동일성과 거래행위가 행위자의 의사에 의한 것임을 확인하는 자료로서 일반인의 거래상 극히 중요한 기능을 갖고 있으므로, 인감증명사무를 처리하는 공무원으로서는 그것이 타인과의 권리·의무에 관계되는 일에 사용될 것을 예상하여 그 발급된 인감증명으로 인한 부정행위의 발생을 방지할 직무상의 의무가 있고, 따라서 발급된 허위의 인감증명에 의하여 그 인감명의인과 계약을 체결한 자가 그로 인한 손해를 입었다면 위 인감증명의 교부와 그 손해 사이에는 상당인과관계가 있다(대판 2008.7.24, 2006다63273). 2003년 입법고시

② [O] 「국가배상법」이 정한 손해배상청구의 요건인 '공무원의 직무'에는 국가나 지방자치단체의 권력적 작용뿐만 아니라 비권력적 작용도 포함되지만 단순한 사경제의 주체로서 하는 작용은 포함되지 아니하는데, 구 공공용지의 취득 및 손실보상에 관한 특례법에 의하여 공공용지를 협의취득한 사업시행자가 그 양도인과 사이에 체결한 매매계약은 공공기관이 사경제 주체로서 행한 사법상 매매이다. 따라서 서울특별시장의 대행자인 도봉구청장이 원고와 사이에 체결한 이 사건 매매계약은 공공기관이 사경제 주체로서 행한 사법상 매매이므로, 이에 대하여는 「국가배상법」을 적용하기는 어렵고 일반 「민법」의 규정을 적용할 수 있을 뿐이다(대판 1999.11.26, 98다47245). 2016년 지방 7급

③ [O] 대판 2010.7.22, 2010다33354 ; 대판 2014.4.24, 2014다201087 등

④ [O] 서울특별시가 점유·관리하는 도로에 대하여 '서울특별시 도로 등 주요시설물 관리에 관한 조례'에 따라 보도 관리 등의 위임을 받은 관할 자치구청장으로부터 도로개선공사를 도급받은 甲주식회사가 공사를 진행하면서 사용하고 남은 자갈더미를 그대로 도로에 적치해 두었고, 乙이 오토바이를 운전하다가 도로에 적치되어 있던 공

사용 자갈더미를 발견하지 못하고 그대로 진행하는 바람에 중심을 잃고 넘어지면서 상해를 입은 경우, 서울특별시에 「국가배상법」 제5조 제1항에서 정한 설치·관리상의 하자가 있다(대판 2017. 9.21, 2017다223538).

19 정답 ①

❶ [X] 국가배상책임에서 공무원의 고의·과실에 대한 입증책임은 원고인 피해자에게 있다. 그런데 피해자가 가해공무원의 고의·과실을 입증한다는 것은 쉬운 일이 아니므로 피해자가 손해배상을 용이하게 받을 수 있도록 그 입증책임을 완화해 줄 필요가 있는데, 과실의 객관화 경향이 그 대표적인 예이다. 2014년 서울 9급

② [O] 국가배상책임은 공무원의 직무집행이 법령에 위반한 것임을 요건으로 하는 것으로서, 공무원의 직무집행이 법령이 정한 요건과 절차에 따라 이루어진 것이라면 특별한 사정이 없는 한 이는 법령에 적합한 것이고 그 과정에서 개인의 권리가 침해되는 일이 생긴다고 하여 그 법령적합성이 곧바로 부정되는 것은 아니다(대판 2000. 11.10, 2000다26807). 2018년 서울 7급 하

③ [O] 형벌에 관한 법령이 헌법재판소의 위헌결정으로 소급하여 효력을 상실하였거나 법원에서 위헌·무효로 선언된 경우, 그 법령이 위헌으로 선언되기 전에 그 법령에 기초하여 수사가 개시되어 공소가 제기되고 유죄판결이 선고되었더라도, 그러한 사정만으로 수사기관의 직무행위나 법관의 재판상 직무행위가 「국가배상법」 제2조 제1항에서 말하는 공무원의 고의 또는 과실에 의한 불법행위에 해당하여 국가의 손해배상책임이 발생한다고 볼 수는 없다(대판 2014. 10.27, 2013다217962). 2019년 지방 9급

④ [O] 구체적인 경우 어느 행정처분을 할 것인가에 관하여 행정청 내부에 일응의 기준을 정해 둔 경우 그 기준에 따른 행정처분을 하였다면 이에 관여한 공무원에게 그 직무상의 과실이 있다고 할 수 없다(대판 2002.5.10, 2001다62312). 2016년 국회 8급

20 정답 ③

① [X] 소방공무원(경찰관)의 행정권한 행사가 관계 법률의 규정 형식상 소방공무원(경찰관)의 재량에 맡겨져 있더라도 소방공무원(경찰관)에게 그러한 권한을 부여한 취지와 목적에 비추어 볼 때 구체적인 상황 아래에서 소방공무원(경찰관)이 권한을 행사하지 아니한 것이 현저하게 합리성을 잃어 사회적 타당성이 없는 경우에는 소방공무원(경찰관)의 직무상 의무를 위반한 것으로서 위법하게 된다(대판 2016.8.25, 2014다225083 ; 대판 2017.11.9, 2017다228083). 2019년 국회 8급

② [X] 국가배상책임은 공무원의 직무집행이 법령에 위반한 것임을 요건으로 하는 것으로서, 공무원의 직무집행이 법령이 정한 요건과 절차에 따라 이루어진 것이라면 특별한 사정이 없는 한 이는 법령에 적합한 것이고 그 과정에서 개인의 권리가 침해되는 일이 생긴다고 하여 그 법령적합성이 곧바로 부정되는 것은 아니다(대판 2000. 11.10, 2000다26807). 2014년 지방 7급

❸ [O] 법관의 재판에 법령의 규정을 따르지 아니한 잘못이 있다 하더라도 이로써 바로 그 재판상 직무행위가 「국가배상법」 제2조 제1항에서 말하는 위법한 행위로 되어 국가의 손해배상책임이 발생하는 것은 아니고, 그 국가배상책임이 인정되려면 당해 법관이 위법 또는 부당한 목적을 가지고 재판을 하였다거나 법이 법관의 직무수행상 준수할 것을 요구하고 있는 기준을 현저하게 위반하는 등 법관이 그에게 부여된 권한의 취지에 명백히 어긋나게 이를 행사하였다고 인정할 만한 특별한 사정이 있어야 한다(대판 2003.7.11, 99다24218). 2016년 변호사

④ [X] 행정행위인 환지처분에 불가쟁력이 발생하면 더 이상 행정쟁송으로 다툴 수 없게 되나, 그렇다고 하여 위법한 환지처분의 하자가 치유되어 적법하게 되는 것은 아니다. 따라서 그 환지처분으로 손해를 입은 자는 손해배상청구권이 시효로 소멸하지 않은 이상, 국가배상청구를 할 수 있다. 2013년 서울 7급

정답

01	①	02	④	03	③	04	④
05	③	06	③	07	①	08	②
09	④	10	③	11	②	12	③
13	③	14	②	15	①	16	②
17	③	18	③	19	③	20	②

01
정답 ①

❶ [X] 헌법재판소 재판관이 청구기간 내에 제기된 헌법소원심판청구사건에서 청구기간을 오인하여 각하결정을 한 경우, 이에 대한 불복절차 내지 시정절차가 없는 때에는 국가배상책임(위법성)을 인정할 수 있다. 헌법소원심판을 청구한 자로서는 헌법재판소 재판관이 일자 계산을 정확하게 하여 본안판단을 할 것으로 기대하는 것이 당연하고, 따라서 헌법재판소 재판관의 위법한 직무집행의 결과 잘못된 각하결정을 함으로써 청구인으로 하여금 본안판단을 받을 기회를 상실하게 한 이상, 설령 본안판단을 하였더라도 어차피 청구가 기각되었을 것이라는 사정이 있다고 하더라도 잘못된 판단으로 인하여 헌법소원심판 청구인의 위와 같은 합리적인 기대를 침해한 것이고, 이러한 기대는 인격적 이익으로서 보호할 가치가 있다고 할 것이므로 그 침해로 인한 정신상 고통에 대하여는 위자료를 지급할 의무가 있다(대판 2003.7.11, 99다24218). 2017년 국가 7급

② [O] 법관의 재판에 법령의 규정을 따르지 아니한 잘못이 있다 하더라도 이로써 바로 그 재판상 직무행위가 「국가배상법」 제2조 제1항에서 말하는 위법한 행위로 되어 국가의 손해배상책임이 발생하는 것은 아니고, 그 국가배상책임이 인정되려면 당해 법관이 위법 또는 부당한 목적을 가지고 재판을 하였다거나 법이 법관의 직무수행상 준수할 것을 요구하고 있는 기준을 현저하게 위반하는 등 법관이 그에게 부여된 권한의 취지에 명백히 어긋나게 이를 행사하였다고 인정할 만한 특별한 사정이 있어야 한다(대판 2003.7.11, 99다24218). 2017년 국가 하반기 7급

③ [O] 재판에 대하여 불복절차 내지 시정절차 자체가 없는 경우에는 부당한 재판으로 인하여 불이익 내지 손해를 입은 사람은 국가배상 이외의 방법으로는 자신의 권리 내지 이익을 회복할 방법이 없으므로, 이와 같은 경우에는 배상책임의 요건이 충족되는 한 국가배상책임을 인정하지 않을 수 없다(대판 2003.7.11, 99다24218). 2017년 국가 하반기 7급

④ [O] 긴급조치 제1호와 제9호는 국민의 기본권을 극단적으로 제한하는 위헌인 규범이었다. 그럼에도 불구하고 시대적인 상황으로 인하여 2010년대에 이르러서야 비로소 위헌으로 선언될 수 있었던 만큼, 다른 일반 법률에 대한 헌법재판소의 위헌결정과는 분명 차이가 있다고 볼 수 있다. 그리고 위와 같은 긴급조치로 인해 발생한 피해에 대한 보상이 필요하지 않다고 단정할 수는 없다. 그러나 보상의 필요성 때문에 국가배상책임의 성립요건으로서 공무원의 고의 또는 과실 요건에 예외가 인정되어야 한다고 보기는 어렵다. 「국가배상법」 제2조 제1항은 "공무원이 직무를 집행하면서 고의 또는 과실로 법령을 위반하여 타인에게 손해를 입힌 경우 국가가 「국가배상법」에 따라 그 손해를 배상하여야 한다."라는 것으로, 국가배상책임의 일반적 요건사항을 정한 것에 불과할 뿐, 국가의 행위로 인한 모든 손해가 이 조항으로 구제되어야 하는 것은 아니다. 국가의 행위로 인한 손해 중 국가배상책임의 성립요건을 충족하는 경우에는 이 조항으로 구제를 받으면 되고, 그렇지 않더라도 피해에 대한 구제가 필요하다면 다른 방법으로 구제할 수 있다(헌재 2020.3.26, 2016헌바55).

02
정답 ④

① [O] 소방공무원들이 소방검사에서 비상구 중 1개가 폐쇄되고 그곳으로 대피하도록 유도하는 피난구유도등, 피난안내도 등과 일치하지 아니하게 됨으로써 화재 시 피난에 혼란과 장애를 유발할 수 있는 상태임을 발견하지 못하여 업주들에 대한 시정명령이나 행정지도, 소방안전교육 등 적절한 지도·감독을 하지 아니한 것은 구체적인 소방검사방법 등이 소방공무원의 재량에 맡겨져 있음을 감안하더라도 현저하게 합리성을 잃어 사회적 타당성이 없는 경우에 해당하고, 다른 비상구 중 1개와 그곳으로 연결된 통로가 사실상 폐쇄된 사실을 발견하지 못한 것도 주점에 설치된 피난통로 등에 대한 전반적인 점검을 소홀히 한 직무상 의무 위반의 연장선에 있어 위법성을 인정할 수 있고, 소방공무원들이 업주들에 대하여 필요한 지도·감독을 제대로 수행하였더라면 화재 당시 손님들에 대한 대피조치가 보다 신속히 이루어지고 피난통로 안내가 적절히 이루어지는 등으로 甲 등이 대피할 수 있었을 것이고, 甲 등이 대피방향을 찾지 못하다가 복도를 따라 급속히 퍼진 유독가스와 연기로 인하여 단시간에 사망하게 되는 결과는 피할 수 있었을 것인 점 등 화재 당시의 구체적 상황과 甲 등의 사망 경위 등에 비추어 소방공무원들의 직무상 의무 위반과 甲 등의 사망 사이에 상당인과관계가 인정된다(대판 2016.8.25, 2014다225083). 2019년 서울 9급 하

② [O] 경매담당 공무원이 이해관계인에 대한 기일통지를 잘못한 것이 원인이 되어 경락허가결정이 취소된 사안에서, 그 사이 경락대금을 완납하고 소유권이전등기를 마친 경락인에 대하여 국가배상책임이 인정된다(대판 2008.7.10, 2006다23664).

③ [O] 검사가 수사 및 공판과정에서 피고인에게 유리한 증거를 발견하게 되었다면 피고인의 이익을 위하여 이를 법원에 제출하여야 한다. 따라서 강도강간의 피해자가 제출한 팬티에 대한 국립과학수사연구소의 유전자검사 결과 그 팬티에서 범인으로 지목되어 기소된 원고나 피해자의 남편과 다른 남자의 유전자형이 검출되었다는 감정 결과를 검사가 공판과정에서 입수한 경우 그 감정서는 원고의 무죄를 입증할 수 있는 결정적인 증거에 해당하는데도 검사가 그 감정서를 법원에 제출하지 아니하고 은폐하였다면 검사의 그와 같은 행위는 위법하므로 국가배상책임을 인정할 수 있다(대판 2002.2.22, 2001다23447).

❹ [X] 헌법 제29조 제1항과 「국가배상법」 제2조의 해석상 일반적으로 공무원이 공무수행 중 불법행위를 한 경우에, 고의·중과실에 의한 경우에는 공무원 개인이 손해배상책임을 부담하고 경과실의 경우에는 개인책임은 면책되며, 한편 공무원이 자기 소유의 자동차로 공무수행 중 사고를 일으킨 경우에는 그 손해배상책임은 「자동차손해배상 보장법」이 정한 바에 의하게 되어, 그 사고가 자동차를 운전한 공무원의 경과실에 의한 것인지 중과실 또는 고의에 의한 것인지를 가리지 않고 그 공무원이 「자동차손해배상 보장법」 제3조 소정의 '자기를 위하여 자동차를 운행하는 자'에 해당하는 한 손해배상책임을 부담한다(대판 1996.5.31, 94다15271). 2015년 국회 8급

① [O] 공익근무요원이 「국가배상법」 제2조 제1항 단서의 규정에 의하여 「국가배상법」상 손해배상청구가 제한되는 군인·군무원·경찰공무원 또는 예비군대원에 해당한다고 할 수 없다(대판 1997.3.28, 97다4036). 2018년 지방 7급

② [O] 육군중사가 자신의 개인 소유 오토바이 뒷좌석에 같은 부대 소속 군인을 태우고 다음 날부터 실시예정인 훈련에 대비하여 사전정찰차 훈련지역 일대를 살피고 귀대하던 중 교통사고가 일어났다면, 그가 비록 개인 소유의 오토바이를 운전한 경우라 하더라도 실질적·객관적으로 위 운전행위는 그에게 부여된 훈련지역의 사전정찰임무를 수행하기 위한 직무와 밀접한 관련이 있다고 보아야 한다(대판 1994.5.27, 94다6741). 2016년 지방 7급

❸ [X] 「국가배상법」 제2조 제1항 단서가 「보훈보상대상자 지원에 관한 법률」 등에 의한 보상을 받을 수 있는 경우 「국가배상법」에 따른 손해배상청구를 하지 못한다는 것을 넘어 「국가배상법」상 손해배상금을 받은 경우 「보훈보상대상자 지원에 관한 법률」상 보상금 등 보훈급여금의 지급을 금지하는 것으로 해석하기는 어려운 점 등에 비추어, 국가보훈처장은 「국가배상법」에 따라 손해배상을 받았다는 사정을 들어 보상금 등 보훈급여금의 지급을 거부할 수 없다(대판 2017.2.3, 2015두60075). 2019년 국회 8급

④ [O] <경찰공무원이 낙석사고 현장 주변 교통정리를 위하여 사고현장 부근으로 이동하던 중 대형 낙석이 순찰차를 덮쳐 사망하자, 도로를 관리하는 지방자치단체가 「국가배상법」 제2조 제1항 단서에 따른 면책을 주장한 사안> … 경찰공무원 등이 '전투·훈련 등 직무집행과 관련하여' 순직 등을 한 경우 같은 법 및 「민법」에 의한 손해배상책임을 청구할 수 없다고 정한 「국가배상법」 제2조 제1항 단서의 면책조항은 구 국가배상법 제2조 제1항 단서의 면책조항과 마찬가지로 전투·훈련 또는 이에 준하는 직무집행뿐만 아니라 '일반 직무집행'에 관하여도 국가나 지방자치단체의 배상책임을 제한하는 것이라고 해석하여야 한다(대판 2011.3.10, 2010다85942). 2019년 국회 8급

① [O] 공법인이 국가로부터 위탁받은 공행정사무를 집행하는 과정에서 공법인의 임직원이나 피용인이 고의 또는 과실로 법령을 위반하여 타인에게 손해를 입힌 경우에는, 공법인은 위탁받은 공행정사무에 관한 행정주체의 지위에서 배상책임을 부담하여야 하지만, 공법인의 임직원이나 피용인은 실질적인 의미에서 공무를 수행한 사람으로서 「국가배상법」 제2조에서 정한 공무원에 해당하므로 고의 또는 중과실이 있는 경우에만 배상책임을 부담하고 경과실이 있는 경우에는 배상책임을 면한다(대판 2021.1.28, 2019다260197).

② [O] 피고 2는 대한변호사협회의 장으로서 국가로부터 위탁받은 공행정사무인 '변호사등록에 관한 사무'를 수행하는 범위 내에서는 「국가배상법」 제2조에서 정한 공무원에 해당한다(대판 2021.1.28, 2019다260197).

③ [O] ❹ [X] 대한변호사협회는 甲 및 등록심사위원회 위원들이 속한 행정주체의 지위에서 乙에게 변호사등록이 위법하게 지연됨으로 인하여 얻지 못한 수입 상당액의 손해를 배상할 의무가 있는 반면, 甲은 경과실 공무원의 면책 법리에 따라 乙에 대한 배상책임을 부담하지 않는다(대판 2021.1.28, 2019다260197).

① [X] 공동불법행위자 등이 부진정연대채무자로서 각자 피해자의 손해 전부를 배상할 의무를 부담하는 공동불법행위의 일반적인 경우와 달리 예외적으로 민간인은 피해 군인 등에 대하여 그 손해 중 국가 등이 민간인에 대한 구상의무를 부담한다면 그 내부적인 관계에서 부담하여야 할 부분을 제외한 나머지 자신의 부담부분에 한하여 손해배상의무를 부담하고, 한편 국가 등에 대하여는 그 귀책부분의 구상을 청구할 수 없다(대판 전합체 2001.2.15, 96다42420). 2018년 국가 9급

② [X] 공동불법행위자 등이 부진정연대채무자로서 각자 피해자의 손해 전부를 배상할 의무를 부담하는 공동불법행위의 일반적인 경우와 달리 예외적으로 민간인은 피해 군인 등에 대하여 그 손해 중 국가 등이 민간인에 대한 구상의무를 부담한다면 그 내부적인 관계에서 부담하여야 할 부분을 제외한 나머지 자신의 부담부분에 한하여 손해배상의무를 부담하고, 한편 국가 등에 대하여는 그 귀책부분의 구상을 청구할 수 없다고 해석함이 상당하다 할 것이고, 이러한 해석이 손해의 공평·타당한 부담을 그 지도원리로 하는 손해배상제도의 이상에도 맞는다 할 것이다(대판 전합체 2001.2.15, 96다42420). 2002년 행정고시

❸ [O] 「국가배상법」 제2조 제1항 단서 중 군인에 관련되는 부분을, 일반국민이 직무집행 중인 군인과의 공동불법행위로 직무집행 중인 다른 군인에게 공상을 입혀 그 피해자에게 공동의 불법행위로 인한 손해를 배상한 다음 공동불법행위자인 군인의 부담부분에 관하여 국가에 대하여 구상권을 행사하는 것을 허용하지 않는다고 해석한다면, 이는 위 단서 규정의 헌법상 근거규정인 헌법 제29조가 구상권의 행사를 배제하지 아니하는데도 이를 배제하는 것으로 해석하는 것으로서 합리적인 이유 없이 일반국민을 국가에 대하여 지나치게 차별하는 경우에 해당하므로 헌법 제11조, 제29조에 위반되며, 또한 국가에 대한 구상권은 헌법 제23조 제1항에 의하여 보장되는 재산권이고 위와 같은 해석은 그러한 재산권의 제한에 해당하며 재산권의 제한은 헌법 제37조 제2항에 의한 기본권 제한의 한계 내에서만 가능한데, 위와 같은 해석은 헌법 제37조 제2항에 의하여 기본권을 제한할 때 요구되는 비례의 원칙에 위배하여 일반국민의 재산권을 과잉제한하는 경우에 해당하여 헌법 제23조 제1항 및 제37조 제2항에도 위반된다(헌재 1994.12.29, 93헌바21). 2018년 변호사

④ [X] 공동불법행위자 등이 부진정연대채무자로서 각자 피해자의 손해 전부를 배상할 의무를 부담하는 공동불법행위의 일반적인 경우와 달리 예외적으로 민간인은 피해 군인 등에 대하여 그 손해 중 국가 등이 민간인에 대한 구상의무를 부담한다면 그 내부적인 관계에서 부담하여야 할 부분을 제외한 나머지 자신의 부담부분에 한하여 손해배상의무를 부담하고, 한편 국가 등에 대하여는 그 귀책부분의 구상을 청구할 수 없다고 해석함이 상당하다 할 것이고, 이러한 해석이 손해의 공평·타당한 부담을 그 지도원리로 하는 손해배상제도의 이상에도 맞는다 할 것이다(대판 전합체 2001.2.15, 96다42420). 2018년 변호사

① [X] 고등학교 3학년 학생이 교사의 단속을 피해 담배를 피우기 위하여 3층 건물 화장실 밖의 난간을 지나다가 실족하여 사망한 경우, 학교 관리자에게 그와 같은 이례적인 사고가 있을 것을 예상하여 복도나 화장실 창문에 난간으로의 출입을 막기 위하여 출입금지장치나 추락위험을 알리는 경고표지판을 설치할 의무가 있다고 볼 수는 없으므로 학교시설의 설치·관리상의 하자를 인정할 수 없다(대판 1997.5.16, 96다54102). 2018년 변호사

② [X] 편도 2차선 도로의 1차선상에 교통사고의 원인이 될 수 있는 크기의 돌멩이가 방치되어 있는 경우, 도로의 점유·관리자가 그에 대한 관리가능성이 없다는 입증을 하지 못하는 한 이는 도로의 관리·보존상의 하자에 해당한다(대판 1998.2.10, 97다32536). 2018년 변호사

❸ [O] 「국가배상법」 제5조 제1항의 영조물의 설치·관리상의 하자로 인한 손해가 발생한 경우 같은 법 제3조 제1항 내지 제5항의 해석상 피해자의 위자료청구권이 반드시 배제되지 아니한다(대판 1990.11.13, 90다카25604). 2001년 행정고시

④ [X] 국가나 지방자치단체가 손해를 배상할 책임이 있는 경우에 공무원의 선임·감독 또는 영조물의 설치·관리를 맡은 자와 공무원의 봉급·급여, 그 밖의 비용 또는 영조물의 설치·관리 비용을 부담하는 자가 동일하지 아니하면 그 비용을 부담하는 자도 손해를 배상하여야 한다(「국가배상법」 제6조 제1항). 따라서 피해자는 양자에 대한 손해배상청구를 선택적으로 행사할 수 있다(대판 1999.6.25, 99다11120 참조). 2014년 국가 7급

<h3>07   정답 ①</h3>

❶ [O] 공무원이 직무수행 중 불법행위로 타인에게 손해를 입힌 경우에 국가 등이 국가배상책임을 부담하는 외에 공무원 개인도 고의 또는 중과실이 있는 경우에는 불법행위로 인한 손해배상책임을 지고, 공무원에게 경과실이 있을 뿐인 경우에는 공무원 개인은 손해배상책임을 부담하지 아니한다(대판 2014.8.20, 2012다54478). 2015년 서울 7급

② [X] 국가배상책임에 대한 자기책임설에서는 공무원의 피해자에 대한 책임을 인정하고(선택적 청구 인정), 대위책임설에서는 공무원의 피해자에 대한 책임을 부인한다(선택적 청구 부정). 2018년 서울 7급

③ [X] 공무원의 직무집행상의 과실이라 함은 공무원이 그 직무를 수행함에 있어 당해 직무를 담당하는 평균인이 보통(통상) 갖추어야 할 주의의무를 게을리한 것을 말한다(대판 1987.9.22, 87다카1164). 즉, 판례의 주류는 주관설의 입장에 있다. 따라서 가해행위가 공무원의 행위에 의한 것으로 보여지는 한, 가해공무원의 특정은 필요하지 않다. 2012년 국가 9급

④ [X] 「국가배상법」 제2조는, 공무원이 직무를 집행하면서 고의 또는 과실로 법령을 위반하여 타인에게 손해를 입힌 때에는 국가나 지방자치단체가 배상책임을 부담하고, 국가 등이 그 책임을 이행한 경우에 해당 공무원에게 고의 또는 중대한 과실이 있으면 그 공무원에게 구상할 수 있다고 규정하고 있는데, 이 경우 국가나 지방자치단체는 해당 공무원의 직무내용, 불법행위의 상황과 손해발생에 대한 해당 공무원의 기여 정도, 평소 근무태도, 불법행위의 예방이나 손실분산에 관한 국가 또는 지방자치단체의 배려의 정도 등 제반 사정을 참작하여 손해의 공평한 분담이라는 견지에서 신의칙상 상당하다고 인정되는 한도 내에서 구상권을 행사할 수 있다(대판 2016.6.9, 2015다200258). 2021년 국가 9급

<h3>08   정답 ②</h3>

① [X] ❷ [O] ③ [X] 경과실이 있는 공무원이 피해자에 대하여 손해배상책임을 부담하지 아니함에도 피해자에게 손해를 배상하였다면 그것은 채무자 아닌 사람이 타인의 채무를 변제한 경우에 해당하고, 이는 「민법」 제469조의 '제3자의 변제' 또는 「민법」 제744조의 '도의관념에 적합한 비채변제'에 해당하여 피해자는 공무원에 대하여 이를 반환할 의무가 없고, 그에 따라 피해자의 국가에 대한 손해배상청구권이 소멸하여 국가는 자신의 출연 없이 채무를

면하게 되므로, 피해자에게 손해를 직접 배상한 경과실이 있는 공무원은 특별한 사정이 없는 한 국가에 대하여 국가의 피해자에 대한 손해배상책임의 범위 내에서 공무원이 변제한 금액에 관하여 구상권을 취득한다고 봄이 타당하다(대판 2014.8.20, 2012다54478). 2021년 국회 8급, 2015년 서울 7급

④ [X] 공무원이 직무수행 중 불법행위로 타인에게 손해를 입힌 경우에 국가 등이 국가배상책임을 부담하는 외에 공무원 개인도 고의 또는 중과실이 있는 경우에는 불법행위로 인한 손해배상책임을 지고, 공무원에게 경과실이 있을 뿐인 경우에는 공무원 개인은 손해배상책임을 부담하지 아니한다(대판 2014.8.20, 2012다54478). 2016년 국회 8급

<h3>09   정답 ④</h3>

① [X] 헌법 제23조 제3항은 "공공필요에 의한 재산권의 수용·사용 또는 제한 및 그에 대한 보상은 법률로써 하되, 정당한 보상을 지급하여야 한다."라고 규정하고 있다. 따라서 법률이 아닌 대통령령에 의해서는 손실보상의 가부에 관하여 규정할 수 없다. 2006년 광주 9급

② [X] 반대로 기술되어 있다. 2004년 국가 9급

③ [X] 손실보상청구를 민사소송에 의하도록 하는 실정법은 존재하지 않는다. 그 결과 손실보상청구권에 대해서는 공권설(통설)과 사권설의 대립이 있고, 판례(대판 1998.2.27, 97다46450 등)는 원칙적으로 사권설을 취하여 민사소송절차에 의하면서도, 공유수면매립사업으로 인하여 관행어업권을 상실하게 된 자의 손실보상청구권(대판 2001.6.29, 99다56468)과 「하천법」 부칙규정에 의한 손실보상청구권(대판 전합체 2006.5.18, 2004다6207)에 대해서는 공권설에 입각하여 당사자소송에 의하고 있다. 2006년 광주 9급

❹ [O] 공공용물에 관하여 적법한 개발행위 등이 이루어짐으로 말미암아 이에 대한 일정범위의 사람들의 일반사용이 종전에 비하여 제한받게 되었다 하더라도 특별한 사정이 없는 한 그로 인한 불이익은 손실보상의 대상이 되는 특별한 손실에 해당한다고 할 수 없다(대판 2002.2.26, 99다35300).

<h3>10   정답 ③</h3>

① [O] 헌법 제23조 제3항이 규정한 '정당한 보상'이란 원칙적으로 피수용재산의 객관적인 재산가치를 완전하게 보상하여야 한다는 완전보상을 뜻하는 것이지만, 공익사업의 시행으로 인한 개발이익은 완전보상의 범위에 포함되는 피수용토지의 객관적 가치 내지 피수용자의 손실이라고는 볼 수 없다(헌재 1990.6.25, 89헌마107 ; 헌재 2009.6.25, 2007헌바60). 2012년 변호사

② [O] 수용대상 토지의 보상가격을 정함에 있어 표준지공시지가를 기준으로 비교한 금액이 수용대상 토지의 수용사업인정 전의 개별공시지가보다 적은 경우가 있다고 하더라도, 이것만으로 구 지가공시 및 토지 등의 평가에 관한 법률 제9조, 구 토지수용법 제46조가 정당한 보상원리를 규정한 헌법 제23조 제3항에 위배되어 위헌이라고 할 수는 없다(대판 2001.3.27, 99두7968). 2012년 변호사

❸ [X] 보상액의 산정은 협의에 의한 경우에는 협의 성립 당시의 가격을, 재결에 의한 경우에는 수용 또는 사용의 재결 당시의 가격을 기준으로 한다. 보상액을 산정할 경우에 해당 공익사업으로 인하여 토지 등의 가격이 변동되었을 때에는 이를 고려하지 아니한다(「공익사업을 위한 토지 등의 취득 및 보상에 관한 법률」 제67조). 2013년 국가 9급

④ [○] 손실보상청구권을 발생시키는 수용은 재산권에 대한 것이어야 한다. 그 재산권은 공법상 권리이건 사법상 권리(물권·채권·공유수면매립권, 저작권·특허권 등)이건 묻지 않는다. 2001년 국가 7급

11 정답 ②

① [X] 수산업협동조합이 수산물위탁판매장을 운영하면서 위탁판매수수료를 지급받아 왔고, 그 운영에 대하여는 구 수산자원보호령 제21조 제1항에 의하여 그 대상지역에서의 독점적 지위가 부여되어 있었는데, 공유수면매립사업의 시행으로 그 사업대상지역에서 어업활동을 하던 조합원들의 조업이 불가능하게 되어 일부 위탁판매장에서의 위탁판매사업을 중단하게 된 경우, 그로 인해 수산업협동조합이 상실하게 된 위탁판매수수료 수입은 사업시행자의 매립사업으로 인한 직접적인 영업손실이 아니고 간접적인 영업손실이라고 하더라도 피침해자인 수산업협동조합이 공공의 이익을 위하여 당연히 수인하여야 할 재산권에 대한 제한의 범위를 넘어 수산업협동조합의 위탁판매사업으로 얻고 있는 영업상의 재산이익을 본질적으로 침해하는 특별한 희생에 해당한다(대판 1999.10.8, 99다27231). 2019년 서울 9급

❷ [○] 토지수용 보상액을 산정함에 있어서는 구 토지수용법 제46조 제1항에 따라 당해 공공사업의 시행을 직접 목적으로 하는 계획의 승인·고시로 인한 가격변동은 이를 고려함이 없이 수용재결 당시의 가격을 기준으로 하여 정하여야 할 것이므로, 당해 사업인 택지개발사업에 대한 실시계획의 승인과 더불어 그 용도지역이 주거지역으로 변경된 토지를 그 사업의 시행을 위하여 후에 수용하였다면 그 재결을 위한 평가를 함에 있어서는 그 용도지역의 변경을 고려함이 없이 평가하여야 할 것이다(대판 1999.3.23, 98두13850). 2007년 대구 9급

③ [X] 지장물인 건물은 그 건물이 적법한 건축허가를 받아 건축된 것인지 여부에 관계없이 구 토지수용법상의 사업인정의 고시 이전에 건축된 건물이기만 하면 손실보상의 대상이 됨이 명백하다(대판 2000.3.10, 99두10896). 2011년 지방 7급

④ [X] 토지에 대한 보상액은 가격시점에서의 현실적인 이용상황과 일반적인 이용방법에 의한 객관적 상황을 고려하여 산정하되, 일시적인 이용상황과 토지소유자나 관계인이 갖는 주관적 가치 및 특별한 용도에 사용할 것을 전제로 한 경우 등은 고려하지 아니한다(「공익사업을 위한 토지 등의 취득 및 보상에 관한 법률」 제70조 제2항). 2020년 국회 8급

12 정답 ③

① [○] 공익사업시행지구 밖 영업손실보상의 특성과 헌법이 정한 '정당한 보상의 원칙'에 비추어 보면, 공익사업시행지구 밖 영업손실보상의 요건인 '공익사업의 시행으로 인한 그 밖의 부득이한 사유로 일정 기간 동안 휴업이 불가피한 경우'란 공익사업의 시행 또는 시행 당시 발생한 사유로 휴업이 불가피한 경우만을 의미하는 것이 아니라 공익사업의 시행 결과, 즉 그 공익사업의 시행으로 설치되는 시설의 형태·구조·사용 등에 기인하여 휴업이 불가피한 경우도 포함된다고 해석함이 타당하다(대판 2019.11.28, 2018두227). 2021년 변호사

② [○] 이주대책은 헌법 제23조 제3항에 규정된 정당한 보상에 포함되는 것이라기보다는 이에 부가하여 이주자들에게 종전의 생활상태를 회복시키기 위한 생활보상의 일환으로서 국가의 정책적인 배려에 의하여 마련된 제도라고 볼 것이다. 그러므로 이주대책의 실시 여부는 입법자의 입법정책적 재량의 영역에 속한다고 볼 것이다(헌

재 2006.2.23, 2004헌마19). 2017년 국가 하반기 9급

❸ [X] 이주대책은 헌법 제23조 제3항에 규정된 정당한 보상에 포함되는 것이라기보다는 이에 부가하여 이주자들에게 종전의 생활상태를 회복시키기 위한 생활보상의 일환으로서 국가의 정책적인 배려에 의하여 마련된 제도라고 볼 것이다. 따라서 이주대책의 실시 여부는 입법자의 입법정책적 재량의 영역에 속하므로「공익사업을 위한 토지 등의 취득 및 보상에 관한 법률 시행령」제40조 제3항 제3호가 이주대책의 대상자에서 세입자를 제외하고 있는 것이 세입자의 재산권을 침해하는 것이라 볼 수 없다(헌재 2006.2.23, 2004헌마19). 2015년 변호사

④ [○] 당해 사업인 택지개발사업에 대한 실시계획의 승인과 더불어 그 용도지역이 주거지역으로 변경된 토지를 그 사업의 시행을 위하여 후에 수용하였다면 그 재결을 위한 평가를 함에 있어서는 그 용도지역의 변경을 고려함이 없이 평가하여야 한다(대판 1999.3.23, 98두13850).

13 정답 ③

① [X] 공익사업의 시행자는 이주대책을 수립할 의무를 진다(「공익사업을 위한 토지 등의 취득 및 보상에 관한 법률」 제78조 제1항). 그러나 이주대책은 공공사업의 시행으로 생활근거를 상실하게 되는 이주자에게 이주정착지의 택지를 분양하도록 하는 것이고, 사업시행자는 특별공급주택의 수량·특별공급대상자의 선정 등에 있어 재량을 가진다(대판 2007.2.22, 2004두7481). 2010년 지방 7급

② [X] 이주대책은 헌법 제23조 제3항에 규정된 정당한 보상에 포함되는 것이라기보다는 이에 부가하여 이주자들에게 종전의 생활상태를 회복시키기 위한 생활보상의 일환으로서 국가의 정책적인 배려에 의하여 마련된 제도라고 볼 것이다. 따라서 이주대책의 실시 여부는 입법자의 입법정책적 재량의 영역에 속한다고 볼 것이다(헌재 2006.2.23, 2004헌마19). 2019년 변호사

❸ [○] ④ [X]「공익사업을 위한 토지 등의 취득 및 보상에 관한 법률」은 제78조 제1항에서 "사업시행자는 공익사업의 시행으로 인하여 주거용 건축물을 제공함에 따라 생활의 근거를 상실하게 되는 자(이하 '이주대책대상자'라 함)를 위하여 대통령령으로 정하는 바에 따라 이주대책을 수립·실시하거나 이주정착금을 지급하여야 한다."라고 규정하고 있을 뿐, 생활대책용지의 공급과 같이 공익사업 시행 이전과 같은 경제수준을 유지할 수 있도록 하는 내용의 생활대책에 관한 분명한 근거규정을 두고 있지는 않으나, 사업시행자 스스로 공익사업의 원활한 시행을 위하여 필요하다고 인정함으로써 생활대책을 수립·실시할 수 있도록 하는 내부규정을 두고 있고 내부규정에 따라 생활대책대상자 선정기준을 마련하여 생활대책을 수립·실시하는 경우에는, 이러한 생활대책 역시 "공공필요에 의한 재산권의 수용·사용 또는 제한 및 그에 대한 보상은 법률로써 하되, 정당한 보상을 지급하여야 한다."라고 규정하고 있는 헌법 제23조 제3항에 따른 정당한 보상에 포함되는 것으로 보아야 한다. 따라서 이러한 생활대책대상자 선정기준에 해당하는 자는 사업시행자에게 생활대책대상자 선정 여부의 확인·결정을 신청할 수 있는 권리를 가지는 것이어서, 만일 사업시행자가 그러한 자를 생활대책대상자에서 제외하거나 선정을 거부하면, 이러한 생활대책대상자 선정기준에 해당하는 자는 사업시행자를 상대로 항고소송을 제기할 수 있다고 보는 것이 타당하다(대판 2011.10.13, 2008두17905). 2015년 국회 8급

14 정답 ②

① [X] 주거용 건물의 거주자에 대하여는 주거이전에 필요한 비용과 가재도구 등 동산의 운반에 필요한 비용을 산정하여 보상하여야 한다(「공익사업을 위한 토지 등의 취득 및 보상에 관한 법률」제78조 제5항). 2020년 국회 8급

❷ [O] 이주대책의 내용에는 이주정착지(이주대책의 실시로 건설하는 주택단지를 포함)에 대한 도로·급수시설·배수시설·그 밖의 공공시설 등 통상적인 수준의 생활기본시설이 포함되어야 하며, 이에 필요한 비용은 사업시행자가 부담한다. 다만, 행정청이 아닌 사업시행자가 이주대책을 수립·실시하는 경우에 지방자치단체는 비용의 일부를 보조할 수 있다(「공익사업을 위한 토지 등의 취득 및 보상에 관한 법률」제78조 제4항). 2010년 서울 9급

③ [X] 사업시행자가 이주대책대상자에게 생활기본시설로서 제공하여야 하는 도로에는 그 길이나 폭에 불구하고 「주택법」제2조 제17호에서 정한 간선시설에 해당하는 도로, 즉 주택단지 안의 도로를 해당 주택단지 밖에 있는 동종의 도로에 연결시키는 도로가 포함된다. 그러나 고속도로 등 고속국도는 일반적으로 위와 같은 간선시설에 해당하지 않아 생활기본시설로 볼 수 없다(대판 2017.12.5, 2015다1277 ; 대판 2019.3.28, 2015다49804).

④ [X] 대도시권에서만 부과되는 광역교통시설 부담금은 대도시권 광역교통시설의 건설과 개량을 위한 것이므로 대도시권 내 택지와 주택의 가치를 상승시키는 데 드는 비용을 시·도지사가 사업시행자에게 부담시키는 것이다. 따라서 광역교통시설 부담금은 이주대책대상자에게 생활의 근거로 제공되어야 할 생활기본시설 설치비용에 해당한다고 볼 수 없다(대판 2017.12.5, 2015다1277).

15 정답 ①

❶ [X] 「공익사업을 위한 토지 등의 취득 및 보상에 관한 법률」제74조 제1항에 의하면, 잔여지 수용청구는 사업시행자와 사이에 매수에 관한 협의가 성립되지 아니한 경우 해당 공익사업의 공사완료일(구법: 일단의 토지의 일부에 대한 관할 토지수용위원회의 수용재결이 있기 전)까지 관할 토지수용위원회에 하여야 하고, 잔여지수용청구권의 행사기간은 제척기간으로서, 토지소유자가 그 행사기간 내에 잔여지수용청구권을 행사하지 아니하면 그 권리가 소멸한다(대판 2010.8.19, 2008두822). 2019년 지방 7급

② [O] 동일한 토지소유자에 속하는 일단의 토지의 일부가 협의에 의하여 매수되거나 수용됨으로 인하여 잔여지를 종래의 목적에 사용하는 것이 현저히 곤란한 때에는 당해 토지소유자는 사업시행자에게 잔여지를 매수하여 줄 것을 청구할 수 있으며, 사업인정 이후에는 관할 토지수용위원회에 수용을 청구할 수 있다. 이 경우 수용의 청구는 매수에 관한 협의가 성립되지 아니한 경우에 한하되, 그 사업의 공사완료일까지 하여야 한다(「공익사업을 위한 토지 등의 취득 및 보상에 관한 법률」제74조 제1항). 여기의 '잔여지를 종래의 목적에 사용하는 것이 현저히 곤란한 때'에는 잔여지 이용은 가능하지만 그 이용에 많은 비용이 소요되는 경우도 포함된다. 2011년 국가 7급

③ [O] 구 토지수용법에 의한 잔여지수용청구권은 그 요건을 구비한 때에는 토지수용위원회의 특별한 조치를 기다릴 것 없이 청구에 의하여 수용의 효과가 발생하는 형성권적 성질을 가진다(대판 2001.9.4, 99두11080 ; 대판 2010.8.19, 2008두822). 2011년 국가 7급

④ [O] 매수 또는 수용의 청구가 있는 잔여지 및 잔여지에 있는 물건에 관하여 권리를 가진 자는 사업시행자나 관할 토지수용위원회에 그 권리의 존속을 청구할 수 있다(「공익사업을 위한 토지 등의 취득 및 보상에 관한 법률」제74조 제2항). 2011년 국가 7급

16 정답 ②

㉠ [X] 협의취득 시 건물소유자가 매매대상 건물에 대한 철거의무를 부담하겠다는 취지의 약정을 하였다고 하더라도 이러한 철거의무는 공법상의 의무가 될 수 없고, 이 경우에도 「행정대집행법」을 준용하여 대집행을 허용하는 별도의 규정이 없는 한 위와 같은 철거의무는 「행정대집행법」에 의한 대집행의 대상이 되지 않는다(대판 2006.10.13, 2006두7096). 2012년 국회 8급

㉡ [O] 대판 2012.2.23, 2010다91206 2016년 지방 7급

㉢ [X] 「공익사업을 위한 토지 등의 취득 및 보상에 관한 법률」상 수용은 일정한 요건하에 그 소유권을 사업시행자에게 귀속시키는 행정처분으로서 이로 인한 효과는 소유자가 누구인지와 무관하게 사업시행자가 그 소유권을 취득하게 하는 원시취득이다. 반면, 같은 법 '협의취득'의 성격은 사법상 매매계약이므로 그 이행으로 인한 사업시행자의 소유권 취득도 승계취득이다. 그런데 같은 법 제29조 제3항에 따른 신청이 수리됨으로써 협의 성립의 확인이 있었던 것으로 간주되면, 같은 법 제29조 제4항에 따라 그에 관한 재결이 있었던 것으로 재차 의제되고, 그에 따라 사업시행자는 사법상 매매의 효력만을 갖는 협의취득과는 달리 확인대상 토지를 수용재결의 경우와 동일하게 원시취득하는 효과를 누리게 된다(대판 2018.12.13, 2016두51719). 2020년 국가 7급

㉣ [O] 공공사업의 시행자가 「공익사업을 위한 토지 등의 취득 및 보상에 관한 법률」에 의하여 그 사업에 필요한 토지를 취득하는 경우 그것이 협의에 의한 취득이고 「공익사업을 위한 토지 등의 취득 및 보상에 관한 법률」에 의한 협의 성립의 확인이 없는 이상, 그 취득행위는 어디까지나 사경제 주체로서 행하는 사법상의 취득으로서 승계취득한 것으로 보아야 할 것이고, 재결에 의한 취득과 같이 원시취득한 것으로 볼 수는 없다(대판 1996.2.13, 95다3510). 2014년 변호사

17 정답 ③

① [O] 제85조 제1항에 따른 기간 이내에 소송이 제기되지 아니하거나 그 밖의 사유로 이의신청에 대한 재결이 확정된 때에는 「민사소송법」상의 확정판결이 있는 것으로 보며, 재결서 정본은 집행력 있는 판결의 정본과 동일한 효력을 가진다(「공익사업을 위한 토지 등의 취득 및 보상에 관한 법률」제86조 제1항). 2016년 국가 7급

② [O] 토지수용위원회의 수용재결에 대한 이의절차는 실질적으로 행정심판의 성질을 갖는 것이므로 「공익사업을 위한 토지 등의 취득 및 보상에 관한 법률」에 특별한 규정이 있는 것을 제외하고는 「행정심판법」의 규정이 적용된다고 할 것이고, 「공익사업을 위한 토지 등의 취득 및 보상에 관한 법률」상 수용재결에 대한 이의신청 기간과 이의재결에 대한 제소기간에 관하여 특례규정을 두고 있다(대판 1992.6.9, 92누565). 2017년 지방 하반기 9급

❸ [X] 제83조에 따른 이의의 신청이나 제85조에 따른 행정소송의 제기는 사업의 진행 및 토지의 수용 또는 사용을 정지시키지 아니한다(「공익사업을 위한 토지 등의 취득 및 보상에 관한 법률」제88조). 2017년 지방 하반기 9급

④ [O] 협의가 성립되지 아니하거나 협의를 할 수 없을 때에는 사업시행자는 사업인정고시가 된 날부터 1년 이내에 대통령령으로 정하는 바에 따라 관할 토지수용위원회에 재결을 신청할 수 있다(「공익사업을 위한 토지 등의 취득 및 보상에 관한 법률」제28조 제1항). 사업인정고시가 된 후 협의가 성립되지 아니하였을 때에는 토지소유자와 관계인은 대통령령으로 정하는 바에 따라 서면으로 사업시행자에게 재결을 신청할 것을 청구할 수 있다(「공익사업을 위한 토지 등의 취득 및 보상에 관한 법률」제30조 제1항). 즉, 재결의

신청은 사업시행자만이 할 수 있고, 피수용자(토지소유자와 관계인)는 사업시행자에게 재결을 신청할 것을 청구할 수 있을 뿐이다. 2014년 국회 8급

18 정답 ③

① [X] 결과제거청구권은 위법한 침해상태의 존재로 족하며 고의·과실을 요하지 않는다.

구분	손해배상청구권	결과제거청구권
위법 여부	위법	위법
고의·과실	O	X
권리구제수단	배상	원상회복(예외적으로 배상)

② [X] 결과제거청구권은 발생된 모든 위법한 상태를 제거하는 것을 내용으로 하는 것이 아니라, 직접적으로 야기된 결과만을 제거하는 것을 그 내용으로 한다. 2010년 지방 7급

❸ [O] 결과제거청구권이 인정되려면 행정청의 공행정작용으로 인한 침해가 있어야 하는데, 여기서의 침해는 권력적·비권력적 행위, 작위·부작위, 법적·사실적 행위 등을 불문한다. 그러나 사경제작용(국고작용)으로 인한 침해는 제외된다. 2005년 서울 9급

④ [X] 공행정작용으로 인하여 법률상 이익(권리)을 침해한 것이 아니라 사실상 이익·반사적 이익을 침해한 것에 불과한 경우에는 결과제거청구권을 행사할 수 없다. 2005년 서울 9급

19 정답 ③

㉠ [O] 「행정심판법」 제23조 제1항 2015년 서울 9급

㉡ [O] 심판청구는 서면으로 하여야 한다(「행정심판법」 제28조 제1항). 2002년 행정고시

㉢ [X] 행정심판을 청구하려는 자는 심판청구서를 작성하여 피청구인이나 위원회에 제출하여야 한다(「행정심판법」 제23조 제1항). 즉, 현행 「행정심판법」은 종래의 처분청경유주의(행정심판을 피청구인인 처분청을 거쳐 재결청에 청구하여야 함)를 폐지하고 청구인의 선택에 따라 처분청을 경유하든지 아니면 행정심판위원회에 직접 청구할 수 있도록 하고 있다. 2017년 국회 8급 변형

㉣ [X] 「행정심판법」 제28조, 제32조의 규정취지와 행정심판제도의 목적에 비추어 보면, 행정심판청구는 엄격한 형식을 요하지 아니하는 서면행위로 해석되므로, 위법·부당한 행정처분으로 인하여 권리나 이익을 침해당한 자로부터 그 처분의 취소나 변경을 구하는 서면이 제출되었을 때에는 그 표제와 제출기관의 여하를 불문하고 이를 「행정소송법」 제18조 소정의 행정심판청구로 본다(대판 2000.6.9, 98두2621). 2012년 사회복지 9급

20 정답 ②

① [X] 심판청구를 인용하는 재결은 피청구인과 그 밖의 관계 행정청을 기속한다(「행정심판법」 제49조 제1항). ➡ 재결의 기속력은 청구인에게는 미치지 않는다. 2019년 국회 8급

❷ [O] 재결에 의하여 취소되거나 무효 또는 부존재로 확인되는 처분이 당사자의 신청을 거부하는 것을 내용으로 하는 경우에는 그 처분을 한 행정청은 재결의 취지에 따라 다시 이전의 신청에 대한 처분

을 하여야 한다(「행정심판법」 제49조 제2항). 2018년 국가 7급

③ [X] 행정심판의 재결은 피청구인인 행정청을 기속하는 효력을 가지지만, 나아가 재결에 판결에서와 같은 기판력이 인정되는 것은 아니다(대판 2015.11.27, 2013다6759). 2018년 서울 7급

④ [X] 재결의 형성력은 행정심판위원회가 스스로 처분을 취소·변경하는 형성재결에서만 발생한다. 즉, 형성적 재결이 있는 경우에는 그 재결의 형성력이 발생하여 해당 행정처분은 별도의 행정처분을 기다릴 것 없이 당연히 취소되어 소멸되거나 변경된다(대판 전합체 1999.12.16, 98두18619 ; 대판 1998.4.24, 97누17131). 2017년 서울 9급

정답

01	②	02	①	03	④	04	③
05	①	06	②	07	④	08	②
09	①	10	②	11	③	12	①
13	③	14	③	15	①	16	②
17	③	18	③	19	①	20	②

---

01 정답 ②

① [X] 국회사무총장·법원행정처장·헌법재판소사무처장 및 중앙선거관리위원회사무총장의 처분 또는 부작위에 대한 행정심판의 청구에 대하여는 그 행정청에 두는 행정심판위원회에서 심리·재결한다(「행정심판법」 제6조 제1항). 2015년 서울 7급

❷ [O] ㉠ 시·도 소속 행정청, ㉡ 시·도의 관할구역에 있는 시·군·자치구의 장, 소속 행정청 또는 시·군·자치구의 의회(의장, 위원회의 위원장, 사무국장, 사무과장 등 의회 소속 모든 행정청을 포함), ㉢ 시·도의 관할구역에 있는 둘 이상의 지방자치단체(시·군·자치구를 말함)·공공법인 등이 공동으로 설립한 행정청의 처분 또는 부작위에 대한 심판청구에 대하여는 시·도지사 소속으로 두는 행정심판위원회에서 심리·재결한다(「행정심판법」 제6조 제3항). 2015년 지방 9급

③ [X] 「부패방지 및 국민권익위원회의 설치와 운영에 관한 법률」에 따른 국민권익위원회에 두는 중앙행정심판위원회에서 심리·재결한다(「행정심판법」 제6조 제2항 제2호). 2009년 지방 9급

④ [X] 중앙행정심판위원회의 위원장은 국민권익위원회의 부위원장 중 1명이 되며, 위원장이 없거나 부득이한 사유로 직무를 수행할 수 없거나 위원장이 필요하다고 인정하는 경우에는 상임위원(상임으로 재직한 기간이 긴 위원 순서로, 재직기간이 같은 경우에는 연장자 순서로 함)이 위원장의 직무를 대행한다(「행정심판법」 제8조 제2항). 2009년 지방 9급

---

02 정답 ①

❶ [O] 중앙행정심판위원회의 상임위원은 일반직공무원으로서 「국가공무원법」 제26조의5에 따른 임기제공무원으로 임명하되, 3급 이상 공무원 또는 고위공무원단에 속하는 일반직공무원으로 3년 이상 근무한 사람이나 그 밖에 행정심판에 관한 지식과 경험이 풍부한 사람 중에서 중앙행정심판위원회 위원장의 제청으로 국무총리를 거쳐 대통령이 임명한다(「행정심판법」 제8조 제3항). 2019년 국회 8급

② [X] 중앙행정심판위원회의 비상임위원은 제7조 제4항 각 호의 어느 하나에 해당하는 사람 중에서 중앙행정심판위원회 위원장의 제청으로 국무총리가 성별을 고려하여 위촉한다(「행정심판법」 제8조 제4항). 2019년 국회 8급

「행정심판법」 제7조 【행정심판위원회의 구성】 ④ 행정심판위원회의 위원은 해당 행정심판위원회가 소속된 행정청이 다음 각 호의 어느 하나에 해당하는 사람 중에서 성별을 고려하여 위촉하거나 그 소속 공무원 중에서 지명한다.
1. 변호사 자격을 취득한 후 5년 이상의 실무 경험이 있는 사람
2. 「고등교육법」 제2조 제1호부터 제6호까지의 규정에 따른 학교에서 조교수 이상으로 재직하거나 재직하였던 사람
3. 행정기관의 4급 이상 공무원이었거나 고위공무원단에 속하는 공무원이었던 사람
4. 박사학위를 취득한 후 해당 분야에서 5년 이상 근무한 경험이 있는 사람
5. 그 밖에 행정심판과 관련된 분야의 지식과 경험이 풍부한 사람

③ [X] 중앙행정심판위원회의 회의(제6항에 따른 소위원회 회의는 제외)는 위원장, 상임위원 및 위원장이 회의마다 지정하는 비상임위원을 포함하여 총 9명으로 구성한다(「행정심판법」 제8조 제5항). 2019년 국회 8급

④ [X] 중앙행정심판위원회의 위원장은 국민권익위원회의 부위원장 중 1명이 되며, 위원장이 없거나 부득이한 사유로 직무를 수행할 수 없거나 위원장이 필요하다고 인정하는 경우에는 상임위원(상임으로 재직한 기간이 긴 위원 순서로, 재직기간이 같은 경우에는 연장자 순서로 함)이 위원장의 직무를 대행한다(「행정심판법」 제8조 제2항). 중앙행정심판위원회의 상임위원은 일반직공무원으로서 「국가공무원법」 제26조의5에 따른 임기제공무원으로 임명하되, 3급 이상 공무원 또는 고위공무원단에 속하는 일반직공무원으로 3년 이상 근무한 사람이나 그 밖에 행정심판에 관한 지식과 경험이 풍부한 사람 중에서 중앙행정심판위원회 위원장의 제청으로 국무총리를 거쳐 대통령이 임명한다(「행정심판법」 제8조 제3항). 중앙행정심판위원회 상임위원의 임기는 3년으로 하며, 1차에 한하여 연임할 수 있다(「행정심판법」 제9조 제2항). 2008년 국가 7급

---

03 정답 ④

㉠ [O] 행정청의 재량에 속하는 처분이라도 재량권의 한계를 넘거나 그 남용이 있는 때에는 법원은 이를 취소할 수 있다(「행정소송법」 제27조). 2012년 세무사

㉡ [X] 재량행위에 대한 통제방식 중 하나로 상급감독청에 의한 재량권의 자의적 행사에 대한 행정적 통제가 가능하다. 2000년 행정고시

㉢ [X] 전통적 특별권력관계이론에서는 특별권력관계 내부에서의 행위에 대해 사법심사가 배제되었으나, 현대의 특별권력관계이론에서는 일반행정법관계와 마찬가지로 사법심사를 할 수 있다. 2010년 세무사

㉣ [O] 과거의 역사적 사실관계의 존부나 공법상의 구체적인 법률관계가 아닌 사실관계에 관한 것들을 확인의 대상으로 하는 것이거나 행정청의 단순한 부작위를 대상으로 하는 것은 항고소송의 대상이 되지 아니하는 것이다(대판 1990.11.23, 90누3553). 2010년 세무사

---

04 정답 ③

㉠ [X] 구 정부투자기관관리기본법에 따른 기획재정부장관의 정부투자기관에 대한 예산편성지침통보는 정부투자기관의 경영합리화와 정부투자의 효율적 관리를 도모하기 위한 것으로서 그에 대한 감독 작용에 해당할 뿐 그 자체만으로는 직접적으로 국민의 권리·의무가 설정·변경·박탈되거나 그 범위가 확정되는 등 기존의 권리상

태에 어떤 변동을 가져오는 것이 아니므로 이를 <u>행정소송의 대상</u> <u>이 되는 행정처분이라고 할 수 없다</u>(대판 1993.9.14, 93누9163). 2007년 경북 9급

ⓛ [O] 운전면허행정처분처리대장상 벌점의 배점은 자동차운전면허의 취 소·정지처분의 기초자료로 제공하기 위한 것이고 그 배점 자체만 으로는 아직 국민에 대하여 구체적으로 어떤 권리를 제한하거나 의무를 명하는 등 법률적 규제를 하는 효과를 발생하는 요건을 갖 춘 것이 아니어서 그 무효확인 또는 취소를 구하는 소송의 대상이 되는 행정처분이라고 할 수 없다(대판 1994.8.12, 94누2190). 2007년 경북 9급

ⓒ [X] 「국세기본법」 제22조의2의 시행 이후에도 증액경정처분이 있는 경우 당초 신고나 결정은 증액경정처분에 흡수됨으로써 독립된 존 재가치를 잃게 된다고 보아야 할 것이므로, <u>원칙적으로는 당초 신 고나 결정에 대한 불복기간의 경과 여부 등에 관계없이 증액경정 처분만이 항고소송의 심판대상이 되고</u>, 납세의무자는 그 항고소송 에서 당초 신고나 결정에 대한 위법사유도 함께 주장할 수 있다고 해석함이 타당하다(대판 2009.5.14, 2006두17390). 2003년 입 법고시

ⓔ [X] 감액경정처분은 당초의 신고 또는 부과처분과 별개인 독립의 과세 처분이 아니라 그 실질은 당초의 신고 또는 부과처분의 변경이고 그에 의하여 세액의 일부취소라는 납세자에게 유리한 효과를 가져 오는 처분이므로, 그 경정결정으로도 아직 취소되지 않고 남아 있 는 부분이 위법하다 하여 다투는 경우 항고소송의 대상은 당초 신 고나 부과처분 중 경정결정에 의하여 취소되지 않고 남은 부분이 며, <u>감액경정결정이 항고소송의 대상이 되는 것은 아니다</u>(대판 1996.11.15, 95누8904 등). 2003년 입법고시

ⓜ [O] <u>과태료 처분은 행정소송의 대상이 되는 행정처분이라고 볼 수 없 다</u>(대판 1995.7.28, 95누2623 ; 대판 2012.10.11, 2011두19369). 2003년 입법고시

ⓗ [X] 대집행계고가 반복된 경우 제1차 계고만이 처분성을 갖고, 제2차, 제3자 계고는 처분성이 없다(대판 1994.10.28, 94누5144 ; 대판 2004.6.10, 2002두12618). 즉, 반복된 행위의 독립된 처분성은 부정된다. 2003년 입법고시
<비교> 거부처분은 관할 행정청이 국민의 처분신청에 대하여 거 절의 의사표시를 함으로써 성립되고, 그 이후 동일한 내용의 새로 운 신청에 대하여 다시 거절의 의사표시를 한 경우에는 새로운 거 부처분이 있는 것으로 보아야 할 것이다(대판 2002.3.29, 2000 두6084). 이 판결은 새로운 신청이 있으므로 반복된 거부처분이 라 할 수 없다.

ⓢ [O] 「폐기물관리법」상의 부적정통보는 <u>허가신청 자체를 제한하는 등 개인의 권리 내지 법률상의 이익을 개별적이고 구체적으로 규제하 고 있어 행정처분에 해당한다</u>(대판 1998.4.28, 97누21086). 2002년 입법고시

ⓖ [X] 제재적 행정처분이 그 처분에서 정한 제재기간의 경과로 인하여 그 효과가 소멸되었으나, 부령인 시행규칙의 형식으로 정한 처분 기준에서 제재적 행정처분(이하 '선행처분'이라고 함)을 받은 것을 가중사유나 전제요건으로 삼아 장래의 제재적 행정처분(이하 '후 행처분'이라고 함)을 하도록 정하고 있는 경우, 그 규칙이 정한 바 에 따라 선행처분을 가중사유 또는 전제요건으로 하는 후행처분을 받을 우려가 현실적으로 존재하는 경우에는, 선행처분을 받은 상 대방은 비록 그 처분에서 정한 제재기간이 경과하였다 하더라도 그 처분의 취소소송을 통하여 그러한 불이익을 제거할 권리보호의 필요성이 충분히 인정된다고 할 것이므로, 선행처분의 취소를 구

할 법률상 이익이 있다고 보아야 할 것이다(대판 2008.2.29, 2007두16141).

ⓛ [O] 어느 학년도의 합격자는 반드시 당해 연도에만 입학하여야 한다고 볼 수 없으므로 원고들이 <u>대학입학고사불합격처분의 취소를 구하 는 소송계속 중 당해 연도의 입학시기가 지났더라도 원고들로서는 피고(총장)의 불합격처분의 적법 여부를 다툴 만한 법률상의 이익 이 있다고 할 것이다</u>(대판 1990.8.28, 89누8255).

ⓒ [X] 건축허가가 「건축법」 소정의 이격거리를 두지 아니하고 건축물을 건축하도록 되어 있어 위법하다 하더라도 그 건축허가에 기하여 건축공사가 완료되었다면 그 건축허가를 받은 대지와 접한 대지의 소유자인 원고가 위 건축허가처분의 취소를 받아 이격거리를 확보 할 단계는 지났으며 민사소송으로 위 건축물 등의 철거를 구하는 데 있어서도 위 처분의 취소가 필요한 것이 아니므로 <u>원고로서는 위 처분의 취소를 구할 법률상의 이익이 없다</u>(대판 1992.4.24, 91누11131).

ⓔ [O] 대통령이 담화를 발표하고 이에 따라 국방부장관이 삼청교육 관련 피해자들에게 그 피해를 보상하겠다고 공고하고 피해신고까지 받 은 것은, 대통령이 정부의 수반인 지위에서 피해자들인 국민에 대 하여 향후 입법조치 등을 통하여 그 피해를 보상해 주겠다고 구체 적 사안에 관하여 종국적으로 약속한 것으로서, 그 상대방은 약속 이 이행될 것에 대한 강한 신뢰를 가지게 되고, 이러한 신뢰는 단 순한 사실상의 기대를 넘어 법적으로 보호받아야 할 이익이라고 보아야 한다(대판 2001.7.10, 98다38364).

ⓖ [X] 구 공공기관의 정보공개에 관한 법률은, 정보의 공개를 청구하는 이가 정보공개방법도 아울러 지정하여 정보공개를 청구할 수 있도 록 하고 있고, 전자적 형태의 정보를 전자적으로 공개하여 줄 것을 요청한 경우에는 공공기관은 원칙적으로 요청에 응할 의무가 있 고, 나아가 비전자적 형태의 정보에 관해서도 전자적 형태로 공개 하여 줄 것을 요청하면 재량판단에 따라 전자적 형태로 변환하여 공개할 수 있도록 하고 있다. 이는 정보의 효율적 활용을 도모하고 청구인의 편의를 제고함으로써 구 공공기관의 정보공개에 관한 법 률의 목적인 국민의 알 권리를 충실하게 보장하려는 것이므로, <u>청 구인에게는 특정한 공개방법을 지정하여 정보공개를 청구할 수 있 는 법령상 신청권이 있다.</u> 따라서 공공기관이 공개 청구의 대상이 된 정보를 공개는 하되, 청구인이 신청한 공개방법(예 정보통신망 을 통하여 송신하는 방법) 이외의 방법(예 방문하여 수령)으로 공 개하기로 하는 결정을 하였다면, 이는 정보공개 청구 중 정보공개 방법에 관한 부분에 대하여 일부 거부처분을 한 것이고, 청구인은 그에 대하여 항고소송으로 다툴 수 있다(대판 2016.11.10, 2016 두44674). 2019년 변호사

ⓛ [O] 개발부담금 부과처분 후에 학교용지부담금을 납부한 개발사업시 행자는 마땅히 공제받아야 할 개발비용을 전혀 공제받지 못하는 법률상 불이익을 입게 될 수 있는데도 구 개발이익 환수에 관한 법령은 그 불복방법에 관하여 아무런 규정을 두지 않고 있다. 그런 데 개발사업시행자가 납부한 개발부담금 중 그 부과처분 후에 납 부한 학교용지부담금에 해당하는 금액에 대하여는 조리상 개발부 담금 부과처분의 취소나 변경 등 개발부담금의 환급에 필요한 처 분을 할 것을 신청할 권리를 인정함이 타당하다. 따라서 원고가 기 존에 납부한 개발부담금 중 학교용지부담금에 해당하는 금액의 환 급신청을 하였으나 피고가 <u>개발부담금 부과처분의 부과 종료시점 후에 추가 소요된 개발비용은 환급해 줄 수 없다고 거절한 회신은 항고소송의 대상이 되는 행정처분에 해당한다</u>(대판 2016.1.28, 2013두2938). 2019년 변호사

ⓒ [O] 중요무형문화재 보유자의 추가인정에 관한 구 문화재보호법 제24조 제1항·제2항·제3항·제5항, 구 문화재보호법 시행령 제12조 제1항 제1호·제2항·제3항 등의 내용에 의하면, 중요무형문화재 보유자의 추가인정 여부는 문화재청장의 재량에 속하고, 특정 개인이 자신을 보유자로 인정해 달라고 신청할 수 있다는 근거규정을 별도로 두고 있지 아니하므로 법규상으로 개인에게 신청권이 있다고 할 수 없다. 따라서 문화재청장이 '2011년 중요무형문화재 지정(보유자 인정 등) 조사계획'을 수립하면서 중요무형문화재인 경기민요의 보유자 추가인정조사도 여기에 포함하여 실시하기로 하고, 원고를 포함한 경기민요 전수교육 조교 5명을 상대로 이력서, 주요 전승활동 등 관련 자료를 제출받은 뒤 개인 기량평가(독창) 및 면담조사를 하는 방법으로 조사를 실시하였고, 원고가 전수교육 조교로서 위 조사를 받았다는 사정만으로는 원고에게 중요무형문화재 보유자의 추가인정에 관한 법규상 또는 조리상 신청권이 있다고 볼 수 없고, 문화재청장이 원고를 경기민요 보유자로 추가인정하지 않았다고 하더라도 그로 인하여 원고의 권리나 법적 이익에 어떤 영향을 준다고 할 수 없으므로, 경기민요 보유자 추가인정이 부결되었다는 원고에 대한 통지는 항고소송의 대상이 되는 거부처분에 해당하지 아니한다(대판 2015.12.10, 2013두20585). 2019년 변호사

ⓔ [O] 기간제로 임용되어 임용기간이 만료된 국·공립대학의 조교수는 교원으로서의 능력과 자질에 관하여 합리적인 기준에 의한 공정한 심사를 받아 위 기준에 부합되면 특별한 사정이 없는 한 재임용되리라는 기대를 가지고 재임용 여부에 관하여 합리적인 기준에 의한 공정한 심사를 요구할 법규상 또는 조리상 신청권을 가진다고 할 것이니, 임용권자가 임용기간이 만료된 조교수에 대하여 재임용을 거부하는 취지로 한 임용기간 만료의 통지는 위와 같은 대학교원의 법률관계에 영향을 주는 것으로서 행정소송의 대상이 되는 처분에 해당한다(대판 전합체 2004.4.22, 2000두7735). 2019년 변호사

ⓜ [O] <업무상 재해를 당한 甲의 요양급여 신청에 대하여 근로복지공단이 요양승인처분을 하면서 사업주를 乙주식회사로 보아 요양승인 사실을 통지하자, 乙회사가 甲이 자신의 근로자가 아니라고 주장하면서 사업주 변경신청을 하였으나 근로복지공단이 거부 통지를 한 사안> … 「산업재해보상보험법」, 「고용보험 및 산업재해보상보험의 보험료징수 등에 관한 법률」 등 관련 법령은 사업주가 이미 발생한 업무상 재해와 관련하여 당시 재해근로자의 사용자가 자신이 아니라 제3자임을 근거로 사업주 변경신청을 할 수 있도록 하는 규정을 두고 있지 않으므로 법규상으로 신청권이 인정된다고 볼 수 없고, 산업재해보상보험에서 보험가입자인 사업주와 보험급여를 받을 근로자에 해당하는지는 해당 사실의 실질에 의하여 결정되는 것일 뿐이고 근로복지공단의 결정에 따라 보험가입자(당연가입자) 지위가 발생하는 것은 아닌 점 등을 종합하면, 사업주 변경신청과 같은 내용의 조리상 신청권이 인정된다고 볼 수도 없으므로, 근로복지공단이 신청을 거부하였더라도 乙회사의 권리나 법적 이익에 어떤 영향을 미치는 것은 아니어서, 위 통지는 항고소송의 대상이 되는 행정처분이 되지 않는다(대판 2016.7.14, 2014두47426). 2019년 변호사

ⓑ [X] 「행정소송법」 제30조 제2항의 규정에 의하면 행정청의 거부처분을 취소하는 판결이 확정된 때에는 그 처분을 행한 행정청이 판결의 취지에 따라 이전의 신청에 대하여 재처분할 의무가 있으나, 이때 확정판결의 당사자인 처분행정청은 그 확정판결에서 적시된 위법사유를 보완하여 새로운 처분을 할 수 있는 것이고, 행정처분의 적법 여부는 그 행정처분이 행하여진 때의 법령과 사실을 기준으로 하여 판단하는 것이므로 거부처분 후에 법령이 개정·시행된 경우에는 개정된 법령 및 허가기준을 새로운 사유로 들어 다시 이전의 신청에 대한 거부처분을 할 수 있으며 그러한 처분도 위 조항에 규정된 재처분에 해당된다고 할 것이다(대결 1998.1.7, 97두22). 2012년 변호사

ⓢ [O] 정부 간 항공노선의 개설에 관한 잠정협정 및 비밀양해각서와 건설교통부(현 국토교통부) 내부지침에 의한 항공노선에 대한 운수권배분처분은 항고소송의 대상이 되는 행정처분에 해당한다(대판 2004.11.26, 2003두10251). 2010년 경찰

07 정답 ④

① [O] 상수원보호구역 설정의 근거가 되는 수도법령이 보호하고자 하는 것은 상수원의 확보와 수질보전일 뿐이고, 그 상수원에서 급수를 받고 있는 지역주민들이 가지는 상수원의 오염을 막아 양질의 급수를 받을 이익은 직접적이고 구체적으로는 보호하고 있지 않음이 명백하여 위 지역주민들이 가지는 이익은 상수원의 확보와 수질보호라는 공공의 이익이 달성됨에 따라 반사적으로 얻게 되는 이익에 불과하므로 지역주민들에 불과한 원고들에게는 위 상수원보호구역변경처분의 취소를 구할 법률상의 이익이 없다(대판 1995.9.26, 94누14544). 2007년 경북 9급

② [O] 피고(대구광역시)가 B에게 LPG자동차충전소설치허가를 하자, 인근 주민인 A가 위 허가처분이 「고압가스안전관리법」 및 같은 법 시행령에 규정된 공공의 안전을 위한 설치허가기준에 미달할 뿐 아니라 「환경보전법」이 요구하는 환경오염으로 인한 위해의 방지의무를 저버린 위법한 처분이며 이로 인하여 A의 법률상 이익이 침해되었다고 주장하여 위 허가처분취소소송을 제기한 경우, A의 원고적격이 인정된다(대판 1983.7.12, 83누59). 2003년 행정고시

③ [O] 도시계획의 내용이 화장장의 설치에 관한 것일 때에는 구 도시계획법 제12조뿐만 아니라 구 매장 및 묘지 등에 관한 법률 및 같은 법 시행령 역시 그 근거법률이 된다(대판 1995.9.26, 94누14544). 2003년 행정고시

❹ [X] 환경영향평가 대상지역 밖의 주민·일반국민·산악인·사진가·학자·환경보호단체 등의 환경상 이익이나 전원(電源)개발사업구역 밖의 주민 등의 재산상 이익에 대하여는 전원개발사업실시계획승인처분의 근거법률인 전원개발에 관한 특례법령, 구 환경보전법령, 구 환경정책기본법령 및 환경영향평가법령 등에 이를 그들의 개별적·직접적·구체적 이익으로 보호하려는 내용 및 취지를 가지는 규정을 두고 있지 아니하므로, 이들에게는 위와 같은 이익침해를 이유로 전원개발사업실시계획승인처분의 취소를 구할 원고적격이 없다(대판 1998.9.22, 97누19571). 2003년 행정고시

08 정답 ②

ⓐ [X] ⓔ [X] 제재적 행정처분이 그 처분에서 정한 제재기간의 경과로 인하여 그 효과가 소멸되었으나, 부령인 시행규칙의 형식으로 정한 처분기준에서 제재적 행정처분(이하 '선행처분'이라고 함)을 받은 것을 가중사유나 전제요건으로 삼아 장래의 제재적 행정처분(이하 '후행처분'이라고 함)을 하도록 정하고 있는 경우, 그 규칙이 정한 바에 따라 선행처분을 가중사유 또는 전제요건으로 하는 후행처분을 받을 우려가 현실적으로 존재하는 때에는, 선행처분을 받은 상대방은 비록 그 처분에서 정한 제재기간이 경과하였다 하더라도 그 처분의 취소소송을 통하여 그러한 불이익을 제거할 권리보호의 필요성이 충분히 인정된다고 할 것이므로, 선행처분의 취소를 구할 법률상 이익이 있다고 보아야 할 것이다(대판 2007.1.11, 2006두13312 ; 대판 전합체 2006.6.22, 2003두1684). 2014년 변호사, 2019년 변호사

ⓒ [O] 사업양도·양수에 따른 허가관청의 지위승계신고의 수리는 적법한 사업의 양도·양수가 있었음을 전제로 하는 것이므로 그 수리대상인 사업양도·양수가 존재하지 아니하거나 무효인 때에는 수리를

하였다 하더라도 그 수리는 유효한 대상이 없는 것으로서 당연히 무효라 할 것이고, <u>사업의 양도행위가 무효라고 주장하는 양도자는 민사쟁송으로 양도·양수행위의 무효를 구함이 없이 막바로 허가관청을 상대로 하여 행정소송으로 위 신고수리처분의 무효확인을 구할 법률상 이익이 있다</u>(대판 2005.12.23, 2005두3554). 2014년 변호사

ⓒ [○] 행정소송은 행정청의 위법한 처분 등을 취소·변경하거나 그 효력 유무 또는 존재 여부를 확인함으로써 국민의 권리 또는 이익의 침해를 구제하고 공법상의 권리관계 또는 법 적용에 관한 다툼을 적정하게 해결함을 목적으로 하므로, 대등한 주체 사이의 사법상 생활관계에 관한 분쟁을 심판대상으로 하는 민사소송과는 목적, 취지 및 기능 등을 달리한다. 또한 「행정소송법」 제4조에서는 무효확인소송을 항고소송의 일종으로 규정하고 있고, 「행정소송법」 제38조 제1항에서는 처분 등을 취소하는 확정판결의 기속력 및 행정청의 재처분의무에 관한 「행정소송법」 제30조를 무효확인소송에도 준용하고 있으므로 무효확인판결 자체만으로도 실효성을 확보할 수 있다. 그리고 무효확인소송의 보충성을 규정하고 있는 외국의 일부 입법례와는 달리 우리나라 「행정소송법」에는 명문의 규정이 없어 이로 인한 명시적 제한이 존재하지 않는다. 이와 같은 사정을 비롯하여 행정에 대한 사법통제, 권익구제의 확대와 같은 행정소송의 기능 등을 종합하여 보면, <u>행정처분의 근거법률에 의하여 보호되는 직접적이고 구체적인 이익이 있는 경우에는 「행정소송법」 제35조에 규정된 '무효확인을 구할 법률상 이익'이 있다고 보아야 하고, 이와 별도로 무효확인소송의 보충성이 요구되는 것은 아니므로 행정처분의 무효를 전제로 한 이행소송 등과 같은 직접적인 구제수단이 있는지 여부를 따질 필요가 없다고 해석함이 상당하다</u>(대판 전합체 2008.3.20, 2007두6342). 2012년 변호사

09   정답 ①

❶ [○] 치과의사국가시험 합격은 치과의사 면허를 부여받을 수 있는 전제 요건이 된다고 할 것이나 국가시험에 합격하였다고 하여 위 면허 취득의 요건을 갖추게 되는 이외에 그 자체만으로 합격한 자의 법률상 지위가 달라지게 되는 것은 아니므로 <u>불합격처분 이후 새로 실시된 국가시험에 합격한 자들로서는 더 이상 위 불합격처분의 취소를 구할 법률상의 이익이 없다</u>(대판 1993.11.9, 93누6867). 2003년 입법고시

② [X] 고등학교 졸업이 대학입학자격이나 학력인정으로서의 의미밖에 없다고 할 수 없으므로 <u>고등학교 졸업학력 검정고시에 합격하였다 하여 고등학교 학생으로서의 신분과 명예가 회복될 수 없는 것이니 퇴학처분을 받은 자로서는 퇴학처분의 위법을 주장하여 그 취소를 구할 소송상의 이익이 있다</u>(대판 1992.7.14, 91누4737). 2017년 변호사

③ [X] 해임처분 무효확인 또는 취소소송 계속 중 임기가 만료되어 해임 처분의 무효확인 또는 취소로 지위를 회복할 수는 없다고 할지라도, 그 <u>무효확인 또는 취소로 해임처분일부터 임기만료일까지 기간에 대한 보수지급을 구할 수 있는 경우에는 해임처분의 무효확인 또는 취소를 구할 법률상 이익이 있다.</u> 해임권자와 보수지급의무자가 다른 경우에도 마찬가지이다(대판 2012.2.23, 2011두5001). 2017년 변호사

④ [X] 위법한 행정처분의 취소를 구하는 소는 위법한 처분에 의하여 발생한 위법상태를 배제하여 원상으로 회복시키고 그 처분으로 침해되거나 방해받은 권리와 이익을 보호·구제하고자 하는 소송이므로 비록 그 위법한 처분을 취소한다 하더라도 원상회복이 불가능한 경우에는 그 취소를 구할 이익이 없다 할 것인바, <u>건축허가에 기하여 이미 건축공사를 완료하였다면 그 건축허가처분의 취소를 구할 이익이 없다</u> 할 것이고, 이와 같이 건축허가처분의 취소를 구

할 이익이 없게 되는 것은 건축허가처분의 취소를 구하는 소를 제기하기 전에 건축공사가 완료된 경우뿐 아니라 소를 제기한 후 사실심 변론종결일 전에 건축공사가 완료된 경우에도 마찬가지이다(대판 2007.4.26, 2006두18409). 2017년 변호사

10   정답 ②

① [X] 국회의장이 행한 처분에 대한 행정소송의 피고는 국회사무총장으로 한다(「국회사무처법」 제4조 제3항). 2008년 관세사

❷ [○] <u>행정처분을 행할 적법한 권한 있는 상급행정청으로부터 내부위임을 받은 데 불과한 하급행정청이 권한 없이 행정처분을 한 경우에도 실제로 그 처분을 행한 하급행정청을 피고로 하여야 할 것이지 그 처분을 행할 적법한 권한 있는 상급행정청을 피고로 할 것은 아니다</u>(대판 1994.8.12, 94누2763). 그러나 내부위임의 경우에 <u>수임관청이 그 위임된 바에 따라 위임관청의 이름으로 권한을 행사하였다면 그 처분청은 위임관청이므로 그 처분의 취소나 무효확인을 구하는 소송의 피고는 위임관청으로 삼아야 한다</u>(대판 1991.10.8, 91누520). 결론적으로 <u>내부위임의 경우에는 누구 명의로 하였는가에 따라서 피고가 결정된다.</u> 2009년 관세사

③ [X] 토지수용위원회, 저작권심의위원회, 국민권익위원회, 교원소청심사위원회, 공정거래위원회 등 합의제 행정기관의 처분에 대한 소는 그 합의제 행정기관의 장이 아니라 합의제 행정기관을 피고로 한다. 그러나 중앙노동위원회의 처분에 대한 소는 중앙노동위원회 위원장을 피고로 하여 제기하여야 한다(「노동위원회법」 제27조 제1항). 2015년 변호사

④ [X] 피고경정에 관한 「행정소송법」 제14조 제1항부터 제6항까지에는 지문과 같은 규정이 없다. 이에 반해 「민사소송법」 제260조 제1항 단서에서는 피고가 본안에서 변론을 한 뒤에는 그의 동의를 받아야 피고경정을 할 수 있도록 규정하고 있다. 2015년 변호사

11   정답 ③

① [X] 피고경정허가결정이 있는 때에는 새로운 피고에 대한 소송은 처음에 소를 제기한 때에 제기된 것으로 보고, 종전의 피고에 대한 소송은 취하된 것으로 본다(「행정소송법」 제14조 제4항·제5항). 따라서 제소기간의 준수 여부도 처음에 소를 제기한 때를 기준으로 한다. 2015년 변호사

② [X] 양자 중의 하나라도 먼저 경과하면 제소기간의 도과로 행정소송을 제기할 수 없게 된다. 즉, 법원의 선택적 적용의 여지가 없다. 2009년 관세사

❸ [○] 통상 고시 또는 공고에 의하여 행정처분을 하는 경우에는 그 처분의 상대방이 불특정 다수인이고, 그 처분의 효력이 불특정 다수인에게 일률적으로 적용되는 것이므로, <u>그 행정처분에 이해관계를 갖는 자는 고시 또는 공고가 있었다는 사실을 현실적으로 알았는지 여부에 관계없이 고시가 효력을 발생하는 날에 행정처분이 있음을 알았다고 보아야 하고, 따라서 그에 대한 취소소송은 그날부터 90일 이내에 제기하여야 한다</u>(대판 2006.4.14, 2004두3847). 2014년 변호사

④ [X] 「행정소송법」 제20조 제1항 소정의 제소기간 기산점인 '처분이 있음을 안 날'이라 함은 당사자가 통지, 공고 기타의 방법에 의하여 당해 처분이 있었다는 사실을 현실적으로 안 날을 의미하는바, 특정인에 대한 행정처분을 주소불명 등의 이유로 송달할 수 없어 관보, 공보, 게시판, 일간신문 등에 공고한 경우에는 <u>공고가 효력을 발생하는 날에 상대방이 그 행정처분이 있음을 알았다고 볼 수는 없고 상대방이 당해 처분이 있었다는 사실을 현실적으로 안 날</u>

에 그 처분이 있음을 알았다고 보아야 한다(대판 2006.4.28, 2005두14851).

12 　　　　　　　　　　　　　　　　　　정답 ①

㉠ [X] 현행 「행정소송법」은 과거의 필요적 행정심판전치주의를 버리고 임의적 행정심판전치주의로 변경하였다(「행정소송법」 제18조 참조). 2009년 관세사

㉡ [O] 행정심판의 전치요건은 소송요건이므로(대판 1995.1.12, 94누9948), 이를 거치지 않고 행정소송을 제기하면 그 소송은 부적법한 것으로서 각하된다. 2007년 광주 9급

㉢ [X] 다른 법률에 당해 처분에 대한 행정심판의 재결을 거치지 아니하면 취소소송을 제기할 수 없다는 규정이 있는 때에도 ⓐ 동종사건에 관하여 이미 행정심판의 기각재결이 있은 때, ⓑ 서로 내용상 관련되는 처분 또는 같은 목적을 위하여 단계적으로 진행되는 처분 중 어느 하나가 이미 행정심판의 재결을 거친 때, ⓒ 행정청이 사실심의 변론종결 후 소송의 대상인 처분을 변경하여 당해 변경된 처분에 관하여 소를 제기하는 때, ⓓ 처분을 행한 행정청이 행정심판을 거칠 필요가 없다고 잘못 알린 때 등에 해당하는 사유가 있는 때에는 행정심판을 제기함이 없이 취소소송을 제기할 수 있다(「행정소송법」 제18조 제3항). 2007년 광주 9급

㉣ [O] 행정소송의 제기 시에는 행정심판절차를 거치지 않았으나, 사실심 변론종결 전에 행정심판절차를 거친 경우에는 그 하자는 치유된다. 즉, 전치요건의 판단시점은 변론종결 시이다. 2007년 광주 9급

13 　　　　　　　　　　　　　　　　　　정답 ③

① [X] 취소소송의 제1심 관할법원은 '피고'의 소재지를 관할하는 행정법원으로 한다(「행정소송법」 제9조 제1항).

② [X] 제9조(재판관할)의 규정은 당사자소송의 경우에 준용한다. 다만, 국가 또는 공공단체가 피고인 경우에는 관계 행정청의 소재지를 피고의 소재지로 본다(「행정소송법」 제40조).

❸ [O] 행정소송에 관하여 이 법에 특별한 규정이 없는 사항에 대하여는 「민사소송법」의 규정을 준용한다(「행정소송법」 제8조 제2항). 그런데 「행정소송법」 제9조는 행정소송에 대한 제1심의 재판관할을 정한 토지관할로서 전속관할이 아니라 임의관할이므로 「행정소송법」 제8조 제2항에 의해 「민사소송법」상의 합의관할 및 변론관할(응소관할)에 관한 규정이 준용된다. 따라서 당사자의 합의(합의관할)나 피고의 응소(변론관할·응소관할)에 의하여 다른 지방법원을 관할법원으로 결정할 수 있다.

④ [X] 제1항에도 불구하고 ㉠ 중앙행정기관, 중앙행정기관의 부속기관과 합의제 행정기관 또는 그 장, ㉡ 국가의 사무를 위임 또는 위탁받은 공공단체 또는 그 장을 피고로 하여 취소소송을 제기하는 경우에는 대법원 소재지를 관할하는 행정법원에 제기할 수 있다(「행정소송법」 제9조 제2항).

14 　　　　　　　　　　　　　　　　　　정답 ③

① [O] 집행정지의 결정 또는 기각의 결정에 대하여는 즉시항고할 수 있다. 이 경우 집행정지의 결정에 대한 즉시항고에는 결정의 집행을 정지하는 효력이 없다(「행정소송법」 제23조 제5항). 2003년 행정고시

② [O] 집행정지에 관한 규정은 취소소송과 무효등확인소송에 적용되고(「행정소송법」 제23조 제2항, 제38조 제1항 참조), 부작위위법확인소송에는 적용되지 않는다(「행정소송법」 제38조 제2항 참조). 왜냐하면 부작위에는 처분이라고 할 수 있는 것이 없기 때문이다. 2003년 행정고시

❸ [X] 행정처분의 집행정지는 행정처분 집행부정지의 원칙에 대한 예외로서 인정되는 일시적인 응급처분이라 할 것이므로 집행정지결정을 하려면 이에 대한 본안소송이 법원에 제기되어 계속 중임을 요건으로 하는 것이므로, 집행정지결정을 한 후에라도 본안소송이 취하되어 소송이 계속하지 아니한 것으로 되면 집행정지결정은 당연히 그 효력이 소멸되는 것이고 별도의 취소조치를 필요로 하는 것이 아니다(대결 2007.6.28, 2005무75). 2018년 변호사

④ [O] 「행정소송법」 제23조 제3항에서 집행정지의 요건으로 규정하고 있는 '공공복리에 중대한 영향을 미칠 우려가 없을 것'이라고 할 때의 '공공복리'는 그 처분의 집행과 관련된 구체적이고도 개별적인 공익을 말하는 것으로서, 이러한 집행정지의 소극적 요건에 대한 주장·소명책임은 행정청에게 있다(대결 1999.12.20, 99무42). 2018년 변호사

15 　　　　　　　　　　　　　　　　　　정답 ①

❶ [O] 위법 여부는 처분 시를 기준으로 하므로, 처분 이후에 발생한 사유를 추가·변경할 수 없다.

② [X] <외국인 甲이 법무부장관에게 귀화신청을 하였으나 법무부장관이 심사를 거쳐 '품행 미단정'을 불허사유로 「국적법」상의 요건을 갖추지 못하였다며 신청을 받아들이지 않는 처분을 하였는데, 법무부장관이 甲을 '품행 미단정'이라고 판단한 이유에 대하여 제1심 변론절차에서 「자동차관리법」 위반죄로 기소유예를 받은 전력 등을 고려하였다고 주장하였다가 원심 변론절차에서 불법체류한 전력이 있다는 추가적인 사정까지 고려하였다고 주장한 사안> … 법무부장관이 처분 당시 甲의 전력 등을 고려하여 甲이 구 국적법 제5조 제3호의 '품행단정' 요건을 갖추지 못하였다고 판단하여 처분을 하였고, 그 처분서에 처분사유 '품행 미단정'이라고 기재하였으므로, '품행 미단정'이라는 판단 결과를 위 처분의 처분사유로 보아야 하는데, 법무부장관이 원심에서 추가로 제시한 불법체류 전력 등의 제반 사정은 불허가처분의 처분사유 자체가 아니라 그 근거가 되는 기초 사실 내지 평가요소에 지나지 않으므로, 법무부장관이 이러한 사정을 추가로 주장할 수 있다(대판 2018.12.13, 2016두31616).

③ [X] 행정처분의 취소를 구하는 항고소송에서는 처분청이 당초 처분의 근거로 제시한 사유와 기본적 사실관계에서 동일성이 없는 별개의 사실을 들어 처분사유로 주장할 수 없다. 피고는 이 사건 소송에서 "이 사건 산업단지 안에 새로운 폐기물시설부지를 마련할 시급한 필요가 없다."라는 점을 이 사건 거부처분의 사유로 추가하였다. 그러나 피고가 당초 처분의 근거로 제시한 사유가 실질적인 내용이 없다고 보는 이상, 위 추가사유는 그와 기본적 사실관계가 동일한지 여부를 판단할 대상조차 없는 것이므로, 결국 소송단계에서 처분사유를 추가하여 주장할 수 없다(대판 2017.8.29, 2016두44186).

④ [X] 폐기물 중간처분업체인 甲주식회사가 소각시설을 허가받은 내용과 달리 물리적으로 무단 증설하거나 물리적 증설 없이 1일 가동시간을 늘리는 등의 방법으로 허가받은 처분능력의 100분의 30을 초과하여 폐기물을 과다소각하였다는 이유로 한강유역환경청장으로부터 과징금 부과처분을 받았는데, 甲회사가 이를 취소하는 소를 제기하여 처분이 과중하므로 재량권 일탈·남용에 해당한다고만 주장하다가 "소각시설의 물리적 증설 없이 과다소각한 경우는

「폐기물관리법」제25조 제11항, 구 폐기물관리법 시행규칙 제29조 제1항 제2호 (마)목 위반에 해당하지 않는다."라는 주장을 제기한 데 대하여 한강유역환경청장이 "㉠ 소각시설의 물리적 증설 없이 과다소각한 경우도 위 법령 위반에 해당할 뿐만 아니라, ㉡ 甲회사는 변경허가를 받지 않은 채 소각시설을 무단 증설하여 과다소각하였으므로 위 법령 위반에 해당한다."라고 주장하자 甲회사가 ㉡ 주장은 허용되지 않는 처분사유의 추가·변경에 해당한다고 주장한 사안에서, 한강유역환경청장이 위 처분을 하면서 처분서에 '과다소각'이라고만 기재하였을 뿐 어떤 방법으로 과다소각을 한 경우인지 구체적으로 기재하지는 않았으나, 관련 수사 결과와 이에 따른 한강유역환경청장의 사전통지 및 甲회사가 제출한 의견서 내용 등을 종합하면, 한강유역환경청장은 "甲회사가 소각시설을 허가받은 내용과 달리 설치하거나 증설하여 폐기물을 과다소각함으로써 위 법령을 위반하였다."라는 점을 '당초 처분사유'로 삼아 위 처분을 한 것이고, 甲회사도 이러한 '당초 처분사유'를 알면서도 이를 인정하고 처분양정이 과중하다는 의견만을 제시하였을 뿐이며, 처분서에 위반행위 방법을 구체적으로 기재하지 않았더라도 그에 불복하여 방어권을 행사하는 데 별다른 지장이 없었으므로, 한강유역환경청장이 甲회사의 소송상 주장에 대응하여 변론과정에서 한 ㉡ 주장은 소송에서 새로운 처분사유를 추가로 주장한 것이 아니라, 처분서에 다소 불명확하게 기재하였던 '당초 처분사유'를 좀 더 구체적으로 설명한 것인데도, 이와 달리 본 원심판단에 법리오해 등의 잘못이 있다(대판 2020.6.11, 2019두49359).

16　　　　　　　　　　　　　　　　정답 ②

① [O] 법원은 당사자의 청구범위를 넘어 심리·재판할 수 없다. 행정소송에 있어서도 「행정소송법」제18조에 의하여 「민사소송법」제203조가 준용되어 법원은 당사자가 신청하지 아니한 사항에 대하여는 판결할 수 없는 것이고, 「행정소송법」제26조에서 직권심리주의를 채용하고 있으나 이는 행정소송에 있어서 원고의 청구범위를 초월하여 그 이상의 청구를 인용할 수 있다는 의미가 아니라, 원고의 청구범위를 유지하면서 그 범위 내에서 필요에 따라 주장 외의 사실에 관하여도 판단할 수 있다는 뜻이다(대판 1987.11.10, 86누491). 처분청이 공무수행과 상이 사이에 인과관계가 없다는 이유로 국가유공자 비해당결정을 한 데 대하여 법원이 그 인과관계의 존재는 인정하면서 직권으로 본인 과실이 경합된 사유가 있다는 이유로 그 처분이 정당하다고 판단하는 것은 「행정소송법」이 허용하는 직권심사주의의 한계를 벗어난 것으로서 위법하다(대판 2013.8.22, 2011두26589).

❷ [X] 어떠한 처분에 법령상 근거가 있는지, 「행정절차법」에서 정한 처분절차를 준수하였는지는 본안에서 당해 처분이 적법한가를 판단하는 단계에서 고려할 요소이지, 소송요건 심사단계에서 고려할 요소가 아니다(대판 2020.4.9, 2015다34444).

③ [O] 행정소송에서 쟁송의 대상이 되는 행정처분의 존부는 소송요건으로서 직권조사사항이고, 자백의 대상이 될 수 없는 것이므로, 설사 그 존재를 당사자들이 다투지 아니한다 하더라도 그 존부에 관하여 의심이 있는 경우에는 이를 직권으로 밝혀 보아야 할 것이고, 사실심에서 변론종결 시까지 당사자가 주장하지 않던 직권조사사항에 해당하는 사항을 상고심에서 비로소 주장하는 경우 그 직권조사사항에 해당하는 사항은 상고심의 심판범위에 해당한다(대판 2004.12.24, 2003두15195).

④ [O] 행정소송이 전심절차를 거쳤는지 여부를 판단함에 있어서 전심절차에서의 주장과 행정소송에서의 주장이 전혀 별개의 것이 아닌 한 그 주장이 반드시 일치하여야 하는 것은 아니다(대판 1999.11.26, 99두9407). 따라서 항고소송에 있어서 원고는 전심절차에서

주장하지 아니한 공격방어방법을 소송절차에서 주장할 수 있고 법원은 이를 심리하여 행정처분의 적법 여부를 판단할 수 있는 것이므로, 원고가 전심절차에서 주장하지 아니한 처분의 위법사유를 소송절차에서 새롭게 주장하였다고 하여 다시 그 처분에 대하여 별도의 전심절차를 거쳐야 하는 것은 아니다(대판 1996.6.14, 96누754). 2018년 변호사

17　　　　　　　　　　　　　　　　정답 ③

① [O] 「행정소송법」제30조 제1항은 "처분 등을 취소하는 확정판결은 그 사건에 관하여 당사자인 행정청과 그 밖의 관계 행정청을 기속한다."라고 규정하고 있다. 이러한 취소확정판결의 '기속력'은 취소청구가 인용된 판결에서 인정되는 것으로서 당사자인 행정청과 그 밖의 관계 행정청에게 확정판결의 취지에 따라 행동하여야 할 의무를 지우는 작용을 한다(대판 2016.3.24, 2015두48235). 2021년 변호사

② [O] 행정처분의 취소청구를 기각하는 판결이 확정되면 그 처분이 적법하다는 점에 관하여 기판력이 생기고 그 후 원고가 이를 무효라 하여 무효확인을 소구할 수 없는 것이어서 처분의 취소소송에서 청구가 기각된 확정판결의 기판력은 그 처분의 무효확인을 구하는 소송에도 미친다(대판 2003.5.16, 2002두3669). 2021년 변호사

❸ [X] 확정판결의 당사자인 처분행정청이 그 행정소송의 사실심 변론종결 이전의 사유를 내세워 다시 확정판결과 저촉되는 행정처분을 하는 것은 허용되지 않는 것으로서, 이러한 행정처분은 그 하자가 중대하고도 명백한 것이어서 당연무효라 할 것이다(대판 1990.12.11, 90누3560). 즉, 새로운 거부처분을 한 것이 확정된 종전 거부처분 취소판결의 기속력에 저촉되는 경우에는 당연무효이다(대결 2002.12.11, 2002무22). 2019년 변호사

④ [O] 행정처분의 적법 여부는 그 행정처분이 행하여 진 때의 법령과 사실을 기준으로 하여 판단하는 것이므로 거부처분 취소의 확정판결을 받은 행정청은 거부처분 후에 법령이 개정·시행된 경우에는 개정된 법령 및 허가기준을 새로운 사유로 들어 다시 이전의 신청에 대한 거부처분을 할 수 있으며, 그러한 처분도 「행정소송법」제30조 제2항에 규정된 재처분에 해당된다(대결 1998.1.7, 97두22). 2019년 변호사

18　　　　　　　　　　　　　　　　정답 ③

① [X] 무효등확인소송이란 행정청의 처분 등의 효력 유무 또는 존재 여부를 확인하는 소송을 말한다(「행정소송법」제4조 제2호). 따라서 무효등확인소송의 종류에는 ㉠ 처분 등의 유·무효확인소송, ㉡ 처분 등의 실효확인소송, ㉢ 처분 등의 존재·부존재확인소송이 있다. 2008년 선관위 9급, 2008년 경기 9급

② [X] 행정처분의 근거법률에 의하여 보호되는 직접적이고 구체적인 이익이 있는 경우에는 「행정소송법」제35조에 규정된 '무효확인을 구할 법률상 이익'이 있다고 보아야 하고, 이와 별도로 무효확인소송의 보충성이 요구되는 것은 아니므로 행정처분의 무효를 전제로 한 이행소송 등과 같은 직접적인 구제수단이 있는지 여부를 따질 필요가 없다(대판 전합체 2008.3.20, 2007두6342). 2008년 선관위 9급, 2008년 경기 9급

❸ [O] 무효등확인소송에 제16조(제3자의 소송참가)와 제31조(제3자에 의한 재심청구)는 준용되나, 제18조(행정심판과의 관계)·제20조(제소기간)·제28조(사정판결)가 준용되지 않는다(「행정소송법」제38조 제1항). 2009년 세무사

④ [X] 국세의 과오납이 취소할 수 있는 위법한 과세처분에 의한 것이라도 그 처분이 취소되지 않는 한 그로 인한 납세액을 곧바로 부당이득이라고 하여 반환을 구할 수 있는 것이 아니다(대판 1994.11.11, 94다28000). 2008년 세무사

19 정답 ①

❶ [X] 위법 판단의 기준시점은 취소소송에 있어서는 처분 시이나(대판 2010.8.26, 2010두2579 등), 부작위위법확인소송은 판결 시(사실심의 구두변론종결 시)이다(대판 1999.4.9, 98두12437). 2002년 입법고시

② [O] 부작위위법확인소송에는 제28조(사정판결)가 준용되지 않고 있다(「행정소송법」 제38조 제2항). 2002년 입법고시

③ [O] 제21조(소의 변경)의 규정은 무효등확인소송이나 부작위위법확인소송을 취소소송 또는 당사자소송으로 변경하는 경우에 준용한다(「행정소송법」 제37조). 2002년 입법고시

④ [O] 취소소송의 제소기간에 관한 제20조의 규정은 부작위위법확인소송의 경우에 준용한다(「행정소송법」 제38조 제2항). 따라서 행정심판을 거친 경우에는 재결서의 정본을 송달받은 날부터 90일 이내에 부작위위법확인소송을 제기하여야 한다(「행정소송법」 제20조 제1항 단서). 한편, 부작위는 외관상 명시적인 처분이 없고 또 부작위상태가 계속되는 한 언제든지 소를 제기할 수 있는 것이므로, 행정심판을 거치지 않고 부작위위법확인소송을 제기하는 경우에는 제소기간의 제한을 받지 않는다. 2014년 변호사

20 정답 ②

① [O] 「행정소송법」 제41조 2010년 세무사

❷ [X] 소의 변경에 관한 제21조의 규정은 당사자소송을 항고소송(취소소송, 무효등확인소송, 부작위위법확인소송)으로 변경하는 경우에 준용한다(「행정소송법」 제42조). 2002년 행정고시

③ [O] 제14조(피고경정), 제26조(직권심리)의 규정은 당사자소송의 경우에 준용한다(「행정소송법」 제44조 제1항). 따라서 원고가 피고를 잘못 지정한 때에는 법원은 원고의 신청에 의하여 결정으로써 피고의 경정을 허가할 수 있고(「행정소송법」 제14조), 법원은 필요하다고 인정할 때에는 직권으로 증거조사를 할 수 있고, 당사자가 주장하지 아니한 사실에 대하여도 판단할 수 있다(「행정소송법」 제26조). 2010년 세무사

④ [O] 「행정소송법」 제39조 2002년 행정고시

gosi.Hackers.com

해커스공무원 학원·인강

해커스공무원
gosi.Hackers.com

부록
정답 및 해설

행정절차법 **1**회

정답

01	④	02	①	03	③	04	③
05	③	06	③	07	④	08	④

01   정답 ④

① [O] ② [O] ③ [O]

> **제3조【적용 범위】** ① 처분, 신고, 확약, 위반사실 등의 공표, 행정계획, 행정상 입법예고, 행정예고 및 행정지도의 절차(이하 '행정절차'라 한다)에 관하여 다른 법률에 특별한 규정이 있는 경우를 제외하고는 이 법에서 정하는 바에 따른다.

❹ [X]「행정절차법」은 공법상 계약에 대해 규정하고 있지 않다.「행정기본법」이 이를 규정하고 있다.

02   정답 ①

❶ [X]

> **제22조【의견청취】** ① 행정청이 처분을 할 때 다음 각 호의 어느 하나에 해당하는 경우에는 청문을 한다.
> 3. 다음 각 목의 처분을 하는 경우
>   가. 인허가 등의 취소
>   나. 신분·자격의 박탈
>   다. 법인이나 조합 등의 설립허가의 취소

② [O]

> **제14조【송달】** ④ 다음 각 호의 어느 하나에 해당하는 경우에는 송달받을 자가 알기 쉽도록 관보, 공보, 게시판, 일간신문 중 하나 이상에 공고하고 인터넷에도 공고하여야 한다.
> 1. 송달받을 자의 주소 등을 통상적인 방법으로 확인할 수 없는 경우
> 2. 송달이 불가능한 경우

③ [O]

> **제14조【송달】** ⑤ 제4항에 따른 공고를 할 때에는 민감정보 및 고유식별정보 등 송달받을 자의 개인정보를「개인정보 보호법」에 따라 보호하여야 한다.

④ [O]

> **제24조【처분의 방식】** ② 제1항에도 불구하고 공공의 안전 또는 복리를 위하여 긴급히 처분을 할 필요가 있거나 사안이 경미한 경우에는 말, 전화, 휴대전화를 이용한 문자 전송, 팩스 또는 전자우편 등 문서가 아닌 방법으로 처분을 할 수 있다. 이 경우 당사자가 요청하면 지체 없이 처분에 관한 문서를 주어야 한다.

03   정답 ③

① [X]

> **제24조【처분의 방식】** ① 행정청이 처분을 할 때에는 다른 법령등에 특별한 규정이 있는 경우를 제외하고는 문서로 하여야 하며, 다음 각 호의 어느 하나에 해당하는 경우에는 전자문서로 할 수 있다.
> 1. 당사자 등의 동의가 있는 경우
> 2. 당사자가 전자문서로 처분을 신청한 경우

② [X]

> **제28조【청문 주재자】** ① 행정청은 소속 직원 또는 대통령령으로 정하는 자격을 가진 사람 중에서 청문 주재자를 공정하게 선정하여야 한다.

❸ [O] ④ [X]

> **제28조【청문 주재자】** ② 행정청은 다음 각 호의 어느 하나에 해당하는 처분을 하려는 경우에는 청문 주재자를 2명 이상으로 선정할 수 있다. 이 경우 선정된 청문 주재자 중 1명이 청문 주재자를 대표한다.
> 1. 다수 국민의 이해가 상충되는 처분
> 2. 다수 국민에게 불편이나 부담을 주는 처분
> 3. 그 밖에 전문적이고 공정한 청문을 위하여 행정청이 청문 주재자를 2명 이상으로 선정할 필요가 있다고 인정하는 처분

04   정답 ③

① [X] ② [X]

> **제37조【문서의 열람 및 비밀유지】** ① 당사자 등은 의견제출의 경우에는 처분의 사전통지가 있는 날부터 의견제출기한까지, 청문의 경우에는 청문의 통지가 있는 날부터 청문이 끝날 때까지 행정청에 해당 사안의 조사결과에 관한 문서와 그 밖에 해당 처분과 관련되는 문서의 열람 또는 복사를 요청할 수 있다. 이 경우 행정청은 다른 법령에 따라 공개가 제한되는 경우를 제외하고는 그 요청을 거부할 수 없다.

❸ [O]

> **제38조의2【온라인공청회】** ① 행정청은 제38조에 따른 공청회와 병행하여서만 정보통신망을 이용한 공청회(이하 '온라인공청회'라 한다)를 실시할 수 있다.

④ [X]

> **제38조의2【온라인공청회】** ② 제1항에도 불구하고 다음 각 호의 어느 하나에 해당하는 경우에는 온라인공청회를 단독으로 개최할 수 있다.
> 1. 국민의 생명·신체·재산의 보호 등 국민의 안전 또는 권익보호 등의 이유로 제38조에 따른 공청회를 개최하기 어려운 경우
> 2. 제38조에 따른 공청회가 행정청이 책임질 수 없는 사유로 개최되지 못하거나 개최는 되었으나 정상적으로 진행되지 못하고 무산된 횟수가 3회 이상인 경우
> 3. 행정청이 널리 의견을 수렴하기 위하여 온라인공청회를 단독으로 개최할 필요가 있다고 인정하는 경우. 다만, 제22조 제2항 제1호 또는 제3호에 따라 공청회를 실시하는 경우는 제외한다.

05 정답 ③

① [X]

> **제40조의2【확약】** ① 법령등에서 당사자가 신청할 수 있는 처분을 규정하고 있는 경우 행정청은 당사자의 신청에 따라 장래에 어떤 처분을 하거나 하지 아니할 것을 내용으로 하는 의사표시(이하 '확약'이라 한다)를 할 수 있다.

② [X]

> **제40조의2【확약】** ② 확약은 문서로 하여야 한다.

❸ [O] 「행정절차법」 제40조의2 제3항

④ [X]

> **제40조의2【확약】** ⑤ 행정청은 확약이 제4항 각 호의 어느 하나에 해당하여 확약을 이행할 수 없는 경우에는 지체 없이 당사자에게 그 사실을 통지하여야 한다.

06 정답 ③

① [X] 제40조의2(확약) 제4항에 한해 확약에 기속되지 아니한다.

② [X]

> **제40조의2【확약】** ④ 행정청은 다음 각 호의 어느 하나에 해당하는 경우에는 확약에 기속되지 아니한다.
> 1. 확약을 한 후에 확약의 내용을 이행할 수 없을 정도로 법령등이나 사정이 변경된 경우
> 2. 확약이 위법한 경우

❸ [O] ④ [X]

> **제40조의4【행정계획】** 행정청은 행정청이 수립하는 계획 중 국민의 권리·의무에 직접 영향을 미치는 계획을 수립하거나 변경·폐지할 때에는 관련된 여러 이익을 정당하게 형량하여야 한다.

07 정답 ④

① [O]

> **제40조의3【위반사실 등의 공표】** ① 행정청은 법령에 따른 의무를 위반한 자의 성명·법인명, 위반사실, 의무 위반을 이유로 한 처분사실 등(이하 '위반사실 등'이라 한다)을 법률로 정하는 바에 따라 일반에게 공표할 수 있다.

② [O] 「행정절차법」 제40조의3 제2항

③ [O] 「행정절차법」 제40조의3 제3항

④ [X]

> **제40조의3【위반사실 등의 공표】** ③ 행정청은 위반사실 등의 공표를 할 때에는 미리 당사자에게 그 사실을 통지하고 의견제출의 기회를 주어야 한다. 다만, 다음 각 호의 어느 하나에 해당하는 경우에는 그러하지 아니하다.
> 1. 공공의 안전 또는 복리를 위하여 긴급히 공표를 할 필요가 있는 경우
> 2. 해당 공표의 성질상 의견청취가 현저히 곤란하거나 명백히 불필요하다고 인정될 만한 타당한 이유가 있는 경우
> 3. 당사자가 의견진술의 기회를 포기한다는 뜻을 명백히 밝힌 경우

08 정답 ④

① [O] 「행정절차법」 제46조 제3항

② [O]

> **제46조【행정예고】** ④ 제3항에도 불구하고 행정목적을 달성하기 위하여 긴급한 필요가 있는 경우에는 행정예고기간을 단축할 수 있다. 이 경우 단축된 행정예고기간은 10일 이상으로 한다.

③ [O]

> **제52조의2【국민제안의 처리】** ① 행정청(국회사무총장·법원행정처장·헌법재판소사무처장 및 중앙선거관리위원회사무총장은 제외한다)은 정부시책이나 행정제도 및 그 운영의 개선에 관한 국민의 창의적인 의견이나 고안(이하 '국민제안'이라 한다)을 접수·처리하여야 한다.

❹ [X]

> **제52조의3【국민참여 창구】** 행정청은 주요 정책 등에 관한 국민과 전문가의 의견을 듣거나 국민이 참여할 수 있는 온라인 또는 오프라인 창구를 설치·운영할 수 있다.

MEMO

MEMO

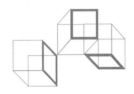

gosi.Hackers.com

해커스공무원 학원·인강

[2022 최신판]

해커스공무원
황남기
행정법
모의고사 [Season 1]

초판 1쇄 발행 2022년 3월 8일

지은이	황남기
펴낸곳	해커스패스
펴낸이	해커스공무원 출판팀

주소	서울특별시 강남구 강남대로 428 해커스공무원
고객센터	1588-4055
교재 관련 문의	gosi@hackerspass.com
	해커스공무원 사이트(gosi.Hackers.com) 교재 Q&A 게시판
	카카오톡 플러스 친구 [해커스공무원강남역], [해커스공무원노량진]
학원 강의 및 동영상강의	gosi.Hackers.com

ISBN	979-11-6880-081-6 (13360)
Serial Number	01-01-01